U0453455

国家出版基金项目
NATIONAL PUBLICATION FOUNDATION

國家出版基金項目

教育部哲學社會科學研究重大課題攻關項目

「十一五」國家重點圖書出版規劃項目·重大工程出版規劃

國家社會科學基金重大項目

北京大學「九八五工程」重點項目

儒藏

精華編七〇册
經部禮類

儒藏

精華編

北京大學《儒藏》編纂與研究中心

《儒藏》精華編第七〇册

首席總編纂　季羨林

項目首席專家　湯一介

總　編　纂　湯一介　龐　樸　孫欽善　安平秋（按年齡排序）

本册主編　彭　林

《儒藏》精華編凡例

一、中國傳統文化以儒家思想爲中心。《儒藏》爲儒家經典和反映儒家思想、體現儒家經世做人原則的典籍的叢編。收書時限自先秦至清代結束。

二、《儒藏》精華編爲《儒藏》的一部分，選收《儒藏》中的精要書籍。

三、《儒藏》精華編所收書籍，包括傳世文獻和出土文獻。傳世文獻按《四庫全書總目》經史子集四部分類法分類，大類、小類基本參照《中國叢書綜録》和《中國古籍善本書目》，於個別處略作調整。凡單書已收入入選的個人叢書或全集者，僅存目録，並注明互見。出土文獻單列爲一個部類，原件以古文字書寫者一律收其釋文文本。韓國、日本、越南儒學者用漢文寫作的儒學著作，編爲海外文獻部類。

四、所收書籍的篇目卷次，一仍底本原貌，不選編，不改編，保持原書的完整性和獨立性。

五、對入選書籍進行簡要校勘。以對校爲主，確定内容完足、精確率高的版本爲底本，精選有校勘價值的版本爲校本。出校堅持少而精，以校正誤爲主，酌校異同。校記力求規範、精煉。

六、根據現行標點符號用法，結合古籍標點通例，進行規範化標點。專名號除書名號用角號（《》）外，其他一律省略。

七、對較長的篇章，根據文字内容，適當劃分段落。正文原已分段者，不作改動。千字以内的短文一般不分段。

八、各書卷端由整理者撰寫《校點説明》，簡要介紹作者生平、該書成書背景、主要内容及影響，以及整理時所確定的底本、校本（舉全稱後括注簡稱）及其他有關情況。重複出現的作者，其生平事蹟按出現順序前詳後略。

九、本書用繁體漢字豎排，小注一律排爲單行。

《儒藏》精華編第七〇册

經部禮類

通禮之屬

五禮通考（卷第二百三十六—卷第二百六十二）〔清〕秦蕙田……………………………………………… 8393

五禮通考卷第二百三十六

內廷供奉禮部右侍郎金匱秦蕙田編輯
太子太保總督直隸右都御史桐城方觀承同訂
翰林院侍讀學士嘉定王鳴盛
兩淮都轉鹽運使德水盧見曾　參校

軍禮四

軍制

【《文獻通考》】秦自非子爲附庸，至秦仲始大。秦仲之孫襄公興兵討西戎以救周，遂有岐、豐之地，修其車馬，備其兵甲，武事備矣。至穆公，霸西戎，始作三軍。殽之役，三帥而車三百乘。❶魯定公五年，秦子蒲、子虎帥車五百乘救楚，兵力益以强盛。

【《史記·商君列傳》】秦孝公用商鞅，定變法之令。令民爲什伍，有軍功者各以率受上爵，爲私鬬者各以輕重被刑。宗室非有軍功論，不得爲屬籍。行之十年，民勇於公戰，怯於私鬬。凡戰獲一首，賜爵一級。皆以戰功相君長。

【《漢書·刑法志》】春秋之後，滅弱吞小，並爲戰國，稍增講武之禮，以爲戲樂，用相夸視。而秦更名角觝，先王之禮，没於淫樂中矣。雄桀之士，作爲權詐，以相傾覆。吴有孫武，齊有孫臏，魏有吴起，秦有商鞅，皆禽敵立勝，垂著篇籍。當此之時，齊愍以技擊彊，孟康曰：「兵家之技巧。技巧者，習手足，便器械，積

❶「而」字，原脱，據《文獻通考》卷一四九補。

機關，以立攻守之勝。」魏惠以武卒奮，師古曰：「奮，盛起。」秦昭以鋭士勝，師古曰：「鋭，勇利。」世方争於功利，而馳説者以孫、吴爲宗。唯荀卿非之曰：「孫、吴上勢利而貴變詐，施於暴亂昏嫚之國，君臣有間，上下離心，故可變而詐也。仁人在上，爲下所仰，猶子弟之衛父兄，若手足之扞頭目，何可當也！魏氏武卒，衣三屬之甲，服虔曰：「作大甲三屬，竟人身也。」蘇林曰：「兜鍪也，盤領也，髀褌也。」如淳曰：「上身一，髀褌一，脛繳一，凡三屬也。」屬，聯也。操十二石之弩，負矢五十个，置戈其上，冠冑帶劍，贏三日之糧，師古曰：「个，枚也。冑，兜鍪也。冠冑帶劍者，著兜鍪而又帶劍也。」日中而趍百里，中試則復其户，利其田宅。師古曰：「中試，試之而中科條也。復，謂免其賦税也。利田宅者，給其便利之處也。」如此，其氣力數年而衰，是危國之兵也。秦人，其生民也陿陒，其使民也酷烈。師古曰：「陿，地小也。陒，險固也。酷，重厚也。❶烈，猛威也。」刼之以勢，隱之以陒，鄭氏曰：「秦地多隘，隱其民于隘中也。」狃之以賞慶，道之以刑罰，使民所以要利於上者，非戰無由也。功賞相長，五甲首而隸五家，服虔曰：「能得著甲者五人首，使得隸役五家也。」是最爲有數，故能有勝於天下。❷然皆干賞蹈利之兵，庸徒鬻賣之道耳，未有安制矜節之理也。故雖地廣兵彊，鰓鰓常恐天下之一合而共軋己也。若秦因四世之勝，據河山之阻，任用白起、王翦豺狼之徒，奮其爪牙，禽獵六國，以并天下。窮武極詐，士民不附，卒隸之徒，還爲敵讎，猋起雲合，果共軋之。斯爲下矣。」

【《史記·秦始皇本紀》】分天下以爲三十六

❶「厚」，原作「辱」，據《漢書·刑法志》改。

❷「能」下，《漢書·刑法志》有「四世」二字。

郡。收天下兵，聚之咸陽，銷以爲鍾鐻，金人十二，重各千石。

【《文獻通考》】始皇并天下，分三十六郡。郡置材官，講武之禮，罷爲角觝。時北築長城四十餘萬，南戍五嶺五十餘萬，驪山、阿房之役各七十餘萬。兵不足用，而後發謫。其後，里門之左，一切發之，而勝、廣起。

易氏曰：「始皇北築長城，南戍五嶺，又有驪山、阿房之役，兵不足用，乃先發里門之左，名閭左之戍。未及發右，而二世立，復調材士五萬人以衛咸陽，民不聊生，天下騷動，而勝、廣起矣。是時楚兵百萬，而秦發近縣不及，乃赦驪山徒、奴産子以擊盜。及關東盜賊益熾，又發關中卒以擊之。而章邯三歲將兵，亡失已十數萬，坑于降楚者又二十餘萬。沛公入關，而秦遂以亡。原秦之亡，皆起于兵備廢弛而倚辦于倉卒。高祖鑒其弊，而于郡國、京師，兵備嚴整，且内外有相制之勢，漢法之善者也。」

蕙田案：秦得天下，其意主於銷兵而不用。及盜起，而無以應之，則又盡發民以爲兵。二者皆非也。而其原則由於商鞅之廢《周禮》。周之制，鄉遂、采地、邦國，調發多寡不同，而從無羨卒盡發之事。秦自鞅變法，尚首功，盡驅民以爲兵。始皇懲六國之紛争，既銷兵矣。三十三年，遂發諸嘗逋亡人、贅壻、賈人略取陸梁地，爲桂林、象郡。三十五年，益發謫徒邊。其後治獄不直者，嘗有市籍者，大父母、父母嘗有市籍者，皆發之，民能堪乎！夫惟無事，無克詰之實，故有事，有驛騷之累，欲不亡不可得矣。

右秦兵制。

【《漢書·刑法志》】高祖置京師南北軍之屯。

【《文獻通考》】京師有南北軍之屯。南軍，衛尉主之，掌宫城門内之兵。武帝時，置期門、羽林。皆宿衛士，屬南軍。北軍，中尉主之，掌京城門内之兵。中尉，秦官，掌巡徼京師。

蕙田案：以上總論南北軍。

【《漢書・百官表》】中壘校尉，掌北軍壘門。

【《文獻通考》】武帝增置八校，更名中尉爲執金吾。左右京輔都尉、尉丞、兵卒，皆屬中尉。屬北軍。

【《後漢書・百官志》】光禄勳，掌宿衛宫殿門户，典謁署郎更直執戟，宿衛門户。五官中郎將、五官中郎、五官侍郎、五官郎中，凡郎官皆主更直執戟，宿衛諸殿門户，出充車騎。左右僕射，主虎賁郎習射。左右陛長，主直虎賁，朝會在殿中。虎賁中郎、侍郎、郎中，節從皆。❶羽林中郎將、羽林郎，皆掌宿衛侍從。常選漢陽、隴西、安定、北地、上郡、西河凡六郡良家子弟補。

【王氏應麟《漢制考》】《周禮・司門》注：「司門，若今城門校尉，主王城十二門。」疏云：「都司總監十二門官，故舉漢法况之。」

【《漢書・刑法志》】武帝平百粤，内增七校。晉灼曰：「《百官表》中壘、屯騎、步兵、越騎、長水、胡騎、射聲、虎賁凡八校尉，胡騎不常置，故此言七也。」歲時講肄，修武備。

蕙田案：《穆天子傳》：「王勤七萃士。」《文選》王元長《曲水詩序》：「七萃連鑣。」虞子陽詩：「雲屯七萃士。」注：「萃，聚也。亦猶傳有七輿大夫，聚集有智力者，爲王之爪牙。」

❶「皆」，《後漢書・百官志二》作「虎賁」二字。

白居易云：「周設七萃，漢列八屯，皆以拱衛王宮，肅嚴徼道。」然則七萃之設，非武帝創爲之也。

又案：城門校尉七校皆屬北軍。

【錢文子《補漢兵志》】南軍則衛士是也。北軍在未央北，爲軍壘垣，置中壘校尉，以一校守之。有事，屯兵其中，事已輒罷。武帝時，有諸校尉，則常屯矣。

【《唐六典》】南軍，若今諸衛也。北軍，若今左右羽林也。

易氏曰：「漢之兵制，莫詳于京師南北軍之屯，雖東西兩京沿革不常，然皆居重馭輕，而内外自足以相制，兵制之善者也。」

【《玉海》】秦之軍制，内有屯衛，外置材官。漢南北軍之屯，蓋因秦之屯衛而更其制。古者前朝後市，王宮在南，故漢衛宮之兵在城内者爲南軍，衛城之兵在城外者爲北軍。

蕙田案：《高后本紀》及《外戚傳》：「吕后以吕禄爲上將軍，居北軍。吕産爲相國，居南軍。」又《文帝本紀》：「帝入未央宮，夜拜宋昌爲衛將軍，領南北軍。」蓋漢宮城門内爲南軍，宮衛屯兵屬焉。京城門外爲北軍，京輔兵卒隸焉。其權爲最重，故吕后及文帝皆先置腹心以領二軍。

又案：此南北軍設官。

【李氏光地《兵制論》】古者民與兵出於一，故天子有六鄉六遂之兵，諸侯有三郊三遂之兵。此外，又有都鄙、丘甸之兵。其實則皆比、閭、族、黨、井、邑之民而已。漢初亦然，京師有南北軍之屯而已。其餘則天下有事，乃以虎符發調郡國之兵，事已兵休，則仍復于其故。故三代、漢無養兵之費而財用足。三代則又不輕於用兵，而民力裕。其時有農隙講武、追胥竭作之法，固無患乎武備之不修也。六朝日事戰争，而兵與民亦未嘗二。至唐，府衛之制雖善，然已駸駸乎有兵之名，而兵民始二矣。於後藩鎮分裂，始有長聚不散之兵，而天下之費，盡於養兵，遂自宋至今，不能改焉。

蕙田案：山齋易氏謂漢時兵農未分，南北兩軍，實調諸民，猶有古者井田之遺意。馮唐謂吏卒皆家人子弟，起田中從軍。《後漢·禮儀志》謂罷遣衛士，必勸以農桑。由是觀之，知是時兵民不甚分也。

又案：此論南北軍寓兵于農。

【《玉海》】《蓋寬饒傳》「衛卒願更留一年」，是郡國番上于南軍之制；「黃霸爲京兆尹，發騎士詣北軍」，是三輔番上于北軍之制。南軍猶調于郡國，北軍第調于京輔。

蕙田案：唐李揆謂漢以南北軍相制，故周勃能以北軍安劉氏。易氏亦謂南軍以衛宮城，而乃調之於郡國；北軍以護京城，而乃調之於三輔。嘗考司馬子長《三王世家》載公户滿意之言曰：「古者天子必内有異姓大夫，所以正骨肉也；外有同姓大夫，所以正異姓也。」蓋同姓親也，於内爲逼，故處於外而使之正異族；異姓疏也，於親爲有間，故處於内而使之正族屬。南北軍調兵之意，殆猶是歟？郡國去京師甚遠，民情無所適莫，而緩急爲可恃，故以之衛宮城而謂之南軍。三輔距京師甚邇，民情有閭里、墳墓、族屬之愛，而利害必不相棄，故以之護京城而謂之北軍。其防微杜漸之意深矣！以上二説，深得漢制之妙。竊謂漢制多近古，觀南軍調郡國，北軍調三輔，則知《周禮》所謂鄉爲六軍，遂爲十二軍，雖立法如此，然必非先虛其内以實其外，調發之際，即先徵邦國，無所不可。不得泥《采芑》之注，而謂周家發兵，專恃王畿以内也。章俊卿《山堂考索》云：「杜佑《通典》謂『漢重兵悉聚京師』，此非確論。漢南北軍僅盈數萬，而京軍不出征，有所征伐調發，皆郡國之兵爲多。」此説得之。

又案：此論南北軍征調。

【《玉海》】南軍、北軍衛士，皆調發郡國材官、騎士爲之。自武帝增八校，胡、越騎皆屬中尉，而北軍始有召募之兵。又於光禄勳增羽林、期門，與衛尉同掌宫門，而南軍始有長從之兵。又發中尉卒征西羌，而京師之兵始遠調。昭、宣以後，禁旅列屯，有警則發，雖金城之遠，羽林、胡、越騎，亦從中而遣。自是之後，募外兵以從軍。如始元二年，募吏民擊益州；本始二年，選伉健習騎射者從軍，而更代之法寖弛。

蕙田案：此論南北軍之廢。

又案：以上漢京師之兵。

【《漢書·刑法志》】高祖躬神武之才，天下既定，踵秦而置材官於郡國。

【應劭《漢官儀》】高祖令天下郡國選能引關蹶張、材力武猛者爲輕車騎士、材官、樓船，常以立秋後講肄課試，各有員數。平地用車騎，山阻用材官，水泉用樓船。杜佑《通典》略同。

張氏晏曰：「材官、騎士，習射御騎馳戰陳，常以八月，太守、都尉、令、長、丞會都試，課殿最。」

【錢文子《補兵志》】材官、騎士，屬郡都尉，以歲八月，太守、都尉、令、長、丞爲會都試。水處爲樓船，令、丞、尉亦各統其縣，守尉不得專也。大抵金城、天水、隴西、安定、北地、河東、上黨、上郡多騎士，三河、潁川、沛郡、淮陽、汝南、巴蜀多材官，江淮以南多樓船。

蕙田案：申屠嘉、周勃俱以材官起，積功得至將相。趙充國亦始爲騎士，而《霍去病傳》「騎士孟已有功，至賜爵關内侯」。其推遷之格如此。

【《文獻通考》】光武以幽、冀、并州兵定天下，始於黎陽立營，領兵騎常千人，以謁者監之，號黎陽兵。其後又以扶風都尉部在雍縣，以凉州近羌，數犯三輔，將兵衛護園陵，故俗稱雍營。

蕙田案：此總論郡國兵及都試之法。

【《漢書・高帝本紀》】十一年秋七月，發上郡、北地、隴西車騎，巴蜀材官，軍霸上。

【《惠帝本紀》】七年冬十月，發車騎、材官詣滎陽，太尉灌嬰將之。

【《文帝本紀》】三年五月，發中尉材官屬衛將軍，軍長安。

【《五行志》】文帝三年，詔丞相灌嬰發車騎士八萬五千人詣高奴，擊右賢王。後六年春二月，發材官屯隴西。景帝中三年，❶秋，匈奴寇邊，中尉不害將車騎、材官士屯代高柳。

【《景帝本紀》】後二年，春，發車騎、材官屯

❶「三」，原作「二」，據《漢書・五行志中之下》改。

雁門。

【《武帝本紀》】元光二年六月，李息爲材官將軍，屯馬邑谷中。六年，秋，韓安國爲材官將軍，屯漁陽。

【《韓安國傳》】漢伏車騎材官三千餘，❶匿馬邑旁谷中。

【《宣帝本紀》】神爵元年，發材官、騎士詣金城。

【《趙充國傳》】神爵元年三月，發三河、潁川、沛郡、淮陽、汝南材官，金城、隴西、天水、安定、北地、上郡騎士，詣金城。

【《補兵志》】騎士、材官、樓船，其興發，量地遠近。若宣帝以沛郡、淮陽、汝南征西羌，蓋罷民矣。

【《玉海》】漢兵散于郡國，雖郡守不得擅發其屬縣。又郡國不擅斥騎士，《趙廣漢傳》坐「擅斥除騎士」。

蕙田案：此郡國兵征調。

【《文獻通考》】建武六年，詔罷郡國都尉，并職太守，無都試之法，惟京師肄兵如故。❷七年，罷天下輕車騎士、材官、樓船及軍假吏，悉還民伍，惟更賦如故。九年，省關中都尉。十三年，罷左右將軍。二十三年，罷諸邊郡亭侯吏卒。明帝以後，又歲募郡國、中都官死罪繫囚出戍，聽從妻子自占邊縣以爲常。凡徙者，皆給弓弩衣糧。於是北邊有變，則置度遼營；明帝時。南蠻或叛，則置象林兵；和帝時。羌犯三輔，則置長安、雍二尉；安帝時。鮮卑寇居庸，則置漁陽營。安帝時。其後盜作緣海，稍稍增兵。順帝時。而

❶「漢伏車騎材官三千餘」，《漢書·韓安國傳》作「漢伏兵車騎材官三十餘萬」。

❷「肄」，原作「欵」，據宋陳傅良《歷代兵制》卷二改。《文獻通考》此段文字與之大同，故據改。

魏郡、趙國、常山、中山六百一十六塢，河内通谷衝要三十三塢，扶風、漢陽、隴道三百塢，《西羌傳》。置屯多矣。

蕙田案：漢郡國之兵，如材官等，其詳雖不可見，大抵無事散遣，有事調發。武帝之後，有選募，有罪徒。其選募，曰勇敢，曰奔命，曰伉健，曰豪吏，曰應募。其罪徒，曰謫民，曰惡少，曰亡命，曰徒，曰犯刑，曰罪人，曰應募罪人。至於中興，併尉職，罷都試，材官、騎士，還復民伍。于是，長從募士多，而郡國之兵壞矣。應劭謂「郡國罷材官、騎士之後，官無警備，實啟戎心，一方有難，黔首囂然」。蓋漢兵制之壞，自建武之罷都試材官、騎士而專用募士始。

又案：此郡國兵制之壞。

【《漢書・高祖本紀》】二年五月，漢王屯滎陽，蕭何發關中老弱未傅者悉詣軍。【注】如淳曰：「律，年二十三傅之。《漢官儀注》：民年二十三爲正，一歲爲衛士，一歲爲材官、騎士，❶年五十六乃免，就田里。」凡在官三十四年。

蕙田案：「五十六」，《通考》誤「六十五」。

又案：此征發年歲之限。

【《玉海》】漢初調發猶近古。高帝發中尉卒，止軍霸上。文帝發中尉材官，止軍長安。畿兵猶未遠出也。元鼎六年，中尉卒擊南越矣。神爵元年，羽林孤兒，胡、越騎詣金城矣。京師之兵越臨邊境，非古也。

蕙田案：此征發道里之限。

【《文獻通考》】建武之初，禁網尚闊，但以璽

❶「一」，原作「二」，據《漢書・高帝紀》注改。

書發兵，未有虎符之信。杜詩上疏曰：「臣聞兵者，國之凶器，聖人所謹。舊制發兵皆以虎符，其餘調發，竹使而已。符第合會，取爲大信，所以明著國命，斂持威重也。間者發兵，但用璽書，或以詔令。如有姦人詐僞，無由知覺。愚以爲軍旅尚興，賊虜未殄，召兵郡國，宜有重謹。可立虎符，以絶姦端。昔魏之公子，威傾鄰國，猶假兵符以解趙圍。若無如姬之仇，則其功不顯。事有煩而不可省，費而不得已，蓋謂此也。」書奏，從之。

蕙田案：此征發符璽之制。

更有三品：有卒更，有踐更，有過更。古者，正卒無常，人皆迭爲之，一月一更，爲卒更也。貧者欲得雇更錢，次直者出錢雇之，月二千，是爲踐更也。天下人皆直戍邊三日，亦名爲更，律所謂繇戍也，雖丞相子亦在戍邊之調。不可人人自行三日戍，又行者當自戍三日，不可往便還，因便往一歲一更，諸不行者，出錢三百入官，以給戍者，是謂過更也。

【王氏應麟《漢制考》】《周禮》「胥徒」注：「此民給徭役者，今衛士矣。」疏：「今衛士亦給徭役，故舉漢法況之。」《貢禹傳》云：「諸離宮及長樂宮衛，可減太半，寬繇役。」

又曰：「《周禮·鄉大夫》：『其舍者，國中貴者、服公事者、老者、疾者。』注云：『舍者，謂有復除，舍不收役事也。貴者，❶謂若今宗室及關内侯皆復也。服公事者，謂若今吏有復除也。老者，謂若今八十、九十復羨卒也。疾者，謂若今癃不可事

❶「貴者」二字，原脱，據《漢制考》卷一、《周禮》補。

者復之。』《鹽鐵論》云：『今寬力役之政，二十三始賦，五十六而免，❶所以輔耆壯而息老艾也。』」

蕙田案：此役法及免役。

章氏俊卿曰：「高祖之世，南北二軍不出，而民兵散在郡國，有事以羽檄召材官、騎士，以備軍旅。文帝始以銅虎符代檄，當時各因其地，以中都官號將軍將之，注：如魏遬爲北地將軍，周竈爲隴西將軍。事已則罷。京師止南北軍，北軍屬太尉，南軍屬衛尉。武帝更太尉爲大司馬、大將軍，以中尉材官出征，恐京師無重兵而生變，於是分北軍爲八校，以中壘領之。又恐北軍之權太重，故於光禄勳增羽林、期門之兵。此武帝以南北軍相制之意。初時，南北軍皆郡國番上，無定在之兵也。自武帝置八校，大抵以習知胡越人充之，則募兵始此。期門、羽林，皆家世爲之，則長從始此。期門父死子代。羽林孤兒乃子孫。見《表》、《志》。蓋自是有養兵之病，而京師之兵制壞矣。元狩以後，兵革數動，民多買復，調發之士益鮮，於是發及謫吏，次及謫民，次及謫戍，次及七科謫。初時以隸于都尉者充兵，故其伍符甚整也。及常兵不足，調及它衆，甲伍必紊，而郡國之兵制又壞矣。是以昭、宣以來，其弊日甚。始元元年，募民及發奔命者擊益州。元鳳元年，遣太常、三輔徒免刑擊氐。五年，發三輔及郡國惡少吏有告劾亡者屯遼東。本始二年，又選郡國吏三百石伉健習騎射者從軍。神爵元年，又發三輔、

❶「始賦五十六而免」七字，原脱，據《漢制考》卷一補。

中都官徒弛刑，及應募佽飛射士、孤兒，❶胡、越騎，詣金城以益邊。夫募及奔命，調及惡少，發及刑徒，選及三百石吏，而又以羽林、佽飛、胡騎、越騎從事，是南北軍出矣。紛紛無復舊制，皆自武帝啟之。及光武一起而變之，兵制蕩然矣。自光武罷都試而外兵不練，雖疆埸之間，廣屯增戍，列營置塢，而國有征伐，終藉京師之兵以出。蓋自建武，迄于漢衰，北邊之寇，鮮卑之寇，歲歲有之。或遣將出擊，或移兵留屯。如永平中北伐，留兵伊吾廬城，至肅宗二年罷之之類是也。連年暴露，奔命四方，而禁旅無復鎮衛之職矣。至安帝永初間，募入錢穀，得爲虎賁、羽林、緹騎、營士，而營衛之選亦衰矣。桓帝延熹間，詔減羽林、虎賁不任事者半俸，則京師之兵亦單弱矣。外之士兵不練，而內之衛兵不精，設若盜起一方，則羽檄被於三邊，興發甲卒，取辦臨時，戰非素具，每出輒北。於是羌寇轉盛，移兵赴遠，民不堪命。永和二年，交趾、九真二郡之兵至於反叛，無亦罷於奔命之過歟？此其與兖、豫之卒，擊象林萬里之寇，李固所以力争也。永、建間，方且令郡舉五人，教習戰射，又方募爲陷陳，《羌傳》：任尚募以擊羌。召爲積射，《鮮卑傳》：鄧遠以擊鮮卑。召爲義從。東漢有羌胡義從，蓋取西邊羌胡之願從者爲兵也。大抵創立名號，蕩無良法。桓、靈之世，雖能委任段熲，盡滅諸寇，而中平元年，黄巾遂作，所在盜賊，不可勝數。於是置八都尉，黄巾既殄，而蕭牆之禍作。蓋自中世以後，令出房帷，政歸臺

❶「孤兒」上，《漢書·宣帝紀》神爵元年有「羽林」二字。

閹，宦戚更領兵權，迭相傾奪。然五營畏服中人，陳蕃、竇武欲誅宦官，北軍不助武等而助宦官，遂又夷滅。何進、❶袁紹懲其事，故欲籍外兵以除之。於是內置園校，陽尊閹宦，外重州牧，實召邊將。（董卓以并州牧將兵。）閹宦雖除，而董卓之禍已成。義兵四起，郡牧爭政，漢遂三分。原漢盛衰，皆兵之由，而光武實爲之。」（光武徒見自西都之季，都試或以爲患，韓延壽以試士僭擬不道誅，❷而翟義之討王莽，李通之勸光武，皆因秋試之日，因勒軍旅，誅守長號令起軍，遂罷都試之法。）

蕙田案：此總論漢軍制。

右漢軍制。

【《晉書·武帝本紀》】泰始元年十一月，初置四護軍，以統城外諸軍。十二月戊辰，置中軍將軍，以統宿衛七軍。

【《職官志》】左右前後軍，案魏明帝時有左軍，則左軍魏官也，至晉不改。武帝初，又置前軍、右軍。泰始八年，又置後軍。是爲四軍。

右晉軍制。

【《文獻通考》】周太祖輔西魏時，用蘇綽言，始倣周典，置六軍，籍六等之民，擇魁健材力之士，以爲之首，盡蠲租調，而刺史以農隙教之，合爲百府。每府一郎將主之，分屬二十四軍，開府各領一軍。大將軍凡十二人，每一將軍統二開府。一柱國主二大將，將復加持節都督以統焉。凡柱國六員，衆不滿五萬人。

【隋兵制】大抵仍周、齊府兵之舊而加潤色。

❶「進」，原作「武」，據庫本及宋章如愚《山堂考索》後集卷三九改。

❷「僭」，原作「潛」，據《山堂考索》後集卷三九改。

其十二衛，曰翊衛，曰驍騎衛，曰武衛，曰屯衛，曰禦衛，曰候衛，各分左右，皆置將軍，以分統諸府之兵。有郎將、副將、坊主、團主，以相統治。其外又有驃騎、車騎二府，皆有將軍。後更驃騎曰鷹揚郎將，車騎曰副郎將，別置折衝、果毅。此府兵之大略也。

【《隋書》】開皇十年五月乙未，詔曰：「魏末役車歲動，未遑休息，權置坊府，南征北伐，居處無定，朕甚愍之。凡軍人可悉屬州縣，墾田籍帳，一與民同，軍府統領，宜依舊式。」

蕙田案：李繁《傳》載蘇綽初置府兵，與此利害優劣不同。蓋綽雖創始府兵之制，然地狹民寡，加以長征不返，未得盡行其說。及隋平陳，乃定其制。

右周、隋軍制。

【《唐書·兵志》】府兵之制，起自西魏、後周，而備於隋，唐因之。隋制十二衛，曰翊衛，曰驍騎衛，曰武衛，曰屯衛，曰禦衛，曰候衛，爲左右，皆有將軍以分統諸府之兵。又有驃騎、車騎二府，皆有將軍。自高祖武德初，始置軍府，以驃騎、車騎兩將軍府領之。析關中爲十二道：萬年道參旗軍，長安道鼓旗軍，富平道玄戈軍，醴泉道井鉞軍，同州道羽林軍，華州道騎官軍，寧州道折威軍，岐州道平道軍，豳州道招搖軍，西麟州道苑游軍，涇州道天紀軍，宜州道天節軍。軍置將、副各一人，以驃騎、車騎府統之。後改驃騎曰統軍，車騎曰別將。太宗貞觀十年，更號統軍爲折衝都尉，別將爲果毅都尉，諸府總曰折衝府。凡天下十道，置府六百三十四，皆有名號，而關內二百六十有一，皆以隸諸衛。凡府三等：兵千二百人爲上，千人爲中，八百人爲下。府置折衝都尉一人，左右果毅都尉各一人，長史、兵曹、别將各一人，校尉六人。

【《唐會要》】武德三年，置十二衛，將軍取威名素重者爲之，分關内諸府隸焉。關内置府二百六十一，精兵二十六萬，舉關中之衆以臨四方。又置折衝府二百八十，通計舊府六百三十三。❶

【《唐書·兵志》】民年二十爲兵，六十而免。其能騎而射者爲越騎，其餘爲步兵。其隸於衛也，左、右衛皆領六十府，諸衛領五十至四十。

蕙田案：《地理志》天下有府共五百六十六，計七十五郡。關内十九郡，有府二百七十三；河東十五郡，有府百四十一；河南、河北十郡，有府九十二，河南六十三，❷河北三十；山南十；隴右二十九；淮南六；江南二；劍南十；嶺南三。除關内道，餘九道，有府二百九十三。總而計之，止五百六十六。參之《兵志》「置府六百三十四」之數，參差不齊，而《職官志》又云「六百三十三」，恐《地理志》所載猶有缺遺。

【《方鎮表》】高祖、太宗之制，兵列府以居外，將列衛以居内，有事則將以征伐，事已各解而去。兵者，將之事也，使得以用，而不得以有之。

【《兵志》】府兵之制，居無事時，耕于野，其番上者，宿衛京師而已。若四方有事，則命將以出，事解輒罷，兵散于府，將歸于朝。

❶「計」，原作「給」，據《唐會要》卷七二改。

❷「三」，據上下文實際計算，疑當作「二」。

故士不失業，而將帥無握兵之重。

杜牧《原十六衛》曰：「國家始踵隋制，開十六衛，將軍總三十員，屬官總百二十八員，創宇分部，夾峙禁省。自今觀之，十六衛本原事跡，實天下之大命也。始自貞觀中，既武遂文，内以十六衛蓄養戎臣，褒公、鄂公之徒，並爲諸衛將軍。外開折衝、果毅府五百七十四，以儲兵伍。或有不幸，蠻夷戎狄，踐踏四作。此時戎臣，當提兵居外。至如天下平一，暴勃消削，單車一符，將命四走，莫不信順。此時戎臣，當提兵居内。當其居内也，官爲將軍，綬有朱紫，章有金銀，千百騎趨奉朝謁，❶第觀、車馬、歌兒、舞女，念功賞勞，出於曲賜。所部之兵，散舍諸府。上府不越千二百人，五百七十四府，凡有四十萬人。三時耕稼，襏襫耞耒，一時治武，騎劍兵矢。裨衛以課，父兄相言，不得業他。籍藏將府，伍散田畝，力解勢破，人人自愛，雖有蚩尤爲帥，亦不可使爲亂。及其居外也，緣部之兵，被檄乃來，受命於朝，不見妻子，斧鉞在前，爵賞在後，以首争首，以力搏力，飄暴交捽，豈假異略，雖有蚩尤爲帥，亦不能爲叛。自貞觀至於開元末，百三十年間，戎臣兵伍，未始逆篡，此聖人所以柄統輕重，制障表裏，聖算神術也。」

蕙田案：以上府兵初制。

凡發府兵，皆下符契，州刺史與折衝勘契乃發。若全府發，則折衝都尉以下皆行；不盡，則果毅行；少則别將行。

蕙田案：此府兵調發。

❶「謁」，原作「廟」，據《樊川文集》卷二《原十六衛》改。

凡當宿衛者番上，兵部以遠近給番。五百里爲五番，千里七番，一千五百里八番，二千里十番，外爲十二番，皆以月上。若簡留直衛者，五百里爲七番，千里八番，二千里十番，外爲十二番，亦月上。

蕙田案：此府兵宿衛。

先天二年，詔曰：「往者分建府衛，計户充兵，裁足周事。二十一入募，六十一出軍，多憚勞以規避匿。今宜取年二十五以上，五十而免。屢征鎮者，十年免之。」雖有其言，而事不克行。玄宗開元六年，始詔折衝府兵每六歲一簡。

蕙田案：此府兵簡閲。

【《唐會要》】衛士初置，以成丁而入，六十出役，其家不免王徭，遂漸逃散，年月漸久，宿衛之數不給。開元六年五月二十七日，置折衝府，每年一簡點。十一年十一月二十日，兵部尚書張説置長從宿衛兵十萬於南衙，十三年二月二十一日號彍騎，十六年二月二十五日改爲左右羽林騎。

【《文獻通考》】自高宗、武后時，天下久不用兵，府兵之法寖壞。番役更代，多不以時，衛士稍稍亡匿。至是益耗散，宿衛不能給。宰相張説乃請一切募士宿衛。十一年，取京兆、蒲、同、岐、華府兵及白丁，而益以潞州長從兵，共十二萬，號「長從宿衛」，歲一番，命尚書左丞蕭嵩與州共選之。明年，更號曰「彍騎」。然自是諸府事益多不補，折衝將又積歲不得遷，士人皆恥爲之。十三年，始以彍騎分隸十二衛，總十二萬，爲六番，每衛萬人。京兆彍騎六萬六千，華州六千，同州九千，蒲州萬二千三百，絳州三千六百，晉州千五百，岐州六千，河南府三千，陝、虢、汝、鄭、懷、汴六州各六百。内弩手六千。其制，皆擇下户白丁、宗丁、品子彊壯五尺七寸以上，不足則兼以户八等五尺以上，皆免征鎮賦役。爲四籍，兵部及州、縣、衛分掌之。十人爲火，五火爲團，皆有首長。

蕙田案：此府兵始變。

【《唐會要》】天寶八載五月九日，停折衝府上下魚書，以無兵可交。至末年，折衝府但有兵額、官吏，而戎器、馱馬、鍋幙、糗糧並廢。寶應元年四月十七日，畿縣折衝府缺官，本縣令攝判。

【《文獻通考》】自天寶以後，彍騎之法又稍變廢，士皆失拊循。八載，折衝諸府至無兵可交，李林甫遂請停上下魚書。其後，徒有兵額、官吏，而戎器、馱馬、鍋幕、糗糧並廢矣，故時府人目番上宿衛者曰侍官，言侍衛天子。至是，❶衛佐悉以假人爲童奴，京師人恥之，至相罵辱必曰「侍官」。而六軍衛皆市人，富者販繒綵，食粱肉，壯者爲角觝、拔河、翹木、扛鐵之戲。及禄山反，皆不能受甲矣。

蕙田案：此府兵再變。

德宗貞元二年，上與常侍李泌議復府兵，泌因爲上歷敘府兵自西魏以來興廢之由，且言：「府兵平日皆安居田畝，每府有折衝領之，折衝以農隙教習戰陳。國家有事徵發，則以符契下其州及府，參驗發之，至所期處。將帥按閱，有教習不精者，罪其折衝，甚者罪及刺史。軍還，賜勳加賞，便道罷之。行者近不踰時，遠不經歲。高宗以劉仁軌爲洮河鎮守使以圖吐蕃，于是始有久戍之役。武后以來，承平日久，府兵浸墮，

❶「是」字，原脱，據中華書局校點本《通考》卷一五一補。

爲人所賤，百姓恥之，至蒸熨手足，以避其役。又牛仙客以積財得宰相，邊將效之。❶山東戍卒，多齎繒帛自隨，邊將誘之，寄於府庫，晝則苦役，夜縶地牢，利其死而没入其財。故自天寶以後，山東戍卒，還者十無二。其殘虐如此，然未嘗有外叛内侮、殺帥自擅者，誠以顧戀田園，恐累宗族故也。自開元之末，張説始募長征兵，謂之彍騎。其後益爲六軍。及李林甫爲相，奏諸軍皆募人爲兵。兵不土著，又無宗族，不自重惜，忘身狥利，禍亂自生，至今爲梗。曏使府兵之法，常存不廢，安有如此下陵上替之患哉？陛下思復府兵，此乃社稷之福，太平有日矣。」上曰：「俟平河中，當與卿議之。」三年，上復問泌以復府兵之策。對曰：「今歲徵關東卒戍京西者十七萬人，計歲食粟二百四萬斛。今粟斗直錢百五十，爲錢三百六萬緡。國家比遭饑亂，經費不充，就使有錢，亦無粟可糴，未暇議復府兵也。」上曰：「然將奈何？亟減戍卒歸之何如？」對曰：「陛下誠能用臣之言，可以不減戍卒，不擾百姓，糧食皆足，粟麥日賤，府兵亦成。」上曰：「果能如之，何爲不用？」對曰：「此須急爲之，過旬日則不及矣。今吐蕃久居原、蘭之間，以牛運糧，糧盡，牛無所用。請發左藏惡繒染爲綵纈，因党項以市之。每頭不過二三匹，計十八萬匹，可致六萬餘頭。又命諸冶鑄農器，糴麥種，分賜緣邊軍鎮，募戍卒耕荒田而種之。約明年麥熟，倍償其種，其餘據時價五分增一，官爲糴之。來春種禾，亦如之。關中土沃而久荒，所收必厚，戍卒獲利，耕者浸多。邊地居人至

❶「效」字，原脱，據校點本《文獻通考》卷一五一補。

少，軍士月食官糧，粟麥無所售，其價必賤，名爲增價，實比今歲所減多矣。」上曰：「善！」即時命行之。泌又言：「邊地官多闕，請募人入粟以補之，可足今歲之糧。」上亦從之，因問曰：「卿言府兵亦集，如何？」對曰：「戍卒因屯田致富，則安於其土，不復思歸。舊制，戍卒三年而代，及其將滿，下令有願留者，即以所開田爲永業，家人願來者，本貫給長牒，續食而遣之。據應募之數，移報本道。雖河朔諸帥，得免更代之煩，亦喜聞矣。不過數番，則戍卒皆土著，乃悉以府兵之法理之，是變關中之疲弊爲富彊也。」上喜曰：「如此，天下無復事矣！」既而戍卒應募，願耕屯田者什五六。

【胡氏寅《讀史管見》】兵不可好，好兵者必有不戢自焚之災；亦不可惡，惡兵者必有授人以柄之禍。三代藏兵于農，三時耕種，一時講武，若有征討，則命卿將之。天子六卿，大國三卿，次國二卿，小國一卿。大事則六軍盡行，又召會諸侯。諸侯之軍，無王命不敢私用。內外重輕之勢如此，其不用也，舉天下皆農桑之民；其用也，舉萬乘皆射御之士，豈有兵少兵多之患哉？唐自張説變革府衛，日以陵夷。李鄴侯言欲修復而不果也。憲宗中興，所宜討論舊制，而急于近效，不爲遠圖，惜哉！

蕙田案：此議復府兵。

【《舊唐書·地理志》】邊境置節度、經略使，式遏四夷。凡節度使十，經略守提使三。大凡鎮兵，四十九萬人，戎馬八萬餘匹。每歲經費，衣賜則千二十萬疋段，軍食則百九十萬石，大凡千二百一十萬。開元以前，每年邊用不過二百萬。天寶中，至于是數。

【《唐六典》】凡天下之節度使有八：一曰關內朔方，二曰河東，三曰河北幽州，四曰河西，五曰隴右，六曰劍南，七曰磧西，八曰嶺南。凡親王總戎則曰元帥，文武官總統者曰總管，以奉使言之則曰節度使，有大使、副大使、副使、判官。

【《通典》】每道置使，其邊方有寇戎之地，則加以旌節。

【《唐書·兵志》】唐初，兵之戍邊者，大曰軍，小曰守捉，曰城，曰鎮，而總之者曰道。自武德至天寶以前，邊防之制，其軍、城、鎮、守捉，皆有使，而道有大將一人，曰大總管，已而更曰大都督。至太宗時，行軍征討曰大總管，在其本道曰大都督。自高宗永徽後，都督帶使持節者，始謂之節度使，然猶未以名官。景雲二年，以賀拔延嗣爲涼州都督、河西節度使。❶自此而後，接乎開元，朔方、隴右、河東、河西諸鎮皆置節度使。及范陽節度使安禄山反，肅宗起靈武，而諸鎮之兵共起誅賊。其後，禄山子慶緒及史思明父子繼起，肅宗命李光弼等討之，❷號九節度之師。久之，大盜既滅，而武夫戰卒以功起行陣，列爲侯王者，皆除節度使。由是，方鎮相望於内地，大者連州十餘，小者猶兼三四。故兵强則逐帥，帥强則叛上。或父死子握其兵而不肯代，或取舍由於士卒，往往自擇將吏，號爲留後，以邀命於朝。天子顧力不能制，則忍耻含垢，因而撫之，號爲姑息之政。蓋姑息起於兵驕，兵驕由於方鎮，姑息愈甚，則兵將愈俱驕。由是號令自出，以相侵奪，虜其將帥，并其土地，天子熟視，不知所爲，反爲和解之，莫肯聽命。始時爲朝廷患者，號「河朔三鎮」。及其末，朱全忠以梁兵、李克用以晉兵更犯京師，而李茂貞、韓建近據岐、華，妄一喜

❶「使」字，原脱，據《新唐書·兵志》補。
❷「等」字，原脱，據《新唐書·兵志》補。

怒，兵已至國門，天子爲殺大臣、罪己悔過，而後去。及昭宗用崔胤，召梁兵以誅宦官，宦官刼天子奔岐，梁兵圍之逾年。當此之時，天下之兵，無復勤王者。向所謂三鎮，徒能始禍而已。其它大鎮，南則吴、浙、荆、湖、閩、廣，西則岐、蜀，北則燕、晉，而梁盜據其中，自國門以外，皆分裂於方鎮。

【《方鎮表》】起景雲元年止天祐四年，收功弭亂雖常倚鎮兵，其亡亦以此。

【《李泌傳》】天寶中，天下鎮兵四十九萬人，馬八萬餘匹。開元之前，每歲供邊兵衣糧費不過二百萬。天寶之後，益兵浸多，每歲用衣千二百萬疋，糧百九十萬斛，民始困矣。

蕙田案：以上唐方鎮之兵。

【《唐書・兵志》】天子禁軍者，南、北衙兵也。南衙，諸衛兵是也。北衙者，禁軍也。初，高祖以義兵起太原，定天下，悉罷遣歸，其願留宿衛者三萬人，以渭北白渠旁子棄腴田分給之，號「元從禁軍」。太宗擇善射者百人，爲二番於北門長上，曰「百騎」。又置左右屯營於玄武門，領以諸衛將軍，號「飛騎」。高宗始取府兵越騎、步射置左右羽林軍。武后改百騎曰千騎。中宗改千騎曰萬騎，❶分左、右營。玄宗以萬騎平韋氏，改爲左右龍武軍。良家子避征戍者，皆納貲隸軍。開元十二年，詔羽林、飛騎闕，取京旁州府士。末年，禁兵寖耗。禄山反，天子西駕，禁軍從者裁千人。肅宗復北衙六軍，又置衙前射生手，分左右廂，總號左右英武軍。上元中，以北衙軍使衛伯玉爲神策軍節度使，鎮陝州，中使魚朝恩爲觀軍容

❶「中」，原作「睿」，據校點本《新唐書・兵志》及其校勘記改。

使，監其軍。代宗避吐蕃，幸陝，朝恩舉神策軍迎扈。京師平，朝恩遂以軍歸禁中，自將之，然尚未與北軍齒。永泰元年，吐蕃復入寇，朝恩又以神策軍屯苑中，自是寖盛，分左右廂，勢居北軍右，遂爲天子禁軍，非他軍比。貞元中，改射生軍曰左右神威軍。自肅宗以後，北軍名類頗多，而廢置不一。惟羽林、龍武、神武、神策、神威最盛，總曰左右十軍。其後，京畿之西，多以神策軍鎮之，散處甸内，皆恃勢凌暴，中書、御史府、兵部不能歲比其籍，京兆又不敢總舉名實。長安姦人，多寓占兩軍，身不宿衛，以錢代行，益肆爲暴，吏禁之，輒得罪。邊兵衣餉不給，諸將詭辭，請遥隸神策軍，廪賜遂贏舊三倍。由是塞上往往稱「神策行營」，皆内統于中人矣。元和二年，省神武軍。❶明年，又廢左右神威軍，以其兵分隸左右神策軍。僖宗幸蜀，田令孜自爲左右神策十軍兼十二衛觀軍容使。景福二年，昭宗以藩臣跋扈，天子孤弱，議以宗室典禁兵。及伐李茂貞，用嗣覃王允爲京西招討使，神策諸都指揮使李鐬副之。兵自潰，茂貞逼京師，昭宗爲斬神策中尉西門重遂、李周諲，乃引去。同州節度使王行實入，迫神策中尉駱全瓘、劉景宣請天子幸邠州，縱火東市，帝敕諸王率禁軍扞之。帝出幸莎城、石門，月餘乃還。三年，左右神策中尉劉季述以兵千人廢帝，幽之。季述誅，昭宗召朱全忠兵入誅宦官，宦官覺，刼天子幸鳳翔，全忠圍之歲餘，乃還長安。悉誅宦官，神策左右軍由此廢。諸軍皆隸六軍，以崔胤判六軍十

❶「省神武軍」，校點本《新唐書·兵志》校勘記云：「蓋是『廢英武』之誤。」

二衛事。六軍者，左右龍武、神武、羽林，名存而已。胤死，全忠兼判六軍十二衛，于是天子無一人之衛，唐亡。

蕙田案：此唐禁軍。

又案：三代以下之兵制，未有如府兵之善者也。以二府統十二軍，以十二軍統天下之十道六百三十四府，中外相制，上下相維，勢如臂指。其利一。士無失業，可以省養兵之費。其利二。兵有定籍，可以省召募之煩。其利三。無事則散耕，有事則聽調，三代寓兵于農，而府兵則寓農于兵。夫寓農于兵，是兵農雖分，猶不分也。其利四。調發之時，更代番休，使天下無長征久戍之兵，而民力不困。其利五。兵興則命將，兵罷則將歸，使將帥不得有其兵。其利六。兵不精者，罪其折衝，甚則罪其刺史。責成既專，則士皆素鍊。其利七。兵皆土著，安居田畝，顧戀宗族，人自戰，家自守，無逃亡轉徙之患。其利八。府兵之中，有番上宿衛者，則天下之兵，皆天子之兵也。故天子無需乎禁兵，而長上者，不過百騎。其利九。防邊屯戍，不過以備府兵之不及而已，故亦不專恃邊兵。而屯戍不過軍、鎮、守捉，安得有尾大不掉之患。其利十。自府兵壞而方鎮盛，玄宗之西幸，德、代之播遷，所藉以興復者，皆方鎮力也，能禁方鎮之不强盛而逆命乎？方鎮既盛，而天子之所恃以自衛者，已無兵矣，能不增置禁軍而建立羽林、龍武、神策、神武之紛紛乎？是府兵既廢之後，方鎮、禁軍二者皆有不得不盛之勢，而其爲害也亦最大。方鎮之盛也，甲兵險要，財賦人民，皆捐以委之，而悍帥得挾兵權以刼天子。禁軍之盛也，藏姦民，蓄逋逃，無勝兵而存空籍，又諸軍皆以宦官主之，而中人得挾兵權以制天子。僖宗以後，方鎮與宦官相爲仇讐，天子袒中人則召外釁，袒藩鎮則啟內釁，于是，禍亂之起，皆天子當之。推其原，則皆廢府兵之故也。說者謂一壞于張說之立彍騎，再壞于魚朝恩之專神策，此非探本之論也。府兵之法，則誠善矣。而法必須人以守之，訓鍊無法，簡閱不精，則府兵弊，弊故不得不改。蓋府兵，耕戰之兵也；彍騎，召募之兵也。耕戰之兵廢，則召募之兵起。府兵之壞，壞于天寶之怠荒，非彍騎之過也。

觀承案：三代以下軍制，以府兵爲善，而邊衛之兵，則以屯田爲宜。乃屯田始於漢，而後來尚有行之者。府兵成於唐初，即壞於唐季，遂一往而不可復矣。編中推論府兵之十利，俱鑿鑿中名實，可與趙營平《便宜十二策》並讀。而追原府兵之壞，由於天寶之惰荒，尤爲篤論焉。

右唐軍制。

【《宋史·兵志》】太祖、太宗懲累朝藩鎮跋扈，❶盡收天下勁兵，列營京畿。于時天下

❶「太祖太宗懲累朝藩鎮跋扈」至「皆樞密院掌之」，不見於《宋史·兵志》，蓋《文獻通考》卷一五二文。

山澤之利，悉入於官，帑庾充牣，得以贍給而備時使。其分營於外者則曰就糧。就糧者，本京師兵而使廪食于外，故聽攜家往。其邊防要郡，須兵屯守，即遣自京師，故有駐泊、屯駐之名。制兵之額有四，曰禁兵，曰廂兵，曰鄉兵，曰蕃兵。分隸殿前、侍衛總管司而籍藏樞密院。凡召募、廪給、訓練、屯戍、揀選之政，皆樞密院掌之。

蕙田案：此宋軍制總論。

禁兵者，天子之衛兵也。殿前、侍衛二司總之。其最親近扈從者，號諸班直；其次，總于御前忠佐軍頭司、皇城司、❶騏驥院。餘皆以守京師，❷備征伐。其在外者，非屯駐、屯泊，則就糧軍也。建隆元年，詔殿前、侍衛二司各閱所掌兵，揀其驍勇，升爲上軍，老弱怯懦，置剩員以處之。詔諸州長吏選所部兵送都下，以補禁旅之闕。又選强壯卒定爲兵樣，分送諸道。其後代以木梃，爲高下之等，散給諸州軍，委長吏、都監等召募教習，俟其精練，即送闕下。二年，改左右雄捷、左右驍武軍並爲驍捷，左右備征爲雲騎，左右平遠爲廣捷，左右懷德爲懷順。

【《文獻通考》】至道初，張洎奏曰：「漢高帝云：『吾以羽檄召天下兵，未有至者。』孝武云：『吾初即位，不欲出虎符發兵郡國。』知兵甲在外也，惟南北軍、期門、羽林以備天子扈從藩衛之用。唐承隋制，置十二衛府，兵皆農夫也。及罷府兵，始置神武、神策爲禁軍，不過三數萬人，以備天子扈從藩衛而已。禄山犯闕，朝廷驅市人接戰。德宗蒙塵，扈駕者四百餘騎，兵甲散在郡國。今天下甲卒數十萬衆，戰馬數十萬匹，萃在京師，本固邦疆，國之利也。」

蕙田案：張洎之説，蓋指其初制而

❶「司」字，原脱，據《宋史·兵志一》補。

❷「餘」字，原脱，據校點本《宋史·兵志一》及其校勘記補。

未見其流弊，非篤論也。

又案：以上宋禁兵。

廂兵者，諸州之鎮兵也。内總于侍衛司。一軍之額，有分隸數州者，或一州之管，兼屯數州者。在京諸司之額五，隸宣徽院，以分給畜牧繕修之役，而諸州則各以其事屬焉。

太宗鑒唐末方鎮跋扈，詔選州兵壯勇者悉部送京師，以補禁衛，餘留本城。本城雖或更戍，然罕教閱，類多給役而已。

皇祐中，河北水災，農民流入京東三十餘萬，安撫使富弼募以爲兵，拔其尤壯者，得九指揮，教以武技，雖廩以廂兵，而得禁兵之用，且無驕横難制之患。詔以其騎兵爲教閱騎射、威邊，步兵爲教閱壯武、威勇，分置青、萊、淄、徐、沂、密、淮陽七州軍，征役同禁軍。

陳氏傅良曰：「世言養兵之費，自藝祖增置禁軍始。考之則不然。案祥符、天聖，諸部郡額二百二十三，總爲本城而已，則天下無禁兵也。所謂禁兵者，皆三司之卒，分屯而更戍，今之屯駐、駐泊之名也。是爲就糧。自元昊叛而西北有保毅，王倫叛而東南有宣毅。熙寧案天下廂軍之籍五十萬人，而不知戰。❶于是教閱之法起。教閱之兵，因別爲額，排立在就糧禁軍下，由是禁軍始遍天下，此不可不辨。」

【《文獻通考》】嘉祐七年，宰相韓琦上言：「祖宗時，以兵定天下。凡有征伐則募置，事已則省併。故兵日精而用不廣。今二虜雖號通好，而西、北屯邊之兵常若待敵之至，故竭天下之力而不能給。不於此時先慮而速救之，一旦邊垂用兵，水旱相繼，駭而圖之，不可及也。又三路就糧之兵雖勇

❶「知」，原作「足」，據《玉海》卷一三九引文改。

勁服習，然邊儲踊貴，常苦難贍，❶若其數過多，復有尾大不掉之患。京師之兵，雖雜且少精，然漕於東南，廣而易供，設其數多，乃得强榦弱枝之勢也。祖宗時就糧之兵不甚多，邊垂有事，則以京師兵益之，其慮也深，而其費也鮮。願詔樞密院同三司，量河北、陝西、河東及三司榷貨務歲入金帛之數，約可贍京師及三路兵馬幾何，然後以可贍之數立爲定額。額足罷募，闕即增補。額外數已盡而營數畸零，則省併之。既見定額，則可以定某路馬步一營以若干人爲額。仍請覈開寶、至道、天禧、慶曆中外兵馬之數。蓋開寶、至道之兵，太祖、太宗以之定天下、服四夷也。天禧之兵，真宗所以守成備豫也。慶曆之兵，乃西師後增置之數也。以祖宗所養之兵，視今數之多少，則精冗易判，裁制無疑矣。」於是詔中書、樞密院同議。樞密院掇祖宗以來兵數以聞。蓋開寶之籍，總三十七萬八千，而禁軍馬步十九萬三千；至道之籍，總六十六萬六千，而禁軍馬步三十五萬八千；天禧之籍，總九十一萬二千，而禁軍馬步四十三萬二千；慶曆之籍，總一百二十五萬九千，而禁軍馬步八十二萬六千。視前募兵寖多，自是稍加裁制，以爲定額。

蕙田案：以上宋廂兵。

【《宋史·兵志》】鄉兵者，選自户籍，或土民應募，在所團結訓練，以爲防守之兵也。周廣順中，點秦州税户充保毅軍，宋因之。自建隆四年，分命使臣往關西道，令調發鄉兵赴慶州。咸平四年，令陝西係税人户家出一丁，號曰保毅，官給糧賜，使之分番戍守。

❶「苦」，原作「若」，據庫本及《文獻通考》卷一五二改。

五年，陝西緣邊丁壯充保毅者至六萬八千七百七十五人。時河北、河東有神鋭、忠勇、强壯，河北有忠順、强人，陝西有保毅、砦户、强人、强人弓手，河東、陝西有弓箭手，河北東、陝西有義勇，麟州有義兵，川峽有土丁、壯丁，荆湖南、北有弩手、土丁，廣南東、西有槍手、土丁，邕州有溪洞壯丁、土丁，廣南東、西有壯丁。

慶曆二年，籍河北强壯，得二十九萬五千，揀十之七爲義勇，且籍民丁以補其不足。河東揀籍如河北法。其後，議者論「義勇爲河北伏兵，以時講習，無待儲廩，得古寓兵於農之意。惜其束於列郡，止以爲城守之備。誠能令河北邢、冀二州分東西兩路，命二郡守分領，以時閲習，寇至即兩路義勇翔集赴援，使其腹背受敵，則河北三十餘所常伏鋭兵矣」。朝廷下其議，河北帥臣李昭亮等議曰：「昔唐澤潞留後李抱真籍户丁男，三選其一，農隙則分曹角射，歲終都試，以示賞罰。三年皆善射，舉部内得勁卒二萬。既無廩費，府庫益實，乃繕甲兵爲戰具，遂雄視山東。是時，天下稱昭義步兵冠於諸軍，此近代之顯効，而或謂民兵祇可城守，難備戰陣，非通論也。但當無事時，便分義勇爲兩路，置官統領，以張用兵之勢，外使敵人疑而生謀，内亦摇動衆心，非計之得。姑令在所點集訓練，三二年間，武藝稍精，漸習行陣，遇有警，得將臣如抱真者統馭，制其陣隊，示以賞罰，何敵不可戰哉！至於部分布列，量敵應機，繫於臨時便宜，亦難預圖。況河北、河東皆邊州之地，自置義勇，州縣以時按閲，耳目已熟，行固無疑。」詔如所議。治平元年，宰相韓琦言：「古者籍民爲兵，數雖多而贍至薄。唐置府兵，最爲近之，後廢不能復。今之義勇，河北幾十五萬，河東幾八萬，勇悍純實，出於天性，而有物力資産、父母妻子之所係，若稍加練簡，與唐府兵何異？陝西嘗刺弓手爲保捷，河北、河東、陝西皆控西、北，事當一體，請於陝西諸州亦點義勇，止涅手背，一時不無小擾，終成長利。」天子納其言，乃遣籍陝西義勇，得十三萬八千四百六十五人。於是三路鄉兵，惟義勇爲最盛。

【《宋史紀事本末》】熙寧中，王安石行保甲法，聯比其民，以相保任。十家爲一保，五十家爲大保，十大保爲都保。平日捕盜賊，肄武事，有事以爲民兵。元豐八年，司馬光上疏乞罷保甲，曰：「兵出民間，雖云古法。然古者八百家，纔出甲士三人、步卒七十二人，閑民甚多，三時務農，一時講武，不妨稼穡。自兩司馬以上，皆選賢士大夫爲之，無侵漁之患，故卒乘輯睦，動則有功。今籍鄉村之民，❶二丁取一，❷以爲保甲，授以弓弩，教之戰陣，是農民半爲兵也。三四年來，又令河北、河東、陝西置都教場，無問四時，五日一教，是三路稼穡之事幾盡廢也。自唐開元以來，民兵法壞，城守戰攻，盡募長征兵士，民間何嘗習兵，一旦畎畝之民皆戎服執兵，奔驅滿野，耆舊嘆息，以爲不祥。事既草創，調發無法，比户騷擾，不遺一家，農民之勞如此，終何所用哉！若使之捕盜賊，衛鄉里，則何必如此之多？使之戍邊境，事征伐，則彼遠方之民以騎射爲業，以攻戰爲俗，自幼及長，更無他務。中國之民，大半服田，雖復授以兵械，教之擊刺，在

❶「籍」，原作「即」，據《宋史紀事本末》卷一〇改。
❷「二」字，原脱，據《宋史紀事本末》卷一〇補。

教場中，坐作進退，有似嚴整，若使之與敵人相遇，鳴鏑始交，奔北潰敗，可以前料也。豈不誤國事乎！」

蕙田案：以上宋鄉兵。

【《宋史·兵志》】蕃兵者，塞下内屬諸部落，團結以爲藩籬之兵也。西北邊羌戎，種落不相統一，保塞者謂之熟户，餘謂之生户。陝西則秦鳳、涇原、環慶、鄜延，河東則石、隰、麟、府，其大首領爲都軍主，百帳以上爲軍主，其次爲副軍主，又有以功次補者，其官職俸給有差。

蕙田案：此宋蕃兵。

揀選之制。自廂軍升禁軍，禁軍升上軍，上軍升班直，升上軍及班直者，皆臨軒親閲，非材勇絶羣不以應募，❶餘皆自下選補。

蕙田案：此論揀選遷補。

召募之制。起於府衛之廢。蓋籍天下良民以討有罪，三代之兵與府衛是也。收天下獷悍之兵以衛良民，召募之兵是也。初，募時度人材，閲走躍，試瞻視，然後爲黥面，賜以緡錢衣屨，而隸諸軍。自國初以來，其取非一途，或土人就在所團立，或以營伍子弟聽從本軍，或乘歲凶募饑民補本城，或以有罪配隸給役。是以天下失職獷悍之徒，悉收籍之。伉健者遷禁衛，短弱者爲廂軍。平居食俸廩，備征防，一有警急，勇者力戰鬭，弱者給漕輓。

范氏鎮曰：「河北連歲招兵，皆是坊市無賴子弟及隴畝力田之人，謂爲軍營子弟，求刺爲軍。況田甚曠，民甚稀，賦斂甚重，國用甚不足者，正由兵多故也。議者曰：『以爲契丹備也。』且契丹五十年不敢南入爲寇者，金繒之利厚也。就使棄利爲害，則大河以北，婦人女子，皆是乘城之人，其城市無賴、隴畝力田者又將焉用

❶「募」字，原脱，據《宋史·兵志八》補。

而預蓄養之以困民？况契丹貪利而不敢動。夫取兵於民則民稀，民稀則田曠，田曠則賦役重，賦役重則民心離。寓兵于民則民稠，民稠則田闢，田闢則賦役輕，賦役輕則民心固。與其離民之心以備契丹，契丹未至而民力先已匱，孰若固民之心以備契丹，契丹雖至而民力有餘，國用有備？其利害若視白黑，若數一二也。昔漢武以兵困天下者，用兵以征匈奴，空漠北，得所欲也。陛下以兵困天下者，不用兵而養兵，以至是也。非以快所欲也，何苦而爲是乎？五口之家，尚知量入以爲出，况天下大計，其可以不校出入乎？其可以無經乎？請罷今招兵，敕大臣使具太祖、太宗、真宗每朝賦入若干，兵若干，官若干，約今賦入之數與兵數、官數，約取中道，立爲經制，❶以賦入之數，十分爲率，以七分養兵、官，給郊廟宫省諸費，三分以備水旱緩急非常，爲之十年，僅可以言治。古者，國無九年之蓄曰不足，無六年之蓄曰急，無三年之蓄曰國非其國。今自京師至天下州郡，人率無儲蓄，邊城甚者或無三數月之備，不幸有連年水旱，將何以養此兵乎？此兵不足以養，則其憂不在契丹也。」

【歐陽氏修《原弊論》】國家自景德罷兵，三十三歲矣。兵嘗經用者，老死幾盡，而後來者，未嘗聞金鼓、識戰陣也。生于無事而飽于衣食，其勢不得不驕惰。今衛士入宿，不自持被而使人持之。禁兵給糧，不自荷而雇人荷之。其驕如此，况肯冒辛苦以戰鬬乎？使兵耐辛苦，能戰鬬，雖耗農民，爲之可也。奈何有爲兵之虚名，而其實驕惰無用之人也。古之凡民長大壯健者，皆在南畝，農隙則教之以戰。今乃大異，一遇凶歲，則州郡吏以尺度量民之長大而試其壯健者，招之去爲禁兵，其次不及尺度而稍怯懦者，籍之以爲廂兵。吏招人多者有賞，而民方窮時，争投之。故一經凶荒，則所留在南畝者，惟老弱也。而吏方曰：「不收爲兵，則恐爲盜。」噫！苟知一時之不爲盜，而不知終身驕惰而竊食也。古之長大壯健者任耕，而老弱者游惰，今之長大壯健者游惰，而老弱者留耕也，何相反之甚耶！然民盡力乎南畝者，或不免乎狗彘之食，而一去爲兵，則終身安佚而享豐腴，則南畝之民，不得不日減也。故曰有誘民之弊者，謂此也。

❶「立爲經制」，原作「三爲輕制」，據《通考》卷一五二引范鎮曰改。

司馬光《論刺義勇》曰：「祖宗平諸鎮，一天下，豈嘗有義勇哉？自趙元昊反，諸將覆師者相繼，終不能出一旅之衆，涉區脱之地以討其罪，不免爲姑息之計。當是時，三路鄉兵數十萬，何嘗得一人之力乎？議者必曰：『河北、河東，不用衣廩，得勝兵數十萬，閲教精熟，皆可以戰。又兵出民間，合於古制。』臣謂不然。彼數十萬者，虚數也。閲教精熟者，外貌也。兵出民間者，名與古同而實異也。蓋州縣承朝廷之意，止求數多，閲教之日，觀者但見其旗號鮮明，鉦鼓備具，行列有序，進退應節，即嘆美以爲真可以戰。殊不知彼猶聚戲，若聞寇敵，則瓦解星散，不知所之矣。古者兵出民間，民耕桑之所得，皆以衣食其家，故處則富足，出則精鋭。今既賦斂農民之粟帛以贍正軍，又籍農民之身以爲兵，是一家獨任二家之事也。如此，則民之財力安得不屈？臣愚以爲，河北、河東已刺之民猶當放遣，况陝西未刺之民乎？」

馬氏端臨曰：「古之兵，皆出于民者也。故民附則兵多，而勃然以興；民叛則兵寡，而忽焉以亡。自三代以來，皆然矣。秦漢始有募兵，然猶與民兵參用也。唐之中世，始盡廢民兵而爲募兵。夫兵既盡出於召募，于是兵與民始爲二矣。兵與民爲二，于是兵之多寡，不關于國之盛衰，國之存亡，不關于民之叛服。募兵之數日多，養兵之費日浩繁，而敗亡之形，反基於此。唐自天寶以來，内外皆募兵也。外兵則藩鎮擅之，内兵則中人擅之，其勢不相下，而其力足以相制。故安、史反叛，而郭子儀、李光弼以節度之兵誅之；朱泚僭亂，而李晟、渾瑊以神策之兵誅之。及其衰也，宦官則以内兵而刼制人主，方鎮則以外兵而擅廣土地。及朱温舉兵内向，盡誅中人，廢神策，而唐之鼎祚移于内。楊行密、錢鏐、馬殷、王建、劉仁恭、李茂貞之徒，以卒伍竊據一方，而唐之土宇裂于外，而唐遂亡矣。中更五代，則國擅于將，將擅于兵，卒伍所推，則爲人主，而國興焉，非以得其民也；其所廢，則爲獨夫，而國亡焉，非以失其民也。宋有天下，藝祖、太宗以兵革削平海内，暨一再傳，則兵愈多而國勢愈弱。元昊小醜，稱兵構逆，王旅所加，動輒敗北，卒不免因循苟且，置之度外。洎金人南牧，徵召勤王之師，動數十萬，然援河北則潰於河北，援京城則潰於京城。于是中原拱手，以授金人，而王業偏安於江左。建炎、紹興之間，驕兵潰卒，布滿東南，聚爲大盜，攻陷城邑，荼毒生靈，行都數百里外，率爲寇賊之淵藪。而所謂寇賊者，非民怨而叛也，皆不能北向禦敵之兵也。張、韓、劉、岳之徒，以輔佐中興，論功行賞，視前代衛、霍、褒、鄂，曾無少異。然究其勳庸，亦多是削平内寇，撫定東南耳。一遇金人，非敗則遁，縱有小勝，不能補過。而卒不免用屈己講和之下策，以成晏安江沱之計。及其末也，夏貴之于漢口，賈似道之于魯港，皆以數十萬之衆，不戰自潰。于是賣降効用者，❶非民也，皆宋之將也；先驅倒戈者，亦非民也，皆宋之兵也。夫兵既不出民，故兵愈多而國愈危，民未叛而國已亡，唐、宋是也。噫！兵猶手足也，國猶身也。手足强壯則身存，手足枯槁則身廢。兵多則國存，兵少則國亡，未有以兵多而亡者。今唐兵雖多，强悍而不爲用，猶病狂易之人，奮拳舉爪，自陷其膺，自屠其腸，以至于殞身也。宋兵雖多，劣弱而不可用，猶病痱癖之人，恣其芻豢，以養擁腫之四肢，脛如腰，指如股，而病與之俱增，以至于殞身也。然則所以覆其國者，乃兵也；所以斃其身者，乃手足也。又古者籍民爲兵，其法不過因其户田之可賦者賦之，年齒之可任者任之，民固不容于倖免，而亦不可濫入。《司馬法》曰：『使智使勇，使貪使愚。』蓋言户盡爲兵，則君子小人，賢與不肖，俱出其間也。自募兵之法行，于是擇其願應募者，而所謂願應募者，非游手無藉之徒，則負罪亡命之輩耳，良民不爲兵也。故世之詈人者，曰『黥卒』，❷曰『老兵』，蓋言其賤而可羞。然則募兵所得者，皆不肖之小人也。夫兵所以耗國，而皆得不肖之小人，則國之所存者幸也。紀綱尚立，威令尚行，則猶能驅之以親其上、死其長，否則潰敗四出，反爲生民之禍，而國祚隨之矣。可勝慨哉！」

蕙田案：以上論募兵之害。

廩給之制。總内外廂、禁諸軍且百萬，國費最鉅者出此。然古者寓兵於民，民既出常賦，有事復裹糧而爲兵。後世兵農分，常賦之外，山澤關市之利税悉以養兵。然有警則以素所養者捍之，民晏然無預征役也。唐之時，兵分藩鎮，得專租税。天子禁衛之兵，中外不過十餘萬人。國朝收天下甲卒

❶「賣」，原作「買」，據《文獻通考》卷一五四改。
❷「黥」，原作「黔」，據《文獻通考》卷一五四改。

數十萬，悉萃京師。京師歲漕江、淮粟六百萬石，承平既久，嘗餘數年之食，以此臨制四方，猶臂指之運也。議者乃謂竭民賦税以養不戰之卒，豈知祖宗所以擾役强悍，銷弭争亂之深意哉。

蕙田案：此亦言其初制，豈知流弊有不可勝道者。

歐陽氏修論曰：「古之善用兵者，可使之赴水火。今廂、禁之軍，有司不敢役，必不得已而暫用之，則謂之借倩。彼兵相謂亦曰『官倩我』，而官之文符亦曰倩。夫賞者所以酧勞也。今以大禮之故，不勞之賞，三年而一徧，所費八九十萬，有司不敢緩月日之期。兵之得賞，不以無功知愧，乃稱多量少，比好嫌惡，小不如意，則持挺而呼，羣聚欲擊天子之命吏。無事之時猶若此，以此知兵驕也。兵之敢驕者，以用之不得其術，而法制不立也。前日五代之亂，可謂極矣。五十三年之間，易五姓十三君，❶而亡國被弒者八，長者不過十餘歲，甚者三四歲而亡。其主豈皆愚耶？其心豈樂禍亂而不欲爲

安人之計乎？顧其力不能者，時也。當時東有汾、晉，西有岐、蜀，北有强胡，南有江、淮、閩、廣、吴、越、荆、潭，天下分爲十三四，中國又有叛將强臣，割而據之。其君天下者，類皆亨國日淺，威德未洽，强君武主，力而爲之，僅以自守，不幸孱子弱孫，不過一再傳而復亂敗，是以養兵如子，猶恐不爲用。今宋之爲宋，八十年矣，外平僭亂，無抗敵之國，内削方鎮，無强叛之臣，天下爲一，海内晏然，爲國不爲不久，天下不爲不廣也。然而兵不足以威于外而敢驕于内，制度不可爲萬世法，而日益叢雜，一切苟且，不異五代之時，此甚可嘆也。」

蘇軾《應詔策》曰：「自三代之衰，井田廢，兵農異處，兵不得休而爲民，民不得息肩而無事于兵者，千有餘年，而未有如今日之極者也。三代之制，不可復追矣。至於漢唐，猶有可得而言者。夫兵無事而食則不可使聚，聚則不可使無事而食，此二者相勝而不可並行，其勢然也。今夫有百頃之閒田，則足以牧馬千駟而不知費，聚千駟之馬而輸百頃之芻，則其費百倍，此易曉也。昔漢

❶「三」，原作「二」，據庫本及《歐陽文忠公集》外集卷九《本論》改。

之制，有踐更之卒，而無營田之兵，雖皆出于農夫，而方其爲兵也，不知農夫之事，是故郡縣無常屯之兵，而京師亦不過有南北軍、期門、羽林而已。邊境有事，諸侯有變，皆以虎符調發郡國之兵，至于事已而兵休，則涣然各復其故。是以其兵雖不離農，而天下不至于弊者，未嘗聚也。唐有天下，置十六衛府兵，天下之府八百餘所，而屯于關中者至有五百。然皆無事則力耕而積穀，不惟以自贍養，而又足以廣縣官之儲，是以兵雖聚于京師而天下亦不至于弊者，未嘗無事而食也。今天下之兵不耕而聚于畿輔者以數十萬計，皆仰給于縣官，有漢唐之患而無漢唐之利，擇其偏而兼用之，是以兼受其弊而莫之分也。天下之財，近自淮甸，而遠至于吴楚，凡舟車所至，人力所及，莫不盡取，以歸于京師。晏然無事，而賦斂之厚，至于不可復加，而三司之用，猶苦其不給，其弊皆起于不耕之兵聚于内而食四方之貢賦。非特如此而已。又有循環往來，屯戍于郡縣者。昔建國之初，所在分裂，擁兵而不服，太祖、太宗，躬擐甲冑，力戰而取之。既降其君而籍其疆土矣，然其故基餘孽猶有存者。❶上之人見天下之難合而恐其復發也，于是出禁兵以戍之，大自藩府，而小至於縣鎮，往往皆有京師之兵。由此觀之，則是天下之地，一尺一寸，皆天子自爲守也，而可以長久而不變乎？費莫大于養兵，養兵之費莫大于征行。今出禁兵而戍郡縣，遠者或數千里，其月廩歲給之外，又日供其芻糧，三歲而一遷，往者紛紛，來者纍纍，雖不過數百爲輩，而要其歸，無以異于數十萬之兵三歲而一出征也。農夫之力，安得不竭？餽運之卒，安得不疲？且今天下未嘗有戰鬭之事，武夫悍卒，非有勞伐可以邀其上之人，然皆不得爲休息閑居無用之兵者，其意以爲爲天子出戍也。是故美衣豐食，開府庫，輦金帛，若有所負，一逆其意，則欲羣起而譟呼。此何爲者也？天下一家且數十百年矣，民之戴君，至于海隅，無以異于畿甸，亦不必舉疑四方之兵而專信禁兵也。曩者蜀之有均賊，❷近歲貝州之亂，未必非禁兵致之。臣愚以爲，郡縣之土兵可以漸訓而陰奪其權，則禁兵可以漸省而無用。夫武健豈有常所哉，山

❶「基」，原作「塞」，據庫本及《蘇文忠公全集·東坡應詔集》卷四改。

❷「賊」，原作「賦」，據《蘇文忠公全集·東坡應詔集》卷四改。

川之所習，風氣之所咻，四方之民一也。昔者戰國嘗用之矣，蜀人之怯懦，吳人之短小，皆嘗以抗衡于上國，夫安得禁兵而用之？今之土兵，所以鈍弊劣弱而不振者，彼見郡縣皆有禁兵而待之異等，是以自棄于賤隸役夫之間，而將吏亦莫訓也。苟禁兵漸省，而以其資糧益優郡縣之土兵，則彼固以歡欣踴躍，出于意外，戴上之恩，而願效其力，又何遽不如禁兵耶？夫土兵日以多，禁兵日以少，天子扈從捍城之外，無所復用，如此則内無屯聚仰給之費，而外無遷徙供億之勞，費之省者，又已過半矣。」

蕙田案：此論養兵之害。

又案：宋能革唐方鎮之弊，而不能復唐府衛之制。禁軍、廂軍、鄉兵、蕃兵，一皆出於召募，其立法之謬，蓋沿唐人中葉之秕政，而又有甚焉者也。何則？唐内有禁軍，外委方鎮，當其勢足以相制，則猶可並收其利。至宋乃盡收四方勁兵，列營京畿，又立爲更戍，分遣禁旅，戍守邊城，往來交錯，旁午道路。于是無事而坐縻廩食，有事而莫與分憂，天下之大，皆天子自爲戰守也，但有唐之弊，而并無唐之利矣。約而論之，亦有三變。其始當太祖、太宗之世，法制尚明，威令猶肅，亦足爲治。久之弊生，兵皆不可用。一變而爲韓魏公之刺義勇，再變而爲王介甫之保甲，三變而爲童貫之增額矣。遞變而遞衰，皆因立法原未盡善。故自漢以來，戰功之無足稱，國勢之弱，未有如宋者。范氏、歐陽氏、蘇氏、司馬氏及馬貴與所論召募之害與廩給之患，可謂深切著明矣，後人可不鑒哉！

觀承案：宋兵之三變極確，然童貫

之增額，直不足道矣。惜乎介甫之保甲，其名甚高，而法不簡要，意不虚公，本欲利民，而適以禍民也夫！

右宋軍制。

【《金史·兵志》】諸部之民，無他徭役，壯者皆兵。平居則聽以漁佃射獵，習爲勞事，有警則下令部内，及遣使詣諸孛堇徵兵，凡步騎之仗糗，皆取備焉。其部長曰孛堇，行兵則稱曰猛安、謀克，從其多寡以爲號。猛安者，千人長也。謀克者，百夫長也。謀克之副曰蒲里衍，士卒之副從曰阿里喜。部卒之數，初無定制。

右金軍制。

【《元史·兵志》】世祖時，内立五衛，以總宿衛諸軍，衛設親軍都指揮使；外則萬户之下置總管，千户之下置總把，百户之下置彈壓，立樞密院以總之。遇方面有警，則置行樞密院，事已則廢，而移都鎮撫司屬行省。萬户、千户、百户分上、中、下。萬户佩金虎符。符趺爲伏虎形，首爲明珠，而有三珠、二珠、一珠之别。千户金符，百户銀符。萬户、千户死陣者，子孫襲爵，死病則降一等。總把、百户老死，萬户遷他官，皆不得襲。是法尋廢，後無大小，皆世其官，獨以罪去者則否。若夫軍士，則初有蒙古軍、探馬赤軍。蒙古軍皆國人，探馬赤軍則諸部族也。其法，家有男子，十五以上，七十以下，無衆寡，盡僉爲兵。十人爲一牌，設牌頭，上馬則備戰鬭，下馬則屯聚牧養。孩幼稍長，又籍之，曰漸丁軍。既平中原，發民爲卒，是爲漢軍。

右元軍制。

【《明史·兵志》】明革元舊制，自京師達於郡縣，皆立衛所。外統之都司，内統於五軍都督府，而上十二衛爲天子親軍者不與焉。征伐則命將充總兵官，調衛所軍領之。既旋則將上所佩印，官軍各回衛所。蓋得唐府兵遺意。于謙創立團營，簡精鋭，一號令，兵將相習，其法頗善。憲、孝、武、世四朝，營制屢更，而威益不振。衛所之兵，疲於番上，京師之旅，困於占役。馴至末造，尺籍久虚，行伍衰耗矣。

蕙田案：此明軍制總論。

【王圻《續通考》】明初，立大都督府，以朱文正爲大都督，節制中外諸軍事。尋設左右都督、都督同知、都督僉事。洪武十三年，又以其權歸于一衙門，設中、左、右、前、後五軍都督府，分領在京各衛所、在外都司衛所。其在京錦衣等親軍上直衛，又不隸五府。若有征討之役，以公侯伯及三等直署都督充總兵官，名曰掛印將軍。其在外鎮守地方武臣，原爲掛印。

蕙田案：此五軍都督府。

【《明史·兵志》】班軍者，衛所之軍番上京師，總爲三大營者也。初，永樂十三年，詔邊將及河南、山東、山西、陝西各都司，中都留守司，江南、北諸衛官，簡所部卒赴北京，以俟臨閲。京操自此始。

京軍三大營，一曰五軍，一曰三千，一曰神機。其制皆備於永樂時。于謙爲兵部尚書，謙以三大營各爲教令，臨期調撥，兵將不相習，乃請於諸營選勝兵十萬，分十營團練。每營都督一，號頭官一，都指揮二，把總十，領隊一百，管隊二百。於三營都督中推一人充總兵官，❶監以内臣，兵部尚書或都御史一人爲提督。其餘軍歸本營，曰老

❶「都」，原作「提」，據校點本《明史》及其校勘記改。

家。京軍之制一變。憲宗立，復之，增爲十二。於是集九邊突騎家丁數萬人於京師，名曰外四家。立兩官廳，選團營及勇士、四衛軍於西官廳操練，正德元年所選官軍操於東官廳。自是兩官廳軍爲選鋒，而十二團營且爲老家矣。世宗立，王邦瑞攝兵部，因言：「國初，京營勁旅不減七八十萬，元戎宿將，常不乏人。自三大營變爲十二團營，又變爲兩官廳，雖浸不如初，然額軍尚三十八萬有奇。今武備積弛，見籍止十四萬餘，而操練者不過五六萬。支糧則有，調遣則無。比敵騎深入，戰守俱稱無軍。即見在兵，率老弱疲憊、市井遊販之徒，衣甲器械，取給臨時。此其弊不在逃亡，而在占役；不在軍士，而在將領。蓋提督、坐營、號頭、把總諸官，多世胄紈袴，平時占役營軍，以空名支餉，臨操則肆集市人，呼舞博笑而已。先年，尚書王瓊、毛伯温、劉天和常有意振飭。然將領惡其害己，陰謀阻撓，軍士又習于驕惰，競倡流言，事復中止，釀害至今。乞大振乾綱，遣官精核。」帝是其言，命兵部議興革。于是悉罷團營、兩官廳，復三大營舊制。張居正當國，綜覈名實，羣臣多條上兵事，大旨在足兵、選將，營務頗飭。久之，帝厭政，廷臣漸争門户，習於偷惰，遂日廢弛。大率京軍積弱，由於占役買閒。其弊實起於紈袴之營帥，監視之中官，竟以亡國云。

【王圻《續通考》】景泰中，土木變後，兵漸耗散，用兵部尚書于謙議，擇三大營精鋭騎兵十萬，分爲十營團操，以備警急，是爲團營。餘步騎仍歸三大營，曰老營。天順初罷，八年復置。成化初罷，三年復置，分爲十二營，凡十二萬人，曰奮武、耀武、練武、顯武、敢勇、果勇、効勇、鼓勇、立威、伸威、揚威、振威。毅皇帝集九邊家將突騎凡數萬人聚京師，號威武營，上自爲大將軍，而十二營自如。嘉靖初，兵政大廢弛，邊報歲益急，團營見兵少，乃僅選三萬騎聽征，號曰東西二官廳，各都督一人總之，而團營所餘者，非老弱則入元帥、中貴私家矣。庚戌，罷十二營，併爲三大營。五軍營，副將一員，參將四員，遊擊將軍四員。神樞營，副將一員，佐擊將軍六員，練勇參將六員。神機營，將校亦如之。隆慶四年，大學士趙貞吉奏：「將見操官軍分爲左右中前後五營，各擇一將分統，責令開營訓練，而以文臣廷覈之，收戎政印，歸之内府。有事則領敕掛印而命將，閫外事完，則繳敕納印而歸將營中。」下兵部議，不盡合，乃請仍舊制。分五軍、神樞、神機三大營，各以總兵一員統之，各給敕關防，而以文職大臣一員總理之，餘如貞吉言。

【楊一清《請理戎政疏》】太祖設五府四十八衛。太宗都燕京，仍立五府，增七十二衛，設五軍、神機、三千大營，操演武藝。又以河南、山東、中都、大寧四都司官軍輪聚京師，歲教月練，無事足以壯國威，有警足以禦外侮。厥後，兵務漸弛。正統己巳，北狄侵侮，幾危宗社。景泰初，于謙乃于三大營中挑選精鋭者，分立十營團操，是爲團營。四方有警，或用一營、二營、三營，以次挨撥而行，不用臨期挑選。後增爲十二團營。于時一有警報，大軍一出，四方懾服。嗣後，因陋就簡，垂四十年，而戎馬日耗。士卒之殷實者出錢包班，而其名徒存，貧難者饑寒困苦，而其形徒在。衣裳襤褸，氣息奄奄，平居且不能自存，安能爲國以捍禦百戰之敵哉！每遇有警，欲撥一二萬之兵，未免於各營通行挑選，欲再選撥一二萬，恒以不足數爲慮。夫軍以衛民，民以養軍。今各營官軍，月支米八萬一千五百有餘石，以一歲計之，該食米九十七萬八十餘石。是皆百姓膏血之餘。及選用戰兵，求二三萬而不足當事，豈不爲之寒心哉！至於統兵將官，亦皆臨期選用，將不知兵，兵不知將，遲緩日月，旋置軍裝，將官已至關口，士卒尚在京城，都人相傳爲笑，口是不堪用，徒費芻糧也。中外士夫，亦皆以京軍爲不足用。正德年間，山東、北直隸等處，羣盜縱横，乃調宣大、陝西、遼東邊軍征之，踰年始得平定。是豈强榦弱枝之意哉？幸而其時三邊無警，假使邊民不可掣調，則内盜將置之不問乎？今失此不爲，後益難圖。乞敕提督官申教練之法，加優卹之恩，禁剥削之害，嚴役占之條，痛革宿弊，修復舊規，使耳目一新，精采一變。内治既舉，外攘何難，所以壯國家元氣而延生民之命脉者，庶其在此也。

蕙田案：以上明京營。

【《明史·兵志》】親軍上二十二衛，舊制止十二衛，後增設金吾左以下十衛，俱稱親軍指揮使司，不屬五府。又設騰驤等四衛，亦係親軍，并武功、永清、彭城及長陵等十五衛，俱不屬府。

【王圻《續通考》】在京二十二衛，錦衣至虎賁，爲上十二衛；金吾至通州，本北平都司衛，爲上十衛。凡二十二衛，名親軍指揮使司。騰驤、武驤左右四衛，亦名親軍指揮使司。武功三衛以匠，故隸工部。長陵、景陵、獻陵、茂陵、泰陵、康陵七衛爲陵衛，並不隸都督府，亦不稱親軍。其餘分隸五府。留守五衛者，國初都鎮撫司總領禁衛，改爲留守五衛，專巡察守衛京衛。隸都督府者，上府移兵部。親軍衛，直達兵部。

蕙田案：以上不隸都督府。

又案：以上俱係明京師之兵。

【《明史·兵志》】太祖下集慶路爲吴王，罷諸翼統軍元帥，置武德、龍驤、豹韜、飛熊、威武、宣武、羽林等十七衛親軍指揮使司。革諸將襲元舊制樞密、平章、元帥、總管、萬户諸官號。而覈其所部兵五千人爲指揮，❶千人爲千户，百人爲百户，五十人爲總旗，十人爲小旗。天下既定，度要害地，係一郡者設所，連郡者設衛。大率五千六百人爲衛，千一百二十人爲千户所，百十有二人爲百户所。所設總旗二，小旗十，大小聯比以成軍。其取兵，有從征，有歸附，有謫發。從征者，諸將所部兵，既定其地，因以留戍。歸附，則勝國及僭僞諸降卒。謫發，以罪遷隸爲兵者。其軍皆世籍。此其大略也。十三年，丞相胡惟庸謀反誅，革中書省，因改大都督府爲五，分統諸軍司衛所。洪武二十六年，定天下都司衛所，共計都司十有七，留守司一，内外衛三百二十九，守禦千户所六十五。及成祖在位二十餘年，多所增改。其後措置不一，後定天下都司衛所，共計都司二十一，留守司二，内外衛四百九十三，守禦屯田羣牧千户所三百五十九，儀衛司三十三，自儀衛司以下，舊無，後以次漸添設。宣慰使司二，招討使司二，宣撫司六，安撫司十六，長官司七十，原五十九。番邊都司衛

❶「覈」字，原脱，據《明史·兵志二》補。

所等四百七。後作四百六十三。

【王圻《續通考》】凡天下要害之地，有係一郡者設所，係連郡者設衛，勢重則衛多，其尤重者設鎮，特官主之。總鎮一方者爲鎮守，獨鎮一路者爲分守，各守一城一堡者爲守備，與主將同處一城者爲協守。又備倭提督、提調、巡視等官稱掛印，專制者爲總兵，次爲副總兵，爲參將，爲遊擊。

王氏圻曰：「明初破陳友諒，帥舟師二十萬，取姑蘇二十萬，平中原二十五萬，下雲南三十萬。馮國公北征，以三十萬乃出戰。蓋一方如此。建文初，李景隆北征，兵百萬。至永樂中，命淇國公以十萬騎北伐，步騎五十餘萬，而討安南兵又八十萬。一時兵力之盛，雄視千古。自嘉靖八年，桂萼上天下兵籍僅九十七萬，至胡松考輿地，又止八十四萬五千八百而已。然此又虛數也。今西北騎少，漸不支，而東南拒倭、征苗，全藉調狼土，募民兵而已，不能得一卒之用也。此無他，北兵之所以削者，日耗于攻戰，而疲敝于調發，中土及東南之所以削者，上班也，運糧也，屯政之不修也。」

蕙田案：以上明衛所之兵。

【《明史・兵志》】明都北平，三面近塞，邊防甚重。東起鴨緑，西抵嘉峪，綿亘萬里，分地守禦。初設遼東、宣府、大同、延綏四鎮，繼設寧夏、甘肅、薊州三鎮，而太原總兵治偏頭，三邊制府駐固原，亦稱二鎮，是爲九邊。

蕙田案：此明邊防。

天下衛所之外，郡縣有民壯，邊郡有土兵，自正統以後，皆以召募設立。

蕙田案：此明鄉兵。

沿海自廣東樂會，歷閩、浙、南直隸，至鴨緑，綿亘萬餘里，在在設海防以備島寇、倭夷，又有江防諸汛以輔之。

蕙田案：此明海防、江防。

又案：明制又有南京衛所親軍衛、

五軍都督府屬、羈縻衛所，其長爲都督、都指揮、指揮、千百户、鎮撫等官，賜敕書印記，設都司統衛所。西北諸部有指揮等官。設衛西番，有都指揮、宣慰使，設都指揮使司，指揮使司，❶詳見《明史·兵志》。非軍制之要，今從略。

又案：明之初制，與唐之初制大相類。衛、所、都司，猶唐之折衝府也。五軍都督府，猶唐之二府十二軍也。其法最爲盡善。唐一變爲彍騎，明一變爲團營，皆不得不變者也。然初制遂不可復。若能參合唐、明之初制而去其簡閲不精、役重逃亡、占役買閒、番上疲困諸弊，則可以久安長治矣。蓋治法與治人，二者相須，軍制爲尤甚云。

右明軍制。

五禮通考卷第二百三十六

淮陰吴玉搢校字

❶「使」字，原脱，據《明史·兵志二》補。

五禮通考卷第二百三十七

內廷供奉禮部右侍郎金匱秦蕙田編輯
太子太保總督直隸右都御史桐城方觀承同訂
翰林院侍讀學士嘉定王鳴盛
兩淮都轉鹽運使德水盧見曾參校

軍禮五

出師一

蕙田案：先王不得已而用師。師必以律，律與禮相爲表裏者也。師出不以律，猶無師也。律不以禮，猶無律也。故出師之際，禮尤重焉。今集經史及諸家之言，列出師一門。此書以議禮，非言兵也，故行陣擊刺之事從略而於類禡宜造、命將誓師及凱旋宣捷諸儀節則加詳焉。正史之外，采唐、五代《會要》、《開元禮》、《政和新儀》、《通典》、《通考》、《明集禮》、《會典》附益之。

【《易·師卦》】師：貞，丈人吉，无咎。《彖》曰：「師，衆也。貞，正也。能以衆正，可以王矣。剛中而應，行險而順，以此毒天下，而民從之，吉又何咎矣！」《象》曰：「地中有水，師；君子以容民畜衆。」初六，師出以律，否臧凶。《象》曰：「師出以律，失律凶也。」九二，在師，中吉，无咎；王三錫命。《象》曰：「在師中吉，承天寵也；王三錫命，懷萬邦也。」六三，師或輿尸，凶。《象》曰：「師或輿尸，大無功也。」

六四，師左次，无咎。《象》曰：「左次无咎，未失常也。」　六五，田有禽，利執言，无咎；長子帥師，弟子輿尸，貞凶。《象》曰：「長子帥師，以中行也。弟子輿尸，使不當也。」　上六，大君有命，開國承家，小人勿用。《象》曰：「大君有命，以正功也；小人勿用，必亂邦也。」

程子曰：「《師》爲卦，《坤》上《坎》下，以二體言之，地中有水，爲衆聚之義。以二卦之義言之，内險外順，險道而以順行，師之義也。以爻言之，一陽而爲衆陰之主，統衆之象也。《比》以一陽爲衆陰之主而在上，君之象也；《師》以一陽爲衆陰之主而在下，將帥之象也。」

【《大易紀聞》】初六，出師而嚴其律；九二，帥師而得其人。戒六三之輿尸而一其令，審六四之左次而重其進，去天下之害而不自爲害，此皆六五之君得興師之道，操任將之法。至上六而功成治定，師之道終焉。六爻中，出師、駐兵、將兵、將將與奉辭伐罪、旋師班賞，無所不載，雖後世兵書之繁，不如《師卦》六爻之略也。

【《謙卦》】六五，利用侵伐，无不利。上六，利用行師，征邑國。

【《朱子語類》】問：「《謙》是不與人争，如何五上二爻皆言『利用侵伐』、『利用行師』？」曰：「《老子》言：『大國下小國則取小國，小國下大國則取大國。』又言：『抗兵相加，哀者勝矣。』大抵謙自是用兵之道，只退處一步耳，如『必也臨事而懼』，皆是此意。」

【《豫卦》】豫：利建侯行師。

程子曰：「豫，順而動也。諸侯和順，則萬民悦服。兵師之興，衆心和悦，則順從而有功，故悦豫之道，利于建侯行師也。又上動而下順，諸侯從王、師衆順令之象。君萬邦，聚大衆，非和悦不能使之服從也。」

【《離卦》】上九，王用出征，有嘉折首，獲匪其醜，无咎。《象》曰：「王用出征，以正邦也。」

程子曰：「九以陽居上，在《離》之終，剛明之極者也。明則能照，剛則能斷。能照足以察邪惡，能斷足以行威刑。故王者能用如是剛明以辨天下之邪惡而行其征伐，則有嘉美之功也。征伐，用刑之大者。夫明極則無微不照，斷極則无所寬宥，不約之以中，則傷于嚴察矣。去天下之惡，若盡去其漸染詿誤，則何可勝誅，所傷殘亦甚矣，故但當折取其魁首，所執獲者，非其醜類，則无殘暴之咎也。《書》曰：『殲厥渠魁，脅從罔治。』」

【《書·胤征》】威克厥愛，允濟；愛克厥威，允罔功。

【《仲虺之誥》】兼弱攻昧，取亂侮亡，推亡固存，邦乃其昌。【傳】弱則兼之，闇則攻之，亂則取之，有亡形則侮之。有亡道則推而亡之，有存道則輔而固之。

【《康王之誥》】太保、芮伯咸進，曰：「張皇六師，無壞我高祖寡命。」【傳】言當張大六師之衆。

【《周禮·春官·大宗伯》】大師之禮，用衆也。

鄭氏鍔曰：「五軍以爲師，以師統軍，以軍統旅，以旅統卒，以卒統兩，以兩統伍，上下相統，聞鼓進，聞金止，此大師之禮，以用衆，故欲其同。」

【《夏官·大司馬》】制軍詰禁以糾邦國。以九伐之法正邦國，馮弱犯寡則眚之，賊賢害民則伐之，暴内陵外則壇之，野荒民散則削之，負固不服則侵之，賊殺其親則正之，放弑其君則殘之，犯令陵政則杜之，外內亂鳥獸行則滅之。【注】馮猶乘陵也，言不字小而侵侮之。眚猶人眚瘦也。《王霸記》曰：「四面削其地。」《春秋傳》曰：「粗者曰侵，精者曰伐。」又曰：「有鍾鼓曰伐。」則伐者，兵入其竟，鳴鍾鼓以往，所以聲其罪。

鄭氏鍔曰：「眚，王氏謂『詘其爵命，削其土地，若人眚瘦』，未免與下『削之』相似。眚如《易》『有災眚』之眚，用兵治之，使若眚災不能逃其患也。」

及師，大合軍，以行禁令，以救無辜，伐有罪。【注】師，所謂王巡守若會同，司馬起師合軍以從，所以威天下、行其政也。

王氏昭禹曰：「及師，大合軍，謂命將或王親征之時。」

鄭氏鍔曰：「大合軍旅，非以肆暴也，以行禁令，所以申明乎九法也；以救無辜，所以明王者之仁也；以伐有罪，所以明王者之義也。」

【《禮記·曲禮》】班朝治軍，涖官行法，非禮威嚴不行。

陳氏澔曰：「治軍旅左右之局，非禮則威嚴不行。」

右師名義。

【《禮記·月令》】孟春之月，不可以稱兵，稱兵必天殃。

陳氏澔曰：「天地大德曰生。春者，生德之盛時也。兵凶器，戰危事，以殺戮之心，逆生育之氣，是變易天之生道，其殃也宜哉。」

季夏之月，不可以起兵動衆。

孟秋之月，天子乃命將帥，選士厲兵，簡練桀俊，專任有功，以征不義，詰誅暴慢，以明好惡，順彼遠方。

陳氏澔曰：「專任有功，謂大將有已試之功乃使之專主其事也。詰者，問其罪。誅者，戮其人。殘下謂之暴，慢上謂之慢。」

右出師時令。

【《周禮·夏官·大司馬》】若大師，則掌其戒令。

易氏祓曰：「若有强梗弗率者，負固弗服者，與夫侵犯王略而自干天誅者，天子于是親帥六師，方伯連帥從焉，謂之大師。大司馬掌其戒令，則方伯連帥以至軍將師帥，莫不受戒令焉。」

鄭氏鍔曰：「或謂用師，則大司馬爲大將，固掌號令，以指麾六軍矣。此言『若大師則掌其戒令』者，蓋此乃王親出征之時也。王自出軍，則王自將，號令皆出于王，大司馬惟掌戒令，則專治六師之法而已。」

【《詩·小雅·常武序》】《常武》，召穆公美宣王也。有常德以立武事，因以爲戒然。

【《詩緝》】嚴氏粲曰：此詩，王親征淮北之夷及徐方也。召公既平淮南之夷，未幾淮北之夷復挾徐方以叛，宣王于是親征之。召公慮其狃勝而喜功也，故因美而戒之。

蕙田案：親征之事，如黄帝之征蚩尤及夙沙氏，夏啓戰甘之師、武丁荆楚之伐皆是也。湯南巢之戰，武牧野之戰，亦屬親征而其事又别。後世如隋之征高麗，唐太宗之征突厥，宋真宗景德澶淵之師，與明成祖之征蒙古本雅失里、阿魯台、瓦剌、馬哈木等，英宗之征也先，武宗之征宸濠，或有合于奉辭伐罪之義，或徒出于窮兵黷武之爲，孰得孰失，史有明文，學者折衷于經可也。

右親征。

【《禮記·王制》】諸侯賜弓矢然後征，賜鈇鉞然後殺。

馬氏晞孟曰：「征與殺，先王所以致天討。弓矢、鈇鉞，先王所以致天討之器。諸侯必俟天子之賜，然後得以征伐者，臣無有作威，所用則君之賜而已。以征對殺，則殺爲重。以弓矢對鈇鉞，則鈇鉞爲重。諸侯之出討有罪，未賜斧鉞而有所不敢殺，則亦征之而已。」

【《書·大禹謨》】帝曰：「咨！禹，惟時有苗弗率，汝徂征。」禹乃會羣后，誓于師。三旬，苗民逆命。益曰：「惟德動天，無遠弗屆，矧茲有苗？」禹拜昌言，曰：「俞。」班師振旅。帝乃誕敷文德，舞干羽于兩階。七旬，有苗格。【傳】舞文舞于賓主階間，抑武事。

【疏】《釋言》：「干，扞也。」據器有武有文，俱用以爲舞，而不用於敵，故教爲文也。

【《書·胤征》】惟仲康肇位四海，胤侯命掌六師。羲、和廢厥職，酒荒于厥邑，胤后承王命徂征。

林氏之奇曰：「羿之立仲康也，方將執其禮樂征伐之權以號令天下。羲、和黨惡于羿，胤侯承王命往征之，以剪羿羽翼，故終仲康之世，羿不得以逞也。」

【《詩·大雅·皇矣》】密人不恭，敢距大邦，侵阮徂共。王赫斯怒，爰整其旅，以按徂旅。以篤周祜，以對于天下。依其在京，侵自阮疆。陟我高岡，無矢我陵，我陵我阿。無飲我泉，我泉我池。度其鮮原，居岐之陽，在渭之將。萬邦之方，下民之王。

【《詩緝》】嚴氏粲曰：「文王以西伯討密之罪，先駐兵國都，依憑此在京之師以爲聲勢，然後出兵，自阮疆以侵密。」

帝謂文王，詢爾仇方。同爾兄弟，以爾鉤援。與爾臨衝，以伐崇墉。臨衝閑閑，崇墉言言。執訊連連，攸馘安安。是類是禡，是致是附，四方以無侮。臨衝茀茀，崇墉仡仡。是伐是肆，是絶是忽，四方以無拂。

【朱子《詩傳》】述文王伐崇之事。

【《棫樸》】淠彼涇舟，烝徒楫之。周王于邁，六師及之。

【《詩緝》】嚴氏粲曰：「三章述戎事之得人也。文王之時，北有玁狁之難，文王以天子之命命將遣戍以討之，必渡涇水也。」

【《豳風·東山》】序：《東山》，周公東征也。

我徂東山，慆慆不歸。我來自東，零雨其濛。我東曰歸，我心西悲。制彼裳衣，勿士行枚。蜎蜎者蠋，烝在桑野。敦彼獨宿，亦在車下。【箋】周公攝政，三監及淮夷叛，周公乃東伐之，三年而後歸。

何氏楷曰：「朱子云：『《東山》之詩，言「自我不見，于今三年」，則居東之非東征明甚。蓋周公居東二年，成王因風雷之變，既親迎以歸，三叔懷流言之罪，遂脅武庚以叛，成王命周公征之。其東征往返，首尾又自三年也。』案《逸周書·作雒解》云：『師旅臨衛攻殷，殷大震潰，降辟三叔，❶祿父者奔，管叔經而卒。所征熊盈族十有七國，俘維九邑，俘殷獻民，遷于九畢。』《竹書》成王三年：『王師滅殷，殺武庚祿父，遷殷民于衛，遂伐奄，滅蒲姑。四年，王師伐淮夷，遂入奄。五年，王在奄，遷其君于蒲姑。夏五月，王至自奄。』此則東征之役，斧斯破缺，蓋歷三年也。」

蕙田案：《金縢篇》孔安國傳以「我之弗辟」爲刑辟之辟，并即以居東二年爲東征誅管、蔡之事。鄭康成詩箋以「弗辟」爲避，而以居東二年爲避居東土。蔡仲默因之。竊謂一聞流言，遽興兵而東，誅二叔，恐周公未必專擅如此。惟避居二年，積誠相感，王心稍悟，然後作《鴟鴞》以開解王心。及乎風雷感泣，發匱得書，皮弁親迎之後，乃敢用我斨我斧，奉王命而致討。居東二年，征東三年，自是二事，豈可併爲一談也。古雖有專征之禮，然如孔傳說，適足爲亂臣藉口，當從康成爲是。何氏據《逸周書》、《竹書》證之，疑或然也。

【《破斧》】序：《破斧》，美周公也。

既破我斧，又缺我斨。周公東征，四國是皇。哀我人斯，亦孔之將。

【《書·費誓序》】魯侯伯禽宅曲阜，徐、夷並興，東郊不開，作《費誓》。【傳】徐戎、淮夷並起爲寇于魯，故東郊不開。魯侯征之于費地而誓衆。

❶「辟」，原作「群」，據《詩經世本古義》卷十之上改。

【《詩・秦風・小戎序》】《小戎》，美襄公也。備其兵甲，以討西戎。西戎方彊，而征伐不休。國人則矜其車甲，婦人能閔其君子焉。

右諸侯專征。

【《禮記・王制》】天子將出征，❶類乎上帝。

蕙田案：《王制》所説類、宜、造之禮凡二見。其一爲巡守之禮，其一爲征伐之禮。鄭康成皆注云「其禮亡」，則三代以上，儀節之詳，已不可見。然散見各經者尚多，今採取特備。唐及明諸儀甚詳，今略撮其要，以備考。

又案：孔疏《爾雅》所釋，多爲釋《詩》。以《皇矣》云「是類是禡」，故釋爲「師祭」，不謂餘文皆爲師祭。但類者，以事類告天。若以攝位事類告天，亦謂之類，故《尚書・舜典》云「肆類于上帝」是也。或以巡狩事類告天，亦謂之類，故《王制》云「天子將出，類乎上帝」是也。

【《周禮・春官・大祝》】大師，類上帝則前祝。【注】前祝，大師自前祝也。王出，將有事于神，大祝居前，先以祝辭告之。【疏】王出六軍，親行征伐，曰大師。軍將出，類祭上帝，告天以行。大祝先告，王後臨也。

王氏安石曰：「《司馬法》曰：『將用師，乃告于皇天上帝，日月星辰。』《詩》曰『是類是禡』，《爾雅》曰此師祭也，所謂類上帝也。」

鄭氏鍔曰：「凡此事，大祝處前告神，故曰前祝。」

王氏昭禹曰：「大祝前于羣祝。」

【《肆師》】類造上帝則爲位。

鄭氏鍔曰：「上帝至尊，不可以瀆，因其事類，然後告祭，故名曰類。類者，上帝之祭。造者，祖廟之祭。此曰『類造上帝』何也？蓋王者出征，所至以事類告天，

❶「出」，原空闕，據庫本補。

故兼言之。非常祭，故爲之位。蓋肆師主立國祀之禮耳。」

【《孔叢子・問軍禮》】先期五日，太史誓于祖廟，擇吉日齋戒，然後乃類上帝，柴于郊以出。

【《司馬法》】先王之治，順天之道，設地之宜，官民之德而正名治物，立國辨職，以爵分禄，諸侯説懷，❶海外來服，獄弭而兵寢，聖德之治也。其次賢王，制禮樂法度，乃作五刑，興甲兵以討不義，巡狩省方會諸侯，考不同，其有失命亂常背德，逆天之時而危有功之君，徧告於諸侯，彰明有罪，乃告於皇天上帝日月星辰，然後冢宰徵師於諸侯，曰：「某國爲不道，征之以某年月日，師至於某國，會天子正刑。」

【《書・湯誥》】敢用玄牡，敢昭告于上帝神后請罪有夏，以與爾有衆請命。

【蔡傳】玄牡，夏尚黑，未變其禮也。

【《詩・大雅・皇矣》】是類是禡。【注】類，出師祭上帝。

【《爾雅・釋天》】是禷是禡，師祭也。【注】師出征伐，禷于上帝。

【《書・泰誓》】予小子夙夜祗懼，類于上帝，以爾有衆，底天之罰。

【蔡傳】言予小子畏天之威，早夜敬懼，不敢自寧，告于天地神祇，以爾有衆，致天之罰于商也。

【《詩・周頌・桓序》】《桓》，講武類禡也。桓，武志也。

綏萬邦，屢豐年。天命匪解。桓桓武王，保有厥士。于以四方，克定厥家。於昭于天，皇以間之。

【《孔叢子・問軍禮》】凡類禡，皆用甲丙

❶「説」，原作「諸侯」，據《司馬法・仁本第一》改。

戊庚壬之剛日。

【《通典》】梁武帝天監初，陸璉定軍禮，依古制，類造等用牲幣。帝曰：「宜者謂征討得宜，造者禀謀於廟，類者奉天時以明伐。並明不欲自專，陳幣承命可也。」璉不能對。嚴植之又爭之，於是告用幣，反亦如之。

北齊親征，纂嚴則服通天冠，文物充庭，有司表更衣，乃入，冠武弁，左貂附蟬，以出。誓訖，次擇日陳六軍，備大駕，類于上帝。

隋大業七年，征高麗。於宮南類上帝，積柴燎，壇設高祖位于東方。帝服大裘而冕，乘玉輅，祭奠玉帛，並如宜社。諸軍受胙畢，帝就位，觀燎，乃出。將發，帝御臨朔宮，親受節度，遂出。

【《唐開元禮》】皇帝親征類于上帝。

纂嚴。前一日，本司承制宣攝内外諸司，各隨職備辦。施御幄於太極殿北壁下，❶南向如常。守宮設羣官文武次于東西朝堂如常儀。陳革輅及玉輅以下及車旗之屬如常。❷未明一刻，開諸宮門，諸衛勒所部列黃麾仗屯門及陳於殿庭如常儀。其日平明，留從之官悉集朝堂次。侍臣服平巾幘，袴褶；其將帥等及從行之官亦平巾，袴褶；留守之官公服。上水五刻，侍中版奏「請中嚴」。文武官各列于殿庭。上水三刻，通事舍人引羣官俱詣閤奉迎。皇帝服武弁服，侍衛如常。即御座，南向坐。典儀唱「再拜」，羣臣皆再拜訖，中書令承旨敕百寮訖，通事舍人以次引羣官出。侍中跪奏「禮畢」，俛伏

❶「施」上，《大唐開元禮》卷八一、《通典》卷一三二有「尚舍奉御」四字。

❷「陳」上，《大唐開元禮》卷八一、《通典》卷一三二有「乘黃令」三字。

輿。皇帝降御座，乘輿入自東房，侍中從至閤。

齋戒。前一日，皇帝清齋於太極殿，諸應告之官及羣官客使等各於所司及公館，諸軍將各於正寢，俱清齋一宿，餘如郊祀儀。

陳設。前告三日，陳設如巡狩告圜丘儀。社，設大次于社宮西門之外道北，南向，設告官等次以下如祭社之儀。又設軍將次於外壝南門外道東，❶西向北上。前二日，設樂懸、燎壇、羣官版位等，並如告圜丘之儀。又設軍將位於縣南，❷每等異位，重行，北面西上。軍將門外位於南壝外，❸道東，西向北上。社，軍將位次于社宮北門之外，道東，俱南向北上。設樂懸等如祭社儀。又爲瘞埳二于樂之北如常。❹又前二日，奉禮設御位于北門內，當社壇南向。設太祝等奉血幣位于埳北如常。❺郊社令帥府史一人及齋郎以罇坫罍洗篚冪入設皆如常。❻未明十五刻，烹牲如常。蒼牲二，一正座，❼一配坐。禮，烹牲于厨，用黑牛二，齋郎以豆取毛血如常。未明四刻，太史令、郊社令各服其服，❽升設神座如常儀。

鑾駕出宮。皇帝武弁，乘革輅，備大駕，及嚴鼓、侍中奏請、發內外器服皆如常儀。前後備六軍。

薦玉帛。其日未明二刻，下至太常卿引皇帝至內壝門，並如巡狩圜丘親告儀。天帝，❾

❶「壝」，原作「堰」，據校點本《通典》卷一三二改。

❷「軍將位於縣」，原作「將軍位於應」，據校點本《通典》卷一三二改。

❸「壝」，原作「壇」，據校點本《通典》卷一三二改。

❹「二」，原作「三」，據校點本《通典》卷一三二改。

❺「祝」，原作「史」，據校點本《通典》卷一三二改。

❻「及」，原作「又」，據庫本改。

❼「一正」，原作「每一」，據校點本《通典》卷一三二改。

❽「郊社令」之「令」字，原脱，據校點本《通典》卷一三二補。

❾「帝」，原作「地」，據校點本《通典》卷一三二改。

大罇二，實以汎齊，❶明水實于上罇。山罍二，一實玄酒爲上，一實清酒。玉幣以蒼，唯無禮部尚書、太常卿陪從。皇帝至版位，西向立。每立定，太常卿與博士俱退立于左。太常卿前奏「請再拜」。❷退復位。皇帝再拜以下至奠玉帛訖，降壇還版位，樂止，並如巡狩親告儀。進熟。皇帝既升奠玉帛，太官令出帥進饌者，以下至皇帝降壇還版位，謁者引司徒降復位並如巡狩圜丘親告儀。宜社，自引司徒降復位以上，❸同巡狩告社儀。皇帝既降壇，謁者引諸軍將詣壇東堦升，進立於天帝神座前，北面西上。宜社，立于太社神座前，南面西上。初，軍將升，太祝帥齋郎以爵酌福酒，進立於軍將之西，東向北上。宜社，于軍將東，西面南上。軍將俱再拜受爵，跪祭酒，啐酒，奠爵興。太祝各帥齋郎進俎，減神前胙肉，以次授，軍將受以授齋郎。軍將俱跪取爵，遂飲，卒爵。太祝帥齋郎受爵復于坫，軍將俱興，再拜。謁者引軍將降復位。❹太祝各進跪徹豆，還罇所。奉禮曰「賜胙」，贊者唱「衆官再拜」，衆官在位者皆再拜。已飲福者不拜。《元和之樂》作。太常卿前奏「請再拜」，退復位。皇帝再拜及燎燔以下至燔祝版並如巡狩親告儀。宜社，自皇帝再拜以下至燔祝版，並如巡狩告社儀。鑾駕還宮，如郊社儀。宜社同。

【《遼史·禮志》】將出師，刑青牛白馬，以祭天地。其祭常依獨樹，無獨樹，即所舍而行之。

❶「汎」，原作「沈」，據校點本《通典》卷一三二改。

❷「再」字，原脱，據校點本《通典》卷一三二補。

❸「引」，原作「行」，據《大唐開元禮》卷八一、《通典》卷一三二改。

❹「位」字，原脱，據《大唐開元禮》卷八一、《通典》卷一三二補。

【《明大政紀》】洪武四年正月丁亥，上親祀上下神祇，告伐明昇。

【《明會典》】天子親征，祭告天地。洪武三年定，凡祭告天地，前期擇日，皇帝服武弁，乘革輅，備六軍，以牲犢幣帛祭告，作樂，行三獻禮。

右類上帝。

【《禮記·王制》】天子將出征，宜乎社。

鄭氏鍔曰：「祭社曰宜，蓋以事宜而祭之，非春秋之所報，此國内之禮。」

【汪克寬《經禮補逸》】宜，出兵祭社之名。社所以神，地道主陰，先王建國，左祖右社。大社在庫門之内右，國社亦在公宮之右，皆尚陰也。陰主殺，故誓社而田，因田而習軍旅，出征祭之，稱其義也。然征既宜于社，而又類于上帝、造于祖禰何哉？蓋生殺非王者所得私也。類于上帝，明奉天討也。造于祖禰，示受命于廟，不敢自專也。曰類，曰宜，曰造，祭雖先後不同，合《周官》、《王制》、《泰誓》言之，其義各有攸當也。

【《周禮·春官·大祝》】大師，宜于社則前祝。【注】則前祝，大祝自前祝也。王出，將有事于此神，大祝居前，先以祝辭告之。【疏】軍將出，宜祭于社。

王氏安石曰：「案《爾雅》曰：『起大事，動大衆，必先有事于社而後出，謂之宜。』所謂『宜于社』也。」

【《孔叢子·問軍禮》】先期五日，太史誓于祖廟。擇吉日齋戒。既筮，則獻兆于天子。天子使有司以特牲告社，告以所征之事而受命焉。

【《司馬法》】興甲兵以討不義，乃禱于后土、四海神祇、山川冢社。

【《書·泰誓》】宜于冢土。

【蔡傳】冢土，大社也。

【《春秋》成公十三年《左氏傳》】春三月，公及諸侯朝王，遂從劉康公、成肅公會晉侯伐秦。成子受脤于社，不敬。劉子曰：「吾聞之，民受天地之中以生，所謂命也。是以有動作禮義威儀之則，以定命也。能者養之以福，❶不能者敗以取禍。是故君子勤禮，小人盡力。勤禮莫如致敬，盡力莫如敦篤。敬在養神，篤在守業。國之大事，在祀與戎。祀有執膰，戎有受脤，神之大節也。今成子惰，棄其命矣，其不反乎！」【疏】宗廟之祀則有執膰，兵戎之祭則有受脤，此是交神之大節也。

【《通典》】隋大業七年，征高麗。煬帝遣諸將於薊城南桑乾河上築社稷二壇，設方壇，行宜社禮。帝齋于臨朔宮懷荒殿，與告官及侍從各齋于其所。十二衛兵士並齋。帝服衮冕，玉輅，備法駕。禮畢，御金輅，服通天冠，還宮。

【《唐開元禮》】制遣大將出征，有司宜于大社。將告，有司卜日如別儀。前一日，諸告官致齋於社所。守宮設告官以下位各於常所，諸將位於社宮北門外道西，東向南上。右校清掃内外。又爲瘞埳二於南門内壇西南如常。奉禮設告官以下版位如常儀。設諸將位於北門内，當太社壇南，西面東上；諸將門外位於北門外道西，東向南上。郊社令帥其屬設罇罍玉帛等如式。執罇罍者位如常。告日，未明十刻，太官令先具牢饌。質明，告官等各服其服。太史令、郊社令升設神席，❷良醞令之屬入實罇罍玉

❶「之以」，阮元《春秋左傳注疏校勘記》以爲當作「以之」。之，往也。

❷「郊」，原作「諸」，據《大唐開元禮》卷八七、《通典》卷一三三改。

幣。❶大罍及配座象罇實醴齊，玄酒各實于上罇。玉，社稷兩珪有邸。幣以玄，一丈八尺。奉禮帥贊者先入就位。贊引引御史、太祝以下入行掃除如常儀訖，就位。贊引引告官以下俱就門外位。謁者引告官，贊引引執事者入就位。立定，奉禮曰「再拜」，贊者承傳，告官以下皆再拜。太官令出，帥進饌者奉饌陳於西門外。告官等入，謁者引諸將俱就門外位。告官入訖，謁者引諸將入就位。立定，奉禮曰「再拜」，大將以下皆再拜。謁者進告官之左，曰「有司謹具。請行事」還本位。諸祝俱取玉幣於篚，各立於罇所。謁者引告官詣大社壇升北陛，❷以下至奠玉幣、酌飲福，受胙如巡狩告社攝事儀。初，告官詣稷壇，贊者引諸將詣大社壇，升西陛，進立於大社神坐前，南面東上。初諸將升，諸祝帥齋郎以爵酌福酒，進諸將東，西面立。諸將皆再拜受爵，跪祭酒，啐酒，奠爵，俛伏，興。諸祝帥齋郎進俎，減神前胙肉以次授，諸將受以授齋郎。諸將俱跪取爵，遂飲卒爵。太祝帥齋郎受爵，復於坫。諸將俛伏，興，再拜訖，謁者引諸將降詣太稷壇，飲福受胙如大社儀訖，還本位。奉禮曰「再拜」，諸將以下皆再拜，謁者引出。初諸將出，諸祝各進跪徹豆，以下及告官、望瘞玉幣至禮畢，如巡狩告社儀。若凱旋，唯陳俘馘及軍實於北門，南面，其告禮如上儀。祝版燔於齋所。

蕙田案：此開元所定命將宜社禮。天子親征宜社禮已見前類帝中，彼

❶「令」字，原脱，據《通典》卷一三三補。

❷「陛」，原作「面」，據《大唐開元禮》卷八七、《通典》卷一三三改。

此互見。

【《明會典》】洪武三年定，天子親征宜于社。前期擇日，皇帝服武弁，乘革輅，用牲犢幣帛，作樂，行三獻禮。其儀同春秋祭社稷之儀。軍將俱飲福于太稷廟。

蕙田案：諸侯出師，有宜社造禰之禮。此在《周禮》、《王制》無文，而杜佑《通典》有之，未詳所據，今不另列此條。

右宜社。

【《禮記·王制》】天子將出征，造乎禰。【注】造，至也，至考廟也。

鄭氏鍔曰：「祭祖曰造。蓋特造至而祭之，非四時之常享，此國内之禮。」

汪氏克寬曰：「造，造而告之之祭也。告于祖禰，告以道其事而致其敬也。考之《王制》，又曰『受命于祖』，《泰誓》曰『受命于文考』。此蓋因造告卜于廟，受命于祖考而後征也。」

【《周禮·春官·大祝》】掌六祈以同鬼神示，二曰造。【注】大師者，六軍親征之稱。出必偏祭七廟，取遷廟之主而行。大師造于祖，則前祝。

王氏安石曰：「《司馬法》曰：『將用師，乃造于先王。』所謂造于祖也。」

蕙田案：《王制》之造，但祭考廟。《周禮》之造，偏祭七廟。二説互相備。

【《司馬法》】興甲兵以討不義，乃造于先王。

【《唐開元禮》】皇帝親征，告于太廟。齋戒。將告有司卜日、皇帝清齋及應告官清齋等，並如巡狩告儀。又諸軍將各於正寢清齋一宿。若在營，齋于軍幕。諸衛令其屬守廟門，工人俱清齋，如常儀。陳設。前告三日，陳設如巡狩告廟儀。又設軍將次於南門外道東，西向北上。前二日，設樂懸。前一日，設御座及從駕官位，如巡守告廟儀。又設軍將門外道東，每等異位重行，西向北上。設樽罍洗篚。❶告日未明十五刻，烹牲等並如巡狩告廟儀。

鑾駕出宮。皇帝服武弁服，乘革輅，前後備六軍，嚴鼓並准大駕，餘同圜丘儀。

晨祼。巡狩告廟同。

饋食。皇帝既升祼、下至獻九室訖、降復位，並如巡狩告廟儀。又皇帝既降，謁者引諸軍將升自東階，進立於睿宗大聖至孝皇帝室户前，北面西上。初軍將升，諸太祝各帥齋郎以爵酌罍福酒，進立軍將之東，西面北上，以下至晬、奠、降復位，如類上帝儀。軍將降復位。登歌作，❷諸祝各入室徹豆還鐏所，以至燔版于齋坊，如類上帝儀。

鑾駕還宮。皇帝既還大次，侍中版奏「請解嚴」。將士不得擅離部伍。皇帝仍武弁，乘革輅還宮如常儀。

【《明會典》】洪武三年定，天子親征，造于太廟。前期擇日，皇帝服武弁，乘革輅，備六軍，祭告太廟。每廟用牲幣，行三獻禮。其儀皆同時享。軍將飲福于皇考之室。

右造廟。

【《禮記·王制》】天子將出征，禡于所征之地。【注】禡，師祭也，爲兵禱。【疏】案《釋天》云：「是禷是禡，師祭也。」故知禡爲師祭也。謂之禡者，案《肆師》注云：「貉，讀如十百之百。」爲師祭造軍法者，禱氣勢之增倍也。其神蓋蚩尤，或曰黄帝。」鄭既云「祭造軍法者」，則是不祭地。熊氏以禡爲祭地，非也。

❶「樽罍洗篚」，原作「入罍洗大」，據《大唐開元禮》卷八三、《通典》卷一三二改。

❷「降復位登歌作」，原作「登作」，據《大唐開元禮》卷八三補改。

杜氏佑曰：「禡于所征之地者，則兼黃帝、蚩尤之神。若田狩，但祭蚩尤而已。」

【陳氏《禮書》】黃帝與蚩尤戰于阪泉，軍法之興始于此，故後世祭之。

【《路史》】《史記》、《逸周書》、《大戴禮》、《文子》所云炎帝、赤帝皆謂蚩尤，❶而書傳舉以爲榆罔，失之。

【《日下舊聞》】説蚩尤者不一。《孔子三朝記》、《大戴禮記》以爲庶人，孔氏、小司馬氏以爲諸侯，應劭以爲古天子，或以爲炎帝之後，或以爲九黎之君，或謂殺之于中冀，或謂殺之于青丘，或謂殺之于凶黎之谷。傳聞異辭，並存焉可也。

【《詩·大雅·皇矣》】是類是禡。

【朱子《詩傳》】禡，至所征之地而祭始造軍法者，謂黃帝及蚩尤也。

章氏侗曰：「《漢書》稱高祖祀黃帝、蚩尤于沛廷，管仲稱蚩尤作劍戟，《史記》稱黃帝與蚩尤戰于阪泉，豈軍法之興始於此，故後世祭之歟？」

【《爾雅·釋天》】是禷是禡，師祭也。【注】師出征伐，禡于所征之地。【疏】禡，祭造兵爲軍法者，爲表以祭之。禡，《周禮》作「貉」。貉，又或爲「貊」字，古今之異也。貉之言百，祭祀此神，求獲百倍。

【《春秋》】莊公八年，春王正月，甲午，祠兵。

【《公羊傳》】祠兵者何？出曰祠兵，入曰振旅，其禮一也。皆習戰也。【注】祠兵，祭也。《左氏》作「治兵」。蓋禮，兵不徒使，故將出兵，必祠于近郊，陳兵習戰，殺牲饗士卒。

丘氏濬曰：「此經傳言祠兵之始。先儒謂何氏解祠兵有二義：一則祀其兵器，後世祭旗節始此；一則殺牲享士卒，後世犒賞士卒始此。」

【《漢書·高祖本紀》】秦二世元年，高祖乃立爲沛公，祠黃帝，祭蚩尤於沛廷，而釁鼓旗，幟皆赤。

【《郊祀志》】高祖徇沛，爲沛公，則祀蚩尤，

❶「子」字，原脱，據《路史》卷一三補。

釁旗鼓。應劭曰：「蚩尤好五兵，故祠祭之，求福祥也。釁，祭也，殺牲以血塗鼓曰釁。」臣瓚曰：「案《禮記》及《大戴禮》有釁廟之禮，皆無祭事。」

蕙田案：《王制》明有禡祭，臣瓚以爲無祭事，謬矣。

【《高祖本紀》】二年，❶立蚩尤之祀於長安。

【《郊祀志》】武帝伐南越，告禱泰一，以牡荆畫幡日月北斗登龍，以象太一三星，爲泰一鏠，❷命曰靈旗。爲兵禱，則太史奉以指所伐之國。師古曰：「以牡荆爲幡竿，而畫幡爲日月龍及星。」

蕙田案：此以太乙爲旗神。

【後漢滕輔《祭牙文》】恭修太牢，潔薦遐靈。推轂之任，實討不庭。天道助順，正直聰明。敬建高牙，神武攸託。雄戟摧鋒，龍淵灑鍔。

【晉顧愷之《祭牙文》】某年某月日，録尚書事豫章公裕敢告黄帝、蚩尤五兵之靈：兩儀有政，四海有王。奉命在天，世德重光。烈烈高牙，闐闐伐鼓。白氣經天，簡揚神武。恭行帝罰，長殲醜虜。維德是依，維人是輔。

蕙田案：此祭黄帝、蚩尤五兵。

【宋鄭鮮之《祭牙文》】潔牲先事，薦兹敬祭。崇牙既建，義鋒增厲。人鬼一揆，三才同契。惟兹靈鑒，庶必有察。逆順幽辨，忠孝顯節。凶醜時殲，主寧臣悦。振旅上京，凱歸西蕃。神器增輝，四境永安。

【《隋書·禮儀志》】後齊天子親征，卜日，建

❶「二年」，《漢書·高祖本紀》不載此事。立蚩尤祀事，據《郊祀志上》，在六年。

❷「鏠」下，各本原有「旗」字，校點本《漢書》據王念孫説删去，今從之。

牙旗於墠，祭以太牢。將届戰所，卜剛日，備玄牲，列軍容，設柴於辰地，爲墠而禡祭。大司馬奠矢，有司奠毛血。樂奏《大濩》之音。禮畢，徹牲，柴燎。

開皇二十年，太尉、晉王廣北伐突厥。四月己未，次於河上，禡祭軒轅黄帝，以太牢制幣，陳甲兵，行三獻之禮。

大業七年，征遼東，行幸望海鎮，於秃黎山爲壇，祀黄帝，行禡祭。詔太常少卿韋霽、博士褚亮奏定其禮。皇帝及諸預祭臣、近侍官、諸軍將皆齋一宿，有司供帳設位，爲埋埳神坐西北，内壝之外。建二旗於南門外。以熊席設帝軒轅神坐於壝内，置甲胄弓矢於坐側，建槊於坐後。皇帝出次，入門，羣官定位，皆再拜奠，禮畢，還宫。

【《唐開元禮》】親征禡于所征之地。將祭，有司卜日。前祭一日，皇帝齋於行宫。應祭之官，齋於祭所。近侍之官與從祭羣官及諸軍將，皆於軍幕齋一宿。諸衛令其屬各以其方器服守衛壝門，齋一宿。尚舍直長施大次及羣官、軍將等次，如類上帝儀。又爲瘞埳於神座西北内壝之外，方深取足容物。前一日，奉禮設御位於神座東南，❶西向；設望瘞位於神座西南，當瘞埳，北上；設諸祭官位於御位東南，執事者位於其後，俱重行，西向北上；設御史位，一位於神座西南，東向；一位於神座東南，西向；設奉禮位於祭官西南，贊者二人在南差退，俱西向北上。又設奉禮、贊者位於瘞埳西，南上。設從祭羣官位於祭官之南，俱重行，西向北上。設軍將位於南廂，重行，

❶「御位於神座東南」，原作「御座東面」，據《大唐開元禮》卷八四改。

北向西上。設門外位：祭官以下皆於東壝之外道南，從祭羣官位於祭官之南，俱重行，北向西上。軍將位於南壝外道東，重行，西向北上。兵部侍郎建二旗於南門外。去門三十步。郊社令帥府史及齋郎以罇坫罍洗篚冪入設於位，犧罇二，象罇二，山罍二，皆於神座東南，俱北向西上。罇皆加勺冪，有坫以置爵。設御洗又於酒罇東南，設諸將罍洗又於東南，北向。設篚冪如常。篚，實以巾爵。❶執罇罍者如常。設幣篚於酒罇之所。

祭日，未明十五刻，太官令先備特牲之饌。牲以犢。未明四刻，郊社令奉熊席入，設黃帝軒轅氏神座於壝內近北，南向。兵部侍郎置甲冑弓矢於座側，建矟於座後。未明二刻，郊社令、良醞令各帥其屬入實罇罍及幣。犧罇實以醴齊，象罇實以盎齊，山罍實以清酒。齊皆加明水。酒如玄酒，各實于上罇。太官令帥進饌者實諸籩豆簠簋。未明一刻，奉禮帥贊者先入就位。贊引引御史、太祝與執罇罍篚者入當御座前，重行，北向西上。立定，奉禮曰「再拜」，贊者承傳，御史以下皆再拜。執罇罍者各就位。贊引引御史、太祝行掃訖，引就位。皇帝服武弁之服詣祭所，諸將與從祭之官皆戎服陪從如常。駕將至，謁者引行事之官皆就東門外位。駕至大次門外，下馬，之大次。郊社令以祝版進御如常。謁者、贊引各引從駕羣官及諸將俱就門外位。謁者、贊引各引祭官及從祭羣官、諸軍將等次入就位。皇帝停大次半刻頃，太常博士引太常卿立於大次門外，當門北向。侍中版奏「外辦」。皇帝出次，博士引太常卿，太常卿引皇帝入門，仗衛停於門

❶「巾」，原作「中」，據《大唐開元禮》卷八四改。

外，近侍者從入如常。皇帝至版位，西向立。每立定，太常卿與博士退立于左。太常卿前奏「再拜」，退復位。皇帝再拜。奉禮曰「衆官再拜」，衆官在位者皆再拜。太常卿前奏：「有司謹具，請行事。」退復位。太祝跪取幣於篚，興，立於罇所。凡取物者，皆跪俛伏而取，以奠物，則奠訖，俛伏而後興。太常卿引皇帝進神座前，北向立。太祝以幣授侍中，侍中奉幣東向進，皇帝受幣。太常卿引皇帝進，北向，跪奠於神座，俛伏，興。太常卿引皇帝少退，北向，再拜訖，太常卿引皇帝還版位，西向立。伺衆官拜訖，太官令出，帥進饌者奉饌陳於東門之外。謁者引司徒出詣饌所，❶司徒奉俎。皇帝既復位，太官令引饌入，太祝迎引設於神座前訖，謁者引司徒以下還本位，太祝還罇所。太常卿引皇帝詣罍洗，侍中、黄門侍郎贊洗、授巾爵並如常儀。謁者引司徒進立於罇所，齋郎奉俎立於司徒之後。皇帝洗爵訖，太常卿引皇帝詣罇所，執罇罍者舉冪，侍中贊酌醴齊訖。太常卿引皇帝進軒轅氏神座前，北向，跪奠爵，俛伏，興。太常卿引皇帝少退，北向立。太祝持版進於神座之右，東面跪讀祝文。文臨時撰。訖，興。皇帝再拜。太祝進奠版於神座，還罇所。太祝以爵酌上罇福酒，❷以授侍中，侍中受爵，❸西向進皇帝。皇帝再拜受爵、❹跪祭、啐、奠爵、受胙至還本位，如常儀。謁者引亞獻上，將詣罍洗，盥手洗爵、酌盎齊，奠啐、受福如上訖，還本位。謁者

❶ 「饌」字，原脱，據《大唐開元禮》卷八四補。

❷ 「上」字，原脱；「福酒」，原作小字「受福」；據《大唐開元禮》卷八四、《通典》卷一三二改補。

❸ 「侍中」二字，原脱，據《大唐開元禮》卷八四補。

❹ 「皇帝」二字，原脱，據校點本《通典》卷一三二補。

又引次將終獻，如亞獻儀。太祝進徹豆如式。奉禮由賜胙以下至望瘞位、禮畢、還大次，並如常。其寘土，埳東西各四人。若備六軍及嚴鼓，作止如類告之禮。

【《唐書·禮樂志》】皇帝親征，禡於所征之地，則爲壝再重，以熊席祀軒轅氏。兵部建兩旗於外壝南門之外，陳甲冑弓矢於神位之側，植矟於其後，尊以犧、象、山罍各二，饌以特牲。皇帝服武弁，羣臣戎服，三獻。其接神者，皆如常祀。瘞而不燎。

蕙田案：以上俱以軒轅爲所祭之神。

【《大學衍義補》】唐節度使辭日，賜雙旌雙節，立六纛。入境，築節樓，迎以鼓角。宋朝有六纛、旌節、門旗，受賜藏之公宇私室，號節堂。朔望次日祭之，號衙日。蓋有旌節則有神祀。

丘氏濬曰：後世六纛之名與祀，始見於此。

【陳子昂《禡牙文》】萬歲通天二年三月朔日，清邊道大總管、建安郡王某敢以牲牢告軍牙之神：蓋先王作兵，以討有罪。姦慝竊命，戎夷不龔，則必肆諸朝市，大戮原野。我皇周子育萬國，寵綏百蠻，青雲干呂，白環入貢，久有年矣。契丹凶羯，敢亂天常，乃蜂聚丸山，豕食遼塞，宴安鴆毒，作爲欃槍。天厭其凶，國用致討。皇帝命我，肅將王誅。今大軍已集，吉辰叶應。旄頭首建，羽旆前列。夷貊咸集，將士聽誓。方俟天休命，爲人殄災。唯爾有神，尚殲乃醜。召太一，會雷公，翼白虎，乘青龍，星流彗掃，永清朔裔。使兵不血刃，戎夏大同，以昭我天子之德，允乃神之功，豈非正直克明哉！

無縱世讎，以作神羞。

【唐柳宗元《祭纛文》】惟年月日，某官以牲牢之奠，祭於纛神。惟昔澧有大特，化爲巨梓，秦人憑神，乃建茸頭。是爲兵主，用以行師。漢宗蚩尤，❶亦作靈旗。既類既禡，指於有罪。北面詔盟，抗侯以射。雖有古典，今棄不用。惟兹之制，神實守祀。有蠢黄孽，保固虐人。俾兹太平，猶用戎律。天子有威，❷威施於下。惟守臣某，董衆撫師。秉羽先刃，❸出用兹日。敢修外事，爰薦求牛。庶無留行，以殄有罪。國有祀典，屬於神明。傷夷大命，無敢私顧。惟克勝敵，以全天兵。去兹蟊賊，達我涵育。收厥隸圉，役於校人。海隅黎獻，永底於理。無或頓刃，以爲神恥。

【獨孤及《祭纛文》】年月日，都統江淮之南節度觀察處置等使、户部尚書李峘，謹以少牢之奠致敬於六纛之神：天地不仁，神明無親，惟德是與，若響之答。敢有象龔滔天，搆釁稱亂，國有明罰，神其舍諸？賊臣劉展，❹假寵多難，敢包狼心。竊發蠆毒，將敷害於上下神祇，使東溟揚波，羣動昏墊。皇帝震怒，按劍受鉞，命我上將，底天之伐。於是虎牙鷹揚之臣，虵矛犀渠之羣，横行而東。我伐用張，月羽雲旗，以先啓行。方將歷潯陽，下南陵，收京口，掃建業，斮梟獍以釁鼓，俘鯨鯢爲京觀，俾萬里浪破，三象霧廓。

❶「宗」，原作「中」，據《柳河東集》卷四一《祭纛文》改。
❷「威」，《柳河東集》卷四一《祭纛文》作「命」。
❸「先」，原作「元」，據《柳河東集》卷四一《祭纛文》改。
❹「臣」字，原脱，據《毘陵集》卷一九《祭纛文》補。

今以令月吉辰，整駕即路，❶是用邀福於爾有神。敢告無靡旗，無絓驂，無汰輈，無僨車，命五將護野，萬靈並轂。令天地氛祲，望風掃除，魑魅魍魎，罔不帥俾，莫我敢遏，爲神祇羞。

【《宋史·禮志》】禡，師祭也。軍前大旗曰牙。師出必祭，謂之禡。後魏出師，又建纛頭旗上。太宗征河東，出京前一日，遣右贊善大夫潘慎修出郊，用少牢一祭蚩尤、禡牙；遣著作佐郎李巨源即北郊望氣壇用香、柳枝、燈油、乳粥、酥蜜餅、果，祭北方天王。

蕙田案：此分蚩尤、禡牙爲二。

【《文獻通考》】太平興國五年十一月，太常禮院言：「車駕北征，請出宮前一日遣官祭蚩尤及禡牙於地，並用少牢；祭北方天王於北郊迎氣壇。」從之。仍遣内侍一人監祭。

【《宋史·禮志》】咸平中，詔太常禮院定禡儀。所司除地爲壇，兩壝繚以青繩，張幄帟，置軍牙、六纛位版。版方七寸，厚三分。祭用剛日，具饌。牲用太牢，以羊豕代。其幣長一丈八尺。軍牙以白，六纛以皂。都部署初獻，副都部署亞獻，部署三獻，皆戎服，清齋一宿。將校陪位。禮畢焚幣，釁鼓以一牢。

蕙田案：此不祭蚩尤。

【《遼史·景宗本紀》】乾亨二年十月辛巳，將南伐，祭旗鼓。

【《聖宗本紀》】統和六年九月癸卯，祭旗鼓。

【《元史·憲宗本紀》】憲宗七年，詔諸王出師征宋。夏六月，謁太祖行宮，祭旗鼓。

❶「整」，原作「釐」，據《毘陵集》卷一九《祭纛文》改。

【《明會典》】洪武元年，詔定親征、遣將諸禮儀。以爲古者天子親征，則類於上帝，造於祖，宜於社，禡於所征之地，祭所過山川。若遣將出師，亦告於廟社，禡祭旗纛而後行。於是諸儒議上：今牙旗、六纛，藏之内府，其廟在山川壇。每歲仲秋祭山川日，遣官祭於旗纛廟；霜降日，又祭於教場；至歲暮享太廟日，又祭於承天門外。俱旗手衛指揮行禮。

禡祭儀。

一齋戒。皇帝清齋一日。大將、陪祭官以下皆如之。

一省牲。前期二日，設皇帝大次於廟庭之東，省牲位於南門外。前一日，導駕官同太常寺導駕詣大次，皇帝服通天冠、絳紗袍，至省牲位。廩犧令率其屬牽牲自東西行，過御前，省訖，牽詣神厨。太常卿奏請詣神厨視鼎鑊、滌溉訖，遂烹牲。駕還大次。

一陳設。前一日，執事設神案於廟殿中之北，軍牙位東立，纛位西設。籩十有二，於神位東，三行，西上；豆十有二，於神位西，三行，東上；簠簋各二，於籩豆間，簠東簋西。鉶三登三，於籩豆前。俎三，於登鉶前。香案於俎前，爵坫於香案前，沙池於爵坫前。設酒尊所於廟庭東，幣篚位於酒尊北，爵洗位於尊南，御洗位於爵洗南，瘞坎於神位西北。設席於坎位前，上置酒并椀五，雄雞五，以俟酹神。設御位於廟庭之南，正中北向，大將及陪祭官從後，異等重行，文東武西，皆北向。

一正祭。是日清晨，建牙旗、六纛於神位後，旗東纛西。皇帝服武弁服。導駕官同太常卿導皇帝自左南門入就位。贊禮唱「迎神」，大樂作。太常卿奏「鞠躬」，樂作；

奏「拜，興；拜，興；平身」，樂止。傳贊同。贊禮唱「奠幣，行初獻禮」。太常卿奏請詣盥洗位，皇帝至盥洗位，搢圭、盥帨訖，出圭，請詣爵洗位，搢圭。執爵官以爵進，受爵、滌爵、拭爵訖，以授執爵官。再進爵，亦如之。出圭，請詣酒尊所，搢圭，執爵官以爵進，受爵，司尊者舉冪，酌醴齊訖，以授執爵官。再進爵，亦如之。出圭，請詣軍牙神位前。爵幣前行。皇帝陞廟壇，樂作。至神位前，奏跪，搢圭，三上香，奠幣，三祭酒，奠爵，出圭，樂止。讀祝官跪讀祝於神右訖。太常卿奏「俯伏，興」，樂作；奏「拜，興；拜，興；平身」，樂止。請詣六纛神位前，禮同，復位。亞獻、終獻，不奠帛讀祝，餘皆如之。訖，贊禮唱「飲福受胙」，太常卿奏詣飲福位，奏「鞠躬」，樂作；奏「拜，興；拜，興；平身」，樂止。奏跪、搢圭、飲福受胙訖，出圭，奏「俯伏，興」，樂作；奏「拜，興；拜，興；平身」，樂止。復位。贊禮唱「徹豆」，樂作。掌祭官各徹豆，樂止。太常卿奏「皇帝飲福受胙，免拜」，贊禮唱，陪祭官皆再拜。傳贊訖，贊禮唱「送神」。太常卿奏「鞠躬」，樂作，奏「拜，興；拜，興；平身」，樂止。傳贊同。贊禮唱「望燎」，讀祝官取祝，捧幣官取幣，掌禮官取饌，詣望燎所。太常卿奏詣望燎位。燎舉，執事殺雞，刺血於酒椀中，酹神。燎半，太常卿奏「禮畢」，仍同導駕官導引還大次內。設爵洗位、滌爵、拭爵、上香、祭酒、神前再拜、賜胙免拜等儀，後並省。

【《大政紀》】洪武元年十二月庚寅，立旗纛廟。

【《明會典》】旗纛。凡各處守禦官，俱於公廨後築臺，立旗纛廟，設軍牙、六旗纛神位。

春祭用驚蟄日，秋祭用霜降日。祭物，用羊一、豕一、帛一、白色。祝一、香燭、酒果。先期，各官齋戒一日。至日，守禦長官武服行三獻禮。若出師，則取旗纛以祭。班師，則仍置於廟。儀注與社稷同。但瘞毛血、望燎，與風、雲、雷、雨等神同。

仲秋祭儀，洪武二十六年定。霜降同。一齋戒，二日。一省牲，牛一、羊一、豕一。一陳設，神七位，南向：旗頭大將、六纛大將、五方旗神、主宰戰船正神、金鼓角銃砲之神、弓弩飛鎗飛石之神、陣前陣後神祇五猖等衆。犢一，羊一，豕一，登一，鉶二，籩豆各十，簠簋各二，帛七。黑二白五，禮神制帛。共設酒尊三、爵三、酒盞三十、篚一，於壇東南，西向。祝文案一，於壇西。一正祭。贊引引獻官至盥洗所盥洗，教坊司奏樂。典儀唱執事官各司其事，贊引贊就位。典儀唱迎神，樂作，樂止。贊引贊四拜，陪祭官同。典儀唱奠帛，行初獻禮。奏細樂。執事捧帛爵進，贊引引獻官詣神位前奠獻訖，贊詣讀祝位。贊跪，樂止。讀祝訖，奏樂。贊俯伏興平身，贊復位，樂止。典儀唱行亞獻禮。奏樂。執事官捧爵，贊引引獻官詣神位前獻訖，樂止。典儀唱行終獻禮，儀同亞獻。唱飲福受胙以下，如常儀。歲暮祭儀，一陳設，羊一、豕一、果五、爵三、帛一。朔望日祭旗神儀，一陳設，羊一、豕一，無帛。一正祭，贊引引獻官就位，贊四拜，贊初獻禮，贊跪，贊讀祝訖，贊俯伏興平身。贊亞獻禮，贊終獻禮，贊四拜，贊詣焚祝所訖，贊禮畢。

【《明史·禮志》】旗纛之祭有四。其一，洪武元年，禮官奏軍行旗纛所當祭者，乃建廟於都督府治之後，以都督爲獻官，題主曰

「軍牙之神」、「六纛之神」。其二，歲暮享太廟日，祭旗纛於承天門外。其三，旗纛廟在山川壇左。初，旗纛與太歲諸神合祭於城南。九年，别建廟。每歲仲秋，天子躬祀山川之日，遣旗手衛官行禮。其正祭，旗頭大將、六纛大將、五方旗神、主宰戰船正神、金鼓角銃礮之神、弓弩飛鎗飛石之神、陣前陣後神祇五猖等衆，凡七位，共一壇，南向。皇帝服皮弁，御奉天殿降香。獻官奉以從事。祭物視先農，❶帛七，黑二，白五。瘞毛血、望燎，與風、雲、雷、雨諸神同。祭畢，設酒器六於地。刺雄雞六，瀝血以釁之。其四，永樂後，有神旗之祭，專祭火雷之神。每月朔望，神機營提督官祭於教場。牲用少牢。凡旗纛皆藏内府，祭則設之。王國祭旗纛，則遣武官戎服行禮。天下衛所於公署後立廟，以指揮使爲初獻官，僚屬爲亞獻、終獻，儀物殺京都。

【《大政紀》】永樂八年二月，以親征，祓於承天門，遣官祭太歲、旗纛等神。八月丁未，遣官祭旗纛。

【《春明夢餘録》】旗纛廟建於太歲殿之東，永樂建，規制如南京。

【《明會典》】世宗嘉靖十八年南巡，遣官祭旗纛之神，用牲醴，制帛，三獻如常儀。

蕙田案：以上俱祭旗纛。

又案：禡，或云祭黄帝，或云祭蚩尤，鄭康成概以爲祭造軍法者，似二説皆通矣。但明季氏本謂：「黄帝聖人，蚩尤敢與拒戰，逆臣也，何得與于祭？」其理甚正。核而論之，當以祭黄帝爲是。隋唐皆專祭黄帝，

❶ 「視」，原作「祀」，據《明史·禮志四》改。

可謂得祀典之正者。乃後世復有變，而以旗纛之祭爲禡祭者，不知其説之何所據。《太白陰經》曰：「大將軍中營建旗纛。天子六軍，故用六纛。以旄牛尾爲之，在左騑馬首。」不言其有祭。《黄帝出軍訣》曰：「牙旗者，將軍之精，一軍之形候。凡始豎牙，必祭以剛日。」亦未嘗以此爲禡祭。惟晉顧愷之文，始以黄帝、蚩尤與牙合而爲一。考《史記》裴駰《集解》引《皇覽》曰：「蚩尤冢在東平郡壽張縣闞鄉城中，高七丈，民常十月祀之。有赤氣出，如匹絳帛，民名爲蚩尤旗。」此則其説之所自起歟？夫以祭造軍法之人而變而祭牙旗，又因旗神而及太乙、五兵，又或兼祭蚩尤與旗神，紛紛之制，皆非古也。今並列之，以備擇。又禡有三：出征而禡，一也；田獵而禡，二也；無事而禡，三也。丘瓊山曰：「至所征之地而既有其祭，則無事之時必有其祠可知矣。」今以無事之禡，類附于此，而田獵之禡，另入《田獵》一門。

右禡。

【《禮記·王制》】天子將出征，受命于祖。

【注】告祖也。

蕙田案：孔疏謂「受命于祖，受成于學」，其禮在類、宜、造、禡之前，于經文次序既不合，且康成亦無明説，疏文並無確據，不可從。

【《書·泰誓》】予小子，受命文考，以爾有衆，底天之罰。

【《春秋》隱公十一年《左氏傳》】鄭伯將伐

許。五月甲辰，授兵于大宮。【注】魯、鄭共謀伐許。授兵，賦車馬也。大宮，鄭祖廟也。蓋授兵車于祖廟也。凡出師，必告于祖廟，而奉遷廟之主以行。

蕙田案：既已造禰，又必受命于祖，禮似近於煩數。蓋古人出師，必載遷廟之主。僅造于禰，未得奉遷廟主也。禰至親也，遷廟主則至尊也。出師大事，宜臨之以尊，不特豐于昵而已。

又案：此諸侯告祖廟禮。諸侯禮考之於經不具，故不另列。

【《隋書·禮儀志》】皇太子及大將出師，則以豭豚一釁鼓告廟，受斧鉞訖，不得反宿于家。開皇八年，晉王廣將伐陳，内史令李德林攝太尉，告于太祖廟。

【《高祖本紀》】開皇八年冬十月甲子，將伐陳，有事于太廟。命晉王廣、秦王俊、清河公楊素並爲行軍元帥以伐陳。十一月丁卯，車駕餞師。乙亥，行幸定城，陳師誓衆。

【《遼史·禮志》】將出師，必先告廟。乃立三神主祭之，曰先帝，曰道路，曰軍旅。

蕙田案：受命于祖之禮，後世鮮行之者，蓋與造祭混而爲一，略採一二事，以見其概。

右受命於祖。

【《禮記·王制》】天子將出征，受成于學。【注】定兵謀也。【疏】受成于學者，謂在學謀論兵事，好惡可否，其謀成定，受此成定之謀在于學裏，故云受成于學。

蕙田案：類、宜、造、禡、告廟、告學之次第，見于《王制》，差爲可據。而諸家之説，參差不一。《孔叢子·問軍禮篇》先宜、社，次受成于學，次類上帝；《隋·禮儀志》先宜、社，次類上帝，次禡；《通典》載北齊之制，先造廟，次宜、社，次類上帝，次禡。皆與《王制》不合。今一以《王制》爲定。《司馬法》先後之次與《王制》略同。《司馬法》乃古書，班史入之《周禮》之後，可信也。

又案：受成于學之禮，後世亦不行。

右受成於學。

五禮通考卷第二百三十七

五禮通考卷第二百三十八

内廷供奉禮部右侍郎金匱秦蕙田編輯
太子太保總督直隸右都御史桐城方觀承同訂
翰林院侍讀學士嘉定王鳴盛
兩淮都轉鹽運使德水盧見曾 參校

軍禮六

出師

【《詩・小雅・出車》】王命南仲，往城于方。出車彭彭，旂旐央央。天子命我，城彼朔方。赫赫南仲，玁狁于襄。【傳】王，殷王也。南仲，文王之屬。方，朔方，近玁狁之國也。【箋】王使南仲爲將率，爲軍壘，以禦北狄之難。

【《采薇・序》】《采薇》，遣戍役也。文王之時，西有昆夷之患，北有玁狁之患，以天子之命，命將率遣戍役，❶以守衛中國，故歌《采薇》以遣之。

【《大雅・大明》】維師尚父，時維鷹揚，涼彼武王。【傳】師，太師也。鷹揚，如鷹之飛揚也。涼，佐也。【箋】尚父，吕望也，尊稱焉。鷹，鷙鳥也。涼武王者，爲之上將。

【《江漢》】序：《江漢》，尹吉甫美宣王也。江漢浮浮，武夫滔滔。匪安匪遊，淮夷來求。既出我車，既設我旟。匪安匪舒，淮夷來鋪。

朱子曰：「宣王命召虎平淮南之夷，由江漢進兵，因以起興。首章述進兵也。」

❶「命」字，原脱，據《毛詩注疏》補。

【《常武》】序：《常武》，召穆公美宣王也。赫赫明明，王命卿士，南仲大祖，大師皇父：「整我六師，以修我戎。既敬既戒，惠此南國。」王謂尹氏，命程伯休父：「左右陳行，戒我師旅。率彼淮浦，省此徐土。不留不處，三事就緒。」

【《春秋》僖公二十七年《左氏傳》】晉侯蒐于被廬，作三軍。【注】閔元年，晉獻公作二軍。今復大國之禮。謀元帥，趙衰曰：「郤縠可。臣亟聞其言矣，説禮、樂而敦《詩》、《書》。《詩》、《書》，義之府也。禮、樂，德之則也。德義，利之本也。君其試之。」乃使郤縠將中軍，郤溱佐之；使狐偃將上軍，讓於狐毛而佐之；命趙衰爲卿，讓於欒枝、先軫。使欒枝將下軍，先軫佐之。荀林父御戎，魏犨爲右。

【《史記·司馬穰苴列傳》】齊使司馬穰苴將兵，捍燕、晉之師。苴曰：「臣素卑賤，願得君之寵臣、國之所尊以監軍。」景公使莊賈往。苴與賈約，日中會於軍門。苴先馳至軍，立表下。賈素驕貴，夕時乃至。苴遂斬賈以狥三軍。三軍之士皆股栗。

【《太公兵法》】凡國有難，君避正殿，召將詔之曰：「社稷安危，一在軍令。今某國不臣，願將軍帥師行之。」將既受命，乃命太史，齋三日，至太廟，鑽靈龜，卜吉日，以受斧鉞。君入廟門，西面而立。君親操斧持首，授其將以柄，曰：「從此上至天者，將軍制之。」復操鉞持柄，授其將以刃，曰：「從此下至淵者，將軍制之。」見其虚則進，見其實則止。勿以三軍爲衆而輕敵，勿以受命爲重而必死。勿以身貴而賤人，勿以獨見而違衆，勿以辨説而必然。士未坐勿坐，士未食勿食，寒暑必同。如此，士衆必盡死力。」將已受命，拜而報君曰：「臣聞國不可從外治，軍不可從中御。二心不可以事君，疑志不可以應敵。臣既受命專斧鉞之威，臣不敢生還，願君亦垂一言之命於臣，君不許臣，臣不敢將。君許之，乃辭而行。」軍中不聞君命，皆由將出。臨敵決戰，無有二心。若此則戰勝於外，功立於内。

【《淮南子・兵略訓》】凡國有難，君召將，詔之曰：「社稷之命在將軍，今國有難，請子將而應之。」乃令太卜卜吉日。君入廟門，西面立。將入廟門，北面立。君親操斧鉞授將，乃爪鬋，設明衣，鑿凶門而出。

【《孔叢子・問軍禮》】天子命將出征，親絜齊，盛服設奠于祖，以詔之。大將先入，軍吏畢從，皆北面，再拜稽首而受。天子當階，南面授之節鉞。大將受，天子乃東向西面而揖之，示勿御也。然後告大社，冢宰執蜃，❶宣于社之右，南面授大將。大將北面稽首再拜而受之，承所頒賜於軍吏。

【《漢書・高祖本紀》】元年，漢王既至南鄭，諸將及士卒皆歌謳思東歸。韓信爲治粟都尉，亦亡去，蕭何追還之，因薦于漢王，曰：「必欲争天下，非信無可與計事者。」于是漢王齋戒設壇場，拜信爲大將軍，問以計策。

【《通典》】魏故事，遣將出征，符節郎授節鉞，跪而推轂。

【《晉書・禮志》】漢魏故事，遣將出征，符節郎授節鉞于朝堂。其後，荀顗等所定新禮，遣將，御臨軒，尚書授節鉞，依古兵書跪而推轂之義也。

❶「蜃」，原作「服」，據《孔叢子・問軍禮》改。

【《隋書・禮儀志》】周明帝武成元年，吐谷渾寇邊。帝常服乘馬，命大司馬賀蘭祥于太祖之廟，❶司憲奉鉞，進授大將。大將拜受，以授從者。禮畢，出受甲。

【《開元禮》】命將出師，告于太廟。將告，有司卜日如别儀。前一日，諸告官致齋於廟所。衛尉設告官以下次各於常所。右校掃除内外。奉禮設告官版位於内外如常。設諸將位於廟庭横街南道東，每等異位重行，北面南上。又設諸將門外位於南門外道東，重行，西向北上。太廟令整拂神幄，又帥其屬以罇坫罍洗篚冪入設，皆如常儀。告日，未明十刻，太官令先具牢饌如常。其饌，每室用特牲一。太公廟用酒、脯、醢。未明二刻，奉禮帥贊者先入就位。贊引引御史、太祝以下再拜入，行掃除，皆如常。自「將告」以下至此，與太公廟儀同。贊引引太廟令、太祝、宫闈令自東階升，❷入，開埳室，奉出獻祖以下神主，各置於座如常儀。各引就位。又贊引引告官以次入就位，立定。奉禮曰「再拜」，❸告官以下皆再拜。其先拜者不拜。太公廟贊引引廟令、太祝等入，當階間北面，西上，立定，奉禮曰「再拜」，廟令以下皆再拜。升自東堦，入就位，立定。奉禮曰「再拜」，告官以下皆再拜。太官令出，帥進饌者奉饌陳于東門外。謁者引諸將以下入就位，立定。奉禮曰「再拜」，諸將以下皆再拜。謁者進告官之左，曰：「有司謹具，請行事。」❹乃還本位。諸祝取幣于篚，各立于罇所。「太官令」以下至此，與太公廟儀同。謁者引

❶「命」，《隋書・禮儀三》作「遣」。

❷「宫闈令」，原作「官」，據《大唐開元禮》卷八八改。

❸「奉禮曰再拜告官以下皆再拜」凡十二字，原脱，據《大唐開元禮》卷八八補。

❹「事」字，原脱，據《大唐開元禮》卷八八補。

告官升自東階，詣獻祖室户前北向立。太祝以幣進，東向授告官。告官受，進，入室，北面，跪奠於獻祖座，俛伏，興，出户，北向再拜訖。次懿祖以下並如上儀。謁者引還本位，祝還罇所。太公廟，謁者引告官升東階，詣太公座前，北向立。太祝以幣東向授告官，告官受，進，北面跪奠于太公座前，俛伏，興，少退，北向再拜訖。謁者引告官當留侯座，受幣，奠亦如之。太官令引饌入自正門，升太階，諸祝迎引於階上，各設于神座前訖，太官之屬還本位訖，太祝各還罇所。謁者引告官盥洗、酌獻、讀祝文，自九室以下及飲福、受胙，皆如常儀。再拜訖，謁者引告官降復位。太公廟奠幣訖，謁者引告官升自東階，酌獻太公及留侯，❶並如常儀。告官飲福將訖，謁者引諸將升東階，進當皇考睿宗大聖貞皇帝廟室户前，北面西上。初諸將升，諸祝帥齋郎以爵酌福酒詣諸將之東，西面北上。諸將皆再拜受爵，❷跪祭酒，啐酒，奠爵，俛伏，興。諸祝帥齋郎進俎，減神前胙肉，以次授諸將。諸將俱跪取爵，❸遂飲卒爵。太祝帥齋郎受爵，復于坫。諸將俛伏，興，再拜訖，謁者引諸將降復位。奉禮曰「再拜」，諸將以下皆再拜，謁者引出。諸祝各進神座前，跪徹豆，俛伏，興，還罇所。奉禮曰「賜胙」，贊者唱「再拜」，在位者俱再拜。已飲福受胙者不拜。太公廟無諸將拜獻之儀。奉禮曰「再拜」，告官以下皆再拜訖，謁者進告官之左，白：「請就望瘞位。」謁者引告官就望瘞位至禮畢，如常儀。其瘞土，❹埳東西各二

❶「酌」，原作「爵」，據《通典》卷一三三改。
❷「諸將皆再拜受爵跪祭酒啐酒奠爵俛伏興」凡十七字，原脱，據《大唐開元禮》卷八八補。
❸「諸將」，原脱，據《大唐開元禮》卷八八補。
❹「瘞」，原作「置」，據《大唐開元禮》卷八八改。

人。太廟令納神主如常儀。祝版燔于齋坊。若凱旋，唯陳俘馘及軍實於南門外，北面西上，其告儀如上。

【宋《政和五禮新儀》】命將出征儀。

受旌節。前一日，儀鸞司設大將次於朝堂。其日，大將常服入就次。執事者設褥位於東上閤門外階下，設制誥箱於褥位之前少西。持旌節者少南。謁者引大將至就褥位，北面立揖。東上閤門官宣「有敕」，大將再拜，躬聽口宣訖，搢笏。謁者二人持箱進于大將之前，大將受訖；次少府監執事者交旌節，大將俛伏，興，再拜，搢笏，舞蹈，又再拜。訖，出文德殿門。次端禮門入右昇龍門，出宣德西偏門，大將勒所部兵衛并偏將裨將，各建旗，以正行列。大將建旗，飾以熊虎。偏將建旟，❶飾以鳥隼。裨將建旐，飾以龜蛇。執擎旌節并押節人、騎士、槍牌、步兵、樂工等分左右，前導至第。

引見。其日早，大將常服入就殿門外次，舍人引詣殿庭，進當殿陛，北面立，揖躬，大將再拜，興，奏聖躬萬福，又再拜。引大將少前，躬致詞，歸位，再拜，西出。少頃，舍人再拜，再引大將詣殿庭，進當殿陛，北向再拜訖，引至東階，揖升殿，近御前之左，大將奏事，稟方略訖，降東階下殿，再拜西出。

造廟。前期，太史擇日。太常寺具時日，散告諸司。前告二日，儀鸞司設告官以下次於常所，設大將次於南門之外道東，西向。前一日，質明，告官以下赴祠所清齋，行事、執事官並集告官齋所肄儀。太祝習讀祝文，眡禮饌、香幣。次贊者引監察御史點閲

❶「旟」，原作「旗」，據《政和五禮新儀》卷一五八改。

禮饌，❶視牲充腯。❷凡告官、大將行事，禮直官引，餘官贊者引。乃還齋所。未後一刻，太官令帥宰人以鸞刀割牲，❸遂烹牲。晡後，有司帥其屬清掃廟之内外。告日，前三刻，禮直官、贊者、諸司職掌各服其服。贊者先引宫闈令入詣殿庭，北向再拜，升殿開室訖，太常陳幣篚於神位之左，幣以帛。祝版於神位之右，置於坫，❹香爐并合置於案上。御封香。次設祭器，藉以席，光禄實之。每位左，十有二籩，爲四行，以右爲上。第一行，魚、鱅在前，糗餌、粉餈次之。第二行，乾薐在前，乾棗、形塩次之。第三行，鹿脯在前，榛實、乾桃次之。第四行，菱在前，芡栗次之。右十有二豆，爲四行，以左爲上。第一行，芹菹在前，筍菹、葵菹次之。第二行，菁菹在前，韭菹、酏食次之。第三行，魚醢在前，兔醢、豚拍次之。第四行，鹿臡在前，醓醢、糝食次之。俎二，一在籩前，實以羊腥七體，兩髀、兩肩、兩脅并脊。兩髀在兩端，兩肩、兩脅次之，脊在中。一在豆前，實以豕腥七體，其載如羊。又俎六，在豆右，爲三重，以北爲上。第一重，一實以羊腥腸、胃、肺。離肺一在上端，❺刌肺三次之，❻腸三、胃三又次之；一實以豕腥膚九，横載。第二重，❼一實以羊熟腸、胃、肺；一實以豕熟膚，❽其載如腥。❾第三重，一實以羊熟十一體，肩、臂、臑、肫、胳、正

❶「閱禮饌」至第八四〇五頁「引告官再詣盥洗位北向立搢笏」，原次序錯亂，據《政和五禮新儀》卷一五八釐正。

❷「視」、「充」，原作「祝」、「克」，據《政和五禮新儀》卷一五八改。

❸「割」，原作「引」，據《政和五禮新儀》卷一五八改。

❹「坫」，原作「殿」，據《政和五禮新儀》卷七《序例》改。

❺「一」，原作「肺」，據《政和五禮新儀》卷七《序例》改。

❻「刌」，原作「離」；「之」，原脱；據《政和五禮新儀》卷七《序例》改補。

❼「第二」，原作「三」，據《政和五禮新儀》卷七《序例》改。

❽「膚」，《政和五禮新儀》卷七《序例》作「胃」。

❾「其載如腥」，原作「載如其腥」，據《政和五禮新儀》卷七《序例》改。

脊一、直脊一、横脊一、❶長脅一、短脅一、代脅一，皆二骨以並，肩、臂、臑在上端，肫、胳在下端，脊、脅在中；一實以豕熟十一體，❷其載如羊。皆羊在左，豕在右。又俎二，❸在胙俎之北。實以羊豕牲首。槃一，在室户外之左。實以毛血。㽇二：一在鉶之前，實以大羹。一在籩之左。實以肝膋。鉶三，在㽇之後，籩豆之間。實以羹加芼滑。簠簋各二，❹在籩豆外二俎間，簠在左，簋在右。簠實以稻、粱，粱在稻南。簋實以黍、稷，稷在黍南。設犧罇一，❺置於坫，加勺冪，❻置諸户前楹間，北向。實以供内法酒。太常設燭於神位前，洗二於東階之東。盥洗在東，爵洗在西。罍在洗東，加勺。篚在洗西，南肆，實以巾。若爵洗之篚，❼則又實以爵加坫。執罍篚者在於其後。又設虚揖位於齋宫内道南及東神門外，告官、大將在南，北向；監察御史、奉禮郎、太祝、大官令在北，南向西上。開瘞坎於西階之東，北向，方深取足容物。設望瘞位于瘞坎之南，告官、大將北向，監察御史東向，奉禮郎、太祝西向，北上。又設告官位于東階之東，西向。又設大將位於告官之南，西向；監察御史位於殿庭之南，北向；奉禮郎、太祝、太官令位於其後，西上；光禄卿位於監察御史之東，北向。又設監察御史之位於殿上之西，東向；奉禮郎、太祝在東，西向北上。太官令於酒尊所，北向。告日未明，

❶「横脊一」，原脱，據《政和五禮新儀》卷七、卷一五八補。
❷「體」上，原有「又俎實以」四字，據《政和五禮新儀》卷七、卷一五八删。
❸「又俎」，原脱，據《政和五禮新儀》卷一五八補。
❹「二」，原作「一」，據《政和五禮新儀》卷一五八改。
❺「犧」下，原有「牲」字，據《政和五禮新儀》卷一五八删。
❻「冪」，原作「幕」，據《政和五禮新儀》卷一五八改。
❼「洗」字，原脱，據《政和五禮新儀》卷一五八補。

太官令帥其屬實饌具畢，引光禄卿入，定位。贊者曰「再拜」，光禄卿再拜，升自西階，凡行事、執事官升降階准此。點眡禮饌畢。次引監察御史升殿，點閱陳設，糾察不如儀者。光禄卿還齋所，餘官各服祭服。引告官、大將以下詣東神門外虚揖位，禮直官贊揖訖，贊者引監察御史、奉禮郎、太祝、太官令先入就位，次引告官并大將各入就位，立定。祠祭官於殿上贊「奉神主」，次引宫闈令入室，搢笏，於祏室内奉神主，設於座，奉神主詣神幄内，於後啓匱設于座，以白羅巾覆之。執笏，退復執事位。祠祭官於殿上贊「奉神主」訖，禮直官稍前，贊「有司謹具，請行事」。贊者曰「再拜」，在位者皆再拜。引監察御史、奉禮郎、太祝、太官令升就位，立定。次引告官詣盥洗位，北向立，搢笏，盥手，執笏，升詣僖祖室神位前，搢笏，跪，三上香。引奉禮郎搢笏，西向跪。執事者以幣授奉禮郎，奉禮郎即以幣授告官訖，執笏，興，詣次室以俟。告官受幣奉奠訖，執笏，俛伏，興，再拜訖，引告官以次詣翼祖、宣祖、太祖、太宗、真宗、仁宗、英宗、神宗、哲宗室，奉奠並如上儀。降復位。少頃，引告官再詣盥洗位，北向立，搢笏，盥手，帨手，執笏，詣爵洗位，北向立，搢笏，洗爵，拭爵，以爵授執事者，執笏，升詣僖祖酒尊所，西向立。執事者以爵授，❶執事者執笏，詣僖祖神位前，搢笏，跪。執事者以爵授告官。告官執爵，跪，三祭酒，奠爵，執笏，俛伏，興，出室户外，北向少立。太祝搢笏於室户外之右，東向跪讀祝文訖，祝文隨時事撰述。執笏，興，復位。告官再拜訖，引告官以

❶「執事者以爵授」，此句疑有衍誤。

次詣翼祖、宣祖、太祖、太宗、真宗、仁宗、英宗、神宗、哲宗室，酌獻並如上儀。降復位。禮直官曰「賜胙」，贊者曰「再拜」，告官、大將以下皆再拜。祠祭官於殿上贊「奉神主入祏室」，引宮闈令搢笏，奉神主入祏室訖。宮闈令先捧匱置于神位，納神主于匱訖，奉匱入祏室。次引告官、大將詣望瘞位。有司詣神位前，取祝幣置於瘞坎。次引監察御史、奉禮郎、太祝降望瘞位，立定。禮直官曰「可瘞」。置土半坎，引告官以下復詣東神門外虛揖位，對立。禮直官贊「禮畢」，揖訖，退。太官令帥其屬徹禮饌。監察御史升殿監眂收徹訖，退。宮闈令闔户以降。太常藏祝版於匱。若凱旋，祭告惟陳俘馘及軍實於南門之外，北面東上，其告禮並如上儀。

蕙田案：造禰，受命于祖，皆天子親征之祭，故命將别有告廟之儀，非煩瀆也。然于經不多見，惟唐、宋特詳。明制與唐、宋大略多同，故從略。

【《文獻通考》】❶唐開元十九年，兩京及天下諸州各置齊太公廟。上元元年，追封爲武成王，遣將出師，則命有司告祭以牲牢幣，行一獻禮。

【《政和五禮新儀》】告武成王廟。前期，太史擇日。前告二日，儀鸞司設告官以下次於祠所。又設大將次於廟南門之外道東，西向。前一日，質明，告官以下赴祠所清齋。執事官並集告官齋所肄儀。太祝習讀祝文，眂禮饌香幣，退。告日前三刻，禮直官、贊者、諸司職掌各服其服。太常陳幣於

❶ 以下所引文字不見於《文獻通考》，疑出自《明集禮》卷三四。「幣」下，《明集禮》卷三四有「帛」字。

神位之左，幣以白。祝版於神位之右，置於坫，香爐并合置於案上。次設祭器，藉以席，光禄實之。每位各左一籩，實以鹿脯。右一豆。實以鹿臡。犧尊一，置於坫，加勺冪，於殿堂上前楹間，北向，實以供内法酒。太常設燭於神位前，置二洗於東階之東，盥洗在東，爵洗在西。罍在洗東，加勺，篚在洗西，南肆，實以巾。若爵洗之篚，則又實以爵，加坫。❶執罍篚者位於其後。開瘞坎於殿後之西北壬地，❷方深取足容物。設望瘞位於瘞坎之南，告官北向，大將位於西，東向；奉禮郎、太祝、大官令位於東，西向南上。設告官位於東階之東，西向。又設大將位於告官之南，西向；奉禮郎、太祝、大官令位於殿庭之南，北向西上。又設奉禮郎、太祝位於殿上之東，西向北上。大官令於酒尊所，北向。告日未明，大官令帥其屬實饌具畢，告官以下各服祭服。贊者引奉禮郎、太祝、大官令先入就位，告官、大將，禮直官引。餘官贊者引。❸次禮直官引告官并大將入就位，❹立定。禮直官稍前，贊「有司謹具，請行事」。贊者曰「再拜」，在位者皆再拜。次引奉禮郎、太祝、大官令升自東階就位。次引告官詣盥洗位，北向立，搢笏，盥手，帨手，執笏，升詣神位前，搢笏，跪，三上香。次引奉禮郎搢笏西向跪，執事者以幣授奉禮郎，奉禮郎奉幣授告官訖，執笏，興，復位。告官受幣奉奠訖，執笏，俛伏，興，再拜，降復位。

❶「肆實以巾若爵洗之篚則又實以爵加坫」凡十六字，原脱，據《政和五禮新儀》卷一五九補。
❷「地」，原作「北」，據《政和五禮新儀》卷一五九改。
❸「告官大將禮直官引餘官贊者引」凡十三字，原脱，據《政和五禮新儀》卷一五九補。
❹「次禮直官」四字，原脱，據《政和五禮新儀》卷一五九補。

少頃，引告官再詣盥洗位，北向立，搢笏，盥手，帨手，執笏詣爵洗位，北向立，搢笏，洗爵，拭爵，以爵授執事者，執笏升詣尊所，西向立。執事者以爵授告官，告官搢笏，執爵，執尊者舉冪，大官令酌酒，告官以爵授執事者，執笏，詣神位前北向立，搢笏，跪，執事者以酒授告官。告官執爵，三祭酒，奠爵，執笏，俛伏，興，少立。次引太祝詣神位前，東向，❶搢笏，跪讀祝文訖，祝文隨時事撰述。執笏，興，復位。告官再拜訖，降復位。次引告官詣望瘞位，有司詣神位前，取祝幣置於瘞坎，引奉禮郎、太祝降詣望瘞位。禮直官告曰「可瘞」。置土半坎，禮直官曰「禮畢」，引告官以下退。

【《明集禮》】遣將。皇帝服武弁服，御奉天殿，授以節鉞，就命大將造祖廟，具牲幣，行一獻禮。其宜社、告武成王廟，亦如之。於旗纛廟壇備牲牢幣帛，行三獻禮。大將爲初獻，次將爲亞獻、終獻。祭將畢，則割雞瀝血於酒以釁神，以雞擲於四方。

右命將告廟。告武成王廟附。

【《周禮·夏官·大馭》】犯軷，王自左馭，馭下祝，登，受轡，犯軷，遂驅之。【注】行山曰軷。犯之者，封土爲山象，以菩芻棘柏爲神主，既祭之，以車轢之而去，喻無險難也。《春秋傳》云：「跋涉山川。」《聘禮》曰：「乃舍軷，飲酒于其側。」禮家説亦謂道祭。

某氏曰：「軷即祭名，故《詩》云『取羝以軷』。王在車左，大馭執轡居中，祭則大馭下車祝神，王自左執轡駐馬，祝畢登車，受王轡，乃驅。」

及祭，酌僕，僕左執轡，右祭兩軹，祭軓，乃飲。【注】軹，謂兩轊也。軓，車前軾也。❷【疏】此云「及祭酌僕」者，即上文將犯軷之時，當祭左右轂末及軾。

❶「向」，原脱，據《政和五禮新儀》文例補。

❷「前軾」，阮元《周禮注疏校勘記》以爲當作「軾前」。

酌僕者，酌酒與僕，僕即大馭也。大馭左手執轡，右手祭兩軹，并祭軓，祭訖乃飲。飲者，若祭末飲福，乃轢軷而去。

【《戎僕》】犯軷，如玉輅之儀。

王氏昭禹曰：「王以兵出，故有犯軷之儀。田輅不言犯軷，則以戎輅見之。」

蕙田案：《大雅·生民篇》云「取羝以軷」，毛傳云：「軷，道祭也。」陸德明《釋文》云：「軷，蒲末反。《説文》云：出必告道神，爲壇而祭爲軷。」孔疏軷謂道神之祭。此詩言后稷將行郊祀，故祭道神，則與出師無涉。即《周官·大馭》及《儀禮·聘禮》所云軷，皆不爲行師。但征伐乃出行之大者，豈軷禮轉可廢耶？後世隋有此祭，見《通典》、《隋書》。《開元禮》則明著爲親征而行。宋、明不聞行此，闕之。

觀承案：后稷郊天，此説最爲非禮。《生民》末章乃據今日以后稷配天言之耳。「后稷肇祀」句則仍收轉第六、第七章后稷烝祭軷祭，而結明以迄於今可以推其功德以配天也。疏家因「上帝居歆」之文而謂后稷自行祭帝於郊，其説必不可存。

【《隋書·禮儀志》】親征，將發軔，則軷祭。其禮，有司於國門外委土爲山象，設埋埳。有司刳羊，陳俎豆。駕將至，委奠幣，薦脯醢，加羊於軷，西首。又奠酒解羊，并饌埋於埳。駕至，太僕祭兩軹及軓前，乃飲，受爵，遂轢軷上而行。

【《唐開元禮》】皇帝親征及巡狩郊祭，有司軷于國門。車駕出日，右校先於國門外委土爲軷，軷爲山象也。又爲瘞埳於神座西北，方深取足容物。太祝布神座於軷前，南向。

大官令帥宰人刳羊。郊社令之屬設罇罍篚冪於神座之左，❶俱右向。置幣於罇所。駕將至，太祝立於罇洗東南，西向。祝史與執罇罍篚者俱就罇罍所立。太祝再拜，詣罇所取幣，進，跪奠於神座，興，還本位。進饌者薦脯醢於神座前，❷加羊於軷，西首。太祝詣罍洗盥手洗爵，詣罇所酌酒，進，跪奠於神座前，興，少退，北向立讀祝文訖，祝文臨時撰。太祝再拜，還本位。少頃，太祝帥齋郎奉幣爵酒饌物，❸宰人舉羊肆解之，太祝并載埋埳實之，❹執罇者徹罍篚席。駕至，權停。太祝以爵酌酒授太僕卿，太僕卿左執轡，❺右受酒，祭兩軹及軓前，軹，轂末。軓，軾前。乃飲，受爵而退。遂驅駕轢軷上而行。

右軷。

【《周禮·春官·大祝》】大師，國將有事于四望，則前祝。【疏】有事于四望，謂軍行所過山川，造祭乃過，大祝先告，王後臨也。

【《肆師》】封于大神，祭兵于山川，則爲位。

鄭氏鍔曰：「封者，累土增高。非山川之大神，則無累土。爲壇以封，崇之。禮，兵之所在，必增高以祭之。非頓兵之山川，則無祭。兵之所在，則宜有祭。此非常祭，故皆爲之位。」

【《書·武成》】告于皇天后土，所過名山大川。❻【傳】謂伐紂之時。名山，華岳。大川，河。【疏】自周適商，路過河、華，故知所過「名山華岳，大川河」也。《周禮·大祝》云：「王過大山川則用事焉。」鄭云：「用事，用祭事行告也。」

真氏德秀曰：「王者之師，代天致罰。非其人得罪于天，天理所不容，人情所不堪，必不輕易以動衆也。其

❶「令」字，原脱，據《大唐開元禮》卷八四補。
❷「者」、「醢」二字，原脱，據《大唐開元禮》卷八四補。
❸「奉」字，原脱，據《大唐開元禮》卷八四補。
❹「并」，原作「拜」，據《大唐開元禮》卷八四改。
❺「太僕卿」三字，原脱，據《大唐開元禮》卷八四補。
❻「大」字，原脱，據庫本及《尚書》補。

始也，必以其人所積之惡，所犯之罪，以告于皇天后土。軍旅所至之地，所經過之山川，皆必致吾所以興師及彼不可不討之意，以告于神明。苟揆之理，反諸身，而有一毫利己之私，一念忿人之意，不合于天，不順于人，決不敢輕舉焉。《孟子》曰：『征者，正也。』己必正而後可以正人，未有己不正而能正人者也。不正之事，告之人且不可，況神乎？神所不可聞者，人決不可爲也。一己爲之且不可，況役使千萬人而爲之乎？」

【《唐開元禮》】皇帝親征及巡狩，告所過山川。前一日，諸告官俱清齋於告所。執事者先脩除告所。又爲瘞埳當神座之南如常。大官令備牢饌。嶽鎮海瀆用大牢，中山川用少牢，小山川用特牲。若行速，即用酒脯。告日，郊社丞布神座席於告所近北，南向；設酒罇於神座之左，面右；設洗於酒罇東南，北向。其執罇者位如常。奉禮設告官位於罍洗東南，西向；執事者位於其後，北上。設奉禮位於告官西南，東向；贊者二人在南，少退。所司實罇罍俎豆。太祝實幣篚。齋郎取豆血。幣長一丈八尺，❶各隨方色。奉禮帥贊者先入就位，執罇罍篚冪者次入就位。謁者引告官以下次入就位。立定。奉禮曰「再拜」，贊者承傳，告官以下皆再拜。謁者進告官之左，白：「有司謹具，請行事。」退復位。奉禮曰「再拜」，告官以下皆再拜。太祝以幣授告官。告官受幣，謁者引告官詣神座前，北面，跪奠幣，俛伏，興，少退，再拜，告官復位。大官丞引饌入，太祝迎引，設於神座前。大官丞以下還本位。謁者引告官詣罍洗盥手洗爵訖，引告官詣酒罇所。執罇者舉冪，告官酌酒，進，❷跪奠於神座，俛伏，興，少退，北向立。太祝持版進於神

❶「長一丈」，原作「帛以丈」，據《大唐開元禮》卷八四改。
❷「進跪」二字，原倒，據校點本《通典》卷一三二乙正。

座之右，東面跪讀祝文，祝文臨時撰。訖，興。告官再拜。太祝進，跪奠版於神座，俛伏，興，還罇所。太祝以爵酌福酒，進告官之右，西向立。告官再拜受爵，跪祭，啐，奠爵及受胙以下、❶望瘞等至燔版位，並如常儀。寘土，則埳東西各二人。

【《明會典》】洪武三年定，天子親征，祭所過山川。有司卜日，具牲幣。皇帝服皮弁，行一獻禮。

右祭所過山川。

【《周禮・地官・大司徒》】施十有二教，八曰以誓教恤，則民不怠。【注】恤，謂災危相憂。民有凶患，憂之則民不懈怠。

黄氏度曰：「祭祀有誓，軍旅有誓。恤，憂也，使憂其事也。」

史氏浩曰：「誓所以警戒而歸之恤，恤則無慢令致期矣，怠何由而生？」

蕙田案：十二教之誓，康成及賈公彦皆以爲凶荒之禮，與出師無涉。而黄氏、史氏諸説，解爲軍中之誓。其義兩通，今從之。

【《秋官・士師》】以五戒先後刑罰，毋使罪麗于民。一曰誓，用之于軍旅。【注】誓，于《書》則《甘誓》、《湯誓》之屬。

鄭氏鍔曰：「用兵然後有誓。誓者，折之以言，使斷然必信，《湯誓》、《泰誓》作于用兵之時是也。」

王氏昭禹曰：「誓之所用，非特軍旅也。祭祀、田役之類皆有誓，而以軍旅爲主。」

【《條狼氏》】凡誓，執鞭以趨于前，且命之。誓僕右曰「殺」，誓馭曰「車轘」，誓大夫曰「敢不關，鞭五百」，誓師曰「三百」，誓邦之大史曰「殺」，小史曰「墨」。【注】前，謂所誓衆之行前也。有司讀誓辭，則大言其刑以警所誓也。誓者，謂

❶「及」，原作「反」，據校點本《通典》卷一三二改。

出軍及祭祀時也。出軍之誓，誓左右及馭，則《書》之《甘誓》備矣。車轘，謂車裂也。敢不關，謂不關於君也。

【疏】誓自有大官，若《月令》「田獵，司徒北面以誓之」。誓時，則條狼氏爲之大言，使衆聞之，故云「且命之」。誓僕右者，僕，太僕，與王同車，故《太僕職》云「軍旅，贊王鼓」。右，謂勇力之士，在車右，備非常。誓馭，謂與王馭車者也。

王氏安石曰：「條狼氏主誓者，掌辟之官，以禁止爲事故也。」

王氏曰：「鄭氏以爲誓者，出軍及祭祀之事。但爲樂師與大史、小史主禮樂之事，故謂祭祀時耳。不知皆誓之于軍也。《太師職》云：『大師，執同律以聽軍聲而詔吉凶。』是軍有太師也。《太史職》云：『太史抱天時，與太師同車。』是軍有太史也。《小史職》云：『凡軍事，佐太史。』是軍有小史也。刑不上大夫，而誓之嚴如此，軍事以嚴終也，《甘誓》可見矣。軍國異容，祭祀之誓，太宰掌之，大司徒莅之，何預于條狼氏哉？」

王氏應電曰：「《士師職》『以五戒先後刑罰，一曰誓，用之于軍旅』，故此所誓，專主軍旅而言。」

蕙田案：康成以此誓兼祭祀，兩王氏以此誓專主軍中。以《士師職》參考之，兩王氏之説爲長。

【《訝士》】凡邦之大事，聚衆庶，則讀其誓禁。【疏】大事者，謂在國征伐之等。聚衆庶，非諸侯之事也，則訝士讀其誓命之辭及五禁之法也。

【《書·大禹謨》】禹乃會羣后，誓于師曰：「濟濟有衆，咸聽朕命：蠢茲有苗，昏迷不恭，侮慢自賢，反道敗德。君子在野，小人在位。民棄不保，天降之咎。肆予以爾衆士奉辭伐罪。爾尚一乃心力，其克有勳。」【傳】軍旅曰誓。濟濟，衆盛之貌。【疏】「軍旅曰誓」，《曲禮》文也。《穀梁傳》曰：「誥誓不及五帝。」不及者，言于時未有也。據此文，五帝之世有誓。《穀梁傳》漢初始作，不見經文，妄言之耳。

【《甘誓》】大戰于甘，乃召六卿。王曰：「嗟！六事之人，予誓告汝：有扈氏威侮五行，怠棄三正，天用勦絶其命。今予惟恭行天之罰。」

【朱升《旁訓》】誓與禹征苗之誓同義，言其討叛伐罪之意，嚴其坐作進退之節。案有扈氏，夏同姓之國。《史記》曰啟立，有扈不服，遂滅之。

【《胤征》】維仲康肇位四海，胤侯命掌六師。羲、和廢厥職，酒荒于厥邑，胤侯承王命徂征。告于衆曰：「嗟！予有衆：聖有謨訓，明徵定保。先王克謹天戒，臣人克有常憲，百官脩輔，厥后惟明明。每歲孟春，遒人以木鐸徇于路。官師相規，工執藝事以諫。其或不恭，邦有常刑。惟時羲、和，顛覆厥德，沈亂于酒，畔官離次，俶擾天紀，遐棄厥司。政典曰：『先時者殺無赦，不及時者殺無赦。』今予以爾有衆，奉將天罰。爾衆士同力王室，尚弼予欽承天子威命。火炎崑岡，玉石俱焚。天吏逸德，烈于猛火。嗚呼！其爾衆士，懋戒哉！」

蔡氏沈曰：「胤，國名。征者，上伐下也。仲康丁夏之衰，羿執國政，能命胤侯掌六師。胤侯能承命討有罪，禮樂征伐猶自天子出，故録之。」

【《湯誓》】王曰：「格，爾衆庶，悉聽朕言：非台小子敢行稱亂，有夏多罪，天命殛之。今爾有衆，汝曰我后不恤我衆，舍我穡事而割正夏。予惟聞汝衆言，夏氏有罪，予畏上帝，不敢不正。今汝其曰夏罪其如台。夏王率遏衆力，率割夏邑，有衆率怠弗協，曰『時日曷喪，予及汝皆亡』！夏德若兹，今朕必往。爾尚輔予一人致天之罰，予其大賚汝。爾無不信，朕不食言。爾不從誓言，予則孥戮汝，罔有攸赦。」【傳】古之用刑，父子兄弟，罪不相及。今云「孥戮汝」，權以脅之，使勿犯。【疏】昭二十年《左傳》引《康誥》曰：「父子兄弟，罪不相及。」權脅之耳。不于《甘誓》解之者，以啟承舜、禹後，刑尚寬，殷、周以後，其罪或相緣坐，恐其實有孥戮，故于此解之。

【《泰誓》】惟十有三年春，大會于孟津。王曰：「嗟！我友邦冢君，越我御事庶士，明聽誓：商王受弗敬上天，降災下民，皇天震怒，命我文考肅將天威。大勳未集，肆予小子發，以爾友邦冢君觀政于商。爾尚弼予一人，永清四海。時哉，弗可失！」惟戊午，王次于河朔。羣后以師畢會，王乃狥師而誓曰：「嗚呼！西土有衆，咸聽朕言：商王受力行無度，穢德彰聞。天其以予乂民。天視自我民視，天聽自我民聽。百姓有過，在予一人。今朕必往。」時厥明，王乃大巡六師，明誓衆士。王曰：「嗚呼！我西土君子，天有顯道，厥類惟彰。今商王受狎侮五常，荒怠弗敬，自絕于天，結怨于民。上帝弗順，祝降時喪。爾其孜孜，奉予一人，恭行天罰。古人有言曰：『撫我則后，虐我則仇。』獨夫受洪惟作威，乃汝世讎。樹德務滋，除惡務本。肆予小子誕以爾衆士殄殲乃讎。爾衆士其尚迪果毅，以登乃辟。功多有厚賞，不迪有顯戮。」

【《牧誓》】時甲子昧爽，王朝至于商郊牧野，乃誓。王左杖黃鉞，右秉白旄以麾，曰：「逖矣，西土之人！」王曰：「嗟！我友邦冢君，御事司徒、司馬、司空，亞旅、師氏，千夫長、百夫長，及庸、蜀、羌、髳、微、盧、彭、濮人，稱爾戈，比爾干，立爾矛，予其誓。」王曰：「商王受暴虐于百姓，以姦宄于商邑。今予發惟恭行天之罰。尚桓桓，如虎如貔，如熊如羆，于商郊。弗迓克奔，以役西土。勗哉，夫子！爾所弗勗，其于爾躬有戮！」

【疏】武王與紂戰于商郊牧地之野，將戰之時，王設言以誓衆。

【《費誓》】公曰：「嗟！人無譁，聽命！徂茲淮夷、徐戎並興，善敹乃甲胄，敿乃干，無敢不弔！備乃弓矢，鍛乃戈矛，礪乃鋒刃，無敢不善！」【傳】諸侯之事而連帝王，孔子序《書》，以魯有治戎征討之備，秦有悔過自誓之戒，足爲世法，故録以備王事，猶《詩》録商、魯之《頌》。又云：「伯禽爲方伯，監七百里内之諸侯，帥之以征，嘆而敕之，使無喧譁，欲其静聽誓命。言當善簡汝甲鎧胄兜鍪，施汝楯紛，無敢不令至，攻堅使可用。備汝弓矢，弓調矢利，鍛鍊戈矛，磨礪鋒刃，皆使無敢不功善。」

【《秦誓》】公曰：「嗟！我士，聽無譁！予誓告汝羣言之首。」【傳】誓其羣臣，通稱士也。羣言之首，言衆言之本要。

蕙田案：自三苗誓師以下，皆致師之誓。《秦誓》一篇，則還師之誓也。孔穎達《正義》分書之例爲十，五曰誓，獨《秦誓》乃誓之變體，與《周禮》所謂士師「五戒之誓」、司徒「十二教之誓」皆别。

【《司馬法》】有虞氏誓于國中，欲民體其命也。夏后氏誓于軍中，欲民先成其慮也。殷誓于軍門之外，欲民先意以待事也。周將交刃而誓之，以致其志也。

【《文心雕龍》】雷震始乎曜電，出師先乎威聲。故觀電而懼雷壯，聽聲而懼兵威。兵先乎聲，其來已久。昔帝世戒兵，三王誓師，宣訓我衆，未及敵人也。至周穆西征，祭公謀父稱古有威讓之令，有文告之辭，即檄之本源也。及春秋，征伐自諸侯出，懼敵弗服，故兵出須名，振此威風，暴彼昏亂。劉獻公之所謂告之以文辭，董之以師武者也。齊桓征楚，詰包茅之闕；晉厲伐秦，責箕部之焚；管仲、吕相，奉辭先路。詳其意義，即今之檄文。暨乎戰國，始稱爲檄。檄者，皦也；宣露于外，皦然明白也。夫兵以定亂，莫敢自專。天子親戎，則稱恭行天罰；諸侯御師，則云肅將王誅。故分閫推轂，奉辭伐罪，非惟致果爲毅，亦且厲辭爲武。使聲如衝風所擊，氣似欃槍所埽，奮其武怒，總其罪人，懲其惡稔之時，顯其貫盈之數，摇奸宄之膽，訂信慎之心；使百尺之衝，摧折于咫書；萬雉之城，顛墜于一檄者也。觀隗囂之檄亡新，布其三逆，文不雕飾，而辭切事明。隴右文士，得檄之體矣。陳琳之檄豫州，壯有骨鯁，雖奸閹携養，章密太甚，發丘摸金，誣過其虐，然抗辭書釁，皦然露骨矣。敢指曹公之鋒，幸哉免袁黨之戮也。鍾會檄蜀，徵驗甚明；桓公檄胡，觀釁尤切：並壯筆也。

蕙田案：劉彦和雖云三代之誓，宣訓我衆，不及敵人。然三苗之誓及《湯誓》、《泰誓》等，皆數敵罪狀，不僅訓我衆也。誓辭之體，本同於檄，又或混於露布。核而論之，檄者，致師之際，聲罪而致討。露布者，戰勝之後，馳詞以揚功。今不另列移檄一條，露布則另列。其漢、唐以下檄辭，不備載。

右誓師。

【《唐開元禮》】遣使勞軍將。前一日，執事者先設使者次於營南門之外道右，南向。使者至，謁者引之次。使者將到，兵部先集大將以下於南門之外，列左右廂，俱重行北向，相對爲首。使者出次，謁者引立於門西，東面；持節者立於使者之北，吏二人持制書案立於使者西南，俱東面。立定，大將北面再拜。謁者引使者、持節者前道，入門而左，持案者從之。❶使者立於幕前，南面；持節者立於使者之東少南，西面；持案者立於使者西南，東面。又謁者引大將以下入立於使者之南，依左右廂，俱重行北面，相對爲首。立定。持節者脱節衣。持案者進使者前，使者取制書，持案者退復位。使者稱「有制」，大將以下俱再拜。宣詔訖，大將以下又再拜。謁者引大將進使者前，北面受制書，退復位。持節者加節衣。謁者引使者、持節者前導以出，持案者從之，俱復門外位。大將以制書授左右，拜

❶「之使者」三字，原脱，據《大唐開元禮》卷八四補。

送使者於門外。使者還，❶大將入。初使者出，諸將以下以次出。若賜衣物，使者出次，立於門外，立定，執事者以衣物立於案南，俱東面北上。使者入，衣物隨入。初大將受制書復位，執事者以衣物遍授之。大將以下受訖，又再拜。

右勞師。

五禮通考卷第二百三十八

淮陰吴玉搢校字

❶「還」，原作「退」，據《大唐開元禮》卷八四改。

五禮通考卷第二百三十九

内廷供奉禮部右侍郎金匱秦蕙田編輯
太子太保總督直隸右都御史桐城方觀承同訂
翰林院侍讀學士嘉定王鳴盛
兩淮都轉鹽運使德水盧見曾 參校

軍禮七

出師

【《周禮・天官・太宰》】作大事，則戒于百官，贊王命。【注】謂助王爲教令。《春秋傳》曰：「國之大事，在祀與戎。」

【《小宰》】以法掌祭祀、朝覲、會同、賓客之戒具，軍旅亦如之。令百官府共其財用，治其施舍，聽其治訟。

【《春官・典瑞》】牙璋以起軍旅，以治兵守。

鄭氏鍔曰：「半圭曰璋，長七寸，瑑爲齒牙之形，取牙齒之剛利能噬齧，❶兵之象，故執以起軍旅。若屯兵于外，守要害之地，有不率紀律者，執此以治之。」

李氏嘉會曰：「牙璋則軍旅之大者用之，中璋則軍旅之小者用之。」

【《地官・大司徒》】大軍役，以旗致萬民，而治其徒庶之政令。

【《縣師》】若將有軍旅、田役之戒，則受法于司馬，以作其衆庶及馬牛、車輦，使皆備旗鼓兵器，以帥而至。

【《夏官・諸子》】掌國子之倅，若有兵甲之事，則授之車甲，合其卒伍，以軍法治之。【注】國子，謂諸侯卿大夫士之子也。

❶「能」字，原脱，據《周禮訂義》卷三五補。

李氏曰：「王者之師，非直興于閭里，而又取諸世族。彼以父祖富貴，宜有報上之心。況嘗學德行、道藝，孰不知忠孝之美，任之以金革，與夫干賞蹈利庸徒鬻賣者蓋有間矣。」

【《司右》】掌羣右之政令。凡軍旅、會同，合其車之卒伍，而比其乘，屬其右。

【《戎右》】掌戎車之兵革使，【注】謂王使以兵，有所誅斬也。《春秋傳》曰：「戰于殽，晉梁弘御戎，萊駒爲右。戰之明日，襄公縛秦囚，使萊駒以戈斬之。」詔贊王鼓，【注】既告王當鼓之節，又助擊之。【疏】太僕已贊王鼓，此亦同是助擊其餘面也。傳王命于陳中。【注】爲王大言之也。

黄氏曰：「掌戎車之兵革使，蓋戰事也。戰重戎右，專使事也。鄭引《左氏》萊駒斬囚事，其小者耳。」

【《虎賁氏》】掌先後王而趨以卒伍，軍旅、會同亦如之。

【《旅賁氏》】掌執戈盾。軍旅，則介而趨。【注】介，被甲。

王氏曰：「旅賁則王衛之尤親者，王吉服則亦吉服，王凶服則亦凶服，王戎服則亦戎服，亦與王同其憂樂也。」

【《太僕》】凡軍旅，贊王鼓。【注】王通鼓，佐擊其餘面也。【疏】王通鼓者，謂王親將軍衆，待王擊乃擊之，❶若《鼓人》云「金鐸通鼓」之類也。王執路鼓，路鼓四面，佐擊其餘面也。

【《地官·鼓人》】以鼖鼓鼓軍事。【注】鼖鼓，長八尺，大鼓謂之鼖。【疏】其長八尺，對晉鼓六尺六寸者爲大。

鄧氏元錫曰：「鼖從賁，氣盛意。鼓軍事，以氣盛爲壯也。」

魏氏校曰：「鼓大而短，則其聲疾而短聞；小而長，則其聲舒而遠聞。鼖之爲言大也，因以肅軍令。」

凡軍旅，夜鼓鼜。軍動則鼓其衆。

【《春官·大師》】大師，執同律以聽軍聲而詔吉凶。【注】大師，大起軍師。《兵書》曰：「王者行師出軍之日，授將弓矢，士卒振旅，將張弓大呼，大師吹律合

❶「待」，原作「代」，據《周禮·夏官·太僕》賈疏改。

音。商則戰勝，軍士强；角則軍擾多變，失士心；宮則軍和，士卒同心；徵則將急數怒，軍士勞；羽則兵弱，少威明。」

【《大史》】抱天時，與大師同車。

【《小史》】佐大史。

【《天官·幕人》】軍旅，共其帷、幕、幄、帟、綬。

【《掌次》】師田，則張幕，設重帟重案。

【《地官·廩人》】凡師役之事，則治其糧與其食。

【《封人》】軍旅，則飾其牛牲。

【《天官·外饔》】師役，則掌共其獻賜脯肉之事。❶

【《地官·委人》】軍旅，共其委積薪芻。

【《遺人》】凡師役，掌其道路之委積。

【《牛人》】軍事，共其犒牛。❷凡軍旅、行役，共其兵車之牛。

【《秋官·小行人》】若國師役，則令槁襘之。【注】槁，讀如犒師之犒。襘，即《大宗伯》「以襘禮哀圍敗」也。

【《野廬氏》】邦之有大師，則令埽道路，且以幾禁行作不時者、不物者。

鄭氏鍔曰：「國大用師，道路之行，欲無荒穢不祥之事。苟于是時，不當行而行，不當作而作，失蚤晚之時，非所當衣而衣之，非所當操而操之，非其物而有異常之狀，皆姦人之爲寇盜者也，微伺而幾察之，以防變也。周之制，于田野之道，十里之遠，設官以治其廬舍，禁止姦盜，如此之嚴，則道不拾遺，豈不宜哉。後世十里有亭，亭必有長，其法亦出于此。」

【《司烜氏》】軍旅，脩火禁。

鄭氏鍔曰：「衆之所聚，器甲資糧，勝敗所係，則火禁不可不謹也。」

【《銜枚氏》】軍旅、田役，令銜枚。【注】爲其言

❶「共」字，原脱，據《周禮·天官·外饔》補。

❷「其」，原作「具」，據《周禮·地官·牛人》改。

語以相誤。

王氏昭禹曰：「軍旅田役，大衆所聚，惡譁而喜静，故令銜枚。大祭祀，止于令禁無囂者，承祭祀者，不若軍旅田役之衆。」

【《伊耆氏》】軍旅，授有爵者杖。

黄氏曰：「有爵者皆有統率，在軍見王見帥，宜當執杖。今三衙兵官常朝亦執杖也。」

鄭氏鍔曰：「軍中以斧鉞爲威，將帥所執爾。若有爵者在其中，既非仗鉞之將，又非將校之列，宜有以表異之，故授以杖，見其爵位之尊。」

【《夏官·挈壺氏》】掌挈壺以令軍井，挈轡以令舍，挈畚以令糧。【注】鄭司農云：「挈壺以令軍井，謂爲軍穿井，井成，則挈壺懸其上，令軍中士衆皆望見，知此下有井。壺所以盛飲，故以壺表井。挈轡以令舍，亦懸轡于所當舍止之處，❶使軍望見，知當舍止于此。❷轡所以駕舍，故以轡表舍。挈畚以令糧，亦懸畚于其所當稟假之處，令軍望見，知稟假于此下也。畚，所以盛糧之器，❸故以畚表稟。軍中人多，車騎雜會讙囂，號令不能相聞，故以其物爲表，省煩趨疾，于事便也。」凡軍事，懸壺以序聚欜。❹【注】鄭司農云：「懸壺以爲漏，以序聚欜，以次更聚擊欜備守也。」玄謂：擊欜，兩木相敲，行夜時也。

右軍中職事。

【《夏官·量人》】營軍之壘舍，量其市朝、州涂、軍社之所里。❺

鄭氏鍔曰：「營軍之壘舍，非徒欲廣狹足以相容，又以社主爲重，所居之處，欲其不褻。」

王氏昭禹曰：「《兵法》曰：『善戰致人而不致于人。』夫我案兵無動而致敵使來，以逸待勞，宜勝之矣。」

【《禮記·曲禮》】行，前朱鳥而後玄武，左青龍而右白虎，招摇在上，急繕其怒。進退有度，左右有局，各司其局。【注】朱鳥、玄武、青龍、

❶「轡」字，原脱，據《周禮·夏官·挈壺氏》注補。

❷「知」下，原有「之」字，據《周禮·夏官·挈壺氏》注删。

❸「所」字，原脱，據《周禮·夏官·挈壺氏》注補。

❹「聚」，原作「衆」，據庫本及《周禮·夏官·挈壺氏》改。

❺「里」，原作「重」，據庫本及《周禮·夏官·量人》改。

白虎，以此四獸爲軍陣，象天也。急猶堅也。繕，讀曰勁。又畫招摇星于旌旗上，以堅勁軍之威怒，象天帝也。招摇星在北斗杓端，主指者。度，謂伐與步數。局，部分也。

【疏】此明軍行象天文而作陣法也。前南後北，左東右西，朱雀、玄武、青龍、白虎，四方宿名也。軍前宜捷，故用雀。軍後須殿捍，故用玄武。玄武，龜也。龜有甲，能禦侮也。左爲陽，陽能生發，象龍變也。右爲陰，陰沉能殺，虎，沉殺也。軍之左右，生殺、變應，威猛如龍虎也。鄭注四獸爲軍陣，則是陣法，但不知何以爲之。今之軍行，畫此四獸于旌旗，以標左右前後之軍陣。招摇，北斗七星。北斗居四方宿之中，❶以斗末從十二月建而指之，則四方宿不差。今軍行法之，亦作此北斗星在軍中，舉之于上，以指正四方，使四方之陣不差也。急繕其怒者，軍行既張四宿于四方，標招摇于中，上象天之行，故軍旅士卒起居舉動，堅勁奮勇，如天帝之威怒也。度，謂伐與步數，《牧誓》云：「今日之事，不愆于六步、七步、四伐、五伐。」一擊一刺爲一伐也。左右有局者，局，部分也。軍之左右，各有部分，不相濫也。各司其局者，軍行須監領，故主帥部分，各有所司部分也。

蕙田案：《正義》引昭二十一年《左傳》宋人與華亥戰，云：「鄭翩願爲鸛，其御願爲鵞。」又《兵書》云：「善用兵者似率然。」率然者，常山蛇，擊其首則尾至，擊其尾則首至，擊其中則首尾俱至。則朱鳥等皆是陣法，崔靈恩謂軍行所置旌旗，畫此四物，其説淺陋，非康成意也。

觀承案：戴禮此條，即古八陣法也。《握機經》：「四維方而主静，正兵布陣用之。四正員而主動，奇兵制勝用之。」蓋用後天八卦之位，而其天前衝，地後衡，則先天之體，亦存其中。《曲禮》只主出行之時，故專據龍虎鳥蛇爲震兑離坎四卦「員而主動」者言之；其四維四卦之「方而主

❶「斗」，原作「方」，據《禮記·曲禮》孔疏改。

靜」者，不言可知。至招摇在上，應指大將之旌麾而言，所以行軍布陣，指揮兵衆，爲三軍之司命者也。故曰「急繕其怒」者，所以作其氣也。若「進退有度，左右有局，各司其局」，則坐作進退，疾徐變化之法，俱在其中矣。古法無傳，《握機經》是其遺制，武侯之八陣，亦即根源於此耳。豈知熟讀《曲禮》，都已包括而提其綱要也哉！

右營陣行列。

【《周禮·春官·巾車》】掌王之五路。革路，龍勒，條纓五就，建太白，以即戎。【注】革路，輓之以革而漆之，無他飾。龍，駹也。以白黑飾韋雜色爲勒。條，讀爲絛。其樊及纓，以絛絲飾之而五成。不言樊，蓋脱爾。大白，殷之旗，猶周大赤，蓋象正色也。即戎，謂兵事。【疏】趙商問：「《巾車職》云『建大白以即戎』，《司馬職》『仲秋，辨旗物以治兵，王載大常』，下注云：『凡頒旗物，以出軍之旗則如秋。』不知《巾車》『大白以即戎』爲在何時？」答曰：「旗之正色者，或會事，或勞師，不親將，故建先王之正色，異于親自將。」又案《司馬法》云：「章，夏以日月，上明；殷以虎，上威；周以龍，上文。」不用大常者，周雖以日月爲常，以龍爲章，故《郊特牲》云「龍章而設日月」。又案《周本紀》「武王遂入至紂所，王射之，三發而後下車，以輕劍斬紂頭，縣于太白之旗」。不用大常者，時未有《周禮》，故武王雖親將，猶用太白也。

【《典路》】凡軍旅，以路從。【注】王乘一路，典路以其餘路從行，亦以華國。

【《夏官·戎僕》】掌馭戎車。【注】戎車，革路也。師出，王乘以自將。掌王倅車之政，正其服。【注】倅，副也。服，謂衆乘戎車者之衣服也。掌凡戎車之儀。【注】凡戎車，衆之兵車也。《書序》：「武王戎車三百兩。」【疏】凡語廣，故知衆兵車即三百兩也。

鄭氏鍔曰：「武王戎車三百兩，與紂戰于牧野。王自將，則乘戎路，戎僕爲之馭。正其所衣之服，以戎事之服，異乎乘車之服，乘車之服主于文，而戎事以武爲主，則皆服皮弁。國容不可以入軍容，當一以戎衣從事，不可以不正也。」

易氏祓曰：「上文言『馭戎車』，則王之革路。此言『凡戎車』，則衆之兵車也。武王戎車三百兩，其進退之節，『不愆于六步七步，不愆于四伐、五伐、六伐、七伐，乃止，齊焉』，則戎車之儀可知。《大司馬》于蒐田之時，亦有所謂坐作進退、疾徐疏數之節，戎僕所以掌其儀者此也。」

【《春官·車僕》】掌戎路之萃，廣車之萃，闕車之萃，苹車之萃，輕車之萃。【注】萃猶副也。此五者皆兵車，所謂五戎也。戎路，王在軍所乘也。廣車，横陣之車也。闕車，所用補闕之車也。苹猶屏也，所用對敵自蔽隱之車也。輕車，所用馳敵致師之車也。《春秋傳》曰：「公喪戎路。」又曰：「其君之戎，分爲二廣。」則諸侯戎路、廣車也。又曰：「帥斿闕四十乘。」《孫子》八陣有「苹車之陣」，又曰「馳車千乘」。凡師，共革車，各以其萃。【注】五戎者共其一以爲王，優尊者所乘也，而萃各從其元焉。

【《六韜》】車者，軍之羽翼也，所以陷堅陣，要强敵，遮北走也。

王氏昭禹曰：「凡師共革車，則師之所用者，其車皆以革輓之。」

鄭氏鍔曰：「革車亦各有萃，所以爲不可敗之策。」

【《禮記·曲禮》】兵車不式。【注】尚威武，不崇敬。武車綏旌。【注】武車，亦革路也。取其建武，即云兵車；取其威猛，即云武車。旌，謂車上旌也。綏，謂垂舒。

陳氏澔曰：「兵車，革輅也，尚勇猛，無推讓，故不式。武車，亦革輅也。取其建戈刃，即云兵車；取其威猛，即云武車。旌，車上旌旛也。尚威武，故舒散，若垂緌然。」

【《司馬法》】夏后氏曰鉤車，先正也。殷曰寅車，先疾也。周曰元戎，先良也。

右車路。

【《周禮·春官·司常》】凡軍事，建旌旗；及致民，置旗弊之。【注】始置旗以致民，民至仆之，誅後至者。

王氏曰：「置者，植之。弊者，仆之。」

鄭氏鍔曰：「軍旅之事，用旌旗以指麾，則掌建之。始焉置之，以致民使來，終焉弊之，以誅後至，皆司常所掌也。」

【《禮記·曲禮》】前有水則載青旌，前有塵埃則載鳴鳶，前有車騎則載飛鴻，❶前有士師則載虎皮，前有摯獸則載貔貅。【注】載，謂舉旌于首以警衆也。禮，君行師從，卿行旅從。前驅舉此，則士衆知所有，❷所舉各以其類象之。青，❸青雀，水鳥也。鳶鳴則天將風，風生埃起。鴻，取飛有行列也。士師，謂兵衆也。虎，取其有威勇。貔貅亦摯獸。《書》曰「如虎如貔」。

【《司馬法》】旂，夏后氏玄，人之執也。殷白，天之義也。周黃，地之道也。章，夏后氏以日月，尚明也。殷以虎，尚威也。周以龍，尚文也。

右旌旗。

【《周禮·夏官·司兵》】掌五兵五盾，各辨其物與其等，以待軍事。【注】五盾，干櫓之屬。等，謂功沽上下。五兵者，戈、殳、戟、酋矛、夷矛。【疏】言各辨其物與其等者，五兵、五盾，各有物色與其善惡、長短、大小之等。及授兵，從司馬之法以頒之。及其受兵輸，亦如之。【注】從司馬之法，令師旅卒兩人數所用多少也。兵輸，謂師還有司還兵也。【疏】受兵從司馬之法者，司馬主六軍，是一官之長，先受于王命，知多少，乃始出軍，故從司馬法以頒之。

鄭氏鍔曰：「物，色也，各辨其物色，使以類相從。等者，所制之長短小大。司兵授之以兵，則從司馬之法，多乎其數，則闕國之守備，寡乎其數，則乏軍之用器。軍之行也，從其法而頒之。及其還也，受其所輸，亦當如始者所頒之法，苟有亡矢遺鏃之事，亦如之矣。」

軍事，建車之五兵。會同亦如之。

鄭氏鍔曰：「軍旅之車，上必建五兵，出先刃，入後刃

---

❶「騎」，原作「馬」，據庫本及《禮記·曲禮》改。

❷「所」字，原脱，據《禮記·曲禮》注補。

❸「青」，原作「首」，據庫本及《禮記·曲禮》注改。

也。會同，王乘車則亦建焉，皆以示威也。」

【《司戈盾》】軍旅，授貳車戈盾，建乘車之戈盾，授旅賁及虎士戈盾。【注】乘車，王所乘車也。軍旅則革路。【疏】軍旅貳車，貳有車右，故授之以戈盾。云乘車之戈盾者，王所乘車有車右，故建戈盾。授旅賁氏及虎士戈盾者，衛王故也。及舍，設藩盾，行則斂之。【注】舍，止也。藩盾，盾可以藩衛者，如今之扶蘇歟？【疏】扶蘇，舉漢法況之。

劉氏彝曰：「旅賁夾王車左右，而虎士趨王車後先，舍則守王閑，則殳與戈盾，戒備之尤急者也，非其有屏蔽之用乎！」

【《司弓矢》】掌六弓四弩八矢之法。凡弩，夾、庾利攻守，唐、大利車戰、野戰。【注】攻城壘者與自守者相迫近，弱弩發疾也。車戰，野戰，進退非强則不及。凡矢，枉矢、絜矢利火射，用諸守城車戰；殺矢、鍭矢用諸近射。❶【注】枉矢、絜矢二者皆可結火以射敵。殺矢，言中則死。鍭矢象焉。二者皆可以射敵之近者。凡師役，頒弓弩各以其物，從授兵甲之儀。❷【注】物，弓弩矢箙之屬。

鄭氏鍔曰：「師役，用兵之時。會同，行禮之時。事異禮異，故各以其所當用之物而頒之。」

右兵器。

【《禮記·曲禮》】介胄則有不可犯之色。

馬氏曰：「兵車者，以威克愛也。以威克愛，則服必稱情，容必稱服，故『戎容暨暨』、『介胄有不可犯之色』者，以此也。」

介者不拜，爲其拜而蓌拜。

朱子曰：「蓌，猶言有所枝拄，不利屈伸也。」

【《少儀》】乘兵車，出先刃，入後刃，軍尚左，卒尚右。

陳氏澔曰：「先刃，刃向前也。後刃，不以刃向國也。左陽，生道也。右陰，死道也。左，將軍爲尊，其行伍皆

❶「鍭」，原作「鏃」，據《周禮·夏官·司弓矢》改。
❷「甲」，原作「至」，據阮刻《周禮注疏》及其校勘記改。

尊尚左方，欲其無覆敗也。士卒之行伍尊尚右方，示有必死之志也。」

軍旅思險，隱情以虞。

陳氏澔曰：「軍行舍止經由之處，必思爲險阻之防，又當隱密己情，以虞度彼之情計也。」

【《玉藻》】戎容暨暨，言容詻詻，色容厲肅，視容清明。

【《司馬法》】古者，軍容不入國，國容不入軍。軍容入國則民德廢，國容入軍則民德弱。故在國言文而語温，在朝恭以遜，脩己以待人，不召不至，不問不言，難進易退。在軍抗而立，在行遂而果，介者不拜，兵車不式，城上不趨，危事不齒。故禮與法，表裏也；文與武，左右也。

【《春秋》僖公三十三年《左氏傳》】春，秦師過周北門，左右免冑而下，超乘者三百乘。王孫滿尚幼，觀之，言于王曰：「秦師輕而無禮，必敗。輕則寡謀，無禮則脱。入險而脱，又不能謀，能無敗乎！」

右軍容。

【《書·甘誓》】左不攻于左，汝不恭命。右不攻于右，汝不恭命。御非其馬之正，汝不恭命。

朱氏升曰：「在車左不治主射之事，在車右不治擊刺之事，御者居中不得馳驅之正，皆不恭命也。」

【《牧誓》】今日之事，不愆于六步、七步，乃止，齊焉。不愆于四伐、五伐、六伐、七伐，乃止，齊焉。尚桓桓，如虎如貔，如熊如羆，于商郊。弗迓克奔，以役西土。【傳】戰事，就敵不過六步七步，乃止，相齊，言當旅進一心。伐，謂擊刺。少則四五，多則六七，以爲例。桓桓，❶武貌。貔，執夷，虎屬也。四獸皆猛健，欲使士衆法之，奮擊于牧野。商衆能奔來降者，不迎擊之。如此，則所以役我西土之義。

❶「桓桓」，原脱一「桓」字，據《尚書·牧誓》傳補。

【《司馬法》】逐奔不過百步，縱綏不過三舍。

【《家語》】工尹商陽與陳棄疾追吳師。及之，陳棄疾謂工尹商陽曰：「王事也，子手弓而可。」手弓。「子射諸。」射之，斃一人。韔弓。又及，謂之，又斃二人。每斃一人，揜其目。止其御曰：「朝不坐，燕不與，殺三人，亦足以反命矣。」孔子曰：「殺人之中，又有禮焉！」子路怫然進曰：「人臣之節，當君大事，唯力所及，死而後已。夫子何善此？」子曰：「然，如汝言也。吾取其有不忍殺人之心而已。」

蕙田案：此事亦見《檀弓》。

【《荀子》】王者之軍制，將死鼓，御死轡，百吏死職，士大夫死行列。聞鼓聲而進，聞金聲而退，順命爲上，有功次之。令不進而進，猶令不退而退也，其罪唯均。不殺老弱，不獵禾稼，服者不禽，格者不舍，犇命者不獲。凡誅，非誅其百姓也，誅其亂百姓者也。百姓有扞其賊，則是亦賊也。以故順刃者生，蘇刃者死，犇命者貢。

王者有誅而無戰，城守不攻，兵革不擊。上下相喜則慶之。不屠城，不潛軍，不留衆，師不越時。故亂者樂其政，不安其上，欲其至也。

右坐作進退擊刺之節。

【《周禮・秋官・鄉士》】大軍旅，則各掌其鄉之禁令，帥其屬夾道而蹕。

【《士師》】掌國之五禁之法以左右刑罰，五曰軍禁。【注】古之禁書亡矣，今軍有囂讙夜行之禁。

【《夏官・小子》】凡師田，斬牲以左右徇陳。【注】示犯誓必殺之。

【《銜枚氏》】軍旅，令銜枚。禁嘂呼歎嗚于國中者。

【《書·費誓》】今惟淫舍牿牛馬。杜乃擭，斂乃穽，無敢傷牿。牿之傷，汝則有常刑。馬牛其風，臣妾逋逃，勿敢越逐。祗復之，我商賚汝。乃越逐不復，汝則有常刑。無敢寇攘，踰垣牆，竊牛馬，誘臣妾，汝則有常刑。甲戌，我惟征徐戎，峙乃糗糧，無敢不逮，汝則有大刑。魯人三郊三遂，峙乃楨幹，甲戌我惟築。無敢不供，汝則有無餘刑，非殺。魯人三郊三遂，峙乃芻茭，無敢不多，汝則有大刑。

呂氏曰：「先治戎備，次之以除道路，又次之以嚴部伍，又次之以立期會。先後之序，皆不可紊。」

【《司馬法》】冢宰與百官，布令於軍曰：「入罪人之地，無暴神祇，無行田獵，無毁土功，無燔牆屋，無伐林木，無取六畜、禾黍、器械，見其老幼，奉歸勿傷，雖遇壯者，不校勿敵。敵若傷之，醫藥歸之。」

右軍中禁令。

【《周禮·夏官·大司馬》】及戰，巡陳，眡事而賞罰。

【《秋官·大司寇》】大軍旅，涖戮于社。【注】社，謂社主在軍者。鄭司農曰：「《書》曰：用命賞于祖，不用命戮于社。」

【《小司寇》】小師，涖戮。【注】小師，王不自出之師。

王氏昭禹曰：「大司寇，大軍旅涖戮，故小司寇小師涖戮。」

【《鄉士》】大軍旅，則各掌其鄉之禁令。凡國有大事，則戮其犯命者。【疏】大事，謂征伐，故有犯命刑戮之事。

【《士師》】大師，帥其屬而禁逆軍旅者與犯師禁者而戮之。【注】逆軍旅，反將命也。犯師禁，干行陳也。

鄭氏鍔曰：「王師所過而敢有沮遏，或所須而有不從令者，軍中之禁而輒敢干犯，則不循軍法之人也，安可不戮耶？晉魏絳將與狄人戰于太原，荀吴之嬖人不肯即卒則斬之；雞澤之盟，晉侯之弟揚干亂行于曲梁，魏絳戮其僕，正謂是也。」

易氏祓曰：「帥其屬而行其戮，所以正軍旅之法。凡此，皆以刑官之士師任其職，重其事也。」

【《書・甘誓》】用命賞于祖，不用命戮于社。

【傳】天子親征，必載遷廟之祖主行。有功，則賞祖主前，示不專。又載社主，謂之社事。不用命奔北者，則戮之于社主前。社主陰，陰主殺。親祖嚴社之義。【疏】《曾子問》云：「孔子曰：『天子巡狩，以遷廟之主行，載之于齋車，言必有尊也。』」巡狩尚然，征伐必也。定四年《左傳》又云：「君以軍行，祓社釁鼓，祝奉以從。」是「天子親征，又載社主」之事也。《郊特牲》云：「惟爲社事單出里。」故以「社事」言之。所以刑賞異處者，社主陰，陰主殺；祖主陽，陽主生。禮，左宗廟，右社稷，是祖陽社陰，就祖賞，就社殺，親祖嚴社之義也。

【《司馬法》】賞不踰時，欲民速得爲善之利也。罰不遷列，欲民速覩爲不善之害也。

【《孔叢子・問軍禮》】有司簡功行賞，不稽于時。其用命者，則加爵，受賜于祖奠之前。其奔北犯令者，則戮于社主之前。信陵君問于子高曰：「古者軍旅賞人必于祖，戮人必于社，其義何也？」答曰：「賞功于祖，告分之均，示不敢專也。戮罪于社，告中于土，示聽之當也。」子路問於孔子曰：「臧武仲率師與邾人戰于狐駘，遇敗焉，師人多喪而无罰，古之道然與？」孔子曰：「凡謀人之軍，師敗則死之；謀人之國，邑危則亡之：古之正也。其君在焉者，有詔則無討。」

右軍中刑賞。

【《禮記・曾子問》】曾子問曰：「古者師行，必以遷廟主行乎？」孔子曰：「天子巡狩，以遷廟主行，載于齊車，言必有尊也。今也取七廟之主以行，則失之矣。當七廟五廟無虛主。虛主者，唯天子崩、諸侯薨與去其國，與祫祭于祖，爲無主耳。」曾子問曰：「古者師行無遷主，則何主？」孔子曰：「主命。」問曰：「何謂也？」孔子曰：「天子諸侯將出，必以幣帛皮圭告于祖禰，遂奉以出，載于齊車以行，每舍奠焉，而後就舍。反必告，設奠，卒，斂幣玉，藏諸兩階之間，乃出。蓋貴命也。」

陳氏澔曰：「既以幣玉告于祖廟，則奉此幣玉猶奉祖宗之命也，故曰主命。每舍必奠，神之也。反則設奠以告而埋藏之，不敢褻也。」

真氏德秀曰：「先儒謂廟無虛主，有廟者不可以其主行。主命，謂雖無木主，但所受于神之命，即是主也。」

吴氏澂曰：「遷廟主，謂祔禰時所遷昭穆最上之廟一主也。在昭廟穆廟之上，最尊最親者也。君將出行時，徧告有廟之諸主，又特告此無廟之一主而載之以行也。」

【《周禮·春官·小宗伯》】若大師，則帥有司而立軍社，奉主車。

鄭氏鍔曰：「古者大師，則先有事于社與廟，然後載社主與遷廟之主以行。不用命戮于社，故載社主，將以行戮。用命賞于祖，故載遷廟之主，將以行賞。小宗伯掌社稷宗廟之禮，宜載以行。乃言『立』者，蓋社本不在軍，因用師始立之。立者，出于一時之故。廟主爲尊，載之以行，不敢忽也，故言奉。奉以言其肅欽之至。帥有司者，蓋帥大祝也。《大祝職》曰：『大師，宜于社，造于祖，設軍社。國將有事于四望，及軍歸獻于社，則前祝。』故知此所謂有司爲大祝明矣。」

【《肆師》】凡師甸，用牲于社宗，則爲位。

易氏祓曰：「用師者，必載社之石主，祖之木主，示有所受命。」

鄭氏鍔曰：「夫甸獵之甸，乃四時蒐苗獮狩之田。師甸則大用師以對敵之時。何以明之？以所祭之神知之。用師則載社主與遷廟之主以行，此『用牲于社宗』；大戰則類造于上帝，封于大神，祭兵于山川，此有類、造、封、祭之事，豈四時之甸所宜有耶？故知以師甸言社者，主也；宗者，遷廟之主。不曰祖曰宗者，宗繼祖者也。載主而行，不在國之常位，而祭不可以無位，無位則鬼神無所依，故爲位然後祭。小宗伯于軍旅、甸役禱祠爲位，❶則止爲位于肆儀之時，肆師于用牲以祭時則爲位者，蓋所掌者，立祀用牲之禮故也。」

【《周禮·春官·大祝》】大師，設軍社，則前祝。【注】鄭司農説設軍社以《春秋傳》曰所謂「君以師行，祓社釁鼓，祝奉以從」者也。【疏】軍將出，祭于社，即將社主行，不用命，戮于社。出必七廟俱祭，取遷廟之主行，用命，賞于祖。皆載于齊車。社在軍中，故云設軍社。

王氏安石曰：「《詩》云『乃立冢土，戎醜攸行』，所謂設軍社也。」

鄭氏鍔曰：「大師必載社主與遷廟之主以行，及軍之所在，則必設軍中之社于其地，此國外之禮，《小宗伯》所謂『師有司而立軍社』是也。」

【《小祝》】大師，掌釁祈號令。

王氏昭禹曰：「蓋軍行殺牲，以血釁鼓，以禦妖釁，求其所斷焉，故謂之釁祈。小祝則號致焉，而後祝耳。」

鄭氏鍔曰：「祓社釁鼓，以除去不祥，祈軍有功。大祝掌宜社造祖之事，小祝掌其釁祈之祝號。」

王氏曰：「大師，掌釁祈號祝，則《左傳》所謂『軍行祓社釁鼓，祝奉以從』。」

【《春秋》定公四年《左氏傳》】衛祝佗子魚曰：「君以軍行，祓社釁鼓，祝奉以從。」

真氏德秀曰：「古禮，天子親征，必奉廟主社主，從軍而行，有功則賞于廟主前，不用命則戮于社主前，示不專也。」

【《孔叢子·問軍禮》】天子出征，命有司以特牲告社，告以所征之事而受命焉。大司馬職以齋車載遷廟之主及社主行，大司馬職奉之。無遷廟主，則以幣帛皮圭告于祖禰，謂之主命，亦載齋車。凡行主，皮圭幣帛，皆每舍奠焉，而後就館。主車止于中門之外、外門之内，廟主居于道左，社主居于道右。

❶「役」，原作「後」，據《周禮訂義》卷三三引文改。

【《周禮・春官・小宗伯》】若軍將有事，則與祭有司將事于四望。❶【注】軍將有事，將與敵合戰也。與祭有司，謂大祝之屬，蓋司馬之官實典焉。

王氏曰：「先王雖以至仁伐至不仁，然君子臨事而懼，故有事于祭焉。」

鄭氏鍔曰：「軍將有事則與祭者，主帥奉祭，小宗伯以職當立之奉之，故當與也。小宗伯已與祭于軍中，則四望之祭，必遣其所屬之有司往行事焉，理之宜也。戰必禱于神，欲氣勢之增倍。四望又山川之尤大者，國家所賴，以爲阻固，是以將戰則禱焉，欲其爲兵之捍蔽。」

【《孔叢子・問軍禮》】及至敵所，將戰，太史卜戰日，卜右、御。先期三日，有司明以敵人罪狀告之史，史定誓命。戰日，將帥陳列車甲卒伍于軍門之前，有司讀誥誓，使周定。三令五申既畢，遂禱戰祈克于上帝，然後即敵。將士戰，全已克敵，史擇吉日，復禡于所征之地，柴于上帝，祭社奠祖以告。克者不頓兵，傷士也。戰不克，則不告也。

右軍中之祭。

【《周禮・夏官・環人》】掌致師，【注】致師者，致其必戰之志。古者將戰，先使勇力之士犯敵焉。

【疏】「古者將戰，先使勇力之士犯敵焉」者，案文十二年，秦伯伐晉，秦人欲戰，秦伯謂士會曰：「若何而戰？」對曰：「若使輕者肆焉，其可。」注云：「肆，突，言使輕鋭之兵往驅突晉軍。」隱九年，北戎侵鄭，公子突曰：「使勇而無剛者嘗寇而速去之。」注云：「勇則能往，無剛不耻退。」揚軍旅。【注】爲之威武以觀敵。

鄭氏鍔曰：「戰必致師，蓋使環人犯敵以致吾必戰之志，使敵人怒而求戰，其致之自吾也。」

王氏昭禹曰：「《兵法》曰：『善戰者致人而不致于人。』夫我按兵無動而致敵使來，以逸待勞，宜勝之矣。」

【《春秋》宣公十二年《左氏傳》】楚許伯御樂

❶「則與祭有司將事于四望」，王引之《經義述聞》卷九曰：「『於四望』三字當在上句『若軍將有事』下，寫者錯亂耳。」

伯，攝叔爲右，以致晉師。許伯曰：「吾聞致師者，御靡旌摩壘而還。」樂伯曰：「吾聞致師者，左射以菆，代御執轡，御下，兩馬、掉鞅而還。」攝叔曰：「吾聞致師者，右入壘，折馘、執俘而還。」皆行其所聞而復。

右致師。

【《春秋》】隱公二年：十有二月，鄭人伐衛。　四年：春王二月，莒人伐杞，取牟、婁。夏，宋公、陳侯、蔡人、衛人伐鄭。秋，翬帥師會宋公、陳侯、蔡人、衛人伐鄭。　五年：秋九月，邾人、鄭人伐宋。冬十有二月，宋人伐鄭，圍長葛。　七年：秋，公伐邾。冬，戎伐凡伯于楚丘以歸。　十年：夏，翬帥師會齊人、鄭人伐宋。秋，宋人、蔡人、衛人伐戴。鄭伯伐取之。

桓公五年：秋，蔡人、衛人、陳人從王伐鄭。　十二年：十有二月，及鄭師伐宋。丁未，戰于宋。　十四年：冬，十有二月，宋人以齊人、蔡人、衛人、陳人伐鄭。　十五年：冬，十有一月，公會宋公、衛侯、陳侯于袲，伐鄭。　十六年：夏四月，公會宋公、衛侯、陳侯、蔡侯伐鄭。

莊公二年：夏，公子慶父帥師伐於餘丘。　三年：春王正月，溺會齊師伐衛。　五年：冬，公會齊人、宋人、陳人、蔡人伐衛。　九年：夏，公伐齊，納子糾。　十四年：春，齊人、陳人、曹人伐宋。夏，單伯會伐宋。　十五年：秋，宋人、齊人、邾人伐郳。　十六年：夏，宋人、齊人、衛人伐鄭。秋，荆伐鄭。　十九年：冬，齊人、宋人、陳人伐我西鄙。　二十年：冬，齊人伐戎。　二十六年：春，公伐戎。秋，公會宋人、齊人伐徐。　二十八年：春王三月，甲寅，齊人伐衛。秋，荆伐鄭。　三十年：冬，齊人伐山戎。　三十二年：冬，狄伐邢。

僖公元年：秋七月，楚人伐鄭。　三年：冬，楚人伐鄭。　四年：春王正月，遂伐楚，次于陘。秋，及江人、黄人伐陳。　六年：夏，公會齊侯、宋公、陳侯、衛侯、曹伯伐鄭，圍新城。　七年：春，齊人伐鄭。　八年：夏，狄伐晉。　十年：夏，齊侯、許男伐北戎。　十一年：冬，楚人伐黄。　十五年：秋七月，齊師、曹師伐厲。　冬，宋人伐曹。　十七年：春，齊人、徐人伐英氏。　十八年：春王正月，宋公、曹伯、衛人、邾人伐齊。冬，邢人、狄人伐衛。　十九年：秋，衛人伐邢。　二十年：冬，楚人伐隨。　二十一年：秋，宋公、楚子、陳侯、蔡侯、鄭伯、許男、曹伯會于盂，執宋公以伐宋。冬，公伐邾。　二十二年：春，公伐邾，取須句。夏，宋公、衛侯、許男、滕子伐鄭。　二十三年：春，齊侯伐宋，圍緡。秋，楚人伐陳。　二十四年：夏，狄伐鄭。　二十六年：夏，齊人伐我北鄙。衛人伐齊。冬，楚人伐宋，圍緡。公以楚師伐齊，取穀。　二十八年：春，晉侯伐衛。　三十三年：夏，公伐邾，取訾婁。❶秋，公子遂帥師伐邾。冬，晉人、陳人、鄭人伐許。

文公元年：夏，晉侯伐衛。衛人伐晉。　二年：冬，晉人、宋人、陳人、鄭人伐秦。　三年：春王正月，叔孫得臣會晉人、宋人、陳人、衛人、鄭人伐沈。沈潰。夏，秦人伐晉。冬，晉陽處父帥師伐楚，以救江。　四年：秋，晉侯伐秦。　七年：春，公伐邾。　冬，徐伐莒。　九年：三月，楚人伐鄭。　十年：夏，秦伐晉。　十一年：春，楚子伐

❶「訾」，原作「雩」，據《春秋》僖公三十三年改。

麇。　十四年：春，邾人伐我南鄙。　叔彭生帥師伐邾。　十五年：六月，晉郤缺帥師伐蔡。戊申，入蔡。十有二月，齊侯遂伐曹，入其郛。　十七年：春，晉人、衛人、陳人、鄭人伐宋。夏，齊侯伐我西鄙。

宣公元年：秋，宋公、陳侯、衛侯、曹伯會晉師于棐林，伐鄭。冬，晉人、宋人伐鄭。二年：春，秦師伐晉。　三年：春，楚子伐陸渾之戎。　四年：春王正月，公伐莒，取向。冬，楚子伐鄭。　五年：冬，楚人伐鄭。　七年：夏，公會齊侯伐萊。　八年：夏，晉師、白狄伐秦。冬，楚師伐陳。　九年：夏，齊侯伐萊。秋，九月，晉荀林父帥師伐陳。冬，楚子伐鄭。　十年：六月，宋師伐滕。　晉人、宋人、衛人、曹人伐鄭。秋，公孫歸父帥師伐邾，取繹。冬，楚子伐鄭。　十一年：夏，公孫歸父會齊人伐莒。　十二年：冬，宋師伐陳。　十三年：春，齊師伐莒。夏，楚子伐宋。　十四年：夏，晉侯伐鄭。　十五年：夏，秦人伐晉。　十八年：春，晉侯、衛世子臧伐齊。公伐杞。

成公二年：春，齊侯伐我北鄙。　三年：春王正月，公會晉侯、宋公、衛侯、曹伯伐鄭。夏，鄭公子去疾帥師伐許。秋，晉郤克、衛孫良夫伐廧咎如。冬，鄭伐許。　四年：冬，鄭伯伐許。秋，楚公子嬰齊帥師伐鄭。七年：春，吴伐郯。秋，楚公子嬰齊帥師伐鄭。　八年：冬，叔孫僑如會晉士燮、齊人、邾人伐郯。　九年：秋，晉欒書帥師伐鄭。冬十有一月，楚公子嬰齊帥師伐莒。庚申，莒潰。秦人、白狄伐晉。　十年：五月，公會晉侯、齊侯、宋公、衛侯、曹伯伐鄭。　十三年：夏五月，公自京師，遂會晉侯、齊侯、宋公、衛侯、鄭伯、曹伯、邾人、滕人伐秦。　十四年：秋，鄭公子喜帥師伐許。　十五年：夏，楚子伐鄭。　十六年：秋，公會尹子、晉侯、齊國佐、邾人伐鄭。　十七年：夏，公會尹子、單子、晉侯、齊侯、宋公、衛侯、曹伯、邾人伐鄭。冬，公會單子、晉侯、宋公、衛侯、曹伯、齊人、邾人伐鄭。　十八年：夏，楚子、鄭伯伐宋。

襄公元年：夏，晉韓厥帥師伐鄭。　二年：春，鄭師伐宋。　三年：春，楚公子嬰齊帥師伐吴。冬，晉荀罃帥師伐許。　五年：冬，楚公子貞帥師伐陳。　八年：秋，莒人伐我東鄙。冬，楚公子貞帥師伐鄭。　九年：冬，公會晉侯、宋公、衛侯、曹伯、莒子、邾子、滕子、薛伯、杞伯、小邾子、齊世子光伐鄭。　十年：夏，楚公子貞、鄭公孫輒帥師伐宋。晉師伐秦。秋，莒人伐我東鄙。公會晉侯、宋公、衛侯、曹伯、莒子、邾子、齊世子光、滕子、薛伯、杞伯、小邾子伐鄭。　十一年：夏，公會晉侯、宋公、衛侯、曹伯、齊世子光、莒子、邾子、滕子、薛伯、杞伯、小邾子伐鄭。秋，楚子、鄭伯伐宋。公會晉侯、宋公、衛侯、曹伯、齊世子光、莒子、邾子、滕子、薛伯、杞伯、小邾子伐鄭。冬，秦人伐晉。　十二年：春王二月，莒人伐我東鄙，圍台。　十四年：夏四月，叔孫豹會晉荀偃、齊人、宋人、衛北宫括、鄭公孫蠆、曹人、莒人、邾人、滕人、薛人、杞人、小邾人伐秦。秋，楚公子貞帥師伐吴。　十五年：夏，齊侯伐我北鄙，圍成。秋，邾人伐我南鄙。　十六年：春，齊侯伐我北鄙。夏五月，叔老會鄭伯、晉荀偃、衛甯殖、宋人伐許。秋，齊侯伐我北鄙，圍郕。　十七年：春，宋人伐陳。夏，衛石買帥師伐曹。秋，齊侯伐我北鄙，圍桃。高厚帥師伐我北鄙，圍防。冬，邾人伐我南鄙。　十八年：秋，齊師伐我北鄙。冬，楚公子午帥師伐鄭。　十九年：夏，衛孫林父帥師伐齊。　二十年：秋，仲孫速帥師伐邾。　二十三年：秋，齊侯伐衛，遂伐晉。　二十四年：夏，楚子伐吴。秋七月，齊崔杼帥師伐莒。冬，楚子、蔡侯、陳侯、許男伐鄭。　二十五年：春，齊崔杼帥師伐我北鄙。冬，鄭公孫夏帥師伐陳。十有二月，吴子遏伐楚，門于巢，卒。　二十六年：冬，楚子、蔡侯、陳侯伐鄭。

昭公四年：秋七月，楚子、蔡侯、陳侯、許男、頓子、胡子、沈子、淮夷伐吴。　五年：冬，楚子、蔡侯、陳侯、許男、頓子、沈子、徐人、越人伐吴。　六年：秋，楚薳罷帥師伐吴。冬，齊侯伐北燕。　十年：秋，七月，季孫意如、叔弓、仲孫貜帥師伐莒。　十二年：冬，楚子伐徐。晉伐鮮虞。　十五年：秋，晉荀吴帥師伐鮮虞。　十六年：春，晉侯伐徐。　十九年：春，宋公伐邾。秋，齊高發帥師伐莒。　二十二年：春，齊侯伐莒。　三十二年：夏，吴伐越。

定公四年：秋，晉士鞅、衛孔圉帥師伐鮮虞。　七年：秋，齊國夏帥師伐我西鄙。　八年：夏，齊國夏帥師伐我西鄙。　十二年：夏，衛公孟彄帥師伐曹。　十三年：夏，衛公孟彄帥師伐曹。　十五年：夏，鄭罕達帥師伐宋。

哀公元年：秋，齊侯、衛侯伐宋。冬，仲孫何忌帥師伐邾。　三年：夏，宋樂髡帥師伐曹。　五年：夏，齊侯伐宋。晉趙鞅帥師伐衛。　六年：春，晉趙鞅帥師伐鮮虞。吴伐陳。冬，仲孫何忌帥師伐邾。宋向巢帥師伐曹。　七年：秋，公伐邾。　八年：

春，吴伐我。　九年：夏，楚人伐陳。秋，宋公伐鄭。　十年：春，公會吴伐齊。夏，宋人伐鄭。　冬，楚公子結帥師伐陳。　十二年：秋，宋向巢帥師伐鄭。　十三年：夏，楚公子申帥師伐陳。

蕙田案：以上伐。聲罪致討曰伐。《左氏傳》曰：「有鐘鼓曰伐。」

莊公十年：二月，公侵宋。　十五年：秋，鄭人侵宋。　二十四年：冬，戎侵曹。　二十九年：夏，鄭人侵宋。

僖公二年：冬十月，楚人侵鄭。　四年：春王正月，公會齊侯、宋公、陳侯、衛侯、鄭伯、許男、曹伯侵蔡，蔡潰。冬十有二月，公孫兹帥師會齊人、宋人、衛人、鄭人、許人、曹人侵陳。　十三年：春，狄侵衛。　十四年：秋，狄侵鄭。　二十一年：春，狄侵衛。　二十六年：春，齊人侵我西鄙。　二十八年：春，晉侯侵曹。　三十年：夏，狄侵齊。秋，介人侵蕭。　三十二年：夏，衛人侵狄。　三十三年：夏，狄侵齊。

文公四年：夏，狄侵齊。　七年：夏，狄侵我西鄙。　九年：夏，狄侵齊。　十年：冬，狄侵宋。　十一年：秋，狄侵齊。　十三年：冬，狄侵衛。　十五年：夏，齊人侵我西鄙。十二月，齊侯侵我西鄙。

宣公元年：秋，楚子、鄭人侵陳，遂侵宋。冬，晉趙穿帥師侵崇。　二年：夏，晉人、宋人、衛人、陳人侵鄭。　三年：夏，楚人侵鄭。秋，赤狄侵齊。　四年：夏，赤狄侵齊。　六年：春，晉趙盾、衛孫免侵陳。

成公二年：冬，楚子、鄭師侵衛。　六年：春，衛孫良夫帥師侵宋。秋，仲孫蔑、叔孫僑如帥師侵宋。　八年：春，晉欒書帥師侵蔡。　十年：春，衛侯之弟黑背帥師侵鄭。　十六年：夏，四月，鄭公子喜帥師侵宋。　十七年：春，衛北宮括帥師侵鄭。　十八年：冬，楚人、鄭人侵宋。

襄公元年：秋，楚公子壬夫帥師侵宋。　二年：夏，晉師、宋師、衛甯殖侵鄭。　八年：夏，鄭人侵蔡，獲蔡公子燮。　十一年：夏，鄭公孫舍之帥師侵宋。　十二年：冬，楚公子貞帥師侵宋。　十四年：夏，莒人侵我東鄙。　十九年：秋七月，晉士匄帥師侵齊，聞齊侯卒，乃還。　二十四年：春，仲孫羯帥師侵齊。

定公四年：三月，公會劉子、晉侯、宋公、蔡侯、衛侯、陳子、鄭伯、許男、曹伯、莒子、邾子、頓子、胡子、滕子、薛伯、杞伯、小邾子、齊國夏于召陵，侵楚。　六年：二月，公侵鄭。　七年：秋，齊人執衛行人北宮結以侵衛。　八年：春王正月，公侵齊。　二月，公侵齊。　秋七月，晉士鞅帥師侵鄭，遂侵衛。　九月，季孫斯、仲孫何忌帥師侵衛。

哀公七年：春，宋皇瑗帥師侵鄭。　晉魏曼多帥師侵衛。　十年：夏，晉趙鞅帥師侵齊。　十三年：秋，魏曼多帥師侵衛。

蕙田案：以上侵。　潛師掠境曰侵。《左氏傳》曰：「無鐘鼓曰侵。」胡傳曰：「先儒謂無名行師曰侵。」然考諸五經，皆稱侵伐。　在《易·謙》之六五曰：『利用侵伐，征不服也。』《書·泰誓》曰：『我武惟揚，侵于之疆。』《詩·皇矣》曰：『依其在京，侵自阮疆。』《周官·大司馬》：『九伐之法曰：賊賢害民則伐之，負固不服則侵之。』而以爲無名行師，可乎？　蓋聲罪者，鳴鐘擊鼓，整衆而行，兵法所謂正也。　潛師者，銜枚臥鼓，出人不意，兵法所謂奇也。」

桓公十年：冬，十有二月丙午，齊侯、衛侯、鄭伯來戰于郎。　十二年：十有二月丁未，戰于宋。　十三年：春二月，公會紀侯、鄭伯。己巳，及齊侯、宋公、衛侯、燕人戰。齊師、宋師、衛師、燕師敗績。　十七年：夏五月丙午，及齊師戰于奚。

莊公九年：八月庚申，及齊師戰于乾時，我師敗績。　二十八年：春王正月，衛人及齊人戰，衛人敗績。

僖公十五年：十有一月壬戌，晉侯及秦伯戰于韓，獲晉侯。　十八年：五月戊寅，宋師及齊師戰于甗，齊師敗績。　二十二年：秋八月丁未，及邾人戰于升陘。　冬十有一月己巳，朔，宋公及楚人戰于泓，宋師敗績。　二十八年：夏四月己巳，晉侯、齊師、宋師、秦師及楚人戰于城濮，楚師敗績。

文公二年：春王二月甲子，晉侯及秦師戰于彭衙，秦師敗績。　七年：夏四月戊子，晉人及秦人戰于令狐。　十二年：冬十有二月戊午，晉人、秦人戰于河曲。

宣公二年：春王二月壬子，宋華元帥師及鄭公子歸生帥師戰于大棘，宋師敗績，獲宋華元。　十二年：夏六月乙卯，晉荀林父帥師及楚子戰于邲，晉師敗績。

成公二年：夏四月丙戌，衛孫良夫帥師及齊師戰于新築，衛師敗績。六月癸酉，季孫行父、臧孫許、叔孫僑如、公孫嬰齊帥師會晉郤克、衛孫良夫、曹公子首，及齊侯戰于鞌，齊師敗績。　十六年：夏六月甲午，晦，晉侯及楚子、鄭伯戰于鄢陵，楚子、鄭師敗績。

昭公十七年：冬，楚人及吳戰于長岸。

定公四年：冬十有一月庚午，蔡侯以吳子

及楚人戰于栢舉，楚師敗績。

哀公二年：秋八月甲戌，晉趙鞅帥師及鄭罕達帥師戰于鐵，鄭師敗績。

蕙田案：以上戰。《左氏傳》曰：「皆陳曰戰。大崩曰敗績。」

隱公十年：六月壬戌，公敗宋師于菅。

莊公十年：春王正月，公敗齊師于長勺。夏六月，公敗宋師于乘丘。秋九月，荆敗蔡師于莘，以蔡侯獻舞歸。　十一年：夏五月戊寅，公敗宋師于鄑。

僖公元年：九月，公敗邾師于偃。冬，十月壬午，公子友帥師敗莒師于酈，獲莒拏。　十五年：冬，楚人敗徐于婁林。　三十三年：夏四月辛巳，晉人及姜戎敗秦師于殽。秋，晉人敗狄于箕。

文公十一年：冬十月甲午，叔孫得臣敗狄于鹹。

成公十二年：秋，晉人敗狄于交剛。

昭公元年：六月，晉荀吴帥師敗狄于大鹵。　四年：秋七月戊辰，叔弓帥師敗莒師于蚡泉。　二十三年：七月戊辰，吴敗頓、胡、沈、蔡、陳、許之師于雞父。胡子髡、沈子逞滅，獲陳夏齧。

定公十四年：五月，於越敗吴于檇李。

蕙田案：以上敗。《左氏傳》曰：「凡師，敵未陳曰敗某師。」

哀公九年：春，宋皇瑗帥師取鄭師于雍丘。　十三年：春，鄭罕達帥師取宋師于嵒。

蕙田案：以上取。《左氏傳》曰：「覆而敗之曰取某師。」

襄公二十三年：冬，齊侯襲莒。

蕙田案：以上襲。《左氏傳》曰：「輕曰襲。」杜氏謂「掩其不備」也。

莊公三年：冬，公次于滑。　八年：春王正

月，師次于郎，以俟陳人、蔡人。　十年：夏六月，齊師、宋師次于郎。　十五年：三月，遂次于匡。

文公十年：冬，楚子、蔡侯次于厥貉。

襄公元年：夏，仲孫蔑會齊崔杼、❶曹人、邾人、杞人次于鄫。

定公九年：秋，齊侯、衛侯次于五氏。　十三年：春，齊侯、衛侯次于垂葭。　十五年：夏，齊侯、衛侯次于渠蒢。

蕙田案：以上次。《左氏傳》曰：「凡師一宿爲舍，再宿爲信，過信爲次。」

莊公十年：冬十月，齊師滅譚，譚子奔莒。

十三年：夏六月，齊人滅遂。

僖公二年：夏，虞師、晉師滅下陽。　五年：秋八月，楚人滅弦，弦子奔黃。　十年：春，狄滅溫，溫子奔衛。　十二年：夏，楚人滅黃。　十七年：夏，滅項。　二十五年：春王正月丙午，衛侯燬滅邢。　二十六年：秋，楚人滅夔，以夔子歸。

文公四年：秋，楚人滅江。　五年：秋，楚人滅六。　十六年：秋，楚人、秦人、巴人滅庸。

宣公八年：夏，楚人滅舒蓼。　十二年：冬十有二月戊寅，楚子滅蕭。　十五年：六月癸卯，晉師滅赤狄潞氏，以潞子嬰兒歸。

十六年：春王正月，晉人滅赤狄甲氏及留吁。

成公十七年：冬，楚人滅舒庸。

襄公六年：秋，莒人滅鄫。冬，十有二月，齊侯滅萊。　十年：夏五月甲午，遂滅偪陽。　二十五年：秋，楚屈建帥師滅舒鳩。

昭公四年：秋七月，遂滅賴。　八年：冬十

❶「崔」字，原脱，據《春秋》襄公元年補。

月壬午，楚師滅陳。　十一年：冬十有一月丁酉，楚師滅蔡，執蔡世子有以歸，用之。　十三年：冬，吴滅州來。　十七年：八月，晉荀吴帥師滅陸渾之戎。　二十四年：冬，吴滅巢。　三十年：冬十有二月，吴滅徐，徐子章禹奔楚。

定公四年：四月庚辰，蔡公孫姓帥師滅沈，以沈子嘉歸，殺之。　六年：春王正月癸亥，鄭游速帥師滅許，以許男斯歸。　十四年：二月辛巳，楚公子結、陳公孫佗人帥師滅頓，以頓子牂歸。　十五年：二月辛丑，楚子滅胡，以胡子豹歸。

蕙田案：以上滅。夷其社稷曰滅。大邑用大師取之，亦曰滅。

隱公二年：夏五月，莒人入向。　無駭帥師入極。　五年：秋，衛師入郕。　十年：秋，宋人、衛人入鄭。　冬，十月，齊人、鄭人入郕。　十一年：秋七月壬午，公及齊侯、鄭伯入許。

桓公元年：九月，入杞。

莊公十四年：秋七月，荆入蔡。

閔公二年：十有二月，狄入衛。

僖公二十年：夏，鄭人入滑。　二十七年：秋八月乙巳，公子遂帥師入杞。　二十八年：三月丙午，晉侯入曹，執曹伯，畀宋人。　三十三年：春王二月，秦人入滑。

文公五年：夏，秦人入鄀。

宣公十一年：冬十月丁亥，楚子入陳。

成公七年：秋，吴入州來。　九年：冬，楚人入鄆。

襄公二十五年：六月壬子，鄭公孫舍之帥師入陳。

昭公十八年：六月，邾人入鄅。

定公四年：十有一月庚辰，吴入郢。　五

年：夏，於越入吴。
哀公七年：八月己酉，入邾，以邾子益來。
八年：春王正月，宋公入曹，以曹伯陽歸。
十三年：夏，於越入吴。

蕙田案：以上入。《左氏傳》曰：「弗地曰入。」謂破其地而不能有也。

莊公八年：夏，師及齊師圍郕。郕降于齊師。
僖公六年：秋，楚人圍許。
十九年：秋，宋人圍曹。
二十五年：秋，楚人圍陳。
二十七年：冬，楚人、陳侯、蔡侯、鄭伯、許男圍宋。
二十八年：冬，諸侯遂圍許。曹伯襄復歸于曹，遂會諸侯圍許。
三十年：秋，晉人、秦人圍鄭。
三十一年：冬，狄圍衛。
文公三年：秋，楚人圍江。
十二年：夏，楚人圍巢。
宣公三年：秋，宋師圍曹。
九年：冬，宋人圍滕。
十四年：秋九月，楚子圍宋。
十二年：春，楚子圍鄭。
成公三年：秋，叔孫僑如帥師圍棘。
九年：冬，鄭人圍許。
襄公元年：春，仲孫蔑會晉欒黶、宋華元、衛甯殖、曹人、莒人、邾人、滕人、薛人圍宋彭城。
四年：冬，陳人圍頓。
七年：冬十月，楚公子貞帥師圍陳。
十八年：冬，十月，公會晉侯、宋公、衛侯、鄭伯、曹伯、莒子、邾子、滕子、薛伯、杞伯、小邾子同圍齊。
昭公十一年：夏四月，楚公子棄疾帥師圍蔡。
十三年：春，叔弓帥師圍費。
二十三年：春，晉人圍郊。
二十六年：夏，公圍成。
定公四年：秋，楚人圍蔡。
五年：冬，晉士鞅帥師圍鮮虞。
六年：冬，季孫斯、仲

孫忌帥師圍鄆。　十年：夏，晉趙鞅帥師圍衛。叔孫州仇、仲孫何忌帥師圍郈。秋，叔孫州仇、仲孫何忌帥師圍郈。　十二年：十有二月，公圍成。

哀公元年：春王正月，楚子、陳侯、隨侯、許男圍蔡。　三年：春，齊國夏、衛石曼姑帥師圍戚。冬，叔孫州仇、仲孫何忌帥師圍邾。　七年：秋，宋人圍曹。

蕙田案：以上圍。環而攻之曰圍。

莊公六年：春王正月，王人子突救衛。

二十八年：秋，公會齊人、宋人救鄭。

閔公元年：春王正月，齊人救邢。

僖公元年：春王正月，齊師、宋師、曹伯次于聶北，救邢。　六年：秋，諸侯遂救許。　十五年：三月，公孫敖帥師及諸侯之大夫救徐。　十八年：夏，師救齊。

文公九年：三月，公子遂會晉人、宋人、衛人、許人救鄭。

宣公元年：秋，晉趙盾帥師救陳。　九年：冬，晉郤缺帥師救鄭。　十二年：冬，衛人救陳。

成公六年：冬，晉欒書帥師救鄭。　七年：秋，公會晉侯、齊侯、宋公、衛侯、曹伯、莒子、邾子、杞伯救鄭。

襄公五年：冬，公會晉侯、宋公、衛侯、鄭伯、齊世子光救陳。　十年：冬，楚公子貞帥師救鄭。　十二年：春王二月，季孫宿帥師救台，遂入鄆。　十五年：夏，公救成，至遇。　二十三年：八月，叔孫豹帥師救晉，次于雍榆。

哀公七年：冬，鄭駟宏帥師救鄭。　十年：冬，吳救陳。

蕙田案：以上救。赴難曰救。《左氏傳》曰：「凡書救，善之也。」

莊公十有八年：夏，公追戎于濟西。

僖公二十六年：春，公追齊師至酅，弗及。

蕙田案：以上追。敵已去而躡之曰追。

僖公二十八年：春，公子買戍衛，不卒戍，刺之。

襄公五年：冬，戍陳。　十年：冬，戍鄭虎牢。

蕙田案：以上戍。以兵守之曰戍。

又案：《春秋》書戰事，爲例十有三，雖未盡合《周禮》，然猶近古，與後世專以殺人爲功者有間。

僖公二十六年：公子遂如楚乞師。

成公十三年：春，晉侯使郤錡來乞師。

十六年：夏，晉侯使欒黶來乞師。　十七年：秋九月，晉侯使荀罃來乞師。　十八年：冬，晉侯使士魴來乞師。

蕙田案：以上乞師。

右用師名目。

【《書·武成》】丁未，祀于周廟，邦、甸、侯、衛駿奔走，執豆籩。越三日庚戌，柴望，大告武成。

真氏德秀曰：「此武功成，告祖及天之禮。先祖後郊者，鄭氏謂其自近始，蔡氏以爲由親而尊。竊以謂武王伐商，受命于文考，及其成功也，先告焉。因告文考，遂及七世之廟。故又三日，然後以所以成文考之志者告天焉。蓋武王成文考之志，而文考又所以成天之志也，豈以遠近爲先後哉！」

【《周禮·春官·大司樂》】王師大獻，則令奏愷樂。【注】大獻，獻捷于祖。愷樂，獻功之樂。鄭司農説以《春秋》晉文公敗楚于城濮，傳曰「振旅愷以入于晉」。　【疏】《鄭志》：「趙商問：『《大司馬》云：「師有功，則愷樂獻于社。」《春官·大司樂》云：「王師大獻，則令奏愷樂。」注云：「大獻，獻捷于祖。」不達異意。』答曰：『《司馬》云「師大獻則獻社」，以軍之功，故獻于社。大司樂，宗伯之屬，宗伯主于宗廟之禮，故獻于祖也。』」

【《樂師》】凡軍大獻，教愷歌，遂倡之。【注】鄭司農云：「樂師主倡也。」【疏】大獻者，謂師克勝獻捷于祖廟也。云教愷歌者，愷謂愷詩，師還未至之時，預教瞽矇入祖廟，遂使樂師倡道爲之，故云遂倡之。

鄭氏鍔曰：「王師大獻，令奏愷樂，則王親征之師，故大司樂合之。軍大獻，教愷歌，遣將出軍而歸，故樂師教之又倡之，異尊卑。」

李氏嘉會曰：「愷歌歌于堂上，愷樂作于堂下，二者相應，愷歌在前，樂師倡之。」

【《鎛師》】軍大獻，則鼓其愷樂。【疏】軍大獻，謂獻捷于祖。

【《詩·周頌·酌》】序：《酌》，告成大武也。於鑠王師，遵養時晦。時純熙矣，是用大介。我龍受之，蹻蹻王之造，載用有嗣，實維爾公允師。

【《孔叢子·問軍禮》】然後鳴金振旅，有司偏告捷于時所有事之山川。既至，舍于國外，三日齊，以特牛親格于祖禰。然後入，設奠，以反主若主命，則卒奠，斂玉埋之於廟兩階間。

【《唐開元禮》】凱旋告廟。陳俘馘于南門外，北面西上，軍實陳于後。其告奠之禮皆與告禮同。

解嚴。未解嚴前一日，本司各隨職供辦。尚舍奉御設御座于太極殿中楹間南向如常。❶守宮設文武百官次于東西朝堂。奉禮于東西朝堂設文武官版位如初。典儀設位于殿廷，文東武西，皆重行北向，相對爲首。設典儀位于東階東南，❷贊者二人在南

❶「設御」二字，原脱，據《大唐開元禮》卷八三補。
❷「東南」二字，原脱，據《大唐開元禮》卷八三補。

差退，❶乘黃令陳革輅旌旗之屬于殿廷。❷其日平明，諸衛各勒所部屯門列仗。百官服袴褶，督將戎服，❸皆集朝堂。晝漏上水五刻，侍中版奏「請中嚴」。鈒戟以次列于殿廷。上水七刻，典謁引羣官以次入就位。上水十刻，應奉迎之官詣閤奉迎。❹侍中版奏「外辦」。皇帝服通天冠、絳紗袍，御輿以出，曲直華蓋警蹕如常。皇帝出自西房，即御座，侍臣夾侍如常。典儀稱「再拜」，贊者承傳，羣官皆再拜。通事舍人以次引羣官出。侍中跪奏稱「禮畢」，俛伏，興，還侍位。皇帝降座，御輿入自東房。侍臣從至閤如常。

【《通典》】武德元年十一月，秦王平薛仁杲凱旋，獻于太廟。四年七月，秦王平東都，被黃金甲，陳鐵馬一萬，甲士三萬，以王世充、竇建德及隋文物輦路，獻捷于太廟。貞觀四年三月，李靖俘頡利可汗，獻捷于太廟。

【《遼史·禮志》】下城克敵，班師，以所獲牡馬羊各一祭天地。

【《明會典》】軍凱還，皇帝率諸將以凱樂、俘馘陳于廟社門外。告畢，以俘馘付刑部，協律郎導樂以退。其告祭用三獻，禮儀與出師同。

蕙田案：漢、唐以下，凱還儀節，歷代不同，未便細分，如此段告廟而兼之告社是也。今一以經爲主。此段入告廟，即不復入告社。餘倣此。

❶「贊者二人在南差退」八字，原脱，據《大唐開元禮》卷八三補。
❷「乘黃令陳」四字，原脱，據《大唐開元禮》卷八三補。
❸「督將」二字，原脱，據《大唐開元禮》卷八三補。
❹下「奉」字，原作「奏」，據《大唐開元禮》卷八三改。

又案：此凱旋告天地宗廟。

【《周禮・夏官・大司馬》】若師有功，則左執律，右秉鉞，以先愷樂獻于社。【注】功，勝也。律所以聽軍聲，鉞所以爲將威也。先猶道也。兵樂曰愷。❶獻于社，獻功于社也。《司馬法》曰：「得意則愷樂愷歌，示喜也。」

鄭氏鍔曰：「軍行必聽同律，而鉞者，大將所執也。有功則執律者，示師出以律而取勝也。陽六爲律，左，陽也，故左執之。鉞所以主殺，陰也，右亦陰也，故右秉之。」

【《春官・大祝》】大師，軍歸，獻于社則前祝。反行，舍奠。【注】舍奠之禮，所以告至。

鄭氏鍔曰：「軍有功，歸而獻于社，大祝處前告神。」

【《孔叢子・問軍禮》】反社主如初迎之禮。

蕙田案：此凱旋告社稷。

【《禮記・王制》】天子出征，執有罪，反，釋奠于學，以訊馘告。【注】釋菜奠幣，禮先師也。訊馘，所生獲、斷耳者。《詩曰》「執訊獲醜」，又曰「在頖獻馘」。【疏】出師征伐，執此有罪之人還反而歸，釋菜奠幣于學，以可言問之訊、截左耳之馘告先聖先師也。

【《禮經補逸》】汪氏克寬曰：「訊者，問其首惡。馘者，截其左耳。夫執訊獲醜而反舍奠于先聖先師，以是告之者，蓋始出征受成于學，今師還，以武功告成于文德之地，明不專恃乎威戮，而必任之以德禮也。昔僖公在頖獻馘，而國人以文武頌之者，亦以此歟？」

【《詩・魯頌・泮水》】矯矯虎臣，在泮獻馘。淑問如皋陶，在泮獻囚。

【《詩緝》】嚴氏粲曰：「古者受成于學，故出征執有罪，反釋奠于學，以訊馘告。詩人因其泮宮可以爲獻功之地而頌禱之耳。」

【《孔叢子・問軍禮》】舍奠于帝學，以訊馘告。大享于羣吏，用備樂。❷

蕙田案：此凱旋釋奠于學。

❶ 「樂」，原作「書」，據《周禮・夏官・大司馬》注改。
❷ 「樂」下，《孔叢子・問軍禮》有「饗」字。

【《詩・小雅・出車》】序：《出車》，勞還率也。

我出我車，于彼牧矣。自天子所，謂我來矣。召彼僕夫，謂之載矣。王事多難，維其棘矣。

我出我車，于彼郊矣。設此旐矣，建彼旄矣。彼旟旐斯，胡不旆旆。憂心悄悄，僕夫況瘁。

王命南仲，往城于方。出車彭彭，旂旐央央。天子命我，城彼朔方。赫赫南仲，玁狁于襄。

昔我往矣，黍稷方華。今我來思，雨雪載塗。王事多難，不遑起居。豈不懷歸，畏此簡書。

喓喓草蟲，趯趯阜螽。未見君子，憂心忡忡。既見君子，我心則降。赫赫南仲，薄伐西戎。

春日遲遲，卉木萋萋。倉庚喈喈，采蘩祁祁。執訊獲醜，薄言還歸。赫赫南仲，玁狁于夷。

蕙田案：此凱旋勞還率。

【《周禮・春官・眡瞭》】賓射，奏其鐘鼓。鼜、愷獻，亦如之。【注】愷獻，獻功愷樂也。杜子春讀「鼜」爲「憂戚」之戚，謂戒守鼓也。擊鼓聲疾數，故曰戚。【疏】鼜，謂夜戒守之鼓。愷獻，謂戰勝獻俘之時作愷樂。二者皆眡瞭奏其鐘鼓。

【《春秋》僖公二十八年《左氏傳》】晉侯獻楚俘于王：駟介百乘，徒兵千。鄭伯傅王，用平禮也。己酉，王享醴，命晉侯宥。王命尹氏及王子虎、內史叔興父策命晉侯爲侯伯，賜之大輅之服、戎輅之服，彤弓一，彤矢百，玈弓矢千，秬鬯一卣，虎賁三百人，曰：「王謂叔父，『敬服王命，以綏四國，糾逖王慝』。」晉侯三辭，從命，曰：「重耳敢再拜稽首，奉揚天子之丕顯休命。」

真氏德秀曰：「此古人獻俘策命之禮見于《春秋》者。」

秋七月丙申，振旅，愷以入于晉，獻俘、授馘，飲至、大賞，徵會討貳。殺舟之僑以狥于國，民於是大服。

真氏德秀曰：「此雖春秋時事，而亦可見三代振旅凱旅之遺制。」

【昭公十年《左氏傳》】季平子伐莒，取郠，獻俘。

【十七年《左氏傳》】晉荀吳滅陸渾，獻俘于文宮。

【《隋書·高祖本紀》】開皇九年春正月，陳國平。四月乙巳，三軍凱入，獻俘于太廟。

【《唐書·高祖本紀》】武德元年十一月癸亥，秦王世民俘薛仁杲以獻。四年五月壬戌，秦王世民敗竇建德于虎牢，執之。七月甲子，秦王世民俘王世充以獻。

【《唐會要》】武德四年，秦王世民平東都，被黃金甲，乘戎輅。李世勣等二十五將從其後。陳鐵騎一萬，甲士三萬，前後部鼓吹，俘王世充、竇建德及隋器物輦輅，獻于太廟。

蕙田案：唐秦王破宋金剛，李勣平高麗，皆凱歌入京師，其樂歌則有《破陣樂》、《應聖朝》等篇。其奏樂則有鐃歌、鼓吹二部，笛、篳篥、簫、笳、鐃、鼓等器。至廟社，但陳列于門外，不奏歌曲，俟告獻禮畢，復奏曲如儀。以廟社尊嚴之地，鐃吹諠譁，恐乖肅敬，故不奏曲。

【《唐書·太宗本紀》】貞觀四年三月，李靖俘突厥頡利可汗以獻。十四年十二月丁酉，侯君集俘高昌王以獻。

【《高宗本紀》】永徽元年九月，高侃俘突厥車鼻可汗以獻。

【《王綝傳》】綝，字方慶。神功初，清邊道大總管武攸宜破契丹凱還，且獻俘，内史王及善以孝明帝忌月，請鼓吹備而不作。方慶曰：「晉穆帝納后，當康帝忌月，時以爲疑。荀訥謂禮有忌日，無忌月，世用其言。臣謂軍方大凱，作樂無嫌。」詔可。

【《玄宗本紀》】開元二十年正月，信安郡王禕爲河東、河北道行軍副元帥，以伐奚、契丹。五月戊申，忠王浚俘奚、契丹以獻。

【《宋史·太祖本紀》】建隆元年六月辛未，拔澤州，筠赴火死。丁亥，筠子守節以城降。九月甲子，歸太原俘。

【《禮志》】宋制，親征、納降、獻俘，皆遣官奏告天地、宗廟、社稷、諸陵、嶽瀆、山川、宫觀，在京十里内神祠。其儀，用犧尊、籩、豆各一，實以酒、脯、醢。宫寺以素饌、時果代。用祝幣，行一獻禮。建隆元年，太祖平澤、潞，仍祭祆廟、泰山、城隍，用此禮。

【《太祖本紀》】乾德三年春正月乙酉，蜀王孟昶降。

【《禮志》】受降、獻俘。太祖平蜀，孟昶降，詔有司約前代儀制爲受降禮。昶至前一日，設御座仗衛于崇元殿，如元會儀。至日，大陳馬步諸軍于天街左右，設昶及其官屬素案席褥于明德門外，表案于横街北。通事舍人引昶及其官屬素服紗帽北向序立。昶跪奉表授閤門使，復位待命。表至御前，侍臣讀訖，閤門使承旨出，昶等俯伏。通事舍人掖昶起，官屬亦起。宣制釋罪，昶等再拜，呼萬歲。衣庫使導所賜襲衣冠帶陳于前，昶等又再拜跪受，改服乘馬，至昇龍門下馬，官屬至啟運門下馬，就次。帝常服升坐，百官先入起居，班立。閤門使引昶等入，舞蹈拜謝。召昶升殿，閤門使引自東階升，宣撫使承旨安撫之。昶至御座前，躬承問訖，還位，與官屬舞蹈出。中書率百官稱賀，遂宴近臣及昶于大明殿。

【《太祖本紀》】開寶四年春正月己丑，潘美克廣州，俘劉鋹，廣南平。五月乙未朔，御明德門，受劉鋹俘，釋之。

【《禮志》】嶺南平，劉鋹就擒，詔有司撰獻俘禮。鋹至，上御明德門，列仗衛，諸軍、百官常服班樓前，別設獻俘位於東西街之南，北向；其將校位于獻俘位前，北上西向。有司率武士係鋹等白練，露布前引。至太廟西南門，鋹等並下馬，入南神門，北向西上立，監將校官次南立。❶俟告禮畢，于西南門出，乘馬押至大社，如上儀。乃押至樓南御路之西，下馬立俟。獻俘將校，戎服帶刀。攝侍中版奏「中嚴」，百官班定；版奏「外辦」，帝常服御座。百官舞蹈起居畢，通事舍人引鋹就獻俘位。將校等詣樓前舞蹈訖，次引露布案詣樓前北向，宣付中書、門下，如宣制儀。通事舍人跪受露布，轉授中書，門下轉授攝兵部尚書。次攝刑部尚書詣樓前跪奏以所獻俘付有司。上召鋹詰責，鋹伏地待罪。詔誅其臣龔澄樞等，特釋鋹縛與其弟保興等罪，仍賜襲衣、冠帶、鞾笏、器幣、鞍馬，各服其服，列謝樓下。百官稱賀畢，放仗如儀。

【《太祖本紀》】開寶八年十一月乙未，曹彬克昇州，俘其國主煜，江南平。九年春正月辛未，御明德門，見李煜于樓下，不用獻俘儀。

【《禮志》】南唐平，帝御明德門，露布引李煜及其子弟、官屬素服待罪。初，有司請如獻劉鋹。帝以煜奉正朔，非若鋹拒命，寢露布

❶「監將校官」，校點本《宋史》校勘記：「《宋會要·禮》九之三五作『監押將校官』，疑是。」

弗宣，遣閤門使承制釋之。

【《太宗本紀》】太平興國四年五月甲申，劉繼元降，北漢平。

【《禮志》】太宗征太原，劉繼元降。帝幸城北，陳兵衛，張樂，宴從臣於城臺。繼元率官屬素服臺下。遣閤門使宣制釋罪，召繼元親勞之。從臣詣行宫稱賀。時以在軍中，故不備禮。繼元至京師，詔告獻太廟。前一日，所司陳設如常告廟儀。告日黎明，博士引太尉就位。通事舍人引繼元西階下東向立，其官屬重行立。贊者贊「太尉再拜」訖，博士引就盥爵如常儀，詣東階，解劍脱舄，升第一室進奠，再拜，太祝跪讀祝文訖，又再拜。通事舍人引繼元及官屬詣室前西階下，北向立。舍人贊云「皇帝親征，收復河東，僞主劉繼元及僞命官見。」贊者曰「再拜」，繼元等再拜訖退位。❶次至第二、第三、第四、第五室，皆如第一室。博士引太尉降階，佩劍納履復位。❷贊者曰「再拜」，太尉與繼元等皆再拜，退。焚祝版於齋坊。繼元既命以官，故不稱俘焉。

【《寧宗本紀》】開禧三年，春正月甲午，吴曦僭位于興州。二月，四川宣撫副使司隨軍轉運安丙及興州中軍正將李好義、監四川總領所興州合江倉楊巨源等共誅吴曦，傳首詣行在，獻于廟社。

【《禮志》】開禧三年三月，四川宣撫副使安丙函逆臣吴曦首并違制剏造法物、所受金國加封蜀王詔及金印來獻。四月三日，禮部、太常寺條具獻馘典故；俟逆曦首函至

❶「繼元等再拜」五字，原脱，據《宋會要・禮》九之三八補。

❷「復」字，原脱，據《宋史・禮志二十四》、《宋會要・禮》九之三八補。

日，臨安府差人防守，殿前司差甲士二百人同大理寺官監引赴都堂審驗。奏獻太廟、別廟，差近上宗室南班；奏獻太社、太稷，差侍從官。各前一日赴祠所致齋。至日，行奏獻之禮。大理寺、殿前司計會行禮時刻，監引首函設置以俟。奏獻禮畢，梟于市三日，付大理寺藏于庫。

【宋《政和五禮新儀》】師旋奏凱。某日，大將勒所部兵衛執俘陳於都門外。鼓吹令、丞押凱樂分前後二部，並其次第陳列。將入都門，鼓吹振作，迭奏樂歌。其詞隨時事撰述。行至太廟及太社門，工人下馬，陳列于門外，奏歌曲。俟告獻禮畢，復導引奏曲，至宣德門樓前兵仗外二十步，樂工皆下馬，徐行前進。兵部尚書於中路前導至樓下。次協律郎二人公服執麾，分導鼓吹令引樂工等至獻俘位之南面，重行立定。大司樂于樂工之前，俛伏，跪奏「具官臣某言，請奏凱樂」。協律郎舉麾，鼓吹大作，徧奏樂曲。協律郎偃麾，樂止。大司樂跪奏「臣某言，奏凱樂畢」。兵部尚書、大司樂退。協律郎導鼓吹令引樂工等並于兵仗外序立。次引復入獻如別儀。

獻俘。前期，殿中監帥其屬尚舍設御座于宣德門樓上前楹當中，南向，又設御幄于御座之北。❶儀鸞司分設文武百僚及獻俘將校次于樓下之左右，隨地之宜。其日未明，尚書兵部率其屬陳列黃麾大仗于樓前東上閤門。御史臺、太常寺設文武百僚等班位，並如受降之儀。又設獻俘位于樓前少南，又設獻俘將校位于獻俘位之北，刑部尚書奏請獻俘位又於其北，並北向。門下侍郎

❶「北」上，原有「右」字，據《政和五禮新儀》卷一五九删。

受露布于樓下之東，兵部尚書位於其南，並西向。文武百僚、諸方客使各赴樓前就位次。皇帝常服，出内東門。先知客省事以下六尚局應奉官祗應，武功大夫至保義郎、知内侍省事以下帶御器械官鬪班立定。屏門開，先禁衛諸班親從等迎駕，自贊常起居。次知客省事以下、知内侍省事以下常起居。次樓上侍立知樞密院官、翰林學士承旨宣名常起居，貯廊南管軍臣寮宣名常起居訖，管軍臣僚導從駕至僚門，導赴樓下侍立。❶皇帝乘輿升宣德門樓，降輿，歸御幄。禮直官、舍人分引文武百僚就位立定。樓下，❷東上閤門進班齊牌，以紅條袋引升樓上。東上閤門附内侍進訖，内侍承旨索扇，扇合，皇帝即御座，簾捲。内侍又贊扇，扇開、侍衛如常儀。諸班親從并裏圍人等迎駕，自贊常起居。次舍人贊執儀將士常起居。次禮直官、舍人分引文武百僚横行北向，贊曰「拜」，在位官皆再拜，搢笏，舞蹈，三呼萬歲，又再拜。班首奏「聖躬萬福」，又再拜訖。禮直官、舍人分引各就東西序立。次樓上侍臣承旨進詣樓前宣引獻俘。宣訖，將校執俘就北面位立定。東上閤門官引露布案于樓前，北向，稱宣附訖，附門下省，❸東上閤門官案西東向立，引門下侍郎于案南，北向，搢笏，跪。提點承受，闕，即行首承受。❹于案上捧露布躬授門下侍郎，俛伏，興，置案于近北，東上閤門官隨案退。門下侍郎以露布傳授通事舍人，折方南行，❺詣

❶「樓」，原作「門」，據《政和五禮新儀》卷一五九改。
❷「下」字，原脱，據《政和五禮新儀》卷一五九補。
❸「附」，《政和五禮新儀》卷一五九同，疑當作「付」。
❹「即行」，原作「耶仁」，據《政和五禮新儀》卷一五九改。
❺「行」字，原脱，據《政和五禮新儀》卷一五九補。

文武班南宣。❶宣訖，通事舍人捧露布跪授門下侍郎，轉授兵部尚書。次禮直官引刑部尚書進當樓前，俛伏，跪，進奏「具官臣某言，某使某官某以某處所俘執獻，請付所司」，奏訖，復位，以俟旨。合就刑者，立于西廂，東向，禮直官引大理卿受之，詣法塲准式。若上命釋罪者，通事舍人詣樓前南向，宣「有敕釋縛」。釋縛訖，俟命。又東上閤門官宣制「釋放」。其詞，學士院隨事撰述。宣訖，通事舍人贊謝恩、拜、再拜、隨拜、三稱萬歲訖，於東廂西向序立。如有賜物，即臨時承旨宣賜，贊謝恩如受降之儀。贊樓上侍立官稱賀再拜。❷禮直官、舍人分引文武百僚横行北向，立定。贊者曰「拜」，在位官皆再拜。班首少前，俛伏，跪稱賀訖，其詞中書省隨事撰述。俛伏，興，退復位。贊者曰「拜」，在位官皆再拜，搢笏，舞蹈，三稱萬歲，又再拜。東上閤門官進詣樓前承旨，就班首宣曰「有制」，贊者曰「拜」，在位官皆再拜。宣答訖，其詞，學士院隨事撰述。贊者曰「拜」，在位官皆再拜，搢笏，舞蹈，三稱萬歲，又再拜。分班，樓上樞密院少進前，俛伏，跪奏，稱「具官臣某言，禮畢」，俛伏，興，退復位。内侍承旨索扇，扇合，皇帝降座，簾降。内侍省贊扇開，所司承旨放仗。樓下鳴鞭，贊文武百僚再拜訖，退。皇帝乘輿還内如常儀。

【《明典禮志》】洪武四年秋七月乙丑，指揮萬德送明昇並降表至京師。初，上聞大軍下蜀，命中書集六部、太常、翰林院定議受降等禮。省部請如宋太祖乾德三年受蜀主

❶「詣」，原作「方」，《政和五禮新儀》卷一五九作「詣」，蓋形近之誤。

❷「侍」下，原衍「郎」字，據《政和五禮新儀》卷一五九删。

孟昶降禮：上御奉天門，昇等于午門外跪進待罪表。侍儀使捧表入，宣表官宣讀訖，承制官出，傳制官出傳制，賜衣服冠帶，昇等皆俯伏于地。侍儀舍人掖昇起，其屬官皆起，跪聽宣制釋罪，昇等五拜，三呼萬歲。承制官傳制賜衣服冠帶，侍儀舍人引昇入丹墀中，四拜。侍儀使傳旨，昇跪聽宣諭，俯伏，四拜，三呼萬歲，又四拜，出。丞相率文武百官行賀禮。上曰：「明昇與孟昶不同。昶專治國政，所爲奢縱。昇年幼，事由臣下，宜免其叩頭伏地上表請罪之禮。」是日，昇及其官屬朝見，百官稱賀，制授昇爲歸義侯，賜冠帶衣服及居第于京師。

【《明會典》】永樂四年，定獻俘。前期，兵部官以露布奏聞。禮部告示文武百官具朝服并坊廂里老人等行慶賀禮。先一日，内官設御座于午門樓前楹正中。是日，錦衣衛設儀仗于午門前御道之東西。教坊司陳大樂于御道南東西，北向。鴻臚寺設贊禮二人于午門前，東西相向；承制官一員位于午門前，東立西向；設宣制位于午門東稍南，西向；設文武官及諸蕃使客人等侍立位于樓前御道南，文東武西，相向；設露布案于午門前御道東；設宣露布官一員、展露布官二員及刑部獻俘官位于午門前御道東稍南，西向；設獻俘將校位于午門前御道西稍南，北向；設進露布官位于御道南稍東。引禮引文武官東西序立。引進露布官捧露布置于案，退就位。獻俘將校引俘列于午門前西邊武班之後以俟。上常服御奉天門，鐘聲止。鴻臚寺跪奏請上乘輿，樂作；至午門樓上陞座，樂止。鳴鞭訖，贊禮贊進露布官四拜，樂作；平身，樂止。贊進露布，樂作；執事者舉案置于中道，樂止。

贊宣露布官跪，宣露布官與展露布官詣案前取露布跪宣訖，仍置於案，退。贊俯伏，興，樂作；四拜，平身，樂止。執事者舉案，復置于御道東。引禮引進露布官退。贊獻俘，獻俘將校引俘至獻俘位，北向立定。俘跪于前。刑部官詣樓前中道跪奏云：「具官臣某奏云，某官以某處所俘獻，請付所司，伺旨。」有合受刑者，立于西廂，東向，以付刑官。若上釋罪，承制官詣御道跪請制，由東街南行至宣制位，西向立，稱「有制，所獲俘囚，咸赦其罪」。宣旨曰：「有敕釋縛。」所釋之俘叩頭訖，將校引俘起。引禮贊文武百官入班，北向立。唱排班，班齊。致詞官詣中道跪致詞云云。賀訖，贊鞠躬，樂作；五拜，三叩頭，興，平身，樂止。鴻臚寺跪奏「禮畢」，樂作；駕興，樂止。百官以次退。次日，行開讀禮如常儀。第三日，文武百官上表行慶賀禮如常儀。

凡各處奏捷，鴻臚寺于早朝將差來人役引至御前宣讀捷音。隆慶六年，令擇吉宣捷。至日不奏事，次日行慶賀禮。

【王圻《續通考》】獻俘儀注。穆宗隆慶四年十二月，禮部奏：是日，文武百官具朝服詣午門前行慶賀禮。先一日，内官設御座于午門樓前楹正中。是日早，錦衣衛設儀仗于午門前御道之東，西向。教坊司陳大樂于御道南，東西相向。鴻臚寺設贊禮二人于午門前，東西相向；設文武官侍立位于樓前御道南，文東武西，相向；及刑部獻俘官位于午門前御道東稍南，西向；設獻俘將校位于午門前御道西稍南，北向。引禮引文武官東西序立。獻俘將校引俘列于午門前西邊文武班之後伺候。上常服御皇極門，鐘聲止。鴻臚寺跪奏請上乘輿，樂作；

至午門樓上陞座，樂止。鳴鞭訖，鴻臚寺官宣奏畢，贊獻俘將校引俘至獻俘位，北向立定。俘跪于將校之前。刑部官詣樓前中道跪奏云：「具官臣某奏云，某官以某處所俘獻，請付所司，候旨傳下。」刑部官承旨訖，即同將校押出施行。文武百官入班，北向立。唱排班，班齊，致詞官詣中道跪致詞稱賀訖，贊鞠躬，樂作；五拜，三叩頭，興，平身，樂止。鴻臚寺官跪奏「禮畢」，樂作；駕興，樂止。百官以次退。

【《湧幢小品》】上御午樓，獻俘奏事畢，上曰：「拿去。」廷臣尚未聞聲，左右勳戚接者二遞爲四，乃有聲。又爲八，爲十六，漸震。爲三十二，最下則大漢將軍三百六十人，齊聲如轟雷矣。

蕙田案：以上獻俘。

【《通典》】後魏每攻戰克捷，欲天下聞知，乃書帛，建于漆竿上，名爲露布。彭城王勰曰：「露布者，布于四海，露之耳目。」蓋謂獻捷之書，不封而以告諭于天下也。隋文帝開皇中，詔太常卿牛弘、太子庶子裴政撰宣露布禮。及九年平陳，元帥晉王以驛上露布。兵部奏請依新禮，集百官、四方客使等並赴廣陽門外，朝服朝衣，各依其列。內史令稱有詔，在位者皆拜。宣訖，蹈舞者三，又拜而罷。

【《唐開元禮》】宣露布。其日，守宮量設羣官次。露布至，兵部侍郎奉以奏聞，仍承制集文武羣官、客使於東朝堂。羣官客使至，俱就次，各服其服。奉禮設羣官版位于東朝堂之前，近南，文東武西，重行北向，相對爲首。又設客使位如常儀。❶ 設中書令位

❶「位」，原作「各」，據《大唐開元禮》卷八四改。

于羣官之北，❶南面。量時刻，吏部、兵部贊羣官、客使出次。謁者贊引就位，立定。中書令受露布，置于案，令史二人絳公服對舉之。典謁者引中書令，舉案者從之，出就南面位，持案者立于中書令西南，東面，立定。持案者進，中書令取露布，持案者退復位。中書令稱「有制」，羣官、客使皆再拜。❷中書令宣露布訖，羣官、客使又再拜，皆舞蹈訖又再拜。謁者引兵部尚書進中書令前受露布，退復位。兵部侍郎前受之。典謁引中書令入，謁者引羣官、客使各還次。

【郭正域《典禮志》】永樂四年定。前期，兵部官以露布奏聞，文武百官具朝服。先一日，內官設御座于午門樓前楹正中。是日早，錦衣衛設儀仗于午門前御道之東西。教坊司陳大樂于御道南，❸東西相向。鴻臚寺設贊禮二人于午門前，東西相向；承制官一人位于午門前，西向；設宣制位于午門東稍南，西向；設文武官及諸蕃使客人等侍立位于樓前御道南，東西向。設露布案于午門前御道東，設宣露布官一、展宣露布官二及刑部獻俘官位于午門前御道東，西向；設獻俘將校位于午門前御道西，北向；設進露布官位于御道南稍東。引禮導文武官東西序立。引進露布官捧露布置于案，退就位。獻俘將校引俘列于午門前武班之後。上常服御奉天門，鐘聲止。鴻臚寺跪奏請上乘輿，樂作；至午門樓上陞座，樂止。鳴鞭訖，贊禮贊進露布官四拜，樂作；平身，樂止。贊進露布，樂作；執事者

❶「位」字，原脱，據《大唐開元禮》卷八四補。
❷「皆」下，原衍「拜」字，據《大唐開元禮》卷八四删。
❸「司」下，原衍「樂」字，「道」下，原衍「西」字，據《典禮志》卷二〇删。

舉案置于中道，樂止。宣露布，贊獻俘。獻俘將校引俘至，北向立。俘跪于前。刑部官詣樓前中道，跪奏曰：「某官臣某奏曰，某官以某處所獻俘，請付所司，伺旨。」有合受刑者，立于西廂，東向，以付刑官。若上釋罪，承制官詣御道跪請制，由東街南行至宣制位，❶西向立，稱旨曰：「所獲俘囚，咸赦其罪。」宣旨曰：「有敕釋縛。」所釋之俘，將校引俘起。文武百官入班，北向立，致詞官跪致詞賀訖，樂作；五拜，三叩首，興，樂止。樂作，駕興。百官以次退。次日，行開讀禮如常儀。第三日，文武百官上表行慶賀禮如常儀。

【潘昂霄《金石例》】露布之名始于漢。案《光武紀》注《漢制度》曰：「制詔三公，皆璽封，尚書令印重封，露布州郡。」《祭祀志》注引《東觀書》：「有司奏孝順號，露布奏可。」又鮑昱詣尚書封胡降檄曰：「故事，通官文書不著姓，又當司徒露布。」李雲「露布上書」，注：「謂不封也。」魏改元景初，詔曰：「司徒露布，咸使聞知。」蜀漢建興五年春，伐魏，詔曰：「丞相其露布天下。❷」此皆非將帥獻捷所用。後魏王肅獲賊二三，皆爲露布，韓顯宗有「高曳長縑，虛張功捷」之譏。孝文稱傅脩期「下馬作露布」，齊神武破芒山軍，爲露布，杜弼即書絹，不起草。唐制，下之通上，其制有六，三曰露布。兵部侍郎奉以奏聞，集羣官東朝堂，中書令宣布。張九齡爲崑丘道記室，《平龜茲露布》爲士

❶「宣」，原作「東」，據《典禮志》卷二〇改。
❷「其」，原作「某」，據《三國志·蜀書》卷三注改。

所稱。于公異爲招討府掌書記，❶朱泚平，露布曰：「臣既肅清宫禁，祗奉寢園，鐘簴不移，廟貌如故。」德宗咨歎焉。東晉未有露布，隆興初，以晉破苻堅命題，似有可疑。然《文章緣起》曰：「漢賈洪爲馬超伐曹操作。」而《魏志》注謂「虞松從司馬宣王征遼東，及破賊，作露布」。《隋志》有魏武帝《露布文》九卷。《世説》云：「桓温北征，令袁宏倚馬前作露布，手不輟筆，俄成七紙。」則魏晉已有之。嘗考宋朝王元之《擬李靖平突厥露布》，此擬題之始歟？

蕙田案：以上宣露布。

又案：獻俘與宣露布二事相連，分而實合。但獻俘見于經，宣露布起于後世。故以獻俘居前，次宣露布附焉。

右凱旋告祭、獻俘。宣露布附。

【《春秋》成公二年《左氏傳》】晉侯使鞏朔獻齊捷于周，王弗見，使單襄公辭焉，曰：「蠻夷戎狄，不式王命，淫湎毁常，王命伐之，則有獻捷。王親受而勞之，所以懲不敬、勸有功也。兄弟甥舅，侵敗王略，王命伐之，告事而已，不獻其功，所以敬親暱、禁淫慝也。今叔父克遂，有功于齊，而奸先王之禮。余雖欲于鞏伯，其敢廢舊典以忝叔父？夫齊，甥舅之國也，而太師之後也，寧不亦淫從其欲以怒叔父，抑豈不可諫誨？」士莊伯不能對。王使委于三吏，禮之如侯伯克敵使大夫告慶之禮。

【二年《左氏傳》】鄭皇戌如楚獻捷。

【襄公二十五年《左氏傳》】鄭伐陳，入之。

❶「招」，原作「昭」，據《金石例》卷九改。

子産獻捷于晉，戎服將事。晉人問陳之罪。對曰：「昔虞閼父爲周陶正，以服事我先王。我先王賴其利器用也，與其神明之後也，庸以元女大姬配胡公，而封諸陳，以備三恪。則我周之自出，至于今是賴。桓公之亂，蔡人欲立其出，我先君莊公奉五父而立之，蔡人殺之，我又與蔡人奉戴厲公。至于莊、宣，皆我之自立。夏氏之亂，成公播蕩，又我之自入，君所知也。今陳忘周之大德，蔑我大惠，棄我姻親，介恃楚衆，以憑陵我敝邑，不可億逞，我是以有往年之告。未獲成命，則有我東門之役。當陳隧者，井堙木刊。敝邑大懼不競而恥大姬，天誘其衷，啟敝邑心。陳知其罪，授手于我。用敢獻功。」晉人曰：「何故戎服？」對曰：「我先君武、莊爲平、桓卿士，城濮之役，文公布命，曰：『各服舊職。』命我文公戎服輔王，以授楚捷，不敢廢王命故也。」士莊伯不能詰，乃受之。

【王圻《續通考》】奏捷儀注。凡各處奏捷，鴻臚寺於早朝將差來人役引至御前宣讀捷音。

隆慶六年，令擇吉宣捷，至日不奏事，次日行慶賀禮。

神宗八年定，凡大捷，於常朝期宣奏捷音。是日，百官各具吉服，候宣捷之後，鴻臚寺官致詞，行五拜三叩頭禮。本日早，即遣官薦告郊廟，行翰林院撰文，太常寺辦祭品。中捷以下，立宣捷，不行祭告慶賀禮。

右獻捷。

【《宋史·哲宗本紀》】元符二年秋七月丙寅，洮西安撫使王贍復邈川城，西蕃首領欽彪阿成以城降。

【《禮志》】元符二年，西蕃王攏拶、邈川首領瞎征等降，詔具儀注。以受降日御宣德門，設諸班直、上四軍仗衛，諸軍素服陳列。降者各服蕃服以見，審問訖，有旨放罪，各等第賜首服袍帶。百官稱賀訖，再御紫宸殿賜宴會。哲宗崩，樞密院留攏拶等西京聽旨。詔罷御樓立仗，但引見于後殿。攏拶一班；契丹公主一班，夏國、回鶻公次之；瞎征一班，邊廝波結并族屬次之。應族屬首領各從其長，以次起居。僧尼公主皆蕃服蕃拜。並賜冠服。謝訖，賜酒饌横門外。

政和初，議禮局上《受降儀》。皇帝乘輿升宣德門樓，降輿，歸御幄。❶百官與降王、蕃官各班樓下，如大禮肆赦儀。東上閤門以紅條袋班齊牌引升樓。樓上東上閤門官附内侍承旨索扇，扇合，帝即御坐，簾捲。内侍又贊扇開，侍衛如常儀。諸班親從并裹圍降王人等迎駕，❷自贊常起居。次舍人贊執儀將士常起居。次管幹降王使臣并隨行舊蕃官常起居。次禮直官、舍人引百官横行北向，❸贊者曰「拜」，在位官皆再拜，舞蹈，三稱萬歲，又再拜。班首奏「聖躬萬福」，又再拜，退。百官各就東西位。舍人引降王服本國衣冠詣樓前，北向；女婦少西立，僧又少西，尼立于後。入内省官詣御坐前承旨，傳樓上東上閤門官承旨録訖，以紅條袋降制樓下，東上閤門官承旨退。降王以下俯伏，東上閤門官至，令通事舍人掖之起，首領以下皆起，鞠躬。閤門宣「有敕」，降王以下再拜，僧尼止躬呼萬歲。閤門録敕旨付管幹官，降王等躬聽詰問。如

❶「歸」，原作「坐」，據《政和五禮新儀》卷一五九《御樓獻俘宣露布》改。

❷「降王」二字，《政和五禮新儀》卷一五九無。

❸「舍人」下，《政和五禮新儀》卷一五九有「分」字。

有復奏，閤門録訖，仍以紅絛袋引升樓。如無復奏，入内省官詣御坐承旨，傳樓上閤門官稱「有敕放罪」訖，舍人贊謝恩，降王以下再拜，稱萬歲，復序立。入内省官詣御坐承旨，傳樓上閤門官稱「有敕各賜首服袍帶」，樓下閤門官承旨引所賜檐牀陳于西。舍人宣曰「有敕」，降王以下再拜，鞠躬，舍人稱各賜某物。賜物畢，又再拜稱萬歲。若賜官，即贊謝再拜，並歸次，易所賜服。舍人先引降王以下至授遥郡以上當樓前北向東上立，贊再拜，稱萬歲，又再拜；次贊服冠帔婦女再拜。僧尼别謝，引還。次贊樓上侍立官稱賀再拜，禮直官、舍人分引百官横行北向立。贊拜訖，班首少前，俛伏跪，稱賀。其詞，❶中書隨事撰述。賀訖，復位。在位者又再拜，舞蹈，三稱萬歲，又再拜。東上閤門官進詣樓前承旨就班首宣曰「有制」，贊者曰「拜」，在位官皆再拜，宣答，其詞學士院隨事撰述。❷又贊「再拜」，三稱萬歲，又再拜。樓上樞密院前跪奏，稱「某官臣某言，禮畢」。内侍索扇，扇合，簾垂，帝降坐。内侍贊扇開，所司承旨放仗。樓下鞭鳴，百官再拜退。

蕙田案：受降，秦漢以下有之。儀制自《宋史》始，故首宋。

右受降。

【《詩·小雅·六月》】吉甫燕喜，既多受祉。「來歸自鎬，我行永久。」飲御諸友，炰鼈膾鯉。侯誰在矣，張仲孝友。【箋】吉甫既伐玁狁而歸，天子以燕禮樂之，則歡喜矣，又多受賞賜也。御，侍

❶「其詞中書隨事撰述」八字，《政和五禮新儀》卷一五九爲雙行小字注文。

❷「其詞學士院隨事撰述」九字，《政和五禮新儀》卷一五九爲雙行小字注文。

也。王以吉甫遠從鎬地來，又日月長久，今飲之酒，使其諸友恩舊者侍之。又加其珍美之饌，所以極勸也。❶

【《春秋》隱公五年《左氏傳》】臧僖伯曰：「三年而治兵，入而振旅，歸而飲至，以數軍實，【注】飲于廟，以數軍徒器械及所獲也。昭文章，明貴賤，辨等列，順少長，習威儀也。」

桓公十六年：秋七月，公至自伐鄭。【《左氏傳》】夏，伐鄭。秋七月，公至自伐鄭，以飲至之禮也。

【《孔叢子·問軍禮》】饗有功于祖廟，舍爵策勳焉，謂之飲至，此天子親征之禮也。

【《陳書·宣帝本紀》】大建八年，夏四月甲寅，詔曰：「元戎凱旋，羣師振旅。旌功策賞，宜有享宴。今月十七日，可幸樂遊苑，設絲竹之樂，大會文武。」

【《舊唐書·太宗本紀》】貞觀十四年十二月丁酉，交河道旋師。吏部尚書、陳國公侯君集執高昌王麴智盛，獻捷于觀德殿，行飲至之禮。

【王圻《續通考》】成祖永樂十二年二月，詔親征瓦剌。三月，車駕發北京。六月壬寅朔，寇答里巴、馬哈木、太平、把禿、孛羅等率衆逆我師，上麾柳升等發神機銃砲，親率鐵騎擊之，答里大敗。上還帳中，皇太孫入見。上曰：「此賊尚未還，遲明追撲之，必盡殲乃已。」皇太孫對曰：「陛下督戰勤勞，天威所加，虜衆破膽矣。今既敗走，假息無所，寧敢返顧乎？請不須窮追，宜及時班師。」上然之。庚戌，班師。戊午，駐蹕三峰山之西南，和寧王阿魯台遣所部都督朶兒只咎卜等來朝，命中官王安齎敕往勞之。己巳，車駕次黑山峪，敕皇太孫以班師告天

❶「也」上，阮元《毛詩注疏校勘記》以爲當有「之」字。

地、宗廟、社稷，遂頒詔天下。八月辛丑朔，車駕至北京，上御奉天殿受賀，大宴文武羣臣及從征將校，命禮部會議將士功賞。

宣德三年八月，上召公侯伯、五軍都督府諭曰：「北寇擾邊，朕將親歷諸關，警飭兵備。」丁未，發京師。九月，命諸將搜山谷，約畢至，則班師。戊午，召文武大臣諭曰：「諸將至者，今已六七。孟冬廟享之期不遠，應早旋師。」甲子，詔班師。車駕發鐵將軍店。乙丑，駐蹕偏嶺。丙寅，車駕入喜峰關內。庚午，駐蹕三河縣。在京文武衙門各遣官進平胡表。壬申，駐蹕齊化門。癸酉，車駕至京師，謁告太廟。皇太后置酒上壽。

蕙田案：以上二事俱有讌樂，故采入飲至之末。

右飲至。

【《易·師卦·上六》】大君有命，開國承家，小人勿用。

何氏楷曰：「上處卦末，乃《師》之終，功之成，論功行賞之時也。有命，即開國承家之命。」

李氏九我曰：「開國承家者，所以優功臣而廣封建，見聖人待天下之公。小人勿用者，所以御才將而絶禍端，見聖人慮天下之遠。」

【《周禮·夏官·司勳》】戰功曰多。【注】剋敵出奇，若韓信、陳平。《司馬法》曰：「上多前虜。」【疏】知多是克敵出奇者，以其言多，是于衆之中，比校多少之事，故知是克敵出奇，比彼爲多者也。云《司馬法》曰「上功多虜」者，彼亦是戰，以功多爲上，居于陳前，虜獲俘囚也。

凡有功者，銘書於王之太常，祭于大烝，司勳詔之。【注】銘之言名也。生則書于王旌，以識其人與其功也。死則于烝先王祭之。詔，蓋告其神以辭也。

【《詩·大雅·江漢》】釐爾圭瓚，秬鬯一卣，告于文人。錫山土田，于周受命，自召祖命。虎拜稽首：「天子萬年。」【傳】釐，賜也。秬，黑黍也。鬯，香草也。築煮合而鬱之曰鬯。卣，器也。

九命錫圭瓚秬鬯。文人，文德之人也。諸侯有大功德，則賜之名山土田附庸。【箋】秬鬯，黑黍酒也。謂之鬯者，芬香條鬯也。王賜召虎以鬯酒一罇，使以祭其宗廟，告其先祖諸有德美見記者。周，岐周也。自，用也。宣王欲尊顯召虎，故如岐周，使虎受山川土田之賜，命用其祖召康公受封之禮。岐周，周之所起，爲其先祖之靈，故就之。拜稽首者，受王命策書也。臣受恩，無可以報謝者，稱言使君壽考而已。

【《通典》】❶漢高祖有天下，論功定封，誓曰：「黄河如帶，泰山如礪，國以永存，爰及苗裔。」於是定十八侯之位次，以蕭何爲第一。光武中興，定封功臣，詔曰：「諸將業遠功大，誠欲傳于無窮。其顯效未酬，名籍未立者，大鴻臚趣上，朕將差而録之。」於是封高密侯鄧禹等二十八人。晉太元十年，論淮、淝之功，封謝安廬陵郡公、❷謝石南康公、謝玄康樂公、謝琰望蔡公、桓伊永脩公，自餘封拜有差。唐高祖武德元年，論太原建義功，以秦王世民爲首，長孫順德、劉宏基等次之。太宗即位，定功臣封户，自裴寂以下，差功大小第之，總四十三人。

【《文獻通考》】宋定天下，賞功臣石守信等有差。乾道中，以中興十三處戰功列于銓法。

【《明集禮》】論功行賞儀注。前期，内使監陳御座、香案于奉天殿如常儀。尚寶司設寶案于殿上正中。侍儀司設詔書案于寶案之前，設誥命案于丹陛正中之北，設皇太子、諸王侍立位于殿上之東北，設承制官承制位于殿上之東，及宣制位于丹墀誥命案之北，吏部尚書、户部尚書、禮部尚書位于

❶ 以下四則，不見於《通典》，皆見於《明集禮》卷三三、卷三四。

❷ 「陵」字，原脱，據《晉書·簡文帝本紀》、《明集禮》卷三四補。

殿上之東南。設大都督府、兵部尚書位于殿上之西南，應受賞官拜位于丹墀之中，異位重行；序立位于丹墀之西南，受賞位于誥命案之南，受賞執事位于受賞官序立位之西。每受賞官用捧誥命、捧禮物者各一人。知班二人位于受賞官拜位之北，東西相向。贊禮二人位于知班之北，東西相向；典儀二人位于丹墀上之南，東西相向；文武官侍立位于丹墀之北，東西相向；侍從班、起居注、給事中、殿中侍御史、尚寶卿、侍儀司官位于殿上之東，懸刀武官位于殿上之西，殿前班指揮司三人位于丹陛之西，東向；光禄寺三人位于丹陛上之東，❶西向。拱衛司二人位于殿中門之左右，典牧所官二人位于仗馬之前。宿衛鎮撫二人位于丹陛下，東西相向；護衛千户二十八人位于宿衛鎮撫之南稍後，東西相向。護衛千户八人位于奉天殿東西門之左右，將軍二人位于殿上簾前之東西，將軍六人位于奉天殿門之左右，將軍四人位于丹陛上之四隅，將軍六人位于奉天門之左右，俱東西相向。鳴鞭四人位于丹陛之南，北向。

是日，擊鼓初嚴。金吾衛列旗幟、器仗。拱衛司設儀仗、車輅。典牧司陳仗馬、虎豹。内使監擎執。樂工陳樂。皆如正會之儀。禮部陳設詔書，吏部陳設誥命，户部陳設禮物。陳設、執事各立于案之左右。殿前班、糾儀、典儀、知班、贊禮、宿衛鎮撫、護衛、將軍各入就位。舍人催受賞官及侍立文武官各具朝服。擊鼓次嚴。侍從班文武官入迎車駕。舍人引受賞官齊班于午門外之南，東西相向；引文武官齊班于午門之北，東

❶「上」，疑衍。

西相向。擊鼓三嚴。侍儀版奏「中嚴」。御用監官奏請皇帝于謹身殿服衮冕，皇太子、諸王于奉天殿門東耳房具冕服。舍人引文武官入就丹墀侍立位，引受賞官入就丹墀序立位。侍儀版奏「外辦」。皇帝御輿以出，仗動，樂作，侍衛、導從如常儀。陞御座，捲簾，鳴鞭，樂止。司辰報時雞唱訖，引進引皇太子、諸王自奉天門東門入，樂作，由東陛陞殿東門入，至侍立位，樂止。舍人引受賞官入就拜位。知班唱「班齊」。贊禮唱「鞠躬」，樂作，拜，興，拜，興，拜，興，拜，興，平身，樂止。承制官前跪承制，由殿中門出中陛，降至宣制位。吏部尚書、户部尚書、禮部尚書由西門出西陛，降立于誥命、禮物案之東。承制官南向，稱「有制」。贊禮唱「跪」，受賞官皆跪。承制官宣制曰：「朕嘉某等爲國建功，宜加爵賞。今授某以某職，賜以某物。其共承朕命。」受賜員數不拘多少，載在其中。宣畢，贊禮唱「俛伏，興」，樂作，拜，興，拜，興，平身，樂止。贊禮唱「行賞」，舍人引受賞官第一人詣案前。贊禮唱「跪，搢笏」，吏部官捧誥命，禮部官捧禮物，各授受賞官。受賞官受誥命、禮物，以授左右，左右跪受于受賞官之左，興，退復位。贊禮唱「出笏，俯伏，興，復位」，舍人引受賞官復位。引以次受賞官詣案前，皆如常儀。承制官、吏部尚書、户部尚書、禮部尚書由西陛陞，西門入，跪上位之西云「承制」訖，興，各復位。贊禮唱「鞠躬」，樂作，拜，興，拜，興，樂止。贊禮唱「搢笏，鞠躬，三舞蹈，跪，山呼萬歲，山呼萬歲，再山呼萬萬歲，樂工齊聲應之。出笏，俯伏，興」，樂作，拜，興，拜，興，拜，興，拜，興，平身，樂止。贊禮唱「禮畢」。侍儀跪奏「禮畢」。鳴鞭，皇帝興，樂作，警蹕侍從導引至謹身殿，樂止。引進引皇太子、諸王還宮。舍人引受賞官及文武官以次出，至午門外，以誥命、禮物置于龍亭，用儀仗鼓樂各送還本第。

右論功行賞。

【《周禮・夏官・大司馬》】若師不功，則厭而奉主車。【注】鄭司農云：「厭，謂厭冠，喪服也。軍敗則以喪禮，故秦伯之敗于殽也，《春秋傳》曰『秦伯素服郊次，鄉師而哭』。」玄謂：厭，伏冠也。奉猶送也。送主歸于廟與社。【疏】「厭，伏冠」者，案《下曲禮》云：「厭冠不入公門。」彼差次當緦、小功之冠，以義言之，五服之冠皆厭，以其喪冠反吉冠，吉冠于武上向內縫之，❶喪冠于武下向上縫之，以伏冠在武，故得厭伏之名。案《檀弓》注：「厭冠，喪服，其服亦未聞。」

鄭氏鍔曰：「奉主車以歸，肆師助牽之。故《肆師》云『師不功則助牽主車』。」

王弔勞士庶子，則相。【注】師敗，王親弔士庶子之死者，勞其傷者，則相王之禮。庶子，卿大夫之子從軍者，或謂之庶士。

鄭氏鍔曰：「士庶子，宿衛王宮者也。王親征則從王在軍而屬司馬。有死者，王親弔之，司馬相其弔勞之禮，以其在軍故也。」

【《春官・肆師》】凡師不功，則助牽主車。

鄭氏鍔曰：「戰所以全宗社，不功而失乎主車，是失宗社。肆師掌爲位以祭宗社爲職。大司馬于師不功則厭而奉主車，肆師爲大司馬之助而已。」

李嘉會曰：「牽主車，亦所以安神靈也。」

【《禮記・檀弓》】軍有憂，則素服哭于庫門之外，赴車不載櫜韔。

陳氏澔曰：「櫜，甲衣。韔，弓衣。甲不入櫜，弓不入韔，示再用也。」

右師不功。

【《詩・小雅・采薇》】序：《采薇》，遣戍役也。

采薇采薇，薇亦作止。曰歸曰歸，歲亦莫

❶「吉冠」二字，原脱，孫詒讓《十三經注疏校記》曰：「吉冠二字，今本脱去，遂不可解。」據補。

止。靡室靡家，玁狁之故。不遑啟居，玁狁之故。

采薇采薇，薇亦柔止。曰歸曰歸，心亦憂止。憂心烈烈，載飢載渴。我戍未定，靡使歸聘。

采薇采薇，薇亦剛止。曰歸曰歸，歲亦陽止。王事靡盬，不遑啟處。憂心孔疚，我行不來。

彼爾維何？維常之華。彼路斯何？君子之車。戎車既駕，四牡業業。豈敢定居，一月三捷。

駕彼四牡，四牡騤騤。君子所依，小人所腓。四牡翼翼，象弭魚服。豈不日戒，玁狁孔棘。

昔我往矣，楊柳依依。今我來思，雨雪霏霏。行道遲遲，載渴載飢。我心傷悲，莫知我哀。

【《杕杜》】序：《杕杜》，勞還役也。

有杕之杜，有睆其實。王事靡盬，繼嗣我日。日月陽止，女心傷止，征夫遑止。

有杕之杜，其葉萋萋。王事靡盬，我心傷悲。卉木萋止，女心悲止，征夫歸止。

陟彼北山，言采其杞。王事靡盬，憂我父母。檀車幝幝，四牡痯痯，征夫不遠。

匪載匪來，憂心孔疚。期逝不至，而多爲恤。卜筮偕止，會言近止，征夫邇止。

范氏曰：「《出車》勞率，故美其功；《杕杜》勞衆，故極其情。先王以己之心爲人之心，故能曲盡其情，民忘其死以忠于上也。」

右遣戍。

五禮通考卷第二百三十九

淮陰吴玉搢校字

五禮通考卷第二百四十

內廷供奉禮部右侍郎金匱秦蕙田編輯
太子太保總督直隸右都御史桐城方觀承同訂
翰林院侍讀學士嘉定王鳴盛
按察司副使元和宋宗元 參校

軍禮八

校閱

蕙田案：古者寓兵於農，有校閱之禮，有田獵之禮。考《周禮》：「大田之禮，簡衆也。」又云：「聽師田以簡稽。」春而振旅，夏而茇舍，秋而治兵，冬而大閱，非徒以饁禽取獸供賓客宗廟之用而已。蓋安不忘危，講武之儀，即寓於游田之內。故校閱即田獵，田獵即校閱，二者不可分也。然觀《月令》「講武」、「飭事」之文，則其事亦有不爲田獵者，即康成注亦未嘗與冬狩混而爲一也。至《春秋》一經所書大閱治兵之事尤多。蓋列國多故，臨戰而習武，以是爲權禮焉。漢、唐以下，其事益分。古今異宜，無容泥古也。今分爲二門，而於《大司馬》四時之狩悉歸之田獵云。

【《春秋》莊公八年《公羊傳》】治兵者何？出曰治兵，入曰振旅。其禮一也，皆習戰也。

【《國語・周語》】三時務農，而一時講武。

故征則有威，守則有財。

　蕙田案：以上總論。

【《禮記·月令》】孟冬之月，天子乃命將帥講武，習射御，角力。【注】爲簡習之，亦因營室主武士也。

仲冬之月，飭死事。【注】飭軍士戰必有死志。【疏】因死氣之盛以飭軍士，使戰者必有死志，故曰「飭死事」也。

　蕙田案：以上王畿校閲之禮。

【《春秋》】桓公六年：秋八月壬午，大閲。【杜注】齊爲大國，以戎事徵諸侯之戍，嘉美鄭忽，而忽欲以有功爲班❶，怒而訴齊。❷魯人懼之，故以非時簡車馬。【疏】「公狩于郎」、「公狩于禚」，皆書公，「大蒐」、「大閲」不書公者，《周禮》雖四時教戰，而遂以田獵。但蒐閲車馬，未必皆因田獵；田獵從禽，未必皆閲車馬。何則？怠慢之主，外作禽荒，豈待教戰，方始獵也。「公及齊人狩于禚」，乃與鄰國共獵，必非自教民戰。以「矢魚于棠」，非教戰之事，主爲游戲，而斥言公。則狩于郎、禚，亦主爲游戲，故特書公也。大蒐大閲，國家之常禮，公身雖在，非爲游戲，如此之類，例不書公。定十四年：「大蒐于比蒲，邾子來會公。」公身在蒐，而經不書公，知其法所不書。以其國家大事，非公私欲故也。且比蒲、昌間皆舉蒐地，此不言地者，蓋在國簡閲，未必田獵。昭十八年鄭人簡兵大蒐在于城内，此亦當在城内。【《左氏傳》】秋，大閲，簡車馬也。【《公羊傳》】大閲者何？簡車徒也。何以書？蓋以罕書也。【注】大簡閲兵車，使可任用而習之也。比年簡徒謂之蒐，三年簡車謂之大閲，五年大蒐車徒謂之大蒐。【《穀梁傳》】大閲者何？閲兵車也。修教明諭，國以道也。平而修戎事，非正也。【注】因四時田獵以習用戎事。平，謂不因田獵，無事而修之。

　蕙田案：杜預以大閲爲因事習武，何休以大閲爲三年定制，❸二説不

❶「班」下，原有「首」字，據《春秋左傳》桓公六年杜注删。
❷「齊」下，原有「人」字，據《春秋左傳》桓公六年杜注删。
❸「三」，原作「五」，據上文《公羊傳》之何休注改。

同，然皆以爲與田獵異事，書之於策，非有所譏也。觀孔氏《正義》自明。乃《穀梁》以爲非正，范甯以不因田獵貶之，恐非經意。

莊公八年：春王正月，師次于郎，以俟陳人、蔡人。甲午，治兵。【杜注】治兵于廟，習號令，將以圍郕。【疏】《周禮》：「仲春教振旅，仲秋教治兵。」《穀梁》云：「出曰治兵，習戰也；入曰振旅，習戰也。」《釋天》云：「出爲治兵，尚威武也。入爲振旅，定尊卑也。」孫炎云：「出則幼賤在前，貴勇力也；入則尊老在前，復常法也。」彼言治兵振旅，皆謂因田獵而選車徒，教戰法，習號令，知此治兵亦是習號令。此治兵于廟，欲就尊嚴之處，使之畏威用命耳。但軍旅之衆，非廟內所容，止應告于宗廟，出在門巷習之。昭十八年傳稱「鄭人簡兵大蒐，將爲蒐除」，注云：「治兵于廟，城內地迫，故除廣之。」❶是告于廟，習于巷也。下有圍郕，知治兵爲圍郕也。沈云：「《周禮》『中秋治兵』，《月令》孟春云『是月也不可以稱兵，稱兵必天殃』，所以甲午治兵者，以爲圍郕。故非時治兵，猶如備難而城，雖非時不譏。」沈又云：「治兵之禮，必須告廟。告廟雖是內事，治兵乃是外事，故雖告廟，仍用甲午。且治兵則征伐之類，又爲圍郕，雖在郊內，亦用剛日。」「甲午治兵」，《公羊》以爲祠兵，❷殺牲饗士卒。【《穀梁傳》】出曰治兵，習戰也。入曰振旅，習戰也。治兵而陳、蔡不至矣。【注】師次于郎，以俟陳人、蔡人。兵事以嚴終，故曰「善陳者不戰」，此之謂也。善爲國者不師，【注】道德齊禮，鄰國望之，歡如親戚，何師之爲？善師者不陳，【注】師衆素嚴，不須耀兵列陣。善陳者不戰，【注】軍陣嚴整，敵望而畏之，莫敢與戰。善戰者不死，【注】役兵勝地，故無死者。善死者不亡。【注】民盡其命，無奔背散亡。❸

蕙田案：以上魯校閱之禮。

【《國語·齊語》】管仲作內政而寄軍令，制

❶「之」，原作「云」，據《春秋左傳》莊公八年孔疏、昭公十八年杜注改。

❷「祠」，原作「治」，據《春秋左傳》莊公八年孔疏改。

❸「背散」，原作「敵皆」，據《穀梁傳》莊公八年范注改。

三軍，有中軍之鼓，有國子之鼓，有高子之鼓。春以振旅，秋以治兵。是故卒伍整于里，軍旅整于郊。

蕙田案：以上齊校閲之禮。

【《春秋》昭公十四年《左氏傳》】夏，楚子使然丹簡上國之兵于宗丘，❶且撫其民。分貧振窮，長孤幼，養老疾，收介特，救災患，宥孤寡，赦罪戾，❷詰奸慝，舉淹滯。禮新敘舊，禄勳合親，任良物官。【注】上國，在國都之西。西方居上流，故謂之上國。宗丘，楚地。介特，❸單身民。收聚，不使流散。物，事也。【疏】《周禮·司兵》「掌五兵」，鄭衆云：「五兵者，戈、殳、戟、酋矛、夷矛。」鄭玄云：「步卒之五兵則無夷矛，而有弓矢。」然則兵者，戰器之名。戰必令人執兵，因即名人爲兵也。此簡上國之兵，謂簡料人丁之强弱，于宗丘之地，集而簡之。使屈罷簡東國之兵于召陵，亦如之。【注】兵在國都之東者。好于邊疆，息民五年，而後用師，禮也。

蕙田案：以上楚校閲之禮。

【僖公二十七年《左氏傳》】楚子將圍宋，使子文治兵于睽，【注】子文時不爲令尹，故云使治兵，習號令也。睽，楚邑也。終朝而畢，不戮一人。【注】終朝，自旦及食時也。子文欲委重于子玉，故略其事。子玉復治兵于蔿，【注】子玉爲令尹故。蔿，楚邑。終日而畢，鞭七人，貫三人耳。國老皆賀子文，子文飲之酒。【注】賀子玉堪其事。蔿賈尚幼，後至，不賀。子文問之，對曰：「不知所賀。子之傳政于子玉，曰：『以靖國也。』靖諸内而敗諸外，所獲幾何？子玉之敗，子之舉也，舉以敗國，將何賀焉？子玉剛而無禮，不可以治民，過三百乘，其不能以入矣。苟入而賀，何後之有？」【注】三百乘，二

❶「然」，原作「熊」，據庫本及《左傳》昭公十四年改。
❷「赦」，原作「救」，據《左傳》昭公十四年改。
❸「介」字，原脱，據《左傳》昭公十四年杜注補。

萬二千五百人。言子玉力小任重，將不能以入其衆而治之也。苟子玉能入其衆而舉賀典，未爲後時而失禮。言不勝其任，不足賀。

蕙田案：以上校閱失禮之事。

右校閱。

【《通典》】漢興，設南北軍之備外，命天下郡國選能引强、蹶張、材力、武猛者，以爲輕車、騎士、材官、樓船。常以立秋後，郊禮畢，斬牲於東門，以薦陵廟，肄孫吴兵法六十四陣。每十月，都課試金革騎士，❶各有員數。

蕙田案：劉昭注《續漢志》引《魏書》：「漢承秦制，十月，會五營士，爲八陣進退，❷名曰乘之。」《晉志》亦曰都講。

【《續漢禮儀志》】漢儀，立秋之日，自郊禮畢，始揚威武，斬牲於郊東門，以薦陵廟。乘輿御戎輅，白馬朱鬛，躬執弩射牲。太宰令、❸謁者各一人，載以獲車，馳送陵廟。於是乘輿還宫，❹遣使者賫束帛以賜武官。武官肄兵，習戰陣之儀、斬牲之禮，名曰貙劉。兵官皆肄孫、吴兵法六十四陣，名曰乘之。

【《晉書·禮志》】既還，公卿以下陳雒陽街，乘輿到，公卿以下拜，天子下車，公卿親識顔色，然後還宫。

【《漢書·文帝本紀》】十四年冬，匈奴寇邊，殺北地都尉卬。遣三將軍軍隴西、北地、上郡，中尉周舍爲衛將軍，郎中令張武爲車騎將軍，軍渭北，車千乘，騎卒十萬人。上親

❶「課」字，原脱，據《通典》卷七六補。

❷「陣」，原作「乘」，據《後漢書·禮儀中》劉昭注改。

❸「令」，原作「命」，據《後漢書·禮儀中》改。

❹「於是乘輿」四字，原脱，據校點本《後漢書·禮儀中》補。

勞軍，勒兵，申教令，賜吏卒。

【《武帝本紀》】元封元年冬十月，詔曰：「南越、東甌咸伏其辜，西蠻北夷頗未輯睦，朕將巡邊陲，擇兵振旅，躬秉武節，置十二部將軍，親帥師焉。」行自雲陽，北歷上郡、西河、五原，出長城，北登單于臺，至朔方，臨北河。勒兵十八萬騎，旌旗徑千餘里。

【《郊祀志》】冬，上議曰：「古者先振兵釋旅，然後封禪。」遂北巡朔方，勒兵十餘萬騎。還祭黃帝冢橋山，釋兵涼如。【注】李奇曰：「涼如，地名。」

【《後漢書·世祖本紀》】建武六年，初罷郡國都尉官。

劉氏攽曰：「郡有都尉，國有中尉。此時罷郡都尉耳，不應有『國』字。」

章如愚曰：「光武見翟義反，隗囂叛，皆以秋試勒車騎，誅守長，以起事也。是以罷郡國都尉，無都試之法，惟京師肄兵如故。」

【《順帝本紀》】永建元年夏五月，嚴飭障塞，繕設屯備，立秋之後，簡習戎馬。冬十月庚寅，遣黎陽營兵出屯中山北界。告幽州刺史，令緣邊增置步兵，列屯塞下，調五營弩師，郡舉五人，令教習戰射。【注】調，選也。五營，五校也，謂長水、步兵、射聲、屯騎、越騎五校尉。❶

【《何進傳》】靈帝中平五年，天下滋亂，望氣者以爲京師當有大兵，兩宮流血。大將軍司馬許涼、假司馬伍宕説進曰：「《太公六韜》有天子將兵事，可以威厭四方。」進以爲然，入言之於帝。於是乃詔進大發四方兵，講武於平樂觀下。起大壇，上建十二重五

❶「屯騎越騎」，原作「胡騎車騎」，據校點本《後漢書·順帝本紀》注改。

采華蓋，高十丈。壇東北爲小壇，復建九重華蓋，高九丈。列步兵騎士數萬人，結營爲陣。天子親出臨軍，駐大華蓋下，進駐小華蓋下。禮畢，帝躬擐甲介馬，❶稱「無上將軍」，行陣三匝而還。詔使進悉領兵屯於觀下。是時置西園八校尉，以小黄門蹇碩爲上軍校尉，虎賁中郎將袁紹爲中軍校尉，屯騎都尉鮑鴻爲下軍校尉，議郎曹操爲典軍校尉，趙融爲助軍校尉，淳于瓊爲佐軍校尉，又有左右校尉。帝以蹇碩壯健而有武略，特親任之，以爲元帥，督司隸校尉以下，雖大將軍亦領屬焉。

【《魏志·武帝本紀》】建安十三年春正月，作玄武池，以肄舟師。

【《晉書·禮志》】獻帝建安二十一年，魏國有司奏：「古四時講武，皆於農隙。漢西京承秦制，三時不講，惟十月都試。今金革未偃，士衆素習，可無四時講武，但以立秋擇吉日，大朝車騎，號曰治兵。上合禮名，下承漢制。」奏可。是秋閲兵，魏王親執金鼓以令進退。

右漢。

【《晉書·禮志》】延康元年，魏文帝爲魏王。是年六月立秋，治兵于東郊，公卿相儀，王御華蓋，親令金鼓之節。

【《魏志·文帝本紀》】黄初六年十月，行幸廣陵故城，臨江觀兵。

【《明帝本紀》】太和元年，冬十月丙寅，治兵於東郊。

【《蜀志》】後主建興十年，亮休士勸農於黄沙，作流馬木牛畢，教兵講武。

右三國。

❶「甲」字，原脱，據《後漢書·何進傳》補。

【《晉書・武帝本紀》】咸寧元年十一月癸亥，大閲於宣武觀。　三年十一月丙戌，帝臨宣武觀大閲。

太康四年十二月庚午，大閲於宣武觀。

六年十二月甲申，大閲於宣武觀，旬日而罷。

【《禮志》】元帝太興四年，詔左右衛及諸營教習，依大習儀作鴈羽仗。

【《成帝本紀》】咸和元年十一月壬子，大閲於南郊。

【《文獻通考》】咸寧元年，太康四年、六年，皆大閲習衆，然不自令進退。自惠帝以後，其禮遂廢。成帝咸和中，詔内外諸軍戲兵於南郊之場，故其地因名鬬場。自後蕃鎮桓、庾諸方伯往往閲習，朝廷無事焉。

右晉。

【《宋書・文帝本紀》】元嘉二十年二月甲寅，車駕於白下閲武。　二十五年春正月庚寅，詔曰：「安不忘虞，經世之所同；治兵教戰，有國之恒典。故服訓明恥，然後少長知禁。頃戎政雖修，而號令未審。今宣武場始成，便可刻日大習衆軍，當因校獵，肄武講事。」

【《孝武帝本紀》】孝建二年九月丁亥，車駕於宣武場閲武。❶

大明五年二月癸巳，車駕閲武。詔曰：「昔人稱人道何先，于兵爲首。雖淹紀勿用，忘之必危。朕以聽覽餘閒，因時講事，坐作有儀，進退無爽。軍幢以下，普量班錫。」七年春正月癸未，詔曰：「春蒐之禮，著自周令。講事之語，書於魯史。所以昭宣德度，

❶「宣」字，原脱，據《宋書・孝武帝紀》補。

示民軌則。今歲稔氣榮，中外寧晏。當因農隙，葺是舊章。可剋日於玄武湖大閲水師，并巡江右，講武校獵。」十一月癸巳，車駕習水軍於梁山。

【《南齊書·武帝本紀》】永明二年八月戊申，車駕幸玄武湖講武。　三年閏月戊午，車駕幸宣武堂。詔曰：「今親閲六師，少長有禮，領馭群帥，可量班賜。」　四年九月戊辰，車駕幸琅邪城講武，觀者傾都，普頒酒肉。

【《陳書·後主本紀》】禎明四年秋九月甲午，車駕幸玄武湖肄艫艦閲武，宴羣臣賦詩。

【《魏書·昭成帝本紀》】建國五年秋七月七日，諸部畢集，設壇埒，講武馳射，因以爲常。

【《道武帝本紀》】登國六年秋七月壬申，講武於牛川。　八年秋七月，車駕臨幸新壇。庚寅，宴羣臣，仍講武。　十年八月，帝親治兵於河南。

皇始元年八月庚寅，治兵於東郊。

天興二年秋七月辛酉，大閲於鹿苑，享賜各有差。　五年春正月，帝聞姚興將寇邊。庚寅，大簡輿徒，詔并州諸軍積穀於平陽之乾壁。六月，治兵於東郊，部分衆軍。

【《明元帝本紀》】永興二年秋七月丁巳，立馬射臺於陂西，仍講武教戰。　五年春正月己巳，大閲，畿内男子十二以上悉集。己卯，幸西宮。頒拔大、渠帥四十餘人詣闕，❶賜以繒帛錦罽各有差。乙酉，詔諸州六十户出戎馬一匹。庚寅，大閲於東郊，部署將帥。以山陽侯奚斤爲前軍，衆三萬，陽平王

❶「頒」字，原脱，據《魏書·明元帝本紀》補。

熙等十二將，各萬騎；帝臨白登，躬自校覽焉。二月戊申，賜陽平王熙及諸王公侯將士布帛各有差。庚戌，幸高柳川。甲寅，車駕還宮。

【《太武帝本紀》】始光元年九月，大簡輿徒，治兵於東郊，部分諸軍五萬騎。　二年冬十月，治兵於西郊。　四年夏四月，治兵講武。

延和元年夏五月，大簡輿徒於南郊。　九年九月乙酉，治兵於西郊。　十一年八月癸未，治兵於西郊。

【《文成帝本紀》】興安二年九月壬子，閱武於南郊。

【《册府元龜》】太安四年七月壬子，詔曰：「朕每歲以秋月閒日，命羣官講武平壤。所幸之處，必立宮壇，糜費之功，勞損非一。宜仍舊貫，何必改作也。」

【《文獻通考》】文成帝和平三年，因歲除大儺，遂耀兵示武。更爲制，令步兵陳於南，騎士陳於北，各擊鐘鼓，以爲節度。其步兵所衣，青赤黑黄，别爲部隊，楯矟矛戟，相次周迴轉易，以相赴就。有飛龍騰蛇之變，爲車箱、魚鱗、四門之陣，凡十餘法。跪起前却，莫不應節。陣畢，南北二軍皆鳴鼓角，衆盡大譟。各令騎將六千人去來挑戰，步兵更進退以相拒擊，南敗北捷，以爲威觀。自後以爲常。

【《魏書·孝文帝本紀》】延興四年八月戊申，大閱於北郊。　五年冬十月，太上皇帝大閱於北郊。

太和五年二月己酉，講武於唐水之陽。三月辛酉朔，車駕幸肆州。癸亥，講武於雲水之陽。九月庚午，閱武於南郊，大享羣臣。

十六年八月癸丑，詔曰：「文武之道，自

古並行。威福之施，必也相藉。故三、五至仁，尚有征伐之事；夏、殷明叡，未舍甲兵之行。然則天下雖平，忘戰者殆。不教民戰，可謂棄之。是以周立司馬之官，漢制將軍之職，皆所以輔文强武，威肅四方者矣。國家雖崇文以懷九服，修武以寧八荒，然於習武之方，猶爲未盡。今則訓文有典，教武闕然。將於馬射之前，先行講武之式。可敕有司豫修場埒，其列陣之儀，五戎之數，別俟後敕。」十八年八月丁未，幸閱武臺，臨觀講武。十九年春正月壬午，講武於汝水之西，大賚六軍。二十年九月戊辰，車駕閱武於小平津。癸酉，還宫。二十二年三月庚寅，行幸樊城，觀兵襄沔，耀武而還。

【《宣武帝本紀》】景明三年九月丁巳，車駕行幸鄴。戊寅，閱武於鄴南。

【《隋書·禮儀志》】後齊常以季秋，皇帝講武于都外。有司先萊野爲場，爲三軍進止之節。又別墠於北場，輿駕停觀。遂命將簡士教衆，爲戰陣之法。凡爲陳，少者在前，長者在後。其還，則長者在前，少者在後。長者持弓矢，短者持旌旗。勇者持鉦鼓刀楯，爲前行，戰士次之，❶槊者次之，弓箭爲後行。將帥先教士目，使習見旌旗指揮之蹤，發起之意，旗卧則跪。❷教士耳，使習金鼓動止之節，聲鼓則進，鳴金則止。教士心，使知刑罰之苦，賞賜之利。教士手，使習持五兵之便，❸戰鬭之備。教士足，使習跪及行列嶮泥之塗。前五日，皆請兵嚴

❶「戰士次之」，原作「戟」，據《隋書·禮儀三》改。
❷「跪」字，原脱，據《隋書·禮儀三》補。
❸「使」，原作「使」，據《隋書·禮儀三》改。

於場所，依方色建旗爲和門。都墠之中及四角，皆建五采牙旗。應講武者，各集于其軍。戒鼓一通，軍士皆嚴備。二通，將士貫甲。三通，步軍各爲直陳，以相俟。大將各處軍中，立旗鼓下。有司陳小駕鹵簿，皇帝武弁，乘革輅，大司馬介冑乘，奉引入行殿。百司陪列。位定，二軍迭爲客主。先舉爲客，後舉爲主。從五行相勝法，爲陣以應之。

【《周書·太祖本紀》】大統三年，進太祖柱國大將軍。　五年冬，大閲於華陰。　九年冬十月，大閲於櫟陽，還屯華州。　十年冬十月，大閲於白水。　十一年冬十月，大閲於白水，遂西狩岐陽。

【《武帝本紀》】保定二年冬十月辛亥，帝御大武殿大射，公卿列將皆會。戊午，講武於少陵原。　三年冬十月丁亥，上親率六軍講武於城南京邑，觀者輿馬彌漫數十里，諸蕃使咸在焉。

天和六年冬十月壬寅，上親率六軍講武于城南。

建德元年十一月丙午，上親帥六軍講武城南。　二年十一月辛巳，帝親率大軍講武於城東。癸未，集諸軍都督以上五十人於道會苑大射，帝親臨射宮，大備軍容。　三年六月丁未，集諸軍將，教以戰陣之法。十一月，行幸同州。己巳，大閲於城東。　十二月癸卯，集諸軍講武於臨臯澤。

【《宣帝本紀》】宣政元年十一月己亥，講武於道會苑，帝親擐甲冑。

右南北朝。

【《隋書·文帝本紀》】開皇二年十二月辛未，上講武於後園。

【《煬帝本紀》】大業五年四月癸亥，❶出臨津關，渡黄河，至西平，陳兵講武。

【《通典》】隋大業七年，征遼東，衆軍將發，御臨朔宫，親授節度。每軍，大將、亞將各一人。騎兵四十隊，隊百人。百人置一纛。十隊爲一團，團有偏將一人。第一團，皆青絲連明光甲，❷鐵具裝、青纓拂，建狻猊旗。第二團，絳絲連朱犀甲，❸獸文具裝、赤纓拂，建豼貅旗。第三團，白絲連明光甲，鐵具裝、素纓拂，建辟邪旗。第四團，烏絲連玄犀甲，獸文具裝，黑纓拂，❹建六駿旗。前部鼓吹一部，大鼓、小鼓及鞞、長鳴、中鳴等各十八具，棡鼓、❺金鉦各二具。❻後部鐃吹一部，鐃二面，❼歌簫及笳各四具，節鼓一面，篳篥、横笛各四具，大角十八具。又步卒八十隊，分爲四團，團有偏將一人。第一團，每隊給青隼邊幡一。第二團，每隊給黄隼邊幡一。第三團，每隊給蒼隼邊幡一。第四團，每隊給烏隼邊幡一。長槊、楯、弩及甲毦等，各稱兵數。受降使者一人，給二馬軺車一乘，白獸幡及節每一，騎吏三人，車輻白從十二人。❽承詔慰撫，不受大將節制，戰陣則爲監軍。❾軍將發，候大角一通，步卒第一團出營東門，東向陣。第二團出營南門，南向陣。第三團出營西門，西向陣。第四團出營北門，北向陣。陣四面團營，然後諸團嚴駕立。❿大角三通，則鐃鼓俱振，騎第一團引行。⓫隊間相去各十五步。次第二團，次前部鼓吹。次弓矢一隊，合二百騎。建蹲獸旗，爬

❶「四月」二字，原脱，據《隋書·煬帝本紀》補。
❷「明」字，原脱，據《通典》卷七六補。
❸「朱」，原作「珠」，據《通典》卷七六改。
❹「黑纓拂」三字，原脱，據《通典》卷七六補。
❺「棡」，原作「栅」，據《通典》卷七六改。
❻「二」，原作「一」，據《通典》卷七六改。
❼「二」，原作「一」，據《通典》卷七六改。
❽「白」，原作「自」，據《通典》卷七六改。
❾「陣」，原作「前」，據《通典》卷七六改。
❿「諸」，原作「請」，據《通典》卷七六改。
⓫「騎」字，原脱，據《通典》卷七六補。

槊二張，❶大將在其下。❷次鞮馬二十匹，❸次大角，次後部鐃吹。次第四團，次受降使者。❹次及輜重戎車散兵等，亦有四團。第一輜重出，收東面陣，分爲兩道，夾以行。第二輜重出，收南面陣，夾以行。第三輜重出，收西面陣，夾以行。第四輜重出，收北面陣，夾以行。亞將領五百騎，建騰豹旗，殿軍後。

至營，則第一團騎陣於東面，第二團騎陣於南面，鼓吹翊大將軍居中，❺駐馬南面。第三團騎陣於西面，第四團騎陣於北面。合爲方陣。四方外向，步卒翊輜重入於陣內，以次安營。營定，❻四面陣者引騎入營，❼亞將率驍騎遊奕督察。其安營之制，以車外布，間設馬槍，次施兵幕，內安雜畜。❽事畢，❾大將、亞將等各就牙帳。馬步隊與軍中散兵，❿交爲兩番，五日而代。

於是每一日遣一軍發，相去四十里，連營漸進。二十四日續發而進。首尾相繼，鼓角相聞，旌旗亘九百六十里。天子六軍次發，兩部前後先置，又亘八十里。通諸道合三十軍，亘千四十里。諸軍各以帛爲帶，長尺五寸，闊二寸，題其軍號爲記。御營內者，合十二衞、⓫三臺、五省、九寺，並分隸內外

❶「颮」，原作「爬」，據《通典》卷七六改。
❷「下」字，原脱，據《通典》卷七六補。
❸「鞮」，原作「鞕」，據《通典》卷七六改。
❹「次」字，原脱，據《通典》卷七六補。
❺「吹」字，原脱，據《通典》卷七六補。
❻「營」字，原脱，據《通典》卷七六補。
❼「騎」字，原脱，據《通典》卷七六補。
❽「內安」，原作「安內」，據《通典》卷七六乙正。
❾「畢」字，原脱，據《通典》卷七六補。
❿「隊」，原作「陣」，據《通典》卷七六改。
⓫「二」字，原脱，據《通典》卷七六補。

前後左右六軍，亦各題其軍號，❶不得自言臺省。王公以下，至於兵丁廝隸，❷悉以綴於衣領，名軍記帶。諸軍並給幡數百，有事使人交相去來者，❸執以行。執幡而離本軍者，他軍驗軍記帶，❹知非本部兵，則所在斬之。

蕙田案：此爲征遼東事，當屬出師。然其儀節，實係將出兵之前，先定其訓練簡閱之禮也。

右隋。

【《唐開元禮》】皇帝講武。仲冬之月，講武於都外。

前期十有一日，所司奏請講武。❺兵部承詔，遂命將帥，簡軍士。有司先芟萊除地爲場，方一千二百步，四出爲和門。又於其內墠地爲步騎六軍營域處所：左右廂各爲三軍位，上軍在北，中軍次之，下軍在南，東西相向，中間相去三百步。五十步立表一行，❻凡立五行。表間前後各相去五十步，爲三軍進止之節。又別墠地於北廂，南向，爲車駕停觀之處。

前三日，尚舍奉御設大次及御座於其中如常儀。

前一日，講武將帥及士卒集於墠所，禁止諠譁。依方色建旗爲和門，於都墠之中及四角皆建以五綵牙旗，旗鼓、甲仗、威儀悉備於墠所。大將以下，各有統帥如常式。步軍大將被甲冑乘馬，教騎大將亦乘馬，教習

❶「軍」字，原脱，據《通典》卷七六補。
❷「丁廝」，原作「馬私」，據《通典》卷七六改。
❸「有」下，原衍「餘」字，「者」字，原脱，據《通典》卷七六刪補。
❹下「軍」字，原脱，據《通典》卷七六補。
❺「請」字，原脱，據《大唐開元禮》卷八五補。
❻「一」字，原脱，據《大唐開元禮》卷八五補。

士衆爲戰隊之法。

講武日，未明七刻，搥一鼓爲一嚴。侍中奏開宮殿門及城門。未明五刻，搥二鼓爲再嚴，侍中版奏「請中嚴」。文武官應從者俱先至，❶文武官皆公服。所司爲小駕，依圖陳設。未明二刻，搥三鼓爲三嚴。諸衛各督其隊與鈒戟以次入陳於殿庭。諸侍衛之官各服其器服，諸侍臣俱詣西階下奉迎。侍中負璽如式。乘黃令進革輅於太極殿前，皇帝服武弁之服，餘並如圜丘儀。駕至墠所，兵部尚書介胄乘馬奉引至講武所，入自都墠北和門，至兩步軍之北，❷當空南向。黃門侍郎奏稱「請降輅」，還侍位。皇帝降輅，入大次而觀。兵部尚書停於東廂，西向。三仗小退，以通觀路。領軍減小駕騎士，立於都墠之四周。侍臣依左右廂立於大次之前東西面，北上。文武九品以上皆公服，文東武西，在侍臣之外十步，重行北上。諸州使人及蕃客先集於都墠北和門外，東方南方立於道東，西方北方立於道西，皆向輅而立，以北爲上。駕至和門，奉禮曰「再拜」，在位者皆拜訖，皇帝入次。謁者引諸州使人，鴻臚卿引蕃客，東方南方立於大次東北，南向，以西爲上；西方北方立於大次西北，南向，以東爲上。若有觀者立於都墠騎士仗外，四周任意。

然後講武。諸州使人及蕃客立定，吹大角三通，❸中軍將各以鞞命鼓，二軍俱擊鼓。三鼓，有司偃旗，步卒皆跪，二軍諸帥果毅以上各集於中軍大將旗鼓之下。左廂中軍

❶「至」，原作「置」，據《大唐開元禮》卷八五改。
❷「至」字，原脱，據《大唐開元禮》卷八五補。
❸「三」，原作「一」，據《大唐開元禮》卷八五改。

大將立於旗鼓之東，西面，諸軍將立於旗鼓之南，北面，東上；右廂中軍大將立於旗鼓之西，東面，諸軍將立於旗鼓之南，北面，西上。以聽誓。大將誓曰：「今行講武，以教人戰，進退左右，一如軍法。用命有常賞，不用命有常刑，可不勉之！」誓訖，左右三軍各長史二人振鐸分循以警衆，諸果毅各以誓詞遍告其所部。遂聲鼓，有司舉旗，士衆皆起，騎徒皆行，❶及表，擊鉦，騎徒乃止。又擊三鼓，有司偃旗，士衆皆跪。又擊，有司舉旗，士衆皆起，騎驟徒趨，及表乃止，整列位定。東軍一鼓，舉青旗爲直陣，西軍亦鼓而舉白旗爲方陣以應之；次南軍一鼓而舉赤旗爲鋭陣，北軍亦鼓而舉黑旗爲曲陣以應之；次東軍鼓而舉黄旗爲圓陣，西軍亦鼓而舉青旗爲直陣以應之；次西軍鼓而舉白旗爲方陣，東軍亦鼓而舉赤旗爲鋭陣以應之；次東軍鼓而舉黑旗爲曲陣，西軍亦鼓而舉黄旗爲圓陣以應之。凡陣，迭爲主客。先舉者爲客，後舉者爲主，從五行相勝之法，爲陣以應之。每變陣，二軍各選刀楯之士五十人挑戰於兩軍之前。第一、第二挑戰迭爲勇怯之狀，第三挑戰爲敵均之勢，第四、第五挑戰爲勝敗之形。每將變陣，先鼓而爲直陣，然後變從餘陣之法。五陣畢，兩軍俱爲直陣。又擊三鼓，有司偃旗，士衆皆跪。又聲鼓，舉旗，士衆皆起，騎馳徒走，左右軍俱至中表相擬擊而還。每退至一行表，跪起如前，遂復本列。侍中跪奏：「請觀騎軍。」又侍中稱：「制曰可。」侍中俛伏，興。二軍吹角、擊鼓、誓衆、俱進及

❶「徒」，原作「從」，據《大唐開元禮》卷八五改，下「徒」字同。

表乃止，皆如步軍，唯無跪起耳。騎軍東西迭爲主客，爲五變之陣，皆如步軍之法。每陣各八騎，挑戰於兩陣之間，如步軍法。五陣畢，俱大擊鼓而前，盤馬相擬擊而罷，遂振旅而還。凡步騎二軍之士，備則滿數，省則半之，損益隨時，唯不得減將帥。凡相擬擊，皆不得以刃相及。凡步士，逐退過中表二十步而止，不得過也。騎士不在此例。若由田狩，則令講武軍士之外，先期爲圍，觀訖，乘馬鼓行、親禽如別禮。狩訖，乘輅振旅而還如常儀。講武罷，侍中跪奏稱：「侍中臣某言，❶講武禮畢，請還。」俛伏，興。皇帝降御輿，侍衛如常儀。皇帝升輅，太僕卿立授綏，❷升訖，敕車右升，❸千牛將軍升輅陪乘。黄門侍郎奏請鑾駕發引以下如圓丘還宮儀，唯不作鼓吹，不撞蕤賓。解嚴訖，將士各還。明日，羣官奉參起居如別儀。

蕙田案：以上《開元禮》與《隋書·禮儀志》有同者，今删併。又見《唐書·禮樂志》，亦不復複載。

【《唐書·兵志》】每歲季冬，折衝都尉率五校兵馬之在府者，置左右二校尉，位相距百步。每校爲步隊十，騎隊一，皆卷矟幡，展刃旗，散立以俟。角手吹大角一通，諸校皆斂人騎爲隊；二通，偃旗矟，解幡；三通，旗矟舉。左右校擊鼓，二校合譟而進。右校擊鉦，隊少却，左校進逐至右校立所；左校擊鉦，隊少却，右校進逐至左校立所；右校復擊鉦，隊還，左校復薄戰；皆擊鉦，隊各還。大角復鳴一通，皆卷幡、攝矢、弛弓、匣

❶「某」，原作「具」，據《大唐開元禮》卷八五改。
❷「卿」，原作「御」，據《大唐開元禮》卷八五改。
❸「車」，原作「軍」，據《大唐開元禮》卷八五改。

刃；二通，隊皆進；三通，左右校皆引還。

蕙田案：《開元禮》所載，天子親自臨閱，京師所行也。《兵志》所載，折衝都尉臨閱，郡國所行也。

【《唐書·高祖本紀》】武德元年十月辛丑，大閱。

【《册府元龜》】唐高祖武德元年十月，詔曰：「安民静俗，文教爲先。禁暴懲凶，武略斯重。比以喪亂日久，黎庶凋殘。是用務本勸農，冀在豐贍。而人蠹未盡，寇盜尚繁，欲暢兵威，須加練習。今農收已畢，殺氣方嚴，宜順天時，申耀威武。可依别敕，大集諸軍，朕將躬自循撫，親臨校閱。」

【《舊唐書·高祖本紀》】武德五年十一月丙申，幸宜州，簡閱將士。　八年十一月辛卯，如宜州。庚子，講武於同官。　九年三月，幸昆明池，習水戰。

【《太宗本紀》】武德九年八月癸亥，高祖傳位於皇太子，太宗即位。九月丁未，引諸衛騎兵統將等習射於顯德殿庭，謂將軍以下曰：「自古突厥與中國更有盛衰。若軒轅善用五兵，即能北逐獫狁；周宣馳驅方、召，亦能制勝太原。至漢、晉之君，逮於隋代，不使兵士素習干戈，突厥來侵，莫能抗禦，致遺中國生民塗炭於寇手。我今不使汝等穿池築苑，造諸淫費，農民恣令逸樂，兵士惟習弓馬，庶使汝鬭戰，亦望汝前無横敵。」于是每日引數百人於殿前教射。帝親自臨試，射中者隨賞弓刀、布帛。朝臣多有諫者，曰：「先王制法，有以兵刃至御所者，刑之。所以防萌杜漸，備不虞也。今引裨卒之人，彎弧縱矢於軒陛之側，陛下親在其間，正恐禍出非意，非所以爲社稷計也。」上不納。自是後，士卒皆爲精鋭。

【《唐書・太宗本紀》】貞觀八年十二月丁卯，從太上皇閱武於城西。

【《舊唐書・高祖本紀》】貞觀八年，是歲閱武於城西，高祖親自臨視，勞將士而還。

【《唐書・高宗本紀》】顯慶二年十一月乙巳，獮于滍南。壬子，講武於新鄭。

【《唐會要》】高宗顯慶二年十一月二十一日，講武於滍水之南，行三驅之禮。上設次於尚書臺以觀之。許州長史封道宏奏言：「後漢南郡太守馬融講《尚書》于此，因爲名。今請改爲觀武臺。」從之。五年三月八日，又講武於并州城北。上御飛閣，引羣臣臨觀之。❶左衛大將軍張延師爲左軍，左右驍武等六衛、左羽林騎士屬焉。左武衛大將軍梁建方爲右軍，左右威武等六衛、右羽林騎士屬焉。一鼓而誓衆，再鼓而整列，三鼓而交前。左爲曲直圓鋭之陣，右爲方鋭直圓之陣。三挑而五變，步退而騎進，五合而各復。許敬宗奏曰：「延師整而堅，建方敢而鋭，皆良將也。」上曰：「講閱者，安不忘危之道也。梁朝衣冠甚盛，人物亦多。侯景以數千人渡江，一朝瓦解。武不可黷，人不可棄，此之謂也。」

蕙田案：此事亦見《新唐書・高宗本紀》及《册府元龜》。

【《册府元龜》】麟德二年四月丙寅，講武於邙山之陽。帝御城北門樓以觀之。

【《文獻通考》】武太后聖曆二年，欲以季冬講武，有司請延至孟春。王方慶上疏曰：「謹案《禮記・月令》：『孟冬之月，天子命將帥講武，習射御，角力。』此乃三時務農，一時講武，蓋王者常事，安不忘危之道也。『孟春之月不可以稱兵』者，兵，金也，金性

❶「引」字，原脱，據《唐會要》卷二六補。

克木。春盛德在木，金氣以害盛德，逆生氣。『孟春行冬令，則水潦爲敗，霜雪大摯，首種不入』。案蔡邕《月令章句》：『太陰休，少陽尚微，而行冬令，以道水氣，故水潦至而敗生物也，雪霜大摯，催傷物也。❶太陰干時，雨雪而霜，故傷首種。』謂宿麥也。麥以秋種，故謂之首種。今孟春講武，是行冬令，以陰犯陽氣，害發生之德，臣恐水潦敗物，霜雪損稼，宿麥不登，無所收入也。請至明年孟冬教習，以順天道。」從之。

【《册府元龜》】玄宗先天二年十月癸亥，親講武於驪山之下。徵兵二十萬，旌旗連亙五十餘里，戈鋋金甲，照耀天地。列大陣於長川，坐作進退，以金鼓之聲節之。三軍出入，號令如一。帝親擐戎服，持沈香大鎗，立于陣前，威振宇宙，長安士庶，奔走縱觀，填塞道路。兵部尚書郭元振以虧失軍容，坐於纛下，將斬之。宰相劉幽求、張説跪於馬前諫曰：「元振翊戴上皇，有大功於國，雖犯軍令，不可加刑。伏願寬宥，以從人望。」帝乃赦之，配流新州。給事中、知禮儀事唐紹以草軍儀有失，坐於纛下，斬之。禮畢，乃下制曰：「傳不云乎？兵之設久矣，所以威不軌而昭文德，聖人以興，亂人以廢，皆兵之由也。故文事必有武備，耀德在於觀兵。所以外清蠻貊，内輯華夏，其經濟之致歟？自有隋失道，三靈改卜，我唐受命，百姓與能，四罪而天下服，一戎而天下定，航海梯山，罔不率俾，休牛歸馬，永不復用。德逮羣物，刑清百年。然而制軍爲旅，先王分職。在祀與戎，前史垂訓。則未學也，孰可棄之？往以韋氏搆逆，兇魁作禍，

❶「物」，原作「者」，據《文獻通考》卷一五七改。

則我之宗祀，危如綴旒。故斬長蛇，截封豨，戮梟獍，掃欃槍，使武之不修，則兆人何乂？朕以薄德，皆奉聖謨。濟邦家之多難，畏君父之嚴旨。自撫兹億兆，若臨淵谷，雖重譯雲歸，和親日至，遂五兵之不教，慮七德之未康。今蓋元冬戒時，農事爰隙。驪山之下，鴻門在望。横層阜以南屬，耿長川而北流。嚴霜初隕，疾風始至。以時而命羣帥，得地以講武功。料其勝負，詳其進退，以振國威，用蒐軍實。故披堅執鋭，干戈有容，練卒陳師，金鼓有節，上應於天也，下順於人也。三光之靈可接，五行之德斯用。將孫、吴不遠，頗、牧同時。非熊所期，怒蛙亦勸。布三令，調九章，且閲宣場之儀，若觀莘墟之禮。情兼慰賞，義宏寵錫。惟此畿甸，比經水旱，總集士馬，頗有煩勞。中念元元，更資勤恤。其講武使，各賜物一百段，將軍各八十段，中郎將各六十段，郎將及左右軍長史各四十段，折衝、果毅各三十段，押官六品以下各二十段。新豐百姓，宜免來年地税。置頓使，賜物一百段。緣頓踏踐麥苗，給米酬直。」

開元二年八月辛巳，上以河隴之故，命有司大募壯勇士從軍。既募，引見，置酒於朝堂，享之。詔曰：「朕光宅四海，撫御百蠻。屬疆埸未寧，軍國多費。每欲指揮方略，親率軍師，故召募爾等，擬從朕行。知爾等材力冠羣，藝能拔萃。但以不教人戰，豈知金鼓之聲？授以兵律，方辨干戈之勢。所以且遣薛訥等於隴右防禦使，令教習爾等。既練韜鈐，須明隊伍，使投石拔劍，以勵威鋒。裹糧坐甲，待清逋寇。若能因機立效，遇敵邀勳，酬以官榮，必超格例。然後陪朕輿駕，從戎塞垣。俾爾先驅，敬聽後命。今宴勞爾等，并賜錢三千貫，可節級領取，即宜好去。」十月，薛訥克吐蕃，帝遂停親征。詔曰：「比來緣邊鎮軍，每年更代，兵不識將，將不識兵，豈有緣路疲人，蓋是以卒與敵。其以西北軍鎮，宜加兵數。先以側近兵人充，並精加簡擇。其有勞考等色，所司其以條例奏聞。戰兵別簡爲隊伍，專令教練，不得輒有使役。仍令兵部侍郎裴璀、太常少卿姜晦往軍州計會，便簡支配。有見集後軍兵，宜令兵部侍郎韋抗、紫微舍人王珽即簡擇以聞。」

八年八月，詔曰：「國家偃武教，修文德，百年於兹矣。自運屬清平，人忘争戰，俎豆之事，嘗聞之矣，軍戎之禮，我所未暇。且五材並用，誰能去兵？四方雖安，不可忘戰。故《周禮》以軍禁糾邦國，以蒐狩習戎旅，不教人戰，是爲棄之。宜差使於兩京及諸州，且揀取十萬人。務求灼然驍勇，不須限以蕃漢。皆放番役差科，惟令團伍教練，辨其旗物，簡其車徒，習攻取進退之方，陳威儀貴賤之等。俾夫少長有禮，疾徐有節，將以伐叛懷服，將以保大定功。叶于《師》貞，以宏武備。應須集期，及有蠲免，所司明爲條制，别作優異法奏聞。」仍敕幽州刺史邵寵於幽、易兩州選二萬灼然驍勇者充幽州經略軍健兒，不得雜使，租庸資課並放免。」

肅宗至德二載八月，帝在鳳翔。癸巳，六軍大閱，帝御府城樓觀軍陣之容。

【《舊唐書·肅宗本紀》】至德三載正月庚寅，大閱諸軍於含元殿庭，上御棲鸞閣觀之。

【《册府元龜》】代宗寶應元年九月壬寅，大閲兵馬於鳴鳳門街。

【《舊唐書·代宗本紀》】大曆九年四月乙

酉，詔郭子儀等大閱兵師，以備吐蕃。

【《德宗本紀》】貞元十六年春正月庚子朔。乙巳，上閱兵於麟德殿前。

【《册府元龜》】宣宗大中五年五月敕：「如聞諸道軍將及官健兒等，近日所在將帥，多務因循，當召募之時，已不選擇，及收補之後，曾莫教招。遂使名在戎行，少能知其弓矢；職居列校，罕見識於韜鈐。緩急忽有徵差，便取現在應數。惟憂就役，豈暇圖功。虚費資糧，莫克讎敵。爲弊頗久，須有舉明。自今以後，委諸道觀察、節度、都防禦、團練、經略等使，每道慎擇會兵法及能弓馬、解槍弩及筒射等軍將兩人充教練，使每年至合教習時，分番各以本藝閲試。其間或有伎藝超異者，量加優賞，仍作等第節級，與進改職名。每至年終，都具所教習馬步及各執所藝人數申兵部及中書門下，仍委兵部簡勘，都開件奏聞。所冀各盡伎能，自成勁鋭。其支郡有兵處，❶亦委本道點簡訓練，准詔處分。」

右唐。

【《五代史·梁太祖本紀》】開平元年冬十月己未，講武於繁臺。

【《霍存傳》】太祖已即位，閲騎兵於繁臺。顧諸將曰：「使霍存在，豈勞吾親閲耶？諸軍寧復思之乎？」它日語又如此。

開平四年春正月丁未，講武於榆林。

乾化元年八月戊寅，大閲於興安鞠場。冬十月丙子，大閲於魏東郊。

【《唐莊宗本紀》】天祐十有五年八月，大閲於魏東郊。

【《册府元龜》】明宗天成二年十月癸未，御

---

❶「郡」，原作「部」，據《册府元龜》卷一二四改。

興教門觀兵。自卯至午，隊伍方絶。

晉高祖天福二年十月，敕：「習戰講武，歷代通規。選士練兵，其來舊制。宜以每年農隙時講武，仍准令式處分。」

【《五代史・晉出帝本紀》】開運元年春正月辛卯，講武於澶州。　二年二月丙子，大閲於戚城。

【《周世祖本紀》】顯德元年三月壬辰，次澤州，閲兵於北郊。

右五代。

【《宋史・禮志》】閲武。仍前代制。太祖、太宗征伐四方，親講武事，故不盡用定儀，亦不常其處。鑿講武池朱明門外以習水戰。復築講武臺城西楊村，秋九月大閲，與從臣登臺觀焉。

真宗詔有司擇地含輝門外之東武村爲廣場，馮高爲臺，臺上設屋，構行宫。其夜三鼓，殿前、侍衛馬步諸軍分出諸門。詰旦，帝乘馬，從官並戎服，賜以窄袍。至行宫，諸軍陣臺前，左右相向，步騎交屬，亘二十里。諸班衛士，翼從于後。有司奏「成列」。帝升臺，東向，御戎帳，召從臣坐觀之。殿前都指揮使執五方旗以節進退，又於兩陣中起候臺相望，使人執旗如臺上之數以相應。初舉黄旗，諸軍旅拜。舉赤旗則騎進，舉青旗則步進。每旗動，則鼓駴大譟，聲震百里外，皆三挑乃退。次舉白旗，諸軍復再拜呼萬歲。遂舉黑旗以振旅。軍於左者略右陣以還，由臺前出西北隅；軍於右者略左陣以還，由臺前出西南隅，並凱旋以退。乃召從臣宴，教坊奏樂。回御東華門，閲諸軍還營，鈞容奏樂於樓下，復召從臣坐，賜飲。明日，又賜近臣飲於中書，諸軍將校飲於營中，内職飲於軍器庫，諸班衛士飲於殿門外。

【《兵志》】訓練之制。禁軍月奉五百以上，皆日習武技；三百以下，或給役，或習技。其後別募廂兵，亦閱習武技，號教閱廂軍。戍川、廣者舊不訓練，嘉祐以後稍習焉。凡諸日習之法，以鼓聲爲節，騎兵五習，步兵四習，以其坐作進退，❶非施於兩軍相當者。然自宋初以來，諸軍皆用之。

【《宋史·太祖本紀》】建隆元年十一月丁未，命諸軍習戰艦於迎鑾。　三年十月丙戌，幸太清觀，遂幸造船務，觀習水戰。己亥，幸岳臺，命諸軍習騎射。

乾德元年四月庚寅，❷出内錢募諸軍子弟鑿習戰池。乙巳，幸玉津園，閱諸軍騎射。六月己酉，命習水戰於新池。七月丁卯，幸武成王廟，遂幸新池，觀習水戰。

【《文獻通考》】開寶九年四月，幸金明池，習水戰。上御水心殿，命從臣列坐以觀。戰艦角勝，鼓譟以進，往來馳突，爲迴旋擊刺之狀。顧謂侍臣曰：「兵棹之技，南方之事也。今已平定，固不復用，但時習之，不忘武功耳。」迄真宗朝，歲習不輟。

【《太宗本紀》】太平興國二年秋九月辛亥，幸講武臺，大閲。

【《崔翰傳》】太平興國二年秋，講武於西郊。時殿前都指揮使楊信病瘖，命翰代之。翰分布士伍，南北綿亘二十里。建五色旗號令，將卒望其所舉，以爲進退，六師周旋如一。上御臺臨觀，大悦，以藩邸時金帶賜之。謂左右曰：「晉朝之將，

❶「其」，校點本《宋史·兵志九》校勘記：「《通考》卷一五七、《武經總要》前集卷二作『教』。」

❷「元」，原作「四」，據《宋史·太祖紀》改。

必無如崔翰者。」

【《文獻通考》】太平興國二年，將伐太原，詔築講武臺於西郊。九月，大閱，上與從官登而觀焉。是冬，又觀飛山兵射連弩發機石於臺下。

【《宋史·太宗本紀》】太平興國五年三月庚午，幸講武池，觀習樓船。十二月甲戌，大閱，遂宴幄殿。

【《山堂攷索》】太平興國九年，上親閱諸軍，參考勞績升絀之。上曰：「兵雖衆，苟不簡閱，即與無兵同。先帝訓練之方，咸盡其要。朕因講習，漸至精鋭。倘統帥得人，何敵不克！」

【《兵志》】至道元年，帝閱禁兵有挽彊弩至一石五斗，連二十發而有餘力者，顧謂左右曰：「今宇内阜安，材武間出，弧矢之妙，亦近代罕有也。」又令騎步兵各數百，東西列陣，挽强彀弩，視其進退發矢如一，容止中節。因曰：「此殿庭間數百人爾，猶兵威可觀，況堂堂之陣數萬成列者乎！」

【《曲洧舊聞》】真宗咸平二年秋，大閱。其日，殿前、侍衛馬步軍二十萬。是夜三鼓初分出諸門，遲明乃絶。詰旦，上按轡出東華門，從行臣僚並賜戎服。既回御東華門，閱諸軍還營，奏樂於樓下。

【《真宗本紀》】咸平三年春正月丁亥，幸紫極宫，還登子城閱騎射。夏四月，閱河北防城舉人康克勤等擊射。十二月丁巳，閱武藝，遂宴射苑中。　六年十一月己亥，閱捧日軍士教三陣於崇政殿。

【《山堂攷索》】太宗祥符六年，詔在京諸軍，選江淮水卒於金明池按試戰櫂，立爲水虎翼軍，置營於側。其江浙、淮南諸州亦令准此選卒置營。初，太祖立神衛水軍，及江淮平定，不復舉。上以兵備不可廢，故復置焉。

【《兵志》】明道二年，樞密使王曙言：「天下廂軍止給役而未嘗習武技，❶宜取材勇者訓肄，升補禁軍。」上可其奏。

仁宗康定元年，帝御便殿閲諸軍陣法。議者謂：「諸軍止教坐作進退，雖整肅可觀，然臨敵難用。請自今遣官閲陣畢，令解鐙以弓弩射。營置弓三等，自一石至八斗；弩四等，自二石八斗至二石五斗，以次閲習。」詔行之陝西、河東、河北路。是歲，詔：「教士不衽帶金革，緩急不足以應敵。自今諸軍各予鎧甲十，馬甲五，令迭披帶。」又命諸軍班聽習雜武技，勿輒禁止。

慶曆元年，徙邊兵不教者於内郡，俟習武技即遣戍邊。　二年，諸軍以射親疎爲賞罰，中的者免是月諸役，仍籍其名。闕校長，則按籍取中多者補。樞密直學士楊偕請教騎兵止射九斗至七斗三等弓，❷畫的爲五暈，去的二十步引滿即發，射中者，視暈數給錢爲賞。騎兵佩劈陣刀，訓肄時以木桿代之。奏可。　四年，詔：「騎兵帶甲射不能發矢者，奪所乘馬與本營藝優士卒。」韓琦言：「教射惟事體容及彊弓，❸不習射親不可以臨陣。臣至邊，嘗定《弓弩挽彊蹠硬射親格》，願行諸軍，立賞肄習。歲以春秋二時各一閲，諸營先上射親吏卒之數，命近臣與殿前、馬步軍司閲之。其射親入第四至第七等，量先給賜；入第三等以上及挽彊、蹠硬中格，悉引對親閲；等數多者，其正副指

❶「天下廂」，原作「本廂下」，據校點本《宋史·兵志九》訂正。
❷「偕」，原作「楷」，據校點本《宋史·兵志九》改。
❸「射」字，原脱，據《宋史·兵志九》補。

揮使亦第賜金帛。」詔以所定格班教諸軍。

四年，❶遣官以陝西陣法分教河北軍士。

五年，密詔益、利、梓、夔路鈐轄司，以弓弩習士卒，候民間觀聽寖熟，即便以短兵日教三十人，十日一易。知并州明鎬言：「臣近籍諸營武藝之卒，❷使帶甲試充奇兵外，爲三等，庶幾主將悉知軍中武技强弱，臨敵可用。」詔頒其法三路。范仲淹請以帶甲射一石充奇兵，餘自九斗至七斗第爲三等，射力及等即升之。詔著爲令。　六年，詔諸軍夏三月毋教弓弩，止習短兵。又詔：「以春秋大教弓射一石四斗、弩彍三石八斗、❸槍刀手勝三人者，❹立爲武藝出衆格。中者，本營闕階級即以次補。」

至和元年，詔：「諸軍選將校，武藝鈞，❺以射親爲上。」韓琦又言：「奉詔，軍士弩彍四石二斗并弓箭槍手應舊規選中者，即給挺補守闕押官，然則排連舊制爲虚文矣。請三路兵遇春秋大教，武技出衆者優給賞物，免本營他役，候階級闕，如舊制選補。」奏可。

【《仁宗本紀》】至和二年七月辛巳，詔河北諸道總管分遣兵官教閲所部軍。

【《兵志》】治平二年，詔：「河北戰卒三十萬一千、陝西四十五萬九百并義勇等，委總管司訓練，毋得冗占。」

神宗熙寧元年，詔曰：「國家置兵，以備戰守，而主兵之官，❻冗占者衆，肄習弗時，或

❶「四年」，校點本《宋史·兵志九》校勘記謂爲衍字。
❷「臣近」，原倒，據《宋史·兵志九》乙正。
❸「斗」，原作「挺」，據《宋史·兵志九》改。
❹「三」，原作「二」，據《宋史·兵志九》改。
❺「鈞」字，原脱，據《宋史·兵志九》補。
❻「主兵之官」，原作「主官之兵」，據《宋史·兵志九》改。

誤軍事。帥臣、按撫、監司，其察所部有占兵不如令者以聞。」十月，樞密院請陝西、河東選三班使臣及士人任殿侍者，以爲河北諸路指使，教習騎軍。或言河朔兵有教閲之名而無其實，請班教法於其軍，❶久而弗能者，罷爲廂軍。奏可。　二年，帝嘗語執政：「並邊訓練士卒，何以得其精熟？」安石對曰：「京東所教兵已精强，願陛下推此法以責邊將，間詔其兵親臨閲試。訓練簡閲有不如詔者罰之，而賞其能者。賞不遺賤，罰不避貴，則法行而將吏加勸，士卒無不奮勵矣。」九月，選置指使巡教諸軍，殿前司四人，馬、步軍司各三人。

【《山堂攷索》】神宗熙寧二年，樞密院言：「廂軍近已團結教閲武藝，欲給威邊指揮。請以州軍大小定人數，自三百人至百人。仍改軍額，淮南曰壯武，江南曰雄武，荆湖曰静江，兩浙曰崇節，福建曰保節，並加『教閲』二字於軍額上。」從之。

【《宋史・兵志》】熙寧三年，帝親閲河東所教排手，進退輕捷，不畏矢石。遂詔殿前司、步軍指揮當出戍者，内擇槍刀手伉健者百人，教如河東法，藝精者免役使，❷以優獎之。

五年四月，詔在京殿前馬步諸軍巡教使臣，並以春秋分行校試。射命中者第賜銀楪，兵房置籍考校，以多少定殿最。五月，詔以涇原路蔡挺衙教陣隊於崇政殿引見，仍頒諸路。其法：五伍爲隊，五隊爲陣，陣横列，騎兵二隊亦五伍列之。其出皆以鼓爲節，束草象人而射焉，中者有賞。馬步皆前

❶「班」字，原脱，據《宋史・兵志九》補。
❷「免」字，原脱，據《宋史・兵志九》補。

三行槍刀，後二行弓弩，附隊以虎蹲弩、牀子弩各一，射與擊刺迭出，皆聞金即退。預籍人馬之彊者隱於隊中，遇可用，則別出爲奇。帝以其點閱周悉，常有出野之備，故令頒行。

【李氏燾《長編》】神宗閱左藏庫副使开斌所教牌手於崇政殿，乃命殿前步軍司擇驍健者依法教習。自是，營屯及更戍諸軍、畿甸三路民兵皆隨伎藝召見親閱焉。凡閱試禁衛、戍軍、民兵，總率第其精觕，賜以金帛；而超等高者，至命爲吏選官，其典領者優加職秩。涇原經略蔡挺肄習諸將軍馬，點閱周悉，隊伍有法，入爲樞密副使，因言於上，而引試之。舊以七軍營陣校試，而分數不齊，前後牴牾。命校試官采綴定爲八軍法。及軍法成，頒行諸路。既又定九軍法，以一軍營陣，即城南好草坡閱之，皆有賞賚。其按閱砲場連弩及便坐日閱召募新軍時，令習戰如故事。

【《文獻通考》】神宗諭近臣曰：「黄帝始置八陣法，敗蚩尤於涿鹿。諸葛亮造八陣圖於魚復平沙之上，壘石爲八行。晉桓温見之曰：『常山蛇勢也。』文武皆莫能識之，此即九軍陣法也。後至隋韓擒虎深明其法，以授其甥李靖。靖以時遇久亂，將臣通曉其法者頗多，故造六花陣以變九軍之法，使世人不能曉之。大抵八陣即九軍，九軍者方陣也。六花陣即七軍，七軍者圓陣也。蓋陣以圓爲體，方陣者内圓而外方，圓陣即内外俱圓矣。故以方圓物驗之，❶則方以八包一，圓以六包一，此九軍、六花陣之大體

❶「方」字，原脱，據《宋史·兵志九》補。

也。六軍者，左右虞候軍各一，爲二虞候軍；左右廂各二，爲四廂軍；與中軍，共爲七軍。八陣者，加前後二軍，共爲九軍。本朝祖宗以來，置殿前、馬步軍三帥，即中軍、前後軍帥之別名；而馬步軍都虞候是爲二虞候軍，天武、捧日、龍神衛四廂，是爲四廂軍也。中軍帥總制九軍，即殿前都虞候，專總中軍一軍之事務，是其名實與古九軍及六花陣相符而不少差也。今論兵者俱以唐李筌《太白陰經》中所載陣圖爲法，失之遠矣。朕嘗覽近日臣僚所獻陣圖，皆妄相眩惑，無一可取。果如此輩之説，則兩敵相遇，必須遣使豫約戰日，擇一寬平之地，仍夷阜塞壑，誅草伐木，如射圃教場，方可盡其法耳。以理推之，知其不可用也決矣。今可約李靖法爲九軍營陣之制。然李筌之圖，乃營法，非陣法也。朕採古之法，酌今之宜，曰營曰陣，本出於一法而已。止曰營，行曰陣，在奇正言之，則營爲正，陣爲奇也。」於是以八月大閲八軍陣於城南荆家陂。已事，拆營回軍，賜遂等以下指揮、馬步諸軍銀絹有差。

【《宋史·兵志》】六年，詔：「河北四路，承平日久，重於改作，苟遂因循，❶益隳軍制。其以京東武衛等六十二營隸屬諸路，分番教習，餘兵並分遣主兵官訓練。」九月，詔：「自今巡教使臣校殿最，雖以十分爲率，其事藝第一等及九分以上，或射親及四分，雖殿，除其罰；第二等事藝及八分，或射親不及三分，雖最，削其賞。」十月，選涇原土兵之善射者，以教河朔騎軍馳驟野戰。帝曰：「裁併軍營，凡省軍員四千餘人，此十

❶「苟」字，原脱，據《宋史·兵志九》補。

萬軍之資也。儻訓練精勇，人得其用，不惟勝敵，亦以省財。」安石等曰：「陛下頻年選擇使臣，專務訓練，間御便殿，躬親試閱，賞罰既明，士卒皆奮。觀其技藝之精，一人爲數夫之敵，此實國家安危所繫也。」是時，帝初置内教法，旬一御便殿閱武，校程其能否而勸沮之，士無不争勸者。

七年，詔教閱戰法，主將度地之形，隨宜施行。二月，詔：「自今歲遣一使，按視五路安撫使以下及提舉教閱諸軍義勇保甲官，課其優劣以聞而誅賞之。」

七年，命吕惠卿、曾孝寬比校三五結隊法。十月，以新定結隊法并賞罰格及置陣形勢等，遣近侍李憲付趙卨曰：「陣法之詳，已令憲面諭。今所圖，止是一小陣，卿其從容析問，憲必一一有説。然置陣法度，久失其傳，今朕一旦據意所得，率爾爲法，恐有未盡，宜無避忌，但具奏來。」繼又詔曰：「近令李憲齎新定結隊法并賞罰格付卿，同議可否，因以團立將官，更置陣法，卿必深悉朝廷經畫之意。如近日可了，宜令李憲齎赴闕。」

卨奏曰：「置陣之法，以結隊爲先。李靖以五十人爲一隊，每三人自相得者結爲一小隊，合三小隊爲一中隊，合五中隊爲一大隊，餘押官、隊頭、副隊頭、左右傔旗五人即充五十，並相依附。今聖制：每一大隊合五中隊，五十人爲之；中隊合三小隊，❶九人爲之；小隊合三人爲之，亦擇心意相得者。又選壯勇善槍者一人爲旗頭，令自擇如己藝、心相得者二人爲左右傔；次選勇

❶「三」字，原脱，據《宋史·兵志九》補。

悍者一人爲引戰；❶又選軍校一人，執刀在後，爲擁隊。凡隊内，一人用命，二人應援；小隊用命，中隊應援；中隊用命，大隊應援；大隊用命，小隊應援。如逗撓觀望，❷不即赴救，致有陷失者，本隊委擁隊軍校，❸次隊委本轄隊將，審觀不救所由，斬之。其有不可救，或赴救不及，或身自受敵，體被重創，但非可救者，皆不坐。其説雖與古同，而用法尤爲精密。此蓋陛下天賜勇智，不學而能也。然議者謂四十五人而一長，不若五人而一長之密。❹且以五人而一長，即五十人而十長也，推之于百千萬，則爲長者多，而統制不一也。至如周制，五人爲伍，屬之比長；五伍爲兩，屬之閭胥；四兩爲卒，屬之族師；五卒爲旅，屬之黨正；五旅爲師，屬之州長；五師爲軍，屬之命卿。此猶今之軍制，百人爲都，五都爲營，五營爲軍，十軍爲廂。自廂都指揮而下，各有節級，有員品，亦昔之比長、閭胥、族師、黨正之任也。議者謂什伍之制，於都法爲便，然都法恐非臨陣對敵決勝之術也。況八陣之法，久失其傳，聖制一新，稽之前聞，若合符節。夫法一定，易以制人。敵好擊虚，吾以虚形之；敵好背實，吾以實形之。然而所擊者非其虚，所背者非其實，故逸能勞之，飽能飢之，此所謂致人而不致於人也。」七月，詔諸路安撫使各具可用陣隊法，及訪求知陣隊法者以聞。九月，崇儀使郭固以同詳定古今陣法賜對，於是内出《攻守圖》二十五部付河北。

❶「次」，原作「自」，據《宋史·兵志九》改。
❷「逗」，原作「通」，據《宋史·兵志九》改。
❸下「隊」字，原脱，據《宋史·兵志九》補。
❹「一」，原作「二」，據《宋史·兵志九》改。

蕙田案：志稱太宗選州兵壯勇者補禁衛，餘留本城。於是兵勢重於内，輕於外，本城但更戍而不教閲矣。故陳傅良言：「熙寧按天下廂軍之籍五十萬人，皆不足戰，而教閲之法起。教閲者，拔之廂軍之中，而排立在就糧、禁軍之下，於是禁軍始遍天下。」然吾觀神宗教閲之法，如此其詳；矯前人之弊，防兵力之弱，如此其至。而當時如王韶輩，僅能小得志於南詔瀘夷而已。至以當西夏，動輒敗北。李復圭、李信、劉甫挫衄於前，韓絳、种諤、李憲、高遵裕、王中正、劉昌祚、徐禧、曲珍等喪師於後。諸將濫邀功賞，皆以城築而已。然則當日教閲，亦徒有其名，未嘗獲一勁旅之用也。故太宗之失，失在略外，而不在置禁軍之多；神宗之失，失在務名，而不在更廂兵之制。

八年，詔：「在京諸軍營屯迫隘，馬無所調習。比剏四教場，益寬大，可以馳騁。其令騎軍就教者，日輪一營，以馬走驟閲習。」五月，臧景陳馬射六事：一，順騣直射；二，背射；三，盤馬射；四，射親；五，野戰；六，輪弄。各爲説以曉射者。詔依此教習。八月，帝令曾孝寬視教營陣。大閲八軍陣於荆家陂，訖事大賞。

【《神宗本紀》】熙寧九年十月乙未，詔東南諸路教閲新軍。

【《兵志》】元豐元年十月，詔立在京校試諸軍技藝格，第爲上中下三等。步射，六發而三中爲一等，二中爲二等，一中爲三等。馬射，五發驟馬直射三矢、背射二矢，中數、等如步射。弩射，自六中至二中，床子弩及砲，自三中至一中，爲及等，並賞銀有差。槍刀并標排手角勝負，計所勝第賞。其弓弩墜落，或縱矢不及堋，或挽弓破體，或局而不張，或矢不滿，或弩蹠不上牙，或擭不發，或身倒足落，並爲不合格。即射已中賞，餘箭不合格者，降一等。無可降者，罷之。是月，賈逵、❶燕達等言：「近者增損東南排弩隊法，與東南所用兵械不同，請止依東南隊法，以弩手代小排。若去敵稍遠則施箭，近則左手持弩如小排架隔，右手執刀以備斬伐，與長兵相參爲用。」詔可。其槍手仍以標排兼習。❷十一月，京西將劉元言：❸「馬軍教習不成，請降步軍；又不成，降廂軍。」乃下令諸軍，約一季不能學者，如所請降之。十二月，詔：「開封府界、京東西將兵，十人以一人習馬射，受教於中都所遣教頭；在京步軍諸營弓箭手，亦十人以一人習馬射，受教於教習馬軍所。藝成，則展轉分教於其軍。」

二年四月，遣內侍石得一閱視京西第五將所教馬軍。五月，得一言其教習無狀，詔本將陳宗等具析。宗等引罪，帝責曰：「朝廷比以四方驕悍爲可虞，選置將臣，分總禁旅，俾時訓肄，以待非常。至於部勒規模，悉經朕慮，前後告戒，已極周詳。使宗等稍異木石，亦宜略知人意。尸禄日久，既頑且慵，苟遂矜寬，實難勵衆，可並勒停。」是月，詔殿前、步軍司兵各置都教頭掌隸教習之事，弩手五營、弓箭手十營、槍刀標排手五營各選一人武藝優者奏補。❹逐司各舉散

❶「逵」，原作「達」，據《宋史·兵志九》改。
❷「排」，《宋史·兵志九》無此字。
❸「京西」，原作「西京」，據《宋史·兵志九》乙正。
❹「刀」下，原衍「槍」字，據《宋史·兵志九》刪。

直二人爲指使，罷巡教使臣。是日，詔河東、陜西諸路：「舊制，馬軍自十月一日馳射野戰，至穀雨日止。塞上地涼，自今教起八月，止五月一日。」七月，詔諸路教閲禁軍，毋過兩時。九月，内出教法格并圖象，頒行之。步射執弓、發矢、運手、舉足、移步，及馬射、馬使蕃槍、馬上野戰格鬬，步用標排，皆有法象，凡千餘言，使軍士習誦焉。十一月，始立《府界集教大保長法》，以昭宣使入内侍省副都知王中正、東上閤門使狄諮兼提舉府界教保甲大保長，總二十二縣，爲教場十一所，大保長凡二千八百二十五人，每十人一色事藝，置教頭一。凡禁軍教頭二百七十，都教頭三十，使臣十。弓以八斗、九斗、一石爲三等，弩以二石四斗、二石七斗、三石爲三等，馬射九斗、八斗爲二等，其材力超拔者爲出等。當教時，月給錢三千，日給食，官予戎械、戰袍，具銀楪、酒醪以爲賞犒。

三年，大保長藝成，乃立團教法，以大保長爲教頭，教保丁焉。凡一都保相近者分爲五團，即本團都副保正所居空地聚教之。以大保長藝成者十人滚教，五日一周。五分其丁，以其一爲騎，二爲弓，三爲弩。❶府界法成，乃推之三路，各置文武官一人提舉，河北則狄諮、劉定，陜西則張山甫，河東則黄廉、王崇極，以封樁養贍義勇保甲錢糧給其費。是歲，引府界保甲武藝成，帝親閲，録用能者，餘賜金帛。

【《神宗本紀》】元豐四年三月乙巳，命官閲九軍營陣法於京城南。戊申，大閲。九月壬寅，閲河北保甲於崇政殿，官其優者三十

❶「三」，校點本《宋史·兵志六》校勘記疑當作「二」。

六人。

蕙田案：熙、豐教閲之法何紛紛也！宋之初制所重者，禁軍、廂軍，令二者勢無畸重，訓練必精，自足以壯威戡亂，鄉兵、蕃兵，備數而已。韓魏公刺陝西義勇而鄉兵日增，然害猶未甚也。浸假變爲王安石之保甲法，一切募荷耡之農氓、游手之無賴爲之，而鄉兵之冗甚矣。於是或立集教法，或立團教法，或頒教閲新法，或遣提舉，或遣近臣内侍，長爲保長，丁爲保丁。於是元豐四年，祗就河北、河東、陝西路會校保甲，都保凡三千二百六十六，正長、壯丁凡六十萬一千九百四十五。其時綜計繫籍義勇、保甲及民兵直至七百一十八萬三千二十八人，❶歲費緡錢至幾百萬。又有銀楪、賞錢之賜，此皆在常額之外者也。夫廂軍取之欲精，教之欲熟，不此之求，而别立名目，多爲擾費。因廂兵之冗占而爲保甲，因保甲之新募而施教法，因教法之專於保丁而廂兵益以懈弛，此非熙、豐之弊政而何！

又案：志稱「四年，改五路義勇爲保甲」，則是時義勇即保甲也。五路，當即河北、河東、陝西、京東、京西。

【《兵志》】元豐四年，以九軍法一軍營陣按閲於城南好畤坡，已事，奬諭。七年❷，詔：「已降五陣法，令諸將教習，其舊教陣法並

❶「三」，《宋史·兵志六》作「二」。

❷「七」上，原有「熙寧」二字，據校點本《宋史·兵志九》及其校勘記删。

罷。」蓋九軍營陣爲方、圓、曲、直、鋭，凡五變，是爲五陣。

【《神宗本紀》】元豐六年正月，御崇政殿閱武士。　七年三月庚申，御崇政殿大閱。

【《兵志》】元祐元年四月，右司諫蘇轍上言：「諸道禁軍自置將以來，日夜按習武藝，將兵皆早晚兩教，新募之士或終日不得休息。今平居無事，朝夕虐之以教閱，使無遺力以治生事，衣食殫盡，憔悴無聊，緩急安得其死力！請使禁軍，除新募未習之人，其餘日止一教。❶」是月，朝請郎任公裕言：「軍中誦習新法，愚懵者頗以爲苦。夫射志於中，而擊刺格鬬期於勝，豈必盡能如法？」樞密院亦以爲元降教閱新法自合教者指授，不當令兵衆例誦。詔從之。九月，樞密院奏：「異時馬軍教御陣外，更教馬射。其法，全隊馳馬皆重行爲『之』字，透空發矢，可迭出，最便利。近歲專用順鬃直射、抹鞦背射法，止可輕騎挑戰，即用衆乃不能重列，非便。請自今營閱排日，馬軍『之』字射與立背射，隔日互教。」詔可。

【《哲宗本紀》】元祐二年七月辛亥，夏人寇鎮戎軍。❷詔府界三路教閱保甲。

【《兵志》】三年五月，罷提舉教習馬軍所。

【《哲宗本紀》】元祐五年十二月丙辰，禁軍大閱，賜以銀楪匹帛。

【《兵志》】紹聖元年三月，樞密院言：「禁軍春秋大教賞法，每千人增取二百一十人，❸給賞有差。」從之。　三年五月，詔在京、府界諸路禁軍格鬬法，自今並依元豐條法教

❶「日」，原作「月」，據《宋史·兵志九》改。
❷「軍」字，原脱，據《宋史·哲宗本紀》補。
❸下「人」字，原作「入」，據《宋史·兵志九》改。

習。七月，詔選弩手兼習神臂弓。八月，詔：「殿前、馬步軍司見管教頭，别選事藝精强、通曉教像體法者，展轉教習。其弓箭手馬、步射射親，用點藥包指及第二指知鏃，並如元豐格法。」是月，又詔復神臂弓射法爲百二十步。

【《徽宗本紀》】崇寧四年九月乙巳，詔京畿三路保甲並於農隙教閱。

【《兵志》】大觀元年，詔以五陣法頒行諸路。

蕙田案：五陣法，謂方陣、圓陣、曲陣、直陣、鋭陣也。五陣法前此曾罷矣，崇寧、大觀間紹復熙、豐，故有此命。

政和元年二月，❶詔：「春秋大教，諸軍弓弩斗力，並依元豐舊制。」　四年五月，臣僚上言：「神臂弓垛遠百二十步，給箭十隻，取五中爲合格，軍中少得該賞，恐惰於習射。送殿前、馬步軍司勘會，將中貼箭數並改爲上垛，其一中貼此兩上垛。❷」從之。　五年三月，詔：「自今敢占留將兵，不赴教閱，並以違御筆論。不按舉者，如其罪。」十一月，臣僚言：「春秋大教，諸軍弓弩上取斗力高强，其射親中多者，激賞太薄，無以爲勸。」詔依元豐法。　八年，詔州郡禁軍出戍外，常留五分在州教閱，從毛友之請也。

重和元年正月，兵部侍郎宇文粹中進對，論禁軍訓練不精，❸多充雜役。帝曰：「祖宗軍旅之法最爲密緻，神考尤加意訓習。近來兵官，寖以弛慢。古者春振旅，夏茇舍，秋治兵，冬大閱，皆于農隙以講事。大司馬

❶「二」，原作「三」，據《宋史・兵志九》改。

❷「此」，校點本《宋史・兵志九》校勘記：「按文義，『此』字疑是『比』字之訛。」

❸「禁軍」二字，原脱，據《宋史・兵志九》補。

教戰之法，大宗伯大田之禮。細論周制，大抵軍旅之政，六卿無有不總之者。今士人作守倅，任勸農事，不以勸耕稼爲職；管軍府事，不以督訓練爲意。自今如役使班直及禁衛者，當差人捉探懲戒。更候日長，即親御教閱激賞。」尋以粹中所奏，參照條令行之。

宣和三年四月，立騎射賞法，其背射上垛中貼者，依步射法推賞。

【《欽宗本紀》】靖康元年冬十月己酉，閱砲飛山營。

【《兵志》】靖康元年二月，詔：「軍兵久失教習，❶當汰冗濫。❷今三衙與諸將招軍，惟務增數希賞，但及等格，❸不問勇怯。招收既不精當，教習又不以時，雜色占破，十居三四。今宜招兵之際，精加揀擇，既係軍籍，專使教習，不得以雜色拘占。又神臂弓，馬黃弩乃中國長技，宜多行教習，以扞邊騎。仍令間用衣甲教閱，庶使習熟。」四月，詔復置教場，春秋大閱，及復內教法以激賞之。

蕙田案：靖康之詔，切中當日之弊。東坡云：「三代之法，兵農爲一。唐中葉盡變府兵爲長征之卒，自爾以來，農出穀帛以養兵，兵出性命以衞農，天下便之，聖人復起，不能易也。」熙豐以降，訖于靖康，教閱繁密，而兵不足用，豈非安石改制之罪耶！

高宗建炎元年，始頒樞密院教閱法，專習制

❶「失」字，原脱，據《宋史·兵志九》補。
❷「當」字，原脱，據《宋史·兵志九》補。
❸「格」，原作「杖」，據庫本改。

禦摧鋒破敵之藝、全副執帶出入、短椿神臂弓、長柄刀、馬射穿甲、木挺。每歲擬春秋教閲法，立新格。神臂弓日給箭二十，射親去垛百二十步。刀長丈二尺以上，氈皮裹之，引鬬五十二次，不令刀頭至地。每營選二十人閲習，經兩閲者五十人爲一隊，教習分合，隨隊多少，分隸五軍。每軍各置旗號，前軍緋旗，飛鳥爲號；後軍皂旗，龜爲號；左軍青旗，蛟爲號；右軍白旗，虎爲號；中軍黄旗，神人爲號。又别以五色物號制招旗、分旗。舉招旗，則五軍以旗相應，合而成陣；舉分旗，則五軍以旗相應，分而成隊。左右前却，或分藏爲伏，或分出爲奇，皆舉旗爲號。更鳴小金、應鼓，備瞻望不及者。豫約伏藏之所，緩鳴小金即止，急鳴應鼓即奇兵出陣趨戰，急鳴小金即伏兵出。其春秋大教推賞，依海行格法。

李綱言：「水戰之利，南方所宜。沿河、淮、海、江帥府、要郡，宜倣古制造戰船，以運轉輕捷安穩爲良。又習火攻，以焚敵舟。」詔命楊觀復往江、浙措置，河、淮别委官。

【《高宗本紀》】建炎二年冬十月甲寅，命揚州濬隍脩城。閲江、淮州郡水軍。　三年七月乙巳，詔江西、閩、廣、荆湖諸路團教峒丁、槍杖手。

【《山堂攷索》】紹興三年十二月辛亥，司封員外郎鄭士彦奏：「國以兵故强，兵以教故精。孔子曰：『以不教民戰，是謂棄之。』甚言其教之不可廢也。惟國家方承平之際，禁軍教習之法最嚴且密，况當艱虞之時，其可忽諸？方今諸州軍往往冗占椿留，實妨教閲。大抵以將迎爲急務，而以教習爲虚文。伏望深詔有司，參酌祖宗成法，申嚴而行之。每州遴選兵官三兩員，專主教習，庶責任嚴而成效速。歲終則較其精粗而賞罰之。如此，則兵精而國振矣。」詔劄與諸路帥司措置施行。

紹興四年冬十月丁酉，詔州縣團教弓手、土兵。　五年春正月庚申，置諸州軍教場，選兵專習弓弩，立格按試。

【《禮志》】紹興五年正月，始御射殿，閱諸班直殿前司諸軍指教使臣、親從宿衛親兵并提轄部押親兵使臣射射。共一千二百六十人，每六十人作一撥。遂詔户部支金千兩，付樞密院激賞庫充犒用。三月，御射殿，閱等子趙青等五十人角力，轉資，支賜錢銀有差。八月，御射殿，閱廣東路經略司解發到韶州士庶子弟陳裕試神臂弓，特補進武校尉，賜紫羅窄衫、銀束帶，差充本路經略司指使。

【《高宗本紀》】紹興十四年十一月甲子，復内教，即禁中閲試三衙將士。

【《禮志》】十四年十一月，閲殿前、馬步軍將士，藝精者賞有差。自是，歲以冬月行之，號曰冬教。

【《兵志》】二十四年，臣僚言：「州郡禁卒，遠方縱弛，多不訓練，春秋教閲，臨時備數，乞申嚴舊制。」

【《高宗本紀》】紹興三十年秋七月甲申，詔諸路帥司春秋教閲禁兵、弓弩手。　三十一年五月壬辰，選兩浙、江東、福建諸州禁軍、弓弩手之半，部送樞密院按試。　秋七月丙子。詔諸路帥臣教閲土兵、弓手。

【《兵志》】三十一年，詔：「比聞諸路州廂禁軍、土軍，有司擅私役，妨教閲。❶帥府其嚴

❶「妨教」，原作「教妨」，據《宋史·兵志九》改。

責守兵勒兵歸營，訓練精熟，以備點視。」【《禮志》】三十二年四月二十五日，御射殿閱射。

乾道二年十一月，幸侯潮門外大教場，次幸白石教場。應從駕臣僚，自祥曦殿並戎服起居，從駕往回。內管軍、御帶、環衛官從駕，宰執以下免從。就逐幕次賜食，侯進晚膳畢，免奏萬福，并免茶，從駕還內。二十四日，幸侯潮門外大教場，進早膳，次幸白石教場閱兵。三衙率將佐等導駕詣白石，皇帝登臺，三衙統制、統領官等起居畢，舉黃旗，諸軍皆三呼萬歲、拜訖，三衙管軍奏報取旨，馬軍上馬打圍教場。舉白旗，三司馬軍首尾相接；舉紅旗，向臺合圍，聽一金止。軍馬各就圍地，作圓形排立。射生官兵，隨鼓聲出馬射獐兔，一金止。疊金，射生官兵各歸陣隊。舉黃旗，射生官兵就御臺下獻所獲，帝遂慰勞，賜賚諸將鞍馬金帶，以及士卒。諸軍懽騰，鼓舞就列。百姓觀者如山。時久陰曀，暨帝出郊，雲霧解駁，風日開霽。帝遣諭主管殿前司王琪等曰：「前日之教，師律整嚴，人無譁囂，分合應度，朕甚悅之。皆卿等力也。」琪等曰：「此陛下神武之化，六軍恭謹所致。臣願得以此爲陛下剪絶奸宄。」四年十月，殿前司言：❶「相視龍王堂北，江岸以東茅灘一帶平地，可作教場。已脩築將臺，將來三司馬步軍並各全裝，披帶衣甲，執色器械，至日，先赴教場下方營排辦，❷侯駕登臺，聽金鼓起居畢，依資次變陣教閱。所有聖駕出郊，除禁衛外，欲于本司入陣馬軍內摘差護

❶「言」，原作「官」，據《宋史·禮志二十四》改。
❷「方」字，原脱，據《宋史·禮志二十四》補。

聖駕軍八百人騎、弓箭、器械，作十六隊，于儀衛前後引從，各分八隊，隊各五十人，往回沿路，各奏隨軍鼓笛大樂。及摘差本司人教陣隊内諸軍步親隨一千人，❶并統領將官三員，至日，先赴將臺下，各分左右，于後壁周圍留空地三十步，以容禁衛，外作三重環立。」十六日，車駕至灘上。諸軍人馬，前一日于教場東列幕宿營。是日，三衙管軍與各軍統領將佐，導駕乘馬至護聖步軍大教場亭，更御甲冑至灘上。皇帝登臺，三衙起居畢，權主管殿前司王逵奏三司人馬齊，舉黄旗，諸軍呼拜者三。逵奏請從頭教閲，❷中軍鳴角，倒門角旗出營，馬步軍簇隊成，收鼓訖。連三鼓，馬軍上馬，步人擷起旗槍。四鼓，舉白旗，中軍鼓聲旗應，變方陣爲備敵之形。別高一鼓，步軍四向作禦敵之勢，且戰且前，馬軍出陣作戰鬬之勢。別高一鼓，各分歸地分。五鼓，舉黄旗，變圓陣爲自環内固之形。如前節次訖。三鼓，舉赤旗，變鋭陣，諸軍相屬，魚貫斜列，前利後張，爲衝敵之形。亦依前節次訖。王逵奏：「人馬教絶，取旨。」舉青旗，變放教直陣。收鼓訖，一金止。重鼓三，馬軍下馬，步人鋋落旗槍，皆應規矩。帝大悦，犒賞倍之。士卒歡呼謝恩如儀。鳴角聲簇隊訖，放教拽隊。步人分東西引拽，馬軍交頭于御臺下，隨隊呈試驍鋭大刀武藝。繼而進呈車砲、火砲、烟槍。及赭山打圍射生，馬步軍統制官蕭鷓巴以所獲獐鹿等就御臺下進獻，人馬拽絶。皇帝復御常服，乘馬至車子院，宣喚殿前司撥發官馬定遠、侯彦昌

❶「隊」字，原脱，據《宋史・禮志二十四》補。

❷「閲」，《宋史・禮志二十四》無此字。

各賜馬一匹，彦昌仍自準備將特陞副將。進御酒，上謂王逵曰：「今日教閲，進止分合，軍律整肅，皆卿之力也。」逵奏：「陛下神武，四海共知。六師軍容，孰敢不肅！」特賜酒，❶俱以十分，逵奏以軍馬事不敢飲，帝曰：「少飲之。」親減大半，飲畢，謝恩退。又宣問主管侍衛馬軍司李舜舉：「今日按閲之兵，比向時所用之師何如？」舜舉奏曰：「今日所治之兵，皆陛下平時躬親訓練，撫以深恩，賜之重賞，忠勇百倍，非昔日可比。」

蕙田案：乾道二年、四年，凡兩大閲，俱見《兵志》，而《禮志》爲詳。《禮志》所載儀節與序事頗有不同。二年舉白旗、紅旗，軍馬各就圍地作圓形，而其儀則教直、鋭、圓三陣也。二年射生官射獐兔，而其儀則無射生事也。二年獻獲頒賜畢即訖事退，而其儀則於教閲畢後尚有宰執等進御茶御酒諸儀也。至四年，于禁衛外又摘護聖馬軍作引從，而二年及儀並無之。其餘與儀同。蓋四年之閲，較二年特爲詳備。且二年未有茅灘教場，祇就白石行之，廣狹不同耳。

【《孝宗本紀》】乾道六年十二月戊申，大閲。

【《兵志》】乾道中，詔弓箭手元射一石四斗力升加三斗，元射一石力升加五斗，弩手元射四石力升加五斗，元射兩石七斗力升加八斗，進秩推賞有差。宰執進射親賞格，虞允文曰：「拍試以斗力升請給，今用射親定賞，恐不加意斗力。」上曰：「然。他日雖强

---

❶「特」，原作「時」，據《宋會要・禮》九之一五改。

弓弩可以取勝，若止習射親，則斗力不進。此賞格不須行。」

【《孝宗本紀》】七年三月乙亥，詔訓習水軍。五月，遣知閤門事王抃點閱荆襄軍馬。❶淳熙四年春正月戊申，詔自今内外諸軍，歲一閱。庚申，詔沿江諸軍，歲再習水戰。十二月乙亥，大閱。　十年十一月甲戌，幸龍山大閱。

【《兵志》】淳熙間，立槍手及射鐵簾格。上謂輔臣曰：「聞射鐵簾，諸軍鼓躍奮厲。」周必大曰：「兵久不用，此輩無進取，自然氣惰。今陛下激勸告戒，人人皆勝兵。」于是殿前、步軍司諸軍及馬軍舊司弓弩手，射鐵簾合格兵共一千八百四十餘，詔中垛簾弓箭手一石二斗力十箭，❷弩手四石力八箭，依格進兩秩，各賜錢百緡；弓箭手一石力十箭以上，弩手三石力八箭，各進兩秩。詔中外諸軍賞格亦如之。

【《禮志》】慶元元年十月，以在諒闇，令宰執于大教場教閱。

【《寧宗本紀》】慶元二年冬十月甲戌，大閱。嘉泰二年十二月庚寅，大閱。　三年冬十一月丙子，命兩淮諸州以仲冬教閱民兵弓弩手。

【《兵志》】寶慶二年，莫澤言：「州郡禁軍，平時則以防寇盜，有事則以備戎行，實録於朝廷，非州郡可得私役。比年州郡軍政隳廢，吝于廪給，闕額恒多。郡官、主兵官有窠占，寓公有借事，存留者不什一。當教閱時，鈐、總、路分雖號主兵，僅守虚籍，莫敢號召。入教之次，坐作進退，殆同兒戲。守

❶「抃」，原作「檏」，據《宋史·兵志九》改。
❷「詔」，原作「招」，據《宋史·兵志九》改。

臣利虚券不招填，主兵受厚賂改年甲。且一兵請給，歲不下百緡，以小計之，一郡占三百人，是虚費三萬緡也。私役禁軍，素有常憲。守帥闢園池，建第宅，不給餐錢；寓公去城遼絶，類得借兵，擾害鄉閭，近而輔郡至有寓公占四五百兵者。❶良由兵官之權輕，而私占之禁弛也。乞嚴戒監司、守倅等，止許借廂軍，仍不得妨教閲，餘官雖廂軍亦勿借。」

【王圻《續通考》】嘉熙四年閏十二月，閲軍頭司武伎。

淳祐十一年十二月，上諭輔臣曰：「邊事未息，武備當嚴。五兵所先，莫如弧矢。昔种世衡守青澗，日教習射，羌人畏之，其法可以推行。」詔令諸路帥閫守臣，講明區畫，詳議激勸，使各令自衛鄉井，弓弩箭隻，聽從其便。」

【《宋史·度宗本紀》】咸淳元年八月庚辰，命陳奕沿江按閲軍防，賜錢二十萬給用。

【《兵志》】咸淳初，臣僚言：「諸軍統領、統制、正將、副將正欲在軍訓練，閑于武事，一有調用，令下即行，士悉將智，將悉士勇，所向無敵。今江南州郡，沿江制閫置帳前官，專任營運，不爲軍計，實爲家謀，絶無戰陳新功，率從帳前升差。大略一軍僅二三千，而使臣至五六百，以供雜役。」

【王圻《續通考》】淳祐中，董槐知建康府，時軍政弛弗治，乃爲賞三等，以教射。歲餘，盡爲精鋭矣。

【《宋史·度宗本紀》】咸淳二年五月癸丑，詔諸節制將帥討軍實，節浮費，毋占役兵士，致妨訓練。

❶「五」字，原脱，據庫本及《宋史·兵志九》補。

【《兵志》】九年，臣僚言：「比者招募軍兵，一時徒取充數，以覬賞格。涅刺之後，更不教閱。主兵官苦以勞役，日夜罔休，一或少違，即罹囹圄搒掠之酷，❶兵不堪命，而死者逃者接踵也。今請以新招軍分隸諸隊，使之熟紀律，習事藝，或旬或月，上各郡閱試。」蓋弊至于此，而訓練之制大壞矣。

【《禮志》】教閱儀。皇帝至祥曦殿，行門、禁衛等並戎服迎駕常起居。皇帝坐，❷知閤門官以下並戎服常起居，訖。皇帝乘馬出，從駕官從駕，至候潮門外大教場御幄殿下馬，入幄更衣訖，皇帝被金甲出幄，行門、禁衛等迎駕，奏萬福。皇帝乘馬至教場臺下馬，升臺入幄。從駕官、宰執、親王、使相、正任、知閤、御帶、環衛官升臺，於幄殿分東西相向立。管軍並令全裝衣甲。帶御器械執骨朶升臺，于幄殿稍南面西立，俟入內官喝排立。皇帝出幄，行門、禁衛等迎駕，奏萬福。皇帝出，❸閤門分引殿前馬步三司統制、統領官常起居訖。次三司將佐以下，聽鼓聲常起居。次殿帥執骨朶赴御座前，奏教直陣。俟教閱畢，再赴御座前奏教圓陣。俟教閱畢，再赴御座前奏教鋭陣。俟教閱畢，再赴御座前奏教閱畢，歸侍立。內侍傳旨與殿前太尉某，諸軍謝恩承旨訖，轉與撥發官引三司統制、統領、將佐再拜謝恩訖，各歸本軍。皇帝起，入幄更衣訖，皇帝出幄。皇帝座，舍人引宰執墩後立，俟進御茶牀。舍人贊就坐，宰執躬身應喏訖，直身立，就坐。進第一盞酒，起立墩後，俟皇帝

❶「罹」，原作「羅」，據庫本及《宋史·兵志九》改。
❷「坐」，原作「至」，據《宋會要·禮》九之一六改。
❸「出」，校點本《宋史·禮志二十四》校勘記：「疑當作『坐』。」

飲酒訖，舍人贊就坐，躬身應喏訖，直身立。❶ 俟宰執酒至，接盞飲酒訖，盞付殿侍。次舍人贊食，並如儀。至第四盞，傳旨宣勸訖，御藥傳旨不拜，舍人承旨贊不拜，贊就坐。第五盞宣勸如第四盞儀。酒食畢，舉御茶牀。舍人分引宰執于幄殿重行立，御藥傳旨不拜，舍人承旨訖，揖宰執躬身贊不拜，各祇候直身立，降踏道歸幕次。皇帝起，乘馬至車子院下馬。皇帝出幄，至車子院門樓上，出賜親王酒，再拜謝訖；次賜使相、正任並管軍、知閤、御帶、環衛官酒訖；逐班再拜謝，訖，依舊相向立。❷ 次親王執盞進皇帝酒，皇帝飲酒訖，一班再拜謝，訖；俟皇帝觀畢，起，降車子院門樓歸幄。親王以下退。皇帝乘馬出車子院門，行門、禁衛等迎駕奏萬福。皇帝乘馬至候潮門外大教場，應從駕官並戎服乘馬從駕回。皇帝乘馬入和寧門，至祥曦殿上下馬還宫。

【《乾淳御教記》】大閲先一日，諸軍人馬金裝執色，于教場東布列軍幕宿營。至日，殿前、馬步諸軍先赴教場下方營，并親隨軍排列將壇之後。質明，三衙管軍官並金裝從駕。上自祥曦殿戎服乘馬，太子、親王、宰執、近臣並戎服乘馬，以從護聖駕。馬軍八百騎，分執鎗旗、弓矢、軍器。前後奏隨軍番部大樂。等駕入教場，升幄殿，殿帥執撾躬身奏：「諸司人馬排立齊。」舉黄旗，招諸軍向御殿敲梆子。❸ 一鼓唱喏，一鼓呼萬歲，再一鼓又呼萬歲，疊鼓呼萬萬歲，又一鼓唱喏。殿帥奏取聖旨，鳴角發嚴。上御

❶「立」字，原脱，據《宋史·禮志二十四》補。
❷「相」字，原脱，據《宋史·禮志二十四》補。
❸「敲」字，原脱，據《知不足齋叢書》本《武林舊事》卷二《御教》補。

金裝甲冑，登將壇幄殿，鳴角戒嚴。殿帥奏取聖旨，馬步軍整隊成屯，以備教戰。連三鼓，馬軍上馬，步軍起旗槍，分東西爲應敵之勢。舉白旗，教方陣，黄旗變圓陣，皂旗變曲陣，青旗變直陣，緋旗變鋭陣，緋心皂旗作長蛇陣，緋心白旗作伏虎陣。殿帥奏取聖旨。兩陣各遣勇將挑戰，變八圓陣。疊鼓舉旗，左馬軍戰右步軍，右馬軍戰左步軍。再疊鼓交旗，擊刺混戰。三疊金，分陣大勢，馬軍四面大戰。三疊金分陣。殿帥奏「教陣訖，取旨」。人馬排列，當頭鳴角簇隊，以俟放教。諸軍呈大刀、車砲、煙槍諸色武藝。御前傳宣撫諭將士。射生官進獻獐鹿。上更戎服，賜宰臣已下對御酒五行。殿帥奏取旨謝恩如前。唱喏訖，駕出教場。

蕙田案：南宋自慶元、嘉泰以後，禁衛之訓練，猶間行之，而外郡之兵，多爲州軍官所占役，謂之軍匠，甚至雕鏤組繡、攻金設色之事，皆兵爲之。蓋光、寧怠廢，重以韓、賈諸姦，姑息之習成，虛糜之政煩也。

右宋。

【《遼史·太宗本紀》】天顯元年十二月甲辰，閱旗鼓。三年春正月己酉，❶閱北尅兵籍。庚戌，閱南尅兵籍。丁巳，閱皮室、拽剌、墨離三軍。四年冬十月甲辰，幸諸營，閱軍籍。庚戌，以雲中郡縣未平，大閱六軍。會同三年五月戊子，閱騎兵于南郊。六月丙申，閱步卒于南郊。七年十二月癸卯，南伐。甲子，次古北口。閏月己巳，閱諸道兵于温榆河。九年八月，自將南伐。九月壬辰，閱諸道兵于漁陽西棗林淀。

❶「三」，原作「二」，據《遼史·太宗本紀》改。

【《聖宗本紀》】統和元年冬十月，上將征高麗，親閱東京留守耶律末只所總兵馬。三年七月丁卯，遣使閱東京諸軍兵器及東征道路。　四年十一月癸酉，❶御正殿，大勞南征將校。丙子，南伐，次狹底堝，皇太后親閱輜重兵甲。　十四年冬十月丙辰，命劉遂教南京神武軍士劍法，賜袍帶錦幣。

【《興宗本紀》】重熙四年十二月癸丑，詔諸軍砲弩弓劍手以時閱習。

【《道宗本紀》】壽隆元年九月丙辰，詔西京砲人、弩人教西北路漢軍。

蕙田案：《遼史·兵衛志》初分迭剌部爲二，又分屬珊軍、皮室軍，此御帳親軍也。各宮有正丁、轉丁、騎軍，各京有提轄司，此宮衛騎軍也。親王、大臣所置私甲，則大首領部族軍及衆部族軍也。此皆屬禁衛。至五京鄉丁，則分屬州縣者矣。其校閱之事，祇見於本紀而志不及，以今推之，本紀所載國主自臨閱者，皆禁衛之軍。其宮衛騎軍，當使提轄司臨閱；首領部族軍，當使招討司、統軍司、部署司、兵馬司臨閱也。

【《金史·太宗本紀》】天會三年八月壬子，詔有司揀閱善射勇健之士以備宋。

【王圻《續通考》】天會三年十月，詔分遣鶻沙虎等十三人閱諸路丁壯，❷調赴軍。

【《金史·世宗本紀》】大定二十二年三月，命尚書省申敕西北路招討司勒猛安謀克官督部人習武備。　二十六年十月庚寅，❸上

❶「一」，原作「二」，據《遼史·聖宗本紀》改。
❷「人」，原漫漶不清，據庫本及《續通考》卷一六四補。
❸「十」，原作「九」，據《金史·世宗本紀下》改。

謂宰臣曰：「西南、西北兩路招討司地隘，猛安人户無處圍獵，不能閑習騎射。委各猛安謀克官依時教練，其弛慢過期及不親監視，並決罰之。」

【《章宗本紀》】明昌六年五月乙巳，詔諸路猛安謀克農隙講武，本路提刑司察其惰者罰之。

承安三年正月丁巳，併上京、東京兩路提刑司爲一，提刑使、副兼安撫使、副，安撫專掌教習武事，毋令改其本俗。

【王圻《續通考》】承安四年九月，詔訓練軍士。

【《金史・宣宗本紀》】貞祐三年三月丙寅，敕河東、河北大名長貳官訓練隨處義兵，隣境有警，責其救援。

興定二年六月甲辰，樞密院言：「諸路表稱大元集兵應州、飛狐，將分道南下，觀其意不在河北而在陝西。河東各路義士、土兵、蕃漢弓箭手，宜于農隙教閲，以備緩急。」

蕙田案：金《兵志》諸部長爲孛堇，千夫長爲猛安，百夫長爲謀克。天會二年，罷是制。凡諸部降人，但置長吏，以下從漢官之號。燕山八路民兵隸諸萬户。蓋金之初起，將志一而兵力齊，其時校閲訓練之制，史志無文，殆不教而自精也。明、章以下，襍用漢制，兵之訓練，大約責成於招討、安撫二司矣。

【《元史・兵志》】至元九年正月，河南省請益兵，敕諸路僉軍三萬。詔元帥府、統軍司、總管萬户府閲實軍籍。

【《世祖本紀》】至元十六年十一月戊子，命湖北道宣慰使劉深教練鄂州、漢陽新附水軍。二十二年十二月己亥，江淮行省以戰船千艘習水戰江中。　二十五年六月乙丑，詔蒙古人總漢軍，閱習水戰。

【《成宗本紀》】大德五年十一月丁未，選六衛扈從漢軍習武事，❶仍禁萬户以下毋令私代，犯者斷罪有差。

【《仁宗本紀》】至大四年冬十月壬辰，敕諸衛漢軍練習武事。

皇慶元年夏四月庚午，命浙東都元帥鄭祐同江浙軍官教練水軍。

延祐元年十月，監察御史言：「乞命樞密院設法教練士卒，一應軍官襲職者，試以武事而後任之。」詔曰：「可。」

【《英宗本紀》】延祐七年十一月，遣使閱實各行省戍兵。

至治三年春正月，遣回回砲手萬户赴汝寧、新蔡，遵世祖舊制，教習砲法。

【《泰定帝本紀》】泰定三年八月乙亥，遣乃馬台簡閱邊兵。十一月，御史言：「比年營繕，以衛軍供役，廢武事不講。請遵世祖舊制，教習五衛親軍，以備扈從。」不報。　四年二月，詔同僉樞密院事燕帖木兒教閱諸衛軍。

蕙田案：《元史·兵志》國初典兵之官，長萬夫者爲萬户，千夫者爲千户，百夫者爲百户。世祖脩官制，内立五衛，以總宿衛諸軍，衛設親軍都指揮使；外則萬户之下置總管，千户之下置總把，百户之下置彈壓，立樞密院以總之。遇方面有警，則置行樞密院，事已則廢，而移都鎮撫司屬行省。以上皆軍官也。然其校閲之事則不專於以上諸官。其在外則

❶「衛」，原作「御」，據校點本《元史·成宗本紀三》改。

令元帥府統軍司主之，或宣慰使，或都元帥；其在內或特遣人，如泰定三年之遣乃馬台，四年之遣燕帖木兒是也。此正當日內外相維，文武相制之深意。

右遼金元。

【王圻《續通考》】明太祖吳元年春三月，大閱。時張士誠據兩淮未下，太祖議征討，遂揀將士，更制編伍，命鎮撫居明領之。分隊習戰，勝者賞銀十兩，其傷而不退者亦稱勇敢士，賞銀有差。因諭之曰：「刀不素持，必致血指。舟不素操，必致傾業。弓馬不善習而欲攻戰，未有不敗者。吾故令汝等練之。汝等勇健若此，臨敵何憂不克，爵賞富貴，惟有功者得之。」又謂起居注詹同曰：「兵不貴多而貴精。多而不精，徒累行陣。」近來軍中募兵多有冗濫，故特戒之，冀得精鋭，庶幾有用也。初，定鼎金陵，置五軍營，設大教場，在都城外南二里，小教場在國子監之右，望皇城迤西。

【《大政紀》】洪武六年正月壬子，命吉安侯陸仲亨偕大同都督何文輝往北平練兵防禦。戊午，命中書省臣同大都督府、御史臺、六部議教練軍士律。

【《明會典》】凡操練，洪武六年定《操練軍士律》：騎卒必善馳射及鎗刀，步兵必善弓弩及鎗。凡射，十二箭內，六箭遠可到近可中，爲試中。遠可到，將士以一百六十步，軍士以一百二十步；近可中，以五十步。凡射弩，每用十二箭內，五箭遠可到，蹶張以八十步，划車以六十步。凡用鎗，以進退習熟爲試中。凡在京衛所，每一衛以五千人爲則，內取一千人，令所管指揮、千百户總、小旗領赴御前試驗，餘以次輪班。在外都司衛所，每衛五千人，取一千人，令千百户總、小旗領赴京師，一體驗試，餘以次輪班。其所試軍士，如騎卒騎射便熟，善鎗刀，步軍善弓弩及鎗者，所管指揮、千百户總、小旗各以其能受賞，不中者降罰。軍士中者受賞，不中者亦給錢六百文爲道里費。指揮所管軍士一千人内三百人至四百人不中者，住俸四箇月；四百至五百人不中者，住俸半年；五百人至六百人不中者，住俸十箇月；六百人至七百人不中者，住俸一年；七百人以上不中者，指揮使降同知，同知降僉事，僉事降千户。千户所管軍士一千人内二百人至四百人不中者，住俸半年；四百人至六百人不中者，住俸一年；六百人以上不中者，降百户。百户所管軍士一百人内二十人至四十人不中者，住俸半年；四十人至六十人不中者，住俸一年；六十人以上不中，降充總旗。總旗所管五十人内二十五人以上不中，小旗所管十人内五人以上不中者，皆降爲軍。在京衛所發廣西南寧、柳州守禦，在外衛所，北方者發南烟瘴地方，南方者發迤北極邊衛分守禦。各都指揮使司所試軍士四分以上不中者，住俸一年；六分以上不中者，都指揮罷職。

蕙田案：此校閲律令格式。

【《大政紀》】洪武十年正月，命都督僉事藍玉練兵東昌。十一年正月，命信國公湯和率列侯韓政、郭興、俞通源、黄彬練兵臨清，以聽調遣。

【《明史·兵志》】洪武十六年，令天下衛所善射者十選一，於農隙分番赴京較閲，以優劣爲千百户賞罰。邊軍本衛較射。

【《太祖本紀》】二十年二月壬午，閲武。

【《兵志》】洪武二十年，命衛士習射於午門丹墀。明年復令：「天下衞所馬步軍士，各分十班，將弁以蔭敘久次陞者統之，冬月至京閲試。指揮、千百户，年深、慣戰及屯田者免。」明年，詔五軍府：「比試軍士分三等賞鈔，又各給鈔三錠爲路費，不中者亦給之。明年再試不如式，軍移戍雲南，官謫從征，總、小旗降爲軍。武臣子弟襲職，試騎步射不中程，❶令還衞，與半俸。二年後仍試如故者，亦降爲軍。」

【《太祖本紀》】二十四年五月戊戌，漢、衞、谷、慶、寧、岷六王練兵臨清。　二十五年二月戊午，靖寧侯葉昇等練兵於河南及臨、鞏。　閏月戊戌，馮勝爲總兵官，傅友德副之，練兵山西、河南。　二十六年三月辛亥，長興侯耿炳文練兵陝西。　三十年秋八月甲午，李景隆爲征虜大將軍，練兵河南。

【王圻《續通考》】初立大小教場，以練五軍將士。永樂初，既有五軍，又有三千營以司寶纛令旗，神機營以司神鎗火器，是爲三大營。各營管操者曰提督，各哨分管官曰坐司，俱奏請于公侯伯、都督、都指揮内推選。❷永樂間，始間用内臣，而神機火器則特命内臣監之，曰監鎗。又有掌號、把總、把司、把牌等官，❸皆于都指揮内推選。又京營之制，主訓練在京官軍。永樂遷都，又于中都、大寧、山東、河南附近衞所摘撥官軍，輪班上操，以内衞京師，外備四方征伐云。

五軍營，曰中軍，曰左掖，曰右掖，曰左哨，

❶「騎步」，原漫漶不清，據庫本及《明史·兵志》補。
❷「俱」下，《續通考》卷一六四有「本部」二字。
❸「把」字，原脱，據《續通考》卷一六四補。

曰右哨。管操練京衛及中都留守司、山東、河南、大寧三都司，各衛輪班。馬步官軍又有十二營，❶管隨駕擺列馬隊官軍；圍子手營，管操練上直叉刀手及京衛步隊官軍；幼官舍人營，管操練京衛幼官及應襲舍人；殫忠効義營，管操練京衛報効舍人。餘丁皆五軍之支分也。永樂初，始以龍旗、寶纛、勇字旗、負御寶及兵仗局什物等件上直官軍。一，管左右二十隊勇字旗、大駕旗纛金鼓等件上直官軍。一，管傳令旗令牌，御用監盔甲、尚冠、尚衣、尚履什物等件上直官軍。一，管執大駕勇字旗、五軍紅盔貼直官軍。一，管殺虎手、馬轎及前哨馬營上直明甲官軍，又有隨侍營隨侍東宮官舍、遼東備禦回還官軍。此則三千營之支分也。後永樂間，因征交趾，得其神機火箭之法，遂立神機營，亦設中軍、左掖、右掖、左哨、右哨，各有坐營、把司、把牌等官，管操演神銃神砲等項火器。又有五千下者，因得都督譚廣馬五千匹，今謂之譚家馬者即此，亦另置坐營、把司等官統之。此則神機營之支分也。

【《明史・兵志》】文皇即位，五駕北征，六師嘗自較閱。又嘗敕秦、晉、周、肅諸王，各選護衛軍五千，命官督赴真定操練，陝西、甘肅、寧夏、大同、遼東諸守將，及中都留守、河南等都司，徐、宿等衛，遣將統馬步軍分駐真定、德州操練，候赴京閲視。

蕙田案：永樂中，選步騎兵，遣能幹指揮、千户、百户統領赴京閲視，此京操與輪操並重之始也。考《大事記》於正史所舉諸處外，尚有陝西守

❶「官」字，原脱，據《續通考》卷一六四補。

將，山東、山西、陝西都司，淮邳、淮安、揚州、武平、歸德、睢陽、潼關諸衛，較正史更詳備。

【《大政紀》】永樂八年二月丁巳，駐蹕宣府，閲武營内。癸亥，命鎮守大同江陰侯吴高操練山西大同、天城、陽和等處軍馬，整理城池，節制山西都司、行都司及太原三護衛官軍。甲子，駐蹕興和，閲武營外。上指揮將士坐作進退，折旋無不如旨。十二年三月庚寅，車駕發北京。四月甲辰朔，駐蹕興和。己酉，大閲軍士于沙城。五月癸酉朔，駐蹕楊林戍，大閲武。

【《明會典》】凡行軍號令。永樂十二年令：凡交鋒之際，突入賊陣、透出其背、殺敗賊衆者，敢勇入陣、斬將搴旗者，本隊已敗賊衆、别隊勝負未決而能救援克敵者，受命能任其事、出奇破賊成功者，皆爲奇功。齊力進前首先敗賊者，前隊交鋒未決後隊向前殺敗賊衆者，皆爲頭功。凡建立奇功、頭功者，其親管頭目即爲報知，妄報者治以重罪。

行營及下營之時，擒獲奸細者，陞賞准頭功。哨馬生擒寇賊一人者，賞銀三十兩，斬首一級者二十兩。

凡行營之時，遇有鞍馬衣服器械不同者，衣甲器械相同而喝問答號不同者，皆即擒之。來降寇賊所攜人口財畜分毫不許侵犯，即時來報。

凡與賊對陣，須齊力殺賊，不許聚爲一處，掣拽空缺。如力不能支，不能決勝，無勇無謀，及不盡力殺賊者，全伍皆斬。

凡隊伍已定，不許馬軍入步隊，步軍入馬隊，違者重罪。如臨陣混戰，失其本隊，插入别隊者，不拘。

凡殺敗寇賊，須盡力進勦，不許搶掠人畜財物，違者重罪。如所乘馬困乏，許以所擒賊馬換乘。

凡對敵之際，一隊遞看一隊，有不齊力前進者，戰勝之後，連隊之人首告，治以重罪，容情不首告者，罪同。

凡管軍頭目，須愛恤軍士。軍士亦聽令，❶不許怠慢。如伍中有一人不在，小旗報總旗，總旗報百户，以次報至總兵官，總兵官奏知。從征官軍有在逃者，斬。該管頭目不報者，重罪。

凡軍士須人馬相應，不許以輭弱不堪者插入隊伍。如人壯馬弱，或馬壯人弱者，許弱者以馬與壯者。若自己有馬，臨戰之際，能借與驍勇者殺賊有功，許借馬人分賞，不願分者聽。其戰馬臨敵許騎，無事騎者，治罪。各營馬驢，須愛恤馱載，該管官時常點閱，有故違及將軍器拋失或盜賣者，俱重罪。

凡軍士行糧，該管官旗時行點閱，有過用及遺棄者，并該管頭目皆斬。

凡軍行及下營之時，須各認隊伍，不許擅離及雜入別營別隊，違者併該管頭目俱重罪。

凡夜行相遇，即喝問，有答號不得者，擒送辨驗。果是奸細，照例陞賞。故不答號，及見而不擒者，事覺，俱治以重罪。

凡軍中遇夜，以各樣大小銅角笛聲爲號，不許聲音相同。各聽號聲，識認隊伍，不許叫營，違者論罪。但夜間有喧譁者，即問所起之處及左右應聲之人，與該管頭目，皆治以重罪。

凡行營，須待大營旗纛起行，或聽駕前銅角

❶「軍士」二字，原脱，據《明會典》卷一一一補。

聲，各營方許起行。每日下營，量撥步軍或五隊十隊，馬軍五隊或三四隊，步軍披甲，馬軍不摘鞍，伺候長圍及架砲者布列已定，方許入營休息。有盜人衣糧諸物及盜驢馬宰殺，并檢括隱藏人遺失物者，俱斬。知情首實者給賞，❶知而不首者同罪。若收得馬驢騾埰者，即送該軍，轉送大營，召人識認。如有遺失，被後哨官軍收獲者，收後官治以重罪。

凡各營有失火者，即是與賊遞送消息，并該管頭目俱重罪。其每日行營，不許在途炊飯，違者并本管頭目皆斬。下營掘井，必令人監守，不許作踐及占藏自用。

凡軍中有病者，管隊官旗，即令醫療，掌藥料官及醫士，常加巡視，不許勒取財物，違者重罪。

凡長圍及坐冷者，須晝夜關防。各營架砲者，務依方瞭望。有灰塵揚起，人馬往來，若聞哨馬營及四面砲響，即時傳報。其管事官，遇有事隨即飛報，不許頃刻遲慢。

凡掠陣官，臨敵時視有畏避退後者即斬之，紀功過官遇有功者即紀之，有過者即録之，以憑賞罰。

凡臨陣，令內官持象牙牌，視有勇敢當先殺賊能立奇功頭功者，即與牙牌收執，徑赴大營，給與勘合，以憑陞賞。

凡軍中有妄談災異及妖言，或漏洩軍機者，皆斬。知情不首者，罪同。首實者重賞。

凡見鹿及野馬、黃羊諸物驚走，突入營伍，及望見塵起，及旋風揚沙，野獸騰踏，及見死馬牛羊，與牛羊駝馬遺穢蹤跡，或拾得一應物件，若男女衣服首飾并文字等項，不論

❶「首實」，原倒，據《明會典》卷一一一乙正。

久近，隨即報知。

凡軍行在道，不許圍獵。或遠望似馬非馬，似鹿非鹿，似人非人，白日見烟，入夜見火，不論是非即報。

凡功次，務須實報，有虚誑者重罪。所報實者，給與勘合。無勘合者，不准陞賞。

凡號令，總兵官告都指揮，都指揮告指揮，指揮告千户，千户告百户，百户告總旗，總旗告小旗，小旗告軍士，務令遵守。

蕙田案：此申明行軍號令。

【《明史·成祖本紀》】永樂二十年夏四月乙卯，次雲州，大閲。五月乙丑，獵于偏嶺。丁卯，大閲。辛未，次西涼亭。壬申，大閲。　二十一年秋七月戊申，次宣府。八月己酉，大閲。　二十二年三月戊寅，大閲。

【《仁宗本紀》】永樂二十二年十一月乙亥，始命近畿諸衛官軍更番詣京師操練。

【《宣宗本紀》】宣德元年春正月己未，遣侍郎黄宗載十五人清理天下軍伍。後遣使，著爲令。

【《明會典》】凡輪操，宣德元年調河南、山東、大寧都司、中都留守司，直隸、淮揚等衛及宣府軍士至京操備，令每歲輪班往來。

【《明通紀》】宣德三年八月，車駕巡邊閲武。　四年七月，上巡邊，校獵閲武。尋還京。

【《大政紀》】正統元年十月望，車駕閲武于將臺。上命諸將騎射，以三矢爲率。受命者萬餘。　十一年十月，閲武近郊。

【《明史·英宗前紀》】正統十四年六月戊寅，平鄉伯陳懷，駙馬都尉井源，都督王貴、吴克勤，太監林壽，分練京軍於大同、宣府。

【《明會典》】正統十四年，令外衛輪班京操者，前班三月還，八月到。後班八月還，次年三月到。河南、山東、北直隸强壯官軍皆隸前班。

蕙田案：洪武之際，國勢草創，其練兵也，皆因出師征討，而無事之時，未有定式。永樂有定式矣，然天子自行大閱者，亦爲命將出師，或親征行之也。仁、宣之世亦然。景泰以後，因土木之變，國家多故，特重京操。隆、萬以還，操練更頻數矣，然兵反不如洪武者，戚繼光所謂但練「花法」，與陣上所用全不相涉耳。

【《明史·景帝本紀》】景泰三年十二月癸巳，始立團營。太監阮讓、都督楊俊等分統之，聽于謙、石亨、太監劉永誠、曹吉祥節制。

【王圻《續通考》】明景泰三年，始立京營團操法。先是，京軍分立三大營，及土木變後，卒伍耗弱，屬邊報時警，京師戒嚴。兵部尚書于謙建議云：「此三營不相統一，每遇調遣選摘，號令不同，兵將不相識，或因而誤事。請揀選諸營五步官軍一十五萬，分爲十營團操，以備警急。是團營每營官軍一萬五千員名，各以都督領之。每兵五千，用都指揮一員。十營，共指揮三十員。每營中每千用都指揮或指揮一員，共十五員。指總共五百名分管。每隊用管隊官二員。又命兵部尚書或都御史一員提督之。嘗令在營操練，統體相維，兵將相識，出征就令原都督等統領前去，庶號令歸一，而行伍不亂。」制曰：「可。」

成化三年，始立十二團營法。時議抽選京衛伉健八萬，外衛八萬，外衛者分二班，每班四萬，連京衛共十二萬，分爲十二營，曰奮武，曰耀武，曰練武，曰顯武，曰敢勇，曰果勇，曰效勇，曰鼓勇，曰立威，曰伸威，曰揚威，曰振威，是爲十二團營。而三大營官軍之數不與焉。每營各分。❶ 五軍、三千、神機三營，五軍營管内外馬步官軍，三千營管内外馬隊官軍，神機營管内外步隊官軍。每營各設坐營、把總等官統之。若遇出征，即量調而行。三大營所揀存老弱者，名曰老家兒，專備營造差撥等用。十二團營，益以北直隸各衛，曰京衛。及山東、河南、江北各都司衛所精兵，曰外衛。并三大營兵，共二十五萬。實之分爲春秋二班團操聽征，十二營之制又自此始。

【《大政紀》】成化三年四月，復十二團營，命太子少保、兵部尚書白圭，不妨部事，提督操練。

【《明通紀》】成化九年十月，上閲武于内苑。公侯而下皆騎射，英國公張懋三發連中，上大喜，錫鈔千貫，白金五十兩，金帶一束，尋命掌中軍都督府事，提督五軍營。

弘治十五年春，發保定京操軍回衛團操。先是，上欲于附近地方團操人馬，以爲京師左右掖。以問劉大夏，對曰：「京西保定府地方獨設都司，統五衛，仰思祖宗，恐亦是此意。」未幾，一御史陳言，奏將保定兩班一萬餘人回衛團練。奏入，上可之。遂敕都指揮戴儀往任其事。乃有造飛語帖子于宮門以誣大夏。上曰：「宮門豈外人可到，必此曹忿不得私役此軍者所爲耳。」

【王圻《續通考》】嘉靖十四年，設池河演武場，在定遠縣東二十里。時雖遷都于北，而在南兵衛不廢，且練習以時，皆轄于兵部及操江都御史，蓋以重根本而飭江防云。

十五年，都御史兼提督團營王廷相上疏

❶「每營各分」下，疑有脱文。

云：「即今團營内外官軍雖有十二萬之數，而京衛撥去捕盗已五千六百員名，外衛撥去各處做工及拽木等項常不下二萬有零，雖云暫時借用，而營伍經年空缺。其見操者中間，老弱疲羸，不能執弓習藝者甚衆。校閲之際，已不堪觀，脱有緊急邊情調遣，又安望其投石超距，奮勇以禦敵哉！又團營軍士，派之雜差，撥之做工，留之拽木，終歲不得入操。困苦以勞其身，而敵愾之氣縮；畚鍤以奪其習，而弓馬之藝疎。雖有團營聽征之名，實與田畝常耕之夫無異。是不能養其氣于未戰之先。又軍士替役之難，緣吏胥需索重賄，貧軍不能辦此，是以終年累月，老弱在營，苟且應役，而精壯子弟，不得收練。是當革其弊于搭補之時。又三大營挑選精壯以聽征，有等富貴奸猾之徒，懼營操出征之苦，賄該管人員，僞爲不堪之數揀存本營，其貧者不能營幹，常川操練。是當革三大營買差之弊。由斯三者，軍士之所以不精力也。」

丙申，詔改大興隆寺爲講武堂。先是，兵部以爲言，上諭輔臣改之。又諭禮部尚書夏言曰：「雖是兵事，係典禮，卿部裏可具奏來。」言奏曰：「《周禮》大司馬，每遇仲月，因時教武，惟冬農隙，則大閲之。在漢有會都平樂觀之講，唐有都外驪山之講，宋有近郊西郊之講。歷代之典，雖各不同，然倣古周制，思患預防，蓋未始有二也。太祖高皇帝經理淮甸，親閲試將士。太宗文皇帝靖難之後，亦時加簡練。是以國初名將疊出，類皆文武兼資，韜略素習，威震沙漠，策勳闕庭，漢、唐、宋以來所未有也。及今百七十餘年，承平日久，武備漸弛，將驕卒惰，幾不知兵，宜有足廑聖慮者，講武事誠不可緩。」上嘉納之。言因條三事以進，一曰專教將領，一曰尊崇廟祀，一曰時加懲勸。

【《大政紀》】隆慶二年八月，大學士張居正疏陳六事，一飭武備：「今議者皆曰『兵不多，食不足，將帥不得其人』。臣以爲，此三者皆不足患也。夫兵不患少而患弱，今軍伍雖缺，而糧籍具存，若能按籍徵求，清查影占，隨宜募補，著實訓練，何患無兵？捐無用不急之費，併其才力以撫養鬬戰之士，何患無財？懸重賞以勸有功，寬文法以伸將權，則忠勇之夫，孰不思奮，又何患于無將？臣之所患，特患於無奮勵激發之志耳。故願皇上，急先自治之圖，堅定必爲之志，屬任謀臣，脩舉實政，不求近功，不忘有事，熟計而審行之，不出五年，敵可圖矣。至于目前自守之策，莫要于選擇邊吏，團操鄉兵，併守墩堡，令民收保，時簡精鋭，出其空虛以制之。即敵入犯，亦可不至大失。又考之古禮及我祖宗故事，俱有大閲之禮，以習武事而戒不虞。今京城内外，守備單弱，臣嘗以爲憂。伏乞敕下戎政大臣，申嚴軍政，設法訓練。每歲或間歲，季冬農隙之時，恭請聖駕，親臨校閲，一以試將官之能否，一以觀軍士之勇怯，注意武備，整飭戎事，亦足以伐狂寇之謀，銷未萌之患，誠轉弱爲强之一機也。」疏入，上曰：「覽卿奏，皆深切時務，具見謀國忠懇，該部院看議以聞。❶」

兵部議覆飭武備事宜。其一議兵。祖宗朝，九邊兵以百萬計，今尚存六十萬有奇。其逃者若能設法請補，原額亦可盡復。至于團練之法，當令各邊選編見在軍士，五人

❶「院」字，原脱，據《大政紀》卷二一五補。

爲伍，五伍爲一隊，各立之長，長各擇教師，教以武藝。

其一議食。冗兵汰，則冒替之糧減；主兵練，則客兵之餉省。我兵能戰，而敵一遭衄，則數年不擾，而行糧可免。敵既遠遁，則我之威力能制屬裔之死命，而撫賞亦可罷。是足食之方，已寓于練兵之中矣。至于興屯監以復本色，視豐儉以爲折支，又在户部酌議施行。

其一議將。將才難得，亦難任。今邊臣不肯效死者，弊在操切太過，爵賞太輕。請令督撫、兵備官，一切閫外之務，悉聽總兵而下自擇進止，不得拘以文法。

其一議選擇邊吏。各邊守令，務得真才。

其一議團練鄉兵。凡沿邊郡縣，不分城市村堡，軍餘民舍，皆列爲鄉兵，如邊軍隊伍之制。各不妨農，務隨時訓習，遇有寇警，移檄郡縣，轉相告諭，各率鄉兵，乘機防守。賊退而鄉兵有斬獲者，仍照軍例陞賞。雖無斬獲而防守無失者，亦量犒之。

其一議守城堡。寇賊臨牆，不能拒之邊外，則當急入收堡。而邊内城堡，又不能盡守，則當擇適中之處，將附近小堡併入大堡，脩城浚濠，務得堅固。其軍民有自願包磚者聽，亦量助之。

其一議整飭京營。祖宗設立京營，屯兵數十萬，歲久逃亡者衆。見存僅九萬餘人，中又多四方竄籍之人。有以一人而應三五役者。即春秋操演，亦虛文耳。今宜盡數報册，有名者行衛查補，無名者發單清勾。兵數既足，仍行戎政，大臣從實操練，季冬會同巡視科道官，視勤惰以聞。至于大閲之禮，宣宗嘗行之兔兒山，英宗嘗行之北郊，又嘗行之西苑。望自隆慶二年爲始，于季冬農隙之候，恭請聖駕，親臨校閲，一以甄别將官，驗其教練之多寡，以爲黜陟之次第；一以考校軍士，視其技藝之高下，以爲賞賚之等差。但有老弱，即行汰易。上曰：「然。大閲既祖宗成憲，允宜脩舉。兵部宜與戎政官先期整飭，俟明年八月内來聞。餘悉如議。」

【《明會典》】隆慶二年，題准大閲儀注。先一日，預告於内殿，用告詞，行四拜禮，如出郊常儀。是日，司禮監設御幄于將臺上，總協戎政大臣、巡視科道官督率將領軍兵預肅教場内外。

至日，早，遣官於教場内祭旗纛之神。三大營官軍俱各披戴，陳旌旗器械于本營擺列，仍選撥將官四員統領有馬戰兵二十名于長安左門外伺候扈駕。❶文職各堂上官，六科十三道掌印官并禮科、兵科、禮部儀制司、兵部四司官及糾儀官、監射御史、鴻臚寺供事官，武職除應該操閲外，其餘都督以上并錦衣衛堂上及南鎮撫司掌印僉書官，各具大紅便服，關領扈從，牙牌懸帶，俱詣教場伺候。

一是日免朝。錦衣衛備鹵簿駕，設輦于皇極門下。上常服乘輦由長安左門出，扈駕官軍，前後導從，鉦鼓響器振作。從安定門出，至閲武門外。總協戎政官率領大小將佐官戎服跪迎，候駕過方起，隨入將臺下，北向序立。駕進閲武門，内中軍舉號砲三，各營鉦鼓響器振作，扈從官序立于行宮門外迎駕。上到行宮門，降輦。兵部官導上入行宮，鳴金止鼓，候上升座。扈從官行一拜叩頭禮，傳賜酒飯。各官仍叩頭謝恩畢，

❶「十」，《明會典》卷一三四作「千」。

即退出，於將臺下東面序立。❶兵部官跪奏請登臺大閱。兵部、鴻臚寺官導上登臺，陞御幄，舉號砲三。鴻臚寺官跪奏京營將士叩頭，贊一拜叩頭禮畢，分東西侍立。總協戎政官列于扈從官之北，其餘將佐列於扈從官之南。

兵部尚書跪奏，請令各營整搠人馬。承旨畢，將臺上吹號笛，麾黄旗，總協戎政官、指揮、副、參、遊、佐等官各歸所部整搠人馬。兵部尚書跪奏請閱陣，號砲三。馬步官軍演陣，悉如常法。演畢，將臺上吹號笛，麾黄旗，各將官軍士俱各回營。少頃，兵部尚書跪奏請閱射。總協戎政官、指揮、副、遊、參、佐、坐營、號頭、中軍、千總等官，及聽射公、侯、駙馬、伯、錦衣衛等官，俱於將臺下比較射藝。馬上人各三箭，步下人各六箭，中的者鳴鼓以報，用御史二員、兵部司官二員監視紀録。其餘把總以下及家丁、軍士射箭，以府部大臣并御史及兵部司官各四員於東西廳分投校閱，一體紀録。其刀鎗火器等藝，聽總協戎政官各量取一隊，於御前呈驗。訖，兵部尚書跪奏大閱畢，將臺上舉號旗，總協戎政官及大小將領俱詣將臺下，北向序立。鴻臚寺官奏傳制，贊跪。各官皆跪，鴻臚寺官宣制訖，贊叩頭，各官叩頭訖，先退出閱武門外伺候，仍贊扈從官行叩頭禮。訖，鴻臚寺官奏禮畢，上回行宫少憩，扈從官趨至閱武門内序立，伺候送駕。上陞輦，中軍舉號砲三，各營鼓吹齊鳴，鹵簿及馬戰兵導從如來儀，鉦鼓響器與大樂相應振作。總協戎政以下官候駕至，跪叩頭，退。馬戰兵至長安左門外止。鹵簿、大

❶「面」，《續通考》卷一六四、《明史·禮志十一》作「西」。

樂至午門外止。上還，仍詣内殿參謁如前儀。是日，百官不係扈從者，各具吉服於承天門外橋南向北序立恭送，候駕出長安左門，退于本衙辦事。駕還之時，仍前序立迎候，駕入午門，百官退。

蕙田案：以上專論京營及輪班馬軍教練之儀。

又案：明太祖初即位，即命元勛宿將如馮勝、傅友德輩分道練兵，但未有定制。其後洪武二十一年，始下操練法俾遵行，不如法及不嫻習者罰。是時，操練之制，蓋内外並重也。景泰初，始立十團營。給事中鄧林進《軒轅圖》，即八陣法，因用以教軍。成化間，增團營爲十二，命月二次會操。起仲春十五日，止仲夏十五日。秋冬亦如之。嘉靖六年，又申其制。隆慶初，命各營將領以教練軍士分數多寡爲黜陟。全營教練者加都督僉事，以次減；全不教練者，降祖職一級，革任回衛。三年内教練有成，操協大臣獎諭恩録，無功績者議罰。於是操練乃特重于京營矣。其衛所兵操練之制，《兵志》略而不言。然京營之重如此，而及其末造兵力衰弱不振者何歟？此則《志》所謂「規制雖立，將卒惰媮，操演徒爲具文」故也。

又案：輪班馬軍，本衛所之軍而番上京師者也。始於永樂十三年，其制頗有唐府兵番上宿衛之遺意。此雖屬外兵，實與京營同教練者。

又案：王圻《續通考》及《會典》所載永樂摘撥官軍輪班之制，但有中都、大寧、山東、河南四處。《明史・兵志》則併及山西、陝西各都司及江南北諸衛，其説不同。竊以既調官軍輪班，不應但舉四處，當以正史爲據。

【《大政紀》】隆慶三年八月，大閱將士于京營教場。是日，上戎服登壇，軍容整肅。五年正月，以歲終，閱視京營將士。

【《明史・兵志》】穆宗從給事中吳時來請，命戚繼光練兵薊門。薊兵精整者數十年。繼光著《練兵實紀》以訓士：一曰練伍。首騎，次步，次車，次輜重。先選伍，次較藝，總之以合營。二曰練膽氣。使明作止進退及上下統屬、相友相助之義。三曰練耳目。❶使明號令。四曰練手足。使熟技藝。五曰練營陣。詳布陣起行、結營及交鋒之正變。終之以練將。

【《明會典》】神宗九年，上親大閱，一如隆慶中故事。

蕙田案：明之軍制，變於團營，操演教閱，此爲最重。一罷於英宗天順元年四月，至憲宗成化二年四月而復。再罷於武宗正德十六年三月，至穆宗隆慶二年而復。復之是也，然而憲、孝以上，以團營而盛；嘉、隆以後，以團營而衰。孝宗十八年，已有工作不得擅役團營軍士之詔，及觀王廷相所陳，則占役買閑，積弊尤甚矣。李夢陽亦言「十二團營，近日欲遣將北伐，拔之不滿三萬」，狼狽若此何也？官不恤軍，豪勢多占，壯丁各營，其身老弱，出而應點，

❶「目」字，原脱，據《明史・兵志四》補。

冗食而無補，空名而鮮實也。《明史·兵志》謂「京軍積弱，由於占役買閑，而其弊實始於紈袴之營帥，監視之中官」，後人可不鑒哉！

右明。

五禮通考卷第二百四十

淮陰吴玉搢校字

五禮通考卷第二百四十一

內廷供奉禮部右侍郎金匱秦蕙田編輯
太子太保總督直隸右都御史桐城方觀承同訂
翰林院侍讀學士嘉定王鳴盛
按察司副使元和宋宗元 參校

軍禮九

車戰

蕙田案：古者戰陣之事，有車有徒而無騎。蓋井田行則車有所出，溝洫修則騎不得用。故車戰之利，戰守兼資，不貴馳突，而務爲其不可敗。然於險阨之地，則亦不用車而用人，從所宜也。井田、溝洫廢，騎兵起，而車戰不可復矣。至於齎器械，載衣糧，車亦有不可廢者。古者有兵車，有田車，有乘車。三者，其制大約相同，詳見《考工記·輪人》、《輿人》、《輈人》諸職。若車人所爲大車、羊車、柏車，則其式與今日之車相似，非戰車也。其用以戰，亦有卒伍之法，已詳見前《軍制門》。今取其規製職掌并漢以下事，論次以備考。

【《周禮·考工記》】車有六等之數：車軫四尺，謂之一等；戈柲六尺有六寸，既建而迆，崇於軫四尺，謂之二等；人長八尺，崇於戈四尺，謂之三等；殳長尋有四尺，崇於人四尺，謂之四等；車戟常，崇於殳四尺，謂之五等；酋矛常有四尺，崇於戟四尺，謂之六等。【注】此所謂兵車也。軫，輿後横木。崇，高也。八尺曰尋，倍尋曰常。殳長丈二，戈、殳、戟、矛，皆插車輢。輢，車傍也。鄭司農云：「迆，讀爲『猗移從風』之移，謂著戈於車邪倚也。酋，發聲，直謂矛。」【疏】有刃曰戈、矛、戟，無刃曰殳。殳主擊，戈、矛、戟主刺。

王氏曰：「輪六尺有六寸，軹崇三尺有三寸，加軫與轐之七寸爲四尺，是軫去地四尺矣，故曰『車軫四尺謂之一等』。自軫而上，其事之等，皆以四尺爲差。戈柲六尺有六寸，則以四尺崇于軫，故謂之二等。人長八尺，則以四尺崇于戈，故謂之三等。殳長尋有四尺，則以四尺崇于人，故謂之四等。車戟常，則以四尺崇于殳，故謂之五等。酋矛常有四尺，則以四尺崇于戟，故謂之六等。」

王氏應電曰：「五兵之用，遠則弓矢射之，近則矛者句之。句之矣，然後殳者擊之，戈矛者刺之。《司馬法》曰：『弓矢圍，殳矛守，戈戟助。』凡用此者，皆長以衛短，短以救長。今此戈、殳、矛、戟皆置之車傍，不言弓矢，則乘車之人佩之。」

蔡氏德晉曰：「車，謂兵車。軫，輿四旁横木，所謂『軫方以象地』也。四尺，謂去地四尺也。柲，柄也。建，建于車輢也。迆，邪倚也。崇，高也。戈柄建于輿上，本六尺六寸，以其邪倚，故止四尺高也。人長八尺，立于輿上，是高于戈四尺。八尺曰尋，尋有四尺，丈二尺也，比于人，又高四尺。倍尋曰常，丈六尺也，又高殳四尺。酋，長貌。矛，鎗也。常有四尺，二丈也，又高戟四尺。自軫至酋矛，其崇總以四尺爲差。此謂前驅車所建。不然，此車之上，不可以建蓋。」

凡察車之道，欲其樸屬而微至。不樸屬，無以爲完久也；不微至，無以爲戚速也。輪已崇，則人不能登也；輪已庳，則於馬終古登阤也。故兵車之輪六尺有六寸。【注】樸屬，猶附著堅固貌。齊人有名疾爲戚者。《春秋傳》曰：「蓋以操之爲已蹙矣。」速，疾也。鄭司農云：「微至，謂輪至地者少，言其圓甚，著地者微耳。著地者微則易轉也。」已，太也，甚也。崇，高也。齊人之言終古猶言常也。阤，阪也。輪庳則難引。【疏】此云造輪有善惡、高下、大小之宜。

王氏曰：「輪過六尺六寸爲太高，人斯病於難登。不及六尺六寸爲太卑，馬斯病於難引。其引之也，常作登阪然。」

【陳氏《禮書》】古者服牛乘馬，引重致遠，以利天下，則車之作尚矣。或曰黄帝作軒冕，不可考也。車之制，象天以爲蓋，象地以爲輿，象斗以爲杠轂，象二十八星以爲蓋弓，象日月以爲輪輻，前載而後户，前軌而後軫，旁輢而首以較，下軸而銜以轐，對人者謂之對車，如舟者謂之輈揉，而相迎者謂牙。輈之曲中，謂之前疾。軏之上平，謂之衡。衡之材與輿之下木，皆曰任，以其力任於此也。轂之端與輢之下木，皆曰軹，以其旁止於此也。軫可以名輿，可以名車。達常可以名部，輅前横木可以名輅，此又因一材而通名之也。其爲車也，有長轂者，有短轂者，有杼輪者，有侔輪者，有反揉者，有仄揉者，有兩輪者，有四輪者，有有輻者，有無輻者，有曲轅者，有直轅者，輂直轅。有一轅者，有兩轅者，有直輿者，有曲輿者，鉤車曲輿。有廣箱者，有方箱者，有重較者，有單較者，或駕以馬，或駕以牛，或輓以人，或飾以物，或飾以漆，或樸以素。要皆因宜以爲之制，稱事以爲之文也。然禮有屈伸，名有抑揚，故論其任重，則雖庶人牛車亦與大夫同稱大車，論其等威，則雖諸侯之正路於王門曰偏駕而已。

蕙田案：周有五路：玉路、金路、象路、革路、木路。王行，五路有先後之儀。孔安國曰：「大路，玉。綴路，金。先路，象。次路，革、木也。」蓋王之行也，乘玉路，而先之以象路，次之以革路、木路，而金路綴于玉路之後，故云綴路也。而《周禮·

車僕》「掌戎路之萃」，戎路即革路也。然則革路即戎車、兵車之類矣。

又案：以上兵車之制。

【《春官・巾車》】革路：龍勒，條纓五就，以即戎。【注】革路，鞔之以革而漆之，無他飾。即戎，謂兵事。

【《車僕》】掌戎路之萃，廣車之萃，闕車之萃，苹車之萃，輕車之萃。凡師，共革車，各以其萃。【注】萃猶副也。

【《夏官・戎僕》】掌馭戎車。【注】戎車，革路也。師出，王乘以自將。掌王倅車之政，正其服。掌凡戎車之儀。【注】倅，副也。服，謂衆乘戎車者之衣服。凡戎車，衆之兵車也。《書序》曰：「武王戎車三百兩。」

王氏應電曰：「戎車之副謂之倅者，若衆子之倅其嫡，以備卒也，有時而佐焉。田車之副謂之佐者，如衆臣之佐其君，謂之卿佐也，常以佐之爲事。道車之副謂之貳者，如世子之貳其父，謂之貳儲也，有故乃攝而代之。其義各有所主也。掌凡戎車之儀，戎以威爲主，甲冑有不可犯之色，則戎車之儀可知矣。」

【《馭夫》】掌馭貳車、從車、使車，分公馬而駕治之。【注】貳車，象路之副。從車，戎路、田路之副。使車，驅逆之車。

王氏應電曰：「自大馭以至田僕，皆王五路之馭者也。馭夫則馭貳車、從車、使車而已。貳車，五路之副貳也。從車，公卿大夫從王之車也。使車，聽王役使之車。三者皆公車，故分公馬而駕治之。三等之車既衆，故其員亦六十人。」

蕙田案：以上掌戎車之官。

【《孟子》】武王之伐殷也，革車三百兩。

【《書序》】武王戎車三百兩。

【《詩・大雅・大明》】牧野洋洋，檀車煌煌，駟騵彭彭。【傳】洋洋，廣也。煌煌，明也。駵馬白腹曰騵。言上周下殷也。【箋】言其戰地寬廣，明不用權詐也。兵車鮮明馬又强，則暇且整。【疏】煌煌，言車之鮮，故爲明也。

【《小雅·六月》】戎車既飭。【傳】飭，正也。【箋】戎車，革路之等也。其等有五。【疏】《春官·巾車》：「掌王之五路，革路以即戎。」故知「戎車，革路之等也」。《車僕》：「掌戎路之倅，廣車之倅，闕車之倅，屏車之倅，輕車之倅。」注云「此五者皆兵車，所謂五戎」，是其等五也。吉甫所乘兵車亦革路，在軍所乘，與王同，但不知備五戎與否。鄭因事解之，不必備五也。

元戎十乘，以先啟行。【傳】元，大也。夏后氏曰鉤車，先正也。殷曰寅車，先疾也。周曰元戎，先良也。

戎車既安，如輊如軒。【箋】戎車之安，從後視之如摯，從前視之如軒，然後適調也。

【朱子《集傳》】輊，車之覆而前也。軒，車之却而後也。

【《采芑》】方叔涖止，其車三千，師干之試。

方叔率止，乘其四騏，四騏翼翼。路車有奭，簟茀魚服，鉤膺鞗革。【傳】方叔，卿士也，受命爲將。干，扞。試，用也。奭，赤貌。鉤膺，樊纓也。【箋】方叔臨視此戎車三千乘，其士卒皆有佐師扞敵之用爾。率者，率此戎車士卒而行也。茀之言蔽也，車之蔽飾，象席文也。魚服，矢服也。鞗革，轡首垂也。【疏】言「鉤膺，樊纓」者，以此言鉤是金路，故引金路之事以說之。在膺之飾，惟有樊纓，故云「鉤膺，樊纓也」。❶《巾車》注云：「鉤，婁頷之鉤也。❷金路無錫有鉤，亦以金爲之。」是鉤用金，在頷之飾也。彼注又曰：「樊，讀如鞶帶之鞶，謂今馬大帶。纓，今馬鞅。金路，其樊及纓以五采罽飾之而九成。」是帶、鞅在膺，故言膺以表之也。《巾車》：「金路，同姓以封。」今方叔所乘者，或方叔爲同姓也。又下云「方叔元老」，❸則方叔五官之長，是上公也。上公雖非同姓，或亦得乘金路矣。不乘革路者，以革路臨戰所乘，此時受命率車，未至戰時，故不言戎車也。

方叔涖止，其車三千，旂旐央央。方叔率止，約軝錯衡，八鸞瑲瑲。【傳】軝，長轂之軝也，朱而約之。錯衡，文衡也。瑲瑲，聲也。【箋】交龍爲旂，龜蛇爲旐。此言衆軍將帥之車皆備。【疏】《說文》

❶「膺」字，原脱，「纓」，原作「膺」，據《詩·小雅·采芑》疏補改。
❷「婁」，原作「嬰」，據庫本及《詩·小雅·采芑》疏改。
❸「老」，原作「考」，據庫本及《詩·小雅·采芑》疏改。

云：「軝，長轂也。」則轂謂之軝。❶《考工記》説兵車、乘車其轂長于田車，是爲長轂也。言「朱而約之」，謂以朱色纏束車轂以爲飾。《輪人》云：「容轂必直，陳篆必正。」注云：「容者，治轂爲之形容也。篆，轂約也。」並以皮纏之，而上加以朱漆也。知約以朱者，以上言鉤膺是陳金路之事也。金路以金爲飾，轂色宜與金同。且言「路車有奭」，奭是赤貌，故知約必用朱也。知錯衡必爲文衡者，錯者，雜也，雜物在衡，是有文飾。其飾之物，注無云焉，不知何所用也。

戎車嘽嘽，嘽嘽焞焞，如霆如雷。【傳】嘽嘽，衆也。焞焞，盛也。【箋】言戎車既衆盛，其威又如雷霆。

【《秦風·小戎》】小戎俴收，五楘梁輈。游環脅驅，陰靷鋈續。文茵暢轂，駕我騏馵。【傳】小戎，兵車也。俴，淺也。收，軫也。五，五束也。楘，歷録也。梁輈，輈上句衡也。一輈五束，束有歷録。游環，靷環也。游在背上，所以禦出也。脅驅，慎駕具所以止入也。陰，揜軓也。❷靷，所以引也。鋈，白金也。續，續靷也。暢轂，長轂也。

【朱子《集傳》】車前後兩端橫木，所以收斂所載，故名收。凡車之制，廣皆六尺六寸。其平地任載者爲大車，❸則軫深八尺。兵車則軫深四尺四寸，比之爲淺，故曰俴收也。梁輈，從前軫以前稍曲而上，至衡則向下鉤之，衡橫于輈下，而輈形穹隆上曲如屋之梁，又以皮革五處束之，其文章歷録然也。游環，以皮爲環，當兩服馬之背上，游移前却無定處，引兩驂馬之外轡貫其中而執之，所以制驂馬使不得外出。《左傳》曰「如驂之有靳」是也。脅驅，亦以皮爲之，前係于衡之兩端，後係于軫之兩端，當服馬脅之外，以驅驂馬使不得内入也。陰，揜軓也。軓在軾前，而

❶「謂」，原作「爲」，據庫本及《詩·小雅·采芑》疏改。
❷「軓」，原作「軌」，據阮元《毛詩注疏校勘記》改。下同。
❸「任」，原作「所」，據朱熹《詩集傳》改。

以板橫側揜之，以其陰映此軓，故謂之陰也。靷，以皮二條前係驂馬之頸，後係陰板之上也。鋈續，陰板之上有續靷之處，消白金沃灌其環以爲飾也。蓋車衡之長唯六尺六寸，止容二服，驂馬之頸不當衡，故別爲二靷以引車，亦謂之靷。❶《左傳》曰「兩靷將絶」是也。文茵，車中所坐虎皮褥也。暢，長也。大車之轂一尺有半，兵車之轂三尺三寸，比大車爲長，故曰暢轂。

四牡孔阜，六轡在手。騏駵是中，騧驪是驂。龍盾之合，鋈以觼軜。【傳】軜，驂内轡也。【箋】鋈之，觼以白金爲飾也。

【朱子《集傳》】觼，環之有舌者。置觼于軾前以繫軜，❷故謂之觼軜，亦銷沃白金以爲飾也。

王氏曰：「晉欒鍼曰：『吾有二位於戎路。』襄十四年《左》。晉侯獻楚俘，王賜以戎路之服。僖二十八年《左》。乾時之戰，魯莊公喪戎路。莊九年。漢、淮之軍，楚鬬丹獲戎車。桓公八年。皆其君之所乘者也。然周之鋒車曰元戎，秦之兵車曰小戎。《周禮・車僕》自廣車而下皆戎車也，特不謂之戎路爾。《車僕》：『凡師，革車，❸會同亦如之。』《戎僕》：『掌馭戎車。凡巡狩及兵車之會，亦如之。』會同、巡狩，王雖不乘戎車，猶共以從，不失備也。」

【陳氏《禮書》】乘車之禮，君處左，車右處右，僕處中。故造車者必慎於左。《考工記》所謂「終日馳騁，左不揵」是也。乘車者不敢曠左，《戎右》所謂「會同，充革車」

❶「靷」，朱熹《詩集傳》作「靳」。
❷「軜」，原作「軸」，據朱熹《詩集傳》改。
❸「革車」上，《周禮・春官・車僕》有「共」字。

是也。器物不敢指之於左，《月令》所謂「載耒耜于參保介之御間」是也。後世魏公子虛左以迎侯生，秦皇虛左以迎太后，皆古之遺制耳。此特乘車爲然。若兵車，則馭者在左，戎右在右，將帥居中。昔晉伐齊，郤克將中軍，解張御，鄭丘緩爲右。郤克傷矢，流血及屨，鼓音未絶，曰：「余病矣。」解張曰：「自始合，而矢貫余手及肘，余折以御，左輪朱殷，豈敢言病！」夫郤克傷矢而未絶鼓音，則將在鼓下矣。解張傷手而血殷左輪，則御在車左矣。此將帥所乘也。

兵車，左人持弓，右人持矛，中人御。故《書》戒「左不攻於左，右不攻於右，御非馬之正」，言左右而又言御，則御在中可知也。《左傳》稱秦師過周北門，左右免冑而下，言左右下，則御在中，不下可知也。僖三十三年。楚樂伯曰：「致師者，左射以菆。」是左人持弓也。宣十二年。欒鍼爲晉侯右，曰：「寡君使鍼持矛焉。」成十六年。衛太子爲簡子禱曰：「蒯聵不敢自佚，備持矛焉。」是右人持矛也。哀二年。❶蓋御無定位，右有常處。故將帥車則御在左，士卒車則御居中，右人之持矛，雖將帥、士卒之車不同，而所居常在右，所職常持矛也。凡此，皆三人乘車之法也。《太僕》：「凡軍旅、田役，贊王鼓。」王之乘車，有御與戎右，又有太僕，則四駟乘矣。春秋之時，「侯叔夏御莊叔，綿房甥爲右，富父終甥駟乘」，❷杜預云：「駟乘，四人乘車。」

❶「哀」，原作「襄」，據庫本及《禮書》卷一四六改。
❷「甥」，原作「生」，據庫本改。

蕙田案：此論乘車左右之禮。

【《六韜》】武王問於太公曰：「以車與騎步，所當幾何？」公曰：「車者，軍之羽翼也，所以陷堅陣，要强敵，遮北走。易戰之法：一車當步卒八十人，八十人當一車。一車當六騎，六騎當一車。十乘敗千人，百乘敗萬人。此其大數也。置車之吏數：五車而一長，十車而一吏，五十車而一率，❶百乘而一將。易戰之法：五車爲列，前後相去四十步，左右十步。險戰之法：車必循道，十車爲聚，二十車爲屯，前後相去二十步，左右六步，隊間三十六步。五車一長，縱横相去一里，各返故道。選車士之法：取年四十以下，長七尺五寸已上，走能逐馬及馳而乘之，前後左右，上下周旋，能超乘旌旗，力彀八石，弩射前後，皆便習者，武車之士，❷不可不厚也。車戰之地：凡車之死地有十，其勝地有八。往而無還者，車之死地也；越絶險阻，乘敵遠行者，車之竭地也；前易後險者，車之困地也；陷之險阻而難出者，車之絶地也；圮下漸澤、黑土黏埴者，車之勞地也；左險右易、上陵抑阪者，車之逆地也；殷草横畝、犯歷深澤者，車之拂地也；車少地易、與步不敵者，車之敗地也；後有溝瀆，左有新水，右有險阪者，車之壞地也；日夜霖雨，旬日不止，道路潰陷，前不能進，後不能解者，車之陷地也。此十者，車之死地也。敵之前後，行陣未定，即陷之；旌旂擾亂，人馬數動，即陷之；士卒前後相顧，

❶「率」，原作「卒」，據《六韜》卷六改。
❷「武」上，《六韜》卷六有「名曰」二字。

前往而疑，後恐而怯，即陷之；三軍卒驚，皆薄而起，即陷之；戰于易地，暮不能解，即陷之；遠行而暮舍，三軍恐懼，即陷之。此八者，車之勝地也。」

【陳氏《禮書》】古者之用兵也，險野人爲主，易野車爲主。則險野非不用車，而主於人；易野非不用人，而主於車。車之於戰，動則足以衝突，止則足以營衛，將卒有所芘，兵械衣裘有所齎。《詩》曰：「君子所依，小人所腓。」則車之爲利大。昔周伐鄭，爲魚麗之陳，先偏後伍，伍承彌縫。桓公五年。邲之戰，楚君之戎分爲二廣，廣有一卒，卒偏之兩。宣公十二年。楚巫臣使於吴，以兩之一卒適吴，舍偏兩之一焉。成公七年。考之《周禮》，五伍爲兩，四兩爲卒。《司馬法》：「二十五人爲兩，百人爲卒。」卒、兩則人也，偏則車也。杜預云：「十五乘爲大偏，九乘爲小偏。」其尤大者，又有二十五乘之偏。則周魚麗之偏，二十五乘之偏也；楚二廣之偏，十五乘之偏也。巫臣所舍之偏，九乘之偏也。先偏後伍，伍從其偏也。卒偏之兩，兩從其偏也。先其車足以當敵，後其人足以待變，則古者車戰之法，略可知也。或者謂晉人以什共車必克，房琯以車戰取敗，遂以爲用車不若用人與騎之愈。是不知晉人之克，非什之利，用什之幸也；房琯之敗，非車之不利，用車之罪也。古者教民，以射御爲藝，君子以射御爲能。故孔子曰：「吾執射乎？執御乎？」《詩》稱叔段之多才，則曰「叔善射忌，又良御忌」。古人相率以射御如此，則登車而不能御，參乘而不能射者鮮矣。房琯之用車，有是人乎？不然，巫臣教吴以乘車而能取勝於楚，何也？戎車之制，不可以考，姑倣《小戎》以見之。

章氏潢曰：「車戰之法，每車用甲士三人，步卒七十二人。行則以車爲衛，居則以車爲營。一車之間，又有倅車。見《周禮·車僕》。《春秋》如韓原之戰，輅秦伯，將止之；鞌之戰，韓厥中御而從齊侯；鄢陵之戰，郤至遇楚子，韓厥從鄭伯；邲之戰，楚子乘廣以逐趙旃，用車以戰，而使敵人得與吾元帥相接，則是環衛之車不設也。蓋古者車戰之法，前後整齊，必有護衛，前後行列，元帥未易動摇也。至《春秋》，列國所云，往往軍伍不整，而元帥每以車逐利，混然左右，率無定法，故敵人得以及之。終春秋之世，致敗者未有不由車戰之無法，而輕動摇也。惟繻葛之戰，二拒用事，若原繁、高渠彌，以中軍奉公，未嘗輕動摇，深得古法。」

馬氏端臨曰：「兵雖凶器，然古之以車戰，其坐作進退，整暇有法，未嘗掩人之不備而以奇取勝也。故韓厥遇齊侯，則奉觴加璧；郤至遇楚子，則免胄趨風。可以死，則爲于犨之請矢；可以無死，則爲庾公之叩輪。所謂『殺人之中，又有禮焉』。雖春秋伯國之君臣，其志在於争城争地，然於勍敵之人，初不迫人於險固如此。至後世捨車而用徒，然彼長於徒，我長於車。今捨吾之長技而與之搏，是以兵予敵也，故必設覆以誘之，未陳而薄之，然後可以取勝，而車戰之法廢矣。」

顧氏炎武曰：「古制，一車甲士三人，步卒七十二人，炊家子十人，固守衣裝五人，廐養五人，樵汲五人。見《司馬法》。隨車而動，如足之腓也。傳曰：「腓，辟也。」箋曰：「腓，當作芘。」皆未是。步乘相資，短長相衞，行止相扶，此所以爲節制之師也。繻葛之戰，鄭原繁、高渠彌以中軍奉公，爲魚麗之陳，先偏後伍，伍承彌縫，❶卒不隨車，遇闕即補，斯已異矣。古時營陳，遇闕處，仍以車補。《周禮・車僕》「掌闕車之萃」，注：「闕車，所用補闕之車也。」《左傳》宣公十二年：「楚子使潘黨率游闕四十乘。」注：「游車，補闕者。」大鹵之師，魏舒請毀車以爲行，五乘爲三伍。注：「乘車者，車三人，五乘十五人。今改去車，更以五人爲伍，分爲三伍。」爲五陳以相離，兩於前，伍於後，專爲右角，參爲左角，偏爲前拒，專任步卒，以取捷速。然亦必山林險阻之地，而後可用也。步不當騎，於是趙武靈王爲變服騎射之令，而後世因之，所以取勝於敵者益輕益速，而一敗塗地亦無以自保，然後知車戰之謀遠矣。終《春秋》二百四十二年，車戰之時，未有斬首至於累萬者。車戰廢而首功興矣。先王之用兵，服之而已，不期於多殺也。殺人之中，又有禮焉。以此毒天下而民從之，不亦宜乎！」

蕙田案：以上七條，論車戰之道。

觀承案：車戰自是古法，然與井田相待而成。井田既廢，已無車賦，又無溝洫以限戎馬之足，而猶泥古之跡，侈言魚麗，此房琯陳濤斜之敗，所以貽笑於唐也。

右車戰。

【《詩・大雅・皇矣》】以爾鈎援，與爾臨衝，以伐崇墉。臨衝閑閑，崇墉言言。臨衝茀茀，崇墉仡仡。【傳】鈎，鈎梯也。臨，臨車也。衝，衝

❶「承」，原作「乘」，據庫本及《日知録》卷三改。

車也。閑閑，動摇也。茀茀，强盛也。【箋】言言，猶孽孽，將壞貌。【疏】臨者，在上臨下之名。衝者，從旁衝突之稱。二車不同，兵書有作臨車、衝車之法，《墨子》有備衝之篇，知臨、衝俱是車也。箋以詩美文王以德服崇，若臨衝本所不用，則不應言之。今《詩》言衝，則是用以攻城，故知言言、仡仡皆將壞之貌。

【陳氏《禮書》】《詩》曰：「臨衝閑閑。」毛氏曰：「臨車、衝車也。」蓋臨車高，衝車大，高則可以臨下，大則可以突前。故荀卿曰：「渠衝入穴而求利。」楊子曰：「衝不薺。」皆言衝車之大也。衝，或作「轒」，《説文》曰「陷陣車」。孫武曰：「攻城之法，修其櫓轀轒。❶」轀，四輪車，蓋衝車之類也。楚子使解揚登樓車以告宋人，蓋臨車之類。

右攻城之車。

【《春秋》隱公九年《左氏傳》】北戎侵鄭。鄭伯禦之，患戎師，曰：「彼徒我車，懼其侵軼我也。」【注】徒，步兵也。軼，突也。公子突曰：「使勇而無剛者，嘗寇而速去之。【注】嘗，試也。勇則能往，無剛則不恥退。君爲三覆以待之。【注】覆，伏兵也。戎輕而不整，貪而無親，勝不相讓，敗不相救。先者見獲，必務進；進而遇覆，必速奔。後者不救，則無繼矣，乃可以逞。」從之。戎人之前遇覆者奔，祝聃逐之，衷戎師，前後擊之，盡殪。戎師大奔。

【宣公十二年《左氏傳》】邲之戰，欒武子曰：「楚君之戎，分爲二廣，【注】君之親兵。廣有一卒，卒偏之兩。【注】十五乘爲一廣。《司馬法》：「百人爲卒，二十五人爲兩。」車十乘爲大偏，今廣十五乘，亦用舊偏法，復以二十五人爲承副。右廣初駕，數及日中，左則受之，以至于昏。内官序當

❶「轀轒」，日服部千春《孫子兵法新校・謀攻篇》作「轒轀」。

其夜，【注】内官，近官。序，次也。以待不虞。不可謂無備。」

楚子爲乘廣三十乘，分爲左右。右廣雞鳴而駕，日中而説；【注】説，舍也。左則受之，日入而説。許偃御右廣，養由基爲右；彭名御左廣，屈蕩爲右。【注】楚王更迭載之，故各有御、右。

【成公七年《左氏傳》】晉申公巫臣使于吴，以兩之一卒適吴，舍偏兩之一焉。【注】《司馬法》：「百人爲卒，二十五人爲兩。」車九乘爲小偏，十五乘爲大偏。蓋留九乘車及一兩二十五人，令吴習之也。與其射御，教吴乘車，教之戰陣，教之叛楚。寘其子狐庸焉，使爲行人於吴。

【昭公元年《左氏傳》】晉中行穆子敗無終及羣狄于太原，【注】即大鹵也。無終，山戎。崇卒也。【注】崇，聚也。將戰，魏舒曰：「彼徒我車，所遇又阨，【注】地險，不便車。以什共車，必克。【注】更增十人以當一車之用。困諸阨，又克。【注】車每困於阨道，今去車，故爲必克。請皆卒，【注】去車爲步卒。自我始。」乃毁車以爲行，【注】魏舒先自毁其屬車，爲步陣。五乘爲三伍，【注】乘車者，車三人。五乘十五人。今改去車，更以五人爲伍，❶分爲三伍。荀吴之嬖人不肯即卒，斬以徇。【注】魏舒輒斬之。荀吴不恨，所以能立功。爲五陳以相離，兩於前，伍於後，專爲右角，參爲左角，偏爲前拒，【注】皆臨時處置之名。以誘之。翟人笑之。未陳而薄之，大敗之。【注】傳言荀吴能用善謀。

右春秋車戰。

【《漢書·夏侯嬰傳》】破李由軍于雍丘，以兵車趣攻戰疾，破之。從擊章邯軍東阿、濮

❶「車更」，原作「更車」，據《春秋左傳》昭公元年杜注乙正。

陽下，以兵車趣攻戰疾，破之。又擊秦軍雒陽東，以兵車趣攻戰疾，破之。

《灌嬰傳》嬰以御史大夫將車騎別追項籍，至東城，破之。

《衛青傳》青以武剛車自環爲營，張晏曰：「兵車也。」而縱五千騎往當單于。

《李廣傳》陵與單于相值，圍陵軍。陵居兩山間，以大車爲營。引士出營外爲陳，連戰，士卒中矢傷，三創者載輦，兩創者將車，一創者持兵戰。

馬氏端臨曰：「先儒因考《西漢書》此數條，以爲車戰之制，漢尚用之。然詳考其辭，則是以車載糗粱器械，立則環以爲營耳。所謂『甲士三人，左持弓，右持矛，中執綏』之法，已不復存矣。」

《文獻通考》後漢光武造戰車，可駕牛，上作樓櫓，置於塞上以拒敵。

靈帝時，陽璇爲零陵守，制車數十乘以禦賊。

蕙田案：以上漢。

晉馬隆擊鮮卑，樹機能以衆數萬據險拒之。隆以山陘隘，乃作扁箱車，地廣則爲鹿角車營，路狹則爲木屋施於車上，轉戰而前，行千餘里，殺傷甚衆，遂平涼州。

劉裕伐南燕，以車四千乘爲左右翼，方軌徐進，與燕兵戰于臨朐，敗之。

裕伐秦，假道於魏，魏遣軍徼之。裕遣白直隊主丁旿帥仗士七百人、車百乘，渡北岸，去水百餘步，爲却月陣，兩端抱河，車置七仗士，事畢，使豎一白旄。魏人不解其意，皆未動。裕先命寧朔將軍朱超石戒嚴，白旄既舉，超石率二千人馳往赴之，齎大弩百張，一車益二十人，設彭排於轅上。魏人圍之，超石以大鎚及矟千餘禦之，魏師奔潰。

蕙田案：以上晉。

魏太武真君四年，北征柔然，騎十萬，車十五萬兩，旌旗千里，遂渡大漠。柔然怖畏，不敢復南向。

蕙田案：以上北魏。

【《通鑑》】隋開皇二年，遣諸將與突厥戰，戎車、步騎相參，與鹿角爲方陳。

蕙田案：以上隋。

【《唐書・裴行儉傳》】調露元年，突厥阿史德温傳反，詔行儉爲定襄道大總管，統兵討之。先時，饋糧數爲敵鈔，軍餒死。行儉乃詐爲糧車三百乘，伏壯士伍輩，齎陌刀、勁弩，以羸兵挽進，又伏精兵衝其後。敵果掠車，羸兵走險，賊驅就水草，解鞍牧馬，方取糧車中，而壯士突出，伏兵至，殺獲幾盡。自是，糧車無敢近者。

【《房琯傳》】琯將兵復兩京，至便橋陳濤斜，琯效春秋時戰法，以牛車二千乘，馬步夾之。既戰，賊乘風譟，牛悉股栗，賊縱火焚之，人畜大亂，官軍死傷者四萬人。

【《馬燧傳》】燧爲河東節度使，爲戰車，冒以狻猊象，列戟于後。❶行以載兵，止則爲陣，遇險則制衝冒。以討田悦，推火車焚其將楊朝光栅，進擊，大破之。

蕙田案：以上唐。

【李燾《長編》】❷宋真宗咸平四年，吴淑請復古車戰之法，曰：「衛青、李陵、田豫、馬隆，皆以車而勝。近符彦卿破敵陽城，亦拒馬爲行塞。夫北敵所長者，騎兵也。苟非連車以制之，則何以禦其奔突哉！故用車戰爲便。其制：取常用車，接其衝軛，駕以牛，

❶「戟」，原作「戰」，據《新唐書・馬燧傳》改。

❷按下引文，蓋取自《文獻通考》卷一五八。

車上置鎗，以刃外向，列士卒於車外，賊至射之，乃出騎兵擊之，此制敵要術也。戰之用車，一陣之鎧甲也。故可以行止爲營陣，賊至則斂兵附以拒之，賊退則乘勝出兵以擊之，出則藉此爲所居之地，入則以此爲所居之宅，故人心有依，不懼胡騎之陵突也。」

景德初，契丹入寇，大將李德隆以澶淵不足守，命士卒掘濠塹，以大車數十乘重壘環之，步騎處中。戎馬數萬來攻其營，禦之，遁去。

仁宗至和二年，韓琦言：「郭固就民車、約古制爲兵車，臨陣禦敵，緩急易集。其車前鋭後方，上置七槍，爲前後二拒，此馬燧戰車，行載兵甲、止爲營陣也。又以民車之箱增爲重箱，高四尺四寸，用革輓之，吴起所謂『革兵揜户，輓輪籠轂』是也。臣以爲可用於平川之地，臨陣以折奔衝，下營以爲寨脚。今令固自賫車式進呈。」試之，以固爲衞尉寺丞。

范仲淹上《議攻》云：「延安之西，慶州之東，有賊界百餘里侵入漢地。唐馬燧造戰車，行載甲兵，止爲營陣。此路山陂，大車難進，當用小車二千兩。❶銀絹錢二十萬，賞有功將吏。」

神宗時，以北邊將入寇，遣中貴人取兩河民車爲備，民大驚擾。上問沈括曰：「卿知籍車之事乎？」括曰：「車戰之利，見於歷世。但古人所謂輕車者，兵車也。今之民車重大，以牛挽之，日不能行三十里，少蒙雨雪，跬步不進，故俗謂之太平車，恐兵間不可用耳。」上喜曰：「無人如此語朕。」遂罷籍車之令。

❶「千」，原作「十」，據范仲淹《范文正集》卷五《議攻》改。

徽宗時，涇原邢恕建兵車之議，下令創造，買牛以駕，凡數千乘。已而蔡碩又請河北置五十將兵器，仍爲兵車萬乘。蔡京主其説行之，姦吏旁緣，即日散行郡縣，掠民緡錢矣。崇寧三年，河北、陜西都轉運司皆奏：「兵車用許彦圭所定式，則車大而費財實多。依往年二十將兵車式，輕小易用，復可省費。」詔卒用許彦圭式行下。時熙河轉運副使李復先奏曰：「古者師行，固嘗用車。然井田法廢已久，且今之用兵與古不同。古者兵不妄加，征戰有禮，不爲詭遇，動皆有法，又多在平原易野，故車可以行而敵人不敢輕犯。今之用兵，盡在極邊，下寨駐車，各以保險爲利，車不能上。又戰陣之交，一進一退，車不能及，或爲敵所襲逐，車又不及收。臣於戎馬間觀之屢矣，乃至糧糗、衣服、器械有不能爲用者，而況於車乎！臣聞此議出於許彦圭，彦圭因姚麟上其説爲身謀。朝廷但以麟邊人，熟邊事，遂然之，而不知彦圭輕妄，麟立私恩，以誤國計。昔唐房琯用車戰大敗於陳濤斜，當時在畿邑平地尚如此，況今欲用於峻坂溝谷之間乎！且戰車比常車闊六七寸，運不合轍，昨東來者，牽挽不行，致兵夫典賣衣物，自賃牛具，終日而進六七里，率多逃亡，戰車棄於道路。未造，則有配買物材、顧差夫匠之擾；既成，又艱於運致。然則其爲諸路之患，其費不知其幾千萬矣。彦圭苟望一官之進，上欺朝廷，下害百姓，此而不誅，何以懲後。臣今乞便罷造，已造者不復運來，以寬民力。」其後，彦圭卒得罪。

欽宗靖康末，樞密將官劉浩在河北募兵，創造戰車。其法有左右角、前後拒，各用卒二十五人，每車計百人。

【《文獻通考》】高宗建炎初，宗澤造戰車法：運車者十有一，執器械輔車者四十有四，每車計五十五人。李綱造戰車法：兩竿雙輪，上設皮籬，以捍矢石，下施鐵裙，以衛人足，旁施鐵索，聯可爲營。四人推竿以運車，一人登車以發矢，二十人執軍器發車之兩旁，每車用二十五人。其法竟不及施。蓋自渡江後，東南沮洳之區，險隘之地，不以車爲主也。

紹興二年，布衣王大智獻車式，上命爲樞密計議官。明年，車成而不可用，罷之。

上謂輔臣曰：「車制雖古，然用各有宜，況其物料，多南方所無。且古人用車，亦或不利，如『駿絓而止』之類。蓋用車戰陣間，亦非利器也。」席益曰：「古人之戰，彼此皆用車。至於彼徒我車，已有侵軼之慮。而後人每以車敵騎，其敗固宜，房琯陳濤斜是也。」

孝宗隆興初，宰臣進呈陳敏軍中措置教習車陣。陳康伯曰：「數年前，陳敏增制造，行下三衙相度，有車樣陣圖見在。」上曰：「車戰古法，平原曠野，可以備馳突爾。」亦卒不用。

寧宗開禧初，中郎將厲冲方者，爲歷陽守，嘗造戰車、九牛弩，未及用而罷去。周虎繼之，用其戰車，敗敵于清水鎮。

蕙田案：以上宋。

又案：車戰行于秦、漢之下，往往利少而害多，故唐、宋《兵志》皆不載車制，略之也。

右漢至宋車戰。

舟師

蕙田案：《周禮》卒徒車馬，皆出于井田丘甸，無所謂舟師者。春秋之季，荆、吴始大，而地界澤國，水戰乃興。《易》曰：「地險山川丘陵也。」《孟子》曰：「固國不以山谿之險。」然則欲争川與谿之險者，其必不能廢舟矣。後世用之者尤多。《明堂月令》曰：「舫人習水。」而世所傳《六韜》亦有《水戰篇》。今輯爲一卷，附《車戰》後。

【《春秋》襄公二十四年《左氏傳》】夏，楚子爲舟師以伐吴。【注】舟師，水軍。不爲軍政，【注】不設賞罰之差。無功而還。

【《昭公》十七年《左氏傳》】吴伐楚，陽匄爲令尹，戰于長岸，大敗吴師，獲其乘舟餘皇。【注】舟名。❶使隨人後至者守之，環之，❷及泉，【注】環，周也。盈其隧炭，陳以待命。【注】隧，出入道。吴公子光請於衆，曰：「喪先王之乘舟，豈唯光之罪，衆亦有焉。請藉取之以救死。」衆許之。使長鬣者三人【注】長髭鬣，與吴人異形，詐爲楚人。潛伏於舟側，曰：「我呼餘皇，則對。」師夜從之。三呼，皆迭對。楚人殺之。楚師亂，吴人大敗之，取餘皇以歸。

【二十四年《左氏傳》】楚子爲舟師以略吴疆。沈尹戌曰：「此行也，楚必亡邑。不撫民而勞之，吴不動而速之，【注】速，召也。吴踵楚，【注】躡楚踵跡。而疆埸無備，邑，能無亡乎？」越大夫胥犴勞王於豫章之汭，【注】汭，

❶「名」，原作「師」，據《左傳注疏》昭公十七年改。
❷「環之」，《左傳注疏》昭公十七年作「環而塹之」。

水曲。越公子倉歸王乘舟。【注】歸，遺也。倉及壽夢帥師從王，【注】壽夢，越大夫。王及圉陽而還。【注】圉陽，楚地。吴人踵楚，而邊人不備，遂滅巢及鍾離而還。

【定公四年《左氏傳》】蔡侯、吴子、唐侯伐楚。舍舟于淮汭，【注】吴乘舟從淮來，過蔡而舍之。自豫章與楚夾漢。【注】豫章，漢東、江北地名。左司馬戌謂子常曰：「子沿漢而與之上下，【注】沿漢上下，遮勿令渡。我悉方城外以毁其舟，【注】以方城外人毁吴所舍舟。還塞大隧、直轅、冥阨。【注】三者，漢東之隘道。子濟漢而伐之，我自後擊之，必大敗之。」既謀而行。武城黑謂子常【注】黑，武城大夫。曰：「吴用木也，我用革也，【注】用重器。不可久也，不如速戰。」史皇謂子常：「楚人惡子而好司馬。若司馬毁吴舟于淮，塞城口而入，【注】城口，三隘道之總名。是獨克吴也。子必速戰，不然，不免。」乃濟漢而陳，自小別至於大別。【注】《禹貢》漢水至大別南入江，然則二別在江夏界。三戰，子常知不可，欲奔。史皇曰：「安，求其事；難而逃之，將何所入？子必死之。」十一月庚午，二師陳于柏舉。闔廬之弟夫概王以其屬先擊子常之卒，大敗之。吴從楚師，及清發，半濟而擊之，又敗之雍澨。五戰，及郢。

【哀公九年《左氏傳》】❶吴城邗，溝通江、淮。【注】于邗江築城穿溝，東北通射陽湖，西北至末口入淮，❷通糧道。

蕙田案：舟師之制，不始于春秋。《竹書紀年》：「帝相二十七年，澆伐斟，大戰于濰，覆其舟，滅之。」《楚辭·天問》：「覆舟斟鄩，何道取

❶「九」，原作「十」，據庫本改。
❷「末口」，原作「宋中」，據《左傳注疏》哀公九年改。

之？」正謂此也。可見舟師之制，不待餘皇之呼、❶淮汭之舍，始見于經傳矣。但夏后時事，荒遠無稽，不若《春秋》有據耳。

右春秋舟師。

【《漢書·武帝本紀》】元鼎五年，夏四月，南越王相吕嘉反，遣伏波將軍路博德出桂陽，下湟水；樓船將軍楊僕出豫章，下湞水；歸義越侯嚴爲戈船將軍，出零陵，下離水；甲爲下瀨將軍，下蒼梧。皆將罪人，江淮以南樓船十萬人。越馳義侯遺别將巴蜀罪人，發夜郎兵，下牂牁江，咸會番禺。【注】張晏曰：「嚴，故越人，降爲歸義侯。越人于水中負人船，又有蛟龍之害，故置戈于船下，因以爲名也。」臣瓚曰：「《伍子胥書》有戈船，以載干戈，因謂之戈船也。離水出零陵。」師古曰：「以樓船之例言之，則非爲載干戈也。此蓋船下安戈戟以御蛟鼉水蟲之害。張説近之。」服虔曰：「甲，故越人歸漢者也。」臣瓚曰：「瀨，湍也。吴越謂之瀨，中國謂之磧。《伍子胥書》有下瀨船。」應劭曰：「遺，亦越人也。」如淳曰：「番禺，音潘愚，尉佗所都。」師古曰：「即今之廣州。」

【《西南夷列傳》】始楚威王時，使將軍莊蹻將兵循江上，略巴、黔中以西，以其衆王滇。建元六年，大行王恢擊東粵，因兵威使番陽令唐蒙風曉南粵。蒙迺上書説上曰：「南粵王黄屋左纛，地萬餘里，實一州。❷今以長沙、豫章往，水道多絶，難行。竊聞夜郎所有精兵可得十萬，浮牂牁，❸出不意，此制粵一奇也。」乃拜蒙以郎中將，將千人，食重萬餘人，從巴苲關入。❹

【《兩粵傳》】元鼎五年，南粵反，餘善上書請

❶「待」，原作「特」，據文義改。
❷「州」下，《漢書·西南夷兩粵朝鮮傳》有「主」字。
❸「浮」下，《漢書·西南夷兩粵朝鮮傳》有「船」字。
❹「苲」，校點本《漢書》校改作「苻」。

以卒八千從樓船擊吕嘉等。兵至揭陽，以海風波爲解，不行，持兩端，陰使南粵。及漢破番禺，樓船將軍僕上書願請引兵擊東粵。上以士卒勞倦，不許。罷兵，令諸校留屯豫章、梅領待命。

明年秋，餘善聞樓船請誅之，漢兵留境，且往，迺遂發兵距漢道，號將軍騶力等爲「吞漢將軍」，入白砂、武林、梅領，殺漢三校尉。是時，漢使大司農張成、故山州侯齒將屯，不敢擊，卻就便處，皆坐畏懦誅。餘善刻「武帝」璽自立，詐其民，爲妄言。上遣横海將軍韓説出句章，浮海從東方往；樓船將軍僕出武林，中尉王温舒出梅領，粵侯爲戈船、下瀨將軍出如邪、白沙。元封元年冬，咸入東粵。東粵發兵距嶮，使狥北將軍守武林，敗樓船軍數校尉，殺長史。樓船軍卒錢唐榬終古斬狥北將軍，爲語兒侯。自兵未往。故粵衍侯吴陽前在漢，漢使歸諭餘善，不聽。及横海軍至，陽以其邑七百人反，攻粵軍於漢陽。及故粵建成侯敖與繇王居股謀，俱殺餘善，以其衆降横海軍。封居股爲東成侯，萬户；封敖爲開陵侯；封陽爲卯石侯，横海將軍説爲按道侯，❶横海校尉福爲繚嫈侯。及東粵將多軍，漢兵至，棄軍降，封無錫侯。故甌駱將左黄同斬西于王，封爲下鄜侯。

蕙田案：武帝開昆明池以習水戰，然樓船、下瀨、伏波、横海諸軍皆用之于南粵、東夷耳，餘固無所用之。

【《後漢書・岑彭傳》】建武九年，公孫述遣其將田戎等據荆門、虎牙，横江水起浮橋、

❶「按」，原作「安」，據庫本及《漢書・西南夷兩粵朝鮮傳》改。

鬭樓，❶立攢柱以絶水道，結營跨山，以塞陸路，距漢兵。岑彭屯津鄉，數攻田戎，不克。十一年，帝遣吴漢率誅虜將軍劉隆等三將發荆州兵凡六萬餘人，騎五千匹，與彭會荆門。彭裝戰船數十艘，吴漢以諸郡棹卒多費糧穀，欲罷之。彭以蜀兵盛，不可遣，上書言狀。❷帝報彭曰：「大司馬習用步騎，不曉水戰。荆門之事，一由征南公爲重而已。」彭令軍中募攻浮橋，偏將軍魯奇應募而前。時東風狂急，奇船逆流而上，直衝浮橋，而攢柱有反把鉤，奇船不得去。奇等乘勢殊死戰，因飛炬焚之，風怒火盛，橋樓崩燒。彭悉軍順風並進，❸所向無前，蜀兵大亂，溺死者數千人。

【《文獻通考》】建安十三年，曹操南擊劉表，取荆州，追劉備於當陽。備遣諸葛亮求救於孫權。操遺權書曰：「今治水軍八十萬衆，方與將軍會獵於吴。」長史張昭曰：「將軍大勢可以拒操者，長江也。今操得荆州，奄有其地。劉表治水軍，蒙衝鬭艦，乃以千數，操悉浮以沿江。此爲長江之險，已與我共之矣。不如迎之。」周瑜曰：「今北土未平，而操舍鞍馬、仗舟楫與吴越爭衡。又今盛寒，馬無槀草，驅中國士衆，遠涉江湖之間，不習水土，必生疾病。此數者，用兵之患，而操皆犯之。瑜請得精兵數萬人，保爲將軍破之。」權從之。遣兵三萬人，令瑜拒操。與操遇於赤壁。時操軍已有疾疫，初一交戰不利，引次江北。瑜部將黄蓋曰：「今寇衆我寡，難與持久。操軍方進，船艦

❶「鬭」，原作「開」，據《後漢書·岑彭傳》改。
❷「上」，原作「一」，據《後漢書·岑彭傳》改。
❸「軍」字，原脱，據《後漢書·岑彭傳》補。

首尾相接，可燒而走也。」乃取蒙衝鬭艦十艘，載燥荻、枯柴，灌油其中，裹以帷幕，上建旌旗，豫備走舸，繫于其尾。先以書遺操，詐云欲降。時東南風急，蓋以十艦最著前，中江舉帆，餘船以次俱進。操軍吏士，皆出立營觀，指言蓋降。去北軍二里餘，同時發火，火烈風猛，船往如箭，燒盡北船，延及岸上營落。頃之，烟炎張天，人馬燒溺死者甚衆。瑜等率輕鋭繼其後，靁鼓大震，北軍大壞。操引軍從華容道步走，引軍北遁。二十四年，孫權使吕蒙襲關羽於江陵。蒙至潯陽，❶盡伏其精兵𦪇䑽中，使白衣搖櫓，作商賈人服，晝夜兼行。羽所置江邊屯候，盡收縛之，故羽不聞知。至江陵，羽將士遂以城降。

蕙田案：以上漢。

晉武帝謀伐吴，詔王濬修舟艦，乃作大船連舫，方百二十步，❷受二千餘人。以木爲城，起樓櫓，開四出門，其上皆得馳馬往來。又畫鷁首怪獸于船首，以懼江神。舟楫之盛，自古未有。時造船木柹，蔽江而下，吴建平太守吴彦取以白吴主，❸曰：「晉必有攻吴之計，宜增建平兵。」皓不從。太康元年，王濬伐吴，攻丹陽，克之。吴人于江磧要害之處，並以鐵鏁横截之。又作鐵錐長丈餘，暗置江中，以逆距船。濬乃作大筏數十，方百餘步，縛草爲人，被甲持仗，令善水者以筏先行，遇鐵錐，輒著筏去。又作大炬，長十丈，大數十圍，灌以麻油，在船前，遇鎖，然炬燒之，須臾，融液斷絶，於是船無所礙，順

❶「潯」，原作「尋」，據庫本及《文獻通考》卷一五八改。

❷「方」字，原脱，據《晉書・王濬傳》補。

❸「吴彦」之「吴」，原作「吾」，據庫本及《文獻通考》卷一五八改。

流徑造三山。孫皓遣游擊將軍張象率舟師萬人禦濬，象望旗而降，濬兵甲滿江，旌旗燭天，吴人大懼。

安帝義熙六年，盧循因劉裕北伐，乘虛襲建康，率衆數萬，方艦而下。裕引兵南還拒之，出輕利鬭艦，躬提幡鼓，衆軍騰勇争先。軍中多萬鈞神弩，所至摧陷。裕自中流蹙之，因風水之勢，賊艦悉泊西岸。岸上軍先備火萬具，悉焚之，賊衆大敗。

太尉劉裕率師伐秦，王鎮惡請率水軍自河入渭，直至渭橋。鎮惡所乘，皆蒙衝小艦，行船者悉在艦内，泝渭而進，艦外不見有行船人，北土素無舟楫，莫不驚異以爲神。

蕙田案：以上晉。

【《唐書・李靖傳》】蕭銑據江陵，靖陳圖銑十策，詔拜靖行軍總管攝趙郡王孝恭行軍長史。武德四年八月，大閲兵夔州。時秋潦，濤瀨漲惡，銑以靖未能下，不設備。諸將亦請江平乃進。靖曰：「兵機事，以速爲神。今士始集，銑不及知，若乘水傅壘，是震霆不及塞耳，倉卒召兵，無以禦我，此必禽也。」孝恭從之。九月，舟師叩夷陵，銑將文士宏以卒數萬屯清江，孝恭欲擊之，靖曰：「不可。士宏健將，下皆勇士，今新失荆門，悉鋭拒我，此救敗之師，不可當。宜駐南岸，待其氣衰乃取之。」孝恭不聽，留靖守屯，自往戰，大敗還。賊委舟散掠，靖視其亂，縱兵擊破之，取四百餘艘，溺死者萬人。即率輕兵五千爲先鋒，趨江陵，薄城而營。破其將楊君茂、鄭文秀，銑懼，檄召江南軍，不及，明日降。

蕙田案：《新唐書・兵志》不載舟師事，無可考。

又案：以上唐。

【《文獻通考》】宋太祖乾德初，鑿大池于京城之南，引蔡水以注之，造樓船百艘，選精兵，號「水虎捷」，❶習戰池中。開寶六年，詔以新池爲講武池。七年，將有事于江南。是歲，凡五臨幸，觀習水戰。九年四月，幸金明池，習水戰。上御水心殿，命從臣列坐，以觀戰艦角勝鼓譟以進，往來馳突，爲迴旋擊刺之狀。顧謂侍臣曰：「兵棹之技，南方之事也，今已平定，固不復用，但時習之，不忘武功耳。」訖真宗朝，歲習不輟。

高宗建炎元年，右僕射李綱言：「當於沿河、沿淮、沿江帥府置水兵二軍，要郡別置水兵一軍，招集善波、操舟便利之人，擬立軍號曰『凌波樓船軍』。」從之。四年，夏四月，兀术入寇，自明州回歸。韓世忠先屯焦山，以邀其歸路。兀术遣人約日會戰，世忠伏兵擊之，俘獲甚衆，及其舟千餘艘。敵終不得濟，復使致詞，願還所掠，益以名馬，求假道。世忠不從，與相持于黄天蕩。世忠以海艦進泊金山下，將戰，世忠預命工鍛鐵相連爲長綆，貫一大鉤，以授士之驍捷者。平旦，敵以舟噪而前，世忠分海舟爲兩道，出其背，每縋綆則曳一舟而入，敵竟不得濟。乃求與世忠語。世忠酬答如響，時於所佩金鳳瓶傳酒縱飲示之。兀术見世忠整暇，色益沮，乃求假道甚恭。世忠曰：「是不難，但迎還兩宫，復舊疆土，歸報明主，足相全也。」兀术既爲世忠所阨，欲自建康謀北歸，不得去。或教以蘆場地鑿大渠

❶「捷」字，原脱，據《文獻通考》卷一五八補。

二十餘里，❶上接江口，在世忠之上流。❷遂傍治城西南隅鑿渠，一夜渠成。次早出舟，世忠大驚。金人悉趍建康，世忠尾擊，敗之。兀术乃揭榜，募人獻所以破海舟之策。有教其於舟中載土，以平版鋪之，穴船板以擢槳，俟風息則出江，有風則勿出。海舟無風，不可動也。以火箭射其篛蓬，則不攻自破矣。一夜造火箭成，是日，引舟出江，其疾如飛，天霽無風，海舟皆不能動，以火箭射海舟篛蓬，世忠軍亂，遂潰還鎮江。

紹興三十一年，金亮渝盟入寇，李寶以舟師禦之。至東海縣時，金兵已圍海州，寶麾兵登岸，敵驚出意外，亟引去。於是魏勝出城迎寶，寶遣辯士四人招納降附。時山東豪傑王世隆輩，❸皆各以義旗聚衆，争應爲援。寶與子公佑引舟師至密之膠西石臼島，而敵舟已出海口，泊唐島，相距止一山，候風即南，不知王師之猝至也。寶伺敵未覺，遣其將曹洋、黄端禱于石臼神，祈風助順。忽風自南來，衆喜争奮，引帆握刃，俄頃，過山薄敵，鼓聲震蕩，敵驚失措。敵帆皆以錦纈爲之，彌亘數里，忽爲波濤捲聚一隅，窘促摇兀，無復行次。寶命以火箭射之，烟焰隨發，延燒數百。火不及者，猶欲前拒，寶命健士躍登其舟，以短兵擊刺，殪之舟中。其餘簽軍皆中原舊民，脱甲而降者三千餘人，獲酋首完顔鄭家奴等六人，❹斬之。又獲其統軍印與僞詔、文書、器甲、糧斛以萬計。寶欲乘勝以進，而聞逆亮已濟淮，遂旋師駐東海，視緩急爲援，遣小舟奏捷。既至，上

❶「蘆」，原作「盧」，據庫本及《文獻通考》卷一五八改。
❷「流」字，原脱，據《文獻通考》卷一五八補。
❸「隆」，原作「修」，據《文獻通考》卷一五八改。
❹「酋」字，原脱，據《文獻通考》卷一五八補。

命降詔獎之，除寶靖海節度、沿海制置使。十一月，❶亮親統細軍駐和州，欲由采石而渡。朝廷詔王權赴行在，以李顯忠代之，命虞允文趣顯忠交權兵。時顯忠未至，權聽留水軍舟船咸在。允文督軍士決戰，于是統制張振、王琪等列江岸以待之，而以海鰍船載精兵駐中流迎敵。布陣甫畢，亮以小紅旗麾舟絶江而來，諸將盡伏山崦，敵未之覺，一見大驚，欲退不可，敵舟皆旋爲之，底極不平，舟中之人皆不能施，盡爲官軍所殺。明日，允文又命戚新引舟師直楊林河口，駐舟江心，齊力射敵。敵見舟無歸路，於下流縱火自焚，官軍亦於上流焚其舟凡百八十，亮引去。

孝宗隆興元年九月，詔諸州召募水手，于手上刺「某州水軍」字，以革冒代之弊。　四年，樞密院言潮州守臣傅自修，欲於本軍禁軍闕額人數内撥三指揮二百人，專防海道，以諳識水勢人充。

　蕙田案：以上宋。

【《明史·兵志》】舟之制，江、海各異。太祖于新江口設船四百；永樂初，命福建都司造海船百三十七，又命江、楚、兩浙及鎮江諸府衛造海風船；成化初，濟州衛楊渠獻《槳舟圖》：皆江舟也。

海舟以舟山之烏槽爲首。福船耐風濤，且禦火。浙之十裝標號軟風、蒼山，亦利追逐。廣東船，鐵栗木爲之，視福船尤巨而堅。其利用者二：可發佛郎機，可擲火毬。大福船亦然，能容百人。底尖上闊，首昂尾高，柁樓三重，帆桅二，傍護以板，上設木女牆及礮牀。中爲四層，最下實土石；次寢

❶「月」，原作「年」，據《文獻通考》卷一五八改。

息所；次左右六門，中置水櫃，揚帆炊爨皆在是；最上露臺，穴梯而上，傍設翼板，可憑以戰。矢石火器則皆俯發，❶可順風行。海蒼視福船差小。開浪船能容三五十人，頭鋭，四槳一櫓，其行如飛。艟艚船視海蒼又小。蒼山船首尾皆闊，帆櫓並用。櫓設船傍近後，每傍五枝，每枝五跳，跳二人，以板閘跳上，露首于外。其制上下三層，下實土石，上爲戰場，中寢處。其張帆下椗，皆在上層。戚繼光云：「倭舟甚小，一入裏海，大福、海蒼不能入，必用蒼船逐之，衝敵便捷，温人謂之蒼山鐵也。」沙、鷹二船，相胥成用。沙船可接戰，然無翼蔽。鷹船兩端鋭，進退如飛。傍釘大茆竹，竹間窗可發銃箭，❷窗内舷外隱人以蕩槳，❸先駕此入賊隊，沙船隨進，短兵接戰，無不勝。漁船至小，每舟三人，一執布帆，一執槳，一執鳥嘴銃，可掩賊不備。網梭船，形如梭，竹桅布帆，容二三人，可哨探。蜈蚣船，象形也，能駕佛郎機銃，底尖面闊，兩傍楫數十，行如飛。兩頭船，旋轉在柁，因風四馳，諸船無逾其速。蓋自嘉靖以來，東南日備倭，故海舟之制特詳。

【顧炎武《海師説》】海道用師，古人蓋屢行之矣。吴徐承率舟師，自海入齊，此蘇州下海至山東之路。越王句踐命范蠡、舌庸率師，沿海泝淮，以絶吴路，此浙東下海至淮上之路。唐太宗遣强偉於劍南，伐木造舟艦，自巫峽抵江、揚，趨萊州，此廣陵下海至山東之路。漢武帝遣

❶「器」，原作「發」，據《明史・兵志四》改。
❷「銃」，原作「鋭」，據《明史・兵志四》改。
❸「窗」字，原脱，據《明史・兵志四》補。

樓船將軍楊僕從齊浮渤海擊朝鮮；魏明帝遣汝南太守田豫督青州諸軍自海道討公孫淵；秦苻堅遣石越率騎一萬，自東萊出右，逕襲和龍；唐太宗伐高麗，命張亮率舟師自東萊渡海趨平壤，薛萬徹率甲士三萬，自東萊渡海，入鴨緑水：此山東下海至遼東之路。漢武帝遣中大夫嚴助，發會稽兵，浮海救東甌，横海將軍韓説自句章浮海擊東越，此浙江下海至福建之路。劉裕遣孫處、沈田子自海道襲番禺，此京口下海至廣東之路。隋伐陳，吴州刺史蕭瓛遣燕榮以舟師自東海至吴，此又淮北下海而至蘇州也。公孫度越海攻東萊諸縣，侯希逸自平盧浮海據青州，此又遼東下海而至山東也。宋李寶自江陰率舟師敗金兵于膠西之石臼島，此又江南下海而至山東也。此皆古人海道用師之效。

蕙田案：以上明。

右漢至明舟師。

五禮通考卷第二百四十一

淮陰吴玉搢校字

五禮通考卷第二百四十二

内廷供奉禮部右侍郎金匱秦蕙田編輯
太子太保總督直隸右都御史桐城方觀承同訂
翰林院侍讀學士嘉定王鳴盛
按察司副使元和宋宗元　參校

軍禮十

田獵上

蕙田案：田獵之禮，起於皇古。傳曰：「古者聖人舉事必反本。五穀者，以奉宗廟、養萬民也。禽獸多則害稼穡。」故田獵以共承宗廟，示不忘武備，因以爲田除害也。是以《師》之六五，取象於「田有禽」，程子以爲「寇賊姦宄，爲生民之害，若禽獸入於田中侵害稼穡，於義宜取則獵取之」，其義精矣。至於順天時，因地利，備賓祭，蒐軍實，習勞懲怠，辨尊明卑，舉一事而衆善皆備者，此也。自秦、漢以下，每代皆有田獵之事。今折衷於《周官》，考其沿革，以類相附焉。

【《易・繫辭》】包犧氏作，結繩而爲網罟，以佃以漁，蓋取諸《離》。

【《屯卦》】六三：即鹿无虞，惟入于林中；君子幾，不如舍，往吝。《象》曰：「即鹿无虞，以從禽也；君子舍之，往吝，窮也。」

趙氏汝楳曰：「田者必夷其險阻，虞人設驅逆之車，使禽趨田，然後有獲。无虞，不驅禽即我，我反從禽，故曰即鹿也。」

【《師卦》】六五：田有禽，利執言，无咎。

何氏楷曰：「於《師》言田者，古人一歲三田，所以習武事也。班孟堅云：『禽者，鳥獸之總名，言爲人所禽制也。』」

華氏學泉曰：「奉辭伐罪，如害稼之禽，執之有辭，所謂『田有禽，利執言』也。」

【《比卦》】九五：顯比，王用三驅，失前禽，邑人不誡，吉。

【程《傳》】先王以四時之畋不可廢也，故推其仁心爲三驅之禮，乃《禮》所謂「天子不合圍」也。成湯祝網，是其義也。天子之畋，圍合其三面，前開一路，使之可去，不忍盡物，好生之仁也。只取其不用命者，不出而反入者也。禽獸前去，皆免矣，故曰「失前禽」也。王者顯明其比道，天下自然來比。來者撫之，固不煦煦然。❶來比於物，❷若田之三驅，禽之去者，從而不追，來者則取之也。

【《恒卦》】九四：田无禽。

朱子曰：「以陽居陰久，非其位，故爲此象。」

【《解卦》】九二：田獲三狐，得黄矢，貞吉。

朱子曰：「大抵此爻爲卜田之吉占。」

錢氏一本曰：「獲三狐，小人狐媚之險至二而無不解；得黄矢，君子中直之道至二而無不行。」

【《巽卦》】六四：悔亡，田獲三品。

《折中》曰：「四居高當位，載纘武功，而田害悉去。《解》獲三狐，而此獲三品，所獲者多矣。」

【《周禮·春官·大宗伯》】大田之禮，簡衆也。【注】古者因田習兵，閱其車徒之數。

王氏昭禹曰：「坐作進退，不講則不知；刺伐擒縱，不習則不能。春以振旅，夏以茇舍，秋以治兵，冬以大閱。此所以簡其能也。」

又曰：「攻鬭而冒矢石，人情之所不欲；馳騁而逐禽

❶「固」，庫本作「罔」。

❷「來」，元刻本《伊川易傳》作「求」；「物」，庫本作「我」。

獸，人情之所同欲。以人情之所不欲者，寓于所同欲之間，此人情樂爲之用，而四時教戰，所以皆寓于田。」

【《天官·太宰》】以八則治都鄙，八曰田役，以馭其衆。

王氏昭禹曰：「田以簡衆，役以任衆。」

【《禮經會元》】春蒐，夏苗，秋獮，冬狩，雖云農隙以講事，然以四時講武，使民奔走服役之不暇，終身擾擾，不得休息，豈先王使民之政乎？大抵成周致軍，其於六鄉、六遂之民，本不盡用也。雖曰田與追胥竭作，必隨遠近之地而遞征之，何嘗一一盡致於司徒而聽教於司馬也。辨鼓鐸則有軍將、師帥、旅帥、卒長、兩司馬、公司馬之屬，辨號令則有羣吏、百官、帥家、縣鄙、鄉野之屬，辨旗物則有諸侯羣吏、帥都、鄉遂、郊野、百官之屬，四時必隨其地之遠近，帥屬而遞教之矣。大司馬於四時之田，亦姑總其大綱言之爾。如此盡舉畿内之民而教之，吾恐所田之野，四表相去才三百五十步爾，雖容百官且不足，況六軍乎？都鄙去王城五百里，雖一年調發且不可，況四時乎？

蕙田案：葉氏此條，得古人馭衆之意。

【《小宰》】以官府之六聯合邦治，五曰田役之聯事。

【《禮經會元》】成周田獵之制，見於他官，如大司徒則以旗致民；小司徒則會卒伍以作田役；鄉師則前期出田法，簡其鼓鐸兵器，修其卒伍；州長則帥民而致之；黨正則作民而治其政事；族師則合其卒伍，簡其兵器，以鼓鐸、旗物帥而至；縣師則受法于司馬，作其衆庶、牛馬、車輦，會其卒伍、旗鼓、兵器，帥而至；遂人則作野民，帥而至；遂師則平野民；縣正則用野民，帥而至；稍人則以縣師之法作其同徒、輂輦，帥而至，以聽於司馬；鼓人則掌六鼓、四金，以正田役；司常則贊司馬，頒旗物，及致民，置旗斃之。此田獵致民之禁令見於他官者然也。山虞則萊山田之野，及弊田，植虞旗于中，❶致禽而珥焉；澤虞則萊澤野，及弊田，植虞旌以屬禽；迹人則掌邦田之地，爲厲禁而守之；牧師則贊焚萊；獸人則時田守罟，及弊田，令禽注于虞中；小宗伯則帥有司而饁獸于郊，遂頒禽；肆師則四時田獵，祭表貉，則爲位；甸祝則致禽于虞中，乃屬禽，及郊，饁獸，合奠于祖禰，乃頒禽；❷田僕則設驅逆之車；小子則斬牲左右徇陳。此田獵致禽之禁令見於他官者然也。成周田政，必分掌於六官之屬，以其皆預田也。而四時教法，則大司馬實總之。是以仲春而教振旅，平列陳，辨鼓鐸鐲鐃之用，遂以蒐田，以祭社；❸仲夏而教茇舍，撰車徒，讀書契，辨號名之用，遂以苗田，以享礿；中秋而教治兵，辨旗物之用，遂以獮田，以祀祊；中冬而教大閱，則合三時之所辨者而皆辨之，遂以狩田，以享烝。則大司馬因講武以寓田，因致禽以修祀，其禮然也。

蕙田案：葉氏此條，實所以發明田役聯事之意。

觀承案：田獵之禮大矣。古者寓兵於農，亦即寓戰於獵。蓋戰不可試

❶「虞」字，原脱，據庫本補。
❷「頒」，《周禮・春官・甸祝》作「斂」。
❸「以」字，原脱，據《周禮・地官・大司馬》補。

也，惟因爲田除害，且可供祭祀、待賓客，故教民田獵，即於此簡車徒，練軍實，辨鼓旗，備行陣，所以教其坐作進退之方，馳驅控縱之節，已無不周至；而其民惟知踴躍鼓舞，以及時趨赴，各有所得而反。不知其戰陣之法，已熟練於平素而無不精矣。此古禮之妙，所以使人悦而忘勞者也。

【《禮記·仲尼燕居》】以之田獵有禮，故戎事閑也。

【陳氏《禮書》】《周官》四時之田，春蒐以教振旅，夏苗以教茇舍，秋獮以教治兵，冬狩以教大閱。鄉師於凡田前期，出田法於州里，簡其兵器，脩其卒伍；山虞萊山田之野；澤虞萊澤野。而大閱之禮，爲表，百步則一表，爲三表，又五十步爲一表。田之日，司馬建旗于後表之中，羣吏以旗物帥民而致。質明，弊旗，誅後至者。羣吏聽誓於陳前，教以坐作進退之節，遂以狩田。以旌爲左右和之門，羣吏各帥其車徒以叙和出，左右陳車徒，有司平之；既陳，乃設驅逆之車，有司表貉于陳前。中軍以鼙令鼓，銜枚而進，獲者取左耳。然則虞人所萊之野，《穀梁》所謂「艾蘭以爲防」是也；以旌爲左右和之門，《穀梁》所謂「置旃以爲轅門，以葛覆質以爲槷」是也。其末田也，教戰於此。及田，則驅禽以入，天子發則抗大綏，諸侯發則抗小綏，諸侯發然後大夫士發，置虞於其中，以致禽焉。小宗伯帥有司而饁獸於郊，遂頒禽。則饁獸于郊者，《月令》所謂「既田命祠，祭禽四方」是也。頒禽，《詩傳》及《穀梁》所謂「擇取三十爲俎，其餘以予大夫士」是也。田之服則冠弁服，車則木路，旗則大麾，弓則夾弓、庾弓，矢則鍭矢、殺矢。其出也，用牲于社宗而載之行；其止也，張幕，設重帟重案，而於是臨誓。先王之於田，宜社造廟，祭馬祖，繼之以饁獸于郊，慎之至也。

蕙田案：陳氏此條，叙田獵始終儀節，正《記》所云「有禮」者也。

【《王制》】無事而不田曰不敬，田不以禮曰暴天物。

【《春秋》隱公五年《左氏傳》】臧僖伯曰：「春蒐、夏苗、秋獮、冬狩，皆於農隙以講事也。三年而治兵，入而振旅，歸而飲至，以數軍實。昭文章，明貴賤，辨等列，順少長，習威儀也。鳥獸之肉不登於俎，皮革、齒牙、骨角、毛羽不登於器，則君不射，古之制也。」【疏】《爾雅》釋四時之獵名與此同。《周禮·大司馬職》：「中春教振旅，中夏教茇舍，中秋教治兵，中冬教大閱。」其名亦與此同。桓四年《公羊傳》曰：「春曰苗，秋曰蒐，冬曰狩。」三名既與《禮》異，又復夏時不田。《穀梁傳》曰：「四時之田，皆爲宗廟之事也。春曰田，夏曰苗，秋曰蒐，冬曰狩。」皆與《禮》異者，良由微言既絶，曲辨妄生，丘明親受聖師，故獨與禮合。明帝集諸學士作《白虎通義》，❶因《穀梁》之文爲之説曰：「王者、諸侯所以田獵何？爲苗除害，上以共宗廟，下以簡集士衆也。春謂之田何？春者，歲之本，以本名而言之也。夏謂之苗何？擇其懷任者也。❷秋謂之蒐何？蒐索肥者也。冬謂之狩何？守地而取之也。四時之田，總名爲田何？田除害也。」案苗非懷任之名，何云「擇去懷任」？秋獸盡皆不瘦，何云「蒐索取肥」？雖名通義，義不通也。故先儒皆依《周禮》。謂之獵者，蔡邕《月令章句》曰：「獵者，捷取之名也。」

蕙田案：經傳所説四時之田，異説

❶「明帝」，阮元《春秋左傳注疏校勘記》以爲當作「章帝」，是。

❷「其」，疑當作「去」，詳阮元《春秋左傳注疏校勘記》。

甚多。《周禮》、《左傳》四時皆田，《公羊》注夏時不田。其異一。《周禮》蒐、苗、獮、狩，歲歲皆行；《左傳》治兵振旅，三年一舉。其異二。《周禮》、《左傳》以蒐、苗、獮、狩分春、夏、秋、冬，《公羊》春苗秋蒐，《穀梁》春田秋蒐。其異三。案《大宗伯》言「大田之禮」，則田者總名，何故專屬之春？賈誼《新書》亦謂：「夏不田何也？曰：天地陰陽盛長之時，猛獸不攫，鷙鳥不搏，蝮蠆不螫，鳥獸蟲蛇且知應天，而況人乎哉？」此說似亦近理。然《周禮》明有夏苗，則亦不足據也。餘三說亦當以《左傳》爲正。

【賈誼《新書》】王者、諸侯所以田獵者何也？爲田除害，上以供宗廟，下以簡集士衆也。蒐、苗、獮、狩之禮，簡戎事也。苗者，毛取之。蒐者，搜索之。狩者，守留之。謂之畋何？去禽獸害稼穡者，故以田言之。孝子已有三牲，必田狩者，以爲己之所養，不如天地自然之牲逸豫肥美也。

【劉向《說苑》】謂之畋何？聖人舉事必反本。五穀者，以奉宗廟養萬民也。去禽獸害稼穡者，故以田言之。聖人作名號而事義可知也。傳曰：春曰蒐，夏曰苗，秋曰獮，冬曰狩。百姓皆出，不失其馳，不抵禽，不詭遇，逐不出防，此蒐、苗、獮、狩之義也。故蒐、苗、獮、狩之禮，簡戎事也。

右田獵名義。

【《春秋》桓公四年《公羊傳》】春曰田，夏曰苗，秋曰蒐，冬曰狩。

蕙田案：何休以《公羊》夏苗但去害苗而不田獵。

【《穀梁傳》】春曰田，夏曰苗，秋曰蒐，冬曰狩。四時也，四用三焉。

蕙田案：此即夏不田之説。傳意謂有此禮而不常用也，可與《月令》孟夏「毋大獵」相發明。

【《禮記·月令》】季春之月，田獵，罝罘、羅網、畢翳、餧獸之藥，毋出九門。【注】爲鳥獸方孚乳，傷之逆天時也。獸罟曰罝罘，鳥罟曰羅網，小而柄長謂之畢。翳，射者所以自隱也。凡諸罟及毒藥，禁其出九門，明其常有，時不得用耳。天子九門者，路門也，應門也，雉門也，庫門也，皋門也，城門也，近郊門也，遠郊門也，關門也。【疏】路門内有者，不得出路門；應門内有者，不得出應門。舉此可以知之。

孟夏之月，驅獸，毋害五穀，毋大田獵。

陳氏澔曰：「夏獵曰苗，正爲驅獸之害禾苗者，與三時大獵自不同。」

季秋之月，天子乃教于田獵，以習五戎，班馬政。【注】教于田獵，因田獵之禮教民以戰法也。五戎，謂五兵，弓矢、殳、矛、戈、戟也。馬政，謂齊其色，度其力，使同乘也。《校人職》曰：「凡軍事，物馬而頒之。」

仲冬之月，山林藪澤，有能取蔬食田獵禽獸者，野虞教道之。其有相侵奪者，罪之不赦。

【《王制》】獺祭魚，然後虞人入澤梁。豺祭獸，然後田獵。鳩化爲鷹，然後設罻羅。【注】取物必順時候也。梁，絶水取魚者。罻，小網也。【疏】案《月令》正月「獺祭魚」，《孝經緯》云：「獸蟄伏，獺祭魚。」則十月中也。是獺一歲再祭魚。此下文「鳩化爲鷹」、「草木零落」，交相連接，則獺祭魚謂十月時。《魯語》里革云：「鳥獸孕，水蟲成，于是乎禁罝罜羅網。」然則正月雖獺祭魚，虞人不得入澤梁。《月令》九月豺乃祭獸，《夏小正》十月豺祭獸，則是九月末十月之初豺祭獸後，可以田獵。「鳩化爲鷹」者，謂八月時，但鳩化有漸，故《月令》季夏云「鷹乃學習」，孟秋云「鷹乃祭鳥」，其化爲鷹，則八月也。以《月令》二月「鷹化爲鳩」，則八月「鳩化爲鷹」

也。❶《周禮・司裘》云：「中秋，獻良裘。」鄭司農云「中秋，鳩化爲鷹」是也。「設罻羅」者，《説文》云：「罻，捕鳥網也。」又《爾雅》云：「鳥罟爲羅。」罻羅，總是捕鳥之網。

蕙田案：玩此條，知古人田獵，重於秋冬，春夏雖有其制而不備也。考之經傳，謂四時皆田者，《周禮》、《左傳》、《穀梁傳》也。謂夏不田者，《公羊傳》何休注及《春秋緯運斗樞》也。何休竟以夏無田獵譏《穀梁》爲短，固屬非是。鄭康成則以緯書爲孔子所作，四時田者周制，三時田者夏、殷制，孔子欲改周制，不敢顯露，陰書于緯，而于《春秋》則仍用周制。其説穿鑿而害道，皆未細玩《月令》季春羅網毋出、孟夏毋大田獵及《穀梁》四用三焉之義。觀《王制》獺祭魚云云，亦專指秋冬。又云：「天子、諸侯無事則歲三田。」即《周禮》所載儀節，亦惟治兵、大閲特詳于振旅、茇舍，古聖人順天時以取物，因農隙以講武，春夏生長之候，決不肯多殺以擾民也。然四時皆有農隙而武備不可以不時肄，故斟酌于四時之中，而有詳略之别焉，其義精矣。

觀承案：《周禮》四時皆田，以四時皆有農隙，則乘其隙而行之可也。然《王制》已有「天子諸侯無事則一歲三田」之文。蓋夏禾方盛，於田獵原不甚相宜，因思宣王《車攻》詩特標出「之子于苗」句，此與《六月》之詩同意。蓋宣王非無事之時，既盛夏興師，又行夏苗之禮，以習軍陣

❶「爲」字，原脱，據《禮記・王制》疏補。

也。則平日之田，不必四時皆行，故《周禮》尤詳大閱之禮，而《豳風》「一之日于貉，二之日載纘武功」，亦總在冬時。然則田雖備四，而行之當酌其宜，要惟秋冬爲重也。

右田獵時令。

【《周禮·天官·獸人》】掌罟田獸，辨其名物。【注】罟，網也。以網搏所當田之獸。【疏】名物者，謂獸皆有名號物色也。案《夏官》四時田獵，春用火，夏用車，秋用羅，冬用徒。四時各以其一爲主，無妨四時兼有網也。冬獻狼，夏獻麋，春秋獻獸物。【注】狼膏聚，麋膏散，聚則温，散則涼，以救時之苦也。獸物，凡獸皆可獻也，及狐狸。【疏】《内則》，狐去首，狸去正脊，二者並堪食之物。凡田獸者，掌其政令。

王氏曰：「畋狩有時，《王制》『獺祭魚然後虞人入澤梁』云云是也。取獸有法，如『不麛、不卵、不殺胎、不殀夭、不覆巢，踐毛不獻，不成禽不獻』是也。田獵有地，如『東有甫草，駕言行狩』是也。及夫辨其死生鱻薧之物，當公當私之宜，斷其爭禽之訟，皆所謂『政令』也。」

【《地官·迹人》】掌邦田之地政，爲之厲禁而守之。【注】田之地，若今苑也。【疏】迹人主迹禽獸之處，有禽獸處則爲苑囿，以林木爲藩羅，使其地之人遮獲而厲守之。凡田獵者，受令焉。【注】令，謂時與處也。【疏】時，謂仲春、仲夏、仲秋、仲冬。處，謂山澤也。其受令者，謂夏官主田獵者。

【《禮記·郊特牲》】大羅氏，天子之掌鳥獸者也，諸侯貢屬焉。❶草笠而至，尊野服也。羅氏致鹿與女，而詔客告也。以戒諸侯曰：「好田好女者亡其國！」

蕙田案：以上官守職掌。

【《周禮·天官·小宰》】以官府之八成經邦治，二曰聽師田以簡稽。【注】簡猶閲也。稽猶計也。計其士之卒伍，閲其兵器，爲之要簿也。

【《孟子》】孔子之仕于魯也，魯人獵較，孔子

❶「侯」下，原有「之」字，據庫本及《禮記·郊特牲》删。

亦獵較。奚獵較也？孔子先簿正祭器，不以四方之食供簿正。【注】先爲簿書，以正其宗廟祭祀之器。即其舊禮，取備于國中。不以四方珍食供其所簿正之器。

蕙田案：以上田獵簿録會計。

【《周禮·春官·巾車》】木路，前樊鵠纓，建大麾，以田。【注】木路，不鞔以革，漆之而已。前，讀爲緇翦之翦。翦，淺黑也。木路無龍勒，以淺黑飾韋爲樊，鵠色飾韋爲纓。不言就數，飾與革路同。大麾不在九旗中，以正色言之則黑，夏后氏所建。田，四時田獵。【疏】趙商問：「《大司馬職》曰四時皆建大常，今又云『建大麾以田』何？」答曰：「麾，夏之正色。雖習戰，春夏尚生，其時宜入兵，夏本不以兵得天下，故建其正色以春田。秋冬出兵之時，乃建大常。」

【《夏官·田僕》】掌馭田路，以田以鄙。【注】田路，木路也。田，田獵也。鄙，循行縣鄙。　【疏】縣鄙在六遂之中，王巡六遂縣鄙，則六鄉州黨巡之可知。舉遠以明近也。

鄭氏鍔曰：「王田必乘木路者，蓋木德盛於東方，仁也。王者之田不合圍，仁也。然『以田以鄙』，或以爲都鄙。王者無循行縣鄙親自省耕之理，然則或田于三田之地，或田于縣鄙之地而已。」

王氏曰：「王行在鄙則去飾，故乘木路。」

蕙田案：木路之解，以王氏去飾之説爲確。鄭氏東方木德之説太鑿。「以鄙」之解，以鄭氏「田於縣鄙」之説爲確。注疏解爲「巡行縣鄙」。案此官名田僕，其下文所言皆是田事，巡行事無據，況國中及六鄉公田都鄙皆不見有巡行之文，舉遠見近，究曲説也。

掌佐車之政。【注】佐亦副。　【疏】《少儀》注云：「朝祀之副曰貳，戎獵之副曰佐。」案《王制》云：「大夫殺則止佐車。佐車止，則百姓田獵。」

鄭氏鍔曰：「田必有佐車，掌其政令，使當田者則田，當止者則止，所以全人君之仁。」

設驅逆之車，【注】驅，驅禽獸使前趨獲。逆，銜還之，使不得出圍。

鄭氏鍔曰：「自後驅禽使之就獲，自前逆禽使不出圍。」

令獲者植旌。【注】以告獲也。植，樹也。

鄭氏鍔曰：「獲者植旌，使人望其旌而知其獲禽，不獨爲己有也。山虞植虞旗，澤虞植虞旌，爲屬禽設，此則令獲禽者自植以告獲也。」

【《禮記·月令》】季秋之月，命僕及七騶咸駕，載旌旐，授車。【注】僕，戎僕及御夫也。七騶，謂趣馬，主爲諸官駕説者也。既駕之，又爲之載旌旗。《司馬職》曰「仲秋教治兵，如振旅之陳。辨旗物之用：王載大常，諸侯載旂，軍吏載旗，師都載旜，❶鄉遂載物，❷郊野載旐，百官載旟」是也。

【《周禮·春官·司常》】凡軍事，建旌旗。及致民，置旗，弊之。甸，亦如之。【注】始置旗以致民，民至，仆之。誅其後至者。

蕙田案：以上田獵車馬旌旗。

【《地官·山虞》】若大田獵，則萊山田之野。【注】萊，除其草萊也。【疏】謂大田獵，謂王親行也。萊山田之野，謂於防南擬教戰之處芟去草萊。南北二百五十步，東西步數未聞，廣狹可容六軍，三三而居一偏。

【《地官·澤虞》】若大田獵，則萊澤野。

王氏曰：「澤野，所謂藪也。」

蕙田案：澤中之獵，不見於《大司馬》。《春秋内外傳》所載「如棠觀魚」、「濫於泗淵」之類，又皆失禮之事居多。然《地官·山虞》、《澤虞》並有「大田獵」之文，則其事可以意會。其從略者，殆以《周官》之時，舟師未備，故講武亦詳山而略澤歟？

【《詩·毛傳》】田者，大艾草以爲防，或舍其中，褐纏旃以爲門，裘纏質以爲槸，槸，魚列反。間容握，驅而入，擊則不得入。左者之左，右者之右，然後焚而射焉。

❶「師」，原作「司」，據《禮記·月令》注改。

❷「遂」，孫詒讓《周禮正義》以爲當作「冢」。

孔穎達曰：「田獵者，必大芟殺野草以爲防限，作田獵之場，擬殺圍之處。或復止舍其中，謂未田之前，誓士戒衆，故教示戰法，當在其間止舍也。既爲防限，當設周衞而立門焉。乃以織毛褐布纏通帛旃之竿，以爲門之兩傍。其門蓋南開，並爲二門，用四旃四褐也。又以裘纏椹質以爲門中之闑。闑，車軔之裏，兩邊約車輪者。其門之廣狹，兩軸頭去旃竿之間各容一握。握，人四指，爲四寸。是門廣於軸八寸也。入此門，當馳走而入，不得徐也。以教戰試其能否，故令驅焉。若驅之，其軸頭擊著門傍旃竿，則不得入也。所以罰不正也。以天子六軍，分爲左右，雖同舍防内，令三軍各在一方，取左右相應。其屬左者之左門，屬右者之右門，不得越離部伍，以此故有二門也。」

【《春秋》昭公八年《穀梁傳》】因蒐狩以習用武事，禮之大者也。艾蘭以爲防，置旃以爲轅門，以葛覆質以爲槷，流旁握，御轚者不得入。【注】蘭，香草也。防，爲田之大限。旃，旌旗之名。《周禮》：「通帛，旃。」轅門，卬車，以其轅表門。質，椹也。槷，門中臬。葛，或作褐。流旁握，謂車兩轊頭各去門邊空握。握，四寸也。轚挂則不得入門。【疏】置旃以爲轅門，謂以車爲營，舉轅爲門，又建旃以表之。以葛覆質以爲槷，質者，中門之木椹。謂恐木椹傷馬足，故以葛草覆之，以爲質。葛或爲褐者，謂以毛布覆之。流旁握，御轚者不得入，徐邈云：「流，至也。」門之廣狹，足令車通，至車兩軸，去門之旁邊一握。握，四寸也。轚，謂挂著。若車挂著則不使得入，以恥其御拙也。

【《禮記·月令》】季秋之月，命僕，以級，整設于屏外。【注】級，等次也。整，正列也。設，陳也。屏，所田之地，門外之蔽。【疏】戎僕等以馬駕車，又載旌旐既畢，以其尊卑等級，正其行列，設于軍門之外東西廂，以爲行陣。于是司徒在兩行之間，北面誓之。或者屏之外，左右六軍嚮南而陳，司徒于陣前，北面誓之也。云

「屏，所田之地，門外之蔽」者，案《詩傳》云：「褐纏旃以爲門，驅而入，轚則不得入。」❶既門外驅車，則不得有屏。此門外之屏者，❷蓋車入之時則去屏，無事之時則設屏也。

【《周禮・天官・幕人》】凡田役，共其帷、幕、幄、帟、綬。【注】共之者，掌次當以張。

【《掌次》】師田，則張幕，設重帟重案。【注】不張幄者，于是臨誓衆，王或回顧占察。

蕙田案：田獵之前，必先治其止舍之處以爲防限，是以山虞、澤虞既已先期芟除草萊，而臨時則又有戎僕等爲之設其轅門，正其行列，然後掌次、幕人等共其幄帟，而規制周密矣。若《毛詩》傳疏所言，即今之圍場也。《穀梁》、《月令》及《周禮・天官》所言，即今之帳房也。考《史記・五帝本紀》，黄帝以師兵爲營衞，遷徙無常處。此即古者營盤、壘砦之遺制，蓋其所從來者遠矣。

又案：《月令》以級整設於屏外，雖專爲季秋言之，然《車攻》之詩云「之子于苗」，本爲夏狩。而毛、鄭亦以艾蘭爲防之説解之，則知此制固通于四時也。

又案：以上田獵場地陳設。

【《禮記・月令》】季秋之月，司徒搢扑，北面誓之。【注】誓衆以軍法也。【疏】《司徒職》云：「施十有二教，八曰以誓教恤，則民不怠。」誓民，誓以犯田法之罰也。❸誓曰：「無干車，❹無自後射。」案于經注，則司徒主誓，今田獵出軍，亦于所獵之地而搢扑北面誓之也。搢，插也。

❶「轚」，原作「槷」，據《禮記注疏》改。
❷「門」，原作「内」，據《禮記注疏》改。
❸「罰」，原作「誓」，據《禮記注疏》改。
❹「干」，原作「下」，據《禮記注疏》改。

蕙田案：以上田獵之前誓衆。

【《周禮・春官・司几筵》】甸役則設熊席，右漆几。【注】謂王甸，有司祭表貉所設席。

陳氏曰：「大田簡衆，大役任衆，涖之不可以無威，故席以熊皮設之。或曰右几，武事尚右也。」

蕙田案：以上田獵几席。

【《司服》】凡甸，冠弁服。【注】甸，田獵也。冠弁，委貌，其服緇布衣，亦積素以爲裳。諸侯以爲視朝之服。【疏】《士冠禮》及《郊特牲》皆曰：「委貌，周道。」鄭注《士冠》云：「委猶安也，言所以安正容貌。」故云委貌。若以色言，則曰玄冠也。云「其服緇布衣，亦積素以爲裳」者，《士冠禮》云：「主人玄冠、朝服、緇帶、素韠。」注云：「衣不言色者，衣與冠同。」裳又與韠同色。是其朝服緇布衣，亦如皮弁積素以爲裳也。言「凡甸，冠弁服」，據習兵之時，若正四時，則當戎服。是以《月令》「季秋，天子乃教於田獵，以習五戎。司徒搢扑，北面以誓之。天子乃厲飾，執弓挾矢以獵。」注云：「厲飾，謂戎服，尚威武也。」以此觀之，「習五戎」，「司徒誓之」，不戎服，著冠弁可知。

王氏應麟曰：「兵事，韋弁服。眡朝，則皮弁服。甸，則冠弁服。《左傳》『衛獻公不釋皮冠』，則皮弁、韋弁同，但色異耳，是正田用韋弁也。《援神契》云：『皮弁素積，軍旅也。』軍士之服，通皆韋皮。《坊記》注云：『在軍同服。』《左傳》：『均服振振。』」

郝氏敬曰：「冠弁，即爵弁，以繒帛爲之。古冠制，小用緇布玄繒，後世用爲弁，故曰冠弁，明與韋、皮二弁異，猶冕之言弁冕也。《曾子問》云『尸弁冕而出』，鄭謂『委貌』非也。委貌，冠耳。」

蕙田案：以上田獵冠服。

【《夏官・司弓矢》】夾弓、庾弓，以授射鳥獸者。【注】往體多，來體寡，曰夾、庾。射鳥獸，近射也，近射用弱弓。

凡矢，殺矢、鍭矢用諸近射、田獵；矰矢、茀矢用諸弋射。【注】殺，弓所用也。鍭，弩所用也。殺矢，言中則死。鍭矢象焉，鍭之言候也。二者皆可以射禽獸，前尤重，中深，而不可遠也。結繳于矢謂之矰。矰，高也。茀矢象焉，茀之言刜也。二者皆可以弋飛鳥，刜羅之也。前于重，又微輕，行不低也。

蕙田案：以上田獵弓矢。

又案：田獵所用之器物，非先時而爲之備則事不濟。以上所列，皆豫備事也。先車馬旌旗，次場地者，《月令》「七騶咸駕」，然後及整設車馬。旌旗，田獵之所首重，無此，則不能立止舍之處也。場地之下，即次誓衆者，《月令》疏整設屏外，❶司徒誓衆於其中故也。自是而几席、冠服、弓矢。至鼓鐸、車旗、器物，則錯見於《鄉師》以下徵發諸條。其先後條理，可以意會也。《詩》「我車既攻」、「田車既好」，詠車也；「我馬既同，四牡龐龐」、「四黄既駕，兩驂不倚」，詠馬也；「建旐設旄」、「悠悠旆旌」，詠旌旄也；「決拾既佽，弓矢既調」，詠兵器也。《車攻》、《吉日》二篇之所陳，蓋略備矣。

【《天官・獸人》】時田則守罟。【注】守，謂備獸觸攫也。【疏】時田，謂四時田獵。

右田獵官司、戒具。

【《周禮・地官・大司徒》】大田役，以旗致萬民，而治其徒庶之政令。【注】旗，畫熊虎者也。徵衆，刻日樹旗，期民於其下。【疏】凡軍旅田獵所用民徒，先起六鄉之衆。

史氏曰：「軍旅所以用衆，大田所以簡衆。衆之所聚，政令行焉。不有旗表，其觀視何所趨向哉？」

易氏祓曰：「大司徒以旗致民，致之于比、閭、族、黨、州、鄉之聯也；大司馬以旗致民，致之于平列陳之際也。」

【《鄉師》】凡四時之田，前期，出田灋于州里，簡其鼓鐸、旗物、兵器，修其卒伍。【注】田灋，人徒及所當有。

魏氏校曰：「簡者，豫爲閱計。修者，豫爲配當。古之

❶「疏」字，疑衍。

勇，好以整，又好以暇。」

及期，以司徒之大旗致衆庶，而陳之以旗物；辨鄉邑而治其政令刑禁，巡其前後之屯，而戮其犯命者，斷其爭禽之訟。【注】司徒致衆庶者，以熊虎之旗。陳之以旗物，以表正其行列。【疏】鄉師爲司徒致衆庶，故還用司徒之大旗。辨鄉邑者，田時六鄉之衆與公邑之民皆在焉，❶各分別爲陳也。

黄氏度曰：「鄉師致衆庶，各致其鄉之民也。將田，先閲于其鄉，而以司徒之旗致之，使知有所統也。」

高氏愈曰：「古者因田以講武，其事至重，故鄉師特主治之。」

【《州長》】若國作民而師田、行役之事，則帥而致之，掌其戒令與其賞罰。【注】致之，致之于司徒也。掌其戒令賞罰，則是于軍爲師帥。【疏】田，謂田獵。

黄氏度曰：「六鄉之軍，聽于王，主于司徒。平居常自爲六軍之教，故六鄉徵發則稱國，言有天子之命也。獨見之于州長，州長承其命也。帥而致之，軍旅致之于小司徒，役致之于鄉師；小司徒、鄉師各以其事帥之而致于大司徒。」

【《黨正》】凡作民而師田行役，則以其灋治其政事。【注】亦於軍，因爲旅帥。

鄭氏鍔曰：「師田行役，衆庶所聚，非致嚴以馭之不可也。以法而治其政事，又異乎平日之教以禮事矣。」

【《族師》】若作民而師田行役，則合其卒伍，簡其兵器，以鼓鐸、旗物帥而至，掌其治令、戒禁、刑罰。【注】亦於軍，因爲卒長。【疏】帥而以至者，帥至于鄉師，以致于司徒也。

鄭氏鍔曰：「一旅之衆，居則有比閭之聯，而卒伍猶未之合；有耒耜之用，而兵器或未之精。至于作之而師田行役，族師遂爲一卒之長，欲其師行之有統，則必合爲卒伍；欲其攻戰之必勝，則必簡其兵器。合則使之聯而不散，簡則使之精而無敝。又用鼓鐸、旗物率之至于師田行役之所，猶恐其不肅，復掌其治令、戒禁、刑罰，孰敢不率哉！」

【《縣師》】若將有軍旅、田役之戒，則受灋于

❶「田」，原作「四」，據《周禮注疏》改。

司馬，以作其衆庶及馬牛、車輦，會其車人之卒伍，使皆備旗鼓、兵器，以帥而至。【注】受灋於司馬者，知所當徵衆寡。

黃氏度曰：「司馬主兵，其令不得直行，必有縣師關節，此先王微意。兵皆民也，發民爲兵，而主兵之官不應全不知，故使其屬行司馬之法。作，起也。起其衆庶、馬牛、車輦，而後會其車人卒伍。邦國都鄙卒伍，鄉法雖素定，而車人不相須；甸稍縣都，野法，車人相須，而縣鄙居民未嘗爲卒伍：故於此皆以司馬之法會之。五人爲伍，百人爲卒，離則皆伍，聯則皆什，百人爲卒，鄉爲四閭，野爲四里，車徒異部，多少稱事。」

【《遂人》】若起野役，則令各帥其所治之民而至，以遂之大旗致之，其不用命者誅之。【注】役，謂師田。遂之大旗，熊虎。【疏】令各帥其所治之民而至者，謂令縣正以下。遂人、遂大夫合用鳥隼之旗致衆，今遂人掌衆與大司徒同，故致衆得用熊虎爲旗也。

凡事，致野役，而師田作野民，帥而至，掌其政治禁令。

鄭氏鍔曰：「國有功役之事，又有師田之事。功役則用當役之人，師田則衆民竭作。故於事言『野役』，於師田言『野民』。當役之人，則致之使自至。衆力竭作，則其事大，有以作而起之，遂人帥而至。掌政治禁令，以齊一之，則衆雖繁不亂矣。」

【《遂師》】軍旅、田獵，平野民，掌其禁令，比叙其事而賞罰。【注】平，謂正其行列部伍也。鄭司農云：「比，讀爲庀。」【疏】野民，謂六遂之民。比叙者，校比次叙其行伍而行賞罰。《周禮》云「比」者，後鄭皆爲校比，先鄭皆爲庀。庀爲具，得通一義，故引之在下也。

魏氏校曰：「未至師，遂師先以軍法部署而行賞罰。帥而至，則賞罰一聽於大司馬及大司徒。」

【《縣正》】若將用野民師田、行役，移執事，則帥而至，治其政令。【注】移執事，移用其民。鄭司農云：「謂轉相佐助。」

【《稍人》】若有師田之事，則以縣師之法作其同徒、輂輦，帥而以至，治其政令，以聽於司馬。【注】有軍旅、田役之戒，縣師受灋于司馬。邦國都鄙、稍甸郊里，惟司馬所調。以其法作其衆庶及馬牛車輂，會其車人之卒伍，使皆備旗鼓兵器，以帥而至，是以書令之耳。其所調若在家邑、小都、大都，則稍人用縣師所受司馬之法作之，帥之以致於司馬也。同徒，司馬所調之同。凡用役者，不必一時皆徧，以人數調之，使勞逸遞焉。

【疏】稍人屬縣師，縣師屬大司馬，大司馬得王進止，縣師即受法於司馬。縣師既得法，稍人又受法于縣師，故云「以縣師之法作其同徒」也。既作同徒，乃致與大司馬，故云「以聽于司馬」也。

蕙田案：起徒役之事，惟田與追胥竭作，則是田獵起徒較他事獨衆。凡經文「師田」連言者，今於《出師門》內不復分析兩載，總入《田獵》內，可以互見云。

又案：六鄉之鄉師、州長、族師、黨正等官，六遂之遂人、遂師、縣正等官，皆平日治民之官也。及其有師田之事，則凡起徒致民之政令，皆以屬之，遞相統率，以致於大司徒，因以屬于大司馬。惟比長、閭師、鄰長、里宰、酇長、鄙師諸官所轄者少，故不復詳。但於《閭胥》云「凡春秋之役政，聚衆庶則讀法」，《鄙師》云「凡作民，則掌其戒令」，《酇長》云「若作其民而用之，則以旗鼓兵革帥而至」，《里宰》云「掌比其邑之兵器，以待有司之政令」，如是而已。

又案：出師之制，先發六鄉爲六軍，次發六遂爲十二軍。自近而遠，各有差等。田獵亦宜然。故經於六鄉之官言「師田」者四，六遂之官言「師田」者三，若《稍人》不過一條，而縣畺則無文。蓋六遂已不常發，稍地則所發尤稀，縣畺則其地益遠，田獵徵發，未必及之。此經之所以略也。然又有説者，大司徒，地官之長，固無所不統矣。而縣師之所掌，亦兼邦國、都鄙、稍甸、郊里之地域，則是從六鄉以外，及於邦國，無不統轄。又《遂人》「掌邦之野」，鄭云「此野爲甸稍縣都」，則遂人於畿內亦無不統轄。《遂師》云「經牧其田野」，疏「遂人兼掌采地，采地有井田法，故此經云經牧其田野」，則遂師於畿內亦無不統轄。其各條內所言「師田」，蓋連稍縣畺亦并包在內。此皆經外之意，可以推而知也。

【《國語·周語》】王治農於藉，搜於農隙，耨穫亦於藉，獮於既烝，狩於畢時，是皆習民數者也。

右田獵徵發政令。

【《周禮·春官·小宗伯》】凡王之甸役之禱祠，肄儀爲位。【注】肄，習也。爲位，小宗伯主其位。

【《肆師》】凡四時之大甸獵，祭表貉則爲位。【注】貉，師祭也。於所立表之處爲師祭，祭造軍法者，❶禱氣勢之倍增也。其神蓋蚩蚘，或曰黄帝。

【《甸祝》】掌四時之田表貉之祝號。【注】杜子春云：「貉，兵祭也。《爾雅》曰：『是類是禡，師祭也。』」玄謂：田者，習兵之禮，故亦禡祭，禱氣勢之什百而多獲。

【《詩·小雅·吉日》】吉日維戊，既伯既禱。【傳】伯，馬祖也。重物慎微，將用馬力，必先爲之禱其祖。禱，禱獲也。【疏】言王以吉善之日維戊也，於馬祖之伯既祭之求禱矣。以馬祖謂之伯，❷伯者，長也。鄭云：「馬祖，天駟。」《釋天》云：「天駟，房也。」孫炎曰：「龍爲天馬，故房四星謂之天駟。」鄭亦引《孝經説》曰「房爲龍馬」者是也。

何氏楷曰：「『既伯既禱』，田祭也。伯，通作貊，亦作貉，鄭司農讀爲禡。《王制》：『禡於所征之地。』《孔叢子》云：『已

❶「祭」字，原脱，據阮元《周禮注疏校勘記》補。
❷「馬」，原作「田」，據《毛詩注疏》改。

克敵，使擇吉日，復禡於所征之地。』鄭玄云：『禡，師祭也，爲兵禱，其禮亡。』其田獵之祭，則名之爲貉。《周禮》蒐苗獮狩，有司皆表貉於陳前，鄭注謂『貉，讀爲十百之百。❶於立表處爲師祭，祭造軍法者。其神蓋蚩尤，或曰黄帝』。杜子春讀亦同，云『貉，兵祭也』。田以講武治兵，故有兵祭，禱氣勢之十百而多獲。邢昺云：『貉之言百，祭祀此神，求獲百倍也。』愚案：『貉』、『貊』本是一字，以百解貊，無乃强解；讀貉爲百，亦未必然。又有言『祭貉以導獸』者，要皆附會。以愚意揣之，政緜古人讀『貊』與『禡』同音，遂訛禡爲貊耳。禡，祭名也，故字從示其意，馬諧聲，義必有取。或殺馬爲牲，或以馬者國之大事，克敵必藉焉，故爲馬祈福，亦未可知。師、田皆行軍之事，其同有禡祭焉，宜也。觀《説文》『既伯』作『既禡』可證，今《韻會》中伯字亦有禡音。蓋緜『伯』、『貊』相訛而然，無足疑者。此『既伯』，即田獵之日表貉之祭也。《毛傳》以伯爲馬祖，案《周禮·校人職》云：『春祭馬祖。』鄭以爲『天駟』。天駟，房也。《晉天文志》云：『天駟，爲天馬，主車駕。❷南星曰左驂，次左服，次右服，次右驂。亦曰天廄。』孔云：❸『馬與人異，無先祖可尋，故取《孝經説》「房爲龍馬」，是馬之祖。』一云行神。四時之祭，各有所爲，未聞田獵有馬祖之祭，亦從未聞馬祖有伯之稱也。祖者，始也。伯者，長

❶「十」，原作「千」，據《周禮·春官·肆師》鄭注改。
❷「車」，原作「軍」，據《晉書·天文上》改。
❸「孔」，案下文所引，乃賈公彦疏《周禮·夏官·校人》文，當作「賈」。

也。二義懸殊，何得以伯當祖乎！祈福曰禱，毛以爲『禱獲』是也。戰必禱克，田必禱獲，《説文》作『禂』，云『禱牲馬祭也』。案禱牲、馬祭，分爲二事。《周禮・甸祝職》云：『禂牲、禂馬，皆掌其祝號。』杜子春注云：『爲田禱多獲禽牲，爲馬禂無疾。』觀此『禂牲』，即貉祭所禱；『禂馬』，即《校人》四時之祭所禱。皆名爲禂也。此詩『既伯既禱』，乃甸祝所職也，《爾雅》以爲馬祭，似誤以禂牲爲禂馬耳。」

【《周禮・春官・肆師》】舍奠于祖廟，禰亦如之。【注】舍，讀爲釋。釋奠者，告將時田，若將征伐。鄭司農云：禰，父廟。【疏】非時而祭曰奠。

王氏曰：「舍奠有牲而無尸，所謂『造於祖』也。」

鄭氏鍔曰：「將出田，必行釋奠之禮，以告于廟，乃載遷廟之主以行。其載以祖爲主，故舍奠于祖廟，禰則但祭而不載，亦如之，謂舍奠也。」

右田獵祭祀。

【《夏官・大司馬》】中春教振旅，【注】兵者，守國之備。孔子曰：「以不教民戰，是謂棄之。」兵者凶事，不可空設，因蒐狩而習之。凡師，出曰治兵，入曰振旅，皆習戰也。四時各教民，以其一焉。春習振旅，兵入收衆專于農。【疏】《爾雅》云：「出爲治兵，尚威武也；入爲振旅，反尊卑也。」反尊卑者，出則壯者在前，老弱在後；入則壯者在後，老弱在前。

孔氏穎達曰：「春教振旅者，以陽氣方長，兵宜止息也。」

黄氏度曰：「四時之田，先教振旅，王者之兵，出於萬全。」

司馬以旗致民，平列陳，如戰之陳。【注】以旗者，立旗期民於其下。【疏】熊虎之旗。

鄭氏鍔曰：「司徒於大軍旅、大田役，以旗致六鄉之民。遂人於起野役，以遂之大旗致六遂之民。民之目，熟於熊虎之狀久矣。及是時，鄉遂之官致之而來，司馬亦以旗致之，因民之所習熟者使之，易知耳。」

王氏昭禹曰：「田獵所習，無非軍事，故平列陳，如戰之陳。平者，高下如一之謂。雖如戰之陳而平列陳，則無事於戰矣。」

辨鼓鐸鐲鐃之用：王執路鼓，諸侯執賁鼓，軍將執晉鼓，師帥執提，旅帥執鼙，卒長執鐃，兩司馬執鐸，公司馬執鐲。【注】《鼓人職》曰：「以路鼓鼓鬼享，以鼖鼓鼓軍事，以晉鼓鼓金奏，以金鐃止鼓，以金鐸通鼓，以金鐲節鼓。」鄭司農云：「提，謂馬上鼓，有曲木提持鼓立馬髦上者，故謂之提。」杜子春云：「公司馬，謂五人爲伍，伍之司馬也。」

鄭氏鍔曰：「春，陽用事，雷始出地，於卦爲《震》。而鞞人冒鼓，必于起蟄之日。教以此時，從其類也。軍將者，卿，卿六，各爲一軍之將。提使師帥執之者，五百人之衆，左提右挈，在掌握之意。旅帥視師帥爲卑，故執鼙，鼓之小而卑者也。百人之卒長，知其當止則止，故使執鐃。兩司馬知其當進則進，故使執鐸以通鼓。五人之長曰公司馬，軍制自五人始，人之寡，不能節制，則衆皆無節，故使執鐲以節鼓。其職至卑，其名乃同於司馬，欲重其權以服人也。」

黄氏度曰：「有節制而後能勝，金、鼓所以節制也，故於教振旅辨之。王雖親征，六卿分將，而元帥居乎其中。」

蕙田案：王不執鼖鼓而執路鼓者，鄭康成謂「尚之於諸侯也」。鄭剛中亦謂王道之大，無所不通，以道統衆，不必自執，軍中之事，諸侯從王，欲使軍將以下皆聽命，故尚之於諸侯。今考《鼓人職》，軍事宜執鼖鼓，而路鼓非軍事所宜用，但以其有四面，象人君聲教當四達無間而已，則侯之執鼖，非所以尊尚之，而使衆聽命也。王志長謂「諸侯入朝，佐王田獵，不敢以桴鼓之事上煩天子，故代王執鼖鼓以鼓軍事」，此説得之。

又案：賁、鼖，古字通用，蔡氏宸錫欲改賁爲鼖，亦不必。

以教坐作進退疾徐疏數之節。【注】習戰法。

【疏】坐作進退疾徐疏數之節，大閱具言，於此略說。

李氏嘉會曰：「兵事宜尚威武敏捷，必以進退疾徐疏數教民者，觀武王伐商，六步七步乃止，齊焉。兵在於結陣之固，進退之齊，武侯八陣，進則皆進，止則皆止，所以不可破。齊之技擊，魏之武卒，秦之鋭士，終不可以當桓、文之節制者，由此而已。」

蕙田案：坐作進退等，皆戰之事，四時之田，雖皆爲教戰而設，然所專於戰者，秋之大閱耳。餘春夏從略，而春教振旅，主於藏兵不用，則尤略之。賈疏最得經意。

遂以蒐田，有司表貉，誓民，鼓，遂圍禁，火弊，獻禽以祭社。【注】春田曰蒐。有司，大司徒也，掌大田役治徒庶之政令。表貉，立表而貉祭也。誓民，誓以犯田法之罰也。誓曰：「無干車，無自後射。」禁者，虞衡守禽之厲禁也。既誓，令鼓而圍之，遂蒐田。火弊，火止也。春田主用火，因焚萊除陳草，皆殺而火止。獻猶致也，屬也。田止，虞人植旌，衆皆獻其所獲禽焉。《詩》云：「言私其豵，獻豜于公。」春田主祭社者，土方施生也。

【疏】蒐，搜也。春時鳥獸字乳，搜取不孕者。「誓曰無干車」云云，此據漢《田律》而言。無干車，謂無干犯他車。無自後射，象戰陣不逐奔走。誓民，即大閱羣吏聽誓於陣前。鼓者，即「中軍以鼙令鼓，鼓人三鼓」以下。此祭社，因田獵而祭，非《月令》仲春祭社也。

鄭氏鍔曰：「雖教之有素，一旦出田野，臨干戈，安得不三令五申之。此司馬所以誓之也。」

又曰：「《月令》：『仲春之月，毋焚山林。』大司馬乃用火田者，蓋春而焚萊，將以田也。春而焚山林，傷生意也，所以有無焚之令。」

王氏曰：「社者，土示也。」

蕙田案：有司表貉，鄭康成謂大司徒，鄭剛中以爲肆師、甸祝。王平仲《删翼》載王氏説亦以爲甸祝。考《肆師》「大田獵，祭表貉，則爲位」，《甸祝》「掌四時之田表貉之祝號」，若大司徒，總率鄉遂諸官，恐不必以表貉事屬之，當以剛中及王氏說爲正。

【《春官·肆師》】凡師甸，用牲于社宗，則爲位。【注】社，軍社。宗，遷主也。【疏】肆師爲位祭也。

孔氏穎達曰：「春時四方施生，獵則祭社爲主。」

蕙田案：表貉之祭，四時田獵之所同也。社宗之祭，春蒐之所獨也。

【《春秋》昭公八年《穀梁傳》】因蒐狩以習武事，車軌塵，馬候蹄，揜禽旅，御者不失其馳，然後射者能中。【注】車軌塵，塵不出轍。馬候蹄，發足相應，遲疾相投。揜禽旅，揜取衆禽。不失其馳，不失馳騁之節。

蕙田案：此田獵命中之法，蒐狩並稱，故附于此。

右春蒐。

【《周禮·夏官·大司馬》】中夏教茇舍，如振旅之陳。【注】茇舍，草止之也。❶軍有草止之法。【疏】草字釋茇，止字釋舍。

孔氏穎達曰：「夏教茇舍者，以草木茂盛，故教以茇舍。」❷

鄭氏鍔曰：「《詩》曰：『召伯所茇。』又《左傳》言『晉大夫茇舍從之』。凡言茇者，皆草舍也。教茇舍者，教以草止之法。軍行而草止，未有營壘之所，草止之地，防患尤嚴。防患之道，夜事尤急，教之無素，則是以衆予敵矣。教茇舍獨于中夏，以《月令》考之，孟春草木萌動，季春生氣方盛，惟夏之時，生於春者，至是益長，長于春者，至是益茂，軍屯其中，患生不虞，又況莫夜之時。」

羣吏撰車徒，讀書契，【注】撰，讀曰算。算車徒，謂數擇之也。讀書契，以簿書校録軍實之凡要。【疏】羣吏，謂軍將至伍長，各有部分，皆選擇其甲士步卒之等。

蕙田案：康成以撰爲數擇，書契爲

❶「之」，孫詒讓《十三經注疏校記》：「《詩·車攻》正義引無『之』字，疑不當有。」

❷「茇」，原作「草」，據《禮記·月令》疏改。

簿録，即「師田以簡稽」也。《天官·小宰》言之蓋在平日，《大司馬》則在臨期，彼此互見耳。

辨號名之用。帥以門名，縣鄙各以其名，家以號名，鄉以州名，野以邑名，百官各象其事，以辨軍之夜事。【注】號名者，徽識所以相别也。鄉遂之屬謂之名，家之屬謂之號，百官之屬謂之事。在國以表朝位，在軍又象其制而爲之，被之以備死事。帥，謂軍將及師帥、旅帥及伍長也。以門名者，所被徽識如其在門所樹者也。古者軍將，蓋爲營治于國門。魯有東門襄仲，宋有桐門右師，皆上卿爲軍將者也。縣鄙，謂縣正、鄙師至鄰長也。家，謂食采地者之臣也。鄉以州名，亦謂州長至比長也。野，謂公邑大夫。百官，以其職從王者也。此六者皆書，云某某之名、某某之號、某某之事而已。夜事，戒夜守之事。草止者慎于夜，於是主别其部職。

黄氏度曰：「號名爲夜事，今軍夜有號，康成以爲徽識，被之以備死事。夫徽識綴于膊上，夜事將何以辨？」

鄭氏鍔曰：「帥爲六軍之帥，公邑間田謂之縣，小都謂之鄙，大夫謂之家，鄉謂六鄉，野，六遂也。或以門，或以號，或以邑，或各以其名，皆有一定之稱。爲主將者名號若此，爲卒伍者從而稱之耳。聞而心知，心存而意屬，莫夜之間，亦識所從矣。帥以門名，蓋門者人之所由以出入，帥者人之所由以進退，取象猶門也。縣與鄙，一爲天子之吏，一爲公卿王子弟，故各以其名，所以别異其爲某縣某鄙之人。大夫用號者，則爲美稱也。鄭謂公卿大夫，其身在朝，其臣在采地，若公山弗擾之類，是以家號爲名也。六鄉有六州長，鄉之軍法，至州而成，故以其州之名名之，言某州之師也。六遂於鄰長言『邑中之政』，於里宰言『掌比其邑之衆寡』，於遂大夫言『凡爲邑者』，此六遂爲邑之證也，故言某邑之師。」

王氏與之曰：「芟舍之教，乃下寨法，專以辨軍之夜事。蓋休兵偃師之時，宿火而寢，目固無見也；銜枚而處，耳固無聞也。將以鼓鐸而聲之，則所聞必亂；將以旗物而徽之，則所見必昧。於是專以號名爲尚，而號名又必外假者，所以防姦細及間諜等事。先儒不知夜事與夜戰不同，多以管仲『内政之作，使之晝戰目相視，夜戰聲相聞』引證。司馬夜事在於休兵，管仲夜戰所以用兵，豈可同日語？」

蕙田案：康成謂號名爲徽識，以備

死事，説太迂遠。但黄氏即以號名爲夜事則非也。夜事仍當爲戒夜守之事，方與茇舍義合。次點王氏下寨之説，得其旨矣。

又案：帥、縣鄙、家、鄉、野等名，鄭剛中説與康成注有異。今考康成説，則以縣鄙爲六遂之長，家爲三等采地之長，鄉爲六鄉之長，野爲四處公邑之長，而帥則六軍之帥，統之者也。其説整齊該括。剛中以縣屬公邑，又添閑田，已覺支離。又以鄙屬小都，則三等采地僅舉其一，豈不挂漏。家爲大夫，亦與遂大夫、鄉大夫相混，不如康成説之的確矣。

又案：州長、黨正等名，據平日治民而言；軍將、師帥、伍長等名，據出師臨陣而言：其實一也。然則帥以門名，已統縣鄙等項在内。辨號名也者，如欲稱帥則以門，欲稱縣鄙則各以其名，亦其實一耳。

其他皆如振旅。

王氏昭禹曰：「若平列陳，與夫以教坐作進退疾徐疏數之節，皆然。」

遂以苗田，如蒐之法，車弊，獻禽以享礿。

【注】夏田爲苗。擇取不孕任者，若治苗去不秀實者，車弊，驅獸之車止也。夏田主用車，示所取物稀，皆殺而車止。《王制》曰：「天子殺則下大綏，諸侯殺則下小綏，大夫殺則止佐車，佐車止則百姓田獵。」礿，宗廟之夏祭也。冬夏田主于祭宗廟者，陰陽始起，❶象神之在内。【疏】車行遲，故取獸少。引《王制》者，據始殺而言。《毛詩傳》云：「天子發，抗大綏；諸侯發，抗小綏。」據始殺而言也。

鄭氏鍔曰：「礿以飲爲主。四時之享皆用孟，此中夏而享礿，非常祭也。蓋因田而享也。田已得禽，則歸而享

❶「陰陽始起」，孫詒讓《十三經注疏校記》：「《月令》季秋正義引作『陰始起』。」

祀，猶戰而得雋，則歸而告廟也。」

蕙田案：周四時宗廟之祭用仲夏，此一確證。剛中以爲因田而享，謬矣。

右夏苗。

中秋教治兵，如振旅之陳。辨旗物之用：王載大常，諸侯載旂，軍吏載旗，師都載旜，鄉遂載物，❶郊野載旐，百官載旟，各書其事與其號焉。其他皆如振旅。【注】軍吏，諸軍帥也。師都，遂大夫也。鄉遂，鄉大夫也。郊，謂鄉遂之州長、縣正以下也。野，謂公邑大夫。百官，卿大夫也。凡旌旗，有軍衆者畫異物，❷無者帛而已。書，當爲畫。【疏】凡兵出曰治兵，入曰振旅。春以入兵爲名，尚農事。秋以出兵爲名，秋嚴尚武故也。軍吏者，從軍將以下至伍長皆是。軍吏各書其事與其號者，即是「仲夏，百官各象其事」及號名之等。秋雖不具辨號名，亦略舉之，見四時皆有此物也。

孔氏穎達曰：「秋教治兵者，以殺氣方盛則匿邪惡，故教兵。」

王氏昭禹曰：「旗物以作戰也，故於治兵辨旗物之用。」

鄭氏鍔曰：「九旗，曰常，曰旂，曰旜，曰物之類，其義不一。自王而下，以至百官，分而載之，各寓意義於其間，非苟然也。得天而久照者，日月之常，治兵載大常以見王者有常德而立武事之意。凡旗之畫，皆二物。旗獨畫龍相交，非也。交與蛟同，諸侯於國有君道，龍之象也；入朝有臣道，蛟之象也：所以載蛟龍之旂。❸熊虎之噬，百獸畏之。軍吏者，六軍之帥，當以威武爲先，載熊虎之旗，使將卒畏威而趨令也。通帛則不畫他物，純而不雜也。師都則公卿大夫王子弟之在都鄙者也，爾身在外，乃心罔不在王室，所以載通帛之旜。此言鄉遂，又言郊野，則師當爲都鄙之吏明矣。雜帛爲物，則雜而不一也。鄉之分而爲六，其民散而爲比、閭、族、黨之名；遂之分而爲六，其民散而爲鄰、里、都、鄙之號，

❶「鄉遂」，阮元《周禮注疏校勘記》和孫詒讓《周禮正義》皆以爲當作「鄉家」。注同。

❷「衆」，原作「旅」，據阮元《周禮注疏校勘記》改。

❸「旂」，原作「旗」，據庫本改。

可謂雜而不一矣，所以載雜帛之物。龜有甲以自衛，蛇有螫以毒人，皆北方之屬也。天地之氣，始于北方幽陰之所聚，而龜蛇者，至幽陰之物，畫之于旐，以示夫殺氣之所始也。先能自衛者，然後可以殺敵，所以載龜蛇之旐。《書》曰『我則鳴鳥不聞』，謂鳳也。隼之物，爲摯宫，而貪殘之鳥也。《詩》云：『鴥彼飛隼，其飛戾天。』《易》云：『公用射隼于高墉之上。』彼乃鷹鸇之類，安可與鳳爲伍耶？此言鳥隼，説者皆以爲鳳及隼，疑當爲鷹隼也。與隼共文，不可謂之鳳明矣。交龍取其能變化，熊虎取其有威，龜蛇取其能自衛，則鷹隼取其勁疾矣。百官者，六卿之屬，欲其臨事之勁疾，所以載鳥隼之旗。凡行，左青龍而右白虎，前朱雀而後玄武，謂此四者。然軍法正成于鄉遂，而鄉遂大夫乃不預四旗之列而載物者，説者謂其象已屬于軍吏，已無所將故也。凡旗皆謂之載者，言載之于車上也。既有旌旗，又有小徽識之，上各書其事與號，以爲别識也。《司常》謂之『畫』，此謂之『書』，王安石謂書詳於畫，既書又畫，使人易辨而已。余以爲《司常》指大閲而言，此指治兵而言。大閲畫，治兵書，各有所主，不一法也。」

蕙田案：仲春之師帥、旅帥、卒長、兩司馬、公司馬，即仲夏之縣鄙、家、鄉、野也。而此諸官，亦即仲春之所謂軍帥，仲夏之所謂帥也。仲春不言百官，則有詳略之異耳。由今思之，大司馬言四時之制，則自鄉遂以達於采地，宜悉舉之，詎有諸侯從獵之制咸在而反遺於畿内者！仲秋治兵，尤重於春夏，則官當尤備。鄭康成以軍吏爲諸軍帥，是矣，而以師都爲遂大夫，以鄉遂爲鄉大夫，郊爲州長、縣正以下，野爲公邑大夫。其中尚缺采地，則不得不以百官爲卿大夫。試思仲夏之百官，既解爲各以其職從王者，至仲秋之百官而忽異其解，已屬不確，況夏苗猶備百官，豈秋獮獨無之乎？竊以康成之言未是，惟鄭剛中之辨最爲精確。

蓋剛中據《司常》「大閱」之文，以軍吏爲即大閱之孤卿與芟舍之帥，以百官爲即大閱之大夫士與芟舍之百官，以師都爲即大閱之師都與芟舍之縣鄙，以鄉遂爲即大閱之州里、縣鄙與芟舍之鄉及野，以郊野爲公邑閑田之吏。與鄉遂之郊野異如此，則整齊包括，處處皆通矣。其辨芟舍之縣鄙與司常之縣鄙，名同而實異，尤精。

王氏應電曰：「案《司常》：『王建大常，諸侯建旂。』正與此同。此外所載皆異。夫司常于國之大閱，贊司馬頒旗物，則凡祭祀、賓客、會同、軍旅，並當以之爲準。惟安營出戰，則旗法與此不同。若其初至，不當又有所更置。蓋旌旗以一人之耳目，豈得數易以亂之。此蓋誤文也。」

蕙田案：王昭明以旗旜等有誤文，蔡宸錫亦謂此節「旗旜物旗」四字顛倒誤寫，旗當爲旜，旜當爲旗，物當爲旜，旗當爲物，宜以《司常職》之文爲定。此説精確，當從之。

遂以獮田，如蒐之法，羅弊，致禽以祀祊。

【注】秋田爲獮。獮，殺也。羅弊，罔止也。秋田主用罔，中殺者多也。皆殺而罔止。祊當爲方，聲之誤也。秋田主祭四方，報成萬物。《詩》曰：「以社以方。」【疏】鄭以祊爲誤者，祊是廟門之外，惟祭宗廟及繹祭乃爲祊祭。今因秋田而祭，當是四方之神。

鄭氏鍔曰：「秋氣肅殺，故田以殺爲主。」

王氏昭禹曰：「以物成于秋，所取者衆故也。《王制》曰：『鳩化爲鷹，然後設罻羅。』則秋用羅宜矣。」又曰：「春物始生，故爲民祈而祭社。秋物既成，故爲民報而祀祊。」

《春官·肆師》獮之日，涖卜來歲之戒。

【注】秋田爲獮。始習兵，戒不虞也。卜者，問來歲兵寇之備。

鄭氏鍔曰：「君子除戎器，戒不虞，故知戒爲禁備之事。」

陳氏暘曰：「先王之時，必預戒來歲之事者，欲先事爲備也。春秋時，鄭石臭言於子囊曰：『先王卜征五年，而歲習其祥。祥習則行，不習則增修德而改卜。』則是卜不吉必修德而豫戒，然後爲治世之事。」

蕙田案：《書》：「卜三龜，一習吉。」又：「朕夢協朕卜，襲于休祥。」即《傳》所云「祥習則行」也。

又案：涖卜來歲於秋獮，而春、夏、冬不卜者，秋狩則專於治兵也。

【《禮記·月令》】季秋之月，天子乃厲飾，執弓挾矢以獵。【注】厲飾，謂戎服，尚威武也。【疏】厲飾，謂嚴厲武猛，飾謂容飾也。熊氏云：「戎服者，韋弁服也。以秋冬之田，故韋弁服。若春夏，則冠弁服。故《司服》云：『凡甸，冠弁服。』」義或然也。

陳氏祥道曰：「《周官·司服》：『凡田，冠弁服。』《月令》：『季秋，天子乃厲飾。』蓋周、秦之禮異也。」

命主祠祭禽于四方。【注】以所獲禽祀四方之神也。《司馬職》曰：「羅弊，致禽以祀祊。」【疏】謂獵竟也。主祠，謂典祭祀者也。四方有功于方之神也。❶四時田獵，皆祭宗廟，而分時各以爲主也。此天子獵既畢，因命典祀之官，取田獵所獲之禽，還祭于郊，以報四方之神也。鄭注「秋獮祀方」云：「秋田，主祭四方，報成萬物。《詩》曰：『以社以方。』」下云：❷「方，迎四方氣於郊也。」鄭又云：「秋祭社與四方，爲五穀成熟報其功也。」

右秋獮。

【《周禮·夏官·大司馬》】中冬教大閱。

【注】春辨鼓鐸，夏辨號名，秋辨旗物，至冬大閱，簡軍實。

孔氏穎達曰：「冬教大閱者，以冬閑無事，❸備習威儀，故因其田獵教以簡閱也。」

【王氏《詳說》】春辨鼓鐸鐲鐃之用，夏辨號名之用，秋辨旗物之用，至冬則戒衆庶，修戰法，而及於旗物、鼓鐸、

---

❶「有功于方」，孫詒讓《十三經注疏校記》疑當作「有功於物」。

❷「下云」，孫詒讓《十三經注疏校記》疑當作「毛云」。按：下引文乃《詩·小雅·甫田》毛傳文。

❸「閑」，原作「閉」，據庫本改。

鐲鐃。要之辨鼓鐸者，未始無旗物，所謂「以旗致民」是也；辨旗物者，未始無號名，所謂「各書其事與其號」也。三時之田，各以其所辨者爲主耳。

前期，羣吏戒衆庶修戰法。【注】羣吏，鄉師以下。

【疏】《鄉師》：「四時之田，前期，出田法於州里，簡其鼓鐸、旗物、兵器，修其卒伍。」以下，則若《州長》「作民而師田行役之事，則帥而致之，掌其戒令與其賞罰」；《黨正》「凡國作民而師田行役，❶則以其法治其政事」；《族師》「若作民而師田行役，則合其卒伍，簡其兵器，以鼓鐸、旗物帥而至」。

虞人萊所田之野，爲表，百步則一，爲三表，又五十步爲一表。【注】虞人萊所田之野，芟除其草萊，令車得驅馳。《詩》曰：「田卒污萊。」

易氏祓曰：「表以步度之。步長六尺，『百步則一，爲三表』，是三表相去二百步。『又五十步爲一表』，則四表爲二百五十步矣。大閱必用四表，所以寓王者節制之師，而《大武》之四表實象之。蓋周都西南，一表在南，所謂『《武》始而北出，夾振之而駟伐』，則有振鐸作旗之義。歷二表、三表而至四表，則『再始以著往』者也。商都東北，四表在北，所謂『四成而南國是疆，復亂以飭歸』，則有鼓退鳴鐃且卻之義。歷三表、二表而復于一表，則『樂終而德尊』者也。大閱亦然。賈氏乃謂後表在北，士卒由後表以至南表，復回身向北，以至後表，與《樂記》之言不合。《樂記》言《大武》，則周家一代寓兵之良法，當以《樂記》爲正。或謂三表相距各百步，每表各六十丈，何以容大閱之衆？若以開方論，其勢誠窄，若據虞人萊所田之野，則迥野左右，❷何有紀極。鄭氏謂『左右之廣，當容三軍』，此指一旁而言。若左右兩旁，當容六軍。又云『步數未聞』，則六軍分行，左右開張，取其容六軍之衆，不以步數拘也。如此，則地勢廣袤，豈止容六軍而已。」

田之日，司馬建旗于後表之中，羣吏以旗物鼓鐸鐲鐃，各帥其民而致。質明，弊旗，誅後至者。乃陳車徒如戰之陳，皆坐。【注】質，正也。弊，仆也。皆坐，當聽誓。

❶「國」，《周禮・地官・黨正》、《夏官・大司馬》賈疏所引無此字。

❷「迥」，原作「迴」，據庫本及《周官總義》卷一七改。

李氏嘉會曰：「四表止于二百五十步，坐作進退，步行趨驟，爲力不勞，軌範易習。民之左右顧瞻，皆其鄉黨鄰里，自然情親勢一，敵不可乘。此古人結陳堅固也。」

易氏祓曰：「及田之日，司馬建熊虎六斿之旗于虞人所設後表之中，據《樂記》舞而言，則後表當是在南一表，於是羣吏如鄉師以下，以其旗物及鼓鐸鐲鐃等各帥其民而致于大司馬。」

羣吏聽誓於陳前，斬牲以左右徇陳，曰：「不用命者斬之！」【注】羣吏，諸軍帥也。陳前，南面鄉表也。《月令》：「季秋，司徒搢扑，北面誓之。」

【疏】使司徒誓者，此軍吏及士，本是六鄉之民，今雖屬司馬，猶是己之民，故使司徒誓之也。

易氏祓曰：「衆庶已集，命之皆坐于南之一表。羣吏聽誓，則自軍帥而下，皆南面向表，誓于陳前。」

鄭氏鍔曰：「坐而聽誓，斬牲以徇，所謂三令五申也。今見于《司馬法》曰：『夏后氏誓于軍中，欲民先其慮也。商誓于軍門之外，欲民先意以待事也。周將交刃而誓之，以致民志也。』車徒皆坐，使羣吏聽誓者，羣吏各帥其衆，有誓而羣吏聽之，則傳達于所統之衆，簡而易知，無敢不從矣。」

中軍以鼙令鼓，鼓人皆三鼓，司馬振鐸，羣吏作旗，車徒皆作。鼓行，鳴鐲，車徒皆行，及表乃止。三鼓，摝鐸，羣吏弊旗，車徒皆坐。【注】中軍，中軍之將也。天子六軍，三三而居一偏。羣吏既聽誓，各復其部曲。中軍之將令鼓，鼓以作士衆之氣也。鼓人者，中軍之將、師帥、旅帥也。司馬，兩司馬也。鼓鐸以作衆。作，起也。既起，鼓人擊鼓以行之，伍長鳴鐲以節之。及表，自後表前至第二表也。三鼓者，鼓人也。掩上振之爲摝。摝者，止行息氣也。又三鼓，振鐸，作旗，車徒皆作。鼓進，鳴鐲，車驟徒趨，及表乃止，坐作如初。【注】趨者，赴敵尚疾之漸也。《春秋傳》曰：「先人有奪人之心。」乃鼓，車馳徒走，及表乃止。【注】及表，自第三前至前表。鼓戒三闋，車三發，徒三刺。【注】鼓戒，戒攻敵。鼓一闋，車一轉，徒一刺。三而止，象服敵。

鄭氏鍔曰：「每鼓一闋，則車一發而徒一刺，至三而止，是謂節制之兵。三發，即《書》所謂『不愆于六步七步，乃止齊焉』；三刺，即《書》所謂『不愆於四伐、五伐、❶六伐、七伐，乃止齊焉』之意。」

乃鼓退，鳴鐃且却，及表乃止，坐作如初。【注】鐃，所以止鼓。軍退，卒長鳴鐃以和衆，鼓人爲止之也。退，自前表至後表。鼓鐸則同，習戰之禮，出入一也。異者，廢鐲而鳴鐃。【疏】乃鼓退者，謂至南表，軍吏及士卒回身向北，更從南爲始也。

遂以狩田，以旌爲左右和之門，羣吏各帥其車徒以叙和出，左右陳車徒，有司平之。旗居卒間以分地，前後有屯百步，有司巡其前後。【注】冬田爲狩，言守取之，無所擇也。軍門曰和，今謂之壘門，立兩旌以爲之。叙和出，用次第出和門也。左右，或出而左，或出而右。有司平之，鄉師居門，正其出入之行列也。旗，軍吏所載。分地，調其部曲疎數。前後有屯百步，車徒異羣，相去之數也。車徒畢出和門，鄉師又巡其行陣。【疏】「軍門曰和」者，《左氏傳》云「師克在和，不在衆」。「立兩旌」者，昭八年《穀梁傳》云：「秋，蒐于紅，正也。」又云：「刈蘭以爲防，置旃以爲轅門。」是其事也。❷「車徒異羣」者，出軍之時，一車甲士三人，步卒七十二人，車徒同羣。臨陣則車徒異羣，故車人有異。險野人爲主，易野車爲主。【注】險野人爲主，人居前；易野車爲主，車居前。

《禮庫》曰：「先王車戰，不求大勝，求爲不可敗而已。鄭莊欲驅馳中原，始爲徼利之名，故鄭莊始用徒兵。自中行穆子乃毀車以從卒，自左師展始乘馬，自趙武靈王始用騎。先王兵制敗壞而不可復，實自莊公始。」

鄭氏鍔曰：「驅則自後驅之使出，逆則自前迎之使入。驅其後則獸無所逃，逆其前雖欲出防而不可得。」

既陳，乃設驅逆之車，有司表貉於陳前。中軍以鼙令鼓，鼓人皆三鼓，羣司馬振鐸，車徒皆作。遂鼓行，徒銜枚而進。大獸公之，小禽私之，獲者取左耳。【注】羣司馬，謂兩司

❶「五伐」二字，原脱，據庫本補。

❷「事」，原作「車」，據《周禮》疏改。

馬也。枚如箸，銜之，有繣結項中。軍法止語，爲相疑惑也。鄭司農云：「大獸公之，輸之于公；小獸私之，以自畀也。《詩》云：『言私其豵，獻豜于公。』一歲爲豵，二歲爲豝，三歲爲特，四歲爲豜，五歲爲慎。」玄謂：慎，讀爲麖。《爾雅》曰：「豕生三曰豵，❶豕牝曰豝，麋牡曰麖。」獲，得也。得禽獸者取左耳，當以計功。

易氏祓曰：「中軍以鼙令鼓，鼓人皆三鼓，如習戰之時，則師、田之法一焉。」

王氏昭禹曰：「不專取左耳，則効功者疑于獲一而効二。取左耳以効功，所以謂之馘也。」

及所弊，鼓皆駴，車徒皆譟。【注】鄭司農云：「及所弊，至所弊之處。」玄謂：至所弊之處，田所當止也。天子、諸侯蒐狩有常，至其常處，吏士鼓譟，象攻敵克勝而喜也。

易氏祓曰：「駴如馬之駴，譟如鳥之譟，以示勝敵。」

徒乃弊，致禽饁獸於郊；入，獻禽以享烝。【注】徒乃弊，徒止也。冬田主用衆，物多，衆得取也。❷致禽饁獸于郊，聚所獲禽，因以祭四方神于郊。《月令》「季秋，天子既田，主祠祭禽四方」是也。入，又以禽祭宗廟。

孔氏穎達曰：「冬時萬物衆多，獵則主用衆物以祭宗廟，而亦報于物有功之神于四方也。」

蕙田案：《月令》「季秋祭四方」，正義謂秋時萬物以成，獵則以報祭社及四方爲主也。乃《司馬》冬狩云「致禽饁獸于郊；入，獻禽以享烝」，鄭云：「致禽饁獸于郊，聚所獲禽因以祭四方神于郊也。《月令》『季秋天子既田，命主祠祭四方』是也。入，又以禽祭宗廟。」鄭借季秋之禮以釋冬狩之義者，蓋秋祭雖以四方爲主，亦兼祭社；冬祭雖以宗廟爲主，亦兼四方，故互相證之耳。

黃氏度曰：「徒取禽，車列陳不動，雖戰亦然，至此徒

❶「三」下，原衍「歲」字，據《爾雅·釋獸》删。
❷「衆」，原作「故」，據《周禮注疏》改。

止，遂獻禽。」

易氏祓曰：「春社、夏礿、秋祊不言『入獻禽』，而冬烝獨言之者，以外行致禽饁郊之禮，然後獻禽于宗廟，故謂之入。」

鄭氏鍔曰：「此戰勝而歸，獻捷于廟社之意也。郊言饁獸，烝言獻禽，豈用大于郊，而用小于廟？別而言之，則禽、獸有大小之殊；合而言之，獸亦可謂之禽也。」

右冬狩。

【《天官·獸人》】及弊田，令禽注于虞中。【注】弊，仆也。仆而田止。鄭司農云：「弊田，謂春火弊，夏車弊，秋羅弊，冬徒弊。虞中，謂虞人萊所田之野，及弊田，植虞旗于其中，致禽而珥焉。獸人主令田衆得禽者，置虞人所立虞旗之中，當以給四時社廟之祭。故曰：『春獻禽以祭社，夏獻禽以享礿，秋獻禽以祀祊，冬獻禽以享烝。』又曰：『大獸公之，小禽私之。』公之，謂輸之于虞中。珥焉者，取左耳以致功，若斬首折馘。故《春秋傳》曰：『以數軍實。』」【疏】注猶聚也。

【《春官·甸祝》】師甸，致禽于虞中，乃屬禽。【注】師甸，謂起大衆以田也。致禽于虞中，使獲者各以其禽來致于所表之處。屬禽，別其種類。【疏】獮山，山虞植旗；獮澤，澤虞植旌。是爲所表之處。

鄭氏鍔曰：「田畢，虞人植旌旗于所表之處，令獲者各致禽其中，甸祝則禽而屬之，使禽獸以類相從也。」

【《地官·山虞》】及弊田，植虞旗于中，致禽而珥焉。【注】弊田，田者止也。植猶樹也。田止樹旗，令獲者皆致其禽而校其耳，以知獲數也。山虞有旗，以其主山，得畫熊虎，其仞數則短也。鄭司農云：「珥者，取禽左耳以效功也。《大司馬職》曰：『獲者取左耳。』」【疏】《禮緯》：「旌旗之杠，天子九仞，諸侯七仞，大夫五仞，士三仞。」山虞是士，雖有熊虎爲旗，仞數則短，宜三仞。

易氏祓曰：「弊田植旗，《獸人》所謂『令禽注于虞中』是已。致禽而珥之，如《小子》『珥于社稷』之類，田畢而祭也。鄭氏謂：『珥，當爲衈，取其左耳以效功，故曰衈。』蓋取字之偏旁，以爲左耳。其說未爲不善。如《肆師》、《小子》、《羊人》言『祈珥』，鄭氏亦曰『珥，當爲衈。羽牲曰衈』。且引《雜記》之言『成廟則釁之』。與此效功之言不同。人取左耳爲毛牲，謂羽牲曰衈，其文自相背馳。況《大司馬》言『致禽以祀祊』，『致禽饁獸于郊』，皆行祭禮于致禽之後，不應致禽之後方取左耳以效功。劉執中釋《肆師》之職曰：『珥，當爲「弭」字之誤也。弭，謂《小祝》之「弭兵災」。蓋田獵所以訓兵，弭災正田獵之事。《肆師》于「狩之日涖卜來歲之戒」，亦弭兵災之意。』」

蕙田案：「珥」字之義，或云取左耳効功，或云祭名，或云弭兵災也。三説不同。但「取左耳」與「致禽」事屬相聯，于文義尤合。祭以弭災説，似迂遠，且又非山虞所當掌也。

【《夏官・田僕》】及獻，比禽。【注】田弊，獲者各獻其禽，比種物相從次數之。

鄭氏鍔曰：「及田者獻禽，校次而比之，則大小各從其類，然後大獸可得而公，小獸可得而私。」

【《地官・澤虞》】及弊田，植虞旌以屬禽。【注】屬禽，猶致禽而珥焉。澤虞有旌，以其主澤，澤鳥所集，故得注析羽。【疏】《山虞》「致禽」，謂輸之于公，當致之于虞旗之中，❶而珥焉以効功。此云「屬禽」，謂百姓致禽訖，虞人屬聚之，别其等類，每禽取三十焉。則「致」與「屬」不同，而鄭云「猶致禽」者，欲明《山虞》、《澤虞》文皆不足，互見爲義耳。

王氏昭禹曰：「《山虞》以旗致禽則熊虎，乃山物也；澤虞以旌屬禽，則鳥羽，澤物也。」

【《春官・小宗伯》】若大甸，則帥有司而饁獸于郊，遂頒禽。【注】甸，讀曰田。有司，大司馬之屬。饁，饋也。以禽饋四方之神于郊，郊有羣神之兆。頒禽，謂以與羣臣。《詩傳》曰：「禽雖多，擇取三十焉，其餘以與大夫士，以習射于澤宮而分之。」

【《甸祝》】及郊，饁獸，舍奠于祖禰，乃斂禽。禂牲、禂馬，皆掌其祝號。【注】饁，饋也。以所獲獸饋于郊，薦于四方羣兆。入又以奠于祖禰，薦且告反也。斂禽，謂取三十入腊人焉。杜子春云：「禂，禱也。爲馬禱無疾，爲田禱多獲禽牲。《詩》云：『既伯既禱。』《爾雅》曰：『既伯既禱，馬祭也。』」玄謂：禂，讀如誅，今侏大字也。爲牲祭，求肥充；爲馬祭，求肥健。【疏】羣神之

❶「旗」，原作「旌」，據庫本及《周禮・地官・澤虞》疏改。

兆皆在四郊，還國過羣兆，遂薦之。案《王制》：「一爲乾豆，二爲賓客，三爲充君之庖。」此入腊人者，案上殺者，乾之以爲豆實，供祭祀，據重者而言。

劉氏彝曰：「禱牲禱馬者，又因斂禽以祭牲牢之神，求其博碩肥腯也。以祭馬祖之神，求其六閑四種孔阜奕奕也。《詩》曰『吉日惟戊，既伯既禱』，其是之謂乎！」

王氏志長曰：「田弊矣，何以又禱？多獲禽牲。宜從後鄭。」

【《禮記·王制》】天子諸侯，無事則歲三田。一爲乾豆，二爲賓客，三爲充君之庖。

陳氏澔曰：「無事，無征伐、出行、喪凶之事也。歲三田者，謂每歲田獵，皆是爲此三者之用也。乾豆，腊之以爲祭祀之豆實也。」

【《春秋》桓公四年《穀梁傳》】四時之田，皆爲宗廟之事也。唯其所先得，❶一爲乾豆，二爲賓客，三爲充君之庖。

【昭公八年《穀梁傳》】禽雖多，天子取三十焉。其餘與士衆，以習射于射宫，射而中，田不得禽則得禽；田得禽而射不中，則不得禽。是以知古之貴仁義而賤勇力也。

【注】取三十，以共乾豆、賓客之庖。射宫，澤宫。射以不争爲仁，揖讓爲義。

【《禮經會元》】天子無事則歲三田，一爲乾豆，二爲賓客，三爲充君之庖。若然，則田獵特爲三事講也。今觀《大司馬》四時之田，皆因田而講武，豈徒爲賓客庖豆之奉而已哉。蓋《王制》特爲獲禽設也，非爲講武言也。《周禮》非區區於獲禽，而實拳拳於講武也。然知古人因田事而講武，而不知古人因武事而寓田。講武本非古人之得已，而殺禽亦豈古人之本心哉。古人不以無事而講武，亦不以無事而殺獸，是以因振旅、茇舍、治兵、大閲

❶「唯」，原作「隹」，據《穀梁傳》桓公四年改。

之教，而寓蒐苗獮狩之儀；因蒐苗獮狩之田，而爲社礿祊烝之祭。如此，則講武爲有名，而殺獸爲有禮也。

【《周禮・天官・獸人》】凡祭祀、喪紀、賓客，共其死獸、生獸。【注】共其完者。凡獸入于腊人，【注】當乾之。皮毛筋角入于玉府。【注】入玉府，給作器用。

右頒禽供祭。

【《天官・掌次》】諸侯師田，則張幕設案。【注】謂諸侯從王師田者。

【《禮記・王制》】天子殺則下大綏，諸侯殺則下小綏，大夫殺則止佐車，佐車止則百姓田獵。

陳氏澔曰：「綏，旌旗之屬也。下，偃仆之也。佐車，即《周禮》驅逆之車。驅者，逐獸使趨于田之地；逆者，要逆其走而不使之散亡也。此言田獵之禮，尊卑貴賤之次序。」

蕙田案：《詩毛傳》：「天子發然後諸侯發，諸侯發然後士大夫發。天子發，抗大綏；諸侯發，抗小綏。」抗即下也，亦即《周禮・大司馬》之所謂「弊」也。

【陳氏《禮書》】天子、諸侯發則抗大綏、小綏，殺之時也；《王制》言下大綏、小綏，既殺之時也。

【《周禮・夏官・田僕》】凡田，王提馬而走，諸侯晉，大夫馳。

鄭氏鍔曰：「此三者，皆行馬之節，然後尊卑之分定矣。田獵雖從禽之樂，君臣不可並驅，必有先後遲速之等，乃所以爲田禮。先儒以爲提遲于馳，皆取尊者體促之義，深知經者也。」

王氏曰：「提，節之；晉，進之；馳，則亟進之。尊者安舒，卑者戚速。」

蕙田案：以上諸侯從天子田獵。

【《春秋》桓公四年《公羊傳》】諸侯曷爲必田狩？一曰乾豆，二曰賓客，三曰充君之庖。

蕙田案：以上諸侯自行田獵。

右諸侯田獵。

【《史記》】孟孫獵得麑，使西秦巴持之。其母隨而呼之，西秦巴不忍，而與其母。孟孫適至求麑，對曰：「余不忍而與其母。」孟孫大怒，逐之。居三月，復召爲其子傅，曰：「夫子不忍麑，又且忍吾子乎？」

陳氏祥道曰：「《春秋傳》曰：『惟君用鮮，衆給而已。』是天子諸侯有四時田獵之禮，大夫士不與焉。故鄭豐卷將祭請田，而子產止之。」

蕙田案：陳用之謂大夫無田獵之禮，此説非是。考賈誼《新書》論諸侯田獵之禮云：「已祭，取餘獲陳於澤，然後卿大夫相與射禽。」是大夫明有從國君田獵之事。《周禮·田僕》：「王提馬，諸侯晉，大夫馳。」《王制》「天子殺下大綏，諸侯殺下小綏，大夫殺止佐車」云云，則大夫並有從天子田獵之禮矣。《王制》又有「大夫不揜羣」云云，則大夫又明有自行田獵之禮矣。其禮錯見他門，可以互考。

右大夫田獵。

【《詩·小雅·車攻》】徒御不驚，大庖不盈。

【朱子《詩傳》】大庖，君庖也。不盈，謂取之有度，不極欲也。蓋古者田獵獲禽，面傷不獻，踐毛不獻，不成禽不獻。自左膘而射之達于右腢爲上殺，以爲乾豆，奉宗廟；達右耳本者次之，以爲賓客；射左髀達于右髃爲下殺，以充君庖。每禽取三十焉，每等得十，其餘以與士大夫習射於澤宮，中者取之。是以獲雖多，而君庖不盈也。

【《周禮·地官·迹人》】禁麛卵者與其毒矢

射者。【注】爲其夭物，且害心多也。麛，麋鹿子。

【疏】案《月令》孟春云：「不麛不卵。」又《王制》云「國君春田不圍澤，❶大夫不掩羣，士不麛不卵」者，彼以春時先乳，❷特禁之。其《月令》季春云：「餧獸之藥，毋出九門。」

【《禮記·王制》】不麛，不卵，不殺胎，不殀夭，不覆巢。天子不合圍，諸侯不掩羣。

陳氏澔曰：「合圍，四面圍之也。掩羣者，掩襲而舉羣取之也。」

【《曲禮》】國君春田不圍澤，大夫不掩羣，士不取麛卵。

【劉向《説苑》】苗者，毛也。取之不圍澤，不掩羣。取禽，不麛卵，不殺孕重者。春蒐不殺小麛及孕重者。冬狩皆取之。

【陳氏《禮書》】《曲禮》：「國君春田不圍澤，大夫不掩羣。」諸侯在國之禮也。《王制》：「天子不合圍，諸侯不揜羣。」諸侯從王蒐之禮也。

【《春秋》昭公八年《穀梁傳》】過防弗逐，不從奔之道也。面傷不獻，不成禽不獻。【注】過防弗逐，戰不逐奔之義。面傷，嫌誅降。不成禽，惡虐幼小。

【《詩毛傳》】戰不出頃，田不出防，不逐奔走，古之道也。

蕙田案：防，謂田獵之埸防限也。

【《國語》韋昭註】❸禮，聖主之於禽獸也，見其生不食其死，聞其聲不嘗其肉，隱弗忍也。故遠庖厨，仁之至也。不合圍，不掩羣，不射宿，不涸澤。豺不祭獸，不田獵；獺不祭魚，不設網罟；鷹隼不鷙，眭

❶「又《王制》云」，孫詒讓《十三經注疏校記》：「此《曲禮下》文，《王制》文與此異。賈蓋誤記。」

❷「先乳」，孫詒讓《十三經注疏校記》：「當作『生乳』。」

❸「國語韋昭註」，以下引文見賈誼《新書》卷六《禮》，疑此處誤記。

而不逮，不出穎羅；草木不零落，斧斤不入山林；昆蟲不蟄，不以火田。不麛，不卵，不刳胎，不夭。魚肉不入廟門，鳥獸不成毫毛，不登庖厨。取之有時，用之有節，則物莫不多。

右田獵取物之仁。

【《書·五子之歌》】太康畋於有洛之表。

【賈誼《新書》】商湯見祝網者置四面，其祝曰：「從天墜者，從地出者，從四方來者，皆離吾網。」湯曰：「嘻，盡之矣！非桀，其孰爲此！」湯乃解其三面，置其一面，更教之祝曰：「昔蛛蝥作網，今之人循序，欲左者左，欲右者右，欲高者高，欲下者下，吾取其犯命者。」其憚害物也如是。漢南之國聞之，曰：「湯之德及鳥獸矣。」四十國歸之。

【《詩·豳風·七月》】序：陳王業也。周公陳后稷、先公風化之所由，致王業之艱難也。一之日于貉，取彼狐狸，爲公子裘。【傳】于貉，謂取狐狸皮也。孟冬天子始裘。二之日其同，載纘武功。言私其豵，獻豜于公。【傳】纘，繼。功，事也。豕一歲曰豵，三歲曰豜。大獸公之，小獸私之。【疏】至二之日之時，君臣及其民俱出田獵，則繼續武事，年常習之，使不忘戰也。戰鬬不可以不習，四時而習之。兵事不可以空設，田獵蒐狩以閑之。故因習兵而俱出田獵也，美先公禮教備矣。

【《書·無逸》】文王不敢盤于遊田，以庶邦惟正之供。

【《史記》】西伯將出獵，卜之，曰：「所獲非熊非彲，❶非虎非羆。所獲伯王之輔。」于是周西伯獵，果遇太公于渭之陽。與語，大悦，曰：「自吾先君太公曰：『當有聖人適周，周以興。』子真是耶？吾太公

❶「熊」，《史記·齊太公世家》作「龍」。

望子久矣。」故號之曰「太公望」，載與俱歸，立爲師。

【《詩·召南·騶虞》】❶彼茁者葭，壹發五豝。于嗟乎騶虞！ 彼茁者蓬，壹發五豵。于嗟乎騶虞！

朱子曰：「南國諸侯承文王之化，修身齊家以治其國，而其仁民之餘恩，又有以及於庶類。故其春田之際，草木之茂，禽獸之多，至於如此。而詩人述其事而美之。」

【《春秋》昭公四年《左氏傳》】成王有岐陽之蒐。【注】成王歸自奄，大蒐于岐山之陽。

【《通鑑前編》】成王五年，蒐于岐陽，因盟諸侯。

【《詩·小雅·車攻》】我車既攻，我馬既同。四牡龐龐，駕言徂東。田車既好，四牡孔阜。東有甫草，駕言行狩。

【朱子《詩傳》】宣王復文武之境土，修車馬，備器械，復會諸侯於東都，因田獵而選車徒焉。故詩人作此以美之。

【《詩說》】《車攻》，宣王大閱于東都，諸侯畢會，史籀美之，賦也。

【《吉日》】序：《吉日》，美宣王田也。

吉日維戊，既伯既禱。田車既好，四牡孔阜。升彼大阜，從其羣醜。 吉日庚午，既差我馬。獸之所同，麀鹿麌麌。漆沮之從，天子之所。【傳】漆沮之水，麀鹿所生也。從漆沮驅禽，而致天子之所。❷ 瞻彼中原，其祁孔有。儦儦俟俟，或羣或友。悉率左右，以燕天子。【傳】祁，大也。趨則儦儦，行則俟俟。獸三曰羣，二曰友。驅禽之左右，以安待天子。 既張我弓，既挾我矢，發彼小豝，殪此大兕。以御賓客，且以酌醴。【疏】虞人既驅禽待天子，既以張我天子所射之弓，既挾我天子所發之矢，發而中彼小豝，亦又殪

❶「騶虞」，原作「彼茁者葭」，以下引詩出《騶虞》，據改。

❷「致」，阮元《毛詩注疏校勘記》以爲當作「至」。

此大兕也。既殺得羣獸以給御諸侯之賓客，且以酌醴與羣臣飲時爲俎實也。

【《通鑑前編》】宣王八年，巡狩東都，朝會諸侯，因以田獵講武。

【《鄭風・叔于田》】序：《叔于田》，刺莊公也。叔處于京，繕甲治兵，以出于田，國人説而歸之。【疏】國人注心于叔，説之如此，而公不知禁，故刺之。

叔于田，巷無居人。豈無居人？不如叔也，洵美且仁。　叔于狩，巷無飲酒。豈無飲酒？不如叔也，洵美且好。　叔適野，巷無服馬。豈無服馬？不如叔也，洵美且武。

【《大叔于田》】序：《大叔于田》，刺莊公也。叔多材而好勇，不義而得衆也。

叔于田，乘乘馬。執轡如組，兩驂如舞。叔在藪，火烈具舉。襢裼暴虎，獻于公所。「將叔無狃，戒其傷女。」　叔于田，乘乘黃。兩服上襄，兩驂雁行。叔在藪，火烈具揚。叔善射忌，又良御忌。抑磬控忌，抑縱送忌。　叔于田，乘乘鴇。兩服齊首，兩驂如手。叔在藪，火烈具阜。叔馬慢忌，叔發罕忌。抑釋掤忌，抑鬯弓忌。

蕙田案：段不義而得衆，莊公養成而後處之，是弟慢其兄，實兄絶其弟。序言「刺莊公」者得之，叔不足道也。

【《齊風・還》】序：《還》，刺荒也。哀公好田獵，從禽獸而無厭。國人化之，遂成風俗。

子之還兮，遭我乎峱之間兮。並驅從兩肩兮，揖我謂我儇兮。　子之茂兮，遭我乎峱之道兮。並驅從兩牡兮，揖我謂我好兮。　子之昌兮，遭我乎峱之陽兮。並驅從兩狼兮，揖我謂我臧兮。

張氏叙曰：「讀此而齊之泱泱表海、富强莫敵者可見，而其急功利、喜夸詐之習，亦不掩矣。『《詩》可以觀』，豈不信哉！」

【《盧令》】序：《盧令》，刺荒也。襄公好田獵畢弋而不修民事，百姓苦之，故陳古以風焉。

盧令令，其人美且仁。　盧重環，其人美且鬈。　盧重鋂，其人美且偲。

【《秦風·駟驖》】序：《駟驖》，美襄公也。始命，有田狩之事、園囿之樂焉。

駟驖孔阜，六轡在手。公之媚子，從公于狩。　奉時辰牡，辰牡孔碩。公曰左之，舍拔則獲。　遊于北園，四馬既閑。　輶車鸞鑣，載獫歇驕。

【《春秋》】桓公四年：春，正月，公狩于郎。

【《左氏傳》】春正月，公狩于郎，書時，禮也。　【《公羊傳》】常事不書，此何以書？譏。何譏爾？遠也。

莊公四年：冬，公及齊人狩于禚。　【《公羊傳》】公曷爲與微者狩？　齊侯也。齊侯則其稱人何？　諱與讎狩也。前此者有事矣，後此者有事矣，則曷爲獨于此焉譏？于讎者將一譏而已，故擇其重者而譏焉，莫重乎其與讎狩也。于讎者則曷爲將一譏而已？　讎者無時，焉可與通？　通則爲大譏，不可勝譏，❶故將一譏而已，其餘從同同。

【《穀梁傳》】齊人者，齊侯也。其曰「人」何也？　卑公之敵，所以卑公也。何爲卑公也？　不復讎而怨不釋，刺釋怨也。

昭公八年：秋，蒐于紅。【注】革車千乘，不言大者，經文闕也。紅，魯地，沛國縣西有紅亭。　【《左氏傳》】秋，大蒐于紅。自根牟至于商、衛，革

❶「譏」，原作「説」，據《公羊傳》莊公四年改。

車千乘。【注】大蒐，數軍實，簡車馬也。根牟，魯東界，瑯琊陽都縣有牟鄉。商，宋地，魯西竟接宋、衛也。言千乘，明大蒐，且見魯衆之大數也。【《公羊傳》】❶蒐狩不書，必違禮而後書。于是蒐于紅，自根牟至于商、衛，革車千乘，皆王家之師也。自是而屢蒐，三家所以耀武焉爾。是故桓、莊之狩必言公，昭、定之蒐不言公矣。【《穀梁傳》】蒐于紅，正也。因蒐狩以習用武事，禮之大者也。

十一年：五月，大蒐于比蒲。

二十年【《左氏傳》】冬，十二月，齊侯田于沛，招虞人以弓，不進。公使執之。辭曰：「昔我先君之田也，旃以招大夫，弓以招士，皮冠以招虞人。臣不見皮冠，故不敢進。」乃舍之。仲尼曰：「守道不如守官。」君子韙之。

二十有二年：春，大蒐于昌間。

定公十有三年：夏，大蒐于比蒲。【注】夏蒐，非時。

十有四年：秋，大蒐于比蒲。

哀公十有四年：春，西狩獲麟。【注】冬獵曰狩。大野在魯西，故言西狩。【《左氏傳》】春，西狩于大野，叔孫氏之車子鉏商獲麟，以爲不祥，以賜虞人。仲尼觀之，曰：「麟也。」然後取之。

【《國語·魯語》】宣公夏濫於泗淵，里革斷其罟而棄之，曰：「古者大寒降，土蟄發，水虞於是乎講罛罶，取名魚，登川禽，而嘗之寢廟，行諸國人，助宣氣也。鳥獸孕，水蟲成，獸虞於是乎禁罝羅，矠魚鼈以爲夏犒，助生阜也。鳥獸成，水蟲孕，水虞於是乎禁

❶「公羊傳」，檢視《公羊傳》，無此文，實乃宋陳傅良《春秋後傳》卷一〇文。

罝罷，設穽鄂，以實廟庖，畜功用也。且夫山不槎蘖，澤不伐夭，魚禁鯤鮞，獸長麑麌，鳥翼鷇卵，蟲舍蚳蝝，蕃庶物也，古之訓也。今魚方别孕，而又行網罟，貪無藝也。」公聞之，曰：「吾過而里革匡我，不亦善乎！是良罟也，使有司藏之，使吾無忘諗。」師存侍，曰：「藏罟不如寘里革於側之不忘也。」

右經傳田獵之事。

五禮通考卷第二百四十二

淮陰吴玉搢校字

五禮通考卷第二百四十三

内廷供奉禮部右侍郎金匱秦蕙田編輯
太子太保總督直隸右都御史桐城方觀承同訂
翰林院侍讀學士嘉定王鳴盛
按察司副使元和宋宗元 參校

軍禮十一

田獵下

【《漢書·司馬相如傳》】嘗從上至長楊獵。是時天子方好自擊熊豕，❶馳逐埜獸，相如因上疏諫。其辭曰：「臣聞物有同類而殊能者，故力稱烏獲，捷言慶忌，勇期賁育。臣之愚，竊以爲人誠有之，獸亦宜然。今陛下好陵阻險，射猛獸，卒然遇逸材之獸，駭不存之地，犯屬車之清塵，輿不及還轅，人不暇施巧，雖烏獲、羿蒙之技不得用，❷枯木朽株，盡爲難矣。是胡越起於轂下，而羌夷接軫也，豈不殆哉！雖萬全而無患，然本非天子之所宜近也。且夫清道而後行，中路而馳，猶時有銜橜之變。況乎涉豐草，騁丘虛，前有利獸之樂，而内無存變之意，其爲害也，不亦難矣！❸夫輕萬乘之重不以爲安，樂出萬有一危之塗以爲娱，臣切爲陛下不取。蓋明者遠見于未萌，而知者避危於無形，旤固多藏于隱微而發于人之所忽

❶「自」字，原脱，據《漢書·司馬相如傳》補。
❷「羿」、「得」，《漢書》作「逢」、「能」。
❸「亦」字，原脱，據校點本《漢書》補。

者也。故鄙諺曰：『家絫千金，坐不垂堂。』此言雖小，可以諭大。臣願陛下留意幸察。」上善之。

【《文獻通考》】元鼎中，天子行獵新秦中，以勒邊兵而歸。新秦中或千里無亭徼，於是誅北地太守以下。

【《漢書·元帝本紀》】永光五年，冬，上幸長楊射熊館，布車騎，大獵。

【《成帝本紀》】元延二年，冬，行幸長楊宮，大校獵，宿萯陽宮。

【《揚雄傳》】十二月，羽獵，雄從。以爲昔在二帝、三王，宫室、臺榭、沼池、苑囿、林麓、藪澤財足以奉郊廟、御賓客、充庖厨而已，不奪百姓膏腴穀土、桑柘之地。女有餘布，男有餘粟，國家殷富，上下交足，故甘露零其庭，醴泉流其唐，鳳凰巢其樹，黄龍遊其沼，麒麟臻其囿，神爵棲其林。昔者禹任益虞而上下和，草木茂；成湯好田而天下用足；文王囿百里，民以爲尚小；齊宣王囿四十里，民以爲大：裕民之與奪民也。武帝廣開上林，南至宜春、鼎湖、御宿、昆吾，旁南山而西，❶至長楊、五柞，北繞黄山，瀕渭而東，周袤數百里。穿昆明池象滇河，營建章、鳳闕、神明、馺娑，漸臺、泰液，象海水周流方丈、瀛洲、蓬萊。游觀侈靡，窮妙極麗。雖頗割其三垂以贍齊民，然至羽獵，田車、戎馬、器械、儲偫、禁御所營，尚泰奢麗誇詡，非堯、舜、成湯、文王三驅之意也。又恐後世復修前好，不折中以泉臺，故因《校獵賦》以風。

明年，上將大誇胡人以多禽獸，秋，命右

❶「山」字，原脱，據《漢書·揚雄傳》補。

扶風發民入南山，西自褒斜，東至弘農，南敺漢中，張羅罔罝罘，捕熊羆豪猪虎豹狖玃狐菟麋鹿，載以檻車，輸長楊射熊館。以罔爲周阹，縱禽獸其中，令胡人手搏之，自取其獲，上親臨觀焉。是時，農民不得收斂，雄從至射熊館，還，上《長楊賦》，聊因筆墨成文章，故藉翰林以爲主人，子墨爲客卿以風。

【《後漢書·禮儀志》】立秋之日，白郊禮畢，❶始揚威武，斬牲于郊東門，以薦陵廟。❷其儀：乘輿御戎路，白馬朱鬣，躬執弩射牲。牲以鹿麛。太宰令、謁者各一人，載以獲車，❸馳送陵廟。❹於是乘輿還宮，❺遣使者齎束帛以賜武官。武官肆兵，❻習戰陣之儀、斬牲之禮，名曰貙劉。兵官皆肄孫、吴兵法六十四陣，名曰乘之。立春，遣使者齎束帛以賜文官。貙劉之禮：祠先虞，執事告先虞已，烹鮮時，有司告，乃逡巡射牲。獲車畢，有司告事畢。

【《野王二老傳》】初，光武貳於更始，會關中擾亂，遣前將軍鄧禹西征，送之於道。既反，因於野王獵，路見二老者即禽。光武問曰：「禽何向？」並舉手西指，言：❼「此中多虎，臣每即禽，虎亦即臣，大王勿往也。」光武曰：「苟有其備，虎亦何患。」父曰：「何大王之謬耶！昔湯即桀于鳴條，而大城于亳；武王亦即紂于牧野，而

❶「白」，原作「自」，據校點本《後漢書·禮儀志中》改。
❷「以」字，原脱，據《後漢書·禮儀志中》補。
❸「以」字，原脱，據《後漢書·禮儀志中》補。
❹「馳」下，原衍「駟」字，據校點本《後漢書·禮儀志中》刪。
❺「於是乘輿」四字，原脱，據《後漢書·禮儀志中》補。
❻「肆」，《後漢書·禮儀志中》作「肄」。
❼「言」字，原脱，據《後漢書·野王二老傳》補。

大城於郟鄏。彼二王者，其備非不深也。是以即人者，人亦即之，雖有其備，庸可忽乎！」光武悟其旨，顧左右曰：「此隱者也。」將用之，辭而去，莫知所在。

【《東平憲王蒼傳》】蒼拜驃騎將軍，位在三公上。永平四年春，車駕近出，觀覽城第，尋聞當遂校獵河内。蒼即上書諫曰：「臣聞時令，盛春農事，不聚衆興功。傳曰：『田獵不宿，飲食不享，出入不節，則木不曲直。』此失春令者也。臣知車駕今出，事從約省，所過吏人諷誦《甘棠》之德。雖然，動不以禮，非所以示四方也。惟陛下因行田野，循視稼穡，消揺仿佯，弭節而旋。至秋冬，乃振威靈，整法駕，備周衛，設羽旄。❶《詩》云：『抑抑威儀，惟德之隅。』臣不勝憤懣，伏自手書，乞詣行在所，極陳至誠。」帝覽奏，即還宫。

【《明帝本紀》】永平十五年冬，車騎校獵上林苑。

【《安帝本紀》】延光二年十一月，校獵上林苑。

【《順帝本紀》】永和四年冬十月，校獵上林苑。

【《桓帝本紀》】永興二年十一月，校獵上林苑。

延熹元年冬十月，校獵廣成，遂幸上林苑。

六年冬十月丙辰，校獵廣成，遂幸函谷關、上林苑。

【《靈帝本紀》】光和五年冬十月，校獵上林苑，歷函谷關，遂巡狩于廣成苑。

右漢。

【《魏志·文帝本紀》】黄初二年春正月甲

❶ 「旄」，原作「毛」，據《後漢書·東平憲王蒼傳》改。

戌，校獵。

【《王朗傳》】文帝踐阼，朗爲司空。時帝頗出游獵，或昏夜還宫。朗上疏曰：「夫帝王之居，外則飾周衛，内則重禁門，將行則設兵而後出幄，稱警而後踐墀，張弧而後登輿，❶清道而後奉引，遮列而後轉轂，静室而後息駕，皆所以顯至尊，務戒慎，垂法教也。近日車駕出臨捕虎，日昃而行，及昏而反，違警蹕之常法，非萬乘之至慎也。」帝報曰：「覽表，雖魏絳稱《虞箴》以諷晉悼，相如陳猛獸以戒漢武，未足以喻。方今二寇未殄，將帥遠征，故時入原野，以習戎備。至於夜還之戒，已詔有司施行。」

【《蘇則傳》】則爲侍中，從行獵，槎桎拔，失鹿，帝大怒，踞牀拔刀，悉收督吏，將斬之。則稽首曰：「臣聞古之聖王不以禽獸害人，今陛下方隆唐堯之化，而以獵戲多殺羣吏，愚臣以爲不可。敢以死請。」帝曰：「卿直臣也。❷」遂皆赦之。然以此見憚。

【《吴大帝紀》】漢建安二十三年十月，權將如吴，親射虎於庱亭，馬爲虎所傷。權投以雙戟，虎却廢，常從張世擊以戈，獲之。

右三國。

【《晉書·楊濟傳》】濟有才藝，常從武帝校獵北芒下，與侍中王濟俱著布袴褶，騎馬執角弓在輦前。猛獸突出，帝命王濟射之，應弦而倒。須臾，復一出，濟受詔又射殺之，六軍大叫稱快。

右晉。

【《宋書·文帝本紀》】元嘉二十五年三月庚

❶「弧」，原作「弛」，據《三國志·魏書·王朗傳》改。

❷「臣」字，原脱，據《三國志·魏書·蘇則傳》補。

辰，車駕校獵。

【《禮志》】元嘉二十五年閏二月，大蒐於宣武場。主司奉詔列奏申攝，❶剋日校獵，百官備辦。設行宫殿便坐武帳於幕府山南岡。設王公百官便坐幔省如常儀，設南北左右四行旌門。建獲旗以表獲車。殿中郎一人典獲車，主者二人收禽，吏二十四人配獲車。備獲車十二兩。校獵之官著袴褶，有帶武冠者。脱冠者上纓。二品以上擁刀，備槊，❷麾幡。三品以下帶刀。皆騎乘。將領部曲先獵一日，遣屯布圍。領軍將軍一人督右甄，護軍一人督左甄。大司馬一人居中，董正諸軍，悉受節度。殿中郎率獲車部曲，❸在大司馬之後。尚書僕射、都官尚書、五兵尚書、左右丞、都官諸曹郎、都令史、都官諸曹令史幹、蘭臺治書侍御史令史、諸曹令史幹，督攝糾司，校獵非違。至日，會於宣武場，列爲重圍。設留守填街位於雲龍門外内官道北，外官道南，以西爲上。設從官位於雲龍門内大官階北，小官階南，以西爲上。設先置官位於行止車門外内官道西，外官道東，以北爲上。設先置官還位於廣莫門外道之東西，以南爲上。校獵日平旦，正直侍中奏中嚴。❹上水一刻，奏：「搥一鼓。」爲一嚴。上水二刻，奏：「搥二鼓。」爲再嚴。殿中侍御史奏開東中華雲龍門，引仗爲小駕鹵簿。百官非校獵之官，著朱服，集列廣莫門外。應還省者還省。留守填街後部從官就位，前部從官依

❶「司」，原作「胄」，據校點本《宋書·禮志一》及其校勘記改。

❷「槊」，原作「鞘」，據三家校、《宋書·禮志一》改。

❸「獲車」，原作「護軍」，據三家校、《宋書·禮志一》改。

❹下「中」字，《宋書·禮志一》無。

鹵簿，先置官先行。上水三刻，奏：「搥三鼓。」爲三嚴。上水四刻，奏：「外辦。」正次直侍中、散騎常侍、給事黄門侍郎、散騎侍郎、❶軍校劍履進夾上閤。正直侍中負璽，通事令史帶龜印中書之印。上水五刻，皇帝出，著黑介幘單衣，乘輦。正直侍中負璽陪乘，不帶劍。殿中侍御史督攝黄麾以内。次直侍中、次直黄門侍郎護駕在前。又次直侍中佩信璽、行璽，與正直黄門侍郎從護駕在後。不鳴鼓角，不得諠譁，以次引出。警蹕如常儀。車駕出，騶讚，陛者再拜。❷皇太子入守。車駕將至，威儀唱：「引先置前部從官就位，再拜。」車駕至行殿前迴輦，正直侍中跪奏：「降輦。」次直侍中稱制曰：「可。」正直侍中俛伏起。皇帝降輦，登御座，侍臣升殿。直衞鈒戟虎賁，旄頭文衣，❸鶡尾，以次列階。正直侍中奏：「解嚴。」先置從駕百官還便座幔省。皇帝若親射禽，變御戎服，内外從官及虎賁悉變服，如校獵儀。鈒戟抽鞘，以備武衞。黄麾内官，❹從入圍裏。列置部曲，廣張甄圍，旗鼓相望，銜枚而進。甄周圍會，督甄令史奔騎號法施令曰：「春禽懷孕，蒐而不射；鳥獸之肉不登于俎，不射；皮革齒牙骨角毛羽不登於器，不射。」甄會。大司馬鳴鼓蹙圍，衆軍鼓譟警角，至宣武場止。大司馬屯北旌門，二甄帥屯左右旌門，殿中中郎率護軍部曲入次北旌門内之右。皇帝從南旌門入射禽。謁者以獲車收載，還陳於獲

❶「散騎侍郎」，三家校云：「《宋志》無『散騎侍郎』四字。」
❷「者」，原作「下」，據《宋書·禮志一》改。
❸「旄」，原作「毛」，據《宋書·禮志一》改。
❹「官」，原作「外」，據《宋書·禮志一》改。

旗北。王公以下以次射禽，各送詣獲旗下，付收禽主者。事畢，大司馬鳴鼓解圍復屯，殿中郎率其屬收禽，以實獲車，充庖厨。列言統曹正厨，置罇酒俎肉于中逵，以犒饗校獵衆軍。至晡，正直侍中量宜奏嚴，從官還著朱服，鈒戟復鞘。再嚴，先置官先還。三嚴後二刻，正直侍中奏：「外辦。」皇帝著黑介幘單衣。正次直侍中、散騎常侍、給事黄門侍郎、軍校進夾御坐。正直侍中跪奏：「還宫。」次直侍中稱制曰：❶「可。」正直侍中俛伏起。乘輿登輦還，衛從如常儀。大司馬鳴鼓散屯，以次就舍。車駕將至，威儀唱：「引留守填街先置前部從官就位，再拜。」車駕至殿前迴輦，正直侍中跪奏：「降輦。」次直侍中稱制曰：「可。」正直侍中俛伏起。乘輿降入。正直次直侍中、散騎常侍、給事黄門侍郎、散騎侍郎、軍校從至閤，亦如常儀。正直侍中奏：「解嚴。」内外百官拜表問訊如常儀，訖，罷。

【《宋書·孝武帝本紀》】大明七年春正月癸酉，詔曰：「春蒐之禮，著自周令；講事之語，書于魯史。所以昭宣德度，示民軌則。今歲稔氣榮，❷中外寧晏。當因農隙，葺是舊章。可克日于玄武湖大閲水師，并巡江右，講武校獵。」二月丁巳，車駕校獵於歷陽之烏江。己未，車駕登烏江縣六合山。十月己巳，車駕校獵于姑孰。

【《禮志》】大明七年二月丙辰，有司奏：「鑾輿巡蒐江左，講武校獵，獲肉先薦太廟、章太后廟，并設醢酒，公卿行事；及獻妃陰室，室長行事。」太學博士虞龢議：「檢《周

❶「中」，原作「郎」，據《宋書·禮志一》改。
❷「今」，原作「念」，據《宋書·孝武帝本紀》改。

禮》，四時講武獻牲，各有所施。振旅春蒐，則以祭社；茇舍夏苗，則以享礿；治兵秋獮，則以祀方；大閱冬狩，則以享烝。案《漢祭祀志》：『唯立秋之日，白郊事畢，始揚威武曰「貙劉」。乘輿入囿，躬執弩以射，牲以鹿麑。太宰令、謁者各一人，載獲車馳送陵廟。』然則春田薦廟，未有先准。」兼太常丞庾蔚之議：「龢所言是。蒐狩不失其時，此禮久廢。今時龢表晏，講武教人，又虔供乾豆，先薦二廟，禮情俱允。社主土神，司空土官，故祭社使司空行事。太廟宜使上公。參議蒐狩之禮，四時異議，禮有損益，時代不同。今既無復四方之祭，三殺之儀，曠廢來久，禽獲牲物，面傷剪毛，未成禽不獻。太宰令、謁者擇上殺奉送，先薦廟社二廟，依舊以太尉行事。」詔可。

蕙田案：以上宋。

【《隋書・禮儀志》】古者三年練兵，入而振旅，至于春秋蒐獮，亦以講其事焉。梁、陳時，依宋元嘉二十五年蒐宣武場。其法：置行軍殿於幕府山南岡，并設王公百官幕。先獵一日，遣馬騎布圍。右領軍將軍督右，左領軍將軍督左。大司馬董正諸軍。獵日，侍中三奏，一奏，搥一鼓爲嚴，三嚴訖，引仗爲小駕鹵簿。皇帝乘馬，戎服，從者悉絳衫幘，黃麾警蹕，鼓吹如常儀。獵訖，宴會享勞，比校多少。戮一人以懲亂法。會畢，還宮。

【《陳書・後主本紀》】禎明二年冬十月，輿駕幸幕府山，大校獵。

蕙田案：以上梁、陳。

【《魏書・道武帝本紀》】登國九年春三月，帝北巡。夏五月，田於河東。

皇始元年春正月，大蒐於定襄之虎山，因東

幸善無北陂。

天興六年七月，車駕北巡，築離宫於犲山，縱士校獵，東北踰厤嶺，出參合、代谷。

天賜三年春正月，車駕北巡，幸犲山宫，校獵，至屋孤山。

【《明元帝本紀》】永興四年春正月，登虎圈射虎，賜南平公長孫嵩等布帛各有差。秋七月，大獮於石會山。臨去畿陂觀漁，至於濡源。西巡，幸北郊諸落，賜以繒帛。八月，車駕還宫。壬子，幸西宫，臨板殿，大享羣臣將吏，以田獵所獲賜之，命民大酺三日。　五年六月，西幸五原，校獵於骨羅山，獲禽十萬。

神瑞二年五月丁亥，次于參合，東幸大甯。丁未，田於西岬山。六月戊午，幸去畿陂觀魚。辛酉，次于濡源，築立蟀臺。❶射白熊于頹牛山，獲之。

泰常元年六月丁巳，車駕北巡。秋七月甲申，帝自白鹿陂西行，大獮于牛山，登釜山，臨殷繁水而南，觀于九十九泉。戊戌，車駕還宫。　二年五月，車駕西巡，至于雲中，遂濟河，田于大漠。　四年正月朔，車駕臨河，大蒐于犢渚。冬十有二月，西巡，至雲中，踰白道，北獵于辱孤山。至于黄河，從君子津西渡，大狩于薛林山。　六年夏六月乙酉，北巡，至蟠羊山。秋七月，西巡，獵于柞山，親射虎，獲之，遂至於河。八月，大獮于犢渚。九月，車駕還宫。　七年九月己酉，詔太平王率百國以法駕田于東苑，車乘服物皆以乘輿之副。　八年三月，帝田于鄴南韓陵山，幸汲郡，至于枋頭。

【《太武帝本紀》】神䴥元年夏四月，西巡，田

❶「築」字，校點本《魏書·太宗紀》校勘記疑衍。

于河西。冬十月，北巡，田于牛川。十有一月，行幸河西，大校獵。　二年十有一月，西巡狩，田于河西，至祚山而還。　三年八月，行幸南宮，獵于南山。

太延元年秋七月，田于棝楊。十有一月乙丑，行幸冀州。己巳，校獵于廣川。　二年八月，帝校獵于河西。

太平真君七年二月，幸雍城，田于岐山之陽。

【《文成帝本紀》】太安二年秋八月甲申，畋于河西。　三年夏五月庚申，畋于松山。己巳，還宮。秋八月，畋于陰山之北。己亥，還宮。　四年二月，南幸信都，畋遊于廣川。六月，畋于松山。

和平二年三月，發并、肆州五千人治河西獵道。　三年二月，畋于崞山，遂觀魚于旋鴻池。　四年夏四月癸亥，上幸西苑，親射虎三頭。壬寅，行幸陰山。秋七月壬午，詔曰：「朕每歲以秋日閑月，命羣官講武平壤。所幸之處，必立宮壇，糜費之功，勞損非一。宜仍舊貫，何必改作也。」八月丙寅，遂畋于河西。詔曰：「朕順時畋獵，而從官殺獲過度，既殫禽獸，乖不合圍之義。其敕從官及典圍將校，自今以後，不聽濫殺。其田獲皮肉，別自頒賚。」

【《獻文帝本紀》】皇興元年十月癸卯，畋于邦南池。❶　二年五月乙卯，畋于崞山，遂幸繁時。冬十月，畋于冷泉。　三年夏四月丁酉，畋于崞山。

【《出帝本紀》】永熙二年十有二月丁巳，車駕狩于嵩陽。己巳，遂幸温湯。丁丑，車駕還宮。　三年二月辛巳，幸洪池陂，遂遊畋。

❶「邦南」，《魏書·獻文帝本紀》作「那男」。

【《周書・文帝本紀》】魏大統八年冬十二月，魏帝狩于華陰，大享將士。太祖率諸侯朝于行在所。

【《魏書・孝靜帝本紀》】武定元年春正月己巳，車駕蒐于邯鄲之西山。冬十有一月，車駕狩于西山。

【《尒朱榮傳》】榮之將討葛榮也，軍次襄垣，遂令軍士列圍大獵。有雙兔起於馬前，榮乃躍馬彎弓而誓之曰：「中之則禽葛榮，不中則否。」既而並應弦而殪，三軍咸悦。及破賊之後，即命立碑於其所，號「雙兔碑」。榮性好獵，不舍寒暑。至於列圍而進，必須齊一，雖遇阻險，不得回避，虎豹逸圍者坐死。其下甚苦之。太宰元天穆從容謂榮曰：「大王勳濟天下，四方無事，惟宜調政養民，順時蒐狩，何必盛夏馳逐，傷犯和氣？」榮便攘肘謂天穆曰：「太后女主，不能自正，推奉天子者，此是人臣常節。葛榮之徒，本是奴才，乘時作亂，妄自署假，譬如奴走，擒獲便休。頃來受國大寵，未能開拓境土，混一海内，何宜今日便言勳也！如聞朝士尤自寬縱，今秋欲共兄戒勒士馬，校獵嵩原，令貪汚朝貴入圍搏虎。仍出魯陽，❶歷三荆，悉擁生蠻北填六鎮。❷回軍之際，因平汾胡。明年簡練精騎，分出江淮，蕭衍若降，乞萬户侯。如其不降，徑度數千騎，便往縛取。待六合寧一，八表無塵，然後共兄奉天子，巡四方，觀風俗，布政教，如此乃可稱勳耳。今若止獵，兵士懈怠，安可復用也。」

❶「魯」，原作「曾」，據《魏書・尒朱榮傳》改。

❷「填六」，原脱，據《魏書・尒朱榮傳》補。

蕙田案：以上北魏。

【《隋書·禮儀志》】後齊春蒐禮，有司規大防，建獲旗，以表獲車。蒐前一日，命布圍。領軍將軍一人督左甄，護軍將軍一人督右甄。大司馬一人居中，節制諸軍。天子陳小駕，服通天冠，乘木輅，詣行宮。將親禽，服戎服，鈒戟者皆嚴。武衛張甄圍，旗鼓相望，銜枚而進。甄常開一方，以令三驅。圍合，吏奔騎令曰：「鳥獸之肉不登于俎者不射，皮革齒牙骨角毛羽不登于器者不射。」甄合，大司馬鳴鼓促圍，衆軍鼓譟鳴角，至期處而止。大司馬屯北旌門，二甄帥屯左右旌門。天子乘馬，從南旌門入，親射禽。謁者以獲車收禽，載還，陳于獲旗之北。王公已下，以次射禽，皆送旗下。事畢，大司馬鳴鼓解圍，復屯。殿中郎中率其屬收禽，以實獲車。天子還行宮，命有司，每禽擇取三十，一曰乾豆，二曰賓客，三曰充君之庖，其餘即于圍下量犒將士。禮畢，改服。鈒者韜刀而還。夏苗、秋獮、冬狩，禮皆同。河清中定令，每歲十二月半後講武，至晦遂除。二軍兵馬，右入千秋門，左入萬歲門，並至永巷南下，至昭陽殿北，二軍交。一軍從西上閤，一軍從東上閤，並從端門南，出閶闔門前橋南，戲射並訖，送至城南郭外，罷。

【《北齊書·神武本紀》】興和二年十二月，阿至羅別部遣使請降，神武帥衆迎之，出武州塞，不見，大獵而還。

【《文宣帝本紀》】天保四年春正月，巡三堆戍，大狩而歸。五月庚寅，帝校獵于林慮山。戊子，還宮。

【《後主本紀》】武平四年九月，校獵于鄴東。

七年冬十月丙辰，帝大狩于祈連池。

【《暴顯傳》】顯少經軍旅，善於騎射，曾從魏孝莊帝出獵，一日之中，手獲禽獸七十三。

【《元坦傳》】坦爲冀州刺史，性好畋漁，無日不出。秋冬獵雉兔，春夏捕魚蟹，鷹犬常數百頭，自言：「寧三日不食，不能一日不獵。」

【《北史・馮淑妃傳》】周師之取平陽，帝獵于三堆，晉州亟告急，帝將還，淑妃請更殺一圍，帝從其言。

蕙田案：以上北齊。

【《隋書・禮儀志》】後周仲春教振旅，大司馬建大麾于萊田之所。鄉稍之官，以旗物、鼓鐸、鉦鐃各帥其人而致，誅其後至者。建麾于後表之中，以集衆庶。質明，偃麾，誅其不及者。乃陳徒騎，如戰之陣。大司馬北面誓之。軍中皆聽鼓角，以爲進止之節。田之日，于其所萊之北，建旗爲和門。諸將帥徒騎序入其門，有司居門，以平其人。既入，而分其地，險野則徒前而騎後，易野則騎前而徒後。既陣，皆坐，乃設驅逆騎。有司表貉于陣前，以太牢祭黄帝軒轅氏，於狩地爲墠，建二旗，列五兵於坐側，行三獻禮。遂蒐田致禽以祭社。仲夏教茇舍，如振旅之陣，遂以苗田如蒐法，致禽以享礿。仲秋教練兵，如振旅之陣，遂以獮田如蒐法，致禽以祀方。仲冬教大閱，如振旅之陣，遂以狩田如蒐法，❶致禽以享烝。

【《周書・武帝本紀》】建德五年春正月辛卯，行幸河東、涑川，集關中、河東諸軍校獵。

蕙田案：以上北周田獵儀式，規仿《周官》，頗爲近古。蓋盧辯輩所潤

❶「遂」字，原脱，據《隋書・禮儀三》補。

色也。

右南北朝。

【《隋書・煬帝本紀》】大業三年六月辛巳，獵于連谷。

【《禮儀志》】大業三年，煬帝在榆林，突厥啟民及西域、東胡君長並來朝貢，帝欲誇以甲兵之盛，乃命有司，陳冬狩之禮。詔虞部量拔延山南北周二百里，並立表記。前狩二日，兵部建旗於表所，五里一旗，分爲四十軍，軍萬人，騎五千匹。前一日，諸將各帥其軍集於旗下，鳴鼓，後至者斬。詔四十道使，並揚旗建節，分申畋令，即留軍所監獵。布圍，圍闕南面，❶方行而前。❷帝服紫袴褶，黑介幘，乘闟豬車，其飾如木輅，重輞縵輪，虯龍繞轂，漢東京鹵簿所謂獵車者也。駕六黑騮。太常陳鼓笳鐃簫角於帝左右，各一百二十。百官戎服騎從，鼓行入圍。諸將並鼓行越圍，❸乃設驅逆騎千有二百。闟豬停軔，有司斂大綏，王公以下皆整弓矢，陳於駕前。有司又斂小綏，乃驅獸出，過於帝前。初驅過，有司整御弓矢以前，待詔。再驅過，備身將軍奉進弓矢。三驅過，帝乃從禽，鼓吹皆振，坐而射之。❹每驅，必三獸以上。帝發，抗大綏。次王公發，抗小綏。次諸將發，則無鼓，驅逆之騎乃止。然後三軍、四夷、百姓皆獵。凡射獸，自左膘而射之，達于右腢，五口反。爲上等。達右耳本，爲次等。自左髀達于右䯚爲下等。羣獸相從，不得盡殺。已傷之獸，不得重射。

❶「闕」字，原脱，據《隋書・禮儀三》補。
❷「行」，原作「幘」，據三家校及《隋書・禮儀三》改。
❸「越」，聖環本及三家校、校點本《隋書・禮儀三》作「赴」。
❹「坐」，《隋書・禮儀三》作「左」。

又逆向人者，不射其面。出表者，不逐之。畋將止，虞部建旗於圍内。從駕之鼓及諸軍鼓俱振，卒徒皆譟。諸獲禽者，獻於旗所，致其左耳。大獸公之，以供宗廟，使歸，薦腊于京師。小獸私之。

右隋。

【《唐書·禮樂志》】皇帝狩田之禮，亦以仲冬。前期，兵部集衆庶修田法，虞部表所田之野，建旗于其後。前一日，諸將帥士集於旗下。質明，弊旗，後至者罰。兵部申田令，遂圍田。其兩翼之將皆建旗。及夜，布圍，闕其南面。駕至田所，皇帝鼓行入圍，鼓吹令以鼓六十陳于皇帝東南，西向；六十陳于西南，東向。皆乘馬，各備簫角。諸將皆鼓行圍，乃設驅逆之騎。皇帝乘馬南向，有司斂大綏以從。諸公、王以下皆乘馬，帶弓矢，陳于前後，所司之屬又斂小綏以從。乃驅獸出前。❶初，一驅過，有司整飭弓矢以前。再驅過，有司奉進弓矢。三驅過，皇帝乃從禽左而射之。每驅必三獸以上。皇帝發，抗大綏；然後公、王發，抗小綏；驅逆之騎止，然後百姓獵。

凡射獸，自左而射之，達于右腢爲上射，達右耳爲次射，左髀達于右髃爲下射。羣獸相從，不盡殺；已被射者，不重射；不射其面，不剪其毛；凡出表者，不逐之。田將畢，虞部建旗于田内，乃雷擊駕鼓及諸將之鼓，士從譟呼。諸得禽獻旗下，❷致其左耳。大獸公之，小獸私之。其上者供宗廟，次者供賓客，下者充庖厨。乃命有司饁獸于四

❶「乃」，原作「又」，據《新唐書·禮樂志六》改。

❷「獻」，原作「獸」，據《新唐書·禮樂志六》改。

郊，以獸告至于廟社。❶《開元禮》略同。

【《通典》】李靖曰：「校獵：一人守圍地三尺，量人多少，以左右兩將爲交頭，其次左右將各主士伍爲行列，皆以金、鼓、旗爲節制。其初起圍張翼，隨山林地勢，無遠近部分。其合圍地，虞候先擇定訖，以善弧矢者爲圍中騎，其步卒槍幡守圍，有漏獸，坐守圍吏。大獸公之，小獸私之，以觀進止。斯亦教戰一端也。」

【《唐書·高祖本紀》】武德三年正月己巳，獵于渭濱。　四年閏月己未，幸舊墅。壬戌，獵於好時。乙丑，獵于九嵏。丁卯，獵于仲山。戊辰，獵于清水谷。　五年十一月癸卯，獵于富平北原。十二月丙辰，獵于萬壽原。　六年二月壬子，獵于驪山。十月庚申，獵于白鹿原。十一月辛卯，獵于沙苑。丁酉，獵于伏龍原。　七年十月辛未，獵于鄠南。庚寅，獵于圍川。十二月戊辰，獵于高陵。❷八年十月辛巳，如周氏陂，獵于北原。十一月辛卯，如宜州，獵于西原。庚子，講武于同官。癸丑，獵于華池北原。十二月，獵于鳴犢泉。

【《巢刺王元吉傳》】元吉爲并州總管，劉武周略汾、晉，詔遣右衛將軍宇文歆助守。元吉喜鷹狗，出常載罝罔三十車，曰：「我寧三日不食，不可一日不獵。」夜潛出淫民家，府門不閉。歆驟諫，不納，乃顯表於帝曰：「王數出與竇誕縱獵，蹂民田，縱左右攘敓，畜産爲盡。每射于道，觀人避矢以爲樂。百姓怨，不可與

❶「獸」，原作「獻」；「社」，原脱，據《新唐書·禮樂志六》改補。

❷「陵」，原作「林」，據《新唐書·高祖本紀》改。

共守。」

【《蘇世長傳》】世長拜諫議大夫，從獵涇陽，大獲。帝入旌門，詫左右曰：「今日畋，樂乎？」世長曰：「陛下廢萬機，事遊獵，不滿十旬，未爲樂也。」帝變色，既而笑曰：「狂態發邪？」曰：「爲臣計則狂，爲陛下計則忠矣。」時武功、郿新經突厥寇掠，鄉聚凋虛，帝將遂獵武功。世長諫曰：「突厥向盗刼人，陛下救恤之言未出口，又獵其地，殆百姓不堪所求。」帝不聽。

【《吕向傳》】向以起居舍人從帝東巡，帝引頡利發及蕃夷酋長入仗内，賜弓矢射禽。向上言：「鴟梟不鳴，未爲瑞鳥；豺虎雖伏，弗曰仁獸。況突厥安忍殘賊，莫顧君父，陛下震以武義，來以文德，勢不得不庭，故稽顙稱臣，奔命遣使。陛下引内從官，陪封禪盛禮，使飛矢于前，同獲獸之樂，是狎昵太過。或荆卿詭動，何羅竊發，逼嚴蹕，冒清塵，縱醢單于，汙穹廬，何以塞責？」帝順納，詔蕃夷出仗。

【《唐儉傳》】儉爲民部尚書，從獵洛陽苑，羣豕突出于林，帝射四發，❶輒殪四豕。一豕躍及鐙，儉投馬搏之。帝拔劍斷豕，顧笑曰：「天策長史不見上將擊賊耶，何懼之甚？」對曰：「漢祖以馬上得之，不以馬上治之。陛下神武定四方，豈復快心于一獸？」帝爲罷獵。

【《褚亮傳》】高祖獵，親格虎。亮懇愊致諫，帝禮納其言。

【《唐書·高宗本紀》】顯慶二年十一月乙巳，獵于滍南。壬子，講武于新鄭。五年十二月辛未，獵于安樂川。

❶「發」字，原脱，據《新唐書·唐儉傳》補。

龍朔元年十月丁卯，獵于陸渾。戊辰，獵于非山。

【《舊唐書·高宗本紀》】總章二年九月己亥，發自九成宫。壬寅，停華林頓，大蒐于岐。

【《唐書·高宗本紀》】咸亨二年十二月癸酉，獵于昆陽。四年閏五月丁卯，禁作篡捕魚、營圈取獸者。

上元元年十一月乙酉，獵于華山回武原。

【《通典》】高宗永徽元年冬，出獵，在路遇雨，因問諫議大夫谷那律曰：「油衣若爲不得漏？」對曰：「能以瓦爲之，必不漏矣。」上大悦，因此不復出獵。

【《唐書·中宗本紀》】神龍元年十月癸亥，幸龍門。乙丑，獵于新安。

【《通典》】睿宗先天元年十一月，獵於驪山之下。侍中魏知古上詩諫曰：「嘗聞夏太康，五子訓禽荒。我后來冬狩，三驅盛禮張。順時鷹隼擊，講事武功揚。奔走未及去，翾飛豈暇翔。飛熊從渭水，瑞翟想陳倉。此欲誠難縱，兹遊不可常。子雲陳《羽獵》，僖伯諫漁棠。得失鑒齊楚，仁恩合禹湯。雍熙諒在宥，亭毒匪多傷。辛則令爲决，❶虞箴遂孔彰。」手制曰：「所進十韻，三復研精，良增歎美。予時因暇景，爲苗而畋，開一面之羅，展三驅之禮，無情校獵，但慕前禽。卿有箴規，輔予不逮。今賜物五千段，用以勸獎。」

【《唐書·玄宗本紀》】開元元年十月甲辰，獵于渭川。

【《文獻通考》】明皇開元三年，大蒐于鳳泉。

❶「辛則令爲决」，點校本《通典》卷七六據《舊唐書》、《唐會要》等校改作「辛甲今爲史」。

右補闕崔向上疏曰：「臣聞天子三田，若古有訓，豈惟爲乾豆、賓客、庖厨者哉？ 亦將閱兵講武，戒不虞也。《詩》美宣王之田，『徒御不驚，有聞無聲』，謂畋獵時人皆銜枚，有若聞而無讙譁也。 又曰『悉率左右，以燕天子』，謂悉驅禽，順有左右之宜，以安待王射也。 則知大綏將下，亦有禮焉。 側聞獵于渭濱，有異於是。 六飛馳騁，萬騎騰躍，衝翳薈，蹴蒙籠，越嶃險，靡榛蘪，紅塵坐昏，白日將暗，毛羣擾攘，羽族繽紛，左右戎夷，並伸驍勇，攢鏑亂下，交刃霜飛，而降尊亂卑，争捷於其間，豈不殆哉！ 夫環衛而居，暴客攸待；清道而出，行人尚驚。 如有墜駕之虞，流矢之變，獸窮則搏，鳥窮則攫，陛下復何以當之哉？ 惟深思後慮，以誡後圖，天下幸甚！」

【《唐書·吴兢傳》】開元十三年，帝東封泰山，道中數馳射爲樂。 兢諫曰：「方登岱告成，不當逐狡獸，使有垂堂之危，朽株之殆。」帝納之。

【《玄宗本紀》】十四年十二月，獵于方秀川。

十五年十一月，獵于城南。

【《舊唐書·玄宗本紀》】開元十七年十二月，校獵渭濱。

【《唐書·代宗本紀》】大曆四年十一月，禁畿内弋獵。 十三年十月，禁京畿持兵器捕獵。

【《德宗本紀》】貞元三年十二月，獵于新店。

八年十二月，獵于城東。 十年十二月，獵于城南。

【《舊唐書·德宗本紀》】貞元十一年十二月戊辰，上獵苑中，戒多殺，止行三驅之禮，勞士而還。

【《唐書·憲宗本紀》】元和九年十一月戊

子，罷京兆府獵獻狐兔。

【《穆宗本紀》】元和十五年正月，即皇帝位。十二月庚辰，獵于城南。壬午，擊鞠于右神策軍，遂獵于城西。甲申，獵于苑北。長慶二年十月己卯，獵于咸陽。十一月庚午，皇太后幸華清宫。癸酉，迎皇太后，遂獵于驪山。

【《白居易傳》】居易知制誥，穆宗好畋游，獻《續虞人箴》以諷，曰：「唐受天命，十有二聖。兢兢業業，咸勤厥政。鳥生深林，獸在豐草。春蒐冬狩，取之以道。鳥獸蟲魚，各遂其生。民野君朝，亦克用寧。在昔玄祖，厥訓孔彰。馳騁田獵，俾心發狂。何以效之，曰羿與康。曾不是誡，終然覆亡。高祖方獵，蘇長進言：『不滿十旬，未足爲懽。』上心既悟，爲之輟畋。降及宋璟，亦諫玄宗。温顔聽納，獻替從容。璟趨以出，鷂死握中。噫！逐獸于野，走馬于路。豈不快哉，銜橛可懼。審其安危，唯聖之慮。」

【《文宗本紀》】太和四年三月癸卯，禁京畿弋獵。

開成元年二月乙亥，停獻鷙鳥畋犬。

【《舊唐書·武宗本紀》】會昌二年十月，帝幸涇陽，校獵白鹿原。諫議大夫高少逸、鄭朗等于閣内論：「陛下校獵大頻，出城稍遠，萬幾廢弛，星出夜歸，方今用兵，且宜停止。」上優勞之。諫官出，謂宰相曰：「諫官甚要，朕時聞其言，庶幾減過。」四年十月，獵于鄠縣。十二月，獵于雲陽。

【《唐書·憲宗懿安皇后郭氏傳》】武宗喜畋游，擇五坊小兒得出入禁中。他日，問后起居，后曰：「諫臣章疏，宜審覽。度可用用之，有不可，以詢宰相，毋拒直言。」帝再拜還。索諫章閱之，往往道游獵事。自是畋幸希，小兒等不復橫賜矣。

右唐。

【《五代史·唐莊宗本紀》】同光元年十二月壬辰，畋于伊闕。二年十一月癸卯，畋于伊闕。丙午，至自伊闕。三年十二月己卯，畋于白沙。

【《家人傳》】莊宗方與后荒于畋游，十二月己卯，獵畋于白沙，后率皇子后宮畢從，歷伊闕，宿龕澗，癸未乃還。

【《何澤傳》】莊宗好畋獵，數踐民田。澤乃潛身伏草間，伺莊宗，當馬諫曰：「陛下未能一天下以休兵，而暴斂疲民以給軍食。今田將熟，奈何恣畋遊以害多稼，使民何以出租賦？吏何以督民耕？陛下不聽言，願賜臣死于馬前，使後世知陛下之過。」莊宗大笑，爲之止獵。

【《伶官傳》】莊宗好畋獵，獵于中牟，踐民田。中牟縣令當馬切諫，爲民請。莊宗怒叱縣令去，將殺之。伶人敬新磨知其不可，乃率諸伶走追縣令，擒至馬前，責之曰：「汝爲縣令，獨不知吾天子好獵耶？奈何縱民稼穡以供稅賦？何不飢汝縣民而空此地以備吾天子之馳騁？汝罪當死。」因前請亟行刑，諸伶共倡和之。莊宗大笑，乃得免。

【《明宗本紀》】天成二年十二月甲辰，畋于東郊。

【《宋史·符彥卿傳》】清泰中，彥卿改易州，兼領北面騎軍，賜戎服、介冑、戰馬。當射獵遂城鹽臺淀，一日射麞麂狼兔四十二，❶觀者神之。

❶「狼」下，《宋史·符彥卿傳》有「狐」字。

【《晉出帝本紀》】天福八年十月壬子，畋于近郊。

開運二年三月丁未，畋于戚城。十二月丁丑，畋于近郊。

【《南唐近事》】烈祖輔吴，四方多壘，雖一騎一卒，必加姑息。然羣校多從禽，聚飲近野，或搔擾民庶，上欲糾之以法，而方藉其材力，思得酌中之計，問於嚴求。求曰：「無煩繩之，易絶耳。請敕泰興、海鹽諸縣罷採鷹鸇，可不令而止。」烈祖從其計，期月之間，禁校無復游墟落者。

右五代。

【《宋史·太祖本紀》】建隆二年二月己卯，禁春夏捕魚射鳥。十二月庚戌，畋于近郊。

【《禮志》】建隆二年，始校獵于近郊。先出禁軍爲圍塲，五坊以鷙鷹細犬從。帝親射走兔三，從官貢馬稱賀。其後，多以秋冬或正月田于四郊，從官或賜窄袍煖鞾，親王以下射中者賜以馬。

【《太祖本紀》】建隆三年十月辛亥，畋近郊。十一月己卯，畋于近郊。

乾德元年冬十月己亥，畋近郊。十一月己亥，畋近郊。二年十一月壬辰，畋近郊。

開寶元年冬十月己未，畋近郊。二年十月戊子，畋近郊。十一月甲寅，畋近郊。

五年十一月己亥，畋近郊。八年九月壬申，狩近郊，逐兔，馬蹶，墜地，因引佩刀刺馬殺之。既而悔之，曰：「吾爲天下主，輕事畋獵，又何罪馬哉！」自是遂不復獵。

九年五月己巳，幸飛龍院，觀漁金水河。

【《太宗本紀》】太平興國二年九月丙辰，狩近郊。十月辛巳，畋近郊。十二月庚午，畋近郊。三年夏四月丙辰，禁民自春及秋毋捕獵。冬十月庚午，畋近郊。十二月庚午，畋近郊。　四年二月戊寅，次澶州，觀魚于河。十一月己丑，畋近郊。十二月丁卯，畋近郊。

【《禮志》】太宗將北征，因閱武獵近郊，以多盜獵狐兔者，命禁之。有衞士奪人獐，當死，帝曰：「若殺之，後世必謂我重獸而輕人。」❶特貰其罪。帝常以臘日校獵，諭從臣曰：「臘日出狩，以順時令，緩轡從禽，是非荒也。」回幸講武臺，張樂，賜羣臣飲。其後，獵西郊，親射走兔五。詔以古者蒐狩，以所獲之禽薦享宗廟，而其禮久廢，今可復之。遂爲定式。帝雅不好弋獵，詔除有司行禮外，罷近甸遊畋，五方所畜鷹犬並放之，諸州不得以鷹犬來獻。已而定難軍節度使趙保忠獻鶻一，號「海東青」，詔還賜之。臘日，❷但命諸王略畋近郊，而五坊之職廢矣。

【《太宗本紀》】太平興國五年三月丙午，幸水磑，因觀魚。九月壬戌，畋近郊。十二月庚辰，發大名府，因校獵。　六年十二月己卯，畋近郊。　七年十二月丙申，狩近郊。

【李燾《長編》】太宗雍熙二年十一月，詔曰：「三田之制，其一曰乾豆，謂腊之以供祀也。近以率遵時令，薄狩郊畿，既親射以獲禽，宜奉先而登俎。其以田獵親獲獸付所司薦享太廟，著于令。」

【《太宗本紀》】雍熙四年秋七月丙寅，幸講武池觀魚。冬十二月庚戌，畋于近郊。

端拱元年冬十月癸未，詔罷遊獵，五坊所畜鷹犬並放之，諸州毋以爲獻。

淳化五年十二月丙戌，命諸王畋近郊。

❶「謂」，原作「爲」，據《宋史·禮二十四》改。
❷「臘」，庫本作「獵」。

【《真宗本紀》】咸平三年十二月戊申，狩近郊，以親獲禽獻太廟。

【《文獻通考》】三年十二月，以獵獲狐兔薦廟之餘，賜中書、樞密院。

【《宋史·真宗本紀》】咸平四年十一月庚寅，畋近郊。

景德三年十二月乙酉，狩近郊，以親獲兔付有司薦廟。

大中祥符三年二月己亥，禁方春射獵。每歲春夏，所在長吏申明之。

【《禮志》】真宗詔教駿所養鷹鶻量留十餘，以備諸王從時展禮。禁圍草地，許民耕牧。

【《仁宗本紀》】五年十月庚午，幸瓊林苑，遂畋楊村，遣使以所獲馳薦太廟。召父老，賜以飲食茶帛。

【《文獻通考》】慶曆五年，兵部員外郎、直集賢院李東之言：「祖宗校獵之制，所以順時令而訓戎事也。陛下臨御以來，未嘗講修此禮，願詔有司草儀注，擇日命殿前馬步軍司互出兵馬，以從獵于近郊。」詔樞密院討詳先朝校獵制度。十月，御内東門，賜從官酒三行，奏鈞容樂，幸瓊林苑門，賜從官食，遂獵於楊村。燕幄殿，奏教坊樂。遣使以所獲麞兔馳薦太廟。既而召父老臨問，賜以酒食茶絹，及賜五坊軍士銀絹有差。

【《宋史·仁宗本紀》】六年十一月辛丑，畋東韓村。乘輿所過及圍内田，蠲租一年。

【《禮志》】六年，復獵于城南東韓村。自玉津園去輦乘馬，分騎士數千爲左右翼，節以鼓旗。合圍場徑十餘里，部隊相應。帝按轡中道，親挾弓矢，屢獲禽焉。是時，道傍居人或畜狐兔鳧雉驅場中。帝謂田獵以訓武事，非專所獲也，悉縱之。免圍内民田一歲租，仍召父老勞問。其後以諫者多，罷獵近甸。自是，終靖康不復講。

【《仁宗本紀》】慶曆七年三月，罷出獵。

【《高宗本紀》】紹興二十年二月庚戌，禁民春月捕鳥獸。

蕙田案：《宋史・兵志》不及田獵事，然考其經制，如禁兵以殿前、侍衛二司總之，而建隆之獵，先出禁軍爲圍場，或幸騏驥院，因以射獵。則凡親近扈從諸軍，皆從獵之軍也。又數罷五坊諸人，安有鷹犬、小兒隊長之紛紛哉。蓋宋懲五代唐莊宗弊政，故田獵之事，簡便務實，有可取者。南渡以後，史志闕如，蓋亦無復開國規模矣。

右宋。

【《遼史・營衛志》】遼國盡有大漠，浸包長城之境，因宜爲治。秋冬違寒，春夏避暑，隨水草就畋漁，歲以爲常。❶四時各有行在之所，謂之「捺鉢」。

春曰鴨子河濼。皇帝正月上旬起牙帳，約六十日方至。天鵞未至，卓帳冰上，鑿冰取魚。冰泮，乃縱鷹鶻捕鵞雁。晨出暮歸，從事弋獵。鴨子河濼東西二十里，南北三十里，在長春州東北三十五里，四面皆沙堝，多榆柳杏林。皇帝每至，侍御皆服墨緑色衣，各備連鎚一柄，鷹食一器，刺鵞錐一枚，于濼周圍相去各五七步排立。皇帝冠巾，衣時服，繫玉束帶，于上風望之。有鵞之處舉旗，探騎馳報，遠泊鳴鼓，鵞驚騰起，左右圍騎皆舉幟麾之。五坊擎進海東青鶻，拜授皇帝放之。鶻擒鵞墜，勢力不加，排立近者，舉錐刺鵞，取腦以飼鶻。救鶻人例賞銀

❶「歲」字，原脱，據《遼史・營衛志中》補。

絹。皇帝得頭鵞，薦廟，羣臣各獻酒果，舉樂。更相酬酢，致賀語，皆插鵞毛于首以爲樂。賜從人酒，徧散其毛。弋獵網鈎，春盡乃還。

夏捺鉢，無常所，多在吐兒山。道宗每歲先幸黑山，拜聖宗、興宗陵，賞金蓮，乃幸子河避暑。吐兒山在黑山東北三百里，近饅頭山。黑山在慶州北十三里，上有池，池中有金蓮。子河在吐兒山東北三百里。懷州西山有清凉殿，亦爲行幸避暑之所。四月中旬起牙帳，卜吉地爲納凉所。五月末旬、六月上旬至，居五旬。與北、南臣僚議國事，暇日遊獵。七月中旬乃去。

秋捺鉢曰伏虎林。七月中旬，自納凉處起牙帳，入山射鹿及虎。❶林在永州西北五十里，嘗有虎據林，傷害居民畜牧。景宗領數騎獵焉，虎伏草際，戰慄不敢仰視，上舍之，因號伏虎林。每歲車駕至，皇族而下，分布濼水側。伺夜將半，鹿飲鹽水，令獵人吹角效鹿鳴，既集而射之，謂之「舐鹻鹿」，又名「呼鹿」。

冬捺鉢曰廣平淀，在永州東南三十里，本名白馬淀。東西二十餘里，南北十餘里，地甚坦夷，四望皆沙磧，木多榆柳。其地饒沙，冬月稍煖，牙帳多于此坐冬，與北、南大臣會議國事，時出校獵講武，兼受南宋及諸國禮貢。皇帝牙帳以槍爲硬寨，用毛繩連繫。每槍下黑氊傘一，❷以芘衛士風雪。槍外小氊帳一層，每帳五人，各執兵仗爲禁圍。南有省方殿，殿北約二里曰壽寧殿，皆木柱竹榱，以氊爲蓋，彩繪韜柱，錦爲壁衣，加緋繡

❶「及」，原作「伏」，據《遼史·營衛志中》改。
❷「槍」，原作「帳」，據《遼史·營衛志中》改。

額。又以黄布繡龍爲地障，牕、槅皆以氊爲之，傅以黄油絹。基高尺餘，兩廂廊廡亦以氊蓋，無門户。省方殿北有鹿皮帳，帳次北有八方公用殿。壽寧殿北有長春帳，衛以硬寨。❶宫用契丹兵四千人，每日輪番千人祗直。禁圍外卓槍爲寨，夜則拔槍移卓御寢帳。周圍拒馬，外設鋪，傳鈴宿衛。每歲四時，周而復始。

《禮志》：獵儀：獵，十二月辰日。前期一日，詔司獵官選獵地。其日，皇帝、皇后焚香拜日畢，設圍，命獵夫張左右翼。司獵官奏成列，皇帝、皇后陞輦，敵烈麻都以酒二尊、盤飧奉進，北南院大王以下進馬及衣。皇帝降輿，祭東畢，乘馬入圍中。皇太子、親王率羣臣進酒，分兩翼而行。皇帝始獲兔，羣臣進酒上壽，各賜以酒。至中食之次，親王、大臣各進所獲。及酒訖，賜羣臣飲，還宫。應曆元年冬，漢遣使來賀，自是歲以爲常儀。統和中，罷之。

【《太祖本紀》】天贊三年十月，獵寓樂山，獲野獸數千，以充軍食。十一月，射虎于烏剌邪里山，抵霸室山。六百餘里，且行且獵，日有鮮食，軍士皆給。

【《太宗本紀》】會同三年九月庚午，侍中崔窮古言：「晉主聞陛下數遊獵，意請節之。」上曰：「朕之遊畋，非徒縱樂，所以練習武事也。」乃詔諭之。

【《郭襲傳》】景宗即位，數游獵，襲上書諫曰：「昔唐高祖好獵，以蘇世長諫罷，史稱其美。伏念聖祖，創業艱難，修德布政，宵旰不懈。穆宗逞無厭之欲，不恤國事，天下愁怨。陛下繼統，海内翕然望中

❶「硬」，原作「梗」，據庫本及《遼史·營衛志中》改。

興之治。十餘年間，征伐未已，而寇賊未除，年穀雖登，而瘡痍未復，正宜戒謹修省，以懷永圖。側聞恣意遊畋，萬一有銜橜之變，搏噬之虞，悔將何及。況南有彊敵，❶伺隙而動，聞之得無生心乎？伏望陛下，節從禽酣飲之樂，爲生靈社稷計，則有無疆之休。」上覽而稱善。

【《聖宗本紀》】統和十四年正月，漁于潞河。十一月，詔諸軍官毋得非時田獵妨農。十五年八月，獵于平地松林，皇太后誡曰：「前聖有言：『欲不可縱。』我兒爲天下主，馳騁田獵，萬一有銜橜之變，適貽予憂。宜深戒之！」

【《興宗本紀》】重熙十七年閏正月，射虎于侯里吉。

右遼。

【《金史·太祖本紀》】收國元年三月辛未，獵于寥晦城。二年九月己亥，上獵近郊。

【《熙宗本紀》】皇統二年正月己亥，上獵于來流河。十二月壬申，上獵于核耶呆米路。癸未，還。❷四年九月乙酉，上如東京。壬子，獵于沙河，射虎，獲之。十一月己酉，上獵于海島。九年十一月癸巳，上獵于忽刺渾土温。

【《世宗本紀》】大定三年八月，敕殿前都點檢唐括德温：❸「重九出獵，國朝舊俗。今扈從軍二千，不無擾民，可嚴爲約束，仍以錢萬貫分賜之。」九月，秋獵。十月，冬獵。十二月，獵于近郊，所獲薦山陵。自是，歲以爲常。九年三月，尚書省定網捕禽獸

❶「彊」，原作「疆」，據庫本改。
❷「還」下，《金史·熙宗本紀》有「官」字。
❸「檢」，原作「校」，據《金史·世宗本紀》改。

法，或至徒。上曰：「以禽獸之故而抵民以法，是重禽獸而輕民命也。自今有犯，可杖而釋之。」十年七月，秋獵，放圍場役夫。詔扈從糧食並從官給。又敕扈從人縱畜牧蹂踐禾稼者，杖之，仍償其直。二十五年十月，禁止上京等路大雪及含胎時採捕。十一月，詔：「豺未祭獸，不許採捕。冬月，雪尺以上，不許用網及速撒海，恐盡獸類。」

【《梁襄傳》】世宗將幸金蓮川，襄上疏極諫曰：「陛下神武，善騎射，舉世莫及。銜橜之變，猛摯之虞，姑置勿論。設于行獵之際，烈風暴至，塵埃漲天，宿霧四塞，跬步不辨，以致翠華有崤陵之避、襄城之迷，百官狼狽于道途，衛士參錯于隊伍，當此宸衷寧無戒悔。臣又聞陛下于合圍之際，麋鹿充牣圍中，壯而大者纔取數十以奉宗廟，餘皆縱之，不欲多殺。是陛下恩及禽獸而未及隨駕衆多之臣庶也。議者謂前世守文之主，生長深宮，畏見風日，彎弧上馬，皆所不能，志氣弱懦，筋力拘柔，臨難戰懼，束手就亡。陛下監其如此，不憚勤身，遠幸金蓮，至於松漠，❶名爲坐夏打圍，實欲服勞講武。臣愚以爲，戰不可忘，獵不可廢，宴安鴆毒，亦不可懷，❷然事貴適中，不可過當。今過防驕惰之患，先蹈萬有一危之途，何異無病而服藥也。況欲習武不必度關，涿、易、雄、保、順、薊之境，地廣又平，且在邦域之中，獵田以時，誰曰不可。伏乞陛下發如綸之音，回北轅之轍，塞雞鳴之路，安處中都，不復北幸，宗社無疆之休，天下莫大之願也。」世宗嘉納，遂爲罷行。

❶「漠」，原作「溪」，據《金史·梁襄傳》改。
❷「亦」字，原脱，據《金史·梁襄傳》補。

【《章宗本紀》】大定二十九年正月癸巳，即皇帝位。六月辛卯，修起居注完顔烏者、同知登聞檢院孫鐸皆上書諫罷圍獵，❶上納其言。九月丙子，獵于近郊。戊寅，監察御史焦旭劾奏太傅克寧、右丞相襄不應請車駕田獵，上曰：「此小事，不須治之。」十月丙申，冬獵。

明昌元年春正月丁巳，制諸王任外路者許遊獵五日，❷過此禁之。仍令禁約人從毋擾民。二月丙申，❸遣諭諸王，❹凡出獵毋越本境。八月丁未，獵于近郊。十月丁未，獵于近郊。十一月丙子，冬獵。十二月壬午，免獵田今年稅。　二年十二月甲申，獵于近郊。　三年二月甲戌，朔，敕猛安謀克許于冬月率所屬户田獵二次，每出不得過十日。丁酉，獵于近郊。九月己卯，如秋山。免圍場經過人户今歲夏秋租稅之半，曾當差役者復一年。十月己巳，獵于近郊。　四年正月癸巳，諭點檢司，行宫外地及圍獵之處悉與民耕，雖禁地，❺聽民持農器出入。丙申，東京路副使王勝進鷹，❻遣諭之曰：「汝職非輕。民間利害，官吏邪正，略不具聞，而乃以鷹進，此豈汝所職也。後毋復爾。」二月癸丑，獵于桃村淀。十二月丙辰，獵于近郊。　五年六月己亥，出獵，登胡土白山，酹酒再拜，曹王永升以下進酒。七月戊辰，獵于豁出火，一發貫雙鹿。是日，獲鹿二百二十二，賜扈從官有差。辛巳，次魯

❶「同」字，原脱，據校點本《金史·章宗本紀一》及其校勘記補。

❷「獵」，原作「臘」，據《金史·章宗本紀一》改。

❸「二」，原作「六」，據《金史·章宗本紀一》改。

❹「諭」字，原脱，據《金史·章宗本紀一》補。

❺「雖」，原作「種」，據《金史·章宗本紀二》改。

❻「王」，《金史·章宗本紀二》作「三」。

温合失不。是日，上親射，獲黄羊四百七十一。閏十月乙亥，獮于近郊。

承安元年八月己酉，❶獮于近郊。　三年八月辛未，獮于近郊。癸酉，獮于香山。九月乙巳，獮于近郊。十月庚午，獮于近郊。十一月甲寅，冬獮。十二月甲子，獮于酸棗林。大風寒，罷獮，凍死者五百餘人。　四年八月己巳，獮于近郊。壬申，獮于香山。丁丑，獮于近郊。　五年七月甲戌，獮于近郊。十月丁未，獮于近郊。

泰和元年正月辛未，上以方春，禁殺含胎兔，犯者罪之，告者賞之。十二月壬寅，獮于近郊。　二年十月丙戌，獮于近郊。十二月戊寅，冬獮。　三年七月庚辰，獮于近郊。十一月丁丑，冬獮，以獲兔薦山陵。　五年七月丙子，定圍場誤射中人罪。　六年十月甲子，獮于近郊。　七年二月己未，獮于近郊。九月丙戌，獮于近郊。十月丙辰，獮于近郊。十一月甲午，獮于近郊。

【《衛紹王本紀》】大安二年十一月，獮于近郊。

【《宣宗本紀》】貞祐二年九月戊子，禁軍官圍獮。　三年九月丁卯，以秋稼未穫，禁軍官圍獮。

元光元年十月甲申，上獮于近郊，詔免百官迎送，且勿令治道，以勞百姓。　二年十月乙亥，制行樞密院及元帥府，農隙之月，分番巡徼校獮，月不過三次。丁丑，上獮于近郊。乙酉，上獮于近郊。

【《哀宗本紀》】正大四年十月壬戌，外臺監察御史諫獮，上怒以邀名賣直，責之。十一月丁酉，獮于近郊。　六年十二月，罷附京

❶「承」，原作「永」，據《金史・章宗本紀二》改。

獵地百里，聽民耕稼。

【《癸辛雜識》】北客云：北方人打圍，凡用數萬騎，各分東西而往，凡行月餘而圍始合，蓋不啻千餘里矣。既合，則漸束而小之，圍中之獸，皆悲鳴相弔。獲獸凡數十萬，虎狼、熊羆、麋鹿、野馬、豪猪、狐狸之類，皆有之，特無兔耳。獵將竟，則開一門，廣半里許，俾餘獸得以逸去，不然則一網打盡，來歲無遺種矣。又曰：未獵之前，隊長去其頭帽，於東南方開放生之門。如隊長復帽，則其圍復合，衆始獵耳。此亦湯王祝網之意也。

右金。

【《元史・兵志》】元制，自御位及諸王，皆有昔寶赤，蓋鷹人也。是故捕獵有户，使之致鮮食以薦宗廟，供天庖，而齒革羽毛，又皆足以備用，此殆不可闕焉者也。然地有禁，取有時，而違者則罪之。冬春之交，❶天子或親幸近郊，縱鷹隼搏擊，以爲遊豫之度，謂之飛放。故鷹房捕獵，皆有司存。❷而打捕鷹房人户，多取析居、放良及漏籍索蘭奚、還俗僧道，與凡曠役無賴者，及招收亡宋舊役等户爲之。其差發，除納地税、商税，依例出軍等六色宣課外，並免其雜泛差役。自太宗乙未年，抄籍分屬御位下及諸王公主駙馬各投下。及世祖時，行尚書省嘗重定其籍，厥後永爲定制焉。

【《太宗本紀》】二年庚寅春，帝與拖雷獵于斡兒寒河。四年壬辰冬十一月，獵于納蘭赤剌温之野。五年癸巳秋八月，獵于兀必思地。六年甲午冬，獵于脱卜寒地。

❶「冬春」，原作「春冬」，據《元史・兵志四》乙正。
❷「有」字，原重，據《元史・兵志四》删。

九年丁酉春，獵于揭揭察哈之澤。冬十月，獵于野馬川。十年戊戌夏，帝獵于揭揭察哈之澤。十一年己亥春，復獵于揭揭察哈之澤。十三年辛丑春二月，獵于揭揭察哈之澤。十一月丁亥，大獵。

【《定宗本紀》】元年丙午冬，獵黄羊於野馬川。

【《憲宗本紀》】三年癸丑春正月，帝獵于怯蹇叉罕之地。四年甲寅春，帝獵于怯蹇叉罕。夏，幸月兒滅怯之地。冬，大獵于也滅干哈里叉海之地。八年五月，皇子阿速帶因獵獨騎傷民稼，帝見讓之，遂撻近侍數人。士卒有拔民葱者，即斬以徇。由是秋毫不敢犯。

【《世祖本紀》】中統三年冬十月乙丑，禁京畿田獵。

至元元年秋八月，❶陝西獵户移獵商州。冬十月乙巳，禁上都畿内捕獵。二年五月戊子，❷禁北京、平灤等處人捕獵。三年十月，申禁京畿畋獵。四年十一月，申嚴京畿畋獵之禁。七年七月，命達魯化赤兀良吉帶給上都扈從畋獵糧。九年冬十月己亥，敕自七月至十一月終，聽捕獵，餘月禁之。十年正月己未，禁鷹坊擾民。九月辛巳，遼東饑，弛獵禁。戊子，禁京畿五百里内射獵。己丑，敕自今秋獵鹿豕，先薦太廟。十二年二月，敕畏吾地春夏毋獵孕字野獸。十月辛丑，弛北京、義、錦等處獵禁。十四年八月，車駕畋於上都之北。冬十月辛酉，弛蓋州獵禁。十七年春正月丁卯，畋近郊。十八年春正月丁

❶「八」，原作「七」，據《元史·世祖二》改。
❷「五」，原作「四」，據《元史·世祖二》改。

未，畋於近郊。五月，禁高麗、全羅等處畋獵擾民者。九月癸亥，朔，畋于近郊。　十九年春正月丙子，車駕畋于近郊。　三月丙戌，禁益都、東平、沿淮諸郡軍民官捕獵。冬十月庚寅，以歲時不登，聽諸軍捕獵於汴梁之南。　二十二年春正月丙申，帝畋于近郊。七月癸酉，詔禁捕獵。　二十三年十一月，敕禽獸字孕時無畋獵。　二十四年二月甲午，畋于近郊。乙未，禁畏吾地禽獸孕孳時畋獵。閏二月乙丑，畋于近郊。

二十五年春正月，弛遼陽漁獵之禁，惟毋殺孕獸。丙午，畋于近郊。二月，敕江淮勿捕天鵞，弛魚濼禁。　三月甲午，禁捕鹿羔。

二十七年三月乙巳，中山畋户饑，給六十日糧。九月，申嚴漢人畋獵之禁。　二十八年十一月，武平、平灤諸州饑，弛獵禁。其孕字之時勿捕。　二十九年二月丁卯，畋于近郊。戊子，禁杭州放鷹。

【《成宗本紀》】大德元年三月癸酉，畋于柳林。丁亥，禁正月至七月捕獵。大都八百里内亦如之。五月丁丑，禁民間捕鷙鷹鵰。八月丁未，命諸王阿只吉自今出獵，❶悉自供具，毋傷民力。十一月癸亥，詔自今畋獵始自九月。閏十二月，弛湖泊之禁。仍聽正月捕獵。　二年二月己巳，畋于漷州。

五年冬十月丙戌，以歲饑，禁釀酒，弛山澤之禁，聽民捕獵。　七年二月，真定路饑，賑鈔五萬錠，仍諭諸王小薛及鷹師等毋于真定近地縱獵擾民。

【《武宗本紀》】至大元年十一月辛巳，罷益都諸處合剌赤等狩獵。　三年秋七月，立河南打捕鷹坊魚課都提舉司，秩正四品。

❶「王」字，原脱，據《元史·成宗本紀》補。

八月甲子，獵於昂兀腦兒之地。十一月，以益都、寧海等處連歲饑，罷鷹坊縱獵。其餘獵地，並令禁約，以俟秋成。

【《仁宗本紀》】至大四年三月，仁宗即位。四月，禁鷹坊擾民。九月，復置中宫位下怯憐口諸色民匠打捕鷹坊都總管府，秩正三品。十二月，禁漢人持弓矢、兵器田獵。❶皇慶元年五月，諸王脱忽思海迷失以農時出獵擾民，敕禁止之。自今十月方許出獵。二年七月，諸被災地並弛山澤之禁，獵者毋入其境。延祐二年四月乙巳，車駕幸上都，宣徽院以供尚膳，遣人獵于歸德，敕以其擾民，特罷之。三年春正月，以真定、保定薦饑，禁畋獵。三月，鷹坊孛羅等擾民於大同，敕拘還所奉璽書。禁天下春時畋獵。五年三月庚午，立諸王斡羅温孫部打捕鷹坊諸色人匠怯憐口總管府，秩從四品。六年十一月，中書省臣言：「曩賜諸王阿只吉鈔三萬錠，使營子錢以給畋獵廪膳，❷毋取諸民。今其部阿魯忽等出獵，恣索於民，且爲姦事，宜令宗正府、刑部訊鞫之，以正典刑。」制曰：「可。」

【《英宗本紀》】至治元年二月丁巳，畋于柳林。三年二月癸酉，畋于柳林。

【《泰定帝本紀》】泰定二年春正月乙未，以畿甸不登，罷春畋。三年八月甲午，以災變，罷獵。辛丑，次中都，畋于汪火察秃之地。四年二月壬午，狩于漷州。致和元年正月乙卯，帝將畋獵柳林，御史王獻等以歲饑諫，帝曰：「其禁衛士毋擾民

❶「漢」字，原脱，據《元史·仁宗本紀》補。
❷「獵」字，原脱，據《元史·仁宗本紀》補。

家。」命御史二人巡察之。

【《文宗本紀》】天曆二年正月癸酉，敕罷今歲柳林畋狩。十一月甲子，止鷹坊毋獵畿甸。

至順元年二月庚寅，立諸色民匠打捕鷹坊都總管府，秩正二品。十一月，知樞密院事燕不憐請依舊制，全給鷹坊芻粟，使毋貧乏。帝曰：「國用皆百姓所供，當量入爲出，朕豈以鷹坊失所，重困吾民哉！」不從。戊戌，立打捕鷹坊紅花總管府於遼陽行省，秩正四品。十二月癸酉，詔宣忠扈衛親軍都萬户府：「凡立營司境内所屬山林川澤，其鳥獸魚鱉悉供内膳，諸獵捕者坐罪。」甲戌，賑遼陽行省所居鷹坊户糧一月。 二年八月丁巳，命邠王伯顔帖木兒圍獵于撫州。

【《順帝本紀》】至元三年春正月戊午，帝獵于柳林凡三十五日。秋七月癸卯，車駕出獵。 四年二月庚午，車駕獵于柳林。

蕙田案：元代最重田事，史志所紀御位下打捕鷹房官至一千二百餘户，諸王位下打捕鷹房官幾至千户，約計天下州縣所設獵户幾三萬三千餘户，既非隸籍之兵，又非屯田之卒，姦民未免寄食于其中以擾害閭閻矣。

右元。❶

【《明大政紀》】永樂二十年五月乙酉，車駕度偏嶺，命將士獵于道傍山下。上顧從臣曰：「朕非好獵，顧士卒隨朕征討，道中唯畋獵可以馳馬揮戈，振揚武士，作其驍勇之氣耳。」

❶ 此句原無，據本書體例補。

【《明史·宣宗本紀》】宣德四年十月甲午，閱武于近郊。乙未，獵于峪口。戊戌，還宫。　五年十月丙子，巡近郊。己卯，獵于坌道。丙戌，至洗馬林，徧閱城堡兵備。壬辰，還宫。　九年九月癸未，自將巡邊。乙酉，度居庸關。丙戌，獵于坌道。丁酉，至洗馬林，閱城堡兵備。己亥，大獵。冬十月丙午，還宫。

【王圻《續通考》】明英宗天順二年十月，上校獵南苑。苑在京城南二十里，方一百六十里。苑中有按鷹臺，臺旁有三海，皆元之舊也。本朝闢四門，繚以周垣，獐鹿雉兔甚多，設海户千餘守視。自永樂定都以來，歲時蒐獵於此，亦所以訓武也。是日，上親御弓矢，命勳戚武將應詔馳射，獲輒獻之。既畢，賜酒饌，以所獲分賜從臣而歸。

【《大政紀》】正德十二年正月，上獵南海子。九月二十七日，上獵大同、陽和、衛城。天雨雹，軍士有死者。是夜，又星隕。明日，駕赴大同。　十三年四月，上親詣天壽山祭告六陵，遂往黄花鎮、密雲等處遊獵。

【《明史·武宗本紀》】正德十四年春二月丁丑，大祀天地於南郊，遂獵于南海子。冬十一月乙巳，漁於清江浦。

蕙田案：《明史·兵志》不載田獵事，《本紀》亦不詳，《禮志》復不及之。蓋有明一代，惟宣宗、孝宗頗有志講武者。由今考之，侍衛上直軍及四衛營，其皆從獵之軍歟？

右明。

【《周禮·夏官·大司馬》】仲春教振旅，遂以蒐田。火弊，獻禽以祭社。【注】火弊，火止也。春田主用火，因焚萊，除陳草，皆殺而火止。【疏】火弊者，謂田止也。

【《司爟》】掌行火之政令。時則施火令。【注】焚萊之時。野焚萊，則有刑罰焉。【注】野焚萊，民擅放火。【疏】野焚萊有罰者，《大司馬》仲春田獵云「火弊」，鄭云「春田主用火，因除陳生新」，則二月後擅放火則有罰也。

蕙田案：施火令，謂昆蟲既蟄以後；刑焚萊，謂春田火弊以後也。

【《牧師》】凡田事，贊焚萊。【注】焚萊者，山澤之虞。【疏】山虞二月焚萊，除陳生新。

【《禮記·王制》】昆蟲未蟄，不以火田。【疏】謂未十月之時。十月則得火田。故《羅氏》云：「蜡則作羅襦。」注云：「今俗放火張羅。」從十月以後至仲春，皆得火田。若陶鑄之火，則季春出火，季秋内火。案《春秋傳》：「三月，鄭人鑄刑鼎。士文伯曰：『火未出而作火，鄭其有災乎？』」刑鼎，則陶鑄也。

蕙田案：疏云十月至仲春皆得火田，此正《司爟》修火令之時也，與季春出火、季秋内火無涉。

【《月令》】仲春之月，毋焚山林。

方氏慤曰：「毋焚山林，主田者言之也。」

蕙田案：孔疏「十月至仲春皆得火田」，此云「毋焚山林」者，蓋已在日夜分之後，春蒐火弊獻禽已畢，《司爟》所謂「野焚萊者有罰」時也。

【《郊特牲》】季春出火，爲焚也。【注】謂焚萊也。凡出火，以火出。然後簡其車賦而歷其卒伍，而君親誓社，以習軍旅，左之右之，坐之起之，以觀其習變也。【注】君親誓社，誓吏士以習軍旅。既而遂田，以祭社也。言祭社，則此是仲春之禮也。仲春以火田，田止弊火，然後獻禽，至季春火出，而民乃用火。今云「季春出火」，乃後誓社，記者誤也。【疏】祭社既用仲春，此出火爲焚，當在仲春之月。今云「季春」者，以季春之時，民始出火，遂以爲天子諸侯用焚亦在季春，故誤爲季春，當爲仲春也。❶「出火，以火出」者，案《春秋》火

❶ 「爲」，八行本《禮記正義》作「在」。

出爲夏三月，此出火者謂陶冶之火，故《左氏》昭六年鄭人鑄刑書，火未出而用火，士文伯譏之。若田獵之火，則昆蟲蟄後得火田以至仲春也。案《司爟》云：「季春出火，民咸從之。」作記之人謂爲焚萊祭社，故稱季春。

【春秋】桓公七年，春二月乙亥，焚咸丘。

【注】焚，火田也。咸丘，魯地。譏盡物，故書。【疏】以火焚地，明爲田獵，故知焚是火田也。不言蒐狩者，以火田非蒐狩之法，而直書其焚，以譏其盡物也。《禮記·王制》云：「昆蟲未蟄，不以火田。」則是已蟄得火田也。又《爾雅·釋天》云：「火田爲狩。」似法得火田，而譏其焚者，説《爾雅》者李巡、孫炎皆云「放火燒草，守其下風」。《周禮·羅氏》：「蜡則作羅襦。」鄭云：「襦，細密之羅。此時蟄者畢矣，可以羅綱圍取禽也。今俗放火張羅，其遺教。」然則彼火田者，直焚其一叢一聚，羅守下風，非謂焚其一澤也。《禮》，天子不合圍，諸侯不掩羣。尚不盡取一羣，豈容并焚一澤？知其譏盡物，故書也。沈氏以《周禮》「仲春火弊」謂夏之仲春，今周之二月乃夏之季冬，故譏其盡物，義亦通也。

蕙田案：疏解火田之説是。

【《爾雅·釋天》】火田爲狩。【注】放火燒草。獵亦爲狩。【疏】與冬獵同名，故云「亦」也。

蕙田案：冬獵曰狩。火田在昆蟲既蟄之後，亦冬獵也。狩不必皆火田，而火田常在冬時，故二者同名。《春秋》書「焚咸丘」于春二月，於夏時爲季冬，非譏其不時，譏其盡物也。

【陳氏《禮書》】建辰之月，鶉火見于南方，則令民出火，所謂「季春出火」是也。建戌之月，火伏于日下，故令民納火，所謂「季秋納火」是也。《司烜》「仲春修火禁」，以火未出而不可以作火故也。《王制》「昆蟲未蟄，不以火田」，以火伏而后蟄者畢故也。然孟春啟蟄，而《周禮》中春之田有火弊者，焚圃草以田可也，焚山林以田不可也。《月令》仲春禁焚，禮也；《郊特牲》「季春出火，爲焚」，非禮也。春秋之時，楚子田，使齊侯載燧，此火田之所用者歟？

蕙田案：《周禮・司爟》「四時變國火」，此鑽燧之火，順陰陽之衰旺以爲變改之宜，所以平飲食也。「季春出火，季秋内火」，此陶冶之火，視心星之伏見以爲出内之候，所以利器用也。《王制》「昆蟲未蟄，不以火田」，《爾雅》「火田曰狩」，此田獵之火，視昆蟲之動蟄以爲焚萊之節，所以仁庶物也。鑽燧之火，四時不廢。陶冶之火，用於夏至，季秋而納之。田狩之火，用於冬至，中春而禁之。三者各爲一事，全不相涉。火田之令，自孟冬閉蟄而始，至中春蒐田而止。《大司馬》云「火弊」，火弊者，火止也。火止則焚山林有禁矣。《月令》之文與《周官》互相發明。《郊特牲》云「季春出火，爲焚也」，蓋誤合出火與焚萊而一之，鄭注駁之最是。陳氏《禮書》於此處似未明晰，故其言多鶻突。後世如遼道宗清寧二年詔曰「方夏長養，鳥獸孳育之時，不得縱火於郊」，其有合於「昆蟲未蟄，不以火田」之義者矣。

右火田附。

五禮通考卷第二百四十三

淮陰吳玉搢校字

五禮通考卷第二百四十四

内廷供奉禮部右侍郎金匱秦蕙田編輯
太子太保總督直隸右都御史桐城方觀承同訂
翰林院侍讀學士嘉定王鳴盛
按察司副使元和宋宗元　參校

軍禮十二

馬政上

蕙田案：馬者，國之大用，故政官以司馬名之，重其事也。考古天子之馬有二：一曰國馬，亦曰王馬；一曰民賦之馬。民賦者，井邑丘甸中所出戎馬。一甸出戎馬四疋，畿内提封萬井，出戎馬四萬疋，是皆民養之平日，有軍旅則賦之，故曰萬乘、千乘、百乘，此軍政也。國馬則天子使人自養之。《周禮》校人以下，趣馬、牧師、廋人、圉師及馬質等，皆以養馬爲職。其事則牧之有地，聚之有廐，孳息有候，阜育有方，制馭有法，勞逸有節，所以養之教之，盡物之性，以供國之用者，皆馬政也。自井田法廢，馬不賦于民而盡養于官。漢、唐以來，言馬政者日亟，其盛衰得失之由，關于軍國者鉅矣，故詳述其源流，以備考鑒。

【《周禮·夏官·校人》】掌王馬之政。【注】政，謂差擇、養乘之數也。《月令》曰：「頒馬政。」【疏】辨六馬，是差擇也。頒良馬而養乘，是養乘也。馬政，謂齊其色，度其力。

呂氏祖謙曰：❶「自黄帝、堯、舜觀象立制，服牛乘馬，自此馬始爲用。考三代之制，天子萬乘，諸侯千乘，大夫百乘，立國制賦之法，莫不以馬爲本，所以乘馬之法，在古今最爲精密。然大而天子，次而諸侯，下而大夫，乘馬之數，多寡不同。細考當時之數，所謂牧養之馬，有養之于官，有藏之于民。如丘甸歲取一匹之類，皆是藏之于民，不仰國家芻秣，如有事田獵征伐，臨時徵召。在天子之都，諸侯之國，大夫之家，未嘗不自蓄馬，此是養之于官者。」

蔡氏德晉曰：「兵政莫急于馬，故校人爲政官重職，而以中大夫爲之。校人所養，皆公家之馬，萬有餘匹，自路馬而外，凡郎衛兵衛，從王師田巡狩者，皆當以此給之也。」

蕙田案：馬政之利病多矣，然其要必在民馬與官馬分，而其法始經久而無弊。何則？兵之所資者，民馬也。兵衆則馬亦衆，非賦于民，其何以給？故三代之時，俾人自養其馬，則馬得所養，而國無養馬之費。此民馬之不可以官與焉者也。國之所用者，王馬也。王馬之所任者國事，非養于官，何以爲政？故校人以下，俾官共養吾馬，則馬得蕃息，而民無養馬之累。若官馬而以民與之，則爲户馬，爲保馬，爲括馬，而其害不可勝言矣。此《校人職》特著明曰「王馬之政」，可知民馬之無與于官，官馬之不資于民，而馬政之大綱舉矣。

【《易・坤・象傳》】牝馬地類，行地無疆。

【《繫辭傳》】服牛乘馬，引重致遠，以利天下，蓋取諸《隨》。

蕙田案：以上二條，言馬之用。

❶「祖謙」二字，原爲一字之空，以下引文出自呂祖謙《歷代制度詳説》，據補。

【《説卦傳》】乾爲馬，【疏】乾象天，天行健，故爲馬也。

項氏安世曰：「《造化權輿》云：乾，陽物也，馬，故蹄圓。坤，陰物也，牛，故蹄拆。陽病則陰，故馬疾則卧。陰病則陽，故牛疾則立。馬陽物，故起先前足，卧先後足。牛陰物，故起先後足，卧先前足。」

爲良馬，爲老馬，爲瘠馬，爲駁馬。【疏】良馬，取其行健之善也。老馬，取其行健之久也。瘠馬，取其行健之甚，瘠馬骨多也。駁馬有牙如鋸，能食虎豹，取其至健也。

震，其於馬也爲善鳴，爲馵足，爲作足，爲的顙。【疏】善鳴，取雷聲之遠聞也。馬後足白爲馵，取其動而見也。作足，取其動而行健也。的顙，白額爲的顙，亦取動而見也。

坎，其於馬也，爲美脊，爲亟心，爲下首，爲薄蹄，爲曳。【疏】美脊，取其陽在中也。亟，急也，取其中堅内動也。爲下首，取其水流向下也。爲薄蹄，取水流迫地而行也。曳，取水摩地而行也。

崔氏憬曰：「内陽剛動，故爲亟心。」

蕙田案：以上馬取象。

【《周禮・夏官・校人》】辨六馬之屬：種馬一物，戎馬一物，齊馬一物，道馬一物，田馬一物，駑馬一物。【注】種，謂上善似母者。以次差之，玉路駕種馬，戎路駕戎馬，金路駕齊馬，象路駕道馬，田路駕田馬，駑馬給宫中之役。

鄭氏鍔曰：「種馬者，馬之最善，育其種類，使生生不窮。」

蔡氏德晉曰：「戎馬以即戎，田馬以出獵，駑馬以供冗役之用。」

高氏愈曰：「《校人職》馬有六種，而此止言三物者，蓋種馬不常有，齊馬、道馬皆王所乘，以給臣民之用者，唯三物而已。」

【《馬質》】馬量三物，一曰戎馬，二曰田馬，三曰駑馬。

【《廋人》】馬八尺以上爲龍，七尺以上爲騋，六尺以上爲馬。

王氏應電曰：「八尺以上，天子以備五路者，《月令》所謂『駕蒼龍』也。七尺以上，諸侯之上駟，《詩》所謂『騋牝三千』也。六尺以上，常馬耳。」

蕙田案：後世論馬，皆以尺計，蓋本此。

【《詩・魯頌・駉》】駉駉牡馬，在坰之野。薄言駉者，有驈有皇，有驪有黃，以車彭彭。思無疆，思馬斯臧。【傳】駉駉，良馬腹幹肥張也。驪馬白跨曰驈，黃白曰皇，純黑曰驪，黃騂曰黃。駉駉牡馬，在坰之野。薄言駉者，有騅有駓，有騂有騏，以車伾伾。思無期，思馬斯才。【傳】蒼白雜毛曰騅，黃白雜毛曰駓，赤黃曰騂，蒼祺曰騏。駉駉牡馬，在坰之野。薄言駉者，有驒有駱，有駵有雒，以車繹繹。思無斁，思馬斯作。【傳】青驪驎曰驒，白馬黑鬣曰駱，赤身黑鬣曰駵，黑身白鬣曰雒。駉駉牡馬，在坰之野。薄言駉者，有駰有騢，有驔有魚，以車祛祛。思無邪，思馬斯徂。【傳】陰白雜毛曰駰，彤白雜毛曰騢，豪骭曰驔，二目白曰魚。

【《鄘風・定之方中》】騋牝三千。【箋】國馬之制，天子十有二閑，馬六種，三千四百五十六匹。邦國六閑，馬四種，千二百九十六匹。

【《禮記・明堂位》】夏后氏駱馬黑鬣，殷人白馬黑首，周人黃馬蕃鬣。

【《爾雅・釋畜》】騊駼，馬。野馬。駮，如馬，倨牙，食虎豹。騉蹄，趼，善陞甗。騉駼，枝蹄趼，善陞甗。小領，盜驪；絶有力，駥。膝上皆白，惟馵。四骹皆白，驓。四蹢皆白，首。前足皆白，騱。後足皆白，翑。前右足白，啟。左白，踦。後右足白，驤。左白，馵。駵馬白腹，騵。驪馬白跨，驈。白州，驠。尾本白，騴。尾白，駺。馰顙，白顛。白達素，縣。面顙皆白，惟駹。回毛在膺，宜乘。在肘後，減陽。在幹，茀方。在背，闋廣。逆毛，居馻。騋牝驪牡。玄駒，褭驂。牡曰騭，牝曰騇。駵白，駁。黄白，騜。駵馬黄脊，騝。驪馬黄脊，騽。青驪，駽。青驪驎，驒。青驪繁鬣，騥。驪白雜毛，駂。❶黄白雜毛，駓。陰白雜毛，駰。蒼白雜毛，騅。彤白雜毛，騢。白馬黑鬣，駱。白馬黑脣，駩。黑喙，騧。一目白，瞯。二目白，魚。【注】騊駼，《山海經》云：「北海有獸，狀如馬，名騊駼，色青。」野馬，如馬而小，出塞外。駮，《山海經》云：「駮如白馬，黑尾，音如鼓，食虎豹。」甗，山形似甑，上大下小。騉蹄，蹄如趼而健上山。秦時有騉蹄苑。騉駼，亦似馬而牛蹄。《穆天子傳》曰：「天子之駿，盗驪、騄耳。」又曰：「右服盗驪。」盗驪，千里馬。駥即馬高八尺。骹，膝下也。首，俗呼爲踏雪馬。啟，《左傳》曰「啟服」。左白，前左脚白。右白，後左脚白。《易》曰：「震爲馵足。」駵，赤色黑鬣。驪，黑色。跨，髀間。州，竅。尾本白，尾株白。尾白，但尾毛白。馰顙，戴星馬也。素，鼻莖也，俗所謂漫髗徹齒。顙，額。回毛在膺，樊光云：「俗呼之官府馬。」《伯樂相馬法》：「旋毛在腹下如乳者，千里馬。」幹，脅。皆别旋毛所在之名。逆毛，馬毛逆刺。騋牝，《詩》云「騋牝三千」。馬七尺以上爲騋，見《周禮》。玄駒，小馬，别名褭驂耳。或曰此即騕褭，古之良馬名。隲，今江東呼駁馬爲隲。騇，草馬名。駁騜，《詩》曰：「皇駁其馬。」騝、騽，皆背脊毛黄。駽，今之鐵驄。驒，色有深淺，斑駁隱粼，今之連錢驄。《禮記》曰：「周人黄馬繁鬣。」繁鬣，兩被毛，或云美髦鬣。駂，今之烏驄。駓，今之桃花馬。陰，淺黑，今之泥驄。騅，《詩》曰：「有騅有駓。」騢，即今之赭白馬，形赤。《禮記》曰：「夏后氏駱馬黑鬣。」騧，今之淺黄色者爲騧馬。魚，似魚目也。《詩》曰：「有驔有魚。」

【《論語》】驥不稱其力，稱其德也。

【《伯樂相馬經》】馬：頭爲王，欲得方；目爲丞相，欲得光；脊爲將軍，欲得强；腹脇爲城郭，欲得張；四下爲令，欲得長；眼欲得高，有紫艷光。鼻孔欲得大，鼻頭

❶「駂」，原作「鴇」，據《爾雅·釋畜》改。

有「王」、「火」字。膺門欲開，汗溝欲深，口中欲得赤，權頰欲滿如月，膝骨圓而長。耳欲得相近而前豎，小而厚。膺門，馬前胸。汗溝，馬中脊也。又曰：「伏，龍骨欲得成，頸欲得長，雙趺欲得大而突，蹄欲得厚。腹下欲得平，有『八』字。尾骨欲得高而垂，眼下懸蠶懸鑿欲得成。」

【《埤雅》】舊説相馬，眼欲得有紫艷，口欲得有紅光，上唇欲得緩，下唇欲得急。上齒欲鉤，鉤則壽；下齒欲鋸，鋸則怒。耳欲如劈竹，睛欲如懸鈴。頭欲高，如剥兔。項欲起，如飛龍。又曰：人眼鳥目，鹿背麟腹，虎胸龜尾，擎頭如鷹，垂尾如彗。又曰：望之大，就之小，筋馬也；望之小，就之大，肉馬也。前視見目，傍視見腹，後視見足，駿馬也。毛束皮，皮束筋，筋束肉，肉束骨，五者兼備，天下之馬也。又曰：口中紅白間色者壽，鼻中紅色如朱點書者壽，❶眼中赤色如字形者壽。

【《齊民要術》】耳小識人意，鼻大則能奔，目大則猛利不驚，目四滿則朝暮健。腎欲得小，膁腹小則易養。致瘦欲得見其肉，謂前肩守肉等類。致肥欲得見其骨。謂頭顱等類。龍顱突目，平脊大腹，脞重有肉，此三事備者，亦千里馬也。脞，胃腕也。頷下欲深，嗣骨欲廉如織杼而闊，又欲長。頰下側八骨是。牙欲去齒一寸，牙如劍鋒則千里。額欲方平，鬣欲戴，中骨高二寸。鬣，中骨也。胸欲直而出，頸骨欲大，背欲短而方，脊欲大而抗，脢筋欲大，脢筋，夾脊筋也。三府欲齊，兩髂及中骨也。附蟬欲大，

❶「朱」，原作「米」，據《埤雅》卷一二改。

夜眼也。肘後欲開，髀骨欲短，兩肩骨欲深，蹄欲厚三寸，硬如石，下欲深而明，其後開如鷂翼，能久走。

【《國憲家猷》】汗溝欲深，入如斬竹，口中色如日月光者，行千里。口中有黑者曰銜烏，短壽。白額入口名梅雁，一名的盧。

【《安驥書》】頭宜少肉，如剥兔頭。口中欲鮮明，舌欲方而薄，長而大如朱。

【《相馬經》】馬生下墮地無毛，行千里。尿舉一脚，行五百里。蘭筋豎者，千里。旋毛在腹下如乳者，千里。膝如團麴，三軍莫逐。但知所發，不知所宿。一云：蹄團如麴，目成人者，行千里。一筋從元中出，謂之蘭筋。元中者，目上陷如井字。目成人者，瞳子中人頭足皆見。

【《國策》】張儀曰：「秦馬之良，探前趹後，蹄間三尋。」三尋，三尺也。

【《海客日談》】凡善走之馬，前蹄之痕印地，則後蹄之痕反在前蹄之先，謂之跨竈。馬蹄之下有兩空處，名曰竈門。

【《全雅》】馬之駿者，溺皆射前足。

【《列子》】伯樂對秦穆公曰：「良馬可以形容筋骨相也。天下之馬，若滅若没，若亡若失，若此者絶塵弭轍。臣有所與九方皐，其相馬，非臣之下也。」公使行求馬。三月而反報，曰：「已得之，在沙丘。」公曰：「何色？❶」對曰：「牝而黄。」往取之，牡而驪。公曰：「物色牝牡尚弗能知，何馬之能知？」伯樂曰：「若皐之所觀，天機也。得其精而忘其粗，在其内而忘其外。」馬至，果天下之馬也。若滅若

❶「色」，《列子·説符》作「馬」。

没，若亡若失，言恍惚而不定，不可以形求也。

【《集異記》】寧王得二馬，其一價一千緡，一五百緡。坐客觀之，不相上下，莫測其價之懸殊。寧王令驗之，馳驅數四，乃顧千緡者曰：「此馬緩急百返，蹄下不起纖塵。」復顧五百緡者曰：「此馬往來十過，足下頗生塵埃。」以此品其高下焉。

【《相馬經》】凡相馬之法，先除三羸、五駑，乃相其餘。大頭小頸，一羸；弱脊大腹，二羸；小脛大蹄，三羸。五駑者，大頭緩耳，一駑；長頸不折，二駑；短上長下，三駑；大骼短脅，四駑；淺髖薄髀，五駑。

【《國憲家猷》】秣馬之法，必視其齒歷勞逸而調息之。馬四年而兩齒，五年而四齒，六年而六齒，成矣。七年而右一齒缺，八年而上下兩邊各一齒缺，九年而上下盡缺。十年而下兩齒䶌，十一年而下四齒䶌，十二年盡䶌。十七年上四齒䶌，十八年盡䶌。十九年上兩齒平，二十年上四齒平。年之長少，惟馬齒最準。故人自謙曰犬馬之齒長矣。

【《相馬經》】馬一歲，上下齒二；十四歲，齒黄；三十四歲，齒落不復出。

【《馬經釋義》】案《内經》，頭爲諸陽之首，具五官，通七竅，六腑清陽之氣，五藏精華之血，皆會於頭。故庭闕宜張，蕃蔽欲見。心氣通舌，心主血也。肝氣通目，肝主筋也。脾氣通口，脾主肉也。肺氣通鼻，肺主氣也。腎氣通耳，腎主骨也。腰脊者，身之大關節也。腹脅者，臟腑之郭也。膺門者，氣海之所藏也。跂脛者，所以管趨翔也。

又五臟六腑之精氣，皆上注於目，而爲之精。精之窠爲眼，骨之精爲瞳子，腎所屬也。筋之精爲黑眼，肝所屬也。血之精爲絡，心所屬也。其窠氣之精爲白眼，肺所屬也。肌肉之精爲約束，脾所屬也。

蕙田案：以上辨馬之名物。

【《周禮·夏官·校人》】凡頒良馬而養乘之。乘馬一師四圉。三乘爲皂，皂一趣馬。三皂爲繫，繫一馭夫。六繫爲廄，廄一僕夫。六廄成校，校有左右。駑馬三良馬之數，麗馬一圉，八麗一師，八師一趣馬，八趣馬一馭夫。【注】良，善也。善馬，五路之馬。鄭司農云：「四疋爲乘。養馬爲圉。故《春秋傳》曰：『馬有圉，牛有牧。』」玄謂：二耦爲乘。師、趣馬、馭夫、僕夫，帥之名也。趣馬下士，馭夫中士，則僕夫上士也。自乘至廄，其數二百一十六匹。《易》：「《乾》爲馬。」此應《乾》之筴也。至校變言「成」者，明六馬各一廄，而王馬小備也。校有左右，則良馬一種者，四百三十二匹，五種合二千一百六十匹。駑馬三之，則爲千二百九十六匹。五良一駑，凡三千四百五十六匹。然後王馬大備。麗，耦也。駑馬自圉至馭夫，凡馬千二十四匹，與三良馬之數不相應，「八」皆宜爲「六」，字之誤也。師十二匹，趣馬七十二匹，則馭夫四百三十二匹矣。然後從而三之。既三之，無僕夫者，不駕於五路，卑之也。

鄭氏鍔曰：「養之冀其繁盛，乘之冀其調良。乘馬一師而四圉之，則牧馬之僕也，師則教圉以養乘之法也。四馬爲一圉，則養之必專；四圉爲一師，則教之必審。合三乘爲十二匹，則同一皂。傳曰：『牛驥同皂。』皂言皂隸之所掌也。合三皂而三十六匹，則同一繫。繫則繫屬而不散之義。合六繫而二百一十六匹，則同一廄。廄則數至于此而已終既也。先儒謂《乾》之策二百一十有六，于《易》『乾爲馬』，天子之馬，應爻之策，其數盡于此，故以廄名之。合六廄而成一校，而六廄又分爲左右，則十二閑矣。」

王氏應電曰：「舊説謂駑馬一千二百九十六匹，是駑馬爲良馬三之一，非三良馬之數矣。八麗十六匹，一圉師教之。八師，一百二十八匹也，一趣馬督之。八趣馬一千二十四匹也，一馭夫領之。止于馭夫，而不屬于僕夫者，以駑馬止充雜用，而不當王之五路也。凡七馭夫，爲馬七千一百六十八匹，則與三良馬之數略相當矣。」

蔡氏德晉曰：「一千二百四十匹而一馭夫。自師至馭夫，皆以八登之，則有八馭夫可知矣。然則合天子良馬、駑馬之數計之，共得馬一萬七百八十四匹，而民間之馬不與也。舊解誤。」

王氏昭禹曰：「良馬自圉師至于校人，則以中大夫爲之，其官爲稍尊。駑馬自圉師至馭夫而止者，以其材下于良馬，故掌養乘之者，兼其數而掌其事，則官至于中士之馭夫而已。蓋八趣馬則一馭夫掌之，亦兼總于校人矣。」

等馭夫之禄，宫中之稍食。【注】馭夫，于趣馬、僕夫爲中，舉中見上下。稍食，師圉夫史以下。

【《庾人》】正校人員選。【注】校人，謂師圉也。正員選者，選擇可備員者平之。

王氏應電曰：「馭夫而下，可以備員于校人而中其選者，庾人差而正之也。」

蕙田案：以上畜馬官職、禄食及選舉之政。

【《校人》】天子十有二閑，馬六種；邦國六閑，馬四種；家四閑，馬二種。【注】降殺之差，每廐爲一閑。諸侯有齊馬、道馬、田馬，大夫有田馬，各一閑，其駑馬則皆分爲三焉。

蔡氏德晉曰：「十二閑，良馬四閑。三廐爲一閑。駑馬八閑。每馭夫爲一閑也。邦國，諸侯之國。六閑，良馬二閑，駑馬四閑也。四種，無種馬、戎馬也。家，天子公卿之家。四閑二種，田馬一閑，駑馬三閑也。」

又曰：「邦國六閑，良馬二閑，爲一千二百九十六匹；駑馬四閑，爲四千九十六匹；合計之，當得五千三百九十二匹。衛文公『騋牝三千』，齊景公『有馬千駟』，未嘗過制也，而陳用之譏其僭侈踰禮，亦考之不詳矣。」

鄭氏鍔曰：「周制，自上而下，禮之降殺，各以兩。獨諸侯之於天子，不止於兩而已。天子六軍，諸侯則三軍；天子之馬十二閑，諸侯則六閑。其降殺不止於兩者，爲其地近而嫌也。故曰『成國半天子之軍』，則馬之閑半乎天子，豈不宜哉！天子法天之大數，故馬六種，分爲十二閑。諸侯馬四種，分爲六閑，半天子之制也。大夫有田馬、駑馬二種，分爲四閑，又半諸侯也。以《司馬法》論之，甸方八里，有戎馬四匹，長轂一乘。大夫采地四甸，一甸供王，其餘三甸纔有馬十二匹，謂與《校人》之職甚異。康成以爲《司馬法》爲民出軍賦，無與於天子國馬之數。余以其説考之，古者天子有國馬，有民賦之馬。民馬出於井田之賦，如所謂『提封萬乘，馬四萬匹；提封千乘，馬四千匹』者是也。若乃國馬，則國所自養牧以待用者，即此《校人》以下所云是也。蓋養於國者，爲車路之備；出於民者，爲用兵之防。此所以各足其事而不相傷也。」

凡馬，特居四之一。【注】欲其乘之性相似也。物同氣則心一。鄭司農云：「四之一者，三牝一牡。」

鄭氏鍔曰：「特，謂牡馬也。《詩》云『實惟我特』，又曰『百夫之特』，則特者，雄而特立之義。」

蕙田案：特與牡有異。牡對牝而言，特又別于牡而言。牡所以駕服，特所以蕃孳也。閑中之馬，特馬居牡馬四之一，所以「仲月通淫」、《月令》「季春合累牛騰馬遊牝于牧」者也。故《廋人》「佚特」用之，不使甚勞，所以安其氣血；《校人》「夏攻特」，以牝馬方孕，攻去其特，勿使近牝，以爲蕃馬之本，皆先王順時育物，能盡物性之義。

又案：以上養馬之數。

【《牧師》】掌牧地，皆有厲禁而頒之。【注】頒馬授圉者所牧處。❶【疏】言厲禁者，謂可牧馬之處，亦使其地之民遮護禁止，不得使人輒牧牛馬也。

鄭氏鍔曰：「水草繁多之地，可以放牧。馬之就牧者甚

❶「馬」字，原脱，據《周禮注疏・牧師》補。

衆，而官之所掌，各有數之多寡，故頒之以地也。」

蕙田案：馬必就牧，雖官馬之在閑者，當水草茂盛之候，亦皆當置之牧地也。

孟春焚牧，【注】焚牧地以除陳，生新草。

鄭氏鍔曰：「孟春草將生，焚去地之陳根，使發生新芽，則馬食而充肥。」

蕙田案：以上牧馬之地，後世謂之牧廠，設監以治之。唐之四十八監等是也。

中春通淫。【注】中春，陰陽交、萬物生之時，可以合馬之牝牡也。《月令》「季春乃合累牛騰馬遊牝于牧」，秦時書也。秦地寒涼，萬物後動。

【《禮記·月令》】季春之月，乃合累牛騰馬遊牝于牧。【注】所合牛馬皆繫在廐者，其牝欲遊，則就牧之牡而合之。

方氏慤曰：「合牛馬而遊牝于牧，所以順陰陽之性，且欲其孳生之繁也。牧，蓋畜養之地。」

蕙田案：此遊牧孳息之令。

【《周禮·夏官·圉人》】掌養馬芻牧之事，以役圉師。

王氏昭禹曰：「芻以食馬，牧以放馬，皆所以養之。」

蕙田案：芻牧，以芻牧之所，謂牧養也。王氏説與《牧師》複。

又案：此條馬之芻牧，《序官》：「圉夫，良馬匹一人，駑馬麗一人。」

【《圉師》】掌教圉人養馬，春除蓐、釁廐、始牧，夏庌馬，冬獻馬。【疏】莊公二十九年《左傳》：「春，新延廐。書，❶不時也。凡馬，日中而出，日中而入，謂春分、秋分，治廐當于是時。」

劉氏彝曰：「冬寒，以草藉馬曰蓐。春則除之，去其穢也。釁廐，辟去其惡也。」

蔡氏德晉曰：「始牧，始出牧放也。庌，廡也。夏酷暑而馬尤畏熱，故爲廡以涼之。養馬之事，莫要于温涼、

❶「書」字，原脱，據《周禮注疏》補。

出入之以時，故特舉之。」

【《趣馬》】辨四時之居治，以聽馭夫。【注】居，謂牧庌所處。治，謂執駒攻駒之屬。【疏】云「辨四時之居治」者，謂二月以前，八月以後，在廄；二月以後，八月以前，在牧。故云「四時」也。云「牧庌」者，放牧之處，皆有庌廡，以廕馬也。

蕙田案：此條因時廄牧之政。

【《校人》】春執駒，【注】鄭司農云：「執駒，無令近母，猶攻駒也。二歲曰駒，三歲曰駣。」玄謂：執猶拘也。春通淫之時，駒弱，血氣未定，爲其乘匹傷之。

夏頒馬，攻特。【注】夏通淫之後，攻其特，爲其蹄齧，不可乘用。鄭司農云「謂騬之」。

蕙田案：先鄭云「騬之」，騬，去勢也。馬必騬而後可用。春執駒，已騬之矣，及夏，而通淫之特亦并騬之，使供用也。

【《禮記・月令》】仲夏之月，游牝別羣，則縶騰駒。

【《周禮・夏官・廋人》】掌十有二閑之政教，以阜馬、佚特、教駣、攻駒及執駒、散馬耳、圉馬。【注】阜，盛壯也。鄭司農云：「散，謂括馬耳，毋令善驚也。」玄謂：佚者，用之不使甚勞，安其血氣也。教駣，始乘習之也。攻駒，騬其蹄齧者。❶散馬耳，以竹括押其耳，頭動摇則括中物，後遂串習，不復驚。

王氏應電曰：「每圉二廋人，一廋人所統三馭夫、九趣馬、二十七圉師、一百八圉人，政以治之，教以導之，自阜馬以至圉馬，皆是也。阜者，秣飼以時，使之壯盛。佚者，駕乘有節，使不過勞。三歲曰駣，始教以乘習。二歲曰駒，攻治其蹄齧。執駒以熟其性，圉馬以就牢籠。然後馬之惡者可使馴，柔者可使良，而無覂駕驚奔之患。」

【《馬質》】綱惡馬。【注】謂以縻索綱維狎習之也。

蕙田案：先王所以盡馬之性者，亦唯養之教之而已。校人總其綱，廋

❶「騬」，原作「制」，據阮元《周禮注疏校勘記》改。

人、馬質兼掌之。

【《巫馬》】掌養疾馬而乘治之，相醫而藥攻馬疾。受財于校人。【注】乘，謂驅步以發其疾，知所疾處，乃治之。相，助也。【疏】財，謂共祈具及藥直。

【《天官・獸醫》】凡療獸病，灌而行之以節之，以動其氣，觀其所發而養之。凡療獸瘍，灌而劀之以發其惡，然後藥之、養之、食之。

蕙田案：以上療馬疾。

【《夏官・校人》】秋臧僕，冬獻馬，講馭夫。❶【注】臧僕，謂簡練馭者，令皆善也。玄謂：僕，❷馭五路之僕。獻馬者，見成馬于王也。馭夫，馭貳車、從車、使車者。講猶簡習。【疏】云「講猶簡習」者，亦謂秋時物成，講之使成也。

【《趣馬》】賞贊正良馬，而齊其飲食，簡其六節。【注】贊，佐也。佐正者，謂校人臧僕講馭夫之時。簡，差也。節猶量也。差擇王馬，以爲六等。

劉氏彝曰：「目以知其膽之不驚，口以知其性之不悖，耳以知其力之不殫，鬣以知其血之有餘，毛以知其氣之不暴，蹄以知其行之不給。六者，簡馬之大節也。」

王氏應電曰：「簡其六節者，凡馬，驅之而晉，旋之而反，此進退之節；提之而走，控之而止，此行止之節；驟之而趨，馳之而奔，此馳驟之節。簡者，督策之，使合節。此教導之法也。」

蕙田案：此養馬、調馬之佐校人者。六節，王氏與注及劉執中說不同，王氏爲優。蓋此言贊正良馬，則駑馬應不在內，且與「節」字親切。簡馬之道，六者不可廢也。

掌駕説之頒。❸【疏】凡用馬，當均勞逸，故脱駕須依次第。

【《馬質》】馬及行，則以任齊其行。【注】謂其所載輕重及道里，齊其勞逸乃復用之。

❶「馭」，原作「圉」，據《周禮・夏官・校人》改。
❷「僕」字，原脱，據《周禮・夏官・校人》注補。
❸「駕説」，原作「説駕」，據《周禮・夏官・趣馬》乙正。

蕙田案：齊飲食，簡六節，掌説駕等，皆所以臧僕而講馭夫之事，歸於善養、善教、善用之，馬政之實際也。

【《詩·小雅·吉日》】既差我馬。【傳】差，擇也。

【《爾雅·釋畜》】既差我馬，差，擇也。宗廟齊毫，戎事齊力，田獵齊足。【注】齊毫尚純，齊力尚强，齊足尚疾。

【《周禮·夏官·校人》】凡軍事，物馬而頒之。【注】物馬，齊其力。

蕙田案：以上差擇頒馬之政。

【《馬質》】掌質馬。馬量三物，一曰戎馬，二曰田馬，三曰駑馬，皆有物賈。【注】此三馬，買以給官府之使，無種也。鄭司農云：「皆有物色及賈直。」

蔡氏德晉曰：「質，平也。馬之價直不等，故立馬質平之，謂買馬則驗其駑良，平其價直也。」

易氏祓曰：「此言市馬之政。」

凡受馬于有司者，書其齒毛與其賈。馬死，則旬之内更，旬之外入馬耳，以其物更。其外否。【注】鄭司農云：「更，謂償也。」玄謂旬之内死者，償以齒毛與賈，受之日淺，養之惡也。旬之外死，入馬耳，償以毛色，不以齒賈，任之過其任也。其外否者，旬之外踰二十日而死，不任用，非用者罪。【疏】旬之内日少，若養之善，未能致死也，故更。旬之外日多，任之過，馬力既竭，雖養之善，容得致死，故不償。若有馬訟，則聽之。【注】訟，謂買賣之言相負。

【《巫馬》】馬死，則使其賈粥之，入其布於校人。

蕙田案：以上市馬之事。

【《馬質》】禁原蠶者。【注】原，再也。天文，辰爲馬。《蠶書》：「蠶爲龍精，月直大火，則浴其種。」是蠶與馬同氣。物莫能兩大，禁原蠶，爲其傷馬歟？

蕙田案：此養馬之禁。

【《校人》】春祭馬祖，【注】馬祖，天駟也。《孝經説》曰：「房爲龍馬。」

鄭氏鍔曰：「馬未嘗有祖，此言馬祖者，賈氏謂天駟也。以天文考之，天駟，房星也。房爲龍馬，馬生者，❶其氣實本諸此，則馬祖爲天駟可知。於春則祭，春者，萬物始生之時。」

夏祭先牧，【注】先牧，始養馬者。其人未聞。

鄭氏鍔曰：「先牧，始教人以放牧者也。夏草方茂，馬皆出而就牧，思其始教以養牧之法，故祭於夏。」

秋祭馬社，【注】馬社，始乘馬者。《世本》曰：「相土作乘馬。」

王氏昭禹曰：「馬社，廐中之土示。凡馬，日中而出，日中而入，秋，馬入廐之時，故祭馬社。」

鄭氏鍔曰：「皁廐所在，必有神焉。賴乎土神，以安其所處，故祭馬社。」

蕙田案：王氏、鄭氏説與注不同，似更優。

冬祭馬步。【注】馬步，神爲災害馬者。

鄭氏鍔曰：「寒氣總至，馬方在廐，必存其神，使不爲災。唐人之頌曰：『冬祭馬步，存神也。』馬之難育也，必祈諸神，以爲之助。四時祭之，順其時，各有蕃馬之法。」

王氏昭禹曰：「馬步爲馬禱行，冬則大閱之時，故祭馬步。」

【《廋人》】掌祭馬祖，祭閑之先牧。【注】閑之先牧，先牧制閑者。

鄭氏鍔曰：「廋人職卑，安得主馬祖之祭？於校人祭馬祖之時，己則祭閑之先牧。校人祭先牧，廼祭始教牧之人；此祭閑之先牧，則祭始作閑以牧馬之神。」

【《春官·甸祝》】禂牲、禂馬，皆掌其祝號。❷

【注】杜子春云：「禂，禱也。爲馬禱無疾，爲田禱多獲禽牲。❸《詩》云『既伯既禱』，《爾雅》云『馬祭也』。」玄謂：禂，讀如伏誅之誅，今侏大字也。爲牲祭，求肥充；爲馬祭，求肥健。【疏】知此皆有祭者，以其言「皆掌其祝號」，是有祭事。

蕙田案：以上馬政祭祀。

❶「馬生者」，《周禮訂義》卷五五引鄭鍔説作「馬之生者」。
❷「號」字，原脱，據《周禮·春官·甸祝》補。
❸「牲」字，原脱，據《周禮·春官·甸祝》注補。

又案：三代以後，國之需馬益急，養馬之政益煩，而卒至于耗弊而無實者，究由畜牧之不精也。今考《周禮》校人、趣馬、巫馬、牧師、廋人、圉師、圉人等職，大小相維，詳要具舉，則官得其人矣。牧地有厲禁，廐牧有時令，則天地之和協矣。芻秣有專司，疾病有醫療，而養之極其精矣。贊正良馬而教駣攻駒，散馬耳，綗惡馬，則教之極其馴矣。至于仲月通淫，游牝攻特，則又全其孳息之性焉。後世論牧政者所當詳究也。

右周馬政。

【《史記·秦本紀》】造父以善御幸于周繆王，得驥、温驪、驊騮、騄耳之駟。其後又有非子居犬丘，好馬及畜，善養息之。孝王召使主馬于汧、渭之間，馬大蕃息。

【《貨殖傳》】烏氏倮韋昭曰：「烏氏，縣名。倮，名也。」畜牧，及衆，斥賣，求奇繒物，❶間獻遺戎王。戎王什倍其償，與之畜，畜至用谷量馬牛。秦始皇帝令倮比封君，以時與列臣朝請。

歸氏有光曰：《周禮》牧馬之事，皆自古以來傳其法，所以能盡物之性者也。或謂周蓋令民間養馬，考其實不然。丘甸之馬，國有賦調，民自具馬以即戎，民之平日養馬，官何與焉？唯《校人》以下之職，乃爲王馬，而天子使人自養之者也。《牧師》所謂「牧地」，皆在草莽水泉之區，若今之苑馬然。其後，天子亦不盡如其制，而自以其意使人養馬。穆王時，造父馭八駿，孝王命非子主馬汧、渭之間，皆

❶「繒」，原作「繪」，據庫本改。

非如《周禮》有一定之官也。春秋時，魯、衛弱國，而魯僖公坰牧之盛，衛文公「騋牝三千」，詩人歌頌之。秦起西北，牧多健馬，其《詩》曰「駟驖孔阜，❶六轡在手」，又曰「騏駵是中，騧驪是驂」，言秦馬之良也。諸侯力政，國各有馬至千萬騎。後秦併六國，馬皆入之秦。及山東豪俊起，章邯以百萬之師，數進數却，竟以敗降，秦馬無聞焉。

【《漢書·百官公卿表》】太僕，秦官，應劭曰：「周穆王所置也，蓋大御衆僕之長，中大夫也。」掌輿馬，有兩丞。屬官有大廄、未央、家馬三令，各五丞一尉。師古曰：「家馬者，主供天子私用，非大祀、戎事軍國所須，故謂之家馬也。」又車府、路軨、騎馬、駿馬四令丞；伏儼曰：「主乘輿路車，又主凡小車。軨，今之小馬車曲輿也。」師古曰：「軨，音零。」又龍馬、閑駒、槖泉、騊駼、承華五監長丞；如淳曰：「槖泉廄在槖泉宮下。」師古曰：「閑，闌，養馬之所也，故曰閑駒。騊駼，出北海中，其狀如馬。」又邊郡六牧師苑令，各三丞；師古曰：「《漢官儀》云：牧師諸苑三十六所，分置北邊、西邊，分養馬三十萬頭。」又牧槖、昆蹏令丞，如淳曰：「《爾雅》曰『昆蹏，研，善升甗』者也，因以爲廄名。」師古曰：「牧槖，言牧養槖駞也。昆，獸名也。蹏研者，謂其蹏下平也。善升甗者，謂山形如甑而能升之也。蹏即古蹄字耳。」皆屬焉。

【《金日磾傳》】輸黃門養馬，牽馬過殿下，馬又肥好，拜爲馬監。

【《史記·平準書》】漢興，丈夫從軍旅，老弱轉糧饟，作業劇而財匱，自天子不能具鈞駟，而將相或乘牛車。爲秦錢重難用，更令民鑄錢，❷一黃金一斤，

---

❶「驖」，原作「鐵」，據庫本及《震川别集》卷四《馬政志》改。

❷「錢」字，原脱，據《史記·平準書》補。

約法省禁。而不軌逐利之民，蓄積餘業以稽市物，物踊騰糶，米至石萬錢，馬一匹則百金。至今上即位數歲，國家無事，衆庶街巷有馬，阡陌之間成羣，而乘字牝者儐而不得與會。

【《漢書・文帝本紀》】二年，詔太僕見馬遺財足，師古曰：「遺，留也。減留纔足充事而已。」餘皆以給傳置。

蕙田案：此裁省廄馬之始。

【《食貨志》】鼂錯曰：「今令民有車騎馬一匹者，復卒三人。車騎者，天下武備也，故爲去聲。復卒。」

蕙田案：此養馬復卒之始。

孝景二年，始造苑馬以廣用，宮室、列館車馬益增修矣。

【《景帝本紀》】四年，御史大夫綰奏：「禁馬高五尺九寸以上，齒未平，不得出關。」

【《漢儀注》】太僕牧師諸苑三十六所，分布北邊、西邊，以郎爲苑監，官奴婢三萬人，養馬三十萬匹。

【《武帝本紀》】建元元年，罷苑馬以賜貧民。師古曰：「養馬之苑，舊禁百姓不得芻牧采樵，今罷之。」

蕙田案：此牧地弛禁之始。

【《史記・平準書》】大將軍再出擊胡，漢軍士馬死者十餘萬。天子爲伐胡，盛養馬，馬之來食長安者數萬疋，卒牽掌者，關中不足，乃調旁近郡。而胡降者，皆衣食縣官，縣官不給，天子乃損膳、解乘輿駟，出御府禁臧，以贍之。

【《匈奴列傳》】初，漢兩將大出，圍單于，所殺虜八九萬。而漢士物故者亦萬數，漢馬死者十餘萬疋。匈奴雖病，遠去，而漢馬亦少，無以復往。

【《漢書・食貨志》】令民得蓄邊縣，孟康曰：

「令得畜牧于邊縣。」❶官假馬母，三歲而歸，及息什一，以除告緡，用充入新秦中。李奇曰：「邊有官馬，今令民能蓄官母馬者，滿三歲歸之，十母馬還官一駒，此爲息什一也。」師古曰：「官得母馬之息，以給用度，得充實秦中人，故除告緡之令。」明年，車騎馬乏，縣官錢少，買馬難得，迺著令：令封君以下至三百石吏以上差出牝馬天下亭，❷亭有蓄字馬，歲課息。

蕙田案：建元罷苑馬，而畜馬之本傷矣。數出師，而用馬之力殆矣。于是爲假母歸息之令，而車騎之馬遂乏，甚至官吏出馬不踰時，更籍吏民馬矣。

【《史記·貨殖傳》】塞之斥也，唯橋姚已致馬千疋，牛倍之，羊萬頭。【注】塞斥者，言因斥開邊塞，更令寬廣，故橋姚得恣其畜牧也。

【《漢書·武帝本紀》】元鼎四年，馬生渥洼水中。李斐曰：「南陽新野有暴利長，遭刑，屯田燉煌界，數于此水旁見羣野馬中有奇者，❸與凡馬異，來飲此水。利長先作土人，持勒靽于水旁。後馬玩習，久之代土人持勒靽收得其馬，獻之，欲神異此馬，云從水中出。」作《天馬之歌》。

【《史記·大宛列傳》】張騫爲天子言大宛多善馬，馬汗血，其先天馬子也。漢使烏孫，烏孫使使獻馬。初，天子發書《易》，云「神馬當從西北來」。得烏孫馬好，名曰「天馬」。及得大宛汗血馬，益壯，更名烏孫馬曰「西極」，名大宛馬曰「天馬」云。漢使者往既多，言「宛有善馬在貳師城，匿不肯與漢使」。天子既好宛馬，聞之甘心，使壯士

❶「畜牧」，原作「蓄物」，據《漢書·食貨志下》改。
❷「牝」，原作「牡」，據校點本《漢書·食貨志下》改。
❸「奇」下，原有「異」字，蓋下句之「異」字錯出於此，據校點本《漢書·武帝本紀》乙正。

請宛王貳師城善馬。宛謀曰：「貳師馬，宛寶馬也。」不肯與漢使。天子大怒，拜李廣利爲貳師將軍，期至貳師城取善馬。是歲，太初元年也。

【《漢書·李廣利傳》】太初元年，以廣利爲貳師將軍，期至貳師城取善馬，故號貳師將軍。拜習馬者二人爲執驅馬校尉，備破宛擇取其善馬。圍其城，宛大恐，遣人使貳師，約曰：「漢無攻我，我盡出善馬，恣所取而給漢軍食。即不聽我，我盡殺善馬。」貳師許宛之約。宛乃出其馬，❶令漢自擇之。漢軍取其善馬數十匹，中馬以下牝牡三千餘匹。

【《西域傳》】大宛俗嗜酒，馬耆目宿。宛別邑七十餘城，多善馬。馬汗血，言其先天馬子也。師古曰：❷「言大宛國有高山，其上有馬不可得，因取五色母馬置其下與集，生駒，皆汗血，因號曰天馬子云。」張騫始爲武帝言之，上遣使者持千金及金馬，以請宛善馬。宛王以漢絶遠，大兵不能至，愛其寶馬不肯與。漢使妄言，師古曰：「謂詈辱宛王。」宛遂攻殺漢使，取其財物。于是天子遣貳師將軍李廣利將兵前後十餘萬人伐宛，連四年。宛人斬其王毋寡首，獻馬三千匹，漢軍乃還，語在《張騫傳》。貳師既斬宛王，更立貴人素遇漢善者名昧蔡爲宛王。後歲餘，宛貴人以爲昧蔡讇，使我國遇屠，師古曰：「讇，古諂字。」相與共殺昧蔡，立毋寡弟蟬封爲王，遣子入侍，質于漢，漢因使使賂賜鎮撫之。又發使十餘輩，抵宛西諸國，求奇物，因風諭以伐宛之威。師古曰：「風，讀曰諷。」宛王蟬封與漢約，歲獻天馬二匹。

❶「乃」，原作「大」，據《漢書·李廣利傳》改。

❷「師古曰」，校點本《漢書·西域傳》校改作「孟康曰」。

漢使采蒲陶、目宿種歸。天子以天馬多，又外國使來衆，益種蒲陶、目宿離宮館旁，極望焉。師古曰：「今北道諸州舊安定、北地之境往往有目宿者，皆漢時所種也。❶」

【《後漢書・馬援傳》】孝武皇帝時，善相馬者東門京，鑄作銅馬法獻之，有詔立馬於魯班門外，則更名魯班門曰金馬門。

【《武帝本紀》】太初二年，籍吏民馬補車騎馬。師古曰：「籍者，總入籍，録而取之。」

【《西域傳》】征和中，上下詔，深陳既往之悔，禁苛暴，止擅賦，力本農，修馬復令，以補缺，毋乏武備而已。孟康曰：「先是，令長吏各以秩養馬，亭有牝馬，民養馬皆復不事。後馬多絶乏，至此復修之也。」師古曰：「此説非也。馬復，因養馬以免徭賦也。」郡國二千石各上進畜馬方略補邊狀，與計對。師古曰：「與上計者同來赴對也。」

徐氏曰：「案晁錯疏言『民有車騎馬一匹者，復卒三人』，即馬復令也。」

【《昭帝本紀》】始元四年秋七月，詔：「往時令民共出馬，其止勿出。諸給中都官者，且減之。」

五年夏，罷天下亭母馬及馬弩關。應劭曰：「武帝令天下諸亭養母馬，欲令其繁孳。又作馬上弩機關，今悉罷之。」孟康曰：「舊馬高五尺九寸以上，❷齒未平，弩十石以上者，皆不得出關，今不禁也。」

元鳳二年六月，詔曰：「朕閔百姓未贍，前年減漕三百萬石，頗省乘輿馬及苑馬，以補邊郡三輔傳馬。其令郡國毋斂今年馬口錢。」文穎曰：「往時有馬口出斂錢，今省。」如淳曰：「所謂租及六畜也。」

蕙田案：此係昭帝元鳳二年事，《文獻通考》以爲宣帝五鳳二年，誤。

❶「時」，原作「使」，據《漢書・西域傳》改。

❷「以上」二字，《漢書・昭帝本紀》注無，疑涉下文而衍。

【《元帝本紀》】初元元年六月，省苑馬，以振困乏。九月，詔太僕減穀食馬。　二年三月，詔罷黄門乘輿狗馬。　五年四月，詔大官所具各減半。乘輿秣馬，無乏正事而已。

【《貢禹傳》】禹奏言：「高祖、孝文、孝景皇帝，循古節儉，廐馬百餘匹。方今廐馬食粟將萬疋。今民大飢，而廐馬食粟苦其大肥，氣盛怒至，乃日步作之。願減損乘輿服御，廐馬亡過數十匹。」天子納善其忠，乃下詔令太僕減食穀馬。❶

【《成帝本紀》】建始二年秋，減乘輿廐馬。

林氏曰：「漢初，民出善賦，以備車馬。武帝於口賦錢人增三錢，以補車騎馬。昭帝元鳳二年，令郡國毋斂今年馬口錢。又稍復古制，勸民養馬，有一匹者，復卒三人。蓋居閑則免三人之算，有事則當三人之卒，此内郡之制也。至於邊塞，則縱民畜牧，而官不禁。烏氏居塞，則馬數千羣。橋姚居塞，❷則致馬千匹。《貨殖傳》。于時内郡之盛，則衆庶有馬，阡陌成羣。《食貨志》。邊郡之盛，則三十六苑，分置西、北。《漢儀注》。武帝初年，單于入塞，見馬布野而無人牧者。征伐四夷，而馬往來食長安者數萬疋。既數出師，馬大耗乏，乃行一切之令，自封君而下至三百石吏，以次出馬。則内郡庶民之有馬者，欲望復卒難矣。又令民得畜邊者從官假馬母而歸，其息十一，則邊郡之欲廣蓄牧難矣。又匿馬者有罪，有以列侯匿馬而至腰斬者。《功臣表》黎頃侯召奴。有以民或匿馬，馬不具，而長安令幾坐死者。《汲黯傳》。故内郡不足，則籍

❶「令」字，原脱，據《漢書·貢禹傳》補。

❷「姚」，原作「桃」，據庫本改。

民馬以補車騎；邊郡不足，則發酒泉騾驢，負石至玉門關。《武紀》太初三年。輪臺之恨，始修馬令。吁，亦晚矣！」

歸氏有光曰：「漢馬莫盛于孝武之世，後以馬耗，故爲假馬母歸息諸一切法，此後世民養官馬之始也。然不久而罷。漢太僕所領，若車府、路軨、騎馬、駿馬、龍馬、閑駒、騊駼諸監廄，皆内馬也。邊郡六牧師苑及漢陽流馬苑，此皆在外。而諸牧師苑，分在河西六郡中。北地靈州有河奇苑、號非苑，歸德有堵苑、白馬苑，郁郅有牧師苑，襄平有牧師官，鴻州有天封苑，太原有家馬官。❶ 其後又置越嶲長利、高望、始昌三苑，益州有萬歲苑，犍爲有漢平苑。皆太僕屬也。」

【《後漢書·百官志》】太僕，卿一人，掌車馬。丞一人。❷ 未央廄令一人，主乘輿及廄中諸馬。長樂廄丞一人。舊有六廄，中興省約，但置一廄。後置左駿令、廄，別主乘輿御馬，後或併省。又有牧師苑，皆令官，主養馬，分在河西六郡界中。中興皆省，唯漢陽有流馬苑，但以羽林郎監領。

【《馬援傳》】援好騎，善別名馬。於交趾得駱越銅鼓，乃鑄爲馬式，還上之。因表曰：「夫行天莫如龍，行地莫如馬。馬者，甲兵之本，國之大用。安寧則以別尊卑之序，有變則以濟遠近之難。昔有騏驥，一日千里，伯樂見之，昭然不惑。近世有西河子輿，亦明相法。子輿傳西河儀長孺，長孺傳茂陵丁君都，君都傳成紀楊子阿，臣援嘗師事子阿，受相馬骨法。

❶「原」，原作「官」，據《震川別集》卷四《馬政志》改。
❷「一」，原作「二」，據《後漢書·百官二》改。

考之於行事，輒有驗效。臣愚以爲傳聞不如親見，視景不如察形。今欲形之於生馬，則骨法難備具，又不可傳之於後。臣謹依儀氏䩭，中帛氏口齒，謝氏脣鬐，丁氏身中，備此數家骨相以爲法。」馬高三尺五寸，圍四尺五寸。有詔置於宣德殿下，以爲名馬式焉。【注】援《銅馬相法》曰：「水火欲分明。水火在鼻孔兩間也。上脣欲急而方，口中欲紅而有光，此馬千里。頷下欲深，下唇欲緩，牙欲前向。牙欲去齒一寸，❶則四百里；牙劍鋒，則千里。目欲滿而澤。腹欲充，膁欲小，季肋欲長，縣薄欲厚而緩。縣薄，股也。腹下欲平滿，汗溝欲深長，而膝本欲起，肘腋欲開，膝欲方，蹄欲厚三寸，堅如石。」

【《和帝本紀》】永元五年二月，詔有司省減内外廄及凉州諸苑馬。

【《安帝本紀》】永初元年九月，詔：「廄馬非乘輿常所御者，皆減半食。」　六年春正月，詔：「越嶲置長利、高望、始昌三苑。」又令益州郡置萬歲苑，犍爲置漢平苑。

【《順帝本紀》】漢安元年，始置承華廄。《東觀記》曰：「時以遠近獻馬衆多，園廄充滿，故置。」

馬氏端臨曰：「當時隱士魏桓，被徵不出，謂人曰：『廄馬萬疋，其可減乎！』蓋當時畜馬未嘗以資軍國之用，徒侈服御，糜廩粟而已。」

【《靈帝本紀》】光和四年正月，初置騄驥廄丞，領受郡國調馬。【注】調，謂徵發也。豪右辜榷，馬一匹至二百萬。【注】辜，障也。榷，專也。謂障餘人賣買而自取其利。

中平元年三月，詔公卿出馬、弩。十一月，詔廄馬非郊祭之用，悉出給軍。

右秦漢。

【《晉書·職官志》】太僕統典牧，乘黃廄、驊

❶ 「欲」，校點本《後漢書·馬援傳》疑爲衍字。

騮廐、龍馬廐等令。太僕，自元帝渡江之後，或省或置。太僕省，故驊騮爲門下之職。

【《馬政志》】梁置太僕卿，與太府、少府爲夏卿。太僕，漢爲中二千石，梁列爲十二卿，至後魏第二品，最高品矣。後與九卿並第三品。大氐以後品皆第三。時南北二朝，南朝有廢置，北朝無廢置。

【《魏書・太宗紀》】永興五年，詔諸州六十户輸戎馬一疋。

泰常六年春二月，調民二十户輸戎馬一疋，大牛一頭。三月乙亥，制六部民，羊滿百口，輸戎馬一疋。

【《世祖紀》】太延二年十一月，行幸棝陽，驅野馬於雲中，置野馬苑。

【《宇文福傳》】太和十七年，車駕還洛，敕福檢行牧馬之所。福規泝濟以西、河内以東，拒黄河南北千里爲牧地。事尋施行，今之馬場是也。及從代移雜畜于牧所，❶福善於將養，並無耗損，高祖嘉之。轉驍騎將軍，仍領太僕、典牧令。

【《食貨志》】世祖之平統萬，定秦隴，以河西水草善，乃以爲牧地。畜産滋息，馬至二百餘萬疋，橐駝將半之，牛羊則無數。高祖即位之後，復以河陽爲牧場，恒置戎馬十萬疋。每歲自河西徙牧於并州，以漸南轉，欲其習水土而無死傷也。而河西之牧彌滋矣。正光以後，天下喪亂，遂爲羣寇所盜掠焉。❷

【《隋書・百官志》】後齊太僕寺掌諸車輦、馬牛、畜産之屬。統驊騮，掌御馬及諸鞍乘。左

❶ 「從」，原作「徙」，據《魏書・宇文福傳》改。

❷ 「寇」，原作「盜」，據《魏書・食貨志》改。

右龍、左右牝掌駝馬。等署令、丞。驊騮署，又有奉承直長二人。左龍署，有左龍局。右龍署，有右龍局。左牝署，有左牝局。右牝署，有右牝局。

右南北朝。

隋太僕寺又有獸醫博士員。一百二十人。❶統驊騮、乘黄、龍廄等署，各置令。二人。乘黄減一人。隴右牧，置總監、副監、丞，以統諸牧。其驊騮牧及二十四軍馬牧，每牧置儀同及尉、大都督、帥都督等員。驢騾牧，置帥都督及尉。苑川十二馬牧，每牧置大都督及尉各一人，帥都督二人。緣邊交市監及諸屯監，每監置監、副監各一人。畿内者隸司農，自外隸諸州焉。

煬帝即位，太僕減驊騮署入殿内尚乘局，改龍廄曰典廄署，有左右駁皂二廄。加置主乘、司庫、司廩官。尚乘局置左右六閑：一左右飛黄閑，二左右吉良閑，三左右龍媒閑，四左右騊駼閑，五左右駃騠閑，六左右天苑閑。有直長十四人，又有奉乘十人。

【《禮儀志》】隋制，常以仲春用少牢祭馬祖於大澤。諸預祭官，於祭所致齋一日，積柴於燎壇，禮畢，就燎。仲夏祭先牧，仲秋祭馬社，仲冬祭馬步，並於大澤，皆以剛日。牲用少牢，如祭馬祖，埋而不燎。

【《唐書·兵志》】唐之初起，得突厥馬二千疋，又得隋馬三千於赤岸澤，徙之隴右。監牧之制，始於此。其官領以太僕，其屬有牧監、副監。監有丞，有主簿、直司、團官、牧尉、排馬、牧長、羣頭，有正、有副。凡羣置長一人，十五長置尉一人，歲課功，進排馬。

❶「人」，原作「八」，據《隋書·百官志》改。

又有掌閑，調馬習上。又以尚乘掌天子之御，左右六閑：一曰飛黄，二曰吉良，三曰龍媒，四曰騊駼，五曰駃騠，六曰天苑。總十有二閑，爲二廐：一曰祥麟，二曰鳳苑，以繫飼之。其後，禁中又增置飛龍廐。

初，用太僕少卿張萬歲領羣牧，自貞觀至麟德，四十年間，馬七十萬六千，置八坊岐、豳、涇、寧間，地廣千里：一曰保樂，二曰甘露，三曰南普閏，四曰北普閏，五曰岐陽，六曰太平，七曰宜禄，八曰安定。八坊之田，千二百三十頃，募民耕之，以給芻秣。八坊之馬，爲四十八監，而馬多地狹不能容，又析八監列布河西豐曠之野。凡馬五千爲上監，三千爲中監，餘爲下監。監皆有左、右，因地爲之名。方其時，天下以一縑易一馬。萬歲掌馬久，恩信行於隴右。

後以大僕少卿鮮于匡俗檢校隴右牧監。儀鳳中，以太僕少卿李思文檢校隴右諸牧監使。監牧有使，自是始。後又有羣牧都使，有閑廐使，使皆置副，有判官。又立四使：南使十五，西使十六，北使七，東使九。諸坊若涇川、亭川、闕水、洛、赤城，南使統之；清泉、温泉，西使統之；烏氏，北使統之；木硤、萬福，東使統之。他皆失傳。其後，益置八監於鹽州、三監於嵐州。鹽州使八，統白馬等坊。嵐州使三，統樓煩、玄池、天池之監。

凡征伐而發牧馬，先盡强壯，不足則取其次。録色、歲、膚第印記、主名送軍，以帳馱之，數上於省。自萬歲失職，馬政頗廢。永隆中，夏州牧馬之死失者十八萬四千九百九十。景雲二年，詔羣牧歲出高品，御史案察之。開元初，國馬益耗，太常少卿姜誨乃請以空名告身市馬於六胡州，率三十疋讎一游擊將軍。命王毛仲領内外閑廄。九年，又詔：「天下之有馬者，州縣皆先以郵遞軍旅之役，定户復緣以升之。百姓畏苦，乃多不畜馬，故騎射之士減曩時。自今諸州民，勿限有無廕，能家畜十馬以上，❶免帖驛郵遞征行，定户無以馬爲貲。」毛仲既領閑廄，馬稍稍復。始二十四萬，至十三年，乃四十三萬。其後，突厥欵塞，明皇厚撫之，歲許朔方軍西受降城爲互市，以金帛市馬，於河東、朔方、隴右牧之。既雜胡種，馬乃益壯。

天寶後，諸軍戰馬，動以萬計。王侯、將相、外戚牛駝羊馬之牧布諸道，百倍於縣官，皆以封邑號名爲印自别；將校亦備私馬。議者謂秦、漢以來，唐馬最盛。天子又鋭志武事，遂弱西北蕃。十一載，詔二京旁五百里勿置私牧。十三載，隴右羣牧都使奏：牛馬駝羊總六十萬五千六百，而馬三十二萬五千七百。

安禄山以内外閑廄都使兼知樓煩監，陰選勝甲馬歸范陽，故其兵力傾天下而卒反。肅宗收兵至彭原，率官吏馬抵平涼，蒐監牧及私羣，得馬數萬，軍遂振。至鳳翔，又詔公卿百寮以後乘助軍。其後邊無重兵，吐蕃乘隙陷隴右，苑牧畜馬皆没矣。乾元後，回紇恃功，歲入馬取繒，馬皆病弱不可用。永泰元年，代宗欲親擊吐蕃，魚朝恩乃請大搜城中百官、士庶馬輸官，曰「團練馬」。下制禁馬出城者，已而復罷。德宗建中元年，市關輔馬三萬實内廄。貞元三年，吐蕃、羌、渾犯塞，詔禁大馬出潼、蒲、武關者。元和十一年伐蔡，命中使以絹二萬市馬河曲。

❶「上」，原作「下」，據校點本《新唐書·兵志》校勘記改。

其始置四十八監也，❶據隴西、金城、平凉、天水，員廣千里，繇京度隴，置八坊爲會計都領，其間善水草、腴田皆隸之。後監牧使與坊皆廢，故地存者，一歸閑廄。旋以給貧民及軍吏，間又賜佛寺、道館幾千頃。十二年，閑廄使張茂宗舉故事，盡收岐陽坊地，民失業者甚衆。❷十三年，以蔡州牧地爲龍陂監。十四年，置臨漢監於襄州，牧馬三千二百，❸費田四百頃。穆宗即位，岐人叩闕訟茂宗所奪田，事下御史案治，悉予民。太和七年，度支鹽鐵使言：「銀州水甘草豐，請詔刺史劉源市馬三千，河西置銀州監，以源爲使。」襄陽節度使裴度奏停臨漢監。開成二年，劉源奏：「銀州馬已七千，若水草乏，則徙牧綏州境。今綏南二百里，四隅險絶，寇路不能通，以數十人守要，畜牧無他患。」乃以隸銀州監。其後闕，不復可紀。

歸氏有光曰：「漢以來牧官，後世不聞。唯唐張萬歲、王毛仲，此兩人名最著而馬特盛，議者以爲唐得人，專其職也。初置監牧秦、渭二州北、會州南、蘭州狄道西，蓋跨隴西、金城、平凉、天水四郡之地。《漢志》云『武威以西，本匈奴昆邪王、休屠王地，習俗頗殊，地廣民稀，水草宜畜牧，故凉州之畜爲天下饒』，皆唐之牧地之所包絡也。」

【《舊唐書·禮儀志》】仲春祭馬祖，仲夏祭先牧，仲秋祭馬社，仲冬祭馬步。並於大澤，用剛日，牲各用羊一，籩豆各二，簠簋各一。

【《明集禮》】唐設壇於長安四十里外龍豪

❶「也」，原作「地」，據《新唐書·兵志》改。
❷「民」字，原脱，據《新唐書·兵志》補。
❸「三」，原作「二」，據《新唐書·兵志》改。

澤中，其制高三尺，周迴九步。

【《開元禮》】仲春祀馬祖。將祀，有司筮日如別儀。以下先牧、馬社、馬步皆筮日。前祀三日，應饗之官散齋二日、致齋一日如別儀。前祀二日，守宫設祀官次於東壝外道南，北向西上。陳饌幔於内壝外。郊社令積柴於燎壇，方高五尺。太官令具特牲之饌。未明二刻，太史令、郊社令升設神座於壇上，席以莞，南向。奉禮設獻官位於壇東南，西向；執事位又於東南，俱西向北上。設奉禮位於獻官西南，贊者二人在南差退。又設奉禮、贊者位於燎壇東北，俱西向北上。設望燎位當柴壇北，❶南向。設祀官等門外位於東壝外道南，西上。郊社令設酒罇於壇上東南隅，北向；洗於壇東南，北向。執罇篚者如常。未明一刻，太祝、獻官等各服其服，郊社令與良醞令入實罇罍及幣。質明，謁者引獻官以下俱就門外位。奉禮郎帥贊者先入就位。贊引引太祝與執罇罍篚冪者入，當壇南，重行，北面西上。立定，奉禮曰「再拜」，贊者承傳，太祝以下俱再拜。太祝與執罇者升東階，至罇所，執罍洗篚冪者各就位。謁者引獻官以下入就位。立定，奉禮曰「再拜」，在位者俱再拜。謁者進獻官之左，白：「有司謹具，請行事。」退復位。太官令出詣饌所，太祝跪取幣於篚，興，立罇所。謁者引獻官詣神座前，北面立。太祝奉幣，東向授獻官，獻官受幣，進，北面跪奠於神座，俛伏，興，少退，北面再拜。謁者引獻官還本位。太官令引饌入，升南陛，太祝迎引於壇上，設於神座前訖，太官令以下降復位，太祝還罇所。謁

❶「設」字，原脱，據《大唐開元禮》卷八九補。

者引獻官詣罍洗，盥手洗爵訖，謁者引獻官升自南陛，詣酒罇所，執罇者舉冪，獻官酌酒，謁者引獻官進神座前，北向跪奠爵，俛伏，興，少退，北向立。太祝持版進於神座之右，東向，跪讀祝文曰：「維某年歲次月朔日，天子謹遣具官臣姓名，昭告於馬祖天駟之神。爰以春季，遊牝於牧，祗薦制幣、犧齊、粢盛庶品，明薦於馬祖天駟之神。尚饗！」訖，興。獻官再拜。太祝進，跪奠版於神座，俛伏，興，還罇所。太祝以爵酌福酒，進獻官之右，西向立。獻官再拜，受爵，跪祭酒，遂飲，卒爵。太祝進受爵，復於坫。❶獻官俛伏，興。太祝帥齋郎進俎，減神前胙肉以授獻官，受以授齋郎，謁者引獻官降自南陛，還本位，立。太祝進，跪徹豆，俛伏，興，還罇所。奉禮曰「再拜」，在位者皆再拜。已飲福受胙者不拜。奉禮曰「再拜」，在位者俱再拜。謁者進獻官之左，白：「請就望燎位。」謁者引獻官就望燎位，南向立。奉禮又帥贊者退立於燎壇東北位。太祝進神座前，跪取制幣、祝版、爵酒，又以俎載牲體、稷黍飯，❷興，當柴壇東南行，自南陛登柴壇，以幣酒、祝版、饌置柴上訖，奉禮曰「可燎」，東西面各二人以炬燎，火起，❸以炬投壇上。火半柴，謁者進獻官之左，白：「禮畢。」遂引獻官以下出。奉禮、贊者還本位。贊引引太祝以下俱復執事位，立定，奉禮曰「再拜」，太祝以下皆再拜，贊引引出。

仲夏饗先牧、仲秋祭馬社、❹仲冬祭馬步同。

❶「復」字，原脱，據《大唐開元禮》卷八九補。

❷「稷」字，原脱，據《大唐開元禮》卷八九補。

❸「起」，原作「者」，據《大唐開元禮》卷八九改。

❹「仲」字，原脱，據《大唐開元禮》卷八九補。

前饗三日，應饗之官散齋二日於正寢，致齋一日於饗所。右校埽除壇之内外，爲瘞埳於壇之壬地，方深取足容物。衛尉設饗官次於東壝外道南，北向西上。太官令具特牲之饌。其日未明二刻，以下至設贊者位於瘞埳西南，同馬祖儀。設瘞埳位於壇之西南，北向。設饗官以下門外位，以下至讀祝文，如馬祖儀。祝文曰：「昭告於先牧之神，肇開牧養，厥利無窮，式因頒馬，爰以制幣云云。尚饗！」訖，興，獻官再拜。太祝進，跪徹，以下至燔版，如馬祖儀。其埳實土，東西各二人。祭馬社祝文曰：「惟神肇教人乘，用賴於今，式用肆僕，爰以制幣云云。尚饗！」馬步祝文曰：「惟神爲國所重，在於閑牧，神其屏兹凶慝，使無有害，載因獻校，爰以制幣云云。尚饗！」

【《册府元龜》】永泰五年四月丙午，命太常寺復置馬祖壇，依常式饗祭。

右隋唐。

【《五代會要》】後梁開平四年，頒奪馬令，冒禁者罪之。先是，梁師攻戰得敵人之馬，必納官，故出令，命獲者有之。

後唐同光三年，下河南、河北諸州，和市戰馬，官吏除一疋外，匿者有罪。

長興四年，敕：「沿邊藩鎮，或有蕃部賣馬，可擇其良壯者給券，具數以聞。」

先是，上問見管馬數，樞密使范延光奏：「天下常支草粟者，近五萬匹。見今西北諸蕃賣馬者，往來如市，❶其郵傳之費，中估之直，日四十五貫。以臣計之，國力十耗其七。馬無所使，財賦漸銷，朝廷甚非所利。」上善之，故有是敕。

❶「來」下，原有「者」字，據《五代會要》卷一二删。

晉天福九年，發使於諸道州府，括取公私馬，以備禦契丹。

右五代。

五禮通考卷第二百四十四

淮陰吴玉搢校字

五禮通考卷第二百四十五

内廷供奉禮部右侍郎金匱秦蕙田編輯
太子太保總督直隸右都御史桐城方觀承同訂
翰林院侍讀學士嘉定王鳴盛
按察司副使元和宋宗元　參校

軍禮十三

馬政下

【《宋史·兵志》】太祖初置左、右飛龍二院，以左、右二使領之。太平興國五年，改爲天廐坊。雍熙四年，改爲騏驥院，左右天駟監四、左右天廐坊二皆隸焉。真宗咸平三年，置羣牧使，以内臣勾當制置羣牧司，京朝官爲判官。景德二年，改諸州牧龍坊悉爲監，賜名鑄印以給之。在外之監十有四：大名曰大名，洺州曰廣平，衛州曰淇水，並分第一、第二，河南曰洛陽，鄭州曰原武，同州曰沙苑，相州曰安陽，澶州曰鎮寧，邢州曰安國，中牟曰淳澤，許州曰單鎮。四年，以知樞密院陳堯叟爲羣牧制置使，副、都監、判官。❶凡廐牧之政，皆出于羣牧司，自騏驥院而下，❷皆聽命焉。諸州有牧監，知州、通判兼領之。

蕙田案：此宋初牧監之法。馬政以牧監爲上，國無養馬之費，馬有蕃息

❶「副都監判官」，此句含混，《宋史·兵志十二》作「又別置羣牧使副、都監，增判官爲二員」。

❷「院」字，原脱，據《宋史·兵志十二》補。

之功。外此而市馬、茶馬，猶可權宜行之。若户馬、保馬、社馬，則皆使民養之，于是民累深而馬政亦壞矣。其故皆由牧監之廢，故首著之。

【《文獻通考》】太祖始置養馬二務，又興葺舊馬務四，以爲牧放之地。分遣中使詣邊州，歲市馬。自是，閑廄之馬始備矣。

凡市馬之處，河東則府州、岢嵐軍；陝西則秦、渭、涇、原、儀、環、慶、階、文州，鎮戎軍；川峽則益、黎、戎、茂、雅、夔州，永康軍。皆置務，遣官以主之。歲得五千餘疋，以布帛茶他物準其直。招馬之處，秦、渭、階、文之吐蕃、回紇，麟、府之党項，豐州之藏才族，環州之白馬、鼻家、保家、名市族，泊涇、儀、延、鄜、火山、保安軍、唐龍鎮、制勝關之諸蕃，❶每歲皆給空名敕書，委沿邊長吏擇牙吏入蕃招募，給券以詣京師，至則估馬司定其直。

【《宋史·兵志》】太平興國四年，太宗觀兵于幽，得汾晉、燕薊之馬四萬二千餘匹，内皂充牣，始分置諸坊。❷

【《名臣奏議》】太宗端拱元年，國子博士李覺上奏曰：「臣聞冀北、燕代，馬之所生，戎之所恃也。故制敵之用，實資騎兵爲急。議者以爲欲國之多馬，在乎啗戎以利，使重譯而至焉。然市馬之費歲益，而廄牧之數不加者，蓋失其生息之理也。且戎人畜牧轉徙，馳逐水草，騰駒游牝，順其物理，由是浸以蕃滋也。暨乎市易之馬，至于中國，則縶之維之，飼以枯槁，

❶「關」，原作「開」，據《文獻通考》卷一六〇改。

❷「始分置諸坊」，校點本《宋史·兵志十二》作「始分置諸州牧養之」。

離析牝牡，制其生性，玄黄虺隤，因而減耗，宜然矣。又不同中國之馬，服習成性，食枯芻，處華廐，率以爲常，故多生息。古者用賦之法，六十四井出戎馬四疋，天子畿方千里，出戎馬四萬疋，兵車萬乘。此賦馬之數也。諸侯大者，馬四千疋，車千乘，故稱千乘之國。卿大夫大者，馬四百疋，兵車百乘，故稱百乘之家。則天下之廣，諸侯之衆，戎馬之賦多矣。是以唐堯暨晉，皆處河北，而無邊患，由馬之多。後世戎馬悉從官給，是以匈奴爲患，由馬之少也。故晁錯説文帝勸農功，令民有車騎、馬一疋者，復卒三人，謂免三人甲卒之賦也。至武帝七十年間，衆庶街巷有馬，阡陌成羣，乘牝字者擯而不得會聚。此則馬皆生于中國，不聞市之于戎也。今軍伍中，牝馬乘多，而孳息之數尤鮮者，何也？皆云官給秣飼之費不充，又馬多産則羸弱，駒能食則侵其芻粟，馬母愈瘠，養馬之卒有罪無利，是以駒子生，乃令齅灰而死。其後官司知有此蠹，于是議及養駒之卒，量給賞緡。其如所賜無幾，尚習前弊。今切揣量，國家所市戎馬，直之少者，疋不下二十千，往來資給賜予，復在數外。是貴市于外夷，而賤棄于中國，非理之得也。國家縱未暇別擇牝馬，以分蓄牧，宜且減市馬之半直，賜畜駒之將卒，增爲月給，俟其後納馬即止焉。則是貨不出國，而馬有滋也。大率牝馬二萬，而駒收其半，亦可歲獲萬疋。況復牝又生駒，十數年間，馬必倍矣。」

真宗大中祥符元年，立牧監賞罰之令。外監息馬，一歲終以十分爲率，死一分以上勾當官罰一月俸，餘等第決杖。牧倍多而死少者，給賞緡有差。凡生駒一疋，兵校而下賞絹一疋。當是時，凡内外坊、監及諸軍，馬凡二十餘萬疋，飼馬兵校一萬六千三十八人。每歲京城，❶草六十六萬六千圍，麩料六萬二千二百四石，鹽、油、藥、糖九萬五千餘觔、石，諸州軍不預焉。左、右騏驥六坊、監，止留馬二千餘疋，皆春季出就牧，孟冬則别其羸病，就棧皁養飼。其尚乘之馬，唯備用者在焉。

【《文獻通考》】天禧初，宰相向敏中言：「國馬之數，方先朝倍多，廣費芻粟。若令羣牧司度數出賣，散于民間，緩急取之，猶外廄耳。」是秋，乃詔十三歲以上配軍馬，估直出賣。

蕙田案：開國之始，馬政必嚴。承平之後，馬多，必變法省初費，而變爲賣馬，馬政由是多故矣。

【《宋史·兵志》】凡牧監之在河南北，天禧後，靈昌監爲河決所衝。至乾興、天聖間，兵久不試，言者多以爲牧馬費廣而亡補，乃廢東平監，以其地賦民。五年，廢單鎮監。六年，廢洛陽監。于是河南諸監皆廢，悉以馬送河北。

蕙田案：開國之初，習于軍旅，每以馬政爲重。設監置牧，馬必蕃庶。及承平日久，上下恬熙，民不知兵，往往以馬多爲無補，而專惜其費，於是牧監漸廢。及需馬之時，馬不足用，一切苟且之政行，而馬益耗，民益困。此漢、唐、宋、明之錮病，前後

❶「城」，原作「坊」，據校點本《宋史·兵志十二》及其校勘記改。

一轍也。

【《名臣奏議》】仁宗四年，知諫院余靖上奏，略曰：臣謹案《詩》、《書》已來中國養馬蕃息故事，乃知不獨出于戎狄也。秦之先曰非子，居犬丘，好馬及畜，善養息之，周孝王召使主馬于汧、渭之間，馬大蕃息。犬丘，今之興平。汧，渭，今之秦、隴州界也。《周官·校人》之職，春執駒以養血氣，夏攻特以防蹄齧。衛文公居河之湄，以建其國，而詩人歌之，曰「騋牝三千」。不言牡而言牝，則牝爲蕃息之本也。衛則今之衛州也。詩人又頌魯僖公能遵伯禽之業，亦云「駉駉牡馬」。魯，今屬兖州。《左氏》云：「冀之北土，馬之所生。」即今鎮、定、并、代，皆其地也。《月令》「季春之月，乃合累牛騰馬遊牝于牧。仲夏之月，遊牝別羣，則縶騰駒」，亦秦人之馬政也。漢之太原有家馬廄，一廄萬匹。又樓煩、玄池，皆出名馬，即今之并、嵐、石、隰界也。武帝出攻匈奴，官私馬十四萬匹，于漢之馬，最爲多矣。唐以沙苑監最爲宜馬，即今之同州也。又案唐自貞觀至麟德，中國馬四十萬疋。開元中，置七坊四十八監，半在秦、隴、綏、銀，則知古來牧馬之政，修之由人，不在于地。今之同州及太原、巴東、相、衛、邢、洺，皆有馬監，其餘州軍，牧地七百餘所。乞敕于羣牧使、副、都監、判官等内一員，往監牧舊地，相度水草，揀擇孳生，四遠牧放，一依《周官》、《月令》之法，務令蕃息，別立賞罰，以明勸沮。庶幾數年之後，馬蓄蕃盛。

仁宗皇祐五年，中書舍人丁度言：「祥符、天聖間，牧馬至十餘萬。其後言者以天下無事，不可虚費，遂廢八監。然猶秦、渭、環、階、麟、府、文州，火山、保德、岢嵐軍，歲市馬二萬二百疋，補京畿、塞下之闕。自西鄙用兵，四年所收，三萬而已。馬少地閑，坊監誠可罷。若賊平馬歸，則不可闕。今河北、河東、京東西、淮南皆籍丁壯爲兵，請令民畜一戰馬者得免二丁，仍不計資産以升户等，則緩急有備，而國馬蕃矣。」言不果行。嘉祐中，韓琦請括諸監牧地，留牧外，聽下户耕佃。遣都官員外郎高訪等括河北，得閒田三千三百五十頃募佃，歲約得穀十一萬七千八百石，絹三千二百五十疋，草十六萬一千二百束。羣牧司言：「諸監牧地，間有水旱，每監牧放外，歲刈白草數萬束，以備冬飼。今悉賦民，異時監馬增多，及有水旱，無以轉徙牧放。」詔遣左右廂提點官相度，除先被侵冒已根括出地權給租佃，餘委羣牧司審度存留，有閒土即募耕佃。五年，群牧司言：「凡牧一馬，往來踐食，占地五十畝。諸監既無餘地，難以募耕，請存留如故。廣平廢監先賦民者，亦乞取還。」乃詔：「河北、京東牧監帳管草地，自今毋得縱人請射，犯者論以違制。」

【《文獻通考》】至和二年，歐陽修上奏，略曰：「今之馬政，皆因唐制，而今馬多少，與唐不同者，其利病甚多，不可悉舉。至于唐世牧地，皆與馬性相宜，西起隴右金城、平凉、天水，外暨河曲之野，内則岐、豳、涇、寧，東接銀、夏，又東至于樓煩，皆唐養馬之地也。以今考之，或陷没戎狄，或已爲民田，皆不可復得。惟聞今河東路嵐、石之間，山荒甚多，及汾河之側，草地亦廣，其間草軟水甘，最宜牧養。往時河東軍馬常在此處牧放，今馬數全少，閑地極多，此乃唐樓煩監牧地也，可以興制一監。臣謂推迹而求之，則天池三監之地尚冀可得。又臣往年因奉使河東，嘗行威勝以東及遼州、平定軍，❶見其不畊之地甚多。而河東一路，山川深峻，水草甚佳，其地高寒，必宜馬性。及京西路唐、汝之間，久荒之地，其數甚廣。欲乞更下河東、京西轉運司，差官就近于轄下訪求草地，若可以興制新監，則河北諸監內有地不宜馬處，却可議行廢罷。」

【《宋史·兵志》】神宗熙寧元年，手詔文彥博等曰：「方今馬政不脩，官吏無著効，豈任不久而才不盡歟？是何監牧之多，官吏之衆，而乏才之甚也！昔唐用張萬歲三世典羣牧，恩信行乎下，故馬政脩舉，後世稱爲能吏。今上自提總官屬，下至坊、監使臣，既非銓擇，而遷徙迅速，謂之『假道』，欲使官宿其業而盡其能，不可得也。爲今之計者，當簡其勞能，進之以序。自坊、監而上，至于羣牧都監，皆課其功而第進之，以爲任事者勸焉。」于是，樞密副使邵亢請以牧馬餘田脩稼政，❷以資牧養之利。而羣牧司言：「馬監草地四萬八千餘頃，今以五萬馬爲率，一馬占地五十畝，大名、廣平四監餘田無幾，宜且仍舊。而原武、單鎮、洛陽、沙苑、淇水、安陽、東平等監，餘良田萬七千頃，可賦民以收芻粟。」從之。已而樞密院又言：「舊制，以左右騏驥院總司國馬。景德中，始增置羣牧使、副、都監、判官，以領廐牧之政。使領雖重，未嘗躬自巡察，不能周知牧畜利病，以故馬不蕃息。今宜分置

❶「軍」，原作「東」，據《文獻通考》卷一六〇改。

❷「亢」，原作「元」，據校點本《宋史·兵志十二》及其校勘記改。

官局，專任責成。」乃詔河南北分置監牧使，以劉航、崔台符爲之，又置都監各一員。其在河陽者，爲孳生監。凡外諸監，並分屬兩使，各條上所當行者。諸官吏若牧田縣令佐，並委監牧使舉劾，專隸樞密院，不領于羣牧制置。時上方留意牧監地，然諸監牧田皆寬衍，爲人所冒占，故議者争請收其餘資以佐芻粟。言利者乘之，始以增賦入爲務。二年，詔括河南北監牧司總牧地。舊籍六萬八千頃，而今籍五萬五千，餘數皆隱于民。自是，請以牧地賦民者紛然，而諸監尋廢。是歲，天下應在馬凡十五萬三千六百有奇。

【《文獻通考》】熙寧五年，廢太原監。七年，廢東平、原武監，而合淇水兩監爲一。八年，遂廢河南八監，惟存河苑一監。而兩監牧司亦罷。河苑監先以隸陝西提舉監牧，至是，復屬之羣牧司云。

河北察訪使曾孝寬言：「慶曆中，❶嘗詔河北民户以物力養馬，備非時官買，乞參考申行之。」而户馬法始此。

自諸監既廢，仰給市馬，而義勇保甲馬復從官給，議者常患國馬未備。元豐三年春，以王拱辰之請，乃詔開封府界、京東西、河北、陝西、河東路州縣户，各計資産市馬。坊郭家産及三千緡，鄉村五千緡，若坊郭、鄉村通及三千緡以上者，各養一馬。增倍者，馬亦如之。至三疋止。馬以四尺三寸以上，齒以八歲以下爲斷。齒及十五歲，則更市如初。提舉司籍記之。於是，諸道各以其數來上。先是，熙

❶「曆」，原作「律」，係避清高宗弘曆諱，據《文獻通考》卷一六〇改。

寧中嘗令德順軍蕃部養馬，帝問其利害。王安石對：「今坊監以五百緡乃得一馬，若委之熙河蕃部，決當不至重費。蕃部以畜牧爲生，且其地宜馬，誠爲便利。」既而得駒痺劣，亡失者責償，蕃部苦之，其法尋廢。至是，環慶路經略司復言，已誘勸諸蕃部令養馬。詔：「閲實及格者，一疋支五縑；鄜延、秦鳳、涇原路准此。」養馬之令，復行蕃部矣。

【《宋史・兵志》】保甲養馬者，自熙寧五年始。先是，中書省、樞密院議其事于上前，文彦博、吴充言：「國馬宜不可闕。今法，馬死者責償，恐非民願。」安石以爲令下而京畿投牒者已千五百户，決非出于驅迫，持論益堅。五月，詔開封府界諸縣保甲願牧馬者聽，仍以陝西所市馬選給之。六年，曾布等承詔上其條約：凡五路義勇保甲願養馬者，户一疋，物力高願養二疋者聽，皆以監牧見馬給之，或官與其直令自市，毋或彊與。府界毋過三千疋。襲逐盜賊之外，乘越三百里者有禁。❶在府界者，免體量草二百五十束，❷加給以錢布；在五路者，歲免折變緣納錢。三等以上，十户爲一保；四等以下，十户爲一社，以待病斃逋償者。保户馬斃，保户獨償之。社户馬斃，社户半償之。歲一閲其肥瘠，禁苛留者。凡十四條，先從府界頒焉。五路委監司、經略司、州縣更度之。于是，保甲養馬行于諸路矣。

【《文獻通考》】時河東騎軍有馬萬一千餘疋，歲番戍邊，率十年而一周。議者以爲費廩食而多亡失，乃行《五路義勇保甲養馬

❶「乘」字，原脱，據《宋史・兵志十二》補。
❷「體」，原作「輸」，據《宋史・兵志十二》改。

法》。繼而兵部言：「河東正軍馬九千五百匹，請權罷官給，以義勇保甲馬五千補其闕，合萬匹爲額，俟正軍不及五千始行給配。」事下中書、樞密院議。樞密院以爲：「車騎，國之大計，不當專以一時省費，輕議廢置。且官養一馬，歲爲錢二十七千。民養一馬，纔免折變緣納錢六千五百，計折米而輸其直，爲錢十四千四百，餘皆出於民，決非所願。若芻秣失節，或不善調習，緩急無以應用。況減馬軍五千匹，即異時當減軍正數九千九百人，又減分數馬三千九百四十疋，邊防事宜，何所取備？若存官軍馬如故，漸令民間從便牧養，不必以五千疋爲限，於理爲可。」而中書謂：「官養一疋，以中價率之，爲錢二十三千；募民養牧，可省雜費八萬餘緡，且使入中，芻粟之家無以邀厚利。計前二年官馬死，倍於保甲馬。而保甲有馬，可以習戰禦盜，公私兩利。」上竟從樞密院議。河東騎軍得不減耗，而民馬不至甚病者，由帝獨斷之審也。

元豐六年，提舉河東路保甲王崇拯言：❶「請令本路保甲十分取二，以教騎戰。每官給二十五千，令市一馬，限以五千，當得馬六千九百十有八疋，爲緡錢十七萬二千九百有五十。」詔以京東鹽息錢給之，令崇拯上所買數，於是保甲皆兼市馬矣。

七年，京東提刑霍翔請募民養馬，蠲其賦役。乃詔京東、西路保甲免教閱，每一都保養馬五十疋，疋給十千，限以京東十年、京西十五年而數足。置提舉保馬官，京西呂公雅、京東霍翔並領其事，而罷鄉村先以物力養馬之令。尚養户馬者免保馬，凡養馬

❶「拯」，原作「極」，據《文獻通考》卷一六〇改。下同。

免大小保長、税租、支移，每歲春夫、催税、甲頭、盜賊、備賞、保丁、巡宿，凡七事。於是京東、西户馬更爲保馬矣。

【《宋史・兵志》】公雅又令每都歲市二十疋，限十五年者促爲二年半。京西不産馬，民貧乏益不堪。詔如元令，稍增其數。公雅乃請每都歲市八疋，限以八年，山縣限以十年。翔又奏本路馬已及萬疋，請令諸縣弓手各養一疋，以贖失捕之罪。❶哲宗嗣位，言新法之不便者，以保馬爲急。❷乃詔曰：「京東、西保馬，期限極寬。有司不務循守，遂致煩擾。先帝已嘗手詔詰責，今又未能遵守。其兩路市馬年限並如元詔。」尋又詔以兩路保馬分配諸軍，餘數付太僕寺，不堪支配者斥還民户而責官直。翔、公雅皆以罪去，而保馬遂罷。

馬氏端臨曰：「熙寧五年所行者，户馬也。元豐七年所行者，保馬也。皆是以官馬責之於民，令其守養。户馬則是蠲其科賦，保馬則是蠲其征役。法行之初，民皆樂從，初非官府抑逼。夫樂從之説，出於建議者之口，未必有是事實。然當時賦役必繁重，故苟有一役於官而得以自免，則亦不暇詳慮却顧而靡然從之。及其久也，馬之斃者，賠償不訾，奉行之吏，務爲苛峻，於是重爲民病矣。」

蕙田案：户馬、保馬，此令民養馬之弊政也。馬氏之論，極中當時議者之隱。

元祐初，議興廢監，以復舊制。于是詔庫部郎中郭茂恂往視陝西、河東所當置監，尋又

❶「捕」，原作「補」，據《宋史・兵志十二》改。
❷「馬」，原作「甲」，據《宋史・兵志十二》改。

下河北陝西轉運、提點刑獄司按行河、渭、并、晉之間牧田以聞。時已罷保甲，教騎兵，而還户馬于民。于是右司諫王巖叟言：「兵之所恃在馬，而能蕃息之者，牧監也。昔廢監之初，識者皆知十年之後天下當乏馬。已而不待十年，其弊已見。此甚非國之利也。乞收還户馬三萬，復置監如故，監牧事委之轉運官，而不專置使。今鄆州之東平，北京之大名、元城，衛州之淇水，相州之安陽，洺州之廣平監，以及瀛、定之間，棚塞草地，疆畫具存，使臣牧卒，大半猶在，稍加招集，則指顧之間，措置可定，而人免納錢之害，國收牧馬之利，豈非計之得哉！又況廢監以來，牧地之賦民者，爲害多端，若復置監牧而收地入官，則百姓戴恩，如釋重負矣。」自是，洛陽、單鎮、原武、淇水、東平、安陽等監皆復。

初，熙寧中，併天駟四監爲二，而左、右天廄坊亦罷。至是，復左、右天廄坊。紹聖初，用事者更以其意爲廢置，而時議復變。太僕寺言：「府界牧田，占佃之外，尚存三千餘頃，議復畿内孳生十監。」後二年，而給地牧馬之政行矣。

先是，知任縣韓筠等建議：「凡授民牧田一頃，爲官牧一馬而蠲其租。縣籍其高下、老壯、毛色，歲一閲，亡失者責償。已佃牧田者，依上養馬。」知邢州張赴上其説，且謂授田一頃，爲官牧一馬，較陝西沿邊弓箭手既養馬又戍邊者爲優。樞密院是其請，且言：「熙寧中，罷諸監以賦民，歲收緡錢至百餘萬。元祐初，未嘗講明利害，惟務罷元豐、熙寧之政，奪已佃之田而復舊監。桑棗井廬，多所毀伐，監牧官吏，爲費不貲，牧卒擾民，棚井抑配，爲害非一。蓋自復監以來，臣僚屢陳公私之害。若循元祐倉卒更張之法，久當益弊。且左右廂今歲籍馬萬三千有奇，堪配軍者無幾，惟沙苑六千疋愈于他監。今赴等所陳授田養馬，既蠲其租，不責以孳息，而不願者無所抑勒，又限以尺寸，則緩急皆可用之馬矣。」乃下太僕寺，應監牧州縣悉行之。

時殿中侍御史陳次升言：「給地牧馬，其初始于邢州守令之請，未嘗下監司詳度。諸路各有利害，既不可知。民居與田相遠者，難就耕牧。一頃之地，所直不多，而亡失責償，爲錢四五十千，必非人情所願。」言竟不行。

四年，遂廢淇水、單鎮、安陽、洛陽、原武監，罷提點所及左右廂，惟存東平、沙苑二監。曾布自叙其事曰：「元祐中，復置監牧，兩廂所養馬止萬三千匹，而不堪者過半。今既以租錢置蕃落十指揮于陝西，養馬三千五百。又人户願養者亦數千，而所存兩監各可牧萬馬。馬數多于舊監，而所省官吏之費非一，近世良法，未之能及。」時三省皆稱善。其後，沙苑復隸陝西買馬監牧司，而東平監仍廢。

大觀元年，尚書省言：「元祐置監，馬不蕃息，而費用不貲。今沙苑最號多馬，然占牧田九千餘頃，芻粟、官曹歲費緡錢四十餘萬，而牧馬止及六千。自元符元年至二年，亡失者三千九百。且素不調習，不中於用。以九千頃之田、四十萬緡之費，養馬而不適于用，又亡失如此，利害灼然可見。今以九千頃之田，計其磽瘠，三分去一，猶得良田六千頃。以直計之，頃爲錢五百餘緡，以一頃募一馬，則人得地利，馬得所養，可以紹述先帝隱兵于農之意。請下永興軍路提點刑獄司及同州詳度以聞。俟見實利，則六路新邊閑田，當以次推行。」時熙河蘭湟路牧馬司又請兼募願養牝馬者，❶每收三駒，以其二歸官，一充賞。詔行之。四年，復罷京東西路給地牧馬，復東平監。政和二年，詔諸路復行給地牧馬，復罷東平監。

【《名臣奏議》】熙寧五年，樞密使文彦博論監牧疏：「馬之有牧，其來尚矣。《禹貢》之『萊夷作牧』，《周官》之『牧田任遠郊之地』。宣王中興之主，則有考牧之詩；僖公遵伯禽之法，則有在坰之頌。蓋日中而出，所以遂物性而生息也。漢唐之盛，苑監實繁。祖宗以來，修舉甚至。七八十年，蒐用不絶。熙寧元年，陛下剏置南北監牧使，設官振職，其制益嚴。若有未至，自當增修。而近時議者，多不深究本末，熟詳利害，乃欲賦牧地與農民，斂其租課；散國馬于編户，責其孳息。即不知所賦之地肥瘠皆可畊乎？所斂租課豐凶皆可得乎？復不知户配一馬，縶之維之，皆可蕃息乎？既不蕃息，則後將可繼乎？或謂監牧之馬，率多少弱，既非齊力，難勝具裝。且馬既蕃庶，必有駑良，量材用之，所得不少。張萬歲典牧，最爲甚多，以至馬直一縑，若計所直，豈皆良馬？又謂緣牧所費，殆將不貲，歲月計之，有損無益。臣嘗謂，計河北監户歲入牧地之租，可充吏兵之費，所不足者，亦無幾焉。唯河南諸監，所入尚少，漸增地利，亦可自充。如此則仰給度支者不多，所收馬課亦不少。大

❶「路」字，原在「蘭」上，據校點本《宋史·兵志十二》及其校勘記乙正。

率草馬二萬，歲收六課，爲駒一萬二千，三歲之中，若失其半，猶得六千疋。駑良相參，疋直十五千，是歲獲九萬貫。此就小計之，所得不少矣。今若取一時浮淺之議，則廢之甚易，他時欲復祖宗之制，則興之甚難。坊監廐庫，棚庌井泉，官廨營房，七八十年，經營成就，若廢罷之後，蕩然一空。却欲復之，功費愈大。如向時廢罷茶法，自後議欲復故，而園户彫殘，場務破壞，言者雖衆，竟不能復。必若采廢置之言，即乞委臣寮博求利害而審處之，利百則變，乃無後悔。」

蕙田案：給地牧馬之弊，盡于此疏矣。

蔡京既罷政，新用事者更言其不便。宣和二年，詔罷政和二年以來給地牧馬條令，收見馬以給軍，應牧田及置監處並如舊制。又復東平監。凡諸監興罷不一，而沙苑監獨不廢。六年，又詔立賞格，應牧馬通一路及三千疋，州通縣及一千，縣及三百，其提點刑獄、守令各遷一官，倍者更減磨勘年。于是諸路應募牧馬者爲户八萬七千六百有奇，爲馬二萬三千五百。既推賞如上詔，而兵部長貳亦以兼總八路馬政遷官。然北方有事，而馬政亦急矣。

靖康元年，左丞李綱言：「祖宗以來，擇陝西、河東、河北美水草高凉之地，置監凡三十六所，比年廢罷殆盡。民間雜養以充役，官吏便文以塞責，而馬無復善者。今諸軍闕馬者大半，宜復舊制。權時之宜，括天下馬，量給其直，不旬日間，則數萬之馬，猶可具也。」然時已不能盡行其説矣。

歸氏有光曰：「前史言牧政者，唯宋爲詳。而户馬、保馬、餘地牧馬，爲後世害。

蓋自熙、豐變法，以至崇、宣，小人在位，亟復亟變，迄無善政，而宋隨以亡。渡江以後，頗置監牧，❶而江南多水田。其後三衙遇暑月放牧於蘇、秀，大爲民患。郢、鄂之間，亦置監牧，然皆不可用，而戰馬悉仰川、秦、廣三邊焉。」

凡收市馬，戎人驅馬至邊，總數十百爲一券，一馬預給錢千，官給芻粟，續食至京師，有司售之，分隸諸監，曰券馬。邊州置場，市蕃漢馬團綱，遣殿侍部送赴闕，或就配諸軍，❷曰省馬。陝西廣鋭、勁勇等軍，相與爲社，每市馬，官給直外，社衆復裒金益之，曰馬社。軍興，籍民馬而市之以給軍，曰括買。宋初，市馬唯河東、陝西、川峽三路，招馬唯吐蕃、回紇、党項、藏牙族、白馬、鼻家、保家、名市族諸蕃。至雍熙、端拱間，河東則麟府豐嵐州、❸岢嵐火山軍、唐龍鎮、濁輪砦，陝西則秦、渭、涇、原、儀、延環、慶、階州、鎮戎保安軍、制勝關、浩亹府，河西則靈、綏、銀、夏州，川峽則益、文、黎、雅、戎、茂、夔州、永康軍，❹京東則登州。自趙德明據有河南，其收市唯麟、府、涇、原、儀、渭、秦、階、環州、岢嵐、火山、保安保德軍。其後置場，則又止環、慶、延、渭、原、秦、階、文州、鎮戎軍而已。❺

蕙田案：此宋市馬之法。

【《文獻通考》】提舉茶場李杞言：「賣茶易馬，固爲一事，乞同提舉買馬。」詔如其請。

❶「牧」，原作「收」，據《震川別集》卷四《馬政志》改。
❷「諸」字，原脱，據《宋史・兵志十二》補。
❸「河東」二字，原脱，據《宋史・兵志十二》補。
❹「戎」，原作「成」，據校點本《宋史・兵志十二》及其校勘記改。
❺「秦」，原作「奉」，據《宋史・兵志十二》改。

其後羣牧判官郭茂恂言：「承詔議專以茶市馬，❶以物帛市穀，而併茶馬爲一司。臣聞頃時以茶市馬，兼用金帛者，亦聽其便。近歲事局既分，始專用銀絹錢鈔，❷非蕃部所欲。且茶馬二事，事實相須。」乃詔專以雅州之名山茶爲易馬之用。自是，番馬之至者稍衆。久之，買馬司復罷兼茶事。自李杞建議，始於提舉茶事兼買馬，其後二職，分合不一。

蕙田案：此宋茶馬之法。茶馬最善，明代行之，極有成效，其原出于此也。

高宗渡江以來，無復國馬。紹興二年，始命措置牧監。❸後置于饒州，以守倅領之。擇官田爲牧地，復置提舉，俄廢。四年，又置於臨安之餘杭、南蕩。❹上曰：「輔臣進呈廣馬，幾似代北所生。春秋列國不相通，所用之馬，皆取於其國中而已。申公巫臣使於吴，與其射御，教吴乘車，則是雖吴亦自有馬。❺今必産馬處求之，則是馬政不修也。」十九年夏，詔：「馬五百疋爲一監，牡一而牝四之。監分四羣，歲生産駒三分及斃二分以上，有賞罰。」先是，川路所買馬，歲付鎮江軍中養牧。至是，❻上以未見孳生之數，遂分送江上諸軍。❼後又置監於郢、鄂之間，牡牝千餘，十有餘年，纔生三十駒，而又不可用，乃已。故凡戰馬，悉仰川、秦、廣

❶「議」，原作「義」，據《文獻通考》卷一六〇改。
❷「鈔」，原作「錢」，據《文獻通考》卷一六〇改。
❸「牧」，《文獻通考》卷一六〇作「馬」。
❹「置」下，《文獻通考》卷一六〇有「監」字。
❺「吴」，原作「無」，據《文獻通考》卷一六〇改。
❻「是」字，原脱，據《文獻通考》卷一六〇補。
❼「遂」，原作「歲」，「送」字，原脱，據《文獻通考》卷一六〇改補。

三邊焉。

【《馬政志》】宋初市馬，歲僅得五千餘匹。天聖中，蕃部省馬至三萬四千九百餘疋。嘉祐以前，原、渭、德順，凡三歲市馬至萬七千一百疋，秦州券馬歲至萬五千疋。❶元豐四年，詔專以雅州名山茶爲易馬用。自是，蕃馬至者稍衆。崇寧四年，詔曰：「神宗皇帝厲精庶政，經營熙河路茶馬司以致國馬，法制大備。其後監司，欲侵奪其利，以助糴買，故茶利不專，而馬不敷額。近雖更立條約，令茶馬司總運茶博馬之職，猶慮有司苟於目前近利，不顧悠久深害。三省其謹守已行，毋輒變亂元豐成法。」自是，提舉茶事兼買馬，其職任始一。

凡宋之市馬，分而爲二。其一曰戰馬，生于西陲，良健可備行陣，宕昌、峰貼峽、文州所產是也。其二曰羈縻馬，產西南諸蠻，短小不及格，黎、叙等五州所產是也。紹興三年，即邕州置司提舉，市於羅殿、自杞、大理諸蠻。然自杞諸蕃本自無馬，蓋又市之南詔。南詔，今大理國也。大理地連西戎，故多馬。雖互市於廣南，其實猶西馬也。

歸氏有光曰：「宋自熙寧未變法以前，其苑馬之政，❷亦未稱善。世之害馬者有三，曰選吏，曰繁法，曰易地。吏非馬之所宜，其害馬一也；法非馬之所宜，其害馬二也；地非馬之所宜，其害馬三也。古有豢龍氏，《周官》服不氏掌養猛獸而教擾之，馬非異獸，必有能馴之者，非世官不可也。羌童項髻徒跣，隨水草畜牧，馬與人，意相喻，非有書生文學法度理

❶「至」，原作「置」，據《宋史・兵志十二》改。
❷「其」，原作「然」，據《震川別集》卷四《馬政志》改。

也。法數變，馬與人皆不自適，何以能遂其生？況置之磽陿，無所轂畜，或禾稼稻秔之田，溝塍封限，遊騰莫逞，非所以適其走壙之性也。昔元魏起代北，故馬爲特盛，雖唐馬未必能及也。故曰：馬陸居則食草飲水，喜則交頸相摩，怒則分背相踶，此馬之真性也。」

【《政和五禮新儀》】❶仲春祀馬祖，仲夏享先牧，仲秋祭馬社，仲冬祭馬步。並擇日。馬祖、先牧、馬社、馬步壇，各廣九步，高三尺，四出陛，一壝二十五步。中興後，以紹興三十一年於行在昭慶寺設位行祭。

　蕙田案：馬政莫繁于宋，亦莫壞于宋。夫牧監者，畜牧之正也。宋初以監牧致馬蕃息，乃以承平日久，用馬者少，遂慮其多費而更易之，不數年間，馬遂耗。而軍事用馬又亟，于是一切權宜苟且之法行。户馬、保馬、給地牧馬，累民滋甚，而馬政大弊，雖欲復舊時監牧之利，而不可得矣。南渡後，雖置監牧馬，而風土不宜，馬不盛産，于是專藉之市馬，而馬政不可問矣。

右宋。

【《遼史·食貨志》】初，太祖爲迭烈府夷離堇，懲遥輦氏單弱，於是撫諸部，明賞罰，不妄征討，因民之利而利之，羣牧蕃息，上下給足。及即位，伐河東，下代北郡縣，獲牛羊駝馬十餘萬。❷樞密使耶律斜軫獲馬二十餘萬，❸分牧水草便地，數歲，所增不可勝

❶ 此段引文出自《文獻通考》卷一六〇所引《政和五禮新儀》。
❷ 「餘萬」，原作「萬餘」，據《遼史·食貨志》乙正。
❸ 「獲」上，《遼史·食貨志下》有「討女直」三字。

算。自太祖及興宗垂二百年，羣牧之盛如一日。天祚初年，馬猶有數萬羣，每羣不下千疋。祖宗舊制，常選南征馬數萬疋，牧于雄、霸隙地，間以備燕、雲緩急；復選數萬，給四時遊畋；餘則分地以牧。法至善也。至末年，累與金戰，番漢戰馬十損六七，雖增價數倍，竟無所買，乃冒法買官馬從軍。諸羣牧私賣日多，田獵亦不足用，遂爲金所敗。棄衆播遷，以訖于亡。松漠以北善馬，❶皆爲大石林牙所有。

【《金史·太宗本紀》】天會三年七月，詔南京括官豪牧馬，以等第取之，分給諸軍。

【《兵志》】天德間，置迪河斡朶、斡里保、蒲速斡、燕恩、兀者五羣牧所，皆仍遼舊名，各設官以治之。又于諸色人内，選家富丁多及品官家子、猛安謀克蒲輦軍與司吏家餘丁及奴，使之司牧，謂之羣子，分牧馬駞牛羊，爲之立蕃息衰耗之刑賞。後稍增其數爲九。契丹之亂，遂亡其五。世宗置所七，曰特滿、忒滿、斡覩只、蒲速椀、甌里本、合魯椀、耶盧椀。大定二十年，更定羣牧官、詳穩脱朶、知把、羣牧人滋息損耗賞罰格。二十一年，敕諸所，馬三歲者付女直人牧之。時遣使閲實其數，缺則杖其官，而令牧人償之。二十八年，蕃息之久，馬至四十七萬。明昌五年，散騋馬，令中都、西京、河北東、西路驗民物力分畜之。又令他路民養馬者，死則於前四路所養者給換，若欲用則悉以送官。此金之馬政也。然每有大役，必括於民，及取羣官之餘騎，以給戰士焉。

【《元政典》】元起朔方，俗善騎射，因以弓馬之利取天下。世祖中統四年，設羣牧所。

❶「善」，《遼史·食貨志下》作「舊」。

其牧地，東越躭羅，北踰火里禿麻，西至甘肅，南暨雲南等地，凡一十四處。自上都、大都以至玉你伯牙、折連怯呆兒，周迴萬里，無非牧地。馬之羣，或千百，或三五十，左股烙以官印，號火印之馬。❶牧人曰哈赤、哈剌赤，有千户、百户，父子相承任事。自夏及冬，隨地之宜，行逐水草，十月各至本地。朝廷歲以九月、十月遣守官馳驛閲視，❷較其多寡，有所産駒，即烙印取勘，收除見在數目，造蒙古、回回、漢字文册以聞，其總數蓋不可知也。幸上都，太僕卿以下皆從。先驅馬出建德門外，取其肥可取乳者以行，汰其羸瘦不堪者還于羣。自天子以及諸王百官，各以脱羅氊置撒帳，爲取乳室。車駕還京師，太僕卿先期遣使徵馬五十醖都來京師，醖都者，承乳車之名也。既至，俾哈赤、哈剌赤之在朝爲卿大夫者，親秣飼之。每醖都，牝馬四十。每牝馬一，官給芻一束，菽八升。駒一，給芻一束，菽五升。菽貴，則其給減半，以小稻充。芻粟每旬取給于度支，寺官亦以旬詣閑廐閲肥瘠。凡御位下、正宫位下、隨朝諸色目人，及甘肅、土番等處草地，内及江南、腹裏諸處，應有係官孳生馬牛駝騾羊點數之處，一十四道牧地，各置千户、百户等名目。

右遼金元。

【《明史・兵志》】明制，馬之屬内廐者，曰御馬監，中官掌之，牧于大壩，蓋倣《周禮》十有二閑意。牧于官者，爲太僕寺、行太僕寺、苑馬寺及各軍衛，即唐四十八監意。牧于民者，南則直隸、應天等府，北則直隸及

❶「火印之馬」，《元史・兵志三》作「大印子馬」。

❷「守」，《元史・兵志三》作「寺」。

山東、河南等府，即宋保馬意。其曰備養馬者，始于正統末，選馬給邊，邊馬足，而寄牧于畿甸者也。官牧給邊鎮，民牧給京軍，皆有孳生駒。官牧之地曰草場，或爲軍民佃種，曰熟地，歲徵租佐牧人市馬。牧之人曰恩軍，曰隊軍，曰改編軍，曰充發軍，曰抽發軍。苑馬分三等，上苑萬，中七千，下四千。一夫牧馬十疋，五十夫設圉長一人。凡馬肥瘠登耗，籍其毛齒而時省之。三歲，寺卿偕御史印烙，鬻其羸劣以轉市。邊衛、營堡、府州縣軍民壯騎操馬，則掌于行寺卿。邊用不足，又以茶易於蕃，以貨市于邊。其民牧皆視丁田授馬，始曰户馬，既曰種馬，案歲徵駒。種馬死，孳生不及數，輒賠補。此其大凡也。

初，太祖都金陵，令應天、太平、鎮江、廬州、鳳陽、揚州六府，滁、和二州民牧馬。洪武六年，設太僕寺于滁州，統于兵部。後增滁陽五牧監，領四十八羣。已，爲四十監，旋罷，惟存天、長太興、舒城三監。置草場于湯泉、滁州等地。復令飛熊、廣武、英武三衛，五軍養一馬，馬歲生駒，一歲解京。既而以監牧歸有司，專令民牧。江南十一户、江北五户，養馬一，復其身。太僕官督理，歲正月至六月報定駒，七月至十月報顯駒，十一、二月報重駒。歲終考馬政，以法治府州縣官吏。凡牡曰兒，牝曰騍。兒一、騍四爲羣，羣頭一人。五羣，羣長一人。三十年，設北平、遼東、山西、陜西、甘肅行太僕寺，定牧馬草場。

永樂初，❶設太僕寺于北京，掌順天、山東、

❶「永樂初」，校點本《明史·兵志四》校勘記云：「設太僕寺於北京」，非永樂初事。

河南。舊設者爲南太僕寺，掌應天等六府二州。四年，設苑馬寺于陝西、甘肅，統六監，監統四苑。又設北京、遼東二苑馬寺，所統視陝西、甘肅。十二年，令北畿民計丁養馬，選居閒官教之畜牧。民十五丁以下一疋，十六丁以上二疋，爲事編發者七户一疋，得除罪。尋以寺卿楊砥言，北方人户五丁養一，免其田租之半；薊州以東至南海等衛，戍守軍外，每軍飼種馬一。又定南方養馬例：鳳、廬、揚、滁、和，五丁一；應天、太、鎮，十丁一。淮、徐初養馬，亦以丁爲率。十八年，罷北京苑馬寺，悉牧之民。

洪熙元年，令民牧二歲徵一駒，免草糧之半。自是，馬日蕃，漸散于鄰省。濟南、兖州、東昌民養馬，自宣德四年始也。彰德、衛輝、開封民養馬，自正統十一年始也。已而也先入犯，取馬二萬，寄養近京，充團營騎操，而盡以故時種馬給永平等府。景泰三年，令兒馬十八歲、騍馬二十歲以上，免算駒。

成化二年，以南土不産馬，改徵銀。四年，始建太僕寺常盈庫，貯備用馬價。是時，民漸苦養馬。六年，吏部侍郎葉盛言：「向時歲課一駒，而民不擾者，以芻牧地廣，民得爲生也。自豪右莊田漸多，養馬漸不足。洪熙初，改兩年一駒，成化初，改三年一駒。馬愈削，民愈貧。然馬卒不可少，乃復兩年一駒之制，民愈不堪。請敕邊鎮隨俗所宜，凡可以買馬足邊、軍民交益者，便宜處置。」時馬文升撫陝西，又極論邊軍償馬之累，請令屯田卒田多丁少而不領馬者，歲輸銀一錢，以助賠償。雖皆允行，而民困不能舒也。繼文升撫陝者蕭禎，請省行太僕寺。兵部覆云：「洪、永時，設行太僕及苑馬寺，凡茶馬、蕃人貢馬，悉收寺苑放牧，常數萬疋，足充邊用。正統以後，北敵屢入抄掠，馬遂日耗。言者每請裁革，是惜小費而忘大計。」于是敕諭禎，但令加意督察。而北畿自永樂以來，❶馬日滋，輒責民牧，民年十五者即養馬。太僕少卿彭禮以户丁有限，而課駒無窮，請定種馬額。會文升爲兵部尚書，奏行其請，乃定兩京太僕種馬，兒馬二萬五千，騍馬四之，二年納駒，著爲令。時弘治六年也。

十五年冬，尚書劉大夏薦南京太常卿楊一清爲副都御史，督理陝西馬政。一清奏言：「我朝以陝右宜牧，設監苑，跨二千餘里。後皆廢，惟存長樂、靈武二監。今牧地止數百里，然以供西邊尚無不足，但苦監牧非人，牧養無法耳。兩監六苑，開城、安定水泉便利，宜爲上苑，牧萬馬；廣寧、萬安爲中苑；黑水草場逼窄，清平地狹土瘠，爲下苑。萬安可五千，廣寧四千，清平二千，黑水千五百。六苑歲給軍外，可常牧馬三萬二千五百，足供三邊用。然欲廣孳息，必多蓄種馬，宜增滿萬疋，兩年一駒，五年可足前數。請支太僕馬價銀四萬二千兩，於平、慶、臨、鞏買種馬七千。又養馬恩隊軍不足，請編流亡民及問遣回籍者，且視恩軍例，凡發邊衛充軍者，改令各苑牧馬，增爲三千人。又請相地勢，築城通商，種植榆柳，春夏放牧，秋冬還廄，馬既得安，敵來亦可收保。」孝宗方重邊防，大夏掌兵部，一清所奏輒行。遷總制，仍督馬政。

諸監草場，原額十三萬三千七百餘頃，存者已不及半。一清覈之，得荒地十二萬八千

❶「自」，原作「是」，據《明史·兵志四》改。

餘頃，又開武安苑地二千九百餘頃。正德二年聞于朝，及一清去官，未幾復廢。時御史王濟言：「民苦養馬。有一孳生馬，輒害之。間有定駒，賂醫諱之，有顯駒墜落之。馬虧欠不過納銀二兩，既孳生者已聞官，而復倒斃，不過納銀三兩，孳生不死則飢餓。馬日瘦削，無濟實用。今種馬、地畝、人丁，歲取有定額，請以其額數令民買馬，而種馬孳生，縣官無與。」兵部是其言。自後，每有奏報，輒引濟言縣官無與種馬事，但責駒于民，遺母求子矣。

初，邊臣請馬，太僕寺以見馬給之。自改徵銀，馬日少，而請者相繼，給價十萬，買馬萬疋。邊臣不能市良馬，馬多死。太僕卿儲巏以爲言，請仍給馬。又指陳各邊種馬盜賣私借之弊，語雖切，不能從。而邊鎮給發日益繁。延綏三十六營堡，自弘治十一年始，十年間，發太僕銀二十八萬有奇，買補四萬九千餘疋，寧夏、大同、居庸關等處不與焉。至正德七年，遂開納馬例，凡十二條。九年，復發太僕銀市馬萬五千于山東、遼東、河南及鳳陽、保定諸府。

嘉靖元年，陝西苑馬少卿盧璧條上馬政，請督逋負，明印烙，訓醫藥，均地差，以救目前。而闢場廣蓄，爲經久計。帝嘉納之。自後言馬事者頗衆，大都因事立説，補救一時而已。二十九年，俺答入寇，太僕馬缺，復行正德納馬例。已，稍增損之。至四十一年，遂開例至捐馬授職。隆慶二年，提督四夷館、太常少卿武金言：「種馬之設，專爲孳生備用。備用馬既別買，則種馬可遂省。今備用馬已足三萬，宜令每馬折銀三十兩，解太僕。種馬盡賣，輸兵部，一馬十兩，則直隸、山東、河南十二萬疋，可得銀百二十萬，且收草豆銀二十四萬。」御史謝廷傑謂：「祖制所定，關軍機，不可廢。」兵部是廷傑言。而是時，内帑乏，方分使括天下逋賦。穆宗可金奏，下部議。部請養賣各半，從之。

太僕之有銀也，自成化時始，然止三萬餘兩。及種馬賣，銀日增。是時，通貢互市，所貯亦無幾。及張居正作輔，力主盡賣之議。自神宗九年始，上馬八兩，下至五兩，又折徵草豆地租，銀益多，以供團營買馬及各邊之請。然一騔馬輒發三十金，而州縣以駑馬進，其直止數金，且仍寄養于馬户，害民不減曩時。又國家有興作、賞賚，往往借支太僕銀，太僕帑益耗。十五年，寺卿羅應鶴請禁支借。二十四年，詔太僕給陝西賞功銀。寺臣言：「先年庫積四百餘萬，自東西二役興，僅餘四之一。朝鮮用兵，百萬之積俱空。今所存者，止十餘萬。況本寺寄養馬歲額二萬疋，今歲取折色，則馬之派徵甚少，而東征調兑尤多。卒然有警，馬與銀俱竭，何以應之？」章下部，未能有所釐革也。

崇禎初，核户、兵、工三部，借支太僕馬價至一千三百餘萬。蓋自神宗以來，冏政大壞，而邊牧廢弛，愈不可問。既而遼東督師袁崇焕以缺馬，請于兩京州縣寄養馬内，折三千匹價買之西邊。太僕卿凃國鼎言：「祖宗令民養馬，專供京營騎操，防護都城，非爲邊也。後來改折，無事則易馬輸錢，有警則出銀市馬，仍是爲京師備禦之意。今折銀已多給各鎮，如并此馬盡折，萬一變生，奈何？」帝是其言，却崇焕請。

案明世馬政，法久弊叢。其始盛終衰之故，大率由草場興廢。太祖既設草場于大江南北，復定北邊牧地：自東勝以西至寧夏、河西、察罕腦兒，以東至大同、宣府、開平，又東南至大寧、遼東，抵鴨緑江又北千里，而南至各衛分守地，又自雁門關西抵黄河外，東歷紫荆、居庸、古北抵山海衛，荒閒平埜，非軍民屯種者，聽諸王駙馬以至近邊軍民樵採牧放，在邊藩府不得自占。永樂中，又置草場于畿甸。尋以順聖川至桑乾河百三十餘里，水草美，令以太僕千騎，令懷來衛卒百人分牧，後增至萬二千疋。宣德初，復置九馬坊于保安州。于是兵部奏：「馬大蕃息，以色别而名之，其毛色二十五等，其種三百六十。」其後，莊田日增，草場日削，軍民皆困于孳養。弘治初，兵部主事湯冕，太僕卿王霽，給事中韓祐、周旋，御史張淳，皆請清覈。而旋言：「香河諸縣地占于勢家，霸州等處俱有仁壽宫皇莊，乞罷之，以益牧地。」雖允行，而占佃已久，卒不能清。南京諸衛牧場亦久廢，兵部尚書張鎣請復之。御史胡海言「恐遺地利」，遂止。京師團營官馬萬疋，與旗手等衛上直官馬，皆分置草場。歲春末，馬非聽用者，坐營官領下場放牧，草豆住支，秋末回。給事御史閲視馬斃軍逃者以聞。後上直馬不出牧，而騎操馬仍歲出如例。嘉靖六年，武定侯郭勛以邊警爲辭，奏免之，徵各場租以充公費，餘貯太僕買馬。于是營馬專仰秣司農，歲費至十八萬，户部爲詘，而草場益廢。議者爭以租佃取贏，浸淫至神宗時，弊壞極矣。

茶馬司，洪武中，立於川、陝，聽西番納馬易茶，賜金牌信符，以防詐僞。每三歲，遣廷臣召諸番合符交易，上馬，茶百二十觔；中馬，七十觔；下馬，五十觔。以私茶出者，罪死，雖勛戚無貸。末年，易馬至萬三千五百餘疋。永樂中，禁稍弛，易馬少。乃命嚴邊關茶禁，遣御史巡督。正統末，罷金牌，歲遣行人巡察，邊氓冒禁私販者多。成化間，定差御史一員，領敕專理。弘治間，大學士李東陽言：「金牌制廢，私茶盛，有司又屢以敝茶給番族，番人抱憾，往往以羸馬應。宜嚴敕陝西官司揭榜招諭，復金牌之制，嚴收良茶，頗增馬直，則得馬必蕃。」及楊一清督理苑馬，遂命并理鹽、茶。一清申舊制，禁私販，種官茶。四年間易馬九千餘疋，而茶尚積四十餘萬觔。靈州鹽池增課五萬九千，貯慶陽、固原庫，以買馬給邊。又懼後無專官，制終廢也，於正德初，請令巡茶御史兼理馬政，行太僕、苑馬寺官聽其提調，報可。御史翟唐歲收茶七十八萬餘觔，易馬九千有奇。後法復弛。嘉靖初，户部請揭榜禁私茶，凡引俱南户部印發，府州縣不得擅印。三十年，詔給番族勘合，然初制訖不能復矣。

馬市者，始永樂間。遼東設市三，二在開原，一在廣寧，各去城四十里。成化中，巡撫陳鉞復奏行之。後至神宗初不廢。嘉靖中，開馬市于大同，陝邊、宣鎮相繼行。隆慶五年，俺答上表稱貢。總督王崇古市馬七千餘疋，爲價九萬六千有奇。其價，遼東以米布絹，宣、大、山西以銀。市易外有貢馬者，以鈔幣加賜之。

初，太祖起江左，所急惟馬，屢遣使市于四方。正元壽節，内外藩封、將帥皆以馬爲幣。外國、土司、番部以時入貢，朝廷每厚加賜予，所以招携懷柔者備至。文帝勤遠略，遣使絶域，外國來朝者甚衆，然所急者不在馬。自後狃于承平，駕馭之權失，馬無外增，惟恃孳生歲課，重以官吏侵漁，牧政荒廢，軍民交困矣。蓋明自宣德以後，祖制漸廢，軍旅特甚，而馬政其一云。

【歸氏有光《馬政議》】竊惟古之馬，唯養於官。而其養之于民者，官初無所與。《司馬法》「甸出長轂牛馬」及所謂「萬乘」、「千乘」、「百乘」，此皆寓兵于農，有事則賦調，而官不與知也。惟其養于官者，如《周禮》校人、牧、圉之屬，與《月令》所載，其養之之法備盡，此則官之所自養也。夫周之時既養馬矣，而民之馬，官有不與，是以民各自以其力養己之馬，而無所不盡其心，故有事徵發，而車與馬無不辦也。漢之苑馬，即《校人》之王馬，而民間私牧，官無所與，而皆得以自孳息，故街巷有馬，而橋姚以致馬千疋。逮武帝出師馬少，而始有假母歸息之令，亦兵興一切之制，非久用也。秦、漢以來，唐馬最盛，皆天子所自置監牧，其擾不及于民，而馬之盛如此。我國家苑馬之設，即其遺意。然又于兩京畿、河南、山東編户養馬，乃又兼宋人保甲之法。蓋不獨養于官，而又養于民也。今監牧之馬未見蕃息，民間牧養，又日以耗。且以今畿郡之養馬言之，夫馬既繫于官，而民以爲非民之所有；官既委于民，而官以爲非官之所專：馬烏得而不敝？自其立法之初，已知其弊必至于今日也。且天下有治人，無治法。苟能如其舊而得人以求實效，亦未嘗不可以藉其用也。今保馬既不可變，而於其間又不能守其舊，往往數爲紛更，循其末流而不究其本始，愈變而愈敝，必至于不可復爲而後已。此今日天下之事皆然，而非獨馬政也。嘗考洪武初制，令有司提調孳牧，江南十一户共養馬一疋，江北五户共養馬一疋，以丁多之家爲馬頭，專養一馬，餘令津貼，以備倒失買補。每二歲納駒一匹。又立羣頭、羣長，設官鑄印，與守令分民而治，有牧馬草場，又免其糧草之半，每加優卹，使有司能責實而行之，常使民得養馬之利，則馬亦何憂於不蕃也。今顧不能修其舊，而徒以法之敝而亟變之，則天下安得有善法？夫令民養馬，國家之意，本欲得馬而已，而有所謂本色、折色何爲也？責民以養馬，而又責其輸銀，如此則取其銀可矣，而又何以馬爲？于是民不以養馬爲意而以輸銀爲急矣。牧地本與民養馬也，而徵其子粒，又有加增子粒，如此則遂併之田稅而已，而又何以責之馬户？於是民不以養馬爲意而以輸子粒爲急矣。養馬者，課其駒可也，不用其駒而使之買俵，於是民不以養馬爲意而以買俵爲急矣。夫折色之議，本因江南應天、太平等處非産馬之地，變而通之，雖易銀可也。遂移之河北。今又變賣種馬而征其草料。原今變者之意，專欲責民之輸銀，而非責民之養馬也。官既無事于養馬，而獨規目前之利，民復恣爲姦僞，而爲利己之圖，有駒不報，而工于欺隱，不肯以駒備用，而獨願以銀買俵，至或戕其孕字，絶其游牝，上下交征利以相欺而已。衞文秉心塞淵，致騋牝之三千；魯僖以「思無邪」，致馬之斯徂。夫官民一於爲利以相欺，何望于馬之蕃息乎？今之議者，又方日出新意，以變賣馬之半爲未盡，因欲盡賣種馬，而惟以折色征解，略不思祖宗立法之深意，可爲太息也。夫河北之人驍健，良馬，冀之所産，昔人所以謂此地「王不得無以王，霸不得無以霸」者也。今舉冀之良産盡棄之，一旦國家有事，西邊之馬可得以爲畿内用乎？古語曰「變而不如前，易而多所敗」者，亦不可不復也。今欲講明馬政，必盡復洪武、永樂之舊。江南折色可也，畿輔、河南、山東之折色不可也；草場之舊額可清也，子粒不可征也；官吏之侵漁可黜可懲也，而管馬官羣長獸醫不可省也。行馬復之令，使民得寬其力。民知養馬之利，則雖官馬亦以爲己馬矣。又修金牌之制，通關互市，益得好馬，別賦之民，以爲種馬，而有司加督視之，洪武、永樂之舊猶可復也。蓋修茶馬而渥洼之産至矣，弛草地而坰牧之息繁矣，卹編户恣芻牧而烏倮、橋姚之富臻矣。故曰：車騎，天下之武備也，其所以壯神京、防後患者，豈淺淺哉！抑古之相、衞、邢、洺，皆有馬監，即皆今之畿輔地也。如使盡覈官民所耕佃牧馬草場盡出之，與夫羣不墾者，皆立堠堆，以爲監牧之地，而盡歸于苑馬，宋人户馬、保馬之法雖罷之可也，何必規規然沿其末流而日事紛更乎！

蕙田案：歸氏此議，利弊灼然，惜未能見之行事也。

【王圻《續通考》】太祖都金陵。馬祖、先牧、太僕廟，洪武二年建，祭馬祖、先牧、馬步、馬社之神。初命築壇於後湖，祀馬祖諸神。禮官奏言：「《周官》牧人掌天馬之屬，❶春祭馬祖，夏祭牧人，❷冬祭馬步。馬祖，天駟

❶「牧人」，疑「校人」之誤。「天」，疑「六」之誤。

❷「牧人」，疑「先牧」之誤。又，此句下疑脱「秋祭馬社」四字。

星也。《孝經説》云：『房爲龍馬。』先牧，始養馬者，其人未聞。馬社，始乘馬者。《世本》曰：『相土作乘馬。』馬步，謂神之災害於馬者。隋用周制，祭以四仲之月。唐、宋因之。擬春秋二仲月甲、戊、庚日爲宜。」於是遣官行禮。爲壇四，壇用羊一、豕一、幣一，其色白，籩豆各四，簠、簋、登、象尊、壺尊各一，用時樂，獻官齋戒，公服，行三獻禮。祝文曰：「維神始于天地之初，而司馬於世，牧養蕃息，馭而乘之，閑廄得所。歷代興邦，戡定禍亂，咸賴戎馬，民人是安。朕自起義以來，多資於馬，摧堅破敵，大有功焉。稽古案儀，載崇明享，爰伸報本，以昭神功。謹以制幣牲齊，式陳明薦。尚享！」自後定以春秋仲月十五日，遣兵部官祭，歲以爲常。

【《明史·禮志》】洪武四年，蜀明昇獻良馬十，其一白者，長丈餘，不可加韉勒。太祖曰：「天生英物，必有神司之。」命太常以少牢祀馬祖，囊沙四百斤壓之，令人騎而遊苑中，久之漸馴。帝乘之以夕月於清涼山。比還，大悦，賜名飛越峰。復命太常祀馬祖。五年，并諸神爲一壇，歲止春祭。永樂十三年，立北京馬神祠於蓮花池。其南京馬神，則南太僕主之。

【《孝宗實録》】弘治九年三月，詔修通州馬神祠。祠在治之北，地名壩上安德鄉也。初，文皇帝靖難兵起，戰其地，覺有神相之，因詔作馬神祠。久之，祠廢。至是，順天府尹彭禮等修之。

【《明會典》】嘉靖三十八年，以先牧廟建自永樂，歲久頹敝，修之。

歸氏有光曰：「天文，辰爲馬精。龍與馬同氣。古之聖人，非通天地萬物之理，其孰能與於此。是以制祭祀，而國家受福，百物皆昌也。余觀秦、趙《史記》，自益爲朕虞，佐舜調馴鳥獸，其後費昌、仲衍，世爲御，有功，列爲諸侯。而造父幸於周穆王，得驥、温驪、驊騮、騄耳之駟，獻之穆王。穆王使造父御，西巡，見西王母，樂之忘歸。而徐偃王反，造父御穆王，日馳千里以歸。造父由此封於趙城。其後奄父，爲宣王御，而非子以善養馬，孝王封之犬丘。豈以栢翳爲虞而子孫世世善御能息馬哉！上古聖賢，皆神靈通於萬物，不可以後世測度也。穆王、造父之事奇矣。夫社祀以勾龍，稷祀以棄，若造父、非子，豈今所謂先牧耶？太僕，秦官，主奉車，又掌馬事。意秦制蓋有所本，抑《周禮》軼而不備。不然，何前世御者皆能善馬，太僕職兼奉車與馬，其出於古，非秦官明矣。」

右明。

五禮通考卷第二百四十五

淮陰吴玉搢校字

五禮通考卷第二百四十六

内廷供奉禮部右侍郎金匱秦蕙田編輯
太子太保總督直隸右都御史桐城方觀承同訂
右春坊右贊善嘉定錢大昕
按察使司按察使仁和沈廷芳 參校

凶禮一

荒禮

蕙田案：陰陽之沴，國家代有。雖堯、湯之世，不能無水旱之患。所恃者，有荒政以濟之爾。《大宗伯》凶禮之目，以荒禮次乎喪禮。蓋王者視天下猶一家，四海之内，有匹夫不被其澤者，如疾痛疴癢之切身，必求所以安全之，所謂「吉凶與民同患」者，此也。然救之已荒，不如備之未荒，故備荒之政爲先。及災傷已成，則有檢勘及遣使存恤之令焉。《大司徒》「以荒政十二聚萬民」，條目精詳，鉅細畢備，後代言救荒者，大率不能外是。今據以爲綱，而以史事類附之。他如勸分、移民、通財之法，皆見于經傳而可行於後世者，故附于十二荒政之後。卹民之要，略具于此矣。

【《周禮·春官·大宗伯》】以荒禮哀凶札。

【注】荒，人、物有害也。《曲禮》曰：「歲凶，年穀不登，君膳不祭肺，馬不食穀，馳道不除，祭事不縣，大夫不食粱，士飲酒不樂。」札，讀爲截，謂疫癘。

【《天官・大宰》】以九式均節財用，三曰喪荒之式。【注】荒，凶年也。

王氏昭禹曰：「荒之禮，有散利施惠以救貧者。」

【《小宰》】以官府之六聯合邦治，三曰喪荒之聯事。【疏】荒，謂年穀不熟。

王氏昭禹曰：「《大司徒》『大荒，則令邦國移民通財』，而《小行人》『若國凶荒，令賙委之』，若此類，皆荒之聯事。」

【《春秋》襄公二十四年《穀梁傳》】五穀不升爲大饑。一穀不升謂之嗛，【注】嗛，不足貌。二穀不升謂之饑，三穀不升謂之饉，四穀不升謂之康，【注】康，虚。五穀不升謂之大侵。【注】侵，傷。大侵之禮，君食不兼味，臺榭不塗，弛侯，廷道不除，百官布而不制，鬼神禱而不祀。此大侵之禮也。

【《逸周書・糴匡解》】成年，年穀足賓祭，祭以盛。大馴鍾絶，服美義淫。皂畜約制，餘子務藝。宮室城郭脩爲備，供有嘉萊，❶于是日滿。年儉穀不足，賓祭以中盛。樂唯鍾鼓，不服美。三牧五庫補攝，凡美不修，餘子務穡，于是糺秩。年饑則勤而不賓，舉祭以薄。樂無鍾鼓。凡美禁，書不早羣，車不雕攻，兵備不制，民利不淫。征當商旅，以救窮乏，聞隨卿，❷下鬻塾。分助有匡，以綏無者。于是救困。大荒，有禱無祭。國不稱樂，企不滿壑，刑罰不脩，舍用振穹，君親巡方，卿參告糴，餘子倅運，開口同食，❸民不藏糧，曰有匡。禆民畜，唯牛羊。于民大疾惑，殺一人無赦。男守疆，戎禁不出，五庫不

❶「萊」，朱右曾《周書集訓校釋》作「菜」。
❷「聞」，朱右曾《周書集訓校釋》作「問」。
❸「口」，朱右曾《周書集訓校釋》作「廩」。

膳，喪禮無度，察以薄資。❶ 禮無樂，宮不幃，嫁娶不以時，賓旅設位有賜。

【《大匡解》】維周王宅程三年，遭天之大荒，作《大匡》以詔牧其方，三州之侯咸率。 王乃召冢卿、三老、三吏、大夫、百執事之人，朝于大庭，問罷病之故，政事之失，刑罰之戾，哀樂之尤，賓客之盛，用度之費，及關市之征，山林之匱，田宅之荒，溝渠之害，怠墮之過，驕頑之虐，水旱之菑，曰：「不穀不德，政事不時，國家罷病，不能胥匡。 二三子不尚助不穀，❷官考厥職，鄉問其人，因其耆老，及其總害，慎問其故，無隱乃情。」及某日以告于廟，有不用命，有常不赦。 王既發命，入食不舉，百官質方，□不食饔。❸ 及期日質明，王麻衣以朝，朝中無采衣。 官考其職，鄉問其利，因謀其菑，旁匡于衆，無敢有違。詰退驕頑，方收不服，慎惟怠墮，什伍相保，動勸游居，事節時茂，農夫任户，户盡夫出。 農廪分鄉，鄉命受糧，程課物徵，躬競比藏。 藏不粥糴，糴不加均。 賦灑其弊，鄉正保貸，成年不償，信誠匡助，以輔殖財。 財殖足食，克賦爲征，數口以食，食均有賦。 外食不贍，開關通糧，糧窮不轉，孤寡不廢。 滯不轉留，戍城不留，□足以守，出旅分均，馳車送逝，旦夕運糧。 于是告四方遊旅，旁生忻通，津濟道宿，所至如歸。 幣租輕，乃作母以行其子，易資貴賤，以均遊旅，使無滯。 無粥熟，無室市，權内外以立均，無蚤暮，閭次

❶「察」，朱右曾《周書集訓校釋》作「祭」。

❷「不」字，原脱，據朱右曾《周書集訓校釋》補。

❸「□」，朱右曾《周書集訓校釋》云：「闕處疑是『咸』字。」

均行，均行衆從，積而勿□，❶以罰助均，無使之窮，平均無乏，利民不淫。無播蔬，無食種，以數度多少省用，祈而不賓，祭服漱不制，車不雕飾，人不食肉，畜不食穀。國不鄉射，樂不牆合，牆屋有補無作，資農不敗務。非公卿不賓，賓不過具。哭不留日，登降一等。庶人不獨葬，伍有植。送往迎來亦如之。有不用命，有常不違。

【顧氏炎武《日知録》】《大宗伯》「以凶禮哀邦國之憂」，其別有五：曰死亡、凶札、禍烖、圍敗、寇亂。是古之所謂凶禮者，不但于死亡，而五服之外，有非喪之喪者，緣是而起也。《記》曰：「年不順成，天子素服，乘素車，食無樂。」又曰：「年不順成則衣布，搢本。」《周書》曰：「大荒，王麻衣以朝，朝中無綵衣。」此凶札之服也。《司服》：「大札、大荒、大烖，素服。」注曰：「大烖，水火爲害。君臣素服縞冠，若晉伯宗哭梁山之崩。」《春秋》：「新宫災，三日哭。」此禍烖之服也。《記》曰：「國亡大縣邑，公卿大夫士厭冠，哭于太廟。」又曰：「軍有憂，則素服哭于庫門之外。」《大司馬》：「若師不功，則厭而奉主車。」《春秋傳》：「秦穆公敗于殽，素服郊次，鄉師而哭。」此圍敗之服也。若夫《曲禮》言「大夫士去國，素衣、素裳、素冠、徹緣、鞮屨、素簚、乘髦馬」，《孟子》言「三月無君則弔」，而季孫之會荀躒，「練冠麻衣」，此君臣之不幸而哀之者矣。秦穆姬之逆晉侯，免服衰絰；衛侯之念子鮮，稅服終身：此兄弟之不幸而哀之者

❶「□」，孫詒讓《周書校補》云：「闕文，疑當是『防』字。」

矣。楚滅江而秦伯降服出次，越圍吳而趙孟降于喪食，此與國之不幸而哀之者矣。先王制服之方，固非一端而已。《記》有之曰：「無服之喪，以蓄萬邦。」

右荒禮通論。

【《禮記·王制》】冢宰制國用，必於歲之杪。五穀皆入，然後制國用。【注】制國用，如今度支經用。杪，末也。 用地小大，視年之豐耗。❶【注】小國大國，豐凶之年，各以歲之收入，制其用多少。多不過禮，少有所殺。 以三十年之通制國用，量入以爲出。【注】通三十年之率，當有九年之蓄。出，謂所當給爲。 國無九年之蓄曰不足，無六年之蓄曰急，無三年之蓄曰國非其國也。 三年耕必有一年之食，九年耕必有三年之食，以三十年之通，雖有凶旱水溢，民無菜色，然後天子食，日舉以樂。【注】菜色，食菜之色。民無食菜之飢色，天子乃日舉，以樂侑食。

馬氏晞孟曰：「國之所以爲國者，以有民也。民之所以爲民者，以有財也。苟無財，則散而之四方矣。故曰『無三年之蓄，非其國也』。三年耕必有一年之食，推而至于二十七年，必有九年之食。以三十年言之者，舉成數也。說者以爲三十年爲一世，三年耕必有一年之食，至三十年之通，此人力也；雖有凶旱水溢，此天變也。人力備則可以應天變。蓋王者與民同患，故雖有水旱而民無菜色于下，然後天子食日舉羞備禮，而以樂侑之也。」

應氏鏞曰：「此非謂水旱亦不廢樂也，謂既有三十年通制之規模，雖凶災而民不病，則常時可以日舉樂矣。蓋雖一飯之頃而不忘乎民也。若夫偶值凶年，雖有備，亦豈敢用樂乎？」

丘氏濬曰：「國之所以爲國者，以有民也。民之所以爲民者，以有食也。耕雖出于民，而食則聚于國。方無事之時，豐稔之歲，民自食其食，固無賴于國也。不幸而有水旱之災，凶荒之歲，民之日食不繼，所以繼之者國

❶「耗」，阮元《禮記注疏校勘記》以爲當作「秏」，秏者，乏無之謂。

也；國又無蓄焉，民將何賴哉！ 民之飢餓，至于死且散，則國空虛矣，其何以爲國哉？ 是以國無六年九年之蓄，雖非完國，然猶足以爲國也。 至于無三年之蓄，則國非其國矣。 國非其國，非謂無土地也，無食以聚民云爾。 是以三年耕必餘一年食，九年耕必餘三年食，以至三十年之久，其餘至于十年之多，則國無不足之患，民有有餘之食，一遇凶荒，民有所恃而不散，有所食而不死，而國本安固矣。 雖然，爲治者非不欲蓄積以備凶歉也，然而一歲之所出，僅足以給一歲之所費奈何？ 曰：數口之家，十金之産，苟有智慮者，尚能營爲以度日，積聚以備患，況有天下之大，四海之富者哉！」

蕙田案：荒禮救於已荒之日，不若備於未荒之時。 備荒之法，重農桑，崇節儉，修水利，廣開墾，皆其事矣。 而積貯者，生民之大命。 古人設常平義倉，以爲水旱災歉之備。 後之言備荒者，莫不由此，故以爲荒禮之首焉。

觀承案：堯、湯水旱，聖世難免。 此司徒佐王安擾萬民，而荒政十有二，反居保息六、本俗六之先也。 然非以三十年之通制國用，雖欲有九年之蓄，安可得哉！ 若至凶荒而始行十二政，亦何以爲資也！ 故「冢宰制國用，量入以爲出」，尤爲安擾萬民之本，而地官所以亦統於天官也歟？

【《漢書·食貨志》】李悝爲魏文侯作盡地力之教。 又曰糴甚貴傷民，甚賤傷農；民傷則離散，農傷則國貧。 故甚貴與甚賤，其傷一也。 善爲國者，使民無傷而農益勸。 今一夫挾五口，治田百畝，歲收畝一石半，爲粟百五十石，除十一之税十五石，餘百三十五石。 食，人月一石半，五人終歲爲粟九十石，餘有四十五石。 石三十，爲錢千三百五十，除社閭嘗新，春秋之祠，用錢三百，餘千五十。衣，人率用錢三百，五人終歲用千五百，不足四百五十。不幸疾病死喪之費，及上賦斂，又未與此。此農夫所以常困，有不勸耕之心，而令糴至于甚貴者也。是故善平糴者，必謹觀歲有上中下熟。上熟其收自四，餘四百石；中熟自三，餘三百石；下熟自倍，餘百石。小飢則收百石，中飢七十石，大飢三十石。故大熟則上糴三而舍一，中熟則糴二，下熟則糴一，使民適足，價平則止。小飢則發小熟之所斂，中飢則發中熟之所斂，大飢則發大熟之所斂，而糶之。故雖遇饑饉水旱，糴不貴而人不散，取有餘而補不足也。行之魏國，國以富强。

蕙田案：常平之名始于漢，其法則自李悝始之。備荒之政，莫善于此。馬貴與所謂「農人服田力穡之贏餘，上之人爲制其輕重，時其斂散，使不以甚貴甚賤爲患，乃仁者之用心」是也。

【《宣帝本紀》】五鳳四年春正月，大司農中丞耿壽昌奏設常平倉，以給北邊，省轉漕，賜爵關内侯。

【《食貨志》】宣帝即位，大司農中丞耿壽昌以善爲算能商功利得幸于上，五鳳中奏言：「故事，歲漕關東穀四百萬斛以給京師，用卒六萬人。宜糴三輔、弘農、河東、上黨、太原郡穀足供京師，可以省關東漕卒過半。」天子從其計。壽昌遂白令邊郡皆築倉，以穀賤時增其賈而糴，以利農，穀貴時減賈而糶，名曰常平倉。民便之。

【《元帝本紀》】初元五年四月，罷常平倉。

【《後漢書·劉般傳》】顯宗欲置常平倉，公卿議者多以爲便。般對以常平倉外有利民之名，而内實侵刻百姓，豪右因緣爲姦，小民不能得其平，置之不便。帝乃止。

【《通典》】後漢明帝永平五年，作常平倉。

蕙田案：范史載明帝以劉般之言罷置常平倉，而杜氏《通典》載作倉于永平五年，蓋後來卒置之也。《册府元龜》以劉般之對繫于永平十一年。案永平五年，已置倉矣，何得閲五六歲後乃云議置之，疑不然也。

【《晉書·食貨志》】泰始四年，立常平倉，豐則糴，儉則糶，以利百姓。

【《通典》】永明中，天下米穀布帛賤，上欲立常平倉，市積爲儲。六年，詔出上庫錢五千萬，于京師市米，買絲、綿、紋絹、布。揚州出錢千九百一十萬，南徐州二百萬，❶各于郡所市糴。南荆河州二百萬，市絲、綿、紋絹、布、米、大麥。江州五百萬，市米、胡麻。荆州五百萬，郢州三百萬，皆市絹、綿、布、米、大小豆、大麥、胡麻。湘州二百萬，市米、布、蠟。司州二百五十萬，西荆河州二百五十萬，南兖州二百五十萬，雍州五百萬，市絹、綿、布、米。使臺傳並于所在市易。

【《魏書·食貨志》】太和十二年，詔羣臣求安民之術。有司上言：「請析州郡常調九分之二，京都度支歲用之餘，各立官司，豐年糴貯于倉，時儉則加私之一，糶之于民。如此，民必力田以買官絹，積財以取官粟。年登則常積，歲凶則直給。又别立農官，取州郡户十分之一，以爲屯民。相水陸之宜，斷頃畝之數，以贓贖雜物市牛科給，令其肆

❶「徐」，原作「齊」，據《通典》卷一二改。

力。一夫之田，歲責六十斛，甄其正課，并征戍雜役。行此二事，數年之中，則穀積而民足矣。」帝覽而善之，尋施行焉。自此公私豐贍，雖時有水旱，不爲災也。

蕙田案：此祕書監李彪所上議也。

【《孝文帝本紀》】太和二十年十二月，置常平倉。

【《通典》】隋文帝開皇三年，陝州置常平倉，京師置常平監。唐武德五年，廢常平監。永徽六年，京東西市置常平倉。

【《册府元龜》】開元二年九月，詔曰：「天下諸州，今年稍熟，穀價全賤，或慮傷農。常平之法，行自往古，苟絶欺隱，利益實多。宜令諸州，加時價三兩錢和糴，不得抑斂，仍交相付領，勿許懸欠。蠶麥時熟，穀米必貴，即令減價出糶。豆穀等堪貯者，❶熟亦宜准此。以時出入，務在利人。江嶺、淮浙、劍南，地皆下濕，不堪貯積，不在此例。其常平所須錢物，宜令所司支料奏聞，並委長官專知，改任日遞相付受。且以天灾流行，國家代有，若無糧儲之備，必致饑饉之憂。縣令親人，風俗所繫，隨當處豐約，勸課百姓，未辦三載之糧，且貯一年之食。每家別爲倉窖，非蠶忙農要之時，勿許破用。仍委刺史及按察使，簡較覺察，不得容其矯妄。」

蕙田案：耕三餘一，載于《禮經》。小民所以乏食者，多緣豐年不知愛惜，任意出糶，無終歲之儲，一遇饑饉，束手坐困。民愚無識，良可憫惜。玄宗詔縣令勸課百姓，家別爲倉窖，貯一年之食，非蠶忙農要之時，

❶「穀」字，原脱，據《舊唐書·食貨志下》補。

勿許破用，其所以爲民食計者，至深遠矣。此開元初政之所以善也。

【《文獻通考》】開元七年敕：關内、隴右、河南、河北五道及荆、揚、襄、夔、綿、益、彭、蜀、資、漢、劍、茂等州，並置常平倉。其本，上州三千貫，中州二千貫，下州一千貫。每糴具本利，與正倉帳同申。

【《舊唐書·食貨志》】開元十六年十月，敕：自今歲普熟，穀價至賤，必恐傷農。加錢收糴，以實倉廩。縱逢水旱，不慮阻飢。公私之間，或亦爲便。宜令所在以常平本錢及當處物，各于時價上量加三錢，百姓有糶易者爲收糴。事須兩和，不得限數，配糴訖，具所用錢物及所糴物數申所司，仍令上佐一人專勾當。

【《册府元龜》】天寶四載五月，詔曰：「如聞今歲收麥，倍勝常歲。稍至豐賤，即慮傷農。處置之間，事資通濟。宜令河南、河北諸郡長官，取當處常平錢，于時價外斟別加三五錢，量事收糴，大麥貯掌。其義倉，亦宜准此。仍委採訪使勾當，便勘覆具數，一時録奏。諸道有糧儲少處，各隨土宜，如堪貯積，亦准此處分。」

【《舊唐書·食貨志》】廣德二年正月，第五琦奏：「每州常平倉及庫使司，商量置本錢，隨當處米物時價，賤則加價收糴，貴則減價糶賣。」

建中元年七月，敕：「夫常平者，常使穀價如一，大豐不爲之減，大儉不爲之加，雖遇災荒，人無菜色。自今已後，忽米價貴時，宜量出官米十萬石，❶每日量付兩市行人下

❶「石」下，《舊唐書·食貨志下》有「麥十萬石」四字。

價糴貨。❶」

三年九月，户部侍郎趙贊上言曰：「伏以舊制，置倉儲粟，名曰常平。軍興已來，此事闕廢，或因凶荒流散，餓死相食者，不可勝紀。古者平準之法，使萬室之邑，必有萬鍾之藏，千室之邑，必有千鍾之藏。春以奉耕，夏以奉耘，雖有大賈富家，不得豪奪吾人者，蓋謂能行輕重之法也。自陛下登極以來，許京城兩市置常平，官糴鹽米，雖經頻年少雨，米不騰貴，此乃即日明驗，實要推而廣之。當軍興之時，❷與承平或異，事須兼儲布帛，以備時須。臣今商量，請于兩都并江陵、成都、❸揚、汴、蘇、洪等州府，各置常平，輕重本錢，上至百萬貫，下至數十萬貫，隨其所宜，量定多少。惟置斛斗疋段絲麻等，候物貴則下價出賣，物賤則加價收糴，權其輕重，以利疲人。」從之。贊于是條奏諸道津要都會之所，❹皆置吏，閱商人財貨。計錢每貫税二十，天下所出竹、木、茶、漆，皆十一税之，以充常平本。時國用稍廣，常賦不足，所税亦隨時而盡，終不能爲常平本。

蕙田案：趙贊議征商税，以充常平之本。其後，常平不能復，而商税之額不可復除，併且日增于前矣。

觀承案：自古弊法多附於良法而始能行，後則失其良而徒存其弊，不獨趙贊議征商税一事。此孔子所以惡始作俑者也。

❶「日」，原作「石」，據《舊唐書·食貨志下》改。
❷「軍興」，原作「興軍」，據《舊唐書·食貨志下》乙正。
❸「成」，原作「東」，校點本《舊唐書·食貨志下》校改作「成」，今據改。
❹「津」字，原脱，據《舊唐書·食貨志下》補。

元和元年正月，制：「歲時有豐歉，穀價有重輕。將備水旱之虞，在權聚斂之術。應天下州府，每年所税地子數内，❶宜十分取二分，均充常平倉及義倉。仍各逐穏便收貯，以時出糶，務在救人，賑貸所宜。速奏。」

【《册府元龜》】後唐天成二年六月，中書舍人張文寶請復常平倉。　四年九月，左補闕張昭遠奏：「今秋物價絶賤，百姓隨地畝細配錢物，名目多般，皆賤糴供輸，極傷農業。既未能減放，貯請加估，折納斛斗，稍便于民。又國朝已來，備凶年之法，州府置常平倉，饑歲以賑貧民。請于天下最豐熟處，折納斛斗，以倉貯之，依常平法出納。則國家常有粟，而民不匱也。」疏奏，不報。

【《宋史·食貨志》】淳化三年，京畿大穰，分遣使臣，于四城門置場，增價以糴，虚近倉貯之，命曰常平，歲饑即下其直予民。

【《玉海》】大中祥符二年二月，分遣使臣，出常平倉粟麥，于京城開八場，減價糶之，以平物價。　六年，并兩赤縣倉入在京常平倉。

【《文獻通考》】天禧四年，詔荆湖、川峽、廣南並置常平倉。

【《宋史·食貨志》】景德三年，言事者請于京東西、河北、河東、陝西、江南、淮南、兩浙皆立常平倉，計户口多寡，量留上供錢自二三千貫至一二萬貫，令轉運使每州擇清幹官主之，領于司農寺，三司無輒移用。歲夏秋視市價量增以糴糶，減價亦如之。所減不得過本錢。而沿邊州郡不置。詔三司集議，請如所奏。于是增置司農官吏，創廨舍，藏籍帳，度支別置常平案。大率萬户歲糴萬石，户雖多，止五萬石。三年以上不

❶「子」，原作「丁」，據《舊唐書·食貨志下》改。

糴，即回充糧廩，易以新粟。災傷州郡糴粟，❶斗毋過百錢。後又詔當職官于元約數外增糴及一倍已上者，並與理爲勞績。景祐中，淮南轉運副使吴遵路言：「本路丁口百五十萬，而常平錢粟纔四十餘萬，歲饑不足以救恤。願自經畫增爲二百萬，他毋得移用。」許之。後又詔：「天下常平錢粟，三司、轉運司皆毋得移用。」不數年間，常平積有餘而兵食不足，乃命司農寺出常平錢百萬緡助三司給軍費。久之，移用數多，而蓄藏無幾矣。

自景祐初畿内饑，詔出常平粟貸中下户，户一斛。慶曆中，發京西常平粟振貧民，而聚斂者或增舊價糴粟，❷欲以市恩。皇祐三年，詔誡之。淮南、兩浙體量安撫陳升之等言：「災傷州軍乞糴常平倉粟，❸令于元價上量添十文、十五文，殊非恤民之意。」乃詔止于元糴價出糶。五年，詔曰：「比者湖北歲儉，發常平以濟饑者，如聞司農寺復督取，豈朝廷振恤意哉？其悉除之。」

蕙田案：仁宗以常平官粟移爲濟貸之用，所以拯疲氓也。其後言利之徒，恐官本之不敷振濟，而常平之額有虧，于是青苗取息之議出矣。

【《仁宗本紀》】嘉祐七年十月，詔内藏庫、三司共出緡錢一百萬，助糴天下常平倉。

【《食貨志》】熙寧二年，制置三司條例司言：「諸路常平、廣惠倉錢穀，略計貫石，可及千五百萬以上，斂散未得其宜，故爲利未博。今欲以見在斛斗，遇貴量減市價糶，遇賤量增市價糴，可通融轉運司苗税及錢斛

❶「糴」，校點本《宋史·食貨上》校改作「糶」。
❷「糴」，校點本《宋史·食貨上》校改作「糶」。
❸「糴」，校點本《宋史·食貨上》校改作「糶」。

就便轉易者，亦許兑换。仍以見錢，依陝西青苗錢例，願預借者給之。隨税輸納斛斗，半爲夏料，半爲秋料，内有請本色或納時價貴願納錢者，皆從其便。如遇災傷，許展至次料豐熟日納。非惟足以待凶荒之患，民既受貸，則兼并之家不得乘新陳不接以邀倍息。又常平、廣惠之物，收藏積滯，必待年儉物貴，然後出糶，所及者，不過城市游手之人。今通一路有無，貴發賤斂，以廣蓄積，平物價，使農人有以赴時趨事，而兼并不得乘其急。凡此皆以爲民，而公家無所利其入，是亦先王散惠興利，以爲耕斂補助之意也。欲量諸路錢穀多寡，分遣官提舉，每州選通判幕職官一員，典幹轉移出納，仍先自河北、京東、淮南三路施行，俟有緒，推之諸路。其廣惠倉除量留給老疾貧窮人外，餘並用常平倉轉移法。」詔可。

既而條例司又言：「常平、廣惠倉條約，先行于河北、京東、淮南三路，訪問民間，多願支貸，乞遍下諸路轉運司施行，當議置提舉官。」時天下常平錢穀見在一千四百萬貫石。詔諸路各置提舉官二員，以朝官爲之，管勾一員，京官爲之，或共置二員，開封府界一員，凡四十一人。

馬氏端臨曰：「青苗錢所以爲人害者三：曰徵錢也，取息也，抑配也。今觀條例司所請，曰隨租納斗斛，如以價貴願納錢者聽，則未嘗專欲徵錢也；曰凡以爲民，公家無利其入，則未嘗取息也；曰願給者聽，則未嘗抑配也。蓋建請之初，姑爲此美言，以惑上聽而厭衆論，而施行之際，實則不然也。」

蕙田案：常平所以平穀價，使無甚賤甚貴之患，俾農末不至兩病而已，未嘗計其贏餘以爲利也。青苗錢之名，則起於唐時，與《周禮·旅師》「春頒秋斂」之法略相似。其異者，以錢而不以穀耳。介甫行之於熙、豐之世，又傅會《泉府》「國服爲息」之説，以爲可以抑兼并而足國用，殊不知民受錢于官，有守候之苦，其還錢于官，有徵比之煩，必不如假貸于豪家之便，則兼并仍未可抑也。民知取債之利，不知還債之害，催呼既迫，人户必致逃亡，逃亡既多，官物必多失陷，則國用仍未能裕也。假散惠之名，而成厲民之舉，徒使常平之良法美意一舉而蕩然，是誰之咎歟？

【《神宗本紀》】熙寧三年正月，詔諸路散青苗錢，禁抑配。五月，詔：並邊州郡，毋給青苗錢。

【《食貨志》】三年，判大名府韓琦言：「臣準散青苗詔書，務在惠小民，不使兼并乘急以要倍息，而公家無所利其入。今所立條約，乃自鄉户一等而下皆立借錢貫陌，三等以上更許增借，坊郭户有物業勝質當者，亦依鄉户例支借。且鄉村上等户并坊郭有物業者，乃從來兼并之家，今令多借之錢，一千令納一千三百，則是官自放錢取息，與初詔絶相違戾。又條約雖禁抑勒，然須得上户爲甲頭以任之，民愚不慮久遠，請時甚易，納時甚難。故自制下以來，上下惶惑，皆謂若不抑散，則上户必不願請；近下等第與無業客户雖或願請，必難催納。將來必有行刑督索，及勒干係書手、典押、耆户長同保均賠之患。去歲河朔豐稔，米斗不過七八十錢，若乘時多斂，俟貴而糶，不惟合古制，無失陷，兼民被實惠，亦足收其羡贏。今諸倉方糴而提舉司已亟止之，意在移此糴本盡爲青苗錢，則三分之息可爲己功，豈暇更恤斯民久遠之患？若謂陝西嘗行其法，官有所得而民以爲便，此乃轉運司因軍儲有闕，適自冬及春，雨雪及時，麥苗滋盛，定見成熟，行于一時可也。今乃建官置司，以爲每歲常行之法，而取利三分，豈陝西權宜之比哉？兼初詔且于京東、淮南、河北三路試行，竢有緒，方推之他路。今三路未集，而遽盡于諸路置使，非陛下憂民、祖宗惠下之意。乞盡罷提舉官，第委提點刑獄官依常平舊法施行。」

詔以琦奏付制置條例司，條例司疏列琦奏而辨析其不然。琦復上疏曰：「制置司多删去臣元奏要語，惟舉大概，用偏辭曲難，及引《周禮》『國服爲息』之説，文其謬妄，上以欺罔聖聽，下以愚弄天下。臣竊以爲周公立太平之法，必無剥民取利之理。但漢儒解釋，或有異同。《周禮》『園廛二十而税一，惟漆林之征二十而五』，鄭康成乃約此法，謂：『從官貸錢，若受園廛之地，貸萬錢者出息五百。』賈公彦廣其説，謂：『如此則近郊十一者，萬錢期出息一千；遠郊二十而三者，萬錢期出息一千五百；甸、稍、縣、都之民，萬錢期出息二千。』如此，則須漆林之户取貸，方出息二千五百。當時未必如此。今放青苗錢，凡春貸十千，半年之内便令納利二千。秋再放十千，至歲終又令納利二千。則是貸萬錢者，不問遠近，歲令出息四千。《周禮》至遠之地，止出息二千。今青苗取息過《周禮》一倍，制置司言比《周禮》取息已不爲多，是欺罔聖聽，且謂天下之人不能辨也。且古今異宜，《周禮》所載有不可施于今者，其事非一。若謂《泉府》一職今可施行，則制置司何獨舉《注疏》貸錢取息一事以詆天下之公言哉？康成又注云：『王莽時，貸以治産業者，但計所贏受息，無過歲什一。』公彦疏云：『莽時雖計本多少爲定，及其催科，惟所贏多少。假令萬錢歲贏萬錢催一千，贏五千催五百，餘皆據利催什一。』若贏錢更少，則納息更薄，比今青苗，取利尤爲寬少。而王莽之外，上自兩漢，下及有唐，更不聞有貸錢取利之法。今制置司遇堯、舜之主，不以二帝、三王之道上禆聖政，而貸錢取利更過莽時，此天下不得不指以爲非，而老臣不可以不辨也。況今天下田税已重，固非《周禮》什一之法，更有農具、牛皮、鹽麴、鞵錢之類，凡十餘目，謂之雜錢。每夏秋起納，官中更以紬絹斛斗低估，令民以此雜錢折納。又歲散官鹽與民，謂之蠶鹽，折納絹帛。更有預買、和買紬絹，如此之類，不可悉舉，皆《周禮》田税什一之外加斂之物，取利已厚，傷農已深，奈何又引《周禮》『國服爲息』之説，謂放青苗錢取利乃周公太平已試之法？此則誣汙聖典，蔽惑睿明，老臣得不太息而慟哭也！制置司又謂常平舊法亦糶與坊郭之人。坊郭有物力户未嘗零糴常平倉斛斗，此蓋欲多借錢與坊郭有業之人，以望收利之多，妄稱《周禮》以爲無都邑、鄙野之限，以文其曲説，惟陛下詳之。」

初，羣臣進讀邇英畢，帝問：「朝廷每更

一事，舉朝洶洶何也？」司馬光曰：「青苗出息，平民爲之，尚能以蚕食下户至飢寒流離，❶況縣官法度之威乎？」吕惠卿曰：「青苗法，願則取之，不願不强也。」光曰：「愚民知取債之利，不知還債之害，非獨縣官不强，富民亦不强也。」帝曰：「陝西行之久，民不以爲病。」光曰：「臣，陝西人也，見其病不見其利。朝廷初不許，有司尚能以病民，況法許之乎？」當是時，争青苗錢者甚衆。翰林學士范鎮言：「陛下初詔云『公家無所利其人』，今提舉司以户等給錢，皆令出三分之息，物議紛紜，皆云自古未有天子開課場者。民雖至愚，不可不畏。」後以言不行致仕。知山陰縣陳舜俞不肯奉行，移狀自劾曰：「方今小民匱乏，願貸之人，往往有之。譬如孺子見飴蜜，孰不染指争食？然父母疾止之，恐其積甘足以生病。故耆老戒其鄉黨，父兄誨其子弟，未嘗不以貸貰爲不善治生。今乃官自出舉，誘以便利，督以威刑，非王道之舉也。況正月放夏料，五月放秋料，而所斂亦在當月，百姓得錢便出息輸納，實無所利。是使民一取青苗錢，終身以及世世一歲嘗兩輸息錢，乃别爲一賦以弊生民也。」坐謫南康軍鹽酒税。

【《蘇轍傳》】王安石以執政與陳升之領三司條例，命轍爲之屬。吕惠卿附安石，轍與論多相牾。安石出《青苗書》使轍熟議，曰：「有不便，以告勿疑。」轍曰：「以錢貸民，使出息二分，本以救民，非爲利也。然出納之際，吏緣爲姦，雖有法不能

❶「蚕」，原作「吞」，據庫本改。

禁。錢入民手，雖良民不免妄用；及其納錢，雖富民不免踰限。如此，則恐鞭箠必用，州縣之事，不勝煩矣。唐劉晏掌國計，未嘗有所假貸。有尤之者，晏曰：『使民僥倖得錢，非國之福；使吏倚法督責，非民之便。吾雖未嘗假貸，而四方豐凶貴賤，知之未嘗逾時。有賤必糴，有貴必糶，以此四方無甚貴、甚賤之病，安用貸爲？』晏之所言，則常平法耳。今此法見在而患不修，公誠能有意于民，舉而行之，則晏之功可立俟也。」安石曰：「君言誠有理，當徐思之。」自此逾月不言青苗。會河北轉運判官王廣廉奏乞度僧牒數千爲本錢，于陝西漕司私行青苗法，春散秋斂，與安石意合，于是青苗法遂行。

【《司馬光傳》】帝拜光樞密副使，光辭曰：「陛下誠能罷制置條例司，追還提舉官，不行青苗、助役等法，雖不用臣，臣受賜多矣。今言青苗之害者，不過謂使者騷動州縣，爲今日之患耳。而臣之所憂，乃在十年之外，非今日也。夫民之貧富，由勤惰不同，惰者常乏，故必資于人。今出錢貸民而斂其息，富者不願取，使者以多散爲功，一切抑配。恐其逋負，必令貧富相保，貧者無可償，則散而之四方；富者不能去，必責使代償數家之負。春算秋計，展轉日滋，貧者既盡，富者亦貧。十年之外，百姓無復存者矣。又盡散常平錢穀，專行青苗，它日若思復之，將何所取？富室既盡，常平已廢，加之以師旅，因之以飢饉，民之羸者必委死溝壑，壯者必聚而爲盜賊，此事之必至者也。」

蕙田案：當時言青苗法者甚衆，舉其尤切于利弊者載之。

【《文獻通考》】熙寧七年七月，帝以諸路旱災，常平司未能賑濟，諭輔臣曰：「天下常平倉，若以一半散錢取息，一半減價糶貴，使二者如權衡之相依，不得偏重，民必受賜。」自是，詔諸路州縣，據已支見在錢穀通數，常留一半外，方得給散。

蕙田案：是時官吏以給散取息爲功，錢穀之留于官者，不過什之一二，尚未足減糶之用，況議振濟乎！故有一半散息、一半減糶之詔以調停之。

九年，詔司農寺自今兩經倚閣常平錢人户，更不得支借錢斛。帝謂「天下常平錢穀，十常七八散在民間，又連歲災傷，倚閣迨半，止務多給計息爲功，不計督索艱難，豈惟虧失官物，兼百姓被鞭撻必衆」故也。

十年，提舉兩浙路常平言：「災傷累年，丁口減耗。凡九年以前逃絶户已請青苗錢斛，見户有合攤填者乞需豐熟日理納外，更有全甲户絶，輸償不足，或同甲内死絶，止存一二貧户難以攤納者。更乞立法。」從之。

元豐元年，詔：「常平倉錢穀，當輸錢而願入穀若金帛者，官立中價示民，物不盡其錢者足以錢，錢不盡其物者還其餘直。又聽民以金帛易穀，而有司少加金帛之直。凡錢穀當給若糶，❶皆用九年詔書通取，留一半之餘。」

元祐元年二月，詔：「提舉官累年積蓄錢穀財物，盡椿作常平倉錢物，委提點刑獄交割主管，依舊常平倉法。」左正言朱光庭言：「天下青苗錢除支俵外，見其錢數尚多，乞

❶「凡」，原作「況」，據《文獻通考》卷二一改。

並用收糴可存留斛斗。凡遇豐年則添價以糴，遇歲饑則減價以糶，大饑則貸之，候豐歲輸還，更不出息。」門下侍郎司馬光劄子言：「常平之法，公私兩利。此乃三代之良法也。向者有因州縣闕常平糴本錢，雖遇豐歲，無錢收糴。又有官吏怠慢，厭糴糶之煩，雖遇豐歲，不肯收糴。又有官吏，不能察知在市斛斗實價，只信憑行人與蓄積之家，通同作弊。當收成之時，農人要錢急糶之時，故意小估價例，令官中收糴不得，盡入蓄積之家。直至過時，蓄積之家，倉廩盈滿，方始頓添價例，❶中糴入官。是以農夫糶穀，止得賤價；官中糴穀，常用貴價，厚利皆歸蓄積之家。又有官吏，雖欲趁時收糴，而縣申州，州申提點刑獄，提點刑獄司申司農寺，取候指揮，比至回報，動涉累月，已至失時，穀價倍貴。是故州縣常平倉斛斗有經隔多年，在市價例終不及元糴之價，出糶不行，堆積腐爛者。此乃法因人壞，非法之不善也。」

四月，詔再立常平錢穀給斂出息之法，限二月或正月以散及一半爲額，民間絲麥豐熟，隨夏税先納所輸之半，願併納者止出息一分。左司諫王岩叟、中丞劉摯、右司諫蘇轍等交章言其非。右僕射司馬光劄子乞約束州縣抑配青苗錢，從之。録黄過中書省，❷舍人蘇軾奏曰：「臣伏見免役之法已盡革去，而青苗一事，乃獨因舊少加損益。熙寧之法，本不許抑配，而其害至此。今雖復禁其抑配，其害猶在也。昔者，州縣並行倉

❶「例」字，原脱，據校點本《文獻通考》卷二一正文及其校記補。

❷「書省」，原作「中書」，據校點本《文獻通考》卷二一、《續資治通鑑長編》卷三八四改。

法，而受納之際，十費二三。今既罷倉法，不免乞取，則十費五六，必然之勢也。又官吏無狀，於給散之際，必令酒務設鼓樂倡優，或關撲賣酒牌，❶農民至有徒手而歸者。但每散青苗，即酒課暴增，此臣所親見而爲流涕者也。二十年間，因欠青苗，至賣田宅，僱妻女，溺水自縊者，不可勝數。朝廷忍復行之歟？臣謂四月二十六日指揮以散及一半爲額，與熙寧之法初無小異，而今月二十日指揮，猶許人户情願，未免於設法罔民。便一時非理之私，而不慮後日催納之患，三者皆非良法，相去無幾也。今者已行常平糶糴之法，惠民之外，官亦稍利，如此足矣，何用二分之息，以賈無窮之怨！臣雖至愚，深爲朝廷惜之。欲乞特降指揮，青苗錢斛，後更不給散，所有已請過者，候豐熟日，分作五年十料，隨二稅送納。或乞聖慈念其累歲出息已多，自第四等以下人户並與放免，庶使農民自此息肩，亦免後世有所譏議。」光大悟，力疾入對，青苗錢遂罷，不復散。

【《宋史·食貨志》】紹聖二年，户部尚書蔡京首言：「承詔措置財利，乞檢會熙、豐青苗條約，參酌增損，立爲定制。」淮南轉運副使莊公岳謂：「自元祐罷提舉官後，錢穀爲他司侵借，所存無幾。欲乞追還給散，隨夏秋税償納，勿立定額，自無抑民失財之患。」奉議郎鄭僅，朝奉郎郭時亮，承議郎許幾、董遵等皆言：「青苗最爲便民，願戒抑配，止收一分之息。」詔並送詳定重脩敕令所。三年，舊欠常平錢穀人户，仍許請給。

【《文獻通考》】政和八年，御筆：「常平斂散

❶「關」，原作「開」，據《文獻通考》卷二一一改。

法，利天下甚博。而比年以來，諸路欠闕，至未及散而遽取之，甚失神考制法之意。令常平司恪遵條令，斂散必時，違者以大不恭論。」

宣和五年，詔：「州縣每歲支俵常平錢穀，多是形勢户請求，及胥吏詐冒支請。令天下州縣每歲散錢穀既畢，即揭示請人數目，逾月斂之，庶知爲僞冒者，得以陳訴。」

【《玉海》】常平之政，有提舉官，自熙寧始。建炎元年六月，併歸提刑司。常平之財，所存一二，猶以億萬計。二年八月癸丑朔，復諸路常平官。十月壬戌，詔翰學葉夢得等討論常平法，條具取旨。青苗斂散，永不施行。

紹興八年冬，李光言：「常平法本於耿壽昌，豈可以安石而廢？」九年，復提舉官，使掌其政。

【《文獻通考》】紹興九年，上諭宰執曰：「常平法不許他用，惟時賑饑，取於民者還以予民也。」

【王圻《續通考》】淳熙四年，尚書省言：「信州常平義倉米，元申帳狀管九萬三千餘石，今次提舉司申有六萬八千餘石，及至盤糧，止得一萬二千九百餘石，皆是虛數。提舉官李唐到任已及二年，並不檢察，是致闕米，有誤賑濟。知州趙師嚴、通判李桐，係乾道三年到任之人，所由帳狀，隱蔽虛妄。」詔李唐特降兩官放罷，趙師嚴、李桐各降兩官，不得與堂除。

【《文獻通考》】慶元四年，臣僚言：「州縣受納苗米，於法，義倉米合於當日支撥，而因循於州用，不復撥還；人户納苗，稍及分數，例多折納價錢，其帶義倉錢並不許撥。此因納苗而失陷義倉也。至如紹興府人户就行在省倉送納湖田米，其合納義倉多不催理，此因湖田納米而失陷也。如淮、浙鹽亭户，納鹽以折二税，其合納義倉，多是不曾拘催。此因納鹽而失陷也。常平失於兑换，因致陳損，此倉庾陳腐之弊也。常平米止許遞留一年，以新納秋苗换易支遣。常平專法，主管官替移，無拖欠失陷，方與批書離任。今公然兑借，陽爲自劾，更不補還。此州縣兑移之弊也。常平和糴，合專置倉厫，今州縣多因受納，以收到出剩撥歸常平倉，羸落價錢。此收糴官吏之弊也。諸没官産業并户絶，僧、道田賣到錢數及亡僧衣鉢錢，❶法當拘入常平，州縣侵漁，鮮曾撥正。此出賣官産之弊也。若乃吏胥之禄，合於免役錢内支給，而所催役錢，在州則主管官應副人情，在縣佐以爲公用。已催之數既不以供支遣，又於坊場錢内撥支，未嘗入以爲出。如公吏差出，其本身初不請常平錢，乃詭名借請，或元非差出，而妄作緣故。至於吏胥，自有定額，今守倅視常平錢米爲他司錢物，吏額日增，請給日廣，常平司委而不問。若夫借請，在法二分剋納，今或一例借欠，動至數百千，例不除剋，此其弊不一也。倘不爲之隄防懲革，則儲蓄日寡，荒政無備。乞明詔諸路提舉常平官講求措置，亟去前弊，責令逐州每季以本州及屬縣收支常平義倉等錢米逐項細數，申常平司，不得泛言都數。然後參照條法，逐一審訂。稍有失收、失支，勒令填納，或有情弊，必寘于法。」

【《金史·食貨志》】常平倉。世宗大定十四年，嘗定制，詔中外行之，其法尋廢。章宗明昌元年八月，御史請復設，敕省臣詳議以

❶「没」，原作「設」，據庫本及《文獻通考》卷二一改。

聞。省臣言：「大定舊制，豐年則增市價十之二以糴，儉歲則減市價十之一以出，平歲則已。夫所以豐則增價以收者，恐物賤傷農。儉則減價以出者，恐物貴傷民。增之損之，以平粟價，故謂常平，非謂使天下之民專仰給于此也。今天下生齒至衆，如欲計口使餘一年之儲，則不惟數多難辦，又慮出不以時而致腐敗也。况復有司抑配之弊，殊非經久之計。如計諸郡縣驗户口例以月支三斗爲率，每口但儲三月，已及千萬數，亦足以平物價救荒凶矣。若令諸處，自官兵三年食外，可充三月之食者免糴，其不及者俟豐年糴之，庶可久行也。然立法之始，貴在必行，其令提刑司、各路計司兼領之，郡縣吏沮格者糾，能推行者加擢用。若中都路年穀不熟之所，則依常平法，減其價三之一以糶。」詔從之。

三年八月，敕：「常平倉豐糴儉糶，有司奉行，勤惰褒罰之制，其徧諭諸路。其奉行滅裂者，提刑司糾察以聞。」又謂宰臣曰：「隨處常平倉，往往有名無實。况遠縣人户，豈肯跋涉，直就州府糴糶。可各縣置倉，命州府縣官兼提控管勾。」遂定制，縣距州六十里内就州倉，六十里外則特置。舊擬備户口三月之糧，恐數多致損，改令户二萬以上備三萬石，一萬以上備二萬石，一萬以下、五千以上備萬五千石，五千户以下備五千石。河南、陝西屯軍貯糧之縣，不在是數。州縣有倉仍舊，否則刱置。郡縣吏受代，所糴粟無壞，一月内交割給由。如無同管勾，亦准上交割。違限，委州府并提刑司差官催督監交。本處歲豐，而收糴不及一分者，本等内降，提刑司體察，直申尚書省，至日斟酌黜陟。九月，敕置常平倉之地，令州府官提舉之，縣官兼董其事，以所糴多寡約量升降，爲永制。

五年九月，尚書省奏：「明昌三年，始設常平倉，定其永制。天下常平倉總五百一十九處，見積粟三千七百八十六萬三千餘石，可備官兵五年之食；米八百一十餘萬石，可備四年之用；而見在錢總三千三百四十三萬貫有奇，僅支二年以上。見錢既少，且比年稍豐而米價猶貴，若復預糴，恐價騰踴，于民未便。」遂詔權罷中外常平倉和糴，俟官錢羨餘日舉行。

【《元史·食貨志》】元立常平于路府。常平倉，世祖至元六年始立。其法，豐年米賤，官爲增價糴之；歉年米貴，官爲減價糶之。於是八年以和糴糧及諸河倉所撥糧貯焉。二十三年定鐵法，又以鐵課糴糧貯焉。❶

【《武宗本紀》】至大二年九月，詔府州縣設立常平倉，以權物價。豐年收糴粟麥米穀，值青黄不接之時，比附時估，減價出糶，以遏沸湧。十月，御史臺臣言：「常平倉，本以益民。然歲不登，遽立之，必反害民。罷之便。」

【《文宗本紀》】天曆二年十月，命所在官司設置常平倉。

【《順帝本紀》】至正三年，詔立常平倉。

【《明會典》】嘉靖六年，令撫、按二司督責有司，設法多積米穀，以備救荒。仍倣古人平糴常平之法，春間放賑貧民，秋成抵斗還官，不取其息。如見在米穀數少，將貯庫官錢并問過贖罪折紙銀兩，趁秋成時委賢能官一員糴買，比時估量添二三文，府以一萬石、州以四五千石、縣以二三千石爲率，明

❶「貯」，《元史·食貨四》作「充」。

立簿籍，查考歲荒，減價糶與窮民。仍禁姦豪，不許隱情，捏名多買罔利，事發重治。

【《明史·食貨志》】嘉靖初，帝令有司設法多積米穀，仍倣古常平法，春振貧民，秋成還官，不取其息。府積萬石，州四五千石，縣二三千石爲率。既又定十里以下萬五千石，累而上之，八百里以下至十九萬石。其後，積粟盡平糶，以濟貧民，儲積漸減。隆慶時，劇郡無過六千石，小邑止千石。久之，數益減，科罰亦益輕。神宗時，上州郡至三千石止，而小邑或僅百石。有司沿爲具文，屢下詔申飭，率以虚數欺罔而已。

【《廣治平略》】隆慶初，陝西巡按御史王君賞奏請寬積穀之例，言「近時有司積穀之數雖已半減，然州縣大者數萬石，小者數千石，即日入民于罪，不可得盈，宜再減其額」。時知州尹際可等積粟不如數，例當降調。吏部言：「有司積穀備荒，雖亦急務，然較之正賦，輕重自是不同。況皆出贓罰抵贖及他設處所入之數，視地方貧富、獄訟繁簡爲差，不可以預定也。若必欲所在取盈，是徒開有司作威生事之端，反失濟民初意。」制可。

蕙田案：此論州縣積穀之弊。

【《荒政考略》】萬曆五年，山西巡撫靳學顔請置常平倉，部覆請以防秋客兵銀并鹽課六萬發各府縣糴穀，又脩復社倉。

【王圻《續通考》】神宗二十九年十二月，户部覆福建巡撫金學曾題鄉官陳長祚、林嗚盛倡義建常平倉于官，勸義倉于民，又有義廩，以倡縉紳之尚義者，及知州車大任等官，俱行紀録，長祚等量加服色，以鼓尚義。上是之。

【《廣治平略》】萬曆以後，郡國之府庫盡入内帑，常平之名遂廢。天啟間，蔡懋德議通常平遺法，以廣儲蓄，請發帑庫餘金爲本，每歲于産米價賤時委廉幹丞簿收積，至來歲照時價糶之，必有微息，逐歲漸增，以備荒歉。或嫌官與民爲市，❶必當減價以糶，不知減價之名，徒致鬭争，孰若稍收微息，多儲新米，米多則價自減，糶平則人不争，爲更便乎！蓋貴設法使米有餘，不在減省錙銖見德也。而當事以帑金告乏，雖善其策，而事不果行。

蕙田案：以上常平倉。

【《通典》】北齊河清中，令諸州郡皆别制富人倉。初立之日，准所領中下户口數，得支一年之糧，❷逐當州穀價賤時，斟量割當年義租充入。齊制，歲每人出墾租二石，義租五斗。墾租送臺，義租納郡，以備水旱。穀貴，下價糶之，賤則還用所糴之物，依價糴貯。

蕙田案：義倉之名，始于長孫平及戴胄。然北齊制，于墾租之外别出義租，以備水旱，又在隋、唐以前矣。義租者，取之于民，非公家之正賦，納諸郡倉，不如儲之當社，其斂散尤便也。

【《隋書·文帝本紀》】開皇五年五月甲申，詔置義倉。

【《食貨志》】開皇五年五月，工部尚書、襄陽縣公長孫平奏曰：「古者三年耕而餘一年之積，九年作而有三年之儲，雖水旱爲災，而人無菜色，皆由勸導有方，蓄積先備故也。去年亢陽，關内不熟，陛下哀愍黎元，甚于赤子，運山東之粟，置常平

❶「嫌」，原作「歉」，據《荒政叢書》卷八引改。
❷「支」字，原脱，據《通典》卷一二補。

之官，開發倉廩，普加賑賜，少食之人，莫不豐足。鴻恩大德，前古未比。其强宗富室，家道有餘者，皆競出私財，遞相賙贍。此乃風行草偃，從化而然。但經國之理，須存定式。」于是奏令諸州百姓及軍人，勸課當社，共立義倉。收穫之日，隨其所得，勸課出粟及麥，于當社造倉窖貯之。即委社司，執帳檢校，每年收積，勿使損敗。若時或不熟，當社有饑饉者，即以此穀賑給。自是諸州儲峙委積。

【《長孫平傳》】平拜度支尚書，見天下州縣多罹水旱，百姓不給，奏令民間每秋家出粟麥一石已下，貧富差等，儲之閭巷，以備凶年，名曰義倉。

【《食貨志》】是時義倉貯在人間，多有費損。十五年二月，詔曰：「本置義倉，止防水旱。百姓之徒，不思久計，輕爾費損，于後乏絶。又北境諸州，異于餘處，雲、夏、長、靈、鹽、蘭、豐、鄯、凉、甘、瓜等州，所有義倉雜種，並納本州。若人有旱儉少糧，先給雜種及遠年粟。」

十六年正月，又詔秦、疊、成、康、武、文、芳、宕、旭、洮、岷、渭、紀、河、廓、豳、隴、涇、寧、原、敷、丹、延、綏、銀、扶等州社倉，並于當縣安置。二月，又詔社倉准上中下三等稅，上户不過一石，中户不過七斗，下户不過四斗。

【《舊唐書·食貨志》】武德元年九月四日，置社倉。

蕙田案：社倉設于武德元年，則唐初沿隋制不廢矣。未久而有戴胄之議，蓋名存而實亡，有司奉行不力故也。

貞觀二年四月，尚書左丞戴胄上言曰：「水旱凶災，前聖之所不免。國無九年儲畜，

《禮經》之所明誡。今喪亂之後，户口凋殘，每歲納租，未實倉廪。隨時出給，纔供當年。若有凶災，將何賑恤？故隋開皇立制，天下之人，節級輸粟，名爲社倉，終于文皇，得無饑饉。及大業中年，國用不足，並貸社倉之物，以充官費，故至末塗，無以支給。今請自王公已下，爰及衆庶，計所墾田稼穡頃畝，至秋熟，準其見在苗以理勸課，盡令出粟。稻麥之鄉，亦同此税。各納所在，爲立義倉。若年穀不登，百姓饑饉，當所州縣，隨便取給。」太宗曰：「既爲百姓預作儲貯，官爲舉掌，以備凶年，非朕所須，横生賦斂。利人之事，深是可喜。宜下所司，議立條制。」户部尚書韓仲良奏：「王公已下墾田，畝納二升，其粟麥粳稻之屬，各依土地。貯之州縣，以備凶年。」可之。自是天下州縣，始置義倉，每有饑饉，則開倉賑給。

【《唐書·食貨志》】尚書左丞戴胄建議：「自王公以下，計墾田，秋熟，所在爲義倉，歲凶以給民。」太宗善之，乃詔：「畝税二升，粟、麥、秔、稻，隨土地所宜。寬鄉斂以所種，狹鄉據青苗簿而督之。田耗十四者免其半，耗十七者皆免之。商賈無田者，以其户爲九等，出粟自五石至于五斗爲差。下下户及夷獠不取焉。歲不登則以賑民，或貸爲種子，則至秋而償。」

永徽二年六月，敕：「義倉據地收税，實是勞煩。宜令率户出粟，上上户五石，餘各有差。」

【《册府元龜》】開元四年五月，敕曰：「天下百姓，皆有正條正租，州縣義倉，本備饑年賑給，若緣官事便用，還以正倉却填。近年已來，每三年一度，以百姓義倉造米遠送交納，仍勒百姓私出脚錢。即并正租，一年兩度打脚，雇男鬻女，折舍賣田，力極計窮，遂即逃竄，勢不獲已，情實可矜。自今已後，若不熟之少者，任所司臨時具奏，聽進止。其脚並以官物充。」

蕙田案：隋義倉設于當社，最爲近民。其後移之州縣，而官吏得以侵移他用。百姓交納之苦，又不待言矣。貞觀初制，不脩長孫之議，而沿隋末故事，雖于賑濟有益，而累民必多。此敕所載，固其流弊，亦緣立法未盡善也。

二十年二月，制曰：「義倉元置，與衆共之，將以克濟斯人，豈徒蓄我王府。自今已後，天下諸州，每置農桑，令諸縣審責貧户應糧及種子，據其口糧貸義倉，至秋熟後照數征納，庶耕者咸業，嗇人知勸。」

【《資治通鑑》】貞元十年，陸贄上言請以税茶錢置義倉，以備水旱，其略曰：「古稱九年六年之蓄者，率土臣庶，通爲之計爾，固非獨豐公庾，不及編氓也。近者有司奏請税茶，歲約得錢五十萬貫，元敕令貯户部，用救百姓凶飢，今以蓄糧，適符前旨。」

【《舊唐書・食貨志》】長慶四年三月，制曰：「義倉之制，其來日久。近歲所在，盜用没入，致使小有水旱，生人坐委溝壑。永言其弊，職此之由。宜令諸州録事參軍專主勾當，苟爲長吏迫制，即許驛表上聞。考滿之日，户部差官交割。如無欠負，與減一選；如欠少者，量加一選；欠數過多，户部奏聞，節級科處。」

【《册府元龜》】太和九年二月，中書門下奏：「常平義倉，本虞水旱，以時賑恤。州府不詳文理，或申省取裁，或奏候進止。自今以後，應遭水旱之處，先據貧下户及鰥寡惸獨不濟者，便開倉，准元年敕，作等第賑貸訖，具數申報有司。如水旱尤甚，米麥翔貴，亦准元年敕，或減價出糶，熟時糴填，委諸道觀察使，各下諸州，共令知悉。」

開成元年八月，户部奏：「應諸州府所置常平義倉，伏請起今後，通公私田畝，別納粟一升，逐年添貯義倉。斂之至輕，事必通濟，歲月稍久，自致充盈，縱逢水旱之災，永絶流亡之慮。」敕從之。

蕙田案：此于義倉常數之外，別徵每畝一升之粟，名爲備災，實則重斂，宜其不久而停也。

四年七月，滄景節度使劉約奏請義倉粟賑遭水百姓。詔曰：「本置義倉，只防水旱，先給後奏，敕有明文。劉約所奏，已爲遲晚，宜速賑恤。」

宣宗以會昌六年即位，五月赦節文：「常平義倉，斛斗已出百姓，太和中又于常數外每畝計率一升，稱防災沴，其所徵常平義倉正數，都無商量。如聞此色，在諸州縣皆兩徵，已困之人，何堪重斂？自今已後，宜停徵太和中每畝率配之數。仍令所在長吏，分明曉示，以絶奸欺。」

蕙田案：此所停者，即開成元年户部所奏之議，乃以爲太和中事，未知孰是。

【《舊唐書·食貨志》】大中六年四月，户部奏：「諸州府常平義倉斛斗，本防水旱，賑貸百姓。其有災沴，州府地遠，申奏往復，已至流亡。自今已後，諸道遭災旱，請委所在長吏，差清强官審勘，如實有水旱處，便任先從貧下不支濟户給貸。」從之。

【《册府元龜》】後唐長興元年五月，右司郎中盧道奏請置常平義倉，以備凶歲。

後漢乾祐二年，太子詹事曹允昇上言：「國以民爲本，民以食爲天。時或水旱爲災，蟲蝗害稼，既無九年之蓄，寧救萬姓之饑？天災流行，古今代有。而前代縱逢災歉，免至流亡，蓋以分災恤民，素有儲備。臣請依古法置常平倉。請于天下京都州府，租賦五斛斗上，每斗別納一升，別倉貯積。若凶災之處，出貸貧民。豐年即納本數。庶幾生聚，永洽綏懷。」

蕙田案：允昇所稱常平倉，即唐之義倉也。

【《宋史·食貨志》】太祖承五季之亂，海內多事，義倉寖廢。乾德初，詔諸州于各縣置義倉，歲輸二税，石別收一斗，民饑欲貸充種食者，縣具籍申州，州長吏即計口貸訖，然後奏聞。

【《文獻通考》】乾德元年，詔曰：「多事之後，義倉寖廢。歲或小歉，失于豫備。宜令諸州，于所屬縣，各置義倉。自今官所收二税，❶石別税一斗貯之，以備凶歉給與民。」

蕙田案：《本紀》置義倉在乾德三年，與此不同。

三年，詔：「民有欲借義倉粟充種食者，令州縣即計口給訖以聞，勿俟報。義倉不足，當發公廩者，奏待報。」四年，詔曰：「諸州義倉，用振乏絶，頗聞重疊輸送，未免勞煩，其罷之。」

【《宋史·食貨志》】明道二年，詔議復義倉，不果。景祐中，集賢校理王琪請復置：「令五等已上户，隨夏秋二税，二斗別輸一升，水旱減税則免輸。州縣擇便地置倉貯之，

❶「今」，原作「令」，據《文獻通考》卷二一改。

領于轉運使。計以一中郡正稅歲入十萬石，則義倉可得五千石，推而廣之，則利博矣。且兼并之家，占田常廣，則義倉所入常多；中下之家，占田常狹，則義倉所入常少。及水旱振濟，則兼并之家未必待此而濟，中下之民實先受其賜矣。」事下有司會議，議者異同而止。慶曆初，琪復上其議，仁宗納之，命天下立義倉，詔上三等户輸粟，已而復罷。

其後，賈黯又言：「願放隋制，立民社義倉。」詔下其説諸路以度可否。以爲可行纔四路，餘或謂賦稅之外兩重供輸，或謂恐招盜賊，或謂已有常平足以振給，或謂置倉煩擾。于是黯復上奏曰：「臣嘗判尚書刑部，見天下歲斷死刑多至四千餘人，其間盜賊率十六七。蓋愚民迫于飢寒，因之水旱，枉陷重辟。故臣請復民社義倉，以備凶歲。今諸路所陳，類皆妄議。若謂賦稅之外兩重供輸，則義倉之意，乃教民儲積以備水旱，官爲立法，非以自利，行之既久，民必樂輸。若謂恐招盜賊，盜賊利在輕貨，不在粟麥，今鄉村富室有貯粟數萬石者，不聞有劫掠之虞。且盜賊之起，本由貧困。臣建此議，欲使民有貯積，雖遇水旱，不憂乏食，則人人自愛而重犯法，此正消除盜賊之原也。若謂有常平足以振給，則常平之設，蓋以準平穀價，使無甚貴甚賤之傷。或遇凶饑，發以振捄，既以失其本意，而費又出公帑，今國用頗乏，所蓄不厚。近歲非無常平，小有水旱，輒流離餓莩，起爲盜賊，則是常平果不足仰以振給也。若謂置倉廩，斂材木，恐有煩擾，則今州縣修治郵傳驛舍，皆斂于民，豈于義倉，獨畏煩擾？人情可與樂成，不可與謀始，願自朝廷斷而行之。」然當時牽于衆論，終不果行。

【《通略》】熙寧二年正月，初，知齊州王廣淵、唐州趙尚寬、同州高賦奏置義倉，乃詔三司講求脩復社倉，且圖經久之法，使民樂輸而無擾。至是，廣淵以其法來上。會知陳留縣蘇涓亦言：「臣領畿邑，謹爲天下倡，勸百姓置義倉，以備水旱。户口第一等出粟二石，二等一石，三等五斗，四等二斗，五等一斗。麥亦如之。村有社，社有倉，倉置守者，耆爲輸納，縣爲籍記，歲豐則量數以輸，歲凶則出。停藏既久，又爲借貸之法，使新陳相登，多寡不一。又爲通融之法，使彼此相補。」上曰：「陳留輔邑，聽行之，餘訪利害。」

【《玉海》】熙寧二年七月，神宗欲復義倉。會王安石主青苗，因言「人有餘粟，乃使之輸官，非良法也」，乃止。熙寧末，王古爲司農簿，奏復行之，仍聽就縣倉輸。自是，義倉入縣倉矣。

【《宋史・食貨志》】熙寧十年，詔開封府界先自豐稔畿縣立義倉法。明年，提點府界諸縣鎮公事蔡承禧言：「義倉之法，以二石而輸一斗，至爲輕矣。乞今年夏税之始，悉令舉行。」詔可。仍以義倉隸提舉司。京東西、淮南、河東、陝西路義倉，以今年秋料爲始，民輸税不及斗免輸，頒其法于川峽四路。❶

元豐八年，罷諸路義倉。

紹聖元年，詔除廣南東、西路外，並復置義倉，自來歲始，放税二分以上免輸，所貯專

❶「四」，原作「西」，據《宋史・食貨上四》改。

充振濟，輒移用者論如法。先是，❶諸路災傷，截撥上供年額米斛數多，致闕中都歲計，令京東、江南、兩浙、荆湖路義倉穀各留三分，餘並起發赴京，補還截撥之數。宣和六年，詔罷之。

蕙田案：義倉之貯，既云專充振濟，乃復起發以補歲供缺額之數，何與夫災傷截撥之米恩出自上者也！義倉本非公家之物，而亦取以入公家，是特吝此振恤之舉，巧取以罔民矣。蓋自熙、豐以來，所謂義倉者，名爲備荒，實則加賦而已。

【《荒政考略》】紹興三年，詔曰：「義倉之設，所以備凶荒，最爲良法。州縣奉行不善，寖失祖宗本意。或遇水旱，何以賑濟？可令監司檢視實數，補還侵失。」

【《文獻通考》】紹興二十八年，趙令詪言：「州縣義倉米，積久陳腐，乞出糶。及水旱災荒，不拘檢放，及七分便許賑濟。」沈該奏：「在法，義倉止許賑濟，若出糶，恐失初意。」乃令量糶三之一，樁收價錢，次年收糴撥還。

【王圻《續通考》】乾道八年，户部楊倓奏：「義倉，在法惟充賑給，不許他用。今諸路常平、義倉米斛，訪聞皆是擅行侵用，從來未曾稽考。乞下諸路常平官，限半月委逐州主管官取索五年的實放支數目，仍開説逐年有無災傷，檢及取給過若干，并見在之數，實計若干，目今在甚處樁管，結具保明，文帳稽考施行。」從之。

【林駉《常平義倉論》】常平之法，何始

❶ 據《宋史·食貨上四》，所謂「先是」，指先於宣和五年，並非先於紹聖元年。蓋編者剪裁不當所致。

乎？自李悝已有平糴之説，至壽昌始定常平之策，此其始也。厥後，罷于元帝，復于顯宗，隨罷隨復，無有定制。至于我朝，淳化二年，京師置場，有其法也。景德三年，諸路置倉，有所積也。然增價以糴，分命使臣；減價以糶，專命司農：隨時遣用，未有定職。至熙寧以來，提舉常平之官始定焉。夫祖宗之始置常平也，出内庫之儲以爲糴本，頒三司之錢以濟常平。粒米狼戾之時，民艱于錢，官則增價以入之；菜色隱憂之日，❶民乏于食，官則減價以出之。夫何舉糴本而爲青苗之錢，鬻廣倉以求二分之息？伐桑易鏹，官帑厚矣，如民貧何？鬻田輸官，公家利矣，如私害何？此常平救荒之實政壞矣。

義倉之法，何始乎？自隋始置于鄉社，至唐改置于州縣，此其始也。厥後，弛于永徽，壞于神龍，隨罷隨復，亦無定制。至于我朝，乾德創之，未幾而罷。元豐復之，未幾亦罷。迨紹聖復以石輸五升，大觀又以石輸一斗，至于今日，而義倉輸官之法始定焉。夫古人始置義倉也，自民而出，自民而入，豐凶有濟，緩急有權。名之以義，則寓至公之用；置之于社，則有自便之利。夫何社倉轉而縣倉，民始不與而爲官吏之移用；縣倉轉而郡倉，民益相遠而爲軍國之資。官知其斂，未知其散；民見其入，未見其出。此義倉之實政廢矣。中興以來，講明荒政，常平錢穀，專委一司，而無陷失之弊。建民騷繹，置倉長灘，已有社倉之遺意，天下豈

❶「憂」，原作「雷」，據林駉《古今源流至論》卷一〇改。

有難革之弊？今日常平、義倉之儲，雖有美名，本無實惠。惟州縣有侵借之患，而支撥至有淹延之憂。城邑近郊，尚可少濟。鄉落小民，瘴身從事。彼知官長皂吏爲何人，一旦藜藿不繼，又安能扶持百里，取糴于埸，以活其飢餓之莩哉？是有之與無，其理一也。嗚呼，孰知有甚者焉！常平出于官，義倉出于民。出于官者，官自斂之，官自出之，其弊雖不足以利民，亦不至于病民。出于民者，民實出之，官實斂之，其弊不但民無給，而官且病之：文移星火，指爲常賦，籮頭斛面，重斂取羸。噫，可歎也！愚謂民不必甚予，特無取之足矣；民不必甚利，特無害之足矣。平時奪其衣食之資，一旦徒啖以濡沫之利；樂歲不爲蓋藏之地，凶年始思啼飢之民：何益哉？寧願爲不取繭絲之尹鐸，毋願爲矯制擅發之汲黯；寧願爲催科政拙之陽城，不願爲發粟賑饑之韓韶：則裕民實政，隱于常平、義倉之外。昔邵先生有言：「諸賢能寬之一分，則民受一分之賜。」有官守者，其勉之！

蕙田案：林氏論宋時常平、義倉之弊，最爲明切。

【《宋史·食貨志》】淳熙八年，浙東提舉朱熹言：「乾道四年，民艱食，熹請于府，得常平米六百石振貸，夏受粟于倉，冬則加息計米以償。自後隨年斂散，歉蠲其息之半，大饑即盡蠲之。凡十有四年，得息米造倉三間，及以元數六百石還府。見儲米三千一百石，以爲社倉，不復收息，每石只收耗米三升。以故一鄉四五十里間，雖遇凶年，人不闕食。請以是行于倉司。」時陸九淵在敕令局，見之，歎曰：「社倉幾年矣，有司不復舉行，所以遠方無知者。」遂編入《振恤》。凡借貸者，十家爲甲，甲推一人爲之首，五十家則擇一通曉者爲社首。每年正月，告示社首，下都結甲。其有逃軍及無行之人，與有税錢衣食不闕者，並不得入甲。❶其應入甲者，又問其願與不願。願者，開具一家大小口若干，大口一石，小口減半，五歲以下不預請。甲首加請一倍。社首審訂虚實，取人人手書持赴本倉，再審無弊，然後排定。甲首附都簿載某人借若干石，依正簿分兩時給：初當下田時，次當耘耨時。秋成還穀，不過八月三十日足，濕惡不實者罰。嘉定末，真德秀帥長沙行之，凶年饑歲，人多賴之。然事久而弊，或移用而無可給，或拘催無異正賦，良法美意，胥此焉失。

【《玉海》】乾道四年戊子，建民大饑。朱熹居崇安，請於郡，得粟六百斛賑民。是冬有年，民願以償官，因留里中，而上其籍于府。明年夏，又請倣古法爲社倉以儲之，歲一斂散，既以紓民之急，又得易新以藏。俾願貸者出息什二，歲小饑則弛半息，大侵則盡蠲之。爲倉三。經始于七年五月，而成于八月。既成，熹爲之記。淳熙八年，熹將詣左渊，取崇安已行事宜，抗奏於朝，乞推而頒之諸道。十一月二十八日，命户部看詳。十二月二十二日，從其請。自是，婺、越、鎮江、建昌、袁、潭諸邑多行之。❷

【朱子《建寧府崇安縣五夫社倉記》】乾道戊子，春夏之交，建人大饑。予居崇安之開耀鄉，知縣事諸葛侯廷瑞以書來，屬予

❶「得」字，原脱，據《宋史·食貨上六》補。

❷「袁」，原作「表」，據《玉海》卷一八四改。

及其鄉之耆艾左朝奉郎劉侯如愚曰：「民饑矣，盍爲勸豪民發藏粟，下其直以振之。」劉侯與予，奉書從事，里人方幸以不饑。俄而盜發浦城，❶距境不二十里，人情大震。藏粟亦且竭，劉侯與予憂之，不知所出，則以書請于縣于府。時敷文閣待制信安徐公嘉知州事，即日命有司以船粟六百斛，泝溪以來。劉侯與予率鄉人行四十里，受之黄亭步下。歸籍民口大小仰食者若干人，以率受粟，民得遂無饑亂以死，無不悦喜歡呼，聲動旁邑。于是浦城之盜，無復隨和，而束手就擒矣。及秋，徐公奉祠以去，而直敷文閣東陽王公淮繼之。是冬有年，民願以粟償官，貯里中民家，將輦載以歸有司。而王公曰：「歲有凶穰，不可前料。後或艱食，得無復有前日之勞。其留里中，上其籍于府。」劉侯與予既奉教。及明年夏，又請于府曰：「山谷細民，無蓋藏之積，新陳未接，雖樂歲不免出倍稱之息，貸食豪右，而官粟積于無用之地，後將紅腐，不復可食。願自今以來，歲一斂散，既以紓民之急，又得易新以藏。俾願貸者出息什二，又可以抑僥倖，廣儲蓄。即不欲者，勿强。歲或不幸小饑，則弛半息；大饑，則盡蠲之。于以惠活鰥寡，塞禍亂原，甚大惠也。請著爲例。」王公報，皆施行如章。既而王公又去，直龍圖閣儀真沈公度繼之。劉侯與予又請曰：「粟分貯民家，于守視出納不便，請放古法爲社倉以儲之，不過出捐一歲之息，宜可辦。」

❶「俄」，原作「餓」，據《晦庵集》卷七七《建寧府崇安縣五夫社倉記》改。

沈公從之，且命以錢六萬助其役。于是得籍坂黄氏廢地，而鳩工度材焉。經始于七年五月，而成于八月。爲倉三，亭一，門牆守舍，無一不具。司會計董工役者，貢士劉復、劉得輿，里人劉瑞也。既成，而劉侯之官江西幕府。予又請曰：「復與得輿，皆有力于是倉，而劉侯之子將仕郎琦，嘗佐其父于此，其族子右脩職郎玶，亦廉平有謀，請得與并力。」府以予言，悉用書禮請焉。四人者遂就事，方且相與講求倉之利病，且爲條約。會丞相清源公出鎮茲土，入境問俗，予與諸君因得具以所爲條約者就正于公，公以爲便，則爲出教，俾歸揭之楣間，以示來者。于是倉之庶事，細大有程，可久而不壞矣。予惟成周之制，縣都皆有委積，以待凶荒。而隋、唐所謂社倉者，亦近古之良法也。今皆廢矣，獨常平、義倉，尚有古法之遺意，然皆藏于州縣，所恩不過市井惰游輩，至于深山長谷力穡遠輸之民，則雖饑餓瀕死而不能及也。又其爲法太密，使吏之避事畏法者，視民之殍而不肯發，往往全其封鐍，遞相付授，至或累數十年不一訾省。一旦甚不獲已，然後發之，則已化爲浮埃聚壤而不可食矣。夫以國家愛民之深，其慮豈不及此？然而未之有改者，豈不以里社不能皆有可任之人，欲一聽其所爲，則懼其計私以害公；欲謹其出入，同于官府，則鉤校彌密，上下相遁，其害又必有甚于前所云者，是以難之而有弗暇耳。今幸數公相繼，其愛民慮遠之心，皆出乎法令之外，又皆不鄙吾人以爲不足任，故吾人得以及是。數年之間，左提右挈，上說下教，遂能爲鄉閭立此無窮之計，是豈吾力之獨能哉！惟後之君子，視其所遭之不易者如此，無計私害公以取疑于上，而上之人亦毋以小文拘之，如數公之心焉，則是倉之利，夫豈止于一時，其視而傚之者，亦將不止于一鄉而已也。因書其本末如此，刻之石，以告後之君子云。

【朱子《婺州金華縣社倉記》】淳熙二年，東萊呂伯恭父自婺州來訪予于屏山之下，觀于社倉發斂之政，喟然嘆曰：「此《周官》委積之法，隋、唐義廩之制也。然子之穀取之有司，而諸公之賢，不易遭也。吾將歸而屬諸鄉人士友，相與糾合而經營之，使閭里有賑恤之儲，而公家無龠合之費，不又愈乎！」然伯恭父既歸，即登朝廷，輿病還家，又不三年而卒，遂不果爲。其卒之年，浙東果大饑。予因得備數推擇奉行荒政，按行至婺，則婺之人狼狽轉死者已籍籍矣。予因竊嘆，以爲向使伯恭父之志得行，必無今日之患。既而尚書下予所奏社倉事于諸道，募民有欲爲者聽之。民蓋多慕從者，而未幾予亦罷歸，又不果有所爲也。是時伯恭父之門人潘君叔度，感其事而深有意焉。且念其家，自先大夫時，已務賑恤，樂施予，歲捐金帛，不勝計矣，而獨不及聞于此也。于是慨然白其大人，出家穀五百斛者，爲之于金華縣婺女鄉安期里之四十有一都，斂散以時，規畫詳備，一都之人賴之。而其積之厚而施之廣，蓋未已也。一日以書來，曰：「此吾父、師之志，母兄之惠，而吾子之所建，雖予幸克成之，然世俗不能不以爲疑也，子其可不爲我一言以解之乎！」予惟有生之類，莫非同體，惟君子爲無有我之私以害之，故其愛人利物之心爲無窮。特窮而在下，則禹、稷之事，有非其分之所得爲者。然苟其家之有餘，而推之以予鄰里鄉黨，則固吾聖人之所許，而未有害于「不出其位」之戒也。況叔度之爲此，特因其墳廬之所在，而近及乎十保之間，以承先志，以悅親心，以順師指。且前乎此者，又已嘗有天子之命於四方矣，而何不可之有哉！抑凡世俗之所以病乎此者，不過以王氏之青苗爲説耳。以予觀于前賢之論，而以今日之事驗之，則青苗者，其立法之本意，固未爲不善也。但其給之也，以金而不以穀；其處之也，以縣而不以鄉；其職之也，以官吏而不以鄉人士君子；其行之也，以聚斂亟疾之意而不以慘怛惠利之心。是以王氏能以行于一邑，而不能以行于天下。子程子嘗極論之，而卒不免于悔其已甚而有激也。予既不得辭于叔度之請，❶是以詳著其本末，而又附以此意。婺人蓋多叔度同門之士，必有能觀于叔度所爲之善而無疑于青苗之説者焉，則庶幾乎其有以廣夫君師之澤，而使環地千里，永無捐瘠之民矣，豈不又甚美哉！

【朱子《建寧府建陽縣長灘社倉記》】建陽之南，里曰招賢者三，地接順昌、甌寧之境，其阨多阻，而俗尤勁悍。往歲兵亂之餘，萑蒲不盡去，小遇饑饉，輒復相挺，羣起肆暴，率不數歲一發。雖尋即夷滅無噍類，然愿民良族，晷刻之間，已不勝其

❶「不」字，原脱，據《晦庵集》卷七九《婺州金華縣社倉記》補。

驚擾矣。紹興某年，歲適大侵，姦民處處羣聚，飲博嘯呼，若將以踵前事者，里中大怖。里之名士魏君元履爲言于常平倉使者袁侯復一，得米若干斛以貸，于是物情大安，姦計自折。及秋將斂，元履又爲請得築倉長灘廡置之旁，以便輸者，且爲後日凶荒之備，毋數以煩有司。自是，歲小不登，即以告而發之。如是數年，三里之人，始得飽食安居，以免于震擾夷滅之禍，而公私遠近，無不陰受其賜。蓋元履少好學，有大志，自爲布衣，而其所以及人者已如此。蒙其惠者，雖知其然，而未必知其所以然也。其後，元履既没，官吏之職其事者不能勤勞恭恪如元履之爲，于是粟腐于倉，而民飢于室。或將發之，則上下請賕，爲費已不貲矣。官吏來往，又不以時，而出納之際，陰欺顯奪，無弊不有。大抵人之所得，糠粃居半，而償以精鑿，計其候伺亡失諸費，往往有過倍者，是以貸者病焉，而良民凛凛于凶歲猶前日也。淳熙十一年，使者宋侯若水聞其事，且知邑人宣教郎周君明仲之賢，即以元履之事移書屬之，且下本臺所被某年某月某日制書，使得奉以從事。蓋歲以夏貸而冬斂之，且收其息什之二焉。行之三年，而三里之間，人情復安如元履無恙時。什二之收，歲以益廣。周君既已增葺其棟宇，又將稍振其餘，以漸及于傍近。蓋其惠之所及，且將日增月衍，而未知其所極也。周君以予嘗有力于此者，來請文以爲記。

予與元履，早同師門，遊好甚篤，既追感其陳迹，又嘉周君之能繼其事而終有成也，乃不辭而爲之説如此。則又念昔元履既爲是役，而予亦爲之于崇安，其規模大略倣元履，獨歲貸收息爲小異。元履常病予不當祖荆舒聚斂之餘謀，而予亦每憂元履之粟久儲速腐，惠既狹而將不久也。講論餘日，盃酒從容，時以相訾謷，而訖不能以相詘。聽者從旁抵掌觀笑，而亦不能決其孰爲是非也。及是宋侯、周君，乃卒用予所請事，以成元履之志，而其效果如此。于是論者遂以予言爲得，然不知元履之言雖疏，而其忠厚懇惻之意，藹然有三代王政之餘風，豈予一時苟以便事之説所能及哉！當時之争，蓋予之所以爲戲，而後日之請，所以必曰息有年數以免者，則猶以不忘吾友之遺教也。因并書之，以示後人。使于元履當日之心，有以得之，則于宋侯、周君今日之法，有以守而不壞矣。

【朱子《常州宜興縣社倉記》】始予居建之崇安，嘗以民饑，請于郡守徐公嘉，得米六百斛以貸，而因以爲社倉。今幾三十年矣，其積至五千斛，而歲斂散之，里中遂無凶年。中間蒙恩召對，輒以上聞，詔施行之。而諸道莫有應者，獨閩帥趙公汝愚、使者宋君若水爲能，廣其法于數縣，然亦不能遠也。紹熙五年春，常州宜興大夫高君商老實始爲之于其縣善拳、開寶諸鄉。凡爲倉者十一，合之爲米二千五百有餘斛，擇邑人之賢者承議郎趙君善石、周君林，承直郎周君世德以下二十有餘人以典司之。而以書來，屬予記。予心許之，而未及爲也。會是歲淛西水旱，常州民飢尤劇，流殍滿道，顧宜興獨得下熟，而貸之所及者，尤有賴焉。然予猶慮夫貸者之不能償，而高君之惠將有所窮也。明年春，高君將受代以去，乃復與趙、周諸君，皆以書來，趣予文。且言去歲之冬，民負米以輸者，繦屬争先，視貸籍無龠合之不入。予于是益喜高君之惠將得以久于其民，又喜其民之信愛其上而不忍欺也，則爲之記其所以然者。抑又慮其久而不能無弊于其間也，則又因而告之曰：「有治人，無治法，此雖老生之常談，然其實不可易之至論也。夫先王之世，使民三年耕者必有一年之蓄，故積之三十年，則有十年之蓄，而民不病于凶饑，此可謂萬世之良法矣。其次則漢之所謂常平者，今固行之，其法亦未嘗不善也。然考之于古，則三登太平之世，蓋不常有；而驗之于今，則常平者，獨其法令、簿書、筦鑰之僅存耳。是何也？蓋無人以守之，則法爲徒法，而不能以自行也。而况于所謂社倉者，聚可食之物于鄉井荒閒之處，而主之不以任職之吏，馭之不以流徙之刑，苟非常得聰明仁愛之令如高君，又得忠信明察之士如今日之數公者，相與併心一力，以謹其出納而杜其姦欺，則其法之難守，不待他日而見之矣。此又予之所身試者，故并書之，以告後之君子云。」

陸氏九淵曰：「社倉固爲農之利，然年常豐，田常熟，則其利可久。苟非常熟之田，一遇歉歲，則有散而無斂，來歲缺種糧時，乃無以賑之。莫如兼置平糴一倉，豐時糴之，使無價賤傷農之患，闕時糶之，以摧富民閉糴昂價之計。折所糴爲二，每存其一，以備歉歲代社倉之匱，實爲長利也。」

丘氏濬曰：「朱子社倉之法固善矣，然里

社不能皆得人如熹者以主之，又不能皆得如劉如愚父子者以爲之助。熹固自言其數年之間，左提右挈，上説下教，爲鄉閭立此無窮之計。然則其成此倉也，蓋亦不易矣。然則其法不可行歟？曰：熹固言里社不能皆有可任之人，欲一聽其所爲，則懼其計私以害公；欲謹其出入，則鈎校靡密，上下相遁，其害又有甚于官府者矣。」

蕙田案：隋之義倉，設于當社，故亦曰社倉。唐初猶沿其名，史所云社倉者，即義倉也。熙寧以後，義倉之徵於官者，民既不得與，由是士大夫講求社倉之遺法，別立倉于里閭，而社倉與義倉始判而爲二。其法：主之以鄉者，不以官吏；儲之于里保，不于郡縣；其貸也，無守候尅扣之弊；其輸也，無追呼徵比之繁：可謂盡善矣。然社首不皆得可任之人，民間不能無侵欠之弊，欲繩以官法，則公私不無煩擾；欲任其所爲，則上下或至相蒙。此朱子當日屢以「有治人，無治法」爲言，而後之踵其法者，多出于一鄉一邑之善士，而不得偏及于天下也。

觀承案：常平、社倉之外，如韓琦之廣惠倉，周忱之濟農倉，亦皆有益於民，可相輔而行。然總之，要在得人耳。誠得其人，雖青苗、差役亦未至遽病於民；不得其人，雖常平、義社，亦何嘗不可累民哉！此「有治人，無治法」，雖老生常談，實千古不刊之論，朱子當日故屢以爲言也乎！

【王圻《續通考》】淳熙十一年，勘會諸路州縣義倉米斛，在法合隨正苗交納，惟乞賑糶，今收成在即，當議指揮。詔諸路提舉常平官，各行下所部州軍，仰隨鄉分豐歉，依條收納，不得侵隱他用，候歲終具舊管新收數目申尚書省。

【《宋史·光宗本紀》】紹熙二年正月，命兩淮行義倉法。

【《食貨志》】慶元元年，詔户部右曹領義倉。

【《文獻通考》】嘉定十一年五月，臣僚言：「頃歲議臣有請計義倉所入之數，除負郭縣就州輸納外，餘令逐縣置數，自行收受，非惟革州郡侵移之弊，抑亦省凶年轉般之勞。曩時州倉隨苗帶納，同輸一鈔，今正苗輸之州，義倉輸之縣，則輸爲兩輸，鈔爲二鈔矣。曩時鼠雀之耗蠹，吏卒之須求，一切倚辦于正税，而義倉不預焉。今付之于縣，既無正税，獨有此色，耗蠹、須求，又不能免矣。於是議臣有請令人户義倉仍舊隨正税，從便就州作一鈔輸納，而州縣復有侵移之弊。臣聞紹興初，臺臣嘗請通計一縣之數，截留下户苗米，于本縣納。開禧初，議臣之請亦如之。蓋截留下户之税米，以補一縣之義倉，其餘上户則隨正税而輸之州。州得以補償其截留下户之數，則州不以爲怨；縣得此米，别項儲之以備賑濟，使窮民不致於艱食，則縣不以爲撓。一舉而三利得，此上策也。唯是負郭之義倉則就州輸送，自如舊制。至于屬縣之義倉，則令、丞同主之，每歲之終，令、丞合諸鄉所入之數，上之守貳；守貳合諸縣所入之數，上之提舉常平；提舉常平合一道之數，上之朝廷。令、丞替移，必批印紙，考其盈虧，以議殿最。」從之。

【王圻《續通考》】紹定六年二月，郎官王定奏：「義倉爲官吏蠹耗。」上曰：「此自是民户寄留于官，專爲水旱之備，務令覺察。」

【《宋史・食貨志》】景定五年，監察御史程元岳奏：「隨秔帶義，法也。今秔糯帶義之外，又有所謂外義焉者，絹、紬、豆也。豈有絹、紬、豆而可加之義乎？縱使違法加義，則絹加絹，紬加紬，豆加豆，猶可言也；州縣一意椎剝，一切理苗而加一分之義，甚者赦恩已蠲二税，義米依舊追索。貧民下户所欠不過升合，星火追呼，費用不知幾百倍。破家蕩産，鬻妻子，怨嗟之聲，有不忍聞。望嚴督監司，止許以秔帶義，其餘盡罷。其有循習病民者，重其罰。」從之。

蕙田案：宋義倉，一置于乾德，再置于慶曆，俱未久而廢。熙寧以後，始常置之。雖罷于元祐之始，旋復于紹聖之初。沿及南渡，其弊日甚。民之輸于官者，既爲公私蠹耗，而無以爲水旱之備。官之徵于民者，復多違例巧取，而不勝其悉索之苦。於是便民之法，遂成厲民之舉矣。

【王圻《續通考》】淳祐三年八月，詔申嚴郡國社倉科配之禁。

【黄震《社倉記》】咸淳七年，余承乏撫州。適歲大饑，賴撫之賢士大夫相與講求賑貸，因多有以社倉事來論。臨川縣李君德傑首以書來，曰：「鄉有李令君捐粟六百石爲倡，將成社倉，幸因以風厲其餘。」余報曰：「甚矣，❶社倉之法之良之可慕也；亦甚矣，社倉之弊之苦之可慮也！余前歲負丞廣德，見社倉元息二分，而倉

❶「甚矣」二字，原脱，據《黄氏日抄》卷八七《撫州金谿縣李氏社倉記》補。

官至取倍稱之息。州縣輾轉侵漁，而社倉或無甔石之儲。其法，以十户爲率，一户逃亡，九户賠補，逃者愈衆，賠者愈苦。久則防其逃也，或坐倉展息而竟不貸本，或臨秋貸錢而白取其息。民不堪命，或至自經。僉謂：『此文公法也。』無敢議變。余謂非變其法也，救其弊耳。乃爲之請于朝曰：『法出于黄帝、堯、舜，尚變通；法立于三代盛王，須損益。安有法本先儒，而不可爲之救弊？使法本于先儒，坐視其弊而不捄，豈先儒所望于後之人哉！』朝廷可之。既又念臨以官司之煩，不若聽從民間之便也。又爲之請于朝曰：『朱文公社倉法，主于減息以濟民，王荆公青苗法，亦主于減息以濟民，而利害相反者，青苗行之以官司，社倉主之以鄉曲耳。故我孝宗皇帝頒文公法于天下，令民間願從者聽，官司不得與。廣德社倉紉于官，故其弊不一。請照本法，一切歸之民。』朝廷又可之。余遂得窮年餘之力，經理更革。以其收息，買田六百畝，承貸人户認息，❶且使常年不貸，惟荒年則貸之，而不復收息。凡費，皆取辦于六百畝官田之租。事甫集，而余去官，未知近何如，至今猶念念不能忘。此余親歷于廣德者如此。若凡他州各縣之有社倉者，聞其弊往往而然，殆不勝述。及來撫州，社倉幸皆鄉曲之自置，有如文公初立之本法。然倚美名以牟厚利者，亦已不少。余方爲之悚然以懼，何敢更以官司預社倉之事哉！大抵小民假貸，皆起

❶「貸」，《黄氏日抄》卷八七《撫州金谿縣李氏社倉記》作「代」。

于貧，貸時則易，還時則難。貸時雖以爲恩，索時或以爲怨。倘稍從而變通之，鳩錢買田，豐年聚租，荒年賑散，不惟不取其息，併亦不取其本，庶乎有利而無害。」凡皆余答李君之説如此，而未敢以爲信也。未幾，金谿李君沂復以《社倉法》來，俾余爲記。及閱實其始末，盡一家自爲之計，而依法惟取二分之息，不借勢于官，不鳩粟于衆，故能至今無弊，利民爲溥。置倉如此，信能以文公之濟人者濟人矣。然有治人，無治法，良法易泯，流弊難防。君能如文公，更望君之子孫世世如君也。因録所報李君之説以遺之。先是，郡之新豐饒君景淵亦嘗以社倉求余爲記，其法，取息視文公尤輕，貸而負者，去其籍而不責其償，事益省而民益安。并書以遺之。

蕙田案：淳祐詔書及黄東發所記社倉雖良法，主之不得其人，其流弊不免如此。

【《遼史·食貨志》】統和十三年，詔諸道置義倉。歲秋，社民隨所穫，户出粟庤倉，社司籍其目。歲儉，發以振民。

【《元史·食貨志》】義倉，亦至元六年始立。其法，社置一倉，以社長主之。豐年，每親丁納粟五斗，驅丁二斗，無粟聽納雜色。歉年，就給社民。於是二十一年新城縣水，二十九年東平等處饑，皆發義倉賑之。皇慶二年，復申其令。

【元趙天麟《復置義倉策》】隋開皇五年，長孫平奏令軍民當社，共立義倉，收穫之日，隨其所得，各出粟麥，儲之當社。社司檢校，勿使損壞。當社饑饉，即用賑給。至于隋末，公私廩積，可供五十年。

長孫平之力也。迨至元六年，有旨每社立一義倉，社長主人，每遇年熟，每親丁納粟五斗，驅丁二斗，無粟聽納雜色。官司並不得拘檢、借貸、勒支。後遇歉歲，就給社民食用。社長明置收支文歷，無致損耗。自是以來，二十餘年于今矣。然而社倉，多有空乏之處。頃來水旱相仍，蝗螟蔽天，饑饉荐臻，四方迭苦，轉互就食，老弱不能遠移，而殍者衆矣。彼隋立義倉而富，今立義倉而貧，豈今民之不及隋民哉？臣試陳之。今條欵使義倉計丁納粟，意以饑饉之時，計丁出之，以取均也。又條欵使驅丁半之，彼驅丁亦人也，尊卑雖異，口腹無殊，至儉之日，驅丁豈可獨半食哉？又計丁出納，則婦人不納，豈不食哉？又同社村居，無田者豈可坐視而獨不獲哉？樂歲粒米狼戾，乞丐者踵門，猶且與之，況一社之人，而至儉歲，豈宜分彼此哉？是蓋當時大臣議法者，有乖陛下之本心也。伏望陛下，普頒明詔，詳諭農民：凡一社，立社長、社司各一人。社下諸家，共穿築倉窖一所爲義倉，凡子粒成熟之時，納則計田産頃畝之多寡而聚之。凡納例，常年每畝粟率一升，稻率二升。凡大有年，聽自相勸督，而增數納之。凡水旱螟蝗，聽自相免。凡同社豐歉不均，宜免其歉者所當納之數。凡饑饉不得已之時，出則計口數之多寡而散之。凡出例，每口日一升，儲多每口日二升，勒爲定體。凡社長、社司，掌管義倉，不得私用。凡官司，不得拘檢、借貸及許納雜色，皆有前詔在焉。如是，則非惟共相賑救，而義風亦行矣。

【《明史·食貨志》】弘治中，江西巡撫林俊嘗請建常平及社倉。嘉靖八年，乃令各撫、按設社倉。令民二三十家爲一社，擇家殷實而有行義者一人爲社首，處事公平者一人爲社正，能書算者一人爲社副。每朔望會集，别户上中下，出米四斗至一斗有差，斗加耗五合。上户主其事。年饑，上户不足者量貸，稔歲還倉。中下户酌量振給，不還倉。有司造册送撫、按，歲一察覈。倉虚，罰社首出一歲之米。其法頗善，然其後無力行者。

【《廣治平略》】嘉靖中，侍郎王廷相言：「備荒之政，莫善于古之義倉。若立倉于州縣，則窮鄉就倉，旬日待斃。宜貯之里社，定爲規式。一村之間，約二三百家爲一會，每月一舉，第上中下户捐粟多寡，各貯于倉，而推有德者爲社長，善處事能會計者副之。若遭凶歲，則計户而散，先中下者，後及上户。上户責之償，中下者免之。凡給貸，悉聽于民，第令登記册籍，以備有司稽考，則既無官府編審之煩，亦無奔走道路之苦。」從之。

蕙田案：以上義倉。

【《宋史·食貨志》】周顯德中，置惠民倉，以雜配錢分數折粟貯之，歲歉，減價出以惠民。

【《宋會要》】淳化五年十月，令諸州惠民倉故穀遇糴稍貴，減價糶與貧民，人不過一斛。

【《宋史·食貨志》】咸平中，庫部員外郎成肅請福建增置惠民倉，因詔諸路申淳化惠民之制。

嘉祐二年，詔天下置廣惠倉。初，天下没入户絶田，官自鬻之。樞密使韓琦請留勿鬻，募人耕，收其租别爲倉貯之，以給州縣郭内之老幼貧疾不能自存者，領以提點刑獄，歲終具出納之數上之三司。户不滿萬，留田租千石，萬户倍之，户二萬留三千石，三萬留四千石，四萬留五千石，五萬留六千石，七萬留八千石，十萬留萬石。田有餘，則鬻如舊。四年，詔改隸司農寺，州選官二人主出納，歲十月遣官驗視，應受米者書名於籍。自十一月始，三日一給，人米一升，幼者半之，次年二月止。有餘乃及諸縣，量大小均給之。其大略如此。

【《神宗本紀》】熙寧四年春正月，王安石請鬻天下廣惠倉田，爲三路及京東常平倉本，從之。

【《哲宗本紀》】元祐三年正月，復廣惠倉。

【《玉海》】正月二日，詔復置廣惠倉，從侍講范祖禹之言也。二月十二日，給廣惠倉錢三萬緡。

紹聖元年九月，罷廣惠倉。

【《食貨志》】哲宗雖詔復廣惠倉，既而章惇用事，又罷之，賣其田如熙寧法。

【《孝宗本紀》】乾道五年，復置成都府廣惠倉。

【《寧宗本紀》】慶元元年五月，詔諸路提舉司置廣惠倉。

【《廣治平略》】明太祖起自民間，歷試艱難，尤軫念民瘼。洪武元年，令各處悉立預備倉，各爲糴糶收貯，以備災荒。擇其地年高篤實者管理。已而命户部運鈔二百萬貫往各州府縣預備糧儲，如一縣，則于境内定爲四所，于居民叢襍處置倉。民家有餘粟，願易鈔者，許運赴倉交納，依時價償其直。官儲粟而扃鑰之，就令富民守視，若遇凶歲，則開倉賑給，庶幾民無饑餒之患。已又令未備處皆舉行，而召天下老人至京隨朝，命擇其可用者，使齎鈔往各處協同所在官司糴穀爲備。

【《杭州府志》】明預備倉，始名老人倉。洪武初，令天下州縣鄉都各量置倉，擇耆老一人主之，故名爲老人倉。其法，每遇歲豐，縣官勸令諸鄉足食家出米穀不等，儲蓄之，官籍其數，凶年，許其本鄉下户借貸，秋成，抵斗還官。著爲令。有古義倉遺意。

【王圻《續通考》】宣德元年六月，巡按湖廣御史朱鑑言：「洪武間，各府州縣皆置東西南北四倉以貯官穀，多者萬餘石，少者四五千石，倉設富民守之，遇有水旱饑饉，以貸貧民。今各處有司以爲不急之務，倉厫廢弛，贖穀罰金，掩爲己有，深負朝廷仁民之意。乞令府州縣脩倉厫，謹貯積，給貸以時。仍令布、按二司，巡按御史巡察，違者罪之。」上諭户部曰：「此祖宗良法美意，此由守令不得人，遂致廢弛爾。户部亦豈能無過。其如御史言，違者從按察司、監察御史劾奏。」

【《廣治平略》】南直巡撫周忱奏定濟農倉之法。南畿蘇州諸郡，田税最重，貧民輸官及耕作，多舉債于富家而倍納其息，至于傾家産，鬻子女，不足以償。于是民益逃亡，而租税益虧。忱思所以濟之。會朝廷許以官鈔平糴，且勸借貯積以待賑，忱與諸郡協謀而力行之。蘇州得米三十萬石，松江、常州有差，分貯于各縣，名其倉曰濟農。先是，各府秋糧當輸者，糧長里胥多厚取于民，而不即輸官，逃負者累歲。忱欲盡革其弊，乃立法，于水次置塲，擇人總收而發運焉。細民徑自送塲，不入里胥之手，既免勞民，且省費六十萬石，以入濟農倉。于是蘇州得米四十餘萬石，益以各場儲積之贏，及前平糴所儲，凡六十餘萬有奇。松、常二郡次之。自是不獨濟農，凡運輸有欠失者，亦于此給借部納，秋成如數還官。若民夫修圩岸，濬河道，有乏食者，計口給之。擇縣官廉公有威與民之賢者掌其籍，司其出納。每歲插蒔之際，于中下二等户内驗其種田多寡，齊分給之，秋成償官。

【《明會典》】正統五年，奏准各處預備倉，凡侵盜、私用、冒借、虧欠等項糧儲，查追完足，免治其罪。其侵盜證佐明白，不服賠償者，准土豪及盜用官糧論罪。

【《廣治平略》】成化中，敕：「藩憲言，異時州縣設預備四倉，所以廣儲蓄，備旱澇，爲民賴也。比久廢弛，宜覈實見在儲蓄有無，多寡之數，仍儘各處在官贓贖糴米爲備，有不敷，聽于存留糧内借撥，或于各里上中户勸助以充。其看守倉者，于附近里分僉殷實有行止者主之。至通同官吏，實收虛放，爲侵盜者，論如律。衛所地亦如之。」

【《明會典》】成化九年，令直隸、保定等府州縣兩考役滿，吏典于預備倉納米一百石，起送吏部，免其辦事考試，就撥京考；二百五十石，免其京考，冠帶辦事；一百七十石，❶就于本府撥補。三考滿日，送部免考，冠帶辦事，俱挨次選用。其一考三個月以裏無缺者，納米八十石，許于在外轃歷兩考。

弘治十年，奏准凡三年一次查盤預備倉糧，除義民情願納粟、因犯贖罪納米外，但有空閑官地，佃收租米，及贓罰紙價引錢，不係起解，支剩無礙官錢，盡數糴米，三年之内，不足原數，俱免住俸參究。

❶「石」，原作「名」，據《明會典》卷四〇改。

正德二年，令雲南撫、按同三司掌印等官，查勘各庫藏所積，除軍前支用銀物外，其餘堪以變賣，及官地湖地等項，可以召人佃種收租者，儘數設法糴買米穀上倉，專備賑濟。又議准各司府州縣衛所問刑衙門，凡有例該納米者，每石折穀一石五斗，收貯各預備倉。

【《明史·食貨志》】預備倉之設也，太祖選耆民運鈔糴米，以備振濟，即令掌之。天下州縣多所儲蓄，後漸廢弛。于謙撫河南、山西，脩其政。周忱撫南畿，別立濟農倉。他人不能也。正統時，重侵盜之罪，至僉妻充軍。且定納穀千五百石者，敕奬爲義民，免本户雜役。凡振饑米一石，俟有年，納稻穀二石五斗還官。弘治三年，限州縣十里以下積萬五千石，二十里積二萬石；衛千户所萬五千石，百户所三百石。考滿之日，稽其多寡，以爲殿最。不及三分者奪俸，六分以上降調。十八年，令贖罪贓罰，皆糴穀入倉。正德中，令囚納紙者，以其八折米入倉。軍官有犯者，納穀準立功。初，預備倉皆設倉官，至是革，令州縣官及管糧食官領其事。嘉靖初，諭德顧鼎臣言：「成、弘時，每年以存留餘米入預備倉，緩急有備。今秋糧僅足兑運，預備無粒米。一遇災傷，輒奏留他糧及勸富民借穀，以應故事。乞急復預備倉糧以裕民。」

蕙田案：明初，預備倉或出于民間輸助，似隋之義倉也；或出于官倉盈餘，似宋之廣惠倉也。其後凡囚犯之贓贖，吏典之捐職，悉取以入預備倉，宜其儲積日富，無水旱饑饉之患矣。嘉靖初，顧鼎臣乃有預備無粒米之奏，則以官司之實力奉行者少，而公私之侵漁者多也。

又案：以上惠民、廣惠、預備、濟農諸倉。

右備荒之政。

【《周禮・地官・司稼》】巡野觀稼，以年之上下出斂法。【注】斂法者，豐年從正，凶荒則損。若今十傷二三，實除減半。【疏】謂秋熟時，觀稼善惡，則知年上下豐凶，以此豐凶而出税斂之法。云「若今十傷二三，實除減半」者，鄭舉漢法以況義。漢時十分之内傷二分三分，餘有七分八分在，則就七分八分中爲實在，仍減去半不税，于半内税之，以凶荒故，優饒民可也。

陳氏傅良曰：「預前觀其稼，而後上下其出斂之法。若不預前觀稼，如何上下其法得？劉晏正傳此法，每四方水旱，則先知之，然後爲賙救收斂之政。」

蕙田案：《周禮》田税之制，雖有常式，而又命司稼一官巡視稼之美惡，以知年之上下，小耗則減之，大耗則除之。龍子所云「糞其田而不足，則必取盈」者，此夏時衰亂之政，而周初無之也。後世檢勘災傷分數之法，實出于此。

【《後漢書・和帝本紀》】永元五年二月，詔曰：「去年秋麥入少，恐民食不足。其上尤貧不能自給者户口人數。往者郡國上貧民，以衣履釜鬵爲貲，而豪右得其饒利。詔書實覈，欲有以益之，而長吏不能躬親，反更徵召會聚，令失農作，愁擾百姓。若復有犯者，二千石先坐。」

【《殤帝本紀》】延平元年七月，敕司隸校尉、部刺史曰：「間者郡國或有水災，妨害秋稼。朝廷惟咎，憂惶悼懼。而郡國欲獲豐穰虛飾之譽，遂覆蔽災害，多張墾田，不揣流亡，競增户口，掩匿盜賊，令姦惡無懲，署用非次，選舉乖宜，貪苛慘毒，延及平民。刺史垂頭塞耳，阿私下比，『不畏于天，不媿于人』。假貸之恩，不可數恃，自今以後，將糾其罰。二千石長吏其各實覈所傷害，爲除田租、芻稾。」

【《舊唐書・代宗本紀》】大曆十二年冬十月乙巳，京兆尹黎幹奏水損田三萬一千頃。度支使韓滉奏所損不多。兼渭南令劉藻曲附滉，亦云部內田不損。差御史趙計檢渭南田，亦附滉云「不損」。上曰：「水旱咸均，不宜渭南獨免。」復命御史朱敖檢之，渭南損田三千頃。上歎息曰：「縣令職在字人，不損亦宜稱損，損而不聞，豈有卹隱之意耶！」劉藻、趙計皆貶官。

【《册府元龜》】元和六年十月，制曰：「今年畿內田苗，應水旱損處無聞，至今檢覆未定。又屬霖雨，所損轉多，有妨農收，慮致勞擾。其諸縣勘覆有未畢處，宜令所司據元訴狀，便與破損，不必更令檢覆。其未經申訴者，亦宜與類例處分。」

【《燕翼貽謀録》】民間訴水旱，舊無限制。或秋而訴夏旱，或冬而訴秋旱，往往于收割之後，欺罔官吏，無從覈實。拒之則不可，聽之則難信。故太宗淳化二年正月丁酉，詔荆湖、江淮、二浙、四川、嶺南管內州縣訴水旱，夏以四月三十日，秋以八月三十日爲限。自此遂爲定制。

【《宋史・食貨志》】天禧初，詔諸路自今候登熟方奏豐稔。或已奏豐稔而非時災沴者，即須上聞，違者重寘其罪。先是，民訴水旱者，夏以四月，秋以七月，荆湖、淮南、江浙、川峽、廣南水田不得過期，過期者吏勿受；令佐受訴，即分行檢視，白州遣官覆檢，三司定分數蠲税，亦有朝旨特增免數及應輸者許其倚閣，京畿則特遣官覆檢。太祖時，亦或遣官往外州檢視，不爲常制；傷甚，有免覆檢者。至是，又以覆檢煩擾，止遣官就田所閱視，即定蠲數。

【范祖禹《封還臣寮論浙西賑濟事狀》】臣竊詳臣寮所言：「朝廷已賜米百萬、錢二十餘萬，州縣亦自依條發倉廩，作粥飯救濟，行將少蘇矣。」臣竊以作粥救饑，最出下策。夫民相聚食粥，則疾疫將起，饑困已甚，死者必衆，此乃災傷之極，正當憂慮，豈得便爲少蘇？又言：「細民習爲驕虛，以少爲多，其弊已久。」臣竊謂常年小有旱澇，被訴災傷，僥倖之民，或容有此。今浙西災害甚大，民已流散乞食，迫于死亡，方且疑其「習爲驕虛」而不加信，何其忍哉！又言：「乞詔監司州縣詳具災傷分數，賑貸行遣次第，各行申奏，而懲責其尤甚者。」臣竊謂朝廷以侍從之臣爲一路鈐轄，又選差監司以往，行未及境，未及設施，朝廷既不憑信鈐轄司之言，又約監司州縣如此，臣恐官吏手不能有所施爲，上下觀望，各求苟免。夫奏災傷分數過實，賑濟用物稍廣，此乃過之小者，正當闊略不問，以救人命，若因此懲責一人，則自今官司必將坐視百姓之死而不救矣。又臣寮言：「人言異同，不可不察，乞下鈐轄提轉及蘇、湖等五州，各令開具逐州水災所及，凡幾縣幾村，有無漂蕩廬舍、溺死人口，及高田無水與水退可耕之地，各約若干，並令詣實申奏，不得相關，稍涉謬妄，乞重行降黜。」臣伏見近日浙西申奏，自今年正月大雨，至六月太湖泛溢，蘇、湖、秀等州城市，並遭水浸，田不布種，廬舍漂蕩，民棄田賣牛，散走乞食。臣謂朝廷聞此，當令官司如救焚拯溺，猶恐不及。今若降此指揮，逐縣村須遣人抄劄廬舍人口田土數目，饑荒之際，此等行遣，必爲煩擾，一事不實，即憂及罰，闔境皆死，未必獲罪。如此，則賑濟却爲閒慢，百姓愈無救矣。又言：「近日别遣使者，支撥斛斗百萬，見錢、度牒約二十萬，不爲不多。若見今未種，今秋無獲，則向去賑濟之期甚遠，所差去官當相度事體措置，一有失當，其害非輕。」今所差去官與時暫遣使不同，若向去賑濟期日長遠，此乃本司職事，在彼自當責任，❶當且委以措置，不須約束，免有疑惑觀望。臣竊以今水潦方降，秋田殊未有望，審如臣寮所言，今秋無獲，本路必更奏請，朝廷亦當接續應副，則前日所賜，未足爲多。常平倉本無給散之法，惟廣惠倉許賑濟不足，方許通支。常平放税及五分處，仍不得過所限之數兩倍。浙西鈐轄司近方奏乞不限石斗，尚未降朝旨，又奏夏田元未放税。以此觀之，官司守法，止有賑救不及之事，必無過當之理。臣寮又言：「乞令賑濟，官司措置，稍大事件，並申取朝廷指揮。其急切不可待報者，雖一面施行，亦須便具晝一奏知，所貴朝廷察其中平緩急，未便可以救止。」臣伏見英宗時，臣叔祖鎮出知陳州，辭日，英宗宣諭：「陳州累年災傷，卿到彼，悉心賑撫。」臣鎮至州，方值春種，即發常平倉貸民種糧。提刑司奏劾官吏，詔釋不問。陳州至京，不數日可以往返，然猶不先奏而行，恐不及于事也。神宗時，西京大水，遣郎官一人、御藥院内侍

❶「責任」，《范太史集》卷二〇《封還臣寮論浙西賑濟事狀》作「任責」。

一人賑恤，多方救濟。北京亦然。朝廷未嘗先爲條約以防之也。今兩浙在二千里外，事稍大者，若須申奏，比及得報，即已後時，雖急切許一面施行，若官司畏避，事無大小，一皆奏請，不敢專行，則此法豈不爲害？臣伏覩浙西鈐轄、轉運司前後申奏，累年災傷，今歲大水，以至結罪保明，奏乞斛斗、度牒。又云父老言四十年無此水災，近奏蘇州饑民死者，日有五七百人，饑疫更甚于熙寧時。又湖州奏貧人入城，死者相繼，遺棄男女，官爲收養。據此，則災傷輕重，亦可知矣。今詳臣寮所言，大意唯以朝廷所賜錢斛不少，恐災傷不至如所奏，故欲考察虚實，懲責謬妄。然臣之愚慮，竊謂朝廷已賜錢斛百二十萬，德深澤厚，又選監司以往，免更臨遣專使。今監司方出國門，錢斛纔至本路，即降此指揮約束，百姓必謂朝廷重惜錢斛，輕棄人命，百二十萬，已厭其多，將來乏食日遠，復何所望？所吝者財物，所失者人心。況本路有鈐轄司，轉運、提刑司、發運司互相監臨，而轉運司主財，不欲多費，故祖宗以來，賑濟委提刑司，蓋恐轉運司惜物也。監司州縣，有凶年饑饉，皆不得已而上聞，亦豈肯于無災之地，賑不饑之民，耗散倉廩，坐失租税，以取不辦之責哉？今唯當戒飭官司，多爲方略，存活人命，寬其約束，責其成效，庶幾餘民早獲安堵。唯是給散無法，枉耗官廩，賑救不及貧弱，出糶反利并兼，措置乖方，所宜約束。然此乃監司、使者之事，朝廷亦難遥爲處畫也。若監司得人，此弊自少。誠使有之，則人言相傳，亦豈可掩？臺諫足以風聞彈奏，朝廷足以考察案核，未爲晚也。今先降此指揮，徒能牽制撓亂其所爲耳。伏望聖慈以遠方生靈性命爲念，無以官司賑濟過甚爲憂。其臣寮所言，伏乞更不施行。

蕙田案：臣寮所言，大略慮報災之不實，欲遣申覆實數；又令官司賑濟，先奏後行。祖禹此狀，逐條分析，字字皆中肯綮。至云「官司守法，止有賑救不及之事，必無過當之理」，誠千古名言也。

【《文獻通考》】淳熙十年，先是户部尚書曾懷申請妄訴災傷，僥倖減免税租，許人告，依條斷罪，仍没其田一半充賞。至是，江東運副蘇諤奏：「詐稱災傷，止是規免本年一料税租，斷罪給賞，已是適中，難以拘没其田。」從之。

蕙田案：小民妄訴災傷，固不能保其必無，但懲之太重，雖災傷果實，誰復有陳訴者。名爲杜絶僥倖，其實則欲使民隱，不得上聞而已。馬氏詆曾懷爲刻剥小人，宜哉！

【朱子《與星子諸縣議荒政書》】一檢放之恩，著在令甲，謹已遵奉施行。今請同官當其任者，少帶人從，嚴切戒約，給與糧米錢物，不得縱容需索騷擾。又須不憚勞苦，逐一親到地頭，不可端坐寬凉去處，止據鄉保撰成文字。又須依公檢定分數，切不可將荒作熟，亦不可將熟作荒。其間或有疑似去處，或有用力勤苦之人，寧可分明過加優恤，不可縱令隨行胥吏受其計囑，别作情弊。

【《奏救荒畫一事件狀》】臣昨具奏諸州雨暘次第，曾有貼黄奏禀，乞詔州郡依條受理旱狀，❶及早差官檢放事。蓋爲田稻既是乾損，及其未穫之際便行檢踏，即荒熟之狀，明白易知。非惟官司不得病民，亦使姦民無由僥倖。所以著令訴旱，自有三限：夏田四月，秋田七月，水田八月。蓋欲公私兩便。近來官吏，不曾考究令文，但據傳聞云訴旱至八月三十日斷限，遂至九月方檢旱田。則非惟田中無稼之可觀，至于根查，亦不復可得而見矣。於是將旱損旱田，一切不復檢踏蠲放，窮民受苦，無所告訴，而其狡猾有錢賂吏者，則乘此暗昧，以熟爲荒，瞞官作弊，皆不可得而稽考。去歲本路諸州，大率皆然。欲乞降指揮劄下轉運司及本司，遍牒諸州縣，疾速受理旱狀。目下差官檢踏旱田荒熟分數，其中晚稻田，却候八月受狀，節次檢踏。如有奉行違慢、後時失實之處，許兩司按劾以聞，庶幾窮民將來獲霑實惠。

【《金史·章宗本紀》】明昌二年四月戊子，制：「諸部内災傷，主司應言而不言及妄言者，杖七十；檢視不以實者，罪如之。因而有傷人命者，以違制論。致枉有徵免者，坐贓論；妄告者，户長坐詐不以實罪；計贓重從詐匿不輸法。」

【《食貨志》】明昌二年二月敕：「自今民有訴水旱災傷者，即委官按視其實，申所屬州府，移報提刑司同所屬，檢畢始令翻耕。」

【《元史·世祖本紀》】至元二十年正月，諭：「自今管民官，凡有災傷，過時不申，及按察司不即行視者，皆罪之。」

❶「狀」，原作「帳」，據《晦庵集》卷一七《奏救荒畫一事件狀》改。

【《明會典》】凡報勘災傷，洪武十八年令：「災傷去處，有司不奏，許本處耆宿連名申訴，有司極刑不饒。」永樂二十二年令：「各處災傷，有按察司處，按察司委官；直隸處，巡按御史委官，會同踏勘。」

【《廣治平略》】永樂五年，帝聞河南饑而有司匿不以聞，又有言雨暘時若、禾稼茂實者。及遣人視之，民所收有十不及五者，有十不及一者，亦有掇草實爲食者，乃亟命發粟賑之，逮其官，悉寘于法。仍榜諭天下有司：「自今民間水旱災傷，不以聞者，必罪不宥。」

【《荒政考略》】洪熙元年，詔曰：「各處遇有水旱傷災，所司即便從實奏報，以憑寬恤。毋得欺隱，坐視民患。」

【《明會典》】成化十二年，令各處巡按御史、按察司官踏勘災傷，係民田者，會同布政司官；係軍田者，會同都司官。弘治十一年，令災傷處所，及時委官踏勘，夏災不得過六月終，秋災不得過九月終。若所司報不及時，風憲官徇情市恩，勘有不實者，聽户部參究。

神宗九年，題准地方，凡遇重大災傷，州縣官親詣勘明，申呈撫按，巡撫不待勘報，速行奏聞。巡按不必等候部覆，即將勘實分數作速具奏，以憑覆請賑恤。至于報災之期，在腹裏地方，仍照舊例，夏災限五月，秋災限七月內。沿邊如延寧、甘固、宣大、山西、薊、密、永昌、遼東各地方，夏災改限七月內，秋災改限十月內。俱要依期從實奏報。如州縣衛所官申報不實，聽撫按參究。如巡撫報災過期，或匿災不報，巡按勘災不實，或具奏遲延，併聽該科指名參究。又或報時有災，報後無災，及報時災重，報後災輕，報時災輕，報後災重，巡按疏明白，從實具奏，不得執泥巡撫原疏，致災民不沾實惠。

右檢勘災傷。

【《周禮·春官·典瑞》】珍圭以卹凶荒。

【注】珍圭，王使之瑞節。王使人憂凶荒之國，則授之執以往，致王命焉。卹者，闓府庫振救之。

易氏祓曰：「珍有貴重之義，賑救執之，以爲信也。」

【《秋官·小行人》】若國凶荒，則令賙委之。

【疏】《宗伯》云「荒禮哀凶札」，此云「國凶荒則賙委之」者，彼謂自貶損，此謂令他人以財委之。

【《唐開元禮》】賑撫諸州水旱蟲災。賑撫藩國水旱附。

皇帝遣使賑撫諸州水旱蟲災，本司散下其禮，所司隨職供辦。使者未到之前，所在長官先勒集所部寮佐等及正長、老人。本司先於廳事大門外之右設使者便次，南向。又於大門外之右設使者位，東向。大門外之左設長官以下及所部位，重行，北向西上。於廳事之庭少北，設使者位，南向。又於使者位之南三丈所，❶設長官位，北向。其所部寮屬則位于長官之後，文東武西，每等異位，重行北面，相對爲首。正長、老人則位其南，重行，北面西上。使者到，所司迎，引入便次。長官及所部嚴肅以待，正長、老人等並列于大門外之南，重行。北面西上。

至時，使者以下各服其服，所在長官及所部寮佐亦各服公服。行參軍引長官以下出，就門外位立。司功參軍引使者出就門外位立，持節者立于使者之北，史二人對舉制案，列于使者之南，俱少退東向。行參軍贊拜，長官及所部在位者皆拜。拜訖，行參軍

❶「又」，原作「及」，據《大唐開元禮》卷一三一改。

引長官等以次先入，立于門内之右，重行西面。司功參軍引使者入，幡節前導，持案者從之。使者到庭中位立，持節者于使者東南，西面。行參軍引長官以下俱入，就庭中位。立定，持節者脱節衣，持案者以案進使者前，使者取制書，持案者退復位。使者稱：「有制。」行參軍贊再拜，長官及諸在位者皆再拜。使者宣制書訖，行參軍又贊再拜，長官及諸在位者皆再拜。行參軍引長官進詣使者前，受制書，退復位訖，司功參軍引使者以下出，❶復門外位。行參軍引長官及諸在位者各出即門外位如初。行參軍贊拜，❷長官及諸在位者皆再拜。❸司功參軍引使者以下還便次。❹長官退，其正長、老人等任散。蕃國賑撫，同諸州禮。其國王供侍及出入、即館、饗食之屬，則如常，但略其燕好。

【宋《政和五禮新儀》】遣使賑撫諸州水旱蟲災。使者將至，所在長官預集本州官屬及鄉老等。所司先于長官廳大門外設使者次，又于門外設使者位，東向；長官以下位，北向西上。❺又于庭望闕設長官以下位，重行；設使者位于長官之左。使者至，所司引就次。各服公服。贊者先引長官以下立于門外位，又引使者就位立。史二人以案奉詔書，立于使者之南。贊者曰「拜」，長官以下皆再拜。贊者引長官以下以次先入，就庭中位。史捧詔書案前行，使者從之，入就庭中位。贊者贊使者搢笏，取詔

❶「司功」，原作「功曹」，據《大唐開元禮》卷一三一改。
❷「贊拜」二字，原脱，據《大唐開元禮》卷一三一補。
❸「長官及諸在位者皆再拜」，此句原脱，據《大唐開元禮》卷一三一補。
❹「司功參軍」四字，原脱，據《大唐開元禮》卷一三一補。
❺「上」字，原脱，據《政和五禮新儀》卷二〇八補。

書，執笏，以詔書加于笏上。史以案退，使者稱「有詔」，贊者曰「拜」，長官以下皆再拜。使者宣詔書訖，長官以下皆再拜。贊者引使者及長官各少前，相向俛伏跪，搢笏。使者以詔書授長官訖，各執笏。長官以詔書加于笏上，各俛伏，興。贊者曰「再拜」，長官以下皆再拜。贊者引使者還次，長官以下退。

右遣使存恤。

五禮通考卷第二百四十六

淮陰吴玉搢校字

五禮通考卷第二百四十七

內廷供奉禮部右侍郎金匱秦蕙田編輯
太子太保總督直隸右都御史桐城方觀承同訂
右春坊右贊善嘉定錢大昕
按察使司按察使仁和沈廷芳 參校

凶禮二

荒禮

【《周禮·地官·大司徒》】以荒政十有二聚萬民，【注】荒，凶年也。鄭司農云：「救饑之政，十有二品。」

鄭氏鍔曰：「金穰，水毀，木饑，火旱，或不可逃，所恃以無恐者，有救荒之政以聚之，則雖荒而不流徙矣。」

史氏浩曰：「大司徒裂土以封諸侯，度地以授萬民，宜先于賦斂而首及于荒政聚民之教，見先王本以恤民爲主。」

一曰散利。【注】鄭司農云：「散利，貸種食也。」【疏】謂豐時聚之，荒時散之，積而能散，使民利益。云「貸種食」者，謂民無者，從公貸之，或爲種子，或爲食用，至秋熟還公。據公家爲散，據民往取爲貸。

李氏曰：「夫家之征則薄之，山澤之禁則弛之，關之譏則去之，所以充一歲之入而爲國之經費者，今皆以予民，則已厚矣，而又散利，果何從給乎？吾是以知其所以爲荒政之備者，其蓄積有素也。後世常平、義倉斂散之法，美意出于此。」

王氏昭禹曰：「若《遺人》云『縣都之委積以待凶荒』是也。」

丘氏濬曰：「《易》云：『何以聚人曰財。』《大學》曰：『財散則民聚。』蓋天立君以治民，君必得民，然後可以爲君，是君不可一日無民也。然民必有安居托處之地，日用飲食之具，而後能聚焉。人君爲治，所以使一世之民恒有聚處之樂，而無分散之憂者，果用何物哉？財而已矣。然是財也，所以耗而費之者，固由乎人力，然尤莫甚于天災焉。是以人君當夫豐穰無事之時，而恒爲天災流行之思，斯民乏絶之慮，豫有以蓄積之，以爲凶荒之備焉。此無他，恐吾民之散而不可復聚也。是以《周禮》十二荒政，而以散利爲首。鄭氏謂：『散利者，貸種食也。』蓋予之食以濟一時之饑，予之種以爲嗣歲之計，聖人憂民之心，至矣遠矣。既散所有之利，而又行薄征以下十一事以濟之，此治古之世，所以時有豐凶，而民無憂患。民生所以長聚，而君位所以永安者，其以此歟！」

蕙田案：荒政，惟散利一條所包最廣，以後代之法言之，大約有三大端：曰周，曰貸，曰糶。周者，予而不責其償，宜施于灾傷已成之後。貸者，荒時散之，豐時斂之，宜施于青黄不接之時。糶者，減價出售，以平市直，宜施于穀米踊貴之日。此因時而别者也。又極貧户宜周，次貧户宜貸，中等户宜糶，此因户而别者也。注所云「貸種」，則後世借給耔種是也；「貸食」，則後世借給口糧是也。

【《鄉師》】以歲時巡國及野，而賙萬民之囏阨，以王命施惠。【注】歲時者，隨其事之時，不必四時也。囏阨，饑乏也。鄭司農云：「賙，讀爲周急之周。」

【《旅師》】掌聚野之耡粟、屋粟、閒粟，而用之，以質劑致民，平頒其興積，施其惠，散其利，而均其政令。【注】而，讀爲若，聲之誤也。若用之，謂恤民之囏阨。委積于野，如遺人于鄉里也。以質劑致民，案入税者名，會而貸之。興積，所興之積，謂三者之粟也。平頒之，不得偏頗有多少。縣官徵聚物曰興，今云「軍興」是也。是粟縣師徵之，旅師斂之而用之。以賙衣食曰惠，以作事業曰利。均其政令者，皆以國服爲之息。【疏】所聚之粟，遇有凶年，賑恤所輸入之人。欲與之粟，還案入税者之人名，會計多少以貸之。凡用粟，春頒而秋斂之。【注】困時施之，饒時收之。【疏】上所云是貸而生利，此所云是直給不生利也。官得舊易新，民得濟其困乏，官民俱益之也。

易氏祓曰：「春頒者，平頒其興積。秋斂者，聚野之耡粟、屋粟而用之。蓋凶荒之歲，秋雖不熟，尚有餘積，或可移用。及春作之始，苟非上之人爲之補助，則將有救死不贍之患。此先王所以專立春頒之法。漢之春和議賑貸，正與同意。」

李氏景齊曰：「散之以春，則民有以濟其乏；而斂之以秋，則粒米狼戾之時，不至于穀賤而傷農。」

蕙田案：《大司徒》荒政之「散利」，即此《旅師》所云「施惠、散利」也。春時農事方興，其無力者，頒粟以貸之；秋收則計其所貸而斂之。均政令者，各計其户口之多少，年歲之盈歉，以爲頒粟之差等。鄭以「國服爲息」解之，疑非是。蓋散利者，所以恤民之乏，不當又取其息也。

【《倉人》】掌粟入之藏。辨九穀之物，以待邦用。若穀不足，則止餘灋用；有餘，則藏之，以待凶而頒之。

王氏昭禹曰：「法式所用，有雖不足不可以已者，有待有餘然後用者。所謂餘法用，則待有餘而餘用者。」

易氏祓曰：「《大府》所謂『式貢之餘財，以供玩好。幣餘之賦，以待賜予』，《委人》所謂『凡其餘聚，以待頒賜』，『止餘法用』，止此者歟？『有餘，則藏之，以待凶而頒之』，是樂歲則取之于民，凶年則遂以頒之于民，取之不以爲虐，頒之乃所以爲利，無非充裕民之仁政。」

【《遺人》】縣都之委積，以待凶荒。【疏】縣，四百里。都，五百里。不見稍三百里，則縣都中可以兼之。特于此三處言凶荒者，畿外凶荒則入向畿内取之，畿内凶荒則向畿外取之。

鄭氏鍔曰：「凶荒，則流離入關者多矣，故積于縣都以待之。如漢時關東水旱，流民入關中仰食之類。即都鄙之境上以賙恤之，不來莩于京師。」

李氏景齊曰：「《司徒》荒政所以散利，或者取具于此歟？」

【《司稼》】掌均萬民之食，而賙其急，而平其興。【注】均，謂度其多少。賙，廩其艱阨。

李氏嘉會曰：「司稼尤近民，故賙急平興以先之。又不足，廩人始有移民就穀之事。」

黄氏度曰：「司稼巡稼，知歲之豐凶、民之寬急爲最切，故通掌其事。」

王氏與之曰：「平其興，亦當如《旅師》，謂平均其所興舉之粟以給之。」

【《司救》】凡歲時有天患民病，則以節巡國中及郊野，而以王命施惠。【注】施惠，賙恤之。

【《春秋》文公十六年《左氏傳》】宋公子鮑禮于國人。宋饑，竭其粟而貸之。

【襄公二十九年《左氏傳》】五月，鄭子展卒，子皮即位。於是鄭饑，而未及麥，民病。子皮以子展之命餼國人粟，户一鍾。是以得鄭國之民，故罕氏常掌國政，以爲上卿。宋司城子罕聞之，曰：「鄰于善，民之望也。」宋亦饑，請于平公，出公粟以貸，使大夫皆貸。司城氏貸而不書，爲大夫之無者貸。宋無饑人。

【昭公三年《左氏傳》】晏子曰：「公棄其民而歸于陳氏。齊舊四量，豆、區、釜、鍾。四升爲豆，各自其四，以登于釜。釜十則鍾。陳氏三量，皆登一焉。鍾乃大矣，以家量貸，而以公量收之。」

蕙田案：春秋時，列國無復舉散利施惠之政者，旅師、司稼，其職久廢，而世卿大族，或藉以結民心而專國政，若宋子罕者，其猶有歸美于君之意乎！

【《孟子》】齊饑，陳臻曰：「國人皆以夫子將復爲發棠，殆不可復。」【注】棠，齊邑也。孟子嘗勸齊王發棠邑之倉以賑貧窮，時人賴之。今齊人復饑，陳臻言：「一國之人皆以爲夫子將復若發棠時勸王也，殆不可復言之也。」

【《漢書·文帝本紀》】後六年夏四月，大旱，蝗，發倉庾以振民。

【《後漢書・章帝本紀》】永平十八年，京師及三州大旱，詔其以見穀賑給貧人。

建初元年春正月，詔三州郡國：「方春東作，恐人稍受廩，往來繁劇，或妨耕農。其各實覈尤貧者，計所貸并與之。流人欲歸本者，郡縣其實稟，令足還到，聽過止官亭，無雇舍宿。長吏親躬，無使貧弱遺脱，小吏豪右得容姦妄。詔書既下，勿得稽留，刺史明加督察尤無狀者。」❶

【《和帝本紀》】永元十二年閏四月，賑貸敦煌、張掖、五原民下貧者穀。六月，舞陽大水，賜被水災尤貧者穀，人三斛。　十三年二月丙午，❷賑貸張掖、居延、朔方、日南貧民及孤寡羸弱不能自存者。秋八月，詔象林民失農桑業者，賑貸種糧，稟賜下貧穀食。❸　十四年夏四月庚辰，賑貸張掖、居延、敦煌、五原、漢陽、會稽流民下貧穀，各有差。　十五年二月，詔稟貸潁川、汝南、陳留、江夏、梁國、敦煌貧民。

【《安帝本紀》】永初元年正月，❹稟司隷、兗、豫、徐、冀、并州貧民。　二年春正月，稟河南、下邳、東萊、河内貧民。二月，遣光禄大夫樊準、吕倉分行冀、兗二州，稟貸流民。冬十月，稟濟陰、山陽、玄菟貧民。十二月，稟東郡、鉅鹿、廣陽、安定、定襄、沛國貧民。❺　四年正月，稟上郡貧民各有差。二月，稟九江貧民。

❶「督」，原作「篤」，據《後漢書・章帝本紀》改。
❷「二」，原作「三」，據《後漢書・和帝本紀》改。
❸「食」字，原脱，據《後漢書・和帝本紀》補。
❹「初」，原作「和」，據《後漢書・安帝本紀》改。
❺「東」，原作「河」，下「定」字，原脱，據《後漢書・安帝本紀》改補。

元初二年正月，詔稟三輔及并、凉六郡流冗貧人。　五年三月，京師及郡國五旱，詔稟遭旱貧人。

【《順帝本紀》】永建二年二月，詔稟貸荆、豫、兖、冀四州流冗貧人，所在安業之，疾病致醫藥。　三年四月，遣光禄大夫案行漢陽及河内、魏郡、陳留、東郡，稟貸貧人。

陽嘉元年二月，詔稟甘陵貧人，大小口各有差。　三月，稟冀州尤貧民。

永和四年秋八月，太原郡旱，民庶流冗。　癸丑，遣光禄大夫案行稟貸。

【《桓帝本紀》】建和元年二月，荆、揚二州人多餓死，遣四府掾分行賑給。

【《魏志・文帝本紀》】黄初三年秋七月，冀州大蝗，民饑，使尚書杜畿持節開倉廩以振之。　五年十一月，以冀州饑，遣使者開倉廩振之。

【《明帝本紀》】景初元年九月，冀、兖、徐、豫四州民遇水，遣侍御循行，没溺死亡及失財産者，在所開倉賑救之。

【《晉書・武帝本紀》】泰始四年九月，青、徐、兖、豫四州大水，伊、洛溢，合于河，開倉以振之。

【《惠帝本紀》】元康八年春正月，地震，詔發倉廩，振雍州饑人。

【《元帝本紀》】太興元年十二月，江東三郡饑，遣使振給之。

【《食貨志》】太興二年，三吴大饑，死者以百數。　吴郡太守鄧攸輒開倉廩賑之。　元帝時，使黄門侍郎虞𩥇、桓彝開倉廩振給，并省衆役。

【《成帝本紀》】咸康二年七月，揚州、會稽饑，開倉振給。

【《哀帝本紀》】隆和元年冬十月，賜貧乏者米，人五斛。

【《宋書・文帝本紀》】元嘉十二年六月，丹陽、淮南、吴興、義興大水，以徐、豫、南兖三州，會稽、宣城二郡米數百萬斛，賜五郡遭水民。

【《沈演之傳》】元嘉十二年，東諸郡大水，民人饑饉，吴興、義興及吴郡之錢唐，升米三百。以演之及尚書祠部郎江邃並兼散騎常侍，巡行拯卹，許以便宜從事。演之乃開倉廩以賑饑民，民有生子者，口賜米一斗。

二十年，諸州郡水旱傷稼，民大饑，遣使開倉賑卹。

【《孝武帝本紀》】大明元年五月，吴興、義興大水，民饑。乙卯，遣使開倉賑卹。　七年十月，詔曰：「雖秋澤頻降，而夏旱嬰弊，可即開行倉，❶並加賑賜。」　八年二月，詔曰：「去歲東境偏旱，田畝失收，使命來者，多至乏絶。或下流窮穴，頓伏街巷。朕甚閔之，可出倉米付建康、秣陵二縣，隨宜贍恤。若濟拯不時，❷以至捐棄者，嚴加糾劾。」

【《南齊書・武帝本紀》】永明六年八月，詔：「吴興、義興水潦，被水之鄉，賜痼疾篤癃口二斛，老疾一斛，小口五斗。」　八年十月，詔吴興水淹過度，開所在倉賑賜。

【《魏書・太武帝本紀》】泰常八年十月，即皇帝位。十有二月，開倉庫賑窮乏。

【《册府元龜》】泰常八年十月，以歲饑，詔所在開倉賑給。

❶ 「行」，校點本《宋書》校勘記：「《元龜》一九五及二〇五無『行』字。」

❷ 「濟」，原作「温」，據校點本《宋書》校勘記改。

【《魏書·太武帝本紀》】神䴥四年二月，定州民饑，詔啟倉以賑之。

太平真君元年，州鎮十五民饑，開倉賑恤。　九年二月，山東民饑，啟倉賑之。

【《文成帝本紀》】興安元年十有二月，詔以營州蝗，開倉賑恤。

太安三年十有二月，以州鎮五蝗，民饑，使使者開倉以賑之。　五年冬十有二月，詔曰：「六鎮、雲中、高平、二雍、秦州，偏遇災旱，年穀不收。其遣開倉廩以賑之。有流徙者，諭還桑梓。」

和平五年二月，詔以州鎮十四去歲蟲、水，開倉賑恤。

【《獻文帝本紀》】天安元年，州鎮十一旱，民饑，開倉賑恤。

皇興二年十有一月，以州鎮二十七水旱，開倉賑恤。　四年春正月，詔州鎮十一民饑，開倉賑恤。

【《孝文帝本紀》】延興二年六月，安州民遇水雹，丐租賑恤。九月，詔以州鎮十一水，丐民田租，開倉賑恤。　三年三月，詔諸倉囷穀麥充積者，出賜貧民。是歲州鎮十一水旱，丐民田租，開倉賑恤。　四年，州鎮十三大饑，丐民田租，開倉賑之。

太和元年春正月，雲中饑，開倉賑恤。十有二月，詔以州郡八水旱蝗，民饑，開倉賑恤。

二年，州鎮二十餘水旱，民饑，開倉賑恤。

三年六月，以雍州民饑，開倉賑恤。　四年，以州鎮十八水旱，民饑，開倉賑恤。

五年十有二月，詔以州鎮十二民饑，開倉賑恤。　七年十有二月，詔以州鎮十三民饑，開倉賑恤。　八年十有二月，詔以州鎮十五水旱，民饑，遣使者巡行，問所疾苦，開倉賑恤。　十年十有二月，詔以汝南、潁川大饑，丐民田租，開倉賑恤。　十有一年二月，詔以肆州之雁門及代郡民饑，開倉賑恤。六月辛巳，秦州民饑，開倉賑恤。　十有二年十有一月，詔以二雍、豫三州民饑，開倉賑恤。　十三年四月，州鎮十五大饑，詔所在開倉賑恤。　二十年十有二月，以西北州郡旱儉，❶遣侍臣循察，開倉賑恤。

【《宣武帝本紀》】太和二十三年夏四月，即皇帝位。是歲，州鎮十八水，民饑，分遣使者，開倉賑恤。

景明元年，十七州大饑，分遣使者，開倉賑恤。

正始四年秋八月，敦煌民饑，開倉賑恤。　九月，司州民饑，開倉賑恤。

永平二年夏四月，詔以武州鎮饑，開倉賑恤。　三年五月，詔以冀、定二州旱儉，開倉賑恤。

延昌元年春正月，以頻水旱，百姓饑敝，分遣使者，開倉賑恤。二月，州郡十一大水，詔開倉賑恤。以京師穀貴，出倉粟八十萬石，以賑貧者。六月，詔出太倉粟五十萬石，以賑京師及州郡饑民。　二年二月，以六鎮大饑，開倉賑贍。六月，青州民饑，詔使者開倉賑恤。　三年夏四月，青州民饑，開倉賑恤。

【《孝明帝本紀》】熙平元年夏四月，以瀛州民饑，開倉賑恤。　二年冬十月庚寅，以幽、冀、滄、瀛四州大饑，遣尚書長孫稚，兼尚書酈羡、元纂等巡撫百姓，開倉賑恤。戊戌，以光州饑敝，遣使賑恤。

神龜元年春正月，幽州大饑，民死者三千七百九十九人，詔刺史趙邕開倉賑恤。

❶「西北」，校點本《魏書》校勘記以爲當作「南北」。

【《食貨志》】天平三年秋，并、肆、汾、建、晉、秦、陝、東雍、南汾九州霜旱，民饑流散。四年春，詔所在開倉賑恤之，而死者甚衆。

【《北齊書·武成帝本紀》】河清四年三月，詔給西兗、梁、滄、趙州，司州之東郡、陽平、清河、武都，冀州之長樂、渤海遭水潦之處貧下户粟，各有差，家别斗升而已，又多不付。

【《周書·武帝本紀》】建德四年，岐、寧二州民饑，開倉賑給。

【《隋書·食貨志》】山東頻年霖雨，杞、宋、陳、亳、曹、戴、譙、潁等諸州，達于滄海，皆困水災，所在沉溺。　開皇十八年，天子遣使，將水工，巡行川源，相視高下，發隨近丁，以疏導之，困乏者開倉賑給，前後用穀五百餘石，❶自是頻有年矣。

【《册府元龜》】唐武德元年十二月，開倉以賑貧乏。　貞觀十五年二月，建州言去秋鼠災損稼，發義倉賑之。　十七年七月，汝南州旱，開倉賑給。　十八年九月，穀、襄、豫、荆、徐、梓、忠、綿、宋、亳十州言大水，並以義倉賑給之。　十九年正月，易州言去秋水害稼，開義倉賑給之。　二十一年八月，萊州螟，發倉以賑貧乏。　二十二年正月，詔建州去秋蝗，以義倉賑貸。　二月，詔泉州去秋蝗及海水泛溢，開義倉賑貸。

【《唐書·高宗本紀》】永徽二年正月，開義倉以賑民。

【《舊唐書·高宗本紀》】儀鳳四年二月，東都饑，官出糙米，以救饑人。

【《册府元龜》】景龍三年三月，制發倉廩賑饑人。

❶「餘」下，校點本《隋書》校勘記以爲脱「萬」字。

開元二年正月，敕曰：「如聞三輔近地，幽、隴之間，頃緣水旱，素不儲蓄，嗷嗷百姓，已有饑者，宜令兵部員外郎李懷讓、主爵員外郎慕容珣，分道即馳驛往岐、華、同、幽、隴等州，指宣朕意，灼然乏絶者，速以當處義倉，量事賑給。如不足，兼以正倉及永豐倉米充。仍令節減，務救懸絶者。還日奏聞。」　六年三月，詔曰：「間者河北、河南，頗非善熟，人間糧食，固應乏少。頃雖分遣使臣，已令巡問，猶慮鰥獨，不能自存。凡立義倉，用爲歲備。今舊穀向没，新穀未登，宜開彼用儲，時令貸給。況京坻轉積，歲月滋壞，因而變造，爲利宏多。將以散滯收羸，理財均施，所司合作條件，俾便公私。」　八年二月，以河南、淮南、江南頻遭水旱，遣吏部郎中張旭等分道賑恤。四月，華州刺史竇思仁奏：「乏絶户請以永豐倉賑給。」從之。　十五年七月，冀州、幽州、莫州大水，河水泛溢，漂損居人室宇及稼穡，並以倉糧賑給之。八月，制曰：「河北州縣，水災尤甚，言念蒸人，何以自給。朕當宁興想，有勞旰昃，在予之責，用軫于懷。宜令所司，量支東都租米二十萬石賑給。」

【《盧從愿傳》】開元二十年，河北饑，詔爲宣撫處置使，發倉廩賑饑民。

【《舊唐書・玄宗本紀》】開元二十一年，關中久雨害稼，京師饑，詔出太倉粟二百萬石給之。

【《文獻通考》】開元二十二年，敕：「應給貸糧，本州録奏，待敕到，三口以下給米一石，六口以下給米兩石，七口以下給米三石。如給粟，準米計折。」

【《册府元龜》】開元二十九年，制曰：「本制倉儲，用防水旱。朕每念黎庶，嘗憂匱乏。

承前有遭損之州，皆待奏報，然後賑給。近年亦分命使臣，與州縣相知處置。尚慮道路應遠，往復淹滯，以此恤人，何救懸絶。自今已後，若有損處，應須賑給，宜令州縣長官與採訪使勘會，量事給訖奏聞，朕當重遣使臣宣慰按覆。」

貞元元年正月，賑貸諸道將士百姓，昭義、河東、成德、幽州、義武、魏博、奉誠、晉慈隰、宣武、平盧、汴滑、河陽、東都畿汝州諸軍節度，合賑米四十七萬石。

【《舊唐書·德宗本紀》】貞元八年十二月，詔賜遭水縣乏絶户米三十萬石。

【《册府元龜》】貞元十三年三月，河南府上言：「當府旱損，請借含嘉倉粟五萬石賑貸百姓。」可之。

【《舊唐書·德宗本紀》】貞元十四年六月，以旱儉，出太倉粟賑貸。

【《舊唐書·憲宗本紀》】順宗即位之年，八月，受内禪，即皇帝位。九月，敕申光蔡、陳許兩道，比遭亢旱，宜加賑恤。申、光、蔡賑米十萬石，陳、許五萬石。

【《册府元龜》】元和元年四月，命禮部員外郎裴汶以米十萬石賑給于浙東。四年六月，渭南縣暴水發溢，漂損廬舍二百一十三户，秋田十六頃，溺死者六人，命京兆府發義倉賑給。十一月，詔：「淮南揚、楚、滁三州，浙西潤、蘇、常三州，今年歉旱尤甚，米價殊高，言念困窮，豈忘存恤。宜以江西、湖南、鄂岳、荆南等使折糴米三十萬石賑貸淮南道三州，三十萬石賑貸浙西道三州。❶恐此米來遲，不救所切，宜委淮南、浙西觀察使且各以當道軍糧米據數給旱損人户，

❶「賑」字，原脱，據上下文義補。

節級作條件賑貸。淮南李吉甫，浙西韓皐，躬親部署，令刺史縣令切加勾當，使此米必及饑人，以副朕意。如賑貸三州之外，可及諸州，亦聽量便宜處置。待江西等道折糴和糴米到，各處依數收管。」六年二月，制曰：「如聞京畿之内，緣舊穀已盡，粟麥未登，尚不足于食陳，豈有餘于播種，勸其耕食，固在及時，念彼徵求，尤資寬貸。京兆府宜以常平、義倉粟二十四萬石貸借百姓。其諸道府州有乏少糧種處，亦委所在官長用常平、義倉糧借貸。淮南、浙西、宣歙等道，元和四年賑貸，並且停徵，容至豐年，然後填納。」

【《舊唐書・憲宗本紀》】元和七年二月，詔以去秋旱歉，賑京畿粟三十萬石。其元和六年春賑貸百姓粟二十四萬石，並宜放免。九年二月，詔以歲饑，賑常平、義倉粟三十萬石。十一年四月，以徐、宿饑，賑粟八萬石。十二年正月，❶以京畿及陳、許饑，詔鄭滑觀察使以估糴官粟救之。九月，制曰：「諸道應遭水州府，河南、❷澤潞、河東、幽州、江陵府等管内，及鄭、滑、滄、景、易、定、陳、許、晉、隰、蘇、襄、復、台、越、唐、隨、鄧等州人户，宜令本州厚加優恤，仍各以當處義倉斛㪷，據所損多少，量事賑給訖，具數奏聞。」十四年七月，東都留守上言河南府汝州百姓饑，詔貸河南府粟五萬石、汝州二萬石。

【《舊唐書・穆宗本紀》】長慶二年七月，陳、許水災，賑粟五萬石。

❶「十二年正月」至「汝州二萬石」，不見於《舊唐書・憲宗本紀》，散見於《舊唐書・食貨志》、《冊府元龜》卷一〇六等。

❷「南」，《舊唐書・食貨下》作「中」。

【《册府元龜》】太和二年七月詔曰：「如聞山東降災，淫雨泛濫，應是諸州遭水損田苗，壞廬舍處，宜委所在吏，切加訪恤。如不能自濟者，宜發義倉賑給，普令均一，以副朕懷。」　三年五月，詔：「去歲已來，水損處鄆、曹、濮、青、淄、德、齊等三道，宜各賜米五萬石，❶並以入運米在側近者，逐便速與搬運。仍以右司員外郎劉茂復充曹濮等道賑恤使，❷户部員外郎嚴譽兖海等道賑恤使。」　四年七月，許州上言去年六月二十一日被水，有詔仍令宣慰使李珝與本道勘會人户實水損，每人量給米一石，其當户人多，亦不得過五石。令度支以逐便支送其人粟數分并以聞。　八月，舒州上言：「當州太湖、宿松、望江等縣，從今年四月已後，江水泛漲，没百姓産業，共計六百八十二户並盡，人皆就高避水，饑貧無食。」有詔以義倉賑給。

【《舊唐書・文宗本紀》】太和四年秋七月，太原饑，賑粟三萬石。　九月，舒州太湖、宿松、望江三縣水，溺民户六百八十，詔以義倉賑貸。　是歲，京畿、河南、江南、荆襄、鄂岳、湖南等道大水害稼，出官米賑給。　五年春正月，太原旱，賑粟十萬石。　秋七月，劍南東、西兩川水，遣使宣撫賑給。　六年二月，蘇、湖二州水，賑米二十二萬石，以本州常平、義倉斛斗給。　五月，浙西丁公著奏杭州八縣災疫，賑米七萬石。

【《册府元龜》】太和七年正月，以旱，詔京兆府、河中等九州府，宜賜粟五十六萬石，並以常平、義倉及所糴斛㪷充，無本色者以運米折給，委本州府長吏明作等第，差官吏對

❶「石」下，《册府元龜》卷一〇六有「兖海三萬石」五字。
❷「右」，原作「有」，據《册府元龜》卷一〇六改。

面宣賜，先從貧下起給。

開成元年正月，詔同州賜穀六萬石，河中府、絳州共賜十萬石，委度支、户部以見貯粟麥充賜。

【《舊唐書·文宗本紀》】開成三年春正月，詔去秋蝗蟲害稼處，以本處常平倉賑貸。

【《文苑英華》】開成三年正月，詔：「淄、青、兖、海、鄆、曹、濮，去秋蟲蝗，害物偏甚，宜以當處常平、義倉斛斗速加賑救。京兆府諸州府應有蝗蟲米穀貴處，亦宜以常平、義倉及側近官中所貯斛斗，量加賑恤。」

【《唐書·宣宗本紀》】大中九年七月，以旱，遣使巡撫淮南，發粟賑民。

【《册府元龜》】後唐同光四年正月，明宗奏深、冀諸州縣流亡饑饉户一千四百，乞鄴都倉儲借貸以濟窮民。

長興元年正月，滑州上言：「准詔賑貸貧民，以去年水災故也。」二月，郊禋禮畢，制曰：「諸州府或經水旱災沴，恐人户闕少糇糧，方值春時，誠宜賑恤。宜令逐處取去年納到新好屬省斛斗，各加賑貸，候秋收日徵納。」是月，宋州奏准詔賑貸粟萬石。五月，青州奏准詔賑貸貧民糧一萬四百一十九石。　三年七月，内出御劄示百僚曰：「今年州府遭水潦處，已下三司各指揮本州府支借麥種及等第賑貸斛食，仰逐處長吏，切加安存，不得輒有差使。如户口流移，其户下田園、屋宅，仰村鄰節級長須主管，不得信令殘毁，候本户歸日，具元本桑棗根數及什物數目交付，不得致有欠少。本户未歸，即許鄰保請佃供輸，若入務時歸業，准例收秋後交付。」

後晉天福六年四月，以齊路民饑，詔兖、青、鄆三州發管内倉糧賑貸。　七年七月，開封府奏：「准宣給糧二萬石，賑諸縣貧民。」八月，詔襄州城内百姓等，久經圍閉，例各饑貧，宜示頒宣，用明恩渥。　大户各賜粟二石，小户各賜粟一石，宜令襄州以見在數充。十二月，詔遣供奉官馬延翰雒京賑恤饑民，仍宣河南府差大將，量將米豆往諸山谷，裱散給人户。　其諸縣係欠秋税，與限至來年夏麥徵納。

後周廣順二年二月，齊州言：「禹城縣二年水，民饑流亡。　今年見固河倉有濮糧五萬二千餘斛，欲賑貸。」敕：「諸邑留二三千斛給巡檢職員，餘並賑貸貧民。」

顯德四年二月，命左諫議大夫尹日就于壽州開倉，賑其饑民。　六年三月，遣使往和州，開倉以賑饑民。　命壽州開倉，以賑饑民。

【《文獻通考》】顯德六年，淮南饑，上命以米貸之。　或曰：「民貧，恐不能償。」上曰：「民猶子也，安有子倒懸而父不爲解者？　安責其必償也？」

【《宋史·食貨志》】宋之爲治，一本于仁厚，凡振貧恤患之意，視前代尤爲切至。　諸州歲歉，必發常平、惠民諸倉粟，或平價以糶，或貸以種食，或直以振給之，無分于主客户。　不足，則遣使馳傳發省倉，或轉漕粟于他路。　又不足，則出内藏或奉宸庫金帛，鬻祠部度僧牒，東南則留發運司歲漕米，或數十萬石，或百萬石濟之。

初，建隆三年，户部郎中沈義倫使吴越還，言：「揚、泗饑民多死，郡中軍儲尚餘萬斛，宜以貸民。」有司沮之曰：「若來歲未稔，❶

❶「來」字，原脱，據《宋史·食貨上六》補。

誰任其咎？」義倫曰：「國家以廩粟濟民，自當召和氣，致豐年，寧憂水旱耶？」太祖悦而從之。

【《太祖本紀》】乾德元年二月辛亥，澶、滑、衛、魏、晉、絳、蒲、孟八州饑，命發廩振之。

【《文獻通考》】開寶四年，詔賑廣南管内州縣鄉村不接濟人户，委長吏于省倉内量行賑貸，候豐稔日，令只納元數。

【《宋史·太祖本紀》】開寶六年二月，曹州饑，漕太倉米二萬石振之。　七年六月，河中府饑，發粟三萬石振之。

【《文獻通考》】開寶八年，平江南，詔出米十萬石，賑城中饑民。

太宗太平興國八年，以粟四萬石賑同州饑。

【《宋史·太宗本紀》】端拱二年三月，以太倉粟貸京畿饑民。

【《文獻通考》】淳化二年，詔永興、鳳翔、同、華、陝等州歲旱，以官倉粟貸之，人五斗，仍給復二年。　五年，命直史館陳堯叟等往宋、亳、陳、潁等州，出粟以貸饑民，每州五千石及萬石，仍更不理納。

【《宋史·真宗本紀》】咸平二年三月，江浙發廩賑饑。是歲，江浙、廣南、荆湖旱，嵐州春霜害稼，分使發粟賑之。　四年閏十二月，河北饑，發廩賑之。

【《文獻通考》】咸平五年，遣中使詣雄、霸、瀛、莫等州，爲粥以賑饑民。兩浙提刑鍾離瑾言：「百姓缺食，官設糜粥，民競赴之，有妨農事。請下轉運司，量出米賑濟，家得一斗。」從之。

【《宋史·真宗本紀》】大中祥符元年正月，夏州饑，請易粟，許之。　二年九月，賜秦州被水民粟，人一斛。發官廩，振鳳州水災。　七年三月，發粟振儀州饑。　九年二月，延州蕃部饑，貸以邊穀。　八月，令江淮發運司留上供米五十萬，以備饑年。

天禧元年二月，詔振災，發州郡常平倉。　是歲，諸路蝗，民饑。　鎮戎軍風雹害稼，詔發廪振之。　四年二月，發唐、鄧八州常平倉，振貧民。　三月，振蕃部粟。　五月，發粟振秦隴。

乾興元年二月，詔蘇、湖、秀州民饑，貸以廪粟。

【《仁宗本紀》】天聖三年十一月，晉、絳、陝、解州饑，發粟振之。　四年十二月，發米六十萬斛，貸畿内饑。

【《鞠詠傳》】詠爲三司鹽鐵判官，天聖六年，河北、京師旱，饑，奏請出太倉米十萬石振饑民。

明道元年冬十月，詔漢陽軍發廪粟以振饑民。　二年正月，詔發運使以上供米百萬斛振江淮饑民，遣使督視。

景祐元年正月，發江淮漕米振京東饑民。

二年，以鎮戎軍薦饑，貸弓箭手粟麥六萬石。

寶元二年九月，出内庫銀四萬兩，易粟振益、梓、利、夔路饑民。

慶曆八年九月，詔三司以今年江淮漕米轉給河北州軍。　十二月，出内藏錢帛賜三司，貿粟以濟河北流民。

皇祐元年十一月，詔河北被災民，八十以上及篤疾不能自存者，人賜米一石，酒一斗。　五年五月，詔轉運司振邕州貧民，户貸米一石。

【《英宗本紀》】治平元年八月，以上供米三萬石振宿、亳二州水災户。

【《文獻通考》】治平四年，河北旱，民流入京師。　待制陳薦請以糴使司陳粟貸民，❶户二

❶「使」，原作「便」，據《文獻通考》卷二六改。

石。從之。御史中丞司馬光上疏曰：「聖王之政，使民安其土，樂其業，自生至死，莫有離散之心。爲此之要，在于得人。以臣愚見，莫若謹擇公正之人爲河北監司，使之察災傷州縣，守宰不勝者易之，然後多方那融斗斛，各使賑濟本州縣之民。若斗斛數少，不能周徧者，且須救土著農民，各據版籍，先從下等，次第賑濟，則所給有限，可以豫約矣。」

【司馬光《論賑濟劄子》】臣竊惟鄉村人户，播植百穀，種藝桑麻，乃天下衣食之原也，比於餘民，尤宜存恤。凡人情戀土，各願安居，苟非無以自存，豈願流移他境。國家若於未流移之前，早行賑濟，使糧食相接，不至失業，則比屋安堵，官中所費少，而民間實受賜。若於既流移之後，方散米煮粥，以有限之儲蓄，待無窮之流民，徒更聚而餓死，官中所費多，而民實無所濟。伏覩近降朝旨，令「户部指揮府界諸路提點刑獄司，體量州縣人户，如委是闕食，據見在義倉及常平米穀，速行賑濟。仍丁寧指揮州縣，多方存恤，無致流移失所」。此誠得安民之要道。然所以能使民不流移者，全在本縣令佐得人。欲使更令提點刑獄司指揮逐縣令佐，專切體量鄉村人户，有闕食者，一面申知上司及本州，更不候回報，即將本縣義倉及常平倉米穀直行賑貸，仍據鄉村三等人户，逐户計口，出給歷頭，大人日給二升，小兒日給一升，令各從民便。或五日，或十日，或半月一次，齎歷頭詣縣請領，縣司亦置簿照會。若本縣米穀數少，則先從下户出給歷頭，有餘，則并及上户。其不願請領者，亦聽。候將來夏秋成熟，糧食相接日，即據簿歷上所貸過糧，令隨税送納，一斗只納一斗，更無利息。其令佐若别有良法，簡易便民，勝於此法者，亦聽從便。要在民不乏食，不至流移而已。仍令提點刑獄司，常切體量逐縣令佐，有能用心存恤闕食人户，雖係災傷並不流移者，保明聞奏，優與酬奬。其全不用心賑貸，致户口多流移者，取勘聞奏，乞行停替。庶使吏有所勸沮，百姓實霑聖澤。

【《神宗本紀》】熙寧元年二月，貸河東饑民粟。七年二月，發常平米振河陽饑民。七月，以米十五萬石振河北西路災傷。八月，置場于南薰、安上門，❶給流民米。十月，詔浙西路提舉司出米振常、潤州饑。八年正月，輟江南東路上供米，均給災傷州軍。

【曾鞏《越州趙公救菑記》】熙寧八年夏，吴越大旱。九月，資政殿大學士、右諫議大夫、知越州趙公，前民之未饑，爲書問屬縣：菑所被者幾鄉？民能自食者有幾？當廪于官者幾人？溝防構築可僦民使治之者幾所？庫錢倉粟可發者幾何？富人可募出粟者幾家？僧、道士食之羨粟，書于籍者，其幾具存？使各書以對而謹其備。州縣吏録民之孤老疾弱不能自食者二萬一千九百餘人以告。故事，歲廪窮人，當給粟三千石而止。公斂富人所輸，及僧、道士食之羨者，得粟四萬八千餘石，佐其費。使自十月朔，人受粟，日一升，幼小半之。憂其衆相蹂也，使受粟者，男女異日，而人受二日之

❶ 「薰」，原作「董」，據《宋史·神宗本紀》改。

食。憂其且流亡也，于城市郊野爲給粟之所，凡五十有七，使各以便受之，而告以去其家者勿給。計官爲不足用也，取吏之不任職而寓于境者，給其食而任以事。不能自食者，有是具也。能自食者，爲之告富人，無得閉糶。又爲之出官粟五萬二千餘石，平其價予民。爲糶粟之所凡十有八，使糴者自便如受粟。又僦民完城四千一百丈，爲工三萬八千，計其傭，與錢又與粟，再倍之。民取息錢者，告富人縱予之，而待熟，官爲責其償。棄男女者，使人得收養之。

【《宋史·神宗本紀》】元豐元年八月，詔濱、棣、滄三州被水民，以常平糧貸之。庚午，詔青、齊、淄三州，給流民食。　二年二月，滄州饑，發倉粟振之。

【《文獻通考》】元豐元年，詔以濱、棣、滄州被水災，令民第四等以下立保貸請常平糧有差，仍免出息。帝曰：「賑濟之法，州縣不能舉行。夫以政殺人，與刃無異。今出入一死罪，有司未嘗不力爭。至于凶年饑歲，老幼轉死溝壑，而在位者殊不恤。此出於政事不修，而士大夫不知務也。」

【王巖叟《請依舊法賑濟免河北貸糧出息疏》】臣按祖宗賑濟舊法，災傷無分數之限，人户無等第之差，皆得借貸，但令隨税納元數而已，未嘗有息也。故四方之人，霑惠者溥，銜恩者深，郡縣倉庾，以陳易新者多。其後刻薄之吏，陰改舊法，必待災傷，放税七分以上，方許貸借，而第四等以下，方免出息，殊非朝廷本意。緣災傷放税，多是監司以聚斂爲急，威脅州縣。州縣又承望風旨，不復體心朝廷以災傷的實分數除放。若放及七分者，災傷已是十分，況少肯放及七分。又六分之與七分，相去幾何，毫釐之間，何以辨別？幸而得爲七分，別有借貸，不幸而爲六分，則無借貸，但繫檢災官吏一言之高下，而被災百姓幸不幸相遠如此，不可不察也。三等而上，均爲赤子，均遇天災，豈容因災，偏令出息。計其所得則甚少，論其所損則實多。乖陛下平一之心，虧朝廷光大之施。臣乞復如舊法，不限災傷之分數，並容借貸；不拘民户之等第，均令免息。庶幾聖澤無間，感人心於至和，天下幸甚。如允臣所奏，其河北、京西、淮南等路昨來水災州縣，乞先次指揮施行。

蕙田案：賑貸之令，以拯窮民，自不當更收其息。況大荒之民宜賑濟，次荒之民宜賑借，必災傷已及十分方許貸借，則太晚矣。王巖叟之議，最爲正大。

【《宋史·哲宗本紀》】紹聖元年三月，詔振京東、河北流民，貸以穀麥種，諭使還業。是歲，京師疫，洛水溢，太原地震，河北水，發京都粟振之。

【蘇軾《乞將損弱米貸與上户令賑濟佃客狀》】紹聖元年二月日狀奏，臣契勘本路州軍災傷，闕食人户，雖已奏准朝旨於法外減價出糶常平白米賑濟。訪聞民間闕乏，少得見錢糴買，尚有饑困之人。今點檢得定州省倉有專副杲榮、趙昇界熙寧八年糴到軍糧白米，及專副梁儉、劉受界元豐三年米，皆爲年深，夾襍損弱，不堪就整充廂軍人糧支遣，每月只充廂軍次米帶支。今契勘得逐次止帶支五百石，比至支絶，更須三五年間，顯見轉至陳惡。兼聞本州管下村坊客户，見今實闕餱糧。其上等人户，雖各有田業，緣值災傷，亦甚闕食，難以賑濟。況客户乃主户之本，若客户闕食流散，主户亦須荒廢田土矣。今相度，欲望朝廷詳酌，特降指揮下定州，將兩界見在陳損白米二萬餘石，分給借貸與鄉村第一等第二等主户吃用，令上件兩等人户，據客户人數，不限石斗，依此保借。候向去豐熟日，依元糴例，並令送納十分好白米入官。不惟乘此饑年，人户闕食，優加賑濟，又免損壞，盡爲土壤。如以爲便，即乞速賜指揮行下。謹録奏聞。伏候敕旨。

貼黄：今來已是春深，正當春夏青黄不交之際，可以發脱上件陳米斛㪷，公私俱便。若失此時，則人户必不願請，不免守支積年，化爲糞壤。乞斷自朝廷，早賜指揮，入急遞行下。更不下有司往復勘會。今來所乞借貸，皆是臣與官吏體問上户，願得此米，以濟佃户，將來必無失陷，與尋常賑貸一例支與貧下户人催納費力事體不同。乞早賜行下。

蕙田案：上户於佃客，元有周濟之義。而秋成徵納之際，下户或有逋逃，上户必無失陷。東坡議以陳粟貸上户，令其借給佃客，亦荒政可行之一法也。

【《徽宗本紀》】崇寧四年，蘇、湖、秀三州水，賜乏食者粟。

大觀元年，秦、鳳旱，京東水，河溢，遣官振濟，貸被水户租。　三年，江、淮、荆、浙、福建旱，秦、鳳、階、成饑，發粟振之。

【《食貨志》】紹興二十八年夏，浙東、西田損於風、水，在法，水旱及七分以上者振濟，詔自今及五分處亦振之。

【《高宗本紀》】紹興二十九年閏六月，命江、湖、浙西五漕司增價糴米二百二十萬石赴沿江十郡，自荆至常州，以備振貸。

【《孝宗本紀》】隆興二年九月，以久雨，出内庫白金四十萬兩，糴米賑貧民。

【《文獻通考》】乾道三年，臣僚言：「日前富家放貸，約米一斗，秋成還錢五百。其時米價既平，糶四斗始克償之，農民豈不重困？」詔應借貸米穀，只還本色，取利不過五分。

蕙田案：此懲私借之弊，使富家不得乘穀貴以取數倍之息，其意善矣。

【《荒政考略》】乾道五年御批：「今春闕中艱食，朕甚念之。向聞諸處賑濟，多止及於城郭而不及鄉縣，甚爲未均，卿等一一奏來。」

蕙田案：賑卹之惠，惟徧及爲難。南渡以後，惟孝宗有愛民之實心，故能見及之。

七年，饒州旱，措畫義倉米八萬石，又撥附近州縣義倉五萬石，併截留上供米二千石，并立賞格，勸諭出粟。

【王圻《續通考》】淳熙二年，詔諸路常平司，每歲於秋成之際，取見所部郡縣豐歉各及幾分，如有合賑糴、賑給去處，即仰約度所用，及見管米斛若干，或有闕少，合如何措置移運，並預期審度施行。仍須於九月初旬條具聞奏。

【《宋史·孝宗本紀》】淳熙四年三月，貸隨、郢二州饑民米。

【王圻《續通考》】七年，姚述堯進對：「今歲旱傷，賑恤之政，當務寬大。」上曰：「國家儲蓄，本備凶歲，捐以予民，朕所不惜。」

【《宋史·食貨志》】淳熙十一年，福建諸郡旱，錫米二十五萬石，振糴一萬石，振貧乏細民。

【《孝宗本紀》】淳熙十四年正月，出四川椿積米，貸濟金、洋州及關外四州饑民。七月，命臨安府捕蝗，募民輸米振濟。

【《光宗本紀》】紹熙四年二月，出米七萬石，振江陵饑民。

【《食貨志》】慶元元年二月，上以歲凶，百姓饑病，詔曰：「朕德菲薄，饑饉薦臻，使民阽於死亡，夙夜慘怛，寧敢諉過於下耶？顧使者、守令所與朕分寄而共憂也，乃涉春以來，聞一二郡老稚乏食，去南畝，捐溝壑，咎安在耶？豈振給不盡及民歟？得粟者未必饑，饑者未必得歟？偏聚於所近，不能均濟歟？官吏視成而自不省歟？其各恪意措畫，務使實惠不壅，毋以虚文蒙上，則朕汝嘉。」

【《寧宗本紀》】嘉泰四年十一月己未，朔，詔兩淮、荆襄諸州值荒歉，奏請不及者，聽先發廩以聞。

【王圻《續通考》】開禧二年，發米賑濟貧民。

【《寧宗本紀》】嘉定元年八月，發米振貧民。九月，出安邊所錢一百萬緡，命江、淮制置大使司糴米振饑民。二年八月，發米十萬石，振兩淮饑民。　三年五月，以久雨，發米振貧民。　七年十一月，命浙東監司發常平米，振災傷州縣。　十年十一月，詔浙東提舉司，發米十萬石，振給貧民。　十五年十二月，發米振給臨安府貧民。　十六年三月，以道州民饑，詔發米振之。

【《食貨志》】嘉定十六年，詔於楚州所儲米，撥二萬石，濟山東、西。

【王圻《續通考》】嘉定十七年，知廣德軍耿秉田因歲歉發倉賑濟，活饑民萬餘，自劾矯制之罪。上聞之，賜璽書褒異。紹定五年三月，以陰雨，詔出豐儲倉米五萬石，以紓民食。是年，臣寮奏，戒飭諸道常平使者，遵用淳熙詔令，每歲覈州縣豐歉分數，或災傷重處，即與賑卹。不許隱蔽不實，違者罪之。

【《宋史·理宗本紀》】淳祐十年十月，詔：「郡邑間有水患，其被災細民，隨處發義倉振之。」

【王圻《續通考》】淳祐十二年七月，上諭輔臣：「嚴州水勢可駭，移撥之米，當賑濟，不當賑糶。」謝方叔奏：「衢、婺、台亦多漂蕩，宜一體救恤。」

【《宋史·理宗本紀》】寶祐元年七月，温、台、處三郡大水，詔發豐儲倉米并各州義廩振之。開慶元年五月，婺州大水，發義倉米振之。

【《度宗本紀》】咸淳六年十月，詔台州發義倉米四千石，并發豐儲倉米三萬石，振遭水家。七年三月，發屯田租穀十萬石，振和州、無爲、鎮巢、安慶諸州饑。六月，諸暨縣大雨、暴風、雷電，發米振遭水家。紹興府饑，振糧萬石。八年八月，紹興府六邑水，發米振遭水家。

【《遼史·聖宗本紀》】統和十五年四月，發義倉粟，賑南京諸縣民。

【《食貨志》】開泰元年，詔年穀不登，發倉以貸。

【《聖宗本紀》】開泰六年十月，南京路饑，輓雲、應、朔、宏等州粟振之。

【《道宗本紀》】大安二年七月，出粟振遼州貧民。九月，發粟振上京、中京貧民。十一月，出粟振乾、顯、成、懿四州貧民。三年二月，發粟振中京饑。四月，詔出户部司粟，振諸路流民及義州之饑。

【《金史·太宗本紀》】天會二年十月，詔發寧江州粟，賑泰州民被秋潦者。

【《世宗本紀》】大定三年四月，賑山西路猛安貧民，給六十日糧。 十七年三月，賑東京、婆速、曷速館三路。 乙丑，尚書省奏：「三路之粟，不能周給。」上曰：「朕嘗語卿等，遇豐年即廣糴，以備凶歉。 卿等皆言天下倉廩盈溢，今欲賑濟，乃云不給。 自古帝王皆以蓄積爲國家長計，朕之積粟，豈欲獨用之耶？ 今既不給，可于鄰道取之以濟。自今預備，當以爲常。」 二十一年三月，上初聞薊、平、灤等州民乏食，命有司發粟糶之，貧不能糴者貸之。 有司以貸貧民恐不能償，止貸有户籍者。 上至長春宮，聞之，更遣人閲實，賑貸。 以監察御史石抹元禮、鄭大卿不糾舉，各笞四十，前所遣官皆論罪。 閏月，漁陽令夾谷移里罕、司候判官劉居漸，以被命賑貸，止給富户，各削三官，通州刺史郭邦傑總其事，奪俸三月。 二十九年十一月，詔有司，今後諸處或有饑饉，令總管、節度使或提刑司先行賑貸或賑濟，然後言上。

【《食貨志》】明昌六年七月，敕宰臣曰：「詔制内饑饉之地令減價糶之，而貧民無錢者，何以得食？ 其議賑濟。」省臣以爲闕食州縣，一年則當賑貸，二年然後賑濟，如其民實無恒産者，雖應賑貸，亦請賑濟。 上遂命間隔饑荒之地，可以辦錢收糴者減價糶之，貧乏無依者賑濟。

【《宣宗本紀》】興定五年閏十二月，發上林署粟，賑貧民。

【《元史·食貨志》】水旱、疫癘賑貸之制。

中統三年，濟南饑，以糧三萬石賑之。

至元八年，以糧賑西京路急遞鋪兵卒。　十二年，濮州等處饑，貸糧五千石。　十六年，以江南所運糯米不堪用者賑貧民。　十九年，真定饑，賑糧兩月。　二十三年，大都屬郡六處饑，賑糧三月。　二十四年四月，以陳米給貧民。七月，以糧給諸王阿只吉部貧民，大口二斗，小口一斗。

【《世祖本紀》】至元二十五年四月，❶尚書省臣言：「近以江淮饑，命行省賑之，吏與富民因緣爲姦，多不及于貧者。今杭、蘇、湖、秀四州復大水，民鬻妻女易食，請輟上供米二十萬石，審其貧者賑之。」帝是其言。

【《食貨志》】至元二十六年，京兆旱，以糧三萬石賑之。是年，又賑左右翼屯田蠻軍及月兒魯部貧民糧，各三月。　二十八年，以去歲隕霜害稼，賑宿衛士怯憐口糧二月，以饑賑徽州、溧陽等路民糧三月。　三十一年，復賑宿衛士怯憐口糧三月。

元貞元年，諸王阿難答部民饑，賑糧二萬石。是年六月，以糧一千三百石賑隆興府饑民，二千石賑千户滅禿等軍。七月，以遼陽民饑，賑糧二月。

大德元年，以饑，賑遼陽、水達達等户糧五千石，公主囊加真位糧二千石。是年，臨江、揚州等路亦饑，賑糧有差。腹裏并江南災傷之地，賑糧三月。　二年，賑龍興、臨江兩路饑民。又賑金、復州屯田軍糧二月。　四年，鄂州等處民饑，發湖廣省糧十萬石賑之。　九年，澧陽縣火，賑糧二月。

皇慶元年，寧國饑，賑糧兩月。

【《明會典》】凡賑濟，洪武十八年，令天下有司，凡遇歲饑，先發倉廩賑貸，然後具奏。

❶「四」，原作「三」，據《元史·世祖本紀》改。

【《荒政考略》】洪武十九年，詔曰：「所在鰥寡孤獨，取勘明白，果有田糧，有司未曾除去，設若無可自養者，官歲給米六石。其孤兒有田，不能自爲，既免差役，有親戚者，有司責令親戚收養；無親戚者，鄰里養之，毋致失所。其無田者，各一體給米六石。鄰里親戚，具孤兒名數，分豁有無恒産，以狀來聞。候出幼童，民立户。」河南大水，命贖民鬻子。

【《廣治平略》】洪武二十六年，孝感民饑，有請發預備倉糧以貸之者。太祖謂户部曰：「朕嘗捐内帑之資，付天下耆民糴儲，正欲備荒歉以濟民急也。若歲荒民饑，必候奏請，道途往返，民之饑死者多矣。爾户部即諭天下有司，自今凡遇歲饑，先發倉廩以貸民，然後奏聞。著爲令。」

【《明會典》】洪武二十七年，定災傷去處散糧則例，大口六斗，小口三斗，五歲以下不與。永樂二年，定蘇、松等府水渰去處給米則例，每大口，米一斗；六歲至十四歲，六升；五歲以下，不與。每户有大口十口以上者，止與一石。其不係全災，内有缺食者，原定借米則例，一口借米一斗，二口至五口二斗，六口至八口三斗，九口至十口以上者四斗，候秋成抵斗還官。

【《通紀會纂》】永樂七年，上巡幸北京，命皇太子監國。都御史虞謙巡視兩淮，潁州軍民缺食，❶請發廩賑貸。皇太子馳諭之曰：「軍民困乏，待哺嗷嗷，卿等尚從容啟請，汲黯何如人也！即發廩，賑之勿緩！」八年十月，户部賑北京臨城縣饑民三百餘户，

❶「州」，原作「川」，據庫本及《明朝通紀會纂》卷二四七改。

給糧三千七百石有奇。上曰：「國家儲蓄，上以供國，下以濟民。故豐年則斂，凶年則散，但有土有民，何憂不足！」

【《紀事本末》】宣德初，河南新安知縣陶鎔奏民饑，借驛糧千石救賑，秋成償還。上謂夏原吉曰：「有司拘文法，饑荒必申報賑濟，民饑死久矣。陶鎔先給後聞，能稱任使，毋責其專擅也。」

【《荒政考略》】宣德八年，詔：「軍民乏食者，所在官司，驗口給糧賑濟。如官無見糧，勸率有糧大户借貸接濟，待豐熟時，抵斗酬還。」

【《明會典》】正統五年，令各衛所屯軍，有因水旱，子粒無收缺食者，照缺食民人事例賑濟，候秋成還官。

【《通紀會纂》】景泰二年，命僉都御史王竑巡撫兩淮諸郡。時徐、淮大饑，民死者相枕籍。竑至，盡所以救荒之術。既而山東、河南流民猝至，竑不待奏報，大發廣運官儲賑之，全活數百萬人。先是，淮上大饑，帝閲疏，驚曰：「奈何，百姓其饑死矣！」後得竑奏輒開倉賑濟，大言曰：「好御史！不然，饑死我百姓矣。」

【《明會典》】成化六年，奏准流民願歸原籍者，有司給與印信文憑，沿途軍衛有司，每口給口糧三升。其原籍無房者，有司設法起蓋草房四間，仍不分男婦，每大口給與口糧三斗，小口一斗五升。每户給牛二隻，量給種子，審驗原業田地，給與耕種，優免糧差五年，仍給下帖執照。

弘治二年，議准順天、河間、永平等府水災，渰死人口之家，量給米二石；漂流房屋頭畜之家，給米一石。

【《通紀會纂》】嘉靖三年，南畿都運大饑，上命發帑藏、截漕粟賑之。

【《明會典》】嘉靖十一年，題准凡遇賑濟，除各衛所上班官軍自有應得月糧外，其原無糧餉軍餘，或父母妻子極貧者，查審的當，與州縣饑民一體給放。

【《廣治平略》】神宗十四年，袁伯修策曰：「賑之策一，善行其賑之策六。以幽遐蔀屋，悉仰内帑，其勢易窮。而悉舉州邑之庫藏贖鍰，急給州邑之窶者，鮮不濟矣。故從朝廷賑之則難，從州邑賑之則易也。一邑之内，一郡之中，豈無豪貲財、好施與者？故令上賑之則難，令下民自相賑則易也。里之厚貲者，所捐若而百，則賜綽楔旌之；若而千，則爵之；若而萬，則厚爵之，富民有不竭蹶以趨者乎？故繩之使賑則難，勸之使賑則易也。幽遠小民，去城邑百里，晨起裹糧，❶蹩躠趨城，胥吏猶持其短長，非少賂之弗得經，受賑得不償失，奈何？宜令耆民廉平者，偕里之富而好施者，臨其聚落，招給焉。平有賞，私有罰，蔑不暨矣。❷故移民就食則難，移食就民則易也。夫珠不可衣，玉不可食，有米粟乏絶之處，人至抱璧以殞者。即得州邑及貲户之賑，而操金貲易轉移尚艱。故使下民貸粟則難，官司轉貸而給之猶易也。凡此，皆善行其賑之策者。」

蕙田案：以上賑米。

右散利上。

五禮通考卷第二百四十七

淮陰吴玉搢校字

❶「裹」，原作「裏」，據庫本改。

❷「暨」，據文義疑當作「濟」，蓋音近致誤。

五禮通考卷第二百四十八

内廷供奉禮部右侍郎金匱秦蕙田編輯
太子太保總督直隸右都御史桐城方觀承同訂
右春坊右贊善嘉定錢大昕
按察使司按察使仁和沈廷芳參校

凶禮三

荒禮

【《後漢書·順帝本紀》】永建三年春正月丙子，京師地震，漢陽地陷裂。甲午，詔實覈傷害者，賜年七歲以上錢，人二千。

【《魏書·宣武帝本紀》】延昌二年夏四月庚子，以絹十五萬匹賑恤河南郡饑民。

【《册府元龜》】武德二年閏二月，出庫物三萬段，以賑窮乏。

永貞元年十一月，以久雨，京師鹽貴，出庫鹽一萬石，以惠饑民。

長慶二年十二月，命以絹二百疋，賑京師東市、西市窮乏者。

【《荒政考略》】宋天聖七年，詔曰：「河北大水，壞澶州浮橋，其被災之民，見存三口者，給錢二千，不及者半之。」

【《宋史·仁宗本紀》】景祐四年八月，越州水，賜被溺民家錢有差。

慶曆四年二月，出奉宸庫銀三萬兩，振陝西饑民。

嘉祐元年七月，出内藏銀絹三十萬，振貸河北。

【《哲宗本紀》】紹聖二年二月，出内庫錢帛二十萬，助河北振饑。

【《孝宗本紀》】乾道四年七月，以經、總制餘剩錢二十一萬緡樁留卭、蜀州，以備振濟。

【王圻《續通考》】嘉定七年，出内帑錢，賑臨安府貧民。

紹定四年，詔出封樁庫緡錢三十萬，賑臨安貧民。

嘉熙元年五月，詔出内庫緡錢二十萬，給被災之家。

淳祐二年，詔出封樁庫十七界楮幣十萬，賑贍紹興、處、婺水澇之民。

【《宋史·度宗本紀》】咸淳元年閏五月，久雨，發錢二十萬，賑在京小民。

【《遼史·道宗本紀》】大安二年七月，賜興聖、積慶二宫貧民錢。　三年四月，賜中京貧民帛，賜隈烏古部貧民帛。　七月，出雜帛賜興聖宫貧民。

壽隆六年二月，出絹賜五院貧民。

【《金史·章宗本紀》】泰和五年十一月，山東闕食，賜錢三萬貫以振之。

【《元史·食貨志》】中統三年七月，以課銀一百五十錠，濟甘州貧民。

至元二年，以鈔百定賑闊闊出所部軍。

二十年，以帛千疋，鈔三百定，賑水達達地貧民。　二十四年，斡端民饑，賑鈔萬定。

大德七年，以鈔萬定，賑歸德饑民。

【王圻《續通考》】洪武二十五年，令山東災傷去處，每户給鈔五定。

【《明會典》】嘉靖元年，令將太倉銀庫見貯銀兩，差官秤盤二十萬兩，運赴陝西蝗旱地方支用。　二年，令將滸墅鈔關收貯嘉靖元年秋冬二季，二年春夏二季，共四季銀兩，照數查取在官，類解南直隸巡撫衙門，相兼原查餘鹽等銀，通融賑濟災傷地方。

又令將湖廣正德十四年起至嘉靖二年止，解京銀三萬五千兩，給發賑濟荆州府荆門、石首等州縣旱災。又令將嘉靖三年分浄樂宫庫藏查盤節年所積香錢暫支二千兩，賑濟湖廣地方旱災。

【王圻《續通考》】嘉靖三十四年，歲祲，詔發内帑銀三萬兩，賑濟饑民。

隆慶元年六月，以霖雨，壞民廬舍，令五城御史以房號錢、巡按御史以贓罰銀分賑之，貧者每户給銀五錢，次三錢。仍諭都察院左都御史王廷等督御史嚴加稽察，使貧民得沾實惠。　二年七月，詔户部發太倉銀二萬兩，遣于災重處，亟行賑濟。　三年十月，兩淮巡鹽御史李學詩以鹽場水災，請扣留商人正鹽納銀，每引一分，挑河銀二萬兩，賑恤竈丁。從之。

蕙田案：以上賑銀鈔絹帛諸物。

【《漢書·元帝本紀》】初元二年七月，詔曰：「歲比災害，民有菜色，慘怛于心。已詔吏虚倉廩，開府庫振救。」

【《魏書·明元帝本紀》】神瑞二年十月，詔曰：「頃者以來，頻遇霜旱，年穀不登，百姓饑寒，不能自存者甚衆。其出布帛倉穀，以賑貧窮。」

【《册府元龜》】唐貞觀十一年七月，詔以水災，其雒州諸縣百姓，漂失資産，乏絶糧食者，宜令使人與之相知，量以義倉賑給。庚子，賜遭水旱之家帛十五匹，半毁者八匹。

【《舊唐書·德宗本紀》】貞元十八年秋七月，蔡、申、光三州春水夏旱，賜帛五萬段，米十萬石，鹽三千石。

【《宋史·仁宗本紀》】天聖五年七月，振秦州水災，賜被溺家錢米。

嘉祐元年七月，賜河北流民米，壓溺死者，

賜其家錢有差。

【曾鞏《救災議》】河北地震水災，隳城郭，壞廬舍，百姓暴露乏食。主上憂憫，下緩刑之令，遣拊循之使，恩甚厚也。然百姓患于暴露，非錢不可以立屋廬；患于乏食，非粟不可以飽。二者，不易之理也。非得此二者，雖主上憂勞于上，使者旁午于下，無以救其患，塞其求也。有司建言請發倉廪與之粟，壯者人日二升，幼者人日一升。主上不旋日而許之，賜之可謂大矣。然有司之所言，特常行之法，非審計終始，見于衆人之所未見也。今河北地震水災，所毀敗者甚衆，可謂非常之變也。遭非常之變者，必有非常之恩，然後可以振之。今百姓暴露乏食，已廢其業矣，使之相率日待二升之廪于上，則其勢必不暇乎他焉。❶使農不復得修其畎畝，商不復得治其貨賄，工不復得利其器用，閒民不復得轉移執事，一切棄百事而專意于待升合之食，以偷爲性命之計，是直以餓殍之養養之而已，❷非深思遠慮爲百姓長計也。以中户計之，户爲十人，壯者六人，月當受粟三石六斗，幼者四人，月當受粟一石二斗，率一户月當受粟五石，難可以久行也，則百姓何以贍其後？久行之，則被水之地既無秋成之望，非至來歲麥熟賑之，未可以罷。自今至于來歲麥熟，凡十月，一户當受粟五十石。今被災者十餘州，州以二萬户計之。中户以上及非災害所被，不仰食縣官者去其半，則仰食縣官者爲十萬户。食之不徧，則

❶「焉」，庫本作「爲」。
❷上「養」字，《文獻通考》卷二六引作「義」。

爲施不均，而民猶有無告者也。食之徧，則當用粟五百萬石而足，何以辨？此又非深思遠慮爲公家長計也。至于給授之際，有淹速，有均否，有真僞，有會集之擾，有辨察之煩，厝置一差，皆足致弊。又羣而處之，氣久蒸薄，必生疾癘。此皆必至之害也。且此不過能使之得旦暮之食耳，其于屋廬構築之費，將安取哉？屋廬構築之費既無所取，而就食于州縣，必相率而去其故居。雖有頽牆壞屋之尚可完者，故材舊瓦之尚可因者，什器衆物之尚可賴者，必棄之而不暇顧。甚則殺馬牛而去者有之，伐桑棗而去者有之，其害又可謂甚也。今秋氣已半，霜露方始，而民露處，不知所蔽，蓋流亡者亦已衆矣。如是不可止，則將空近塞之地。空近塞之地，則失戰鬭之民。此衆士大夫之所慮而不可謂無患者也。空近塞之地，則失耕桑之民。此衆士大夫所未慮而患之尤甚者也。何則？失戰鬭之民，異時有警，邊戍不可以不增爾。失耕桑之民，異時無事，邊糴不可以不貴矣。二者皆可不深念歟？萬一或出于無聊之計，有窺倉庫，盗一囊之粟、一束之帛者，彼知已負有司之禁，則必鳥駭鼠竄，竊弄鋤梃于草茅之中，以扞游徼之吏。强者既囂而動，則弱者必隨而聚矣。不幸或連一二城之地，有枹鼓之警，國家胡能宴然而已乎？况夫外有夷狄之可慮，内有郊社之將行，安得不防之于未然，銷之于未萌也。

然則爲今之策，下方紙之詔，賜之以錢五十萬貫，貸之以粟一百萬石，而事足矣。何則？令被災之州爲十萬户，如一户得粟十石，得錢五千，下户常産之資，平日未有及此者也。彼得錢以完其居，得粟以給其食，則農得修其畎畝，商得治其貨賄，工得利其器用，閒民得轉移執事，一切得復其業而不失其常生之計，與專意以待二升之廩于上而勢不暇乎他爲，豈不遠哉！此可謂深思遠慮，爲百姓長計者也。

由有司之説，則用十月之費，爲粟五百萬石；由今之説，則用兩月之費，爲粟一百萬石。況貸之于今，而收之于後，足以振其艱乏，而終無損于儲峙之實，所實費者，錢五鉅萬貫而已。此可爲深思遠慮，爲公家長計者也。又無給授之弊，疾癘之憂，民不必去其故居，苟有頽牆壞屋之尚可完者，故材舊瓦之尚可因者，什器衆物之尚可賴者，皆得而不失，況于全牛馬，保桑棗，其利又可謂甚也。雖寒氣方始，而無暴露之患，民安居足食，則有樂生自重之心，各復其業，則勢不暇乎他爲，雖驅之不去，誘之不爲盗矣。夫饑歲聚餓殍之民，而與之升合之食，無益于救災補敗之數，此常行之弊法也。今破去常行之弊法，以錢與粟，一舉而賑之，足以救其患，復其業，河北之民，聞詔令之出，必皆喜上之足賴，而自安于畎畝之中，負錢與粟而歸，與父母妻子脱于流亡轉死之禍，則戴上之施，而懷欲報之心，豈有已哉！不早出此，或至于一有枹鼓之警，則雖欲爲之，將不及矣。

且今河北州軍凡三十七，災害所被，十餘州軍而已。他州之田，秋稼足望。今有司于糴粟常價，斗增一二十錢，非獨足以利農，其于增糴一百萬石易矣。斗增一二十錢，吾權一時之事，有以爲之耳。以實錢給其常價，以茶荈香藥之類佐其虛估，不過損茶荈香藥之類，爲錢數鉅萬貫，而其費已足。茶荈香藥之類，與百姓之命，孰爲可惜，不待議而可知者也。夫費錢五鉅萬貫，又捐茶荈香藥之類，爲錢數鉅萬貫，而足以救一時之患，爲天下之計，利害輕重，又非難明者。顧吾之有司能越拘攣之見，破常行之法與否而已。此時事之急也，故述斯議焉。

丘氏濬曰：「曾鞏此議，所謂賜之錢，貸之粟，比之有司日逐給粟之說，其爲利病，相去甚遠，所謂『深思遠慮，以爲百姓長計者』，真誠有之。但飢民一户，貸之米十石，一旦責其如數償之，難矣。不若因時量力，稍有力者償其半，無力者併與之，或立爲次第之限可也。」

【《文獻通考》】元祐六年，翰林學士承旨、知杭州蘇軾言：「浙西二年諸郡災傷，今歲大水，蘇、湖、常三州水通爲一，杭州民死者五十餘萬，蘇州三十萬，未數他郡。今既秋田不種，正使來歲豐稔，亦須七月方見新穀。其間饑饉變故，❶未易度量。乞令轉運司約度諸郡合糴米斛數目，下諸路封樁，❷及年計上供，赴浙西諸郡糴賣。」詔賜米百萬斛，錢二十餘萬緡，賑濟災傷。

【《宋史·哲宗本紀》】元祐八年十二月，出錢粟十萬，賑流民。

【《食貨志》】紹興三十一年正月，雪寒，民多艱食，詔臨安府城内外貧乏之家，人給錢二百，米一斗，及柴炭錢，並于内藏給之。輔郡之民，令諸州以常平錢，依臨安府振之。

❶「其間饑饉」四字，原脱，據校點本《文獻通考》卷二六、《東坡全集》卷六〇《乞將上供封樁斛㪷應副浙西諸郡接續糶米劄子》補。

❷「樁」，原作「椿」，據庫本及《文獻通考》卷二六改。

【王圻《續通考》】乾道四年，降僧牒一百道，付建寧府。户部降米五千石，賑衢州饑；荆南府僧牒二百道，衢州一百道，饒、信米各三萬石，雷州水賜十道。詔諸路運司行下所屬，將災傷處，各選清强官，遍詣地頭，盡行檢放。或不實不盡，有虧公私，被差官并所差不當官司，並重作行遣。其被水甚處，令監司守臣條具合措置存恤事件聞奏。知温州趙與可以支常平錢五百貫并係省錢五百貫，賑給被災人户，自劾。上曰：「國家積常平米，正爲此也。可赦罪。」

【《宋史·孝宗本紀》】淳熙十四年八月，賜度牒一百道，米四萬五千石，備振紹興府饑。

【王圻《續通考》】寶慶元年，滁州大水，詔撥會子三千緡、米千六百石，賑恤被災之家。紹定三年，浙東大水，汪綱發粟三萬八千餘，緡錢五萬，賑給之。

景定二年十月，詔：「物價未平，出封樁庫楮幣二十萬，賑二衛諸軍。出豐儲倉米五萬石，賑都民。」

【《遼史·道宗本紀》】太康元年九月，以南京饑，出錢粟賑之。

大安三年正月，出錢粟，振南京貧民。

【《元史·食貨志》】中統四年，以錢糧幣帛賑東平、濟河貧民，❶鈔四千錠賑諸王只必帖木兒部貧民。

大德十一年，以饑賑安州、高陽等縣糧五千石，滯州穀一萬石，奉符等處鈔二千定，兩浙、江東等處鈔三萬餘定、糧二十萬餘石。又勸率富户賑糶糧一百四十餘萬石，凡施

❶「濟河」，校點本《元史·食貨志四》校勘記云：「疑當作『齊河』。」

米者，驗其數之多寡，而授以院務等官。是年，又以鈔一十四萬七千餘定、鹽引五千道、糧三十萬石，賑紹興、慶元、台州三路饑民。

自延祐之後，腹裏、江南饑民，歲加賑恤。其所賑，或以糧，或以鹽引，或以鈔。

蕙田案：《元史》本紀所載賑恤之事，無歲無之，不能悉載，其大要已該于數言矣。

【《明會典》】成化二年，奏准今後若有侵欺賑濟銀糧，或將官銀假以煎銷均散爲名，却乃插和銅鉛給與貧民者，一體解京發落。

【王圻《續通考》】嘉靖二年，南北二京及山東、河南、湖廣、江西俱旱災，户部孫交請留蘇松折兑銀、粳白米、兩浙鹽價、滸墅關鈔課、應天缺官薪皂贖鍰兼賑，又請發太倉銀二十萬，折漕米九十萬往賑。從之。

【《明會典》】嘉靖五年，奏准湖廣地方災傷，將合屬各預備倉原積穀米雜糧八十二萬石、銀四萬兩，并太和山嘉靖四年、五年分香錢銀兩見在實數，十分内摘取六分，酌量輕重賑濟。　七年，奏准河南災荒，將所屬庫貯各項錢糧動支，及准留改折兑軍米十萬石，賑濟被災府分饑民。又諭巡撫官督令司府州縣等官，將極貧人户先儘見在倉糧量爲給賑，若有不敷，將各項官銀給發。

蕙田案：以上銀米兼賑。

【《禮記·檀弓》】公叔文子卒，其子戍請謚於君。君曰：「昔者衛國凶饑，夫子爲粥與國之餓者，是不亦惠乎！」

齊大饑。黔敖爲食於路，以待餓者而食之。有餓者蒙袂輯屨，貿貿然來，黔敖左奉食，右執飲，曰：「嗟！來食。」揚其目而視之曰：「予惟不食嗟來之食，以至于斯也。」從而謝焉，終不食而死。曾子聞之曰：「微與？其嗟也可去，其謝也可食。」

【《後漢書・獻帝本紀》】興平元年七月，三輔大旱，自四月至于是月。帝避正殿請雨。是歲，穀一斛五十萬，豆麥一斛二十萬，人相食啖，白骨委積。帝使侍御史侯汶出太倉米豆，爲饑人作糜粥，經日而死者無降。❶帝疑賦卹有虛，乃親于御座前量試作糜，乃知非實，使侍中劉艾出讓有司。于是尚書令以下皆詣省閣謝，奏收侯汶考實。詔曰：「未忍致汶于理，可杖五十。」自是之後，多得全濟。

【《魏書・孝文帝本紀》】太和七年三月，以冀、定二州民饑，詔郡縣爲粥于路以食之。六月，定州上言，爲粥給饑人，所活九十四萬七千餘口。九月，冀州上言，爲粥給饑民，所活七十五萬一千七百餘口。

【《食貨志》】太和十一年，大旱，京都民饑，加以牛疫，公私闕乏，時有以馬驢及橐駝供駕輓耕載。❷詔聽民就豐。行者十五六，道路給糧稟，至所在，三長贍養之。遣使者時省察焉。留業者，皆令主司審覈，開倉賑貸。其有特不自存者，悉檢集，爲粥于街衢，以救其困。然主者不明牧察，郊甸間甚多餧死者。

【《薛安都傳》】安都從祖弟真度爲豫州刺史，景明初，豫州大饑，真度表曰：「去歲不收，饑饉十五，今又災雪三尺，民人萎餒，無以濟之。臣輒日別出州倉米五十斛爲粥，救其甚者。」詔曰：「真度所表，甚有憂濟百姓之意，宜在拯卹。陳郡儲粟，雖復不多，

❶「降」，原作「數」，據《後漢書・獻帝本紀》改。
❷「以」字，原脱，據《魏書・食貨志》補。

亦可分贍。尚書量賑以聞。」

【《册府元龜》】唐乾元三年二月，以米貴，斗至五百文，多餓死，令中使于西市煮粥以飼餓者。

後周顯德四年三月，命供奉官田處嵓、梁希進等于壽州城内煮粥以救饑民。　六年三月，楚州上言，詔淮煮粥，以救饑民。

【《宋史·太祖本紀》】建隆元年夏四月乙西，遣使分詣京城門賜饑民粥。

【《真宗本紀》】大中祥符六年四月，詔淮南給饑民粥，麥登乃止。

天禧元年三月，令作淖糜，濟懷、衛流民。

二年二月，遣使諭京東官吏，安撫饑民。又命諸路振以淖糜。

【《仁宗本紀》】景祐元年正月，詔開封府界諸縣作糜粥以濟饑民，諸災傷州軍亦如之。

嘉祐四年正月，遣官分行畿縣，委令佐爲糜粥濟饑。

【《神宗本紀》】熙寧八年正月，洮西安撫司以歲旱，請爲粥以食羌户饑者。

【程頤《賑濟論》】不制民之産，無儲蓄之備，饑而後發廪以食之，廪有竭而饑者不可勝濟也。今不暇論其本，且救目前之死亡，惟有節則所及者廣。常見今時州縣濟饑之法，或給之米豆，或食之粥飯，來者與之，不復有辨。中雖欲辨之，亦不能也。穀貴之時，何人不願得食？倉廪既竭，則殍死者在前，無以救之矣。數年前，一親戚爲郡守，愛恤之心，可謂至矣。雞鳴而起，親視俵散，官吏後至者，必責怒之。于是流民歌詠，至者日衆。未幾穀盡，殍者滿道。愚嘗憐其用心，而嗤其不善處事。救饑者，使之免死而已，非欲其豐肥也。當擇寬廣之處，宿戒，使晨入，至巳則閭門不納，午而後與之食，申而出之。給米者，午即出。日得一食，則不死矣。其力自能營一食者，皆不來矣。比之不擇而與者，當活數倍之多也。凡濟饑，當分兩處，擇羸弱者，作稀粥，早晚兩給，勿使至飽。俟氣稍完，然後一給。第一先營寬廣居處，❶切不得令相枕藉。如作粥，須官員親嘗，恐生，及入石灰。不給浮浪，無此理也。平日當禁游惰，至其饑餓，哀矜之一也。

【《宋史・孝宗本紀》】淳熙八年十一月，再詔臨安府爲粥，食饑民。

【《金史・章宗本紀》】承安二年冬十月，大雪，以米千石賜普濟院，令爲粥以食貧民。

四年冬十月，敕京府州縣設普濟院，每歲十月至明年四月，設粥以食貧民。

泰和五年三月，命給米諸寺，自十月十五日至次年正月十五日，作糜以食貧民。

【《廣治平略》】嘉靖元年，南京兵部侍郎席書言：「南畿民饑殊甚，考古荒政可行于今日者，惟作粥一法。不煩審户，不待防奸，至簡至要，可以舉行。而世俗咸謂不便。蓋緣曾有舉于一城，不知散布諸縣，以致四遠饑民，聞風併集，主者勢不能給，致民相聚而死，遂謂此法難行。臣今總計，南畿作粥，江南北可四十二州縣，大都大縣設粥十二所，中縣減三之一，小減十之五。諸所設粥處，約日並舉。凡以饑來者，無論本處、鄰境，軍民、男女、老幼、户口多寡，均粥給濟。起今十一月半，抵麥熟止，計用米不過十六萬石，可活人二十餘萬。取用有數，未至太靡，賑恤有等，不至虚費。此法一行，

❶「寬」字，原脱，據《二程文集》卷九《賑濟論》補。

垂死之人，晨得而暮起，其效甚速，其功甚大。」户部覆，此法不特宜于南畿，宜通行天下災荒處所，一體施行。

【《江南通志》】神宗十六年，吴中大荒，發太僕寺馬價及南京户部銀共三十萬兩，命户科楊文舉賑濟，有司各處設廠，煮粥賑饑。

【王圻《續通考・賑貸羣議》】議煮粥。 蓋凶荒時，人民流徙，饑餒疾病，扶老挈幼，驅之不前，緩之則斃。資之錢幣，則價踴而難糴；散之菽粟，則廩歉人衆而難遍。惟煮粥庶可救燃眉。然舉行固自有法。蓋處之宜廣不宜隘，舉之宜同不宜異，令行宜嚴不宜寬，食之口宜散不宜聚，授之餐宜遍不宜頻，是在賢守令善行之而已。

蕙田案：以上賑粥。

【《漢書・昭帝本紀》】始元二年三月，遣使者振貸貧民毋種、食者。八月，詔曰：「往年災害多，今年蠶麥傷，所振貸種、食，勿收責。」

【《宣帝本紀》】地節三年冬十月，詔流民還歸者，假公田，貸種、食。

【《元帝本紀》】初元元年三月，以三輔、太常、郡國公田及苑可省者振業貧民，貲不滿千錢者賦貸種、食。

【《後漢書・和帝本紀》】永元十二年二月，詔貸被災諸郡民種、糧。 十六年正月，詔貧民有田業而以匱乏不能自農者，貸種、糧。四月，遣三府掾分行四州，貧民無以耕者，爲雇犂牛直。

【《安帝本紀》】永初三年七月，詔長吏案行在所，皆令種宿麥、蔬食，務盡地力，其貧者給種、餉。

【《順帝本紀》】陽嘉二年二月，詔以吴郡、會稽饑荒，貸人種、糧。

【《宋書・文帝本紀》】❶元嘉二十年，諸州郡水旱傷稼，民大饑，遣使給賜糧、種。二十一年正月，尤弊之處，遣使就郡縣隨宜賑卹。凡欲附農而種、糧匱乏者，並加給貸。二十九年正月，詔曰：「經寇六州，居業未能，仍值災澇，饑困薦臻，可速符諸鎮，優量救卹。今農事行興，務盡地利，若須田種，隨宜給之。」

【《孝武帝本紀》】大明二年正月，詔曰：「去歲東土多經水災，春務已及，宜加優課。糧種所須，以時貸給。」七年九月，詔曰：「近炎精亢序，苗稼多傷。今二麥未晚，甘澤頻降。可下東境郡，勤課墾殖，尤弊之家，量貸麥種。」

【《册府元龜》】唐貞觀二十一年十月，絳、陝二州旱，詔令賑貸。湖州給貸種、食。二十二年，瀘州、交州、越州、渝州、徐州水，戎州鼠傷稼，開州、萬州旱，通州秋蝗損稼，並賑貸種、食。

【《舊唐書・玄宗本紀》】開元二十二年正月，懷、衛、邢、相等五州乏糧，遣中書舍人裴敦復巡問，量給種子。

【《册府元龜》】天寶十四載正月，以歲饑乏，故詔：「天下府縣百姓，去載有損交不支濟者，❷仰所由審勘，責除有倉糧之外，仍便據籍地頃畝，量與種子。京兆府及華陽、馮翊、扶風等郡，既是近輔，須別優矜，雖非損户，或有乏少種子者，亦仰每鄉，量宜准給。」

貞元元年二月，詔曰：「諸道節度、觀察使所進耕牛，委京兆府勘責有地無牛百姓，量

❶「書」，原作「史」，據《宋書・文帝本紀》改。
❷「損交」，《册府元龜》卷一〇五作「災損」。

其產業，以所進牛，均平給賜。其有田五十畝以下人，不在給限。」給事中袁高奏曰：「聖慈所憂，切在貧下百姓。有田不滿五十畝者，尤是貧人。請量三兩户共給牛一頭，以濟農事。」從之。是時，蝗旱之後，牛多疫死，諸道節度韋臯、李叔明等咸進耕牛，故有是命。　四年正月，詔曰：「諸州遭水旱，委長吏貸種。」　六年七月，以麥不登，賜京兆府種五萬石。

【《舊唐書·德宗本紀》】貞元十九年七月，貸京畿民麥種。

【《敬宗本紀》】寶曆元年十二月，敕：「農功所切，實在耕牛。疲氓多乏，須議給賜。委度支往河東、振武、靈、夏等州市耕牛一萬頭，分給畿内貧下百姓。」

【《册府元龜》】太和三年七月，齊德州奏：「百姓自用兵已來，流移十分，只有二分，伏乞賜麥種、耕牛等。」敕：「量賜麥三千石，牛五百頭，共給綾一萬疋充價值。仍各委本州自以側近市糴分給。」

後唐長興三年，宋、亳、潁三州水災尤甚，樞密使范延光、趙延壽從容奏曰：「今秋宋、亳、潁等州水災甚，民户流亡，粟價暴貴。臣等量欲與本州官倉斛㪷，依如今時估出糶，以救貧民。大水之後，頗宜宿麥，窮民不便種子，亦望本州據民户等第支借麥種，自十石至三石，候來年收麥，據原借數納官。」從之。

【《宋史·真宗本紀》】大中祥符元年正月，幽州旱，求市麥種，許之。　五年五月，江淮、兩浙旱，給占城稻種，教民種之。

【《食貨志》】帝以江淮、兩浙稍旱即水田不登，遣使就福建取占城稻三萬斛，分給三路爲種，擇民田高仰者蒔之。蓋旱稻也。內出種法，命轉運使揭榜示民。

天禧元年，諸路蝗，民饑。鎮戎軍風雹害稼，詔貸其種糧。　二年三月，先貸貧民糧種，止勿收。　四年三月，以淄州民饑，貸牛種。

【《仁宗本紀》】天聖六年四月，貸河北流民復業者種、食。

皇祐元年正月，詔以緡錢二十萬市穀種，分給河北貧民。

嘉祐元年七月，貸被水災民麥種。

【《高宗本紀》】建炎二年正月，録兩河流亡吏士，沿河給流民官田、牛、種。

紹興十八年十二月，❶借給被災農民春耕費。

【《孝宗本紀》】淳熙三年正月，振淮東饑，仍命貸貧民種。　八年五月，以久雨，貸貧民稻種錢。　九年正月，詔江、浙、兩淮，旱傷州縣，貸民稻種，計度不足者，貸以樁積錢。

【朱子《乞給借稻種狀》】本司準淳熙九年正月二十日尚書省劄子，勘會春耕是時，深慮江、浙、兩淮州縣，去歲旱傷之後，貧民下户并流移歸業之人，艱得稻種，却致妨廢農務，理宜措置。　正月十九日，三省同奉聖旨，令逐路轉運、提舉司疾速行下去歲旱傷州縣，多方措置稻種，勘量給借，務令及時布種，候豐熟却行拘還。　具已借支數目聞奏。　仍多出文榜曉諭。　本司照對紹興府去歲旱傷爲甚，衢、婺州爲次，遂那撥錢發下紹興府及下衢、婺兩州諸縣，恭禀聖旨指揮，措置給借，并鏤版曉諭，人户通知。　先據婺州申本州鄉俗體例，並是田主之家給借，今措置欲依鄉

❶「二」，原作「一」，據《宋史·高宗本紀》改。

俗體例，各請田主每一石地借與租户種穀三升應副，及時布種，候收成日帶還，不得因而收息。如有少欠，官司專與催理，不同尋常債負。已下諸縣，從此施行。

蕙田案：此令田主出穀種貸租户，至收成之日官爲催還。朱子提舉浙東日，於衢、婺二州行之。

《寧宗本紀》嘉定二年七月，命兩淮轉運司給諸州民麥種。十月，命兩淮轉運司給諸路民稻種。

《食貨志》嘉定八年，左司諫黄序奏：「雨澤愆期，地多荒白。知餘杭縣趙師恕請勸民雜種麻、粟、豆、麥之屬，蓋種稻則費少利多，雜種則勞多獲少。慮收成之日，田主欲分，官課責輸，則非徒無益；若使之從便雜種，多寡皆爲己有，則不勸而勤，民可無饑。望如所陳，下兩浙、兩淮、江東西等路，凡有耕種失時者並令雜種，主毋分其地利，官無取其秋苗，庶幾農民得以續食，官免振救之費。」從之。

蕙田案：水旱之後，播種失時，惟廣種雜糧，稍可獲利。而又縣官不徵其課，田主不責其租，庶凋瘵之民，不致甚失所。此當籌畫于既荒之後者也。

《理宗本紀》嘉熙二年三月，詔四川帥臣招集流民復業，給種與牛，優與振贍。

《遼史·食貨志》開泰元年，詔曰：「朕惟百姓，徭役煩重則多給工價，田園蕪廢者則給牛、種以助之。」

《金史·宣宗本紀》興定元年四月，單州雨雹傷稼，詔遣官勸諭農民改蒔秋田，官給其種。五月，延州原武縣雨雹傷稼，詔官貸民種改蒔。

【《元史·世祖本紀》】至元四年七月，詔亦即納新附貧民給牛具、種實及糧食。　二十二年十月，都護府言：「合剌禾州民饑，户給牛二頭，種二石。」　二十三年十二月，遣蒲昌赤貧民墾甘肅閒田，官給牛、種、農具。

【《明會典》】嘉靖三十八年，令發太倉銀六萬兩，賑薊、遼饑荒。　另發銀五萬兩，以給牛、種。

蕙田案：以上貸穀種及牛具。

又案：《説文》：「振，舉救也。」「賑，富也。」振、賑二字，義訓不同。後世以「賑」字代振救之「振」，失其義矣。凡以物救人之急，皆謂之振。救災之法，給以錢粟而不責其償，則曰振濟。先給之而後徵之，則曰振貸。以粟減直出糶以利民，則曰振糶。其濟之貸之也，或以米，或以銀錢，或以絹帛、鹽鈔諸物，或以粥，或以耔種、牛具。列代史書所載，其法具在，分類比附，俾言荒政者有所考。其但云振恤、振給而不著其振之法者，不能備載云。

【《通典》】元嘉中，三吴水潦，穀貴人饑，彭城王義康立議，以「東土災荒，人凋穀踊，富商蓄米，日成其價。宜班下所在，隱其虚實，令積蓄之家，聽留一年儲，餘皆勒使糶貨，❶爲制平價，此所謂常道行于百代，權宜用于一時也」。

【《周書·武帝本紀》】建德三年正月，詔以往歲年穀不登，民多乏絶，令公卿道俗，凡

❶「勒」，原作「敕」，據校點本《通典》卷一二改。

有貯積粟麥者，皆准口聽留以外盡糶。

【《舊唐書·高宗本紀》】永徽六年八月，大雨，道路不通，京師米價暴貴，出倉粟糶之。永隆元年十一月，洛州饑，減價出糶，以救饑人。

【《册府元龜》】開元二年閏二月十八日，敕：「年歲不稔，有無須通，所在州縣，不得閉糴。各令當處長吏簡較。」　十二年八月，詔曰：「蒲、同兩州，自春偏旱，慮至來歲，貧下少糧。宜令太原倉出十五萬石米付蒲州，永豐倉出十五萬石米付同州，減時價十錢糶與百姓。」

【《舊唐書·玄宗本紀》】天寶十二載八月，京城霖雨，米貴，令出太倉米十萬石，減價糶與貧人。　十三載秋，霖雨積六十餘日，京城垣屋，頹壞殆盡，物價暴貴，人多乏食。令出太倉米一百萬石，開十場，賤糶以濟貧民。

【《册府元龜》】天寶十四載正月，詔曰：「豐熟已來，歲時頗久。爰自二載，稍異有年。粟麥之間，或聞未贍。比開倉賤糶，以濟時須。雖且得支持，而價未全減。今更出倉，務令家給，俾其樂業，式副朕心。宜于太倉出糶一百萬石，分付京兆府與諸縣，糶每斗減于時價十文；河南府畿縣出三十萬石，太原府出三十萬石，滎陽、臨汝等郡各出粟二十萬石，河内郡出米十萬石，陝郡出米二萬石，并每斗減時價十文，糶與當處百姓。應緣開場差官，分配多少，一時各委府郡縣長官處置，乃令採訪使各自勾當。其太倉、含嘉出粟，兼令監倉使與府縣計會處分。其奉先、同官、華原等縣，與中部郡地近，宜准諸縣例數，便于中部請受。其餘縣有司者，仰准此。」

【《舊唐書·代宗本紀》】大曆四年八月丙申朔，自夏四月，連雨至此月，京城米斗八百文。官出米二萬石，減估而糶，以惠貧民。

【《册府元龜》】興元元年十月，詔曰：「歷河朔而至太原，自淮沂而被雒汭，蟲螟爲害，雨澤愆時。其宋亳、淄青、澤潞、河東、常冀、幽州、易定、魏博等八節度管内，各賜米五萬石。河陽、東都畿二節度管内，各賜三萬石。所司即搬運，于楚州分付。各委本道領受，賑給將士百姓。江淮之間，連歲豐稔，迫于供賦，頗亦傷農。收其有餘，濟彼不足。宜令度支于淮南、浙江東西道加價和糴米三五十萬石，差官搬運于諸道，減價出糶，貴從權便，以利于人。」

蕙田案：平糴之法，始于李悝。蓋因穀賤而取之，穀貴而出之，取有餘，補不足，使農民交利而已，軍國之用，未嘗仰給于此也。唐開元以後，始有和糴之名，大抵取以充他用，不復爲凶荒平糶之計矣。其始也，官出錢，民出穀，彼此交易，兩得其便，民無科抑之累，官有儲蓄之利，故云和糴。及其弊也，善價不及鄉閭，美利皆歸司局，配户勒限，甚于税賦，此白居易有和糴有害無利之疏也。宋時養兵之費愈增，備邊之計愈亟，於是和糴、結糴、俵糴、均糴、博糴、兑糴、括糴之名目亦愈繁。然穀之糴于官者多，則藏于民者必少，一有凶歉，即無以接濟。而官吏抑配括索之弊，又有不可勝言者。故和糴之舉，特籌國用之一法，而未必便于農也。德宗此詔，以江淮和糴之米運至諸道，減價出糶，得《周禮》通財之意，故特録之，而附論其利弊如此。

貞元九年正月，詔曰：「分災救患，法有常規。通商惠人，國之令典。自今宜令州府，不得輒有閉糴。仍委鹽鐵使及觀察使訪察聞奏。」十四年六月，詔曰：「訪聞蒸庶之間，米價稍貴，念兹貧乏，每用憂懷。苟利于人，所宜通濟。今令度支出官米十萬石，于街東西各五萬石，每斗賤較時價糶與百姓。七月，令賑給京兆府百姓麥種二萬石。」

【《舊唐書·德宗本紀》】貞元十四年十月，以歲凶穀貴，出太倉粟三十萬石，開場糶以惠民。十二月，出東都含嘉倉粟七萬石，開場糶以惠河南饑民。十五年二月，出太倉粟十八萬石，糶京畿諸縣。

【《食貨志》】元和九年四月，詔出太倉粟七十萬石，開六場糶之，并賑貸外縣百姓。至秋熟徵納，便于外縣收貯，以防水旱。十二年四月，詔出粟二十五萬石，分兩街降估出糶。

【《穆宗本紀》】長慶二年閏十月，詔：「江淮諸州，旱損頗多，所在米價，不免踴貴。眷言疲困，須議優矜。宜委淮南、浙西東、宣歙、江西、福建等道觀察使，各于當道有水旱處，取常平義倉斛㪷，據時估減半價出糶，以惠貧民。」

【《册府元龜》】長慶四年二月，詔：「如聞京城米穀翔貴，百姓乏食者多，夏麥未登，須有救恤。宜出太倉陳粟四十萬石，委度支、京兆府類會，減時價于東西街置場出糶，其價錢仍司府收貯，至秋收糴。」七月，敕：「近日訪聞京城米價稍貴，須有通變，以便公私。宜令户部應給百官俸料其中一半合給疋段者，迴給官中所糴粟，每斗折錢五十文。其疋段委別收貯，至冬糴粟填納太倉。」時人以爲甚便。

蕙田案：此官俸折米之始。

太和六年二月，户部侍郎庾敬休奏：「兩州米價騰貴，百姓流亡至多，請糴兩州闕官職田禄米以救貧人。」從之。　八年九月，詔：「江淮、浙西等道，仍歲水潦，遣殿中侍御史任畹馳往慰勞。以比年賑貸多爲奸吏所欺，徒有其名，惠不及下，宜委所在長吏，以軍州自貯官倉米減一半價出糶，各給貧弱。如無貯蓄處，即以常平、義倉米出糶。」又詔：「諸道有饑疫處，軍糧蓄積之外，其屬度支、户部雜穀，並令減價以出糶，濟貧人。」

開成元年十二月，鹽鐵轉運使奏：「據江淮留後盧鋼，以江、淮諸州人將阻饑，請于來年運米數内量留收貯，至春夏百姓饑乏之際，減價出糶，收其直，待熟償之，無損于官，有利于人。」帝嘉之，詔留常運米三十萬石。

蕙田案：此截留漕米以爲平糶之用。

後唐同光四年正月，詔曰：「輦轂之中，郊甸之内，時物踊貴，人户饑窮。訪聞自陝已西，遐及邠、鳳，積年時熟，百穀價和，縱未能別備于貢輸，亦宜廣通于和糴。近聞輒有税索，已曾降敕指揮，尚恐關鎮阻滯，行塗增長物價。仰所在長吏，切加檢御，以濟往來。推救災卹患之心，明奉國憂人之道。又京圻之内，自張全義制置，已數十年，每聞開墾荒蕪，勸課稼穡，曾無歉歲，甚有餘糧。公私貯蓄，及多收藏，未肯出糶，更俟厚價，頗失衆情。宜令中書門下條疏應在京及諸縣，有貯斛㪷，並令減價出糶，以濟公私。」

後周廣順元年四月，敕：「天災流行，分野代有。苟或閉糴，豈是愛人。宜令沿淮渡口鎮鋪，不得止淮南人糴易。」　三年十一月，敕膳部員外郎劉表微往兖州開倉減價糶粟，以水害稼，救饑民也。丙午，單州刺史劉禧言：❶「滄州充給，歲餘軍糧外，有大麥六萬石，欲開倉官糶，以濟貧民。」從之。十二月，以亳州、潁州大水民饑，所有倉儲及永城倉度支，給軍食一年外，遣使減價出糶。

顯德元年正月，分命朝臣杜曎等五人往潁、亳、濮、永城、固河口開倉減價出糶，❷以濟饑民。　六年正月，命廬州開倉出陳麥以糶之，蓋克復之後，民多阻饑，故廉其價以惠之也。二月，濠州上言：「准宣出糶省倉陳麥，以利饑民。」

【《宋史·太宗本紀》】淳化元年七月，京師貴糴，遣使開廩，減價分糶。

【《真宗本紀》】大中祥符五年，京城、河北、淮南饑，減直鬻穀，以濟流民。

【《玉海》】天禧元年，詔災傷州以常平倉元糴價出糶。

【《荒政考略》】天禧元年，濮州侯日成上言：「本州富民，儲蓄不少，近價值日增。乞差使臣，與通判點檢，量留一年支費，餘悉令糶。」真宗有旨，勸誘出糶，不得擾富民。

【《真宗本紀》】天禧四年閏十二月，京城穀貴，減直發常平倉。

❶「史」，原作「吏」，據《冊府元龜》卷一〇六改。

❷「曎」，庫本作「曅」，《冊府元龜》卷一〇六作「𦢊」。

【《仁宗本紀》】天聖四年四月，詔京東西、河北、淮南平穀價。

慶曆元年十一月，發廩粟，減價以濟京城。

八年十一月，出廩米，減價以濟畿内貧民。

至和二年四月，出米京城門，下其價，以濟流民。

【《吴及傳》】嘉祐四年，及管勾登聞檢院，上書言：「《春秋》有告糴，陛下恩施動植，視人如傷。然州郡官司，各專其民，擅造閉糴之令。一路饑，則鄰路爲之閉糴。一郡饑，則鄰郡爲之閉糴。夫二千石以上，所宜同國休戚，而坐視流離，豈聖朝子育兆民之意哉！」遂詔鄰州、鄰路災傷而輒閉糴，論如違制律。

【《言行録》】熙寧中，趙清獻公抃以大資政知越州。兩浙旱蝗，米價踴貴，諸州皆榜衢路，禁人增米價。公獨榜衢路，令有米者增價糶之。於是諸州米商，輻湊詣越，米價更賤，民無餓死者。

【蘇頌《乞糴官米濟民疏》】臣竊聞，近日甚有近北災傷人民，流移往鄰路州軍逐熟。尋有旨下諸路，令州縣常切存恤。恭惟聖恩溥施，靡所不逮，然恐州縣虛文，不能上副仁憫之意。何則？其流民所之，惟是歲豐物賤，便爲安居之地。今並淮諸郡，雖稍登稔，若食口既多，必是物價騰踴。萬一將來秋成失望，漂泊之民，未有歸業之期，坐食貴穀，便見失所。彼時須煩縣官賑救，爲惠差遲，則其無益甚矣。臣以謂，存恤之法，莫先於平物價。欲物貨之平，則莫若官爲糴給，使之常食賤價之物，則不覺轉移流徙之爲患也。臣欲望特降朝旨，應有流民所聚州縣，權將上供或軍糧米斛，比見今在市實直，量減分數，估定價例，將來更不得添長，專差强幹官一員，置場出糶，直候流民歸業日即罷。其約束事件，並依昨來在京糶場施行。收到價錢，却委轉運司和糴斛㪷充數。如此擘畫，比之出粟賑濟，所費寡而所惠博。惟朝廷垂意，幸甚！

【《宋史·徽宗本紀》】元符三年正月，即皇帝位。十二月，出廩粟，減價以濟民。

【《高宗本紀》】建炎二年十月，禁江、浙閉糴。　三年二月，出米十萬斛，即杭、秀、常、湖州、平江府損直以糶，濟東北流寓之人。

紹興十三年三月，振淮南饑民，仍禁遏糴。

【《食貨志》】紹興三十一年正月，雪寒，民多艱食。詔臨安府并屬縣以常平米減時之半，振糶十日。

【朱子《與星子諸縣議荒政書》】一將來糶米，亦請一面早與上户及糴米人户公共商議置場去處，務令公私、貧富、遠近之人各得其便。大抵官米只于縣市出糶，上户米穀即與近便鄉村置場出糶，不須般載往來，徒有勞費。如有大段有餘、不足去處，及將來發糶常平米斛，即具因依申來，切待別行措置。

【《與建寧諸司論賑濟劄子》】一安撫司賑濟米，合于冬前差船般運，免至冬後與民間般載租米互有相妨，或致延滯。

一廣南最係米多去處，常歲商賈轉販，舶在海中。今欲招邀，合從兩司多印文牓，發下福州沿海諸縣，優立價直，委官收糴，自然輻湊。然後却用溪船，節次津般前來建寧府交卸。

一般運米須得十餘萬石，方可濟用。合從使、府兩司及早撥定本錢，選差官員使臣，或募土豪，給與在路錢糧，令及冬前，速到地頭，趁熟收糴。潮、惠州與本路界相近，往回別無踈虞，即與支賞，約運到米一千石，支錢三十貫充賞；其糴到米數最多之人，仍與別議保奏推賞施行。

一上件福、廣米既到府城，即城下居人自無闕食之理，不須過有招邀上溪船米，反致鄉村匱乏，將來却煩官司般米賑濟，勞費百端。今合先次出牓曉諭諸縣，産户寺院，除日逐出糶不得閉糴外，每産錢一貫，椿米三十石。省禾亦依此紀數。兩貫以下不椿。委社首遍行勸諭，親自封椿，開具本都椿管米數及所椿去處，限十一月内申縣，祇備覆實，不得輒徇顔情，虚申數目，及妄挾怨仇，生事騷擾。其社首家禾，即委隅官封椿。

一鄉下有外里産户等寄莊，即仰社首及本處居人指定，經官陳説，封椿十分之七。

一鄉下有産錢低小而停積禾米之家，仰鄰保重立罪賞陳告，亦與量數封椿十分之五，並依前法。

一上户有願於合椿數外別行椿糴之人，許具實數，經縣自陳，收附出糴，量行旌賞。

一所椿禾米，更不預定價直，將來隨鄉原高下量估，平價出糶，不使太貴以病細民，亦不使太賤以虧上户。

一所椿禾米，自來年正月爲始，以十分爲率，至每月終，即給一分還元椿産户自行出糶，直至稍覺民饑，即據見數，五日一次，差隅官監糶，大人一斗，婦人七升，小兒四升。如至六月中旬，民間不甚告饑，即盡數給還，産户自行出糶。

一府城縣郭及鄉村居民，合糴禾米之家，合預行括責，取見户口實數，即見合用米數，及將來分定坊保給關收糴，庶免欺弊。大人、婦人、小兒，逐户分作三項。

一上户自有蓄積，軍人自有衣糧，公吏自有廩禄，市户自有經紀，工匠自有手作，僧道自有常住，並不在收糴之限。

一鰥寡孤獨、老病無錢糴米之人，候三四月間，別議措置。如是饑荒，須令得所。

右謹具呈第一項至第三項，乞使、府兩司早賜詳度定議；第四項以後，乞使、府出牓通衢，恐有未盡未便之處，令諸色人詳其利害，疾速具狀陳述，廣詢審議，然後施行，庶使大户細民，兩得安便。伏候台旨。

此米須留以待來歲之用，目今秋成在邇，般運到，人已食新。切乞存留，無爲虚費椿米。多則上户不易，少又儲蓄不足。此數更乞裁酌，更以户口之數計之，方見實用米數。

寶慶三年，監察御史汪剛中言：「豐穰之地，穀賤傷農；凶歉之地，濟糴無策。惟以其所有餘，濟其所不足，則饑者不至于貴糴，而農民亦可以得利。乞申嚴遏糴之禁。凡兩浙、江東西、❶湖南北州縣有米處，並聽販鬻流通；違，許被害者越訴，官按劾，吏決配，庶幾令出惟行，不致文具。」從之。

【王圻《續通考》】紹定元年，資政殿學士、知潭州曾從龍奏：「州縣賑民之法有三，曰濟，曰貸，曰糶。濟不可常，惟貸與糶，爲利

---

❶「江東」，原作「東江」，據《宋史・食貨上六》乙正。

可久。今撥緡錢一千萬有奇，分下潭州十縣，委令佐糴米置惠民倉，乞比附常平法。」從之。六年正月，監察御史何處久奏：「乞申飭諸道轉運司，嚴飭所部州縣，不許遏糴。如歉郡招誘客販，委官告糴，仍具數上之朝廷，其阻糴苛稅者，令御史臺劾奏。」從之。

【《宋史·度宗本紀》】咸淳元年閏五月，久雨，京城減直糶米三萬石。自是，米價高，即發廩平糶以爲常。

【《食貨志》】咸淳元年，有旨豐儲倉撥公田米五十萬石付平糴倉，遇米貴平價出糶。

二年，監察御史趙順孫言：「今日急務，莫過于平糴。乾道間，郡有米斗直五六百錢者，孝宗聞之，即罷其守，更用賢守，此今日所當法者。今粒食翔踴，未知所屆，❶市井之間，見楮而不見米。推原其由，寔富家大姓，所至閉廩，所以糴價愈高而楮價愈減。陛下念小民之艱食，爲之發常平義倉，然爲數有限，安得人人而濟之？願陛下課官吏，使之任牛羊芻牧之責；勸富民，使之無秦、越肥瘠之視。糴價一平，則楮價不因之而輕，物價不因之而重矣。」七年，以咸淳三年以前諸路義米一百一十二萬九千餘石，減價發糶，薄收郡縣，聽民不拘關、會，見錢收糴。

【《金史·世宗本紀》】大定九年三月，以大名路諸猛安民户艱食，遣使發倉廩，減價出之。

【《食貨志》】大定二十一年，中都大水，命都城減價以糶。明昌四年七月，諭旨户部官：「聞通州米粟

❶「屆」，原作「由」，據《宋史·食貨上六》改。

甚賤，若以平價官糴之，何如？」于是有司奏：「中都路去歲不熟，今其價稍減者，以商旅運販繼至故也。若即差官争糴，切恐市價騰踴，貧民愈病，請俟秋收日，依常平倉條理收糴。」詔從之。　五年五月，上曰：「聞米價騰踴，今官運至者有餘，可減直以糶之。其明告民，不須貴價私糴也。」

【《章宗本紀》】承安元年六月，上以百姓艱食，詔出倉粟十萬石，減價以糶之。

【《高汝礪傳》】貞祐二年六月，宣宗南遷，次邯鄲，拜汝礪爲參知政事。次湯陰，上聞汴京穀價騰踴，慮扈從人至則愈貴，問宰臣何以處之。皆請命留守司約束。汝礪獨曰：「物價低昂，朝夕或異，然糴多糶少則貴。蓋諸路之人輻輳河南，糴者既多，安得不貴？若禁止之，有物之家皆將閉而不出，商旅轉販亦不復入城，則糴者益急而貴益甚矣。事有難易，不可不知。今少而難得者穀也，多而易致者鈔也，自當先其所難，後其所易，多方開誘，務使出粟更鈔，則穀價自平矣。」上從之。

蕙田案：米價騰貴之時，無抑之使平之理。汝礪此議，與趙清獻榜衢路令增價出糶之意合。

【《侯摯傳》】貞祐四年正月，拜尚書右丞。是時，河北大饑，摯上言曰：「今河朔饑甚，人至相食。觀、滄等州，斗米銀十餘兩，殍殣相屬。伏見沿河上下許販粟北渡，然每石官糴其八，彼商人非有濟物之心也，所以涉河往來者，特利其厚息而已。利既無有，誰復爲之？是雖有濟物之名，而實無所渡之物，其與不渡何異！昔春秋列國，各列疆界，然晉饑則秦輸之粟，及秦饑，晉閉之糴，千古譏之。况今天下一家，河朔之民，皆陛下赤子，而遭罹兵革，尤爲可哀，其忍坐視其死而不救歟？人心惟危，臣恐弄兵之徒，得以藉口而起也。願止其糴，縱民輸販爲便。」詔尚書省行之。

【《元史·食貨志》】京師賑糶之制，至元二十二年始行。其法，於京城南城設鋪各三所，分遣官吏，發海運之糧，減其市直以賑糶焉。凡白米每石減鈔五兩，南粳米減鈔三兩，歲以爲常。成宗元貞元年，以京師米貴，益廣世祖之制，設肆三十所，發糧七萬餘石糶之，白粳米每石中統鈔一十五兩，白米每石一十二兩，糙米每石六兩五錢。二年，減米肆爲一十所，其每年所糶，多至四十餘萬石，少亦不下二十餘萬石。至大元年，增兩城米肆爲一十五所，每肆日糶米一百石。四年，增所糶米價爲中統鈔二十五貫。自是，每年所糶，率五十餘萬石。泰定二年，減米價爲二十貫。致和元年，又減爲一十五貫云。賑糶糧之外，復有紅貼糧。紅貼糧者，成宗大德五年始行。初，賑糶糧多爲豪强嗜利之徒，用計巧取，弗能周及貧民。於是令有司籍兩京貧乏户口之數，置半印號簿文貼，各書其姓名口數，逐月對貼以給。大口三斗，小口半之。其價視賑糶之直，三分常減其一，與賑糶並行。每年撥米總二十萬四千九百餘石，閏月不與焉。其愛民之仁，于此亦可見矣。

【《廣治平略》】周忱巡撫直隸，初至蘇、松，屬大饑，穀貴。忱廉得江浙、湖廣大稔，令人齎金至其地，故抑其直勿糴，且紿言「吴中米價高甚」，用是三省大賈載米數百艘來集。忱乃下令，盡發官廩貸民，半收其直，城中米價驟減。各賈懷觀望，只得賤糶，忱復椎牛釃酒謝之，各賈悉大歡而去。米價既平，乃復官糴以實廪。此巧行其平糴者也。

【《杭州府志》】正統六年二月，巡按浙江監察御史康榮奏：「杭州府地狹人稠，浮食者多仰給蘇、松諸府。今彼地水旱相仍，穀米不至，杭州遂困。又湖州府比因歲凶，米亦甚貴。竊計二府官廪，尚有二十年之積，恐年久紅腐，請發三十五萬糴于民間，令依時值償納，則朝廷不費，而民受其惠矣。」從之。

【《荒政考略》】成化七年，京畿饑，敕户部發太倉粟一百萬斛，減價糶以利民。凡糴，惟以升斗計，滿一石不與。饑者獲濟。

【《明會典》】成化六年，奏准將京、通二倉糧米發糶五十萬石，每秔米收銀六錢，粟米五錢，以殺京城米價騰貴。

【王圻《續通考》】成化十八年正月，命南京糶常平倉糧。時歲饑，米貴，南京户部議減價糶以濟民饑，秋成平糴還倉。

【《明會典》】嘉靖九年，令天下各府州縣，有積久米粟，盡數平糶，以濟貧窮，候收成，買貯新穀，務足前數。

【《通紀會纂》】神宗十五年，申時行《請禁遏糴疏》曰：「治本在使民得食。頃者因荒，大發帑銀，遣使分賑，恩至渥矣。然賑銀有限，而饑民無窮，惟是鄰近協助，市糴通行，乃可延旦夕之命。近訪河南等處，往往閉糴。彼固各愛其民，然自朝廷視之，莫非赤子。災民既缺食于本土，又絶望于他方，是激之爲變也。乞禁止遏糴之令，聽商民糴買接濟，則百姓不至嗷嗷待斃、洶洶思亂也。」上從之。

蕙田案：以上平糴。

【《荒政考略》】唐高宗儀鳳間，王方翼爲肅州刺史，蝗獨不至其境，隣郡民皆重繭走之。乃出私錢作水磑，薄其直，以濟饑瘵，起舍數十百楹居之，全活甚衆。

【《古今治平略》】皇祐間，吴中大饑，范仲淹領浙西，乃縱民競渡，與僚佐日出燕湖上，諭諸守者，以荒歲價廉，可大興土木。于是諸寺工作鼎新，又新倉廒吏舍，日役千夫。監司劾奏杭州不卹荒政，游宴興作，傷財勞民。公乃條奏所以如此，正欲廢有餘之財以惠貧者，使工技傭力之人，皆得仰食于公私，不至轉徙填壑。荒政之施，莫此爲大。是歲，惟杭饑而不害。

【《文獻通考》】熙寧六年，詔：「自今災傷，用司農常法賑救，不足者，並預具當修農田水利工役募夫數及其直上聞，❶乃發常平錢斛募飢民興修。不如法賑救者，委司農劾之。」

【曾鞏《越州趙公救菑記》】熙寧八年，吴、越大旱，知越州趙公僦民完城四千一百丈，爲工三萬八千，計其傭與錢，又與粟再倍之。

【朱子《奏救荒畫一事件狀》】一檢準《常平免役令》，諸興修農田水利而募被災饑流民充役者，其工直糧食，以常平錢穀給。臣契勘本路水利，極有廢壞去處，亦有全未興創去處，欲俟將來給到錢物，即令逐州計度合興修處，雇募作役，既濟饑民，又成永久之利，實爲兩便。

【《奏救荒事宜畫一狀》】一臣昨所奏逐項事理，並蒙開允。獨有依準舊制，募饑民修水利一事，未蒙施行。臣竊見連年災旱，國家不忍坐視夫民之死，大發倉廩以拯救之，其費以巨億計。蓋其賑給者，固

❶「具」，原作「且」，據《文獻通考》卷二六改。

不復收；其賑糶者，雖曰得錢，而所折閱，亦不勝計。仁聖之心，於此固無所吝。然饑民百萬，安坐飽食，而於公私無毫髮之補，則議者亦深惜之。故臣嘗竊仰稽令甲，私計以爲若微於數外有所增加，以爲募民興役之資，則救災、興利，一舉而兩得之，其與見行糶給之法，利害之算，相去甚遠。故不自揆，既以奏聞，而輒下諸州，委是通判，詢究水利合興復處，以俟報可。至於近日巡歷，又得親見所至原野，極目蕭條，唯是有陂塘處，則其苗之蔚茂秀實，無以異於豐歲。於是竊嘆，益知水利之不可不脩。自謂若得奉承明詔，悉力經營，令逐村逐保，各有陂塘之利，如此則民間永無流離餓莩之患，而國家亦永無蠲減糶濟之費矣。不謂言語疎略，未蒙鑒照。敢竭其愚，重以爲請。伏望聖慈深察上件事理，許臣前項所請百七十萬貫者，而令於内量撥什三，候諸州通判申到合興修水利去處，即與審實應副。其合糶給人有應募者，即令繳納糶給由歷，就雇入役，俟畢工日，糶給如舊。則所損不至甚多，而可以成永久之利，絶凶年之憂，費短利長，未爲失策。候聖旨。

簽黄：臣又竊恐興修水利所費太多，難以支給，即乞且令貸與食利人户雇工興役，却候將來豐熟年分，紐計米數量分料次，赴官送納樁管，在官尤爲利便。伏候聖旨。

【《宋史・寧宗本紀》】嘉定二年十一月，詔浙西監司募饑民修水利。

蕙田案：興工代賑之法，起於後代。然周宣王之集流民，則云「百堵皆作」；臧文仲之述旱備，則云「修城郭」，夫非古人已行之事乎！且聚數千百饑人仰首而待食于上，而於縣官無絲髮之補，詎若使之自食其力。巧者効其技，强者効其勤，於小民既覺得所，於公家亦爲有益，尤一舉而兩得也。宋時又有募饑民爲兵之法，亦是量其才力，俾得就食于官，與此同意。

觀承案：興工代賑，官民俱利，此法誠善。他若增價來米，及飢民爲兵，亦可參用。蓋米多則價自平，爲兵則盜自弭，惟在司牧者權其情勢輕重而兼行之可也。

蕙田案：以上以工代賑。

【《金史·章宗本紀》】明昌三年六月，諭户部：「可預給百官冬季俸，令就倉以時直糶與貧民，秋成各以其貲糴之，其所得必多矣，而上下便之。其承應人不願者，聽。」

【《明會典》】成化六年，以京城米價騰貴，將文武官吏俸糧預支三個月。

蕙田案：以上預支俸米。

【《明史·食貨志》】弘治五年，户部尚書葉淇言：「蘇、松諸府，連歲荒歉，民買漕米，每石銀二兩。而北直隸、山東、河南歲供宣、大二邊糧料，每石亦銀一兩。去歲，蘇州兑運已折五十萬石，每石銀一兩。今請推行于諸府，而稍差其直。災重者，石七錢；稍輕者，石仍一兩。俱解部轉發各邊，抵北直隸三處歲供之數，而收三處本色以輸京倉，則費省而事易集。」從之。自後歲災，輒權宜折銀，以水次倉支運之糧充其數，而折價以六七錢爲率，無復至一兩者。

蕙田案：《明會典》成化十九年，鳳

陽等府被災，秋糧減免三分，其餘七分，除存留外，起運者照江南折銀則例，每石徵銀二錢五分。是折銀之例，不始于孝宗之世。

【王圻《續通考》】神宗二十九年十一月，户部覆直隸巡按何熊祥題蘇松水災異常，乞將嘉定縣永折漕糧，姑准減折一年，毋分正改，每石折徵銀五錢，以後仍照原題起解。被災十分，江陰一縣，被災九分以上，太倉州、吴江、崑山、武進、江陰、宜興、金壇七縣，本年漕糧，俱准折七分，仍徵本色三分。被災八分以上，長洲、吴縣、常熟、華亭、上海、青浦、無錫、丹徒、丹陽九縣，俱准改折五分，仍徵本色五分。其改折之數，不分正改，照例每石折銀五錢，連蓆板、耗脚、輕齎在内，每同本色齊徵。其改折項下運軍月糧，亦准扣數免編。及查靖江縣被災雖止七分以上，姑念疲邑，准將該年應解南京光禄寺白糧每石折銀八錢，四門倉糙米每石折銀六錢，與别縣本色一同徵解南京户部。其正徵、帶徵、金花銀兩等項，已經差官守催，速令追完解進，及南京各衛倉米，已經題准改折，毋容别議。奉旨是。

蕙田案：以上改折漕糧。

右散利下。

五禮通考卷第二百四十八

淮陰吴玉搢校字

五禮通考卷第二百四十九

內廷供奉禮部右侍郎金匱秦蕙田編輯
太子太保總督直隸右都御史桐城方觀承同訂
右春坊右贊善嘉定錢大昕
按察使司按察使仁和沈廷芳 參校

凶禮四

荒禮

【《周禮·地官·大司徒》】二曰薄征。【注】鄭司農云：「薄征，輕租稅也。」

高氏愈曰：「散利，發已藏之公帑。薄征，減未輸之民租。宋制，諸州歲歉，凡賦租未入、入未滿者，或縱不取，或寡取之，或倚閣以需豐年，鬻牛者免算，運米舟車除沿路力勝錢，皆《周官》所謂『薄征』之意也。」

大荒則令邦國薄征。

【《均人》】凶札則無財賦，不收地守、地職。

【注】無財賦，恤其乏用也。財賦，九賦也。不收山澤及地稅。

王氏曰：「荒政所謂『薄征』也。」

【《漢書·文帝本紀》】二年正月，詔民貸種、食未入、入未備者，皆赦之。九月，詔賜天下民今年田租之半。十二年三月，詔賜農夫今年租稅之半。十三年六月，詔除田之租稅。

蕙田案：蠲除之令，始于漢文，而後代因之。其別有二：曰恩蠲，如漢文帝賜民田租之類，蓋非有災傷而特恩免之也；曰災蠲，則《周禮》薄征之遺意，列代史所載，因一時一地之災而蠲除者皆是也。恩蠲之法，與荒政無與，略舉漢文數事以見緣起，以後俱不及載。

【《昭帝本紀》】始元二年八月，詔曰：「往者災害多，今年蠶麥傷，所振貸種、食勿收責，毋令民出今年田租。」

元鳳三年春，正月，詔曰：「迺者民被水災，頗匱于食。朕虛倉廩，使使者振困乏。其止四年毋漕，三年以前所振貸，非丞相御史所請，邊郡受牛者勿收責。」

蕙田案：此截留漕米之始。

【《宣帝本紀》】本始三年夏五月，大旱，詔郡國傷旱甚者，民毋出租賦。

【《元帝本紀》】初元元年四月，詔郡國被災害甚者，毋出租賦。　二年三月，詔郡國被地動災甚者，無出租賦。

【《成帝本紀》】建始元年十二月，郡國被災，十四以上毋收田租。【注】師古曰：「十四，謂田畝所收，十損其四。」

鴻嘉四年正月，詔郡國被災害什四以上，民貲不滿三萬，毋出租賦，逋貸未入皆勿收。

【《哀帝本紀》】綏和二年秋，詔郡國災害什四以上，民貲不滿十萬，皆毋出今年租賦。

【《平帝本紀》】元始二年四月，天下民貲不滿二萬及被災之郡不滿十萬，勿租稅。

【《後漢書·章帝本紀》】永平十八年，京師及三州大旱，詔勿收兗、豫、徐州田租、芻藁。

【《和帝本紀》】永元四年十二月，詔：「今年郡國秋稼爲旱蝗所傷，其什四以上勿收田租、芻藁。有不滿者，以實除之。」　九年六月，詔：「今年秋稼爲蝗蟲所傷，皆勿收租、更、芻稾。若有所損失，以實除之；餘當收租者，亦半入。」　十三年九月，詔令天下半入今年田租、芻稾，有宜以實除者，如故事。

貧民假種、食，皆勿收責。　十四年十月，詔：「兖、豫、荆州今年水雨淫過，多傷農功，其令被害什四以上，皆半入田租、芻稾；其不滿者，以實除之。」　十六年七月，詔令天下皆半入今年田租、芻稾，其被災者以實除之，貧民受貸種糧及田租、芻稾，皆勿收責。

【《安帝本紀》】永初四年正月，詔以三輔比遭寇亂，人庶流冗，除三年逋租、過更、口算、芻稾。　七年八月，詔郡國被蝗傷稼十五以上，勿收今年田租，不滿者以實除之。元初元年十月，詔除三輔三歲田租、更賦、口算。

建光元年十一月，詔京師及郡國被雨水傷稼者，隨頃畝減田租。

【《順帝本紀》】永建元年冬十月，詔以疫癘水潦，令人半輸今年田租。　傷害什四以上，❶勿收責；不滿者，以實除之。　三年正月，詔勿收漢陽今年田租、口賦。　六年十一月，詔曰：「連年災潦，冀部尤甚，比蠲除實傷，贍恤窮匱，而百姓猶有棄業，流亡不絶。疑郡縣用心怠惰，恩澤不宣。《易》美『損上益下』，《書》稱『安民則惠』。其令冀部，勿收今年田租、芻稾。」

【《桓帝本紀》】延熹九年正月，詔曰：「比歲不登，人多饑窮，又有水旱疾疫之困，盜賊徵發，南州尤甚。其令大司農絶今歲調度徵求，及前年所調未畢者勿復收責；其災旱盜賊之郡，勿收租；餘郡悉半入。」

【《靈帝本紀》】熹平四年六月，令郡國遇災者，減田租之半；其傷害十四以上，勿收責。

❶「四」，原作「物」，據庫本及《後漢書·順帝本紀》改。

【《晉書・武帝本紀》】太康三年十二月，詔：「四方水旱甚者，無出田租。」　四年七月，兗州大水，復其田租。　五年七月，任城、梁國、中山，雨雹傷秋稼，減天下户課三分之一。　六年正月，以比歲不登，免租貸宿負。

【《孝武帝本紀》】寧康二年四月，皇太后詔：「三吴義興、晉陵及會稽遭水之縣尤甚者，全除一年租布，其次聽除半年，受振貸者即以賜之。」

太元四年正月，郡縣遭水旱者，減租稅。

五年六月，以比歲荒儉，大赦，自太元三年以前逋租宿債皆蠲除之。

【《宋書・文帝本紀》】元嘉十二年八月，原遭水郡諸逋負。　二十一年正月，大赦天下，諸逋債在十九年以前一切原除，去歲失收者疇量申減。

【《孝武帝本紀》】大明五年四月，詔曰：「南徐、兗二州，去歲水潦傷年，民多困窶，逋租未入者，可申至秋登。」

蕙田案：此逋租緩徵之始。

【《順帝本紀》】昇明二年二月，蠲雍州緣沔諸民前被水災者租布三年。

【《南齊書・高帝本紀》】建元元年九月，詔二吴、義興三郡遭水，減今年田租。

【《武帝本紀》】建元四年六月，詔吴興、義興遭水縣，蠲除租調。

永明五年八月，詔：「今夏雨水，吴興、義興二郡，田農多傷，詳蠲租調。」　七年正月，原雍州四年以前逋租。　八年七月，詔：「雍州八年以前、司州七年以前逋租悉原。」　十月，原建元以前逋租。　十一年五月，詔曰：「水旱成災，穀價傷弊，凡三調衆逋，可同申至秋登。」

【《明帝本紀》】建武二年十二月，詔：「吳、晉陵二郡失稔之鄉，蠲三調有差。」

【《梁書·武帝本紀》】天監二年六月，詔以東陽、信安、豐安三縣水潦，漂損居民資業，遣使周履，量蠲課調。

大同四年八月，詔：「南兗、北徐、西徐、東徐、青、冀、南北青、武、仁、潼、睢等十二州，既經饑饉，曲赦逋租宿責，勿收今年三調。」

【《陳書·宣帝本紀》】太建六年三月，詔曰：「去歲南川，頗言失稔，所督田租，于今未即。豫章等六郡太建五年田租，可申半至秋。豫章又逋太建四年檢首田稅，亦申至秋。南康一郡，嶺下應接，民間尤弊，太建四年田租未入者，可特原除。」

【《魏書·明元帝本紀》】泰常三年，以范陽大水，復其租稅。八月，雁門、河内大雨水，復其租稅。

【《文成帝本紀》】和平四年十月，以定、相二州隕霜殺稼，免民田租。

【《孝文帝本紀》】太和六年十二月，詔曰：「去秋淫雨，洪水爲災，百姓嗷然。今課督未入，及將來租算，一以丐之。」

【《北齊書·文宣帝本紀》】天保八年九月，詔：「今年遭蝗之處免租。」九年七月，詔：「去年螽澇損田，兼春夏少雨，苗稼薄者，免今年租賦。」

【《武成帝本紀》】河清三年閏九月，詔遣十二使巡行水潦州，免其租調。

【《後主本紀》】天統五年七月，詔使巡省河北諸州無雨處，境内偏旱者，優免租調。

【《周書·孝閔帝本紀》】元年三月，詔曰：「淅州去歲不登，厥民饑饉，其當州租輸未畢者，悉宜免之。」

【《隋書·文帝本紀》】開皇六年八月，關内七州旱，免其賦稅。

【《通典》】唐武德二年，制：「凡水旱蟲霜爲災，十分損四分以上，免租；損六分以上，免租調；損七分以上，課役俱免。」

【《唐書·太宗本紀》】貞觀元年夏，山東旱，免今歲租。

【《册府元龜》】上元二年正月，敕：「雍、岐、同、華、隴等州，給復一年。自餘諸州，咸亨年遭旱澇蟲傷損免之家，雖經豐稔，家産未復，宜更免一年租。」

【《舊唐書·高宗本紀》】永隆二年正月，詔：「雍、岐、華、同民户，宜免兩年地稅。河南、河北遭水處，一年。」

【《册府元龜》】開元三年七月，詔曰：「比者山東邑郡，歷年不稔，朕爲之父母，欲安黎庶，恤彼貧弊，拯其流亡。今者風雨咸若，京坻可望，若貸糧地稅，庸調正租，一時併徵，必無辦法。河北諸州，宜委州縣長官勘責，灼然不能支濟者，稅租且于本州納，不須徵，却待至春中，更別處分。有貸糧迴溥等，亦量事減徵。」

【《唐書·玄宗本紀》】開元五年二月，免河南、北蝗水州今歲租。　八年三月，免水旱州逋負。

【《册府元龜》】開元十二年三月，詔曰：「河南、河北，去歲雖熟，百姓之間，頗聞辛苦。今農事方起，蠶作就功，其有貸糧未納者，並停到秋收。」　十三年正月，詔曰：「元率地稅，以置義倉，本防儉年，賑給百姓。頻年不稔，逋租頗多，言念貧人，將何以濟？自開元十二年閏十二月以前所有未納懸欠地稅，宜放免。」　十五年四月，詔曰：「河南、河北諸州，去年緣遭水澇，雖頻加賑貸，而恐未小康。爰自春夏，雨澤以時，兼聞夏苗非常茂好，既即收穫，不慮少糧。然以産業初營，儲積未贍，若非寬惠，不免艱辛。其貸糧麥種穀子迴轉變造諸色欠負等，並放候豐年，以漸徵納。蠶麥事畢，及至秋收後，並委刺史、縣令專勾當，各令貯積，勿使妄有費用。」二十年九月，河南道宋、滑、兖、鄆等州大水傷禾稼，特放今年地税。二十二年十一月，敕曰：「如聞京畿及關輔有損田，百姓等屬，頻年不稔，久乏糧儲。雖今歲薄收，未免辛苦，宜從蠲省，勿用虚弊。至如州縣不急之務，差科徭役，并積年欠負等，一切並停。其今年租入等已下，特宜放免。地税受田一頃已下者，亦宜放免。」

大曆四年十一月，詔曰：「比屬秋霖，頗傷苗稼，百姓種麥，其數非多。如聞村閭不免流散，其大曆五年夏麥所税，特宜與減常年税。」乙亥，敕曰：「淮南數州，獨罹災患，秋夏無雨，田萊卒荒，閭閻艱食，百價皆振。其淮上今年租庸地税旨支米等，宜三分放二分。」十二年十一月，詔曰：「巴南諸州，頻歲仍儉，户口凋耗。其巴、蓬、渠、集、壁、克、通、開等州，宜放二年租庸，及諸色徵科，亦宜蠲免。」

【《文苑英華》】貞元八年十二月，敕：「頃以諸道水災，遣使宣慰。其州府水損田苗及五六分者，今年税米及諸色官田租子並減放一半；損七分以上，一切全放。」

【《舊唐書·德宗本紀》】貞元十二年十月，詔以京畿旱放租税。

【《册府元龜》】貞元十四年正月，詔曰：「累經水旱，或有流庸，積成逋懸，寖以凋瘵。其諸道州府，應欠負貞元八年、九年、十年兩税及榷酒錢總五百六十萬七千餘貫，在百姓腹内，一切並免。如已徵得在官者，宜令所司具條疏聞奏。」輿議以所欠錢物等多是浮于編甿腹中，各已逃移，年月且久，縱令所司徵納，亦無從而致。雖有此詔，亦無益于百姓矣。

蕙田案：歷年之宿逋，蠲之固無益于民，不蠲亦無可斂之理。然使留此數百千萬之逋額不爲除豁，有司亟于催科，民間詎無擾累，是宿逋之除，亦未可謂之全無益也。

【《唐書·權德輿傳》】貞元十九年，大旱。德輿因是上陳闕政曰：「臣聞銷天災者，修政術；感人心者，流惠澤。和氣洽則祥應至矣。畿甸之内，大率赤地而無所望，轉徙之人，㲣踣道路，慮種麥時，種不得下。宜詔在所，裁留經用，以種貸民。今兹租賦及宿逋遠貸，一切蠲除。設不蠲除，亦無可斂之理，不如先事圖之，則恩歸于上矣。十四年夏旱，吏趣常賦，至縣令爲民毆辱者，不可不察。」帝頗采用之。

【《册府元龜》】貞元二十年二月，詔曰：「去夏迄秋，頗愆時雨，京畿諸縣，稼穡不登。今宿麥未收，其逋租宿貸六十五萬貫石，宜蠲除之。」

元和二年正月，制：「淮南、江南，去年以來，水旱疾疫，其租税節級蠲放。」二月，制以浙江西道水旱相仍，蠲放去年兩税上供三十四萬餘貫。四年正月，制曰：「近者，江淮之間，水旱作沴，其元和三年諸道應遭水旱所損州府應合放兩税錢米等，損四分已下，宜准式處分；四分已上者，並准元和元年六月十八日敕文放免。」六年二月，敕：「泗州二年水旱，所損不虛，其欠元和五年錢米，宜並放免。」閏十二月，敕：

「畿內百姓，頃以秋稼旱損，農收不登，言念疲黎，每務矜恤。乃者詔命既下，各已加恩，如聞村閭之間，尚慮乏食。其粟及大豆，除已徵納外，見在百姓腹內者，宜令全放；青苗錢欠在百姓腹內者，量放一半。」

【《文苑英華》】元和七年，敕：「比者田穀致損，芻藁隨之。今已過時，益難濟辦。其并職田草共一百一十五萬束，並宜放免。又有常賦錢穀，蠲放之餘，貧弊者多慮難輸入。其京兆府欠去年兩稅、青苗等錢二萬一千八百貫，欠秋租雜斛斗及職田粟五萬三千三百石，並宜放免。元和六年春振貸京畿百姓義倉粟二十四萬石，亦宜放免。」

【《舊唐書・憲宗本紀》】元和九年二月，詔以歲饑，放關內元和八年以前逋租錢粟。五月，以旱，免京畿夏稅十三萬石、青苗錢五萬貫。

【《册府元龜》】元和十一年四月，制曰：「頃自春及夏，時澤未降，其京畿百姓，所有積欠元和九年、十年兩稅及青苗并折糴折納斛㪷及稅草等，除在官典所由腹內者，並宜放免。」

穆宗以元和十五年正月即位，六月，京兆府上言：「興平、醴泉縣雹傷夏苗，請免其租入。」九月，宋州奏：「雨水敗田稼六千頃，請免今年租入。」並從之。

太和三年十一月，京兆上言：「奉先等八縣，旱雹損田稼二千三百四十頃。」有詔蠲免。　四年七月，許州上言：「去年六月二十一日，被水。」有詔應遭水損百姓等，宜量放今年租子。十月，詔潤、和兩州應水漂溺人户處，宜委本道仔細檢勘，全放今年秋稅錢米。其浙西、浙東、宣歙、鄂岳、江西、鄜坊、山南東道，並委所在長吏，據淹損田苗、漂壞廬舍及蟲螟所損，節級矜減，指實奏聞。其京兆、河南府所損縣，即據頃畝，依常例檢覈，分數蠲減。　五年十月，京兆府同官、奉先、渭南縣，今年夏，風雹大雨害田稼，❶至是，請蠲免其租。可之。　八年九月，詔江淮、浙西等道，仍歲水潦，其田苗全損處，全放其年青苗錢，餘亦量議蠲減。

開成元年正月，詔河中、同州、絳州，去年旱歉，賦斂不登，宜特放免開成元年夏青苗錢。

【《舊唐書·文宗本紀》】開成二年三月，詔：「諸州遭水旱處，並蠲租稅。」　三年正月，詔去秋蝗蟲害稼處，放逋賦。

【《唐書·宣宗本紀》】大中四年四月，以雨霖，詔蠲度支、鹽鐵、户部逋負。

【《文苑英華》】大中九年七月十三日，詔：「應揚、潤、廬、壽、滁、和、宣、楚、濠、泗、光、宿等州，其間或貞元以來舊欠逃移後闕額錢物均攤見在人户，頻年災荒，無可徵納，宜特放三年。待稍完復，却即令依舊。　或逋懸錢物斛斗數内，先已放免，度支却徵收者，宜委本司細詳元敕磨勘，如合放免，不得追徵。　或先因水旱賑貸，欠常平義倉斛斗，若終不可徵收，亦宜放免。　或今年合徵兩税錢物，量百姓疾疫處，各委逐州，準分數于上供留州留使三色錢内均攤放免。　或收管諸色逋懸錢物等年月深遠，但掛簿書，空務追徵，益生勞擾，宜委有司速勘會，了絶蠲放，不得留爲應在，以資奸蠹之徒。　其濠、泗、宿三州大中六年以前所在逋懸，亦宜放免。」

【《舊唐書·懿宗本紀》】咸通二年二月，鄭

❶「雹」，原作「電」，據校點本《册府元龜》卷四九一改。

滑節度使李福奏：「屬郡潁州，去年夏大雨，沈丘、汝陰、潁上等縣，田稼屋宇，淹没皆盡，乞蠲租賦。」從之。

【《唐書·僖宗本紀》】咸通十四年十二月，免水旱州縣租賦。

【《册府元龜》】後唐同光元年十月，詔：「應天下諸道水旱災沴之鄉，苗稼不登，征賦宜減，應今年經雹旱所損田苗處，檢覆不虛，據畝壠蠲免。」　二年二月，詔：「諸道州縣有經雹水旱之處，所損田苗，納税不迨懸欠處，仰仔細檢詳，如不虛妄，特與蠲放。」十一月，中書奏：「天下州府，今秋多有水潦處，百姓所輸秋税，請特減，以慰貧民。」敕：「俟來年蠲免。」　四年正月，制：「應同光三年經水災處，有不迨及逃移人户差科、夏秋兩税及諸折配，委官吏切皆點檢，並與放免。」

天成二年十月，詔：「今歲岐、華、登、萊，自夏稍旱，其所損田苗，宜令簡行，詣實申奏，與蠲減税租，仍不得輒有差徭科配。」

長興四年九月，敕曰：「據河中、同、華、耀、陝、青、齊、淄、絳、萊等州，各申災旱損田處，已令本道判官檢行，不取額定頃畝。如保内人户逃移，不得均攤抵納本户租税。其税子如闕本色，許納諸雜斛㪷。　薥黍元每斗折粟八升，今許納本色稗子，特與免税。　前件遭旱州府，據檢到見苗，仍恐輸官不迨，❶今秖徵一半税物，仍許于便近州府送納，其餘一半，放至來年。　其逃移户田産，仰村鄰看守，不得殘毁。」

清泰元年七月，詔曰：「省三司使奏，自長興元年至四年十二月已前，諸道及户部營

❶「官」，原作「管」，據《册府元龜》卷四九二改。

田逋租三十八萬八千六百七十二端匹束貫斤量，或頻經水旱，或併值轉輸，悉至困窮，蹙成逋欠，加以連年災沴，比户流亡，殘租空係于簿書，計數莫資于經費。蓋州縣不公之吏，鄉吏無識之夫，乘便欺官，多端隱税，三司使患其僥倖，便欲推尋。朕閔彼蒸黎，慮成淹滯，示體物憂民之旨，徵滌瑕盪垢之文。特議含容，且期均濟。應自長興四年已前三京、諸道及營田委三司使各下諸州府縣，除已納外，並放。」

後晉天福二年四月，詔：「昨行至鄭州滎陽縣界，路旁見有蟲食及旱損桑麥處，委所司差人檢覆，量與蠲免租税。」五月，敕：「雒京、魏府管内所有旱損夏苗縣分，特于五分中減放一分苗子，其餘四分，仍許將諸色斛㪷，依《倉式例》與折納。」　三年八月，敕：「河南、同州、絳州三處逃移人户下所欠累年殘税，并今年夏税差科及麥苗子，沿徵諸色錢物等，並放。其逃户下秋苗，據見檢到數，不計是元額及出剩頃畝，並放一半。」十月，敕：「蒲、同、晉、絳、滑、漢、魏府鎮、定州等，或經亢旱，或屬兵戈，逃移人户等，應逐户所欠今年已前諸雜税物，並特除放。」【《五代史·晉高祖本紀》】天福六年三月，除民二年至四年以前税。

【《册府元龜》】天福六年八月，制曰：「歲因災沴，民用艱辛，久係逋懸，宜示蠲免。應欠天福五年終已前夏秋租税并沿徵諸物及營田租課，並與除放。應沿路有旁道稍損却田苗處，其令納苗子及沿徵錢物等，據畝數並與除放。」

少帝天福七年七月即位，赦制：「蟲蝗作沴，苗稼重傷，特示矜蠲，俾令蘇息。應諸道州府經蝗蟲傷食苗稼者，並據所損頃畝與蠲放賦税。」八年，敕：「諸州應欠天福七年夏税，並與除放。秋税一半，其餘一半，候到蠶麥納。逃户與放一半差徭，却令歸業。」

馬氏端臨曰：「漢以來始有蠲貸之事。其所蠲貸者有二：田賦，一也；逋債，二也。何三代之時，獨不聞有所蠲貸耶？蓋三代之所以取民，田賦而已，貢、助、徹之法，雖不離乎什一，然往往隨時隨地爲之權衡，未嘗立爲一定不易之制。故《禹貢》九州之地，如人功多則田下而賦上，人功少則田上而賦下。兖州之地，蓋十有三載而後可同于他州，又有雜出于數等之間，如下上上錯、下中三錯之類，可見其未嘗立爲定法。《孟子》曰：『治地莫善于助，莫不善于貢。』亦病其較數歲之中以爲常。然則數歲之外，亦未嘗不變易，非如後世立經常之定額，其登于賦額者，遂升合不可懸欠也。蓋其所謂田賦者，既隨時斟酌而取之，則自不令其輸納不敷而至于逋懸，既無逋懸，則何有于蠲貸？而當時之民，亦秉義以急其上，❶所謂『雨我公田，遂及我私』，私田稼不善則非吏，公田稼不善則非農，則又不至如後世徇私忘公，而徼幸其我蠲。至于田賦之外，則又未嘗他取于民，雖有『春省耕補不足，秋省斂助不給』之制，然未聞責其償也。春秋時，始有施舍已責之説、家量貸而公量收之説。秦、漢而下，賦税之額始定，而民不敢逋額内之租，征斂之名始多，而官復有税外之取。夫如是，故上之人不容不視時之豐歉、民之貧富而時有蠲貸之令，亦其勢然也。繇唐以來，取民之制愈重，其法愈繁，故蠲貸之令愈多，或以水旱，或以亂離。改易朝代，則有所蠲；恢拓土宇，則有所蠲；甚至三歲郊祀之赦，亦必有所蠲，以爲常典。蓋征斂之法本苛，逋欠之數日多，故蠲貸之令不容不密，而桀黠頑獷之徒，至有故逋常賦以待蠲，而以爲得策，則上下胥失之矣。」

【《宋史·食貨志》】諸州歲歉，賦租之未入、入未備者，或縱不取，或寡取之，或倚閣以須豐年。寬逋負，休力役，賦入之有支移、折變者省之，應給蠶鹽若和糴及科率追呼不急、妨農者罷之。

❶「秉」，原作「好」，據《文獻通考》卷二七改。

【《太祖本紀》】乾德二年四月，免諸道今年夏税之無苗者。　四年七月，華州旱，免今年租。　五年七月，免水旱災户今年租。

開寶元年六月，詔民田爲霖雨河水壞者，免今年夏税。　五年六月，詔沿河民田有爲水害者，有司具聞，除租。　七年十一月，秦、晉旱，免蒲、陝、晉、絳、同、解六州逋賦，關西諸州免其半。

【《太宗本紀》】雍熙元年三月，蠲水所及州縣今年租。

淳化元年七月，開封、陳留、封丘、酸棗、鄢陵旱，賜今年田租之半。　開封特給復一年。八月，京兆長安八縣旱，賜今年租十之六。十月，以乾鄭二州、河南壽安等十四縣旱，州蠲今年租十之四，縣蠲其税。　四年十月，遣使按行畿縣民田，被水者蠲其租。五年九月，遣使分往宋、亳、陳、潁等州，按行民田，被水及種蒔不及者，並蠲其租。

【《真宗本紀》】咸平元年六月，以旱，免開封二十五州軍田租。　是歲，定州雹傷稼，除今年租。

【《文獻通考》】咸平元年，判三司催欠司王欽若上言：「諸路所督逋負并十保人償納未盡者，請令保明聞奏；均在吏屬科理者，請蠲放之。」詔可。　自是，每有大赦，必令臺省官與三司同詳定逋負，引對蠲放。

【《真宗本紀》】咸平四年六月，詔：「東川民田，先爲江水所害者，除其租。」

大中祥符二年七月，蠲京東徐、濟七州水災田租。　四年七月，詔：「先蠲濱、棣州水災田租十之三，今所輸七分，更除其半。」七年八月，除江淮、兩浙被災民租。　九年，諸州有隕霜害稼及水災者，除其租。

天禧四年十月，減水災州縣秋租。　五年

三月，京東、西水災，賜民租十之五。十月，蠲京東西、淮、浙被災民租。

乾興元年正月，蠲秀州水災民租。

【《仁宗本紀》】天聖元年七月，詔：「職田遇水旱，蠲租如例。」　三年八月，蠲陝西州軍旱災租賦。十一月，以襄州水，蠲民租。

四年六月，畿内、京東西、淮南、河北被水民田，蠲其租。　五年十一月，以陝西旱蝗，減其民租賦。　六年八月，詔免河北水災州軍秋稅。　七年四月，免河北被水民租賦。

明道二年，❶畿内、京東西、河北、河東、陝西蝗，淮東、江東、兩川饑，除民租。

景祐元年三月，免諸路災傷州軍今年夏稅。六月，免畿内被災民稅之半。

【《荒政考略》】景祐元年，京東大旱，民多饑殍。有司以徵賦不完，上其數于朝。仁宗諭曰：「江南歲饑，貸民種粟數千萬斛，且屢經停閣，而轉運督責不已。民貧不能自償，昨遣使安撫，始以事聞，不爾何由上達？其悉蠲之。」又蠲三千三百一十六萬。然有司或務聚斂，不即寬除。朝廷知其弊，下詔戒飭。

皇祐元年六月，蠲河北復業民租賦。二年閏十一月，河北水，詔蠲民租。四年，河北路及鄜州水，蠲河北民積年逋負、鄜州民稅役。

至和二年三月，以旱，除畿内民逋芻及去年秋逋稅。

嘉祐元年正月，蠲被災田租。六月，免畿内、京東西、河北被水民賦租。六年七月，詔淮南、江浙水災，差官體量蠲稅。

❶「二」，原作「元」，據《宋史·仁宗本紀》改。

【《神宗本紀》】熙寧二年四月，免河北歸業流民夏税。　三年八月，以衛州旱，蠲租賦。是歲，河北、陝西旱饑，除民租。　四年五月，詔恩、冀等州災傷，蠲其税。　十年九月，詔河決州縣，蠲其税。

元豐元年八月，詔河北被水者，蠲其租。　四年八月，詔蠲河北東路災傷州軍今年夏料役錢。　七年，河北水，壞洺州廬舍，蠲其税。

【《哲宗本紀》】元祐元年四月，詔諸路旱傷，蠲其租。

紹聖元年三月，詔振京東、河北流民，蠲是年租税。

【《高宗本紀》】建炎二年七月，以春霖夏旱蝗，詔災甚者蠲田賦。

紹興六年三月，蠲旱傷州縣民積欠錢帛租税，寬四川災傷州縣户帖錢之半。　七年閏十月，蠲江東路月樁錢萬緡。　十三年七月，蠲浙西貧民逋負丁鹽錢。　十八年十二月，蠲被災下户積欠租税。　二十三年七月，寬理平江府、湖、秀二州被水民夏税。九月，潼川被水州縣，蠲其賦。　二十四年十月，蠲旱傷州縣租賦。　二十七年十月，詔四川諸司察旱傷州縣，蠲其税。

二十八年八月，檢放風水災傷州縣苗税。

九月，蠲平江、紹興、湖州被水民逋賦。

【《文獻通考》】紹興二十八年，三省言：「平江、紹興府、湖、秀州被水，欲除下户積欠，擬令户部開具有無侵損歲計。」上曰：「不須如此，止令具數，便於內庫撥還。朕平時不妄費，內庫所積，正欲備水旱。本是民間錢，却爲民間用，何所惜！」乃詔平江等處應日前積欠税賦並蠲之。❶

❶ 「日」，原作「目」，據庫本及《文獻通考》卷二七改。

【《宋史・高宗本紀》】紹興二十九年正月，蠲沙田蘆場爲風水所侵者租之半。三月，除湖州、平江、紹興流民公私逋負。九月，蠲江浙蝗潦州縣租。

【《食貨志》】紹興二十九年，上謂輔臣曰：「輕徭薄賦，所以息盜。歲之水旱，所不能免，儻不寬恤而惟務科督，豈使民不爲盜之意哉！」於是詔諸路州縣，紹興二十七年以前積欠官錢三百九十七萬餘緡及四等以下户官欠，❶悉除之。九月詔：「兩浙、江東西水，浙東、江東西螟，其租税，盡蠲之。」自是，水旱、經兵，時有蠲減，不盡書也。

【《宋史・孝宗本紀》】隆興元年，以兩浙大水旱蝗，江東大水，悉蠲其租。　二年二月，蠲秀州貧民逋租。

乾道元年二月，蠲兩淮災傷州縣身丁錢絹。

【《施師點傳》】師點爲臨安府教授。乾道元年，陳康伯薦，賜對，言：「歷年屢下詔恤民，而惠未加浹。陛下軫念，惟恐一夫失所；郡邑搜求，惟恐財賦不集。毋惑乎日降絲綸，恩不霑被。細民困於倍輸，重以歲惡，室且垂罄，租不如期，積多逋負。今明堂肆赦，户自四等以下，逋自四年以前，願悉除免。」上曰：「非卿不聞此言。」詔從之。

四年五月，以邛州安仁縣荒旱，失于蠲放，致饑民擾亂，守貳縣令降罷追停有差。

九年二月，蠲江西旱傷五州逋負米。

【王圻《續通考》】淳熙元年，宰執進呈檢放過乾道九年災傷停閣錢物，浙東路自淳熙元年爲始作三年帶納，江東路候豐熟作兩年

❶「户」字，原脱，據校點本《宋史・食貨上二》及其校勘記補。

帶納，江西路即不曾據州軍報到災傷數。上曰：「既是災傷，若與停閣，税賦亦無從出，可並與蠲免。如有已納數目，與理充一年合輸之數。」是年，詔江西、湖南路累經災傷，所有上供米斛，逐年已行減放外，今年雖無豐熟，尚慮民力未甦，所有第四第五等人户合給淳熙元年秋苗，特與蠲放一半。如州縣輒敢違戾拘催，許人户越訴，及不得縱容吏人作弊，將第三等以下人户減免。令監司覺察按劾聞奏。

二年，宰執進呈江西、湖南昨得旨以頻年旱傷，第四等第五等人户合納秋苗特蠲一半，切恐諸郡支遣不足，緣此敷擾及民。上曰：「此是特恩，又所爭止七八十萬斛，可並於上供數内除豁，仍禁戢不得輒有敷擾，許人户越訴，將違戾官吏重治施行。」

【《宋史·孝宗本紀》】淳熙三年正月，以常州旱，寬其逋負之半。七年正月，蠲淮東民貸常平錢米。五月袁州分宜縣大水，蠲其税。

【《文獻通考》】淳熙七年，池州言：「檢放旱苗米四萬五千餘石，其經、總制錢二萬六千餘貫，係於苗上收趁，無所從出。」詔蠲之。浙東提舉朱熹言：「去年水旱相繼，朝廷命檢放秋苗，蠲閣夏税。緣起催在前，善良畏事者多已輸納，其得減放者，皆頑猾人户。事件不均，望詔將去年剩納數目，理作八年蠲豁。」詔户部詳看。

蕙田案：災歉之歲，蠲閣税賦，爲惠宜均，而或起催在前，蠲放在後，則良民之急公者多已全完，惟頑猾之户獨霑其惠。況未徵之額，必不如已徵之多，所謂寬免者，僅什之一二耳。而官吏之不肖者，黄封未下，白紙亟催，乘間以恣其漁蠹者，其弊尤難究詰也。朱子提舉浙東日，建議請以去年剩納之數理作明年蠲豁之數，如此則百姓之被澤不致偏枯，而官吏亦無由滋弊，真可爲後世法矣。攷之《續通考》所載，則淳熙元年先已行之，非朱子之剏議也。

【《宋史・孝宗本紀》】淳熙八年六月，除淳熙七年諸路旱傷檢放米一百三十七萬石、錢二千六萬緡。八月，詔紹興府諸縣夏税、和市、折帛、身丁錢絹之類，不以名色，截日並令住催。戊辰，❶言者請自今歉歲蠲減，經費有虧，令户部據實以聞，毋得督趣已蠲閣之數。從之。十二月，蠲諸路旱傷州軍明年身丁錢物。九年十月，蠲諸路旱傷州軍淳熙七年八年逋賦。十年七月，詔除災傷州縣淳熙八年欠税。十一年三月，以上津、洵陽旱，❷蠲其税。

【朱子《繳納南康任滿合奏稟事件狀》】臣竊以爲，救荒之政，蠲除賑貸，固當汲汲于其始，而撫存休養，尤在謹之于其終。譬如傷寒，大病之人，方其病時，湯劑砭灸，固不可以少緩，而其既愈之後，飲食起居之間，所以將護節宣，小失其宜，則勞復之證，百死一生，尤不可以不深畏也。今者饑餓之民，雖得蒙被聖恩，以幸免于死亡，然亦類皆鳩形鵠面，蕭然無異于大病之新起。若有司加意撫綏，寬其財力，則一二年間，筋骸氣血，庶幾可復其舊。若遂以爲既愈而不復致其調攝之功，但見其尚能耕墾田疇，撑拄門户，而

❶「戊辰」，原作「九月」，據《宋史・孝宗本紀》改。
❷「洵」，原作「潮」，據《宋史・孝宗本紀》改。

遽欲責以累年之逋負，與夫去歲倚閣之官物，則是人者，其必無全理矣。竊聞乾道七年之旱，夏税秋苗，亦皆嘗蒙聖恩矣，而流殍甚衆，迄今不復者，正以次年帶納前科税物者迫之也。然考其實，所謂帶納者，初未嘗大段有人納到以佐有司用度之缺，而姦胥猾吏得以並緣騷擾，則其害有不可勝言者。其後，淳熙元年九月四日，乃以薦饑，始蒙蠲放，則三年之間，所失已多，而無及于事矣。今舊逋未除，新税將起，斯人懍懍，已有狼顧之憂。臣愚欲望陛下赦臣之罪，察臣之言，亟詔有司，凡去年被災之郡，盡今年毋得催理積年舊欠，及將去年倚閣夏税悉與蠲放。其上二等人户，當此凶年，細民所從仰食其間，亦有出粟減價賑糶而不及賞格者，欲望聖慈，普加恩施，許將去年殘欠夏税多作料數，逐年帶納，則覆載之間，幅員之内，當此災旱之餘，無有一夫一婦不被堯、舜之澤矣。

蕙田案：災傷之後，民困未蘇，而復使帶納積年之逋租及去年所停之賦，歲入幾何，其能供此數倍之賦乎？宜酌其可蠲者蠲之，其餘則寬其年限，分年帶徵，此彌縫于災後之計也。

【《光宗本紀》】紹熙三年五月，蠲四川水旱郡縣租賦。

【《食貨志》】紹熙五年，蠲廬州旱傷百姓貸稻種三萬二千一百石。

【《寧宗本紀》】慶元元年九月，蠲臨安府水災貧民賦，台、嚴、湖三州被災民丁絹。

三年九月，以四川旱，詔蠲民賦。

嘉泰四年七月，蠲兩浙闕雨州縣逋租。

開禧二年七月，罷旱傷州軍比較租賦一年。

嘉定元年閏四月，蠲兩浙闕雨州縣貧民逋賦。　三年三月，蠲荒歉諸州民間逋負。

【王圻《續通考》】嘉定七年，江東轉運副使真德秀奏《乞停閣夏税蠲放秋苗疏》曰：「臣聞乾德二年四月詔曰：『自春徂夏，時雨尚愆，深恐黎民，失於播殖。所宜優卹，俾獲蘇安。一應諸道所催今年夏租，委所在官吏檢視民田無見苗者上聞，並與除放。』紹興二十八年八月二日，詔令諸路轉運，疾速行下州縣，開具實被災傷頃畝數目及合放分數以聞。仰惟太祖皇帝，開造我朝配天之業；高宗皇帝，中興萬世無疆之基，二聖一心，皆以保全民命爲本，故於災傷之歲，切切如此。夫以四月而蠲夏税，以八月而檢秋苗，自常情觀之，毋乃太早。蓋救災卹患，當於民未甚病之時，若待其饑莩流離，然後加惠，則所全寡矣。爲民父母，忍使至斯！兩朝詔書，可爲大法。今臣所陳二事，如蒙聖慈降出三省，早賜施行，其於公私，皆有便利。一則征斂既寬，逃亡必少，所在田畝，不至拋荒，公家租賦，亦免失陷。二則農人肯行播種，自救其饑，不致大段缺食，全仰官司糶濟。三則窮窶之民，粗有生理，何苦輕捐其身而爲盜賊，未萌之禍，銷弭尤多。」

八年七月，蠲臨安、紹興府貧民夏税。　九年九月，詔兩浙、江東監司覈州縣被水最甚者，蠲其租。

【《理宗本紀》】紹定二年十月，詔台州水災，除民田租及茶鹽酒酤諸雜税。郡縣抑納者，監司察之。

淳祐十年九月，以嚴州水，復民田租。　十

二年六月，嚴、衢、婺、台、處、上饒、建寧、南劍、邵武大水，除今年田租。

寶祐二年九月，詔：「山陰、蕭山、諸暨、會稽四縣水，其除今年田租。」

【《度宗本紀》】咸淳六年閏十月，安吉州水，免公田租四萬四千八十石。　十一月，嘉興、華亭兩縣水，免公田租五萬一千石，民田租四千八百一十石。

蕙田案：景定中，賈似道用陳堯道、曹孝慶等之議，買民田爲公田，公田之租，十倍于民田，而民之困弊極矣。觀咸淳免租之詔，民田止四千餘石，而公田乃五萬一千石。厚斂如是，國安得不亡乎！

七年正月，紹興府諸暨縣湖田水，免租三千二百石有奇。　八年十月，以秋雨水溢，詔減錢塘、仁和兩縣民田租什二，會稽湖田租什三，諸暨湖田租盡除之。　九年十二月，沿江制置使所轄四郡，夏秋旱潦，免屯田租二十五萬石。　十年正月，江東沙圩租米，以咸淳九年水災，詔減什四三。

【《瀛國公本紀》】咸淳十年九月，免被水州縣今年田租。　十二月，詔淮西四郡水旱，去年屯田未輸之租，其勿徵。

【《遼史·穆宗本紀》】應曆三年十一月，以南京水，詔免今歲租。

【《聖宗本紀》】統和十二年二月，免南京被水户租賦。　十五年正月，免流民税。　三月，免南京逋税及義倉粟。

【《興宗本紀》】重熙十二年十一月，以上京歲儉，復其民租税。

【《道宗本紀》】咸雍四年十月，永清、武清、安次、固安、新城、歸義、容城諸縣水，復一歲租。　七年十一月，免南京流民租。

八年二月，歲饑，免武安州稅。

太康元年九月，以南京饑，免租稅一年。二年二月，南京路饑，免租稅一年。九月，以南京蝗，免明年租稅。　六年十二月，免西京流民租賦一年。

大安三年正月，南京貧民，復其租賦。三月，免錦州貧民租一年，免上京貧民租如錦州。　四年正月，免上京逋逃及貧户租賦。

壽隆六年十月，以平州饑，復其租賦一年。

【《金史·太宗本紀》】天會元年十二月，詔以咸州以南，蘇、復州以北，年穀不登，其應輸南京軍糧免之。　二年正月，以東京比歲不登，詔減田租、市租之半。

【《食貨志》】大定三年，以歲歉，詔免二年租稅。　六年，以河北、山東水，免其租。

【《世宗本紀》】大定九年二月，以中都等路水，免稅。又以曹、單二州被水尤甚，給復一年。　十二年正月，以水旱，免中都、西京、南京、河北、河東、山西、陝西去年租稅。十四年二月，詔免去年被水旱百姓租稅。十六年正月，詔免去年被水旱路分租稅。十七年三月，詔免河北、山東等路去年被旱蝗租稅。　十八年正月，免中都、河北、河東、山東、河南、陝西等路前年被災租稅。十九年二月，免去年被水旱民田租稅。

【《食貨志》】大定十九年秋，中都、西京、河北、山東、河東、陝西，以水旱，傷民田十三萬七千七百餘頃，詔蠲其租。　二十一年六月，上謂省臣曰：「近者大興府、平、灤、薊、通、順等州，經水災之地，免今年租稅，不罹水災者，姑停夏稅，俟稔歲徵之。」九月，以中都水災，免租。

【《世宗本紀》】大定二十六年四月，尚書省奏：「年前以諸路水旱，于軍民地土二十一萬餘頃內，擬免税四十九萬餘石。」從之。詔曰：「今之税，考古行之，但遇災傷，常加蠲免。」　二十七年六月，免中都、河北等路嘗被河決水災軍民租税。　十一月，詔河水泛溢，農夫被災者，與免差税一年。

【《章宗本紀》】明昌三年六月，有司言：「河州災傷，民乏食，而租税有未輸。」詔免之。九月，諭尚書省：「去歲山東、河北被災傷處，所閣租税及借貸錢粟，若便徵之，恐貧民未蘇，俟豐收日，以分數察徵可也。」泰和四年四月，免旱災州縣徭役及今年夏税。

【《食貨志》】興定二年，御史中丞完顏伯嘉奏：「亳州大水，計當免租三十萬石，而三司官不以實報，止免十萬而已。」詔命治三司官虛妄之罪。　七月，以河南大水，下詔免租。　三年，令逃户復業者，但輸本租，餘苦役一切皆免。能代耕者，免如復户。有司失信擅科者，以違制論。

【《宣宗本紀》】興定四年八月，上諭宰臣：「河南水災，唐、鄧尤甚。其被災州縣，已除其租。餘順成之方，止責正供，和糴、雜徵並免。仍自今歲九月始，停周歲桑皮故紙折輸。流民佃荒田者如上優免。」

【《元史·食貨志》】蠲免，有以恩免者，有以災免者。災免之制，世祖中統元年，以各處被災，驗實減免科差。　三年，以鑾寇攻掠，免三叉沽竈户一百六十五户其年絲料、包銀。　四年，以秋旱霜災，減大名等路税糧。　至元三年，以東平等處蠶災，減其絲料。　五年，以益都等路禾損，蠲其差税。　六年，以濟南、益都、懷孟、德州、淄萊、博州、曹州、真定、順德、河間、濟州、東平、恩州、南京等處桑蠶災傷，量免絲料。　十九年，減京師民户科差之半。二十年，以水旱相仍，免江南税糧十分之二。二十四年，免北京饑民差税。是年，揚州及浙西水，其地税在揚州者全免，浙西減二分。二十五年，南安等處被寇兵者，税糧免徵。二十六年，紹興路水，免地税十之三。是年六月，以禾稼不收，免遼陽差税。二十七年，大都、遼陽被災，免其包銀、俸鈔。是年六月，以霖雨，免河間等路絲料之半。十月，以興、松二州霜，免其地税。二十八年，遼陽被災者，税糧皆免徵，其餘量徵其半。是年五月，以太原去歲不登，杭州被水，其太原丁地税糧、杭州地税並除之。九月，又免州路所負歲糧。二十九年，❶以北京地震，量減歲課。是年，以大都去歲不登，流移者衆，免其税糧及包銀、俸鈔。

【《元史·成宗本紀》】至元三十一年十月，江浙行省臣言：「陛下即位之初，詔蠲今歲田租十分之三。然江南與江北異，貧者佃富人之田，歲輸其租。今所蠲，特及田主，其佃民輸租如故，則是恩及富室而不被於民故也。宜令佃民當輸田主者，亦如所蠲之數。」從之。

蕙田案：蠲租之惠，止及田主，不及佃客，於理亦覺不均。至元行省之議是也。

【《食貨志》】元貞元年，以供給繁重及水傷禾稼，免咸平府邊民差税。大德三年，以旱蝗，除揚州、淮安兩路税糧。五年，各路被災重者，其差税並除之。六年，免大都、平灤差税。七年，以内郡饑，荊湖、川蜀供給軍餉，其差税減免各有差。八年，以平陽、

❶「九」，原作「六」，據庫本及《元史·食貨四》改。

太原地震，免差税三年。至大元年，以江南、江北水旱民饑，其科差、夏税並免之。二年，以腹裏、江淮被災，其科差、夏税亦並免之。皇慶二年，免益都饑民貸糧。延祐二年，河南、歸德、南陽、徐、邳、陳、蔡、許州、荆門、襄陽等處水，三年，肅州等處連歲被災，皆免其民户税糧。天曆元年，陝西霜旱，免其科差一年；鹽官州海潮，免其秋糧夏税。是年十二月，❶詔經寇盗剽掠州縣，免差税一年。二年，以關陝旱，免差税三年。至順元年，以河南、懷慶旱，其門攤課程及逋欠差税皆免徵。

【《明會典》】凡蠲免，洪武元年，令水旱去處，不拘時限，從實踏勘實災，税糧即與蠲免。洪武二十六年，定凡各處田禾，遇有水旱災傷，所在官司踏勘明白，具實奏聞。仍申合干上司，轉達户部立案具奏，差官前往災所覆勘是實，將被災人户姓名、田地頃畝、該徵税糧數目造册繳報本部立案，開寫災傷緣由具奏。

【《明史·食貨志》】太祖之訓，凡四方水旱，輒免税。豐歲無災傷，亦擇地瘠民貧者，優免之。凡歲災，盡蠲二税。在位三十餘年，所蠲租税無數。

【《通紀會纂》】洪熙元年四月，詔免山東及淮安、徐州夏税秋糧之半。時有至自南京者，上問所過地方何似，對曰：「淮、徐、山東民多乏食，而有司徵夏税方急。」遂召楊士奇等，令草詔免之。士奇曰：「斯事亦可令户部、工部與聞。」上曰：「救民之窮，當如救焚拯溺，不可遲疑。有司慮國用不足，必持不決之意。卿姑弗言。」命書詔畢，遣

❶「是」，原作「一」，據《元史·食貨四》改。

使齊行。上顧士奇曰：「汝今可語户部、工部，朕悉免之矣。」左右咸言地方千餘里，其間未必盡無收，亦宜有分别，庶不濫恩。上曰：「恤民寧過厚。爲天下主，寧與民寸寸計較耶？」

蕙田案：「恤民寧過厚」一語，真仁人之言。廟號曰仁宗，宜哉！

【《明會典》】成化十九年，奏准鳳陽等府被災秋田量，以十分爲率，減免三分，其餘七分，除存留外，起運者照江南折銀則例每石徵銀二錢五分，送太倉銀庫另項收貯備邊。以後事體相類者，俱照此例。

弘治三年，議准災傷應免糧草事例，全災者免七分，九分者免六分，八分者免五分，七分者免四分，六分者免三分，五分者免二分，四分者免一分，止于存留内除豁，不許將起運之數一概混免。若起運不足，通融撥補。

【《學庵類稿》】太祖勘實災，盡與蠲免。弘治始定爲全災免七分，九分災以下免數，以一分遞減，又止免存留，不及起運。成化時，被災田糧改折者，石止徵二錢五分。弘治亦增爲兑運七錢，改兑六錢。孝宗有賢主名而實之不存，祖宗之德意微矣。然賴太祖立法之善，十六朝二百七十七年之中，水旱災沴，無在不聞，蠲賑免折，無歲不有，雖至末造，兵革擾攘，不廢斯政，所以厚斂而民力猶可支，重役而民心猶未去，延祚永世，蓋有由矣。

嘉靖十六年，題准今後凡遇地方夏秋災傷，遵照勘災體例定擬成災應免分數，先儘存留，次及起運。其起運不敷之數，聽撫按官將各司府州縣官庫銀兩錢帛等項通融處補及聽折納輕齎，存留不足之數，從宜區處，不許徵迫小民，有孤實惠。

【王圻《續通考》】嘉靖十六年，被災地方應免錢糧已徵者，准作本户下年該納之數，未徵者照例蠲免。

蕙田案：此即朱子淳熙中所建之議。

【《明會典》】嘉靖四十三年，議准淮揚、徐州災傷改折。嘉靖四十四年，應運四十三年分兑運改兑秋糧，淮安所屬邳州、海州、鹽城、山陽、睢寧五州縣各准三分，安東、贛榆、沭陽、宿遷、桃源、清河六縣及徐州所屬蕭縣各准五分，徐州并碭山、沛縣、豐縣及揚州府所屬興化縣各准六分，徵銀解部，備放官軍折色支用。

【《通紀會纂》】神宗七年，蘇、松大水，積逋七十餘萬，張居正請蠲之，以安民生。疏謂：「百姓財力有限，即年歲豐收，一年之所入，僅足以供當年之數。不幸荒歉，見年錢糧尚不能辦，況累歲之積逋哉！故帶徵一法，名爲完舊欠，實則減新收也。今歲之所減，即爲明歲之拖欠，見在之所欠，又是將來之帶徵。況頭緒繁多，年分混雜，里胥欺匿，官吏侵漁，與其敲撲窮民，實奸貪之囊橐，孰若蠲與小民，使其皆戴上之仁哉！」上從之。

【《廣治平略》】神宗十四年，水旱異常，災傷疊見。時給事中吴之鵬請于西北多方賑濟，于東南大加蠲免，略曰：「景泰四年，山東、河南、江北等處災傷，令所在問刑衙門，責有力囚犯于缺糧州縣倉納米賑濟，雜犯死六十石，流徒三年四十石，以漸而殺。考之漢武，太始秋旱，募死罪人贖錢五十萬，減死罪一等，以故國不費而民自濟，是達權濟變之法，前代已有行之者。至若江南，天下財賦，半給于斯。霪雨不絶，田圩盡没，禾苗淹爛，廬舍漂流，若不大施蠲不可。然臣之所謂蠲者，不在積逋而在新逋，不在存留而在起運。何也？蓋積逋之蠲，奸頑侵欠者獲厚惠，而善良供賦者不沾恩，則何以示勸？且以凶歲議蠲，而乃免樂歲逋負之虚數；民危在眉睫，而乃議往年可緩之徵輸，則何以周急？若乃存留，不過國課十分之一二耳，官俸軍需之類，詎可一日無哉！故非蠲起運，民未有能獲甦者也。」

蕙田案：蠲舊欠宜於平時，蠲新租宜於災歲。蓋舊欠之額數雖盈多，大半無著，或人户久已逃移，或吏胥從中漁蠹。唐權德輿所云「即不蠲除，亦無可斂之理。不如先事圖之，使恩歸于上」者是也。惟新租之徵，蠲免一分，則民受一分之實惠。救災者當如拯焚濟溺，不議目前之徵輸而議夙昔之逋負，其於民猶無益也。明初蠲免，無存留、起運之别。孝宗時始有祇免存留之議。然存留之數少，不如起運之數多，故吴之鵬、袁伯修均有兼免起運之説也。

袁伯修策曰：「愚竊計，蠲之策一，善行其蠲之策三。今海内重災郡邑，其稅應存留者業已免徵，而起運者尚未全豁也。枵腹孑遺，救死不暇，而胡力辦此？故起運之課宜省也。又聞州邑不肖之吏，黄封雖下，白紙猶催，畸羸之夫，腹無半粟，而手足猶縶于桁楊。藉當宁之曠恩，爲潤箧之便計，乃其姓名猶有不入撫按之白簡者，何其貪而不黜乎？故苛政之察宜密也。民草食不充，而大吏猶華軒輶使，至餽送充斥，供張豐腆，此非民膏，何以給之？故官守之自奉宜薄也。茲善行其蠲之三策也。」

蕙田案：薄征之政，以後代所行言之，大約有三端：曰蠲，曰減，曰緩。大災當議蠲，偏災當議減，災輕當議緩。蠲免之詔，宜速不宜遲。減放之數，宜多不宜少。停閣之後，宜帶徵不宜併徵。《周官》薄征，其要不外是矣。

右薄征。

【《周禮・地官・大司徒》】三曰緩刑。【疏】謂凶年犯刑，緩縱之。

鄭氏鍔曰：「凶荒則犯禁多，憫而不刑，則犯者益衆。嚴以示禁，則饑民之犯，或出於不得已，姑緩之可也。」

高氏愈曰：「緩刑者，因歲凶民易犯法而寬之也。民迫于饑寒，不幸而有過失，當緩其刑辟，以示哀矜之意。」

大荒則令邦國緩刑。

【《秋官・士師》】若邦凶荒，則以荒辯之法治之。【注】鄭司農云：「辯，讀爲別。救荒之政十有二，而士師別受其教條，是爲荒別之法。」玄謂：辯，當爲「貶」，聲之誤也。遭饑荒，則刑罰、國事有所貶損，作權時法也。《朝士職》曰：「若邦凶荒、札喪，則令邦國、都家、縣鄙慮刑貶。」❶

蕙田案：《士師》荒辯之法，即《朝士》所謂慮刑貶也。朝士定其議，士師治其法。

令緩刑。【注】緩刑，紓民心也。

王氏昭禹曰：「刑雖不可去，亦緩之而不急。」

【《朝士》】若邦凶荒、札喪、寇戎之故，則令邦國、都家、縣鄙慮刑貶。【注】故書「慮」爲「憲」，「貶」爲「窆」。杜子春云：「窆，當爲禁。憲，謂幡書以明之。」玄謂：慮，謀也。貶猶減也。謂當圖謀緩刑且減國用，爲民困也。所貶視時爲多少之法。

❶「國」，原作「家」，據《周禮・秋官・士師》鄭注及《朝士》改。

劉氏迎曰：「刑之貶而以朝士慮之者，蓋凶荒、札喪、寇戎之際，法不寬減則民滋不安，而盜賊之變起，正朝士所當慮，而令邦國、都家、縣鄙議刑貶也。先儒以減用爲慮貶，朝士何與于減用哉？」

蕙田案：鄭康成注《士師》「荒辯」引此文，❶所謂貶者，於刑罰之法有所貶損，非減損國用之謂也。此注乃又有減用之解。制國用，視年之豐耗，家宰之職也，與秋官無涉，劉氏駁之甚是。

【《漢書·元帝本紀》】永光二年夏六月，詔曰：「間者連年不收，四方咸困，元元之民，勞于耕耘，又亡成功，困于饑饉，亡以相救。朕爲民父母，德不能覆而有其刑，甚自傷焉。其赦天下。」

【《後漢書·光武帝本紀》】建武五年夏四月，旱蝗。五月丙子，詔曰：「久旱傷麥，秋種未下，朕甚憂之。將殘吏未勝，獄多冤結，元元愁恨，感動天氣乎？❷其令中都官、三輔、郡國出繫囚，罪非犯殊死，一切弗案。見徒免爲庶人。」

【《章帝本紀》】建初元年正月，詔曰：「比年牛多疾疫，墾田減少，穀價頗貴，人以流亡。方春東作，宜及時務，罪非殊死，須立秋案驗。」五年二月，詔曰：「去秋雨澤不適，今時復旱，其令二千石理冤獄，録輕繫。」

【《和帝本紀》】永元十六年七月，詔曰：「今秋稼方穗而旱，雲雨不霑，疑吏行慘刻，不宣恩澤，妄拘無罪，幽閉良善所致。其一切囚徒於法疑者，勿決。」

【《獻帝本紀》】興平元年，三輔大旱，自四月

❶「辯」，原作「辨」，據庫本改。

❷「氣」，原作「地」，據《後漢書·光武帝本紀》改。

至于七月，遣使者洗囚徒，原輕繫。

【《晉書・武帝本紀》】泰始七年五月，雍、涼、秦三州饑，赦其境内殊死。

【《哀帝本紀》】隆和元年四月，旱，詔出輕繫。

【《宋書・孝武帝本紀》】大明七年八月，詔曰：「炎精損和，陽偏不施，歲云不稔，咎實朕由。近道刑獄，當親料省。其王畿内及神州所統，可遣尚書與所在共訊；畿外諸州，委之刺史，并議省律令，思存利民。」

【《後廢帝本紀》】元徽元年八月，京師旱，詔尚書令與執法以下，就訊衆獄，使冤獄洗遂，困弊昭蘇。

【《南齊書・武帝本紀》】建元四年六月，詔曰：「水潦爲患，星緯乖序。京都囚繫，可尅日訊决。諸遠獄，委刺史以時察判。」

【《魏書・孝文帝本紀》】太和十一年十一月，詔曰：「歲既不登，民多饑窘，輕繫之囚，宜速決了。無令薄罪，久留獄犴。」

【《宣武帝本紀》】延昌元年四月，以旱，詔尚書與羣司鞫理獄訟。　二年八月，詔曰：「頃水旱互侵，頻年饑儉，百姓窘敝，多陷罪辜。其殺人、掠賣人、羣强盜首，及雖非首而殺傷財主，曾經再犯公斷道路刼奪行人者，依法行决；自餘恕死；徒流以下，各準減降。」

【《孝明帝本紀》】熙平元年五月，詔曰：「炎旱積辰，苗稼萎悴。尚書可釐恤獄犴，察其淹枉，簡量輕重，隨事以聞。無使一人怨嗟，增傷和氣。」

正光元年五月，詔曰：「炎旱爲災，八座可推鞫見囚，務申枉濫。」

【《周書・武帝本紀》】保定元年七月，詔曰：「亢旱歷時，嘉苗殄悴，豈獄犴失理，刑罰乖中歟？其所在見囚死以下、一歲刑以上，各降本罪一等，百鞭以下悉原免之。」

【《舊唐書・虞世南傳》】貞觀八年，山東及江淮大水，帝憂之，以問世南。對曰：「山東淫雨，江淮大水，恐有冤獄枉繫，宜省録纍囚，庶幾或當天意。」帝然之。于是遣使申理獄訟，多所原赦。

【《册府元龜》】貞觀十七年三月，以久旱，詔曰：「今州縣獄訟常有冤滯，宜令覆囚使至州縣，科簡刑獄，以申枉屈，務從寬宥。」總章二年二月，以旱，親慮京城囚徒。其天下見禁囚，委當州長官慮之。

【《唐書・高宗本紀》】儀鳳三年四月，以旱，避正殿，慮囚。

【《册府元龜》】神龍二年正月，以旱，親録囚徒，多所原宥。其東都及天下諸州，委所在長官詳慮。

【《唐書・玄宗本紀》】開元二年正月，以關内旱，寬繫囚。三年五月，以旱，録京師囚。六年八月，以旱，慮囚。

【《册府元龜》】開元七年七月，親慮囚于宣政殿，事非切害，悉原之。詔天下諸州見繫囚徒，宜令所由長官便慮，有司即此類作條件處分。十六年九月，以久雨，詔兩京及諸州繫囚，應推徒已下罪並宜釋放，死罪及流各減一等。

長慶二年十二月，詔曰：「自冬以來，甚少雨雪。農耕方始，災旱是虞。慮有冤滯，感傷和氣。宜委御史臺、大理寺及府縣長吏自録囚徒，仍速決遣。除身犯罪，應支證追呼禁繫者，❶一切並令放出。須辨對者，任其責保，冀得克消沴氣，延致休祥。」四年

❶「禁」，原作「近」，據校點本《册府元龜》卷一四五改。

六月，詔曰：「近者夏麥垂熟，霖雨稍多，雖不甚損傷，亦是陰陽小沴。必慮囚徒之中，或有寃濫。宜令御史中丞、刑部侍郎、大理卿同疏理決遣訖聞奏。其在內諸軍使囚徒，亦委本司疏決聞奏。」

蕙田案：唐以尚書刑部、御史臺、大理寺爲三司，今之三法司也。

太和七年七月，敕曰：「今緣稼穡方滋，旬月少雨，慮其寃滯，或有感傷。宜委左僕射李程及御史大夫鄭覃同就尚書省疏理諸司囚徒，務從寬降，限五日内畢聞奏。其外府州爲有稍旱處，❶委長吏速准此處分。」

開成二年七月，詔曰：「秋旱未雨，慮有幽寃，縲禁多時，須議疏決。京師刑獄，宜令右僕射兼門下侍郎平章事鄭覃親往疏理。」

【《唐書·宣宗本紀》】大中四年四月，以雨霖，詔京師、關輔理囚。

【《文苑英華》】大中九年七月十三日，詔：「近者江淮數道，水旱疾癘，宜委所在長吏，慎恤刑獄，疏決囚徒，必務躬親，俾無寃滯。」

【《唐書·懿宗本紀》】咸通十年六月，以蝗旱，理囚。

【《册府元龜》】後唐天成元年八月，敕：「久雨不晴，慮傷農稼。可曉諭天下州府疏理繫囚，無令寃滯。」

長興三年六月，敕：「霖雨積旬，尚未晴霽。睠言刑獄，慮在滯淹。京城諸司繫囚，並宜疏理釋放。」

後晉天福八年五月，敕以飛蝗作沴，膏雨久愆，應三京、鄴都、諸道州府見禁囚人，除十惡、行刧、諸殺人者，及僞行印信，合造毒

❶「稍」，原作「水」，據《册府元龜》卷一四五改。

藥，官典犯贓外，罪者減一等，餘並放。

開運三年，敕令以漸及春農，久愆時雨，深慮囹圄或有滯淹。其諸道州府見禁人等，並須據罪輕重疾速斷遣，仍限半月内有斷遣訖奏。

【《宋史·食貨志》】諸州歲歉，選官分路巡撫，緩囚繫，省刑罰，饑民刼囷窖者薄其罪。

【《太宗本紀》】淳化五年正月，遣使決諸路刑獄，應因饑刼藏粟，誅爲首者，餘減死。

【《仁宗本紀》】天聖七年，河北水，遣使決囚。

嘉祐七年二月，命官録被水諸州繫囚。

【《神宗本紀》】熙寧三年八月，以旱，慮囚，死罪以下，遞減一等，杖笞者釋之。

【《孝宗本紀》】淳熙八年五月，以久雨，減京畿及兩浙囚罪一等，釋杖以下。

【《金史·章宗本紀》】泰和四年四月，以久旱，遣使審繫囚，理寃獄。

【《明史·太祖本紀》】洪武二十四年六月，久旱，録囚。　二十六年四月，旱，省獄囚。

【《宣宗本紀》】宣德五年六月，禱雨不應，詔中外疏決罪囚。

【《英宗前紀》】正統三年六月，以旱，讞中外疑獄。　十四年五月，旱，太監金英同法司録囚。

【《刑法志》】正統初，刑部尚書魏源以災旱上疑獄，請命各巡撫審録。從之。無巡撫者命巡按。清軍御史、行在都察院亦以疑獄上，通審録之。

【《憲宗本紀》】成化八年四月，京師久旱，録囚。　十七年四月，以久旱風霾，諭法司慎刑獄，太監懷恩同法司録囚。

【《武宗本紀》】正德五年三月，禱雨，釋獄囚。

【《神宗本紀》】神宗十三年四月，以旱，詔中外理冤抑，釋鳳陽輕犯及禁錮年久罪宗。

【《莊烈帝本紀》】崇禎十年四月，旱，清刑獄。

【《刑法志》】崇禎十五年四月，亢旱，下詔清獄。中允黄道周言：「中外齋宿，爲百姓請命，而五日之内，繫兩尚書，不聞有抗疏争者，尚足回天意乎？」兩尚書，謂李日宣、陳新甲也。帝方重怒二人，不能從。

【《明會典》】景泰四年，奏准山東、河南、江北、直隸、徐州等處災傷，令所在問刑衙門，責有力囚犯于缺糧州縣倉納米賑濟，雜犯死罪六十石，流徒三年四十石，徒二年半三十五石，徒二年三十石，徒一年半二十五石，徒一年二十石，杖罪每一十一石，笞罪每一十五斗。

嘉靖二十四年，議准徒、杖、笞罪，審有力者，俱令照例納米入預備倉，不許以稻黍雜糧准折上納。

蕙田案：景泰、嘉靖間，令罪人得入粟免罪，以備賑濟，此寓勸分之法于緩刑之中，亦捄災之一術，附見於後。

右緩刑。

【《周禮·地官·大司徒》】四曰弛力。【注】鄭司農云：「弛力，息繇役也。」

大荒則令邦國弛力。

【《均人》】凡均力政，以歲上下：豐年則公旬用三日焉，中年則公旬用二日焉，無年則公旬用一日焉。凶札則無力政，不均地政。【注】無力政，恤其勞也。

【《漢書·宣帝本紀》】本始三年五月，大旱，詔三輔民就賤者，且毋收事，盡四年。【注】晉灼曰：「不給官役也。」師古曰：「收，謂租賦也。事，謂役使也。盡本始四年而止。」

【《後漢書·和帝本紀》】永元九年六月，詔：「今年秋稼爲蝗蟲所傷，皆勿收租、更、芻稟。」

【《安帝本紀》】永初四年正月，詔以三輔比遭寇亂，人庶流冗，除三年逋租、過更、口算、芻稟。

元初元年十月，詔除三輔三歲田租、更賦、口算。

【《順帝本紀》】永建五年四月，詔郡國貧人被災者，勿收責今年過更。

蕙田案：漢法有口算，有更賦。口算者，年十五而算，出口賦，至五十六而除。此户口之賦，於古未有。後世户調丁税之制，蓋由此也。更賦者，年二十而傅給傜役，亦五十六而除。其别有卒更、踐更、過更之目。此力役之征，唐時謂之庸錢。自兩税法行，租庸并而爲一，無所謂力役之征矣。宋時所謂差役者，如衙前、里正、户長、保正、耆長之屬，攷之於古，即鄉、遂、州、黨之吏，漢之三老、亭長、游徼亦即其職。自唐以後，浸以卑下，凡官府期會，輦運官物，逐捕盜賊之類，皆得而役使之，謂之户役。馬貴與嘗爲之辨，以爲户役非古之力役。其説固然，然既出其力以役于官，則亦與古之力征更賦名異而實同矣。

【《晉書·成帝本紀》】咸康二年三月，免所旱郡縣繇役。

【《隋書·文帝本紀》】開皇十八年七月，詔以河南八州水，免其課役。

【《通典》】唐武德二年，制：「凡水旱蟲霜爲災，損七分以上，課役俱免。」

【《宋史·寧宗本紀》】嘉定二年七月，募民以振饑免役。

【《金史·章宗本紀》】泰和四年四月，免旱災州縣徭役。

【《元史·食貨志》】中統三年閏九月，以濟南路遭李璮之亂，軍民皆饑，盡除差發。至元七年，南京、河南蝗旱，減差徭十分之六。

【《世祖本紀》】至元十七年十一月，詔以末甘孫民貧，免其役三年。十二月，賑鞏昌、常德等路饑民，仍免其徭役。

【《成宗本紀》】大德二年正月，詔以水旱老病單弱者，差務並免三年。

【《食貨志》】大德五年，各路被災重者，其差務並除之。

【《明會典》】成化六年，敕順天、河間、永平、真定、保定災傷地方，一應差徭，俱暫優免。

蕙田案：宋、元以後，所謂徭役及差徭者，皆户役也。

右弛力。

【《周禮·地官·大司徒》】五曰舍禁。【注】舍禁，若公無禁利。【疏】山澤所遮禁者，舍去其禁，使民取蔬食。

劉氏彝曰：「山澤林麓，既不以封于諸侯，則設虞衡之禁，所以蕃鳥獸，毓草木，以盡乎萬物之性也。民既失食，則宜開其禁，故舍禁之政行焉。」

高氏愈曰：「『舍』、『釋』通。釋禁，謂釋山澤之禁，與民同也。」

大荒則令邦國舍禁。

【《漢書·文帝本紀》】六年四月，❶大旱蝗，弛山澤。

【《元帝本紀》】初元元年四月，詔曰：「關東

❶ 「六」，原作「四」，據《漢書·文帝本紀》改。

今年穀不登，民多困乏。江海陂湖園池屬少府者，以假貧民，勿租稅。」二年三月，詔水衡禁囿、宜春下苑、少府佽飛外池、嚴籞池田，假與貧民。

【《後漢書·和帝本紀》】永元五年二月，詔：「京師離宮果園，上林、廣成囿，悉以假貧民，恣得采捕，不收其稅。」九月，令郡縣，官有陂池，令得采取，勿收假稅二歲。九年六月，詔今年秋稼爲蝗蟲所傷，其山林饒利，陂池漁採，以贍元元，勿收假稅。十一年二月，遣使循行郡國，稟貸被災害不能自存者，令得漁采山林池澤，不收假稅。十二年二月，詔郡國流民，聽入陂池漁采，以助蔬食。十五年六月，詔令百姓鰥寡漁采陂池，勿收假稅二歲。

【《安帝本紀》】永初元年二月，以廣成游獵地及被災郡國公田假與貧民。三年三月，詔以鴻池假與貧民。四月，詔上林、廣成苑可墾闢者，賦與貧民。

【《晉書·安帝本紀》】義熙九年四月，罷臨沂、湖熟皇后脂澤田四十頃，以賜貧人，弛湖池之禁。

【《宋書·孝武帝本紀》】孝建二年八月，三吳民饑，詔諸苑禁制綿遠，有妨肄業，❶可詳所開，弛假與貧民。

【《魏書·孝文帝本紀》】太和二十年十二月，開鹽池之禁，與民共之。

【《册府元龜》】貞觀十一年七月，廢明德宮之玄圃苑院，分給河南、雒陽遭水者。儀鳳三年四月，以同州饑，沙苑及長春宮並許百姓樵採漁獵。

❶「肄」，原作「肆」，據校點本《宋書·孝武帝本紀》及其校勘記改。

【《宋史·食貨志》】諸州歲歉，利有可與民共者不禁，水鄉則蠲蒲魚果蓏之税。

【《真宗本紀》】咸平二年閏月，詔江、浙饑民，入城池漁採勿禁。

【《遼史·天祚帝本紀》】乾統三年二月，以武清縣大水，弛其陂澤之禁。

【《金史·章宗本紀》】承安二年十一月，以薪貴，敕圍場地内無禁樵採。

【《元史·世祖本紀》】至元十年九月，遼東饑，弛獵禁。　十四年五月，以河南、山東水旱，除河泊課，聽民自漁。　二十四年三月，遼東饑，弛太子河捕魚禁。　二十六年十月，以平灤、河間、保定等路饑，弛河泊之禁。　閏十月，檀州饑民劉德成犯獵禁，詔釋之。　二十八年三月，杭州、平江等五路饑，弛湖泊蒲魚之禁。❶ 遼陽、武平饑，弛捕獵之禁。　十一月，武平、平灤諸州饑，弛獵禁。　其孕字之時勿捕。

【《成宗本紀》】元貞元年六月，江西行省所轄郡大水無禾，弛江河湖泊之禁，聽民採取。

大德元年閏十二月，淮東饑，弛湖泊之禁，仍聽正月捕獵。　二年正月，建康、隆興、臨江、寧國、太平、廣德、饒池等處水，弛澤梁之禁，聽民漁采。　三年五月，江陵路旱蝗，弛其湖泊之禁。　四年二月，湖北饑，弛山澤之禁。　五年十月，以歲饑，弛山澤之禁，聽民捕獵。　七年正月，弛饑荒所在山澤河泊之禁一年。　九年八月，以冀寧歲復不登，弛山澤之禁，聽民採捕。

【《荒政考略》】至大元年，詔曰：「近年以來，水旱相仍，缺食者衆。諸禁捕野物地

❶「泊蒲」，原作「北捕」，據《元史·世祖本紀》改。

面，除上都、大同、隆興三路外，大都周圍各禁五百里，其餘禁斷處所及應有山場、河泊、蘆場，詔書到日，並行開禁一年，聽從民便採捕。」

【《元史·武宗本紀》】至大二年正月，詔天下弛山澤之禁。

【《仁宗本紀》】皇慶二年七月，諸被災地，並弛山澤之禁，獵者毋入其境。

延祐六年六月，以濟寧等路水，開河泊禁，聽民採食。

【《英宗本紀》】皇慶六年九月，瀋陽水旱害稼，弛其山場河泊之禁。

至治二年閏月，真定、山東諸路饑，弛其河泊之禁。　四年十一月，以歲饑，開內郡山澤之禁。

【《文宗本紀》】天曆二年四月，河南廉訪司言：「河南府路民饑，乞弛山林川澤之禁，聽民採食。」從之。

【《順帝本紀》】至元三年二月，江浙等處饑，開所在山場河泊之禁，聽民樵採。

右舍禁。

【《周禮·地官·大司徒》】六曰去幾。【注】鄭司農云：「去幾，關市不幾也。」玄謂：去幾，去其稅耳。

【疏】幾，謂呵禁。雖凶年猶幾呵，但去稅而已。

【王氏《詳說》】先鄭以爲關市不譏，誠得其說矣。然諸儒惑于《司關》之文有曰「國凶札則無關門之征，猶幾」，曾不謂門、關與市蓋異乎？《司市》曰「國凶荒、札喪則市無征而作布」，去幾者，市之去幾也。門、關所以防姦人之出入，不幾得乎？

蕙田案：幾者，幾之而征其稅也。凶荒去稅，亦可謂之去幾矣。異言異服之輩，任其出入而不加詆訶，可乎？大司徒主通商，故云「去幾」，司關主禦暴，故云「猶幾」，非有牴牾也。

【《司關》】國凶札則無關門之征，猶幾。【注】鄭司農云：「凶，謂凶年饑荒。無關門之征者，出入關門無租税。猶幾，謂無租税，猶苛察，不得令姦人出入。」王氏昭禹曰：「《司門》『幾出入不物者』，則關門固亦有幾矣。今以荒札之時，宜去幾矣，然而不已焉，故曰猶幾。禍故多藏于細微，發于人之所忽，故雖凶札之時猶幾。」

【《司市》】國凶荒、札喪，則市無征而作布。❶【注】有灾害，物貴，市不税，爲民乏困也。金銅無凶年，因物貴，大鑄泉以饒民。

【《漢書·宣帝本紀》】本始四年正月，詔曰：「今歲不登，已遣使者振貸困乏，其令民以車船載穀入關者，得毋用傳。」

【《成帝本紀》】陽朔二年秋，關東大水，流民欲入函谷、天井、壺口、五阮關者，勿苛留。

【《宋書·孝武帝本紀》】大明八年正月，詔曰：「東境去歲不稔，宜廣商賈，遠近販鬻米者，可停道中雜税。」

【《魏書·孝文帝本紀》】太和七年三月，以冀、定二州民饑，弛關津之禁，任其去來。

【《册府元龜》】後唐同光三年閏十二月十九日，敕：「今歲自京以東，水潦爲患，物價騰踴，人户多于西京收糴斛斗。近聞京西諸道州府，逐㪷皆有税錢，遂不通行，乃同閉糴。宜令各下京西諸道州府，凡收糴斛㪷，不得輒有税率，及經過水陸關防鎮縣，罔有邀詰。」

【《宋史·真宗本紀》】天禧元年十二月，詔陝西緣邊鬻穀者勿算。

【《仁宗本紀》】天聖八年三月，詔：「河北被水州縣，毋税牛。」寶元二年十月，詔：「兩川饑民出劍門關者，勿禁。」

❶「作」，原作「有」，據《周禮·地官·司市》改。

慶曆八年十二月，河北流民所過，官爲舍止之所，齎物毋收算。

【蘇軾《乞免五穀力勝税錢劄子》】元祐七年十一月初七日奏：「臣聞穀太賤則傷農，太貴則傷末，是以法不税五穀，使豐熟之鄉，商賈争糴，以起太賤之價；災傷之地，舟車輻輳，以壓太貴之直。自先王以來，未之有改也。而近歲法令，始有五穀力勝税錢，使商賈不行，農末皆病。臣頃在黄州，親見累歲穀熟，農夫連車載米入市，不了鹽茶之費，而蓄積之家，日夜禱祠，願逢饑荒。又在浙西，親見累歲水災，中民之家，有錢無穀，被服金珠，餓死於市。此皆官收五穀力勝税錢，致商賈不行之咎也。臣聞以物與人，物盡而止，以法活人，法行無窮。今陛下每遇災傷，捐金帛，散倉廩，自元祐以來，蓋所費數千萬貫石，而餓殍流亡，不爲少衰。只如去年浙西水災，陛下使江西、湖北雇船運米，以救蘇、湖之民，蓋百餘萬石。又計糴本水脚官錢不貲，而客船被差雇者，皆失業破産，無所告訴。與其官司費耗，爲害如此，❶何似削去近日所立五穀力勝税錢一條，只行《天聖附令》免税指揮，則豐凶相濟，農末皆利，縱有水旱，無大饑荒。雖目下稍失課利，而災傷之地不必盡煩陛下出捐錢穀如近歲之多也。今《元祐編敕》雖云災傷地分雖有例亦免，而穀所從來，必自豐熟地分，所過不免收税，則商賈亦自不行。議者或欲立法，如一路災傷，則鄰路免税，一州災傷，則鄰州亦

❶「爲害」，原作「其實」，據《東坡全集》卷六三《乞免五穀力勝税錢劄子》改。

然。雖比今之法小爲通流，而隔一州一路之外，豐凶不能相救，未爲良法。須是盡削近日弊法，專用《天聖附令》指揮，乃爲通濟。右臣竊謂，若行臣言，税錢必不至大段失陷，何也？五穀無税，商賈必大通流，不載見錢，必有回貨。見錢回貨，自皆有税，所得未必減於力勝。而災傷之地，有無相通，易爲振救，官司省費，其利不可勝計。今肆赦甚近，若得於赦書帶下，益見聖德，收結民心，實無窮之利。取進止。」

【朱子《奏救災事宜畫一狀》】臣伏覩歲既不登，所在艱食，全賴商賈阜通之利，所宜存恤，不可騷擾。今米穀不得收税，雖有成法，而州縣場務，多不遵守。至於往糴而有所挾之資，既糴而有所貿之貨，則往來之間，經由去處，尤以邀阻抽税爲苦，是致客人憚於興販。欲望聖慈，特降睿旨，申嚴舊法，仍詔有司，諸被災州縣人户，欲興販物貨往外州府收糴米穀，就闕米處出糶者，各經所在，或縣或州或監司，自陳所帶貨物，判執前去，其糶米訖，所買回貨，亦各經所在，自陳判執回歸，往回所過，並不得輒收分文税錢，違者並依税米穀法，必行無赦。如蒙開允，即乞徑下轉運司約束沿江瀕海所過場務，遵禀施行，庶幾商販流通，民食不匱。

蕙田案：蘇氏、朱子兩議，各有不同。東坡謂五穀無税，而見錢回貨則有税，其所得者，既未必少于穀税之額，則穀税可以永停，此爲通商久遠之計也。朱子時五穀久不征税，而被災之所，猶以别項抽税爲苦，致販户觀望不前。故議令米商之至災所者，往來所帶貨物，皆特免其税，則販户競勸，而客米日至，其損國課有限，其利民食實多。此爲救災一時之計也。

【《宋史·何異傳》】嘉定元年五月，不雨，異上封事，言：「陛下閔念饑民，藥病殯死，遐荒僻嶠，安得實惠？多方稱提，不如縮造楮幣；阜通商米，不如稍寬關市之征。」

右去幾。

【《周禮·地官·大司徒》】七曰眚禮。【注】鄭司農云：「眚禮，《掌客職》所謂『凶荒殺禮』者也。」玄謂：眚禮，殺吉禮也。【疏】謂吉禮之中，眚其禮數。

劉氏彝曰：「省祭祀之禮，所以節財用，厚賑恤也。」

徐氏乾學曰：「荒政十有二聚萬民，則通君民而言。眚禮者，凡吉嘉之禮，皆當減損而行之，不止損夫吉禮也。」

蕙田案：先鄭解「眚禮」，以「凶荒殺禮」爲言，其所包甚廣。凡禮節之可省者，皆省之，所以示貶損，節物力。如《天官·膳夫》所謂「大荒則不舉」，《曲禮》「膳不祭肺，馬不食穀」，《玉藻》「素服素車」之類皆是也。康成耑指吉禮，似太偏。況荒政有索鬼神之禮，靡神不舉，靡愛斯牲，正爲民請命之大者，豈當概議減省乎？

【《天官·小宰》】喪荒，受其含襚幣玉之事。【注】凶荒有幣玉者，賓客所賙委之禮。

【《膳夫》】王日一舉。大荒則不舉。【注】殺牲盛饌曰舉。大荒，凶年。

【《春官·司服》】大荒，素服。【注】君臣素服縞冠。

【《秋官·掌客》】凡禮賓客，凶荒殺禮。

【《禮記·曲禮》】歲凶，年穀不登，【注】登，成也。君膳不祭肺，馬不食穀，馳道不除，祭事不縣，大夫不食粱，士飲酒不樂。【注】皆自爲貶損憂民也。❶禮，食殺牲則祭先，有虞氏以首，夏后氏以心，殷人以肝，周人以肺。不祭肺，則不殺也。天子食，日少牢，朔月太牢。諸侯食，日特牲，朔月少牢。除，治也。不治道，爲妨民取蔬食也。縣，樂器鐘磬之屬也。粱，加食也。不樂，去琴瑟。

【《玉藻》】年不順成，則天子素服，乘素車，食無樂。【注】自貶損也。至于八月不雨，君不舉。【注】爲旱變也。此謂建子之月不雨，盡建未月也。《春秋》之義，周之春夏無雨，未能成災。至其秋秀實之時而無雨，則雩。雩而得之，則書「雩」，喜祀有益也。雩而不得，則書「旱」，明災成也。年不順成，君衣布，搢本，關梁不租，山澤列而不賦，土功不興，大夫不得造車馬。【注】皆爲凶年變也。君衣布者，謂若衛文公大布之衣、大帛之冠是也。搢本，去珽荼，佩士笏也。士以竹爲笏，飾本以象。關梁不租，此周禮也，殷則關但譏而不征。列之言遮列也，雖不賦，猶爲之禁，不得非時取也。造，謂作新也。

【《檀弓》】歲旱，穆公召縣子而問然。曰：「天久不雨，吾欲暴尫而奚若？」【注】尫者面鄉天，覬天哀而雨之。曰：「天則不雨，而暴人之疾子，虐，毋乃不可與？」「然則吾欲暴巫而奚若？」曰：「天則不雨，而望之愚婦人，於以求之，毋乃已疏乎？」【注】巫主接神，亦覬天哀而雨之。《周禮·女巫》：「旱暵則舞雩。」「徙市則奚若？」曰：「天子崩，巷市七日；諸侯薨，巷市三日。爲之徙市，不亦可乎？」【注】徙市者，庶人之喪禮。今徙市，是憂戚于旱若喪。

【《漢書·文帝本紀》】六年四月，❷大旱蝗，減諸服御。

【《宣帝本紀》】本始四年正月，詔曰：「今歲

❶「自爲」，阮元《禮記注疏校勘記》以爲當作「爲自」。

❷「六」，原作「四」，據《漢書·文帝本紀》改。

不登，其令大官損膳省宰。」

【《元帝本紀》】初元元年九月，詔曰：「間者陰陽不調，黎民饑寒，無以保治。其令諸宮館希御幸者勿繕治，太僕減穀食馬，水衡省肉食獸。」二年三月，詔罷黄門乘輿狗馬。

五年夏四月，詔曰：「迺者關東連遭災害，饑寒疾疫，夭不終命。其令大官毋日殺，所具各減半，乘輿秣馬，無乏正事而已。罷角觝、上林宮館希御幸者、齊三服官。」

【《晉書・武帝本紀》】咸寧五年三月，以百姓饑饉，減御膳之半。

【《成帝本紀》】咸康二年三月，旱，詔太官減膳。

【《安帝本紀》】義熙元年三月，詔曰：「自頃國難之後，人物彫殘，常所供奉，猶不改舊，豈所以視人如傷、禹湯歸過之誠哉！可籌量減省。」

【《宋書・孝武帝本紀》】大明七年八月，詔曰：「炎精損和，陽偏不施，歲云不稔，咎實朕由。大官供膳，宜從貶撤。」

【《明帝本紀》】泰始元年十二月，詔曰：「久歲不登，公私歉弊。方刻意從儉，宏濟時艱。大官供膳，可詳所減撤。尚方御府，雕文篆刻無益之物，一皆蠲省。」

【《魏書・孝文帝本紀》】太和十一年十一月，詔罷尚方錦繡綾羅之工。四民欲造，任之無禁。其御府衣服、金銀、珠玉、綾羅、錦繡，太官雜器，太僕乘具，内庫弓矢，出其大半，班賚百物及京師士庶，下至工商皁隸，逮于六鎮戍士，各有差。

【《韓麒麟傳》】太和十一年，京都大饑，麒麟表陳時務曰：「自承平日久，豐穰積年，競自矜夸，遂成侈俗。車服第宅，奢僭無限；喪葬婚娶，爲費實多；貴富之家，童妾袨服；❶工商之族，玉食錦衣。農夫餔糟糠，蠶婦乏裋褐。故今耕者日少，田有荒蕪。穀帛罄于府庫，寶貨盈于市里；衣食匱于室，麗服溢于路。饑寒之本，實在于斯。愚謂凡珍玩之物，皆宜禁斷，吉凶之禮，備爲格式，令貴賤有別，民歸樸素。制天下男女，計口受田。宰司四時巡行，臺使歲一按檢。勤相勸課，嚴加賞罰。數年之中，必有盈贍，雖遇災凶，免于流亡矣。」

【《宣武帝本紀》】延昌元年四月，帝以旱故減膳。

【《文獻通考》】隋開皇十四年，關中大旱，民饑。上遣左右視民食，得豆屑雜糠以獻，爲之流涕，不御酒殆將一朞。

【《唐書·太宗本紀》】貞觀元年十月，以歲饑減膳。

【《册府元龜》】貞觀三年四月，以旱甚，避正殿。十一年七月，詔以水災，諸司供進，悉令減省。凡在供役，量事停廢。十七年六月，以旱，不視朝。詔曰：「政慙稽古，誠闕動天。和氣愆于陰陽，亢旱涉于春夏。靡愛斯牲，莫降雲雨之澤，詳思厥咎，在予一人。今避兹正殿，以自尅責。尚食常膳，亦宜量減。」

顯慶元年二月，上封人奏稱：「去歲粟麥不登，百姓有食糟糠者。」帝命取所食視之，驚歎。手詔曰：「上封人所進食極惡，情之憂灼，中宵輟寐，永言給足，取愧良深。豈下乏常供，上甘珍饌。宜令所司，常進之食，三分減二。」

上元二年四月，久旱，避正殿，減膳。

❶「袨」，原作「袪」，據《魏書·韓麒麟傳》改。

【《唐書·高宗本紀》】儀鳳三年四月，以旱避正殿。

【《舊唐書·高宗本紀》】永淳元年正月乙未朔，以年饑，罷朝會。

【《唐書·中宗本紀》】神龍二年十二月，京師旱，河北水，減膳。

【《睿宗本紀》】先天二年二月，以雨霖，避正殿，減膳。

【《玄宗本紀》】開元三年五月，以旱，避正殿，減膳。

【《册府元龜》】開元六年七月，帝以亢旱，不御正殿，于小殿視事。

【《唐書·玄宗本紀》】七年閏七月，以旱，避正殿，減膳。

【《德宗本紀》】貞元元年八月，以旱，避正殿，減膳。

【《舊唐書·德宗本紀》】貞元二年春正月壬辰，朔，以歲饑，罷元會禮。丙申，詔以民饑，御膳之費減半。宫人月共糧米都一千五百石，飛龍馬減半料。八年八月，詔以歲凶，罷九月賜宴。十五年二月，罷中和節宴會，年凶故也。癸卯，罷三月羣臣宴賞，歲饑也。二十年二月丙午朔，罷中和節宴，歲儉也。

【《册府元龜》】太和七年閏七月，詔曰：「時澤未降，朕當避正殿，減供膳；飛龍廄馬，量減食粟。其百司官署，厨饌亦且權減。」

【《唐書·昭宣帝本紀》】天祐二年四月，以旱，避正殿，減膳。

【《宋史·真宗本紀》】大中祥符七年八月，以旱，罷秋宴。九月，以不雨，罷重陽宴。

【《仁宗本紀》】慶曆八年八月，以河北、京東西水災，罷秋宴。

皇祐元年正月，以河北水災，罷上元張燈。

二年正月，以歲饑，罷上元觀燈。

【《食貨志》】仁宗、英宗，一遇災變，則避朝變服，損膳徹樂。

【《哲宗本紀》】元祐二年四月，詔冬夏旱暵，海内被災者廣，避殿減膳，責躬思過，以圖消復。

【《高宗本紀》】紹興五年六月，以久旱，減膳。

【《孝宗本紀》】淳熙八年十一月，以旱傷，罷喜雪宴。

【《寧宗本紀》】嘉定二年十一月，以歲饑，罷雪宴。

【《金史·章宗本紀》】泰和四年夏四月，以久旱，下詔責躬，求直言，避正殿，減膳，省御廄馬。

【《宣宗本紀》】貞祐四年七月，以旱蝗，敕減尚食數品及後宮歲給縑帛有差。

【《明史·憲宗本紀》】成化元年五月，大雨雹，避正殿，減膳。

【《孝宗本紀》】弘治六年十月，以災傷，罷明年上元燈火。

【《穆宗本紀》】隆慶元年六月，以霪雨，修省素服，避殿，御皇極門視事。

【《莊烈帝本紀》】崇禎二年六月，以久旱，齋居文華殿。　三年四月，以久旱，齋居文華殿。

右眚禮。

【《周禮·地官·大司徒》】八曰殺哀。【注】殺哀，謂省凶禮。【疏】謂凶禮之中，殺其禮數。

劉氏彝曰：「國之哀戚，必有重禮，以將其誠。以斯民之困殍，有所不能備，則殺哀之政行焉。」

高氏愈曰：「凡喪紀之節，一皆減損。」

【《後漢書·章帝本紀》】建初二年春三月辛丑，詔曰：「比年陰陽不調，饑饉屢臻。今貴戚近親，奢縱無度，嫁娶送終，尤爲僭侈。有司廢典，莫肯舉察。《春秋》之義，以貴理賤。今自三公，並宜明糾非法，宣振威風。」

右殺哀。

【《周禮·地官·大司徒》】九曰蕃樂。【注】杜子春讀蕃樂爲藩樂，謂閉藏樂器而不作。

鄭氏鍔曰：「先儒謂蕃樂者，蕃當爲『藩』，有閉止之義。凶荒則宜止樂而不作，《大司樂》於大札則令弛縣，其意一也。」

高氏愈曰：「荒歲不樂，憂民之憂也。」

【《春官·大司樂》】大凶，令弛縣。【注】凶，凶年也。弛，釋下之，若今休兵鼓之爲。

【《漢書·宣帝本紀》】本始四年正月，詔曰：「今歲不登，令樂府減樂人，使歸就農業。」

【《後漢書·安帝本紀》】永初四年春正月，元日會，徹樂，不設充庭車。【注】以年饑，故不陳。

【《魏書·宣武帝本紀》】延昌元年四月，帝以旱，撤懸。

【《唐書·高宗本紀》】上元二年四月，以旱，撤樂。

【《舊唐書·中宗本紀》】神龍二年十二月，京師亢旱，令撤樂。

【《唐書·玄宗本紀》】開元七年閏七月，以旱，徹樂。

【《册府元龜》】太和七年閏七月，詔曰：「時澤未降，太常教坊，聲樂權停閱習。」

【《宋史·仁宗本紀》】皇祐元年正月，以河北水災，罷上元張燈，停作樂。

【《金史·章宗本紀》】泰和四年四月，以久旱，撤樂。

右蕃樂。

【《周禮·地官·大司徒》】十曰多昏。【注】鄭司農云：「多昏，不備禮而娶，昏者多也。」

劉氏彝曰：「昏必用六禮，禮以荒而不可備，時雖荒而不可失也，故多昏之政行焉。」

史氏浩曰：「古者國有凶荒，則殺禮而多昏，會男女之無夫家者，所以育人民。」

高氏愈曰：「匹夫匹婦，不能自保，殺禮而多昏，使民自相保。」

右多昏。

五禮通考卷第二百四十九

淮陰吴玉搢校字

五禮通考卷第二百五十

內廷供奉禮部右侍郎金匱秦蕙田編輯
太子太保總督直隸右都御史桐城方觀承同訂
右春坊右贊善嘉定錢大昕
按察使司按察使仁和沈廷芳　參校

凶禮五

荒禮

【《周禮·地官·大司徒》】十有一曰索鬼神。【注】鄭司農云：「索鬼神，求廢祀而脩之，《雲漢》之詩所謂『靡神不舉，靡愛斯牲』者也。」

劉氏彝曰：「鬼神雖幽，能助陰陽，以爲水旱札瘥者，必索而祭之。」

【《春官》】凡以神仕者，以冬日至致天神人鬼，以夏日至致地示物鬽，以禬國之凶荒。【注】天、人，陽也；地、物，陰也。陽氣升而祭鬼神，陰氣升而祭地示物鬽，所以順其爲人與物也。致人鬼于祖廟，致物鬽于墠壇，蓋用祭天地之明日。杜子春云：「禬，除也。」

【《肆師》】若國有大故，則令國人祭。【注】大故，謂水旱凶荒。所令祭者，社及禜、酺。

【《大祝》】國有大故、天烖，彌祀社稷，禱祠。【注】天烖，疫癘水旱也。彌猶徧也。徧祀社稷及諸所禱，既則祠之以報焉。

【《詩·大雅·雲漢》】靡神不舉，靡愛斯牲。圭璧既卒，寧莫我聽。【箋】靡，莫，皆無也。言王爲旱之故，求于羣神，無不祭也。無所愛于三牲，禮神之圭璧又已盡矣，曾無聽聆我之精誠而興雲雨。❶【疏】國有凶荒，則索鬼神而祭之，是遭遇天災，必當廣祭羣神。

❶「誠」，原作「神」，據《毛詩注疏·雲漢》改。

神皆用牲祭之，天地五帝，當用特牲，其餘諸神，或用太牢，或用少牢。三牲皆用，故言「無所愛于三牲」也。祭神又用玉器，禮神之玉器，自有多名，言「圭璧」，爲其總稱。以三牲用不可盡，故言無愛；圭璧少而易竭，故言既盡。

不殄禋祀，自郊徂宫。上下奠瘞，靡神不宗。【傳】上祭天，下祭地，奠其禮，瘞其物。宗，尊也。國有凶荒，則索鬼神而祭之。【箋】宫，宗廟也。爲旱故，潔祀不絶，從郊而至宗廟，奠瘞天地之神，無不齋肅而尊敬之。言徧至也。

羣公先正，則不我助。父母先祖，胡寧忍予！【傳】先正，百辟卿士也。【箋】百辟卿士雩祀所及者，今曾無肯助我憂旱。先祖文、武，又何爲施忍于我，不使天雨。【疏】《月令》：「仲夏，乃命雩祀百辟卿士有益于民者。」注云：「百辟卿士，古之上公以下，若勾龍、后稷之類。」彼以經無羣公之文，故鄭注百辟之文兼羣公矣。此則羣公與先正别文，故以先正爲卿士以下。

蕙田案：二至祭神祇鬼鬽，常時之祭也。「彌祀社稷，禱祠」，即《詩》所謂「靡神不舉」，因災之祭也。

又案：列代因災禱祈百神之禮，略見《吉禮・大雩門》，可以參考，今不復載。

右索鬼神。

【《周禮・地官・大司徒》】十有二曰除盜賊。【注】鄭司農云：「除盜賊，急其刑以除之。饑饉則盜賊多，不可不除也。」

史氏浩曰：「《傳》曰：『牧民如牧羊，當去其敗類者。』凶荒而除盜賊，防其嘯聚爲民害也。」

李氏景齊曰：「除盜賊必見于荒政者，誠以盜賊于凶年爲多，盜賊不可不除。然使賙救撫存之責未盡，而遽欲除之，則是罔民而已。故散利、薄征、弛禁、去幾，凡所以生養吾民，無所不盡其至，而彼猶爲盜賊之歸，則不得已而除之，故荒政以除盜賊爲末。」

高氏愈曰：「除盜賊，謂儆循嚴警也。」

【《秋官・士師》】若邦凶荒，令糾守。【注】糾守，備盜賊也。

【《文獻通考》】熙寧元年，帝以内侍有自淮南來者，言宿州民饑多盜，繫囚衆，本路不以聞。詔遣太常博士陳充等視宿、亳等州災傷。又詔河北災傷州軍劫盜罪死者並減死，❶刺配廣南牢城，年豐如舊。

司馬光上疏論曰：「臣竊聞降敕下京東、京西災傷州軍，如人户委是家貧偷盜斛斗因而盜財者，與減等斷放，未知虚的。若果如此，深爲不便。臣聞《周禮》荒政十有二，散利、薄征、緩刑、弛力、舍禁、去幾，率皆推寬大之恩，以利於民，獨於盜賊，愈更嚴急。所以然者，蓋以饑饉之歲，盜賊必多，殘害良民，不可不除也。頃年嘗見州縣官吏，有不知治體，務爲小仁者。或遇凶年有劫盜斛斗者，小加寬縱，則盜賊公行，更相劫奪，鄉村大擾，不免廣有收捕，重加刑辟，或死或流，然後稍定。今若朝廷明降敕文，豫言偷盜斛斗因而盜財者與減等斷放，是勸民爲盜也。百姓乏食，官中當輕徭薄賦，開倉賑貸，以救其死，不當使之相劫奪也。今歲府界、京東、京西水災極多，嚴刑峻法以除盜賊，猶恐春冬之交，饑民嘯聚，不可禁禦，又況降敕以勸之？臣恐國家始于寬仁而終于酷暴，意在活人而殺人更多也。」

馬氏端臨曰：「温公此奏，乃言之於英宗治平年間，非此時所上，今姑附此。」

蕙田案：温公所奏，深得《周官》除盜賊之旨。其云「始于寬仁，終于酷暴」，尤切中姑息之病。

【《大學衍義補》】辛棄疾帥湖南，賑濟榜文祇用八字，曰「劫禾者斬，閉糴者配」。

丘氏濬曰：「荒歉之年，民間閉糴，固是不仁。然當此

❶「又詔」二字，原脱，據《文獻通考》卷二六補。

際，米價翔踴，正小人射利之時也。而必閉之者，蓋彼亦自量其家口之衆多，恐嗣歲之不繼耳。彼有何罪而配之耶？若夫刼禾之舉，此盜賊之端，禍亂之萌也。周人荒政除盜賊，正以此耳。小人乏食，計出無聊，謂饑死與殺死，等死耳，與其饑而死，不若殺而死，況又未必殺耶。聞粟所在，羣趨而赴之，哀告求貸，苟有不從，即肆刼奪。自諉曰：『我非盜也，迫于饑餓，不得已耳。』嗚呼！白晝攫人所有，謂之非盜，可乎？漸不可長，彼知其負罪于官，因之鳥駭鼠竄，竊弄鋤梃，以扞遊徼之吏。不幸而傷一人焉，勢不容已，遂至變亂，亦或有之。臣願明敕有司，遇有旱災之歲，勢必至饑窘，必先牓示禁其刼奪，諭之不從，痛懲首惡，以警餘衆，决不可行姑息之政。此非但救饑荒，乃弭禍亂之先務也。」

【朱子《奏救荒畫一事件狀》】訪聞諸州府村落，已有强借刼奪之患。此在官司，固當禁約，然亦須先示存恤之意，然後禁其爲非，庶幾人心懷德畏威，易以彈戢。若慢不加省，待其生事，然後誅鉏，則所傷已多，所費又廣。況其不勝，何患不生？乞降指揮，早撥上項錢數，使如臣者得以奉承宣布，遍行曉諭，即德意所孚，固有以銷厭禍亂之萌矣。然後明詔安撫、提刑兩司，察其敢有作過唱亂之人，及早擒捕，致之典憲，庶幾姦民知畏，不至生事。

【《金史·章宗本紀》】承安二年十二月，諭宰臣：「今後水潦旱蝗，盜賊竊發，命提刑司預爲規畫。」

【《宣宗本紀》】興定五年九月，以京東歲饑多盜，遣御史大夫紇石烈胡失門往撫安之。

【《元史·世祖本紀》】至元八年二月癸卯，四川行省也速帶兒言：「比因饑饉，盜賊滋多，宜加顯戮。」詔令羣臣議。安童以爲强竊盜賊，一皆處死，恐非所宜。罪至死者，仍舊待命。

【《明會典》】正統二年，令各處有司委官，挨勘流民名籍、男婦、大小、丁口，排門粉壁，十家編爲一甲，互相保識，分屬當地里長帶管。若團住山林湖濼，或投托官豪勢要之家藏躲，抗拒官司，不服招撫者，正犯處死，户下編發邊衛充軍。里老窩家，知而不首及占恡不發者，罪同。

【《杭州府志》】神宗十六年四月，浙直饑民，多迫脅借貸。事聞，命撫按嚴法懲警首惡，以靖地方。

【《明史·神宗本紀》】神宗二十二年正月，詔以各省災傷，山東、河南、徐、淮尤甚，盜賊四起，有司玩愒，朝廷詔令不行。自今以安民弭盜爲撫按有司黜陟。

右除盜賊。

【葉氏時《禮經會元》】大司徒之于民，既庶而又富之，可謂得地利也。既富而又教之，可謂得人和矣。然而天時不常，水旱爲沴，則地利有所不能殖，人和有所不足恃。聖人有憂之，是故爲之荒政，以聚萬民，所以救天時之不常，而濟地利、人和之不及也。散利，貸種食也。薄征，輕税賦也。緩刑，寬刑罰也。弛力，息徭役也。舍禁，山澤無禁也。去幾，關市無幾也。眚禮，殺吉禮也。殺哀，節凶禮也。蕃樂，徹樂而弛縣也。多昏，殺禮而多昏也。索鬼神而爲凶年禱也，除盜賊而使良民安也。蓋天災國家代有，歲凶年穀不登，上之人苟不有以賑救之，不有以存恤之，則老弱轉乎溝壑，壯者散而之四方矣，民安得而聚哉？周人「以荒政十有二聚萬民」，又曰「大荒、大札，則令邦國移民通財，舍禁弛力，薄征緩刑」，其拳拳于聚民，可謂至矣。而其存恤賑救之意，又散見于六屬之中。《鄉師》「以歲時賙萬民之艱阨，以王命施惠」，《司救》「凡歲時有天患民病，則以王命施惠」，《司稼》則「均萬民之食而賙其急，而平其興」，即荒政之散利也。《司市》「凶荒則市無征」，《司關》「國凶荒則無關門之征」，即荒政之去幾也。《司徒》救荒，故言「去幾」；《司關》禦暴，故言「猶幾」。《均人》「凶札則無力征，無財賦」，即荒政之弛力也。《稟人》「若食不能人二鬴，則令移民就穀，詔王殺邦用」，《膳夫》「大荒則不舉」，《掌客》「凶荒則殺禮」，《司服》「大荒則素服」，即荒政之眚禮也。《大司樂》「大荒大烖，令弛縣」，即荒政之蕃樂也。《士師》「若邦凶荒，則令移民通財，糾守緩刑」，《朝士》「若邦凶荒，則令邦國、都縣慮刑貶」，即荒政之緩刑也。《小宗伯》「大烖，及執事禱祠于上下神示」，《太祝》「天烖，彌祀社稷，禱祠」，《家宗人》案：「家宗人」，當作「凡以神仕者」。「以至日致天神人鬼地示物彪，以禬國之凶荒」，即荒政之索鬼神也。六官之屬，苟可以爲荒政之助者，無不致其詳焉。成周聚民之意，可謂仁之至、義之盡矣。

然此十有二政，曰弛力，曰薄征，曰舍禁，曰去幾，固皆有以利民矣，一以散利爲先，則其關係民命尤急也。利不散則民不聚，雖有眚禮、蕃樂、殺哀、多昏之政，未必有實惠及民。先王荒政，以散利爲急。蓋古者三年耕必餘一年之食，九年耕必餘三年之食，預爲先備，以爲散利之地。故堯有九年之水，湯有七年之旱，民無菜色者，備先具也。是以周人有《倉人》「掌粟入之藏，有餘則藏之，以待凶而頒之」，《旅師》則「聚野粟，平頒其興積，施其惠」，《遺人》「掌縣都之委積，以待凶荒」，皆先爲之條也。後世如梁之移民河東，漢人之就食蜀漢，亦得周人移民就穀之意。發倉廩以振貧民，遣使以振貸無種食者，亦得周人賙民施惠之意。然皆可暫而不可常也，獨一常平義倉之法，有《倉人》藏粟、《旅師》聚粟、《遺人》委積之政，誠可以爲荒政散利之助，而後人不能遵守其法而推廣其意，常平義倉之名存而實廢，卒有水旱之變，國胡以相恤哉？上無以散其利，下無以聚其民，則有去而爲盜賊者矣。盜賊方興，乃相與講求其弭盜之策，甚者必重法立威，以求勝之。不思禮義生于富足，盜賊起于貧窮，周人荒政以「除盜賊」居其末，蓋亦甚不得已也。鄭氏謂「急其刑而除之」，則失之矣。且周人非不除盜賊也，在《司稽》則「執市之盜賊以狥且刑之」，在《士師》則「掌邦賊、邦盜之成」，在《朝士》則「凡盜賊，殺之無罪」，在《司厲》則「掌賊盜之任器、貨賄」，在《掌囚》則「守盜賊」，在《掌戮》則「搏盜賊」，在《司隸》則「帥其民而搏盜賊」，在《環人》則「諜賊」。然此非凶荒之時，其除之必急，固宜也。凶年盜賊，蓋亦饑寒所迫耳，何後世不求所以救凶荒之政，而徒求其所以勝盜賊之術歟？然則，欲除盜賊者當如何？曰：自散利始。

呂氏祖謙曰：「荒政十有二，其目須當詳講。一曰散利，二曰薄征。此兩者，荒政之始。散利是發公財之已藏者，薄征是減民租之未輸者。已藏者既發之，未輸者又薄之，荒政之大綱既舉矣。三曰緩刑，四曰弛力。緩刑，謂民迫於飢寒，不幸而有過失，緩其辟以示哀矜之意。弛力者，平時用民之力，歲不過三日，今則當用者亦弛之不用，所以休息百姓。五曰舍禁。平時所謂山虞林衡，皆有所掌，至荒政，則徹藩籬，恣民取之。六曰去幾。平時關防，皆有幾察，荒歲必要百物流通，使天下商旅出於其市，此救荒之要術也。七曰眚禮。此則專理會荒政，凡禮文之可省者省之，如有幣無牲之類。八曰殺哀。凡是喪紀之節，一皆減損，所謂『不以死傷生』，專理會荒政。九曰蕃樂。時和歲豐，所以與民共樂。樂民之樂，亦當憂民之憂，所以荒歲不樂。十曰多昏。凶荒之年，多是匹夫匹婦，不能自保，所以殺禮而多昏，使男女自相保之義。十有一曰索鬼神。靡神不舉，並走羣望之類是也。十有二曰除盜賊。前面説『緩刑』，此説『除盜賊』，此便是經權皆舉處。既與民共憂，不幸民有過，固可哀矜，至於姦人，亦有伺變竊發者。凶荒之歲，民心易動，一夫叫喚，萬夫皆集，所以必以除盜賊終之。此止亂之道。大抵聖人之經，蓋通萬世而可行者，其條目固止於此。然《周禮》之書，六官分職，合之則有總，散之則有所司，其關節脉理，皆自相應。只去大司徒上看未盡，若徧考六官，則荒政秩序可見。且如散利，須攷大府、天府、内府凡掌財賦之官；如薄征，須攷九職、九賦、九貢；如緩刑，須攷司寇、士師所掌之刑。它莫不然。參觀徧攷，然後可知。」

【《古今治平略》】《周禮·大司徒》：「以荒政十有二聚萬民：一曰散財，二曰薄征，三曰緩刑，四曰弛力，五曰舍禁，六曰去幾，七曰眚禮，八曰殺哀，九曰蕃樂，十曰多昏，十一曰索鬼神，十二曰除盜賊。」可謂仁之至義之盡矣。然以治荒，非待荒也。古稱荒政，貴不治之治，而治荒，尚無功之功。周先王肅乂時若，弭之密矣；治溝洫澮，禦之周矣；嬰芽代犧，鑒之素矣。此皆未災而兢兢，非必十二政而後爲救也。必待政而救，則《司徒》氏之「聚萬民」，其法亦甚疎矣。故《周禮》春官歲獻民穀之數，冢宰以三十年之通制國用，至餘十年之食，此量出入也，常法也。《遺人》掌鄉關之委積以恤艱阨，養孤老，此待施惠也，常法也。《廩人》數邦用，稽民食，食不能人二鬴，則令邦移民就穀，此待匪頒也，常法也。《旅師》、《泉府》積三粟與斂不售者，平頒而貸之，此貴國服也，常法也。周惟先時而待法如此，其詳且豫，是以歲連豐穰，熯潦無侵；即熯潦不爲災，即爲災不病民也。未嘗不旱而以不瘠告，未嘗不饑而以不害聞。語曰：「三代而上，有荒歲，無荒民。」夫無荒民矣，安所事荒政哉！不特此也。《玉藻》：「年不順成，則天子素服，乘素車，食無樂。」又曰：「年不順成，君衣布搢本，關梁不租，山澤列而不賦，土功不興，大夫不得造車馬。」穀梁赤曰：「五穀不升爲大饑。一穀不升謂之嗛，二穀不升謂之饑，三穀不升謂之饉，四穀不升謂之康，五穀不升謂之大侵。大侵之禮，君食不兼味，臺榭不塗，弛候，廷道不除，百官布而不制，鬼神禱而不祀。此大侵之禮也。」《王制》：「三年耕必有一年之食，九年耕必有三年之食，以三十年之通，雖有凶旱水溢，民無菜色，然後天子食，日舉以樂。」古昔帝王，遇災必懼，凡事皆加減節貶損，非獨以憂民之憂，蓋亦以畏天之災。故《周禮》大荒則不舉，大札則不舉，天地大烖則不舉。舉者，殺牲盛饌也。豈但飲食爲然，則凡所服之衣，所乘之車，凡百興作，皆爲休息，此無他，君民之分雖懸絶，而實相資以相成也。當此凶荒之時，吾民嗷嗷然以待哺，垂于阽危，瀕于死亡，爲人上者，何忍獨享其奉哉！至其喪荒之式，見于《小行人》之官，札喪、凶荒、厄窮爲一書。當時天下，各自有廩藏之所，遇凶荒則賑發濟民而已，故斂散輕重之式未嘗講，而侯甸采衞皆有餽遺，不至穀價翔踴，此弛張斂散之權，所以不復究也。至王政既衰，秦饑乞糴于晉，魯饑乞糴于齊，歲一不登，則乞糴于鄰國，所謂九年之制，已自敗壞，而《管子·輕重》諸篇，不過君民互相攘奪，收其權于上而已。舉《周官》荒政，一變爲斂散輕重之權，又豈復有及民之意哉！

蕙田案：以上統論《周官》荒政。

【《周禮·地官·大司徒》】五族爲黨，使之相救。五黨爲州，使之相賙。【疏】民有凶禍者，使相救助；有禮物不備，使賙給之。

陳氏傅良曰：「大利害，大患難，非百家所可禦，必五百家然後足以相救。水旱凶荒，欲以相賙，又非五百家所能辦，惟二千五百家，則其地必闊，必無皆水皆旱之理，庶幾有無可以相通。」

【《春秋》僖公二十一年《左氏傳》】臧文仲曰：「務穡勸分。」【注】勸分，有無相濟。

蕙田案：成周盛時，民有常產，無甚富甚貧之家。然其中有餘不足，勢莫能齊，故《周官》教六行，任恤居其二。又於州黨之中，示以相賙相救之法。以故天災流行，而民不至有病饑者，其厚民生而善民俗之意遠矣。自任恤之教不講，一有水旱，賑恤所不繼，不能無藉富人之捐輸。不得已而勸之以賞格，或行入粟納官之令，亦權宜之一法也。

【《漢書·武帝本紀》】元狩三年秋，遣謁者勸有水災郡種宿麥，舉吏民能假貸貧民者以名聞。

元鼎二年九月，詔吏民有振救饑民免其戹者，具舉以聞。

【《宣帝本紀》】本始四年正月，詔曰：「今歲不登，已遣使者振貸困乏。其令丞相以下至都官令丞上書入穀，輸長安倉，助貸貧民。」

【《成帝本紀》】永始二年二月乙酉，詔曰：「關東比歲不登，吏民以義收食貧民、入穀物助縣官振贍者，已賜直；其百萬以上，加賜爵右更；欲爲吏，補三百石。其吏也遷二等。三十萬以上賜爵五大夫，吏亦遷二等，民補郎。十萬以上，家無出租賦三歲。

萬錢以上，一年。」

蕙田案：此吏民入粟助賑賜爵之始。

【《平帝本紀》】元始二年四月，郡國大旱蝗，青州尤甚。安漢公、四輔、三公、卿大夫、吏民爲百姓困乏獻其田宅者二百三十人，以口賦貧民。

【《後漢·安帝本紀》】永初三年三月，京師大饑。四月，三公以國用不足，奏令吏人入錢穀得爲關内侯、虎賁羽林郎、五大夫、官府吏、緹騎、營士各有差。

【《桓帝本紀》】永壽元年二月，司隸、冀州饑，人相食。敕州郡賑給貧弱。若王侯吏民有積穀者，一切貸得十分之三，❶以助稟貸；其百姓吏民者，以見錢雇直。王侯須新租乃償。

【《宋書·徐耕傳》】元嘉二十一年，大旱民饑。耕詣縣陳辭曰：「今年亢旱，禾稼不登，氓黎饑餒，採掇存命。聖上哀矜，已垂存拯。但饉罄來久，困殆者衆，米穀轉貴，糴索無所。方涉春夏，日月悠長，不有微救，永無濟理。不惟凡璅，敢憂身外。《鹿鳴》之求，思同野草，氣類之感，能不傷心。民糴得少米，資供朝夕，志欲自竭，義存分湌。今以千斛，助官賑貸。此境連年不熟，今歲尤甚。晉陵境特爲偏枯，❷此郡雖弊，猶有富室，承陂之家，處處而是，並皆保熟，所失蓋微。陳積之穀，皆有巨萬，旱之所弊，實鍾貧民。温富之家，各有財寶。謂此等並宜助官，得過儉月，所損至輕，所濟甚

❶「得」字，《後漢書·桓帝本紀》無。

❷「枯」，原作「祐」，據校點本《宋書·徐耕傳》及其校勘記改。

重。今敢自勵，爲勸造之端。實願掘水揚塵，崇益山海。」縣爲言上。當時議者以耕比漢卜式，詔書褒美，酬以縣令。

【《魏書・宣武帝本紀》】延昌元年五月，詔天下有粟之家，供年之外，悉貸饑民。

【《荒政考略》】唐肅宗時，百姓殘于兵盜，米斗至錢七千，鬻糠爲糧，民行乞食者屬路。乃詔能賑貧乏者，寵以爵秩。

【《舊唐書・憲宗本紀》】元和十二年七月，詔以定州饑，募人入粟受官及減選超資。

【《册府元龜》】後晉天福八年正月，敕：「河南懷、孟、鄭等州管内百姓有積粟者，仰均分借，以濟貧下。」

【《宋史・太宗本紀》】淳化五年正月，詔諸州能出粟貸饑民者賜爵。

【《真宗本紀》】大中祥符九年九月，詔民有出私廪振貧乏者，三千石至八千石，第授助教、文學、上佐之秩。

【《仁宗本紀》】慶曆四年五月，詔募人納粟，振淮南饑。

至和元年四月，詔京西民饑，宜令所在勸富人納粟以振之。

【《文獻通考》】治平四年，河北旱，御史中丞司馬光上疏，請富室有蓄積者，官給印歷，聽其舉貸，量出利息，候豐熟日，官爲收索，示以必信，不可誑誘，則將來百姓争務蓄積矣。

熙寧元年，降空名度牒五百道，付兩浙運司，令分賜本路，召人納米或錢賑濟。

紹聖元年，帝以京東、河北之民乏食，流移未歸，詔給空名假承務郎敕十、太廟齋郎補牒十、州助教不理選限敕三十、度牒五百，付河北東、西路提舉司，召人入錢粟充賑濟。

【《宋史·食貨志》】紹興以來，歲有水旱，當艱難之際，兵食方急，儲蓄有限，而振給無窮。復以爵賞，誘富人相與補助，亦權宜不得已之策也。元年，詔出粟濟糶者，賞各有差。糶及三千石以上，與守闕進義校尉；一萬五千石以上，與進武校尉；❶二萬石以上，取旨優賞；已有官廕不願補授者，比類施行。

【《大學衍義補》】隆興中，中書門下省言：「湖南、江西旱傷，立賞格以勸積粟之家。凡出米賑濟，係崇尚義風，不與進納同。」

丘氏濬曰：「鬻爵，非國家美事也。然用之他則不可，用之于救荒，則是國家爲民，無所利之也。宋人所謂『崇尚義風，不與進納同』是也。臣願遇歲凶荒，民間有積粟者，輸以賑濟，則定爲等第，授以官秩。自遠而來者，并計其路費。授官之後，給與璽書，俾有司加禮優待，與見任同，雖有過犯，亦不追奪。如此，則平寧之時，人爭積粟，荒歉之歲，民爭輸粟矣。是亦救荒之一策也。」

【《文獻通考》】隆興二年，淮民流於江、浙十數萬，官司雖濟，而米斛有限。乃詔民間不曾經水災處占田萬畝者，糶二千石；萬畝以下，糶一千石。

【《宋史·食貨志》】乾道七年八月，湖南、江西旱，立賞格以勸積粟之家：無官人一千五百石，補進義校尉，願補不理選限將仕郎者聽；❷二千石，補進武校尉，進士與免文解一次；四千石補承信郎，進士與補上州文學；五千石補承節郎，進士補迪功郎；文臣，一千石，減二年磨勘，選人轉一官；二千石，減三年磨勘，選人循一資，各與占射差遣一次；三千石，轉一官，選人循兩資，各與占射差遣一次。武臣，一千石，減二年

❶「武」，原作「義」，據《宋史·食貨上六》改。

❷「限」字，原脱，據校點本《宋史·食貨上六》及其校勘記補。

磨勘，選人轉一資；二千石，減三年磨勘，選人循一資，各與占射差遣一次；三千石，轉一官，選人循兩資，各與占射差遣一次；五千石以上，文武臣並取旨優與推恩。

【《孝宗本紀》】淳熙三年十月，詔自今非歉歲不許鬻爵。　八年十一月，以淳熙元年減半推賞法募民振糶。

【《文獻通考》】淳熙十年，江東憲臣尤袤言：「救荒之政，莫急於勸分。昨者朝廷立賞格，以募出粟，富家忻然輸納，故庚子之旱，不費支吾者，用此策也。自後輸納既多，朝廷吝於推賞，多方沮抑。或恐富家以命令爲不信，乞詔有司施行。」

【朱子《上宰相書》】荒政之中，有兩事焉。其二曰速行賞典，激勵富室。蓋此一策，本以誘民，事急則藉之以爲一時之用，事定則酬之以爲後日之勸。旋觀今日，失信已多，別有緩急，何以使衆？欲望明公察此事理，特與敷奏，照會元降，即與推恩，使已輸者無怨恨不滿之意，未輸者有歆豔慕用之心。信令既行，願應者衆，則緩急之間，雖百萬之粟，可指揮而辦。況是此策，不關經費，揆時度事，最爲利宜。而乃遷延歲月，沮抑百端，使去歲者至今未及霑賞，而今歲者方且反覆卻難，未見涯際。是失信天下，固足以爲今日之所甚憂，而自壞其權宜濟事之策者，亦今日之所可惜也。

【《與建寧傅守劄子》】糴糀之害，前已陳之。然千里之内，户口不知其幾，若必人人糴米而食之，❶恐無以濟。其勢須令上

❶「人人」，原不重，據《晦庵集》卷二五《與建寧傅守劄子》補。

户椿留禾米，如前日之説，儲備乃廣。但所遇縣道官吏之説，皆憚於此計。蓋恐上户見怨，又慮見欺。殊不知救災之政與常日不同，決無静拱而可以獲禽之理。夫富人之多粟者，非能獨炊而自食之，其勢必糶而取錢以給家之用。今但使之存留分數，以俟來歲，聽官司之命，以恤鄰里之闕，何所不可？正使其間不無冥頑難喻之人，然喻之以仁恩，責之以大義，其不從者，俟之以刑，其樂從者，報之以賞，何至憚其怨怒，且慮其欺己而不敢爲哉！似聞建陽之西，已有自言於官，願以家貲二百萬糴米，以俟來歲之荒，而以本價出之。若果如此，則人亦豈爲鬼爲魅，全不可化者，但患上之人先以無狀期之，故强者視以爲深仇而肆其凌暴，弱者畏之如大敵而不復能以正義相裁，❶二者，其失均也。

【《與星子諸縣議荒政書》】一勸諭上户，請詳本軍立去帳式，令鄉衆依公推舉，約定所蔭客户、所糴米穀數目。縣司略備酒果，延請勸諭，厚其禮意，諭以利害，不可縱令胥吏非理騷擾。上户既是富足之家，必能體悉此意。其間恐有未能致悉之人，亦當再三勸諭，審其虚實，量與增減。如更詐欺抵拒，即具姓名申軍，切待别作施行。

【《文獻通考》】嘉定二年，起居郎賈從熟言：「出粟賑濟，賞有常典，多者至命以官，固足示勸。然應格霑賞者，未有一二。偏方小郡，號爲上户者，不過常産耳。今不必

❶「正義」，原作「仁能」，據《晦庵集》卷二五《與建寧傅守劄子》改。

盡責以賑濟，但隨力所及，或糶或貸，廣而及於一鄉，狹而及於一都。有司核實，量多寡與之免役一次，少者一年或半年，庶幾官不失信，民必樂從。」從之。

蕙田案：勸捐之法，惟此議最爲簡便易行。

【《宋史·理宗本紀》】淳祐六年秋七月，泉州歲饑，其民謝應瑞非因有司勸分，自出私鈔四十餘萬糴米以振鄉井，所全活甚衆，詔補進義校尉。

【《遼史·聖宗本紀》】統和十五年二月，勸品部富民出錢以贍貧民。

【《金史·食貨志》】皇統三年三月，陝西旱饑，詔許富民入粟補官。

【《熙宗本紀》】皇統四年十一月壬辰，立《借貸饑民酬賞格》。

【《食貨志》】世宗大定元年，以兵興歲歉，下令聽民進納補官。又募能濟饑民者，視其人數，爲補官格。

【《章宗本紀》】明昌二年八月，敕山東、河北闕食等處，許納粟補官。三年十一月，以有司言：「河州定羌民張顯孝友力田，焚券已責，又獻粟千石以賑饑。棣州民榮楫賑米七百石、錢三百貫，冬月散柴薪三千束。皆別無希覬。」特各補兩官，仍正班敘。

【《胥鼎傳》】鼎知大興府事兼中都路兵馬都總管，貞祐二年正月，鼎以在京貧民缺食者衆，宜立法振救，乃奏曰：「京師官民有能贍給貧人者，宜計所贍，遷官陞職，以勸獎之。」遂定權宜鬻恩例格，如進官陞職、丁憂人許應舉求仕、官監户從良之類，入粟草各有數，全活甚衆。

蕙田案：鬻恩之例，爲救荒權宜之策。如無官者許入仕，有位者許遷職，所以獎其好善樂施之誼，此於民有濟而於理亦無害也。至如丁憂人應舉求仕之類，名教所關，不容假借，啟一時之倖門，壞百世之公義，所得者少，所失者多矣。

《元史·世祖本紀》至元元年五月，以平陰縣尹馬欽發私粟六百石贍饑民，又給民粟種四百餘石，詔獎諭，特賜西錦五端，以旌其義。

《武宗本紀》大德十一年閏七月，江浙、湖廣、江西、河南、兩淮屬郡饑，詔富家能以私粟賑貸者，量授以官。

《英宗本紀》至治三年正月，曹州禹城縣人邢著、程進出粟以賑饑民，命有司旌其門。

《食貨志》入粟補官之制，元初未嘗舉行。天曆三年，内外郡縣，亢旱爲災，於是用太師答剌罕等言，舉而行之。凡江南、陝西、河南等處，定爲三等，令其富實民户依例出米，無米者折納價鈔。陝西每石八十兩，河南并腹裏每石六十兩，江南三省每石四十兩，實授茶鹽流官，如不仕，讓封父母者聽。錢穀官考滿，依例陞轉。夫入粟補官，雖非先王之政，然荒札之餘，民賴其助者多矣。

蕙田案：入粟封贈父母之例始此。

《文宗本紀》至順二年正月，大名魏縣民曹革輸粟賑陝西饑，旌其門。五月，益都路宋德讓、趙仁各輸米三百石，賑膠州饑民九千户，中書省臣請依輸粟補官例予官。從之。

《順帝本紀》至元二年十二月，江州諸縣饑，總管王大中貸富人粟以賑貧民，而免富人雜徭以爲息，約年豐還之，民不病饑。慶元慈溪縣饑，遣官賑之。

至正五年四月，汴梁、濟南郡、邠州、瑞州等處民饑，賑之，募富户出米五十石以上者，旌以義士之號。六月，廬州張順興出米五百餘石賑饑，旌其門。

《紀事本末》宣德五年，江西淮安饑，吉水民胡有初、山陽民羅振出穀千餘石賑濟，命行人齎璽書，旌爲義民，復其家。

《杭州府志》景泰五年七月，浙江按察司副使羅篪奏勸民出粟賑濟。篪因杭州荒歉，乞准照江西例，勸民出穀一千六百石以上者，給冠帶；千石以上者，旌異之；百石者，免役。已冠帶者，八品以上三百石，從七品以上至正六品六百石，俱陞一級，不支俸等。事奏，下户部，請如其言。從之。

成化十二年冬十二月，巡按御史吕鍾定擬救事宜，奏略曰：「一民間無礙子弟，有願納米充吏者，都、布、按三司，一百石；各府并運司，七十石；司府經歷司、理問所斷事司、各縣并有品級文職衙門，五十石；雜職衙門，三十石。俱先查勘考試，相應于缺糧倉分納米完日，零次撥充，俟豐年有積則止。一閩中、浙江見在不係存積鹽課一十五萬引，每引米三斗五升，于沿海缺糧倉分上納。」以是歲八月，風潮雨水泛溢，故有是請。

《明會典》嘉靖八年，令撫按官曉諭積糧之家，量其所積多寡，以禮勸借。若有仗義出穀二十石、銀二十兩者，給與冠帶；三十石、三十兩者，授正九品散官；四十石、四十兩者，正八品；五十石、五十兩者，正七品。俱免雜泛差役。出至五百石、五百兩者，除給與冠帶外，有司仍于本家豎立坊牌，以彰尚義。又題准災傷地方，軍民人等，有能收養小兒者，每名日給米一升，埋屍一軀者，給銀四分。鄰近州縣，不得閉糴。　十年，奏准陝西災傷重大，令各州縣官員戒諭富室，將所積粟麥，先扣本家食用，其餘照依時價糶與饑民。若每石減價一錢，至五百石以上者，給與冠帶；一千石以上，表爲義門；若民家有能自收養遺棄子女至二十口以上者，給與冠帶。

觀承案：貸富人粟以賑民，而免其雜徭以爲息，此即《周官》「國服爲息」之意也，豈有取利二分之説哉！青苗取民，正是名同而實異者，不得因此以病《周官》也。

右勸分。

【《周禮·地官·大司徒》】大荒則令邦國移民通財。【注】移民，辟災就賤。其有守不可移者，則輸之粟。《春秋》定五年「夏，歸粟于蔡」是也。　【疏】移民通財，此謂兩事。移民，謂分口往就賤。財是米穀也，其有留守不得去者，則賤處通穀米與之。

王氏昭禹曰：「移民，若梁惠王移其民於河東；通財，若晉饑，秦輸之粟。」

高氏愈曰：「《大司徒》荒政，惟通財之道最爲廣遠。或以上之財利通之民，或以民間之利自相通，或以遠近之利相爲通。得通財之術，而先王救荒之道其幾矣。」

蕙田案：此止云「通財」，不及「散利、去幾」者，言通財，則散利、去幾之政在其中矣。

【《廩人》】若食不能人二鬴，則令邦移民就穀。【注】就穀，就都鄙之有者。

鄭氏鍔曰：「梁惠王移民就粟，孟子譏之何耶？蓋《周官》之民有田以耕，其饑偶出于天時之水旱而已。惠王不能制民之産，凶歲則移民，是爲無政。」

【《秋官·士師》】若邦凶荒，則令移民通財。

蕙田案：移民通財，不在荒政十二之内。而《大司徒》「令邦國移民通財」，獨居舍禁、弛力、薄征、緩刑之先；《士師》「若邦凶荒，令移民通財」，則居糾守緩刑之先。蓋散利以下，荒政經常之法也。移民通財，必斯地所聚之財不足以贍斯民之急而後行之，則荒政權宜之法也。法雖出於權宜，而其爲利于民則甚大，故《周禮》屢及之。荒政主于聚萬民，移民而使之不失其所，民雖散猶不散也。自移民之法不講，民之流移在外者，遂以失所，或致生變故。列代所載安集流民之事，俱附見于此。

【《春秋》隱公六年《左氏傳》】京師來告饑，公爲之請糴于宋、衛、齊、鄭，禮也。

莊公二十有八年：冬，大無麥、禾，臧孫辰告糴于齊。【《左氏傳》】禮也。

【《國語·魯語》】魯饑，臧文仲言于莊公曰：「夫爲四鄰之援，結諸侯之信，重之以婚姻，申之以盟誓，固國之艱急是爲。鑄名器，藏寶財，固民之殄病是待。今國病矣，君盍以名器請糴于齊？」公曰：「誰使？」對曰：「國有饑饉，卿出告糴，古之制也。辰也備卿，辰請如齊。」公使往。從者曰：「君不命吾子，吾子請之，其爲選事乎？」文仲曰：「賢者急病而讓夷，居官者當事不避難，在位者恤民之患，是以國家無違。今我不如齊，非急病也。在上不恤下，居官而惰，非事君也。」文仲以鬯圭與玉磬如齊告糴，曰：「天災流行，戾于敝邑，饑饉薦降，民羸幾卒，大懼殄周公、太公之命祀，職貢業事之不共而獲戾。不腆先君之敝器，敢告滯積，以紓執事，以救敝邑，使能共職。豈唯寡君與二三臣實受君賜，其周公、太公及百辟神祇實永饗而賴之！」齊人歸其玉而予之糴。

【《春秋》僖公十三年《左氏傳》】晉薦饑，使乞糴于秦。秦伯謂子桑：「與諸乎？」對曰：「重施而報，君將何求？重施而不報，其民必攜。攜而討焉，無衆，必敗。」謂百里：「與諸乎？」對曰：「天災流行，國家代有，救災恤鄰，道也。行道，有福。」丕鄭之子豹在秦，請伐晉。秦伯曰：「其君是惡，其民何罪？」秦于是乎輸粟于晉，自雍及絳相繼，命之曰汎舟之役。

【十四年《左氏傳》】秦饑，使乞糴于晉，晉人弗與。慶鄭曰：「背施，無親；幸災，不仁；貪愛，不祥；怒鄰，不義。四德皆失，何以守國？」虢射曰：「皮之不存，毛將安傅？」慶鄭曰：「棄信背鄰，患孰恤之？無信，患作；失援，必斃。是則然矣。」虢射曰：「無損于怨，而厚于寇，不如勿與。」慶鄭曰：「背施幸災，民所棄也。近猶讎之，況怨敵乎？」弗聽。退曰：「君其悔是哉！」

【十五年《左氏傳》】是歲，晉又饑，秦伯又餼之粟，曰：「吾怨其君而矜其民。」

【定公五年《左氏傳》】歸粟于蔡，以周亟，矜無資。【《穀梁傳》】諸侯無粟，諸侯相歸粟，正也。孰歸之？諸侯也。不言歸之者，專辭也，義邇也。

蕙田案：齊桓葵丘之會，申遏糴之禁，而《春秋》所載告糴歸粟之事，列國時或有之。蓋《周官》通財之教，猶未遠也。

【《孟子》】梁惠王曰：「寡人之於國也，盡心焉耳矣。河内凶則移其民于河東，移其粟于河内。河東凶亦然。【注】言凶年以此救民也。察鄰國之政無如寡人之用心者。」【注】言鄰國之君用心憂民無如己也。

朱子曰：「移民以就食，移粟以給其老稚之不能移者。」

惠王不能制民之産，又使狗彘得以食人之食，至于民饑而死猶不知發，則其所移，特民間之粟而已。」

【《漢書・高祖本紀》】二年六月，關中大饑，米斛萬錢，人相食，令民就食蜀漢。

【《景帝本紀》】元年春正月，詔曰：「間者歲比不登，民多乏食，夭絶天年，朕甚痛之。郡國或磽陿，無所農桑毄畜；或地饒廣，薦草莽，水泉利，而不得徙。其議民欲徙寬大地者，聽之。」

【《武帝本紀》】建元三年春，河水溢于平原，大饑，人相食。賜徙茂陵者，户錢二十萬。

【《食貨志》】山東被水災，民多饑乏。于是天子遣使虚郡國倉廩以振貧。猶不足，又募豪富人相假貸。尚不能相救，迺徙貧民于關以西，及充朔方以南新秦中，七十餘萬口，衣食皆仰給于縣官。數歲，貸與産業，使者分部護，冠蓋相望，費以億計。

【《武帝本紀》】元鼎二年夏，大水，關東餓死者以千數。秋九月，詔曰：「仁不異遠，義不辭難。今京師雖未爲豐年，山林池澤之饒與民共之。今水潦移于江南，迫隆冬至，朕懼其饑寒不活。江南之地，火耕水耨，方下巴蜀之粟致之江陵，遣博士中等分循行，諭告所抵，無令重困。」

【《元帝本紀》】初元元年九月，關東郡國十一大水，饑，或人相食，轉旁郡錢穀以相救。

【《平帝本紀》】元始二年四月，郡國大旱，蝗，民流亡。罷安定呼沲苑，以爲安民縣，起官寺市里，募徙貧民，縣次給食。至徙所，賜田宅什器，假與犂、牛、種、食。又起五里于長安城中，宅二百區，以居貧民。

【《後漢書・章帝本紀》】元和元年二月甲戌，詔曰：「自牛疫已來，穀食連少。其令郡國募人無田欲徙它界就肥饒者，恣聽之。

到在所，賜給公田，爲雇耕傭，賃種餉，貰與田器，勿收租五歲，除算三年。其後欲還本鄉者，勿禁。」

【《樊準傳》】永元之初，連年水旱災異，郡國多被饑困。準上疏曰：「伏見被災之郡，百姓凋殘，恐非賑給所能勝贍，雖有其名，終無其實。可依征和元年故事，遣使持節慰安。尤困乏者，徙置荆、揚熟郡，既省轉運之費，且令百姓各安其所。如遣使者與二千石隨事消息，悉留富人守其舊土，轉尤貧者過所衣食，誠父母之計也。願以臣言下公卿平議。」太后從之。

【《和帝本紀》】永元六年三月，詔流民所過郡國皆實稟之，其有販賣者勿出租稅，又欲就賤還歸者，復一歲田租、更賦。十五年春閏月乙未，詔流民欲還歸本而無糧食者，過所實稟之，疾病加致醫藥。其不欲還歸者，勿强。

【《安帝本紀》】永初元年九月，調揚州五郡租米，贍給東郡、濟陰、陳留、梁國、陳國、下邳、山陽。七年九月，調零陵、桂陽、丹陽、豫章、會稽租米，賑給南陽、廣陵、下邳、彭城、山陽、廬江、九江饑民。

【《晉書・食貨志》】嘉平四年，關中饑，宣帝表徙冀州農夫五千人佃上邽。

【《魏書・明元帝本紀》】神瑞二年，帝以饑，將遷都于鄴，用博士崔浩計，乃止。于是分簡尤貧者就食山東，敕有司勸課留農者。

【《孝文帝本紀》】太和十一年七月，詔曰：「今年穀不登，聽民出關就食，遣使者造籍，分遣去留，所在開倉賑恤。」九月，詔曰：「去夏以歲旱民饑，須遣就食，舊籍雜亂，難可分簡，故依局割民，閲户造籍，欲令去留得實，賑貸平均。然適者以來，猶有餓死衢路，無人收識。良由本部不明，籍貫未實，廩恤不周，以至于此。朕猥居民上，聞用慨然。可重遣精檢，勿令遺漏。」

【《東陽王丕傳》】文明太后引見公卿于皇信堂，太后曰：「京師旱儉，欲聽饑貧之人出關逐食。如欲給過所，恐稽延時日，不救災窘。若任其外出，復慮姦良難辨。卿等可議其所宜。」丕議：「諸曹下大夫以上，人各將二吏，別掌給過所，州郡亦然，不過三日，給之便訖，有何難也？」高祖從之，四日而訖。

【《宣武帝本紀》】延昌元年四月戊辰，詔河北民就穀燕、恒二州。辛未，詔饑民就穀六鎮。

【《周書·武帝本紀》】建德三年十月，詔蒲州民遭饑乏絶者，令向鄜城以西及荆州管内就食。

【《隋書·食貨志》】開皇十四年，關中大旱，人饑，上幸洛陽，因令百姓就食，從官並准見口賑給，不以官位爲限。

【《舊唐書·高宗本紀》】咸亨元年，天下四十餘州旱及霜蟲，百姓饑乏，關中尤甚。詔令任往諸州逐食，仍轉江南租米以賑給之。永隆二年是年改元開耀。八月，河南、河北大水，許遭水處往江、淮已南就食。

【《册府元龜》】開元十四年十一月，詔曰：「近聞河南宋、沛等州百姓，多有沿流逐熟去者，須知所詣，有以安存。宜令本道勸農事與州縣檢責其所去及所到户數奏聞。」

【《舊唐書·玄宗本紀》】開元十五年，河北饑，轉江、淮之南租米百萬石以賑給之。

【《册府元龜》】後周廣順元年八月，契丹瀛、莫、幽州界大水，饑饉流散，襁負而歸者，不可勝計。比界州縣，亦不禁止。太祖愍之，詔沿邊州郡，安卹流民，仍口給斗粟。前後繼至數十萬口。

【《宋史·太祖本紀》】乾德二年四月，靈武饑，轉涇粟以饟。

開寶六年二月，曹州饑，漕太倉米二萬石振之。

【《太宗本紀》】雍熙二年三月，江南民饑，許渡江自占。

【王圻《續通考》】天聖七年閏二月，詔河北轉運司：契丹流民，其令分送唐、鄧、襄、汝州，以閒田處之。仍令所過，人給米二升。初河北轉運司言契丹大饑，民流過界河。上謂輔臣曰：「雖境外之民，皆朕赤子，可賑救之。」

【《文獻通考》】慶曆八年，河北大水，流民就食京東者，❶不可勝數。知青州富弼擇所部豐稔者三州勸民出粟，得十五萬斛，❷益以官廪，隨所在貯之。擇公私廬舍十餘萬區，散處其人，以便薪水。官吏自前資、待缺、寄居者，皆賦以禄，使即民所聚，選老弱者廪之。山林河泊之利，有可取以爲生者，聽流民取之，其主不得禁。官吏皆書其勞，約爲奏請，使他日得以次受賞于朝。率五日輒遣人以酒肉糗飯勞之，人人爲盡力。流民死者，爲大冢葬之，謂之「叢冢」，自爲文祭之。及流民將復其業，又各以遠近受糧。凡活五十餘萬人，募爲兵者又萬餘人。前此救災者，皆聚民城郭中，煮粥食之，饑民聚爲疾疫，及相蹈藉死，或待次數日不食，得粥皆僵仆，名爲救人，而實殺之。弼所立法，簡便周至，天下傳以爲法。

【富弼《乞分給河北流民田土劄子》】臣昨

❶「流民」，原作「民流」，據《文獻通考》卷二六乙正。
❷「斛」，原作「石」，據庫本及《文獻通考》卷二六改。

在汝州，竊聞河北流民來許、汝、唐、鄧州界逐熟者甚多。臣以朝廷前許請射係官田土，後却不令請射，盡須發遣，歸還本貫。臣訪聞流民必難發遣得回，既已流移至此，又却不得田土，徒令狼狽道路，轉見失所。遂專牒本州通判張恂立便往州界諸縣流民聚處一一相度，或發遣情願人歸還本貫，或放令前去別州，或相度口數給與民田土，或自令樵漁採捕，或計口支散官粟。諸般救濟，庶幾稍可存活。内只有給田一項，違著朝廷後來指揮。比欲奏候朝旨，又爲流民來者日益多，深恐救卹稍遲，轉有死損，遂且用上項條件施行去後，方具奏聞。尋准中書劄子，奉聖旨一依奏陳事理，其後來者即教不得給田，候春暖勸諭令歸上路。後方知其餘州軍所到流民，不拘新舊，並只用元降朝旨，盡不許給與田土。臣其時以急于赴召，不及再有奏陳。自襄城縣至南薰門共六程，臣見緣路流民，大小車乘及驢馬馱載以至擔仗等，相繼不絶。臣每逢見逐隊老小，一一問當，及令逐旋抄劄子。只路上所逢者，約共六百餘户，四千餘口。其逐州縣鎮以至道店中已安下，臣不見者，并臣于許州驛中住却一日，路上之人臣亦不見者，比臣曾見之數，恐又不下一二百户，二三千口。都計約及八九百户，七八千口。其前後已過，并今未來及有往唐、鄧、萊州等處，臣所不見者，又不知其數多少。扶老攜幼，纍纍滿道，寒饑之色，所不忍見。亦有病而死者，隨即埋于道傍，骨肉相聚，號泣而去。臣親見而問得者，多是鎮、趙、邢、洺、磁、相等州下等人户。以十分爲率，約四五分並是鎮人，其餘五六分即共是趙州與邢、洺、磁、相之人。又十中約六七分是第五等人，三四分是第四等人及不濟户與無土浮客，即絶無第三等已上之家。臣逐隊徧問，因甚如此離鄉土，遠來它州。其間甚有垂泣告者，曰本不忍拋離墳墓骨肉及破壞家産，只爲災傷物貴，存濟不得，憂慮餓殺老小，所以須至趁斛㪷賤處逃命。又問得有全家起離，來更不歸者；亦有減人口暫來逐熟，候彼中無災傷，斛斗稍賤即却歸者；亦有去年先令人來請射或買置田土，稍有准備者；亦有無准備望空來者。大約稍有准備來無一二，餘皆茫然，並未有所歸，只是路上逐旋問人，斛㪷賤處便去。臣竊聞有人聞于朝廷，云流民皆有車仗驢馬，蓋是上等人户，不是貧民，致朝廷須令發遣却歸本貫。此説蓋是其人只以傳聞爲詞，不曾親見親問，但知却有車乘行李次第頗多，便稱是上等之人。臣每親見有七八輛大車者，約及四五十家，二百餘口；四五輛大車者，約及三四十家，一百餘口；一兩輛大車者，約及五七家，五七十口。其小車子及驢馬擔仗之類，大抵皆似。大車並是彼中鄉村相近鄰里，或出車乘，或出驢牛，或出繩索，或出㧏蓋之物，遞相併合，各作一隊起來，所以行李次第如上等人户也。今既是貧窮之家，決意離去鄉土，逃命逐熟，而朝廷須令發遣却回，必恐有傷和氣。臣亦曾仔細説諭，云朝廷恐你拋離鄉井，欲擬發遣却歸河北，不知如何？其丈夫、婦人皆向前對曰：「便是死在此處，必更難歸。兼一路盤纏已有次第，如何歸得？除是將來彼中有可看望，才有歸者也。」此已上事，便是臣親見親問，所得最爲詳悉，與夫外面所差體究之人不同。簿尉幕職官畏懼州府，州府畏懼提、轉，提、轉畏懼朝省，而不敢盡理而陳述。或心存諂佞，不肯説盡災患之事；或不切用心，自作鹵莽。申陳不實者，萬不侔也。伏望聖慈，早賜指揮，京西一路，如流民到處，且將係官荒閑田土，及見佃人占剩無税地土，差有心力、廉公官員四散分俵，❶各令住佃，更不得逼逐發遣，却歸河北。其餘或與人家作客，或自能樵漁採捕，或支官粟計口養飼之類，更令中書檢詳前後條約，疾速嚴行指揮約束。所貴趁此日月尚淺，未有大段死損之人，可以救卹得及。

【富弼《支散流民斛斗畫一指揮行移》】當司昨爲河北遭水，失業流民擁併過河南，于京東青、淄、濰、登、萊五州豐熟處，逐處散在城郭鄉村不少。當司雖已諸般擘畫，採取事件，指揮逐州官吏多方安泊存恤，救濟施行。本使體量，尚恐流民失所，尋出揭告諭文字送逐州給散與諸縣，令逐耆長將告諭指揮鄉村等第人户并客户，依所定石斗出辦米豆數。内近州縣鎮，只于城郭内送納。其去州縣鎮城遠處，只于逐耆令耆長置歷受納。于逐耆第一等人户處，圖那房屋，盛貯收附封鎖，施行去訖。自後，據逐州申報，已告諭到斛米數目，受納各有次第。今體量得饑餓死損，須至令上項五州，一例于正

❶「差」，原作「産」，據《宋名臣奏議》卷一〇六富弼《上神宗論河北流民到京西乞分給田土》改。「廉」，《宋名臣奏議》卷一〇六《上神宗論河北流民到京西乞分給田土》作「徇」。

月一日委官分頭支散上件勸諭到斛斗救濟饑民者：

一請本州纔候牒到，立便酌量逐縣耆分多少差官，每一官令專十耆或五七耆。據耆分合用員數，除逐縣正官外，請于見任并前資、寄居及文學、助教、長史等官員內，須是揀擇有行止、清廉、幹當得事、不過犯官員。仍勘會所差官員本貫，將縣分交互差委支散，免致所居縣分親故顏情，不肯盡公。及將封去帖牒書，填定官員職位姓名、所管耆分去處，給與逐官收執。火急發遣往差定縣分，計會縣司，畫時將在縣所收贓罰錢或頭子錢，并檢取遠年不用故紙賣錢，收買小紙，依封去式樣、字號、空歇，雕造印板。酌量流民多少，寬剩出給印押曆子頭。各于曆子後，粘連空紙三兩張，便令差定官員，令本縣約度逐耆流民家數，分擘曆子與所差官員，❶便令親自收執，分頭下鄉，勒耆壯引領，排門點檢，抄劄流民。每見流民，逐家盡底喚出本家骨肉數目，當面審問的實人口，填定姓名口數，逐家便各給曆子一道，收執照証，准備請領米豆。即不差委公人、耆壯抄劄，别致作弊，虚僞重疊，請却曆子。

一指揮差委官抄劄給曆子時，仔細點檢逐處流民。如內有雖是流民，見今已與人家作客，鋤田養種，及有錢本機織販舂諸般買賣圖運過日不致失所人，更不得一例抄劄姓名，❷給與曆子，請領米豆。

❶「擘」，原作「劈」，據《救荒活民書》卷下富弼《支散流民斛斗畫一指揮》改。下同。

❷「抄」字，原脱，據《救荒活民書》卷下富弼《支散流民斛斗畫一指揮》補。

一應係流民，雖有屋舍權時居住，只是旋打刈柴草，日逐求口食人等，並盡底抄劄，給與曆子，令請領米豆。

一應有流民，老小羸疲，全然單寒及孤獨之人，只是尋討乞丐，安泊居止不定等人，❶委所差官員擘畫歸着者分，或神廟寺院安泊，亦便出給曆子，令請米豆。不得謂見難爲拘管，輒敢遺棄，❷却致抛擲死損。請提舉官常切覺察。

一應係上居貧窮年老、殘患孤獨、見求乞貧子等，❸仰抄劄流民官員躬親檢點，如別不是虛僞，亦各依曆子，❹令依此請領米豆。

一指揮差委官員，須是于十二月二十五日已前，抄劄集定流民家口數，給散曆子。

一流民所支米豆，十五歲已上，每人日支一升；十五歲已下，每日給五合；五歲已下男女，不在支給。仍曆子頭上分明細算定一家口數、合請米豆都數，逐旋依都數支給，所貴更不臨時旋計者。

一緣已就門抄劄見流民逐家口數及歲數，❺則支散日，更不令全家到來，只每家一名，親執曆子請領。

一逐官如管十耆，即每日支兩耆，逐耆并支五日口食，候五日支遍十耆，即却從頭

❶「定」，原作「然」，據《救荒活民書》卷下富弼《支散流民斛斗畫一指揮》改。

❷「遺」，《救荒活民書》卷下富弼《支散流民斛斗畫一指揮》作「違」，《荒政要覽》卷六《支散流民斛斗畫一指揮》作「遺」。

❸「居」，原作「官」，據《救荒活民書》卷下富弼《支散流民斛斗畫一指揮》改。

❹「依」，《救荒活民書》卷下富弼《支散流民斛斗畫一指揮》作「給」。

❺「門」，原作「民」，據《救荒活民書》卷下富弼《支散流民斛斗畫一指揮》改。

支散。所貴逐耆每日有官員躬親支散。如管五七耆者，即將耆分大者，每日支散一耆。耆分小者，每日支散兩耆。亦須每日一次支遍，逐次併支五日口食。仍預先有村庄剩出曉示，❶及令本耆壯丁四散各報流民，指定支散日分、去處，分明開説甚字號耆分。仍仰差去官員，須是及早親自先到所支斛斗去處，等候流民到來，逐旋支散。纔候支絶一耆，速往下次合支耆分，不得自作違慢，拖延過時，别至流民歸家遲晚，道途凍露。

一指揮差管官員，相度逐處受納下米豆。如内有在耆分遥遠，第一等户人家收附，恐流民所去請領遥遠，即勒耆壯，量事圖那車乘，般赴本耆地分中心穩便人家房屋室内收附，就彼便行支散。貴要一耆之内，流民盡得就近請領。

一指揮所差官員，除抄劄、籍定、給散流民外，如有逐旋新到流民，並須官員親到審問仔細，點檢本家的實口數、安泊去處。如委不是重疊虚僞，立便給與曆子，據所到日分起請。❷如有已得曆子流民起移，仰居停主人畫時令流民將原給曆子于監散官員毁抹。若是不來申報及稱帶却曆子，並仰量行科決。不得鹵莽，重疊給印曆子，❸亦不得阻滯流民。

一逐耆盡各均匀納下斛斗，切慮流民于逐耆安泊不均。仰縣司勘會，據流民多

❶「有」、「剩」，《救荒活民書》卷下富弼《支散流民斛斗畫一指揮》作「於」、「明」。

❷「日」，原作「口」，據《救荒活民書》卷下富弼《支散流民斛斗畫一指揮》改。

❸「給印」，原作「印給」，據《救荒活民書》卷下富弼《支散流民斛斗畫一指揮》乙正。

處耆分，酌量人數，發遣攢併于少處耆分安泊，令逐耆均匀支散救濟。若是流民安泊處穩便，不願起移，即攢併别耆斛斗，就便支俵，不得抑勒流民，須令起移。

一州縣鎮城郭内流民，若差委本處見任官員，亦先且躬親排門抄劄逐户家口數，依此給與曆子。每一度併支五日米豆，候食盡挨排日分，接續支給米豆，一般施行。

一逐州除逐處監散官員，仍請委通判，或選差清幹職官一員，往本州界内，往來都大提舉諸縣支散米豆官吏。仍點檢逐耆元納，并逐官支散文曆，一依逐件鈐束指揮施行。仍親到所支散米豆處，仔細體問流民所請米豆委的均濟，别無漏落。如有官員弛慢，不切用心，信縱手下公人作弊，減尅流民合請米豆，不得均濟，即密具事由，申報本州，别選差官充替訖，申當司，不得蓋庇。

一所支斛斗，如州縣内支絶已納到告諭斛㪷外，有未催到數目，便且于省倉斛㪷内權時借支。❶據見欠斛㪷，如未足處，亦逐旋請緊切催促，不得闕絶支借，悮流民。

一每官一員在縣，摘道、手分、斗子各一名，隨行幹當。仍給升斗各一隻，乃差本縣公人三兩人當直。如在縣公人數少，即權差壯丁，亦不得過三人。

一所差官員，除見任官外，應係權差請官。如手下幹當人，并耆壯等，及流民内有作過者，本官不得一面區分，具事由押

❶「且」，原作「宜」，據《救荒活民書》卷下富弼《支散流民斛斗畫一指揮》改。

送本縣勘斷施行。
一權差官每月于前項贓罰錢内支給食直錢五貫文，見任官不得一例支給。
一權差官已有當司封去帖牒，若差見任官員，即請本州出揭文示幹當，❶其賞罰，一依當司封去權差官帖牒内事理施行。
一纔候起支，當司必然別州差官，徧詣逐州逐縣逐耆點檢。如有一事一件違慢，本州承牒手分并縣司官吏，必然勘罪嚴斷，的不虚行指揮。
一逐州縣鎮，候差定官員，將印行指揮晝一抄劄一本，付逐官收執，❷照會施行。
一勘會二麥將熟，諸處流民，盡欲歸鄉。尋指揮逐州并監散官員，將見今籍定流民，據每人合請米豆數目，自五月初一日算至五月終，一併支與流民充路糧，令各任便歸鄉。
一指揮出榜青、淄等州河口，曉示與免流民税渡錢，仍不得邀難住滯。
一指揮青、淄等州，曉示各道店，不得要流民房宿錢。
右具如前事，須各牒青、淄、濰、登、萊五州。候到，各請一依前項逐件指揮施行訖，報所有當司。封去帖牒，如有剩數，❸却請封送當司，不得有違。
【富弼《救濟流民劄子》】臣復奉聖旨，取索擘畫救濟流民事件，❹今節略編作四

❶「揭」，《救荒活民書》卷下富弼《支散流民斛斗畫一指揮》作「給」。
❷「付」，原作「收」，據《救荒活民書》卷下富弼《支散流民斛斗畫一指揮》改。
❸「有」，原作「右」，據《救荒活民書》卷下富弼《支散流民斛斗畫一指揮》改。
❹「濟」下，原衍「過」字，據《救荒活民書》卷下《宣問救濟流民事劄子》删。

册，具狀繳奏去訖。臣部下九州軍，其間近河五州頗熟，遂醵于民，得粟十五萬斛，只令人户就本村耆隨處散納，貴不傷士民。❶又先時已于州縣城鎮及鄉村，抄下舍宇十餘萬間，流民來者，隨其意散處民舍中。逐家給一曆，曆各有號，使不相侵欺。仍于曆前計定逐家口數及合給物數，❷令官員詣逐廂逐耆，就流人所居處，每人日給生豆米各半升，流民至者安居而日享食物。又以其散在村野，薪水之利，甚不難致。以此直養活至去年五月終麥熟，❸仍各給與一去路糧而遣歸。而按籍總三十餘萬人，此是于必死之中救得活者也。❹與夫只于城中煮粥，使四遠饑羸老弱，每日奔走屯聚城下，終日等候，或得或不得，悶誤死者，大不侔也。其餘未至羸病老弱，稍營運自給者，不預此籍。然亦徧曉示五州人民，應是山林河泊有利可取者，其地主不得占恡，一任流民採掇。如此救活者甚多，即不見數目。山林河泊，地主寧非所損，然損者無大害，而流民獲利者便活性命，其利害皎然也。又減利物，廣招兵徒一萬餘人。❺有四五口，❻及四五萬人。大約通計不下

❶「傷」，《救荒活民書》卷下《宣問救濟流民事劄子》作「勞我」。

❷「于」字，原脱，據《救荒活民書》卷下《宣問救濟流民事劄子》補。

❸「以」，《救荒活民書》卷下《宣問救濟流民事劄子》作「似」，義勝。

❹「于」，原作「以」，據《救荒活民書》卷下《宣問救濟流民事劄子》改。

❺「徒」，原作「從」，據《救荒活民書》卷下《宣問救濟流民事劄子》改。

❻「有」上，《救荒活民書》卷下《宣問救濟流民事劄子》有「尋常利物每一人可招三人或」十二字。

四五十萬人。傳云生全百萬者，❶妄也。

謹具劄子奏聞。

蕙田案：古今救濟流民之法，以富鄭公爲第一。觀其指揮行移，極簡要又極周密，可云才大而心細矣。

【《宋史·仁宗本紀》】皇祐二年三月，詔兩浙流民聽人收養。

【《荒政考略》】滕元發知鄆州，歲方饑，乞淮南米二十萬石爲備，百姓安之。次年大稔，會淮南、京東皆大饑，元發召城中富民與約曰：「流民且至，無以處之，則疾疫起，併及汝矣。吾得城外廢營地，欲爲席屋以待之。」民曰：「諾。」爲屋二千五百間，一夕而成。流民至，以次授地，井竈器用皆具。以兵法部勒，少者炊，壯者樵，老者休，民至如歸。上遣工部郎中王右按視，廬舍道巷，引繩棊布，肅然如營陣。右大驚，圖上其事。有詔褒美。蓋活五萬人云。

元發爲倡義，富户計田百畝，出穀十石，籍得米二萬有奇，爲粥以濟。其病弱者，督令醫治。强可任工役者，使營舍學宮。所活五六萬人。四方聞風，歸之如市。

祁氏爾光曰：「滕達道之處流民，大類富鄭公。富散而不擾，滕聚而能整，皆可法也。」

【《宋史·寧宗本紀》】嘉定二年六月，命江西、福建、二廣豐稔諸州，糴運以給臨安，仍償其費。

【王圻《續通考》】嘉定十七年，袁甫進區處流民故事曰：臣竊爲區處流民之策，惟富弼之法最爲簡要。所謂簡要之策，惟日散處其民於下，而總提其綱於上而已。竊聞

❶「傳云生全」，原作「生全傳云」，據《救荒活民書》卷下《宣問救濟流民事劄子》乙正。

金陵諸邑，流民羣聚，皆來自淮西，荷戈持刃，白晝肆掠，動輒殺傷。沿江出兵驅之，其在句容之境者，軼入金壇。若宣城，若池陽，若當塗，所在蟻聚，剽刼成風，逃亡之卒，皆入其黨，江南姦民，率多附和。目前勢已若此，冬杪春初，日月尚長，蔓延不已，各將潰裂四出，不可收拾。臣愚欲乞朝廷行下督府及諸閫與凡安撫總漕諸司，作急措置。自一路而推之諸路，由諸路而推之諸郡，每處流民，隨所在分之。凡贍養之費，惟分則易供；居止之地，惟分則易足。此非臣之臆説也，弼擇所部五州，勸民出粟，得十五萬斛，益以官廩，隨所在貯之，又擇公私廬舍十餘萬區，散處其人，以便薪水。弼之所作，可謂委曲詳盡矣。今日果能推行此策，非但勸民出粟而已，或撥上供之數，或撥樁管之錢，或乞科降，則上下當相視如一家，或請團給，則彼此當聯絡爲一體。而所謂團給者，又不止一途而已。能勞苦者庸其力，有伎藝者食其業。其間有爲士者，則散於庠序。爲商者，則使之貿遷。心有所繫，而姦無所萌，此皆分説也。分之愈多，則養之愈易。而其要在督府制閫以及總漕諸司爲之領袖而已。是故民貴乎分，而權貴乎合，所謂散處其民而總提其綱者，正謂此也。臣願朝廷使長吏任責一如青州故事，流民幸甚。

【《宋史·理宗本紀》】嘉熙元年春正月，詔：「兩淮、荆襄之民，避地江南，沿江州縣，間有招集振卹，尚慮恩惠不周，流離失所。江陰、鎮江、建寧、❶太平、池、江、興國、

❶「建寧」，校點本《宋史·理宗本紀》校勘記曰：「建寧並不沿江，疑是『建康』之誤。」

鄂、岳、江陵境内流民，其計口給米，期十日竣事以聞。」

【《金史·世宗本紀》】大定三年二月，上謂宰相曰：「灤州饑民，流散逐食，甚可矜恤。移于山西，富民贍濟，仍于道路，計口給食。」三月，詔臨潢漢民逐食于會寧府濟、信等州。十二月，詔流民未復業，增限招誘。二十八年十一月，詔南京、大名府等處避水逃移不能復業者，官與津濟錢，仍量地頃畝給以耕牛。

【《章宗本紀》】明昌三年七月，敕尚書省曰：「饑民如至遼東，恐難遽得食，必有饑死者。其令散糧官問其所欲居止，給以文書，命隨處官長計口分散，令富者出粟養之。限以兩月，其粟充秋税之數。」

【《宣宗本紀》】貞祐三年四月，諭田琢留山西流民少壯者充軍，老幼者令就食于邢、洺等州，欲趣河南者聽。

興定五年八月，上諭樞密：河北艱食，民欲南來者日益多，速令渡之，毋致殍死。

【《元史·食貨志》】中統二年，遷曳捏即地貧民就食河南、平陽、太原。

【《世祖本紀》】至元七年八月，諸王拜答寒部曲告饑，命有車馬者徙居黄忽兒玉良之地，計口給糧；無車馬者，就食肅、沙、甘州。　二十四年閏二月，以女直水達達部連歲饑荒，移粟賑之。　二十五年七月，諸王也真部曲饑，分五千户就食濟南。

【《續文獻通考》】洪武七年，詔各處人民，流移願歸，或身死抛下老幼，還者聽從其便。鰥寡篤廢之人，貧難存活者，有司勘實，官給衣糧養贍。

【《通紀會纂》】永樂三年，山西民饑，流徙至南陽諸郡，不下十餘萬口。有司軍衛，各遣人捕逐，民死亡者多。上諭夏原吉曰：「民饑流移，豈其得已！仁人君子，所宜矜念。今乃驅逐，使之失所，不仁甚矣。其即遣官，加意撫綏，發倉廩給之，隨所至居住。有捕治者，罪之。」

【《先憂集》】成化初，陝西至荆、襄、唐、鄧一路，皆長山大谷，綿亘千里。所至流逋藏聚爲梗，劉千斤因之作亂，至李鬍子復亂。流民慮百萬。都御史項忠下令有司逐之，道死者不可勝計。祭酒周洪謨憫之，乃著《流民説》，略曰：「東晉時，廬松滋之民流至荆州，乃僑置松滋縣於荆江之南；陝西雍州之民流聚襄陽，乃僑置南雍州於襄水之側。其後松滋遂隸于荆州，南雍遂并於襄陽。迄今千載，寧謐如故。此前代處置得宜之效。今若聽其近諸縣者附籍，遠諸縣者設州縣以撫之，置官役，編里甲，寬徭役，使安生理，則流民皆齊民矣，何以逐爲？」李賢深然其説。至成化十一年，流民復集如前，賢乃援洪謨説上之，上命右副都御史原傑往蒞其事。傑乃偏歷諸郡縣深山窮谷，宣上德意，延問流民父老，皆欣然願附籍爲良民。於是大會湖、陝、河南三省撫按，合謀僉議籍良，得十二萬三千餘户，皆給與閑曠田畝，令開墾以供賦役。建設州縣，以統治之。遂割竹山之地置竹溪縣，割鄖津之地置鄖西縣，割漢中洵陽之地置白河縣，又陞西安之商縣爲商州，而析其地爲商南、山陽二縣，又析唐縣、南陽、汝州之地爲桐柏、南台、伊陽三縣，使流寓土着，參錯而居。又即鄖陽城置鄖陽府，以統鄖及竹山、竹溪、鄖西、房、上津六縣之地；又置湖廣行都司及鄖陽衛於鄖陽，以爲保障之地。經畫已定，乃上言：「民猶水也。水之就下，猶民之秉彝而好德也。曩脇從之黨，豈皆盜耶？設若置立州縣，簡任賢能，輕徭薄稅，先以羈縻其心，佩犢帶牛，漸以化成其俗，則荆榛疆土入貢於版籍之間，反側蒼生安枕于閭閻之下，撫安之策，莫良於此。」因妙選賢能，薦爲郡邑守。復慮新設郡縣，漫無統紀，薦御史吴道宏代己任，總治三省。上悉從之。擢道宏大理少卿，撫治三省八府州縣。進傑右都御史，尋遷南京兵部尚書。漢南諸郡縣之民，聞之莫不流涕，皆爲立祠焉。

【《泳化篇》】成化二十一年，詔陝西、山西、河南災傷軍民，全家逃往隣境南山、漢中、徽州、商洛、湖廣、荆襄、四川、利順等處趁食求活者，情實可憫，各該巡撫、巡按、司府、州縣、衛所官不許趕逐，務要善加撫恤，設法賑濟，安插得所，候麥熟官爲應付口糧，復業免其糧差三年，本處不許科擾及追逼私債。

弘治十七年，令撫按安嚴督所屬，❶清察地方流民，久住成家，不願回籍者，令附籍，優免糧差三年。如隻身無産，并新近逃來軍匠等籍，遞回原籍，仍從實具奏稽考。

陳氏芳生曰：「民之得免於流，與夫既流而得還，其利害不啻什伯也。當民之未流，有以賑撫之，使之得免於流，與夫流之後，欲以招徠之，使之復還其舊，其繁簡難易，尤不啻什伯也。然而民之不免於流，當事者必待民之既流而始以勞來還定安集見功，皆由於預防之道未得也。古人三年耕必有一年之蓄，九年耕必有三年之蓄，誠得循良有司，平時預爲講求，事事爲生民計久遠，不爲竭澤之漁，不爲速化之術，而上下交，必不以深文爲之掣肘，使得專心致志，如保赤子者。十年二十年如此，而吾境中縱或間有一二年之水旱，當必不至于流

❶「安」字，疑衍。

亡，又何必問所以撫流民哉！設或未然，前乎我久矣，泄泄從事，其爲上下左右者，於民生休戚，皆漠然無與于己，既已釀成流亡之局，而忽又繼之以水旱，而我適當其時，不能禁民之不流。又或者隣邑隣郡，偶有一二年方數百里千餘里之饑饉，彼不能使其民之不流，而我又何能禁其流民之不至於此。則凡所以綜理而撫綏之者，不可不早爲之區畫矣。」

【《大學衍義補》】丘氏濬曰：「人生莫不戀土，非甚不得已，不肯舍而之他也。苟有可以延性命，度朝夕，孰肯捐家業，棄墳墓，扶老攜幼而爲流浪之人哉！人而至此，無聊甚矣。夫有土，此有民，徒有土而無民，亦惡用是土爲哉！是以知治本者，恒於斯民完聚之時，預爲一旦流離之慮，必擇守令，必寬賦役，必課農桑，汲汲然惟民食之爲急。先水旱而爲水旱之備，未饑饉而有饑饉之儲，此無他，恐吾民之一旦不幸無食而至于流離也。夫蓄積多而備先具，則固無患矣。若夫不幸蓄積無素，雖蓄積而連年荒歉，請之官，無可發；勸之民，無可貸；乞諸隣，無可應。將視其民坐守枵腹以待斃乎？無亦聽其隨處趁食以求生也？然是時也，赤地千里，青草不生，市肆無可糴之米，旅店無充饑之食，民之流者，未必至所底止而爲途中之殍多矣。然則如之何而可？曰：國家設若不幸而有連年之水旱，量其勢必至饑饉，則必豫爲之計，通行郡縣，察考有無蓄積。於是量其遠近多寡，或移民以就粟，或轉粟以就民，或高時估以招商，或發官錢以市糴。不幸公私乏絶，計無所出，知民不免於必流，則亟達朝廷，豫申會府，多遣官屬，分送流甿，縱其所如，隨處安插，所至之處，請官庾之見儲，官爲給散，不責其償；借富民之餘積，官爲立券，估以時值。此處不足，又聽之他。既有底止之所，苟足以自存，然後校其老壯强弱。老而弱者留于所止之處，壯而强者量給口糧，俾歸故鄉，官與之牛具種子，趁時耕作，以爲嗣歲之計。待歲時可望，然後搬挈以歸。如此，則民之流移者有以護送之，使不至於潰散而失所，有以節制之，使不至於刦奪而生亂。又有以還定安集之，使彼之室家已破而復全，我之人民已散而復集。是雖所以恤民之災患，亦所以弭國禍亂也。臣嘗因是而論之，周宣王所以中興者，以萬民離散，不安其居，而能勞來還定安集之也。晉惠帝所以分崩離析者，以六郡薦饑，流民入于漢川者數萬家，不能撫恤之，而有李特之首亂也。然則流民之關係，亦不小哉！」

蕙田案：明之亡，亡于盜賊。盜賊之興，由於饑饉薦臻，民流移于四方，而有司莫爲之區處也。民莫不安土而重遷，非計無所出，誰肯舍其鄉井廬墓，棄其親戚故舊，而轉徙于外者！惟其官吏無可告訴，比鄰無可假貸，束手待斃，朝不及夕，始不得已而爲趁食之舉。倘所在長吏，有富彦國、滕達道其人者，爲之計口而賑給，分地而安插，俾有更生之樂，而無離散之苦，則流民皆良民也。不然而進無所往，退無所歸，弱者有轉死而已耳，强者有刼奪而已耳。大盜因之，亡不旋踵。揆厥所由，固人事之失也。邱瓊山生于有明全盛之時，而於周宣、晉惠興亡之故，反覆指陳如此。後百餘年，其語卒驗，可謂能遠慮者矣。

右移民通財。

【吕氏祖謙《論荒政》】荒政條目，始于黎民阻饑，舜命棄爲后稷，播時百穀，其詳見于《生民》之詩。到得後來，如所謂禹之水，湯之旱，民無菜色，其荒政制度不可攷。及至成周，自《大司徒》「以荒政十有二聚萬民」，其詳又始錯見于六官之書。然古者之所謂荒政，以三十年之通制國用，則有九年之蓄，遇歲有不登，爲人主者則貶損減省。喪荒之式，見于《小行人》之官，「札喪、凶荒、厄窮爲一書」。當時天下，各自有廩藏所，遇凶荒則賑發濟民而已。當時措置，與後世不同。所謂移民、平糴，皆後世措置。且自周論之，《太宰》以九式均節財用，三曰喪荒之式。又《遺人》「掌縣鄙之委積以待凶荒」，而《大司徒》又以「薄征、散利」。凡諸侯莫不有委積，以待凶荒。凶荒之歲，爲符信，發粟賑饑而已。當時斂散輕重之式未嘗講，侯、甸、采、衛皆有饋遺，不至于穀價翔踴。如弛張斂散之權，亦不曾講。惟到春秋、戰國，王政既衰，秦饑，乞糴于晉；魯饑，乞糴于齊。歲一不登，則乞糴于鄰國，所謂九年之制度，已自敗壞，見《管子·輕重》一篇，無慮百千言，不過君民互相攘奪，收其權于君上，已非君道。所謂荒政，一變爲斂散輕重。先王之制因壞。到後來，斂散輕重之權又不能操，所以啟姦民幸凶年以謀禍，害民轉死于溝壑。至此，一切急迫之政。五代括民粟，不出粟者死，與斂散輕重之法，又殆數等。大抵其法愈壞，則其術愈粗。

論荒政，古今不同。且如移民易粟，孟子特指爲苟且之政，已非所以爲王道；秦、漢以下，却謂之善政。漢武帝詔令「水潦移于江南，方下巴蜀之粟，致之江陵」，唐西都至歲不登，關中之粟不足以供萬乘，荒年則幸東都，自高祖至明皇，不特移民就粟，其在高宗時，且有「逐糧天子」之語。後來玄宗溺于苟安，[1]不出長安。以此論之，時節不同，孟子所謂苟且之政，乃後世所謂善政。且三十年之通制國用，須必世百年而可行，亦未易及。此後之有志之士，如李悝之平糴法，非先王之政，豐年收之甚賤，凶年出之賑饑，此又思其次之良規。到得平糴之政不講，一切趣辦之政，君子不幸遇凶荒之年，不得

[1]「苟」，原作「可」，據呂祖謙《歷代制度詳説》卷八改。

已而講，要之，非常行。使平糴之法常行，則穀價不貴，四民各安其居，不至于流散，各有以自生養。至于移民移粟，不過以饑殍之養養之而已。若設糜粥，其策又其下者。大抵荒政，統而論之，先王有預備之政，上也；使李悝之政修，次也；所在蓄積，有可均處，使之流通，移民移粟，又次也；咸無焉，設糜粥，最下也。雖然如此，各有差等。有志之士，隨時理會便其民。戰國之時，要論三十年之通計，此亦虛談，則可以行平糴之法。如漢、唐坐視無策，則移民通財，雖不及先王，亦不得不論。又不得已，而爲糜粥之養。隨所寓之時，就上面措置得有法亦可。

大抵論荒政，統體如此。今則所論可行者甚多，試舉六七條。且如漢載粟入關中，無用傳，後來販粟者免稅，此亦可行之法。此法一行，米粟流通。如後世勸民出粟，散在鄉里，以田里之民，令豪户各出穀散而與之，此一條亦可行。又如富鄭公在青州，處流民于城外，所謂室廬措置，種種有法，當時寄居游士，分掌其事，不以吏胥與于其間。又如趙清獻公在會稽，不減穀價，四方商賈輻輳，此一條亦是可行之法。凡六七條，皆近時可舉而行之。自此推之，不止六七條，亦見歷世大綱，須要參酌其宜于今者。

大抵天下事，雖古今不同，可行之法，古人皆施用得遍了，今則但舉而措之而已。今所論荒政，如平糴之政，條目尤須講求。自李悝平糴，至漢耿壽昌爲常平倉，元帝以後，或廢或罷，到宋朝遂爲定制。仁宗之世，韓魏公請罷鬻没官之田，募人承佃，爲廣惠倉，散與鰥寡孤獨。慶曆、嘉祐間，既有常平倉，又有廣惠、廣濟倉賑恤，❶所以仁宗德澤洽于民，三倉蓋有力。至王荆公用事，常平、廣惠，量可以支給，盡糶轉以爲錢，變而爲青苗，取三分之息，百姓遂不聊生。廣惠之田賣盡，雖得一時之利，要之，竟無根底。元祐間雖復，章惇又繼之，三倉又壞。論荒政者，不得不詳攷。

【朱子《與王漕齊賢書》】今日救荒恤民之急，則不過視部内被災之郡，使之實檢，放捐逋租，寛今年夏秋二税省限，各展一月。具以條目言之于朝，而其可直行者，一面行下。然後謹察州縣奉行之勤惰得失而誅賞之，使愁嘆無聊之民猶復有所顧藉，而不忍肆其猖狂悖亂之心，以全其首領，保其家族，靖其鄉閭。此則今日救荒恤民之急務也。此外則視荒損尤甚之鄉，使之禾米得入而不得出，有餘之處則許其通融糴販，稍勸富民平價出糶，勸民廣種大小蕎麥、蔔芋蔬菜之屬，以相接續。其貧甚者，更使互相保而別召税户保之，借以官本，收成之後，衹納元錢，亦一助也。此等爲災傷甚處乃行之，想亦不至甚多也。

【《朱子語類》】自古救荒，自有兩説。第一是感召和氣，以致豐穰。其次只有儲蓄之計，若待他餓時理會，更有何策？或説救荒，賑濟之意固善，而取出之數，不節不可。黄直卿云：「制度雖只是這箇制度，用之亦在其人。如糴米賑饑，此

❶「濟」上，原脱「廣」字，據庫本及《歷代制度詳説》卷八補。

固是，但非其人，則做這事亦將有不及事之患。」曰：「然。」

嘗謂爲政者當順五行，修五事，以安百姓。若曰賑濟于凶荒之餘，縱饒措置得善，所惠者淺，終不濟事。

賑饑無奇策，不如講求水利，到賑濟時，成甚事！

【王氏廷相《答李獻忠救荒書》】堯、湯水旱，民無菜色，由備預有素，荒無事于救也。成周《大司徒》「以荒政十二聚民」，其次矣，以後世苟且之政視之，亦邈乎不可及者。故曰救荒無善政，蓋民之食，至于荒歉，勢危迫矣，安得從容和平之意行之。

伏承執事以救荒事宜下詢，敬疏其古今所可通行者數條，用備採擇，惟教之當。

夫荒歉之時，百姓乏食，自活不暇矣，而官司不省事者，遇災不行申達，既災之後，猶照舊貫追徵税糧，是已病羸之人而服勞苦，安得不斃？故流殍載塗，閭井蕭然，禍民深矣。停免賦税，宜爲先計，一也。荒年不足者，多係貧下之户。豪族大家，必有蓄藏，若勸諭之法不行，使官司米斛不多，雖有銀錢，無所糴買，亦將無以受實惠矣。故立勸賞約束，如冠帶、義民之類，令之輸穀助荒，以續官司不及，二也。穀少則價貴，商賈細民貪利，必輦賤處之穀以售于荒歉之鄉，若官司惡其貴而減其值，則商賈聞風不來，穀無由至，爲害大矣。當出榜禁諭，寧許有增，不許有減，則諸處商穀，必爲輻輳，價不減而自平矣。三也。民既流聚他所，若無處置之法，則止棲無依，必至困極爲盜，豐荒之民，俱斃矣。富鄭公在青州，河朔之民流來日衆，公乃使之散入林落、坊村、釋寺及公私室屋，各隨所宜居之，得公私粟二十餘萬斛，計以簿書，約以日期，出納之詳，一如官府。比麥熟遣歸，得活者數百萬口。此處置流民于豐稔之州，四也。細民豐收之年，公私尚多逋欠，況此饑饉，焉能還償。可逐處出榜禁革，但係公私一切逋債，俱爲停止，無得催逼，以致流亡，五也。賑濟之法，貴在貧者蒙惠。使主者不得其人，則吏胥作弊，户籍無實，富者有盈釜之資，而貧者有赤手之嗟矣。故當選委才能之官以主其事，使在籍皆貧下之人，而在官吏胥之徒，不得以肆其奸，則濟荒雖無善政，而亦稍爲得法。六也。荒歲已矣，及今田禾有望，亦可安集，但百姓業已缺食，焉得種子？可于口食之外，再有牛具穀種之給，使本鄉有所顧戀，不至盡爲溝壑之瘠。七也。大抵救荒之策，先王三年九年，農有餘積，上也；平糴、常平，義倉、社倉，預備之政，次也；移民就食，煮哺糜粥，下也。今所請教，雖非預備之善，亦隨事措處之法，救荒之論，不可不講者。但即今三月將届，田野之外，菜芽木葉，皆可採食。若銀米散賑得宜，再有牛具種子之給，未流者必不輕離鄉土，而已流亡者亦聞風而歸矣。其餘後時、緩不及事者，不必講可也。

【林希元《荒政叢言》】救荒有二難：曰得人難，審户難。有三便：曰極貧民便賑米，次貧民便賑錢，稍貧民便賑貸。有六急：曰垂死貧民急飯粥，疾病貧民急醫藥，起病貧民急湯水，既死貧民急墓瘞，遺棄小兒急收養，輕重繫囚急寬恤。有三權：曰借官錢以糴糶，興工作以助賑，貸牛種以通變。有六禁：曰禁侵漁，禁攘盜，禁遏糴，禁抑價，禁宰牛，禁度僧。有三戒：曰戒遲緩，戒拘文，戒遣使。

【《晝簾緒論·賑恤篇》】歲獲大有，家用平康，不惟民之幸，實令之幸。一罹災歉，何事不生。若流離，若剽奪，若死者相枕藉，啼饑連阡陌，豈非令之責哉！故不幸而疫癘倏興，則當遣吏抄劄家數人口，命醫給藥，支錢付米。其全家在寢者，官爲庸倩丐徒看值，每日兩次點察。其因病不救者，官爲辦給函木，仍支錢與之津送。或不幸而盜賊竊發，則當下都申嚴保伍，每五家爲一甲，五小甲爲一大甲，保長統之，有警則鳴梆集衆，協力勦捕。捕到則官支犒賞，激厲其餘。若乞兵防拓，若出榜撫諭，皆當隨宜行之。其有水火挺災，人民離散者，當稟白州郡，借貸錢米，人各以若干米給之，若干錢貸之，使之整理室廬，興復生業。不贍，則咨目徧白不被害上户，量物力借貸，併與貸給齊民，許其一月之後，日償若干，官却以其所償者償之上户，償之州家。此策不虧官而便民，最爲盡善。若但知賑給，則恐如曾南豐所謂「相率日待二升之廩于上，勢不暇乎他爲」，吾恐官之所給無已時，而民之不復業如故也。其有旱澇傷稼，民食用艱者，當勸諭上户各自貸給其農佃直，至秋成，計貸過若干，官爲給文墨，仰作三年償本主。其逃遁逋負者，官爲追督懲治。蓋田主資貸佃户，此理當然，不爲科擾，且亦免費官司區處。官之所當處者，只市户耳。却以官錢貸米鋪户，令其往外郡邑販米出糶，但要有米可糴，却不可限其價直，米纔輻輳，價自廉平，雖無待開廣惠倉可也。

徐氏乾學曰：「荒政之禮，在備於未荒之時。及其已荒而救之，則有移民、移粟、散財、止糴之術而已，然猶勝于未備也。天時不常，水旱爲沴，氣數使然，而君相則默有以轉移之。《周官·大司徒》「以荒政十有二聚萬民」，皆所以賑救而存恤之者，爲臨事之具也。至其先事而豫防者，則有倉人、廩人、遺人、旅師諸職，及冢宰餘一餘三諸制。猶未也，明政刑以先其教，薄税斂以寬其力。又有保息六以養之，曰慈幼、養老、賑窮、恤貧、寬疾、安富。有本俗六以安之，曰媺宮室、族墳墓、聯兄弟、聯師儒、聯朋友、同衣服。又以土會之法辨地之所生，使民之阜其財爲不匱。施十有二教，以順其所安：

曰以祀禮教敬，則民不苟；以陽禮教讓，則民不爭；以陰禮教親，則民不怨；以樂教和，則民不乖；以儀辨等，則民不越；以俗教安，則民不偷；以刑教中，則民不虣；以誓教恤，則民不怠；以度教節，則民知足；以世事教能，則民不失職；以賢制爵，則民慎德；以庸制禄，則民興功。先王所以養之教之者，如此其至也。及一旦有方一二千里之水旱，則臨事之備者，自冢宰以下至丞簿百執事，自畿輔省會以及僻壤下邑，無不隨位隨地，隨時隨事，而一一預圖軫恤之，必求至於精詳切當而無遺憾，則古人之成法具在，變而通之，以盡利焉。以吾素所善辨者應之而有餘裕矣，又何荒年之足慮？是在父母斯民者，加之意而已。」

右統論荒政。

五禮通考卷第二百五十

淮陰吴玉搢校字

五禮通考卷第二百五十一

內廷供奉禮部右侍郎金匱秦蕙田編輯
太子太保總督直隸右都御史桐城方觀承同訂
右春坊右贊善嘉定錢大昕
按察使司按察使仁和沈廷芳 參校

凶禮六

札禮

蕙田案：《大宗伯》「以荒禮哀凶札」，蓋以疫癘之生，多在災傷之後，故以荒禮包之。至如《大司徒》、《膳夫》、《司服》則以大札與大荒對言，《大司樂》以大札與大凶對言，《朝士》、《小行人》、《凡以神仕者》以札喪與凶荒對言，是二禮未可合而爲一。今別爲札禮，繼荒禮之後。

【《周禮・地官・大司徒》】大札，則令邦國移民、通財、舍禁、弛力、薄征、緩刑。【注】大札，大疫病也。

【《秋官・朝士》】若邦札喪，則令邦國、都家、縣鄙慮刑貶。

【《小行人》】若國札喪，則令賻補之。【疏】此札喪在喪禮中，《宗伯》荒札荒禮中者，欲見札而復荒，則與荒禮同科，若札而不荒，自從喪禮也。

【《天官・膳夫》】大札則不舉。

【《春官・司服》】大札，素服。

【《大司樂》】大札，令弛縣。

【凡以神仕者】以禬民之札喪。

【《漢書・成帝本紀》】河平四年三月癸丑，

遣光禄大夫、博士嘉等十一人行舉瀕河之郡，水所毁傷，困乏不能自存者，財振貸。其爲水所流壓死，不能自葬，令郡國給槥櫝葬埋。已葬者與錢，人二千。

【《哀帝本紀》】綏和二年秋，詔曰：「迺者河南、潁川郡水出，流殺人民，敗壞廬舍。已遣光禄大夫循行舉籍，賜死者棺錢，人三千。」

【《平帝本紀》】元始二年四月，郡國大旱蝗。民疾疫者，舍空邸第，爲置醫藥。賜死者一家六尸以上葬錢五千，❶四尸以上三千，二尸以上二千。

【《後漢書·安帝本紀》】建光元年十一月，郡國三十五地震，或坼裂。遣光禄大夫案行，賜死者錢，人二千。

延光元年，京師及郡國二十七雨水，大風，殺人。詔賜壓溺死者年七歲以上錢，人二千；其敗壞廬舍、失亡穀食，粟，人三斛；又田被淹傷者，一切勿收田租；若一家皆被災害而弱小存者，郡縣爲收斂之。

【《桓帝本紀》】建和三年十一月，詔曰：「朕攝政失中，災眚連仍。今京師廝舍，死者相枕，郡縣阡陌，處處有之，甚違周文掩胔之義。其有家屬而貧無以葬者，給直，人三千，喪主布三匹；若無親屬，可于官壖地葬之，表識姓名，爲設祠祭。又徒在作部，疾病致醫藥，死亡厚埋藏。民有不能自振及流移者，稟穀如科。」

蕙田案：漏澤園之設，蓋昉于此。

永壽元年六月，南陽大水。詔被水死流失屍骸者，令郡縣鈎求收葬；及所唐突壓溺物故，七歲以上賜錢，人二千。壞敗廬舍，

❶ 三「尸」字，原作「户」，據《漢書·平帝本紀》改。

亡失穀食，尤貧者稟，人二斛。

永康元年秋八月，六州大水，勃海海溢。詔州郡賜溺死者七歲以上錢，❶人二千；一家皆被害者，悉爲收斂；其亡失穀食，稟人三斛。

【《晉書·武帝本紀》】泰始七年六月，大雨霖，伊、洛、河溢，流居人四千餘家，殺三百餘人。有詔振貸給棺。

【《唐書·代宗本紀》】寶應元年四月，即皇帝位。十月，詔浙江水旱，百姓重困，民疫死不能葬者，爲瘞之。

【《文宗本紀》】太和六年五月，給民疫死者棺，十歲以下不能自存者二月糧。

【《册府元龜》】太和六年五月，詔諸道應災荒處疾疫之家，有一門盡歿者，官給凶具；其餘據其人口遭疫多少，與減税錢；疫疾未定處，官給醫藥。

【《宋史·仁宗本紀》】天聖七年，河北水，瘞溺死者，給其家緡錢。

明道二年二月，詔江、淮民饑死者，官爲之葬祭。

皇祐元年二月，以河北疫，遣使頒藥。

至和元年春正月，詔：「京師大寒，民多凍餒死者，有司其瘞埋之。」壬申，碎通天犀和藥以療民疫。二月，詔：「民有疫死者，蠲户税一年；無户税者，給其家錢三千。」

【《英宗本紀》】治平二年八月，賜被水諸軍米，遣官視軍民水死者千五百八十人，賜其家緡錢，葬祭其無主者。

【曾鞏《越州趙公救菑記》】熙寧八年，吴越大旱。明年春，大疫。爲病坊，處疾病之無歸者。募僧二人，屬以視醫藥飲食，令無失

❶「賜」字，原脱，據《後漢書·桓帝本紀》補。

所。凡死者，使在處隨收瘞之。

【《宋史·徽宗本紀》】崇寧三年二月丁未，置漏澤園。

【《食貨志》】初，神宗詔：「開封府界僧寺旅寄棺柩，貧不能葬，令畿縣各度官不毛地三五頃，聽人安厝，命僧主之。葬及三千人以上，度僧一人，三年與紫衣。有紫衣，與師號，更使領事三年，願復領者聽之。」至是，蔡京推廣爲園，置籍，瘞人並深三尺，毋令暴露，監司巡歷檢察。安濟坊亦募僧主之，三年醫愈千人，賜紫衣、祠部牒各一道。醫者人給手歷，以書所治痊失，❶歲終考其數爲殿最。諸城、砦、鎮、市户及千以上有知監者，依各縣增置漏澤園。

蕙田案：《詩》稱「凡民有喪，匍匐救之」。《禮》稱「無服之喪，以畜萬邦」。先王之於民有死喪而無告者，必思所以瘞埋之。故孟春有「掩骼埋胔」之令，不獨大札爲然也。漏澤園之設，其亦猶行古之道乎！顧寧人曰：「漏澤園起于蔡京，不可以其人而廢其法。」

宣和二年，詔：「參考元豐舊法，漏澤園除葬埋依見行條法外，應資給若齋醮等事，悉罷。」

【《高宗本紀》】紹興十四年十二月，復置漏澤園。

【《食貨志》】高宗南渡，民之從者如歸市。既爲之衣食以振其饑寒，又爲之醫藥以救其疾病。其有隕于戈甲、斃于道路者，則給

❶「痊失」，原作「瘞人」，據校點本《宋史·食貨志上六》改。

度牒瘞埋之。若丐者育之於居養院；其病也，療之於安濟坊；其死也，葬之於漏澤園，歲以爲常。

【《寧宗本紀》】嘉定二年三月庚申，命浙西及沿江諸州，給流民病者藥。壬戌，出内庫錢十萬緡，爲臨安貧民棺櫝費。

【《明會典》】永樂六年，令福建瘟疫死絶人户，遺下老幼婦女兒男，有司驗口給米。税鹽糧米各項，暫且停徵，待成丁之日，自行立户當差。

右札禮。

烖禮

蕙田案：凶禮之目，自喪、荒而外，即云「以弔禮哀禍烖」。論「烖」之一字，所包本廣。日月薄蝕，天烖也；山川崩竭，地烖也；水旱疾疫，人烖也。鄭注「禍烖」，惟以「水火」當之。以邦交相弔之禮，惟遭水火則有之，其餘不聞有弔也。至於祈禳殺禮，則凡遇烖變皆當行之。今輯經傳所載爲烖禮，而救日月伐鼓之儀，亦附見焉。

【《周禮·春官·大宗伯》】以弔禮哀禍烖。【注】禍烖，謂遭水火。宋大水，魯莊公使人弔焉。厩焚，孔子拜鄉人爲火來者。拜之，士一，大夫再，亦相弔之道。

易氏祓曰：「神所祟謂之禍，天所毁謂之烖。」

【《天官·膳夫》】天地有烖，則不舉。【注】天烖，日月晦食。地烖，崩動也。

【《春官·司服》】大烖，素服。【注】大烖，水火爲害，君臣素服縞冠，若晉伯宗哭梁山之崩。

【《大司樂》】凡日月食、四鎮五嶽崩、大傀異烖，令去樂。【注】傀猶怪也。去樂，藏之也。大烖，令弛縣。【注】弛，釋下之。【疏】上文去樂，據廟中時縣之樂，去而藏之。此文據路寢常縣之樂，弛其縣而不作。互文以見義也。

【《秋官·掌客》】凡禮賓客，禍烖殺禮。

蕙田案：此四條因烖貶損之禮。

【《春官·小宗伯》】大烖，及執事禱祠于上下神示。【注】執事，大祝及男巫、女巫也。求福曰禱，得求曰祠。讄曰「禱爾于上下神祇」。凡王之會同、軍旅、甸役之禱祠，肄儀爲位。國有禍烖，則亦如之。【注】謂有所禱祈。凡天地之大烖，類社稷宗廟，則爲位。【注】禱祈禮輕。類者，依其正禮而爲之。

【《司巫》】國有大烖，則帥巫而造巫恒。【注】杜子春云：「司巫帥巫官之屬，會聚常處以待命也。」玄謂：恒，久也。巫久者，先巫之故事。造之，當按視所施爲。

【《女巫》】凡邦之大烖，則歌哭而請。【注】有歌者，有哭者，冀以悲哀動神靈也。

蕙田案：此三條因烖祈禳之禮。

【《春秋》】莊公二十年：夏，齊大災。【杜注】來告以大，故書。天火曰災。【《公羊傳》】大災者何？大瘠也。【注】瘠，病也，齊人語也。以加「大」，知非火災也。大瘠者何？痢也。【注】痢者，民疾疫也。何以書？記災也。【《穀梁傳》】其志以甚也。

蕙田案：《公羊》以災爲瘠，恐非理。蓋《春秋》之例，天火曰災。其云「大災」者，從告而書，猶云「宋大水」也。

成公三年：二月甲子，新宮災，三日哭。【《公羊傳》】新宮者何？宣公之宮也。宣公則曷爲謂之新宮？不忍言也。其言三日哭何？廟災，三日哭，禮也。【注】善得禮，痛傷鬼神無所依歸，故君臣素縞哭之。新宮災，何以書？記災也。【《穀梁傳》】新宮者，禰宮也。三日哭，哀也。其哀，禮也。【注】宮，廟，親之神靈所憑居而遇災，故以哀哭爲禮。迫近不敢稱謚，恭也。其辭恭且哀，以成公爲無譏矣。

【襄公九年《左氏傳》】宋災，樂喜爲司城以爲政。【注】樂喜，子罕也。使伯氏司里。【注】伯氏，宋大夫。司里，里宰。火所未至，徹小屋，塗大屋，【注】大屋難撤，就塗之。陳畚挶，具綆缶，備水器，【注】畚，簣籠。挶，土轝。綆，汲索。缶，汲器。備水器，【注】盆罌之屬。量輕重，【注】計人力所任。蓄水潦，積土塗，巡丈城，繕守備，【注】巡，行也。丈，度也。繕，治也。行度守備之處，恐因災作亂。表火道。【注】火起，則從其所趣標表之。使華臣具正徒，【注】華臣爲司徒。正徒，役徒也。令隧正納郊保，奔火所。【注】隧正，官名也。納聚郊野保守之民，使隨火所起，往救之。使華閲討右官，官庀其司。【注】爲右師。討，治也。庀，具也。使具其官屬。向戌討左，亦如之。【注】向戌，左師。使樂遄庀刑器，亦如之。【注】樂遄，司寇。刑器，刑書。使皇鄖命校正出馬，工正出車，備甲兵，庀武守。【注】校正主馬，工正主車，使各備其官。【疏】皇鄖是司馬。使西鉏吾庀府守，【注】鉏吾，大宰也。府，六官之典。令司宫巷伯儆宫，【注】司宫，奄臣；巷伯，寺人。皆掌宫内之事。二師令四鄉正敬享，【注】二師，左右師也。鄉正，鄉大夫。享，祀也。祝、宗用馬于四墉，祀盤庚于西門之外。【注】祝，大祝。宗，宗人。墉，城也。用馬祭于四城以禳火。盤庚，殷王，宋之遠祖。城積陰之氣，故祀之。凡天災，有幣無牲，用馬祀盤庚，皆非禮。

【昭公十七年《左氏傳》】冬，有星孛于大辰，西及漢。鄭裨竈言於子産曰：「宋、衛、陳、鄭將同日火，若我用瓘斝玉瓚，鄭必不火。」【注】瓘，圭也。斝，玉爵也。瓚，勺也。欲以禳火。子産弗與。【注】以爲天災流行，非禳所息故也。

【十八年《左氏傳》】夏，五月，火始昏見。【注】火，心星。丙子，風。梓慎曰：「是謂融風，火之始也。七日，其火作乎？」戊寅，風甚。壬午，大甚。宋、衛、陳、鄭皆火。梓慎登大庭氏之庫以望之，曰：「宋、衛、陳、鄭也。」數日，皆來告火。裨竈曰：「不用吾言，鄭又將火。」鄭人請用之，❶子產不可。子太叔曰：「寶，以保民也。若有火，國幾亡。可以救亡，子何愛焉？」子產曰：「天道遠，人道邇，非所及也，何以知之？竈焉知天道？是亦多言矣，豈不或信？」【注】多言者，或時有中。遂不與，亦不復火。鄭之未災也，里析告子產曰：「將有大祥，民震動，國幾亡。吾身泯焉，弗良及也。國遷，其可乎？」子產曰：「雖可，吾不足以定遷矣。」【注】子產知天災不可逃，非遷所免，故託以知不足。及火，里析死矣，未葬，子產使輿三十人遷其柩。火作，子產辭晉公子公孫于東門。【注】晉人新來未入，故辭不使前也。使司寇出新客，【注】新來聘者。禁舊客勿出於宮。【注】爲其知國情，不欲令去。使子寬、子上巡羣屏攝，至於大宮。【注】巡行宗廟，不得使火及之。使公孫登徒大龜。使祝史徙主祏于周廟，告于先君。【注】周廟，厲王廟也。有火災，故合羣主于祖廟，易救護。使府人、庫人各儆其事。【注】儆，備火也。商成公儆司宮，出舊宮人，寘諸火所不及。【注】舊宮人，先公宮女。司馬、司寇列居火道，【注】備非常也。行火所焮。城下之人，伍列登城。明日，使野司寇各保其徵。郊人助祝史除於國北，【注】爲祭處于國北者，就大陰禳火。禳火于玄冥、回祿，【注】玄冥，水神。回祿，火神。祈于四鄘。【注】鄘，城也。城積土，陰氣所聚，故祈祭之，以禳火之餘災。書焚室而寬其征，與之財。【注】征，賦稅也。三日哭，國不市。使行人告于諸侯。宋、衛皆

❶「請」，原作「將」，據庫本及《左傳》改。

如是。陳不救火，許不弔災，君子是以知陳、許之先亡也。七月，鄭子産爲火故，大爲社，祓禳于四方，振除火災，禮也。【疏】祭社有常，而云「大爲社」者，此非常祭之月，而爲火特祭。蓋君臣肅共，禮物備異，大于常祭，故稱大也。祓、禳，皆除凶之祭，徧于四方之神，如《尚書》「咸秩無文」，苟可祭者，悉皆祭之，所以振訊除去火災，禮也。嫌多祭非禮，故禮之。

蕙田案：宋災，祝宗用馬於四鄘。鄭災，祈于四鄘。後世祀城隍之神，其原出于此。

【哀公三年《左氏傳》】夏五月辛卯，司鐸火。【注】司鐸，官名。火踰公宮，桓、僖災。【注】桓公、僖公廟。救火者皆曰顧府。南宮敬叔至，命周人出御書，俟于宮，曰：「庀女，而不在，死。」子服景伯至，命宰人出禮書以待命，命不共，有常刑。校人乘馬，巾車脂轄，百官官備，府庫愼守，官人肅給。❶濟濡帷幕，鬱攸從之。蒙葺公屋，❷自太廟始，外内以悛。助所不給。有不用命，則有常刑，無赦。公父文伯至，命校人駕乘車。季桓子至，御公立于象魏之外，命救火者傷人則止，財可爲也。命藏象魏，【注】《周禮》正月縣教令之法于象魏，使萬民觀之，故謂其書爲象魏。曰：「舊章不可亡也。」富父槐至，曰：「無備而官辦者，猶拾瀋也。」於是乎去表之槀，道還公宮。孔子在陳，聞火，曰：「其桓、僖乎！」

【《禮記・檀弓》】有焚其先人之室，則三日哭。【注】謂人燒其宗廟，哭者，哀精神之有虧傷。故曰：新宮火，亦三日哭。【注】火，人火也。新宮火，在魯成三年。

❶「官」，原作「宫」，據《春秋左傳正義》改。
❷「屋」，原作「室」，據《春秋左傳正義》改。

【孔氏穎達《春秋疏》】傳例曰：「天火曰災，人火曰火。」三家經傳，「火」字皆爲「災」。鄭玄以爲人火，雖非其義，要天火、人火，其哭皆當三日也。

【《春秋》】莊公二十五年：秋，大水。鼓，用牲于社、于門。【《左氏傳》】非常也。凡天災，有幣，無牲。【注】天災，日月食、大水也。祈請而已，不用牲也。非日月之眚，不鼓。【注】眚猶災也。月侵日爲眚，陰陽逆順之事，賢聖所重，故特鼓之。【《公羊傳》】其言于社、于門何？于社，禮也。于門，非禮也。【《穀梁傳》】高下有水災曰大水。既戒鼓而駭衆，用牲可以已矣。救日以鼓兵，救水以鼓衆。

昭公十九年《左氏傳》：鄭大水，龍鬭于時門之外洧淵，國人請爲禜焉。子産弗許，曰：「我鬭，龍不我覿也；龍鬭，我獨何覿焉？禳之，則彼其室也。吾無求于龍，龍亦無求于我。」乃止也。

蕙田案：水火爲災而祈禳之，《周禮》所載，凡以爲民也。子産治國，爲政有經，行己事上，使民養民，無一之勿盡焉。其恭敬惠愛也至矣。至于禳火則却裨竈之言，禜龍則止國人之請，而裁不爲害焉，君子是以貴盡其在己也。

成公五年：梁山崩。【《左氏傳》】梁山崩，晉侯以傳召伯宗。伯宗辟重，曰：「辟傳。」重人曰：「待我，不如捷之速也。」問其所，曰：「絳人也。」問絳事焉，曰：「梁山崩，將召伯宗謀之。」問：「將若之何？」曰：「山有朽壤而崩，可若何？國主山川，【注】謂所主祭。故山崩川竭，君爲之不舉，【注】去盛饌。降服，【注】損盛服。乘縵，【注】車無文。徹樂，【注】息八音。出次，【注】舍於郊。祝幣，【注】陳玉帛。史辭，【注】自罪責。以禮焉。【注】禮山川。其如此而已。雖伯宗若之何？」伯宗請見之，【注】見之於晉君。不可。【注】不肯見。遂以告，而從之。【《穀梁傳》】不日，何也？高者有崩道也。有崩道，則何以書也？曰：梁山崩，壅遏河三日不流，晉君召伯尊而問焉。伯尊來，遇輦者，輦者不辟，使車右下而鞭之。輦者曰：「所以鞭我者，其取道遠矣。」伯尊下車而問焉，曰：「子有聞乎？」對曰：「梁山崩，壅遏河三日不流。」伯尊曰：「君爲此召我也。爲之奈何？」輦者曰：「天有山，天崩之；天有河，天壅之。雖召伯尊，如之何？」伯尊由忠問焉。輦者曰：「君親素縞，帥羣臣而哭之，既而祠焉，斯流矣。」【注】素衣縞冠，凶服也。所以凶服者，山川，國之鎮也，山崩川塞，示哀窮。伯尊至，君問之曰：「梁山崩，壅遏河三日不流，爲之奈何？」伯尊曰：「君親素縞，帥羣臣而哭之，既而祠焉，斯流矣。」孔子聞之，曰：「伯尊其無績乎！攘善也。」

蕙田案：伯宗，穀梁作「伯尊」，聲之轉也。

右經傳裁禮。

【《周禮·秋官·小行人》】若國有禍裁，則令哀弔之。

【《春秋》莊公十一年《左氏傳》】宋大水。公使人弔焉，曰：「天作淫雨，害于粢盛，若之何不弔？」對曰：「孤實不敬，天降之災，又以爲君憂，拜命之辱。」臧文仲曰：「宋其興乎！禹、湯罪己，其興也浡焉；桀、紂罪人，其亡也忽焉。且列國有凶，稱孤，禮也。言懼而名禮，其庶乎！」既而聞之曰：「公子御說之辭也。」臧孫達曰：「是宜爲君，有恤民之心。」

【襄公三十年《左氏傳》】爲宋災故，諸侯之大夫會，以謀歸宋財。冬十月，叔孫豹會晉趙武、齊公孫蠆、宋向戌、衛北宮佗、鄭罕虎及小邾之大夫會于澶淵。既而無歸于宋。

【《禮記・雜記》】廐焚，孔子拜鄉人爲火來者。拜之，士一，大夫再，亦相弔之道也。

右經傳弔裁禮。

【《書・胤征》】乃季秋月朔，辰弗集于房。【傳】辰，日月所會。房，所舍之次。集，會也。不會則日蝕可知。瞽奏鼓，嗇夫馳，庶人走。【傳】凡日蝕，天子伐鼓于社，責上公。瞽，樂官。樂官進鼓則伐之。嗇夫，主幣之官。馳取幣，禮天神。庶人走，供救日蝕之百役也。

蕙田案：季秋月朔，非正陽之月，而用奏鼓、用幣之禮，與《左傳》不合。孔穎達疏引顧氏說，謂夏禮與周禮異。賈公彥《周禮疏》亦如此說。

觀承案：疏家分夏禮、周禮之說，往往附會難信。此之爲夏禮，則本是《胤征》，自然可信，故賈、孔之說同。

【《周禮・地官・鼓人》】救日月，則詔王鼓。【注】救日月食，王必親擊鼓者，聲大異。《春秋傳》曰：「非日月之眚，不鼓。」【疏】謂日月食時，鼓人詔告于王擊鼓，聲大異，以救之。案《太僕職》云「軍旅、田役贊王鼓」，鄭注云：「佐擊其餘面。」又云：「救日月食，亦如之。」太僕亦佐擊其餘面。鄭既云佐擊其餘面，則非止兩面之鼓。按上解祭日月與天神同用雷鼓，則此救日月亦宜用雷鼓，八面，故《太僕》與《戎右》俱云「贊王鼓」，得佐擊餘面也。救日月食，王必親擊鼓者，聲大異者，但日月食始見其徵兆，未有灾驗，故云異也。

【《夏官・太僕》】凡軍旅、田役，贊王鼓。救日月，亦如之。【注】王通鼓，佐擊其餘面。救日月，謂日月食時。《春秋傳》曰：「非日月之眚，不鼓。」【疏】云「亦如之」者，太僕亦贊王鼓，佐擊其餘面，但日食陰侵陽，當與鼓神祀同雷鼓也。若然，月食當用靈鼓。但《春秋》記日食不記月者，以日食陰侵陽，象臣侵君，非常，故記之。月食，陽侵陰，象君侵臣，故不記。此云「救日月」，月食時亦擊鼓救之可知。云《春秋》者，《左氏》莊二十五年：「日有食之，鼓，用牲于社。」彼傳鼓與牲並譏之，以彼傳云：「惟正月之朔，慝未作，日有食之，於是乎用幣于社，伐鼓于朝。」若然，惟四月正陽之月乃擊鼓，彼四月不合擊鼓之月，❶天災有幣無牲，故亦譏之也。彼傳又云：「秋，大水。鼓，用牲于門。」亦非常。傳曰：「非日月之眚，不鼓。」若然，此言爲秋大水而擊鼓，而故引之者，欲見日月食時皆合擊鼓，與此文同也。

蕙田案：《鼓人》疏，救日月同用雷鼓，此疏云救日用雷鼓，救月用靈鼓，兩説自相牴牾。《穀梁傳》天子陳五兵五鼓，諸家以爲青、赤、白、黑、黄五色之數，非《鼓人》六鼓之等，其説又異。蓋經無明文，注家各以意揣之，闕疑可也。

【《秋官・庭氏》】掌射夭鳥。若不見其鳥獸，則以救日之弓與救月之矢夜射之。❷若神也，則以大陰之弓與枉矢射之。【注】鄭司農云：「救日之弓，救月之矢，謂日月食所作弓矢。」玄謂：日月之食，陰陽相勝之變也。於日食則射太陰，月食則射太陽與？太陰之弓，救月之弓。枉矢，救日之矢與？不言救月之弓與救日之矢者，互言之。救日曰用枉矢，則救月以恒矢可知也。

王氏曰：「《司弓矢職》云：『枉矢利火射。』」薛氏曰：「枉矢狀如流星，飛行有光，取以陽勝陰之義。」

觀承案：日月可射，亦何異於射天之不道哉！然經文但云「救日」、「救月」耳，初無「射日、射月」之文也。且《庭氏》所謂射者，亦但以射夭鳥與神而已，未嘗云射日射月也。司農注謂「日月食所作弓矢」，則亦不必日食射月、月食射日矣。康成此注，實爲不經，然尚用「與」字以疑之，究未敢質言之也。或泥是而反疑經

❶「四」，阮元《周禮注疏校勘記》引浦鏜説：「四，當作六。」

❷「夜」字，原脱，據阮元《周禮注疏校勘記》補。

文之不可信，係後人所纂入者，則亦未見其然矣。

【《春秋》】莊公二十五年：六月辛未，朔，日有食之。鼓，用牲于社。【杜注】鼓，伐鼓也。用牲以祭社。傳例曰：非常也。【疏】傳稱「正月之朔」，正月，謂周六月也。此經雖書六月，杜以《長曆》校之，此是七月。七月用鼓，非常月也。鼓當于朝，而此于社，非其處也。社應用幣，而于社用牲，非所用也。一舉而三失，故譏之。　【《左氏傳》】夏，六月辛未，朔，日有食之。鼓，用牲于社，非常也。【注】非常鼓之月。《長曆》推之，辛未實七月朔，置閏失所，故致月錯。【疏】經雖書六月，實非六月，故云「非常鼓之月」。《長曆》推此辛未爲七月之朔，由不應置閏而置閏，誤使七月爲六月也。　唯正月之朔，慝未作，日有食之，於是乎用幣于社，伐鼓于朝。【注】正月，夏之四月，周之六月，謂正陽之月。今書六月，而傳云「唯」者，明此月非正陽月也。慝，陰氣。日食，曆之常也。然食于正陽之月，則諸侯用幣于社，請救于上。公伐鼓于朝，退而自責，以明陰不宜侵陽，臣不宜掩君，以示大義。【疏】《詩》云：「正月繁霜。」鄭云：「夏之四月建巳，純陽用事。」是謂正月爲正陽之月。日食者，曆之常也，古之聖王，因事設戒，故立求神請救之禮。　【《公羊傳》】日食則曷爲鼓、用牲于社？求乎陰之道也。以朱絲營社。或曰脅之，或曰爲闇，恐人犯之，故營之。【注】或曰脅之，社者，土地之主也。月者，土地之精也。上繫于天而犯日，故鳴鼓而攻之，脅其本也。朱絲營之，助陽抑陰也。或曰爲闇者，社者，土地之主，尊也，爲日光盡，天闇冥，恐人犯歷之，故營之。然此説非也。記或傳者，示不欲絶異説爾。先言鼓、後言用牲者，明先以尊者命責之，❶後以臣子禮接之，❷所以爲順也。　【《穀梁傳》】鼓，禮也。用牲，非禮也。天子救日，置五麾，陳五兵五鼓；【注】麾，旌幡也。五兵，矛、戟、鉞、楯、弓矢。　諸侯置三麾，陳三

❶「者」字，原脱，據庫本及《文獻通考》卷八二引文補。

❷「禮」字，原脱，據庫本及《公羊傳》莊公二十五年何休注補。

鼓三兵；大夫擊門；士擊柝：言充其陽也。【注】凡有聲，皆陽事，以壓陰氣。柝，兩木相擊。充，實也。【疏】五麾者，麋信云：「各以方色之旌置之五處也。」五兵者，徐邈云：「矛在東，戟在南，鉞在西，楯在北，弓矢在中央也。」五鼓者，麋信、徐邈並云：「東方青鼓，南方赤鼓，西方白鼓，北方黑鼓，中央黄鼓。」案五兵，兵有五種。未審五鼓是一鼓有五色，爲當五種之鼓也。何者？《周禮》有六鼓，雷鼓、靈鼓、路鼓、鼖鼓、鼛鼓、晉鼓之等。若以爲五種之鼓，則不知六鼓之内竟去何鼓；若以爲一種之鼓，則不知六鼓内竟取何鼓。又《周禮》云「雷鼓鼓神祀」，則似救日之鼓用雷鼓，但此用之于社。《周禮》又云「以靈鼓鼓社稷祭」，❶則又似救日食之鼓用靈鼓。進退有疑，不敢是正，故直述之而已。檢麋、徐兩家之説，則以五鼓者，非六鼓之類，別用方色鼓而已。諸侯三者，則云去黑、黄二色，是非六鼓之類也。

文公十五年：六月辛丑，朔，日有食之。鼓，用牲于社。【《左氏傳》】非禮也。日有食之，天子不舉，伐鼓于社；諸侯用幣于社，伐鼓于朝，以昭事神、訓民、事君，示有等威，古之道也。【注】得常鼓之月，而于社用牲爲非禮。諸侯用幣于社，社尊于諸侯，故請救而不敢責之。【疏】此與莊二十五年經文正同，彼傳云「非常」，此傳云「非禮」者，彼失常鼓之月，言鼓之爲非常，此得常鼓之月，而用牲爲非禮。故《釋例》曰：「文十五年與莊二十五年經文皆同，而更復發傳曰『非禮』者，明前傳欲以審正陽之月，後傳發例，欲以明諸侯之禮而用牲爲非禮也。」

昭公十七年：夏，六月甲戌，朔，日有食之。【《左氏傳》】夏，六月甲戌，朔，日有食之。祝史請所用幣。【注】禮，正陽之月日食，當用幣于社，故請之。昭子曰：「日有食之，天子不舉，【注】不舉盛饌。伐鼓于社。【注】責羣陰。諸侯用幣于社，【注】請上公。伐鼓于朝，【注】退自責。禮也。」平子禦之，曰：「止也。惟正月朔，慝未作，日有食之，於是乎有伐鼓用幣，禮也。其餘則否。」太史曰：「在此月也。」【注】正月，

❶「稷」字，《周禮·地官·鼓人》無。

謂建巳正陽之月也，于周爲六月，于夏爲四月。慝，陰氣也。四月純陽用事，陰氣未動而侵陽，災重，故有伐鼓用幣之禮也。平子以爲六月非正月，故太史答言「在此月也」。日過分而未至三辰有災，於是乎百官降物，君不舉，辟移時，樂奏鼓，祝用幣，史用辭。【注】過分未至，過春分而未夏至，三辰，日月星也。日月相侵，又犯是宿，故三辰皆爲災。降物，素服。辟移時，辟正寢過日食時。奏鼓，伐鼓。用辭以自責。【疏】降物，謂減其物采也。《昏義》曰：「日食則天子素服。」知百官降物，亦素服也。古之素服，禮無明文，蓋象朝服而用素爲之，如今之單衣也。近世儀注，日食則擊鼓于大社，天子單衣介幘，辟正殿，坐東西堂，百官白服坐本司，太常率官屬繞太廟，過時乃罷。故《夏書》曰：「辰不集于房，瞽奏鼓，嗇夫馳，庶人走。」此月朔之謂也。當夏四月，是謂孟夏。【注】言此六月當夏家之四月。平子弗從。昭子曰：「夫子將有異志，不君君矣。」

【《禮記·曾子問》】曾子問曰：「諸侯旅見天子，入門，不得終禮，廢者幾？」孔子曰：「四。太廟火，日食，后之喪，雨霑服失容，則廢。如諸侯皆在而日食，則從天子救日，各以其方色與其兵。」【注】示奉時事，❶有所討也。方色者，東方衣青，南方衣赤，西方衣白，北方衣黑。兵未聞。

曾子問曰：「當祭而日食、太廟火，其祭也如之何？」孔子曰：「接祭而已矣。如牲至未殺，則廢。」【注】接祭，不迎尸。

曾子問曰：「諸侯相見，揖讓入門，不得終禮，廢者幾？」孔子曰：「六。天子崩，太廟火，日蝕，后、夫人之喪，雨霑服失容，則廢。」

【《通典》】漢制，天子救日食，素服，避正殿，陳五鼓五兵，以朱絲縈社，內外嚴警。大史登靈臺，候日月有變，便伐鼓。太僕贊祝史

❶「時事」，原作「事時」，據《禮記·曾子問》注乙正。

陳辭以責之。聞鼓音，侍臣皆著赤幘，帶劒入侍。三臺令史以上，皆持劒立其户前。衞尉驅馳繞宫，❶察守備。日復常，皆罷。此儀，按晉摯虞《决疑注》云，約魯昭公時叔孫昭子説天子救日之法。

【《後漢書·禮儀志》】朔前後各二日，牽羊酒至社下以祭日。日有變，割羊以祠社，用救日變。❷執事者冠長冠，衣皂單衣，絳領袖緣中衣、絳袴袜以行禮，如故事。

【《宋書·禮志》】漢建安中，將正會，而太史上言：「正旦當日蝕。」朝臣疑會不，共諮尚書令荀文若諮之。時廣平計吏劉邵在坐，曰：「梓慎、裨竈，古之良史，猶占水火，錯失天時。禮，諸侯見天子，入門，不得終禮者四，日蝕在一。然則聖人垂制，不爲變異豫廢朝禮者，或災消異伏，或推術謬誤也。」文若及衆人咸喜而從之，遂朝會如舊，日亦不蝕。邵由此顯名。

【《通典》】魏高貴鄉公正元二年，太史奏：「三月一日寅時合朔，去交二度，恐相附近。」主者奏，宣敕有司，爲救日蝕備。既時過而不蝕，大將軍曹爽推史官不驗之負，空設合朔之期，以疑上下。光禄大夫、領大史令邕言：「典曆者按曆術推交會之期，候者伺遲疾之度當朔，事無有違錯耳。」重問典曆周晃等，對曰：「曆候所掌，推步遲速，可以知加時早晚，度交緩急，可以知薄蝕深淺。合朔之時，或以月掩日，則蔽障日體，使光景有虧，故謂之日蝕。或日掩月，則日從月上過，謂之陰不侵陽，雖交無變。至于

❶「宫」，原作「縈」，據校點本《通典》卷七八改。

❷「日」下，原衍一「日」字，據校點本《後漢書·禮儀上》删。

日月相掩，必蝕之理，無術以推。是以古者諸侯旅見天子，日蝕則廢禮；嘗禘郊社，❶日蝕則接祭。是以前代史官，不能審日蝕之數，故有不得終禮。自漢故事，以爲日蝕必當于交，每至其時，申警百官，以備日變。甲寅詔書，有備蝕之制，無考負之法。」侍中鄭小同議：「史官不務審察晷度，❷謹綜疎密，謬准交會，以爲其兆。至乃虚設疑日，大警外内，其有不効，則委於差晷度。禁縱自由，皆非其儀。案《春秋》昭公三十一年十二月辛亥日蝕，晉史墨以庚午之日，日始有謫。自庚午至辛亥，四十二日，日蝕之兆，固形于前矣。此爲古有其法，而今不察，是守官惰職，考察無効，此有司之罪。」又答：「古來黄帝、顓頊、夏、殷、周、魯六曆，皆無推日蝕法，但有考課疎密而已。負坐之條，由本無術可課，非司事之罪。」乃止。

【《宋書·禮志》】晉武帝咸寧三年、四年，並以正朝合朔却元會。元帝大興元年四月合朔，中書侍郎孔愉奏曰：「《春秋》日有蝕之，天子伐鼓于社，攻諸陰也。諸侯伐鼓于朝，臣自攻也。案尚書符，若日有變，便伐鼓于諸門，有違舊典。」詔曰：「所陳有正義，輒勑外改之。」

至康帝建元元年，太史上元日合朔，朝士復疑應却會與不。庾冰輔政，寫劉劭議以示八座，蔡謨著議非之曰：「劭論災消異伏，又以黿、慎猶有錯失，太史上言，亦必不審，其理誠然也。而云聖人垂制，不爲變異豫

❶「嘗」，原作「當」，據《通典》卷七八改。
❷「史」字，原脱，據《通典》卷七八補。

廢朝禮，此則謬矣。災祥之發，❶所以譴告人君，王者所重誡。故素服廢樂，退避正寢，百官降物，❷用幣伐鼓，躬親救之。夫警戒之事，與其疑而廢之，寧慎而行之。故孔子、老聃助葬于巷黨，以喪不見星行，❸故日蝕而止柩，曰安知不見星。今史官言當蝕，亦安知其不蝕乎？夫子、老聃豫行見星之防，而邵廢之，是棄聖賢之成規也。魯桓公壬申有災，而以乙亥嘗祭，《春秋》譏之。災事既過，追懼未已，故廢宗廟之祭；况聞天眚將至而行慶樂之會，於禮乖矣。《禮記》所云『諸侯入門不得終禮』者，❹謂日官不豫言，諸侯既入，見蝕乃知耳，非先聞當蝕，而朝會不廢也。劭引此，❺可謂失其義旨。劉邵所執者，《禮記》也。夫子、老聃巷黨之事，亦《禮記》所言，復違而反之，進退無據。然荀令所善，漢朝所從，遂令此言，至今見稱，莫知其謬。後來君子，將擬以爲式，故正之云爾。」於是冰從衆議，遂以却會。至永和中，殷浩輔政，又欲從劉邵議不却會。王彪之據咸寧、建元故事，又曰：「《禮》云『諸侯旅見天子，不得終禮而廢者四』，自謂卒暴有之，非謂先存其事，而僥倖史官推術繆錯，故不豫廢朝禮也。」于是又從彪之，相承至今。

【《南齊書·禮志》】永明元年十二月，有司奏：「今月三日，臘祠大社稷。一日合朔，日蝕既在致齋内，未審于社祠無疑不？曹

❶「發」，原作「法」，據庫本及《宋書·禮志一》改。
❷「物」，原作「服」，據庫本及《宋書·禮志一》改。
❸「見」字，原脱，據《宋書·禮志一》補。
❹「得」，原作「行」，據庫本及《宋書·禮志一》改。
❺「劭」字，原脱，據校點本《宋書·禮志一》補。

檢未有前準。」❶尚書令王儉議：「《禮記·曾子問》，『天子嘗、禘、郊、社、五祀之祭，簠簋既陳』，唯大喪乃廢。至于當祭之日，火及日蝕則停。尋伐鼓用牲，由來尚矣。而簠簋初陳，問所不及。據此而言，致齋初日，乃但薄蝕，則不應廢祭。又漢初平四年，士孫瑞議以日蝕廢冠而不廢郊，朝議從之。王者父天母地，郊社不殊。此則前準，謂不宜廢。」詔可。

【《隋書·禮儀志》】後齊制，日蝕，則太極殿西廂東向，東堂東廂西向，各設御座。羣官公服。晝漏上水一刻，内外戒嚴。三門者閉中門，單門者掩之。蝕前三刻，皇帝服通天冠，即御座，直衛如常，不省事。有變，聞鼓音，則避正殿，就東堂，服白袷單衣。侍臣皆赤幘，帶劒，升殿侍。諸司各於其所，赤幘，持劒，出户向日立。有司各率官屬，並行宫内諸門、掖門，屯衛大社。鄴令以官屬圍社，守四門，以朱絲繩繞繫社壇三匝。太祝令陳辭責社。太史令二人，走馬露板上尚書，門司疾上之。又告清都尹鳴鼓，如嚴鼓法。日光復，乃止，奏解嚴。

【《唐開元禮》】合朔伐鼓。其日，合朔前三刻，郊社令及門僕各服赤幘絳衣，守四門，令巡門監察。鼓吹令平巾幘，袴褶，帥工人以方色執麾旒，分置四門屋下，龍蛇鼓隨設于左。東門者立于北塾，南面；南門者立于東塾，西面；西門者立于南塾，北面；北門者立于西塾，東面。門側堂曰塾。麾制，各長一丈。旒以方色，各長八尺。隊正一人，著平巾幘，袴褶，執刀，帥衛士五人執五兵于鼓外：矛處東，戟在南，斧鉞在西，矟在北。郊社令

❶「曹」，原作「曾」，據《南齊書·禮志上》改。

立攢于社壇四隅，以朱絲繩縈之。太史官一人著赤幘、赤衣，立于社壇北，向日觀變。黄麾次之。龍鼓一面次之在北。弓一張、矢四隻，次之。諸工鼓靜立候。日有變，史官曰：「祥有變。」工人齊舉麾，龍鼓齊發，聲如雷。史官稱「止」，工人罷鼓。其日廢務，百官守本司。日有變，皇帝素服，避正殿。百官以下皆素服，各於廳事前重行，每等異位，向日立，明復而止。諸州伐鼓，其日見日有變則廢務，所司置鼓于刺史廳事前。刺史及州官九品以上俱素服，立于鼓後，重行，每等異位，向日，刺史先擊鼓，執事代之，❶明復俱止。

【宋《政和五禮新儀》】合朔伐鼓。

齋戒。前一日，質明，行事、執事官赴祠所清齋，❷集告官齋所肄儀。大祝習讀祝文，眡禮饌、香、玉幣訖，退。

陳設。前二日，儀鸞司設行事、執事官次于祠所。告日前三刻，禮直官、贊者、諸司職掌各服其服。太常設神位席。太史設神位版于壇上南方，北向。太常陳幣篚于神位之左，禮神之玉，奠于神前，瘞玉加于幣。玉以兩圭有邸，幣以黑。設祝版于神位之右，❸置于坫，香爐并合置于案上。以御封香。次設祭器，藉以席。光禄實之，每位各左一籩，實以鹿脯。右一豆，實以鹿臡。犧尊一，置于坫，加勺冪，在壇上西北隅，南向。實以供内法酒。太常設燭于神位前；洗二于卯階之東，北向；罍在洗東，加勺；篚在洗西，南肆，實以巾。若爵洗之篚，則又實以爵，加坫。執罍篚者位于其後。開瘞坎于子階之西北，設望瘞位于瘞

❶「代」，原作「伐」，據庫本及《大唐開元禮》卷九〇改。
❷「清」，原作「請」，據《政和五禮新儀》卷七《序例》改。
❸「版」字，原脱，據《政和五禮新儀》卷一六四補。

坎之南，告官在南，北向；監察御史在東，西向；奉禮郎、太祝、太官令在東，西向南上。設告官席位于北墉下，光禄卿位于壇之北，監察御史位于告官之西，奉禮郎、太祝、太官令位于其後，俱南向東上。又設監察御史位于壇上之東，西向；奉禮郎、太祝位在西，東向南上；❶太官令于尊所，南向。社之四門并壇下近北，各置鼓一，並植以麾旒。四門各依方色，壇下以黄。麾杠長一丈，旒長八尺。祭告。其日時前，太官令帥其屬實饌具畢，贊者引光禄卿入詣壇下位，南向。凡告官行事，禮直官引。餘官，贊者引。贊者曰「再拜」，光禄卿再拜，升自卯階，凡行事、執事官升降準此。點眡禮饌畢，退。餘官各服祭服。次引監察御史、奉禮郎、太祝、太官令先入就位，次引告官入就位。禮直官稍前，贊「有司謹具，請行事」。贊者曰「再拜」，在位者皆再拜。次引監察御史、奉禮郎、太祝、太官令升就位，太官令就酌尊所。立定。次引告官詣盥洗位，南向立，搢笏，盥手，帨手，執笏，升詣太社神位前，搢笏，跪，三上香。次引奉禮郎搢笏，西向跪。執事者以玉幣授奉禮郎，奉禮郎以玉幣授告官訖，執笏，興，復位。告官受玉幣，奠訖，執笏，俛伏，興，再拜，降復位。少頃，引告官再詣盥洗位，南向立，搢笏，盥手，帨手，詣爵洗位，南向立，搢笏，洗爵，拭爵，以爵授執事者，執笏，升詣酒尊所，東向立。執事者以爵授告官，告官搢笏，執爵，執事者舉冪，太官令酌酒，告官以爵授執事者，執笏詣太社神位前，搢笏，跪，執事者以爵授告官，告官執爵，三祭酒，奠爵，執笏，俛伏，興，少立。引太祝詣

❶「西東」，原倒，據《政和五禮新儀》卷一六四乙正。

神位前，西向，搢笏，跪讀祝文訖，執笏，興，復位。告官再拜，降復位。次引告官詣望瘞位。有司詣神位前取玉幣、祝版，置于瘞坎。次引監察御史、奉禮郎、太祝詣望瘞位，立定。禮直官曰「可瘞」。寘土半坎，禮直官贊「禮畢」，引告官以下退。

伐鼓。其日時前，太史局官一員立于壇下眡日。鼓吹令帥工人二十人，依色服分置于鼓之左右，以俟日有變。太史曰「祥有變」，工人齊伐鼓；明復，太史稱「止」，工人即罷。其日廢物，百司守職。

【《明史·禮志》】救日伐鼓。洪武六年二月定救日食禮。其日，皇帝常服，不御正殿。中書省設香案，百官朝服行禮。鼓人伐鼓，復圓乃止。月食，大都督府設香案，百官常服行禮，不伐鼓，雨雪雲翳則免。二十六年三月更定，禮部設香案于露臺，向日，設金鼓于儀門內，設樂于露臺下，各官拜位于露臺上。至期，百官朝服入班，樂作，四拜，興，樂止，跪。執事者捧鼓，班首擊鼓三聲，衆鼓齊鳴，候復圓，復行四拜禮。月食，則百官便服于都督府救護如儀。在外諸司，日食則于布政使司、府、州、縣，月食則于都指揮使司、衞所，如儀。隆慶六年，大喪。方成服，遇日食。百官先哭臨，後赴禮部，青素衣、黑角帶，向日四拜，❶不用鼓樂。

蕙田案：合朔伐鼓之禮，《唐開元禮》、《通典》俱入之軍禮，史家相承用之。攷《周禮·大司樂職》云：「日月食、四鎮五嶽崩、大傀異烖，令去樂。」又《膳夫職》云：「天地有烖，則不舉。」鄭注天烖爲日月晦食，則

❶ 「四」，原作「西」，據《明史·禮志·軍禮》改。

日月食亦烖禮之一，入之軍禮者非也。郝仲輿疑救月之儀可廢。按《詩》：「彼月而食，則惟其常，此日而食，于何不臧？」此自因事寓刺，抑揚其辭，明乎日食之變較月食而尤重云爾。《周官》、《左傳》每以救日月並言，詎容舉此廢彼耶？

右救日月伐鼓。

禬禮

蕙田案：《大宗伯》於禍烖則云「弔」，於圍敗則云「禬」，於寇亂則云「恤」，各舉其一而言。其實則弔、禬、恤之禮，凡遇禍烖、圍敗、寇亂，皆通行之。如《大行人》云「致禬以補諸侯之烖」，《春秋傳》澶淵之會，諸侯謀歸宋財，是禍烖之禬禮也。昭公六年，叔弓如楚弔敗；哀公十五年，楚伐吳，陳侯使公孫貞子弔焉。是圍敗之弔禮也。衛獻公奔齊，公使厚成叔弔，是寇亂之弔禮也。《小行人》「國札喪則令賻補，凶荒則令賙委，師役則令槁禬，禍烖則令哀弔」，賈疏云：「凶禮有五，惟不見恤禮，當於師役中兼之。」然則圍敗、寇亂二者，禬禮、恤禮皆有之可知矣。

【《周禮·春官·大宗伯》】以禬禮哀圍敗。

【注】同盟者會合財貨，以更其所喪。《春秋》襄三十年：「冬，會于澶淵，宋災故。」是其類。

易氏祓曰：「國之見圍謂之圍，師之敗績謂之敗。以禬禮哀之，于是合財以補其乏，若澶淵之會，諸侯謀歸宋財是也。」

【《秋官・大行人》】致禬以補諸侯之烖。【注】致禬，凶禮之弔禮禬禮也。補諸侯烖者，若澶淵之會，諸侯謀歸宋財。　【疏】《宗伯》云「以禬禮哀圍敗」，此災亦云禬者，同是會合財貨，故災亦稱禬也。

【《小行人》】若國師役，則令槁禬之。【注】故書「槁」爲「槀」。鄭司農云：「槀，當爲槁，謂槁師也。」玄謂：師役者，國有兵寇以匱病者也。使鄰國會合財貨以與之。《春秋》定五年「夏，歸粟于蔡」是也。《宗伯職》曰：「以禬禮哀圍敗。」

【《春秋》閔公二年《左氏傳》】狄入衞，立戴公以廬于曹。齊桓公使公子無虧帥車三百乘，甲士三千人以戍曹。歸公乘馬，祭服五稱，牛、羊、豕、雞、狗皆三百與門材。歸夫人魚軒，重錦三十兩。

蕙田案：是時齊桓爲伯主，故以禬禮哀之。

定公五年：夏，歸粟于蔡。【杜注】蔡爲楚所圍，饑乏，故魯歸之粟。【《左氏傳》】以周亟，矜無資。

蕙田案：此二條，禬禮之正。

【昭公六年《左氏傳》】叔弓如楚，聘且弔敗也。【注】弔爲吴所敗。

【哀公十五年《左氏傳》】楚子西、子期伐吴，陳侯使公孫貞子弔焉。【注】弔爲楚所伐。　吴子使太宰嚭勞。

【二十年《左氏傳》】越圍吴，趙孟降于喪食。【注】襄子時有父簡子之喪。　楚隆曰：「三年之喪，親暱之極也，主又降之，無乃有故乎？」趙孟曰：「黄池之役，先主與吴王有質，曰：『好惡同之。』今越圍吴，嗣子不廢舊業而敵之，非晉之所能及也，吾是以爲降。」楚隆曰：「若使吴王知之，若何？」乃往告于吴王，曰：「寡君之老無恤使陪臣隆，敢展謝其不共。黄池之役，君之先臣志父得承齊盟，曰『好惡同之』。今君在難，無恤不敢憚勞，非晉國之所能及也，使陪臣敢展布之。」王拜稽首曰：「寡人不佞，不能事越，以爲大夫憂，拜命之辱。」與之一簞珠，使問趙孟，曰：「句踐將生憂寡人，寡人死之不得矣。」王曰：「溺人必笑，吾將有問也。史黯何以得爲君子？」對曰：「黯也進不見惡，退無謗言。」王曰：「宜哉！」

蕙田案：此三條圍敗相弔之禮。

【文公四年《左氏傳》】楚人滅江，秦伯爲之降服、出次、不舉過數。【注】降服，素服也。出次，辟正寢。不舉，去盛饌。鄰國之禮有數，今秦伯過之。大夫諫，公曰：「同盟滅，雖不能救，敢不矜乎？吾自懼也。」

蕙田案：此條聞鄰國滅之禮。

【《禮記·檀弓》】國亡大縣邑，公、卿、大夫、士皆厭冠，哭于太廟三日，君不舉。【注】軍敗失地，❶以喪歸也。厭冠，今喪冠，其服未聞。或曰：君舉而哭于后土。【注】后土，社也。【疏】舉，謂舉樂也。臣入廟三日哭，故君亦三日不舉樂。又有或者言亦舉樂，而自於社中哭之。

蕙田案：此條國亡縣邑之禮，俱屬圍敗之類，故附見於此。

右禬禮。

恤禮

【《周禮·春官·大宗伯》】以恤禮哀寇亂。

【注】恤，憂也，鄰國相憂。兵作于外爲寇，作于内爲亂。

【疏】既不損財物，當遣使往諮問安不而已。

鄭氏鍔曰：「《左傳》言救邢之事，曰簡書同恤，禮有相救之道。隱公亦云『君命寡人同恤社稷之難』，則恤禮者，問之勞之，見天子憂恤之意。」

王氏昭禹曰：「恤以救之，若衛有狄人之難而齊威

❶「地」，原作「禮」，據《禮記·檀弓上》注改。

救之。」

【《春秋》閔公元年《左氏傳》】狄人伐邢。管敬仲言于齊侯曰：「戎狄豺狼，不可厭也。諸夏親暱，不可棄也。宴安酖毒，不可懷也。《詩》云：『豈不懷歸，畏此簡書。』簡書，同惡相恤之謂也。【注】同恤所惡。請救邢以從簡書。」齊人救邢。

【襄公十四年《左氏傳》】衛獻公出奔齊。公使厚成叔弔于衛，曰：「寡君使瘠，聞君不撫社稷，而越在他境，若之何不弔？以同盟之故，使瘠敢私于執事，曰：『有君不弔，有臣不敏；君不赦宥，臣亦不帥職，增淫發洩，其若之何？』」衛人使大叔儀對，曰：「羣臣不佞，得罪于寡君。寡君不以即刑，而悼棄之，以爲君憂。君不忘先君之好，辱弔羣臣，又重恤之。敢拜君命之辱，重拜大貺。」

【昭公二十二年《左氏傳》】楚薳越使告于宋曰：「寡君聞君有不令之臣爲君憂，無寧以爲宗羞，寡君請受而戮之。」對曰：「孤不佞，不能媚於父兄，❶以爲君憂，拜命之辱。」

右恤禮。

唁禮

蕙田案：凶禮有五，無唁禮之名。《説文》云：「唁，弔生也。」《春秋穀梁傳》、《詩毛傳》並云「弔失國曰唁」。失國之事，比之圍敗、寇亂爲大，而唁則恤禮之類也。攷《春秋》經傳凡書唁者，皆邦交之事。襄十一年，「齊侯使夙沙衛唁臧堅」，則君

❶「於」，原作「其」，據庫本及《左傳》昭公二十二年改。

於他國之臣亦有唁禮矣。

【《詩·鄘風·載馳》】載馳載驅，歸唁衛侯。

【傳】弔失國曰唁。【疏】昭公二十五年《穀梁傳》云：「弔失國曰唁。」若對弔死曰弔，則弔生曰唁。

【《春秋》昭公二十五年《穀梁傳》】弔失國曰唁。

【何氏休《公羊傳》注】弔亡國曰唁，弔失國曰弔。

【襄公十四年《左氏傳》】衛侯在郲，臧紇如齊唁衛侯。衛侯與之言，虐。退而告其人曰：「衛侯其不得入矣。其言糞土也。亡而不變，何以復國？」子展、子鮮聞之，見臧紇，與之言，道。臧孫説，謂其人曰：「衛君必入。夫二子者，或輓之，或推之，欲無入，得乎？」

昭公二十五年：公孫于齊，次于陽州。齊侯唁公于野井。【《左氏傳》】齊侯將唁公于平陰，公先至于野井。齊侯曰：「寡人之罪也。使有司待于平陰，爲近故也。」書曰「公孫于齊，次于陽州。齊侯唁公于野井」，禮也。將求于人，則先下之，禮之善物也。【《公羊傳》】齊侯唁公于野井，曰：「奈何君去魯國之社稷？」昭公曰：「喪人不佞，失守魯國之社稷，執事以羞。」再拜顙。慶子家駒曰：「慶子免君于大難矣。」子家駒曰：「臣不佞，陷君于大難，君不忍加之以鈇鑕，賜之以死。」再拜顙。高子執簞食與四脡脯，國子執壺漿，曰：「吾寡君聞君在外，餕饔未就，敢致糗于從者。」昭公曰：「君不忘我先君，延及喪人，錫之以大禮。」再拜稽首，以衽受。高子曰：「有夫不祥，君無所辱大禮。」昭公蓋祭而不嘗。景公曰：「寡人有不腆先君之服，未之敢服；有不腆先君之器，未之敢用，敢以請。」昭公曰：「喪人不佞，失守魯國之社稷，執事以羞，敢辱大禮，敢辭。」景公曰：「寡人有不腆先君之服，未之敢服；有不腆先君之器，未之敢用，敢固以請。」昭公曰：「以吾宗廟之在魯也，有先君之服，未之能以服；有先君之器，未之能以出，敢固辭。」景公曰：「寡人有不腆先君之服，未之敢服；有不腆先君之器，未之敢用，請以饗乎從者。」昭公曰：「喪人其何稱？」景公曰：「孰君而無稱？」昭公于是噭然而哭，諸大夫皆哭。既哭，以人爲菑，以幦爲席，以鞍爲几，以遇禮相見。孔子曰：「其禮與其辭，足觀矣！」

二十九年：「春，公至自乾侯，居于鄆。齊侯使高張來唁公。」【《左氏傳》】齊侯使高張來唁公，稱主君。【注】比公于大夫。子家子曰：「齊卑君矣，君祇辱焉。」

【三十年《左氏傳》】吴子滅徐。徐子章禹斷其髮，攜其夫人以逆吴子。吴子唁而送之。

三十一年：夏，晉侯使荀躒唁公于乾侯。【《左氏傳》】荀躒以晉侯之命唁公。

蕙田案：以上唁鄰國之君。

【襄公十七年《左氏傳》】❶齊人獲臧堅，齊侯使夙沙衛唁之，且曰「無死」。堅稽首曰：「拜命之辱。抑君賜不終，姑又使其刑臣禮于士。」以杙抉其傷而死。

蕙田案：此唁鄰國之臣。

右唁禮。

問疾禮

【《論語》】疾，君視之，東首，加朝服，拖紳。

❶「七」，原作「一」，文出《左傳》襄公十七年。

【注】包曰：夫子疾，處南牖之下，東首，加其朝服，拖紳。紳，大帶。不敢不衣朝服見君。【疏】此明孔子有疾，君來視之時也。拖，加也。病者常居北牖下，爲君來視，則暫時遷鄉南牖下，東首，令君得以南面而視之。以病卧，不能衣朝服及大帶，又不敢不衣朝服見君，故但加朝服于身，又加大帶于上，是禮也。

《禮記·禮運》諸侯非問疾、弔喪而入諸臣之家，是謂君臣爲謔。

蕙田案：以上君問臣疾之禮。

《論語》伯牛有疾，子問之，自牖執其手，【注】包曰：牛有惡疾，不欲見人，故孔子從牖執其手也。曰：「亡之，命矣夫！斯人也而有斯疾也！斯人也而有斯疾也！」

朱子曰：「牖，南牖也。禮，病者居北牖下，君視之則遷于南牖下，使君得以南面視己。時伯牛家以此禮尊孔子，孔子不敢當，故不入其室，而自牖執其手，蓋與之永訣也。」

曾子有疾，孟敬子問之。【疏】問之者，來問疾也。

《禮記·曲禮》問疾弗能遺，不問其所欲。

王氏曰：「辭口惠而實不至也。」

蕙田案：以上交游問疾之禮。

《唐開元禮》勞問諸王疾苦。問外祖父、后父、大臣、❶都督刺史及蕃國主附。中宮問外祖父及諸王附。東宮問外祖父、諸王附。其問師傅保、宗戚、上臺貴臣同勞問諸王之禮。

皇帝中宮云「太皇太后、皇太后、皇后」，東宮云「皇太子」。遣使勞問諸王疾苦。外祖、大臣等，各隨言之。本司散下其禮，所司隨職供辦。中宮則內給事一人爲使。所司先於受勞問者第大門外之右，設使者便次，南向。於庭中近北設使者位，南面。皇太子儀東向。又於使者位之南皇太子儀位之東。三丈所，設主人位，北向。皇太子儀西向。其府國寮屬並陪列于庭中之左

❶「臣」，原作「官」，據《大唐開元禮》卷一三一、《通典》卷一三四改。

右，國官在東，府寮在西，俱以北爲上。中宮及皇太子儀，無府國官以下儀。使者至受勞問者第大門外，掌次者延入次。使者及受勞問者皆公服。贊禮者中宮則内典引。下皆倣此。引使者出次，立於門西，東向。史二人中宮則内給使二人。奉制書案，中宮及皇太子云「令案」。下准此。立於使者之南，差退。贊禮者引受勞問者立於門東，西向。受勞問者再拜。贊禮者引受勞問者先入，立於門内之右，西面。贊禮者引使者入，就庭中位立，持案者立於其右。贊禮者引受勞問者進就庭中位，北面立。持案者以案進使者前，使者取制書，持案者退復位。使者稱「有制」，中宮稱太皇太后等「有令」。受勞問者再拜。贊禮者引受勞問者進詣使者前，受制書，退復位，再拜訖。贊禮者引使者以下出。又贊禮者引受勞問者隨出，各即門外位。受勞問者再拜訖，贊禮者引使者以下退就次。又贊禮者引受勞問者入。若受勞問者疾未間，不堪受制，則子弟代受如上。導引之官，以所勞問州府有司充之。其使於京師者，則謁者導引。

勞問外祖母疾苦。中宮問外祖母附。其問妃主、宗戚婦女同。東宮問外祖母附。其問妃主、妃母疾苦同。❶

皇帝中宮云「太皇太后、皇太后、皇后」。東宮即云「皇太子」。遣使勞問外祖母疾苦。本司散下其禮，所司隨職供辦。内給事一人皇太子則閹宮一人。爲使。所司先於受勞問者第大門外之右設使者便次，南向；又於内寢庭少北皇太子儀兩階前。設使者位，南向；皇太子儀東向。又於使者位之南皇太子位東。三丈所，設受勞問者位，北向。皇太子西向。使者至受勞問者大門外，掌次者延入次。使者服公服，攝迎

❶ 下「妃」字，原脱，據《通典》卷一三四補。

者亦公服。使者出次，立於門西，東面。給使二人奉制書案，皇太子令書案。中宮同。餘倣此。立於使者之南，差退。贊禮者引攝迎者出，立於門東，西向。攝迎者再拜訖，贊禮者引攝迎者先入，立於門內之右，西面。內典引引使者入，就內寢庭位立。皇太子儀，使者東向立。持案者立於使者之右。皇太子儀，給使奉令書案隨入，立于使者之南，❶差退。受勞問者服朝服，女侍者引就庭中位立。持案者以案進使者前，使者取制書。持案者退復位。使者稱「有制」，太皇太后、皇太后、皇后即稱「有令」。受勞問者再拜。女侍者進詣使者前，受制書，退，授受勞問者。受勞問者又再拜。內典引引使者以下出。女侍者引受勞問者退。贊禮者引攝迎者隨出，各就門外位。攝迎者再拜。內典引引使者退即便次。贊禮者引攝迎者入。若受勞問者疾未間，不堪受制，則攝迎者於外堂之庭拜受制書如上禮。其異者，受制書詣閤授女侍者，女侍者受，奉入授受勞問者。

凡有勞問無正篇者，皆臨時約准上禮而爲之。

凡內侍之屬充使，則內侍、內常侍以下，准所慰勞者尊卑，臨時准約。

皇太子於諸王、妃主以下疾苦，其存問家人親屬之禮，率爾遣近侍勞問，則主人受勞問之家，待之亦從家人親屬之式，不拜迎拜送及不爲授受之禮。

【宋《政和五禮新儀》】遣使問諸王以下疾。前期，有司於受勞問者之第大門外設使者位於受勞問者之左。使者至，贊者引入次。使者及受勞問者皆公服。贊者引使者立於門西，東向；引受勞問者立於門東，西向。

❶「立」下，原有「位」字，據《通典》卷一三四刪。

史二人以案奉詔書，立於使者之南。贊者曰「拜」，受勞問者再拜。贊者引受勞問者入就望闕位立，史捧詔書案前行，使者從之，入就庭中位。贊者贊使者搢笏，取詔書，執笏，加詔書于笏上。史以案退。使者稱「有詔」，受勞問者再拜。使者宣詔書訖，受勞問者又再拜。贊者引使者及受勞問者少前，相向，各俛伏，跪，搢笏。使者以詔書授受勞問者，訖，各執笏，受勞問者加詔書于笏上，各俛伏，興，復位。贊者曰「拜」，受勞問者再拜。贊者引使者歸次，受勞問者乃入。若受勞問者疾未間，不能親受，則子弟代受如上儀。

遣使問帝姬以下疾。以内給事一人爲使者。前期，有司于受勞問者之第大門外設使者次，又于寢庭望闕設受勞問者位，使者位於其前，少北，南向。使者至，内侍引入次。使者服公服。女侍引受勞問者朝服出，詣望闕位立。内侍引使者出次。給使二人以案奉詔書前行，使者從之，入就庭中位。内侍贊使者搢笏，取詔書，執笏，加詔書于笏上。給使捧案退。使者稱「有詔」，内侍曰「拜」，受勞問者再拜。宣訖，又再拜。女侍進詣使者前，受詔書，退授受勞問者。訖，内侍曰「拜」，受勞問者再拜。内使引使者歸次，受勞問者乃入。若受勞問者疾未間，不能親受，則以女侍逆攝受詔書如上儀，以所受詔書詣寢閤授之。

右問疾禮。

五禮通考卷第二百五十一

淮陰吴玉搢校字

五禮通考卷第二百五十二

內廷供奉禮部右侍郎金匱秦蕙田編輯
太子太保總督直隸右都御史桐城方觀承同訂
翰林院侍講學士金匱吴鼎
都轉鹽運使德水盧見曾參校

凶禮七

喪禮

蕙田案：《周禮·大宗伯》「以凶禮哀邦國之憂」，其別有五，而首云「以喪禮哀死亡」。蓋惟送死可以當大事，故先王制禮，吉禮而外，莫詳于喪。凡五等之服，疏衰之制，輕重之宜，變除之節，皆本親疎貴賤以進退損益之，非從天降也，非從地出也，人情而已矣。《儀禮·喪服》、《士喪》、《既夕》、《士虞》諸篇，皆元公手筆，義理精微，條縷明晰。徐氏《通考》，喪禮最詳。顧《儀禮》經文與諸經及子史相雜。兹編吉、嘉、賓《儀禮》已全載于前，特取《喪服》以下四篇輯入凶禮，以存十七篇之本經，而儒先之説，有徐氏所未見者，亦附録焉。

【《儀禮·喪服》】鄭《目録》云：「天子以下，死而相喪，衣服年月，親疎隆殺之禮。不忍言死而言喪，喪者，棄亡之辭，若全存居于彼焉，已亡之耳。❶」【疏】《喪服》之制，在成服之後，則宜在《士喪》「始死」之下。今在上者，

❶「若全」至「之耳」，阮元《儀禮注疏校勘記》：「按下文又引此二句無『居』字，『已』下有『棄』字。」

以其總包尊卑上下，不專據士，是以在此。案《禮運》云：「昔者先王未有宫室，食鳥獸之肉，衣其羽皮。」此伏羲之時也。又云：「後聖有作，治其絲麻，以爲布帛，養生送死，以事鬼神。」此黄帝之時也。《易·繫辭》云「古者喪期無數」，在「黄帝九事」章中，是黄帝以前心喪終身不變也。《虞書》云：「百姓如喪考妣。三載，四海遏密八音。」則是唐虞之日，心喪三年，亦未有服制也。《郊特牲》云：「大古冠布，齊則緇之。」鄭云：「三代改制，以白布冠質，以爲喪冠。」則唐虞以上，吉凶同服，唯有白布衣、白布冠而已。又《喪服記》鄭氏注云：「大古冠布衣布，後世聖人易之，因以爲喪服。」則謂夏禹以下，三王之世，用唐虞白布冠、白布衣爲喪服矣。死者既喪，生人制服服之者，貌以表心，服以表貌。斬衰貌若苴，齊衰貌若枲，大功貌若止，小功、緦麻容貌可也。衰有淺深，故貌有此不同，而布亦有精麤也。案《喪服》上下十有一章，從斬至緦麻，升數有異者，斬有二，有正有義。爲父以三升爲正，爲君以三升半爲義，其冠同六升，三年。齊衰唯有正服四升，冠七升。繼母、慈母雖是義，以配父，故與因母同，是以略爲節，有正而已。杖期齊衰，有正而已。父在爲母，與爲妻同。正服齊衰五升，冠八升，不杖。齊衰期章，有正有義二等：正則五升，冠八升；義則六升，冠九升。齊衰三月章皆義服，齊衰六升，冠九升。曾祖父母該是正服，但正服合以小功，以尊其祖，不服小功而服齊衰，非本服，故同義服也。殤大功，有降有義：爲夫之昆弟之長子殤，❶是義，餘皆降服。降服衰七升，冠十升；義服衰九升，冠十一升。大功章有降、有正、有義，姑姊妹出適之等是降，婦人爲夫之族類爲義，自餘皆正，衰冠如上釋也。繐衰唯有義服四升半，冠七升而已。以諸侯人夫爲天子，故同義服也。殤小功有降、有義，婦人爲夫之族類是義，餘皆降服。降則衰冠同十升，義則衰冠同十一升。小功亦有降、有正、有義，如前釋。緦麻亦有降、有正、有義，皆如上陳，但衰冠同十五升，抽去半而已。自斬至緦麻，皆以升數。升數少者在前，升數多者在後。要不得以此升數爲叙者，一則正、義及降，升數不得同在一章，又繐衰四升半，在大功之下，小功之上。鄭下注云：「在小功之上者，欲審著縷之精麤。」若然，《喪服》章次雖以升數多少爲前後，要取縷之精麤爲次第也。

❶「長子」，阮元《儀禮注疏校勘記》：「陳、閩、《通解》作『子長』。」

敖氏繼公曰：「此篇言諸侯以下男女所爲之喪服，於五禮屬凶禮。」

郝氏敬曰：「《易》云『古者喪期無數』，《書》云『百姓如喪考妣』。三年喪服，唐、虞世已然，至周乃有五服之等，衰麻哭踊之數，如是篇所傳，後人益推廣之耳。」

子夏傳。【疏】傳者，不知是誰人所作，人皆云孔子弟子卜商字子夏所爲。案《公羊傳》是公羊高所爲，高是子夏弟子。今《公羊傳》有「者何」、「何以」、「曷爲」、「孰謂」之等，與此傳同，師徒相習，此傳子夏作，不虚也。其傳内更云「傳」者，是子夏引他舊傳以證己義。《儀禮》十七篇，餘不爲傳，獨《喪服》作傳者，《喪服》篇總包天子以下五服差降，六術精麤，變除之數既繁，出入正殤交互，恐讀者不能悉解其義，是以特爲傳解。

敖氏繼公曰：「他篇之有記者多矣，未有有傳者也。有記而復有傳者，唯此篇耳。先儒以傳爲子夏所作，未必然也。今且以記明之。《漢藝文志》言禮經之記，顔師古以爲七十子後學者所記是也。而此傳則不特釋經文而已，亦有釋記文者焉，則是作傳者又在於作記者之後明矣。今攷傳文，其發明禮意者固多，而其違悖經義者亦不少。然則此傳亦豈必皆知禮者之所爲乎？而先儒乃歸之子夏，過矣。夫傳者之于經記，固不盡釋之也。苟不盡釋之，則必間引其文而釋之也。夫如是，則其始也，必自爲一編，而置於記後，蓋不敢與經、記相雜也。後之儒者見其爲經、記作傳而别居一處，憚于尋求而欲從簡便，故分散傳文而移之于經、記每條之下焉，疑亦鄭康成爲之。」

盛氏世佐曰：「此篇體例，與他篇絶異。他篇止據一禮而言，此則總論尊卑、貴賤、親踈、男女之服制，若今之律令然。自斬衰以至緦麻，服雖止于五，而其中有正，有降，有義，有從服，有報服，有名服，又有生服，有推而遠之者，有引而進之者，或加服以伸恩，或抑情以伸義，委曲詳盡，廣大精微，故先賢特爲作傳。《中庸》云：『期之喪，達乎大夫。三年之喪，達乎天子。』諸侯以上絶旁期，至于爲高曾祖父母、父母、妻、長子之屬，則貴賤一而已。曾子云：『哭泣之哀，齊斬之情，饘粥之食，自天子達。』《孟子》云：『三年之喪，齊疏之服，飦粥之食，自天子達于庶人，三代共之。』喪服亦安有貴賤之等哉？所異者，或絶或降耳，其不絶不降，則固無以異也。傳文雖間有與經不合，而閎深簡浄，得經意者居多，相傳以爲子夏所作，良不誣。敖氏以此傳並釋記文爲疑，是不足疑也。記者所以補經之未備，不必皆出于七十子後學者。子夏釋經而兼及之，則記作于孔子以前明矣。愚故曰：記有與經並行者，周公之徒爲之，此類是也。若其初本自爲一編，而後儒乃移之于經、記每條之下，則漢以前釋經之例類然。如孔子之傳《易》、《左氏》之傳《春秋》，亦其徵也。」

蕙田案：郝京山以服制斷自大夫以下，天子諸侯缺焉，非也。盛説爲是。

喪服。

黄氏榦曰：「此乃古禮篇目。前題『喪服』，乃後世編禮者所加。既加新題，復存古目者，乃重古不敢輕變之意。」

【《欽定義疏》】《小宗伯》「辨吉凶之五服」，注以爲「王及公、卿、大夫、士之服」，不及庶人。以其與車旗、宮室並言，車旗、宮室以爵爲差，故但由士而上也。此篇庶人之服，俱無異于士。而寄公爲所寄之君，大夫士爲其舊君，且下同于民，則庶人當爲一等明矣。以服等之，則斬衰也，齊衰也，大功也，小功也，緦麻也，凡五等。以人等之，則天子也，諸侯也，卿大夫也，士也，庶人也，凡五等。《司徒》三物之教，總以明倫，《喪服》尤其大者。特以與士略同，故經但著庶人爲其君之服，而他不另出耳。

斬衰裳，苴絰、杖、絞帶，冠繩纓，菅屨者。

【注】「者」者，明爲下出也。凡服，上曰衰，下曰裳，麻在首在要皆曰絰。絰之言實也，明孝子有忠實之心。首絰象緇布冠之缺項，要絰象大帶。又有絞帶，象革帶。齊衰以下用布。【疏】「斬衰裳」者，謂斬三升布以爲衰裳。不言裁割而言斬者，取痛甚之意。《雜記》：「縣子云：『三年之喪如斬，期之喪如剡。』」斬衰先言斬，下疏衰後言齊者，以斬衰先斬布，後作之，疏衰先作之，後齊之也。云「苴絰、杖、絞帶」者，以一苴目此三事，謂苴麻爲首絰、要絰，又以苴竹爲杖，苴麻爲絞帶。云「冠繩纓」者，以六升布爲冠，又屈一條繩爲武，垂下爲纓。冠在首，退在帶下者，以衰用布三升，冠六升。冠既加飾，又齊衰冠纓用布，則知此繩纓不用苴麻，用枲麻，故退冠在下也。菅，草也。《詩》云：「白華菅兮。」鄭云：「白華已漚爲菅，濡韌中用也。」已下諸章，並見年月，唯此不言三年者，以其喪之痛極，莫甚於斬，故不言。又下舉齊衰三年，則此斬衰三年可知。注云「者者，明爲下出也」者，明臣子爲君父等所出也。《玉藻》有天子以下大帶之制，又有革帶。大帶申束衣，革帶以佩玉佩及事佩之等。今于要絰之外，別有絞帶，明絞帶象革帶可知。案《士喪禮》云：「婦人之帶，牡麻，結本。」注云：「婦人亦有首絰，但言帶者，記其異。」此齊衰婦人，斬衰婦人亦有二苴絰與絞帶，以備喪禮。云「齊衰以下用布」者，即下《齊衰章》云「削杖布帶」是也。

陸氏德明曰：「斬者，不緝也。縗以布爲之，長六寸，廣四寸，在心前。縗之言摧也，所以表其中心摧痛。」

朱子曰：「革帶是正帶以束衣者，不專爲佩而設。大帶乃申束之耳。申，重也，故謂之申。」

楊氏復曰：「斬衰絞帶用麻，齊衰絞帶用布，大功以上絰有纓，小功以下絰無纓也。」

敖氏繼公曰：「苴絰、杖者，謂絰帶用苴麻，杖用竹也。絞帶所以束衣，代革帶也。齊衰以下用冠布，則此其用牡麻與？菅，茅類也。凡喪服，衰裳冠帶之屬，皆因吉服而易之，若首絰則不然。蓋古者未有喪服之時，但加此絰以表哀戚。後世聖人，因而不去，且異其大小之制，以爲輕重云。斬衰，自卒哭以至練祥，服有變除，絰皆不著之，惟言初服者，喪服之行于世，其來久矣，節文纖悉，人所習見，故經但舉大略以記之耳。後放此。」

張氏爾岐曰：「苴，惡貌，又黎黑色也。註『齊衰以下用布』，單指絞帶一事而言。」

盛氏世佐曰：「衰、裳、絰、帶、冠、纓六者，皆以麻爲之，而立文各異，則皆有義焉。斬者，取其痛甚。苴者，狀其麤惡。云絞與繩，見其不織而成也，不言麻可知也。絰，兼在首在要而言。杖以竹爲之，亦蒙苴文者，見其不削治也。絞帶，絞麻以象革帶，所以束衣也。要絰加于其外，未成服，散帶垂三日，乃絞之。絞帶與要絰自別。」

傳曰：斬者何？不緝也。【疏】此對下「疏衰裳齊」，齊是緝，此則不緝也。

敖氏繼公曰：「此釋經『斬衰裳』之文也。不緝，謂不齊之也。其領袖亦有純。」

苴絰者，麻之有蕡者也。苴絰大搹，左本在下，去五分一以爲帶。【注】盈手曰搹。搹，扼也。中人之扼圍九寸，以五分一爲殺者，象五服之數也。【疏】《爾雅》云：「蕡，枲實。」注云：「蕡，麻子也。」以色言之謂之苴，以實言之謂之蕡。下言牡者，對蕡爲名；言枲者，對苴生稱也。云「苴絰大搹」者，先據首絰而言也。雷氏以搹，搤，不言寸數，則各從其人大小爲搤，非鄭義。據鄭注，無問人之大小，皆以九寸圍之爲正。若中人之跡，尺二寸也。云「左本在下」者，本謂麻根，此對爲母右本在上。

【《語類》】問絰帶之制。朱子曰：「首絰大一搤，只是拇指與第二指一圍。腰絰較小，絞帶又小于腰絰。腰絰象大帶，兩頭長，垂下。絞帶象革帶，一頭有彄子，以一頭串于中而束之。」

敖氏繼公曰：「此釋苴絰之文也。麻有蕡，則老而麤惡矣，故以爲斬衰之絰。重服之絰，以麻之有本者爲之，又有纓。此經左本而在下，所以見其以本爲纓也。去五分一，五分其絰之大而去其一也。經大帶小，見輕重也。《閒傳》曰：『男子重首，婦人重帶。』絰帶大小之義，主于男子。」

郝氏敬曰：「《詩》云：『有蕡其實。』麻結實者，根幹粗駔，故曰苴。首絰以麻，連根屈爲兩股，并絞以根，居左向下。左爲陽，向下爲大，以象父也。母喪反是。」

張氏爾岐曰：「以麻根置左，當耳上，從額前遶項後，復至左耳上，以麻之末加麻根之上，綴束之也。去首絰五分之一以爲要絰之數，首絰九寸，則要絰七寸二分也。」

齊衰之絰，斬衰之帶也，❶去五分一以爲帶。

❶「也去」二字，原闕，據庫本及《儀禮·喪服》補。

大功之絰，齊衰之帶也，去五分一以爲帶。小功之絰，大功之帶也，去五分一以爲帶。緦麻之絰，小功之帶也，去五分一以爲帶。

黄氏榦曰：「案本朝淳化五年，贊善大夫胡旦奏議曰：『《小記》篇有絰帶差降之數。斬衰葛帶，與齊衰初死麻之絰同，故云絰俱七寸五分寸之一。所以然者，就苴絰九寸之中五分去一，以五分分之，去一分，故云七寸五分寸之一。其帶又就葛絰七寸五分寸之一之中又五分去一，故五寸二十五分寸之十九也。齊衰既虞，變葛之時，又漸細，降初喪一等，與大功初死麻絰帶同，俱五寸二十五分寸之十九也。其帶五分首絰去一，就五寸二十五分寸之十九之中去其一分，故餘有四寸一百二十五分寸之七十六也。大功既虞，變葛之時，又漸細，降初喪一等，與小功初死麻絰同，俱四寸一百二十五分寸之七十六，其帶五分首絰又五分去一，就四寸一百二十五分寸之七十六之中五分去其一分，得三寸六百二十五分寸之四百二十九。小功既虞，變葛之時，又降初喪一等，與緦麻初死麻絰同，其帶五分首絰去其一，就三寸六百二十五分寸之四百二十九之中又五分去其一分，故其餘有二寸三千一百二十五分寸之二千九百六十六分，是緦麻以上變麻服葛之數也。』詔：『五服差降，宜依所奏。』」

敖氏繼公曰：「傳主言斬衰之絰帶，此則連言之耳。」

郝氏敬曰：「『齊衰之絰』以下，明五服皆有絞帶之制，以補經文之未備。齊衰之絰，斬衰之帶，謂母服之首絰，即父服之要絰。凡首絰大于要絰，母服降于父服也。五服皆有絰，而要絰皆居首絰五分之四以爲差。分必以五，服有五等也。帶即要絰，以爲帶，即以爲本服之要絰也。」

苴杖，竹也。削杖，桐也。杖各齊其心，皆下本。【疏】經唯云苴杖，不出杖體所用，故言「苴杖者，竹也」。下章直云「削杖」，亦不辨木名，故因釋之云「削杖者，桐也」。然爲父所以杖竹者，父者子之天，竹圓亦象天，竹又外内有節，象子爲父，亦有外内之痛。又竹能貫四時而不變，子之爲父，哀痛亦經寒温而不改，故用竹也。爲母杖桐者，桐之言同，内心同之于父，外無節，象家無二尊，屈于父，爲之齊衰，經時而有變。又案《變除》削之使方者，取母象于地故也。此雖不言杖之粗細，案《喪服小記》云：「絰殺五分而去一。杖大如絰。」鄭注云：「如要絰也。」如要絰者，以杖從心已下，與要絰同處。云「杖各齊其心」者，杖所以扶病，病從心起，故杖之高下，以心爲斷也。云「皆下本」者，本，根也，案《士喪禮》「下本」注云「順其性也」。

敖氏繼公曰：「此主釋苴杖而并及削杖也。竹杖而謂之苴者，以其不脩治故也。削杖，齊衰之杖也，用桐木，而又削之，所以別于斬衰者，杜元凱曰『員削之，象竹』是已。《小記》曰：『杖大如絰。』則是二杖皆如其首絰之度矣。各齊其心者，謂其長短，以當每人之心爲節也。皆者，皆二杖也。下本，所以別于吉。凡吉杖下末，《曲禮》曰『獻杖者執末』，謂吉杖也。」

【《欽定義疏》】杖緣扶病而設，而遂因之以爲節文，故爲父爲母，有竹與桐之殊。苴者不削，削則去其皮而稍澤，以是爲斬、齊之差也。吉杖之長，不僅齊心，其本在上，或刻鏤之以爲飾。喪杖短其度，而又倒之，亦去飾之意耳。不著尺寸而曰齊心者，人之長短不同，猶「苴絰大搹」之意也。疏引《變除》謂「削之使方，取母象于地」，此因削字而生其枝節耳。桐、竹既分矣，何必又方之乎？方之則不可以如絰之圍計矣。注以「下本」爲「順其性」，亦未確。夫吉杖豈必逆其性乎？明乎吉凶之變，而斬與齊又自有變，則禮意得矣。又案《喪服小記》注謂「杖如要絰」，則齊衰之杖僅五寸二十五分寸之十九，似太細矣。且曰如，則宜如其顯者，當從敖說。

杖者何？爵也。無爵而杖者何？擔主也。非主而杖者何？輔病也。童子何以不杖？不能病也。婦人何以不杖？亦不能病也。【注】爵，謂天子、諸侯、卿、大夫、士也。無爵，謂庶人也。擔猶假也。無爵者，假之以杖，尊其爲主也。非主，謂衆子也。【疏】有爵之人必有德，有德則能爲父母致病深，故許以其杖扶病。雖無爵，然以適子，故假取有爵之杖爲之喪主。衆子雖非爲主，子爲父母致病是同，亦輔病也。童子不杖，此庶童子也。案《問喪》云：「童子當室，則免而杖矣。」謂適子也。《雜記》又云：「童子不杖、不菲。」則直有衰裳經帶而已。婦人不杖，亦謂童子婦人，若成人婦人，正杖。《喪大記》云：「三日，子、夫人杖。五日，大夫、世婦杖。」諸經皆有婦人杖文，明此童子婦人。案《喪服小記》云：「女子子在室，爲父母，其主喪者不杖，則子一人杖。」鄭云：「女子子在室，亦童子也。無男昆弟，使同姓爲攝主不杖，則子一人杖，謂長女也。許嫁及二十而笄，笄爲成人，成人正杖也。」是其童女爲喪主則亦杖矣。雷氏以爲「婦人皆不杖，《小記》婦人不爲主而杖者，惟著此一條，明其餘不爲主者皆不杖」，此説非也。

孔氏穎達曰：「若是成人、出嫁婦人爲主，皆杖。故《喪大記》云：『三日，子、夫人杖。五日，授大夫、世婦杖。』《喪服傳》妻爲夫杖，《小記》云『母爲長子杖』，是成人婦人皆杖也。未嫁而稱婦人者，以其將有適人之端故也。」

敖氏繼公曰：「此因廣言用杖、不用杖之義。無爵者，謂大夫以下其子之無爵者及庶人也。傳意蓋爲此杖初爲有爵者居重喪而設，所以優貴者也。其後乃生擔主、輔病之義焉。童子與婦人皆謂非主者也，故但以不能病而不杖。然此章著妻妾、女子子之服異者，布總，箭笄，髽，衰也，是其經杖之屬如男子矣。妾與女子子非主也而亦杖，則似與不能病而不杖之義異。」

張氏爾岐曰：「疏云：『《禮記》諸文説婦人杖者甚衆，何言無杖？』愚意《禮記》雜出漢儒，當據此傳爲正。」

汪氏琬曰：「或問：禮，無爵者非擔主不杖，然則庶人居三年之喪，亦有不杖者與？曰：無之。古人之居喪也，哭踊無算，水漿不入口者三日。既殯食粥，朝一溢米，暮一溢米，如是則無不病者，故曰非擔主而杖爲輔病也，夫安得有不杖者與？今人之居喪也，哭泣不哀，飲食居處如故，其違禮也多矣。而又逆億古人之不能病，不亦悲夫！　或問：婦人可以不杖乎？曰：婦人之不杖也，傳謂其『不能病』故也。假令哀毁而能病，則聖人許之矣，豈遂禁其以杖即位乎？然則傳也，《喪服小記》也，或言杖，或言不杖者，蓋兩相發明也。或又問：婦人謂童女，孔穎達之説亦可信乎？曰：不然也。婦之言服也，服事其夫也，非未嫁女子之稱。」

盛氏世佐曰：「杖所以扶病也，傳乃以爵釋之者，見其自貴者始也。《四制》云：『三日授子杖，五日授大夫杖，七日授士杖。』亦可見矣。據疏所引《禮記》諸文，則童子、婦人俱有杖例。傳云不杖者，禮之正也。所以然者，聖人不以成人之禮責稚弱也。其有杖者，變例也。傳言正，記言變，吾見其相備，而未見其相違異也。婦人不言童子，蒙上文也。童女亦稱婦人者，下經云『爲姪、庶孫丈夫、婦人之長殤』，是其徵矣。此章著妻妾、女子子之服異者，布總，箭笄，髽，衰耳。其經杖之屬，皆與男子同，指成人者言也。此則謂其未成人者，傳又曷嘗與經異哉？」

絞帶者，繩帶也。【疏】王肅以爲絞帶如要絰焉。鄭不言，當依王義。絞帶象革帶，與要絰同在要，一則無上下之差，二則無粗細可象。而雷氏云去要絰五分一爲絞帶，失其義矣。但絰帶至虞後，變麻服葛，絞帶虞後，雖不言所變，案公士、衆臣爲君服布帶，又齊衰以下亦布帶，則絞帶虞後變麻服布，于義可也。

敖氏繼公曰：「此釋絞帶之文。經言『絞帶』而傳以『繩帶』釋之者，蓋絞之則爲繩矣。絞者，糾也。先儒以此絞帶象革帶，則其博當二寸，齊衰以下之布帶，其博宜亦如之。《玉藻》曰：『革帶博二寸。』」

冠繩纓，條屬，右縫。冠六升，外畢。鍛而勿灰。衰三升。【注】屬猶著也。通屈一條繩爲武，垂下爲纓，著之冠也。布八十縷爲升。升字當爲登，登，成也。今之《禮》皆以登爲升，俗誤已行久矣。《雜記》曰：「喪冠條屬，以別吉凶。三年之練冠，亦條屬，右縫。小功以下左縫。」外畢者，冠前後屈而出，縫于武也。【疏】鍛而勿灰者，以冠爲首飾，布倍衰裳而用六升，又加以水濯，勿用灰而已。冠六升勿灰，則七升以上故灰矣。云「衰三升」，不言裳，裳與衰同，故舉衰以見裳。爲君義服，衰三升半，不言者，舉正以包義也。又吉冠則纓、武別材，凶冠則纓、武同材，是以鄭云「通屈一條繩爲武」，謂將一條繩從額上約之，至項後交過，兩廂各至耳，于武綴之，各垂于頤下結之。云「著之冠」者，武、纓皆上屬著冠也。云「今之《禮》皆以登爲升，俗誤已行久矣」者，凡織紝之法，皆縷縷相登上，乃成繒布，登義强于升，故從登也。引《雜記》者，證條屬是喪冠，若吉冠則纓、武異材。云「三年之練冠，亦條屬」者，欲見條屬以至大祥除衰杖。大祥除喪之際，朝服縞冠，當纓、武異材，從吉法也。右縫者，大功以上哀重，其冠三辟積，鄉右爲之，從陰。小功、緦麻哀輕，其冠亦三辟積，鄉左爲之，從陽。二者皆條屬，但從吉從凶不同也。外畢者，冠廣二寸，落項，❶前後兩頭皆在武下，鄉外出，反屈之，縫于武而爲之，兩頭縫畢鄉外，故云外畢。案《曲禮》云「厭冠不入公門」，鄭注云：「厭猶伏也。喪冠厭伏。」是五服同名。由在武下，出反屈之，故得厭伏之名。《檀弓》云：「古者冠縮縫，今也衡縫。故喪冠之反吉，非古也。」是吉冠則辟積無殺，横縫，亦兩頭皆在武上，鄉内，反屈而縫之，不得厭伏之名。

敖氏繼公曰：「此主釋『冠繩纓』之文，條屬、右縫，皆謂纓也。條屬者，以一條繩爲纓而又屬于武也。右縫者，以纓之上端縫綴于武之右邊也。必右邊者，辟絰之纓也。其屬之内，以下端鄉上而結于武之左邊，以固其冠也。齊衰、大功布纓亦如之。惟小功以下，則纓在左而屬于右。《雜記》曰『喪冠條屬，以别吉凶。三年之練，冠亦條屬，右縫。小功以下左』是也。『冠六升』以下，乃因上文而并言冠之布與其制。又因冠布而見衰布也。畢，謂縫冠于武而畢之也。外畢者，别于吉也。吉冠于武上之内縫合之，凶冠于武上之外縫合之，是其異也。言『鍛而勿灰』者，嫌當異于衣也，故以明之。凡五服之布，皆不加灰。《雜記》曰：『加灰，錫也。』則凶服可知矣。衰三升者，但以正服言之，不及義服也。《記》曰『斬衰三升、三升有半』，是斬衰有二等也。」

郝氏敬曰：「《樂記》『男女無别則亂升』，《史記》作『亂登』。《詩》云：『椒聊之實，蕃衍盈升。』一手所把曰升。織布牽縷，以一手爲一升，一指間挾十縷，四指四十縷，往復則八十縷也。」

菅屨者，菅菲也，外納。【疏】周公時謂之屨，子夏時謂之菲。外納者，鄭注《士喪禮》云：「納，收餘也。」王謂正向外編之。

敖氏繼公曰：「此釋『菅屨』之文也。菲者，後世喪屨之名，故云。然傳釋經文止于此，其下因言孝子居喪之禮云。」

郝氏敬曰：「菲、扉同，草履也，一名不借。以其惡賤曰菲。納，收也。收其草緒向外曰外納，猶冠之外畢也。」

張氏爾岐曰：「菅屨即菅菲，以菅草爲屨也。外納，謂編屨畢，以其餘頭向外結之。」

居倚廬，寢苫枕塊。【疏】「居倚廬」者，孝子所居，在

❶「項」，阮元《儀禮注疏校勘記》以爲當作「頂」。

門外東壁，倚木爲廬。鄭注《既夕記》云：「倚木爲廬，在中門外東方，北户。」又《喪大記》云：「凡非適子者，自未葬，倚于隱者爲廬。」注云：「不欲人屬目，蓋廬于東南角。」若然，適子則廬於其北顯處爲之，以其適子，當應接弔賓，故不于隱者。臣爲君，則亦居廬。案《周禮・宮正》云：「大喪，授廬舍，辨其親疏貴賤之居。」注云：「親者貴者居倚廬，疏者賤者居堊室。」又《雜記》朝廷卿大夫士居廬，都邑之士居堊室，見諸侯之臣爲其君之禮。案《喪大記》云：「婦人不居廬。」此經專據男子生文。云「寢苫枕塊」，《既夕》文與此同，彼注云：「苫，編藁。塊，堛也。」在中門外者，哀親之在外；寢苫者，哀親之在草也。

聶氏崇義曰：「初喪，居廬，堊室，子爲父、臣爲君，各依親疏貴賤之序。案唐大曆年中，有楊垂撰《喪服圖》，説廬形制及堊室、幕次序列次第云：設廬次于東廊下，無廊，于牆下，北上。凡起廬，先以一木横于牆下，去牆五尺，卧于地爲楣。即立五椽于上，斜倚東墉上，以草苫蓋之。其南北面，亦以草屏之。向北開門。一孝子一廬。❶門簾以縗布。廬形如偏屋，其間容半席。廬間施苫凷。其廬南爲堊室，以墼壘三面，上至屋，如于牆下，即亦如偏屋，以瓦覆之，西向，户室施薦木枕。室南爲大功幕次，次中施蒲席。次南又爲小功、緦麻次，施牀，並西户。如諸侯始死，❷廬門外，便有小屏，餘則否。其爲母，與父同。爲繼母、慈母，不居廬，居堊室。如繼母有子，即隨子居廬。爲妻，準母。其堊室及幕次，不必每人致之，共處可也。婦人次于西廊下。」

張氏爾岐曰：「『居倚廬』一段，言居三年喪之大節。自『居倚廬』至『不脱絰帶』，言未葬時事。」

哭，晝夜無時。【疏】哭有三無時：始死，未殯已前，哭不絶聲，一無時；既殯已後，卒哭祭已前，阼階之下爲朝夕哭，在廬中思憶則哭，二無時；既練之後，無朝夕哭，惟有廬中，或十日，或五日，思憶則哭，三無時也。卒哭之後，未練之前，惟有朝夕哭，是一有時也。

張氏爾岐曰：「據疏，則傳言『哭晝夜無時』，謂未殯前哭不絶聲，卒哭前哀至則哭也。」

盛氏世佐曰：「此謂在廬中，因思憶而哭也。晝夜無時者，哀甚，不可爲節也。始死，未殯以前，哭不絶聲。既練之後，或十日，或五日，一哭于是。云晝夜無時，少殺

❶「子」字，原脱，據《三禮圖集注》卷一五補。
❷「死」，原作「起」，據《三禮圖集注》卷一五改。

于未殯前，而視既練後則戚矣。張説誤。是時亦有朝夕哭，不言者，以其不在廬也。朝夕哭于殯宮，無時之哭在次。」

歠粥，朝一溢米，夕一溢米。【注】二十兩曰溢，爲米一升二十四分升之一。【疏】《喪大記》云水漿不入口，三日之後乃始食，雖食，猶節之，使朝夕各一溢米而已。

陸氏德明曰：「王肅、劉逵、袁準、孔衍、葛洪皆云『滿手曰溢』。」

敖氏繼公曰：「溢，未詳。《小爾雅》曰：『一手之盛謂之溢，兩手謂之掬。』一升也。」

徐氏師曾曰：「溢，一手所握也。握容隘，必有溢于外者，故曰溢米。」

郝氏敬曰：「溢、搤通。米盈握，言食少也。」

姜氏兆錫曰：「朝夕一溢米，王肅諸儒皆訓爲滿手曰溢。溢，如字讀，有盈溢之象，其義最當。而鄭注乃訓爲『二十兩曰溢』，則以水旁之溢而訓爲金旁之鎰，義既曲矣。又以二十兩輕重之權數而轉爲一升又二十四分升之一大小之量數，是益之曲也。」

寢，不説絰帶。【疏】絰帶在衰裳之上而云「不脱」，則衰裳在内，不脱可知。

敖氏繼公曰：「喪莫重于絰帶，非變除之時及有故，則雖寢猶不敢脱，明其頃刻不忘哀也。」

盛氏世佐曰：「自居倚廬至此，皆既殯後，未葬已前事。」

既虞，翦屏柱楣，寢有席，食疏食，水飲，朝一哭、夕一哭而已。【注】楣謂之梁。柱楣，所謂梁闇。疏猶麤也。【疏】《王制》云：「天子七月而葬，諸侯五月而葬，大夫士三月而葬。」葬時送形而往，迎魂而反，乃至適寢之中，舊殯之處，爲虞祭以安之，《檀弓》云「葬日虞」是也。依《公羊傳》云，天子九虞，諸侯七虞，大夫五虞，士三虞。今傳言「既虞」，謂九虞、七虞、五虞、三虞之後，乃改舊廬，西鄉開户，翦去户旁兩廂屏之餘草。柱楣者，前梁謂之楣，楣下兩頭竪柱施梁，乃夾户旁之屏也。云「寢有席」者，謂蒲席加于苫上也。云「食疏食」者，用粗疏米爲飯而食之，明不止朝一溢夕一溢而已，當以足爲度。云「水飲」者，恐虞後飲漿酪之等，故云飲水而已。云「朝一哭夕一哭而已」者，此當《士虞禮》卒哭之後，彼云卒哭者，謂卒去廬中無時之哭，惟有朝夕于阼階下有時之哭。喪服之中，三無時哭外，惟此卒哭之後、未練之前一節之間是有時之哭。注云「梁闇」者,《書傳》文。《喪服四制》云「高宗諒闇三年」,鄭注云:「諒,古作梁。闇,讀如鶉鵪之鵪。闇謂廬也。廬有梁者,所謂柱楣也。」

郝氏敬曰:「虞,既葬始祭之名。既虞,則翦除倚廬屏蔽之草,加柱楣下,略脩飾也。」

張氏爾岐曰:「既虞,謂葬畢卒哭後。」

既練,舍外寢,始食菜果,飯素食,哭無時。

【注】舍外寢,于中門之外,屋下壘墼爲之。不塗墍,所謂堊室也。素,猶故也,謂復平生時食也。斬衰不書受月者,天子、諸侯、卿大夫、士,虞、卒哭異數。【疏】云「既練,舍外寢」者,謂十三月,服七升冠,男子除首絰而帶獨存,婦人除要帶而絰獨存。又練布爲冠,著繩屨止舍外寢之中,不復居廬也。云「哭無時」者,謂練後堊室之中,或十日,或五日,思憶則哭。注云「舍外寢,于中門之外」者,練後不居舊廬,還于廬處爲屋,但天子五門,諸侯三門,得有中門。大夫士惟有大門、内門兩門而已,無中門,而云「中門外」者,案《士喪禮》及《既夕》,外位惟在寢門外,其東壁有廬,堊室。若然,則以寢門爲中門,據内外皆有哭位,其門在内外位中,故爲中門,非謂在外門、内門之中爲中門也。言「屋下壘墼爲之」者,東壁之所,舊本無屋,而云屋下爲之者,謂兩下爲屋,謂之屋下。對廬偏加東壁,非兩下謂之廬也。云「不塗墍」者,謂翦屏而已,不泥塗墍飾也。云「所謂堊室」者,《間傳》云:「父母之喪,既虞,翦屏。期而小祥,居堊室。」彼練後居堊室,即此外寢也。云「復平生時食」者,此專據米飯而言也。天子以下,平常之食,皆有牲牢、魚腊。練後始食菜果,未得食肉飲酒,何得平常時食? 以古者名飯爲食,與《公食大夫》者同音也。凡喪服,所以表哀。哀有盛殺,服乃隨哀以降殺。故初服粗,至葬後、練後、大祥後漸細加飾,是以冠爲受。斬衰裳三升,冠六升。既葬後,以其冠爲受,衰裳六升,冠七升。小祥又以其冠爲受,衰裳七升,冠八升。自餘齊衰以下,受服之時,差降可知。然葬後有受服,有不受服。案下《齊衰三月章》及《殤大功章》皆云「無受」,《正大功章》即云「三月,受以小功衰,即葛,九月」。此《斬衰章》及《齊衰章》應言受月而不言,故鄭君特解之。案《雜記》云:「天子七月而葬,九月而卒哭;諸侯五月而葬,七月而卒哭;大夫三月而葬,五月而卒哭;士三月而葬,是月而卒哭。」是天子以下虞、卒哭異數,尊卑皆葬訖反,日中而虞。天子九虞,諸侯七虞,大夫五虞,虞訖,即受服。士三虞,待卒哭,乃受服。必然者,以其大夫以上卒哭在後月,虞在前

月，日已多，是以虞即受服，不得至卒哭。士葬月卒哭，與虞同月，故受服待卒哭後也。今不言受月者，《喪服》總包天子以下，若言七月，惟據天子，若言五月，惟據諸侯，皆不該上下，故周公設經，没去受服之文，亦見上下俱合故也。

敖氏繼公曰：「哭無時者，既練，又變而不朝夕哭，惟哀至則哭而已。此哭亦在次中。」

張氏爾岐曰：「練，十三月之祭。此日以練布爲冠服，故以名祭，即小祥也。」

蕙田案：凡哭之疏數，皆隨其哀之盛殺以爲節。賈疏爲哭有三無時、一有時之説，已覺著跡。敖氏分爲三無時、二有時，盛氏又分爲四變，皆屬支離。

又案：自「居倚廬」至此，皆言三年喪居處、飲食、哭泣之節，然亦其大略而已。喪，與其易也寧戚。高子皐泣血三年，未嘗見齒，君子不以非也。

父。【疏】周公設經，上陳其服，下列其人。即此文「父」已下，是爲其人服上之服者也。先陳父者，此章恩義並設，義由恩出，故先言父也。

傳曰：爲父何以斬衰也？父至尊也。【疏】天無二日，家無二尊。父是一家之尊，尊中至極，故爲之斬也。

敖氏繼公曰：「云『何以斬衰』，怪其重也。凡傳之爲服而發問，有怪其重者，有怪其輕者，讀者宜以義求之。」

郝氏敬曰：「父不言親，人皆知父親而不知父尊，知父尊而不知其爲至尊也。一氣初化，乾道資始，雖母亦後之，故曰至尊。凡禮，主敬而尚尊。聖人爲禮，以義制恩，人道所以别于禽獸，此也。故禮絶于事父，尊之至也。臣之事君，資之而已。」

王氏志長曰：「三年之喪，達乎天子，古今之通義也。《喪服》首斬，而父爲斬中之正。考其服制，别無尊卑差降之法。自後有士服、大夫服之説，父母之喪，以爵之貴賤爲降殺。此後世禮壞樂崩之論，豈可訓哉！《喪服》固周公之舊也。」

【《欽定義疏》】《雜記》：「大夫爲其父母兄弟之未爲大夫者之喪服如士服。士爲其父母兄弟之爲大夫者之喪服如士服。大夫之適子，服大夫之服。大夫之庶子爲大夫，則爲其父母服大夫服。」《春秋》襄十七年《左氏傳》：「齊晏桓子卒，晏嬰麤縗斬，苴絰、帶、杖，菅屨，食粥，居倚廬，寢苫枕草。其老曰：『非大夫之禮也。』曰：『唯卿爲大夫。』」據此，則大夫喪服有與士異者矣。然《中庸》言：「三年之喪，達乎天子。父母之喪，無貴賤，一也。」《雜記》亦云：「端衰喪車無等。」《孟子》謂：「三年之喪，齊疏之服，飦粥之食，自天子達于庶人，三代共之。」寧有大夫、士之異等者乎？如異等，則諸侯、天子必更有異，是逾薄也。記傳所言，其起諸世卿執政之時，而非成周之本制與？

諸侯爲天子。【疏】此又在父下君上者，以此天子不兼餘君，君中最尊，故特著文于上也。

傳曰：天子至尊也。【疏】天子至尊，同于父也。

郝氏敬曰：「此所謂資于事父以事之者也。」

王氏昭禹曰：「《春官．司服》：『凡喪，爲天王斬衰。』天王有父道，故諸侯及諸臣服斬衰，以王爲天也。若諸侯之大夫，自天其君，則爲王繐衰而已。」

【《欽定義疏》】諸侯，謂分封列國者。其仕於王朝之卿大夫士，爲天子服亦同。經但言「諸侯爲天子」，而王朝之卿大夫士爲天子服斬衰，則統於下文「君」一條内矣。此另列「諸侯爲天子」者，以諸侯、天子皆君，恐疑於不必如君臣之服，故特著之也。

胡氏安國曰：「諸侯爲天子服斬衰，禮當以所聞先後而奔喪也。或謂萬國至衆，封疆至重，天王之喪，不得越境而奔，而脩服于國，禮乎？《康王之誥》『大保率西方諸侯入應門左，畢公率東方諸侯入應門右』，此奔成王之喪者也，安得以爲脩服于國而可乎？」

【《欽定義疏》】奔喪，正也。而脩服於國者，亦宜有之。道有遠近，期有疏數，固不能胥六服之羣辟而舉空其國也。《康王之誥》之諸侯，蓋適當朝覲而在京師者。若聞喪而奔者，近畿或有之，稍遠則固不能如是速也。班氏固言之善矣。《白虎通》曰：「天子崩，遣使者訃諸侯。諸侯悲哀慟怛，莫不欲覩君父之棺柩，盡悲哀。又爲天子守藩，不可頓空也。故分爲三部，七月之間，諸侯有在京師親共臣子之事者，有號泣悲哀、奔走道路者，有居其國哭痛思慕、竭盡所共以助喪事者，是臣下若喪考妣之義也。」

范氏祖禹曰：「君喪三年，古未之改。漢文率情變禮，雖欲自損以便人，而不知使人入於異類也。❶自是以後，民不知戴君之義，而嗣君遂亦不爲三年之服。唐之人主，鮮能謹於禮者。故有公除而議昏，亮陰而舉樂，忘父子之親，固不可矣。然如漢文之制，志寧之議，是亦有父子而無君臣也。爲國家者，必務革漢文之薄制，遵三代之隆禮，教天下士大夫以方喪三年，則衆著於君臣之義矣。」

胡氏寅曰：「漢文減節喪紀，固負萬世譏矣。然遺詔所諭，謂吏民耳。太子嗣君，豈吏民比？而景帝冒用此文，乃自短三年之制，是不爲君父服斬衰，自景帝始也。且天子之所以不遂服三年者，何謂哉？謂妨政事耶？謂費財用耶？謂防攝政之人耶？謂妨政事，孰先於國家之大憂？謂費財用，財用固所以行禮

❶「異類」，《唐鑑》卷七作「短喪」。

也。謂防攝政之人，則虞、夏、殷、周未聞有攝政之人奪喪君之國者。揆之以禮，稽之以事，無一而可。乃不法堯、舜、三代而以刻薄之景帝爲師，何哉？寥寥千載，惟晉武欲行古制，而尼于裴、傅之邪説。獨魏孝文，天性仁厚，斷以不疑，雖不盡合禮文，而哀戚之情，溢于杖絰。讀史者猶惻然感動，想見其爲人。」

劉氏攽曰：「漢文帝制此喪服，斷自已葬之後。其未葬之前，則服斬衰。漢諸帝自崩至葬，有百餘日者，未葬，則服不除矣。《翟方進傳》：『後母終，既葬三十六日，起視事。以身備漢相，不敢踰國家之制。』此其證也。説者遂以日易月，又不通計葬之日，皆大謬也。文帝詔，既葬除重服，大紅十五日，小紅十四日，纖七日，所以漸即吉耳。」

朱子曰：「漢文葬後三易服，三十六日而除，差賢於後世之自始遭喪，便計二十七日而除者。然大者不正，其爲得失，不過百步五十步之間耳。孝宗服高宗，既葬，白布衣冠視朝，此爲甚盛之德，足破千載之繆。前世人君，自不爲服，故不能復古。當時有此機會，而儒臣禮官不能有所建明，以爲一代之制，遂至君服於上，臣除於下，因陋踵譌，深可痛恨也。」

【《欽定義疏》】漢文遺詔，《史記》、《漢書》皆云：「已下，服大紅十五日，小紅十四日，纖七日。」已下者，謂柩已下于壙，始服大紅等服，則三十六日在既葬之後甚明。至魏武，始令葬畢便除，無所爲三十六日之服者。後又何代，直以三十六日爲除服之期，而不論葬與否。至唐明皇、肅宗之喪，又降三十六日爲二十七日。

短喪雖自漢文，而後代之屢變而愈短如此。

君。【疏】臣爲之服。此君内兼有諸侯及大夫，故文在天子下。

傳曰：君至尊也。【注】天子、諸侯及卿大夫有地者，皆曰君。【疏】案《周禮·載師》云：「家邑任稍地，小都任縣地，大都任疆地。」是天子卿、大夫有地者。若魯國季孫氏有費邑，叔孫氏有郈邑，孟孫氏有郕邑，晉國三家亦皆有韓、趙、魏之邑，是諸侯之卿大夫有地者皆曰君。士無臣，雖有地，不得君稱，故僕隸等爲其喪，弔服加麻，不服斬也。

敖氏繼公曰：「諸侯及公卿大夫士有臣者，皆曰君。此爲之服者，諸侯則其大夫士也，公卿大夫士則其貴臣也。此亦主言士禮，以關上下。下放此。」

【《欽定義疏》】下經「公士大夫之臣」節，傳云「君，謂有地者也」，此注蓋本此而言。然古者遞相君臣，則不必有地而後有臣矣。疏謂「士無臣」，亦本注説。然《特牲·記》「私臣門東，北面西上」，則士自有臣。《士喪禮》讀賵有「主人之史」，以別於公史，明乎主人之史之爲私臣也。《奔喪》：「哭天子九，諸侯七，卿大夫五，士三。」皆言臣爲君也。凡士之禮，事用私臣者不少，則士亦有臣明矣。既委贄爲臣，寧可不以君之服服之乎？敖氏兼士言之，于義爲合。又《緦麻章》爲貴臣服緦，大夫無緦服，則爲之服者必士也。士卑，故爲其臣緦，不止弔服加麻而已。曾是臣之服之也，而僅弔服加麻云爾乎？或疑子疾病，而子路使門人爲臣，夫子曾爲大夫，致仕尚無臣，則士似不應有臣。曰：大夫致仕而無臣者，謂大夫之臣也。若不爲大夫，己所自有之臣，則固自若也。子路蓋以夫子爲大夫時，門人如原思輩曾爲之臣矣。今欲使覉之曾爲臣者，以臣行事，而爲夫子服三年之喪以尊聖人，而不知大夫之臣之視夫子祇爲舊臣，而不可以現爲臣之禮施之，此聖人所以深責之也。若夫子所自有之臣如室老之類，則不因不爲大夫而遂無也。

父爲長子。【注】不言嫡子，通上下也。亦言立嫡以長。【疏】言長子，通上下，則適子之號，惟據大夫士，不通天子、諸侯。若言太子，則亦不通上下。云「亦言立嫡以長」者，欲見適妻所生，皆名適子。第一子死，則取適妻所生第二長者立之，亦名長子。若言適子，惟據第一者，若云長子，通立嫡以長也。

敖氏繼公曰：「爲之三年者，異其爲嫡，加隆之也。此嫡子也，不云嫡而云長者，明其嫡而又長，故爲之服此而不降之也。《疏衰三年章》放此。後凡言嫡者，亦皆兼長言之，經文互見之耳。」

傳曰：何以三年也？正體於上，又乃將所傳重也。庶子不得爲長子三年，不繼祖也。【注】此言爲父後者，然後爲長子三年，重其當先祖之正體，又以其將代己爲宗廟主也。庶子者，爲父後者之弟也。言庶者，遠別之也。《小記》曰：「不繼祖與禰。」此但言祖不言禰，容祖、禰共廟。【疏】經云繼祖，即是爲祖後乃得爲長子三年。鄭云「爲父後者然後爲長子三年」，不同者，周之道，有適子，無適孫，適孫猶同庶孫之例，要適子死後乃立適孫，乃得爲長子三年，是「爲父後者然後爲長子三年」也。兄得爲父後者是適子，其弟則是庶子，是爲父後者之弟，不得爲長子三年。此鄭據初而言，其實繼祖父身三世，長子四世乃得三年也。鄭注《小記》云「言不繼祖禰，則長子不必五世」者，鄭前有馬融之等解爲長子五世，鄭以義推之，己身繼祖與禰，通己三世，即得爲長子斬，長子惟四世，不待五世。此微破馬融之義也。雖承重不得三年有四種：一則正體不得傳重，謂適子有廢疾，不堪主宗廟也；二則傳重非正體，庶孫爲後是也；三則體而不正，立庶子爲後是也；四則正而不體，立適孫爲後是也。

【《語録》】有問周制有大宗之禮，乃有立適之義。立適以爲後，故父爲長子三年。今大宗之禮廢，無立適之法，而子各得以爲後，則長子、少子當爲不異。庶子不得爲長子三年者，不必然也。父爲長子三年者，亦不可以適庶子論也。朱子曰：宗子雖未能立，然服制自當從古，是亦愛禮存羊之意，不可妄有改易也。如漢時宗子法已廢，然其詔令猶存賜民當爲父後者爵一級，是此禮意猶在也，豈可謂宗法廢而衆子皆得爲父後乎？

敖氏繼公曰：「祖，謂別子也。繼祖者，大宗子也。《記》曰『別子爲祖，繼別爲宗』是也。此云『不繼祖』者，唯指大宗之庶子而言。若《小記》所謂不繼祖與禰者，則兼言大宗、小宗之庶子也。然經但云『父爲長子』耳，傳記乃有庶子不繼祖禰，不得爲長子三年之説，亦似異於經。《殤小功章》云大夫、公之昆弟爲庶子之長殤，公之昆弟爲其庶子服，與大夫同，則爲其適子服亦三年，與大夫同明矣。公之昆弟，不繼祖禰者也，而其服乃若是，則所謂庶子不得爲長子三年者，其誤矣乎？」

盛氏世佐曰：「子爲父母三年，父母爲子期，服之正也。爲長子三年，以其承祖之重而加隆焉爾。此尊祖敬宗之義，通乎上下者也。云『正體于上』者，明其父之爲適長也。云『又乃將所傳重也』者，明其子之亦爲適長也。重，謂宗祀也。庶子不得祭，即不得爲長子三年，以其無重可傳也。庶子，不爲父後者也，云『不繼祖』者，指其子而言也。然則爲長子三年，五宗皆得行之矣。雖繼禰之宗，亦得爲長子三年者，以身既繼禰，即得主禰廟之祭，是亦有傳重之道故也。《小記》所謂不繼祖與禰者，亦謂庶子不繼禰，而庶子之長子不繼祖耳。先儒考之弗審，因謂適適相承，必至四世，乃得三年，失其義矣。經但云『父爲長子』，而不別父之適庶，故傳記爲發明之，此傳記之所以有功於經也。」

蕙田案：尊祖故敬宗。繼祖之嫡，尊祖也；繼禰之嫡，敬宗也。《小記》實補經之未備，非別有義也。

爲人後者。【疏】此出後大宗，其情本疏，故設文次在長子之下也。雷氏云：此文當云爲人後者「爲所後之父」，闕此五字者，以其所後之父或早卒，今所後其人不定，或後祖父，或後曾高祖，故闕之也。

敖氏繼公曰：「不言爲所後之父者，義可知也。禮，大宗子死而無子，族人乃以支子爲之後。」

傳曰：何以三年也？受重者，必以尊服服之。

敖氏繼公曰：「此釋經意也。重，謂宗廟之屬。尊服，謂斬衰。」

郝氏敬曰：「傳問何以三年，疑其與親生者有間也。受重，謂繼宗祀。」

何如而可爲之後？同宗則可爲之後。【疏】大宗子當收聚族人，非同宗則不可。謂同承別子之後，一宗之內，若別宗同姓，亦不可，以其收族故也。

敖氏繼公曰：「此言當以同宗爲後也。自是以下，又覆言爲人後之義。」

郝氏敬曰：「爲後者必同宗，爲其初本一體也。」

何如而可以爲人後？支子可也。【疏】云「支子可也」者，以其他家適子當家，自爲小宗，小宗當收斂五服之內，亦不可闕，則適子不得後他，故取支子，支子則第二以下庶子也。不言庶子云支子者，若言庶子，妾子之稱，嫌謂妾子得後人，適妻第二已下子不得後人，是以變庶言支，支者，取支條之義，不限妾子而已。適子既不得後人，則無後亦當有立後之義也。

敖氏繼公曰：「必支子者，以其不繼祖禰也。」

蕙田案：據此則可知，繼禰者與繼祖同。

爲所後者之祖、父母、妻，妻之父母、昆弟，昆弟之子，若子。【注】若子者，爲所爲後之親如親子也。【疏】死者祖父母，則爲後者之曾祖父母，妻即爲後者之母也。妻之父母、妻之昆弟、妻之昆弟之子，于爲後者爲外祖父母及舅與内兄弟，皆如親子爲之著服也。

敖氏繼公曰：「言妻之昆弟，以見從母；言妻之昆弟之子，以見從母昆弟也。此于尊者，惟言所後者之祖父母；于親者，惟言所後者之妻。蓋各舉其一，以見餘服也。至于其『妻之父母』以下，乃備言之者，嫌受重之恩主于所後者，而或略于其妻黨也。其妻黨之服且如是，則于所後者之親服，益可知矣。經見爲人後者，如子之服，僅止于父，故傳爲凡不見者言之又詳。此傳言爲人後者爲所後者祖父母服，則是所後者死，而其祖父若父或猶存，于祖父若父猶存，而子孫得置後者，以其爲宗子故爾。蓋尊者已老，使子孫代領宗事，亦謂之宗子，所謂『宗子不孤』者也。非是則無置後之義。」

顧氏炎武曰：「此因爲人後而推言之所後者有七等之親，皆當如禮而爲之服也。所後之祖，我之曾祖也；父母，我之祖父母也；妻，我之母也；妻之父母，我之外祖父母也。因妻而及，故連言之，取便文也。昆弟，我之世叔父也。昆弟之子，我之從父昆弟也。若，及也。若子，我之從父昆弟之子也。正義謂『妻之昆弟、妻之昆弟之子』者，非。」

盛氏世佐曰：「祖，祖父母也。唯言祖，文省耳。所後者之祖父母，爲後者當服齊衰三月。若所後者及所後者之父皆没，則爲曾祖父服斬，曾祖母齊衰三年。曾祖父在，則爲曾祖母服，如父在爲母。父母，爲後者當服不杖期。若所後者已没，則爲祖父服斬，祖母齊衰三年。祖父在則爲祖母服，如父在爲母。爲人後矣，而傳乃陳爲所後者之祖若父之服，所以見爲宗子而死，雖祖若父猶存，亦得置後也，且容有生而置後者也。妻，爲後者當服齊衰杖期；若所後者已没，則爲之齊衰三年。妻之父母，爲後者當服小功。於所後者之妻黨，舉一父母，則其他可知矣。言此于本宗之上，文便也。昆弟，爲後者當服不杖期。所後者，大宗子也。昆弟之子，爲後者當服大功。若，如也。

如子者，謂爲後者爲此六等之親，服皆如所後者之親子也。傳因『爲人後者』之服，連類及之，以補經之未備，而其言之詳略，亦各有義焉。於正統之親，悉數之。於旁親，舉一昆弟，以例夫與父同行者；舉一昆弟之子，以例夫與己同行者。下此則略而不言，尊卑之差也。六者之中，本宗居其五，外親居其一，内外之辨也。注疏及顧說互有得失，故備論之。」

蕙田案：盛氏說最爲詳明。

妻爲夫。【疏】自此已下，論婦人服。婦人卑于男子，故次之。

傳曰：夫至尊也。【疏】妻者，齊也，言與夫齊也。夫至尊者，雖是體敵齊等，以其在家天父，出則天夫，是其男尊女卑之義，故同之于君父也。

敖氏繼公曰：「此亦主言士妻之禮，以通上下。凡婦人之爲服者，皆放此。」

妾爲君。【疏】妾賤于妻，故次妻後。

【張氏《監本正誤》】妾爲君，爲，誤作謂。

蕙田案：下傳云「妾爲君」，注：「謂夫爲君，雖士亦然。」疏：士身不合名君，妾與臣無異，得稱夫爲君。

傳曰：君至尊也。【注】妾謂夫爲君者，不得體之，加尊之也，雖士亦然。【疏】《内則》云：「聘則爲妻，奔則爲妾。」鄭注云：「妾之言接，聞彼有禮，走而往焉以得接見于君子。」是名妾之義。但其並后匹嫡，則國亡家絶之本，故深抑之，别名爲妾也。既名爲妾，故不得名壻爲夫，故加其尊名，名之爲君也。云「雖士亦然」者，士身不合名君，至于妾之尊夫，與臣無異，是以雖士妾，得稱夫爲君。

敖氏繼公曰：「妾與臣同，故亦以所事者爲君。《春秋傳》曰：『男爲人臣，女爲人妾。』」

女子子在室爲父，【注】女子子者，女子也，❶别于男

❶「女子」，原作「子女」，宋李如圭《儀禮集釋》卷一七：「『女子』，各本訛作『子女』。杜佑《通典》兩引鄭注『女子子者，女子也』，今據以訂正。」據改。

子也。言在室者，關已許嫁。【疏】關，通也。通已許嫁者，女子子十五許嫁而笄，與丈夫二十而冠同，則同成人矣。身既成人，亦得爲父服斬也。雖許嫁爲成人，及嫁，要至二十乃嫁于夫家也。

敖氏繼公曰：「女子，猶言婦人也。云『女子子』者，見其有父母也。在室，在父之室也，與《不杖期章》適人者對言。」

郝氏敬曰：「男女稱子，對父母爲子也。女子重稱子，别于男子之爲子也。」

盛氏世佐曰：「女子子在室與男子同，未嫁，無可降也。此謂成人而未嫁者也。其未成人者服同，唯不杖爲異。《小記》云：『女子子在室，爲父母，其主喪者不杖，則子一人杖。』然則未成人而有男昆弟者，皆不杖可知矣。」

布總，箭笄，髽，衰，三年。【注】此妻、妾、女子子喪服之異于男子者。總，束髮。謂之總者，既束其本，又總其末。箭笄，篠也。髽，露紒也，猶男子之括髮。斬衰括髮以麻，則髽亦用麻也。蓋以麻自項而前，交于額上，卻繞紒，如著幓頭焉。《小記》曰：「男子冠而婦人笄，男子免而婦人髽。」凡服，上曰衰，下曰裳。此但言衰，不言裳，婦人不殊裳，衰如男子衰，下如深衣。深衣則衰無帶，下又無衽。【疏】上文經至練有除者，此三者並終三年乃除之。案《喪服小記》云：「婦人帶、惡笄以終喪。」彼謂期服者，帶與笄終喪，此斬衰帶亦練而除，笄亦終三年也。布總者，只爲出紒後垂爲飾者而言，以其布總六升，與男子冠六升相對故也。髽有二種，案《士喪禮》曰：「婦人髽于室。」注云：「始死，婦人將斬衰者，去笄而纚；將齊衰者，骨笄而纚。今言髽者，亦去笄纚而紒也。齊衰以上，至笄猶髽。髽之異于括髮者，既去纚，而以髮爲大紒，如今婦人露紒，其象也。」其用麻布，亦如著幓頭然，是婦人髽之制也。二種者，一是未成服之髽，即《士喪禮》所云者是也。將斬衰者用麻，將齊衰者用布。二者，成服之後露紒之髽，即此經注是也。

孔氏穎達曰：「髽者，形有多種，有麻、有布、有露紒也，其形有異，同謂之髽也。婦人之髽有三，其麻髽之形，與括髮如一，以對男子括髮時也。斬衰，括髮以麻，則婦人于時髽亦用麻也。男子括髮，先去冠縰用麻，婦人亦去笄縰用麻。又知有布髽者，案此云『男子免』，對『婦人髽』，男免既用布，則婦人髽不容用麻也。是知男子爲母免，則婦人布髽也。知有露紒髽者，❶《喪服傳》

❶「知」，原作「如」，據《禮記・喪服小記》疏改。

云『布總，箭笄，髽，衰，三年』，明知此服並以三年，三年之內，男不恒免，則婦人不用布髽，故知恒露紒也。此三髽之殊，是皇氏之說。今考校以爲正有二髽，一是斬衰麻髽，二是齊衰布髽，皆名露紒。必知然者，以《喪服》『女子子在室，爲父箭笄、髽、衰』，是斬衰之髽，用麻，鄭注以爲『露紒』，明齊衰用布，亦謂之露紒髽也。『其義，爲男子則免，爲婦人則髽』者，以其義于男子則免，婦人則髽，獨以別男女而已，非別有義也。」

方氏慤曰：「男子所以冒首者謂之冠，婦人所以貫髮者謂之笄。此特言其吉而已，及凶而變焉。男子則去冠而免，婦人則去笄而髽也。故曰『男子免而婦人髽』。蓋有冠則首服，去冠則免，故去冠，以麻繞之，謂之免。有笄則髮立，去笄則髽，故去笄，以麻繞之，謂之髽。若夫男子成服，則亦有冠焉，所謂厭冠是也。婦人成服，則亦有笄焉，所謂惡笄是也。然則喪之或免或髽者，豈有他哉，特以辨男女之義而已。」

黄氏榦曰：「自斬至緦，成服皆布總。其布之升數，象男子冠數。箭篠，竹也，以箭篠爲笄也。始死，將斬衰，婦人去笄，至男子括髮，著麻髽之時，猶不笄。今成服，始用箭笄。箭笄長尺。婦人箭笄終喪，婦人有除無變也。」

敖氏繼公曰：「髽者，露紒之名也。此主言成服以後之禮。然當髽者，自小斂之時則然矣。故《士喪禮》『卒斂，婦人髽于室』，自此以至終喪，不變也。」

盛氏世佐曰：「髽與括髮免，皆以麻若布繞額而露其髽髻之名，制同而名異，所以別男女也。《既夕》云『丈夫髽』，《喪服四制》云『禿者不髽』，是髽又男女之通稱矣。男子之括髮免，皆因事而爲之。婦人則髽以終喪，婦人少變也。括髮免者，必去冠，髽可以不去笄，亦其異也。」

傳曰：總六升，長六寸。箭笄長尺，吉笄尺二寸。【注】總六升者，首飾象冠數。長六寸，謂出紒後所垂爲飾也。【疏】云「箭笄長尺，吉笄尺二寸」者，此斬之笄用箭，下《記》云：「女子子適人爲父母，婦爲舅姑，用惡笄。」鄭以爲「榛木爲笄」，則《檀弓》「南宫縚之妻之姑之喪」云「蓋榛以爲笄」是也。吉時，大夫士與妻用象，天子、諸侯之后、夫人用玉爲笄。今于喪中，唯有此箭笄及榛二者。若言寸數，亦不過此二等。

郝氏敬曰：「總止六寸，取覆髽耳。喪笄比吉笄短二寸，獨于此詳者，因明婦人爲斬衰首服，所異于男子者。」

張氏爾岐曰：「『總六升』注云『象冠數』，謂象斬衰冠之數。餘服當亦各象其冠布之數。長六寸，註知其指紒後者，以其束髮處，人所不見，無寸可言也。」

子嫁，反在父之室，爲父三年。【注】謂遭喪後而出者，始服齊衰朞，出而虞，則受以三年之喪受，既虞而出，則小祥亦如之。既除喪而出，則已。凡女，行于大夫以上曰嫁，行于士庶人曰適人。

孔氏穎達曰：「女出嫁，爲父母期。若父母喪，未小祥而被夫遣歸，值小祥，則隨兄弟服三年之受。既已絶夫族，故其情更隆于父母也。若父母喪已小祥，而女被遣，其期服已除，若反本也，服須隨兄弟之節。兄弟小祥之後無服變之節，故女遂止也。『未練而反則期』者，謂先有喪而爲夫所出，今未祥而夫命己反，則還夫家，至小祥而除，是依期服也。『既練而反則遂之』者，若還家已隨兄弟小祥服三年之受，而夫反命之，則猶遂三年乃除，隨兄弟故也。」

敖氏繼公曰：「子，女子子也。承上經而言，故但云『子』，省文耳，非經之正例也。又云嫁則爲女子，子無嫌，亦可以不必言女。經于他處凡言子者，皆謂男子。言『反在父之室』，明其見出于父存之時也。著之者，嫌與未嫁者異也。此喪父，與未嫁者同，則其爲母以下亦如之可知，經特于此發之也。」

馬氏融曰：「爲犯七出，還在父母之家。」

王氏肅曰：「嫌已嫁而反，與在室不同，故明之。」

【《欽定義疏》】女子必有所繫屬，故未嫁天父，既嫁天夫。被出而反，則仍天父也。女子被出之由，如無子、惡疾，乃命之不辰，非其自取。若夫淫佚、不孝、竊盜、妬忌、多言，則孽由自作，而父不以不肖絕之者，父子主恩。出于夫家，義也；

歸于父家，恩也。恩義兩不相掩也。康成本《喪服小記》而推言之，以補此經之未備，非謂此經專主遭喪而出者也。

蕙田案：此明女子子既嫁而反，爲父之服。讀《義疏》可以知其大義，觀註疏可以知其節文，經旨乃圓。

盛氏世佐曰：「女子嫁而降其本宗之服，婦人之義，內夫家而外父母家也。被出而歸，仍與未嫁者同，以其與夫絶族也。此經所陳，兼未遭喪而出及遭喪未練而出者言也。言『三年』而不言所服，容遭喪而出，則其初喪之服，或不盡同于在室者也。若其遭喪而出，出而復反者，變除之節，則《小記》論之詳矣。《記》云：『爲父母喪：未練而出，則三年；既練而出，則已；未練而反，則期；既練而反，則遂之。』」

公士、大夫之衆臣，爲其君布帶、繩屨。【注】士，卿士也。公卿大夫厭于天子諸侯，故降其衆臣布帶、繩屨。貴臣得伸，不奪其正。【疏】《典命》大國立孤一人，諸侯無公，以孤爲公。降其衆臣布帶、繩屨二事，其餘服、杖、冠、絰，則如常也。其布帶則與齊衰同，其繩屨則與大功等也。貴臣得伸，依上文，絞帶、菅屨也。

李氏心傳曰：「以傳考之，疑『士』即『卿』字，傳寫誤也。」

蕙田案：李説未確。

敖氏繼公曰：「此亦以其異，故著之，且明異者之止于是也。公，即所謂諸公也。公卿大夫，亦仕於諸侯者也。其衆臣爲之布帶繩屨，降于爲君之正服，所以辨貴臣而不敢與之同也。蓋此君之尊，殺于國君，故其臣之爲服者，得以別貴賤也。」

郝氏敬曰：「公士，謂諸侯之士與大夫之衆家臣，各爲其君斬衰三年。但加布帶，與齊衰以下同；屨麻繩，不用菅，與不杖期以下同。蓋爵貴者恩重盡服，爵卑者恩殺服損也。」

姜氏兆錫曰：「注疏殆誤。本章緣臣有貴賤，故服有隆殺。經蓋言衆臣非貴臣比，故帶屨與苴帶菅屨殊，而傳因言其非貴臣比，故雖服杖，亦不與之俱即位耳。若謂卿大夫厭于君而降之，必無降衆臣而反不降貴臣之理。若又謂其君卑，衆臣乃即位，尊即不即位，則又豈君尊即不爲王侯厭而君卑獨爲厭乎？其誤甚矣！」

盛氏世佐曰：「公士，公家之士，《玉藻》云『公士擯』是也。大夫兼公卿而言。大夫之衆臣，謂私臣之賤者。其君，謂此二等之人之君也。公士君諸侯，大夫之衆臣君大夫，二者亦斬衰三年，而于其帶與屨少殺之者，則以其疏且賤故也。舊解誤。今依郝説正之。」

蕙田案：郝説得之，盛氏依之是也。

傳曰：公卿，大夫室老、士，貴臣，其餘皆衆臣也。君，謂有地者也。衆臣杖，不以即位。近臣，君服斯服矣。繩屨者，繩菲也。

【注】室老，家相也。士，邑宰也。近臣，閽寺之屬。君，嗣君也。斯，此也。近臣從君，喪服無所降也。繩菲，今時不借也。【疏】公卿大夫，或有地，或無地，衆臣爲之皆有杖。但無地公卿大夫，其君卑，衆臣皆得以杖，與嗣君同即阼階下朝夕哭位。若有地公卿大夫，其君尊，衆臣雖杖，不得與嗣君同即哭位，下君故也。漢時謂繩菲爲不借者，此凶屨，不得從人借，亦不得借人也。

敖氏繼公曰：「室老，家臣之長者也。士，凡士之爲家臣者皆是也。衆臣杖，不以即位，亦異于貴臣也。然則貴臣得以杖，與子同即位者，亦以其尊少貶故也。經唯言公卿大夫爾，而傳以『有地者』釋之，則無地者其服不如是乎？似失于固矣。近臣，君服斯服，乃諸侯之近臣從君服者也。傳言于此，亦似非其類。」

郝氏敬曰：「公卿，諸侯之卿。大夫室老，大夫家臣之長。士，大夫之邑宰。此皆貴臣，得盡服，餘皆衆臣，布帶繩屨也。有地，謂諸侯有社稷，大夫有采邑。衆臣布帶繩屨，皆杖，但不以杖即位，異于貴臣杖即位也。近臣，閽寺之屬，恩禮又殺于衆臣，服無等，唯視嗣君服服耳。菲即屨也。」

姜氏兆錫曰：「傳又言近臣者，亦見賤，非貴比，但以近君，從而爲服耳。若如疏義，毋論理不足，即上下文義亦失矣。」

盛氏世佐曰：「公卿大夫，諸侯之貴臣也。室老、士，大夫之貴臣也。貴臣于其君，恩深義重，故其服一同于父，而無所殺，若其餘，則不能無所殺矣。公士，亦諸侯之衆臣也，故其服諸侯，與大夫之衆臣爲大夫服同。有地者，兼諸侯、大夫言也。衆臣杖，不以即位，見其異于貴臣者，不止于帶與屨也。此唯謂諸侯之衆臣耳。若大夫之衆臣，則不杖。《檀弓》云：『公之喪，諸達官之長杖。』《喪大記》云：『君之喪，三日，子、夫人杖。五日，既殯，授大夫、世婦杖。』《四制》云：『三日授子杖，五日授大夫杖，七日授士杖。』是諸侯之貴臣、衆臣同有杖，而衆臣不以即位爲異也。《大記》又云：『大夫之喪，三日之朝既殯，主人、主婦、室老皆杖。』孔疏云：『死後三日，既殯之後，乃杖。應杖者，三日悉杖也。』此于家臣之杖，唯言室老，而不及其餘，則大夫之衆臣不杖明矣。近臣，亦謂諸侯之親臣，左右僕從皆是。君，嗣君也。君服斯服者，從君而服，不得有異也。近臣卑于貴臣，恩義亦淺，而其服乃無所降者，以其從君，故不從衆臣之例也。傳于衆臣之中，又別出近臣一等，亦補經所未備。《服問》云：『君之母非夫人，則羣臣無服。唯近臣及僕、驂乘從服，唯君所服服也。』是亦近臣從服，與羣臣異之事也。」

觀承案：此傳與上經文互相足也。上以公之士與大夫之衆臣爲非貴臣，故此傳謂公之卿、大夫之室老與士皆爲貴臣也。蓋士仕於公家爲賤臣者，在大夫之家則爲貴臣矣。如此解，則經文「士」字與此傳中「士」字一般，但彼仕於公則爲衆臣，此仕於大夫則即貴臣耳。故當以「公卿」二字爲句，「大夫室老、士」爲句。「公卿」者，公侯之卿，即諸侯之上大夫也。「大夫室老、士」者，大夫之家相、邑宰也，故以「貴臣」二字總承之。向來句讀，似欠分明。

右斬衰三年。

五禮通考卷第二百五十二

淮陰吴玉搢校字

五禮通考卷第二百五十三

内廷供奉禮部右侍郎金匱秦蕙田編輯
太子太保總督直隸右都御史桐城方觀承同訂
翰林院侍講學士金匱吴鼎
都轉鹽運使德水盧見曾參校

凶禮八

喪禮

【《儀禮·喪服》】疏衰裳，齊，牡麻絰，冠布纓，削杖，布帶，疏屨，三年者。【注】疏猶粗也。

【疏】斬衰先言斬，齊衰後言齊者，一以見哀之淺深，一以見造衣之先後。布帶者，亦象革帶，以七升布爲之，即下章「帶緣各視其冠」是也。

敖氏繼公曰：「此冠布纓，亦條屬，右縫。又下傳曰『帶緣各視其冠』，以此推之，則凡布纓皆當同于冠布也。屨云疏者，亦謂粗也。以其爲之者不一，故不偏見其物，而以疏言之。此衰裳與屨皆言疏，則斬衰者可知矣。又經列削杖、布帶皆在『冠布纓』之下，與前章杖帶之次異者，此杖之文無所蒙，而帶與冠纓之縷數同，宜復其常處而在此也。」

郝氏敬曰：「斬衰布三升及三升半，未成布，至四升，始成粗布，故曰疏衰裳。斬衰先言『斬』，齊衰後言『齊』者，斬則不復緝，齊則先斷後緝。牡麻，無子之麻。麻無子者，根幹稍細，異于苴也。絰，首要絰。冠用布爲武，垂爲纓，外加麻絰。削木爲杖，不以苴竹。布帶，以同冠七升布爲大帶。不言絞帶者，麻絰包舉矣。疏屨亦以草，但菅則未成屨，此成屨而粗惡，猶疏衰之于斬衰也。斬衰不言三年，齊衰言三年者，斬皆三年，齊有不三年者。三年齊，重比于斬者也。又曰：古者衣必有帶，帶用帛。《雜記》云：『麻者不紳。』❶不帛帶垂紳如

❶「紳」，原作「伸」，據《禮記·雜記下》改。

吉也。今世齊功以下皆以麻帶代大帶，與斬衰同，非古也。据經，唯斬無布帶，齊衰以下，布帶加絞帶。布帶即禮衣大帶，絞帶代禮衣之革帶也。」

張氏爾岐曰：「以四升粗布爲衰裳而緝之，牡麻爲首絰要絰，冠以七升布爲武，垂下爲纓，削桐爲杖，七升布爲帶以象革帶，疏草爲屨，服此服以至三年者，下文所列者，其人也。」

姜氏兆錫曰：「斬衰不言三年者，斬衰無不三年，不待言也。齊衰有三年，有期，有五月，故言之。舊謂齊衰稍輕，故表其年者，似非。」

盛氏世佐曰：「此于衰裳則齊之，杖則削之，以無子之麻爲絰，纓帶以成布爲之，皆殺于斬也。年月同而服少異者，殊尊卑也，以父餘尊之所厭故也。布帶與絞帶對，亦所以象革帶也。郝以是爲大帶，非。」

傳曰：齊者何？緝也。牡麻者，枲麻也。牡麻絰，右本在上，冠者沽功也。疏屨者，藨蒯之菲也。【注】沽猶粗也。冠尊，加其粗。粗功，大功也。齊衰不書受月者，亦天子、諸侯、卿、大夫、士虞、卒哭異數。【疏】緝，今人謂之緶也。枲是好色。云「牡麻絰，右本在上」者，上章爲父，左本在下者，陽統于內，則此爲母，陰統于外，故右本在上。作冠用沽功者，衰裳升數恒少，冠之升數恒多，冠在首尊，既冠從首尊，故加飾而升數恒多也。斬冠六升，不言功者，六升雖是齊之末，未得沽稱，故不見人功。此三年齊冠七升，初入人功之境，故言沽功，始見人功。沽，粗之義，故云粗功，見人功粗大不精者也。藨是草名，蒯小草類。

朱子曰：「首絰右本在上者，齊衰絰之制，以麻根處著頭右邊，而從額前向左，圍向頭後，却就右邊元麻根處相接，即以麻尾藏在麻根之下，麻根搭在麻尾之上，綴殺之。有纓者，以其加于冠外，故須著纓，方不脱落也。」

敖氏繼公曰：「牡麻者，無實之麻也。傳以枲麻釋之，亦前後名異也。牡麻比苴爲善，故齊衰以下之絰用之。此絰右本而在上，所以見其不以本爲纓，而纓亦在左也。上言『左本在下』，此言『右本在上』，是其爲制，蓋屈一條繩爲之，自額上而後交于項中，一端垂于左之下而爲纓，一端止于右之上而前鄉，其不纓者，則左端不垂而在上爲異耳。冠布纓之制，與繩纓同，已見于前傳，故此惟言冠布也。不見升數者，言沽功，則爲大功之首可知。」

郝氏敬曰：「枲麻，苧麻可績，有子無子均爲枲，非苴麻外别有牡麻，但實不實耳。以牡麻連根屈爲兩股，并絞麻根居右向上。❶右爲陰，向上爲地，象母也。」

父卒則爲母。【注】尊得伸也。【疏】云「則」者，欲見父卒三年之内而母卒，仍服期，父服除後而母死，乃得伸。知義如此者，案《内則》：「女子二十而嫁，有故，二十三年而嫁。」注云：「故，謂父母之喪。」言「二十三而嫁」，不止一喪而已，故鄭并云「父母喪」也。若前遭母喪，後遭父喪，自然爲母期，爲父三年，二十三而嫁可知。若前遭父，服未闋，即得爲母三年，則是有故二十四而嫁，不止二十三也。

敖氏繼公曰：「父在爲母期，父卒則三年云者，對父在而立文也。其女子子在室者爲此服，亦惟笄、總、髽、衰異耳。下及後章放此。注「尊得伸」者，謂至尊不在，則無所屈，而得伸其私尊也。」

姜氏兆錫曰：「經云『父卒則爲母』，不云『父服卒則爲母』，而注乃以臆亂經，此大惑也。夫『女子二十而嫁，有故，則二十三而嫁』，此約計父母三年之喪而言也。喪所以謂之三年者，据大祥則二十五月，据禫則二十七月，其時固已閲三年矣，此所以謂之三年。而二十有故不嫁，則以二十三年而嫁，約之也。且如以父喪遭母喪者言之，其父以二月女將嫁之前正月卒，而其女于初喪即遭母喪，則所云『二十三而嫁』者，亦猶約詞也。或明年小祥遭母喪，亦猶二十三而嫁也。又或其後年將終喪，遭母喪，則二十四而嫁也。故所云『二十三而嫁』者，乃約計父母三年之喪，而非如疏者之惑也。」

【《欽定義疏》】《内則》「有故」云者，謂或遭父喪，或父先不在而遭母之喪，則俟三年服闋而嫁。壻遭父喪若母喪亦然。非必指兩喪相繼者也。若兩喪相繼，自不可以二十三爲限矣。假令女二十當嫁，而壻之父死，訖服除，將娶矣，而女之父死，亦將限以二十三而不爲父服乎？疏以此爲父服未除，不得爲母伸三年之證，是膠柱之見也。且「則」者，決辭，非難辭

❶「向」下，原衍「在」字，據《儀禮節解》卷一一删。

也。經曰「父卒則爲母」，正見父卒之後而遭母喪即服三年也，豈必父服除而母卒，然後行三年之服乎？且子之所以不得遂其三年者，以有父在耳。父既先殁矣，復何所屈而不三年乎？

又案：士之庶子，爲其母，如衆人；爲父後，則否。大夫之庶子，父在爲其母大功，父殁則三年。

蕙田案：疏義太支，辨去則直截明快矣。

繼母如母。【疏】繼母本非骨肉，故次親母後。謂己母早卒，或被出之後，繼續己母，喪之如親母，故云「如母」。下《期章》不言者，舉父殁後，明父在如母可知。慈母之義亦然。

傳曰：繼母何以如母？繼母之配父與因母同，故孝子不敢殊也。【注】因猶親也。【疏】繼母配父，即是牉合之義，故孝子不敢殊異之也。

敖氏繼公曰：「此禮乃聖人之所爲，而傳謂『孝子不敢殊』者，明聖人因人情以制禮。」

郝氏敬曰：「因母，即適母。適爲繼因，因適有繼，適繼相因，故不敢殊。」

顔氏曰：「繼母如母，以配父也。慈母如母，以貴父之命也。然於其黨，則不同矣。《服問》曰：『母出，則爲繼母之黨服。母死，則爲其母之黨服。爲其母之黨服，則不爲繼母之黨服。』鄭氏注曰：『雖外親，亦無二統。』夫禮者，所以別嫌明微，非聖人莫能制之，此類是矣。」《喪服小記》：「爲慈母之父母，無服。」

汪氏琬曰：「繼母亦母也，謂之如母，本非骨肉，與因母有辨故也。先儒云『繼母何以如母』，明其不同也，是同之中，有殊者焉。或問：父在則皆服齊衰期，父殁則皆齊衰三年矣，于禮亦有不同者與？曰：有之。『母出，則爲繼母之黨服。母死，則爲其母之黨服。爲其母之黨服，則不爲繼母之黨服』。此不同者也。母出則爲母服期，繼母出則不服。父歿母嫁亦服期，繼母嫁不從則不服。此又不同者也。喪禮如母者二，繼母、慈母是也。是則繼母與慈母無等差也。三年之喪，于禮爲加服，非正服也。今律文，凡適、繼、慈、養母殺子者，加祖父母、父母一等，視親母有間故也。大哉！聖人之律，不亦與禮服相發明與！然則史糜有言：『繼母與己無名，徒以親撫養己，故亦喪之如母。』信如是也。設有前妻之子，不爲繼母所撫，甚則如孝己、伯奇之屬，將遂不之服乎？曰：何爲其然也！非出也，非嫁也，孝子緣父之心，不敢不三年也。先儒謂子當以父服爲正，父若服以爲妻，則子亦應服，故曰與因母同也。」

【《欽定義疏》】爲父也妻，則爲己也母，此繼母所以如母也。服繼母者，繼母雖無出，猶服也。繼母雖有子，猶長子爲之子也。

慈母如母。【疏】慈母，非父牉合，故次後也。云如母者，亦生禮死事，皆如己母。

傳曰：慈母者何也？傳曰：妾之無子者，妾子之無母者，父命妾曰：「女以爲子。」命子曰：「女以爲母。」若是，則生養之終其身如母，死則喪之三年如母，貴父之命也。【注】此主謂大夫士之妾無子，妾之子無母，父命爲母子者。其使養之，不命爲母子，則亦服庶母慈己者之服可也。大夫之妾子，父在爲母大功，則士之妾子，爲母期矣。父卒則皆得伸也。【疏】傳別舉傳者，是子夏引舊傳證成己義也。云「妾之無子者」，謂舊有子，今無者，失子之妾，有恩慈深，則能養他子以爲己子者也。若未經有子，恩慈淺，則不得立後而養他子。不云「君命妾曰」而云父者，對子而言也。云「貴父之命」者，一非骨肉之屬，二非配父之尊，但惟貴父之命故也。案《喪服小記》云：「爲慈母後者，爲庶母可也，爲祖庶母可也。」鄭云：「緣爲慈母後之義，父之妾無子者，亦可命己庶子爲後。」若然，此父命妾之文，兼有庶母、祖庶母，但不命女君與妾子爲母子而已。

盛氏世佐曰：「女君與妾子，本爲母子，自不假父命。當云不命女君之子與妾爲母子。」

敖氏繼公曰：「言『喪之三年』者，以其見于此章，故惟據父卒者言也。注云『其使養之，不命爲母子，則亦服庶母慈己之服』者，謂妾或自有子，或子之母有他故，不能自養其子，是以不可命爲母子，但使慈之而已。若是，則其服惟加于庶母一等可也。庶母慈己者服，見《小功章》。」

吴氏澄曰：「慈母有二。其一，大夫士之子無母，父使庶母之無子者以爲子，《喪服》所稱『慈母如母』是也。其一，國君子生，擇諸母使爲子師，其次爲慈母，其次爲保母，《内則》及《曾子問》孔子所稱者是也。而後世于二者之等，未之審也。或執喪慈母如母之文，而施于君命所使教子之慈母，則失矣。」

顧氏炎武曰：「慈母者何也？子幼而母死，養于父妾，父卒，爲之三年，所以報其鞠育之恩也。然而必待父命者，此又先王嚴父，而不敢自專其報之義也。『父命妾曰：女以爲子』，謂憐其無母，視之如子，長之育之，非立之以爲妾後也。《喪服小記》以爲『爲慈母後』，則未可信也。《禮記·曾子問篇》：『子游問曰：「喪慈母如母，禮與？」孔子曰：「非禮也。古者男子外有傅，内有慈母，君命所使教子也，何服之有？昔者魯昭公少喪其母，有慈母良。及其死也，公弗忍也，欲喪之。有司以聞曰：古之禮，慈母無服。今也君爲之服，是逆古禮而亂國法也。若終行之，則有司將書之以遺後世，無乃不可乎！公曰：古者大子練冠以燕居。吾弗忍也，遂練冠以喪慈母。喪慈母，自魯昭公始也。」』然但練冠以居，則異于如母者矣，而孔子以爲非禮。《南史·司馬筠傳》：『梁天監七年，安成國太妃陳氏薨，詔禮官議皇太子慈母之服。筠引鄭康成説，服止卿大夫，不宜施之皇子。武帝以爲不然，曰：「禮言慈母有三條：一則妾子無母，使妾之無子者養之，命爲子母，服以三年，《喪服·齊衰章》所言『慈母如母』是也。二則嫡妻子無母，使妾養之，雖均乎慈愛，但嫡妻之子，妾無爲母之義，而恩深事重，故服以小功，《喪服·小功章》所以不直言慈母，而云『庶母慈己』者，明異于三年之慈母也。其三則子非無母，擇賤者視之，義同師保，而不無慈愛，故亦有慈母之名。師保無服，則此慈母亦無服矣。《内則》云『擇于諸母與可者，使爲子師。其次爲慈母，其次爲保母』。此其明文。言擇諸母，是擇人而爲此三母，非謂擇取兄弟之母也。子游所問，自是師保之慈，非三年小功之慈也。故夫子得有此答，豈非師保之慈母無服之證乎？鄭康成不辨三慈，混爲訓釋，引彼無服，以注慈己，後人致謬，實此之由。」于是筠等請依制改定，嫡妻之子，母没爲父妾所養，服之五月，貴賤並同，以爲永制。』」

張氏爾岐曰：「愚嘗疑爲祖庶母後之説。陳氏註云：『若父之妾有子而子死，己命己之妾子後之亦可，故云爲祖庶母可也。』徐氏註云：『凡妾之有子者，稱庶母、祖庶母，其無子者則稱父妾、祖妾而已。但爲庶母後，即後此母；爲祖庶母後，即後其子之受室者。此爲不同耳。』」

姜氏兆錫曰：「爲慈母後及爲庶母後，皆是後于其母。若爲祖庶母後，自是後其死子以爲之後。而或者不明斯理，則以孫禰祖之論興，❶説《春秋》乃多異義，而大倫滅矣。父母之喪，自天子下達，期以下，諸侯絶，大夫降，此所謂諸侯絶旁期也，况于君使教子之慈母乎？若庶子生母之服，則又不可一例言者。禮，子爲母齊衰三年，父在則期。此母爲父降，無貴賤一也。妾之子，士以下，其子爲其母如母。大夫則父在爲其母大功，父卒亦三年。諸侯以上，則父在爲其母無服，父卒爲之大功。此庶爲嫡降，貴與賤異也。今所稱『古者天子練冠以燕居』，初不言爲其生母，註疑其如此，疏以其無明文，而指爲異代之制，似得矣。然考下章《記》云：『公子爲其母，練冠，麻衣縓緣，既葬除之。』傳曰：『何以不在五服之中也？君之所不服，子亦不敢服也。』註云：『諸侯之妾子厭于父，不得伸，權爲制此服，不奪其恩也。』則此練冠之制，蓋公子于其生母爲國君所厭之權服，非言國君自爲其生母，更非言天子爲其生母也。又考《大功章》云：『公之庶昆弟爲其母大功。』傳曰：『先君餘尊之所厭，不得過大功也。』《緦麻章》云：『庶子爲父後者爲其母緦。』傳曰：『與尊者爲一體，不敢服其私親也。有死于宫中者，則爲之三月不舉祭，因是以服緦也。』然則諸侯之妾子，父卒爲其母大功，而其或爲父後，則惟服緦也。以此推之，則庶子王乃天子之庶子爲父後者，而其于禮亦當用緦之正服衰絰以服之，又豈用五服以外父在厭抑而練冠縓緣之權制者哉？夫親喪下達，庶子之生母，君在既厭于君矣，比君卒，又以餘尊厭而僅爲之大功。其或爲君之後者，又以喪者不祭而不敢服，僅得緣死于宫中三月不舉祭者之例以伸其緦，則其情之爲禮抑者，固已多矣。而謂庶子王反逆禮而

❶「興」，原作「與」，據《儀禮經傳》外編卷一改。

斬爲之緦乎？傳言母以子貴，以父妾而尊爲君夫人，此《公羊氏》之説，亂嫡妾之分，禮之所不與也。若庶子王爲其母練冠，乃註疏之臆詞，而不爲之考辨，是又滋禮之惑也。然則公之所引者，果何指也？考《記》中凡引《家語》入《記》者，多截去首尾。如此條《家語》所載，本云『古者天子喪慈母，練冠以燕居』，則公固不免託于古以文其過矣。疏既知以《家語》之孝公辨註昭公之疑，而獨不以《家語》之喪慈母辨其爲生母之惑何哉？」

蕙田案：姜氏説自「父母之喪」已下，辨《禮記·曾子問》註疏之誤，頗爲詳明。

【《欽定義疏》】「繼母如母」，如適母也。「慈母如母」，如生己之妾母也。此慈母若死于父在之日，士之母服期，與父同宫者不禫，不以杖即位，大夫之子則大功。若適妻所生子，雖爲庶母所慈，不得有此服，以其父不可命適妻之子爲妾之子也。庾蔚之云「子不違父之令」，豈從失禮之命？

盛氏世佐曰：「子夏作傳時，本自爲一編。後儒移之，分屬經、記每條之下，❶遂加『傳曰』以別之。而于其答問之辭重舉『傳曰』者，亦後儒所加也。如孔子十翼既被後人分散，而于《繫詞》、《文言》二傳中往往添入『子曰』字，亦其類矣。疏云是子夏引舊傳，非。」

母爲長子。【疏】長子卑，故在母下。母爲長子齊衰者，以子爲母服齊衰，母爲之不得過于子爲己也。若然，長子與衆子爲母，父在期，若夫在爲長子，豈亦不得過于子爲己服期乎？而母爲長子不問夫之在否皆三年者，❷子爲母有降屈之義，父母爲長子，本爲先祖之正體，無厭降之義，故不得以父在而屈也。

敖氏繼公曰：「經不著女子子之爲母及此服之異于男子者，以其已于前章發之，則其類皆可得而推故也。」

【《欽定義疏》】父在，子爲母期者，統乎

❶「屬」下，原衍「傳」字，據盛世佐《儀禮集編》卷二二刪。

❷「年」下，阮刻《儀禮注疏》有「然」字，其《校勘記》：「陳、閩、《通解》俱作『而母爲長子不問夫之在否皆三年者』，按此蓋黄氏臆改。」

父，則不嫌降其母也。夫在，妻爲子三年者，從乎夫，則不嫌隆其子也。

盛氏世佐曰：「此謂適子之妻爲其長子也。庶子不得爲長子斬，則其妻亦不得爲是服矣。」

傳曰：何以三年也？父之所不降，母亦不敢降也。【注】不敢降者，不敢以己尊降祖禰之正體。

右齊衰三年。

疏衰裳，齊，牡麻絰，冠布纓，削杖，布帶，疏屨，期者。【疏】此「疏衰」已下七服，與前章不殊，而還具列之者，以其此一期與前三年懸絶，恐服制亦多不同，故須重列也。但此章雖止一期，而禫杖具有。案《下雜記》云：「期之喪，十一月而練，十三月而祥，十五月而禫。」注云：「此謂父在爲母。」即是此章者也。母之與父，恩愛本同，爲父所厭，屈而至期，是以雖屈，猶伸禫杖也。妻雖義合，妻乃天夫，爲夫斬衰，爲妻報以禫杖，但以夫尊妻卑，故齊斬有異也。

敖氏繼公曰：「此期服也，而杖屨之屬皆與三年章同者，是章凡四條，其三言爲母，其一言爲妻也。以禮攷之，爲母宜三年，乃或爲之期者，則以父在若母出，故屈而在此也。妻以夫爲至尊而爲之斬衰三年，夫以妻爲至親，宜爲之齊衰三年，乃不出于期者，不敢同于母故爾。然則二服雖在于期，實有三年之義，此杖屨之屬所以皆與之同也。」

【《欽定義疏》】周景王於穆后、太子壽卒，而叔向謂其「一歲而有三年之喪二焉」，則妻喪雖期，實有三年之義。敖氏之説善矣。疏謂「禫杖具有」是也。然詞未別白，凡禫，必主喪者主之，母之喪，父爲之禫，故子從父而禫之也。若出母與繼母嫁而從者，則己非喪主，何禫焉？

蕙田案：父在爲母期，不貳斬也。服期而杖而禫，從乎父也。服朞以義，禫杖以恩，此三年之義也。

傳曰：問者曰：何冠也？曰：齊衰、大功冠其受也，緦麻、小功冠其衰也。帶緣各視其冠。【注】問之者，斬衰有二，其冠同。今齊衰有四章，不知其冠之異同爾。緣，如深衣之緣。　【疏】云「齊衰、大功冠其受也」者，降服齊衰四升，冠七升，既葬，以其冠爲受，衰七升，冠八升。正服齊衰五升，冠八升，既葬，以其冠爲受，衰八升，冠九升。義服齊衰六升，冠九升，既葬，以其冠爲受，受服衰九升，冠十升。降服大功衰七升，冠十升，既葬，以其冠爲受，受衰十升，冠十一升。正服大功衰八升，冠十升，既葬，以其冠爲受，受衰十升，冠十一升。義服大功衰九升，冠十一升，既葬，以其冠爲受，受衰十一升，冠十二升。以其初死冠升與既葬衰升數同，故云「冠其受也」。大功亦然。云「緦麻、小功冠其衰也」者，以其降服小功衰十升，正服小功衰十一升，義服小功衰十二升，緦麻十五升抽其半，七升半，冠皆與衰升數同，故云「冠其衰也」。云「帶緣各視其冠」者，帶，謂布帶，象革帶者。緣，謂喪服之内中衣緣用布緣之。視猶比也。二者之布升數多少，各比擬其冠也。然本問齊衰之冠，因答大功與緦麻、小功，并答帶緣者，博陳其義也。又曰註云「緣如深衣之緣」者，案《深衣目録》云：「深衣，連衣裳而純之以采，素純曰長衣，有表則謂之中衣。」此既在《喪服》之内，則是中衣矣，而云深衣，以其中衣與深衣同是連衣裳，其制大同，故就《深衣》有篇目者而言之。案《玉藻》云：「其爲長中，繼揜尺。」註云：「其爲長衣中衣，則繼袂揜一尺，若今褎矣，深衣則緣而已。」若然，中衣與長衣袂皆手外長一尺。案《檀弓》云練時「鹿裘衡長袪」，註云：「袪，謂褎緣袂口也。練而爲裘，横廣之，又長之，又爲袪，則先時狹短無袪可知。」若然，此初喪之中衣緣亦狹短，不得如《玉藻》中衣繼袂揜一尺者也。但吉時麛裘，即凶時鹿裘；吉時深衣，即凶時中衣。《深衣目録》云：「大夫以上用素，士中衣用布，緣皆用采。」況喪中緣用布，明中衣亦用布也。其中衣用布，雖無明文，亦當視冠。若然，直言緣視冠，不言中衣緣用采，故特言緣用布，何妨喪時中衣亦用布乎？

敖氏繼公曰：「斬衰有二，其冠同。齊衰三年，惟有子爲母之冠耳。是章有降服，有正服，有義服，疑其冠之異同，故發問也。齊衰、大功有受布，故冠其受，冠衰布異也；緦麻、小功無受布，故但冠其衰，冠衰布同也。問者唯疑此章之冠，答者則總以諸章之冠爲言，以其下每章之服，亦或各自不同故也。『帶緣各視其冠』者，謂齊衰以至緦麻，其布帶與其冠衰之緣，亦各以其冠布爲之。《間傳》曰：『期而小祥，練冠縓緣。』《檀弓》曰：

『練，練衣縓緣。』則重服未練以前，與夫輕服之冠衰，皆有布緣明矣，此所云者是也。冠緣者，紕也。衰緣者，其領及袪之純也。此復言帶緣者，又因其布之與冠同而并及之。」

郝氏敬曰：「受猶接也。《記》云『齊衰四升，其冠七升。以其冠爲受，受冠八升』是也。齊衰初喪布四升，冠布七升，既葬，衰受冠布七升，冠更受八升。大功初喪冠布八升，既葬，衰受冠布八升，冠更受九升。緦麻三月，小功五月，緦麻以小功之冠爲衰，小功以大功之冠爲衰，不言受者，三月五月，則既葬服除，故無受。」

張氏爾岐曰：「案註，斬衰有三，指爲父、爲君、爲子之三等。齊衰四章，謂三年、杖期、不杖期、三月，凡四章也。」

盛氏世佐曰：「此傳句讀舊誤，今正之。云『齊衰、大功冠其受也』者，齊衰、大功二者之冠之升數，各與其受衰同也。下《記》云：『以其冠爲受。』齊衰冠七升，受衰亦七升；大功冠十一升，受衰亦十一升。于此發傳者，齊衰一服有四章，重者三年，輕者三月，日月既殊，嫌其冠之升數亦異，傳故設爲問答以明之。云『緦麻、小功冠其衰也』者，謂緦麻、小功二者之冠，皆與緦麻之衰同而無受也。小功以緦麻之衰爲冠，緦麻以小功之冠爲衰，又以爲冠，皆十五升抽其半，故并舉之。緦麻言于小功之上者，明小功之冠亦同于緦麻也。緦麻之冠衰與小功冠衰無以異者，禮窮則同也。小功冠衰之升數未嘗無別，而謂皆『冠其衰』，豈不謬哉！且立言之法，若以服之重輕爲序，緦麻亦不得言于小功之上矣。帶緣，布帶之緣也。各，各齊衰以下也。斬衰絞帶無緣，齊衰以下以布爲帶，又有緣，輕者飾也。問冠而并答以帶緣者，以其粗細與冠同，類及之耳。云『帶緣各視其冠』，則帶之升數，各視其衰，與疏分帶緣爲二物，訓緣爲中衣之緣，非；敖指爲冠衰之緣，尤誤。夫重服斬而不緝，齊衰僅緝之而已，其冠則五服皆條屬外畢，安得有緣？」

父在爲母。【疏】父母恩愛等，爲母期者，由父在厭，故爲母屈至期，故須言「父在爲母」也。

敖氏繼公曰：「此主言士之子爲母也。其爲繼母、慈母，亦如之。」

【《欽定義疏》】此服，自士以至大夫以上，莫不皆然。敖謂「主言士之子」者，兼士之庶子爲其母服言之也。其大夫以上之庶子，則有不同者矣。

傳曰：何以期也？屈也。至尊在，不敢伸其私尊也。父必三年然後娶，達子之志也。

【疏】家無二尊，故于母屈而爲期。不直言尊，而言私尊者，母于子爲尊，夫不尊之故也。子于母屈而期，心喪猶三年。故父雖爲妻期而除，然必三年乃娶者，通達子之心喪之志故也。《左氏傳》晉叔向云「王一歲有三年之喪二」，據太子與穆后。天子爲后亦期，而云三年喪者，據達子之志而言也。

程子曰：「父在爲母服三年之喪，則家有二尊，有所嫌也。處今之宜，但可服齊衰一年外，可以墨衰從事，可以合古之禮，全今之制。」

朱子曰：「喪禮須從《儀禮》爲正。如父在爲母期，非是薄于母，只爲尊在其父，不可復尊在母，然亦須心喪三年。這般處皆是大項事，不是小節目，後來都失了。而今國家法，爲所生父母皆心喪三年，此意甚好。又問《儀禮》『父在爲母』。曰：盧履冰議是，但條例如此，不敢違耳。」

黃氏榦曰：「宋文帝元嘉十七年，元皇后崩，皇太子心喪三年。禮有心喪，有禫無禫，❶禮無成文，世或兩行。皇太子心喪畢，詔使博士議。有司奏：『喪禮有祥，❷以祥變有漸，不宜便除即吉，❸故其間服以綅也。心喪已經十三月大祥，十五月

❶ 「有」字，原脱，《儀禮經傳通解續》卷一六下亦同，此據《宋書·禮志二》補。

❷ 「祥」，《宋書·禮志二》作「禫」。

❸ 「便」，原作「更」，據《儀禮經傳通解續》卷一六下改。

祥禫變除禮畢，餘情一周，不應復有再禫。宜下以爲永制。』詔可。　唐前上元元年，武后上表，請父在爲母終三年之服，詔依行焉。開元五年，右補闕盧履冰上言：『准禮，父在爲母一周除靈，三年心喪。請仍舊章，庶叶通禮。』於是下制，令百官詳議。刑部郎中田再思建議云：『上古喪服無數，自周公制禮之後，孔父刊經以來，方殊厭降之儀，以標服紀之節，重輕從俗，斟酌隨時，循古未必是，依今未必非也。』履冰又上疏曰：『天無二日，土無二君，家無二尊，以一理之也。所以父在爲母服周者，避二尊也。』左散騎常侍元行冲奏議：『今若舍尊厭之重，虧嚴父之義，事不師古，有傷名教。』百僚議竟不決。後，中書令蕭嵩與學士改脩五禮，又議請依上元敕『父在爲母齊衰三年』爲令，❶遂成典。　今服制，令子爲母齊衰三年。父卒爲母，與父在爲母同。」

敖氏繼公曰：「喪妻者必三年然後娶，禮當然爾，非必專爲達子心喪之志也。蓋夫之于妻宜有三年之恩，爲其不可以不降于母，是以但服期而已。然服雖有限，情則可伸，故必三年然後娶，所以終牉合之義焉。若謂惟主于達子之志，則妻之無子而死者，夫其可以不俟三年而娶乎？《春秋傳》曰『王一歲而有三年之喪二』，謂后與太子也，喪妻之義，于此可見。」

吴氏澄曰：「凡喪禮，制爲斬衰功緦之服者，其文也；不飲酒，不食肉，不處内者，其實也。中有其實而外飾之以文，是爲情文之稱。徒服其服而無其實，則與不服等爾。雖不服其服而有其實者，謂之心喪。心喪之實，有隆而無殺；服制之文，有殺而有隆，古之道也。愚嘗謂服制當一以周公之禮爲正，後世有所增改者，皆溺乎其文，昧乎其實，而不究古人制禮之意者也。爲母齊衰三年，而父在爲母杖期，豈薄于其母哉？蓋以夫爲妻

❶「上」字，原脱，據《舊唐書·禮儀七》補。

之服既除，則子爲母之服亦除，家無二尊也。子服雖除，而三者居喪之實如故，則所殺者，三年之文而已，實固未嘗殺也。」

郝氏敬曰：「至尊謂父，私尊謂母。父至尊，而子又尊其母，故曰私尊。子爲母屈，而父爲子伸，故子服雖期年已除，父娶必三年後繼，以伸其子所不敢伸之志也。志謂心喪。」

顧氏炎武曰：「父在爲母，雖降爲期，而心喪之實，未嘗不三年也。傳曰『父必三年然後娶，達子之志也』。假令娶于三年之内，將使爲之子者何服以見、何情以處乎？理有所不可也。抑其子之服于期，而申其父之不娶于三年，聖人所以損益百世而不可改者，精矣。」

又曰：「父在爲母齊衰三年，起自《開元禮》。然其時盧懷慎以母憂起復爲兵部侍郎，張九齡以母憂起復中書侍郎同平章事，邠王守禮以母憂起復左金吾衛將軍，嗣鄂王邕以母憂起復衛尉卿，而得終禮制者，唯張説、韓休二人。則明皇固已崇其文而廢其實矣。今制，父在爲母斬衰三年。案《太祖實録》：『洪武七年九月庚寅，貴妃孫氏薨，命吴王橚服慈母服斬衰三年以主喪事，敕皇太子諸王皆服期。乃命翰林學士宋濂等修《孝慈録》，立爲定制：子爲父母、庶子爲其母皆斬衰三年，嫡子、衆子爲其庶母皆齊衰杖期。十一月壬戌，朔，書成。』此則當時别有所爲，而未可爲萬世常行之道也。」

華氏學泉曰：「或問：《儀禮》父在爲母齊衰期，今父在爲母斬衰三年，于義安乎？曰：天尊地卑，而乾坤定。父，天也。母，地也。地統乎天，母統乎父，陰陽之大分，人道之大防也。夫資于事父以事母而愛同，然而父在爲母三年，嫌于無父也，故不得不屈而期。聖人之制服，凡以順天地之理，定尊卑之分而已。是故爲父苴杖而圓，以象天也；爲母削杖而方，以象地也。爲父苴絰，左其本而在下；爲母牡麻絰，右其本而在上。天左陽而升，地右陰而降，順陰陽升降之義而示有别也。知地之不同于天，則知母之不同于父矣。知陰之必屈于陽，則知父在不得伸私尊于母矣。自唐武后，始矫父在爲母三年之説。而百王不易之典禮，以一悍妻暴母易之，迄千百年而莫之能正，何後世之信周公、孔子不如其信武氏也。然自武氏以來，猶爲母齊衰。至明洪武時，始易以斬，而父母之服，凡衰裳帶絰冠纓杖屨之制，悉混同而無别，先王制禮之意，蕩然無復存矣。然而人心安之何也？蓋嘗推其故。父尊而母親，故人之親其父，嘗不如親其母，人之欲伸其私尊于母也，嘗過于欲尊其父。故父尊于母者，天理之公也。同母于父者，人情之私也。理之公不勝其情之私，宜乎武氏之制一易，迄千百世莫之能正，又從而甚焉者矣。子夏曰：『知有母而不知有父，禽獸是也。野人則曰：父母何算焉？』夫父母何算，野人之論也。然則今有聖人者作，其于此必有所不安者矣。」

【《欽定義疏》】父在爲母期，後世易之以三年也，其勝矣乎？曰：古之爲喪也盡其實，後世之爲喪也侈其文。古者服有減殺，而居處飲食一一如禮，是文雖屈而不害其實之伸也。若實之亡，而徒以三年爲隆，則僞而已矣。且祥禫而後，父將舉吉禮而己之服不除，則不可與于祭，非所以事父承宗廟也。抑父則已禫矣，至三年闋而又禫，父主之乎？己主之乎？均有所不可也。乃見古聖人之制禮精矣。

又案：士之庶子爲其母，如衆人，則亦杖期也。《小記》：「庶子在父之室，❶則爲其母不禫。庶子不以杖即位。」雖不以即位，猶杖也；不禫，則祥而釋服矣。此其

❶「子」，原作「人」，據《欽定儀禮義疏》卷二三改。

異者。若父子異宮者，則庶子亦伸禫焉。又案：祖若父俱亡，則爲祖母三年。祖在，則如父在爲母之服，服之以杖期也。母在，子亦爲祖母承重乎？曰：受重于祖，則祖母之服不以母在而有異也。

妻。【疏】妻卑于母，故次之。夫爲妻，年月禫杖亦與母同。

敖氏繼公曰：「下章傳曰『父在則爲妻不杖』，然則此爲妻杖，謂無父者也。」

汪氏琬曰：「禮，期之喪，十一月而練，十三月而祥，十五月而禫。此指杖期而言，故鄭謂父在爲母也。又《禮》：『爲父、母、妻、長子禫。』又：『期終喪，不食肉飲酒，父在爲母、爲妻。』又：『期居廬，終喪不御于內者，父在爲母、爲妻。』蓋妻喪皆與父在爲母同，故先儒謂爲妻亦十五月而禫也。後世妻喪不禫，則已夷于旁期矣。」

盛氏世佐曰：「此謂適子無父者也。士之庶子亦存焉。適子父在爲妻不杖，見下章。大夫之庶子，父在爲妻，在《大功章》。公子爲其妻，在五服之外，父殁乃爲之大功。」

傳曰：爲妻何以期也？妻至親也。【注】適子父在則爲妻不杖，以父爲之主也。《服問》曰：「君所主，夫人、妻、大子、適婦。」父在，子爲妻以杖即位，謂庶子。【疏】妻移天齊體，與己同奉宗廟，爲萬世之主，故云至親。此經非直是庶子爲妻，兼有適子父殁爲妻在其中。天子以下至士、庶人，父皆不爲庶子之妻爲喪主，故夫皆爲妻杖，得伸也。

郝氏敬曰：「爲妻期，父在亦期，父卒亦期也。但父在適子爲妻期而不杖，適婦喪，父爲主也。庶子則否，父没則否。」

盛氏世佐曰：「注云『父在子爲妻以杖即位，謂庶子』者，指士之庶子而言也。公子、大夫之庶子則不在此例矣。士卑，故庶子得以伸其妻服。庶婦賤，舅不自主其喪，故其夫得以杖即位也。」

出妻之子爲母。【注】出猶去也。【疏】此謂母犯七出。去，謂去夫氏或適他族，或之本家，子從而爲服者也。七出者，無子一也，淫佚二也，不事舅姑三也，口舌四也，盜竊五也，妬忌六也，惡疾七也。天子、諸侯之妻無子不出，唯有六出耳。雷氏云：「子無出母之義，故繼夫而言出妻之子也。」

黄氏榦曰：「出妻之子爲母杖期，父卒母嫁無明文。漢《石渠議》：『問：「父卒母嫁，爲之何服？」蕭太傅云：「當服周。爲父後則不服。」韋玄成以爲：「父没則母無出義，王者不爲無義制禮。若服周，則是子貶母也，故不制服也。」宣帝詔曰：「婦人不養舅姑，不奉祭祀，下不慈子，是自絶也，故聖人不爲制服，明子無出母之義。玄成議是也。」』《石渠禮議》：『又問：「夫死，妻穉子幼，與之適人，子後何服？」韋玄成對：「與出妻子同服周。」或議以子無絶母，應三年。』蜀譙周據繼母嫁猶服周，以親母可知，故無經也。　宋庾蔚之云：『母子至親，本無絶道，禮所親者屬也。出母得罪於父，猶追服周，若父卒母嫁，而反不服，則是子自絶其母，豈天理耶！宜與出母同，皆制寧假二十五月，是終其心喪耳。』今《服制令》：『母出及嫁，爲父後者雖不服，亦申心喪。』」

敖氏繼公曰：「出妻者，見出之妻也。云出妻之子，主于父在者也。若父没，則或有無服者矣，如下傳所云者是也。又此禮亦關上下言之。若妾子之爲其出母，則亦或有。不然者，非達禮也。」

郝氏敬曰：「妻被出，義與夫絶。子之于母，恩無可絶，雖父在，出母猶杖期。」

盛氏世佐曰：「此禮該父存没而言也。父雖没而子爲此母服，仍不過期，亦以其出降也。惟云『出妻之子』，則出妾之子與凡非己所生者，皆不在此例矣。」

高氏愈曰：「出妻之子爲母朞，蓋指父没言之。父没本應爲母齊衰三年，因其出也，故降爲朞，不敢欺其死父也。若父在而出母没也，其惟心喪乎？朱子曰：『出母，爲父後者無服。此尊祖敬宗，家無二上之意。先王制作精微不苟蓋如此。』張子曰：『出妻不敢使子喪之，禮也。子于母則不可忘。若父不使之喪，子固不敢違父，當默持心喪，亦禮也。若父使之喪而喪之，亦禮也。孔子使伯魚喪出母，聖人之權也。子思不使子上喪出母，惟脩禮而已。』吴肅公曰：『春秋之世，周禮之斁者多矣。其至者，聖人守之。其未盡善者，亦微有損益焉。出母之喪，情之所不容恝，禮而强使恝焉，非情也，則亦非禮也。是以伯魚行之而夫子姑聽之，聖人之大也，亦聖人之微也。子思則自計其道不足以及此，故已之。子思之嚴也，亦賢聖之分也。』王氏棅曰：『張永德，父潁，先娶馬氏，生永德，爲潁所出。永德知鄧州，于州廨作二堂，左繼母劉氏居之，右馬氏居之，不敢以出母加于繼母。永德事二母如一，無間言。時大臣母妻皆得入謁，劉氏存日，不敢同入禁中，劉氏卒，馬氏始得入謁。太宗勞問嘉歎，封莒國太夫人。❶此可爲人子事出母之法。』」

傳曰：出妻之子爲母期，則爲外祖父母無服。傳曰：絶族無施服，親者屬。【注】在旁而及曰施。親者屬，母子至親，無絶道。【疏】絶族者，嫁來承奉宗廟，與族相連綴。今出，則與族絶。以母爲族絶，即無旁及之服也。「親者屬」者，解母被出猶爲之服也。「旁及曰施」者，《詩》云「施條枚」、「施松上」，皆是旁而及之義。屬猶續也。對父與母義合有絶道，故云「母子至親，無絶道」。

敖氏繼公曰：「此于其外親但云『外祖父母』，見其重者耳。絶族，離絶之族，謂父族與母族相絶而不爲親也。」

❶「莒」，原作「芸」，據《禮經本義》卷一一、《燕翼詒謀録》卷二改。

絶族無施服，言所以爲外祖父母無服也。親者屬，言所以爲出母期也。此蓋傳者引舊禮而復引傳以釋之也。下放此。」

郝氏敬曰：「出母杖期，似與見在之母無别。然出母之服，僅止于母。若出母之父母爲子之外祖父母，則不爲服矣，示絶族也。親者，謂母子。母子至親，相續無絶，所以母雖出，子必爲期。」

盛氏世佐曰：「此因出妻之子而推言之，見其異于見在之母者，有此及下文所云二條也。曰『絶族無施服』以下，申言爲外祖父母無服之故，而後人復加以『傳』字也。親者屬，謂凡異姓之親，皆因聯屬而成。母既被出絶族，則與母黨不相屬矣，故自外祖父母以下，皆不爲之服也。舊解誤。」

蕙田案：盛説與舊解異，盛説爲優。蓋傳不過釋出母外祖父母無服之義。若出母已具服，何必再釋也。

出妻之子爲父後者，則爲出母無服。傳曰：與尊者爲一體，不敢服其私親也。【疏】云「出妻之子爲父後者，則爲出母無服」者，舊傳釋爲父後者，謂父没適子承重，不合爲出母服意。云「傳曰」者，子夏釋舊傳意，事宗廟祭祀者，不欲聞見凶人。故《雜記》云有死于宫中三月不祭，况有服可得祭乎？是以不敢服其私親也。父已與母無親，子獨親之，故云私親也。

敖氏繼公曰：「言爲父後，則無父矣。乃云『出妻之子』，蒙經文也。『與尊者爲一體』，釋『爲父後』也。母不配父，則子視之爲私親。母子無絶道，固當有服。然有服則不可以祭，故爲父後則不敢服之。有服則不可以祭者，吉凶二道，不得相干故也。」

顧氏炎武曰：「『出妻之子爲母』，此經文也。『傳曰：出妻之子爲母期，則爲外祖父母無服』，此子夏傳也。『傳曰：絶族無施服，親者屬』，此傳中引傳，援古人之言以證其無服也，當自爲一條。『出妻之子爲父後者，則爲出母無服』，此又經文也。『傳曰：與尊者爲一體，不敢服其私親也』，此子夏傳也，當自爲一條。今本乃誤連之。」

【《欽定義疏》】此謂出母之反在父室者也，義雖絶于夫，恩猶繫于子，故爲之期且杖。不杖，則疑于旁親也。若出而再適者，則無服，并自絶于其子矣。伯魚之母，出而在父室者也；子上之母，出而再適者也。「不爲伋也妻者，是不爲白也母」，言其異于先君子者也。子思不欲直斥其妻，而言詞隱躍之間，足以見之矣。爲出母雖杖，不禫，非祭主也，無禫所也，主之者，出母之父。若昆弟之爲父後者，彼則期而除矣，又何禫焉！母爲其子亦杖期，下條「報」字，總承上文。

吕氏坤曰：「出母而嫁，兩相絶也。出母不嫁，爲父守也。夫死而嫁，忘我父也。繼母而嫁，情又遠矣。而皆杖期，不無等乎？制禮者宜等焉。」

【《欽定義疏》】吕氏所區別，頗即乎人心。然經著出母之服，大抵爲反在父室而不嫁者言也。蓋出而不嫁，則夫存，猶有復歸之理，其子亦日夕冀之。即夫亡終不復，而未嘗爲他人婦，則緣亡父之義，子猶當爲之服也。經無爲嫁母杖期之文，其服者，爲己之從之耳。則經原有等，不俟後人之更等之矣。己雖爲出母服，其妻則不從服出姑，子亦不服出祖母。蓋生我之私恩，祇在一身，而大義已絶，則其倫類不可得而推，故不服也。

鄭氏康成曰：「繼母而爲父所出，不服也。」

或問：「庶子服出適母否？」徐氏邈曰：「經言『出妻之子爲母』，明非所生，則無服也。」

許氏猛曰：「爲人後者，爲所後者若子。本生母出，則不應復服，以廢所後者之祭也。母子至親，無絶道。非母子者出，則絶矣，是以經無出祖母之服。」

問：「母既出，則爲絶族，子爲之服，當于何處爲位？有廬、堊室否？當禫否？出母亦報其子否？」射氏慈曰：「當就出母之家。若遠不得往者，可別爲異室。亦有廬、變除堊室及禫，如親子也，母亦報子期也。」

【《欽定義疏》】出母與其子相爲報。母之服子，不至夫之家。子之服母，則雖曰絶屬，未嘗不可至母之父母之家也。若遠不得往，則哭之于他室。妻與子皆無服。若有兄弟數人，則亦相序而哭與？父在，似難爲廬、堊室，以門庭爲父之所主也。父子異宫者或爲之，不則但舍於外，不御内，不飲酒食肉而已。禫則必無之。蓋虞與祥皆在母之父母之家，已或可往也。禫則于何所乎？又以何人爲之尸乎？

父卒，繼母嫁，從，爲之服。報。【疏】云「父卒，繼母嫁」者，欲見此母爲父已服斬衰三年，恩意之極，故子爲之一期，得伸禫杖。但以不生己，父卒改嫁，故降于己母，雖父卒後，不伸三年，一期而已。「從，爲之服」者，亦謂本是路人，暫時與父胖合，父卒還嫁，便是路人，子仍著服，故生從爲之文也。報者，《喪服》上下并《記》云報者十有二，無降殺之差。感恩者皆稱報。若此子念繼母恩，終從而爲報，❶母以子恩，不可降殺，即生報文。餘皆放此。

王氏肅曰：「從乎繼母而寄育，則爲服；不從則不服。服也則報，不服則不報。」

敖氏繼公曰：「父卒而繼母不嫁，則爲之三年；從之嫁，則期，所以異内外也。報者，以其服服之之名。謂出妻于其子與此繼母皆報也。《小記》曰：『妾從女君而出，則不爲女君之子服。』妾不服之，明出妻有服也。舊説謂此女君猶爲其子期是已。母與子乃亦杖期者，既出嫁，則無尊加之義，故宜報之，所以别于在其父之室者也。此經言出妻之子爲母及子爲繼母嫁從之服，而獨不及于父卒母嫁者，今以此二條之禮定之，則子于嫁母，其從與否，皆當爲之杖期。而經不著之者，豈以其既有子矣，乃夫没而再嫁，尤爲非禮，故闕之以見義乎？傳曰出妻之子爲父後者，則爲出母無服，然則嫁母之子自居其室而爲父後者，亦不爲嫁母服也。」

郝氏敬曰：「繼母，父繼娶，非親生適母，父死子幼，從繼母嫁，是始終相依也。母喪，則子爲期；子喪，則母亦然，以報之。」

顧氏炎武曰：「『從』字句，謂年幼不能自立，從母而嫁也。母之義已絶于故父，不得三年，而其恩猶在于子，

❶「報」，阮刻《儀禮注疏》作「服」。

不可以不爲之服也。報者，母報之也。」

盛氏世佐曰：「疏以『從爲之服』爲句，從鄭義也。後三説皆于『從』字絶句，用王説也。以義斷之，當以王説爲正。蓋繼母本非屬毛離裏之親，又改嫁與父絶族，乃令前妻之子之自居其室者，亦皆舍其宗廟祭祀而爲之服，此于情爲不稱，而揆之于理，亦有所未順者矣。唯從繼母而嫁者，則爲之服，以其有撫育之恩故也。此不別其爲父後與否者，以從乎繼母而嫁，必其幼弱，不能自存者也。受恩既同，持服豈得而異，故無分乎適庶也。禮，婦人不貳斬，而經乃有繼母嫁之文者，著其變也。由是而推，則繼母被出與其嫁而不從者，皆不爲之服可知矣。報，謂繼母答此子之服也。上文出母不云報者，以出母于其子骨肉至親，自有應服之義，不因報施而然，故空其文也。敖氏以此兼出母言，非。」

傳曰：何以期也？貴終也。【注】嘗爲母子，貴終其恩。

黃氏榦曰：「《通典》宋崔凱云：『父卒，繼母嫁，從，爲之服。報』，鄭康成云：『嘗爲母子，貴終其恩也。』王肅云：『從乎繼母而寄育則爲服，不從則不服。』凱以爲，『出妻之子爲母』及『父卒繼母嫁，從，爲之服。報』，皆爲庶子耳。爲父後者皆不服也。傳云：『與尊者爲一體，不敢服其私親也。』庾蔚之謂：『王順經文，鄭附傳説，王即情易安，于傳亦無礙，安可以廢祖祀而服之乎？』」

蕙田案：王氏得情理，盛氏論之詳矣。從母嫁，則繼父同居者尚有服，況繼母乎？況親母乎？貴終，貴繼母之嫁而能終撫字之恩也，非嘗爲母子之説也，繼母嫁則無服矣。

敖氏繼公曰：「終者，終爲母子也。以終爲貴，故服此服也。繼母嫁而子從之，是終爲母子也。」姜氏兆錫曰：「出妻之子爲父後者無服，謂父卒而爲祭主，不可服與廟絶之母以廢廟祀也。《小記》云『無服也者，❶喪者不祭故也』是也。如此，則父卒母嫁，爲父後者無服，亦不待言矣。豈繼母嫁反隆于其母乎？王肅之言，此不易之定論也。言父卒繼母嫁之服，而不言父卒母嫁之服，蓋繼母嫁從，爲之服，則母嫁從者可知矣。」

右齊衰杖期。

五禮通考卷第二百五十三

淮陰吴玉搢校字

❶「無」，原作「謂」，據《儀禮集編》卷二三改。

五禮通考卷第二百五十四

内廷供奉禮部右侍郎金匱秦蕙田編輯
太子太保總督直隸右都御史桐城方觀承同訂
翰林院侍講學士金匱吴鼎
都轉鹽運使德水盧見曾 參校

凶禮九

喪禮

【《儀禮·喪服》】不杖，麻屨者。【注】此亦齊衰，言其異于上。【疏】此《不杖章》輕于上禫杖，故次之。此章與上章雖杖與不杖不同，其正服齊衰裳皆同五升而冠八升則不異也。

郝氏敬曰：「麻屨與疏屨異，冠絰帶等皆與杖期同。」

祖父母。【疏】服之本制，若爲父期，祖合大功，爲父母加隆至三年，祖亦加隆至期也。

朱子曰：「父母本是期，加成三年。祖父母、世父母、叔父母本是大功，加成期。其從祖伯父母、叔父母小功者，乃正服之不加者耳。」

汪氏琬曰：「或問：禮與律有繼母而無繼祖母之文，然則繼祖母不當服與？曰：非也。言祖母，則繼祖母統其中矣。蓋繼祖母與庶祖母有辨。繼祖母之殁也，祔於廟，而庶祖母不祔。夫既祔於廟，爲之孫者，方歲時饗祀之，而可以無服乎？故曰言祖母則繼祖母統其中矣。」

【《欽定義疏》】上經言「繼母如母」，此不言繼祖母者，古文簡約，已包于祖母中也。若庶祖母則無服。妾母不世祭，則庶子之子無服矣。祖父在而祖母先殁，祖父與父服杖期，孫服不杖期，父服四升，祖孫皆服五升，此降正精麤之別也。注疏以父在爲母之降服四升作正服五升，非也。

傳曰：何以期也？至尊也。

敖氏繼公曰：「謂不可以大功之服服至尊，故加而爲期也。」

郝氏敬曰：「祖父母之親不及父母，而論分則父所尊也。父所尊，故亦曰至尊。又曰此有父在之正禮，父没，適孫爲其祖三年以代父也。禮各舉其正者，斬衰首父，齊衰首母，不杖期首祖父母，舉其正，而凡不備者皆可義推矣。」

世父母、叔父母。【注】爲姑在室亦如之。【疏】世叔既卑于祖，故次之。伯言世者，欲見繼世也。爲昆弟之子亦期，不言報者，以昆弟之子猶子，若言報爲疏，故不言也。云爲姑在室亦如之者，《大功章》云爲姑嫁大功，明未嫁在此期章。

姜氏兆錫曰：「案本傳有『不足加尊，故報之也』之文，則此兩列相爲之服而不言報，蓋變文也。夫爲人後者爲其父母期，而其父母亦報之，豈嫌言報爲疏而不言報乎？」

高氏愈曰：「世母、叔母，原其始而言，則塗人也。以其來配世父、叔父，而服亦同之，初無降殺，何也？蓋人之死喪無常，有不幸而遺其孤子孤女者，非世母、叔母爲之慇懃教育必不能成立，而其世母、叔母之老寡無子者，非依其兄弟之子則亦莫之相養而相葬也。苟不重其服制，則將視如路人，而幼孤老寡之人，其顛連而失所者必多矣。是故先王引而近之，非母也，而以爲世母、叔母，非子也，而以爲猶子。欲其顧名思義，使之彼此相收恤，而無顛連無告之患也。于以厚斯民而善風俗，豈細故哉！」

盛氏世佐曰：「此謂昆弟之男子爲之也，其女子子未成人者爲此四人服亦如之。成人已後，逆降在《大功章》，與出嫁者同。《爾雅》云：『父之晜弟，先生爲世父，後生爲叔父。』註云：『世有爲嫡者，嗣世統故也。』父之先生者，不皆世嫡，而爲祖後者亦存焉，故謂之世。此亦論其常耳。若父是庶出，或有廢疾，不堪主宗廟，而爲祖後者乃其後生，則此庶兄子亦謂之叔父而已。世叔之稱，要以其年之先後生于父爲斷也。說者謂父之晜，惟繼世一人稱世父，第二以下皆稱叔父，非。」

傳曰：世父、叔父何以期也？與尊者一體也。

陳氏詮曰：「尊者，父也，所謂昆弟一體也。」

雷氏曰：「非父之所尊，嫌服重，故問也。」

黄氏榦曰：「世叔父者，父之兄弟。若據祖期，則世叔父母宜九月，而世叔父是父一體，故加至期。從世叔父母既疏，加所不及，據期而殺，是以五月。族世叔父母疏，故緦。」

敖氏繼公曰：「世叔父本是大功之服，以其與父一體，故當加一等也。以五服差之，族之親爲四，緦麻；從祖之親爲三，小功；則從父之親宜爲二，大功也。而《禮》爲從父昆弟大功，世叔父期。以此傳攷之，則世叔父之期乃是加服，從父昆弟之大功，則其正服也。此釋經文『爲世父、叔父期』之意。」

郝氏敬曰：「伯叔父母非尊于祖父母，何以與祖父母同服？雖不尊于祖父母而實與祖爲一體，父至尊，又與父爲一體，惟其一體，所以同服。」

然則昆弟之子何以亦期也？旁尊也。不足以加尊焉，故報之也。【疏】世叔父與二尊爲體，故加期。昆弟之子無此義，何以亦期，故怪而致問也。凡得降者，皆由己尊也，故降之。世叔非正尊，故生報也。

敖氏繼公曰：「加尊者，謂以其尊加之也。昆弟之子本服亦大功，世叔父不以本服服之而報以其爲己加隆之服者，❶以己非正尊，不足以尊加之故也。加尊而不報者，如父于衆子、祖于庶孫之類是也。昆弟之子雖不在此條，然以其即爲世叔父之服者，而世叔父亦以此服之，義有不同，故并釋之也。」

張氏爾岐曰：「以其爲旁尊，不足以加尊于人，故爲昆弟之子，亦如其服以報之。若祖之正尊，則孫爲祖期，而祖但爲孫大功矣。」

【《欽定義疏》】案《檀弓》：「兄弟之子猶子也，蓋引而進之也。」此爲昆弟子服期之義也。以其爲己服也而服之，又有報義焉。昆弟子于世叔父之服，爲其與尊者一體，則亦兼有引而進之之義。凡此，所以敦一本之愛而勸篤親也。

父子一體也，夫妻一體也，昆弟一體也。故父子首足也，夫妻牉合也，昆弟四體也。

【疏】「父子一體」以下，傳又廣明一體之義。云「父子一體」者，見世叔父與祖亦爲一體也。「夫妻一體」者，亦見世叔母與世叔父爲一體也。「昆弟一體」者，又見世叔父與父亦爲一體也。人身首足爲上下，父子亦是尊卑之上下，故父子比于首足。《郊特牲》云：「天地合而后萬物興焉。」是夫婦牉合，子胤生焉，是牉合爲一體也。四體，謂二手二足，在身之旁，昆弟亦在父之旁，故云四體。

敖氏繼公曰：「言首足、牉合、四體者，皆所以釋其一體也。此又申言與尊者一體之義，雖以三者並言，而其旨則唯主于昆弟。蓋世叔父乃其父之昆弟，所謂與尊者一體也。」

盛氏世佐曰：「牉與判通，半也。《周禮·媒氏職》云：『掌萬民之判。』鄭註引此傳，文亦作『判』。判合者，陰陽各半，合之乃成夫婦也。」

【《欽定義疏》】牉者，半也，分也。《集韻》：「牉合，合其半以成夫婦也。」

故昆弟之義無分。然而有分者，則辟子之私也。子不私其父，則不成爲子。故有東

❶「報」下，原衍「之」字，據《儀禮集説》卷一一删。

宮，有西宮，有南宮，有北宮，異居而同財：有餘則歸之宗，不足則資之宗。【注】宗者，世父爲小宗典宗事者也。資，取也。【疏】「昆弟之義無分」者，以手足四體本在一身，不可分別，是昆弟之義不合分也。「然而分者，則辟子之私也」，使昆弟之子各自私其父，故須分也。若兄弟同在一宮，則不成爲人子之法。案《内則》云：「命士以上，父子異宮。」不命之士，父子同宮。縱同宮，亦有隔别，爲四方之宮也。

張子曰：「子不私其父，則不成爲子。古之人曲盡人情如此。若同宮，有伯父、叔父，則爲子者何以獨厚於其父？爲父者又烏得而當之？」

敖氏繼公曰：「此承上文而言，父子、夫妻、昆弟俱是一體，然父子、夫妻不分，而昆弟則分，似乖于一體之義，故言其理之不容不分者以釋之。東宮、西宮、南宮、北宮，蓋古者有此稱，亦或有以之爲氏者，故傳引之，以證古之昆弟亦有分而不同宮者焉。異居而同財，則其所以分之意可見矣。」

郝氏敬曰：「辟、避同。子各事其父，故昆弟不得不避之，是以分耳。宮，謂父子各居別宮，各事其所尊。宗，小宗，即世父母之宮。」

張氏爾岐曰：「言有餘、不足皆統于宗，仍以明一體之義。」

盛氏世佐曰：「東宮、西宮、南宮、北宮，皆古者兄弟異居之宮名也。有餘、不足，謂支子之私財，支庶之贏餘匱乏，皆宗子總攬其大綱而爲之裒益于其間，故宗法立而天下無貧富不平之患矣。」

【《欽定義疏》】古者大功，同門同財。縱有異門者，亦同財。蓋以祖統孫，凡同祖者，則皆不私其財也。曰同財，則固不必同爨矣。小功以下，人滋蕃而情漸疏，勢難久合，蓋理一分殊之道然也。註云：「宗事，謂同宗之人冠昏嫁喪祭諸事。」

世母、叔母，何以亦期也？以名服也。【疏】以配世叔父而生母名，則當隨世叔父而服之。

敖氏繼公曰：「此釋經文也。言以名服，見其恩疏。」

張氏爾岐曰：「二母本是路人，以牉合于世叔父，故有母名，因而服之，即上所云『夫妻一體也』。」

大夫之適子爲妻。【疏】大夫之適子爲妻在此《不杖章》，則上《杖章》爲妻者，是庶子爲妻。父没後適子亦爲妻杖，亦在彼章也。

敖氏繼公曰：「傳曰『父在則爲妻不杖』，則是凡父在爲妻而非有所降者，其服皆然，不別適庶也。此乃特見大夫之適子，蓋謂大夫庶子爲妻則異于是。唯其適子爲妻如邦人，故特舉以明之。凡大夫之子之服，例在正服後，今序于昆弟之上者，蓋以此包上下而言，故居衆人爲妻之處。若重出者，乃在正服後也。」

張氏爾岐曰：「案下經大夫庶子爲妻大功，不知註疏何以云當杖。」

盛氏世佐曰：「爲妻不杖，尊者在，不敢盡禮於私喪也。一云以父爲之主也。大夫之適子，有父之辭也。不云『父在爲妻』而云『大夫之適子』者，見此禮之通乎上下也。嫌大夫以上爲尊者所壓，或不得伸其私服，故言此以明之。《小記》云：『世子不降妻之父母。其爲妻也，與大夫之適子同。』則天子、諸侯之適子皆然，而士以下更不待言矣。適子，爲父後者也，特言適者，見庶子之異于是也。自天子以至于士，其庶子父在爲妻之服各異，即父没之後亦有不能盡同者，此當以上章妻、《大功章》公之庶昆弟、大夫之庶子爲妻及《記》公子爲其妻參看，其義自見。」

【《欽定義疏》】《小記》：「世子爲妻，與大夫之適子同。」是天子、諸侯之適子亦然也。君于庶子、庶婦有降殺，而于適子、適婦無異同，故敖云包上下。

傳曰：何以期也？父之所不降，子亦不敢降也。何以不杖也？父在則爲妻不杖。

【注】大夫不以尊降適婦者，重適也。凡不降者，謂如其親服服之。降有四品：君、大夫以尊降，公子、大夫之子以厭降，公之昆弟以旁尊降，爲人後者、女子子嫁者以出降。

【疏】父之所不降者，《大功章》有適婦，是父不降適婦也。子亦不敢降者，謂不敢降至大功與庶子同也。父在爲妻不杖者，父爲適子之婦爲喪主，故適子不敢伸而杖也。若然，適子爲妻，通貴賤，今唯據大夫者，以五十始爵，爲降服之始，嫌降適婦，其子亦降其妻，故明舉大夫不降，天子、諸侯雖尊，不降可知。注云「降有四品」者，總解《喪服》上下降服之義。「君、大夫以尊降」者，天子、諸侯爲正統之親后、夫人與長子、長子之妻等不降，餘親則絶。天子、諸侯絶者，大夫降一等，即大夫爲衆子大功之等是也。「公子、大夫之子以厭降」者，此非身自尊，受父之厭屈以降，下《記》云「公子爲其母，練冠，麻，麻衣縓緣；爲其妻，縓冠，葛絰，帶，麻衣」，父卒乃大功是也。大夫之子，即《小功章》云「大夫之子爲從父昆弟」在小功皆是也。「公之昆弟以旁尊降」者，此亦非己尊旁及昆弟，故亦降其諸親。即《小功章》云「公之昆弟爲從父母昆弟」是也。案《大功章》云「公之庶昆弟爲母、妻、昆弟」，傳曰：「先君餘尊之所厭，不得過大功。」若然，公之昆弟有兩義，既以旁尊，又爲餘尊厭也。「爲人後者、女子子嫁者以出降」者，此章云「爲人後者爲其父母報」，又下文云「女子適人者爲其父母、昆弟爲父後者」，此二者是出也。大夫之服，例在正服後，今在昆弟上者，以其妻本在杖期，直以父爲主，故降入《不杖章》，是以進之在昆弟上也。

敖氏繼公曰：「『父之所不降』，謂大夫爲適婦亦大功如衆人，故子亦爲之不杖期如衆人也。若大夫于庶婦降之而至于不服，其子亦降之而至于大功，所謂『大夫之子則從乎大夫而降也』。『父在則爲妻不杖』者，不敢同于父在爲母之服也。故父没爲母三年，乃得爲妻杖，是其差也。降有三品：大夫以尊而降，公之昆弟、大夫之子以其父之所厭而降，爲人後者、女子子適人者以其出而降。子亦不敢降之説見後。」

郝氏敬曰：「夫爲妻杖期，舅爲適婦大功，常也。大夫適子妻仍期不降，何也？大夫不以貴降適，其于適子婦大功，仍大功也。父不降，而子又安可降乎？所以大夫適子仍得爲妻期。然不杖何也？父在，適婦之喪父主之，父爲主，子杖，是奪其父主，不敢也。然則大夫庶子爲妻宜如何？曰：宜大功。是父所降也，欲爲期，不可得也。然則大夫庶婦喪亦爲主乎？曰：否。則大夫以上降其妻乎？曰：否。則何以獨言大夫？期降自大夫始。又曰降服四品，以尊降者爲辨分，以出降者爲情殺，可也。若夫厭降者，己非諸侯、大夫，而徒以父之所降，己亦降。旁尊降者，己非君公，而徒以爲公昆弟，于所親降，則似迂矣。故縣子曰：『古者無降，上下各以其親。』世運有隆替，親有不得不殺，恩有不得不窮，非古也。權其通者，唯達人乎。」

張氏爾岐曰：「下經適婦在《大功章》，庶婦在《小功章》，父之所不降，謂不降在小功也，子亦不敢降。大夫衆子爲妻皆大功，今適子爲妻期，是亦不敢降也。前章註云『父在，子爲妻，以杖即位，謂庶子』者，蓋士禮也。若大夫之庶子，父在僅得服大功，何得以杖即位乎？」

【《欽定義疏》】《小功章》「庶婦」，士之本服也。非由大夫尊降而然，疏謂「大夫爲庶子之婦小功」，誤矣。大夫以尊降，當緦麻，而大夫無緦麻，故至于不服。父爲適子之婦，爲喪主，九月而除，子則祥而除之，不禫，故不杖。

昆弟。【注】昆，兄也。爲姊妹在室亦如之。【疏】昆弟卑于世叔，故次之。昆，明也，以其次長，故以明爲稱。弟，第也，以其小，故以次第爲名。

郝氏敬曰：「昆，同也。同本曰昆。凡親族齒相若稱兄弟，同父稱昆弟。後倣此。」

爲衆子。【注】衆子者，長子之弟及妾子。女子子在室亦如之。士謂之衆子，未能遠別也。大夫則謂之庶子，降之爲大功。天子、國君不服之。《内則》曰：「冢子未食而見，必執其右手。適子、庶子已食而見，必循其首。」【疏】衆子卑于昆弟，故次之。士謂之衆子，大夫之子皆云庶子。天子、國君絶旁親，故不服也。引《内則》者，證言庶子别于適長者也。

敖氏繼公曰：「衆子，即庶子也。對長子立文，故曰衆子。庶則對適之稱也，實則一耳。父母爲衆子乃期者，以尊加之也。士妻爲妾子亦期。凡適而非長，父母爲之亦與衆子同。」

盛氏世佐曰：「衆子，謂適妻所生第二已下及妾子皆是。變庶言衆者，庶是對適之稱，衆則適而非長者亦存焉。註引《内則》者，明父待子之禮，自第二已下，雖適妻所生，亦無異于庶也。但《内則》所謂適子與此經小異。此經適子指適長而言，《内則》謂之冢子，彼所謂『適子、庶子』，則此之衆子也。」

昆弟之子。【疏】昆弟子疏于親子，故次之。世叔父爲之。

敖氏繼公曰：「其女子子在室者亦如之。」

姜氏兆錫曰：「子蓋該男子子、女子子在其中矣。」

傳曰：何以期也？報之也。【注】《檀弓》曰：「喪服，兄弟之子猶子也，蓋引而進之。」

盛氏世佐曰：「爲子期，則爲昆弟之子當大功，今乃同之于子者，以其爲己服期，故亦以是報之。上傳曰：『旁尊也，不足以加尊焉，故報之也。』與此相發明。《檀弓》説又自一義。蓋各記所聞耳。」

【《欽定義疏》】此兩相爲服，傳言「報」者，著其實也。經不言報者，欲以倫類爲次而兩見之也。世叔父次于祖父之下，則見其爲祖父一體之所分，而親之當如父矣。昆弟之子次于昆弟、衆子之下，則見昆弟與吾一體，而親昆弟之子當如子矣。

大夫之庶子爲適昆弟。【注】兩言之者，適子或爲兄，或爲弟。【疏】此大夫之妾子，故言庶。若適妻所生第二已下，當直云昆弟，不言庶也。

敖氏繼公曰：「大夫之庶子爲昆弟大功，嫌于適亦然，故以明之。不言適子者，嫌自爲其子也。」

盛氏世佐曰：「庶子，猶衆子。言庶者，對適立文也。適昆弟，謂其爲父後者一人也。立子以適不以長，故容有弟而爲父後者，其庶兄爲之亦如斯例也。若適妻所生第二以下則否矣。適妻所生第二已下，爲其兄之爲父後者，與妾子爲宗子同。」

傳曰：何以期也？父之所不降，子亦不敢降也。【注】大夫雖尊，不敢降其適，重之也。適子爲庶昆弟，庶昆弟相爲，亦如大夫爲之。【疏】云「父之所不降」者，即《斬章》「父爲長子」是也。云「子亦不敢降」者，于此服期是也。案後經，大夫爲庶子降服大功，適子爲庶昆弟、庶昆弟相爲並大功，故註曰「如大夫爲之」。

敖氏繼公曰：「大夫之子于昆弟之屬，或有所降者，以從乎其父而不得不降之耳。若爲其父之適及尊同者，乃其父之所不降者，故己亦得遂其服焉，非謂以其父不降之故，欲降之而不敢降也。凡後傳之言若此者，不復見之。」

盛氏世佐曰：「父于長子三年，庶子期，昆弟相爲亦期，服之正也。大夫以尊，故降庶子于大功，而于長子自若三年，是父之所不降也。大夫之庶子厭于父，降其庶昆弟于大功，而于適昆弟自若期，是子亦不敢降也。庶昆弟爲適昆弟之服如此，而適昆弟之所以服之者亦大功，則以大夫之適子得行大夫禮故也，且父之所降，子亦不敢不降也。」

【《欽定義疏》】此服亦通上下。天子、諸侯爲長子服斬，則天子、諸侯之庶子于適昆弟亦服其本服可知。專言大夫者，以下經爲君之長子自有本條，且義例可於大夫之適子爲妻通之也。公之庶子，父在爲庶昆弟無服，父卒乃服大功。天子之庶子，相爲當亦然。若俱出封爲諸侯，則各如其服服之。父厭庶子，而天子不厭諸侯始封之君，不臣昆弟，故得服之也。惟長子于庶昆弟皆不服之，以冢適有君道，不但爲父尊所厭而已。大夫之適子于庶昆弟則降之。自天子以下至于士，皆加隆于適，而庶則或降焉，或絶焉，此宗法也。大夫士之宗法，本自天子、諸侯而推也。然則謂不可以大夫士之宗法通于天子者，其繆矣乎！賈氏大夫之子得降庶，庶又自相降者，宗法自大夫以上彌隆，而適彌重，故子不得不從乎父也。父爲大夫，子爲士，葬以大夫，祭以士，則知大夫之子不得直用大夫禮矣。

適孫。【疏】孫卑于昆弟，故次之。此謂適子死，其適孫承重者，祖爲之期。

傳曰：何以期也？不敢降其適也。有適子者無適孫。孫婦亦如之。【注】周之道，適子死，則立適孫，是適孫將上爲祖後者也。長子在，則皆爲庶孫耳。「孫婦亦如之」，適婦在，亦爲庶孫之婦。凡父于將爲後者，非長子，皆期也。【疏】云「周道」者，以其殷道適子死，弟乃當先立，故言周道也。❶《喪服小記》云：「適婦不爲舅後者，則姑爲之小功。」註云：「謂夫有廢疾他故，若死而無子，不受重者。小功，庶婦之服也。凡父母於子，舅姑於婦，將不傳重于適，及將傳重者非適，服之皆如衆子、庶婦也。」然長子爲父斬，父亦爲斬，適孫承重爲祖斬，祖爲之期，不報之斬者，父子一體，本有三年之情，故特爲祖斬，祖爲孫，本非一體，但以報期，故不得斬也。

敖氏繼公曰：「祖於孫，宜降於子一等而大功，此期者，亦異其爲適，加隆焉爾，非不降之謂也。『有適子者無適孫，孫婦亦如之』，皆謂適不可二也。案註云『凡父於將爲後者，非長子，皆期』者，蓋以《斬衰章》唯言父爲長子故也。鄭言此者，爲適子死而無適孫者見之，且明爲適孫亦期之意也。適孫爲祖父後，服與子同。」

顧氏炎武曰：「冢子，身之副也。家無二主，亦無二副。故有適子者無適孫。唐高宗有太子而復立太孫，非矣。」

盛氏世佐曰：「云『有適子者無適孫』者，謂適子在，則適子之子雖屬適長，而祖視之無殊于庶孫也，服之皆大功。云『孫婦亦如之』者，如其有適婦者，無適孫婦也。適子、婦皆没，以孫爲後，則其爲婦小功，殊之于庶也。適子、婦有一在，則爲孫婦緦，無適庶之别也。」

華氏學泉曰：「或問：夫爲祖曾高承重者，姑在，妻從服歟？曰：然。孫爲祖曾高後稱承重，承宗廟之重也。其夫主宗廟之重，則其婦當同主宗廟而助祭，夫爲祖曾高服斬，妻安得不從服？」

【萬氏斯大《承重妻從服説》】晉賀循曰：「夫爲祖、曾、高祖後者，妻從服如舅姑。」此從《喪服傳》「父卒然後爲祖後者服斬」之文而推之也。故《家禮》及今制，妻爲夫黨服圖，于凡承重，皆云「並從夫服」。而世俗承重者，母在則妻不從，其悮實始于虞喜。孔瑚問喜曰：「玄孫爲後者，其妻從服姑，止服緦。近輕遠重，情實有疑。」喜答以：「有嫡子者無嫡孫。又，若宗子之母在，則不服宗子妻，推此知玄孫爲後，姑在婦猶爲庶，不得傳重。

❶「故言周道也」，原作「與此不同也」，據庫本及《儀禮·喪服》疏改。

傳重之服，理當在姑。」宋庾蔚之更推之曰：「有適婦，無適孫婦。祖服，自以姑爲適。」由是世俗相沿，姑在婦不從服，迄于今不變。愚謂宗子母在，而族人不服其妻，蓋體宗子不死其父之心，而尊其所尊，且以婦壓于姑，故不爲之服，非以重在姑也。夫承重而妻從服，爲喪禮之内主也。兩者義別，各不相蒙。《内則》云：「舅没則姑老，冢婦所祭祀、賓客，每事必請于姑。」觀此則知宗子母雖存，而凡吉凶内主之重，皆其妻承之。故《喪服傳》云「有適子者無適孫，孫婦亦如之」。「亦如」云者，就嫡孫而言，無適孫亦無適孫婦也。適子死而立適孫，❶已娶即爲適孫婦，于其祖之喪也，母在則服婦服之常，孫婦主喪者，則進服婦爲舅姑之服，各盡其道，並行不悖。虞喜之言，抑何據所非據乎！且古來吉凶之禮，率成于夫婦。故國君取夫人之辭曰：「請君之玉女與寡人共有敝邑，事宗廟社稷。」《昏禮》父命子親迎，曰：「往迎爾相，承我宗事。」故凡《儀禮》喪祭稱爲主人者，皆宗子也；稱爲主婦者，皆宗子之妻也。此之謂夫婦親之，安有宗子既娶妻而母尚主重之事哉！賈氏不察，于宗子母在，族人不爲其妻服，援《王制》「八十齊喪弗及」，謂宗子未七十，母自與祭，不知《王制》指男子爲言，婦人舅没姑老，則固不以年記也。蔚之又云「舅没姑老，授祭事于子婦」，是既知孫承重者妻承重，已乃其云「有適婦，無適孫婦，祖服自以姑爲適」何也？如其言，是一孫婦之身，主祭則爲適，服祖則爲庶，義無一定。若謂雖主祭亦庶也，吾未聞庶孫婦而可以主祭，亦未聞夫既爲適孫而妻不得爲適孫婦者也。故夫父死，母爲内主者，唯子幼未娶者耳，已娶，未有不主重者也。主重，未有不從服者也。即玄孫爲後，妻主姑存者，重在爲主，不論遠近，縱姑緦婦服，主得其常，豈近輕遠重之謂乎？若必如虞説，將古禮無曾玄婦服者，其夫服斬而其妻吉服以爲主，可乎？故曰婦人從夫。

【《欽定義疏》】案父于將爲後者，非長子皆期，是適子之統，亦不貳也。適子死若廢疾而立適孫，死則爲之服期，固已若庶子將爲後者死亦爲之服期。此謂士耳。天子、諸侯爲庶子無服。大夫爲庶子大功，雖將爲後，死亦不爲之加服。註云

❶「孫」字，原脱，據萬斯大《學禮質疑》卷二改。

「服之皆如衆子、庶婦」，明不異于其本也。　賀循曰：「其夫爲祖、曾祖、高祖後者，妻從服如舅姑。」案父喪母在，則母爲主婦，以其服則斬衰，拜則稽顙，自宜爲主。適婦從夫服期，不爲主而拜賓，是則主婦不必主人之妻，當從服制之重者也。其母先不在者，婦服期，拜不稽顙，而適婦則爲主矣。承祖父之重者，祖母在，祖母自爲主，母服期，孫婦服大功，若從夫而服期，則嫌于母喪，且不爲主，無庸加服也。若祖母與母俱不在，孫婦自當服期而爲主矣。若祖母不在而母在，不應舍服期之母而加孫婦之服以代之也。承曾祖父之重者，曾祖母在，自爲主，祖母服期，母服大功，曾孫婦服緦，曾祖母爲主，不嫌于夫斬而婦緦也。若從夫服期，不但姑輕婦重，亦嫌于二主矣。若曾祖母、祖母俱不在而母在，緣亡夫之義，母能不服期乎？母服期，則曾孫婦緦自若可也。曾孫婦服期而姑大功，不疑自居于適而以姑爲庶乎？賀循之説，似是而非，不可用也。

蕙田案：宋庾蔚之云：「舅没則姑老，是授祭事于子婦。至于祖服，自以姑爲嫡。」《義疏》「主婦不必主人之妻」是也，然與華氏、萬氏異義，宜參之。

爲人後者，爲其父母，報。【疏】此謂其子後人，反來爲父母在者，欲其厚于所後，薄于本親，抑之，故次在孫後也。若然，既爲本生不降斬至禫杖章者，亦是深抑而厚于大宗也。言報者，既深抑之，使同本疏往來相報之法故也。

雷氏次宗曰：「據無所厭屈，則期爲輕。言報者，明子于彼，則名判于此，故推之于無尊，遠之以報服。女雖受族于人，猶在父子之名，故得加尊而降之。」

程子曰：「既爲人後，便須將所後者呼之以爲父、以爲母，不如是則不正也。後之立疑義者，見禮有『爲其父母，報』，便道須是稱親。禮文蓋言出爲人後，則本生父母反呼之以爲叔父、伯父，故須着道『爲其父母』以别之，非謂將本生父母亦稱爲父母也。」

張子曰：「爲其父母，不論其族遠近，並以期服服之。」

【《朱子語録》】問：「安常習故」是如何？❶曰：如親生父母，子合當安之。到得立爲伯叔父後，疑于伯叔父有不安者，這也是理合當如此。然而自古却有大宗無子，則小宗之子爲之後。這道理又却重，只得安于伯叔父母，而不可安於所生父母。喪服則爲所後父母服三年，所生父母只齊衰不杖期。

有問濮議。曰：歐公説不是，韓公、曾公亮和之。温公、王珪議是。范鎮、吕誨、范純仁、吕大防皆彈歐公，但温公又於濮安懿王邊禮數太薄，須於中自有斟酌可也。歐公之説，斷然不可。且如今有人爲人後者，一日所後之父與所生之父相對坐，其子來唤所後父爲父，終不成又唤所生父爲父？這自是道理不如此。試坐仁宗於此，亦坐濮王於此，英宗過焉，終不成都唤兩人爲父？只緣衆人道是死後爲鬼神不可考，胡亂唤都不妨，都不思道理不可如此。先時仁宗有詔云：「朕皇兄濮安懿王之子猶朕之子也。」此甚分明，當時只以此爲據足矣。

黄氏震曰：「歐公被陰私之謗，皆激於當

❶「安常」，原作「常安」，據《朱子語類》卷八九乙正。

日主濮議之力。公集《濮議》四卷，又設爲或問以發明之。滔滔數萬言，皆以《禮經》『爲其父母』一語，謂未嘗因降服而不稱父母耳。然既明言所後者三年，而於所生者降服，則尊無二上明矣。謂所生父母者，蓋本其初而名之，非有兩父母也。未爲人後之時，以生我者爲父母也。爲人後，則以命我者爲父母。立言者於既命之後而追本生之稱，自宜因其舊，以父母稱，未必其人一時並稱兩父母也。公亦何苦力辨，而至於困辱危身哉！況帝王正統，相傳有自，非可常人比邪！」

顧氏炎武曰：「『爲人後者爲其父母』，此臨文之不得不然。《隋書》劉子翊云『其者，因彼之辭』是也。後儒謂以所後爲父母，而所生爲伯叔父母，於經未有所攷，亦自尊無二上之義而推之也。經文言『其父母』、『其昆弟』者，大抵皆私親之辭。觀先朝嘉靖之事，至於入廟稱宗，而後知聖人制禮，別嫌明微之至也。永叔博聞之儒，而未見及此。學者所以貴務乎格物。報，謂所生之父母報之，亦爲之服期也。重其繼大宗也，故不以出降。」

【《欽定義疏》】不杖期而報，世叔父母與昆弟子相爲之服也。稱情以立名，緣名以制服，程朱之言，萬世人倫之準也。或有疑于此者，盍取聖人正名之説而三復之乎！古人世叔父于昆弟之子，亦直稱父子。漢疏廣謂兄子受曰：「宦成名立，懼有後悔，豈如父子相隨出關。」蔡邕與叔父質爲程璜所陷，邕自陳曰：「如臣父子，欲相傷陷。」則爲人後者呼其本生爲父母，亦自可通。然此乃泛稱之辭。要其上承祖宗，旁治昆弟，則必以世叔父母視之，非直以爲父母也。若直以爲父母，則二本也，名不正言不順矣。議禮者乃呶呶于此，不亦末乎！朱子謂所後父與所生父並在，不可並稱爲父。此猶爲大夫士言之。若爲天子、諸侯後者，則于君前當名其所生父矣，伯叔父且不可稱也，而况稱父乎？惑于此者，可以解矣。

又案爲人後者，若係親昆弟之子則不杖期，其本服也；其他，則自小功以至于無服。而皆爲之不杖期，以其本生親之也，是則隆于大宗，亦未嘗薄于本生。大宗至重，以正尊尊之。本生次重，以旁親之首尊者尊之。聖人之度量權衡，夫豈苟哉！

傳曰：何以期也？不貳斬也。何以不貳斬也？持重于大宗者，降其小宗也。【疏】此問雖兼母，答專據父，故以斬而言。案《喪服小記》云：「別子爲祖，繼別爲大宗。」謂若魯桓公適夫人文姜生太子名同，後爲君，次子慶父、叔牙、季友，此三子謂之別子。別子者，皆以臣道事君，無兄弟相宗之法，與太子有別，又與後世爲始，故稱別子也。大宗有一，小宗有四。大宗一者，別子之子，適者爲弟來宗之，即謂之大宗。自此以下，適適相承，謂之百世不遷之宗。五服之内，親者月算如邦人，五服之外，皆來宗之，爲之齊衰。《齊衰三月章》「爲宗子之母、妻」是也。小宗有四者，謂大宗之後生者，謂別子之弟。《小記》註云：「別子之世長子，兄弟宗之。」第二已下長者，親弟來宗之，爲繼禰小宗。更一世長者，非直親兄弟，又從父昆弟亦來宗之，爲繼祖小宗。更一世長者，非直親昆弟、從父昆弟，又有從祖昆弟來宗之，爲繼曾祖小宗。更一世長者，非直有親昆弟、從父昆弟、從祖昆弟來宗之，又有從曾祖昆弟來宗之，爲繼高祖小宗也。更一世絶服，不復來事，以彼自事五服内繼高祖已下者也。四者皆是小宗，則家家皆有兄弟相事長者之小宗。雖家家盡有小宗，仍世事繼高祖已下之小宗也。是以上傳云「有餘則歸之宗」，亦謂當家之長爲小宗者也。

敖氏繼公曰：「此一節釋所以服期之意。

爲父固當斬衰，然父不可二，斬不並行，既爲所後之父斬，則於所生之父不得不降而爲期。蓋一重則一輕，禮宜然也。大宗者，繼別子之後者也。小宗者，凡庶子之長子、適孫之屬皆是也。此爲大宗子矣，乃復謂所生之家爲小宗者，以其本爲支子故也。持猶主也。」

盛氏世佐曰：「持猶守也。重，謂宗祀。大宗，謂其所後。小宗，則其本宗也。爲人後者，爲其本宗父母、昆弟之屬皆降一等，是降其小宗矣。所以然者，喪三年，不祭，既爲大宗守宗廟祭祀之重，則不得舍是而復以尊服服其所生也。」

【《欽定義疏》】不二斬者，不二父也。一語得其宗矣。歐陽紛紛，昧此耳。

蕙田案：不二斬是正義，非止以喪三年不祭之故而降之也。

爲人後者，孰後？後大宗也。曷爲後大宗？大宗者，尊之統也。禽獸知母而不知父，野人曰：父母何算焉？都邑之士則知尊禰矣，大夫及學士則知尊祖矣。諸侯及其大祖，天子及其始祖之所自出。尊者尊統上，卑者尊統下。大宗者，尊之統也。大宗者，收族者也，不可以絶，故族人以支子後大宗也。適子不得後大宗。【注】都邑之士則知尊禰，近政化也。大祖，始封之君。始祖者，感神靈而生，若稷、契也。自，由也。及始祖之所由出，謂祭天也。上猶遠也，下猶近也。收族者，謂别親疏，序昭穆。《大傳》曰：「繫之以姓而弗别，綴之以食而弗殊，雖百世婚姻不通者，周道然也。」【疏】「後大宗」者，案何休云「小宗無後當絶」，故知後大宗也。「大宗，尊之統」者，明宗子尊，統領族人，不可絶也。「禽獸」已下，因上尊宗子，遂廣申尊祖以及宗子之事也。學士，謂鄉庠序及國大學小學之學士，雖未有官爵，以其習知四術，閑之六藝，知祖義父仁之禮，故敬父遂尊祖，得與大夫之貴同也。諸侯及其大祖，天子及其始祖，皆是爵尊者其德所及遠也。「大宗收族」以下，論大宗立後之意。「適子不得後大宗」者，以其自當主家事并承重祭祀之事故也。天子始祖，諸侯及大祖，並于親廟外祭之，是尊統遠。大夫三廟，適士二廟，中下士一廟，是卑者尊統近也。若然，此論大宗子，而言天子、諸侯、大夫、士之等者，欲見大宗子統領百世而不遷，又上祭大祖而不易，亦是尊統遠；小宗子惟統五服之内，是尊統近。故傳言尊統遠近而云大宗統遠之事也。

敖氏繼公曰：「此一節承上文，言所以後大宗之意。尊之統，爲尊者之統也。小宗者，族人之所尊，而大宗又統乎小宗，故言尊之統，見其至尊也。大宗爲尊者之統而收族人，故族人不得不爲之立後。諸侯言太祖，天子言始祖，則始祖、太祖異矣。周祖后稷，又祖文王。《白虎通義》云：『后稷爲始祖，文王爲太祖。』此其徵也。始祖之及，謂祭及之也。及其始祖之所自出，謂禘也。始祖之所自出，若殷、周之帝嚳也。諸侯之太祖，世世祭之。天子不唯世世祭其太祖，又祭其始祖，又祭其始祖之所自出，蓋所祭者之尊不同故也。尊者天子，卑者諸侯。此尊統，謂爲祖禰之統者也。尊統上，天子始祖之所自出者也；尊統下，諸侯之太祖也。此與大宗爲族人之尊統者，義不相關，意略相類，故假此以發明之。適子不得後大宗，則大宗亦有時而絶矣。」

蕙田案：適子不得後大宗，蓋以申言支子爲後之義，並非謂大宗可絶也。既有大宗小宗，則支子之可爲後者，自近及遠，必有其人。豈有舉皆適子而不可爲人後之事？如果無之，則寧以適子後大宗，大宗不可絶也。敖氏此言，頗爲害理。

觀承案：適子不得後大宗，正以申言支子爲後之義，並非謂大宗可絶。敖氏「大宗亦有時而絶」之説誠非矣，然適子所以不得後大宗者，固以明大宗之不可絶，并以明小宗亦不可絶云爾。蓋大宗所統者遠，既已無子，則俱非親子，而凡在同宗，皆可爲後，何必適子！若小宗，則所統者近，人少，不必皆有衆子，乃本有適子以出後大宗，則本宗反有時絶矣。此義向似未發，須并詳之。注以始祖所自出爲祭天者，蓋混禘與郊爲一。此是康成謬解之必不可從者。

汪氏琬曰：「公子有宗道，大夫亦然。庶姓而起爲大夫，則得別于族人之不仕者。《禮》：『別子爲祖，繼別爲宗。』大夫獨非大宗與？然則大夫與公子若是班乎？曰：然。公子不敢援諸侯，故公子爲別子；大夫之族不敢援大夫，故大夫亦爲別子也。如之何其可無後也！子夏曰：『適子不得後大宗。』然則莫尚于大宗矣，奚爲不使適子後之也？曰：以其傳重也。古人敬宗而尊祖禰，適子者，繼祖禰者也，故不可以爲人後也。然則無宗支適庶而皆爲之置後，今人之所行，古人之所禁也，不亦大悖于禮與？曰：此禮之變也。蓋自宗法廢而宗子不能收族矣，宗子不能收族，則無後者求祔食而無所，其毋乃驅之爲厲乎？故不得已爲之置後也，變也。然則今之置後者，必親昆弟之子，次則從父昆弟之子，則于古有合與？曰：不然也。禮，同宗皆可爲之後也。大夫有適子則後適子，有庶子而無適子，則卜所以爲後者，如衞之石祁子是也。況無子而爲之置後，其有不聽于神乎？吾是以知其不然也。卜之，則勿問其孰爲親，孰爲疏可也，是可行于古，亦可行于今者也。」

華氏學泉曰：「或問：爲人後者，不皆親昆弟之子，或小功、緦麻及族人之無服者爲之，于其本生父母之服何如？曰：《禮》：『爲人後者，爲其父母期。』不聞以所後者之親疏異也。爲人後者爲其兄弟大功，亦不聞以所後者之親疏異也。蓋人子不得已而爲人後，降其親一等，以伸所後之尊足矣，不容計所後之親疏遠近而異其服也。其所以必降其親者何也？隆于所後也。其所以不計其親疏者何也？隆于所後，亦不得薄于所生也。先王之制服，所以交致其情而無憾也。曰：降其父母之服，不易其父母之名，何也？曰：記禮者爲著其服，不得不係之其父母也，非爲人後者自稱之辭也。既已爲所後者謂之父母，又仍其父母之稱而不易，非不二統之旨矣。夫人子之于其所生也，其恩罔極也，一旦出而爲人後，誠有所大不忍于其父母，聖人斷之以義，爲降其父母之服，使之同于世叔父母，而其父母亦降其尊而爲之報，以同其子于昆弟之子。凡此者，皆所以重大宗，使割其私恩而制之以義也。夫惟衆人常以恩揜義，而聖人必以義勝恩，使人子之不忍于其親者，不得不抑而就聖人之制，而猶懼人情之以私恩而干公議也，烏有仍其父母之稱，使名與實相違也哉？然則，曾子固、歐陽公爲人後之議所主稱親之説非歟？曰：非也。歐、曾之説，主于恩者也。吾折衷之于朱子。朱子之説，主于義者也。歐、曾之言曰：『爲人後者不當易其父母之稱。』朱子曰：『今設有爲人後者于此，一日，所後之父與所生之父並坐，而其子侍側，稱所後父曰父，稱所生父又曰父，自是道理不可。』朱子之所謂不可者，主以理也，而未嘗非情。歐、曾之所言者，主以情也，而于理有所不可矣。」

蔡氏德晉曰：「華氏論爲人後者爲其父母服及其稱名之義，當矣。或又問：如宋胡寅，以五日子，父母棄之，爲叔父安國所舉，遂不持本生父母服。明胡廣本姓黄，父母以五日子棄之江，後父得而養之，亦不持本生父母服。若是者何如也？曰：父母生子，欲棄而殺之，固自絶于子矣。然人子于身所由來，不可忘也。以爲人後者，爲其父母之服服之可也。故胡廣則已薄矣，胡寅既以伯父之服服之，則無可議也。」

【《欽定義疏》】大宗無後，則同父仲叔季之子皆可後之，凡同祖、同曾祖、同高祖以及無服之子皆可後之，但取同繼别之宗者而已。傳恐人拘于倫叙之戚疏而取必于其戚者，則絶己以後人，殊非爲後者之所安，而舍多奪少，亦非均安之道。故云小宗之適子自繼小宗，不可以後大宗，正與前傳「同宗則可爲之後」相發也。

又案「適子不得後大宗」，則小宗亦不可輕絶明矣。小宗無後者，不立後，古法也。以支子後之，要亦非聖人之所禁者。《漢書》：哀帝，元帝庶孫，定陶共王子也，母曰丁姬，年十三，嗣立爲王。成帝無子，徵立爲皇太子。上以太子奉大宗後，不得顧私親，乃立楚思王子景爲定陶王，奉共王後。成帝崩，太子即位，成帝母稱太皇太后，成帝趙皇后稱皇太后，而祖母傅與母丁自以定陶共王爲稱。已而傅必欲稱尊號，于是追尊傅爲定陶共皇太后，丁爲共皇后。郎中令泠褒、黄門郎段猶等復奏言：「定陶共皇太后、共皇后皆不宜復引定陶藩國之名以冠大號，又宜爲共王立廟京師。」師丹議曰：「爲人後者爲之子，故爲所後服斬衰三年，而降其父母期，明尊本祖而重正統也。孝成皇帝聖恩深遠，故爲共王立後，奉承祭祀，恩義已備。陛下繼體先帝，持重大宗，承宗廟天地社稷之祀，義不得復奉定陶共皇祭入其廟。」

《宋史》：濮安懿王允讓，商王元份子也。仁宗在位久，無子，乃以王第十三子宗實爲皇子。仁宗崩，王子即位，是爲英宗。治平二年四月，詔議崇奉濮典禮。天章閣待制司馬光等議曰：「禮，爲人後者不敢顧私親。聖人制禮，尊無二上。自漢以來，帝王有自旁支入繼大統，❶或推尊父母以爲帝后，皆見非當時，取譏後世。今日崇奉典禮，宜準先朝封贈期親尊屬故事，❷高官大國，極其尊崇。濮王于仁宗爲兄，陛下宜稱皇伯父而不名。」歐陽脩著《濮議》曰：「爲人後者爲其父母期，謂之降服。親不可降，降其外物爾，喪服是也。聖人降三年爲期，而不没其父母之名，以見服可降而名不可没也。議者欲以爲人後之故，使一旦視父母若未嘗生我者，其絶之也甚矣。」程子《代侍御史

❶「有自」，原作「自有」，據庫本乙正。
❷「親尊」，原作「尊親」，據庫本及《宋史》卷二四五乙正。

彭思永疏》曰：「陛下嗣承祖宗大統，則仁廟，陛下之皇考，陛下，仁廟之適子。濮王，陛下所生之父，於屬爲伯；陛下，濮王出繼之子，於屬爲姪。此天地大義，生人大倫，不可變易者也。苟亂大倫，人理滅矣。更稱濮王爲親，是有二親。是非之理，昭然明也。設如仁皇在位，濮王居藩，陛下既爲冢嗣，復以親稱濮王，則仁皇豈不震怒？濮王豈不側懼？君臣兄弟，立致釁隙，其視陛下，當如何也！神靈如在，亦豈不然。」

《明史》：世宗厚熜，憲宗孫也，父興獻王，國安陸，正德十四年薨，帝年十三，以世子理國事。十六年三月襲封。武宗崩，無嗣，慈壽皇太后與大學士楊廷和定策，以遺詔迎王于興邸，即皇帝位。秋七月，進士張璁言，繼統不繼嗣，請追崇所生，立興獻王廟于京師。初，禮臣議考孝宗，改稱興獻王皇叔父，援宋程頤議濮王禮以進，不允。至是，下璁奏，命廷臣集議。楊廷和等抗疏力争，皆不聽。冬十月己卯朔，追尊父興獻王爲興獻帝，祖母憲宗貴妃邵氏爲皇太后，母妃爲興獻后。嘉靖元年正月，命稱孝宗皇考，興獻帝后爲本生父母。三月，上慈壽皇太后尊號曰昭聖慈壽皇太后，武宗后曰莊肅皇后，上皇太后尊號曰壽安皇太后，興獻后曰興國太后。三年正月，南京刑部主事桂萼請改稱孝宗皇伯考。夏四月，上興國太后尊號曰本生聖母章聖皇太后，追尊興獻帝爲本生皇考恭穆獻皇帝。九月丙寅，定稱孝宗爲皇伯考，昭聖皇太后爲皇伯母，獻皇帝爲皇考，章聖皇太后爲聖母，武宗爲皇兄，武宗后爲皇嫂。

案張璁以世宗入繼爲繼統不繼嗣，直抉爲人後之藩籬，乃俾世宗得以恣行其私而無忌，計誠狡矣。夫繼統不繼嗣者，舜之受堯，禹之受舜，則然。或更如光武之中興，昭烈之存漢，則亦可云爾。興王非異姓之禪受也，未有力征之經營也，受武宗遺詔而踐帝位，何云非繼嗣乎？苟非嗣，何有統？統與嗣可相離乎？析統與嗣而二之，璁之創論，前古所未有也。若質言之，不過取其天下而絶其嗣云爾，而飾辭曰「繼統不繼嗣」，豈非掩耳盜鈴之術乎！且夫統者，自太祖而下至于高曾祖禰以相屬者也，統承武宗，嗣繼孝宗，繼孝宗，猶之繼武宗也，此則兄終弟及之道也。今不考孝宗而考興獻王，興獻王固不得禰憲宗也。如是，則不但孝宗、武宗之統絶，即憲宗以上至太祖之統胥絶矣，何繼之有？論者謂士大夫之宗法，不可施于天子，故與爲人後之禮別。然則士大夫大宗不可絶，可絶者獨天子也，有是理乎？璁既顯言不繼嗣，則固決意絶孝宗之嗣矣，孝宗何士大夫之不若乎？論者謂有武宗，故不得考孝宗，若考孝宗，則置武宗于何地？故不得考孝宗也。然則無武宗乃考孝宗，孝宗轉以有武宗而致絶也。不知考孝宗，則孝宗有二子，兄終而弟及。孝宗有子，而武宗有弟，則武宗亦不絶矣。不考孝宗，則孝宗終無子，而武宗則無弟，兩世不胥絶乎！且其興國，則承之于獻王，天位則受之于先帝，不考孝宗則無所承受，律以《春秋》之義，不可謂得國之正也。當武宗荒淫，倉卒棄世。江彬、錢寧輩，肘腋可虞，天下岌岌。諸大臣欲急定危疑，故遺詔草率爾。興王獨子，不可以後人，固當立他藩之支子以爲武宗嗣，斯應經義。設爾，興王敢執辭以争乎？即執辭以争，亦必曰「吾以倫序當爲孝宗後」，必不敢曰「吾當受天下，不願爲後」也。倫序當立之説，經傳所無，同宗則可爲之後，何必興王耶？設遺詔中不曰「倫序當立」，但云「立某爲皇太弟，繼孝宗皇帝後」，彼雖無良，其敢顯然而悖之耶？抑能篤于所生，决然舍去而就藩耶？夫不以天下易親者，人倫之至也。不肯後人，即當辟位，大杮在手，箝天下之口，而以狠愎暴戾行之，此豈棄天下如敝屣者乎？璁、萼諸人迎合希寵，與冷褒、段猶心事如一，不但人倫之辠人，亦經學之蟊蠹也。議禮者無爲簧舌所惑。

又案歐陽謂濮王宜稱親，尚考仁宗也，固賢于璁、萼之不考孝宗者。然解經實繆，其拘牽字句，正所謂以文害辭、以辭害意者。乃撓千古之公論，助姦匪之聲援，且若預作璁、萼之嵎者，其爲禍亦烈矣。天之生物，聖人之制禮，使之一本，而脩使之二本，其爲白圭之玷，不既多乎！

蕙田案：自古小人逢君，每緣飾經義以文奸言，未有如璁、萼之滅裂經義以肆其邪説者。《儀禮》言「爲人後」，即爲子之説也。然言「爲子」則尚輕，而「爲後」則尤重，蓋有「爲子」而不爲後者矣，未有「爲後」而不爲子者也。而璁、萼乃爲繼統不繼嗣之説。夫嗣在斯統在，不繼嗣，何以偏繼統耶？當時薛蕙辨之云：「不爲後則不成子也，若不成子，安所得統而繼之？故爲後也者，成子也。

成子而後繼統，又將以絶同宗覬覦之心焉。」徐氏乾學曰：「爲人後者爲之子，自天子至于庶人一也。曰爲人後，則不言爲之子，而分定矣。猶適子、衆子，或稱爲父後，或不爲父後，或爲母後，或不爲母後，或孫爲祖後，爲後者，子之尤重者也。」可謂一語破的矣。義疏稱璁、萼所言，不過取其天下而絶其嗣，律以《春秋》之義，不可謂得國之正。義正詞嚴，千秋定案。餘詳《私親廟門》。

盛氏世佐曰：「此皆論大宗不可絶族，人當以支子後之之義。蓋爲小宗之支子者，一旦棄其本宗而爲大宗後，人子之心，或有所不安于此，故以大義斷之，而曰後大宗者，即所以尊祖也。則族人皆知義之無所逃，而不得以親疎易位爲嫌矣。尊，謂別子之爲祖者也。『大宗者，尊之統也』者，謂祖之正統在大宗也。以母比父，則父尊，父在爲母期是也。以禰比祖，則祖又尊，不以父命辭王父命是也。推而上之，至別子之爲祖者而尊止矣。大夫不得祖諸侯，諸侯不得祖天子，故諸侯宗廟之祭得及其始受封之太祖，天子禘祭得及其始祖之所自出之帝。祭之所及，統之所自起也。德有厚薄，爵有尊卑，統亦有遠近，要爲不可絶，其義一也。『適子不得後大宗』者，重絶人之祀也。族人多矣，寧必以其適爲後哉？言此者，亦所以杜爭繼之釁也。」

女子子適人者爲其父母、昆弟之爲父後者。

【疏】女子卑于男子，故次男子後。

敖氏繼公曰：「此昆弟不言報，是亦爲之大功耳。」

張氏爾岐曰：「出嫁之女爲本宗期者三，父一，母一，昆弟爲父後者一。」

盛氏世佐曰：「爲其父母期，以出降也。爲其昆弟之爲父後者亦期，不敢降其宗也。」

傳曰：爲父何以期也？婦人不貳斬也。婦人不貳斬者何也？婦人有三從之義，無專用之道，故未嫁從父，出嫁從夫，夫死從子。故父者，子之天也。夫者，妻之天也。婦人不貳斬者，猶曰不貳天也，婦人不能貳尊也。【注】從者，從其教令。　【疏】經兼言父母，傳特問父不問母者，家無二尊，故父在爲母期，今出嫁仍期，但不杖禫而已。未多懸絶，故不問。案《雜記》云：「與諸侯爲兄弟者服斬。」是婦人爲夫并爲君，得二斬，此云「婦人不貳斬」者，在家爲父斬，出嫁爲夫斬，此其常事。❶彼爲君不可以輕服，服君非常之事，不得決此也。婦人有三從，所從即爲之斬。夫死從子，不爲子斬者，子爲母齊衰，母爲子不得過齊衰也。

敖氏繼公曰：「此一節釋『爲其父母』也。從者，順其所爲而不違之，所謂以順爲正者也。天者，取其尊大之義。人所尊大者無如天，故以之爲比。」

【《欽定義疏》】案李氏如圭曰：「所謂『與諸侯爲兄弟者服斬』者，自主男子言之。婦人不貳斬，何義而以斬服服君乎？爲夫之君應服期。」案李氏所辨最析。且不獨内宗、外宗，即王姬之已降者亦然也。曰：敢以輕服服至尊乎？曰：大功已下爲輕，齊衰則猶重也。既嫁天夫，父不奪之，君豈奪之乎？

爲昆弟之爲父後者何以亦期也？婦人雖在外，必有歸宗，曰小宗，故服期也。【注】歸宗者，父雖卒，猶自歸宗。其爲父後服重者，不自絶於其族類也。曰小宗者，言是乃小宗也，小宗明非一也，小宗有四。丈夫婦人之爲小宗，各如其親之服，避大宗。

【疏】云「小宗，故服期」者，欲見大宗子百世不遷，宗内丈夫婦人爲之齊衰三月。小宗，父之適長者爲之，婦人所歸，不歸大宗，歸此小宗，遂爲之期，與大宗別。傳恐人疑爲大宗，故辨之。註云「父雖卒，猶自歸宗」者，若父母在，嫁女自當歸寧父母，何須歸宗子？❷傳言「婦人雖在外，必歸宗」，明是據父母卒者而言。若然，天子諸侯夫人父母卒，不得歸宗，以其人君絶宗。故許穆夫人，衛侯之女，父死不得歸，賦《載馳》詩是也。云「丈夫婦人爲小宗，各如其親之服」者，謂各如五服尊卑服之，無所加減。大宗

❶「常事」，原作「事常」，據《儀禮·喪服》疏乙正。
❷「子」，庫本作「乎」。

則齊衰三月。丈夫婦人五服外，❶皆齊衰三月，❷五服内，月算如邦人，亦皆齊衰，無大功、小功、緦麻，故云避大宗也。

馬氏融曰：「歸宗者，歸父母之宗也。昆弟之爲父後者曰小宗。」

王氏肅曰：「嫌所宗者唯大宗，故曰小宗，明各自宗其爲父後者也。」

敖氏繼公曰：「此一節釋『爲其昆弟之爲父後者』也。歸宗者，所歸之宗也。婦人雖外成，然終不可忘其所由生，故以本宗爲歸宗也。歸云者，若曰婦人或不安于夫家，必以此爲歸然也。其于爲父後者，特重以其爲宗子也，以私親言之，故曰小宗。其昆弟雖繼別，猶謂之小，所以別于夫家之宗也。」

張氏爾岐曰：「婦人雖已嫁在外，必有所歸之宗。此昆弟之爲父後者，即繼禰之小宗，故爲之服期也。」

盛氏世佐曰：「案女子子適人者謂其宗子爲歸宗，所以別于夫家之宗也。《爾雅》云：『謂姪之子爲歸孫。』亦是此意。由繼禰之小宗推之，則繼祖以上之小宗及繼別之大宗，此女服之，亦與在室者同可知矣。」

【《欽定義疏》】案此小宗直指昆弟之爲父後者，不但非繼別之宗，亦并非繼高、繼曾、繼祖之宗也。婦人已嫁而反，父在則歸于父，父不在則歸于昆弟之爲父後者。如昆弟之爲父後者又不在，則所謂「有所取無所歸」者，而夫亦不去之矣。以其不可歸于從父昆弟，亦不可歸于庶昆弟與昆弟之子也。古者婦人父母亡，無歸寧之法。惟見出乃歸宗爾。云「必有」者，歸宗雖或然之事，而必有可歸之宗。他年或歸，則歸此昆弟之爲父後者，故不降而爲之期也。以此見婦人在家，恒凜凜乎有不克終之戒焉。

繼父同居者。【疏】繼父本非骨肉，故次在女子子之下。案《郊特牲》云：「夫死不嫁，終身不改。」《詩》共姜自

❶「丈夫婦人五服外」，原作「五服外丈夫婦人」，據庫本及《儀禮・喪服》疏乙正。

❷「齊衰三月」四字，原脱，據庫本及《儀禮・喪服》疏補。

誓，不許再歸。此得有婦人將子嫁而有繼父者，彼不嫁者，自是貞女守志；亦有嫁者，雖不如不嫁，而聖人許之。敖氏繼公曰：「繼父，因母之後夫也。其或從繼母而嫁者，若爲其夫服，亦宜如之。」郝氏敬曰：「前夫子謂母再嫁之夫曰繼父，同居則恩猶父也。雖非血屬，死亦爲期。又曰：婦人二夫，女德虧矣。《喪服》有繼父，叔季委巷之禮，非古聖經制，議禮者不可不思。」盛氏世佐曰：「案俗之薄也，《柏舟》之節，未可概諸凡人；《凱風》之嘆，時或興于孝子。聖人慮後世失節之婦，必有棄其遺孤而莫之恤者，故于《齊衰杖期章》爲制繼母嫁從之服，而于此章又著『繼父同居』之文，使之相收相養，而六尺之孤，庶不至轉于溝壑焉。此聖人之微權也。疏以爲許婦人改嫁，誤矣。郝又因是而訾聖經，是烏知禮意哉！」

傳曰：何以期也？傳曰：夫死，妻穉子幼，子無大功之親，與之適人。而所適者，亦無大功之親。所適者以其貨財爲之築宮廟，歲時使之祀焉，妻不敢與焉。若是，則繼父之道也。同居則服齊衰期，異居則服齊衰三月。必嘗同居，然後爲異居。未同居，則不爲異居。【注】妻穉，謂年未滿五十。子幼，謂年十五已下。子無大功之親，謂同財者也。爲之築宮廟于家門之外，神不歆非族。妻不敢與焉，恩雖至親，族已絶矣，夫不可二。此以恩服爾。未嘗同居，則不服之。【疏】子家無大功之内親，繼父家亦無大功之内親，繼父以財貨爲此子築宮廟，使此子四時祭祀不絶，三者皆具，即爲同居，子爲之期，恩深故也。三者若闕一事，則爲異居。假令前三者皆具，後或繼父有子，即是繼父有大功内親，亦爲異居矣，❶如此則爲之齊衰三月而已。若初與母往繼父家時，或繼父有大功内親，或己有大功内親，或繼父不爲己築宮廟，三者一事闕，雖同在繼父家，亦名不同居，繼父全不服之矣。爲之築宮廟于家門之外者，以其中門外有己宗廟，則知此在大門外築之也。隨母嫁得有廟者，非必正廟，但是鬼神所居曰廟，若《祭法》云「庶人祭于寢」也。

❶「亦」，原作「則」，據庫本及《儀禮·喪服》疏改。

杜氏佑曰：「大唐聖曆元年，太子左庶子王方慶嘗書問太子文學徐堅曰：『女子年幼小而早孤，其母貧窶，不能守志，攜以適人，爲後夫之鞠養，及長出嫁，不復同居。今母後夫亡，欲制繼父服，不知可不？人間此例甚衆，至于服紀，有何等差？前代通儒，若爲議論？』堅答曰：『《儀禮·喪服經》：繼父同居齊衰周。謂子無大功之親，與之適人，所適亦無大功之親，而所適者以貨財爲之築宫廟，歲時使之祀焉者也。鄭康成曰：「大功之親，同財者也。築宫廟者，于家之門外，神不歆非族也。以恩服耳。未嘗同居，即不服也。」《小戴禮記》繼父服並有明文。斯《禮經》之正説也。至于馬融、王肅、賀循等，並稱大儒達禮，更無異文。惟傅玄著書，以爲：「父無可繼之理，不當制服。此禮焚書之後，俗儒妄造也。」袁准作論，亦以爲：「此則自制父也，亂名之大者。」竊以父猶天也，愛敬斯極，豈宜靦貌繼以佗人哉？然而藐爾窮孤，不能自立，既隨其母託命他宗，本族無養之人，因託得存其繼嗣，在生也實賴其長育，及其死也頓同之行路，重其生而輕其死，篤其始而薄其終，稱情立文，豈應如是？故袁、傅之駁，不可爲同居者施焉。昔朋友之死，同爨之喪，並制緦麻，詳諸經典，比之于此，蓋亦何嫌？繼父之服，宜依正禮。今女子母攜重適人，寄養他門，所適慈流，情均膝下，長而出嫁，始不同居。此則笄總之儀，無不畢備，與築宫立廟無異焉，蓋有繼父之道也。戴德《喪服記》曰：「女子子適人者，爲繼父服齊衰三月，不分別同居異居。」梁氏《集説》亦云：「女子子適人者，服繼父與不同居者服同。」今爲齊衰三月，竊爲折衷。』方慶深善此答。」

敖氏繼公曰：「傳之言若此，則是子于繼父本無服，特以三者具且同居，故爲服此服。若先同居，後異居，則降而三月。是又于三者之外，以居之同異爲恩之深淺而定服之重輕也。然則三者或闕其一，雖同居亦無服矣。《小記》言同居異居者，與此異，更詳之。」

蕙田案：《小記》以「皆無主後，同財而祭其祖禰爲同居，有主後者爲異居」，是即以三者具爲同居也。敖氏「三者具且同居」，似同居又在三者之外，故言《小記》與此異，恐未然。

郝氏敬曰：「傳引舊傳明同居之義，見所以爲服，非苟也。妻稺，夫死，子幼，無親，與子再適人，非得已也。

子稱其人爲同居繼父，非泛然同居也。設使子有大功之親，則不得依他人爲父。使其人有大功之親，則亦不得養他人爲子。或私其財貨不與同利，易其宗姓使不得自奉其先祀，或使其妻預既絶之禮，❶使鬼神不享，有一于此，則恩誼薄，烏得稱父？必是數者兼備，又獨父孤子，終身相依，如此，真繼父矣，然後可爲齊衰期年。若三者備，始同居而後異居，則但可爲齊衰三月。若初未嘗同居于前，數者無一焉，路人耳，三月不可，況期年乎！」

顧氏炎武曰：「夫物之不齊，物之情也。雖三王之世，不能使天下無孤寡之人，亦不能使天下無再適人之婦，且有前後家，東西家，而爲喪主者矣。假令婦年尚少，夫死而有三五歲之子，則其本宗大功之親自當爲之收恤，又無大功之親，而不許之從其嫁母，則轉于溝壑而已。于是其母所嫁之夫視之如子，而撫之以至于成人。此子之于若人也名之爲何？不得不稱爲繼父矣。長而同居，則爲之服齊衰期。先同居而後别居，則齊衰三月，以其撫育之恩次于生我也。爲此制者，所以寓恤孤之仁，而勸天下之人不獨子其子也。若曰以其貨財爲之築宫廟，此後儒不得其説而爲之辭。」

張氏爾岐曰：「必嘗同居然後爲異居者，前時三者具，爲同居。後三者一事闕，即爲異居，乃爲齊衰三月。若初往繼父家時，三者即不具，是未嘗同居，全不爲之服。」

姜氏兆錫曰：「穉，當謂年未滿三十。」

盛氏世佐曰：「案同居則服齊衰期，謂始終同居者也。異居則服齊衰三月，謂始同終異者也。《小記》云：『繼父不同居也者，必嘗同居。皆無主後，同財而祭其祖禰爲同居。有主後者爲異居。』正與此傳相發明。皆無主後，即傳所謂『子無大功之親，所適者亦無大功之親』也。同財而祭其祖禰，即傳所謂『以其貨財爲之築宫廟，歲時使之祀焉』也。三者具爲同居，一不具即爲異居。云『有主後者爲異居』，舉一以例其餘耳。」

華氏學泉曰：「或問：《儀禮》有繼父之服，父何繼乎？絶族無施服，母出嫁，與廟絶，而繼父爲之齊衰乎？曰：此以恩服也。聖人所以通人道之窮，使鰥寡孤獨各得其所，舉天下無顛連無告之民者也。夫夫死，妻穉，子幼，無大功之親，真天下之窮民而無告者也。婦

❶「使」，原作「私」，據《儀禮節解》卷一一改。

人不二夫，禮之常也。夫死，妻稺，子幼，遇之變也。而又無大功之親以相周恤，則此煢煢孤子，係祖父再世之血食，設一旦轉死溝壑，棄兩世之孤，斬先人之祀，聖人之所大不忍也。是故既立宗子之法以收族，而又恐窮鄉庶姓，或吾德之所不能及，❶且恐宗子之法久而不能無廢墜也。不得已，爲通其窮，制同居繼父之服，而傳爲之申明其制曰：『夫死，妻稺，子幼，無大功之親，與之適人，而所適者亦無大功之親，所適者以其貨財爲之築宮廟，歲時使之祀焉，妻不敢與焉。若是，則繼父之道也。』嗚呼！傳之言盡之矣。失其所以適人，而所適亦無大功之親，此其孤單獨立，年老無倚，與稺妻幼子，窮相埒耳。是故兩人之窮，常兩相恤，兩相倚，聖人之所以不禁也。而第爲之教曰：所適者能以其貨財爲若子築宮廟，不絶其先祖之血食，而又爲之不悖于禮，恩莫隆焉，是則有繼父之道矣。聖人固許之爲父子矣。許之爲父子，而後天下之爲繼父者能盡其心以相卹，亦惟命之爲父子，而後天下之待繼父者不背其恩以相棄，使所適者幸而他日有子，則若子歸其本宗而爲異居，繼父仍不敢忘其前日之恩，爲制齊衰三月之服以報之。若不幸而所適者終于無子，則以恩相終始而爲同居，繼父生則爲之養，死則爲之齊衰期。此亦情之不容諉，義之無可辭者也。然必妻稺，子幼，無大功之親，而後許之適人，非是，不得藉口以適人矣。必所適者以其貨財爲之築宮廟，以存其先祀，而後謂之繼父，非是，不得託名于繼父矣。必兩無大功之親，同財而祭其祖禰，而後謂之同居繼父，非是，不得比恩于同居矣。且其所以必爲之築宮廟于家門之外者，神不歆非族，而不敢以非禮瀆也。其所以妻不敢與焉者，婦人不二夫，而不敢以非禮干也。其所以專舉築宮廟歲祀爲繼父之道者，恩莫隆于崇其先，美莫重于尊其祖，而不敢以私恩混也。此禮之作，所謂仁至義盡，非聖人莫之能定者也。俗儒不知推求聖人之制，顧謂周立宗子之法以收族，安有顛連而入繼父之家者？疑其非周公之舊。夫宗子之法，所以仁一世也。然其法不能不廢，故繼父之服，以通人道之窮，所以仁萬世也。禮之作，合經權常變，以垂則于萬世，而豈拘拘守一法以爲盡善而不爲法外之慮哉？嗟乎！三《禮》惟《儀禮》最古，而又從而疑之，奮其拘曲之説以詆毁之，則是天下舉無可信之書也。甚矣，其

❶「德」，原作「法」，據《禮經本義》卷一一引文改。

妾也！」

【《欽定義疏》】繼父之有服，所謂「亡于禮者之禮」也，義生于恩之服也。俱無大功親，兩煢若相依爲命者。然又慮其亡父之餒也，而別爲之所，使孤兒得以伸其孝敬，此于生者死者，兩有恩焉。雖非父也，而可方諸伯叔父之倫，是以爲之服期也。父無可繼之理，聖人寧不知之，而必制此者，所以備時事之窮而周其變也。然必三者具，又始終同居，然後服之，則其法嚴矣。世之合此者僅矣，異姓亂宗之端亦可以弭矣。註謂「妻穉，年未滿五十」，言其極爾，其實，未滿二十、三十、四十者並賅焉。又案築宮廟，非必備廟制也，略爲之所而已。其祭未必有尸也，稷饋而已。子未成人，未必三獻也，陰厭而已。然則此禮蓋爲庶人設與？抑士之單微者亦偶有之與？又案《小記》：「有主後者爲異居。」謂繼父他年自有子者也。然則，爲之服者，不獨以其恩，亦憐其無主。彼若有主，則此之情殺矣。合《小記》觀之尤備。

爲夫之君。【疏】此以從服，故次繼父下。但臣之妻皆稟命于君之夫人，不從服小君者，欲明夫人命亦由君來，故臣妻于夫人無服也。

盛氏世佐曰：「案《雜記》云：『外宗爲君夫人，猶內宗也。』鄭註云：『皆謂嫁于國中者也。爲君服斬，夫人齊衰，❶不敢以其親服服至尊也。外宗，謂姑、姊妹之女，及舅之女及從母皆是也。內宗，五屬之女也。其無服而嫁于諸臣者，從爲夫之君。嫁于庶人，從爲國君。』然則爲夫之君在此章者，謂諸臣之妻本與君無服者耳，不服斬，又不服夫人，是其異于外宗、內宗者也。」

【《欽定義疏》】諸侯夫人、畿內公卿大夫士

❶「齊」字，原脱，據《儀禮集編》卷二三補。

之妻爲天子，侯國公卿大夫士之妻爲國君，凡公卿大夫士之臣之妻爲其君，皆是也。　臣妻不服君夫人者，以從服直一從而已，不累從也。

傳曰：何以期也？從服也。【疏】從服者，以夫爲君斬，故妻從之服期也。

郝氏敬曰：「臣爲君斬，臣妻爲君期。夫之所尊，妻從服也。凡從服，降正服一等。」

姑、姊妹、女子子適人無主者。姑、姊妹報。

【疏】此等親出適，已降在大功，雖矜之服期，不絶于夫氏，故次義服之下。女子子不言報者，女子子出適大功，反爲父母，自然猶期，不須言報。姑對姪，姊妹對兄弟，出適反，爲姪與兄弟大功，姪與兄弟爲之降至大功，今還相爲期，故言報也。

敖氏繼公曰：「爲姑、姊妹、女子子出適者降爲大功，今以其無主，乃加于降服一等而爲之期。其姑、姊妹于昆弟、姪亦不容不以其所加者服之。云報者，服期之義生于己而不在彼故也。女子子適人者，爲父母自當期，固不必言報矣。然父母爲己加一等，而己于父母不復加者，其亦以婦人不能貳斬也與？」

郝氏敬曰：「姑于姪，姊妹于昆弟，女子子于父母，適人死，父母、昆弟、姪爲大功，常也。若無後爲主，則爲期，加憐也。姑、姊妹于姪、昆弟死無主亦然。以報也有主，姑、姊妹適人者爲大功。」

盛氏世佐曰：「案此等皆期親，因出而降于大功，復因無主而升于期者。無主，謂死而無主其喪者也。凡因出而降者，爲其有受我而厚之者也。既無主，則無受我而厚之者矣，故不忍降也。報，謂姑、姊妹之無主者，亦以期服報其姪與昆弟也。由是推之，則姪與昆弟之無主者，姑、姊妹其亦爲之服期而相報與？又案適人無主，與被出而反在室者，大略相似，惟女子子之爲父母服則異。子嫁反在室，爲父在斬衰章；其無主者，仍爲父母期而已。」

【《欽定義疏》】女子子適人無主者，父爲之期，而彼不爲父斬者，彼已爲夫斬故也。父母之于女服可加者，仁之通；女之于父母服不可加者，義之限也。服過于期，則疑于見出而去夫之室者矣。然則于姪與昆弟何以報也？期，其本服也，憐我而厚我，不可以徒受也。此主，謂大夫士小宗不立後者。若大宗立後，則無無主者矣。杜佑謂「天子爲姑、姊妹、女子子嫁于王者後無主者，服與此同」。君夫人雖無後，不應無祭主，果有之，其在季世與？

傳曰：無主者，謂其無祭主者也。何以期也？爲其無祭主故也。【注】無主後者，人之所哀憐，不忍降之。【疏】無主有二，謂喪主、祭主。傳不言喪主者，喪有無後，無無主者。若當家無喪主，或取五服之内親。又無五服親，則取東西家。若無，則里尹主之。今無主者，謂無祭主也。註云人之所哀憐者，謂行路之人見此無夫復無子而不嫁，猶生哀愍，况姪與兄弟及父母，故不忍降之也。除此之外，餘人爲服者，仍依出降之服而不加，以其恩疏故也。不言嫁而言適人者，言適人即謂士，若言嫁乃嫁于大夫，于本親又以尊降，不得言報矣。

敖氏繼公曰：「祭主者，夫若子若孫也。死而無祭主，尤可哀憐，故加一等。得加一等者，以其本服如是也。」

【《欽定義疏》】婦人無祭主，以其夫無祭主也。其夫無祭主，猶得祔食于宗子之家，婦人則竟已矣。故父母、昆弟、姪尤矜之也。曰：不從夫而祔食乎？適子自祭其祖禰，尚有吉祭未配者，無後者與殤者等，禮從其略，焉得配耶？然則父、昆弟爲之加服而不爲之祭者何也？曰：婦人外成，分有所限，則氣亦不屬也。

爲君之父、母、妻、長子、祖父母。【疏】此亦從服，輕于夫之君及姑、姊妹、女子子無主，故次之。

敖氏繼公曰：「祖父母，尊也，乃在下者，見其爲變服也。孫與祖父母，其正服期。」

郝氏敬曰：「君，凡有地者之通稱。臣爲君之父母與妻與長子與祖父母皆期。六者皆君至親，君服，臣從服。」

盛氏世佐曰：「案此君之父與祖父，皆謂未嘗爲君者也。若既爲君而薨，則臣當爲之服斬，不在此例矣。君之母，謂卒于君之父之後者也；君之祖母，則又卒于君之父若祖之後者也。故君皆爲之齊衰三年，而臣從服期。若君之父在而母與祖母卒，及父卒祖在而祖母卒，則君但爲之期，而臣不從服矣。先言君之父、母、妻、長子而後言祖父母者，蓋君爲祖父母三年而臣從服期，必其君之父先卒者也。君之妻、長子之喪，則不因君之父之存没而異，故其立言之次如此。又案《服問》云：『大夫之適子爲君、夫人、大子，如士服。』然則君之妻、長子之喪，其服及于大夫之適子，而君之父母與祖父母則否矣，是亦其異也。所以異者，以小君、儲君，臣下自應有服，其他則從君服而已，見爲臣則從，未爲臣則否。」

傳曰：何以期也？從服也。父、母、長子，君服斬。妻，則小君也。父卒，然後爲祖後者服斬。【注】此爲君矣，而有父若祖之喪者，謂始封之君也。若是繼體，則其父若祖有廢疾不立者。父卒者，父爲君之孫，宜嗣位而早卒，今君受國于曾祖。【疏】云「父母、長子，君服斬」者，欲見臣從君服期。君之母當齊衰而言斬者，以母亦有三年之服，故并言之。云「妻則小君也」者，欲見臣爲小君期是常，非從服之例。注云「謂始封之君也」者，始封之君，非繼體，容有祖父不爲君而死，君爲之斬，臣亦從服期也。若是繼體，則其父若祖合立，爲廢疾不立，已當立，是受國于曾祖。若今君受國于祖，祖薨，則羣臣爲之斬，何得從服期？故鄭以新君受國于曾祖。若然，曾祖爲君薨，羣臣自當服斬；若君之祖薨，君爲之服斬，則臣從服期也。趙商問：「已爲諸侯，父有廢疾，不任國政，不任喪事，而爲其祖服，制度之宜、年月之斷云何？」答云：「父卒，爲祖後者三年斬，何疑？」趙商又問：「父卒，爲祖後者三年，已聞命矣。❶所問者，父在爲祖如何？欲言三年則父在，欲言期，復無主，斬杖之宜，主喪之制，未知所定。」答曰：「天子、諸侯之喪，皆斬衰，無期。」彼志與此註相兼乃具也。

朱子曰：「孫爲祖承重，頃在朝，檢此條不見。後歸家，檢《儀禮疏》，說得甚詳，正與今日之事一般。乃知書多看不辨。❷舊來有明經科，便有人去讀這般書，註疏都讀過。自王介甫新經出，廢明經學究

❶ 「命」字，原脱，據阮刻《儀禮注疏》補。
❷ 「辨」，庫本作「徧」。

科，人更不讀書。卒有禮文之變，更無人曉得，爲害不細。準《五服年月格》：『斬衰三年，嫡孫爲祖。』謂承重者。法意甚明，而禮經無文。但傳云『父没而爲祖後者服斬』，然而不見本經，未詳何據。但《小記》云『祖父没，而爲祖母後者三年』，可以旁照。至『爲祖後』者條下，疏中所引《鄭志》乃有『諸侯父有廢疾，不任國政，不任喪事』之問，而鄭答以『天子、諸侯之服皆斬』之文，方見父在而承國於祖之服。❶向來入此文字時，無文字可檢，又無朋友可問，故大約且以禮律言之。亦有疑父在不當承重者，時無明白證驗，但以禮律人情大意答之，心常不安。歸來稽考，始見此説，方得無疑。乃知學之不講，其害如此。而《禮經》之文誠有闕略，不無待於後人。向使無鄭康成，則此事終未有斷決。不可直謂古經定制，一字之不可增損也。」

黄氏榦曰：「晉蔣萬問范宣：『嫡孫亡，無後，次子之後可得傳祖重不？』宣答曰：『禮，爲祖後者三年，不言適庶，則通之矣。無後猶取繼，况見有孫而不承之耶？庶孫之異於適者，但父不爲之三年，祖不爲之周，而孫服父、祖不得殊也。』本朝皇祐元年十一月三日，大理評事石祖仁言：『先於八月十五日祖父太子太傅致仕中立身亡，叔國子博士從簡成服，後於十月十五日身亡，祖仁是適長孫，欲乞下太常禮院定奪合與不合承祖父重服。』詔禮院詳定。博士宋敏求議

❶「之」字，原脱，據校點本《朱文公文集》卷一四《乞討論喪服劄子·書奏稿後》補。

曰：『案子在父喪而亡，嫡孫承重，禮令無文。《通典》：「晉或人問徐邈：❶嫡孫承重，在喪中亡，其從弟已孤，未有子姪相繼，疑於祭事。邈答曰：今見有諸孫，而事同無後，甚非禮意。禮，宗子在外，則庶子攝祭。可使一孫攝主而服本服。期除則當應服三年不？何承天答曰：既有次孫，不得無服。但次孫先已制齊衰，今不得更易服，當須中祥乃服練。裴松之曰：次孫本無三年之道，無緣忽於中祥重制。如應爲後者，次孫宜爲喪主終三年，不得服三年之服。而司馬操駁之：謂二説無明據，其服宜三年也。」自《開元禮》以前，嫡孫卒，則次孫承重。況從簡爲中子已卒，而祖仁爲嫡孫乎？大凡外襄終事，❷內奉靈席，有練祭、祥祭、禫祭，可無主之者乎？今中立之喪，未有主之者。祖仁名嫡孫而不承其重，乃曰從簡已當之矣而可乎？且三年之喪，必以日月之久而服之有變也。今中立未及葬，未卒哭，從簡已卒，是日月未久而服未經變也，焉可無所承哉？或謂已服期，今不當接服斬而更爲重制。案《儀禮》：「子嫁，反在父之室，爲父三年。」鄭康成註：「謂遭喪而出者，始服齊衰期，出而虞，則以三年之喪受。」杜佑號通儒，引其義，附前問答之次。況徐邈、范宣之説，已爲操駁之，是服可再制明矣。又舉葬必有服，今祖仁宜解官，因其葬而制斬衰，其服三年。後有如其類而已葬者，用

❶「或」、「問」二字，原脱，據校點本《儀禮經傳通解續》卷一六補。

❷「終」，原作「中」，據校點本《儀禮經傳通解續》卷一六改。

再制服，通歷代之闕，折衷禮文，以沿人情。謂當如是，請著爲定式。』詔如敏求議。熙寧八年閏四月，集賢校理、同知太常禮院李清臣言：『檢會《五服年月敕》「斬衰三年加服」條「嫡孫爲祖」，註：「謂承重者。爲曾祖、高祖後者亦如之。」又「祖爲嫡孫正服」條註云：「有適子則無適孫。」又準《封爵令》：「公侯伯子男，皆子孫承適者傳襲。若無適子及有罪疾，立適孫。無適孫，以次立嫡子同母弟。無母弟，立庶子。無庶子，立嫡孫同母弟。無母弟，立庶孫。曾孫以下準此。」究尋禮令之意，明是嫡子先死而祖亡，以嫡孫承重，則體無庶叔，不繫諸叔存亡，其嫡孫自當服三年之服，而衆子亦服爲父之服。若無嫡孫爲祖承重，則須依《封爵令》嫡庶遠近，以次推之。而《五服年月敕》不立庶孫承重本條，故四方士民，尚疑爲祖承重之服。或不及上禀朝廷，則多致差悞。欲乞特降朝旨，諸祖亡無嫡孫承重，依《封爵令》傳襲條，子孫各服本服。如此，則明示天下，人知禮制，祖得繼傳，統緒不絶，聖主之澤也。』事下太常、禮院詳定。於是禮房看詳：『古者封建國邑而立宗子，故周禮適子死，雖有諸子，猶令嫡孫傳重，所以一本統，明尊尊之義也。❶至于商禮，則適子死，立衆子，然後立孫。今既不立宗子，又不常封建國邑，則不宜純用周禮。欲於《五服年月敕》「適孫爲祖」條，脩定註詞云：「謂承重者。爲高祖、曾祖後亦如之。嫡子死，

❶「尊尊」，原作「遵」，據校點本《儀禮經傳通解續》卷一六改。

無衆子，然後適孫承重。即嫡孫傳襲封爵者，雖有衆子，猶承重。」』從之。今《服制令》：『諸適子死，無兄弟，則嫡孫承重。若適子兄弟未終喪而亡者，嫡孫亦承重。其亡在小祥前者，則於小祥受服。在小祥後者，則申心喪，並通三年而除。無嫡孫，則嫡孫同母弟。無同母弟，則衆長孫承重。即傳襲封爵者，不以嫡庶長幼，雖有嫡子，兄弟皆承重。曾孫、玄孫亦如之。』」

蕙田案：石祖仁祖死，無父，身爲嫡孫，自應承重，不待叔父死而後請承重也。宋法，有伯叔者，嫡孫皆不承重，於禮不合。至立嫡之法，以李清臣所引《封爵令》「無嫡子，立嫡孫。無嫡孫，以次立嫡子同母弟。無母弟，立庶子。無庶子，立嫡孫同母弟。無母弟，立庶孫。」其說爲的。襲爵如是，重服如是，條理井然，禮之所以定親疏、決嫌疑也。

又案：熙寧八年所定傳襲封爵者皆承重，此即《鄭志》「天子、諸侯之喪皆斬衰，無期」之旨，所謂「一言而爲萬世法」者與？

敖氏繼公曰：「此先總言『從服』，則夫人之服亦在其中矣。以其非從斬而期，故復以小君別言之。爲小君亦謂之從服者，謂其德配于君，乃有小君之稱故也。爲母齊衰，亦云斬者，以皆三年，而略從其文耳。父卒然後爲祖後者服斬，則是父在而祖之不爲君者卒，君雖爲之後，亦唯服期，以父在故爾。惟祖後于父而卒者，君乃爲之斬也。蓋其斬與期，惟以父之存没爲制，君服斬然後臣從服期也。又此言爲君之母與其祖母，皆指其卒于夫死之後者也。其夫若在，君爲之期，則臣無服也。」

郝氏敬曰：「凡孫爲祖期，以有父爲後也。若孫無父後祖，亦服斬。故君有以適孫繼祖服斬者，臣亦從服期。

凡從服，降一等。又曰鄭謂此『始封之君』，其祖與父未嘗爲君，故臣無服，從君之服是也。又謂『父卒者，爲君之孫，宜嗣位，早卒，今君受國于曾祖』，非也。父卒，爲祖後，服斬。此禮不專爲君設，凡孫于祖皆然。此因臣從服君祖父母期，明君所以服斬之故。衛輒繼祖援此禮，但此祖父未嘗爲君，嘗爲君，則臣亦服斬矣。」

汪氏琬曰：「禮，父在爲祖期，父卒爲祖後者服斬，此《喪服傳》之明文也。後儒若賀循、徐廣之徒，乃言父亡未殯而祖亡，適孫不敢服祖重，謂父屍尚在，不忍變于父在也。愚竊以爲不然。禮，殯而後成服。父既前卒，則先成父服而後成祖服。當其成祖服之時，父屍已殯矣，夫何不敢服重之有？祖無適子，而猥云『不忍』，不忍于父而忍于其祖，則父之心能安，父之目能瞑耶！爲長子，傳曰『正體于上，又乃將所傳重也』，是父生成已許其子傳祖父之重矣。及其殁也，適孫顧不敢申祖服，然則主祖之喪者當誰屬乎？將遂無主乎？抑別立支子爲之主也？其于『傳重』之義失之遠矣。《小記》：『父母之喪偕，先葬者不虞，待後事。』《雜記》：『有父之喪，如未殁喪而母死，其除父之喪也，服其除服。卒事，反喪服。如三年之喪，則既穎，其練、祥皆行。』由是言之，父卒尚不得以餘尊厭母，安有適孫爲祖而不敢服重者哉？然後知賀、徐皆妄説也。庾蔚之言『賀循所記，謂大夫士』，又非也。爲祖後者，自天子達士庶皆同，則其服不得有異。」

盛氏世佐曰：「案父卒然後爲祖後者服斬，此適孫承重之通例也。言于此者，明此爲君之祖期者，以君之父先卒故也。若君之父在，君雖爲祖後，亦服期，而臣無服矣。然此但指祖之不爲君者而言耳。若祖爲君而薨，父雖在，有廢疾，不任喪事，則後祖而爲君者，當與其臣同服斬也，宋之寧宗，是其例矣。註云「今君受國于曾祖」者，見其父若祖二世皆不爲君也。又案天子、諸侯之禮，宜與士大夫家異。士大夫之禮，孫爲祖期而已。若天子、諸侯，則祖也而兼有君之尊，孫也而兼有臣之義。禮，族人不敢以其戚戚君。內宗、外宗之女猶爲其君服斬，而况于孫乎！以此斷之，孫爲祖之爲君者，無論承重與否，皆當服斬，不得以父在爲嫌。而父在爲祖斬之義，不待趙商之問而自明矣。曾、玄以下皆然。」

【《欽定義疏》】如宋孝宗之喪，光宗雖在，寧宗嗣位，既受重，則必服斬。蓋未有羣臣皆服重而嗣君反可以輕服者也。以此推之于大夫士，凡祖父之喪，父有廢疾不能受重，則適孫受重而服斬，禮亦同之。或云：父雖廢疾，可以斬衰被之，而孫則仍以期服攝主喪之事，非也。重必有所傳，有所受。子不能受于父，則孫受之于祖矣。受重者有輕服乎？若光宗之喪，則寧宗自爲父斬衰，羣臣當從君降一等而爲之服期，以其未成乎君也。堯老舜攝，堯尚爲君，若堯時舜先沒，則諸侯不爲舜三年喪，唐之肅、代，宋之高、孝，當從此例。若光宗與明之光宗，則但可從《春秋》王子猛之例。

又案祖沒于父後而曾祖尚存，如之何？子爲父斬，不以祖之存沒異也；則承父之重而爲祖斬，不以曾祖之存沒異可知矣。父祖沒母在而有祖母之喪，如之何？父卒爲祖斬，不以母之存沒異也；則祖父卒而爲祖母三年，不以母之存沒異可知矣。孫爲祖承重，而曾祖尚存，則不以杖即位，以曾祖服斬，爲之喪主也。曾祖存，重在曾祖，孫爲祖服斬者，亦可以稱承重乎？曰：重雖在曾祖，年既老，則亦可傳矣。舍承重則無他稱，是亦「宗子不孤」之類也。

又案承重之服，經無正條，于此傳見之。間有附見于《斬齊三年》并《杖期章》者，讀者互考之可也。

妾爲女君。【疏】妾事女君，使，與臣事君同，故次之。

敖氏繼公曰：「此服期與臣爲小君之義相類。」

盛氏世佐曰：「案妾以夫爲君，故名夫之適妻爲女君，以其與夫體敵故也。」

傳曰：何以期也？妾之事女君，與婦之事舅姑等。【注】女君，君適妻也。女君于妾無服，報之則重，降之則嫌。【疏】婦之事舅姑亦期，故云「等」。但並后匹適，傾覆之階，故抑之，雖或姪娣，使如子之妻，與婦事舅姑同也。諸經傳無女君服妾之文，故云無服。云「報之則重，降之則嫌」者，還報以期，無尊卑降殺，則太重，若降之大功、小功，則似舅姑爲適婦、庶婦之嫌，故使女君爲妾無服也。

敖氏繼公曰：「禮，夫妻體敵，妾爲君斬衰三年而爲女君期，嫌其服輕，故發問也。妾之至尊者，君也，而女君次之；婦之至尊者，夫也，而舅姑次之。二事相類，故以爲況。妾之事女君，既與婦之事舅姑等，則其爲女君服亦不宜過于婦爲舅姑服，但當期而已。然妾于女君，其有親者，或大功，或小功、緦麻，乃皆不敢以其服服之，而必爲之期，又所以見其尊之也。女君于妾不著其服者，親疏不同，則其服亦異故也。唯《緦麻章》見貴妾之服，彼蓋主于士也。若以士之妻言之，乃爲其無親者耳。若有親者，則宜以出降一等者服之。」

郝氏敬曰：「鄭謂『女君于妾無服』，非也。既云『妾事女君，如婦事舅姑』，則女君視妾如舅姑視婦可知。舅姑于適婦大功、庶婦小功，女君于妾亦然。」

張氏爾岐曰：「註『報之則重』二句，解女君于妾無服之故。嫌，謂嫌若姑爲婦也。」

姜氏兆錫曰：「小君與妾，猶君與臣，臣雖無服，蓋亦有錫衰、緦衰、疑衰、弔服加麻之屬矣。舊謂『降之則嫌』者非。」

【《欽定義疏》】案報之則誠重也，降之果何嫌乎？豈其姊妹、姪本有功緦之服者，以共事一人之故，而反不爲之服乎？註說非也。《緦章》貴妾之服，夫君服之也。敖氏引之，蓋謂夫妻同服耳。爲妾之有子者，當亦同之。唯無子又賤者，則無服耳。大夫之内子無緦服，其在大功者，降一等服之。王后、國君夫人于妾並無服。

婦爲舅姑。【疏】文在此者，既欲抑妾事女君，使如事舅姑，故婦爲舅姑在下，欲使妾情先于婦，故婦文在後也。

劉系之問：「子婦爲姑既周，綵衣耶？」荀訥答曰：❶

❶ 「訥」，原作「納」，據《通典》卷九〇改。

「子婦爲姑既周，除服時，人以夫家有喪，猶白衣。」

張子曰：「古者爲舅姑齊衰期，正服也。今斬衰三年，從夫也。」

黄氏榦曰：「本朝乾德三年十一月，秘書監、大理寺汝陰尹拙等言：『案律，婦爲舅姑服期。《儀禮·喪服傳》、《開元禮義纂》、《五禮精義》、《續會要》、《三禮圖》等所載婦爲舅姑服期。後唐劉岳《書儀》稱「婦爲舅姑服三年」，與禮、律不同，然亦集敕行用，請别裁定之。』詔百官集議。尚書省左僕射魏仁浦等二十一人奏議曰：『謹案《内則》云：「婦事舅姑，如事父母。」則舅姑與父母一也。古禮有期年之説，雖于義可稽；《書儀》著三年之文，實在禮爲當。蓋五服制度，前代損益已多。只如嫂叔無服，唐太宗令服小功；曾祖父母舊服三月，增爲五月；適子婦大功，增爲期；衆子婦小功，增爲大功；父在爲母服周，高宗增爲三年；婦人爲夫之姨舅無服，明皇令從夫而服；又增舅母服緦麻；又堂姨舅服袒免。訖今遵行，遂爲典制。又況三年之内，几筵尚存，豈可夫衣麤衰，婦襲紈綺？夫婦齊體，哀樂不同，求之人情，實傷至治。況婦人爲夫有三年之服，于舅姑而止服周，是尊夫而卑舅姑也。且昭憲皇太后喪，孝明皇后親行三年之服，可以爲萬代法矣。』十二月丁酉，始令婦爲舅姑三年，齊斬一從其夫。今《服制令》：『婦爲舅斬衰三年。夫爲祖、曾高祖後者，其妻從服亦如之。』」

吴氏澄曰：「女子子在室爲父斬，既嫁則爲夫斬，而爲父母期。蓋曰子之所天者父，妻之所天者夫，嫁而移所天于夫，則降其父。婦人不貳斬者，不貳天也。降己之父母而期，爲夫之父母亦期。期之後，夫未除服，婦已除服，而居喪之實如其夫。是舅姑之服期而實三年也，豈必從夫服斬而後爲三年哉！」

顧氏炎武曰：「婦事舅姑，如事父母，而服止于期，不貳斬也。然而心喪則未嘗不三年矣，故曰『與更三年喪，不去』。何孟春《餘冬序録》引唐李涪論曰：『《喪服傳》婦爲舅姑齊衰，五升布，十一月而練，十三月而祥，十五月而禫。禫後，門庭尚素，婦服青縑衣以俟夫之終喪。習俗以婦之服青縑，謂其尚在喪制，故因循亦同夫之喪紀，再周而後吉。貞元十一年，河中府倉曹參軍蕭據狀稱：「堂兄至女適李氏，壻見居喪。今時俗，婦爲舅姑服三年，恐爲非禮，請禮院詳定下。」詳定判官、前太常博士李岧議曰：「《開元禮·五服制度》婦爲舅姑及女子適人爲其父母，皆齊衰不杖期。蓋以爲婦之道專一，不得自達，必繫于人。故女子適人，服夫以斬，而降其父母。《喪服篇》曰：『女子子適人者爲其父母。』傳曰：『爲父何以期也？婦人不貳斬也。婦人不貳斬者何也？婦人有三從之義，無專用之道。故未嫁從父，既嫁從夫，夫死從子。故父者，子之天也。夫者，妻之天也。婦人不貳斬者，猶曰不貳天也。』先聖格言，歷代不敢易。以此論之，父母之喪尚止周歲，舅姑之服無容三年。今之學者，不本其義，輕重紊亂，寖以成俗。《開元禮》，玄宗所修，布在有司，頒行天下。伏請正牒，以明典章。」李岧之論，可謂正矣。』宋朝《詒謀録》：『乾德三年，詔舅姑之喪，婦從其夫，齊斬三年。遂爲定制。』宋人蓋未講服青縑之制故也。」

汪氏琬曰：「或問：禮，爲舅姑齊衰期，故爲本生舅姑大功。今律文既易期爲三年斬矣，而獨于夫本生如故，其降等不太甚與？曰：不然也。兄弟之子服伯叔父母期，則爲人後者服本生父母如之。兄弟之子之婦服夫之諸父諸母大功，則夫爲人後者服夫本生亦如之。此固相準而制服者也。律文未嘗與禮異也，何降等太甚之有？或問：禮無繼姑之服何也？曰：非無服也。先儒謂子當以父服爲正，父若服以爲妻，則子亦應服之，此可類而推也。傳曰：『婦人既嫁從夫，夫者，婦之天也。』夫既以爲母矣，其敢不以爲姑乎？然則從夫而服，又何惑哉？」

高氏愈曰：「古人婦爲舅姑服齊衰期，蓋引而與己之親父母同，則亦恩義之盡矣。夫婦人之義，以夫爲天，不容有二，故雖以舅姑之尊，不得並于其夫，傳所謂『婦人不二斬』者也。」

華氏學泉曰：「或問：《儀禮》婦爲舅姑齊衰期，何也？曰：先王之制禮，稱情而立文，弗敢過也，弗敢不及也。至親以期斷，天地則已易矣，四時則已變矣，其在天地之中者莫不更始焉。期而除，禮之中，情之節也。孫爲其祖父母期，至尊也。婦之于舅姑，其尊如孫之于祖，斯已矣。子爲母齊衰，母至親也。婦之于舅姑，其親如子之于母，斯已矣。夫喪服非以爲名也，必稱其實焉。斬者，斬也，三年之喪如斬，所以爲至痛極也。斬衰，貌若苴，色容稱其情也。惻怛之心，痛疾之意，傷腎、乾肝、焦肺，身病體羸；其哭也，往而不返，其思慕而不得見也，若將從之，此人情之至極也。先王以爲惟妻之于其夫，孝子之于其親，其情爾矣，非可以責婦之于舅姑也。❶先王約人情之中而爲之節，使之不敢過，不敢不及，是故以期爲斷也。或曰：女子在室爲父母三年，出則降而期，以事父母者事舅姑，故降父母之服以服舅姑，使知舅姑之尊，所以專其情而不敢二也。曰：此後王改禮之意則然矣。先王之制禮，不如是也。禮，女子適人而降其父期，傳曰『不二斬也。不二斬者，不二天也。』婦人之于其夫也，臣之于其君也，子之于其父也，三綱也。臣以君爲天，子以父爲天，婦人以夫爲天，一也。臣爲君服斬，而爲君之父母期；子爲父服斬，而爲父之父母期；妻爲夫服斬，而爲夫之父母期。稱情而爲之，弗可易也。且古之視斬也重，今之視斬也輕。古不二斬，雖以母之尊，不敢上同于父，❷而女子一適人，則爲之降其父以尊其夫，尊其夫烏有不尊其夫之父母者，雖僅爲之服齊衰期，而其情有降焉者矣。後世易舅姑之齊衰而加之以斬，則于先王制服之意，所謂『稱情而爲之文』，有不可問者矣。」

【《欽定義疏》】臣之于其君，子之于其父，婦之于其夫，三綱也。臣以君爲天，子以父爲天，婦以夫爲天，一也。臣爲君服斬而爲君之父母期，子爲父服斬而爲父之父母期，妻爲夫服斬而爲夫之父母期。稱情而爲之，聖人之權度審矣。舅不可以爲天，則雖不爲之斬也，不亦宜乎！婦事舅姑如事父母，而服止于期。然夫必三年而復寢，則猶是三年也，故曰「與更三年喪，不去」。又案妾爲君之黨服，得與女君同，則妾雖不得正名之曰舅姑，而服亦期矣。繼母如母，則繼母如姑可知。夫之慈母，亦當同服。又案子爲父母，再期大祥，中月而禫，婦必從其夫，未及祥禫之月，婦安得別有祥禫。且虞、練丈夫兩番受服亦彌輕，婦人既練除要帶，則服盡除而即吉可

❶「姑」字，原脱，據庫本補。
❷「父」，原作「天」，據庫本改。

知矣。其父在爲母者，雖期服，有祥禫，❶婦亦既練除服，不俟祥禫也。若俟祥禫，則姑服反重于舅服也而可乎？涪蓋未詳考經傳，而意其或然，故誤也。婦既練除服，則十五升吉布可也，有禮事而服禮服亦可也。后、夫人、内子各以等衰爲之法服，豈白縑、青縑云爾乎？士妻居常，白縑、青縑，無所不可。然縑乃織絲，白非凶服，未見其異于紈綺也。取必于縑，或反華于吉布矣，是白縑、青縑亦非也。然則，夫在喪而妻以吉服與祭可乎？曰：可。虞之祭，賓弔服。練之祭，賓吉服。凡齊衰者，皆除矣。祥禫之祭，婦吉服，諸孫、昆弟、昆弟之子並同，奚爲而不可乎？

傳曰：何以期也？從服也。【疏】本是路人，與子牉合，得體其子爲親，故重服爲其舅姑也。

敖氏繼公曰：「子爲父母三年，加隆之服也。妻從其加服，故降一等而爲期。然則從服者，惟順所從者之重輕而爲之，固不辨其加與正也。餘不見者放此。」

郝氏敬曰：「夫所至尊至親，妻從夫服也。匪夫，則路人耳。誼雖戚，不得不謂從。」

夫之昆弟之子。【注】男女皆是。【疏】《檀弓》云：「兄弟之子猶子也，蓋引而進之。」進同己子，故二母爲之，亦如己子服期也。義服情輕，故次在下。

敖氏繼公曰：「世母、叔母服之也。其女子子在室亦如之。」

盛氏世佐曰：「案此唯謂男子也，女子子則異于是。其未成人者，以殤降；成人而未嫁者，逆降其旁親，旁親亦當逆降之矣。女子嫁者、未嫁者爲世叔母在《大功章》。」

傳曰：何以期也？報之也。【疏】二母與子，本是路人，爲配二父，而有母名，爲之服期，故二母報子還服期。

❶「有」字，原脱，據《欽定儀禮義疏》卷二三補。

【《欽定義疏》】陳氏詮曰：「從于夫，宜服大功，今乃期者，報之也。」案婦人爲夫黨之卑行與夫同，陳説未的。此服夫妻同，皆報也。

公妾、大夫之妾爲其子。【疏】二妾爲其子，應降而不降，重出此文，故次之。

敖氏繼公曰：「二妾之子，爲母之服，異于衆人，嫌母爲其子亦然，故以明之。公，國君也。」

傳曰：何以期也？妾不得體君，爲其子得遂也。【注】此言二妾不得從于女君尊降其子也。女君與君一體，唯爲長子三年，其餘以尊降之，與妾子同也。【疏】諸侯絶旁期，爲衆子無服。大夫降一等，爲衆子大功。其妻體君，皆從夫而降之。至于二妾，賤，皆不得體君，君不厭妾，故自爲其子得伸遂而服期也。

雷氏次宗曰：「夫人與君同體，以尊降其子也。公子與君同體，以厭其親也。妾無夫人之尊，故不降其子；無公子之厭，故得遂其親也。而事隣于體君，跡幾于不遂，故每以不體、得遂爲言也。」

敖氏繼公曰：「公與大夫于其子，有以正服服之者，有以尊降之若絶之者。其妻與夫爲一體而從之，故不問己子與妾子，其爲服若不服亦然。二妾于君之子亦從乎其君而爲之，其爲服若不服，皆與女君同，唯爲其子得遂，獨與女君異者，則以不得體君故也。蓋母之于子，本有期服，初非因君而有之，故不得體君，則此服無從君之義，是以得遂也。」

【《欽定義疏》】父在且服，父没可知。子之于母，或在五服之外，或降而大功。而母之于子，乃以本服服之者，子在外，則父之所厭者，不得不屈；妾在内，則君之所厭于己之子者，可得而伸。且婦人以有出爲榮，亦使得伸其情于所出也。此與公子之妻服其皇姑之意相類。案大夫之妾爲君之庶子大功，公之妾無服可知。是妾爲君之黨服，得與女君同。然己之子，君與女君，或絶或降，而已則服之如衆人。此非不以尊降之例也。傳得經意，亦以敖氏推勘而明。

女子子爲祖父母。【疏】章首已言「爲祖父母」，兼男女。彼女據成人之女，此言女子子，謂十五許嫁者。亦以重出其文，故次在此也。

馬氏融曰：「不言女孫，言女子子者，婦質者親親，故繫父言之。出入服同，故不言在室、適人也。」

敖氏繼公曰：「《斬衰章》曰『女子子在室爲父』，對適人者言之也。此惟云女子子而已，所以見其在室、適人同也。然章首已見『祖父母』，則是服亦在其中可知矣。必復著之者，嫌出則亦或降之，如其爲父母然也。」

郝氏敬曰：「前爲祖父母，則男女包舉矣。此復舉，爲女子子有適人者也。不言適人何也？嫌異于在室者也。專言女子子，明適人、在室同也。」

姜氏兆錫曰：「章首云『祖父母』，據男子子，此言女子子也。」

傳曰：何以期也？不敢降其祖也。【注】經似在室，傳似已嫁，明雖有出道，猶不降。【疏】祖父母，正期也。已嫁之女，可降旁親，祖父母正期，故不敢降也。經直云「女子子」，無嫁文，故云「似在室」。傳言「不敢」，是雖嫁而不敢降祖，故似已嫁。經傳互言之，欲見在室、出嫁同不降也。

陳氏詮曰：「言雖已嫁，猶不敢降也，駁鄭康成曰『經似在室』，失其旨也。在室之女，則與男同，已見章首，何爲重出？言『不敢降』者，明其已嫁。」

敖氏繼公曰：「傳以經意爲主于適人者而發，故云然。女子子適人不降其祖者，不敢以兄弟之服服至尊也。」

郝氏敬曰：「祖至尊也，以適人，降則大功，與昆弟等。昆弟可降，祖不可降也。然則父母何以降？父母降，與祖同，猶可；祖降，與昆弟同，不可。」

盛氏世佐曰：「案女子子在室與男子同爲祖父母期，其理易明，故傳唯據已嫁者釋之。」

大夫之子爲世父母、叔父母、子、昆弟、昆弟之子，姑、姊妹、女子子無主者：爲大夫、命婦者。惟子不報。【注】命者，加爵服之名。自士至上公，凡九等。君命其夫，則后、夫人亦命其妻矣。此所爲者，凡六大夫、❶六命婦。【疏】此言大夫之子爲此六

❶「大」，原作「命」，據阮元《儀禮注疏校勘記》改，下同。

大夫、六命婦服期不降之事。其中雖有子女重出其文，其餘並是應降而不降，故次在女子爲祖下。但大夫尊，降旁親一等。此男女皆合降至大功，爲作大夫與己尊同，故不降，還服期。若姑、姊妹、女子子，若出嫁，大功；適士，又降至小功。今嫁大夫，雖降至大功，爲無祭主，哀憐之，不忍降，還服期也。註云命爵九等者，《大宗伯》及《典命》文。六大夫，謂世父一也，叔父二也，子三也，昆四也，弟五也，昆弟之子六也。六命婦者，世母一也，叔母二也，姑三也，姊四也，妹五也，女子子六也。

敖氏繼公曰：「大夫之子從其父，亦降旁親一等。世叔父母、子、昆弟、昆弟之子爲大夫命婦，與其父尊同，故不降而服期。若姑、姊妹、女子子服，亦本期也。其在室者則以大夫之尊厭降爲大功，若適士則又以出降爲小功。今以其爲命婦，故不復以尊降，唯以出嫁爲大功。若又無祭主，乃加一等而爲期。大夫之妻謂之命婦者，君命其夫爲大夫，則亦命其妻矣。此于其子，不別適庶，以父在故爾。傳曰『有適子者無適孫』是也。是章有大夫爲適孫爲士者之服，則此昆弟之子爲其父之適孫者，雖不爲大夫，己亦不降之也。又姑、姊妹、女子子云『無主』，則是夫先卒也。夫爲大夫而先卒，其妻猶用命婦之禮焉。以是推之，則嘗爲大夫而已者，亦用大夫之禮可知。」

郝氏敬曰：「大夫之子厭于父，凡旁期以下，不得自遂，父所降，子不得不降。至于父所不降，子安敢降也。然則何不直言大夫，言大夫子？蓋子之世叔亦即父之昆弟也，其世叔父之子亦即父之昆弟子也，其昆弟即父之衆子也，其姑即父之姊妹也，其姊妹即父之女子子也，其倫同，其爲服可互見也。禮，爲世叔父母、昆弟、昆弟子皆期，大夫降爲大功。而死者皆大夫，貴敵，則皆從期。其世叔父母之子，己謂從兄弟，大功常也。在父謂昆弟之子，以彼爲大夫，父既爲期矣，子之昆弟子貴者不降，又可降父之昆弟子貴者乎？故亦爲期。父爲衆子期，己昆弟即父衆子，以彼其貴，父且不降，子、兄弟貴同者又可降乎？此傳所謂『男子之爲大夫，父所不降，子亦不敢降也』。其婦人之爲命婦者，世母、叔母見前，父之姊妹曰姑，女兄曰姊，女弟曰妹，與己所生女子子，四婦者，適人死，爲大功，常也。大夫降爲小功，以彼爲命婦，貴敵，則仍大功。又以其無後，加隆爲期。大夫姑、姊妹、女子如此，大夫子于姑、姊妹、女子亦然，此傳所謂『婦人之爲大夫妻者，父不降，子亦不敢降也』。凡服人而人以其服反服之曰報。世叔父母與子、昆弟、昆弟子、姑、姊妹皆以此服報之，爵同，親同，無後同，則其當降不降加等同也。唯女子既適人者，于父母不杖期，定禮不論貴賤，有後無後，不在報例。」

張氏爾岐曰：「大夫之子，得行大夫禮，降其旁親一等。此十二人皆合降至大功，以其爲大夫，爲命婦，尊與己同，故不降。唯子不報者，子爲父母三年，女子適人自當服期，不得言報。餘人則皆報也。」

盛氏世佐曰：「案大夫之子，兼適庶而言也。言大夫之子，則大夫可知矣。此等皆厭于父當降者，以其尊同，故仍服期。世叔父，父之庶昆弟也。若父之適昆弟，雖不爲大夫，亦不降。子，衆子也。不言衆，文省。若適長，雖不爲大夫，而大夫之適子服之當斬，上《斬章》云『父爲長子』是也。父以子在，無適孫；子不以父在，無適子。敖云『此于其子，不别適庶，以父在故』，非。郝以是爲世叔父之子，尤非。世叔父之子，《禮經》謂之從父昆弟，在《大功章》。大夫之子當降服小功，若以尊同不降，大功可矣，❶豈及增之爲服期乎？昆弟，亦謂庶昆弟也。適昆弟本當服期，不必其爲大夫也。昆弟之子，父之庶孫也。姑、姊妹、女子子無主者，服見上。此亦以其爲命婦，故不降也。若爲士妻而無主，及爲命婦而有主者，則皆服大功與？凡此應降不降之意，與父同，而服則各視其親疏，不必同也。世叔父與父爲昆弟，昆弟于父爲衆子，姑于父爲姊妹，姊妹于父爲女子子，此四命夫、三命婦，父子皆服期。子、昆弟之子，于父皆爲庶孫，服大功。世叔母于父爲兄弟之妻，無服。女子子于父爲女孫，出適者，降服小功。若適士，又當降爲緦。而卿大夫無緦，是無服也。今以尊同不降，仍服小功，不以其無主而加服者，祖與女孫之情疏也。此二命夫、三命婦父子服之各異也。自子而外，彼十人者，于此大夫之子本當服期，必云「報」者，嫌其或以大夫、命婦故降此大夫之子也。大夫之庶子，相爲大功，今亦報以期者，尊與父同，故得遂也。」

【《欽定義疏》】案此著其不降者，明乎非此則皆降也。大夫以尊，降其期親可也。大夫之子有何尊而亦降之乎？凡喪事，父子皆有列焉。世叔父、昆弟已與父服

❶「大功」，原作「期」，據《儀禮集編》卷二三改。

同哭踊之儀，子不可有加。于父變除之節，子不可獨後于父也。故父降之，子亦降之也。此既從父而降，則世叔母雖父之所不服，及子、昆弟之子、女子子，父服降于己一等者，不得不于己之常服而降之，不則，參差錯雜而不可以行矣。又案父爲大夫，而己之子、弟之子又有爲大夫者，可見「五十命爲大夫」之法，不可執也。祖孫同爲大夫，又見一國之大夫不止五也。其或老而致事，又見致事者之同于見爲大夫者也。

傳曰：大夫者，其男子之爲大夫者也。命婦者，其婦人之爲大夫妻者也。無主者，命婦之無祭主者也。何以言唯子不報也？女子子適人者，爲其父母期，故言不報也。言其餘皆報也。何以期也？父之所不降，子亦不敢降也。大夫曷爲不降命婦也？夫尊於朝，妻貴於室矣。【注】無主者，命婦之無祭主，謂姑、姊妹、女子子也。其有祭主者，如衆人。惟子不報，男女同不報爾。傳唯據女子子，似失之矣。大夫曷爲不降命婦？據大夫于姑、姊妹、女子子，既已出降大功，其適士者又以尊降在小功也。夫尊于朝，與己同。婦貴于室，從夫爵也。【疏】注云「無主者，命婦之無祭主，謂姑、姊妹、女子子」者，經六命婦中，有世母、叔母，故鄭辨之，以其世母、叔母無主有主，皆爲之期，故知惟據此四人而言。其有祭主者，自爲大功矣。云「唯子不報，男女同不報」者，以其男女俱爲父母三年，父母唯爲長子斬，其餘降，何得言報？故知子中兼男女，傳惟據女子子，失之矣。案《曲禮》云：「四十强，而仕。五十艾，服官政。」爲大夫，何得大夫子又爲大夫？又何得有弟之子爲大夫者？五十命爲大夫，自是常法。大夫之子有德行茂盛者，豈待五十乃命之乎？是以《殤小功》有大夫爲其昆弟之長殤，大夫既爲兄弟殤，明是幼爲大夫。舉此一隅，不得以常法相難也。

敖氏繼公曰：「世父母、叔父母、昆弟、昆弟之子爲大夫、命婦，乃于大夫之子亦報之者，蓋以其父之故，不敢以降等者服之，亦貴貴之意也。唯父卒乃如衆人。『大夫曷爲不降命婦』，承父之所不降者而問也。此不降命婦，據大夫于其子之姑、姊妹、女子子也。大夫爲此四命婦，或大功，或小功，皆不以尊降之，唯以出降耳。問者蓋怪命婦之無爵而不降之，夫尊于朝，則妻貴于室，言其夫妻一體，同尊卑也，是以不降之。尊于朝，謂爲大夫。貴于室，謂爲内子。」

盛氏世佐曰：「案唯子不報，經兼男女，傳唯據女子子言者，以男子爲父斬，不在報中明矣。女子子適人者爲其父之服，與其餘十人同，嫌亦在報中，故辨之。鄭議傳失，蓋未達斯意也。上經云『姑、姊妹、女子子適人無主者，姑、姊妹報』，而不及女子子，是女子子不在報中之證。『大夫曷爲不降命婦』以下，汎論夫妻體敵，命婦得與大夫尊同之義。凡親屬中有爲命婦者，大夫皆不得以尊降之，而爲命婦者亦得降其旁親也。註唯據姑、姊妹、女子子言，敖唯據子之姑、姊妹、女子子言，皆爲未備。」

大夫爲祖父母、適孫爲士者。【疏】祖與孫爲士，卑，故次在此也。

敖氏繼公曰：「此祖父、適孫爲士也，乃合祖母言之，所謂妻從夫爵者也。上已見祖父母、適孫矣，此復著大夫之禮，則經凡不見爲服之人者，雖曰通上下言之，而實則主于士也明矣。」

盛氏世佐曰：「案大夫爲祖父母，謂父在者也；父卒而不爲祖後者，亦存焉。父卒爲祖後者服斬，祖父卒爲祖母後者三年，此禮通乎上下。適孫，謂適子早卒者也。必云『爲士』者，見其雖賤不降也。」

傳曰：何以期也？大夫不敢降其祖與適也。【注】不敢降其祖與適，則可降其旁親也。

敖氏繼公曰：「大夫于爲士者之服則降之，此亦爲士也，乃不降者，以其爲祖與適也。大夫所以降其旁親而不降祖與適者，聖人制禮，使之然也。非謂大夫之意亦欲降此親，但以其爲祖與適，故不敢降之也。此傳之言似有害于義理。」

盛氏世佐曰：「案凡傳所云『不敢降』者，皆原制禮之故。禮緣人情而制者也，人情所不敢降者而故降之，則是强世而行，不可以久，故聖人于此，權其輕重之宜，定爲隆殺之等，而無一毫造作于其間也。敖氏之言，失傳意矣。」

公妾以及士妾爲其父母。【疏】以出嫁爲其父母，亦重出其文，故次在此。

馬氏融曰：「公謂諸侯，其間有卿大夫妾，故言『以及士妾』。」

敖氏繼公曰：「上云『女子子適人者爲其父母』，則是服已在其中矣。復言此者，嫌爲人妾者，屈于其君，則爲其私親，或與爲人妻者異，故以明之。云『公妾以及士妾』，又以見是服不以其君之尊卑而異也。」

郝氏敬曰：「此與前章妾爲子期義同。舉國君及士，見凡爲妾者，皆得爲父母期也。」

【《欽定義疏》】案《戴記》婦人奔喪，不別妻妾，則妾亦奔父母之喪與？

傳曰：何以期也？妾不得體君，得爲其父母遂也。【注】然則女君有以尊降其父母者與？《春秋》之義：「雖爲天王后，猶曰吾季姜。」是言子尊不加于父母。此傳似誤矣。禮，妾從女君而服其黨服，是嫌不自服其父母，故以明之。【疏】傳以公子爲君厭，爲己母不在五服，又爲己母黨無服。公妾既不得體君，君不厭，故妾爲其父母得伸遂而服期也。鄭欲破傳義，故據傳云「妾不得體君，得爲其父母遂也」，然則女君體君，有以尊降其父母者與？言「與」，猶不正執之辭也。云「《春秋》之義」者，桓九年傳文。云「禮，妾從女君而服其黨服」者，《雜記》文也。鄭既以傳爲誤，故自解之。一則以女君不可降其父母，二則經文兼有卿大夫士，何得專據公子以決父母乎？是以傳爲誤也。

陳氏詮曰：「以妾卑賤，不得體君。又嫌君之尊，不得服其父母，故傳明之，卑賤不得體君。」

雷氏次宗曰：「今明妾以卑賤不得體君，厭所不及，故得爲其父母遂也。」

敖氏繼公曰：「傳意蓋謂妾于其父母亦本自有服，非因君而服之，故不得體君，則爲之得遂。然妾以不得體君之故而遂其服者，唯自爲其子耳。若其私親，則無與于不體君之義。蓋女君雖體君，亦未見有重降其私親者，傳義似誤也。」

郝氏敬曰：「鄭謂父母期，雖女君不得降，以傳『體君』之説爲誤，非也。傳未嘗謂女君可降其父母也，謂妾之父母，君同凡人，妾自爲重服，違君自遂，似乎不可耳。今以國君之貴尚不厭妾，此父母之喪所以爲重，傳安得誤？」

盛氏世佐曰：「案經重出此條，嫌其或在厭降之例也。

傳之此言，所以明君不厭妾之義，與經合。後儒皆錯會其意，故指爲誤耳。士妾亦有厭降之嫌者，妾謂夫爲君，通上下之辭也。」

【《欽定義疏》】鄭、敖二義，相兼乃備。一則嫌爲妾者屈于其君，或不得服其私親；一則嫌爲女君之黨服，則不爲己之黨服也。禮所以決嫌疑、定猶豫，其此類乎！

右齊衰不杖期。

五禮通考卷第二百五十四

淮陰吴玉搢校字

五禮通考卷第二百五十五

内廷供奉禮部右侍郎金匱秦蕙田編輯
太子太保總督直隸右都御史桐城方觀承同訂
翰林院侍講學士金匱吳鼎
都轉鹽運使德水盧見曾 參校

凶禮十

喪禮

【《儀禮·喪服》】疏衰裳，齊，牡麻絰，無受者。【注】無受者，服是服而除，不以輕服受之。不著月數者，天子、諸侯葬異月也。《小記》曰：「齊衰三月，與大功同者繩屨。」【疏】此章以其義服，日月又少，故在《不杖章》下。此及下傳大功皆不言冠帶者，以其輕，故略之。至正大功，言冠，見其正，猶不言帶。緦麻又直言緦麻，餘又略之。注云「不以輕服受之」者，凡變除，皆因葬、練、祥乃行。此服至葬即除，無變服之理。天子七月葬，諸侯五月葬，爲之齊衰者，皆三月藏其服，至葬更服之，葬後乃除。

譙氏周曰：「齊衰三月，不居堊室。」

敖氏繼公曰：「受者，以輕衰受重衰也。成人齊衰之服而無受，則唯三月可知，故不復見月數。」

郝氏敬曰：「此齊衰之義服也，親不足而尊有餘，故爲三月齊衰處之。不言冠帶屨，與不杖同也。不言三月，言『無受』，三月可知也。禮，三月既葬，以初喪冠布易故衰曰受。受，接也。義服稍輕，三月即除，故無受。案疏衰重于大功。大功九月而疏衰反三月何也？重其衰，所以隆尊也。減其日月，以殺恩也。疏衰三月者，分尊恩輕；大功九月者，分卑而恩重也。」

張氏爾岐曰：「大夫士三月葬，故以三月爲主。」

姜氏兆錫曰：「下文各傳皆言『齊衰三月』，故經雖不著月，而疏以三月言之。然其服雖三月，而爲王侯服者，皆不即除，而藏以待葬服，故傳雖言三月而經不著其月也。蓋經傳互文相足之義類如此。」

蔡氏德晉曰：「此章本不言月數，而傳皆以爲齊衰三月。蓋以禮既葬而受服，大夫士三月而葬，故以爲斷也。康成雖有天子、諸侯葬異月之説，然又以爲天子七月葬，諸侯五月葬，爲之齊衰者，皆三月藏其服，至葬更服之，葬後乃除。愚意謂天子、諸侯未葬，恐不應釋服；且既釋矣，至葬而更服，相去不過一二月餘，而倏釋倏服，忽吉忽凶，恐先王制禮不若是。《白虎通》謂『民始哭，素服。先葬三月，成齊衰』，亦非。安有聞喪不服，越二月而始服者？夫帝堯殂落，百姓如喪考妣，三載，四海遏密八音。後世始喪服之，既葬而除，又豈久乎？疑此章本有三月、五月、七月之服，傳者失之也。」

蕙田案：傳文雖以三月爲斷，而「曾祖父」條，《開元禮》增齊衰五月，至今猶然。則蔡氏之説，或者其可通與？

寄公爲所寓。【注】寓亦寄也。爲所寄之國君服。【疏】此章論義服，故以疏者爲首。

傳曰：寄公者何也？失地之君也。何以爲所寓服齊衰三月也？言與民同也。【注】諸侯五月而葬，而服齊衰三月者，三月而藏其服，至葬又更服之，既葬而除之。【疏】失地君者，謂若《禮記·射義》「貢士不得其人，數有讓黜，爵削地盡」，君則寄在他國也。云「言與民同」者，以客在主國，得主君之恩，故報，與民同三月也。

敖氏繼公曰：「經傳不見諸侯相爲服之禮，是無服也。寄公已失國，則異于諸侯；又寓于他邦之地，則不可不爲其君服。然非臣也，故但齊衰三月而與民同。國君五月而葬，此爲之服者，則止于三月，以齊衰之輕者，惟有此耳，故不以其葬月爲節也。不特制爲國君服者，辟天子也。諸侯之大夫爲天子繐衰，既葬除之，特制之服也。」

蔡氏德晉曰：「案郝仲輿謂『先王盛世，何得有寄公？此蓋衰世之禮』。其説近是而未盡也。蓋封建肇于黄、農，歷唐、虞、夏、商，治亂不一，故禹會諸侯于塗山，執玉帛者萬國。至周初，止千八百國而已。則其間失國而爲寄公者必多，而寄公爲所寓之君服，其由來舊矣。

周之制禮，非用于一。寄公爲所寓之君服，既合于理，而可爲後世用，先王固宜存之于經而不削也。」

盛氏世佐曰：「案禮爲隣國君，失地則同于民者，賤之也；不臣之者，客也。庶人爲國君亦在此章，故曰與民同。」

【《欽定義疏》】同于民者，寄公之自視則然。所寓之君待之則以賓禮，《喪大記》可據也。

丈夫、婦人爲宗子、宗子之母、妻。【注】婦人，女子子在室及嫁歸宗者也。宗子，繼别之後，百世不遷，所謂大宗也。【疏】此與大宗同宗親，如寄公爲所寓，故次在此。

敖氏繼公曰：「丈夫者，男子之與大宗絶屬者也。婦人者，謂絶屬之女子子在室者及宗婦也。丈夫、婦人于宗子、宗子之母、妻，若在嫂叔之列者，則不服之。蓋親者且無服，疏者可知。」

盛氏世佐曰：「案傳云『婦人雖在外，必有歸宗』，是婦人不以出降其宗明矣。此婦人内亦當兼有宗女出嫁者。族人爲宗子之母、妻服，猶臣服君之母、妻之義也。此服因宗而生，不因嫂叔而生，故丈夫于宗子之母、妻，婦人于宗子，雖或有在嫂叔之倫者，無不服也。敖説非。與大宗絶屬者如此。若在五服内，月算如邦人，亦皆齊衰，無大功、小功、緦麻。」

蔡氏德晉曰：「大宗至尊，五服之外，皆服齊衰三月。其在五服中者，亦不當以功緦之服服之，故無問大功、小功、緦麻，❶皆服齊衰三月而除，與五屬之外同。若大功、小功之親，既服齊衰三月，乃受以大功、小功之衰。以足其月數而止，此條中當有齊衰九月、五月、三月之服也。」

傳曰：何以服齊衰三月也？尊祖也。尊祖故敬宗。敬宗者，尊祖之義也。宗子之母在，則不爲宗子之妻服也。【疏】祖，謂别子爲祖，百世不遷者。當祭之日，同宗皆來陪位及助祭，故云尊祖也。大宗者，尊之統，故同宗敬之，尊祖之義也。「宗子之母在，則不爲宗子之妻服也」者，謂宗子父已卒，宗子主其祭。《王制》云：「八十，齊衰之事不與。」則母七十亦

❶「問」字，原脱，據《禮經本義》卷一一補。

不與。今宗子母在，年未七十，母自與祭，母死，宗人爲之服。宗子母七十以上，則宗子妻得與祭，宗人乃爲宗子妻服也。必爲宗子母、妻服者，以宗子燕食族人于堂，其母、妻亦燕食族人之婦于房，皆序以昭穆，故族人爲之服也。

敖氏繼公曰：「別子爲祖，繼別爲宗。祖者，己之所自出也，尊之，重本也。然其尊祖之誠，無由自盡，故于敬宗見之。蓋敬其爲別子之後者，乃所以尊別子也。故曰『敬宗者，尊祖之義也』。此爲宗子與其母、妻服，皆敬宗之事，故傳言之。『宗子之母在，則不爲宗子之妻服』者，謂族人于宗子之妻，其服與否，唯以其母之在不在爲節。則宗子之母雖老，而妻代主家事，若先其母而卒，族人亦不爲此服，蓋其母尚在故也。此義與宗子不孤而死，族人不以宗子服之者意實相類。」

顧氏炎武曰：「《正義》謂『母年未七十，尚與祭』，非也。《祭統》曰：『夫祭也者，必夫婦親之。』是以舅没而姑老，明其不與祭矣。雖老，固嘗爲主祭之人，而禮無二敬，故爲宗子之母服，則不爲妻服。杜氏《通典》有《夫爲祖曾祖高祖父母持重妻從服議》一條，云：『孔瑚問虞喜曰：「假使玄孫爲後，玄孫之婦從服期，曾孫之婦尚在，纔緦麻。近輕遠重，情實有疑。」喜答曰：「有嫡子者無嫡孫。又若爲宗子母服，則不服宗子婦。以此推之，若玄孫爲後，而其母尚存，玄孫之婦，猶爲庶，不得傳重，傳重之服，理當在姑矣。」』宋庾蔚之謂：『舅殁則姑老，是授祭事于子婦。至于祖服，自以姑爲嫡。』與此條之意，互相發明。」

姜氏兆錫曰：「案《内則》：『舅殁則姑老。』則姑雖年未七十，亦不主亞獻之禮。其亞獻禮，皆應宗子之妻佐宗子行之。至其服，則不爲宗子之妻服者，猶有適子無適孫之意，以一宗無二服故也。由是以推，則服與祭，義各有主，不得牽連爲義。疏殆未之考與？」

蕙田案：疏文以與祭不與祭定服與不服，並非傳意，諸家破之是也。

爲舊君、君之母、妻。【疏】舊君，舊蒙恩深，以對于父，今雖退歸田野，不忘舊德，故次在宗子之下也。但爲舊君有二：一則致仕，二則待放未去。此則致仕者也。

敖氏繼公曰：「君，亦謂舊君也。在國而云舊君者，明其不見爲臣也。此服，大夫士同之。」

郝氏敬曰：「舊君，舊嘗仕于其國，非故家世官也。偶見用而遂去之，恩輕誼薄，如中下士、庶人在官輩，與民未遠，今不仕，與民同服。君之母，謂民爲本國君之母夫人服也。君之妻，謂民爲本國君夫人服也。國人皆稱小君，與君同尊，故皆爲齊衰三月。非謂舊仕者也。」

顧氏炎武曰：「與民同者，爲其君齊衰三月也。不與民同者，君之母、妻，民不服，而嘗仕者獨爲之服也。古之卿大夫有見小君之禮，而妻之爵服則又君夫人命之，是以不容無服。」

盛氏世佐曰：「案章内言舊君者三，此則凡爲舊臣之通禮也。君，謂有地者也。臣爲君服斬，今降在此者，以不在其國故也。不在其國而猶爲之服者，子思所謂『進以禮，退以禮』，孟子所謂『三有禮焉』者也。臣爲君之母、妻在《不杖期章》，此亦以去位降也。郝云『民爲小君服』，非。」

傳曰：爲舊君者孰謂也？仕焉而已者也。何以服齊衰三月也？言與民同也。君之母、妻，則小君也。【注】仕焉而已者，謂老若有廢疾而致仕者也。爲小君服者，恩深于民。【疏】此經上下，臣爲舊君有二，故發問。云「仕焉而已」者，傳意以下爲舊君是待放之臣，以此爲致仕之臣也。云「何以服齊衰三月」者，怪其舊服斬衰，今服三月也。「言與民同也」者，以本義合，但今義已斷，故抑之，使與民同也。下文「庶人爲國君」，無小君，是恩淺。此爲小君，是恩深于民也。

虞氏喜曰：「或問曰：《喪服》經傳『爲舊君，謂仕焉而已者』，鄭註曰：『仕焉而已，謂老若廢疾而致仕者也。今致仕與廢疾，理得同不？』喜正之曰：廢疾沉淪，罔同人伍，❶不論臣道，齊衰三月可也。老而致仕，臣禮既全，恩紀無替，自應三年，不得三月。傳言仕焉而已者，謂既仕而去，義同人伍耳。」

殷泉源問天子、諸侯臣致仕，服有同異。范宣答曰：「夫禮制殘缺，天子之典，多不全具。唯國君之禮，往往有之。臣之致仕，則爲舊君齊衰三月。天子之臣，則亦然矣。天子之與國君，雖名號差異，至于臣子奉之，與王者無殊矣。」

敖氏繼公曰：「已猶止也，鄭氏以爲致仕是也。此嘗仕矣，今又在國，其服宜異于民，乃亦齊衰三月者，蓋不在其位，則不宜服斬，以同于見爲臣者。而臣于君，又無期服，故但齊衰三月，而不嫌其與民同也。然又爲小君

❶「罔」，原作「固」，據《通典》卷九〇改。

服，則亦異于民矣。」

【《欽定義疏》】身雖致仕，所食者，君之禄也。若大夫，則所乘者，君之車也。國政猶與聞焉，恩誼深矣。然一切典禮，不可參錯于見爲臣者之班，是以服同于民也。傳于寄公及致仕者，皆言「與民同」，見齊衰三月本爲民服君之服也。古人臣進退不苟，細故微嫌，有奉身而退者。如楚子文三仕三已，柳下惠爲士師三黜，略可見也。註以老與廢疾者言之，似未賅。

蕙田案：疏及諸家皆主在國者言，盛氏依虞喜主去國者言，則與下文「舊君」無别，故盛説不載。

庶人爲國君。【注】不言民而言庶人，庶人或有在官者。天子畿内之民服天子，亦如之。【疏】云「庶人在官者」，謂府、史、胥、徒。經言庶人，兼在官者而言之。云「天子畿内之民亦如之」者，以其畿外上公五百里、侯四百里以下，其民皆服君三月，則畿内千里專屬天子，亦如諸侯之境内也。

問：❶《儀禮》諸侯爲天子斬衰三年，庶人爲國君齊衰三月。註：「天子畿内之民服天子亦如之。」自古無有通天下爲天子服三年之制，前輩恐未之考。朱子曰：後世士庶人既無本國之君服，又無至尊服，則是無君，亦不可不示其變，❷如今涼衫，亦不害，此亦只存得些影子。或問：有官人嫁娶在祔廟後。朱子曰：只不可帶花、用樂，少示其變。君之喪，士庶亦可聚哭，但不可設位。

敖氏繼公曰：「庶人此服，夫妻同之，非當家者則不服也。畿内之民，其服天子，亦當如此。乃不著者，則此經唯主爲侯國而作，益可見矣。」

❶「問」以下一段，出自《朱子語類》卷八九。

❷「示」，原作「去」，據《朱子語類》卷八九改。

【《欽定義疏》】敖氏謂非在官者不服，非也。民無不服之理，上傳再言「與民同」，足以見之矣。民之于君，遠矣，不可同于臣，又不敢以輕服服之，是以齊衰三月也。侯國之民不服天子者，勢彌遠而分逾尊，故不可制服也。然遏密八音，亦足以致其情矣。爲公卿大夫之君無服，諸侯世，大夫不世，經特言「國君」以此。庶人爲君之母、妻無服。

大夫在外，其妻、長子爲舊國君。【注】在外，待放已去者。【疏】此大夫在外，不言爲本君服與不服者，案《雜記》云：「違諸侯之大夫，不反服。違大夫之諸侯，不反服。」以其尊卑不敵。若所仕敵，乃反服舊君。則此大夫已去他國，不言服者，是其君尊卑不敵不反服者也，是以直言其妻、長子爲舊國君。

鄭氏昕曰：「禮，爲夫之君期。今夫雖在外，妻尚未去，恐或者嫌猶宜期，故言與民同，則出國無服可知也。所以別言之者，明夫既去位，妻便同于人耳。」

敖氏繼公曰：「此承庶人之下，故但據其妻與長子言之。云『舊國君』，明妻、子亦在外也。大夫與舊君恩深，故雖去國，而于己服之外，妻、子又爲之服也。去國且若是，則在國可知。大夫在位，與其長子俱爲君服斬，妻服期。去位，則皆爲之齊衰三月而已。又爲君之母、妻，若去國則夫不服其母、妻也。士之異于大夫者，長子無服，若去其國，則夫妻亦不服之矣。」

盛氏世佐曰：「案大夫在外，爲舊君服，已見上矣。此則主爲其妻、長子言也。其妻、長子亦與大夫俱去者，不曰舊君而曰舊國君，見不在其國也。大夫妻爲君服在《不杖期章》。服問云：『大夫之適子爲君如士服。』今皆降在此者，亦以其去國故也。唯云大夫，則士之妻、長子去國者無服矣。」

傳曰：何以服齊衰三月也？妻，言與民同也。長子，言未去也。【注】妻雖從夫而出，古者大夫不外娶，婦人歸宗，往來猶民也。《春秋傳》曰：「大夫越境逆女，非禮。」君臣有合離之義，長子去，可以無服。

敖氏繼公曰：「其爲服之意，若但如是而已，則士之在外者，妻與長子亦宜然也，何必大夫乎？傳似失之。」

郝氏敬曰：「大夫奔他國，携其妻子去。妻嘗爲命婦，去則與國人同。其宗族在舊國，其長子或不去，則與民同。去則無服。鄭謂『古者大夫不外娶，婦人歸宗，往來猶民』，鑿説也。所引《春秋傳》，非經義。先王封建，小者不過五十里，若大夫皆限境内婚，同姓又不通，則女亦不足矣。」

盛氏世佐曰：「案妻，舊命婦也，已去而猶同之于民，以其受恩深也。云『長子，言未去也』者，謂此長子是大夫在國時所生，故爲舊國君反服，若生于去國之後，則無服矣。聖人不爲恩義所不及者制服也。言此，則妻亦在國時所娶可知。于妻言『與民同』，于長子言『未去』，文互見也。傳意本是如此，後人錯會其意，乃以未去爲留在國者。夫身居其國，即庶人尚爲國君有服，寧獨故大夫之長子乎？倘庶子，遂無服耶？且在國者亦不得目其君爲舊國君也。以是數者推之，註疏之誤顯然矣。然則大夫在外，其長子留在國，于君宜何服？曰：大夫以罪去國，長子雖留，亦與民同，以其義已斷故也。又案古者君臣一體，適子既冠，則奠摯見于君，死則赴于君，士禮且然，矧大夫乎！大夫雖無世及之義，而大夫之子得行大夫禮，則其受君寵眷深矣。故其父在位則亦爲君服斬，已去猶與民同服，所以報也。留在國者，亦無加焉，抑之也。若大夫致仕者之長子，則仍如士服矣。」

【《欽定義疏》】案妻若隨夫去，則不必與民同矣。未去，則雖外娶者，亦與民同，義不繫于歸宗往來也。《士昏禮》有「若異邦」之文，士且外娶，况大夫乎？《公羊》之言，亦不可爲典要。敖氏推勘大夫與士，應有不同，固爲入細。然反復經文，則以妻、長子爲已去者，終覺未安。傳云「未去」，亦謂將去而未去，適遇君喪者爾。

蕙田案：大夫爲舊君，服見上。下文此主爲其妻、長子將去未去，適遇君喪者言。鄭氏昕及《義疏》説是也。敖氏、盛氏以爲已去，與傳文不協。鄭註分妻爲已去，長子爲未去，尤未安。盛氏妻是在國時所娶，子是在國時所生，亦爲鑿説。

繼父不同居者。【注】嘗同居，今不同。【疏】此則《期章》云「必嘗同居然後爲異居」者也。無傳者，已于《期章》釋訖，是以不言也。

敖氏繼公曰：「爲繼父同居者期，而爲異居者不降一等爲大功乃服此服者，恩同于父，不敢以卑服褻之也。繼父于子，同居、異居皆不爲服。知不爲服者，二章無報文，且齊衰三月不可用于卑者也。」

郝氏敬曰：「謂不同居，謂繼父續生子，使其妻前夫之子别居。昔嘗同居恩深，故爲齊衰三月。」

汪氏琬曰：「或問：律文『繼父同居而兩有大功親者，爲之齊衰三月』，借令一有大功以上親，一無大功以上親，則如之何？曰：《小記》：『皆無主後，同財而祭其祖禰爲同居。有主後爲異居。』疏謂：『此子有子，亦爲異居也。』然則律文雖與禮不同，而其義即皆有主後者也。或問：果應服乎？曰：父不當繼，繼父亦不當同居，而禮與律有同居、異居之别，此服制之變，末世之不得已也，亦爲人子者之不得已也。」

【《欽定義疏》】先嘗同居，則固兩無大功之親，相依年久，且又以彼貨財築此宫廟而歲時藉以奉祀矣。其後，或繼父自有子，或立同宗爲後，乃異居，而其初同居之誼，猶夫故也。以異居，故不服期；以先嘗同居，故齊衰未可改也。恩同于父，亦非過論。又案《檀弓》有論同母異父之昆弟之服者，蓋指此嘗同居，後異居者也。繼父後有子，乃相爲昆弟服繼父，故并論其子之相爲服，而或以爲大功，或以爲齊衰耳。若本非同居，則嫁母且絶，不爲親矣。母之後夫與後夫所生之子，皆路人也，何服之可議乎？要之，先即同居，而異父之昆弟不應有服，故經無其文。而子夏以爲「未之前聞也」。齊、功紛紜，殊爲多事。又案父子祖孫，服有重輕，無不相爲服者，繼父而不報，則踰于祖父矣，無此理也。不杖期可施于卑者，乃斬此三月乎？經不言報，或傳寫失之。

曾祖父母。【疏】曾、高本合小功，加至齊衰，故次繼父之下。此經直云曾祖，不言高祖。案族祖父以高祖之孫而緦麻，則高祖有服明矣，故此註兼曾、高而説也。經不言者，見其同服可知。

袁氏准曰：「案《喪服》云『爲曾祖父母齊衰三月』，自天子至于士一也。祖期，則曾祖大功，高祖小功，而云三月者，此通遠祖之言也。今有彭祖之壽，無名之祖存焉。《爾雅》有來孫、雲孫、仍孫、昆孫，有相及者故也。十代之祖在堂，則不可以無服也。郯子曰『我高祖少皞摯之立也』，非五代祖也；蒯聵禱康叔自稱『曾孫』，非四代之曾孫。然則，高，遠也，無名之祖，希及之矣，故不復分别而重言之也。」

問：魏徵加服。朱子曰：觀當時所加曾祖之服，仍爲齊衰而五月，非降爲小功也。今《五服格》仍遵用之。雖於古爲有加，然恐亦未爲不可也。

沈氏括曰：「《喪服》但有曾祖、曾孫而無高祖、玄孫。或曰：經之所不言則不服。是不然。曾，重也，自祖而上者，皆曾祖也。自孫而下者，皆曾孫也。雖百世可也。苟有相逮者，則必爲服喪三月。故雖成王之于后稷，亦稱曾孫，而祭禮祝文，無遠近，皆曰曾孫。」

黄氏榦曰：「唐貞觀十四年，侍中魏徵奏：『謹案高祖、曾祖，舊服齊衰三月，請加爲齊衰五月。』《開元禮》爲曾祖父母齊衰五月，高祖父母齊衰三月。今《服制令》：『爲曾祖父母齊衰五月，爲高祖父母齊衰三月。』」

敖氏繼公曰：「曾猶重也，謂祖之上又有祖也。」

顧氏炎武曰：「《禮記·祭法》言『適子、適孫、適曾孫、適玄孫、適來孫』，《左傳》王子虎盟諸侯，亦曰『及而玄孫，無有老幼』。玄孫之文，見于記傳者如此。然宗廟之中，並無此稱。《詩·維天之命》：『駿惠我文王，曾孫篤之。』鄭氏箋曰：『曾猶重也。自孫之子而下，事先祖皆稱曾孫。』《禮記·郊特牲》『稱曾孫某』，註：『謂諸侯事五廟也。于曾祖已上稱曾孫而已。』《左傳》哀公二年衛太子禱文王稱『曾孫蒯聵』。❶《晉書·鍾雅傳》：

❶「聵」，原作「瞶」，據庫本及《左傳》改。

『元帝詔曰：禮，事宗廟，自曾孫已下皆稱曾孫，義取于重孫，可歷世共其名，無所改也。』曾祖父母齊衰三月而不言曾祖父之父母，非經文之脱漏也，蓋以是而推之矣。凡人祖孫相見，其得至于五世者鮮矣。壽至八九十而後可以見曾孫之子，百有餘年而曾孫之子之子亦可見矣。人之壽以百年爲限，故服至五世而窮。苟六世而相見焉，其服不異于曾祖也。經于曾祖已上不言者，以是而推之也。觀于祭之稱『曾孫』，不論世數，而知曾祖之名，統上世而言之矣。」

盛氏世佐曰：「案《爾雅》云：『曾祖王父之考爲高祖王父，曾祖王父之妣爲高祖王母。』然則高祖之名，非起于後人矣。《爾雅》又云：『曾孫之子爲玄孫，玄孫之子爲來孫，來孫之子爲晜孫，晜孫之子爲仍孫，仍孫之子爲雲孫。』自玄孫而下，五世各有名稱。而宗廟之中，自孫之子而下皆稱『曾孫』者，不惟義取于重，且以玄孫等皆踈遠之名，故不稱也。異其名者，所以别世數；同其稱者，見其世雖遠，而事先之情如一也。然《爾雅》孫之名及于八世，而祖之名止于四世，高祖父之父母，其謂之何？曰：自高祖王父之考以上，統謂之祖而已。《祭法》云：『王立七廟，一壇一墠，曰考廟，曰王考廟，曰皇考廟，曰顯考廟，曰祖考廟。』所謂祖考者，即高祖王父之考也，而直云祖考。則自此以上，都無異名可知。《喪服經》但著曾祖父母之服，而高祖已上略而不言，以其相及者鮮，且自曾祖而推之可知也。顧云『苟六世而相見焉，其服不異于曾祖』是也，云『曾祖之名統上世而言之』，則非矣。」

傳曰：何以齊衰三月也？小功者，兄弟之服也，不敢以兄弟之服服至尊也。【注】正言小功者，服之數盡于五，則高祖宜緦麻，曾祖宜小功也。據祖期，則曾祖大功，高祖宜小功也。高祖、曾祖皆有小功之差，則曾孫、玄孫爲之服同也。重其衰麻，尊尊也；減其日月，恩殺也。【疏】《三年問》云：「何以至期也？曰：至親以期斷。」又云：「然則何以三年也？曰：加隆焉爾也。」是本爲父母期而加隆至三年。若謂爲父母期，則爲祖宜大功，曾祖宜小功，高祖宜緦麻。若爲父加隆三年，則爲祖宜期，曾祖宜大功，高祖宜小功，是「高祖、曾祖皆有小功之差」也。曾祖中既兼有高祖，是以云曾孫、玄孫各爲之齊衰三月也。

敖氏繼公曰：「兄弟之服，大功以下皆是也。小功者，據當爲曾祖之本服言也。曾祖本小功，以其爲兄弟之服，不宜施于至尊，故服以齊衰三月焉。此其日月雖減于小功，而衰麻之屬實過于大功，且專爲尊者之服，是以日月之多寡有所不計，禮有似殺而實隆者，此之謂與？曾祖之父，本服在緦麻，若以此傳義推之，則亦當齊衰，而經不言之者，蓋高祖、玄孫亦鮮有相及者也。」

郝氏敬曰：「五服論布，斬衰三升，齊衰四升，繐衰四升半，大功八升九升，小功、緦麻十升十一升。其繐衰，唯諸侯之大夫爲天子服。餘五服，父斬，母齊，祖大功，曾祖小功，高祖緦麻，此常數應爾。然大功，從兄弟之服也，故不以服祖，而以齊衰期年；小功，從祖兄弟之服也，豈可以服其曾祖乎？故爲之齊衰三月。此謂『不敢以兄弟之服服至尊』，然則高祖又可以緦麻之服服乎？亦齊衰可知。案齊衰三月，專爲尊者之義服。功爲兄弟之服，緦爲外親之服，大較似此。」

華氏學泉曰：「或問：《儀禮》不載高祖之服，何也？曰：高、曾同服也。其高、曾同服，何也？曰：齊衰三月，爲尊者之服也。故臣爲舊君則服，庶人爲國君則服，大夫士爲宗子、宗婦則服。以是爲尊尊之服，不可有所隆替，故高、曾同服也。聖人之制服，恩與義而已。自仁率親，等而上之至于祖，名曰輕，其恩輕也；自義率祖，順而下之至于禰，名曰重，其義重也。義莫重于尊祖，自曾祖而上之，其尊同也。自高祖而上之，其尊同也。尊同，故服之皆以齊衰，無隆殺也。高、曾之服主以義，不主以恩，其恩皆輕，故服之同以三月，無久近也。唐貞觀間，更定爲曾祖齊衰五月，爲高祖齊衰三月，例以小功、緦麻之月數，而高、曾祖之服，亦以次而降殺，非制禮之初意矣。」

蔡氏德晉曰：「高、曾父母服，至三月無可復減，然恩之隆殺，服之輕重，以曾祖擬高祖，當有差等，則唐太宗之增曾祖爲五月，雖聖人復起，弗可改也已。」

【《欽定義疏》】案天子、諸侯之曾祖父母，即開創始封，亦罕相及。相及則服從同。若天子、諸侯之曾孫爲其曾祖父，則當以臣爲君之服服之。康成云「天子、諸侯之喪皆斬衰，無期」是也。

大夫爲宗子。【疏】大夫尊，降旁親皆一等。尊祖故敬宗，是以大夫雖尊，不降宗子，爲之三月。宗子既不降，母、妻不降可知。

敖氏繼公曰：「亦與宗子絶屬者也。前條云『丈夫、婦人爲宗子、宗子之母、妻』，大夫此服，既如衆人，則命婦亦宜然也。此但云『大夫爲宗子』，不云命婦，又不云宗子之母妻，各見其尊者爾。」

郝氏敬曰：「前言『丈夫、婦人爲宗子』，此又言大夫，疑大夫貴，可降耳。大夫不降，則宗子重可知。」

盛氏世佐曰：「案唯云『宗子』，則宗子之母、妻蓋無服矣。此則其異于衆人者也。下文言『舊君』而不及君之母、妻，意亦類此。」

傳曰：何以服齊衰三月也？大夫不敢降其宗也。

敖氏繼公曰：「言不敢降，則是宗子爲士也。絶屬者且不降，則有親者亦服之如邦人可知矣。」

【《欽定義疏》】此本無服，以重大宗，故服之，非不降例也。曰「不敢降」，亦立文不得不然耳。宗子爲大夫，則尊同；其爲士者，應以尊降。此云不降，蒙前條之皆爲士者也。

蕙田案：《喪服》言宗子之服，皆指大宗言。或云兼四小宗者，非是。四小宗自有本服，不另立服也。

舊君。【注】大夫待放未去者。【疏】舊君以重出，故次在此。

雷氏次宗曰：「經前已有『爲舊君』，今復有此『舊君』，傳所以知前經是仕焉而已，後經是待放未去者。蓋以兼服小君，知恩有深淺也。仕焉而退，君臣道足，恩義既施，恩及母妻。今被放而去，名義盡矣。若君不能掃其宗廟，則但不爲戎首而已。以其猶復未絶，故得同于人庶，適足以反服于君，不獲及其親也。」

敖氏繼公曰：「此即在外之大夫爲之也。子思子曰：『古之君子，進人以禮，退人以禮，故有舊君反服之禮。』《孟子》曰：『諫行言聽，膏澤下于民；有故而去，則君使人導之出疆，又先於其所往；去三年不反，然後收其田里。此之謂三有禮焉。如此，則爲之服矣。』爲舊君之義盡之。」

郝氏敬曰：「前言『舊君』，謂嘗仕焉而已者。此則仕而貴爲大夫者也。」

盛氏世佐曰：「案此亦大夫爲之也。何大夫之謂乎？去而復仕于他國者也。上已言『舊君』矣，此復著之者，嫌其或以後貴而降也。舊君，諸侯之被廢者也。下文云『爲士者』，即其人矣。諸侯被廢，不必又爲士，而用士禮終其身，故亦以『爲士者』言之。《記》言『諸侯失國而死，祭以士禮，尸服以士服』，此之謂也。經『大夫爲宗子、舊君、曾祖父母爲士者如衆人』十七字，宜作一句讀，其義自見。四人之服，皆已見于上而重出者，上爲衆人言，此謂大夫服之亦如是也。經文本是連貫，自後儒以傳文散屬其下，而經文遂裂『舊君』二字，上無所承，下無所屬，註家嫌其重出，則以『大夫待放未去者』爲解，❶而經義失矣。又案周之盛時，諸侯黜陟之權，操于天子，巡狩、述職、貢士諸大典，皆所以考察其賢否而誅賞之也。如《王制》、《射義》所言，則其時固有貶爵削地而無所姑息者矣，故寄公爲所寓，大夫爲舊君爲士者，皆爲制服，列之于經。此諸侯所以不敢放恣也。以後事證之，黎侯之于衛君，是寄公爲所寓也；百里奚之于虞公，是大夫爲舊君爲士者也。」

蕙田案：此章言「舊君」者三，前一條以在國之臣言之，後二條以去國之臣言之。前條則指凡仕者，此條則指爲大夫者，非待放未去之謂，亦不指被廢之諸侯。諸侯失國，祭以士禮，于《記》有之。然如盛氏謂諸侯失國而爲士，則恐未然。此條但蒙上「大夫」爲文，不合以下「爲士者」爲文。

傳曰：大夫爲舊君，何以服齊衰三月也？大夫去，君埽其宗廟，故服齊衰三月也，言與民同也。何大夫之謂乎？言其以道去君，而猶未絶也。【注】以道去君，謂三諫不從，待放于郊。未絶者，言爵禄尚有列于朝，出入有詔于國，妻子自若民也。【疏】不言士者，此主爲待放未絶。大夫有此法，士無待放之法。不言公卿及孤者，《詩》云「三事大

❶「解而經」，原作「經而解」，據《儀禮集編》卷二三改。

夫」，則公卿亦號大夫。

敖氏繼公曰：「云『君埽其宗廟』，見猶望其復反之意，所謂『猶未絶』者此也。然則已絶者，其不爲此服乎？亦似與經意異矣。」

郝氏敬曰：「埽其宗廟，謂故家世族，誼無可絶，以禮致仕，非奔放之比。前舊君服言與民同者，無官削籍，本與民同。此『與民同』者，致臣而去，退自處于編氓者也，故傳設言『何大夫』以明之。」

張氏爾岐曰：「此章言爲舊君者三：爲舊君及其母、妻，此昔仕，今已在其故國者也；大夫在外，此其身已去，其子尚存本國者也。此言舊君，則大夫去而未絶，《孟子》所謂『三有禮』者也。埽其宗廟，謂使宗族爲之祭祀。爵禄有列，謂舊位仍在。出入有詔于國，疏以爲兄弟宗族猶存，吉凶書信，相告不絶。」

盛氏世佐曰：「案傳云『大夫爲舊君』，蒙上文『大夫』而言也。然經所陳，乃去而復仕之大夫，傳以去而未絶者釋之，似少異矣云。君埽其宗廟者，謂使族人攝祭糞除其宗廟也。以道去君，見不以罪逐也。未絶者，言君臣之義猶未斷。此傳與子思、孟子之言相類。」

【《欽定義疏》】鄭氏大夫待放未去者，案傳言「已去」，註何云未去乎？若未去，豈煩君之埽其宗廟耶？註欲與前經「大夫在外條」區而爲二，故强别之。且人臣進以禮，退以義，去國之道多端。孔子席不暇煖，燔肉不至，不税冕而行。孟子亦言所去三，所就三矣。豈必皆待放者乎？又案爲舊君凡三條。第一條，「大夫士仕焉而已者」，在國者也。在國，故服君而并服其母、妻也。第二條，大夫身已去國，而妻若長子尚留者也。妻、長子服君，則不服君之母、妻矣。身在外，未仕則服，已仕則不服也。第三條，則指言大夫去國而未仕者，其妻若子皆已去可知。

蕙田案：《義疏》分解舊君三條，最爲明晰。徐乾學解大夫在外，以爲惟妻與長子行服，而其身則不服，似未安。黄乾行遂以爲君收其宗廟，不使爲祭祀，如《孟子》所謂「去之日，遂收其田里」者，是以大夫無服，惟其妻與長子服。案果如此，則是恩義已絶，大夫之無服宜矣。然妻從夫服，何以夫不服而妻反服之耶？説似難通。

曾祖父母爲士者，如衆人。

敖氏繼公曰：「不云如士而云如衆人，是庶人之服，亦如士禮矣。」

張氏爾岐曰：「此上三節，並承『大夫爲』三字。」

盛氏世佐曰：「案爲士者，統謂宗子、舊君、曾祖父母也。如衆人，言大夫爲此四人服，不異于衆人之齊衰三月也。言此者，嫌其當以尊降。」

傳曰：何以齊衰三月也？大夫不敢降其祖也。【疏】經不言大夫，傳爲大夫解之者，以其言曾祖爲士者，故知對大夫下爲之服。❶

敖氏繼公曰：「經言『大夫爲宗子、舊君、曾祖父母爲士者』，蓋連文也，故傳于此以大夫言之，非專取『爲士』之文也。」

女子子嫁者、未嫁者爲曾祖父母。【疏】此亦重出，故次在男子曾孫下也。但未嫁者同于前爲曾祖父母，今并言嫁者，女子子有嫁逆降之理，故因已嫁，并言未嫁。

敖氏繼公曰：「此不降之服，似不必言未嫁者，經蓋顧《大功章》立文耳。女子子之適人者，降其父母一等，乃不降其祖與曾祖者，蓋尊服止于齊衰三月，其自大功以下，則服至尊者不用焉。故父母之三年可降而爲齊衰期，而祖之齊衰期不可降而爲大功，曾祖之齊衰三月又不可降而無服，此所以祖及曾祖之服俱不降也。」

【《欽定義疏》】《大功章》「女子子嫁者、未嫁者，爲世父母、叔父母、姑、姊妹」，則成人未嫁者，得降其旁親也。彼降此不降，而兼言未嫁者則同，故敖氏云然。此經主爲士之女子子言之，而大夫以上至天

❶「下」字，原脱，據庫本及《儀禮・喪服》疏補。

子之女子子並同。即大夫女爲諸侯夫人，諸侯女爲天王后者，於曾祖父母無不服也。若於其曾祖父母爲天子、諸侯者，則又不止三月而已。

傳曰：嫁者，其嫁於大夫者也。未嫁者，其成人而未嫁者也。何以服齊衰三月？不敢降其祖也。【注】言嫁于大夫者，明雖尊猶不降也。成人，謂年二十已笄醴者也。此著不降，❶明有所降。【疏】雖尊猶不降，則適士以下不降可知。云成人，謂年二十已笄，以醴禮之。若十五許嫁，亦笄爲成人。但鄭據二十笄者而言之。云「此著不降，明有所降」者，案《大功章》「女子子嫁者、未嫁者爲世叔父母」，如此類是有所降也。

敖氏繼公曰：「傳意謂嫁于大夫者，雖尊猶不敢降其祖。然則，大夫妻亦有降其本族之旁親，與士妻異者乎？又所謂成人而未嫁者，與不敢降之意，尤不相通，傳似失其旨矣。」

郝氏敬曰：「傳知爲大夫妻者，承上大夫言，唯大夫妻有降服。未嫁不降，人知之；已嫁不降，人不知。成人乃備禮，故曰『其成人未嫁者也』。」

盛氏世佐曰：「案女子子嫁者，于其旁親，皆降一等，以出降也。若爲命婦，則于其旁親之爲士者，又降一等，以尊降也。唯于祖父母、曾祖父母，則各以本服服之。二者之降，皆無焉，正尊故也。云『成人而未嫁者』，女子子在室與男子同，不待言也。成人則有出道，嫌或有所降，故傳據此言之。」

【《欽定義疏》】大夫妻于本族之旁親不降一等，以異于士之妻者。父族之爲士者，爲其姑、姊妹、女子子之適人者，不可以其嫁于大夫而爲之加服，故還爲父族服者，雖旁親無降之之法也。若大夫女爲諸侯夫人，諸侯女爲天王后者，則惟服其正尊與昆弟之爲父後者，而旁親無服矣。此經本意，惟對出降而言，故云「嫁者、未嫁者」，明嫁者與未嫁者同，不以出適而

❶「著」，原作「者」，據阮刻《儀禮注疏》改，下同。

降也。傳乃以「嫁于大夫」爲辭，故敖氏以爲失其旨。

右齊衰無受。

五禮通考卷第二百五十五

淮陰吳玉搢校字

五禮通考卷第二百五十六

內廷供奉禮部右侍郎金匱秦蕙田編輯
太子太保總督直隸右都御史桐城方觀承同訂
翰林院侍讀學士金匱吴鼎
都轉鹽運使德水盧見曾 參校

凶禮十一

喪禮

【《儀禮·喪服》】大功布衰裳，牡麻絰，無受者。【注】大功布者，其鍛治之功麤沽之。【疏】章次此者，以其本服齊衰期，爲殤死，降在大功，故在正大功之上，義齊衰之下也。不云月數者，下文有纓絰、無纓絰，須言七月、九月，彼已見月，故於此略之。云「無受」者，以傳云「殤文不縟」，不以輕服受之。斬、齊皆不言布與功，至此輕，始言布體與人功。斬衰冠六升，不加灰。此七升，言鍛治，可以加灰矣，但麤沽而已。言大功者，用功麤大，故沽疏。其言小者，對大功是用功細小。

楊氏復曰：「斬衰冠繩纓，齊衰冠布纓，齊衰以下不見所用何纓。又案《雜記》云：『緦冠繰纓。』注云：『繰，當爲澡麻帶絰之澡，謂有事其布以爲纓。』以此條推之，則自緦而上，亦皆冠布纓而未澡，而緦始澡其纓耳。」

郝氏敬曰：「不言冠帶屨，與疏衰同。不言月數，或七或九，具各條。無受者，七月九月，即本衰絰終限。❶不以既葬易輕服，情重也。」

張氏爾岐曰：「此降服大功，衰七升，冠十升。」

子、女子子之長殤、中殤。【注】殤者，男女未冠笄而死，可傷者。❷女子子許嫁不爲殤也。【疏】子、女子子在章首者，以其父母于子哀痛情深，故在前。兄弟之子亦同此，而不別言者，兄弟之子猶子，故不言。且中殤或

❶「本」下，原衍「齊」字，據《儀禮節解》卷一一删。
❷「傷」，原作「殤」，據阮元《儀禮注疏校勘記》改。

從上，或從下，是則殤有三等，制服惟有二等者，欲使大功下殤有服故也。若服亦三等，則大功下殤無服矣，聖人之意然也。

敖氏繼公曰：「言『子』，又言『女子子』以殊之，是經之正例。凡言子者，皆謂男子，益可見矣。此子之殤服，不分適庶，但俱從本服而降者，以齊衰服重，不宜用之于殤也。經言男女爲殤之節如此，則是古者男女必二十乃冠笄明矣。」

郝氏敬曰：「殤，傷也，夭死曰殤。父母爲男女期，童幼未可齊衰，故降服大功。」

盛氏世佐曰：「案《小記》云：『丈夫冠而不爲殤，婦人笄而不爲殤。』二十而冠笄，禮之常也。其有早笄者，因事而禮之耳。《雜記》云：『女子十有五年，許嫁，笄而字。』女子之笄，猶男子之冠也，故注云『許嫁不爲殤』。然則古無幼而許嫁者矣。」

華氏學泉曰：「或問：殤服可去乎？曰：如之何其可去也！夫殤服，聖人之所重也。長殤、中殤降一等，下殤降二等，以其未成人，故降之也。而其降有差，十九至十六爲上殤，十五至十二爲中殤，十一至八歲爲下殤。其丈夫爲殤之服者，齊衰之殤中從上，大功、小功之殤中從下。其婦人爲夫之黨服者，齊衰之殤中從上，大功、小功之殤中從下。聖人所以差而等之，酌乎其情而遞殺之若是，其弗敢有所過也。然而重哀之矣。夫聖人制服，其重者以漸而即輕，故大功三月，受以小功；小功三月，受以緦麻。獨于殤無受。傳之者曰：『喪成人者其文縟，喪未成人者其文不縟也。』而未盡然也。蓋一降不容再降，既已降其重而即輕，而更受之以輕，將齊衰下殤夷于緦麻，聖人之所不忍也。且夫喪莫重于三年，而小功、緦麻得變三年之葛，終殤之月算而返，聖人豈重小功、緦麻之殤而輕父母之三年哉！誠以小功、緦麻之殤，皆從齊衰、大功之親而降，情有所不容已也。是故小功卒哭可以冠、娶妻，而下殤之小功則不可。小功不稅，降而在緦、小功則稅之。凡降服皆重于正服者何也？緦、小功之殤，既皆齊衰、大功之親，恩情本重，故一降不容再降，聖人所爲權輕重之中，使合乎人情，當乎天理也。夫再降且不可，況從而去之乎？自周公制禮，迄明洪武以前，二千餘年莫之有改也，洪武以後始去。今之制乃明洪武之制也。」

傳曰：何以大功也？未成人也。何以無

受也？喪成人者其文縟，喪未成人者其文不縟，故殤之絰不樛垂，蓋未成人也。年十九至十六爲長殤，十五至十二爲中殤，十一至八歲爲下殤，不滿八歲以下爲無服之殤。無服之殤，以日易月。以日易月之殤，殤而無服。故子生三月則父名之，死則哭之，未名則不哭也。【注】縟猶數也。其文數者，爲變除之節也。不樛垂者，不絞其帶之垂者。《雜記》曰：「大功以上散帶。」以日易月，謂生一月者，哭之一日也。殤而無服者，哭之而已。爲昆弟之子、女子子亦如之。凡言子者，可以兼男女。又云女子子者，殊之以子，關適庶也。

【疏】三等殤，皆以四年爲差，取法四時穀物變易故也。又以八歲已上爲有服，七歲已下爲無服者，案《家語·本命》云：「男子八月生齒，八歲齔齒。女子七月生齒，七歲齔齒。」今傳據男子而言，故八歲已上爲有服之殤也。傳必以三月造名，始哭之者，以其三月一時，天氣變，有所識盼，人所加憐，故據名爲限也。云「未名則不哭也」者，不止依以日易月而哭，❶初死亦當有哭而已。注云「變除之節」者，成人之喪，既葬，以輕服受之，男子除于首，婦人除于帶是也。今于殤則無此變除之節數，月滿則除之。云「不絞帶之垂」者，凡喪，至小斂皆服，未成服之麻、麻帶，大功以上散帶之垂者，至成服乃絞之，小功已下，初而絞之。今殤大功，亦于小斂服麻，散垂，至成服後，亦散不絞，與成人異也。云「生一月者哭之一日也」者，若至七歲，歲有十二月，則八十四日哭。此則唯據父母于子，不關餘親。王肅、馬融以爲日易月者，以哭之日易服之月，殤之期親則以旬有三日哭，❷緦麻之親則以三日爲制。若然，哭緦麻三月喪與七歲同。又此傳承父母子之下，而哭緦麻孩子，疎失之甚也。

《通典》徐整問射慈曰：「八歲以上爲殤者有服，未滿八歲爲無服。假令子以元年正月生，七歲十二月死，此爲七歲，則無服也。或以元年十二月生，以八年正月死，以但跨八年，❸計其日月，適六歲耳，然號爲八歲，日月甚少。全七歲者，日月爲多。若人有二子，各死如

❶「止」，原作「正」，據阮刻《儀禮注疏》改。
❷「三」，原作「二」，據庫本及《儀禮·喪服》疏改。
❸「跨」，原作「踐」，據《通典》卷五一改。

此，其七歲者獨無服，則父母之恩有偏頗。」答曰：「凡制數，自以生月計之，不以歲也。」問曰：「無服之殤，以日易月，哭之于何處？有位無？」答曰：「哭之無位。禮，葬下殤於園中，則無服之殤亦于園也，其哭之就園也。」

崇氏問云：「舊以日易月，謂生一月，哭之一日。又學者云，以日易月者，易服之月，殤之期親者，則以十三日爲之制。二義不同，何以正之？」淳于睿答曰：「案傳之發正，于期年之親而見服之殤者，以周親之重，雖未成殤，應有哭日之差。❶大功已下，及于緦麻，未成殤者，無復哭日也。何以明之？案長殤、中殤俱在大功，下殤小功，無服之殤，無容有在緦麻。以其幼稚，不在服章，隨月多少而制哭日也。大功之長殤俱在小功，下殤緦麻，無服之殤，則已遏絶，無復服名，不應制哭。故傳據期親以明之。且緦麻之長殤，服名已絶，不應制哭。豈有生三月而更制哭乎？」

范寧與戴逵書，問馬、鄭二義。逵答曰：「夫易者，當使用日則廢，月可得言易耳。鄭以哭日準平生之月，而謂之易。且無服之殤，非惟期親七歲以下也。他親長中，降而不服，故傳曰『不滿八歲以下，皆爲無服之殤』也。如馬義，則以此文悉關諸服降之殤者。若如鄭義，諸降之殤，當作何哭耶？若復哭其生月，則緦麻之長殤，決不可二百餘日哭。鄭必推之于不哭，則小功之親，以志學之年，成童而夭，無哭泣之位，恐非有情者之所允也。」寧又難逵曰：「傳曰『不滿八歲爲無服』，則八歲已上不當引此也。尋制名之本意，父之于子，下殤小功，猶有緦麻一階，非謂五服已盡，而不以緦麻服之者，以未及人次耳。」

杜氏佑曰：宋庾蔚之謂：「漢戴德云『獨謂父母爲子、昆弟相爲』，當不如鄭以周親爲斷。周親七歲以下，容有緦麻之服，而不以緦麻服之者，以其未及于禮，故有哭日之差耳。他親有三殤之年而降在無服者，此是服所不及，豈得先以日易月之例耶？戴逵雖欲申馬難鄭，而彌覺其躓。范寧難之，可謂當矣。案束晳通論無服之殤云：『禮，緦麻不服長殤，小功不服中殤，大功不爲易月哭，唯齊衰乃備四殤焉。凡云男二十而冠，三十而娶，女十五許嫁而笄，二十而出，並禮之大斷。至于形智夙成，早堪冠娶，亦不限之二十矣。笄冠有成人之

---

❶「日」字，原脱，據《通典》卷九一補。

容，婚嫁有成人之事。鄭玄曰「殤年爲大夫乃不爲殤，爲士猶殤之」。今代則不然，受命出官，便同成人也。』」

程子曰：「無服之殤，更不祭。下殤之祭，父母主之，終父母之身。中殤之祭，兄弟主之，終兄弟之身。上殤之祭，兄弟之子主之，終兄弟之子之身。若成人而無後者，兄弟之孫主之，亦終其身。凡此皆以義起也。」

劉氏敞曰：「以日易月者，假令長子也，其本服三年，以日易月，則殤之二十五日。餘子也，其本服期，以日易月，則殤之十三日。」

黄氏榦曰：「此章子夏傳文通言爲殤之義，不專爲子、女子子而言也。今以其舊文在此，不敢輒易。」

敖氏繼公曰：「文，謂禮文也。樛，當作繆。《檀弓》曰『齊衰而繆絰』，正謂此也。繆，絞也。絰，謂首絰也。垂者，其纓也。殤絰之有纓者，不絞其纓而散之，此亦異於成人者，故以證之。無服之殤以日易月，惟用於凡有齊斬之親者，自大功之親以下則否。蓋齊斬之長殤、中殤大功，下殤小功，以次言之，則七歲以下，猶宜有服，但以其不入當服之限，是以略之。然其恩之輕重，與殤之在緦麻者相等，故不可不計日而哭之。若滿七歲者哭之八十四日，則亦近于緦麻之日月矣，是其差也。知大功以下之親則否者，大功之下殤在緦麻，則七歲者自無服，故不必以日易月哭之也。子生三月則父名之者，三月天時一變，故名子者法之。未名則不哭者，子見於父，父乃名之，未名則是未之見也，未見則未成父子之恩，故不哭也。其他親之哭與否，亦以此爲節。此義與婦之未廟見而死者相類。」

郝氏敬曰：「繁文曰縟。既葬，易衰受冠，乃所謂縟文也。情直禮簡，故無受。樛作絞，猶『校庠』作『膠庠』。大功以上，小斂襲絰散帶，成服後絞。殤麻雖成服不絞，未成人禮簡，亦不受之類。以日易月，應服七月者，哀傷不過七日；應服九月者，哀傷不過九日，如不飲酒、不作樂之類。」

盛氏世佐曰：「案絰，敖云首絰是也。木下曲曰樛。喪成人者，以絰圍繞髮際，有餘因垂之于項後，如木之下曲然，其文縟也。殤服之絰，僅足以繞額而已，不下曲而垂之，亦簡略之一事，故引以爲不縟之證。以日易月，如注説，則哭之日數太多；如郝氏説，又失之太少。劉氏之言，庶得其中乎？説者謂漢文短喪，以日易月，其言蓋出于此。然漢文以二十七月之喪，更制爲三十六日之服，實非以日易月之比也。又案劉説原本于馬融、王肅，而惟據齊斬之親，不兼大功以下者言，則勝于舊矣。」

【《欽定義疏》】案注以「不樛垂」者爲要帶，經雖以經該帶，然正言經者，必首經也。夫要帶則豈可以九月之久而終不絞之乎？《檀弓》繆經與環經對言，明非要帶。彼注云「繆，當爲不樛垂之樛」，彼此互證，足以明之矣。此又引《雜記》何耶？云繆有不繆者，此殤大功之經是已。由此推之，則敖氏謂斬齊大功之經，或以本爲纓，或不以本爲纓，而皆以經爲之纓也審矣。案劉氏敞所言，即疏所駁馬氏、王氏之舊説也。殤服之上中下，以長少爲差，則無服之殤，亦當以歲月爲差。而自七歲以下，三月既名以上，不可一例視之明矣。故期親而殤未及歲者，既名則哭之三日。其歲月遞多，則哭之日亦遞增，以至于八十四日而止。論者猥疑八十四日之過多，而欲以本服之月爲月。夫本服之月，則七歲以下、既名以上之所同也，可無差次乎？且功緦之殤可以無哭，而哭之以九日、五日、三日則失之重；期之殤至六七歲，而限以十三日之哭，則失之輕。既乖疏戚之倫，又混長少之次，其不然也決矣。上中下殤，分年而立之限。禮之品節，不得不然。然早冠早昏者，古多有之。而已冠已昏，即不爲殤。又世爵而有臣，早仕而服官者，亦不爲殤，可見成法一定，而變而通之亦存乎其中矣。孔子謂變童汪踦能執干戈以衛社稷，可以勿殤。由此推之，則凡十六以上，或學通一藝，或勤效一職，似皆可比于勿殤之義。但此變通之法，多在上殤，而中殤以下，無庸意爲升降，則以上殤之近于成人焉耳。

蕙田案：以日易月之義，馬、鄭不同，後儒亦各持一説。如七歲之殤，哭之至八十四日，似乎太多。故徐氏乾學以爲未合禮。然王氏、馬氏推及緦麻之親，又似太泛。義疏所以舍馬而從鄭，要此皆用于齊斬之親，自大功以下則否。則敖氏之説爲得也。

叔父之長殤、中殤，姑、姊妹之長殤、中殤，昆弟之長殤、中殤，夫之昆弟之子、女子子之長殤、中殤，

黄氏榦曰：「妾服見《大功章》『大夫之妾爲君之庶子』條。」

敖氏繼公曰：「《小功章》云『昆弟之子、女子子、夫之昆弟之子、女子子之下殤』，則此服亦夫妻同也。是章中不見『昆弟之子、女子子』，今以下章例之，復考其尊卑親疎之次，則知亦當有此七字，蓋傳寫者以其文同而脱之耳。」

適孫之長殤、中殤，大夫之庶子爲適昆弟之長殤、中殤，公爲適子之長殤、中殤，大夫爲適子之長殤、中殤。【注】公，君也。諸侯大夫不降適殤者，重適也。天子亦如之。【疏】自叔父至大夫庶子爲適昆弟之長殤、中殤，皆是成人齊衰期，長殤、中殤降一等，在大功，故於此總見之。又皆尊卑爲前後次第，作文也。公爲適子，大夫爲適子，皆是正統，成人斬衰，今爲殤死，不得著代，故入大功。特言適子者，天子、諸侯於庶子則絶而無服，大夫于庶子降一等，故於此不言，唯言適子也。若然，二適在下者，亦爲重出其文故也。

敖氏繼公曰：「公亦有爲適子長殤之服，則國君之世子亦必二十而後冠，如衆人矣。」

【《欽定義疏》】適孫，謂適子死而適孫應受重者。大夫以上亦如之，不言者，重適之義一也。不降不絶，如其殤服服之，可

依適子而推耳。　晉摯虞議惠帝皇太孫尚之喪曰：「太子初生，舉以成人之禮，則殤理除矣。太孫亦體君傳重，由位成而服全，非以年也。天子無服殤之義，絶期故也。」案天子、諸侯不絶正統之服，成人不絶，則殤亦不絶矣。摯虞乃謂「天子無服殤之義」，顯與經背。古者太子生，以太子生之禮舉之，如《春秋傳》接以太牢、卜士負之之等是也，不聞以成人之禮舉之也。此經諸侯有殤服，則髫齔之不可以爲成人明矣。虞意蓋欲羣臣以成人之服服太孫，而惠帝則不服耳。不知臣從君服，惟君服斬者，臣服期，若君服期，則臣不從服，況殤之降而在功緦者乎！

其長殤皆九月，纓絰。其中殤七月，不纓絰。【注】絰有纓者，爲其重也。自大功以上，絰有纓。以一條繩爲之。小功以下，絰無纓也。【疏】絰之有纓，所以固絰。猶如冠之有纓，以固冠，亦結於頤下也。五服之正，無七月之服，唯此大功中殤有之。故《禮記》云「九月七月之喪，三時」是也。諸文唯有冠纓，不見絰纓。鄭檢此經長殤有纓法，故知成人大功已上皆有之也。

敖氏繼公曰：「纓絰，謂纓其絰也。纓即絰之垂者。此大功之纓絰，亦右本在上，其異于成人者，散而不絞爾。纓絰止于大功九月，故此七月者，亦有大功而不纓絰，所以見其差輕也。此經雖不纓，猶以麻之有本者爲之，以其爲大功之服也。」

郝氏敬曰：「長殤九月，中殤七月，不言下殤，降在小功也。成人大功，首絰不屬，皆有纓結項後。中殤大功七月，首絰如環，無纓，殺也。」

盛氏世佐曰：「纓，冠纓也。絰，要絰也。喪成人者其文縟，故其著冠也。通屈一條繩爲武，垂下爲纓。齊衰以下，以布爲之。又有要絰，以象大帶，皆儀文之繁縟者。長殤首絰不樛垂，略于成人矣，而有纓有絰，與成人同。中殤則并此二者而無之，不縟之甚也。」

【《欽定義疏》】絰以有纓、無纓爲重服、輕服之别，非藉以固絰也。如謂以固絰而已，則小功以下之無纓者其謂之何？

右殤大功九月七月。

大功布衰裳，牡麻絰，纓，布帶，三月，受以小功衰，即葛，九月者。【注】受猶承也。凡天子、諸侯、卿、大夫既虞，士卒哭，而受服。正言三月者，天子、諸侯無大功，主乎大夫士也。此雖有君爲姑、姊妹、女子子嫁於國君者，非内喪也。【疏】天子七月而葬，諸侯五月而葬，虞而受服。若然，經正言三月者，主於大夫士三月葬者。云「非内喪也」者，彼國自以五月葬後服，此諸侯爲之，自以三月受服，同于大夫士，故云主于大夫士也。

敖氏繼公曰：「齊衰以上，其絰皆不言絰纓，故于此成人大功言之。乃因輕以見重，且明有纓者之止于此也。『受以小功衰』者，説大功布衰裳，而以小功布衰裳受之也。即葛，脱麻絰帶，就葛絰帶也。三月而變衰葛，九月而除之。婦人異于男子者，不葛帶耳。小功亦然。《檀弓》曰：『婦人不葛帶。』此章特著受月者，以承上經無受之後，嫌與之同，亦且明受衰之止于此也。此三月受服，上下同之。章内有君爲姑、姊妹、女子子嫁于國君者，而《服問》又言君主適婦之喪，是諸侯雖無大功，而于其尊同者若所不可得而絶者，亦服此服也。其姑、姊妹、女子子之嫁于國君者，爲外喪，君之受服，固不視其卒哭之節。適婦雖内喪，而其禮則比于命婦，但三月而葬，故君亦惟三月而受服也。」

盛氏世佐曰：「案經兼在首在要者言。纓，冠纓。布帶，象大帶者。言布于纓帶之間，明是二者皆以布爲之也。即葛，謂首絰、要絰也。去麻服葛，無葛之鄉，則用潁。帶本用布，至是則以輕細者易之，其輕重之差如衰。」

傳曰：大功布九升，小功布十一升。【注】此受之下也。以發傳者，明受盡于此也。又受麻絰以葛絰。《間傳》曰：「大功之葛，與小功之麻同。」【疏】此章有降，有正，有義。降則衰七升，冠十升；正則衰八升，冠亦十升；義則衰九升，冠十一升。十升者，降小功。十一升者，正小功。傳以受服不言降大功與正大功，直言義大功之受者，鄭云「此受之下」，止據受之下發傳者，明受盡于此。義服大功，以其小功至葬，❶惟有變麻服葛，因故衰無受

---

❶「以其」，原作「其以」，據庫本及《儀禮・喪服》疏乙正。

服之法，故傳據義大功而言也。云「又受麻絰以葛絰」者，言受，衰麻俱受，而傳唯發衰，不言受麻以葛，故鄭解之。引《問傳》者，證經大功既葬，變麻爲葛，與小功初死同也。

敖氏繼公曰：「大功布三等，受布二等。此於大功與受布各見一等者，但以其一一相當者言也。觀此，則其上二等之受布，亦可見矣。」

張氏爾岐曰：「大功卒哭後，各以其冠爲受。或受十升，或受十一升。受十升者，降小功之布；受十一升者，正小功之布也。今傳據大功而言，故注云『受之下』。引《問傳》者，證大功葛絰大小之制也。」

盛氏世佐曰：「案大功布七升若八升若九升，傳惟云九升，舉其輕者，而重者可知也。小功布十升若十一升若十二升，傳惟云十一升，見大功三等之衰，其受同也。初喪之衰各異，而受衰同者，以其冠同也。冠同者，明其情有隆殺而服則同科也。斬衰受以齊衰之下，齊衰受以大功之上，大功受以小功之中，禮貴相變也。大功必受以中者，蓋欲以小功之下十二升者爲大功之受冠而然也。受服至是而窮矣，故小功以下無受。」

姑、姊妹、女子子適人者。【疏】此等並是本期。出降大功，故次在此。

敖氏繼公曰：「《不杖期章》不特著爲此親在室者之服者，以此條見之，蓋經之例然也。其他不見者放此。」

郝氏敬曰：「姑、姊、妹、女四者已嫁，死皆大功，在室皆期可知，故不杖期條不及。」

【《欽定義疏》】士之姑、姊妹適士或大夫，其服並同。蓋婦人有出降之法，父族還以出降服之，不得以其嫁于大夫而爲之加服也。則嫁于大夫者，亦不得以己之尊而降父族之旁親矣。姑、姊妹不言報者，以與「女子子」連文，且下經爲「衆昆弟姪」各有正條也。適人爲妾者亦同，不以其妾也而又降之。

傳曰：何以大功也？出也。【注】出必降之者，蓋有受我而厚之者。【疏】《檀弓》云：「姑、姊妹之薄也，蓋有受我而厚之者也。」夫自爲之禫杖期，故于此薄，爲之大功。

敖氏繼公曰：「以出者降其本親之服，故此亦降之也。」

從父昆弟。【注】世父、叔父之子也。其姊妹在室亦如之。【疏】昆弟親，爲之期。此從父昆弟，降一等，故次姑、姊妹之下。謂之從父昆弟，世叔父與祖爲一體，又與己父爲一體，緣親以致服，故云從也。

敖氏繼公曰：「世叔父之子謂之從父昆弟者，言此親從父而別也，故以明之。從祖之義亦然。」

爲人後者爲其昆弟。【疏】在此者，以其小宗之後大宗，欲使厚于大宗之親，故抑之，在從父昆弟之下。

敖氏繼公曰：「其姊妹在室亦如之。」

傳曰：何以大功也？爲人後者降其昆弟也。【疏】案下《記》云「爲人後者，于兄弟降一等」，故大功也。若然，于本宗餘親皆降一等。

盛氏世佐曰：「不云『報』者，於《不杖期章》『爲人後者爲其父母』已言之矣，故此略之。」

庶孫。【注】男女皆是。下《殤小功章》曰「爲姪、庶孫丈夫婦人」同。【疏】卑于昆弟，故次之。庶孫從父而服祖期，故祖從子而服其孫大功，降一等。云「男女皆是」者，女孫在室，與男孫同。

敖氏繼公曰：「孫言庶者，對適立文也。孫于祖父母本服大功，以其至尊，故加隆而爲之期。祖父母于庶孫，以尊加之，故不報，而以本服服之也。」

陳氏銓曰：「自非適孫一人，皆爲世孫也。」

郝氏敬曰：「庶孫爲衆孫，異于無父繼祖之適孫也。孫于祖皆期，祖于孫皆大功，尊卑之殊也。」

【《欽定義疏》】有適子者無適孫，則適子在者，凡孫皆庶也。義見《不杖期章》「適孫」條。

適婦。【注】適婦，適子之妻。【疏】疏于孫，故次之。其婦從夫而服其舅姑期，其舅姑從子而服其婦大功，降一等者也。

蔡氏德晉曰：「天子諸侯爲適子之婦亦大功，唐初加爲期年，後代因之。」

傳曰：何以大功也？不降其適也。【注】婦言適者，從夫名。【疏】父母爲適長三年，今爲適婦不降一等服期者，長子本爲正體于上，故加至三年，婦直是適子之妻，無正體之義，故直加于庶婦一等，大功而已。

敖氏繼公曰：「亦加隆之服，爲之大功，非不降之謂也。婦從其夫而服舅姑期，舅姑以正尊而加尊焉，故例爲之小功，此異其爲適，故加一等也。」

【《欽定義疏》】由適以之庶，則庶爲降；由庶以之適，則適爲隆。二義皆可通，而敖説爲正。

女子子適人者爲衆昆弟。【注】父在則同，父没乃爲父後者服期也。【疏】前云「姑、姊妹、女子子出適」在章首者，情重；此女子子反爲昆弟在此者，抑之，欲使厚于夫氏，故次在此也。

敖氏繼公曰：「昆弟云衆，對爲父後者立文也，是亦主言父没者之禮矣。禮，女子子成人而未嫁，或逆降其旁親之期服。此言已適人者乃爲其昆弟大功，則是其旁親之期服之不可以逆降者惟此耳。」

盛氏世佐曰：「案衆昆弟，凡不爲父後者皆是。《不杖期章》云『女子子適人者爲其昆弟之爲父後者』，爲父後者，父之適長子也。不云適昆弟而云爲父後者，容立庶子及族人爲後也。此與大夫之庶子爲適昆弟期，同是應降而不降，重其繼世故也，不必父没乃爲之服期。」

姪丈夫、婦人，報。【注】爲姪，男女服同。【疏】姪卑于昆弟，故次之。不言男子、女子而言丈夫、婦人者，姑與姪，在室出嫁同。以姪女言婦人，見嫁出。因此謂姪男爲丈夫，亦見長大之稱。是以鄭還以男女解之。

盛氏世佐曰：「此與上節經文亦宜合爲一節，言女子子適人者爲此四等之親服，而此四等之親亦以是服報之也。丈夫，男昆弟及姪也；婦人，女昆弟及姪女也。此等皆期親，降在大功。云婦人者，明其不以女昆弟及姪女之出嫁而又降也。姑、姊妹適人者之服已見上文，於是復云報者，上主爲丈夫言，此則兼言婦人，故復云報以明之。」

【《欽定義疏》】此亦女子子適人者爲之也。本與上「衆昆弟」合爲一條，注家離之耳。章首已見爲姑姊妹適人者之服，此于衆昆弟、姪似不必言報，以姑姪兩出，或嫌不報，故言報也。姪之適人者，不以兩出而兩降也。姊妹亦然。

傳曰：姪者何也？謂吾姑者，吾謂之姪。

【疏】❶姪之名，惟對姑生稱。若對世叔父，惟得言昆弟之

❶「疏」，原作「注」，據庫本改。

子，不得姪名也。

朱子曰：「古人不謂兄弟之子爲姪，但云兄之子、弟之子。孫亦曰兄孫耳。二程子非不知此，然從俗稱姪者，蓋亦無害于義理也。《喪服》『兄弟之子猶子也』，『猶』字不是稱呼，是記禮者之辭，古人無云猶子者。」

夫之祖父母、世父母、叔父母。【疏】以其義服，故次在此。

敖氏繼公曰：「不言夫之世父母、叔父母報，文略也。」

郝氏敬曰：「夫之祖父母、伯叔父母，夫爲服期，則妻從夫服，降一等爲大功。」

【《欽定義疏》】此亦主士之妻言之也。若大夫之妻，則夫之世叔父母爲士者，當從夫降爲小功，而世叔父母還以大功服之。其他親小功者，降而緦，則不服，亦如大夫無緦服也。夫之祖父母爲正尊，雖大夫之妻不降。王后及侯國夫人，開創始封者亦同。若繼體而祖父曾爲天子諸侯者，夫服三年，則從服期。

傳曰：何以大功也？從服也。

敖氏繼公曰：「此釋經意也。」

夫之昆弟何以無服也？其夫屬乎父道者，妻皆母道也。其夫屬乎子道者，妻皆婦道也。謂弟之妻婦者，是嫂亦可謂之母乎？故名者，人治之大者也，可無慎乎！【注】道猶行也。言婦人棄姓，無常秩，嫁于父行則爲母行，嫁于子行則爲婦行。謂弟之妻爲婦者，卑遠之，故謂之婦。嫂者，尊嚴之稱。是嫂亦可謂之母乎？言不可。嫂猶叟也。叟，老人稱也。是爲序男女之别爾。若己以母婦之服服兄弟之妻，兄弟之妻以舅子之服服己，則是亂昭穆之序也。治猶理也。父母、兄弟、夫婦之理，人倫之大者，可不慎乎！《大傳》曰：「同姓從宗，合族屬；異姓主名，治際會。名著而男女有别。」【疏】「夫之昆弟何以無服」已下，總論兄弟之妻不爲夫之兄弟服，夫之兄弟不爲兄弟妻服之事也。若以弟妻爲婦，即以兄妻爲母，而以母服服兄妻，又以婦服服弟妻，又使妻以舅服服夫之兄，又使兄妻以子服服己夫之弟，則兄弟反爲父子，亂昭穆之次序。故聖人深塞亂源，使兄弟之妻，本無母婦之名，不相爲服也。引《大傳》云「同姓從宗，合族屬」者，謂大宗子同是正姓，姬、姜之類。屬，聚也。合聚族人于宗子之家，在堂上行食燕之禮，即「繫之以姓而勿別，綴之以食而勿殊」是也。又云「異姓主名，治際會」者，主名，謂母與婦之名。治，正也。際，接也。以母婦正接之會聚，則宗子之妻食燕族人之婦于房是也。云「名著而男女有別」者，謂母婦之名著，則男女各有分別而無淫亂也。

何氏晏曰：「男女相爲服，不有骨肉之親，則有尊卑之異也。嫂叔親非骨肉，不異尊卑，恐有混交之失，故推使無服也。」

魏氏徵曰：「嫂叔之不服，蓋推而遠之也。禮，繼父同居則爲之服，未嘗同居則不爲服。從母之夫，舅之妻，二人不相爲服。或曰同爨緦。然則繼父之徒，並非骨肉，服重由乎同爨，恩輕在乎異居。故知制服雖繼于名，亦緣恩之厚薄也。或有長年之嫂，遇孩童之叔，劬勞鞠養，情若所生，分飢共寒，契闊偕老，譬同居之繼父，方他人之同爨，情義之深淺，寧可同日語哉！在其生也，愛之同于骨肉；及其死也，則推而遠之。求之本源，深所未諭。若推而遠之爲是，❶不可生而共居，死同行路，重其生而輕其死，厚其始而薄其終，稱情立文，其義安在？且事嫂見稱，載籍非一。鄭仲虞則其見必冠，孔伋則哭之于位。此躬踐教義，仁深孝友，察其所行，豈非先覺者歟！議小功五月。」

【《程子語録》】問：叔嫂古無服，今有之，何也？曰：《禮記》曰：「推而遠之也。」此説不是。古之所以無服者，只爲無屬。其夫屬乎父道者，妻皆母道也。其夫屬乎子道者，妻皆婦道也。今上有父有母，下有子有婦。叔父、伯父，父之屬也，故叔母、伯母之服與叔父、伯父同。兄弟之子，子之屬也，故兄弟之子之婦服與兄弟之子同。若兄弟，則己之屬也，難以妻道

❶「爲是」，原作「是爲」，據《通典》卷九二乙正。

屬其嫂。此古者所以無服，以義理推不行也。今之有服亦是，豈有同居之親而無服者？

朱子曰：「嫂叔之服，先儒固謂雖制服亦可，則徵議未爲失也。」又問：「嫂叔無服，而程先生云『後聖有作，須爲制服』。」曰：「守《禮經》舊法，此固是好。纔説起，定是那箇不穩。然有禮之權處，父道母道，亦是無一節安排。看『推而遠之』，❶便是合有服，但安排不得，故推而遠之。若果是鞠養于嫂，恩義不可已，是他心自住不得，又如何無服得？」

黄氏榦曰：「先師朱文公親書藁本下云：『今案傳意本謂弟妻不得爲婦，兄妻不得爲母，故反言以詰之曰「若謂弟妻爲婦，則是兄妻亦可謂之母矣」而可乎？言其不可爾。非謂卑遠弟妻而正謂之婦也。注疏皆誤。今論于此，而頗刊定其疏云。』貞觀十四年，太宗謂侍臣曰：『同爨尚有緦麻之恩，而叔嫂無服。宜集學者詳議。』侍中魏徵等議請小功五月。報制可。至二十年，中書令蕭嵩奏：『依《貞觀禮》爲定。』今《服制令》：『爲兄弟妻、爲夫之兄弟小功五月。』」

敖氏繼公曰：「爲夫之祖父母、世叔父母大功，皆從夫之期服者也。夫爲其昆弟亦期，妻若從而服之，亦當大功，今乃無服，故因而發傳。母道、婦道，謂世叔母及昆弟之子婦之類也。此據男子所謂服者而言，故繼之曰『謂弟之妻婦者，是嫂亦謂之母乎』？蓋以當時有謂弟妻爲婦者，故引而正之，以言其不可也。傳之意蓋謂男子爲婦人來嫁于己族者之服，惟在母、婦之行者則可。若尊不列于母，卑不列于婦，則不爲之服，以其無母、婦之名也。故爲昆弟之妻無服。經之此條，主于妻爲其夫之黨，傳以從服釋之是也。又云『夫之昆弟何以無服』，亦據妻不從夫而服其昆弟發問，亦是也。顧乃以男子不服昆弟之妻爲答，此不惟失所問之意，又與夫之昆弟所以無服之義相違。蓋婦人于夫之昆弟當從服而乃不從服，其無服之義，生于婦人，而非起于男子也。

❶「看」，原作「着」，據校點本《朱子語類》卷八七改。

《檀弓》曰：『嫂叔之無服也，蓋推而遠之。』彼似善于此矣。《爾雅》曰：『弟之妻爲婦。』」

顧氏炎武曰：「『謂弟之妻婦者，其嫂亦可謂之母乎』？蓋言兄弟之妻，不可以母子爲比。以名言之，既有所閡而不通；以分言之，又有所嫌而不可以不遠。《記》曰：『嫂叔之無服也，蓋推而遠之也。』夫外親之同爨猶緦，而獨兄弟之妻不爲制服者，以其分親而年相亞，故聖人嫌之。嫌之故遠之，而大爲之坊，不獨以其名也。此又傳之所未及也。存其恩于娣姒，而斷其義于兄弟，夫聖人之所以處此者精矣。嫂叔雖不制服，然而曰『無服而爲位者惟叔嫂』、『子思之哭嫂也爲位』何也？曰：是制之所抑，而情之所不可闕也。然而鄭氏曰『正言嫂叔，尊嫂也。若兄公與弟之妻，則不能也』，此又足以補《禮記》之不及。」

盛氏世佐曰：「案弟之妻爲婦，文見《爾雅》，故鄭君爲之説曰：『謂弟之妻爲婦者，卑遠之，故謂之婦。』然非傳義也，朱子駁之，當矣。」

華氏學泉曰：「或問：《禮》『嫂叔無服，推而遠之』何也？曰：以厚別也。傳曰：『其夫屬乎父道者，妻皆母道也；其夫屬乎子道者，妻皆婦道也。』以尊卑爲服也。兄弟之妻，與己同列，無尊卑，故居則不相接見，死不爲之制服，明有別也。或曰：不嫌于塗人視之乎？曰：《戴記》：『無服而爲位者唯叔嫂。』斷之以義，故無服；親之以仁，故袒免。爲位而哭，未嘗不情義之兼盡也。」

蕙田案：古嫂叔無服，唐增爲小功五月，程、朱亦以爲是，故其制至今不易。徐氏乾學以爲五代與宋初增嫂叔爲大功，當時亦未嘗以爲非。然嫂叔大功，終不若小功之協于人心也。

大夫爲世父母、叔父母、子、昆弟、昆弟之子爲士者。【注】子，謂庶子。【疏】大夫爲此八者本期，今以爲士，故降至大功。亦爲重出此文，故次在此也。

敖氏繼公曰：「大夫于士爲異爵，故其喪服例降其旁親之爲士者一等。雖世叔父母亦降之，所以見貴貴之意勝也。《不杖期章》爲此親之爲大夫命婦者云『大夫之子』，此云『大夫』，互見其人，以相備也。」

華氏學泉曰：「或問：大夫之降其期以下服，何也？曰：先王制服，尊尊親親之義並重。曰尊尊，則自天子以至公侯卿大夫統此矣。尊不敵親，故雖天子不敢降其正期；親不敵尊，故雖大夫得降其旁期。或曰：天子諸侯之貴，其于諸父昆弟有君臣之分矣，故族人不得以其戚戚君宜也。大夫于諸父昆弟無君臣之分，其所以必詘其親以伸其貴何也？曰：古者諸侯之封，不過百里。大夫之仕于其國，其父兄宗族之爲士者，皆其所統也，不使之衆著于尊尊之義，不可以爲治。後世士大夫之仕者，離其鄉數千里，故雖入爲公卿，出爲牧伯，而五服之親，不聞有所降殺，其時義宜爾也。大夫之子以大夫而降，何也？曰：此亦從尊尊之義推之也。國無二君，家無二尊。父之所不服，子亦不敢服。故大夫以尊降，大夫之子及公之子以厭降。公之昆弟，即公子也，以先公之餘尊降。大夫無餘尊，故大夫没，大夫之子不降。」

【《欽定義疏》】經不言報，則世叔父母、昆弟、昆弟子爲士者服其大夫皆如其親服而爲之期矣。爲世叔父母，則其祖父之爲大夫者不在，或在而不爲大夫者也。爲昆弟，則其父之爲大夫者不在，或在而不爲大夫者也。如爲大夫而在，則不降之。以彼爲大夫之子，當以不降相報也。子非旁親，亦降之者，適爲本，庶爲支，猶之旁親也。昆弟之子，若爲其父之適孫者，雖爲士，不降之，重適之義，於《不杖期章》大夫之爲適孫、大夫之子之爲昆弟之子者，推之可見也。不降正尊而降旁親，不降適而降庶，此降例也。降例即宗法也。天子、諸侯之或絶之，或不絶之也，亦然。

傳曰：何以大功也？尊不同也。尊同則得服其親服。【注】尊同，謂亦爲大夫者。親服，期。

【《欽定義疏》】天子、諸侯，君也，旁親則皆其臣也。故天子、諸侯絶旁親之服。君，至尊也。大夫、士雖同爲臣，而服命殊矣。燕射則有堂上堂下之班，鄉飲則有齒與不齒之異，即五服之喪，而哭位別焉。若喪服不爲之減殺，則他禮皆窒礙而不可行。故大夫降其旁親，理當然也。君至尊，則絶其旁親之服。士卑，則服其本服。人夫卑于君而尊于士，上比下比而求之，大夫之降也，不亦適得其中乎！嘗爲大夫而已者，猶降，《不杖期章》大夫之子爲姑、姊妹、女子子爲命婦無主者，其例也。

公之庶昆弟、大夫之庶子爲母、妻、昆弟。

【注】公之庶昆弟，則父卒也。大夫之庶子，則父在也。其或爲母，謂妾子也。【疏】此並受厭降，卑于自降，故次在自降人之下。若云公子，是父在。今繼兄而言弟。又公子父在爲母、妻，在五服之外，今服大功，故知父卒也。大夫之庶子，繼父而言。又大夫卒，子爲母、妻得伸，今但大功，故知父在也。于適妻，君大夫自不降，其子皆得伸，今在大功，明妾子自爲己母也。

汪氏琬曰：「戴德《喪服變除》曰：『天子諸侯之庶昆弟、大夫之庶子爲其母大功，哭泣、飲食、思慕猶三年。』賀循《喪服要記》：『凡降服，既降，心喪如常月。』劉智謂：『小功以下不税，乃無心喪。』又陳沈洙議『元嘉立義，心喪以二十五月爲限。惟王儉《古今集記》終二十七月，爲王逡所難。何佟之《儀注》亦用二十五月，無復心禫』云云，是則心禫可廢，心喪不可廢也。宋服制，凡如適孫祖在爲祖母、爲人後者爲其所生父母之類，皆許解官申心喪三年，蓋猶遵用前代制也。自明以來，此禮不行久，當亦士大夫所宜講求者。」

【《欽定義疏》】案大夫之子爲世父母、叔父母、子、昆弟、昆弟之子爲士者，姑、姊妹、女子子在室者，皆降服大功。此不言者，與《不杖期章》之不降者互見也。大夫之適子爲庶昆弟亦同。此主爲母、妻言之，故不别言適子耳。公之昆弟爲世父母、叔父母、子、昆弟之子、姑、姊妹、女子子之等，父在則從乎父而絶之不服，尊所厭也。父没，爲爲士者降一等服之，爲爲大夫若公子者如其本服，餘尊所不厭，而公子之尊視大夫也。

傳曰：何以大功也？先君餘尊之所厭，不得過大功也。【疏】公之庶昆弟，以其公在爲母、妻厭，在五服外，公卒猶爲餘尊之所厭，不得過大功。

雷氏次宗曰：「《公羊傳》云：『國君以國爲體。』是以其人雖亡，其國猶存，故許有餘尊，以厭降之。」

敖氏繼公曰：「厭，爲厭其所爲服者也。不得過大功，謂使服之者不得過此而伸其服也。國君于旁期而下，皆以尊厭而絶之。此三人者，皆君所絶者也。尊者之子，必從其父而爲服。故君在，則公子于昆弟無服，而爲母若妻于五服之外；君没矣，其死者猶爲餘尊之所厭，是以公子爲此三人止于大功也。」

顧氏炎武曰：「尊尊親親，周道也。諸侯有一國之尊，爲宗廟社稷之主，既没，而餘尊猶在。故公之庶子于所生之母不得伸其私恩，爲之大功也。大夫之尊不及諸侯，既没，則無餘尊，故其庶子于父卒爲其私親，並依本服如邦人也。親不敵尊，故厭；尊不敵親，故不厭。此諸侯、大夫之辨也。」

姜氏兆錫曰：「此釋公之庶昆弟也。」

大夫之庶子，則從乎大夫而降也。【注】言從乎大夫而降，則于父卒如國人也。昆弟，庶昆弟也。舊讀「昆弟」在下，其于厭降之義，宜蒙此傳也，是以上而同之。【疏】大夫之子，據父在有厭，從于大夫降一等；大夫若卒，則得伸，無餘尊之厭也。

敖氏繼公曰：「大夫之子，從乎大夫而降，謂尊降之義在大夫，而不在己也。大夫於所服者，或以尊加之，而降一等亦謂之厭。此三人者，皆大夫之所降者也，其子亦從其父而降之一等爲大功，與公子父没之禮同。大夫没，子乃得伸其服，以其無餘尊也。此傳言公之昆弟、大夫之庶子是服之所以同者備矣，而諸侯、大夫尊厭輕重遠近之差，亦略于是乎見焉。推而上之，則天子之所厭又可知矣。先儒乃以天子之子同于公子之禮，似誤也。」

張氏爾岐曰：「據注及疏，此經文『昆弟』二字舊在傳後，鄭君始移在傳前，與『母、妻』合文。」

姜氏兆錫曰：「此釋大夫之子也。」

父之所不降，子亦不敢降也。【注】父所不降，謂適也。

姜氏兆錫曰：「此因言適子也。」

盛氏世佐曰：「案注所謂適者，兼適母、適子之妻、適昆弟而言。姜專指適子，非。」

皆爲其從父昆弟之爲大夫者。【注】皆者，言其互相爲服，尊同則不相降。其爲士者，降在小功。適子爲之，亦如之。【疏】承上「公之庶昆弟、大夫之庶子」之下，則是上二人也。以其二人爲父所厭降親，今此從父昆弟爲大夫，故此二人不降而服大功，依本服也。鄭云「互相爲服」者，以彼此同是從父昆弟，相爲著服，故云皆，互相見之義故也。

敖氏繼公曰：「此文承上經兩條而言，則『皆』云者，皆大夫、公之昆弟、大夫之子也。大夫、公之昆弟于此親則尊同也。大夫之子于此親則亦以其父之所不降者也。故皆服其親服。《春秋傳》曰：『公子之重視大夫。』公之昆弟降其昆弟之爲公子者，不降其從父昆弟之爲大夫者，則知先君餘尊之所厭，止于上三人耳。」

郝氏敬曰：「大夫之庶子，以大夫之期皆降，故從之也。苟父之所不降，如世叔父與昆弟，彼此皆大夫，則皆大功，貴同也。如從父昆弟爲士，則降爲小功矣。」

張氏爾岐曰：「經文『皆』字，謂上文公庶昆弟、大夫庶子並然也，注以『互相爲』釋之，恐未當。注『其爲士』者，從父昆弟之爲士者也。『適子爲之亦如之』，明不特大夫之庶子不爲之降也。此又依經推言之。」

盛氏世佐曰：「案『皆』字之義，敖說得之。郝以此句連於上節之傳，故其爲說如此，誤。」

【《欽定義疏》】公子於公子，敵也。公子於大夫，亦敵也。爲其昆弟大功，尊同而相降，公之餘尊所厭也。爲從父昆弟之爲大夫者大功，尊同而不降，餘尊所不厭也。然則餘尊所厭，概不及其羣從明矣。經特舉從父昆弟以見其餘耳。其爲從父昆弟、庶孫爲士者，見于《小功章》。爲昆弟之子爲士者當大功，爲從祖昆弟、從父昆弟之子及昆弟之孫爲士者皆無服，以公子之尊降之也。爲世叔父母如其服，以彼亦公子，而餘尊不厭之也。餘尊所厭，止在公妾與妾所生之子、妾子之妻，而諸孫羣從、姑、姊妹、女子子之適人者，皆不與焉。蓋厭私不厭公，厭内不厭外，可以窺聖人制禮之意矣。

爲夫之昆弟之婦人子適人者。【注】婦人子者，女子子也。不言女子子者，因出見恩疏。【疏】此亦重出，故次從父昆弟下。此謂世叔母爲之服，在家期，出嫁大功。

陳氏詮曰：「婦人者，夫之昆弟之子婦也。子者，夫之昆弟之女子子適人者也。此是二人，皆服大功。先儒皆以婦人子爲一人，此既不辭，且夫昆弟之子婦復見何許耶？」

敖氏繼公曰：「是服夫妻同也。上經不言夫爲之者，其文脱與？或言女子子，或言婦人子，互文以見其同耳。」

吕氏柟曰：「婦人爲夫之旁親，上，何以從夫降一等？下，何以從夫不降也？曰：上焉者，夫之所尊也；下焉者，夫之所親也。夫之所尊，先我而有者也。我自外入也，可降也。夫之所親，後我而有者也，彼自内出也，可不降也。」

姜氏兆錫曰：「婦人子，注釋恐非。或曰：婦人子，對妾子而言。」

盛氏世佐曰：「案此當以注説爲正。不云女子子而云婦人子，敖以爲互文是也。陳氏分婦人及子適人者爲二，亦可備一解。姜説非。」

【《欽定義疏》】世叔母爲夫之昆弟之子婦亦大功，不言者，上經「爲夫之世父母、叔父母」雖不言報，以旁親無不報之例，已可推見，故不另出也。

蕙田案：「婦人子適人者」，陳氏以爲二人，恐非。以婦人二字代子婦二字，翻欠明白。敖氏以爲與女子子互文，義疏以爲旁親無不報之例，已可推見，其説尤長。

大夫之妾爲君之庶子。【注】下傳曰：「何以大功也？妾爲君之黨服，得與女君同。」指爲此也。妾爲君之長子亦三年，自爲其子期，異於女君也。士之妾，爲君之衆子亦期。【疏】妾爲君之庶子輕于爲夫之昆弟之女，故次之。引下傳者，彼傳爲此經而作也。在下者，鄭彼云「文爛在下爾」故也。云「妾爲君之長子亦三年」者，妾從女君服，得與女君同，故亦同女君三年。又云「自爲其子期，異于女君也」者，以其女君從夫，降其庶子大功。夫不厭妾，故自服其子期也。云「士妾爲君之衆子亦期」，謂亦得與女君期者，亦是與己子同故也。

王氏肅曰：「大夫之妾爲他妾之子大功九月。自諸侯以上不服。」

敖氏繼公曰：「此服亦從乎其君而服之也。大夫爲庶子大功，女子子在室亦如之。妾爲君之長子亦三年，自爲其子期。經於妾爲君之黨服皆略之，惟著大夫之妾以見其異，則士之妾不言可知矣。」

郝氏敬曰：「妾謂夫爲君，謂嫡爲女君。庶子、女子子皆夫君之血屬，不言長子，長子三年，大夫不降適也。必言君，明非妾親生子也。」❶

盛氏世佐曰：「案庶子，謂適妻所生第二以下及他妾之子也。女子子在室與嫁于大夫者亦存焉。惟適長子及己所生則異于是。」

【《欽定義疏》】公妾不爲君之庶子服，以庶子皆爲公尊之所厭也。公在，則母子不相服也，況他子乎？公不在，亦無服，以夫人不服庶子，妾當同之也。

女子子嫁者、未嫁者爲世父母、叔父母、姑、姊妹。【注】舊讀合「大夫之妾爲君之庶子、女子子嫁者未嫁者」，言大夫之妾爲此三人之服也。【疏】此是女子子逆降旁親，又是重出，故次之于此。知逆降者，此經云「嫁者爲世父」已下，出降大功，自是常法，更言未嫁者，亦爲世父已下，非未嫁逆降而何？云舊讀「合大夫之妾爲君之庶子、女子子嫁者未嫁者，言大夫之妾爲此三人之服也」者，此馬融之輩，舊讀如此。鄭以此爲非，故此下注破之也。

敖氏繼公曰：「此著其降之之節，異于他親也。在室而逆降，正言此七人者，蓋世父母、叔父母與姑之期，爲旁親之加服，姊妹之期雖本服，然以其外成也，故并世父

❶「君明」，原作「明君」，據庫本及《儀禮節解》卷一一乙正。

以下皆于未嫁而略從出降，明其異于父母、昆弟也。此服無爲妻爲妾之異，經惟以嫁爲言者，約文以包之耳。又前經見姊妹適人者及爲夫之昆弟之婦人子適人者，此世叔父母而下，爲凡女子子之降服也。其服唯以適人爲節，以此見逆降之服無報禮也。」

姜氏兆錫曰：「此章馬氏舊讀，正合經傳之義，而注疏自溺其旨，遂致經義熗亂。今從舊讀。」

盛氏世佐曰：「案女子子在室爲此七人皆期服，其嫁者因出降也。不云適人而云嫁者，見其雖貴爲大夫妻，不再降也。大夫妻尊與大夫同，禮宜降其旁親，而不降其世叔父者，以其與己之祖若父爲一體，而其妻又與世叔父爲一體，皆旁親之最尊者，今既以出降在此矣，若又以尊降爲小功，毋乃太薄乎！故不敢也。姑、姊妹亦不降者，指成人而未嫁者言也。未成人當降爲殤服，若適士當降爲小功，下文言大夫之妻爲姑、姊妹爲命婦者大功，則其不爲命婦者，降可知矣。大夫妻得以尊降其姑、姊妹者，婦人外成，比世叔父爲少殺也。女子子未嫁者曷爲亦降其旁親乎？曰：逆降也。逆降之義奈何？曰：昏姻之時，男女之正，王政之所重也。女子二十而嫁，有故，二十三年而嫁，謂父母喪也。聖人權于二者之間，以父母之喪較之昏姻之時，則服重而時輕，故使之遂其服。以世叔父諸喪較之昏姻之時，則服輕而時重，故使之遂其時。此逆降之禮所由設也。女子子所逆降者惟此七人耳，以其皆期服故也。若大功以下，可以無妨于時，則不須逆降矣。其不云在室而云未嫁者，女子子在室與男子同，禮之常也。唯其年已及笄，故雖未嫁而得從出降之例，所以通其變也。傳以成人而未嫁者釋之，得經意矣。」

【《欽定義疏》】逆降之説，後人多疑之者。疏謂「女子子年十九，明年二月當嫁。今年遭世父以下之喪，若依本服期，過明年二月，不得及時，逆降在大功。大功之末，可以嫁子，則于二月得及時而嫁」。或駁之，以爲女子子雖降大功，其父固期，未可嫁子。且古人昏期，未必定拘二月。若拘以二月，則過此又需一年，以是爲愆期耳。服闋之後，四時皆可昏，何靳此三月耶？論者固爲有理。然經以嫁者、未嫁者連文，則逆降之法，未可謂無之。蓋未嫁者，其已許嫁者也。婦道外成，已許嫁，則義繫于夫家，於本宗之旁親，情固殺矣。古者女子將嫁，或于公宫，或于宗室，教之三月。喪服不可以往也，故逆降三月，以爲教之之候，而後其昏也，乃得及時焉。若然，父母昆弟之喪既除，必更閱三月而後可嫁也。若無逆降之法，則上經已著適人者爲衆昆弟之條矣，曷不與之連文而另出此乎？

傳曰：嫁者，其嫁于大夫者也。未嫁者，成人而未嫁者也。何以大功也？妾爲君之黨服，得與女君同。下言爲世父母、叔父母、姑、姊妹者，❶謂妾自服其私親也。【注】此不辭。即實爲妾遂自服其私親，當言「其」以見之。《齊衰三月章》曰：「女子子嫁者、未嫁者爲曾祖父母。」經與此同，足以見之矣。傳所云「何以大功也？妾爲君之黨服，得與女君同」，文爛在下爾。女子子成人者，有出道，降旁親。及將出者，明當及時也。【疏】云「此不辭」者，謂此分別文句，不是解義言辭也。云「即實爲妾遂自服其私親，當言其以明之」者，此鄭欲就舊章讀破之。案《不杖期章》云「女子子適人者爲其父母、昆弟之爲父後者」，又云「公妾以及士妾爲其父母」，自爲其親，皆言「其」以明之。今此不言「其」，明非妾爲私親也。又引《齊衰三月章》，曰「女子子嫁者、未嫁者爲曾祖父母，經與此同，足以見之矣」者，彼二人爲曾祖是正尊，雖出嫁亦不降。此則爲旁親，雖未嫁，亦逆降。聖人作文是同，足以明之，明是二人爲此七人，不得以嫁者、未嫁者上同君之庶子。下文「爲世父」以下爲妾自服私親也，云「傳所云『何以大功也？妾爲君之黨服，得與女君同』文爛在下爾」者，此傳爲大夫之妾爲君之庶子而發，應在「女子子」之上，「君之庶子」之

❶「下言」至「親也」，阮元《儀禮注疏校勘記》：「按此二十一字，乃鄭所引舊讀之文，與下『此不辭』相連，皆爲注文。」楊天宇《儀禮譯注》：「按此二十一字，學者皆以爲是鄭注之文誤入《傳》內。此説甚是。漢簡本《服傳》即無此二十一字，可謂鐵證。」

下，以簡札韋編爛斷，後人錯置於下，是以舊讀遂誤也。云「女子子成人者，有出道」，謂女子十五以後許嫁笄爲成人，有出嫁之道，是以雖未出，即逆降世父已下旁親也。云「及將出者，明當及時也」者，謂女子子年十九，後年二月，冠子娶妻之月，其女當嫁。今年遭此世父已下之喪，若依本服期者，過後年二月，不得及時，逆降在大功。大功之末，可以嫁子，則于二月，得及時而嫁也。

黄氏榦曰：「先師朱文公親書稿本云：『傳先解嫁者、未嫁者，而後通以上文「君之庶子」，并以妾與女君同釋之，乃云「下言爲世父母」以下，而以自服私親釋之，文勢似不誤也。』又批云：『此一條舊讀正得傳意，但于經例不合。鄭注與經例合，但所改傳文，似亦牽强。又未見妾爲己之私親本當服期者合著何服。疏言十一字是鄭所置，今詳此十一字中，包「爲世」至「姊妹」十字，若無上下文，即無所屬。未詳其説，可更考之。』又有問『大夫之妾章』，先生云：『此段自鄭注時，已疑傳文之誤。今考女子子適人者爲父母及昆弟之爲父後者，已見于《齊衰期章》，爲衆兄弟又見于此《大功章》，惟伯叔父母、姑、姊妹之服無文而獨見于此，則當從鄭注之説無疑矣。此條内「妾爲君之黨服，得與女君同」，夫黨服通用。』」

敖氏繼公曰：「傳者以此經合於上，謂皆大夫之妾爲之，故其言如此。『何以大功』，怪其卑賤，而服之降否如尊者然也。『妾爲君之黨服，得與女君同』，釋所以大功之意，言大夫於此庶子、女子子或以尊降之，或以其尊同而不降，皆在大功，妻體其夫服，宜如之。若妾則不體君，而此服亦大功者，以是三人者皆君之黨，已因君而服之，故其降若否，亦視君以爲節，而不得不與女君同，固無嫌於卑賤也。然此但可以釋爲君之庶子之文，若并女子子未嫁者言之，則不合于經。蓋經初無爲女子子未嫁者之禮。且凡云嫁者，皆指凡嫁于人者而言，非必謂行于大夫而後爲嫁也。又謂爲世父母已下，皆妾爲私親之服，亦不合于經。蓋此乃適人者之通禮，經必不特爲此妾發之。又此妾爲私親大功者，亦不止于是也。傳説俱失之。詳傳者之意，蓋失于分句之不審，又求其爲嫁者大功之説而不可得，故强生嫁于大夫之義以自傅會。既以『女子子嫁者、未嫁者』屬于上條，則『爲世父母』以下之文無所屬，又以爲亦大夫之妾爲之，遂使一條之意，析而爲二，首尾衡決，兩無所當，實甚誤也。考此傳文，其始蓋截『大夫之妾』至『未嫁者』

之經文而釋之，故已釋其所謂本條者之旨，復以『下言』云云併釋下經，今在此者，乃鄭氏移之爾。　案注云『《齊衰三月章》曰「女子子嫁者、未嫁者爲曾祖父母」，經與此同，足以明之矣』者，謂二經之文同，足以明其不當如舊說也。」

郝氏敬曰：「大夫女嫁于大夫爲大功，不降，未嫁無屬，降期爲大功。君之黨，即大夫庶子與女子。女君同，大夫服妾同女君服也。世父母以下，妾私親，皆大功如常，妾不體君，得自遂也。　案此節文義甚明，鄭謂有錯簡，非也。彼以『大夫之妾爲君庶子』別爲一條，安得不疑爲錯簡乎？鄭以傳爲不足信，世儒纂禮，欲并傳棄之，鄭始作俑矣。」

張氏爾岐曰：「舊讀與傳文甚協，鄭君必欲破之，不知何故。且女子未嫁而逆降旁親，于義亦自可疑。兩存其説可也。」

萬氏斯大曰：「此條言大夫之妾當服大功者，在君之家有君之庶子及女子子嫁者、未嫁者，在私家有其世叔父母、姑、姊妹，經傳甚明，而鄭氏不從其解，非經誣傳，莫此爲甚。大凡妾爲君黨之服皆從乎女君，但大夫之庶子，父母降服大功，妾從女君而服，此禮甚明。傳特恐人疑于女子之嫁者同于未嫁者，故特著曰『嫁于大夫者也』，明其因尊同而不降也。又特著曰『未嫁者，其成人而未嫁者也』，明其惟成人，故大功，否則又當降爲殤服也。更恐疑于爲世叔父母、姑、姊妹何以亦爲君黨之服，又特著曰『妾自服其私親也』。詞義有何可疑？而妄疑傳爲脱爛。故特正之。」

姜氏兆錫曰：「舊讀，兩『爲』字對看甚明，而注乃拆『大夫之妾爲君之庶子』爲一條，『女子子嫁者、未嫁者』合下『爲世叔父母』等爲一條。又以未嫁者例不得降，故又爲逆降旁親，欲其及時而嫁之説以通之。其説與經傳殊別。據引《齊衰三月章》女子子嫁者、未嫁者爲曾祖父母條，以謂經例正同。然考經，大夫及大夫之妻爲姑姊妹嫁于大夫者大功，爲適士者小功，則其妻服君之黨，而爲其嫁于大夫者大功，適士者小功，經例亦甚明也。竊謂萬氏發明深切，此條合從舊讀。即如鄭義，亦可從互文省文之例，以類推其説。若必駁馬讀以駁原傳，則非西河傳《禮》有誤，而其論《禮》實固耳。朱子稱馬讀爲得傳義，而于注則有疑詞，有以哉！」

【《欽定義疏》】案朱子初謂「傳釋文勢似

不誤」，又謂「舊讀正得傳意，但于經例不合；鄭注與經例合，但所改傳文似亦牽强」。既而門人有問者，又答之以「當從鄭注之説」。可見此經之不易讀矣。《小功章》「大夫之妾爲庶子適人者」，經有明文，此「女子子之嫁者」豈可又以「大夫之妾」貫之乎？即此又可證舊讀之必不然矣。

蕙田案：此條馬、鄭不同。馬氏依傳文，合全節皆以「大夫之妾」貫下。鄭氏駁傳文，而分「大夫之妾爲君之庶子」爲一條，分「女子子」至「姑姊妹」另爲一條，而以未嫁爲逆降。朱子于親書稿本内則從馬氏舊讀，于《語録》則從鄭注，亦未畫一。以致後儒罔所適從。如王志長、郝敬、汪琬、徐乾學、張爾岐、姜兆錫、萬斯大則從馬義，賈疏、敖繼公、盛世佐、《欽定義疏》則從鄭義。今依《義疏》分節，而傳文「下言爲世父母」二句廿一字當是注文，而傳寫者誤大書以連于傳爾。

大夫、大夫之妻、大夫之子、公之昆弟爲姑、姊妹、女子子嫁于大夫者。【疏】此等姑、姊妹已下，應降而不降，又兼重出其文，故次在此也。此大夫、大夫妻、大夫之子、公之昆弟四等人，尊卑同，皆降旁親。姑、姊妹已下一等大功，又以出降，當小功，但嫁于大夫，尊同，無尊降，直有出降，故皆大功也。但大夫妻爲命婦，若夫之姑、姊妹在室及嫁皆小功，若不爲大夫妻，又降在緦麻。假令彼姑、姊妹亦爲命婦，唯小功耳。今得在大功科中者，此謂命婦爲本親姑、姊妹，己之女子子，因大夫、大夫之子爲姑、姊妹、女子子，寄文于夫與子、姑、姊妹之中，不煩別見也。

敖氏繼公曰：「大夫、公之昆弟爲此服，則尊同也。大夫之子，則亦從乎大夫而爲之也。大夫之妻爲此女子子，其義亦然。若爲姑、姊妹，又但爲本服耳。蓋婦人之嫁者，于其兄弟，惟有出降而已。姑、姊妹雖不爲命婦，猶爲之大功也。經言大夫、大夫之子爲服者多矣，于是乃著大夫之妻者，以惟此條可與之相通，故因而見之也。凡妻爲夫之族類，于其姊妹與其在父列以上者，率降于夫；于其昆弟之列者，又無服；惟在子列而下，乃與夫同之耳。又考公之昆弟爲姊妹，惟在出降之科，則是先君餘尊之所厭，亦不及于其嫁出之女也。若先君于其姊妹與其孫，此不厭之，固矣。」

盛氏世佐曰：「案大夫之妻爲姑、姊妹嫁于大夫者之服在此，則其適士者當降在小功可知矣。此亦命婦以尊降旁親之證也。章内『女子子爲姑、姊妹』之服凡三見：首云『女子子適人者爲衆昆弟。姪丈夫、婦人。報』，衆昆弟婦人即姊妹也。姪婦人，姪女也。姪婦人報之，則姑也。此指皆適士者而言也。次云『女子子嫁者、未嫁者爲世父母、叔父母、姑、姊妹』，此謂其嫁于大夫及成人而未嫁者，爲姑、姊妹之成人而未有所適者也。嫁于大夫者，禮宜降其旁親，而于世叔父母仍服大功者，以世叔父母，旁親之最尊者，故有出降，有逆降，而無尊降也。姑之尊，亞于世叔父，而親又殺焉，姊妹則親而不尊矣，故其成人而未有所適者，大夫妻猶爲之大功，若適士則降爲小功，此其異于世叔父母者也。至是，又言其皆嫁于大夫者，尊同不降之禮。合斯三者觀之，則于尊尊、親親、貴貴之義，銖兩不爽如是。而説者多謬爲之解，致聖人之精意不白于天下，豈非講經者之責哉！」

【《欽定義疏》】案大夫、大夫之子、公之昆弟於姑、姊妹、女子子出適而尊同者，乃不以尊降，則方其在室時，已降而大功矣。此見公之姊妹不得比于公之昆弟，大夫之女子子不得比于大夫之子。雖以公女之尊，不能視命婦，與公子之重視大夫者迥異。蓋婦人無爵，從夫之爵，必夫尊而後妻貴。父之尊，不可據，不可援也。明乎此，乃益著于從夫之義，而不敢以貴加其夫族矣。

君爲姑、姊妹、女子子嫁于國君者。【疏】國君絶期已下，今爲尊同，故亦不降，依嫁服大功。不云夫人公子亦同，國君不降可知。

敖氏繼公曰：「以上條例之，則夫人、公子之服亦當然也。」

傳曰：何以大功也？尊同也。尊同則得服其親服。【疏】問者以諸侯絶旁服，大夫降一等，今此大功，故發問也。

敖氏繼公曰：「尊同，謂君於爲夫人者，大夫、公之昆弟于爲命婦者也。夫人、命婦雖非有爵者，然此三人以其與己敵者齊體之故，亦例以尊同者視之，而如其出嫁之服，不敢絶之降之也。此一節釋經之文義。」

諸侯之子稱公子，公子不得禰先君；公子之子稱公孫，公孫不得祖諸侯：此自卑别于尊者也。若公子之子孫有封爲國君者，則世世祖是人也，不祖公子：此自尊别于卑者也。【注】不得禰、不得祖者，不得立其廟而祭之也。卿大夫以下，祭其祖禰，則世世祖是人，不得祖公子者。後世爲君者，祖此受封之君，不得祀别子也。公子若在高祖以下，則如其親服，後世遷之，乃毁其廟爾。因國君以尊降其親，故終説此義云。【疏】「諸侯之子稱公子」已下，因尊同，遂廣説尊不同之義。諸侯之子，適適相承，而旁支庶已下，並爲諸侯所絶，不得稱諸侯子，變名公子，卑遠之也。適既立廟，支庶子孫不立廟，是自卑别于尊者也。公子之子孫，或以天子臣出封爲五等諸侯，後世將此始封之君世世祖之，不復祀别子，是自尊别于卑者也。❶注云「不得立其廟而祭之也」者，以其廟已在適子爲君者立之，旁支庶不得並立廟故也。云「卿大夫已下祭其祖禰」者，欲見公子、公孫若立爲卿大夫，得立三廟；若作上士，得立二廟；若作中士，得立一廟：並得祭其祖禰。既不祖禰先君，當立别子以下，别子不得禰先君，雖爲卿大夫，未有廟。至子孫已後，乃得立别子爲太祖，不毁廟。已下二廟，祖禰之外，次第則遷之也。云「公子若在高祖已下，則如其親服」者，此解始封君得立五廟，太祖與高祖已下也。今始封君，後世乃不毁其廟，爲太祖。此始封君未有太祖廟，惟有高祖已下四廟，故公子若在高祖已下，則得在四廟數中。始封君死，其子立，即以父爲禰廟，前高祖者爲高祖之父，當遷之，又至四世之後，始封君爲高

❶「者」字，原脱，據庫本及《儀禮·喪服》疏補。

祖父，當遷之時，轉爲太祖，通四廟爲五廟，定制也，故云「後世遷之，乃毁其廟」也。

楊氏復曰：「子夏《傳》云『自卑别于尊』，是以子孫之卑自别于祖之尊。此義爲是。『自尊别于卑』，乃以子孫之尊自别于祖之卑，此説于理有害。而鄭注遂以爲『因國君以尊降其親』而説此義，則愈非禮意。蓋國君以尊降其親，謂降其旁親，其正統之服不降。爲祖期，爲曾祖、高祖齊衰三月，是未嘗降其祖也。鄭注蓋惑于『自尊别卑』之説，乃以封君之不祖公子爲以尊降其親，而不知公子爲别子，繼别爲宗，謂之大宗，百世不遷，大宗或無後，則爲之立後，世世不絶，而常以公子爲祖矣。若公子之子孫有封爲國君者，則後世子孫只得祖封君，而不得祖公子以紊其别子之宗，非是以封君之尊别于公子之卑而不祖之也。子夏之説既已失之，鄭注沿襲謬誤，愈差愈遠，蓋失而又失者也。」

【《欽定義疏》】案楊氏所論甚正，然傳注未可駁也。蓋自者，從也，非謂己也。從卑别于尊，則公子而下不得祖禰先君矣。從尊别于卑，則始封君爲後世之始祖，而公子而下迄乎始封君之父，皆所不祖矣。此以始封君爲立國之始，宜祖之也，所謂「諸侯奪宗」者也。然不祖公子，則與夫不禰先君、不祖諸侯之不立廟而祭之者不同。父爲大夫士，子爲諸侯，則祭當以諸侯，未有不立五廟者。但始封未有世祖，則虚之耳。公子若父也，則入禰廟。祖也則入祖廟，曾高也則入曾高廟，直至五世則祧之，而不入始祖廟。此爲不祖公子矣。逮始封君之五世孫即位，始封君親盡當祧，以其始封也而不祧，乃入始祖之廟而世世祀之以爲祖，自後世子孫視之，則以爲從始封君之尊别于公子之卑云爾，非始封君之意自以爲尊而卑其公子也。傳因國君不服其旁親，故推言公子不得禰先君，公孫不得祖諸侯，以見尊不服卑之義。又因此推言祖封君不祖公子，以見尊有特申之義。其緒相引而言則各有當也。若謂封君之不祖公子爲以尊降其親，則注原不謂然，況不祖公子者，本非封君也。

敖氏繼公曰：「卑謂爲臣者也，尊謂爲君者也。言身爲人臣，則其廟不可上及于爲君者；身爲國君，則其廟不可上及于爲臣者。是謂別之者。別于尊者，所以塞僭上之原；別于卑者，所以明貴貴之義。聖人制禮之意然也。此言封君之後，世世祖封君，不祖公子，則是封君之時，其祖考之廟在故家自若也，不復更立，而立一虛廟于公宮左之最東，以爲行禮之所。及封君没，則于焉祀之，謂之大廟，而爲百世之祖也。祖封君而不祖公子，如晉不祖桓叔而祖武公，是其事也。」

【《欽定義疏》】案果如敖説，則封君之志荒矣。良由誤解「自」字耳。立虛廟于公宮左之最東，求之經傳，亦無證佐。

郝氏敬曰：「諸侯之子，下因以尊降親之義，推廣言之，見尊尊、親親，並行不悖也。諸侯之公子，亦庶子之爲大夫者。父廟曰禰。祖是人，謂子孫以始受封者爲始祖也。」

張氏爾岐曰：「凡此者，皆以著尊卑之別也。自，由也。由其位之或卑或尊，各自爲別也。」

盛氏世佐曰：「案此以下，于經無所釋，特因尊降之義而推言之，見聖人制禮，尊卑之分，截然不可亂如此也。爲子孫者，無自尊而卑其祖之理，當從張氏訓「自」爲「由」。蓋制禮者爲之分別也。必爲之分別者，以始封之君，化家爲國，有功德于人，後世子孫，理宜奉之，以爲太祖，在不祧不毀之例。若仍以別子爲祖，則此始封之君，反爲所壓而不得伸其尊，故不得不舍別子而祖是人矣。是禮也，因封君之子孫尊崇其太祖而生，不生于封君之身也。自封君以及其玄孫，止有四親廟，而無太祖廟。直至來孫，封君親盡當遷，乃立太祖廟以居之。太祖之廟，不可以人臣居之也。此皆理之至當而不可易者，楊氏非之，似過矣。注云「國君以尊降其親」者，謂降其旁親之服耳，楊云以封君之不祖公子爲以尊降其親，亦非注意。」

是故始封之君不臣諸父、昆弟，封君之子不

臣諸父而臣昆弟，封君之孫盡臣諸父、昆弟。【疏】「始封之君不臣諸父、昆弟」者，以其初升爲君，諸父是祖之一體，又是父之一體，其昆弟既是父之一體，又是己之一體，故不臣此二者，仍爲之著服也。云「封君之子不臣諸父而臣昆弟」者，以其諸父尊，故未得臣，仍爲之服；昆弟卑，故臣之，不爲之服。「封君之孫盡臣諸父、昆弟」者，繼世至孫，漸爲貴重，故盡臣之。

朱子曰：「始封之君，所以不臣諸父、昆弟者，以始封君之父未嘗臣之，故始封之君不敢臣也。封君之子所以不臣諸父而臣昆弟者，以封君之子所謂諸父者，即始封君謂之昆弟而未嘗臣之者也，故封君之子亦不敢臣之。封君之子所謂昆弟者，即始封君之子，始封君嘗臣之者也，故今爲封君之子者亦臣之。封君之孫所謂諸父、昆弟者，即始封君之子所臣之昆弟及其子也，故封君之孫亦臣之。故下文繼之以『君之所不服，子亦不敢服也。君之所爲服，子亦不敢不服也』。」

敖氏繼公曰：「此因上云『公子之子孫有封爲國君者』而言之也。」

郝氏敬曰：「卑别于尊，尊别于卑，此見尊尊之爲大也。始封不臣諸父、昆弟，再世不臣諸父，此見親親之爲大也。封君之孫已下，明尊親相爲輕重，而服之升降所以生也。」

盛氏世佐曰：「案不臣者，以本服服之，不絶并不降也。所不臣者，爲此始封之君。若子服，亦如之。疏云『當服斬』，恐非是。臣之，則臣服斬而君絶服矣。」

【《欽定義疏》】案與諸侯爲兄弟者服斬，謂爲臣者也。斬衰之服至重，爲君也，爲父也，爲夫也，所謂三綱也，非此則不服。君所不臣，則君臣之分未定，而謂之服斬，則與夫見爲之臣者何以别乎？君于其所不臣者無服，以諸侯之尊，當絶其旁親也。彼亦爲諸侯，則如其服服之，尊同也。三世而下，無所不臣，則爲大夫士者以臣服，爲庶人者以庶人服矣。此謂公子之子孫有封爲國君者如此。其王子、王孫始封若繼世者，所不臣、所臣亦如之。

蕙田案：君之所爲服，子亦不敢不服。傳文自明，義理甚精。疏「繼世至孫，漸爲貴重」，似非經義。其雖不臣，亦服斬之説，盛氏及《義疏》辨之明矣。

故君之所爲服，子亦不敢不服也。君之所不服，子亦不敢服也。

【《朱子語類》】問：喪祭之禮，至周公然後備。夏、商而上，想甚簡略。朱子曰：然。親親、長長、貴貴、尊賢，夏、商而上，大概只是親親、長長之意。到得周來，則又添得許多貴貴底禮數。如始封之君不臣諸父、昆弟，封君之子不臣諸父而臣昆弟。期之喪，天子、諸侯絶，大夫降。然諸侯、大夫尊同，則亦不絶不降。姊妹嫁諸侯者，則亦不絶不降。此皆貴貴之義。上世想皆簡略，未有許多降殺貴貴底禮數。凡此，皆天下之大經，前世所未備，到得周公搜剔出來立爲定制，更不可易。

敖氏繼公曰：「言此者，以其與上文意義相類也，謂公子之服與否，皆視其君而爲之。此專指公子之公在者言也。若公没，則嚮之所謂不敢服者，今則皆服之矣。但其爲先君餘尊所厭者，乃降之。如爲母、妻、昆弟大功是也。不敢不服之意，與前傳所謂不敢降者同。後放此。」

盛氏世佐曰：「案此言公子之服與否皆從乎公而爲之也，與上文『父之不臣，子亦不敢臣；父之所臣，子亦臣之』之意相類，故引以爲證。前傳云『父之所不降，子亦不敢降』，亦是此意。彼主爲大夫，故言降與不降。此主爲諸侯，故言服與不服，以諸侯有絶而無降也。」

【《欽定義疏》】疏謂虞舜與漢高，皆庶人起爲天子，蓋亦不臣諸父、昆弟而有服。

案諸侯于所不臣者尚不爲服，況天子乎？天子即創業者，于正尊之外，無所不臣，疏説非也。豈其有庳之君而不臣于舜乎？　案天子、國君絶其旁親，❶以尊也。大夫之尊，次于國君，故爲旁親率降一等，以殊于士。貴貴之義則然。抑期功之喪，至衆卿大夫，國政綦重，而宗廟之祭，不可以屢缺，若不降則不可以服國事與鄰國之事，而祭亦屢廢矣。服制以士爲始，與旁親爲等夷，自無所降。且員多而所任者輕，一人有喪，同僚足共其職。又士卑，則其廟亦卑，雖廢祭，而適得其分之宜也。親親、長長、貴貴、尊賢，固是四義。以服制論之，只二事耳。長長附于親親，尊賢附于貴貴。貴賤有定而賢不肖無定，故服制不可以賢不肖之説意爲輕重也。若受誅于甸人，被論于司敗，古之人有大義滅親者，旁親期功之服，雖不當絶不當降者，亦絶之可知。以貴貴之義反觀之，則見矣。

蕙田案：臣與不臣，皆指爲君者言，非指公子言，似不必如敖氏分公在、公没爲説。

右大功九月。

五禮通考卷第二百五十六

淮陰吴玉搢校字

❶「國君」二字，原脱，據《欽定儀禮義疏》卷二四補。

五禮通考卷第二百五十七

內廷供奉禮部右侍郎金匱秦蕙田編輯
太子太保總督直隸右都御史桐城方觀承同訂
翰林院侍讀學士金匱吴鼎
都轉鹽運使德水盧見曾　參校

凶禮十二

喪禮

【《儀禮·喪服》】繐衰裳，牡麻絰，既葬除之者。【疏】此繐衰是諸侯之臣爲天子，在大功下、小功上者，以其天子七月葬，既葬除，故在大功九月下，小功五月上。又縷雖如小功，升數又少，故在小功上也。此不言帶屨者，案下傳云「小功之繐也」，則帶屨亦同小功可知。

敖氏繼公曰：「此服特爲諸侯之大夫爲天子而制，故必于其七月既葬乃除之。葬時大夫若會若否，其除之節同也。前《齊衰章》傳云『帶緣各視其冠』，又《記》云『繐衰冠八升』，則此帶亦八升矣。又此承大功之下，疑其亦用繩屨，與齊衰三月者同。蓋服至尊之屨，或當然也。」

郝氏敬曰：「不言冠、帶、屨，與大功同。」

傳曰：繐衰者何？以小功之繐也。【注】治其縷如小功，而成布四升半。細其縷者，以恩輕也。升數少者，以服至尊也。凡布細而疏者謂之繐。今南陽有鄧繐。【疏】問者，正問縷之粗細，不問升數多少，故答云小功之繐也。諸侯之大夫于天子爲陪臣，是恩輕。諸侯爲天子服至尊，義服斬，縷如三升半。陪臣降君，改服至尊加一升，四升半也。

敖氏繼公曰：「小功之布有三等，此繐衰之縷，其如小功之上者與？」

諸侯之大夫爲天子。【疏】此經直云大夫，則大夫中有孤卿。以其小聘使下大夫，大聘或使孤或使卿也。故

《大行人》云：「諸侯之孤，以皮帛繼子男。」

敖氏繼公曰：「惟言諸侯之大夫，則其士庶不服可知。諸侯之大夫，于天子爲陪臣，不可以服斬，又不可以無服，故爲之變而制此繐衰焉。不齊衰三月者，亦辟于其舊國君之服也。」

傳曰：何以繐衰也？諸侯之大夫，以時接見乎天子。【注】接猶會也。諸侯之大夫，以時會見于天子而服之，則其士庶民不服可知。【疏】《周禮·大宗伯》云：「時聘曰問，殷頫曰視。」此並是以時會見天子，天子待之以禮，皆有委積、飧饔、饗食燕與時賜，加恩既深，故諸侯大夫報而服之也。畿外民庶于天子有服無服，無明文。今因畿外大夫接見天子者乃有服，不聘天子者即無服，明民庶不爲天子服可知。諸侯之士與卿大夫聘時作介者，雖亦得禮，介本副使，不得接見天子，故亦不服也。

射氏慈曰：「諸侯之大夫有出朝聘之事，會見天子，故言接見。雖未接見，猶服此服。」

敖氏繼公曰：「接見乎天子者，謂爲天子所接見也。經惟言諸侯之大夫，而傳意乃爾。若然，則諸侯之大夫，其亦有不爲天子服者乎？」

張氏爾岐曰：「謂諸侯使大夫來見天子，適有天子之喪，則其服如此。諸侯若來會葬，則其從行者或亦然。」

盛氏世佐曰：「案諸侯之大夫爲天子繐衰七月，乃其分所宜然，不論其曾接見與否也。傳言此者，明其有是恩義，故有是服。聖人不爲恩義所不及者制服也。以時接見乎天子者，謂聘問之時，得以名聞于至尊，而天子禮而見之也。既爲大夫，雖未嘗聘問王朝，而其可以接見之禮自在，故無不爲天子服者。疏云『不聘即不服』，非。說者又以接見天子爲會葬，尤謬也。」

【《欽定義疏》】案《檀弓》叔仲衍使子柳之妻爲其舅繐衰，且曰：「昔者吾喪姑姊妹，亦如斯，末吾禁也。」而縣子亦以「綌衰繐裳」爲非古。則知春秋之季，俗尚輕細，期功之服，以繐爲之者多矣。繐不一種，則亦有大功與緦之繐與？又《春秋傳》襄二十七年，衛獻公喪其弟鱄「如税服終身」，杜注：「税即繐也。」繐衰裳，非五服之常，痛慼之，特爲此服。緦之見于經傳者，如此而已。

右緦衰葬除之。

小功布衰裳，澡麻帶絰，五月者。【注】澡者，治去莩垢，不絶其本也。《小記》曰：「下殤小功，帶澡麻，不絶其本，屈而反以報之。」【疏】此本齊衰、大功之親，爲殤，降在小功，故在成人小功之上也。但言小功者，對大功是用功粗大，則小功是用功細小精密者也。自上以來，皆帶在絰下，今此帶在絰上者，以大功已上，絰帶有本，小功以下斷本。此殤小功中有下殤，小功帶不絶本，與大功同，故進帶于絰上，倒文以見重，故與常例不同也。且上文多直見一絰包二，此别言帶者，亦欲見帶不絶本，與絰不同，故兩見之也。又殤大功直言「無受」，不言月數，此直言月，不言無受者，聖人作經，欲互見爲義。大功言無受，此亦無受；此言五月，彼則九月、七月可知。且下章言即葛，此章不言即葛，亦是兼見無受之義也。不言布帶與冠，文略也。不言屨者，當與下章同，吉屨無絇也。注引《小記》者，欲見下殤小功中有本是齊衰之喪，故特言下殤。若大功下殤，則入緦麻，是以特據下殤。云「屈而反以報之」者，謂先以一股麻不絶本者爲一條，展之爲繩，報，合也，以一頭屈而反，鄉上合之，乃絞垂。必屈而反以合者，見其重故也。若然，此章亦有大功長殤，在小功者，未知帶得與齊衰下殤小功同不絶本不？案《服問》云：「小功，無變也。」又云：「麻之有本者，變三年之葛。」彼云「小功無變」，據成人小功無變，三年之葛，有本得變之，則知大功殤長、中在小功者，絰帶無本也。以此而言，經注專據齊衰下殤小功重者而言，其中兼有大功之殤在小功帶麻絶本者也。姑、姊妹出適，降在小功者，以其成人，非所哀痛，帶與大功之殤同，亦無本也。

敖氏繼公曰：「小功布之縷，粗于緦之縷矣，乃曰小功者，對大功立文也。不言牡麻與無受者，可知也。」

叔父之下殤，適孫之下殤，昆弟之下殤，大夫庶子爲適昆弟之下殤，爲姑、姊妹、女子子之下殤，【疏】自「叔父」已下至「女子子之下殤」八人，皆是成人期。長殤、中殤大功，已在上《殤大功章》。此下殤小功，故在此章也。仍以尊者在前，卑者居後。

馬氏融曰：「本皆期服，下殤降二等，故小功也。」

盛氏世佐曰：「案以《殤大功章》校之，子之下殤、公爲適子、大夫爲適子之下殤皆當在此經，不盡見之者，略可知也。」

爲人後者爲其昆弟、從父昆弟之長殤。【疏】此二者以本服大功，今長殤小功，故在此章。從父昆弟，情本輕，故在出降昆弟後也。

馬氏融曰：「成人服大功也，長殤降一等，故小功也。」

敖氏繼公曰：「爲從父昆弟者，異人也，經文省爾。其姊妹之殤亦如之。」

【《欽定義疏》】案爲人後者，經于《大功章》見爲其昆弟之服，此見爲其昆弟長殤之服，則爲其昆弟之子、女子子在室者當小功，女子子適人者當緦矣。經不言者，舉昆弟而昆弟之子遞降一等可知。

傳曰：問者曰：中殤何以不見也？大功之殤中從上，小功之殤中從下。【注】問者，據從父昆弟之下殤在緦麻也。大功、小功，皆謂服其成人也。大功之殤中從上，則齊衰之殤亦中從上也。此主爲丈夫之爲殤者服也。凡不見者，以此求之也。【疏】鄭云「問者，據從父昆弟之下殤在緦麻也」者，以其《緦麻章》見從父昆弟之下殤，此章見從父昆弟之長殤，惟中殤不見故也。云「大功之殤中從上，小功之殤中從下」，《緦麻章》云「齊衰之殤中從上，大功之殤中從下」，兩文相反，故鄭注以彼謂婦人爲夫之族類，此謂丈夫爲殤者服也。鄭必知義然者，以其此傳發在從父昆弟丈夫下，下文發傳在婦人爲夫之親服下也。

敖氏繼公曰：「大功之殤始見于此，而又不言中殤，故發問也。喪服之等，其重者自大功而上，輕者自小功而下，已于麻本有無之類見之矣，此復以二者之中殤各異其從上從下之制，亦因以見義。云從父昆弟之殤，丈夫與女子子在室者爲之同也，然則此傳亦兼婦人之爲其親族之殤者言矣。」

郝氏敬曰：「殤有長、中、下三等，功服惟大小二等，故傳以情輕重變通于上下之間。大功、小功，謂殤服降在大功者，情重，寧以中從上；降在小功者，情輕，則以中從下可也。叔父以下中殤在大功，而此又云中殤從下，然則中殤十二三以下者，從小功亦可耳。又曰三殤之等，分疏煩瑣，故傳融會其旨，此章以殤服權其中，《緦麻章》又以成人服權其重。此言大小功，緦麻亦可推矣。蓋以小功律大功，則小功之中殤從下；如以緦麻律小功，則小功之中殤又從上；以大功律齊衰，則大功之中殤又從下。情重者升，情輕者降，意自通融，不應如鄭注固執作解。」

張氏爾岐曰：「成人當服大功者，其中殤與長殤同。成人當服小功者，其中殤與下殤同。凡不見于經者，皆當以此例求之。此男子服殤者之法，若婦人爲夫族服殤法，又在後緦麻傳也。」

盛氏世佐曰：「大功、小功，指成人之服而言，非謂殤服也，注說是。郝氏詆之，過矣。《殤大功章》長殤、中殤並見，則齊斬之殤中從上，經文已明。至此章但見長殤而不及中殤，《緦麻章》又或但見下殤而不及中殤，故傳發其例于此，以是大功之殤之第一條也。從上者，比本服降一等也。從下者，比本服降二等也。大功之殤中從上，皆降爲小功，惟下殤緦麻也。小功之殤中從下，皆降爲無服，惟長殤緦麻也。親者引而進之，疏者推而遠之，于中殤之從上從下，而大功、小功之隆殺判矣。」

爲夫之叔父之長殤。【注】不見中殤者，中從下也。

【疏】夫之叔父，義服，故次在此。成人大功，故長殤降一等，在小功。云「不見中殤者，中從下也」者，下傳云「大功之殤中從下」，主謂此婦人爲夫之黨類，故知中從下在緦麻也。

昆弟之子、女子子，夫之昆弟之子、女子子之下殤。【疏】此皆成人爲之齊衰期，長、中殤在大功，故下殤在此小功也。

馬氏融曰：「世叔父母爲之服也。成人在期，下殤降二等，故服小功。」

陳氏詮曰：「妻爲夫之昆弟之子、女子子與夫同。」

黄氏榦曰：「妾服見《大功章》『大夫之妾爲君之庶子』條。」

爲姪、庶孫丈夫婦人之長殤。【疏】謂姑爲姪，成人大功，長殤在此小功。不言中殤，中從上。庶孫者，祖爲之大功，長殤、中殤亦在此。皆不言男子、女子而言丈夫婦人，是見恩疏之義也。

馬氏融曰：「適人姑還爲姪、祖爲庶孫，成人大功，長殤降一等，故小功也。言丈夫、婦人者，明姑與姪、祖與孫疏遠，故以遠辭言之。」

雷氏次宗曰：「前《大功章》爲姪已言丈夫婦人，今此自指爲庶孫言，不在姪。」

敖氏繼公曰：「姪之殤服，亦姑之適人者爲之也。于庶孫之下言丈夫、婦人者，明庶孫之文不可以兼男女，亦爲其與姪連文故也。」

盛氏世佐曰：「案姑在室爲姪，與世叔父同，本服期，長殤當降爲大功，今在此小功，明是已適人者也。丈夫、婦人，兼姪與庶孫言，雷説非。爲此二者之服異人而連言之，以其皆大功之殤也。」

大夫、公之昆弟、大夫之子爲其昆弟、庶子、姑、姊妹、女子子之長殤。【注】大夫爲昆弟之長殤小功，謂爲士者若不仕者也。以此知爲大夫無殤服也。公之昆弟不言庶者，此無服，無所見也。大夫之子不言庶者，關適子亦服此殤也。云「公之昆弟爲庶子之長殤」，則知公之昆弟猶大夫。【疏】此三人爲此六種人，成人以尊，降至大功，故長殤小功，中亦從上。注云「大夫爲昆弟之長殤小功，謂爲士者若不仕者也」，凡爲昆弟，成人期，長殤在大功，今小功，明大夫爲昆弟降一等。若昆弟亦爲大夫同等期，不降。今言降在小功，明是爲士若不仕者也。云「以此知爲大夫無殤服也」者，已爲大夫，則冠矣，大夫冠而不爲殤也。大夫二十而冠，而有兄姊殤者，已與兄姊同十九，而兄姊于年終死，已至明年初二十，因喪而冠，是以冠成人而有兄姊殤也。且五十乃爵命，今未二十已得爲大夫者，五十乃爵命，自是禮之常法，或有大夫之之子有盛德，❶未必至五十爲大夫者也。

馬氏融曰：「大夫以尊降，公之昆弟以尊厭，大夫子以父尊厭，各降在大功，長殤復降一等，故小功也。大夫無昆姊之殤，此言殤者，關有罪若畏厭溺，當殤服之。」

敖氏繼公曰：「其中殤亦從上，若下殤則不服之。蓋大夫無緦服也。公之昆弟于庶子而下，則爲以尊而降，于昆弟則亦以其父之所厭而降也。大夫之子所以降之意，前章詳之矣。此已爲大夫，不應有昆與姊之殤，而此經乃爾，蓋以昆弟姊妹宜連文，且此條亦不專主于大夫故也。」

盛氏世佐曰：「案古者五十而後爵，無大夫而殤死者，亦無既爲大夫而有兄若姊之殤也。注疏説泥，當以敖説爲正。」

【《欽定義疏》】案《不杖期章》有大夫之子爲子、昆弟之子爲大夫者之服，則大夫不

❶「之子有」三字，原脱，據《儀禮・喪服》疏補。

必五十，亦有少年爲之者可知。疏謂「有盛德」者固然，亦有公族高勳，世爲大夫者，適子年雖未冠，已爲大夫，而姊若庶兄尚在長殤之限者，亦其一也。《春秋》譏世卿，仕者世禄不世官，大夫可世乎？曰：世臣與國同休戚，國所恃以固也。若公族高勳爲大夫，而其適子不世，則朝廷無世臣，廟制宗法皆廢格而不可行矣。二惠弱一个而齊危，欒郤降皂隸而晉替，春秋之勢，不可謂非西周之遺也。即如王朝「南仲太祖，太師皇父」，非其明驗乎！然則譏世卿與不世官者何也？曰：卿執政者，當于大夫中選而爲之，非謂大夫不可世也。士無世官，謂士耳，不謂大夫也。若大夫雖不盡世，必有世者矣。不可以末季世卿之流弊，而謂先王之法遂無世臣也。

案馬氏説于經無所據，疑未必然。敖氏云昆姊連文，聖經字字必有實義，豈連文之謂乎？

大夫之妾爲庶子之長殤。【注】君之庶子。

【疏】妾爲君之庶子，成人在《大功章》。今長殤，降一等，在此小功。云「君之庶子」者，若嫡長，則成人隨女君三年，長殤在大功，與此異。

敖氏繼公曰：「上已言君之庶子，故此略之。爲君之女子子亦然。是雖大功之殤，亦中從上。蓋女君之爲此子與夫同，而妾爲君之黨服得與女君同，故皆宜中從上，不可以婦人之從服者例論也。其下殤，亦不服之。」

【《欽定義疏》】案《緦麻章》婦人爲夫之族類之殤中從下，惟此與彼殊，敖説是也。妾服如此，則女君不待言矣。

右殤小功五月。

小功布衰裳，牡麻絰，即葛，五月者。【注】即，就也。小功輕，三月變麻，因故衰以就葛絰帶而五月也。《閒傳》曰：「小功之葛，與緦之麻同。」舊説小功以下，吉屨無絇也。【疏】此是《小功成人章》，輕于《殤小功》，故次之。此章有三等：正、降、義。其衰裳之制，澡絰等，與前同，故略也。云「即葛五月」者，以此成人文縟，故有變麻從葛，故云即葛；但以日月爲足，故不變衰也。不列冠屨，承上大功文略，小功又輕，故亦不言也。注引《閒傳》，欲見小功有變麻服葛法。既葬，大小同，故變同之也。案《周禮·屨人職》屨、舄皆有絇、繶、純。純者，于屨口緣。繶者，牙底接處縫中有絛。絇者，屨鼻頭有飾爲行戒。吉時有行戒，故有絇，喪中無行戒，故無絇。

敖氏繼公曰：「經不言澡，可知也。此變麻即葛，乃不易衰者，爲無受布也。即葛不云三月者，已于《大功章》見之，故不言也。」

郝氏敬曰：「牡麻，洗治之。牡麻不言澡，同也。經兼首、要。不言冠纓屨，同也。即葛，謂三月既葬，以葛帶易澡麻帶，所以異于降服小功也。衰不變而帶變，以故衰就葛帶，終五月之期。」

盛氏世佐曰：「案上章言『澡麻』而不言『牡』，此言『牡麻』而不言『澡』，文互備也。言澡于前者，見其始異于大功以上。于是復云牡，則著其同也。」

【《欽定義疏》】大功、小功，期滿則除。九月、七月、五月，皆無祭。然則除殤服者，無祭可知。《記》所謂「祭不爲除喪」者，于此可見。

從祖祖父母、從祖父母，報。【注】祖父之昆弟之親。【疏】此亦從尊向卑。從祖祖父母，是曾祖之子，祖之昆弟。從祖父母者，是從祖祖父之子，父之從父昆弟之親，故鄭并言「祖父之昆弟之親」。云報者，恩輕，欲見兩相爲服，故云報也。

【《朱子語類》】顯道問服制曰：「唐時添那服制，添得也有差異處。且如親伯叔是期，堂叔須是大功，乃便降爲小功，不知是怎生地。」　閎祖記朱子云：「無大功尊。父母本是期，加成三年。祖父母、世父母、叔父母，本是大功，加成期。其曾祖父母小功，及從祖伯叔父母小功者，❶乃

❶「祖」字，原脱，據《朱子語類》卷八五補。

正服之不加者耳。」

黄氏榦曰：「祖父加至期，祖父之昆弟加所不及，據期斷，是以五月。族祖父又疏一等，故緦。父爲衆子期，兄弟之子宜九月，今亦期者，兄弟之子猶子也。從父昆弟之子，服從世叔無加，故報，亦小功也。祖爲孫大功，以疏一等，故兄弟之孫小功。案從祖祖父者，祖之昆弟也，其子謂從祖父，又其子謂從祖昆弟，又其子謂從祖昆弟之子，凡四世，上三世，以祖父已旁殺之義推之，皆當服小功，名爲三小功。下一世以子旁殺之義推之，當服緦。此三小功一緦，與己同出曾祖。」

敖氏繼公曰：「此與爲之者，尊卑雖異，亦旁尊也，故報之。于此即言報者，略輕服。齊衰、大功重，報服或别見之。」

盛氏世佐曰：「案爲從祖祖父者，昆弟之孫也；爲從祖父者，從父昆弟之子也；并服其妻者，以名服也。此四人皆報，故合言之。」

華氏學泉曰：「或問：世叔父期，則從祖父母宜大功，而服小功何也？曰：親親，以三爲五，以五爲九。故四世而緦，服之窮也。五世祖免，殺同姓也。是故曾伯叔祖無從；伯叔祖之服，一從而止；伯叔之服，再從而止；兄弟之服，三從而止。其服則皆緦也。伯叔之服，再從而緦，則從祖父母宜小功，從祖父母之報其姪亦小功。至孫而緦，而親盡矣。若從祖父母宜大功，則再從小功，三從然後緦。三從之伯叔父，則同六世祖矣，而何服之有？曰：然則《朱子語類》載朱子之疑之，何也？曰：此非朱子之疑，乃其門人之問，而朱子之答，未及載也。且此自是《儀禮》，何嘗是唐時所增也。《朱子語類》，門人所録，非其手筆，多錯雜處，宜删節，以一學者之聞見，此尤其較著者也。其前閎祖所録，則固瞭然矣。」

【《欽定義疏》】案《記》傳云「小功以下爲兄弟」，則雖從祖祖父母、從祖父母若外祖父母之尊，皆以兄弟之誼視之矣。

又案父之兄弟期，則祖父之兄弟宜大功，乃降至小功者，五服惟兄弟行遞降一等，而其他則否，所謂「四世而緦，服之窮也」，不然則服及五世矣。亦以世叔父之期本是加服故也。

從祖昆弟。【注】父之從父昆弟之子。【疏】此是從祖父之子，己之再從兄弟。以上三者，爲三小功也。

陳氏詮曰：「從祖父之子，同出曾祖也。」

黄氏榦曰：「兄弟期，疏一等，故從昆弟大功，從祖昆弟小功，族昆弟緦。」

盛氏世佐曰：「案以上三小功，皆云從祖者，言其從祖而分也。」

從父姊妹、【注】父之昆弟之女。【疏】不言出適與在室，姊妹既逆降，宗族亦逆降報之。

張氏爾岐曰：「疏説可疑。此當通下文『孫適人者』爲一節，皆爲出適而降小功也。」

盛氏世佐曰：「案女子子所逆降者，唯旁期耳，爲其嫁當及時，不可以旁親故妨之也。至于大功之末，可以嫁子，于昏姻之時固無害。故其成人而未嫁者，亦與未成人者同，無逆降例也。女子子既不逆降其旁親大功已下，而宗族顧可逆降之乎？此舊説所以難通也。敖、張二説皆合下節爲一，得之。」

孫適人者。【注】孫者，子之子。女孫在室，亦大功也。

馬氏融曰：「祖爲女孫適人者降一等，故小功也。」

敖氏繼公曰：「三者適人，其服同。云適人則爲女孫，無嫌，故不必言女。」

爲人後者爲其姊妹適人者。【注】不言姑者，舉其親者，而恩輕者降可知。

馬氏融曰：「在室者齊衰期，適人大功，以爲大宗後，疎之，降二等，故小功也。不言姑者，明降一體，不降姑也。」

陳氏詮曰：「累降也。姑不見者，同可知也。猶爲人後者爲昆弟而不載伯父，❶同降不嫌。」

敖氏繼公曰：「經于前章爲人後者惟見其父母、昆弟、姊妹之服，餘皆不見，是于本服降一等者止于此親爾。所以然者，以其與己爲一體也。然則自此之外，凡小宗之正親、旁親皆以所後者之親疏爲服，不在此數矣。此姊妹之屬不言報，省文也。《記》曰：『爲人後者，于兄弟降一等，報。』」

湛氏若水曰：「姊妹期也，何以小功？以爲人後，降也；以適人，又降也。」

❶「不載伯父」，盛世佐《儀禮集編》卷二四校云：「伯下似脱一叔字。」

盛氏世佐曰：「案下《記》云：『爲人後者，于兄弟降一等，報。』爲經所不見者言也。經惟見其父母、昆弟、姊妹之服，其餘皆没不言，文不具耳。《大功章》『爲人後者爲其昆弟』條下疏云『于本宗餘親皆降一等』，得之。敖説誤。」

【《欽定義疏》】案爲後者若係親昆弟之子，則姑猶是姑也，如其服服之，如馬氏説矣。若係從父昆弟之子，更遞疏以迄于無服者，則當降之，如注説矣。姑之期，加服也，本服大功，已出爲後，降小功。姑適人，則緦，不與姊妹同差，以其與世叔父均無大功之降也。經以其不定也，故闕之。馬、鄭二家皆是，但各見一邊耳。　案經不見本生祖父母、曾祖父母、世叔父母諸人之服者，亦以所後者之親疎不定也。其同祖者，親自親矣。其不同祖者，自祖父母、世叔父母以及其餘，概從降一等之例。惟同曾、高者，則曾、高猶是齊衰三月耳。爲其父母不杖期，不以所後之親疎而異也。如敖氏謂除昆弟、姊妹之外，正親、旁親皆以所後者之親疎爲服，假令在疏屬五服之外，則于本生祖父母之喪竟脱然無一日之服也而可乎？

爲外祖父母。

馬氏融曰：「母之父母也，本服緦，以母所至尊，加服小功。」

汪氏琬曰：「或問：先儒言前母之黨當爲親，而不言其服，何以無服也？曰：《禮》，爲其母之黨服，則不爲繼母之黨服。宗無二統，外氏亦無二統。前母之子不服後母之黨，則後子不逮事前母者亦如之也。禮，從服者，所從亡則已。前母既亡，如之何其有從服與？或問：繼母如母，何以不服繼母之黨也？曰：鄭玄謂外氏不可二也。庾蔚之亦謂若服繼母之黨，則亂于己母之出故也。禮，慈母與繼母同。《喪服小記》曰：『爲慈母之父母無服。』則其不服繼母之黨宜也。嗟乎！

爲人後者言若子，繼母言如母，夫謂之『如』與『若』者，蓋其父母之文同而情則異者也，故不得已而爲繼母之黨服。虞喜謂『縱有十繼母，惟當服次其母者之黨』，此説殆近是矣。」

傳曰：何以小功也？以尊加也。【疏】外親之服，不過緦麻。以祖是尊名，故加至小功。

敖氏繼公曰：「尊云者，謂其爲母之父母也。子之從其母而服母黨者，當降于其母二等。母爲父母期，子爲外祖父母小功宜也，非以尊加也。」

徐氏乾學曰：「案外祖父母之名，總之則一，分之則十有三：爲母之父母一也，前母子爲後母之父母二也，後母子爲前母之父母三也，庶子爲適母之父母四也，庶子爲繼適母之父母五也，庶子爲生母之父母六也，爲人後者爲所後之母之父母七也，爲人後者爲所生母之父母八也，庶女之子爲母之父母九也，女之子爲母之生母十也，慈母之子爲慈母之父母十一也，出母之子爲母之父母十二也，嫁母之子爲母之父母十三也。凡若此者，其在于古，有服，有不服。今則無有不服。所不服者，惟庶子爲生母之父母而已。獨怪後母之子于前母之家，猶己外家也，乃以爲恩不相及而不服。甚至晉滿武秋爲曹彦真前母之兄，而相見如路人，不亦可異之甚乎！蔡謨、江思悛以爲：『人疑服繼母之黨，不服前母者，以不相及也。繼祖母亦有不相及者，而皆與其黨爲親，何至前母而獨疑之？』其論當矣。又曰：己母被出，而服繼母之黨。虞喜謂：『縱有十繼母，惟當服次其母之黨。』不知次其母者久亡，此從服也，所從亡則已，曷爲服之？竊謂當服在堂繼母之黨耳。」

【《欽定義疏》】案敖氏深得制服之條理，然傳意自不可廢也。外親之服，不過緦麻，篤本宗而重一本也。《堯典》首親九族，周室時庸展親，聖人之意可見矣。下逮編氓，親親之殺無異，乃末俗猶有薄于同氣而暱其母妻之黨者，是何心哉？

又案前母之黨，經不言有服何也？曰：禮，外親亦無二統。前母之子不服後母之黨，則後子不逮事前母者亦如之也。從服者，所從亡則已。前母既亡，不從不亦宜乎！己母出，則服繼母之黨。如繼母多，則奚服？曰：服在堂繼母之黨，服其所從也。虞喜以爲縱有十繼母，唯服次其母者之黨，非也。又案外祖父母有當服者六：子爲因母之父母，一也；母出，爲繼母之父母，二也；庶子君母在，爲君母之父母，三也；庶子爲繼母之父母，四也；庶子不爲父後者爲己母之父母，五也；以上女子子同；爲人後者爲所後母之父母，六也。其餘則皆所不服。

從母，丈夫、婦人報。【注】從母，母之姊妹。丈夫、婦人，姊妹之子，男女同也。【疏】母之姊妹，與母一體，從于己母而有此名，故曰從母。言丈夫、婦人者，母之姊妹之男女與從母兩相爲服，故曰報。

馬氏融曰：「言丈夫、婦人者，異姓，無出入降，皆以丈夫、婦人成人之名名之也。」

朱子曰：「姊妹于兄弟，未嫁期，既嫁則降爲大功。姊妹之身，却不降也，❶故姨母重于舅也。又問：從母之夫、舅之妻，皆無服何也？曰：先王制禮：父族四，故由父而上，爲族曾祖父緦麻，姑之子，姊妹之子，女子子之子，皆由父而推之也。母族三，母之父，母之母，母之兄弟。恩止于舅，故從母之夫、舅之妻皆不爲服，推不去故也。妻族二，妻之父，妻之母。乍看時似乎雜亂無紀，子細看，則皆有義存焉。」

敖氏繼公曰：「從母之義與從父同，以其在母列，故但以從母爲稱。丈夫、婦人即爲從母服者也。此爲加服，而從母乃報之者，以其爲母黨之旁尊，不足以加尊焉，故報之也。經凡三以『丈夫、婦人』連文而所指各異，讀者詳之。」

汪氏琬曰：「先王之制禮也，在父黨則父之昆弟爲重，而于父之姊妹則恩殺矣，故服諸父期而服姑、姊妹大

❶「却」，原作「知」，據《朱子語類》卷八七改。

功。在母黨則母之姊妹爲重，而于母之昆弟則恩殺矣，故服從母小功，而服舅緦。先王所以分内外，别男女而遠嫌疑者也。唐太宗顧加舅服，使與姨母同。太宗知禮，孰不知禮？」

傳曰：何以小功也？以名加也。外親之服皆緦也。【注】外親異姓，正服不過緦。【疏】以名加者，以有母名，故加至小功。外親以本非骨肉，情疏，故聖人制禮，無過緦也。

馬氏融曰：「外祖、從母，其親皆緦也，以尊名加，故小功也。」

雷氏次宗曰：「二親恩等，而中表服異。君子類族辯物，本以姓分爲判。故外親之服，不過于緦，于義雖當，求情未愜。苟微有可因，則加服以伸心。外祖有尊，從母有名，故皆得因此加以小功也。舅情同二人而名理闕，無因，故有心而不獲遂也。然情不止于緦，亦以見于慈母矣。至于餘人，雖有尊名，而不得加者，服當其義，情無不足也。」

庾氏蔚之曰：「男女異長，母之在室，與其姊妹有同居共席之禮，故許其因母名以加服。」

杜氏佑曰：「晉袁准論曰：『從母小功五月，舅緦麻三月，禮非也。從母緦，時俗所謂姨母者也。舅之與姨，俱母之姊妹兄弟，焉得異服？從母者，從其母而爲庶母者也，親益重，故小功也。凡稱父母者，皆同乎父母之例者也。舅非父列，姨非母列，故舅不稱父，姨不稱母也。可稱姨，不應稱母。謂姨母爲從母者，此時俗之亂名，書之所由誤也。《春秋傳》：「蔡哀侯娶于陳，息侯亦娶焉。息嬀將歸，過蔡。蔡侯曰：『吾姨也。』止而享之。」《爾雅》曰：「妻之姊妹，同出爲姨。」此本名者也。《左傳》：「臧宣叔娶于鑄，❶生賈及爲而卒。繼室以其姪，穆姜之姨子也。」以蔡侯、《爾雅》言之，穆姜焉得言姨？此緣妻姊妹之姨，因相謂爲姨也。姊妹相謂爲姨，故其子謂之姨子，其母謂之姨母，從其母而來，故謂之從母。從母、姨母，爲親一也。因復謂之從母，此因假轉亂而遂爲名者也。』或曰：『案准以經云從母是其母姊妹，從其母來，爲己庶母，其親益重，故服小功，非通謂母之姊妹也。』宣舒云：『二女相與，行有同車之道，坐有同席之禮，其情親而比，其恩曲而至。由此觀

❶「娶」，原作「妻」，據《左傳》襄公二十三年改。

之，姊妹通，斯同矣；兄妹别，斯異矣。同者親之本，異者疎之源也。然則二女之服何其不重耶？兄妹之服何其不輕耶？曰：同父而生，父之所不降，子亦不敢降，故二女不敢相與重。然則舅何故三月耶？從母何故小功耶？曰：故母取其愛，是以外王父之尊，禮無厭降之道。爲人子者，順母之情，親乎母之類，斯盡孝之道也，是以從母重而舅輕也。曰：姑與父異德異名，叔父與父同德同名，何無輕重之降耶？曰：姑與叔父，斯王父愛之所同也。父之所不降，子亦不敢降，此叔父與姑所以服同而無降也。」

蕙田案：從母之名，因母而推。猶從父之因父而推，從祖之因祖而推也。袁准云「從母者，從其母而爲庶母者也」，若然，則從父、從祖更當何說？恐未必然。

敖氏繼公曰：「母爲姊妹大功，子從服當緦，以有母名，故加一等而在此。云『外親之服皆緦』，以見此爲加也。然外親之服有在緦者，則以其從與報而爲之，不得不然耳，非故輕之，令例皆緦也。又爲外祖父母，亦從服之常禮也而在小功，乃云『皆緦』何哉？」

郝氏敬曰：「外親之服，謂本非骨肉，而恩誼相聯，特爲緦麻處之。故緦麻三月以厚外親，亦猶齊衰三月以隆内尊也。緦麻以聯其疎，齊衰以殊其卑，皆止于三月，酌天時，通其變也。」

顧氏炎武曰：「唐玄宗開元二十三年制，令禮官議加服制。太常卿韋縚請加外祖父母服至大功九月，舅服至小功五月，堂姨、堂舅、舅母服至袒免。太子賓客崔沔議曰：『禮教之設，本于正家，家正而天下定矣。』正家之道，不可以貳，總一定義，理歸本宗。所以父以尊崇，母以厭降，内有齊斬，外服皆緦。尊名所加，不過一等。此先王不易之道，其來久矣。貞觀修禮，特改舊章，漸廣渭陽之恩，不遵洙、泗之典。及弘道之後，唐元之間，國命再移于外族矣。禮亡徵兆，儻見于斯。開元初，補闕盧履冰嘗進狀論喪服輕重，敕令僉議。于時羣議紛拏，各安積習。太常、禮部奏：『依舊定，陛下運稽古之思，發獨斷之明，特降別敕，一依古禮，事符典故，人知向方。式固宗盟，社稷之福。更圖異議，竊所未詳。願守八年明旨，以爲萬代成法。』職方郎中韋述議曰：『天生萬物，惟人最靈，所以尊尊、親親，別生分類，存則盡其愛敬，没則盡其哀戚。緣情而制服，考事而立言。往聖討論，亦已勤矣。上自高祖，下至玄孫，以及其身，謂之九族。由近而及遠，稱情而立文，差其輕重，遂爲五服。雖則或以義降，或以名加，數有所從，理不踰等，百王不易，三代可知。若以匹敵言之，外祖則祖也，舅則伯叔父之列也。父母之恩不殊，而獨殺于外氏者，所以尊祖禰而異于禽獸也。且家無二尊，喪無二斬，持重于大宗者，降其小宗；爲人後者，減其父母之服；女子出嫁，殺其本家之喪。蓋所存者遠，所抑者私也。今若外祖及舅，更加服一等，堂舅及姨，列于服紀之内，則中外之制，相去幾何，廢禮狥情，所務者末。且五服有上殺之義，必循原本，方及條流。伯叔父母，本服大功九月。今從父昆弟亦大功九月，並以上出于祖，其服不得過于祖也。從祖祖父母、從祖父母、從祖昆弟皆小功五月，以出于曾祖，服不得過于曾祖也。族曾祖父母、族祖父母、族父母、族昆弟皆緦麻三月，以出于高祖，服不得過于高祖也。堂舅、姨既出于外曾祖，若爲之制服，則外曾祖父母及外伯叔祖父母亦宜制服矣。外祖加至大功九月，則外曾祖父母合至小功，外高祖合至緦麻。若舉此而舍彼，❶事則不均。棄親而録疏，理則不順。推而廣之，則與本族無異矣。且服皆有報，則堂外甥、外曾孫、姪女之子皆須制服矣。聖人豈薄其骨肉，背其恩愛，蓋本于公者薄于私，存其大者略其細，義有所斷，不得不然。苟可加也，亦可減也，往聖可得而非，則禮經可得而隳矣。先王之制，謂之彝倫，奉以周旋，猶恐失墜，一紊其叙，庸可止乎！』禮部員外郎楊仲昌議曰：『案《儀禮》爲舅緦，鄭文貞公魏徵議同從母例，加至小功五月。雖文貞賢也，而周、孔聖也，以賢改聖，後學何從？今之所請，正同徵論。如以外祖父母加至大功，豈不加報于外孫乎？外孫爲報服大功，則本宗庶孫又用何等服邪？竊恐内外乖序，親疎奪倫，情之所沿，何所不至。昔子路有姊之喪而不除，孔子曰：「先王制禮，行道之人皆不忍也。」子路除之。此則聖人援事抑情之明例也。《記》不云乎：「毋輕議禮。」』時玄宗手敕再三，竟加舅服爲小功，舅母緦麻，堂姨堂舅袒免。宣宗舅鄭光卒，詔罷朝三日。御史大夫李景讓上言：『人情于外族則深，于宗廟則薄。所以先王制禮，割愛厚親。士庶猶然，況于萬乘？親王、公主，宗屬也；舅

❶「舍」，原作「合」，據庫本及《日知録》卷五改。

氏，外族也。今鄭光輟朝日數與親王、公主同，非所以別親疎、防僭越也。』優詔報之，乃罷朝兩日。夫由韋述、楊仲昌之言，有以探本而尊經；由崔沔、李景讓之言，可以察微而防亂，豈非能言之士，深識先王之禮，而亦目見武、韋之禍，思永監于將來者哉！」

華氏學泉曰：「或問：母之姊妹反重于母之兄弟之服何也？曰：此從服也。子從母而服其母之黨，降二等，故外祖父母，母爲之服期，子從母，降二等而爲之服小功。母爲姊妹亦期，子從服而爲之降二等，亦小功。母出室，降其兄弟大功，故子從母降二等而爲之緦也。」

【《欽定義疏》】父之黨，從乎父而推，則首及世叔父。母之黨，從乎母而推，則首及從母。男女異長，姊妹之間，其情尤暱，此從母之服所以過于舅也。

夫之姑、姊妹，娣姒婦，報。【注】夫之姑、姊妹，不殊在室及嫁者，因恩輕，略從降。【疏】夫之姑、姊妹，夫爲之期，妻降一等，出嫁小功。因恩疏，略從降，故在室及嫁同小功。

馬氏融曰：「妻爲夫之姊妹服也。娣姒婦者，兄弟之妻相名也。長稚自相爲服。不言長者，婦人無所專，以夫爲長幼，不自以年齒也。妻雖小，猶隨夫爲長也。先娣後姒者，明其尊敵也。報者，姑報姪婦也。言婦者，廟見成婦，乃相爲服。」

王氏肅曰：「案《左氏傳》曰：魯之穆姜，晉子容之母，皆謂稚婦爲娣婦，長婦爲姒婦。此婦二義之不同者。今據傳文，與《左氏》正合，宜即而案之。」

敖氏繼公曰：「爲夫之姑、姊妹，從服也。乃小功者，唯從其夫之降服也。《記》曰：『夫之所爲兄弟服，妻降一等。』夫爲其姑、姊妹在室者期，正服也。出嫁者大功，降服也。妻不隨其夫之正服、降服而爲升降者，從服者宜有一定之制，而不必隨時變易也。所以不從其夫之正服者，恐爲其出嫁者或與夫同服，則失從服之義也。此爲從服，故姑、姊妹言報。娣姒婦固相爲矣，亦言報者，明其不以夫爵之尊卑而異也。先娣後姒，則娣長姒穉明矣。」

【《欽定義疏》】案昆弟一爲大夫，一爲士，則大夫降其昆弟大功。娣姒婦相爲小功，雖命婦亦不更降，以其夫之于昆弟妻無服，故不隨夫爵而異也。娣姒婦與夫之姊妹，皆同輩也，上非母道，下非婦道，而相爲服，如此則嫂叔之無服以遠嫌而不以同輩，又可見矣。

傳曰：娣姒婦者，弟長也。何以小功也？以爲相與居室中，則生小功之親焉。【注】娣姒婦者，兄弟之妻相名也。長婦謂稚婦爲娣婦，娣婦謂長婦爲姒婦。【疏】娣姒二字，皆以女爲形，以、弟爲聲，則據二婦互稱，年小者爲娣，年大者爲姒。假令弟妻年大，稱之曰姒；兄妻年小，稱之曰娣。是以《左氏傳》穆姜是宣公夫人，大婦也。聲伯之母是宣公弟叔肹之妻，小婦也。聲伯之母不聘，穆姜云：「吾不以妾爲姒。」是據二婦年大小爲娣姒，不據夫年爲大小也。

譙氏周曰：「父母既没，兄弟異居，又或改娶，則娣姒有初而異室者矣。若不本夫爲論，唯取本室而已，則親娣姒與堂娣姒不應有殊。經殊其服以夫之親疏者，是本夫與爲倫也。婦人于夫之昆弟，本有大功之倫，從服其婦，有小功之倫；于夫從父昆弟，有小功之倫，從服其婦，有緦麻之倫也。夫以遠之而不服，故婦從無服而服之。然則初而異室，猶自以其倫服。」

徐氏邈曰：「報服在娣姒下，則知姑、姊之服，亦是出自恩紀，非從夫之服報也。所發在于姑、姊耳。」

庾氏蔚之曰：「傳以同居爲義，蓋從夫謂之同室，以明親近，非謂常須共居。設夫之從父昆弟，少長異鄉，二婦亦有同室之義，聞而服之緦也。今人謂從父昆弟爲同堂，取于此也。婦從夫服，降夫一等，故爲夫之伯叔父大功，則知夫姑、姊妹皆是從服。夫之昆弟無服，自別有義耳，非如徐邈之言，出自恩紀者。」

敖氏繼公曰：「婦人于夫之昆弟當從服，以遠嫌之故而止之，故無服。假令從服，亦僅可以及于其昆弟之身，不可以復及其妻也。然則娣姒婦無相爲服之義，而禮有之者，則以居室相親，不可無服故爾。然二人或有並居室者，有不並居室者，亦未必有常共居者，而相爲服之義，惟主于此者，蓋本其禮之所由生者言也。娣，長也，釋娣婦之爲長婦也，其下亦似有脱文。」

郝氏敬曰：「次適曰娣，似妣曰姒，以娣自謂，以姒謂彼，妯娌之通稱。猶男子同輩，呼彼曰兄，自稱曰弟也。」

傳以『弟長』釋之，言自弟而長彼也。生小功之親，言本非親，因同室相親爲小功也。」

盛氏世佐曰：「案云『娣姒婦者，弟長也』者，以弟解娣，以長解姒也。《爾雅》云：『長婦謂稚婦爲娣婦，娣婦謂長婦爲姒婦。』《公羊傳》亦云：『娣者何？弟也。』皆與此傳合。敖本『弟長』之『弟』誤作『娣』，因謂傳釋娣婦爲長婦，非。婦人之義，從夫之爵，坐以夫之齒，則其娣姒之稱，亦以夫之長幼爲斷明矣。疏説誤。《左傳》穆姜謂聲伯之母爲姒，叔向之嫂謂叔向之妻爲姒，二者皆呼夫弟之妻爲姒者，朱子云『單舉則可通。謂之姒，蓋相推讓之義耳』是也。」

【《欽定義疏》】案婦人坐以夫之齒，無自以其年爲大小之理。疏既與傳違，亦乖注義。注本《爾雅》。然案之此經及《左傳》，則適相反。豈時俗有不同者與？

蕙田案：疏文非是，諸家論之甚明。而娣姒之解，則以郝氏、盛氏爲的。其「弟長也」之義，盛稍優于郝。然語終欠條暢，敖氏以爲有脱文，近之。

大夫、大夫之子、公之昆弟爲從父昆弟、庶孫、姑、姊妹、女子子適士者。【注】從父昆弟及庶孫，亦謂爲士者。【疏】從父昆弟、庶孫本大功，此三等以尊降入小功。姑、姊妹、女子子本期，此三等出降入大功，若適士，又降一等，入小功也。此等以重出其文，姑、姊妹又以再降，故在此。

敖氏繼公曰：「此姑、姊妹、女子子再降，故其服在此。不言適人而言適士者，所以見從父昆弟及庶孫亦謂爲士者也。經之例多類此。公之昆弟于其從父昆弟之不爲大夫者乃小功者，以其非公子也。周之定制，諸侯父死子繼，不立昆弟，于此亦可見矣。」

【《欽定義疏》】三者之從父昆弟、姑、姊妹不敢以小功報，而如其大功之本服服之。惟大夫之子，父没則不降。

大夫之妾爲庶子適人者。【注】君之庶子，女子子也。庶女子子在室大功，其嫁于大夫亦大功。【疏】此

適人者謂士也。❶

馬氏融曰：「適夫人庶子也，在室大功，出降一等，故服小功。」

敖氏繼公曰：「女子子不必言庶，文有脱誤也。經凡言庶子，皆主于男子也。此非己子，故其服如此。若爲己之女子子，在室期，適人亦大功。又考《喪服記》與《小記》，言妾爲君之長子之服，《大功章》及此章凡三見。大夫之妾爲君之庶子及其女子子之服若其君之他親，則無聞焉。然則，凡妾之從乎其君而服其君之黨者，止于此耳，是亦異于女君者也。」

盛氏世佐曰：「案女子子云『庶』者，别于己所生也。女君所生者，亦存焉。己子在室期，適人大功。妾不得體君，爲其子得遂也。」

【《欽定義疏》】女君所生之女子子，妾爲之服，與庶子同，故女子子無分于適庶。經言庶子者，嫌他妾所生之女子子，或異于女君所生者也。　又案妾爲君之父母、祖父母，亦當與女君同，猶臣之從君服也。其旁親，皆不服之，彼不來服妾，亦無庸徧服之，且嫌並適也。妾服不及其孫，妾子之子無爲父之妾母之服，妾又何孫服之有乎？

蕙田案：此條馬融以出降一等爲説，王肅以適士降一等爲説。馬説是也。經明言適人，是以出降，故小功；非以適士降，故小功。

庶婦。【注】夫將不受重者。【疏】《小記》注云：「世子有廢疾，不可立，而庶子立。」其舅姑皆爲其婦小功，則亦兼此婦也。

黄氏榦曰：「適婦大功，庶婦小功，兄弟子婦小功。❷貞觀十四年，侍中魏徵奏：適子婦，舊服大功，請加爲周。衆子婦，舊服小功，今請與兄弟子婦同服大功九月。問：魏徵以兄弟子之婦同于衆子婦。先師朱文公曰：『《禮經》嚴適，故《儀禮》適婦大功，庶婦小功，此固無可疑者。但兄弟子之婦，則正經無文，而舊制爲之

❶「士」上，原有「無」字，據庫本及《儀禮・喪服》疏删。

❷「小功」，校點本《朱子全書・儀禮經傳通解續》卷一六校改作「大功」。

大功，乃更重于衆子之婦。雖以報服使然，然于親疎輕重之間，亦可謂不倫矣。故魏公因太宗之問而正之，然不敢易其報服大功之重，而但升適婦爲期，乃正得嚴適之義；升庶婦爲大功，亦未害于降殺之差也。前此未喻，乃深譏其兄弟子婦而同于衆子婦爲倒置人倫，而不察其實乃以衆子婦而同于兄弟子之婦也，幸更詳之。』案《儀禮》婦服舅姑期，故舅姑服適婦大功。今加適婦爲期，雖得嚴適之義，又非輕重降殺之義，當考。今《服制令》：舅姑爲適婦不杖期，爲衆子婦大功，爲兄弟子之婦大功。」

敖氏繼公曰：「庶婦爲舅姑期，舅姑乃再降之爲小功者，所以別于適婦也。」

君母之父母、從母。【注】君母，父之適妻也。從母，君母之姊妹。【疏】此亦謂妾子爲適妻之父母及君母姊妹，如適妻子爲之同也。

馬氏融曰：「妾子爲之服小功也。自降外祖服緦麻，外無二統者。」

傳曰：何以小功也？君母在，則不敢不從服。君母不在則不服。【注】不敢不服者，恩實輕也。凡庶子，爲君母，如適子。【疏】不在者，或出或死也。君母在，既爲君母父母服，其己母之父母或亦兼服之。若馬氏義，君母不在，乃可伸矣。

馬氏融曰：「從君母爲親服也。君母亡，無所復厭，則不爲其親服也，自得伸其外祖小功也。」

敖氏繼公曰：「『君母在，則不敢不從服』者，以其配父尊之也。『君母不在則不服』者，別于己之外親也。此庶子雖服其君母之父母姊妹，彼于此子則無服也。蓋庶子以君母之故，不得不服其親，而彼之視己，實非外孫與姊妹之子，故略而不服。」

郝氏敬曰：「服爲哀節，戚爲喪本，服由情生，貌以飾情。仁人之于喪，非以不敢不服服也，欲服而不敢服則有之，不欲服而不敢不服則幾乎偷矣。君母在不敢不服，斯禮也，雖聖人無如之何。聖人于禮，人情耳，人情所不敢，聖人因之，尊尊親親，所以不得不相爲用也。」

盛氏世佐曰：「案《服問》云：『母出，則爲繼母之黨服。母死，則爲其母之黨服。爲其母之黨服，則不爲繼母之黨服。』注云：『雖外親，亦無二統。』以是推之，則爲君母之黨服，亦不爲其母之黨服矣。疏云兼服之，殆非。君母不在，乃得伸，馬説得之。」

君子子爲庶母慈己者。【注】君子子者，大夫及公子之適妻子。　【疏】鄭云「君子子者，大夫及公子之適妻子」者，禮之通例，君子與貴人，皆據大夫已上，公子尊卑比大夫，故鄭據而言。又國君之子爲慈母無服，士又不得稱君子，亦復自養子，無三母具，故知此二人而已。必知適妻子者，妾子賤，亦不合有三母故也。

敖氏繼公曰：「此服固適妻之子爲之，若妾子，則謂其母或不在，或有他故，不能自養其子，而庶母代養之，不命爲母子者也。」

郝氏敬曰：「君子，謂君與女君所生子，是大夫、公子適妻之子。重言『子』，明異于士庶人與妾子之爲子也。庶母，父衆妾。慈己，謂非慈母而有慈養之恩者。然無父命爲母子之義，故與慈母殊。慈母如母，庶母緦麻，貴人降則絶。此慈己者，分不及慈母而情厚于庶母，故不從降例，爲之服小功。《禮記·曾子問》疑慈母無服，蓋誤以此母爲慈母如母者耳。」

蕙田案：慈母有三：一則《齊衰章》「慈母如母」，謂妾之無子，妾子之無母者，父命爲子，服齊衰三年。一則《小功章》「庶母慈己者」，謂大夫之適妻子，庶母慈養己者，服小功。一則《内則章》「擇于諸母與可者，其次爲慈母」，《曾子問》内有慈母，君命所以教子也。此天子、諸侯之子皆無服。此條鄭注引《内則》，非是。

傳曰：君子子者，貴人之子也，爲庶母何以小功也？以慈己加也。【注】云「君子子」者，則父在也，父殁則不服之矣。『以慈己加』，則君子子亦以士禮爲庶母緦也。《内則》曰：「異爲孺子室于宫中，擇于諸母與可者，必求其寬裕慈惠、温良恭敬、慎而寡言者，使爲子師，其次爲慈母，其次爲保母。皆居子室，他人無事不往。」又曰：「大夫之子有食母。」庶母慈己者，此之謂也。其可者賤于諸母，謂傅姆之屬也。其不慈己，則緦可矣。不言師、保，慈母居中，服之可知也。國君世子生，卜士之妻、大夫之妾，使食子，三年而出，見于公宫則劬。非慈母也。士之妻自養其子。　【疏】云父在者，以其言子繼于父。且大夫、公子不繼世，身死則無餘尊之厭，如凡人，則無三母慈己之義，故知父在也。曰「父没則不服」者，以其無餘尊，雖不服小功，仍服庶母緦麻如士禮。鄭注《内則》云：「爲君養子之禮。」今此鄭所引，證大夫、公子養子之法。以其大夫、公子適妻子，亦得立三母故也。又云「大夫之子有食母」者，謂大夫三母之内，慈母有他故，使賤者代慈母養子，謂之乳母，死則服之三月，與慈母服異。引之者，證三母外又有此母也。君與士皆無此事。國君子三母之外，别有食子者，然皆無服。《曾子問》：「孔子曰：古者男子外有傅，内有慈母，君命所使教子也，何服之有？」以此而言，則知天子、諸侯之子于三母皆無服也。

戴氏聖曰：「君子子爲庶母慈己者，大夫之適妻之子養于貴妾，大夫不服賤妾，慈己則緦服也。其不言大夫之子而稱君子子者，君子猶大夫也。」

馬氏融曰：「貴人者，嫡夫人也。子以庶母慈養己，加一等小功也。爲父賤妾，服緦。父没之後，貴賤妾皆小功也。」

陳氏詮曰：「君子子者，大夫之美稱也。貴人者，謂公卿大夫也。謂貴人之子，父殁之後，得行士禮，爲庶母緦也。有慈養己者，乃加服小功。」

雷氏次宗曰：「大夫不服。凡妾，父所不服，子亦不敢服，安得爲庶母緦哉？大夫惟服姪娣，今所服者，將姪娣之庶母。」

敖氏繼公曰：「《禮》，爲庶母緦，謂士及其子也。其慈己者，恩宜有加，固小功矣。此云君子子者，明雖有貴者，其服猶然也。大夫之子、公子之子，于庶母亦當緦麻，以從其父而降，遂不服。其于慈己者，加在小功。若又從父而降，則宜在緦麻。今乃不降而從其加服者，嫌其與凡父在而爲不慈己者之服同也。正者降之，加者伸之，其意雖異，而禮則各有所當也。云君子子，則父在也。父在且伸此服，則父没可知矣。其爲父後者，則但服緦，蓋不可以過于因母也。若爲大夫，則不服之，以大夫于庶母本無服故也。」

張氏爾岐曰：「加，謂于緦麻上加至小功也。注『父没則不服』，謂不服其加服，仍爲服緦，以此慈母本庶母也。國君子于三母無服，士妻自養其子，故注知爲大夫、公子之適妻子也。」

【《欽定義疏》】案士之妻固自養其子，然或妻不能養而妾代養之，或此妾所生而彼妾代養之，皆爲庶母慈己者，則皆小功也。注引《内則》證此慈母之爲諸母耳。諸母即庶母，與此經一也。但國君之世子、衆子皆不服之。服之者，惟公子之子及大夫之子以下耳。若非庶母，而以他人爲之，則僅可比《緦麻章》之乳母，且自大夫之子以上皆不爲之服矣。昭十一年《左傳》：「其僚無子，使字敬叔。」此庶母慈己者也，不爲大夫則服之。　又案《内則》言子師、慈母、保母，蓋國君之子備此三者。若公子之子、大夫之子，則三者不必備，即備亦不必概爲之服，服慈己者而已，以其恩勤爲尤甚也。司馬筠謂《内則》慈、保，擇他人爲之，非謂兄弟之母，而詆鄭康成爲「不辨三慈，混爲訓釋」。夫始生之子，不必遂有兄弟，固不必即有兄弟之母，而父妾皆可擇爲慈母也。渠蓋忽過《内則》「諸母」二字，未之審耳。

又案父命爲母子則三年。夫服三年則妾當從服，但孫不從服，己亦不服其黨耳。此庶母慈己者，經原不正名之曰慈母也，小功無從，自不待言。

蕙田案：庶母緦麻，慈己者加一等，故小功。言慈己，則非有慈母之名也。上之不同于《齊衰章》之「慈母如母」，下之不同于《内則》「其次爲慈母之無服」。❶善乎！《義疏》之言曰：「此庶母慈己者，經原不正名之曰慈母也。」義劃然矣。

右小功五月。

五禮通考卷第二百五十七

淮陰吴玉搢校字

❶「之無服」，《禮記·内則》無此三字。

五禮通考卷第二百五十八

内廷供奉禮部右侍郎金匱秦蕙田編輯
太子太保總督直隸右都御史桐城方觀承同訂
右春坊右贊善嘉定錢大昕
都轉鹽運使德水盧見曾　参校

凶禮十三

喪禮

《儀禮·喪服》緦麻三月者：【注】緦麻，布衰裳而麻絰帶也。不言衰絰，略輕服，省文。【疏】此章五服之内輕之極者，故以緦如絲者爲衰裳，又以澡治莩垢之麻爲絰帶，故曰緦麻也。三月者，凡喪服，變除皆法天道，故此服之輕者，法三月一時，天氣變，可以除之也。

敖氏繼公曰：「輕服既葬即除之，故但三月也。不別見殤服者，以其服與成人無異也。齊衰三月不言繩屨，大功不言冠布纓，小功不言布帶，緦麻不言衰絰，服彌輕則文彌略也。」

傳曰：緦者，十五升抽其半，有事其縷，無事其布，曰緦。【注】謂之緦者，治其縷細如絲也。或曰「有絲」，朝服用布，何衰用絲乎？抽猶去也。《雜記》曰：「緦冠繰纓。」【疏】八十縷爲升。十五升，千二百縷。抽其半，六百縷。縷粗細如朝服，數則半之。冠與衰同用緦布，但繰纓者，以灰澡治布爲纓，與冠別。

敖氏繼公曰：「十五升者，將爲十五升布之縷也。抽其半而爲布，則成布七升有半也。此比于他服之布爲稍踈，比于他布之縷爲最細。細者所以見其爲輕喪，踈者所以明其非吉布。若布縷之或治或否，其意亦猶是也。曰緦者，蓋治其縷，則縷細如絲，故取此義而名之，亦以異于錫衰也。此布七升有半，乃在小功之下者，以其縷細也。凡五服之布，皆以縷之粗細爲序，其粗者則重，細者則輕，故升數雖多，而縷粗猶居于前，如大功在繐衰之上是也。升數雖少，而縷細，猶居于後，如緦麻在小功之下是也。」

郝氏敬曰：「有事，謂澡治其縷後織，使滑易也。無事其布，謂成布則不治也。」

張氏爾岐曰：「事，鍛治之事。治其縷，不治其布也。」

姜氏兆錫曰：「十五升抽其半者，謂十四升有半，而縷計一千一百有六十也。疏家乃謂十五升中去其七升有半而六百縷，是亂經文也。考斬衰三升，齊衰則殺而爲四升、五升、六升，大功則又殺而爲七升、八升、九升，小功則更殺而爲十升、十一升、十二升，若以例降殺，則緦麻固應殺而爲十三升、十四升、十五升之差矣。其所以無三等之差者，先王制禮之義，禮之至重者與其雖輕而猶重者，其禮皆從詳而文，而其至輕者，其禮皆從略而質。夫自斬至小功，所以遞有升數之不同者，斬衰有正服、義服二等，正服三升，義服三升有半，皆如其服之二等，以爲升數之二等。其齊衰、大功、小功，皆有降服、正服、義服三等。齊衰降服四升，正服五升，義服六升。大功、小功三等之差亦如之。凡此斬齊，固皆重服，其下遞差。至大功、小功，猶皆三月後受服即葛，則雖輕猶重也。故其禮皆從詳而文。若緦麻之服，不過三月，既葬即釋，而五服之輕者，至此極矣，故其服從略而質。雖有降、正、義三等之服制，而升數之三等，則無之也。所以必用十四升有半者，制禮之義，以輕從輕，不以輕從重。緦麻，服之至輕也。如斬、齊、功之例，本應降服十三升，正服十四升，義服十五升，而既以輕服而無三等升數之差矣。今使以義從正，以正從降，是爲逆而從重；以降從正，以正從義，是爲順而從輕。其輕者乃十五升也，而十五升又爲朝服之服制，不可用，故去其半升而用之。斬衰之義服三升有半者，以其下則齊衰四升也。緦衰之諸服十四升有半者，以其下則朝服十五升也。若以十五升去其半升之制而亂爲十五升去其七升有半之制，則以五服中緦服之至輕，逆而從重，不但加于三等小功之上，而且直居三等大功中正服之上。先王制禮，當不如是也。且即以經傳各文義推之。《雜記》云：『朝服十五升，去其半而緦。』是猶以朝服相比而言也，則謂于朝服十五升之數去其七升有半之數，猶可言也。若《儀禮・喪服傳・喪服記》，若《禮記・閒傳》，皆但云『十五升去其半』而緦，並無『朝服』二字，是固不以朝服相比而言矣。則苟爲七升有半之制，亦直云七升有半而已。否則，或云八升去其半而已。而謂懸舉十五升之布而去其中之七升有半，是不但于禮制不合，而于言亦不順矣，是尚可通乎？ 或曰：緦麻雖七升有半，而縷細如朝服，是固不嫌重也。《喪服》繐衰，治其縷如小功，而布則四升有半，緦衰當亦如之。且小功以上，皆生縷生布，而緦麻有事其縷，無事其布，爲熟縷生布，則不啻輕矣。曰：是未之考也。五服縷質之粗細，其與升數之多寡本相權，緦服升本宜多，縷本宜細，不得謂縷細而升可疏，例以繐衰之制也明矣。《儀禮》繐衰者，五服以外之制也。其服，繐衰裳，牡麻絰，既葬除之，諸侯之大夫以時接見于天子者服之也。夫諸侯之大夫以接見天子而服繐衰三月，其服本輕，而其升數則四升有半者，注蓋謂『細其縷者，其恩輕，而升數少者，明爲至尊服也』。由此推之，繐裳乃五服以外之權制，故縷與升之輕重互相備。而緦麻，五服之正之極輕，非其比也。緦衰視小功以上，由重入輕，故縷分生熟，而凡縷與布之生熟，亦皆與升數相權，故緦衰者，十五升抽其半，而有事其縷，無事其布者也。錫衰者，亦十五升抽其半而無事其縷，有事其布者也。錫衰視緦衰，哀深而服較輕，故《周禮》王爲三公服，而注謂之『哀在内』；緦衰視錫衰，哀淺而服稍重，故王爲諸侯服，而注謂之『哀在外』。二制縷與布，互有生熟，然其以服輕而升密，升密而熟治，則一也，又豈得謂細縷熟治而升可疏乎？」

盛氏世佐曰：「十五升抽其半，謂其縷之粗細如朝服而但去其半升耳。治其縷而不治其布，亦異于吉者也。吉服縷與布皆治之。下《記》云『三升有半』，又云『四升有半』，半者，皆謂半升也。以此證之，姜氏之言信矣。」

蕙田案：斬衰三升、三升有半，凡二等。齊衰四升、五升、六升，大功七升、八升、九升，小功十升、十一升、十二升，皆三等。緦麻至輕，惟有一等。經云「十五升抽其半」者，謂十四升有半也。大夫相弔錫衰，其升數與此同。若如舊説以爲七升有半，是比之大功正服反加重矣。姜氏、盛氏説，足正相沿之誤。

族曾祖父母、族祖父母、族父母、族昆弟。

【注】族曾祖父者，曾祖昆弟之親也。族祖父者，亦高祖之孫，則高祖有服明矣。【疏】此即《禮記·大傳》云：「四

世而緦，服之窮也。」名爲四緦麻者也。族曾祖父母者，己之曾祖親兄弟也；族祖父母者，己之祖父從父昆弟也；族父母者，己之父從祖昆弟也；族昆弟者，己之三從兄弟也。皆名爲族，族，屬也，骨肉相連屬。以其親盡，恐相疏，故以族言之耳。此四緦麻又與己同出高祖，己上至高祖爲四世，旁亦四世，旁四世既有服，于高祖有服明矣。鄭言此者，舊有人解《齊衰三月章》直見曾祖父母，不言高祖，以爲無服，故鄭從下鄉上推之，高祖有服可知。

黄氏榦曰：「曾祖父據期斷，本應五月。曾祖之昆弟既疏一等，故緦。曾祖爲曾孫三月，兄弟曾孫以無尊降之，故亦緦。族曾祖父者，曾祖父之兄弟也。其子謂族祖父，又其子謂族父，又其子謂族昆弟，凡四世。以曾祖祖父已旁殺之義推之，皆當服緦。」

敖氏繼公曰：「以從父、從祖者差之，則此乃從曾祖之親也。變言族者，明親盡于此也。凡有親者皆曰族，《記》曰『三族之不虞』是也。」

盛氏世佐曰：「爲族曾祖父者，昆弟之曾孫也；爲族祖父者，從父昆弟之孫也；爲族父者，從祖昆弟之子也。自族父母而上皆反服，不云報者，省文也。族父母爲從祖昆弟之子服，見下文。以是推之，則族父母之父若祖可知矣。族昆弟，同出于高祖者也。」

庶孫之婦。【疏】以適子之婦大功，庶子之婦小功，適孫之婦小功，庶孫之婦緦，是其差也。

馬氏融曰：「祖父母爲嫡孫之婦小功，庶孫婦降一等，故服緦。」

敖氏繼公曰：「庶孫之婦緦，則適孫之婦小功也。《小功章》不見之者，文脱耳。祖父母于庶孫之婦其本服當小功，以别于適孫之婦，故亦降一等而在此。」

庶孫之中殤。【注】庶孫者，成人大功，其殤，中從上。此當爲下殤，言中殤者，字之誤爾。又諸言中者，皆連上下也。

馬氏融曰：「祖爲孫，成人大功，長殤降一等，中下殤降二等，故服緦也。言中則有下，文不備，疎者略耳。」

王氏肅曰：「此見大夫爲孫服之異也。士爲庶孫大功，則大夫爲之小功。降而小功者，則殤中從上，故舉中以見之。」

盛氏世佐曰：「案《殤小功章》傳云『大功之殤，中從上』，此鄭所據以改經也。馬説與傳例不合，王解與經例又舛矣。經凡言大夫服，則必特書大夫以别之。」

從祖姑、姊妹適人者，報。【疏】此本服小功，以適人降一等，在緦麻也。

敖氏繼公曰：「云報者，謂亦既適人乃降之也。《小功章》已不著嫁者、未嫁者之服，又以此條徵之，則女子之逆降，固不及大功而下者矣。適人者，爲此親非報服，略言之耳。」

郝氏敬曰：「從祖姑是從祖祖父之女，父之從姊妹也。從祖姊妹是從祖之孫女，己之再從姊妹也。」

從祖父、從祖昆弟之長殤。【注】不見中殤，中從下。【疏】此本服小功，以長殤降一等，在緦麻也。云「不見中殤，中從下」者，以小功之殤中從下故也。其云從祖父之長殤，謂叔父也。

敖氏繼公曰：「上章之首連言三小功，此惟見其二者之殤，蓋以從祖祖父未必有在殤者也。此與經不見曾祖之父及曾孫之子之服者，意頗相類。」

【《欽定義疏》】敖氏之説良然。若有從祖祖父在長殤者，與此同服緦可知。

郝氏敬曰：「從祖父者，從祖祖父之子，父之從父昆弟，己之再從世叔父也。從祖昆弟，己之再從兄弟也。」

盛氏世佐曰：「自『從祖姑』以下，皆與己同曾祖者之降服也。」

外孫。【注】女子子之子。【疏】以女出外適而生，故云外孫。

敖氏繼公曰：「此服亦男女同。外孫爲外祖父母小功，不報之者，以其爲外家之正尊與？」

從父昆弟、姪之下殤。【疏】從父昆弟，成人大功，長、中殤小功，故下殤在此章也。姪者，爲姑之出降大功，長、中殤小功，故下殤在此章也。

敖氏繼公曰：「單言姪者，前既以丈夫、婦人言之，此無嫌也。又以前章例之，則爲人後者爲其昆弟之下殤，亦當在此，經文闕耳。」

盛氏世佐曰：「姪，姑適人者爲之也，于其本服皆降二等。」

【《欽定義疏》】爲兩下殤服者，異人也。《小功章》爲從父昆弟之長殤，據丈夫；則此爲其下殤緦者，亦丈夫也。女子子在室者，服之亦同，適人則不服。其爲姪，則專主婦人耳。

夫之叔父之中殤、下殤。【注】言中殤者，中從下。【疏】夫之叔父，成人大功，長殤在小功，故中、下殤在此。以下傳言之，婦人爲夫之族類，「大功之殤中從下」，故鄭據而言之也。

敖氏繼公曰：「見中殤者，明其與前條異。」

從母之長殤，報。【疏】從母者，母之姊妹，成人小功，故長殤在此，中、下之殤無服。

敖氏繼公曰：「前章從母成人之服已言報，此復見之者，嫌其報加服者，或略于殤也。」

【《欽定義疏》】外親之殤服，僅有此條。嫌殤服或略于外親，故著之。

庶子爲父後者爲其母。【疏】此爲無冢適，唯有妾子，父死，庶子承後，爲其母緦也。

馬氏融曰：「承父之體，四時祭祀，不敢伸私親服，廢尊者之祭，故服緦也。」

傳曰：何以緦也？傳曰：與尊者爲一體，不敢服其私親也。然則何以服緦也？有死于宮中者，則爲之三月不舉祭，因是以服緦也。【注】君卒，庶子爲母大功。大夫卒，庶子爲母三年。士雖在，庶子爲母，皆如衆人。【疏】傳發問者，怪其親重而服輕，❶故問。云私親者，妾母不得體君，不得爲正親也。有死于宮中者，縱是臣僕，亦三月不舉祭，故此庶子因是爲母服緦也。注云「君卒，庶子爲母大功」者，《大功章》云「公之庶昆弟爲其母」是也。以其先君在，公子爲母在五服外。先君卒，則是今君庶昆弟爲其母大功。先君餘尊之所厭，不得過大功。云「大夫卒，庶子爲母三年」者，以其父在大功，《大功章》云「大夫之庶子爲母」是也。父卒，無餘尊所厭，故伸三年。「士雖在，庶子爲母，皆如衆人」者，士卑無厭故也。鄭并言大夫、士之庶子者，欲見不承後者如此服，若承後則皆緦，故并言之也。若天子、諸侯庶子承後，爲其母所服云何？案《曾子問》云：「古者天子練冠以燕居。」鄭云「爲庶子王爲其母」無服。案《服問》云：「君之母非夫人，則羣臣無服，惟近臣及僕驂乘從服，惟君所服服也。」注云：「妾，先君所不服也。禮，

❶「怪」，原作「惟」，據阮刻《儀禮注疏》改。

庶子爲後，爲其母緦。言惟君所服，伸君也。《春秋》之義，有以小君服之者。時若小君在，則益不可。」據《曾子問》所云，據小君在，則練冠五服外。《服問》所云，據小君没後，其庶子爲得伸，故鄭云「伸君」，是以引《春秋》之義，母以子貴。若然，天子、諸侯禮同，與大夫、士禮有異也。

馬氏融曰：「緣先人在時，哀傷臣僕有死宫中者，爲缺一時不舉祭，因是服緦也。」

黄氏榦曰：「晉孝武泰元中，太常車嗣上言：『《禮》：「庶子爲後，爲其母緦麻三月。」自頃公侯卿士，庶子爲後，爲其庶母同之于嫡。《禮記》云：「爲父後，爲出母無服。」無服也者，不祭故也。今身承祖宗之重，而以庶母之私，廢烝嘗之事，求之情禮，失莫大焉。』又升平中，故太宰、武陵王所生母喪，表求齊衰三年，詔聽依樂安王故事，制大功九月。興寧中，故梁王逢所生母喪，亦求三年，詔依太宰故事，同服大功。並無居廬三年之文。尚書奏依樂安王大功爲正。詔可。《開元禮》：『庶子爲父後者，爲其母緦麻三月。』今《服制令》：『庶子爲後者，爲其母緦麻三月，亦解官申其心喪。』」

敖氏繼公曰：「爲父後者，或當爲適母後，故不服妾母，蓋與適子同也。有死于宫中則三月不舉祭者，吉凶之事，存亡共之。因是以服緦者，言非若是則不敢服也。蓋子之于母，情雖無窮，然禮所不許，則其情亦不可得而遂。今因有三月不舉祭之禮，乃得略伸其服焉。觀此，則孝子之心可知矣。何以不齊衰三月也？尊者之服，不敢用于妾母也。」

盛氏世佐曰：「妾不得體君，而此子與尊者爲一體，故屈母子之情，降而在此，不因君母之存没異也。大夫已上無緦服，而此禮則上下同之，以其至情所關，雖加一日愈于已，苟有死于宫中者之例可援，以少伸吾情焉，則雖天子、諸侯亦不以貴而絶其母也。」

【《欽定義疏》】此據士之庶子爲父後者言也，而大夫之庶子爲父後而不爲大夫者亦存焉。爲母廢一時之祭，亦足以伸其情矣。若又過此，則非所以承宗廟也。大夫以上無緦服，則不服。《雜記》：「同宫，雖臣妾，葬而後祭。」謂練、祥之祭也。服緦則廢一時之吉祭可知。又案魯昭公之母齊歸薨，叔向譏其「有三年之喪而無一日之慼」，是則諸侯之庶子爲父後者于其母原應有三年之喪也。《服問》：「君之母非夫人，則羣臣無服，唯近臣及僕、驂乘從服，唯君所服服也。」凡臣從君服，降一等。君若服緦，則近臣何服之有？曰羣臣無服，則君固自有服也。曰近臣從服，曰唯君所服服，則君當服三年而近臣從之以期矣。然據此經，士之庶子爲父後則緦，大夫之庶子爲父後若爲大夫則無服，以大夫無緦服也。諸侯以上，更不待言。然則奚從而可？庶子爲父後者不服其母，雖古有定制，而究不即于人心。《公羊氏》曰：「母以子貴。」《春秋》書成風、齊歸皆曰小君，則固以夫人之喪喪之矣。西周以前不可知，而春秋時則已變，亦因人心之所不安而通之，未可謂其必不然也。玩《曾子問》練冠以居之説，疑古者庶子王于其母，在外則無服，燕居則練服以終三年，是以羣臣在外者不從服，近臣時在君側者則從以練服終期歟？君服其内而不服其外，則雖曰無服，而三年之慼未嘗不存。此與公子之妻服其皇姑之意略同。若然，則諸經傳之説，庶可以相通而不相左矣。

士爲庶母。【疏】大夫已上，不服庶母。庶人又無庶母。爲庶母服者，惟士而已，故變例言士也。

雷氏次宗曰：「爲五服之凡不稱其人者，皆士也。若有天子、諸侯，下及庶人，則指其稱位，未有言『士爲』者。此獨言『士』，何乎？蓋大夫以上，庶母無服。庶人無妾，則無庶母。爲庶母，惟士而已，故詭常例，以著唯獨一人也。」

朱子曰：「父妾之有子者，《禮經》謂之庶母，死則爲之服緦麻三月。此其名分固有所繫，初不當論其年齒之長少。然其爲禮之隆殺，則又當聽從尊長之命，非子弟所得而專也。」

敖氏繼公曰：「言士者，承上經之下，宜別之，且起下文也。」

汪氏琬曰：「或問：均父妾也，必有子然後爲庶母，何也？曰：父妾之男，吾謂之昆弟矣；其女，則吾謂之姊妹矣。昆弟姊妹之母，猶吾母也，故謂之庶母，舍是則不得被此名也。是以爲吾庶昆弟姊妹之母則服，不爲吾庶昆弟姊妹之母則不服。或問：庶祖母宜何服？曰：其祖免乎！禮，大夫以上爲庶母無服，何庶祖母服之有！然則律文服庶母期矣，顧亦無庶祖母服者何與？曰：疏也，❶無恩也，是則爲之袒免可也。」

傳曰：何以緦也？以名服也。大夫以上，爲庶母無服。【疏】以其母名，故有服。云「大夫以上無服」者，以其降故也。

杜氏佑曰：「大唐顯慶二年，修禮官長孫無忌等奏：『庶母，古禮緦麻，新禮無服。謹案庶母之子，即是己之昆弟，爲之不杖齊衰，而己與之無服，同氣之内，凶吉頓殊，求之禮情，深非至理。請依典故，爲服緦麻。』制從之。」

敖氏繼公曰：「大夫以上爲庶母無服者，以庶母之服緦，而大夫以上無緦服故也。又大夫以上，于其有親者且降之絶之，則此無服亦宜矣。」

郝氏敬曰：「大夫以上分尊，故庶母之服降而絶。」

盛氏世佐曰：「大夫以上，固絶緦矣。傳必著之者，嫌其或以母名而不絶也。」

貴臣、貴妾。【注】此謂公士大夫之君也。殊其臣妾貴賤而爲之服。貴臣，室老、士也。貴妾，姪娣也。天子、諸侯降其臣妾，無服。士卑無臣，則士妾又賤，不足殊，有子則爲之緦，無子則已。

馬氏融曰：「君爲貴臣、貴妾服也。天子貴公，諸侯貴卿，大夫貴室老。貴妾，謂姪娣也。」

陳氏詮曰：「天子貴臣，三公；貴妾，三夫人。諸侯貴臣，卿大夫；貴妾，姪娣。大夫貴臣，室老、士；貴妾亦爲姪娣。然則天子諸侯絶周，于臣妾無服明矣。大夫非其同尊，每降一等，而已爲臣妾貴者有緦麻三月也。」

杜氏佑曰：「宋袁悠問雷次宗曰：『《喪服》「大夫爲貴

❶「也」，原作「曰」，據《儀禮集編》卷二五引文改。

臣、貴妾緦」，何以便爲庶母無服？又案《檀弓》云：「悼公之母死，哀公爲之齊衰。有若曰：諸侯爲妾齊衰，禮與？」鄭注云：「妾之貴者，爲之緦耳。」《左傳》云晉少姜卒，明年正月，既葬，齊使晏平仲請繼室。叔向對曰：「寡君以在衰絰之中。」案此，諸侯爲妾便有服也。』次宗答曰：『大夫爲貴妾緦，案注：「貴妾，姪娣也。」夫姪娣實貴而大夫尊輕，故不得不服。至于餘妾，出自凡庶，故不服也。又天子諸侯一降旁親，豈容媵妾更爲服也。鄭注《喪服》無服是也。又注《檀弓》哀公爲悼公母齊衰云：「妾之貴者，爲之緦耳。」此注謂諸侯爲貴妾緦，既與所注《喪服》相違，且諸侯庶子，母卒無服，皆以父所不服，亦不敢服，未喻《檀弓》注云何以服，❶言諸侯爲貴妾緦耶？《左傳》所言，云少姜之卒，有衰經之言者，是春秋之時，諸侯淫侈，至于甚者，乃爲齊衰。此蓋當時之弊事，非周公之明典也。』」

敖氏繼公曰：「此亦士爲之也。貴臣，室老也。貴妾，長妾也。此服似夫妻同之。妻爲此妾服，則非有私親者也。其有親者，宜以其服服之。大夫以上無緦服。」

顧氏炎武曰：「此謂大夫之服。貴臣，室老、士也。貴妾，姪娣也。皆有相助之義，故爲之服緦。《穀梁傳》曰：『姪娣者，不孤子之義也。』古者大夫亦有姪娣。《左傳》『臧宣叔娶于鑄，生賈及爲而死。繼室以其姪，生紇』是也。備六禮之制，合二姓之好，從其女君而歸焉，故謂之貴妾。士無姪娣，故《喪服小記》云『士妾有子而爲之緦』，然則大夫之妾雖有子猶不得緦也。惟夫有死于宮中者，則爲之三月不舉祭近之矣。唐李晟夫人王氏無子，妾杜氏生子愿，詔以爲嫡子。及杜之卒也，贈鄭國夫人，而晟爲之服緦。議者以爲，準禮，士妾有子而爲之緦。開元新禮無是服矣。而晟擅舉復之，頗爲當時所誚。今之士大夫，緣飾禮文而行此服者比比也。」

張氏爾岐曰：「大夫以上爲庶母無服而服其貴臣、貴妾，于義似難强通。此殆承上『士爲庶母』之文，言士禮耳。其私屬亦可謂之臣，妾之有子者即貴者也。」

汪氏琬曰：「《儀禮》貴妾緦，而律文無之。今之卿大夫宜何從？予應之曰：從律。何以知其宜從律也？古今之制不同，有從重服而改輕服者，有從輕服而改重服

❶「服」，疑當作「復」，與下連讀。

者，❶有從有服而退爲無服者，有從無服而進爲有服者。自唐以來，損益《儀禮》多矣，而猶欲取久遠不可考之文以自附于好古乎！《荀卿氏》曰『法後王』，是不可不深講也。今之卿大夫不然，舉凡服其餘親，莫不兢兢令甲而莫之敢越，而獨于其妾也則必秉周禮，毋乃暱于所愛乎哉！有難者曰：『母以子貴，非與？』曰：非是之謂也。諸侯娣姪媵之子得立，則國人從而尊其生，故存則書『夫人』，殁則書『薨』、書『葬』、書『小君』，皆得視其適。此《春秋》之例也。然則妾之子而既貴矣，天子且許之貤封，而家長可不爲之制服乎？曰：天子自貴其卿大夫之母，家長自賤其妾，律令之與敕誥，皆出于天子，固並行不倍者也。或又難曰：『律文得毋有闕與？』曰：國家辨妻妾之分，嚴嫡庶之閑，其防微而杜漸也，可謂深切著明矣，而又何闕文之有？且吾考諸《儀禮》，則曰『大夫爲貴妾緦』；考諸《喪服小記》，則曰『士妾有子而爲之緦』。《儀禮》不言士妾，《小記》不言大夫妾，而唐《開元禮》則皆不爲之制服。宋司馬氏《書儀》、朱子《家禮》與前明《孝慈録》亦概未之及也。蓋妾之無服，千餘年于此矣。今使家長之爲大夫者爲之服緦，則衆子之爲士者當如之，所生子爲父後者亦當如之，其父在者當爲所生母大功。顧己之服其妾也則從《儀禮》緦，而命衆子與所生子則又從律文，或齊衰杖期，或斬衰三年，是于古今之制胥失之矣。嗟乎！非天子不議禮。若好古而不純乎古，守今而不純乎今，是則自剏爲禮也，吾故曰不可不深講也。」

盛氏世佐曰：「案《斬衰章》傳云：『公、卿、大夫室老、士，貴臣。其餘皆衆臣也。』貴臣之中兼有公、卿、大夫，則此禮亦通大夫以上矣。大夫無緦服，而此禮乃通乎其上者，以臣妾爲其君服斬，而君無服，仁人之心，爲不若是恝，故放死于宫中者之例而爲之緦，恤下之典也。然必簡其貴者而服之，所以殊尊卑也。且其服止于是爾，若加以衰絰，如魯哀、晉平之所以服其妾者，則其徇情而褻尊也甚矣。若然，父之所爲服，子亦不敢不服，大夫以上，宜有庶母服矣。傳乃云『無服』者，以其分卑恩輕，爲服之義，主于從父，而不生于己，父卒後，則得以其尊降之，故云『大夫以上爲庶母無服』也。馬氏解此傳兼天子諸侯言，得之。鄭氏專指大夫，敖、張二説專指士，皆非。禮，王爲三公六卿錫衰，爲諸侯緦衰，爲

❶「改」，原作「從」，據《堯峰文鈔》卷七改。

大夫士疑衰，其首服皆弁絰。公爲大夫，錫衰以居，出亦如之，當事則弁絰。此君爲臣服之制也。以是差之，則其爲三夫人及娣姪者可知矣。」

【《欽定義疏》】據《士昏》、《士喪》，皆有室老。據《士昏》則媵有娣姪。室老爲私臣之貴者，娣姪之長爲妾之貴者。《曲禮》曰：「士不名家相、長妾。」亦足徵之。士之職位，未宜有所降，生不名者，死則以緦，服之宜也。《小記》：「士妾有子，而爲之緦。」士爲妾服，蓋兼此二者。貴則不必其有子也，有子則不必其貴也。尊降之法，士服而大夫不服者有之矣，未有大夫服而士不服者也。大夫不爲庶母服，而乃自服其妾乎？臣妾不可偏服，殊其貴者而服之，于士則宜，娣姪爲妻之族親，未可謂賤也，注欲伸其無臣之説，故强此以就彼耳。

蕙田案：注疏及雷次宗、顧炎武專指大夫，馬融、陳銓、盛世佐通指大夫以上，敖繼公、張爾岐則專指士。數説不同。今案天子諸侯絶旁期，固無爲臣妾制服之法。大夫無緦服，亦不應獨私于臣妾。傳云「有死于宮中者，則爲之三月不舉祭」，但曰不舉祭，則不爲服可知矣。貴臣、貴妾之服以爲主士者得之，而《義疏》又引《曲禮》「士不名家相、長妾」之文以爲證，其論始定。

傳曰：何以緦也？以其貴也。【疏】以非南面，故簡貴者服之也。

盛氏世佐曰：「傳言此者，明其非貴則不服耳，尊君之義也。」

乳母。【注】謂養子者有他故，賤者代之慈己。【疏】《内則》云：「大夫之子有食母。」彼注亦引此云「《喪服》所謂乳母」。以天子諸侯其子有三母，皆不爲之服。士又自養其子，唯大夫之子有此食母爲乳母，其子爲之緦也。

馬氏融曰：「士爲乳母服。」

杜氏佑曰：「漢《石渠禮議》：『問曰：「大夫降乳母耶？」聞人通漢對曰：「乳母所以不降者，報義之服，故不降也。則始封之君及大夫皆不降乳母。」』❶魏劉德問田瓊曰：『今時婢生口，使爲乳母，得毋甚賤，不應報也？』瓊答曰：『婢生口，故不服也。』晉袁准曰：『保母者，當爲保姆，《春秋》「宋伯姬待姆」是也，非母之名也。乳母者，因父得稱。且保傅，婦人輔相，婢之貴者耳，而爲之服，不亦重乎！先儒欲使公之庶子爲母無服，而服乳母乎？此時俗之名，記者集以爲禮，非聖人之制。』賀循云：『爲乳母，緦三月，士與大夫皆同，不以尊卑降功服故也。』梁氏云：『服乳母緦者，謂母死莫養，親取乳活之者，故服之報功也。』」

【《欽定義疏》】始封君所服，謂不臣者耳。乳母何人，而君與夫人服之乎？大夫降一等，則凡緦皆不服。大夫之子從乎大夫而降，則父在亦不服矣。宋仁宗以天子之尊，宣召兩府，欲爲乳母制服，韓魏公曾争之。「士爲庶母、貴臣、貴妾、乳母」，經本連文，傳注家離之耳。

敖氏繼公曰：「此亦蒙『士爲』之文也。士之妻自養其子，若有故，或使賤者代食之，故謂之乳母。其妾子亦然。若于大夫之子，則慈母之外，又有乳母。《内則》曰『大夫之子有食母』，鄭氏以爲即此乳母是也。大夫之子，父没乃爲之服。」

郝氏敬曰：「乳母，哺乳之母，外人婦代食子者。非其所生子，亦非其父妾，本不名母，而以乳得名。本無服，而以名得服。」

盛氏世佐曰：「此爲大夫士之子設也。諸侯已上則無是禮矣。大夫之子，父没乃得伸，敖説得之。」

傳曰：何以緦也？以名服也。【疏】有母名也。

從祖昆弟之子。【注】族父母爲之服。

敖氏繼公曰：「爲族曾祖父、族祖父、族父、族昆弟皆緦，其族昆弟固相爲矣。此條則族父報。然則族曾祖

❶「不」，《通典》卷九二無此字。

父于昆弟之曾孫，族祖父于族父昆弟之孫，以其爲旁親卑者之輕服，故略之而不報與？　經但見族父爲此服，注兼言族母者，足經意也。　婦人爲夫黨之卑屬與夫同。」

盛氏世佐曰：「同高祖之親，自族昆弟而外凡三緦麻，其報服，經惟見其一耳，文不具也，敖説非。」

曾孫。【注】孫之子。　【疏】據曾祖爲之緦，不言玄孫者，此亦如《齊衰三月章》直見曾祖，不言高祖，以其曾孫爲曾、高同，曾、高亦爲曾孫、玄孫同也。

敖氏繼公曰：「此曾祖爲之服也。以本服之差言之，爲子期，爲孫大功，則爲曾孫亦宜小功，乃在此者，以曾孫爲己齊衰三月，故己亦爲之緦麻三月，蓋不可以過于其爲己之月數也。不分適庶者，以其卑遠，略之，且不可使其庶者無服也。」

盛氏世佐曰：「此謂其庶也。若適子若孫皆没，而以適曾孫爲後，曾祖亦宜爲之期，以其將所傳重故也。然其事亦世所鮮有，故經不著之。」

【《欽定義疏》】緦麻在殤則無服。高祖于玄孫之成人者，罕及見之矣。《王制》：「七十，惟衰麻在身。」謂父母之喪也。若卑屬功緦之服，則七十以上者，雖存其名，而不必强被之，經所以不著也。曾孫女成人、在室當亦同，或適人，或殤，則不服。　經于《不杖期章》著適孫之服，《大功章》著庶孫之服，至此章則概之曰曾孫，不分適庶。然則雖有適子、適孫，皆不在，而適曾孫應爲後者，曾祖亦但爲之緦麻矣。蓋曾孫之爲曾祖三年，傳重也。祖父之於子孫，則不容無所降殺。爲適子斬衰，爲適孫不杖期，未嘗以適子不在而爲適孫斬也，則亦何庸以適孫不在而爲適曾孫期乎？　爲適孫不與適子同服，則爲適曾孫不與適孫同服宜也。且自緦至期，相縣已甚，頓加三等，恐無此法。

父之姑。【注】歸孫爲祖父之姊妹。　【疏】《爾雅》云：「女子謂昆弟之子爲姪，謂姪之子爲歸孫。」

敖氏繼公曰：「此從祖之親乃緦者，以其爲祖父之姊妹，于屬爲尊，故但據已適人者言之。其意與姑爲姪者同。不言報者，亦以非其一定之禮故耳。」

盛氏世佐曰：「此同曾祖之親也。其成人而未嫁者，服之如從祖父。適人者，降一等，故在此。經不云適人者，亦文省。」

從母昆弟。

馬氏融曰：「姊妹子相爲服也。」

敖氏繼公曰：「從母姊妹亦存焉。外親之婦人，在室、適人同。」

傳曰：何以緦也？以名服也。【疏】因從母有母名而服其子也。

馬氏融曰：「以從母有母名，其子有昆弟名。」

敖氏繼公曰：「名，謂昆弟之名。母爲姊妹之子小功，子無所從也，唯以名服之。從母以名，加此以名服。子于母黨，其情蓋可見矣。然則有可從而不從者，所以遠別于父族與？」

甥。【注】姊妹之子。

杜氏佑曰：「大唐貞觀年中，八座議奏：『今舅服同姨小功五月，而《律疏》舅報于甥，服猶三月。謹案傍尊之服，禮無不報。己非正尊，不敢降也。故甥爲從母五月，從母報甥小功；甥爲舅緦麻，舅亦報甥三月：是其義矣。今甥爲舅，使同從母之喪，則舅宜進甥以同從母之報。修《律疏》人，不知禮意，舅報甥服，尚指緦麻，于例不通，理須改正。今請修改《律疏》，舅報甥亦小功。』制可。」

敖氏繼公曰：「亦丈夫、婦人同。」

傳曰：甥者何也？謂吾舅者，吾謂之甥。何以緦也？報之也。【疏】甥既服舅以緦，舅亦報甥以緦也。

馬氏融曰：「甥從其母而服己緦，故報之。」

汪氏琬曰：「凡父黨之尊者，由父推之，則皆父之屬也。如世父、叔父、從祖祖父是也。至父之姊妹，則不可謂之父矣。不可謂之父，其可謂之母乎？二者皆不可以命名，故聖人更之曰姑。《爾雅》『謂我姑者，我謂之姪』，蓋姑亦不敢以昆弟之子爲子也。凡母黨之尊者，以母推之，則皆母之屬也，如從母是也。至母之昆弟，則不可謂之母矣。不可謂之母，其可謂之父乎？二者皆不可以命名，故聖人更之曰舅。《爾雅》『謂我舅者，我謂之甥』，蓋舅亦不敢以姊妹之子爲子也。此先王制名之微意也。」

盛氏世佐曰：「案甥之名不一，故傳釋之云『謂吾舅者，吾謂之甥』，明其對舅立文，爲姊妹之子也。《爾雅》云：『姑之子爲甥，舅之子爲甥，妻之晜弟爲甥，姊妹之夫爲甥。』《孟子》云：『帝館甥于貳室。』是壻亦名甥矣。已上諸甥，皆與此異。此所謂甥，則《爾雅》云『男子謂姊妹之子爲出』是也。」

壻。【注】女子子之夫也。

傳曰：何以緦也？報之也。【疏】壻既從妻而服妻之父母，妻之父母遂報之也。

妻之父母。

汪氏琬曰：「或問：明《孝慈録》注：『妻母之嫁者、出者皆服緦。』然則果應服乎？曰：否。嫁母、出母，爲父後者猶無服，何有于妻母之出且嫁者乎？厚于妻母而薄于己之所生，其非先王之意也明矣。律文無服是也。」

姜氏兆錫曰：「所謂外舅、外姑也。」

傳曰：何以緦？從服也。【注】從于妻而服之。

杜氏佑曰：「蜀譙周云：『天子諸侯爲外祖父小功，諸侯嫡子爲母、妻及外祖父母、妻父母，皆如國人。舊説外祖父母，母族之正統；妻之父母，亦妻族之正統也。母、妻與己尊同，母、妻所不敢降，亦不降。』宋庾蔚之謂：『禮，父所不服，子不敢服。嫡子爲妻之父母服，則天子諸侯亦服妻之父母可知也。妻之父母猶服，况母之父母乎？』」

敖氏繼公曰：「從期服而緦，是降于其妻三等矣。妻從夫降一等，子從母降二等，夫從妻降三等，差之宜也。」

盛氏世佐曰：「案《小記》云：『世子不降妻之父母。』則是服亦上下同之矣。唯公子、大夫之庶子則不得伸耳。此緦服也，大夫已上不絶者，以妻之父母，君所不臣故也。凡所不臣者，服之如邦人。」

【《欽定義疏》】妻爲其祖父母期，夫不從服。母爲其祖父母期，子亦不從服。但從其母、妻之所自生者。祖則遠矣，且以其期本加服，又出適而不降也。與朱子母族三、妻族二之説合觀之，則條理秩然矣。

姑之子。【注】外兄弟也。【疏】云「外兄弟」者，姑是内人，以出外而生故也。

傳曰：何以緦？報之也。【疏】姑舅之子，兩相爲服，故云報。

程子曰：「報服，若姑之子爲舅之子服是也。異姓之服，只是推得一重。若爲母而推，則及舅而止。若爲姑而推，可以及其子。故舅之子無服，却爲既與姑之子爲服，姑之子須當報之也，故姑之子、舅之子其服同。」

舅。【注】母之兄弟。

汪氏琬曰：「或問：舅妻何以無服也？曰：由父而推之，則有父族之服；由母而推之，則有母族之服。姑之夫不可以爲父族，舅之妻與從母之夫不可以爲母族者也。禮，絶族無施服，其此之謂與？」

傳曰：何以緦？從服也。【注】從于母而服之。

杜氏佑曰：「大唐貞觀十四年，太宗謂侍臣曰：『舅之與姨，親疎相似，而服紀有殊，理未有得。集學者詳議。』于是侍中魏徵等議曰：『禮所以决嫌疑，别同異，隨恩以薄厚，稱情以立文。舅與姨雖爲同氣，然舅爲母族之本，姨乃外成他姓，求之母族，姨不與焉。考之經文，❶舅誠爲重。故周王念齊，稱舅甥之國；秦伯懷晉，切渭陽之詩。在舅服止一時，爲姨居喪五月，循名求實，逐末棄本。蓋古人或有未達。謹案舅服緦麻，請與從母同小功。』制可。」

朱子曰：「外祖父母止服小功，則姨與舅合同與緦麻。魏徵反加舅之服以同于姨，則爲失耳。」

敖氏繼公曰：「從于母之大功而緦也。母于昆弟之爲父後者期，子乃不從之而服小功者，亦可以見從服一定之制矣。」

顧氏炎武曰：「唐人所議服制，似欲過于聖人。嫂叔無服，太宗令服小功。曾祖父母舊服三月，增爲五月。嫡子婦大功，增爲期。衆子婦小功，增爲大功。舅服緦，

❶「考」，原作「孝」，據《通典》卷九二改。

增爲小功。父在爲母服期，高宗增爲三年。婦爲夫之姨舅無服，玄宗令從夫服。又增舅母緦麻，堂姨舅袒免。而弘文館直學士王玄感遂欲增三年之喪爲三十六月。皆務飾其文，欲厚于聖王之制，而人心彌澆，風化彌薄，不探其本，而妄爲之增益，亦未見其名之有過于三王也。是故知廟有二主之非，則叔孫通之以益廣宗廟爲大孝者絀矣；知喪不過三年，示民有終之義，則王玄感之服三十六月者絀矣；知親親之殺，禮所由生，則太宗、魏徵所加嫂叔諸親之服者絀矣。《唐書·禮樂志》言：『禮之失也，在于學者好爲曲説，而人君一切臨時申其私意，以增多爲盡禮，而不知煩數之爲黷也。』子曰：『道之不明也，賢者過之。』夫賢者率情之偏，猶爲悖禮，而况欲以私意求過乎三王者哉！」

華氏學泉曰：「或問：從母之夫、舅之妻及姑、姊妹之夫皆無服，何也？曰：服有五而其族三，曰父族、母族、妻族，俗稱三黨是也。姑、姊妹之有服，父族也。從母及舅之有服，母族也。姑、姊妹之夫，不可謂父族；從母之夫、舅之妻，不可謂母族。父族由父而上之，至于高、曾，故歸孫爲祖之姊妹猶有服。母族不遠及，故母之從姊妹兄弟即無服，恩有所限也。妻族不旁及，止于妻之父母，恩尤殺于母族矣。古之制服，其稱量之不爽如此。」

舅之子。【注】内兄弟也。【疏】云内兄弟者，對姑之子。

傳曰：何以緦？從服也。【疏】從服者，亦從于母而服之。

敖氏繼公曰：「此與姑之子相爲，皆男女同也。子爲母黨服，止于外祖父母、從母、舅、舅之子、從母之子耳，其餘則無服也。外祖父母、從母、舅與母爲一體，至親也，故從服。舅之子與從母昆弟，則以其爲尊者至親之子而在兄弟之列，不可以無服，故或從服，而或以名服也。」

郝氏敬曰：「母于昆弟之子大功，子從以緦。」

夫之姑、姊妹之長殤。

馬氏融曰：「成人服小功，長殤降一等，故服緦也。中下殤降一等，無服也。禮，三十而娶，而夫之姊殤者，關有畏厭溺者。」

陳氏詮曰：「夫未二十而娶，故有姊殤然矣。夫雖未二十則成人。」

孔氏倫曰：「蓋以爲違禮早娶者制，非施畏厭溺也。」

徐整問射慈曰：「古者三十而娶，何緣當服得夫之姊殤服？經文特爲士作，若説國君，皆別言君若公。」慈答曰：「三十而娶，禮之常制也。古者七十而傳宗事與子，年雖幼，未滿三十，自得少娶。故《曾子問》曰：『宗子雖七十，無無主婦。』此言宗子已老，傳宗事與子，則宜有主婦。」

敖氏繼公曰：「夫之姊無在殤者，此云姊，蓋連妹而立文耳。古者三十而娶，何夫姊之殤之有？」

【《欽定義疏》】《雜記》：「女雖未許嫁，年二十而笄。」笄則不爲殤矣。或其弟年十五六以上早昏，而姊未及笄而死者，容有之。女年垂成，痼疾數年而死，未及笄禮者，亦有之。則姊字不必定連文也。馬氏謂「關畏溺」，謬矣。

夫之諸祖父母，報。【注】諸祖父者，❶夫之所爲小功，從祖祖父母，❷外祖父母，或曰曾祖父母。曾祖于曾孫之婦無服，而云報乎？曾祖父母正服小功，妻從服緦。

【疏】「夫之所爲小功」者，妻降一等，故緦麻。以其本疏，兩相爲服，則生報名。或人解諸祖之中兼有夫之曾祖父母，鄭以凡言報者，兩相爲服，曾祖爲曾孫之婦無服，何得云報乎？故破其説。又言若今本不爲曾祖齊衰三月，而依差降服小功，其妻降一等，得有緦麻。今既齊衰三月，明爲曾孫妻無服。

敖氏繼公曰：「夫之所爲服小功者，則妻爲之緦。若于夫之祖父母之行而服此者，唯其從祖祖父母耳，似不必言『諸』。然則此經所指者，其夫之從祖祖父母及從祖父母與？但言『諸』者，疑文誤且脱也。」

盛氏世佐曰：「曾祖父母、從祖祖父母、從祖父母及外

❶「父」下，阮元《儀禮注疏校勘記》：「『父』字後，毛本、《通典》、《集釋》有『母』字。」

❷「母」下，阮元《儀禮注疏校勘記》據《通典》卷九二引文，以爲此下當補「從祖父母」四字。

祖父母，皆夫之諸祖父母也。但曾祖父母至尊，夫爲之齊衰三月，妻亦不可以輕服服之，其服當與夫同。《齊衰三月章》言丈夫、婦人爲宗子、宗子之母、妻，是其例矣。舊説曾孫婦爲夫之曾祖父母緦，殆失之。夫之外祖父母，妻當從服緦，而外祖父母爲外孫緦，則于其婦無服可知，不得云報。然則此經所指者，唯夫之從祖祖父母、從祖父母而已，以其疏遠，故不復條目而總言諸祖也。凡從服降一等，夫之所爲服緦者，雖在祖父行，妻不服，如族曾祖父母之屬是已。」

君母之昆弟。

馬氏融曰：「妾子爲嫡夫人昆弟服也。」

敖氏繼公曰：「此服亦不報，其義與君母之從母同。」

傳曰：何以緦？從服也。【注】從于君母而服緦也。君母在，則不敢不從服。君母卒，則不服也。【疏】雖本非己親，敬君母，故從君母而服緦也。君母之昆弟，從服與君母之父母同，故亦取上傳解之也。皆徒從之，故所從亡則已。

敖氏繼公曰：「庶子從君母之服，唯止于此，不及其昆弟之子，與從母昆弟異于因母也。若爲父後則服之。蓋其禮當與爲人後者同。」

【《欽定義疏》】爲父後即爲君母後矣，爲君母後則徒從者亦屬從矣。君母雖卒，猶當從服。然則《小記》所云「爲君母後者，君母卒，則不爲君母之黨服」，疑未必然。

從父昆弟之子之長殤，昆弟之孫之長殤。

【疏】此二人本小功，故長殤在緦麻，中下殤無服。

敖氏繼公曰：「此從祖父、從祖祖父爲之服也。然則從祖祖母、從祖母亦當服之矣。」

爲夫之從父昆弟之妻。【疏】同堂娣姒，降于親娣姒，故緦麻也。

敖氏繼公曰：「《小功章》云『夫之姑、姊妹，娣姒婦，報』，是章唯見此服，不及夫之從父姊妹者，文不具耳。」

傳曰：何以緦也？以爲相與同室，則生緦之親焉。【注】同室者不如居室之親也。【疏】以本路人，夫又不服之，今相爲服，故發問也。大功有同室同財之義，故云「相與同室，則生緦之親焉」。《小功章》親娣姒言居室，而此云同室，輕重不等也。

敖氏繼公曰：「此亦言其所以有服之由也。其義與娣姒婦以居室之故而有服者同。」

【《欽定義疏》】娣姒及堂娣姒皆從服所不及，又無名，故取諸居室、同室之義焉。

長殤、中殤降一等，下殤降二等。【疏】云「長殤、中殤降一等」以下，乃是婦人爲夫之族著殤服法，雖文承上男子爲殤之下，要爲下婦人而發也。

敖氏繼公曰：「此主言丈夫爲大功以上之殤。婦人爲夫族齊衰之殤也，不宜在此。蓋脱文也。婦人爲本族之殤服，其降之等，亦與丈夫同。」

盛氏世佐曰：「此所謂中從上也。降一等、降二等者，皆謂降于成人之本服也。是乃總論丈夫、婦人爲殤服法，不專指婦人爲夫族而言也。後人以傳文散置經文每條之下，而數語于經無所屬，故綴之于末。」

齊衰之殤中從上，大功之殤中從下。【注】齊衰、大功，皆服其成人也。大功之殤中從下，則小功之殤亦中從下也。此主謂妻爲夫之親服也。凡不見者，以此求之。

敖氏繼公曰：「此亦脱文，失其次而在是也。」

盛氏世佐曰：「齊衰之殤中從上者，皆降一等爲大功也。大功之殤中從下者，皆降二等爲緦麻也。婦人于夫族旁親，其情少疏，故其中殤之進退，比本族差一服也。又案夫族大功之殤，見于經者，唯夫之叔父耳。其長殤、中殤，夫爲之大功，妻從服降一等皆當小功。今考《小功章》唯見其長殤之服，而中殤、下殤同在此章，故傳特爲之發此例，其文當在上經『夫之叔父之中殤、下殤』之下，簡脱在此。而其上必有發問之辭，則逸之矣。」

右緦麻三月。

五禮通考卷第二百五十八

淮陰吴玉搢校字

五禮通考卷第二百五十九

內廷供奉禮部右侍郎金匱秦蕙田編輯
太子太保總督直隸右都御史桐城方觀承同訂
右春坊右贊善嘉定錢大昕
都轉鹽運使德水盧見曾　參校

凶禮十四

喪禮

【《儀禮·喪服》】《記》：公子爲其母，練冠，麻，麻衣縓緣。爲其妻縓冠，葛絰帶，麻衣縓緣。皆既葬除之。【注】公子，君之庶子也。其或爲母，謂妾子也。麻者，緦麻之絰帶也。此麻衣者，如小功布深衣，爲不制衰裳，變也。《詩》云：「麻衣如雪。」縓，淺絳也。一染謂之縓。練冠而麻衣縓緣，三年練之受飾也。《檀弓》曰：「練，練衣黃裏、縓緣。」諸侯之妾子厭於父，爲母不得伸，權爲制此服，不奪其恩也。爲妻縓冠、葛絰帶，妻輕。【疏】云「練冠麻」者，以練布爲冠，以麻爲絰帶也。麻衣，謂白布深衣。縓緣，謂以縓色繒爲領緣也。「既葬除之」者，與緦麻所除同也。注云「麻者緦麻之絰帶也」者，以經有二「麻」字，上麻爲首絰、腰絰，緦麻亦言麻，此如緦之麻也。知此「麻衣如小功布深衣」者，案士之妾子，父在爲母期；大夫之妾子，父在爲母大功；則諸侯妾子，父在小功，是其差次，故知此當小功布也。云「爲不制衰裳，變也」者，以其爲深衣，不與喪服同也。《詩》云「麻衣如雪」者，彼麻衣十五升布深衣，與此小功布深衣異，引之者，證麻衣之名同，取升數則異也。云「權爲此制，不奪其恩」者，諸侯尊，絕期以下無服。公子被厭，不合爲母服。不奪其母子之恩，故五服外權爲制此服。必服麻衣縓緣者，麻衣，大祥受服，縓緣，練之受飾，雖被抑，猶容有三年之哀故也。妻輕者，以縓冠對母用練冠，以葛絰帶對母用麻，皆是輕也。

馬氏融曰：「不見日月者，既葬而除之，無日月數也。」

敖氏繼公曰：「『縓冠』之『縓』，亦當作『練』，字之誤也。練冠者，九升若十升布，練熟爲之，與衆人爲母爲妻之練冠同。麻衣，以十五升布爲衣如深衣，然其異者，緣爾。縓緣，以縓色布爲領及純也。《閒傳》曰：『練冠縓緣。』是冠紕亦以縓也。此縓皆視其衣冠之布。爲母但言麻，故於爲妻言葛絰帶以見之。練冠、麻、葛，凶服也，先言之。麻衣，吉衣也，後言之，文當然爾。此二喪本當有練有祥，故於此得用既練之冠、既祥之衣與夫練服之飾，以明其服之本重。又小其麻、葛之絰帶，以見不敢爲服之意也。此爲妻之衣冠，一與爲母同，惟以絰帶爲輕重耳。妾與庶婦厭於其君，公子爲之不得伸，故權爲制此服。然君在，公子不得伸其服者多矣，乃于其母、妻特制此服者，爲其皆在三年之科，與他期服異也。諸侯之妾，公子之妻，視外命婦，皆三月而葬。」

郝氏敬曰：「爲其母，爲所生母。練冠，三年小祥之冠，以練熟布爲之。緣，衣領袖。諸侯妾之子厭于所尊，于所生母不得自伸，爲此服以變于吉也。爲其妻以淺絳帛爲冠，變于緇玄冠也。絞葛爲首要絰，輕于麻也。亦以壓于所尊，不得爲妻遂也。」

【《欽定義疏》】齊衰裳，正服也。練冠、麻衣縓緣，餘服也。公子之母、妻爲公所厭，奪其正，不奪其餘，而即以其餘服爲之正服，聖人之權衡于此者精矣。注謂爲母者，妾子也。若爲妻，則適夫人所生子，凡不爲父後者亦然。又案齊衰降服四升，冠七升；正服五升，冠八升。既葬，降服受七升，冠八升；正服受八升，冠九升。至練，則衣服皆用布之練熟者爲之，降服八升，冠九升；正服九升，冠十升。是以謂之練冠、練衣也。曰練，則縷布皆有事，與大小功之布又有間矣。方氏慤謂練帛爲冠，非也。大祥始用縞，練冠焉得遽用帛乎？八升、九升皆大功之布，故練衣亦謂之功衰。《雜記》「父母之喪尚功衰」，又曰「雖功衰不弔」，即練衣也。張子云：「練衣，練大功之布以爲衣，故言功衰。」

傳曰：何以不在五服之中也？君之所不服，子亦不敢服也。君之所爲服，子亦不敢不服也。【注】君之所不服，謂妾與庶婦也。君之所爲服，謂夫人與適婦也。諸侯之妾，貴者視卿，賤者視大夫，皆三月而葬。【疏】云「諸侯之妾視卿、大夫，皆三月而葬」者，《大戴禮》文。諸侯一娶九女，夫人與左右媵各有姪娣，二媵與夫人之娣三人爲貴妾，餘五者爲賤妾。

敖氏繼公曰：「『君之所不服，子亦不敢服』者，謂其母與妻皆君之所厭而不服者也，子亦從乎其君而不敢服之。傳以此釋其所以不在五服中之意。其實子從君而不敢服者，則不止于此也。『君之所爲服』，謂適與尊同者也，君爲之服，子亦各以其服服之。傳又因上文而并言此，以見凡公子之服與不服，其義皆不在己也。」

郝氏敬曰：「傳言此不在五服之内，蓋妾與庶婦，諸侯絶無服，公子不敢服，爲此濟五服之窮，非常禮也。」

邵氏寶曰：「子爲母服，禮也。夫爲妻服，亦禮也。謂五服外何居？庶母于君爲妾，庶子之妻于君爲庶婦，君服妻，不服妾，服冢婦，不服庶婦。君之所不服而制此服焉，權也，故曰五服之外。」

【《欽定義疏》】公之庶子爲父後者，父在，爲母爲妻宜與此同。即位，則妻爲君夫人，而母服猶不得伸。古人所以嚴妻妾之分者如此。

蕙田案：《孟子》：「王子有其母死者，其傅爲之請數月之喪。」趙岐云：「王之庶夫人死，迫于適夫人，不得行喪親之數。」朱子《集注》采陳氏之説，亦云「厭于嫡母」，其實不然也。禮，家無二尊，故有厭降之義。父卒爲母三年，而父在則期，厭于父也。禮，尊君而卑臣，故亦有厭降之義。士之庶子，父在爲其母期；大夫之庶子，父在爲其母大功；公子，父在爲其母無服：厭于尊也。《大功章》「公之庶昆弟爲其母」，傳云：

「先君餘尊之所厭，不得過大功。」蓋公之庶子，雖父已先卒，猶厭于父之餘尊，不云厭于嫡母也。王子之母死，以父在，不爲制服，非厭于嫡母，趙氏誤矣。

又案：此記公子爲其母、妻厭降之服。

大夫、公之昆弟、大夫之子于兄弟降一等。【注】兄弟，猶言族親也。凡不見者，以此求之也。【疏】此三人所以降者，大夫以尊降，昆弟以旁尊降，大夫之子以厭降，是以總云降一等。上經當已言訖，今又言之者，上雖言之，恐猶不盡，記人總結之。

敖氏繼公曰：「此言所爲之兄弟，謂爲士者也。惟公之昆弟雖與其兄弟同爲公子，亦降之也。三人所以降其兄弟之義，固或有異，而服則同。其兄弟之服，雖皆已見于經，然亦有不並列三人而言之者，故于此明之。大夫小功而下之親爲士者皆不爲之服，蓋小功降一等則緦，而大夫無緦服故也。」

郝氏敬曰：「前言昆弟，至此言兄弟者，昆，同也，同父母者也。兄，况也。尊長之名，親曰昆弟，族曰兄弟，婚姻異姓亦稱兄弟。此條所降之兄弟，皆指再從小功以下族親。小功，兄弟降一等則緦。凡兄弟降，皆于士也。尊同則不降，于士降則絶矣。故大夫無緦服。」

盛氏世佐曰：「此兄弟所該甚廣，凡旁親自期功而下及外親皆是，雖其行輩之尊卑或有與己不同者，亦存焉。郝專指小功以下族親言，非。降一等者，期降大功，大功降小功，小功降緦，緦降則絶矣。然則大夫無緦服者，謂無緦之正服耳。若自小功降而在此者，則固不得而絶與？」

蕙田案：此記以尊降兄弟之法。

爲人後者于兄弟降一等，報。于所爲後之兄弟之子若子。【注】言報者，嫌其爲宗子不降。【疏】謂支子爲大宗子後，反來爲族親兄弟之類。以其出降本親，又宗子尊重，恐本親爲宗子有不降服之嫌，故云報以明之。

敖氏繼公曰：「此爲兄弟，于本親降一等，止謂同父者也。禮，爲宗子服，自大功之親以至親盡者，皆齊衰，但有月數之異爾。此云報者，昆弟與姊妹在室者，但視其爲己之月算也，而服亦齊衰，惟姊妹適人者則報以小功也。『之子』二字，當爲衍文。所後者之兄弟，凡己所降一等之外者皆是也。其有服若無服，皆如所後者親子之爲。」

郝氏敬曰：「爲人後，謂出繼宗人，則小功兄弟皆降一等。其所降之兄弟，亦如其降反之。『所爲後之兄弟』，爲己所後之父之衆兄弟也。『之子』，謂所爲後之父之衆子也。於其衆兄弟事之如世叔父，於其衆子待之如親昆弟，若子即如所後者之親生子也。」

顧氏炎武曰：「所後者，謂所後之親。所爲後，謂出而爲後之人。爲人後者于兄弟降一等，自期降爲大功也。兄弟之子報之，亦降一等，亦自期降爲大功也。若子者，兄弟之孫報之，亦降一等，自小功降而爲緦也。」

盛氏世佐曰：「經于爲人後者於其本宗之服及所爲後之親屬，多略不具，故記人言之。兄弟，謂本宗期功以下之屬也。爲人後者降其兄弟，與女子子嫁而降其本宗，意略相類，欲其厚于彼，則必薄于此也。敖止以同父者爲兄弟，郝止以小功爲兄弟，皆非。報，謂本宗之兄弟亦各如其降服服之，不以其爲宗子而加隆也。所爲後之兄弟，謂大宗之親屬也。不云所後者之兄弟而云所爲後之兄弟者，言所後者之兄弟，嫌若其世叔父然也。大宗之親屬多矣，不應單舉兄弟之子，『之子』二字，當從敖氏，作衍文。郝云『之子』謂所爲後之父之衆子，誤甚。大宗無後，故以族人支子繼之，所爲後之父安得有衆子哉？『若子』之義，已見上《斬章》『爲人後者』條下。顧寧人以報字讀屬下句，其說鑿矣。」

【《欽定義疏》】爲人後者，經已著其爲父母、昆弟、姊妹之服，故記爲不見者廣言之。降一等，當從其本服而降也。蓋爲人後，不必盡皆親昆弟之子，但取同宗，則或有在五服之外者，其爲本生之親之服則同也。報者，但月數同耳。宗子爲兄弟服功緦，兄弟之報宗子若大小功者，皆服齊衰三月而後以大小功之月數足之，若緦麻者，則竟服齊衰三月也。所爲後之兄弟之子，謂其有親昆弟之子而不以之爲後者也，但取同宗而不拘于倫序之戚疏，此足以徵之矣。爲所後者之餘親皆若子，舉兄弟之子以包其餘也。其有服若無服，或以尊而降，或以尊而絶，皆一如所後者之親子而無所異焉。

蕙田案：此記爲人後者降其兄弟。

兄弟皆在他邦，加一等。不及知父母，與兄弟居，加一等。【注】「皆在他邦」，謂行仕出遊若辟讎。「不及知父母」，父母早卒。【疏】共在他國，一死一不死，相愍不得辭于親眷；父母早卒，兄弟共居而死，當愍其孤幼相育，故皆加一等。

敖氏繼公曰：「兄弟以皆在他邦而死，加者，爲其客死于外故也。以不及知父母而加者，爲其有恩于己故也。凡兄弟之加服，惟此與姑、姊妹、女子子適人而無主者也，其餘則否。」

【《欽定義疏》】此兄弟不專指同輩者，凡父行、子行并祖行、孫行皆在焉，惟其所值而已。　無大功之親，則有從母再嫁而謂他人父者矣。若小功以下至無服之親，能相爲收卹，使孤兒得以長成，即有母者亦使窮嫠得以完其貞潔，此尤人情所難也，加一等服之，所以勸篤親而厚風俗也。加一等，則無服者亦爲之緦麻矣。

傳曰：何如則可謂之兄弟？傳曰：小功以下爲兄弟。【注】於此發兄弟傳者，嫌大功已上又加也。大功以上，若皆在他國，則親自親矣。若不及知父母，則固同財矣。【疏】「小功以下爲兄弟」者，加一等大功，以上不可復加也。云「親自親矣，固同財矣」者，皆明恩自隆重，不可復加之義。

敖氏繼公曰：「『謂之』二字似誤，亦當作『爲』。爲兄弟者，爲兄弟服也。此唯以加一等者爲問耳。小功以下爲兄弟，謂是乃小功以下之親爲兄弟之服者然也。然則此等加服，不得過于大功矣。蓋大功以上，皆在親者之限，故不必復加云。」

郝氏敬曰：「此輩兄弟，皆内外族親，有緦、小功服者，或本無服而誼重者，皆可爲服。」

盛氏世佐曰：「云『何如則可謂之兄弟』者，問此兄弟自何等親也。答云『小功以下爲兄弟』，明其本疎屬，故有加爾，非親者之比也。爲，如字，敖讀作去聲，因以『謂之』二字爲誤，非。」

蕙田案：此記兄弟加等之服。

朋友皆在他邦，袒免，歸則已。【注】謂服無親者，當爲之主，每至袒時則袒，袒則去冠，代之以免。舊説以爲免象冠，廣一寸。已，猶止也。歸有主，則止也。主若幼少，則未止。《小記》曰：「大功者主人之喪，有三年者，則必爲之再祭。朋友，虞祔而已。」【疏】同門曰朋，同志曰友。袒而免，與宗族五世者同。朋友義合，故云無親。袒時，謂小斂訖，投冠括髮時。引《小記》者，證朋友爲主之義：子幼不能爲主，大功爲主者爲之再祭，謂練、祥，朋友輕，爲之虞祔而已。

敖氏繼公曰：「朋友相爲，弔服加麻也。此亦爲其客死于外，尤可哀憐，故加一等，而爲之袒免，以示其情。歸于其國，則復故而如其常服，故曰『歸則已』也。死于他邦者，朋友袒免，兄弟加一等，其意正同。此云『歸則已』，是兄弟雖歸，其加服故自若也，亦足以見親疎之殺矣。」

華氏學泉曰：「或問：袒免之服宜如何？曰：袒者，袒也，去衣也。喪禮，凡踊先袒，將袒先免，故曰袒而踊之，又曰袒成踊，是袒以踊也。冠者不袒，冠至尊，不居肉袒之體，故爲之免以代之，是免以袒也。又有事則袒，故飯含，主人南面，左袒，扱諸面之右。凡殮者袒，大殮，主人及親者袒；《既夕》啟殯，商祝免袒之類。凡動變皆袒，于事便也。大殮之前，主人及緦麻皆免，既殯，緦、小功不免也，虞、卒哭則免之。故當事而袒免者，五服之所同也。但五世親盡，宜袒則袒，宜免則免，事畢則除之而無服耳，非如今律所載，素服尺布爲袒免也。亦皆古聖人制服之厚，雖親盡服絶，而猶當喪而致其哀，遇事而爲之助如此。」

汪氏琬曰：「宋儒程氏泰之嘗辨袒免，謂『免』如字，不當如鄭氏音問。予始愛其文，久而考之禮經，則程氏所辨未合也。程氏曰：『不應別立一冠，名之爲免。』予則曰：布廣一尺，從項交額而郤繞于紒，是故不成其爲冠也，鄭氏亦未嘗以冠名之也。程氏曰：『解除吉冠之謂免，如免冠之免。』予則曰：此非《禮經》之意也。禮，禿者不免，❶謂其無紒可繞，故不免也。又《問喪》曰：『免者以何爲也？曰：不冠者之所服也。』洵如經言，則不止于不冠而已，如

❶ 「不免」二字，原脱，據《堯峰文鈔》卷七補。

之何借免冠以爲釋也？程氏曰：『衰絰冠裳，俱有其制，而袒免則元無冠服，故經莫得而記。』予則曰：經文有之矣，程氏未之詳也。《禮》：『奔喪者自齊衰以下，入門左，中庭北面，哭盡哀，免麻于序東。』是免用麻也。『斬衰，括髮以麻。爲母括髮以麻，免而以布。』是免用布也。布與麻者，免之制也，其可謂之無其制與？程氏曰：『《禮》：「男子冠而婦人笄，男子免而婦人髽。」是冠與免對也，故得以免冠爲免。』予則曰：非也。冠與笄對，免與髽對者也。髽不止于除笄，而免獨止于免冠乎？《左傳》韓之戰，秦穆公獲晉侯，『穆姬登臺履薪，使以免服衰絰逆』，則免之有服審矣。程氏又釋《喪小記》曰：『父母皆應以麻括髮，而古禮母皆降父，故減麻用布，而特言免以明之。』予則曰：『此又非也。經文上言「括髮」而下言「免」，則免與括髮不同，不可以合釋之也。有免而括髮者焉，母喪是也；有免而不括髮者，爲屬及五世之喪是也。』」

【《欽定義疏》】免固不成冠，注亦未嘗以冠名之也。然《問喪》云：「免者以何爲也？不冠者之所服也。」則必有其服而不止于不冠矣。《小記》：「爲母括髮以麻，免而用布。」是免用布也。《左傳》韓之戰，秦穆姬「使以免服衰絰逆」，則免之爲服審矣。

朋友，麻。【注】朋友雖無親，有同道之恩，相爲服緦之絰帶。《檀弓》曰：「羣居則絰，出則否。」其服，弔服也。《周禮》曰：「凡弔，當事則弁絰。」弁絰者，如爵弁而素，加環絰也。其服有三：錫衰也，緦衰也，疑衰也。王爲三公六卿錫衰，爲諸侯緦衰，爲大夫士疑衰。諸侯及卿大夫亦以錫衰爲弔服。當事乃弁絰，否則皮弁，辟天子也。士以緦衰爲喪服，其弔服則疑衰也。舊説以爲士弔服布上素下，或曰素委貌冠加朝服。《論語》曰：「緇衣羔裘。」又曰：「羔裘玄冠不以弔。」何朝服之有乎？然則二者皆有似也。此實疑衰也，其弁絰皮弁之時，則如卿大夫然，又改其裳以素，辟諸侯也。朋友之相爲服，即士弔服，疑衰素裳，冠則皮弁加絰。庶人不爵弁，則其弔服素冠委貌。❶【疏】上文據在他國，加袒免。今此在國，相爲弔

❶「素冠」，孫詒讓《十三經注疏校記》：「案當作『則其弔服冠素委貌』，今本倒『冠素』二字，不可通。」

服，麻經帶而已。注知緦之經帶者，以其緦是五服之輕，爲朋友之經帶，約與之等也。云「其服，弔服也」者，以其不在五服，五服之外，惟有弔服，故引《周禮》王弔諸侯之經及三衰證此也。案《周禮·司服》：「王爲三公六卿錫衰，爲諸侯緦衰，爲大夫士疑衰，其首服皆弁經。」又案《服問》：「公爲卿大夫錫衰以居，出亦如之，當事則弁經。大夫相爲亦然。」是諸侯及卿大夫亦以錫衰爲弔服也。天子常弁經，諸侯及卿大夫當大殮、小殮及殯時乃弁經，非此時則皮弁，辟天子也。士弔服則疑衰，士卑，無降服，既以緦爲喪服，不得復將緦爲弔服，故向下取疑衰爲弔服也。舊説者，以士弔服無文，前有此二種解，故鄭引《論語》破之。云「又改其裳以素，辟諸侯」者，諸侯及卿大夫不著皮弁，辟天子。此諸侯之士不著疑裳，而用素裳，又辟諸侯也。云「朋友之相爲服，即士弔服，疑衰而素裳」，是鄭正解士之弔服。「庶人不爵弁，則其冠素委貌」，不言其服，則白布深衣也。以白布深衣，庶人之常服，又尊卑始死，❶未成服以前服之，故庶人得爲弔服也。凡弔服直云素弁環經，不言帶，或云有經無帶，但弔服既著衰，首有經，不可著吉時之大帶，吉時之大帶有采。麻既不加于采，采可得加于凶服乎？案此經注「服緦之經帶」，則三衰經帶同有可知。其弔服之除，案《雜記》云：「君于卿大夫，比葬不食肉，比卒哭不舉樂。」是知未吉，則凡弔服亦當依氣節而除，並與緦麻同三月除之。爲士雖比殯不舉樂，其服亦既葬除之矣。

敖氏繼公曰：「天子弔服三，錫衰也、緦衰也、疑衰也。諸侯弔服二，錫衰也、疑衰也。皆用于臣。禮，國君不相弔，則亦未必有朋友之服，是《記》蓋主爲大夫以下言之。《服問》謂大夫相爲錫衰以居，當事則弁經。此大夫于朋友之爲大夫者服也。以是推之，則大夫于士若士與大夫，皆疑衰裳，雖當事亦素冠也。士、庶人相爲亦然。其服皆如麻，既葬乃已。若非朋友，則弔之時，其服皆與朋友同，所異者，退則不服耳。疑衰者，亦十五升而去其半，蓋布縷皆有事者也。布縷皆有事，則疑於吉；升數與緦、錫同，則疑于凶，故因以名之。」

張氏爾岐曰：「士之弔服則疑衰，其或弁經，或皮弁，如卿大夫，而改其裳也。疑者，擬也，擬于吉也。吉服十五升，而此服用十四升，是近于吉。朋友之服，即此服而加麻也。《周禮·司服》：『凡弔事，弁經服。』此經注

❶「始死」二字，原脱，據《儀禮·喪服》疏補。

引之，作『凡弔當事則弁絰』，誤。當事則弁絰者，諸侯、卿大夫也。❶當正之。❷」

汪氏琬曰：「或問：《禮》言『朋友，麻』而律文無之，則何也？曰：吾聞之，同門爲朋，同志爲友。古之爲朋友者，其將與之交也，則有始相見之禮。其既與之交也，則有終身同道之恩。蓋慎于初而厚于繼也如此。夫惟始慎之，繼厚之，故歿則哭于寢門之外，加麻三月。今交道廢矣，彼之憧憧往來者，飲食而已耳，博奕笑語而已耳。有善不相勉，有過不相規，此則孔子謂之『所知』，曾子謂之『相識』者也，非朋友也，而顧欲爲之加麻，不已重乎！夫朋友之服，不在五服之内，故律文略之。後之學者，緣情義之淺深厚薄而加折衷焉可也。或問：師弟子何以無服也？曰：昔者孔子之喪顔回也，若喪子而無服。子貢請喪孔子，若喪父而無服。今之爲師爲弟者，其視夫子、子貢，何如而遂相爲服也？先儒謂『師不立，服不可立』，此説是也。然則弔服加麻，出入常經者，非與？曰：昔者，朱文公之喪，黄文肅公爲其師加麻，制如深衣，用冠絰。何文定公之喪，王文憲公服深衣，加帶絰，冠加絲。許文定公薨，蒲人王楫衰絰赴葬。司賓者辭曰：『門人衰，禮與？』楫曰：『吾師也。術藝之師與？賓主之師與？吾猶懼乎報之無從耳。』由是言之，後世有人師、經師。如朱、何、許三先生者，夫亦可以用此服矣。」

華氏學泉曰：「或問：師之服不見于《儀禮》何也？曰：古者師未嘗有服。師之心喪三年，自孔門弟子始也。孔子之喪，門人疑所服。子貢曰：『孔子之喪顔淵，若喪子而無服。請喪孔子若喪父而無服。』于是乎有心喪三年。師之心喪三年，爲孔子設也。其師非孔子，難乎其服也。朋友有服與？《記》曰：『朋友，麻。』鄭注云：『朋友有同道之恩，相爲服緦之經帶。』是爲朋友緦也。曾子曰：『朋友之墓，有宿草而不哭焉。』期以爲節也。此存乎交道之淺深矣。夫父生之而師教之，朋友成之。師之喪視父，朋友之喪視兄弟，其可也，然而難乎其服也。」

蕙田案：此記朋友之服。

君之所爲兄弟服，室老降一等。【注】公士大夫

❶「侯」下，案《禮記·服問》當有「爲」字。

❷「正」，原作「證」，據《儀禮鄭注句讀》卷一一改。

之君。【疏】天子諸侯絶期，今言爲兄弟服，明是公士大夫之君。於旁親降一等者，室老家相降一等。不言士，士邑宰，遠臣，不從服；室老，君近臣，故從君所服也。

敖氏繼公曰：「君者，謂凡有家臣者皆是也。與室老對言，故曰君。亦如妾爲君、爲女君之比。」

張氏爾岐曰：「公卿大夫爲兄弟服已降一等，室老從之而服，又降一等。」

盛氏世佐曰：「兄弟服，謂期功之屬。此大夫之臣從服之例也。從服者止于室老，其餘否，下天子諸侯也。天子諸侯爲其正統之親服，其臣皆從服，亦降一等。《不杖期章》『爲君之父母』，是其例矣。惟近臣，君服斯服，蓋不降也。是皆異于大夫者。」

夫之所爲兄弟服，妻降一等。【疏】妻從夫服其族親，即上經夫之諸祖父母，見于《緦麻章》，夫之世叔，見于《大功章》。夫之昆弟之子不降，叔嫂又無服，今言從夫降一等，記其不見者，當是夫之從母之類乎？

敖氏繼公曰：「此惟指妻從夫服者而言，如爲夫祖父母之類是也。其在夫之昆弟之行者，則不從。」

郝氏敬曰：「夫之重服，則妻與同。如疎屬小喪，則妻降一等。前于尊親大喪從服皆有等，此括諸未備輕服言也。」

【《欽定義疏》】疏謂「不見者是夫之從母」，非也。妻于夫之母黨不從服。敖氏謂「夫之祖父母」，祖父母不可謂之兄弟服也。其謂從祖父母而脱「從」字，與《小功章》爲夫之姑、姊妹，亦從夫而降一等者也。所不服者，惟男昆弟耳。此服大概已見經，惟《緦麻章》未明言夫之從祖祖父母及夫之從父姊妹，《記》或爲此而發與？

蕙田案：此二條記從服降等之法。

庶子爲後者，爲其外祖父母、從母、舅無服。不爲後，如邦人。【疏】以其與尊者爲一體，既不得服所出母，是以母黨皆不服之。

敖氏繼公曰：「凡從服，皆爲所從在三年之科者也。庶子爲父後者，爲其母緦，則于母黨宜無服也。不爲後，如邦人，是君母與己母之黨或兼服之明矣。」

郝氏敬曰：「邦人，猶言衆人。」

顧氏炎武曰：「與尊者爲一體，不敢以外親之服而廢祖宗之祭，故絀其服也。言母黨，則妻之父母可知。」

張氏爾岐曰：「若不爲後，亦如邦人，爲母黨服也。」

汪氏琬曰：「或問：『《禮》有庶子爲其外祖父母、從母、舅之服而律文無之，何也？』曰：古者諸侯卿大夫之妾，出于買者少，而爲娣姪媵者多。若後世之爲妾者，皆庶姓也，其父母、兄弟、姊妹往往有不可考者，律文不爲之服，蓋以賤，故絀也。『然則庶子之服其生母也，今且與適母同矣。夫使伸其死于母而獨絀于母之黨，毋乃稍失倫與？』曰：非也。小不可加大，卑不可陵尊，賤不可干貴，聖人之立制也，姑以此示適庶之閑焉。此律文之微意也。故庶子得爲適母之黨服，而不得爲生母之黨服。鄉先生姚文毅公亦以無服爲善也。」

華氏學泉曰：「或問：《儀禮》庶子爲其生母之黨服歟？曰：本經無文，于《記》有之：『庶子爲父後者爲其外祖父母、從母、舅無服。不爲後，如邦人。』然則庶子不爲父後者，爲其生母之黨服可知也。曰：今制于生母之黨不服，可歟？曰：可。古者諸侯娶一國之女，其二國同姓以姪娣媵。大夫士娶，亦各有妾媵。姪者，妻之兄弟之女。娣者，妻之妹。故古無甚賤之妾，其庶子安得不爲其黨服。今雖士大夫家，無娶士族爲妾者，故今之爲妾微，微，故不得不略之也。古爲其妾緦，今無服，其亦以此歟？汪琬氏亦曰：『古諸侯卿大夫之妾，出于買者少，而爲娣姪媵者多。若後世之爲妾者，皆庶姓也，其父母、兄弟、姊妹往往有不可考者，律文不爲之服，蓋以賤，故絀也。』」

盛氏世佐曰：「庶子爲父後，于其所生母之黨無服，亦不敢服其私親之義也。不言從母昆弟、舅之子者，舉其重者，而輕者可知。『不爲後，如邦人』，據士禮而言也。若公子、大夫之庶子爲尊者所厭，于其母且不得伸三年，母黨之服詎得伸乎？大夫卒，庶子不爲後者亦如邦人矣。然君母在，爲君母之黨服，仍不兼服也。故説誤。」

蕙田案：此記庶子爲其母黨之服。

宗子孤爲殤，大功衰，小功衰，皆三月。親，則月算如邦人。【注】言「孤」，有不孤者。不孤，則族人不爲殤服服之也。不孤，謂父有廢疾若年七十而老，子代主宗事者也。孤爲殤，長殤、中殤大功衰，下殤小功衰，皆如殤服而三月，謂與宗子絶屬者也。親，謂在五屬之内。算，數也。月數如邦人者，與宗子有期之親者，成人服之齊衰期，長殤，大功衰九月；中殤，大功衰七月；下殤，小功衰五月。有大功之親者，成人服之齊衰三月，卒哭受以大功衰九月，其長殤、中殤大功衰五月，下殤小功衰三月。有小功之親者，成人服之齊衰三月，卒哭受以小功衰五月，其殤與絶屬者同。有緦麻之親者，成人及殤皆與絶屬者同。【疏】「孤爲殤」者，謂無父未冠而死者也。「大功衰、小功衰」者，以其成人齊衰，故長殤、中殤皆在大功衰，下殤在小功衰也。「皆三月」者，以其衰雖降，月本三月，法一時，不可更服，故還依本三月也。云「親則月算如邦人」者，上三月者，是絶屬者。若在五屬之内親者，月數當依本親爲限，故云如邦人也。注云「不孤，則族人不爲殤服服之也」者，以父在，猶如周之道，有適子，無適孫，以其父在，有適子則不爲適孫服，同于庶孫，明此本無服，父在亦不爲之服殤也。自大功親已下，盡小功親以上，成人月數雖依本皆服齊衰者，以其絶屬者猶齊衰三月，明親者無問大功、小功、緦麻皆齊衰也。既皆齊衰，故三月既葬受服，乃始受以大功、小功衰也。至于小功親已下殤與絶屬者同者，以其成人小功，至下殤即入三月，是以與絶屬者同皆大功衰、小功衰三月也。絶屬者爲宗子齊衰三月，緦麻親亦三月，是以成人及殤死皆與絶屬者同也。

敖氏繼公曰：「此言宗子孤而爲殤，其服乃如是。若不孤，則族人之親盡者不爲服，而有親者則或降服，或降而無服，亦如邦人也。」

郝氏敬曰：「宗子，大宗子，族人所爲齊衰三月者也。無父曰孤。宗子父未死，年老而傳子，代主宗事，十九以下死，是不孤而殤者也，族人不得以宗子殤爲服何也？禮，有適子則適孫與庶孫同，有父在，即是宗子所殤者同于祖宗之適孫耳，故不爲宗子殤服。必其既爲宗子，父死子孤，十九以下死者，族人乃爲殤服，長殤、中殤大功布衰，下殤小功布衰，皆三月除。禮，宗子成人死，族人男女皆齊衰三月，今從殤降爲功衰三月，此疎屬無五服之親者也。其在五服親内者，各以所當服之月算，初喪服齊衰三月，後各以本服爲受，月滿而後除之，如衆人算服之常法也。」❶

【《欽定義疏》】宗子雖下殤，不以緦麻服

❶「常」，原作「當」，據《儀禮節解》卷一一改。

之，重宗子也。宗子不孤，則其父雖不主宗事，而族人猶以宗子之服服其父。服其父則不服其子矣。此與宗子之母在，則不爲宗子之妻服意同。注謂「有大功之親者，成人服之齊衰三月，卒哭受以大功衰九月」，謂以大功衰終九月之數，是連齊衰計之者也。

蕙田案：此記族人爲宗子殤服。

改葬，緦。【注】謂墳墓以他故崩壞，將亡失尸柩者也。改葬者，明棺物毁敗，改設之如葬時也。其奠如大斂，從廟之廟，從墓之墓，禮宜同也。服緦者，臣爲君也，子爲父也，妻爲夫也。必服緦者，親見尸柩，不可以無服，緦三月而除之。【疏】案《既夕》記朝廟，至廟中，更設遷祖奠，云如大斂奠，即此移柩向新葬之處所設之奠，亦如大斂之奠，士用豚，三鼎，則大夫已上更加牲牢。大夫用特牲，諸侯用少牢，天子用太牢可知。又朝廟載柩之時，士用輁軸，大夫已上用輴，不用蜃車，飾以帷荒，即此「從墓之墓」，亦與朝廟同可知。臣爲君，子爲父，妻爲夫，惟據極重而言，餘無服也。不言妾爲君，以不得體君，差輕故也。不言女子子，婦人外成，在家又非常，故亦不言。諸侯爲天子，諸侯在畿外差遠，改葬不來，故亦不言也。君親死已多時，哀殺已久，可以無服。但親見君之尸柩，故制服以表哀，故皆服緦也。云「三月而除」者，謂葬時服之，及其除也，亦法天道一時，故亦三月除也。若然，鄭言三等，舉極痛者而言。父爲長子，子爲母，亦與此同也。

【韓氏愈《改葬服議》】經曰：「改葬，緦。」《春秋穀梁傳》亦曰：「改葬之禮，緦；舉下，緬也。」此皆謂子之于父母，其他則更無服。何以識其必然？經次五等之服，小功之下，然後著改葬之制，更無輕重之差。以此知惟記其最親者，其他無服，則不記也。若主人當服斬衰，其餘親各服其服，則經亦言之，不當惟云「緦」也。傳稱「舉下，緬」者，緬猶遠也。下，服之最輕者也。以遠，故其服輕也。江熙曰：「《禮》，天子諸侯易服而葬，以爲交于神明者，不可以純凶，况其緬者乎。」是故改葬之禮，其服惟輕，以此而言，則亦明矣。衛司徒文子改葬其叔父，問服于子思。子思曰：「《禮》，父母改葬緦，既葬而除之，不忍無服送至親也。非父母無服，無服則弔服而加麻。」此又其著者也。文子又曰：「喪服既除，然後乃葬，則其服何服？」子思曰：「三年之喪，未葬，服不變除，何有焉？」然則改葬與未葬者有異矣。古者諸侯五月而葬，大夫三月而葬，士踰月。無故，未有過時而不葬者也。過時而不葬，謂之不能葬，《春秋》譏之。若有故而未葬，雖出三年，子之服不變。此孝子之所以著其情，先王之所以必其時之道也。雖有其文，❶未有著其人者，以是知其至少也。改葬者，爲山崩水涌毁其墓，及葬而禮不備者。若文王之葬王季，以水齧其墓；魯隱公之葬惠公，以有宋師，太子少，葬有闕之類是也。喪事有進而無退，有易以輕服，無加以重服。殯于堂則謂之殯，瘞于野則謂之葬。近代以來，事與古異。或游或仕，在千里之外；或子幼妻稚，不能自還。甚者拘以陰陽畏忌，遂葬于其土。及其反葬也，遠者或至數十年，近者亦出三年，其吉服而從于事也久矣，又安可取未葬不變服之例而反爲之重服歟？在喪當葬，猶宜易以輕服，况既遠而反、純凶以葬乎？若果重服，是所謂未可除而除，不當重而更重也。

黄氏榦曰：「案《通典》漢戴德云：『制緦麻具而葬，葬而除，謂子爲父、妻妾爲夫、臣爲君、孫爲祖後也。無遺

❶「其」字，原脱，據《別本韓文考異》卷一四補。

奠之禮。其餘親皆弔服。』魏王肅云：『司徒文子改葬其叔父，問服于子思。子思曰：「《禮》，父母改葬緦，葬而除，不忍無服送至親也。」』肅又云：『本有三年之服者，道有遠近，或有艱故，既葬而除，不待有三月之服也。非父母無服，無服則弔服加麻。』」

敖氏繼公曰：「改葬者，或以有故而遷葬于他處，如文王于王季之類是也。或以向者之葬不能如禮，後乃更之，如晉惠公之於共世子之類是也。此惟言緦，不著其人，則是凡有親而在其所者服皆然也。以其非常服，而事又略，故五屬同之。不言其除之之節，或既改葬則不服之與？注云『從廟之廟，從墓之墓，禮宜同也』，言此者，以徵改葬之奠當如大斂耳。蓋祖奠如大斂奠，故鄭氏以此況彼，謂改葬之奠，宜與之同也。」

汪氏琬曰：「或問：《禮》：『改葬，緦。』鄭玄謂『三月除之』，而《明集禮》既葬釋服，何以不同也？曰：《集禮》釋緦服者，謂釋其衰麻耳。下文素服云云，則猶未敢即吉也。是故吾從三月。或問：過時而葬宜何服？曰：《禮》久而不葬者，主喪者不除。夫久而不葬，人子之過也，其可以不衰絰乎哉！又《禮》：『爲兄弟，既除喪已，及其葬也，反服其服。』兄弟且爾，而況于人子乎！」

【《欽定義疏》】此服上下同之，自天子至于士一也。大夫以上無緦服，此有之者，非常服，禮窮則同耳。既啟壙見尸柩，必有奠，以爲神之所依。如未能遽葬，則朝夕猶當設常奠如在殯時，屆葬乃設葬奠也。葬畢而返，亦當有祭。如虞祭，其釋服而後祭與？

蕙田案：此記改葬服。

童子，唯當室緦。【注】童子，未冠之稱也。當室者，爲父後，承家事者。爲家主，與族人爲禮。於有親者，雖恩不至，不可以無服也。【疏】當室者，《周禮》謂之門子，與宗室往來，故爲族人有緦服。以其代父當家事，故注云「爲家主，與族人爲禮」。「于有親者」，則族內四緦麻以來皆是也。案《內則》，年二十敦行孝弟，十九以下未能敦行孝弟，故云恩不至。不在《緦章》者，若在《緦章》，則內外俱報，此當室童子直與族人爲禮有此服，不及外親，故不在《緦章》而在此《記》也。

敖氏繼公曰：「此言惟當室則緦，是雖父在亦得爲之。《曲禮》曰：『孤子當室。』言孤，則有不孤者矣。」

盛氏世佐曰：「當室，謂父没及年老而傳者也。緦兼父黨母黨而言。童子未有室，唯無妻黨服耳。注疏專指族人，恐未是。童子死，親族當爲之緦者，皆降而無服，故云恩不至也。」

蕙田案：當室之緦，注疏專指族人，不及外親，其義爲優。

傳曰：不當室，則無緦服也。

敖氏繼公曰：「童子不當室，則無緦服，所以降于成人。當室則緦，所以異于衆子。」

郝氏敬曰：「凡緦，多中表之親。童子未當家，未與三黨周旋，故應無緦。唯父死當家之童子，親族備禮，則有之，故傳以不當室反明之。」

盛氏世佐曰：「案《記》云『唯當室緦』，明其餘固無是禮也。此與童子不杖意相類，皆以其未成人略之。然唯云無緦服，則期功已上之服如成人，又可知矣。」

【《欽定義疏》】戴氏德謂童子當室，十五至十九。蓋以不及十五，則未能當室也。

童子無緦服，則自小功以上皆有之矣。《雜記》：「童子哭不偯，不踊，不杖，不菲，不廬。」言其爲父母者也。此不緦之意與彼同，以其未成人，故優之耳。三年之喪，減其文之縟者，五服減其服之輕者，過此，雖幼不可缺也。

蕙田案：此記童子當室之服。

凡妾爲私兄弟如邦人。【注】嫌厭降之也。私兄弟，目其親族也。女君有以尊降其兄弟者，謂士之女爲大夫妻與大夫之女爲諸侯夫人、諸侯之女爲天王后者。父卒，昆弟之爲父後者，宗子亦不敢降也。【疏】妾言凡者，總天子以下至士也。女君有以尊降其兄弟者，以其女君，與君體敵，故得降其兄弟旁親之等。子尊不加父母，唯不降父母，則可降其兄弟旁親也。「父卒，昆弟之爲父後者，宗子亦不敢降」者，雖得降其兄弟，此爲父後，皆不得降，容有歸宗之義，歸於此家，故不降。

敖氏繼公曰：「此經正言妾之服其私親者，惟有爲父母一條，其餘則皆與爲人妻者並言於凡適人者及嫁者、未嫁者爲其親屬之條中，恐讀者不察，故《記》言此以明之。」

郝氏敬曰：「私兄弟，謂妾父母家諸親族。如常人各以其等爲服。蓋妻與夫同體，故降其私親；妾不體君，得自伸也。」

蕙田案：如邦人者，如女子子適人者之服也。嫌厭降，不得如禮，故特明之。《不杖期章》「女子子適人者爲其父母」，又云「公妾以及士妾爲其父母」，以是推之，則妾于私親之服皆與妻同也。如郝氏説，似以妾服私親較重于妻服，其誤甚矣。

張氏爾岐曰：「妾爲私親，疑爲君與女君所厭降，實則不厭，故服同邦人常法，謂如女子適人者之服也。」

【《欽定義疏》】妾從女君而服女君之黨，既嫌屈于其君，又嫌服女君之黨則不自服其黨，故明之也。

蕙田案：此記妾爲私兄弟服。

大夫弔於命婦錫衰，命婦弔於大夫亦錫衰。

【注】弔於命婦，命婦死也。弔於大夫，大夫死也。《小記》曰：「諸侯弔，必皮弁錫衰。」《服問》曰：「公爲卿大夫，錫衰以居，出亦如之，當事則弁絰。大夫相爲，亦然。爲其妻，往則服之，出則否。」【疏】注引《小記》者，以《記》直言衰，不言首服，故引之。言「諸侯弔，必皮弁錫衰」者，謂諸侯因朝，弔異國之臣，著皮弁錫衰。雖成服後，亦不弁絰也。引《服問》者，有己君并有卿大夫與命婦相弔法。云「以居」者，君在家服之，出亦如之，出行不至喪所，亦服之。云「當事則弁絰」，謂當大小斂及殯皆弁絰也。云「大夫相爲亦然」者，一與君爲卿大夫同。「爲其妻，往則服之，出則否」，引之者，證大夫與命婦相弔服錫衰同也。

敖氏繼公曰：「《服問》以錫衰爲大夫相爲之服，則命婦相弔亦錫衰矣。此《記》惟見『大夫於命婦、命婦於大夫』者，嫌所弔者異則服或異也。大夫、命婦之錫衰，惟于尊同者用之，則弔於其下者，不錫衰明矣。」

郝氏敬曰：「弔於命婦，與命婦弔，皆弔其主人之妻也。男女弔異而衰布同。」

汪氏琬曰：「大夫之弔命婦有之，命婦弔大夫則未也，何也？婦人之職，惟司酒食織紝而已，不當與聞閫外之事，故曰婦人無外事。禮，知生則弔，所識則弔。❶爲命婦者，何自而與大夫有素也？如其爲有服諸親，則聞喪之日，必往而號踊哭泣，厠于姑、姊妹、娣姒衆婦人之列矣，❷夫安得行弔禮？且自有居喪之本服在，夫安得而用錫衰？舍是而出弔，則與外事之漸也。獨不觀魯之公父文伯之母乎？公父文伯之母，季康子之從祖叔母也，康子往焉，闔門與之言，皆不踰閾，仲尼謂之知禮。蓋古人謹于男女之辨如此。使先王而果制此服，是誨命婦以淫也。夫防之猶虞其未足，而顧誨之乎？其可疑矣。説者曰：禮尚往來，大夫弔命婦，命婦不可以不弔大夫，如之何？予告之曰：有命婦之夫與其子在，《服問》：『大夫相爲，錫衰以居，出亦如之。爲其妻，往則服之，出則否。』獨不言命婦爲大夫，此可據也。説者又曰：婦人不越疆而弔人。禮禁其越疆，豈遂禁其弔人乎哉？予曰：非是之謂也。命婦死則命婦當弔，大夫死則命婦不當弔，殆亦不畔于禮者也。」

蕙田案：汪氏説非是。《禮》曰「知生者弔」。大夫死而命婦往弔其妻，以與其妻相知故也，何嫌于弔大夫乎？

姜氏兆錫曰：「言大夫，該卿大夫士之詞。以《周禮·司服》王爲公卿、大夫、士推之可見。王弔且由公卿及于士，況凡相弔者乎！」

盛氏世佐曰：「弔於命婦，弔其夫也；弔于大夫，弔其妻也。婦人得出弔者，以其與死者之妻爲親族故也。本與死者無服，故但服弔服而已。大夫、命婦弔于敵者之服如是，則其弔於士也，蓋緦衰與？」

傳曰：錫者何也？麻之有錫者也。錫者，十五升抽其半，無事其縷，有事其布，曰錫。

【注】謂之錫者，治其布使之滑易也。錫者，不治其縷，哀在内也。緦者，不治其布，哀在外也。君及卿大夫弔士，雖當事，皮弁錫衰而已。士之相弔，則如朋友，服疑衰素裳。凡婦人相弔，吉笄無首，素總。【疏】錫，謂不治其縷，治其布，以哀在内。緦則治縷不治布，哀在外。以其王爲三公六卿，重于畿外諸侯故也。士輕，無服弁絰之

❶「識」，原作「職」，據庫本及《堯峰文鈔》卷六改。

❷「列」，原作「别」，據庫本及《堯峰文鈔》卷六改。

禮，有事無事，皆皮弁錫衰而已。《文王世子》注：「諸侯爲異姓之士疑衰，同姓之士緦衰。」今言士與大夫又同錫衰，此言與《士喪禮》注同，亦是君于此士有師友之恩者也。云「凡婦人相弔，吉笄無首，素總」者，下文「女子子爲父母，卒哭，折吉笄之首，布總」，此弔服用吉笄無首，素總。又男子冠，婦人笄，相對。婦人喪服，又笄、總相對。上注男子弔用素冠，故知婦人弔亦吉笄無首、素總也。

敖氏繼公曰：「『有錫』，疑當作『滑易』，蓋二字各有似，以傳寫而誤也。鄭司農注《司服職》云：『錫，麻之滑易者也。』其據此《記》未誤之文與？以天子弔服差之，錫重于緦，故緦治縷而錫則否。蓋凡服以麤細爲先後，錫不治縷，則其縷不如緦之細，所以差重也。然而必有事其布者，蓋弔服不可以無所事，既不治縷，則當治布也。治其布則滑易矣，所以謂之錫。」

郝氏敬曰：「錫與緦，皆十五升抽其半，而錫重於緦。錫，易治也。麻之有錫，言麻布加易治也。有、又通，加也。事猶治也。有事無事，及緦而言。❶有事其縷，無事其布，則緦矣。曰錫，明所以異於緦。」

盛氏世佐曰：「國君弔士之服，當以《文王世子》注爲正。此注言與卿大夫同錫衰，自相違異，蓋誤也。且卿大夫弔士，亦不合服錫衰。說見上。」

【《欽定義疏》】錫衰，有事其布；緦衰，有事其縷。則小功而上，布縷兩無所事明矣。《斬衰章》傳云「冠六升，鍛而勿灰」，《雜記》云「加灰，錫也」，然則不加灰，雖鍛，不可謂之有事也。緦衰之縷，亦加灰治之，又可見矣。

蕙田案：此記大夫、命婦弔服。

女子子適人者爲其父母，婦爲舅姑，惡笄有首，以髽。卒哭，子折笄首，以笄，布總。

【注】言以髽，則髽有著笄者明矣。【疏】此二者皆期服。但婦人以飾事人，是以雖居喪內，不可頓去修容，故使惡笄而有首。至卒哭，女子子哀殺，歸于夫氏，故折吉笄之首而著布總也。案《斬衰章》：「吉笄尺二寸。斬衰以箭笄，長尺。」《檀弓》齊衰期亦云尺，則齊衰已下，皆與斬同

❶「及」，原作「反」，據《儀禮集編》卷二五改。

一尺，不可更變，故折吉笄首而已。其總，斬衰六升，長六寸。鄭注：「總六升，象冠數。」則齊衰總亦象冠數。正服齊衰，冠八升，則正齊衰總，亦八升，是以總長八寸。笄總與斬齊長短爲差，但笄不可更變，折其首；總可更變，宜從大功總十升之布總也。舊有人解《喪服小記》云「男子免而婦人髽」，免時無笄，則髽亦無笄矣。但免、髽自相對，不得以婦人與男子有笄無笄相對，故鄭以經云「惡笄有首，以髽」，髽、笄連言，則髽有著笄明矣。

敖氏繼公曰：「云『有首』，見惡笄之制也。是亦其異于箭笄者與？言『笄有首』而復云『以髽』，見成服以後猶髽，且明齊衰而髽者之止於是也。然則婦人之髽者，惟妻爲夫，妾爲君，女子子在室爲父母與此耳。『以笄』之笄，著笄之稱也。卒哭，子折笄首以笄，則不復髽矣。婦則惡笄以髽自若也。此亦微有内夫家、外父母家之意。總之用布，五服婦人皆然，特以《齊衰章》亦不言總，故《記》因而見之也。下文放此。」

郝氏敬曰：「女子既嫁，父母死，奔服與婦爲舅姑同。惡猶凶也。笄，簪也。首，簪頭也。有首，言不折也。惡笄短，不必折其首。凡吉笄長尺二寸，凶笄長尺。露髮曰髽，猶男子免。以布覆髮曰總，猶男子冠，受布同。始死，盡去笄總，露髽。成服，則惡笄、布總。此女與婦同者也。既葬，虞，卒哭，女子適人者歸夫家，則以吉笄易凶笄，蓋笄不可更受，又不可純吉，用吉笄而去其首，此女與婦異者也。」

盛氏世佐曰：「經於婦人服制，惟一見于《斬章》，而齊衰以下不著焉，故記者詳之。女子子適人者爲其父母，婦爲舅姑，皆見《齊衰不杖期章》。惡笄有首，差飾也。然則斬衰箭笄無首明矣。髽，舊説云齊衰以下布髽也。云「以髽」者，見其著笄又著髽也。婦人之髽，對男子之免。免必去冠，髽仍著笄者，蓋冠所以冒首，免所以統髻，著冠則髻不露，故必去冠乃可以免也。婦人之笄，僅以貫髮而已，其重雖與冠等，而其制絶與冠異也。著笄之後，其髽仍露，故不礙其爲髽也。卒哭，子折笄首以笄，著其異於婦爲舅姑者也。婦人外成，在夫家而服父母之服，猶以爲己之私喪也，故去惡笄，著吉笄，然必折其首乃著之者，以其太飾故也。初喪，惡笄有首，受以吉笄無首，是其相變之意也。布總，言其同也。此不專爲女子子發，乃言於『子折笄首』之下者，上文終言笄制而後及之耳。」

【《欽定義疏》】小斂之後，未成服之前，婦人將斬衰者去纚而麻髽，將齊衰者去纚而布髽，此不著笄者也。成服，著布總，則斬衰者箭笄，齊衰者榛笄，而髽如故，以其去纚而露紒自若也。注言「髽有著笄者」此也。斬衰箭笄，髽，以終三年，經著之矣。其齊衰期者，于卒哭後，又有終髽與不終髽之異，經未之見，故《記》明之。

傳曰：笄有首者，惡笄之有首也。惡笄者，櫛笄也。折笄首者，折吉笄之首也。吉笄者，象笄也。何以言子折笄首而不言婦，終之也。【注】櫛笄者，以櫛之木爲笄，或曰榛笄。有首者，若今時刻鏤摘頭矣。卒哭而喪之大事畢，女子子可以歸于夫家，而著吉笄折其首者，爲其大飾也。吉笄尊，變其尊者，婦人之義也。據在夫家，宜言婦。終之者，終子道于父母之恩。【疏】吉時之笄，以象骨爲之，據大夫士而言。案《弁師》天子諸侯笄皆玉也，《玉藻》云：「沐櫛用樿櫛，髮晞用象櫛。」鄭云：「樿，白理木。」櫛即梳也，以白理木爲梳櫛也。彼樿木與象櫛相對，此櫛笄與象笄相對，故鄭云「櫛笄者，以櫛之木爲笄」。又案《檀弓》云：「南宫縚之妻之姑之喪，夫子誨之髽曰：爾毋從從爾，爾毋扈扈爾。蓋榛以爲笄，長尺而總八寸。」彼爲姑用榛木爲笄，此亦婦人爲姑，與彼同，但此用樿木，彼用櫛木，不同耳。蓋二木俱用，故鄭兩存之也。出適女子子、在家婦俱著惡笄，婦不言卒哭折吉笄首，女子子即言折吉笄之首，明女子子有所爲，故獨折笄首耳。所爲者，以女子外成，既以哀殺，事人可以加容，故著吉笄，仍爲大飾，折去其首，故以歸于夫者解之。若然，《喪大記》云「女子既練而歸」，與此注違者，彼小祥歸，是其正法；此歸者，容有故，許之歸，故云可以權許之耳。

敖氏繼公曰：「《檀弓》云南宫縚之妻爲姑，榛以爲笄。此傳所爲櫛者，疑即彼之榛也。蓋聲相近而轉爲櫛耳。言子折笄首而不言婦者，謂《記》先並言女子子與婦之笄髽，後乃獨言子折笄首而不及于婦也。終，終喪也。言婦惡笄以終喪，無折笄首之事，故不言婦也。傳引《記》文云『笄有首』，則《記》之『惡』字似衍。」

張氏爾岐曰：「案傳言『終之』者，因《記》本以女子子與婦人并言，『惡笄有首以髽』下，單言『子折笄首布總』而不言婦當如何，故解之曰『終之也』，謂當以惡笄終期也。注云『據在夫家，宜言婦』，仍指女子子而言，誤會傳文。」

妾爲女君、君之長子，惡笄有首，布總。【疏】妾爲君之黨服，得與女君同，爲長子亦三年。但爲情輕，故與婦事舅姑齊衰同惡笄有首、布總也。

敖氏繼公曰：「笄、總與上同，乃別見之者，明其不髽也。然則三年之喪，亦有不必髽者矣。妾爲女君不杖期，爲君之長子三年。」

盛氏世佐曰：「妾爲女君及君之長子，日月雖殊，而齊衰一也，故其首服同。此與婦爲舅無以異，乃別見之者，以其爲妾服故也。不言髽，文省也。《小記》云：『妾爲君之長子與女君同。』然則，母爲長子之服亦猶是矣。箭笄，麻，髽，唯服斬者耳。以是差之，則大功以下，其皆吉笄折首以髽而布總與？」

【《欽定義疏》】《記》不別言母爲長子，則亦髽可知，以其爲正體也。妾爲君之長子得與女君同不髽者，異于女君也。妾之事女君，與婦之事舅姑等，不髽者，異于子婦也。此所以明其爲妾也歟？然則妾爲君之父母，亦不髽也明矣。

蕙田案：此記婦人髽、笄、總之制。

凡衰，外削幅；裳，内削幅。幅三袧。【注】削猶殺也。大古冠布衣布，先知爲上，外殺其幅，以便體也。後知爲下，内殺其幅，稍有飾也。後世易之，以此爲喪服。袧者，謂辟兩側，空中央也。祭服朝服，辟積無數。凡裳，前三幅，後四幅也。【疏】自此已下盡「袪尺二寸」，記衰裳之制、用布多少、尺寸之數也。云凡者，總五服而言。外削幅者，謂縫之邊幅向外。内削幅者，謂縫之邊幅向内。幅三袧者，據裳而言。爲裳之法，前三幅，後四幅，幅皆三辟攝之。以其七幅，布幅二尺二寸，幅皆兩畔各去一寸爲削幅，則二七十四丈，若不辟積，其要中則束身不得就，故須辟積要中也。要中廣狹，任人粗細，故袧之。辟攝亦不言寸數多少，但幅别以三爲限耳。袧者，屈中之稱。一幅凡三處屈之，辟兩邊相著，自然中央空矣。幅别皆然也。「祭服朝服，辟積無數」者，朝服，謂諸侯與其臣以玄冠服爲朝服，天子與其臣以皮弁服爲朝服。祭服者，六冕與爵弁服皆是，玄端亦是士之家祭服也。凡服，惟深衣、長衣之等六幅破爲十二幅，狹頭向上，不須辟積，其餘要間已外，皆辟積無數，似喪冠三辟積，吉冠辟積無數也。「凡裳，前三幅，後四幅」者，前爲陽，後爲陰，故前三後四，各象陰陽也。唯深衣之等連衣裳十二幅，以象十二月也。

敖氏繼公曰：「凡衰，謂凡名衰者也。『衰，外削幅』者，所以別于吉服之制，亦如喪冠外畢之類。裳幅不變者，衣裳同用，衣重而裳輕，變其重者以示異足矣，故裳不必變也。下云『袪屬幅』，則衰之削幅者唯裻耳。」

郝氏敬曰：「削，裁截也。幅，布邊幅。外内，謂削邊縫向外向内。袧，鉤也，屈折曰袧。每幅疊三折，衰獨外削者，衰以摧爲義，裳以常爲義，衣貴裳賤，衣變裳不變也。」

若齊，裳内衰外。【注】齊，緝也。凡五服之衰，一斬四緝。緝裳者，内展之。緝衰者，外展之。【疏】據上齊斬五章，有一斬四齊。此據四齊而不言一斬者，上文已論五服衰裳縫之外内，斬衰裳亦在其中。此據衰裳之下緝之用針功者，斬衰不齊，無針功，故不言也。言若者，不定辭，以其斬者不齊，故云若也。言「裳内衰外」者，上言衰外削幅，此齊還向外展之，上言裳内削幅，此齊還向内展之，並順上外内而緝之。此先言裳者，凡齊，據下裳而緝之，裳在下，故先言裳，順上下也。鄭言展之者，若今亦先展訖，乃有針功者也。

敖氏繼公曰：「裳内衰外，與其削幅之意同，亦以衰齊別于吉也。凡齊，主於裳也，故先言此。」

郝氏敬曰：「齊，緝其邊使齊，異于斬也。裳邊緝向内，衰邊緝向外。」

負，廣出於適寸。【注】負，在背上者也。適，辟領也。負出于辟領外旁一寸。【疏】以一方布置于背上，上畔縫著領，下畔垂放之，以在背上，故得負名。出於辟領外旁一寸，總尺八寸也。

黄氏榦曰：「負，亦名負板。」

敖氏繼公曰：「負之廣，無定數，惟以出于適旁一寸爲廣也，其長蓋比於衰云。」

適，博四寸，出於衰。【注】博，廣也。辟領廣四寸，則與闊中八寸也。❶ 兩之爲尺六寸也。出于衰者，旁出

❶「闊中」，李如圭《儀禮集釋》卷一九：「闊中，或作闕中，謂闕去中央以安項也。」

衰外。不著寸數者，可知也。【疏】此辟領廣四寸，據兩相而言。云「出于衰」者，謂比胸前衰而言出也。注云「辟領廣四寸」者，據項之兩相向外各廣四寸。云「則與闊中八寸也」者，❶謂兩身當縫中央總闊八寸，一邊有四寸，并辟領四寸爲八寸。云「兩之總一尺六寸也」者，一相闊與辟領八寸，故兩之總一尺六寸。云「出于衰者，旁出衰外」者，以兩旁辟領向前，望衰之外也。衰廣四寸，辟領横廣總尺六寸，除中央四寸當衰，衰外兩旁各出衰六寸，故云「不著寸數可知也」。

黄氏榦曰：「此謂度兩身既畢，即將兩身疊作四重，于領上取方裁入四寸，❷却以所裁者辟而摺之，垂于兩旁，使領中開處方闊八寸也。」

敖氏繼公曰：「適，辟領之布旁出者也。云『博四寸』，又云『出于衰』，則出于衰者，非謂其博也。然則博者，其從之廣與？凡爲衣，必先開當項之處，其上下之度相去四寸，左右之度，則隨其人之肥瘠而爲之，闊狹不定也。凡吉衣，皆方翦之，所謂方領是也。此凶服，亦方領，其異者，則但翦其上下之相去四寸者，而不殊其左右之布，使連于衣而各出于肩上之兩旁而爲適，所謂『適博四寸』也。以其横之闊狹不定，故不著其出于衰之寸數，唯言『出于衰』而已。」

張氏爾岐曰：「適以在兩肩者而言則四寸，並闊中共八寸，兩之則爲尺六寸。上文負廣出適旁各一寸，故疏以爲總尺八寸也。衰在胸前，出于衰者，以兩肩辟領向前，望衰之外也。」

衰，長六寸，博四寸。【注】廣袤當心也。前有衰，後有負板，左右有辟領，孝子哀戚，無所不在。【疏】袤，長也。據上下而言也。綴于外衿之上，故得廣長當心。

敖氏繼公曰：「五服之屬及錫與疑，皆以衰爲名，則是凡凶服，弔服，無不有此衰矣。其辟領亦當同之。若負板，則唯孝子乃有之，故《記》先言之也。孔子式負板者，以其服最重故耳。」

郝氏敬曰：「以布一方如負，聯領當心垂，其狀摧然，曰衰。衰長六寸，寬四寸，成終數也。」

【《欽定義疏》】大功衰、小功衰、緦衰，皆名衰。大夫卜宅與日，有司麻衣，猶布

❶「與」，原作「其」，據《儀禮・喪服》疏改。
❷「取」，原作「領」，據《儀禮經傳通解續》卷一六改。

衰。則凡服有衰必矣。敖氏謂惟孝子乃有負版，理或然也。非三年者，或亦不必有辟領與？

衣帶下尺。【注】衣帶下尺者，要也。廣尺，足以掩裳上際也。【疏】謂衣要也。云衣者，即衰也。但衰是當心廣四寸者，取其哀摧在于徧體，故衣亦名爲衰。今此云衣，據在上曰衣，舉其實稱。云帶者，此謂帶衣之帶，非大帶、革帶也。云「衣帶下尺」者，據上下闊一尺。若橫而言之，不著尺寸者，人有粗細，取足爲限也。云「足以掩裳上際也」者，若無腰，則衣與裳之交際之間露見裹衣，有腰則不露見，故云掩裳上際也。言上際者，對兩旁有衽，掩旁兩廂下際也。

敖氏繼公曰：「此接衣之布，其廣亦無常度，惟以去帶一尺爲準，豈亦以人有長短之不齊故與？帶謂要絰也。絞帶、布帶亦存焉。」

郝氏敬曰：「衣即衰。帶，大帶。凡禮服，吉凶皆有大帶。衣長出帶下尺，使不見裳要也。」

盛氏世佐曰：「據其當心而言則曰衰，據其在上而言則曰衣。負也，適也，衰也，皆縫著此衣者也。帶，謂在要者。吉服有大帶、革帶，凶服則要絰絞布帶是已。帶下尺者，言其衣之長出于帶下一尺也。人之粗細長短，不可預定，故不著其廣袤尺寸而惟以去帶一尺爲度，取足以掩裳上際而已。」

衽，二尺有五寸。【注】衽，所以掩裳際也。二尺五寸，❶與有司紳齊也。上正一尺，燕尾二尺五寸，凡用布三尺五寸。【疏】云「掩裳際」者，掩裳兩廂下際不合處也。案《玉藻》士已上，大帶垂之皆三尺，又云有司二尺五寸，謂府史紳即大帶也，屈而重，故曰紳。此但垂之二尺五寸，故云「與有司紳齊也」。取布三尺五寸，廣一幅，留上一尺爲正。正者，正方不破之言也。一尺之下，從一畔旁入六寸，乃邪向下一畔一尺六寸，去下畔亦六寸，橫斷之，留下一尺爲正。如是，則用布三尺五寸，得兩條衽，衽各二尺五寸，兩條共用布三尺五寸也。然後兩旁皆綴于衣，垂之向下掩裳際，此謂男子之服。婦人則無，以其婦人之服連衣裳，故鄭上《斬章》注云「婦人之服如深衣，則衰無帶，下又無衽」是也。

❶「二」，阮元《儀禮注疏校勘記》以爲當作「一」。

郝氏敬曰：「衽，裳周圍連幅。」

【《欽定義疏》】《左傳》魯昭公居喪，比葬，「三易衰，衰衽如故衰」，其謂此衽與？以布麤疏，此衽又斜裁之而不緝，尤易敝也。《士喪禮》「掘肂見衽」，《喪大記》「君三衽三束，大夫士二衽二束」，注云：「衽，小要也。」又《深衣》注云：❶「凡衽者，或殺而下，或殺而上，是以小要取名焉。衽屬衣，則垂而放之。屬裳，則縫之以合前後。」蓋棺上合縫之木，亦名爲衽，所謂小要也。小要之形，上下廣而中狹，上半則殺而下，下半則殺而上。其殺而上者，似深衣之裳之衽也；其殺而下者，則似此掩裳際之衽也。若無掩裳際之衽，則棺衽無從而取諸矣。後世禮服兩腋下各有一片上闊下狹者，其此衽之遺制與？

袂，屬幅。【注】屬猶連也。連幅，謂不削。【疏】屬幅者，謂整幅二尺二寸。凡用布爲衣物，皆去邊幅一寸爲縫殺，今此屬連其幅，則不削去其邊幅，取整幅爲袂。必不削幅者，欲取與下文衣二尺二寸同，縱横皆二尺二寸正方者也。故《深衣》云「袂中可以運肘」，二尺二寸亦足以運肘也。

敖氏繼公曰：「袂屬幅而不削，是繚合之也。古者衣袂皆屬幅乃著之者，嫌凶服之制或異于吉也。此袂之長短，蓋如深衣之袂，亦反屈之及肘。」

郝氏敬曰：「袂，袖也。全幅不殺，取其方。」

衣，二尺有二寸。【注】此謂袂中也。言衣者，明與身參齊。二尺二寸，其袖足以容中人之肱也。衣自領至要二尺二寸，倍之四尺四寸，加闊中八寸，❷而又倍之，凡衣用布一丈四寸。【疏】云「此謂袂中也」者，上云袂，據從身向袪而言，此衣據從上向掖下而言。袂連衣爲之，衣即身也。兩旁袂與中央身總三事，下與畔皆等，變袂言衣，

❶「深衣」，按：是《玉藻》注也，非《深衣》注。

❷「闊中」，阮刻《儀禮注疏》作「辟領」。李如圭《儀禮集釋》：「辟領，賈氏作闊中。」

欲見袂與衣齊三也。云「衣自領已下」云云者，鄭欲計衣之用布多少之數，自領至要皆二尺二寸者，衣身有前後，今且據一相而言，故云衣二尺二寸，倍之爲四尺四寸，總前後計之也。云「加闊中八寸」者，闊中謂闕去中央安項處，當縫兩相總闊去八寸，若去一相，正去四寸，若前後據長而言，則一相各長八寸，通前兩身四尺四寸，總五尺二寸也。云「而又倍之」者，更以一相五尺二寸并計之，故云又倍之。云「凡衣用布一丈四寸」者，此惟計身，不計袂與袪及負衽之等者，彼當丈尺寸自見，又有不全幅者，故皆不言也。

盛氏世佐曰：「衣，袂之身也。以其著于臂，故亦謂之衣，與上所云『衣帶下尺』者異矣。袂以全幅布連屬爲之，兩相各尺一寸，其廣已明，此則言其從掖下向袪長短之度也。必二尺二寸者，取其廣袤等也。」

袪，尺二寸。【注】袪，袖口也。尺二寸，足以容中人之併兩手也。吉時拱尚左手，喪時拱尚右手。【疏】云「袪，袖口也」者，則袂末接袪者也。尺二寸者，據複攝而言，圍之則二尺四寸，與深衣之袪同。不言緣之深淺尺寸者，緣口深淺亦與深衣同寸半可知，故略不言也。

黄氏榦曰：「案衰服衣、衽、袂、袪、帶下，自斬至緦皆同。唯衰、負版、左右辟領，據《儀禮》疏云，衰者，孝子有哀摧之志；負者，負其悲哀；適者，指適緣于父母，不念餘事。若然，則此四者，唯子爲父母用之，旁親皆不用歟？」

楊氏復曰：「案《記》云『衣，二尺有二寸』，蓋指衣身自領至要之長而言之也。用布八尺八寸，中斷以分，左右爲四尺四寸者二。又取四尺四寸者二，中摺以分，前後爲二尺二寸者四。此即尋常度衣身之常法也。合二尺二寸者，四疊爲四重，從一角當領處四寸下取方裁入四寸，乃《記》所謂『適博四寸』，注疏所爲『辟領四寸』是也。案鄭注云：『適，辟領也。』則兩物即一物也。今《記》曰適，注疏又曰辟領，何爲而異其名也？辟猶攝也，以衣當領，裁入四寸處，反攝向外，加兩肩上，故曰辟領，即疏所謂『兩相向外，各四寸』是也。左右有辟領，以明孝子哀戚無所不在，故曰適。既辟領四寸加兩肩上以爲左右適，故後之左右各有四寸虛處當脊而相並謂之闊中，前之左右各有四寸虛處近胸而相對，亦謂之闊中，乃注所謂『闊中八寸』是也。此則衣身所用布之數與裁之之法也。注又云『加辟領八寸而又倍之』者，謂別用布一尺六寸，以塞前後之闊中也。布一條，縱長一尺六寸，橫闊八寸，又縱摺而中分之，其下一半裁斷，左右兩端各四寸除去不用，只留中間八寸，以加後之闊中元裁辟領各四寸處而塞其缺，此所謂『加辟領八寸』是也。其上一半，全一尺六寸不裁，以布之中間從項上分左右對摺向前垂下，以加于前之闊中與元裁斷處相接，以爲左右領也。夫下一半加于後之闊中者，用布八寸，而上一半從項而下以加前之闊中者，又倍之而爲一尺六寸焉，此所謂『而又倍之者』是也。此則衣領所用之布與裁之之法也。古者衣服，吉凶異制，故衰服領與吉服領不同，而其制如此也。注又云『凡用布一丈四寸』者，衣身八尺八寸，衣領一尺六寸，合爲一丈四寸也。然此即衣身與衣領之數，若負、衰、帶下及兩衽，又在此數之外矣。但領必有袷，此布何從出乎？曰：衣領用布，闊八寸而長一尺六寸。古者布幅闊二尺二寸，除衣領用布闊八寸之外，更餘闊一尺四寸，而長一尺六寸，可以分作三條施于袷而適足無餘欠也。云袂二尺二寸而袪乃尺二寸者，縫合其下一尺，又留上一尺二寸以爲袖口也。云『衣帶下尺』者，衣身二尺二寸，僅至腰而止，無以掩裳上際，故于衣帶之下用縱布一尺上屬于衣，橫繞于腰，則以腰之闊狹爲準，所以掩裳上際，而後綴兩衽于其旁也。又曰：衰裳之制，五服皆同，以升數多少爲重輕。父母重，故升數少。上殺、下殺、旁殺，輕，故升數多。注云『前有衰，後有負板，左右有辟領，孝子哀戚之心，無所不在』，惟子爲父母用之，此外皆不用。」

敖氏繼公曰：「此袂廣二尺二寸而袪尺二寸，亦謂圜殺一尺，如深衣之袪也。此衣與袪、衽、帶下之度，吉服亦然，特于此見之耳。」

汪氏琬曰：「或問：衰衣之有衰、負板、辟領也，果獨爲父母用之與？曰：否。經傳無明文，鄭玄之注、賈公彦之疏亦然。如曾孫爲曾祖父母也，適孫祖在爲祖母也，爲人後者爲本生父母也，是皆難以旁親例者也，其遂可不用衰、負板、辟領與？《家禮》之與《儀禮圖》說，蓋各發明注疏而猶各有所未盡也，吾故謂衰齊必當有二式。」

盛氏世佐曰：「袪，接于衣之末者也。尺二寸，言其廣也。不言其長短之度者，以袪衣既有定制，則此接于衣者，必須視肘而爲之伸縮，亦不可預定也。」

蕙田案：以上記衰裳之制。

衰三升，三升有半。其冠六升。以其冠爲受，受冠七升。【注】衰，斬衰也。或曰三升半者，義服也。其冠六升，齊衰之下也。斬衰正服，變而受之此服也。三升、三升半，其受冠皆同，以服至尊，宜少差也。

【疏】自此至篇末，皆論衰冠升數之多少也。云「衰三升，三升有半，其冠六升」，衰異冠同者，以其三升半，爲縷如三升半，成布還三升，故其冠同六升也。「以其冠爲受」者，據至虞變麻服葛時，更以初死之冠六升布爲衰，更以七升布爲冠，以其葬後哀殺，衰冠亦隨而變輕故也。《斬章》有正、義。子爲父，父爲長子，妻爲夫之等，是正斬；諸侯爲天子，臣爲君之等，是義斬。此三升半實是義服，❶但無正文，故引或人所解爲證也。云「六升，齊衰之下也」者，齊服之降服四升，正服五升，義服六升，以其六升是義服，故云「下也」。父與君尊等，恩情則别，故恩深者三升，恩淺者三升半，成布還三升，故云少差也。

司馬氏光曰：「古者既葬、練、祥、禫，皆有受服，變而從輕。今世俗無受服，自成服至大祥，其衰無變，故于既葬，别爲家居之服，是亦受服之意也。」

【《語類》】或問：今之墨衰，可便于出入，而不合于《禮經》，如何？曰：若能不出，則不服之亦好。但要出外治事，則只得服之。《喪服四制》説：「百官備，百物具，不言而事行者，扶而起；言而後事行者，杖而起；身自執事而後行者，面垢而已。」蓋唯天子、諸侯始得全伸其禮。庶人皆是自執事，不得伸其禮。

黄氏榦曰：「案練再受服，經傳雖無明文，謂既練而服功衰，則記禮者屢言之。《服問》曰：『三年之喪既練矣，期之喪既葬矣，則服其功衰。』《雜記》曰：『三年之喪，雖功衰不弔。』又曰『有父母之喪，尚功衰，而祔兄弟之殤則練冠』是也。案大功之布有三等，七升、八升、九升，而降服七升爲最重。斬衰，既練而服功衰，是受以大功七升布爲衰裳也。故《喪服·斬章》賈氏疏云：『斬衰，初服粗，至葬後、練後、大祥後，漸細加飾。斬衰裳三升，冠六升。既葬後，以其冠爲受，衰裳六升，冠七升。小

❶「實是」，原作「是實」，據《儀禮·喪服》疏乙正。

祥，又以其冠爲受，衰裳七升，冠八升。』『女子子嫁反在父之室』疏云：『至小祥，受衰七升，總八升。』又案《間傳》：『小祥練冠。』孔氏疏云：『至小祥，以卒哭後冠受其衰，而以練易其冠。』而横渠張子之説又曰：『練衣，必煅煉大功之布以爲衣，故言功衰，功衰上之衣也。以其著衰于上，故通謂之功衰。必著受服之上，稱受者，以此得名。受，蓋以受始喪斬疏之衰而著之變服，其意以喪久變輕，不欲摧割之心亟忘于内也。』據横渠此説，謂受以大功之衰，則與傳記、注疏之説同；謂『煅煉大功之布以爲上之衣』，則非特練中衣，亦練功衰也。又取成服之初，衰長六寸、博四寸、縫于當心者著之于功衰之上，是功衰雖漸輕，而長六寸博四寸之衰猶在，不欲哀心之遽忘也。此説則與先儒異，今並存之，當考。」

敖氏繼公曰：「以其冠爲受，謂受衰之布與冠布同也。此言衰布有二，其冠以下惟見其一，則是斬衰正義之服，冠與受布皆同，但初死之衰差異耳。」

汪氏琬曰：「古人之喪服也，至纖至悉，而于三年之喪，尤加慎焉。是故三日而成服，三月而葬，則有受衰、服葛絰。至于小祥，則除首絰，服練冠、練衣，黄裏縓緣，繩屨無絇。至于大祥，則除衰服，斷杖，服縞冠素紕，麻衣，白屨無絇。蓋孝子之哀，以次而衰，則其服亦以次而變。有子既祥而絲屨組纓，則記者譏之，以爲蚤也。唐《開元禮》練縞皆如儀，而受衰廢矣。《明集禮》倣《家禮》行之，益不能盡合乎古。而小祥祭前一日陳練服，大祥陳禫服，猶有禮之遺意焉。」

齊衰四升，其冠七升。以其冠爲受，受冠八升。【注】言受以大功之上也。此謂爲母服也。齊衰正服五升，其冠八升；義服六升，其冠九升。亦以其冠爲受。凡不著之者，服之首主於父母。【疏】此據父卒爲母齊衰三年而言也。若父在爲母，在正服齊衰。云「言受以大功之上也」者，以其降服大功衰七升，正服大功衰八升，故云「大功之上」。上斬言三升，主于父。此言四升，主于母。正服已下輕，故不言，從可知也。

敖氏繼公曰：「此齊衰四升，其于三年者爲正服，于期者爲降服也。齊衰三年，有正有義。義服五升，冠八升。齊衰期有降、有正、有義。正服五升，冠八升；義服六升，冠九升；亦皆以其冠爲受。其受冠之升數，亦多于受服一等。記不著之者，蓋特舉重者以見其餘也。」

盛氏世佐曰：「上經列齊衰之服凡四章，有三年，有杖期，有不杖期，有三月，《記》惟云四升者，據其最重者言也。《間傳》云『齊衰四升、五升、六升』，則加詳矣。然以四章之差分爲三者，蓋惟據降正義爲別，而不計其日月之多少也。」

【《欽定義疏》】父卒爲母三年，正服，非降服也。父在爲母期，乃降服耳。疏于篇首已言齊衰三年有正而無降矣，此又云然，宜黄氏榦謂其自相牴牾也。齊衰期之降服與齊衰三年之正服衰冠升數並同，然則子爲母服，雖有三年與期之不同，其爲衰四升、冠七升則一也。

繐衰四升有半，其冠八升。【注】此諸侯之大夫爲天子繐衰也。服在小功之上者，欲著其縷之精粗也。升數在齊衰之中者，不敢以兄弟之服服至尊也。【疏】據升數合在杖期以上，以其升數雖少，縷精粗與小功同，不得在杖期上，故在小功之上也。

敖氏繼公曰：「注云『服在小功之上』者，謂此經喪服之序，繐衰在小功之上也。云『升數在齊衰之中』者，齊衰四升、五升、六升，而此繐衰四升有半，是在齊衰之中也。云『不敢以兄弟之服服至尊』者，用《齊衰三月章》傳文。」

大功八升若九升。小功十升若十一升。

【注】此以小功受大功之差也。不言七升者，主于受服，欲其文相直。言服降而在大功者衰七升，正服衰八升，其冠皆十升。義服九升，其冠十一升。亦皆以其冠爲受也。斬衰受之以下大功，受之以正者，重者輕之，輕者從禮，聖人之意然也。其降而在小功者，衰十升，正服衰十一升，義服衰十二升，皆以即葛及緦麻，無受也。此大功不言受者，其章既著之。【疏】云「此以小功受大功之差也」者，以其小功、大功俱有三等，此惟各言二等故也。以此二小功衰，受二大功之冠爲衰，二大功初死，冠還用二小功之衰，故轉相受也。不言七升者，以其七升乃是殤大功。《殤大功章》云「無受」，此主于受，故不言七升者也。直者，當也。正大功衰八升，冠十升，與降服小功衰十升同。既葬，以其冠爲受，受衰十升，冠十一升。義服大功衰九升，其冠十一升，與正服小功衰同。既葬，以其冠爲受，受衰十一升，冠十二升。初死，冠皆與小功衰相當，是冠衰

之文相直也。降服既無受，而亦覆言之者，欲見大功正服與降服冠升數同之意。必冠同者，以其自一斬及四齊，衰與降大功冠皆校衰三等，及至正大功衰八升，冠十升，冠與降大功同，止校二等者，若不進正大功，冠與降同，則冠宜十一升。義大功衰九升者，冠宜十二升，小功、緦麻冠衰同，則降小功衰冠當十二升，正服小功冠衰當十三升，義服小功冠衰當十四升，緦麻冠衰當十五升。十五升即與朝服十五升同，與吉無別，故進正大功冠與降大功同，則緦麻不至十五升。若然，正服大功不進之，使義服小功至十四升，緦麻十五升抽其半，豈不得爲緦乎？然者，若使義服小功十四升，則與疑衰同，非五服之差故也。聖人之意，重者恐至滅性，故抑之，受之以輕服，義服齊衰六升是也。輕者從禮者，正大功八升，冠十升，既葬，衰十升，受以降服小功；義服大功衰九升，冠十一升，既葬，衰十一升，受以正服小功。二等大功皆不受以義服小功，是從禮也。小功因故衰，惟變麻服葛爲異。其降服，小功以下升數，文出《間傳》，故彼云：「斬衰三升。齊衰四升、五升、六升。大功七升、八升、九升。小功十升、十一升、十二升。緦麻十五升去其半，有事其縷，無事其布，曰緦。此哀之發于衣服者也。」鄭注云：「此齊衰多二等，大功、小功多一等。服主于受，是極列衣服之差也。」鄭彼注顧此文，校多少而言，云「服主于受」，據此文不言降服大功、小功、緦麻之受，以其無受。又不言正服、義服齊衰者，二者雖有受，齊斬之受，主于父母，故亦不言。若然，此言十升、十一升小功者，爲大功之受而言，非小功有受。彼注云「是極列衣服之差」者，據彼經總言，是極盡陳列衣服之差降，故其言與此異也。

聶氏崇義曰：「凡五服衰裳，一斬四齊，自齊衰以至緦麻，衰並齊。然則君衰棄彼麤名，麤名自顯；功緦遺其齊號，齊號亦明。而四齊之衰，並外削幅，皆外展而方齊；其裳並內削幅，皆內展而始緝。又案《喪服》上下十有一章，從斬至緦，升數有異。其異者，❶斬衰有二，正、義不同。爲父以三升爲正，爲君以三升半爲義。其冠則同六升。其三年齊，惟有正之四升，冠七升。繼母慈母，雖是義服，繼母以配父不敢殊，慈母以重命不敢降，故與母同，是以略爲一節，同正而已。父在爲母，爲妻，齊衰杖期，《雜記》云「十一月而練，十三月而祥，十五月而禫」是也。然母則恩愛也，妻則義合也，雖父尊

❶「異」，原作「義」，據《三禮圖集注》卷一六改。

厭屈，禫杖猶申，故與三年同正服而齊衰五升，冠八升。又齊衰三月者，義服也，衰則六升，冠九升。曾祖父母，計是正服，但正服合服小功，以尊其祖而服齊衰三月，既非本服，故與義同服也。又殤大功有義，爲夫之昆弟之長殤，義也，其衰九升，冠十一升。餘皆降也，其衰七升，冠十升。成人大功，有降，有正，有義。姑、姊妹出適之等是降也，婦人爲夫族類義也，餘皆正也，其衰八升，冠十升。又繐衰，唯有義服，其衰四升半，冠七升。諸侯之大夫爲天子，故同義服也。殤小功有降、有義。婦人爲夫之族類義也，衰冠同十二升，餘皆降也，衰冠同十升。成人小功有降、有正，衰冠同十一升。有義。❶緦麻之衰冠，降、正、義皆同十五升抽去其半而已。」

朱子曰：「温公《儀》凶禮斬衰用古制，而功緦又不用古制。古者五服皆用麻，但布有差等。皆有冠絰，但功緦之絰小耳。今定《家禮》，斬衰衣裳用極粗生布，齊衰用次等粗生布，杖期又用次等生布，不杖期及齊衰三月又用次等生布，大功用稍粗熟布，小功用稍熟細布，緦麻用極細熟布。」

敖氏繼公曰：「此齊衰以至小功，服各有三等。自大功而上，皆有受服、受冠。其受服當下于本服三等，故斬衰受以齊衰之下，齊衰三等受以大功三等，各如其次焉。大功之上，亦受小功之上，皆校三等也。以例言之，大功之中當受以小功之中，大功之下當受以小功之下，如是則可與前之受服者輕重相比，而乃不然，中者亦受以小功之上，下者則受以小功之中，止校二等。此非有他故，蓋欲以小功之下十二升者，爲大功義服之受冠而然也。大功受冠，亦多于受布一等。　案注云『不言七升者，主于受服，欲其文相直』，謂記者于小功言『十升若十一升』，不言十二升，是主于受服，故于大功亦但言『八升若九升』以當之，而不必言七升，是欲其文相直。若謂七升者亦受十升而并言之，則大功三而小功二，其文不相直也。鄭氏之意，蓋或如此。」

❶「義」下，《三禮圖集注》卷一六有「衰冠同殤義」五字注文。

汪氏琬曰：「斬、齊、大功、小功、緦麻，五服之服，通謂之衰，雖弔服亦謂之衰。鄭玄云：『凡服，上曰衰，下曰裳。』又五服之衰，一斬四緝。三山楊氏《喪服圖》：『衰裳之制，五服皆同，前有衰，後有負板，左右有辟領，惟子爲父母用之，旁親則否。此先王之禮然也。蓋衰之爲言摧也，明孝子有哀摧之心也。』夫哀摧之心，凡在五服中者，莫不有之，奚獨孝子？亦曰孝子之于父母，視旁親有加戚焉，非謂旁親而遂可以不哀摧也。然則五服之服，通謂之衰宜矣。顧近世士大夫，自大功之喪而下，俱無有服衰者，皆非知禮者也。案《喪服傳》大功布衰裳，牡麻絰，無受，或牡麻絰纓，布帶，有受。小功布衰裳，澡麻帶絰，或牡麻絰。又《記》：『宗子孤爲殤，大功衰，小功衰，皆三月。』又《雜記》：『功衰食菜果，飲水漿，無鹽酪。不能食，食鹽酪可也。』此大功、小功爲衰之明驗也。鄭玄云：『緦，麻布衰裳而麻絰帶。』又《周禮》：『王爲三公六卿錫衰，爲諸侯緦衰，爲大夫士疑衰。』此緦麻爲衰之明驗也。自朱子《家禮》、《明集禮》、《孝慈録》莫不仍之。顧律令大功以下，言服不言衰，非不爲衰也，省文也。士大夫亦無有服功衰、緦衰者，此近世薄于旁親而然，夫豈先王之制與？」

盛氏世佐曰：「案大功不言七升，小功不言十二升，文不具耳。注云『主于受服』，似泥。繐衰亦無受服，何以特言之邪？且大功七升無受者，唯殤服耳。其成人之降服七升，未嘗無受也。疏説曲于護注，亦非。大功已下不言其冠者，以上文推之可知也。斬衰二等，而其冠同六升，受以齊衰之下也。齊衰四升、五升、六升，而其冠同七升，受以大功之上也。大功七升、八升、九升，而其冠同十一升，受以小功之中也。小功十升、十一升、十二升，而其冠同十五升抽其半，以緦麻無上中下之别，但有一衰故也。小功無受。緦麻冠衰同者，以喪冠之升數窮于此，不可以吉冠受之也。五服之衰，各有降、正、義之别，而冠唯一等。異其衰，見其情有淺深；同其冠，見其服無重輕。男子重在首，故衰異而冠不異也。」

蕙田案：盛氏所説冠衰升數與諸儒舊解不同，未知孰是。

【《語類》】問喪服制度。朱子曰：此等處，但熟考注疏，即自見之。其曲折，難以書尺論也。然「喪，與其易也，寧戚」，此等處未曉，亦未害也。　又問：喪服用古制，恐駭俗。不知當何如。曰：駭俗猶小事，但恐考之，未必是耳。若果考得是，用之亦無害。　又問居喪冠服。答曰：今考《政和五禮》，喪服却用古制。准此而行，則亦無特然改制之嫌。

王氏應麟曰：「夏侯勝善説禮服，謂禮之喪服也。蕭望之以禮服授皇太子。則漢世不以喪服爲諱也。唐之姦臣以凶事非臣子所宜言，去《國卹》一篇，而凶禮居五禮之末。五服，如父在爲母、叔嫂之類，率意輕改，皆不達禮意者。五服制度附於今，自後唐始。」

蕙田案：此記衰冠升數。

右《喪服·記》。

五禮通考卷第二百五十九

淮陰吴玉搢校字

五禮通考卷第二百六十

内廷供奉禮部右侍郎金匱秦蕙田編輯
太子太保總督直隸右都御史桐城方觀承同訂
右春坊右贊善嘉定錢大昕
都轉鹽運使德水盧見曾 參校

凶禮十五

喪禮

【《儀禮·士喪禮》】鄭《目録》云：「士喪其父母，自始死至于既殯之禮。于五禮屬凶。」【疏】此諸侯之士也。士有上中下，及行喪禮，其節同，但銘旌有異耳。鄭直云「士喪父母」，不言妻與長子二者，亦依士禮。

【《欽定義疏》】此有位之士而其子喪之之禮，玩《記》「赴曰：君之臣某死」可見。至此士之父、母、妻、長子死，喪之亦同，《記》又云「赴母、妻、長子則云君之臣某之某死」是也。仕焉而已者，禮亦同之。若未仕之士，未必有赴于君、君弔之事，而其他或亦從殺矣。

士喪禮。死於適室，幠用斂衾。【注】適室，正寢之室也。疾者齊，故于正寢焉。疾時處北牖下，死而遷之當牖下，有牀衽。幠，覆也。斂衾，大斂所并用之衾。衾，被也。小斂之衾當陳。《喪大記》曰：「始死，遷尸于牀，幠用斂衾，去死衣。」【疏】言正寢者，對燕寢與側室非正。小斂之衾當陳，是不用小斂衾。以大斂未至，故且覆尸，至小斂訖，大斂之衾當陳，則用夷衾覆尸，是其次也。此所覆尸，尸襲後，將小斂，乃去之。君、大夫、士皆小斂一衾，大斂二衾。始死，用大斂一衾以覆尸。至大斂之時，兩衾俱用，一衾承薦于下，一衾以覆尸，故云「大斂所并用之衾」也。死衣，病時所加新衣及復衣也。去之，以俟沐浴。

黄氏榦曰：「始死之前，有有疾、疾病等事，經文不具。」

蕙田案：以上始死。

復者一人，以爵弁服，簪裳于衣，左何之，扱領于帶。【注】復者，有司招魂復魄也。天子則夏采、祭僕之屬，諸侯則小臣爲之。爵弁服，純衣纁裳也。禮，以冠名服。簪，連也。【疏】常時衣裳各别，此招魂，取其便，故連裳于衣。

張氏爾岐曰：「復者人數多少，各如其命之數。士一命，故一人。簪裳于衣，連綴其裳于衣之下也。扱領于帶者，平疊衣裳，使領與帶齊，并何于左臂，以便升屋也。」

【《欽定義疏》】復者，蓋以私臣若隸子弟爲之。

升自前東榮，中屋，北面，招以衣，曰：「皋某復！」三，降衣于前。【注】北面招，求諸幽之義也。皋，長聲也。某，死者之名也。復，反也。降衣，下之也。《喪大記》曰：「凡復，男子稱名，婦人稱字。」【疏】升屋之時，使狄人設梯。復聲必三者，禮成于三。受用篋，❶升自阼階，以衣尸。【注】受者，受之于庭也。復者，其一人招，則受衣亦一人也。人君則司服受之。衣尸者，覆之，若得魂反之。【疏】此復衣浴而去之，不用襲斂。復者降自後西榮。【注】不由前降，不以虚反也。降，因徹西北厞，若云此室凶，不可居然也。自是，行死事。

敖氏繼公曰：「前東榮者，東方之南榮也。屋有二楣，故每旁各有南榮北榮。中屋，屋脊之中也。升自阼階，象其反也。既則降自西階。後西榮，西方北榮也。降于此者，與升時相變也。」

張氏爾岐曰：「復者，猶冀其生。復而不生，始行死事。」

蕙田案：升屋三號，孔穎達疏以爲一號于上，冀神自天而下；一號於下，冀神自地而上；一號於中，冀神

❶「篋」，唐石經、阮刻《儀禮注疏》作「篋」。

在天地之間而來。宋玉《招魂》一篇，蓋猶得此意。

又案：以上復。

楔齒用角柶。【注】爲將含，恐其口閉急也。綴足用燕几。【注】綴猶拘也。爲將履，恐其辟戾也。【疏】案《記》云：「綴足用燕几，校在南，御者坐持之。」註云：「校，脛也。尸南首，几脛在南，以拘足，則不得辟戾矣。」几之兩頭皆有兩足，今豎用之一頭，以夾兩足。恐几傾倒，故使御者坐持之。案《喪大記》：「小臣楔齒用角柶，綴足用燕几，君大夫士一也。」又《周禮·天官·玉府》：「大喪，共含玉、復衣裳、角枕、角柶。」則自天子以下至于士，其禮同。

敖氏繼公曰：「燕几，平時燕居時所馮者。」

黄氏曰：「復與楔齒、綴足之間，有遷尸一節，經文不具。」

奠脯醢醴酒，升自阼階，奠于尸東。【注】鬼神無象，設奠以憑依之。【疏】案《檀弓》：「曾子云：始死之奠，其餘閣也與？」則此奠是閣之餘食爲之。小斂一豆一籩，大斂兩豆兩籩。此始死，亦無過一豆一籩而已。醴、酒亦科用其一，不並用。

朱子曰：「自葬以前，皆謂之奠。其禮甚簡，蓋哀不能文，而于新死者亦未忍遽以鬼神之禮事之也。」

蕙田案：敖氏以脯醢醴酒爲四物，是以醴酒並用也。以下《記》「若醴若酒」之文證之，此奠止有三物，故敖說不載。

帷堂。【注】事小訖也。【疏】云小訖者，以其未襲斂。必帷之者，鬼神尚幽闇故也。

張氏爾岐曰：「喪禮凡二大端：一以奉體魄，一以事精神。楔齒、綴足，奉體魄之始；奠脯醢，事精神之始也。」

蕙田案：以上設奠、帷堂。

乃赴于君。主人西階東，南面命赴者，拜送。【注】赴，告也。臣，君之股肱耳目，死當有恩。【疏】大夫以上，父兄命赴者。士則主人親命。有賓，則拜之。【注】賓，僚友羣士也。其位猶朝夕哭矣。【疏】此因命赴者，有賓則拜之。若不因命赴者，則不出。始喪之日，哀戚甚也。「其位猶朝夕哭矣」者，謂賓弔位猶如賓朝夕哭位。其主人之位，則異于朝夕，而在西階東，南面拜之，拜訖，西階下東面，下經所云「拜大夫之位」是也。

盛氏世佐曰：「是時親族僚友亦當使人赴之，惟言君者，舉重而言。大夫士訃于同國、他國之詞，見于《雜記》者詳矣。敖氏謂大夫士赴告止于君者，非也。又案大夫士之喪，同國則赴，異國則否，以人臣無境外之交故也。《雜記》言他國之君大夫士亦皆赴，恐是春秋以後之禮，非古也。」

蕙田案：以上赴於君。

入，坐于牀東。衆主人在其後，西面。婦人俠牀，東面。【注】衆主人，庶昆弟也。婦人，謂妻妾、子姓也，亦適妻在前。【疏】入坐者，謂上文主人拜賓訖，入坐于牀東也。親者在室。【注】謂大功以上父兄、姑、姊妹、子姓在此者。衆婦人户外北面，衆兄弟堂下北面。【注】衆婦人、衆兄弟，小功以下。

楊氏復曰：「始死，哭位辨室中、户外、堂下之位。《喪大記》人君禮，『子坐于東方，卿、大夫、父兄、子姓在其後。夫人坐于西方，内命婦、姑、姊妹、子姓立于其後。外命婦率外宗哭于堂上，北面。有司庶士哭于堂下，北面』，亦必辨室中、堂上、堂下之位者，非特男女、内外、親疏、上下之位不可以不正，亦治喪馭繁處變之大法也。」

張氏爾岐曰：「主人哭位，惟小斂以前在此，小斂後則在階下矣。」

盛氏世佐曰：「俠、夾通。俠牀，在牀西也。與男子相對，故云俠牀。親者，兼男子婦人而言。謂之親者，對户外、堂下者言耳。其實，比于在牀東西者爲少疎矣。云在室，則不必俠牀矣。是時牀在南牖下，則親者所立處，蓋室中半以北也。亦男子在東，婦人在西，皆南面。與衆婦人、衆兄弟親疎同而所立有遠近者，内外之辨也。皆北面，向尸也。」

蕙田案：以上哭位。

君使人弔，徹帷。主人迎于寢門外，見賓不哭，先入門右，北面。【注】使人，士也。禮，使人必以其爵。使者至，使人入將命，乃出迎之。寢門，內門也。徹帷，扆之，事畢則下之。【疏】扆之，謂褰帷而上，非謂全徹去也。弔者入，升自西階，東面。主人進中庭。弔者致命。【注】主人不升，賤也。致命曰：「君聞子之喪，使某如何不淑。」【疏】云「主人不升，賤也」者，對大夫之喪，其子得升堂受命。主人哭拜稽顙，成踊。【注】稽顙，頭觸地。成踊，三者三。【疏】爲稽首之拜，但觸地無容，即名稽顙。成踊三者三，凡九踊也。賓出，主人拜送于外門外。

敖氏繼公曰：「喪不迎賓，唯于君及君使則迎之。此不出外門者，別于君之自來也。先入門右，導之。徹帷，爲君命變也。拜稽顙而成踊，惟于君及君命爲然，其餘則否。拜稽顙者，一拜而遂稽顙也。不再拜稽首者，喪禮宜變于吉也。拜送，一拜送之也。下云『拜送』者皆然。迎不拜而一拜送之，皆喪禮異也。凡喪，拜賓不再拜。」

【《欽定義疏》】「君使人弔」、「使人襚」，皆不言「若」，則是君於士喪，固皆有弔襚之禮，不必加賜而後然也。《春官·職喪》：「掌卿大夫士凡有爵者之喪，以國之喪禮涖其禁令，序其事。凡公有司之所共，職喪令之，趣其事。」侯國亦當有之。既赴聞喪，則君隨使人弔襚，而兼使官爲涖而序之，而公有司各共其事。蓋以臣下之私喪，爲國家之政治，所謂「爲國以禮」者，於此可想見焉。

蕙田案：以上君使人弔。

君使人襚。徹帷。主人如初。襚者左執領，右執要，入升致命。【注】襚之言遺也。衣被曰襚。致命曰：「君使某襚。」【疏】主人如初者，如上弔時，迎于寢門外以下之事也。此君襚雖在襲前，主人襲與小斂俱不得用。君襚，大斂乃用之。主人拜如初。襚者入，衣尸，出。主人拜送如初。【疏】主人拜如初者，亦如上主人進中庭，哭拜稽顙，成踊。唯君命出，升降自西階，遂拜賓。有大夫則特拜之，即位于西階下，東面，不踊。大夫雖不辭，入也。【注】「唯君命出」，以明大夫以下時來弔襚不出也。始喪之日，哀戚甚，在室，故不出拜賓也。大夫則特拜，別於士旅拜也。即位西階下，未忍在主人位也。不踊，但哭拜而已。不辭而主人升入，明本不爲賓出，不成禮也。【疏】小斂後始就東階下，西南面主人位。

盛氏世佐曰：「『唯君命出』以下，總上兩節而言。受君弔之時，其儀亦如此也。」

蕙田案：以上君使人襚。

親者襚，不將命以即陳。【注】大功以上有同財之義也。不將命，不使人將之致於主人也。即陳，陳在房中。

【《欽定義疏》】不將命，以親者本在室，且至親無文也。《少儀》曰「親者兄弟，不以襚進」，與此同。

庶兄弟襚，使人以將命于室，主人拜于位，委衣于尸東牀上。【注】庶兄弟，即衆兄弟也。變衆言庶，容同姓耳。將命曰：「某使某襚。」拜于位，室中位也。

張氏爾岐曰：「委衣者，將命者委之也。」

朋友襚，親以進，主人拜，委衣如初。退，哭，不踊。【注】親以進，親之恩也。退，下堂反賓位也。主人徒哭不踊，別于君襚也。

張氏爾岐曰：「委衣如初，如其于尸東牀上。委之者，朋友也。」

徹衣者執衣如襚，以適房。【注】凡於襚者出，有司徹衣。【疏】執衣如襚者，上文君襚之時，襚者左執領，右執要，此徹衣者亦左執領右執要，故云如襚也。

蕙田案：以上親者、庶兄弟、朋友襚。

爲銘，各以其物。亡則以緇長半幅，赬末長終幅，廣三寸。書銘於末曰：「某氏某之柩。」【注】銘，明旌也。雜帛爲物，大夫士之所建也。以死者爲不可別，故以其旗識識之，愛之斯録之矣。亡，無也。無旗，不命之士也。半幅，一尺。終幅，二尺。在棺爲柩。【疏】布幅二尺二寸，今云二尺者，兩邊除二寸而言。凡書銘之法，男子稱名，婦人書姓與伯仲。

敖氏繼公曰：「銘書其名者，以卒哭乃諱故也。」

竹杠長三尺，置于宇，西階上。【注】杠，銘橦也。宇，梠也。【疏】此始造銘，且置宇下西階上。待爲重訖，置于重。卒塗，始置于肂。宇，謂檐下也。

姜氏兆錫曰：「其時尸未斂于柩，至大斂乃以棺入斂，而今書銘置于階者，蓋預書此以表之。」

蕙田案：以上爲銘。

甸人掘坎于階間少西，爲垼于西牆下，東鄉。【注】甸人，有司主田野者。垼，塊竈。西牆，中庭之西。

張氏爾岐曰：「坎以埋沐浴餘潘及巾柶等。塊竈以煮潘水。」

新盆、槃、瓶、廢敦、重鬲，皆濯，造于西階下。【注】新此瓦器五種者，重死事。盆以盛水，槃承渜濯，瓶以汲水也。廢敦，敦無足者，所以盛米也。重鬲，鬲將縣于重者也。濯，滌溉也。造，至也，猶饌也。以造言之，喪事遽。【疏】盆以盛水，祝淅米時所用。槃，以盛渜濯，謂置于尸牀下，餘潘水名爲渜濯，以此槃盛之。瓶以汲水，管人汲用此也。凡物無足者稱廢。鬲將縣于重者，下文「鬻餘飯，乃縣于重」，此時先用煮潘沐也。

蕙田案：以上沐浴飯含之具陳于階下者。

陳襲事于房中，西領，南上，不綪。【注】襲事，謂衣服也。綪，讀爲錚，屈也。襲事少，上陳而下不屈。江沔之間謂縈收繩索爲錚。

張氏爾岐曰：「不錚者，以衣裳少，單行列去可盡，不須屈轉重列也。」

明衣裳，用布。【注】所以親身，爲圭潔也。【疏】明者，潔淨之義。

盛氏世佐曰：「此生時之齊服也。陳用之云：『明衣以致其精明之德。用布，以其有齊素之心。』是其義矣。古者有疾則齊，故襲時近體著此。」

鬠笄用桑，長四寸，纋中。【注】桑之爲言喪也，用爲笄，取其名也。長四寸，不冠故也。纋，笄之中央以安髮。【疏】以髺爲鬠，義取以髮會聚之意。凡笄有二種，一是安髮之笄，男子、婦人俱有，此笄是也。一是爲冠笄。皮弁、爵弁笄，唯男子有，而婦人無也。二笄皆長，不唯四寸。今此笄四寸，僅取入髻而已。以其男子不冠，冠則笄長矣。生時男子冠，婦人笄。今死，婦人不笄，男子亦不冠也。《家語》云「孔子之喪，襲而冠」者，《家語》，王肅之增改，不可依用。纓中者，兩頭闊，中央狹，則于髮安也。

布巾環幅，不鑿。【注】環幅，廣袤等也。不鑿者，士之子親含，反其巾而已。大夫以上，賓爲之含，當口鑿之，嫌有惡。【疏】此爲飯含而設，所以覆死者面。掩練帛，廣終幅，長五尺，析其末。【注】掩，裹首也。析其末，爲將結于頤下，又還結于項中。【疏】掩若今人幞頭，但死者以後二脚于頤下結之，與生人爲異。瑱用白纊。【注】瑱，充耳。纊，新綿。幎目用緇，方尺二寸，䞓裏，著，組繫。【注】幎目，覆面者也。幎，讀若《詩》曰「葛藟縈之」之縈。䞓，赤也。著，充之以絮也。組繫，爲可結也。【疏】四角有繫，于後結之。握手用玄，纁裏，長尺二寸，廣五寸，牢中旁寸，著，組繫。【注】牢，讀爲樓。樓，謂削約握之中央以安手也。【疏】名此衣爲握，以其在手，故云握手，不謂以手握之。

張氏爾岐曰：「牢中旁寸者，削約其中一段之兩旁各一寸，兩頭皆廣五寸，中央容四指處廣三寸也。」

決用正王棘若檡棘，組繫，纊極二。【注】決猶闓也，挾弓以横執弦。《詩》云：「決拾既佽。」正，善也。王棘與檡棘，善理堅刃者，皆可以爲決。極猶放也，❶以沓指放弦，令不挈指也。生者以朱葦爲之而三，死用纊，又二，明不用也。

張氏爾岐曰：「決，著于右手巨指。極，冒于食指、中指、無名指。皆射所用具，備之以象生平。組繫，極之繫也。」

冒，緇質，長與手齊；䞓殺，掩足。【注】冒，韜尸者，制如直囊。上曰質，下曰殺。質，正也。其用之，先以殺韜足而上，後以質韜首而下，齊手。上玄下纁，象天地也。《喪大記》曰：「君錦冒黼殺，綴旁七。大夫玄冒黼殺，綴旁五。士緇冒䞓殺，綴旁三。」凡冒，質長與手齊，殺三尺。【疏】綴旁者，旁綴質與殺相接之處，使相連也。

劉氏績曰：「冒上者方正，故曰質。冒下身者漸狹，故曰殺。與手齊，揜足，準死者之身而爲之也。」

爵弁服，純衣。【注】謂生時爵弁所衣之服也。純衣

❶「放」下，原有「弦」字，據庫本及阮刻《儀禮注疏》删。

者，纚裳。古者以冠名服。死者不冠。【疏】爵弁服，即士之常服，以助祭者也。皮弁服。【注】皮弁所衣之服也。其服，白布衣、素裳也。褖衣。【注】黑衣裳，赤緣之謂褖。褖之言緣也，所以表袍者也。《喪大記》曰：「衣必有裳，袍必有表，不禪，謂之一稱。」【疏】此褖衣則玄端也。《士冠禮》陳三服，有玄端，無褖衣。此《士喪》，襲亦陳三服，無玄端，有褖衣，故知褖衣即玄端也。玄端有三等裳，此喪禮質略，同玄裳而已。此玄端連衣裳，與婦人褖衣同，故變名褖衣。連衣裳者，以其用之以表袍，袍連衣裳故也。

孔氏穎達曰：「熊氏云：褻衣之用，尊卑不同。士襲用褻衣，故《士喪禮》陳襲事有褖衣，注云『褖，所以表袍者』，是襲有袍也。至小斂有散衣，注云『散衣，褖衣以下袍繭之屬』，是小斂有袍也。大斂亦有散衣，是大斂有袍也。若大夫襲，亦有袍，『子羔之襲，繭衣裳』是也。斂則必用正服，不用褻衣。《檀弓》云：『季康子之母死，陳褻衣。敬姜曰：將有四方之賓來，褻衣何爲陳于斯？命徹之。』注云：『褻衣將以斂。』是大夫不當用褻衣斂也。若公則襲及大小斂皆不用褻衣。《雜記》云『公襲無袍繭』，襲輕尚無，大小斂可知矣。」

緇帶。【注】黑繒之帶。【疏】上陳三服，同用一帶。韎韐。【注】一命緼韍。【疏】韎者，據色而言，合韋爲之，故名韎韐，亦名緼韍。三服共設韎韐，亦如帶矣。竹笏。【注】笏，所以書思對命者。《玉藻》曰：「笏，天子以璆玉，諸侯以象，大夫以魚須文竹，士以竹，本象可也。」又曰：「笏度：二尺有六寸，其中博三寸，其殺六分而去一。」又曰：「天子搢珽，方正於天下也。諸侯荼，前詘後直，讓于天子也。大夫前詘後詘，無所不讓也。」夏葛屨，冬白屨，皆繶緇絇純，組綦繫于踵。【注】冬皮屨，變言白者，明夏時用葛亦白也。此皮弁之屨。《士冠禮》曰：「素積白屨，以魁柎之；緇絇繶純，純博寸。」綦，屨係也，所以拘止屨也。【疏】三服相參，帶用玄端，屨用皮弁，韎韐用爵弁，各用其一，以當三服而已。繶，謂縧在牙底相接之縫中。絇在屨鼻。純，謂緣口，皆以縧爲之。庶襚繼陳，不用。【注】庶，衆也。不用，不用襲也。多陳之爲榮，少納之爲貴。【疏】庶襚，親者、庶兄弟、朋友所襚。繼陳，謂繼襲衣之下陳之。此不用以襲，至小斂則用之，唯君襚至大斂乃用也。多陳之爲榮，庶襚皆陳是也；少納之爲貴，襲時惟用三稱是也。

【《欽定義疏》】襚者出，徹衣者輒執衣以適房，是庶襚本在房中，故陳襲事于房中，即以繼陳之也。小斂之衾亦陳之，不言君襚者，君襚尊，不敢褻也。襚時衣尸之後，即徹而另置他所，至大斂乃出而陳之。襲訖則陳而不用之衣，當另置他所，明日將小斂，又陳之，故以篋而升，降自西階也。

蕙田案：以上襲衣服陳于房中者。

貝三，實于笲。【注】貝，水物。古者以爲貨，江水出焉。笲，竹器名。【疏】士飯含用米貝，大夫以上則兼用珠玉。稻米一豆，實於筐。【注】豆四升。沐巾一，浴巾二，皆用綌，於笲。【注】巾，所以拭汙垢。浴巾二者，上體下體異也。綌，麤葛。【疏】此士禮，上下同用綌。《玉藻》云：「浴用二巾，上絺下綌。」彼據大夫以上。櫛於簞。【注】簞，葦笥。浴衣於篋。【注】浴衣，已浴所衣之衣。以布爲之，其制如今通裁。【疏】浴衣，既浴所著之衣，用之以晞身。皆饌于西序下，南上。【注】皆者，皆貝以下。東西牆謂之序。中以南謂之堂。【疏】謂從序半以北陳之。東西牆謂之序，序中半以南乃得堂稱。以其堂上行事，非專一所。若近户，即言户東、户西；近房，即言房外之東、房外之西；近楹，即言東楹、西楹；近序，即言東序下、西序下；近階，即言東階、西階。若自半以南，無所繼屬者，即以堂言之。其實户外、房外皆是堂也。

盛氏世佐曰：「南上，以貝爲上，稻米以下，次而北也。」

蕙田案：以上沐浴飯含之具陳于西序下者。

管人汲，不説繘，屈之。【注】管人，有司主館舍者。不説繘，將以就祝濯米。屈，縈也。

敖氏繼公曰：「繘，瓶之綆也。此下當有盡階不升堂授祝之事，不著之者，文脱耳。」

張氏爾岐曰：「喪事遽，故汲水者不解脱其繘，但縈屈之，往就用處。」

祝淅米于堂，南面，用盆。【注】祝，夏祝也。淅，沃也。

楊氏復曰：「祝淅米者，淅筐之稻米以取潘也。此米凡三用：祝淅米取潘以沐，一也；祝受宰米并貝，以含，二也；祝以飯米之餘煮鬻，用二鬲，縣于重，三也。」

管人盡階不升堂，受潘，煮于垼，用重鬲。【注】盡階，三等之上。《喪大記》曰：「管人受沐，乃煮之。甸人取所徹廟之西北厞薪，爨之。❶」【疏】廟之西北厞薪，即復人降自西北榮所徹者也。

李氏如圭曰：「潘，淅米汁也。用之以沐，故又曰沐。」

祝盛米于敦，奠于貝北。【注】復于筐處也。【疏】敦，即上廢敦也。向未淅，實于筐。今淅訖，盛于敦所置之處，還于筐，所以擬飯之所用也。士有冰，用夷槃可也。【注】謂夏月而君加賜冰也。夷槃，承尸之槃。《喪大記》曰：「君設大槃，造冰焉。大夫設夷槃，造冰焉。士併瓦槃，無冰。設牀襢笫，有枕。」

張氏爾岐曰：「夷槃造冰，本大夫禮。君加賜有冰，則用夷槃可也。造猶内也。」

外御受沐入。【注】外御，小臣侍從者。沐，管人所煮潘也。【疏】外御對内御爲名。下《記》云：「其母之喪，則内御者浴。」則此外御是士之侍御僕從者。受沐，受之于管人也。

敖氏繼公曰：「受沐亦于堂上，管人亦盡階不升堂授之。此當更有管人汲而授浴水之事，亦文不具也。《喪大記》云：『管人汲，不説繘，屈之，盡階不升堂，授御者。御者入浴。』受潘與水皆以盆。」

主人皆出户外，北面。【注】象平生沐浴裸裎，子孫不在旁。主人出而襢笫。【疏】襢笫，去席，盝水便也。

乃沐櫛，挋用巾。【注】挋，晞也，清也。【疏】挋，謂拭也。櫛訖，又以巾拭髮，❷使清淨無潘瀾。拭訖，仍未作紒，待蚤揃訖，乃鬠用組，是其次也。浴用巾，挋用浴衣。【注】用巾，用拭之也。《喪大記》曰：「御者二人浴，浴水用盆，沃水用枓。」【疏】枓，酌水器。渜濯棄于坎。【注】沐浴餘潘水、巾、櫛、浴衣亦并棄之。【疏】潘水既經温煮，名之爲渜。已將沐浴，名之爲濯。已沐浴

---

❶「爨」上，阮刻《儀禮注疏》有「用」字，與《禮記・喪大記》合。

❷「拭」，原作「振」，據《儀禮・喪服》疏改。

訖，餘潘水棄于坎。蚤揃如他日。【注】蚤，讀爲爪，斷爪揃鬚也。人君則小臣爲之。他日，平生時。鬠用組，乃笄。設明衣裳。【注】用組，組束髮也。【疏】鬠紒乃可，設明衣以蔽體，是其次也。主人入，即位。【注】已設明衣，可以入也。

敖氏繼公曰：「主人入，則衆主人及婦人亦皆入即位也。」

【《欽定義疏》】沐浴裸裎，主人出，至設明衣裳而後入，人子之于父母若有所避然者何也？古者自命士以上，父子異宫。明王之政，敬其妻子有道，必無裸裎以見其子孫者。死而沐浴，猶此志也。

蕙田案：以上沐浴。

商祝襲祭服，褖衣次。【注】商祝，祝習商禮者。商人教之以敬，於接神宜。襲，布衣牀上。祭服，爵弁服、皮弁服，皆從君助祭之服。大蜡有皮弁素服而祭，送終之禮也。襲衣于牀，牀次含牀之東，衽如初也。《喪大記》曰：「含一牀，襲一牀，遷尸于堂又一牀。」

郝氏敬曰：「周人重喪祭，禮兼三代，故祝有夏、商。嘉禮文，告則大祝小祝。凶喪勞役，則夏祝商祝。《樂記》曰：『宗祝辨乎宗廟之事，商祝辨乎喪禮。』商爲亡國，故凶事用之。」

張氏爾岐曰：「此但布衣牀上，尚未襲而云襲者，衣與衣相襲而布之也。其布衣，先祭服，次褖衣。至襲于尸，則褖衣近明，祭服在外。」

主人出，南面，左袒，扱諸面之右，盥于盆上，洗貝，執以入。宰洗柶，建于米，執以從。【注】俱入户，西鄉也。【疏】扱諸面之右，面，前也，謂袒左袖，扱于右腋之下帶之内。洗貝執以入者，洗訖，還于笲内，執以入。宰洗柶，建于米，亦于廢敦之内建之。

張氏爾岐曰：「盆，即前淅米盆。盥手、洗貝、洗柶並于其上。」

【《欽定義疏》】主人含尸，左袒，含畢，襲。小斂訖，袒，奉尸俠于堂，襲。將大斂，袒，斂于棺，卒塗，襲。將葬，啟殯，袒，朝于祖，襲。載柩，袒，卒束，襲。將祖，袒，既祖，襲。柩行，袒，出宫，襲。將窆屬引，袒，窆訖，襲。又君視斂，君賵，皆袒，畢事襲。蓋有勞事則袒，以便其運動。有敬事則袒，以致其不安。其在於喪，則于其勞敬之時，哀彌甚焉，而因以爲行禮之節。故《檀弓》云：「有所袒，有所襲，哀之節也。」

商祝執巾從入，當牖北面，徹枕，設巾，徹楔，受貝，奠于尸西。【注】當牖北面，直尸南也。設巾覆面，爲飯之遺落米也。如商祝之事位，則尸南首明矣。【疏】「受貝」者，就尸東主人邊受取笲貝，從尸南過，奠尸西牀上，以待主人親含也。未葬以前，不異于生，皆南首。《檀弓》云「葬于北方北首」者，從鬼神尚幽闇，鬼道事之故也。唯喪朝廟時北首，順死者之孝心也。主人由足西，牀上坐，東面。【注】不敢從首前也。祝受貝米奠之，口實，不由足也。【疏】祝由尸首受主人貝，奠之，并受米，奠于尸西，故主人空手由足過。祝又受米，奠于貝北。宰從，立于牀西，在右。【注】米在貝北，便扱者也。宰立牀西，在主人之右，當佐飯事。張氏爾岐曰：「祝于宰邊受米訖，宰亦從主人，由足而西。」

主人左扱米實于右，三實一貝。左、中亦如之。又實米，唯盈。【注】于右，尸口之右。唯盈，取滿而已。【疏】右，謂口東邊也。主人襲，反位。【注】襲，復衣也。位在尸東。

【《欽定義疏》】飯含訖，夏祝諸人徹飯餘之米敦、栖并貝笲，❶俱由足而東出，然後商祝行襲事。

蕙田案：以上飯含。

商祝掩瑱，設幎目，乃屨，綦結于跗，連絇。【注】掩者，先結頤下，既瑱，幎目，乃還結項也。跗，足上也。絇，屨飾，如刀衣鼻，在屨頭上。以餘組連之，止足坼

❶「笲」，原作「笄」，據《儀禮·士喪禮》改。

也。【疏】掩有四脚，後二脚先結頤下，待設瑱塞耳，并設幎目，乃結項後也。連絇者，屨繫既結，有餘組，穿連兩屨之絇，使兩足不相離也。 乃襲三稱，【注】遷尸於襲上而衣之。凡衣死者，左衽，不紐。襲不言設牀，又不言遷尸于襲上，以其居當牖，❶無大異。【疏】上文已布衣于含東牀上，今飯含訖，乃遷尸以衣著于尸，故云遷尸于襲上而衣之也。「左衽，不紐」，出《喪大記》。衽鄉左，反生時也。士襲三稱，小斂十九稱，大斂三十稱。案《雜記》注云：「士襲三稱，子羔襲五稱，今公襲九稱，則諸侯七稱，天子十二稱與？」《喪大記》云小斂十有九稱，尊卑同。大斂君百稱，五等同，大夫五十稱，士三十稱。天子諸侯卿大夫士，命數雖殊，稱數亦等，三公宜與諸侯同。

敖氏繼公曰：「三稱者，爵弁服一也，皮弁服二也，褖衣三也。衣裳具謂之稱。」

【《欽定義疏》】《家語》：「孔子之喪，襲衣十有一稱，加朝服一，冠章甫之冠。」案襲衣之數，士三稱，大夫五稱。孔子用大夫禮，亦止五稱，豈有以十一稱之禮？況古者襲尸不冠，蓋有掩加冒，則無所用冠也。此云「章甫之冠」，亦不可信。

明衣不在算。【注】❷算，數也。不在數，明衣禪衣，不成稱也。

張氏爾岐曰：「注疏皆以明衣禪，不成稱，故不算。愚謂此親體之衣，非法服，故不算也。」

設韐帶，搢笏。【注】韐帶，韎韐、緇帶。不言韎、緇者，省文，亦欲見韐自有帶。韐帶用革。搢，插也。插于帶之右旁。【疏】生時緇帶以束衣，革帶以佩韍玉之等。生時有二帶，死亦備此二帶。 設決，麗于掔，自飯持之。設握，乃連掔。【注】麗，施也。掔，手後節中也。飯，大擘指本也。決以韋爲之籍，有彄。彄內端爲紐，外端有横帶設之，以紐擐大擘本也。因沓其彄，以横帶貫紐結于掔之表也。設握者，以綦繫鉤中指，由手表與決帶之餘連結之，此謂右手也。古文掔作捥。

張氏爾岐曰：「其左手無決者，則下《記》云『設握，裏親膚，繫鉤中指，結于掔』是也。」

❶ 「居」，阮刻《儀禮注疏》作「俱」。

❷ 「注」，原作「疏」，據庫本改。

【《欽定義疏》】決著于右擘指，擘則掌之上，臂之下，可屈曲之一節也。麗于此者，其決之繫與自飯持之，謂此繫先擐大擘本繞之，而後乃以繞于擘也。于是設極于食指中指，乃設握焉。以握之中央之四寸者，正當于掌右端，自小指而掩于食指之背，左端自食指而覆掩之，乃以其繫鉤中指之本而引之，以與決繫之麗于擘者互相纏繞而連結之。

觀承案：此節諸解，俱未分明。「自飯持之」，飯字尤不可曉。依注作「大擘指本」，亦不得其据。或曰「飯」當作「後」，謂指後也，稍似顯亮。然亦恐是臆測耳。宜並存之。

設冒，櫜之。幠用衾。【注】櫜，韜盛物者，取事名焉。衾者，始死時斂衾。【疏】始死，幠用大斂之衾。今雖襲訖，仍用此衾。巾、柶、鬠、蚤埋于坎。【注】坎至此築之也。將襲辟奠，既則反之。

張氏爾岐曰：「巾、柶，用以飯含者。鬠，亂髮。蚤，手足爪。辟奠，即始死之奠，設于尸東者。方襲時，辟之，襲訖，則反之尸東。此奠襲後，又名襲奠。」

蕙田案：以上襲。

重，木刊鑿之，甸人置重于中庭，三分庭一在南。【注】木也，懸物焉曰重。刊，斲治。鑿之爲懸簪孔也。士重，木長三尺。【疏】士重木長三尺，則大夫當五尺，諸侯七尺，天子九尺，據豎之者，橫者宜半之。

【《欽定義疏》】始死，未忍以親之神魂爲遽離于尸也。至襲訖，而將斂，則尸漸不可得而見矣，而作主尚遠，故爲重焉。若欲使神之識之者然。置于中庭者，亦以表柩也。三分庭一在南設之。奠者奠訖，由其南以東，而因以爲踊者之節焉。縣簪，蓋亦以木爲之。

夏祝鬻餘飯，用二鬲于西牆下。【注】夏祝，祝習夏禮者也。夏人教以忠，其於養宜。鬻餘飯，以飯尸餘米爲鬻也。重，主道也。士二鬲，則大夫四，諸侯六，天子八與？簋同差。【疏】西牆下有竈，即上文「甸人爲垼」是也。

冪用疏布久之，繫用靲，縣于重。冪用葦席，北面，左衽。帶用靲賀之，結于後。【注】久，讀爲灸，謂以蓋塞鬲口也。靲，竹䈴也。以席覆重，辟屈而反，兩端交于後。左衽，西端在上。賀，加也。

張氏爾岐曰：「以粗布爲鬲之冪，塞令堅固可久。以竹䈴爲索，繫鬲，貫重木鑿孔中而懸之。又以葦席北向掩重，東端爲下，向西，西端爲上，向東。又以竹䈴爲帶，加東之而結于後。」

祝取銘置于重。【注】祝，習周禮者也。【疏】以銘未用，待殯訖乃置于肂。今且置于重。置于重者，重與主，皆是録神之物故也。

張氏爾岐曰：「以上並始死之日所用之禮。」

蕙田案：以上設重。自篇首至此，皆喪第一日事。

厥明，陳衣于房，南領，西上，綪。絞，橫三縮一，廣終幅，析其末。【注】綪，屈也。絞，所以收束衣服爲堅急者也，以布爲之。縮，從也。橫者三幅，從者一幅。析其末者，令可結也。《喪大記》曰：「絞一幅爲三。」

張氏爾岐曰：「厥明者，繼昨日而言，死之第二日也。此下爲將小斂，陳其衣物，奠牲。」

緇衾赬裏，無紞。【注】紞，被識也。斂衣或倒，被無別於前後可也。凡衾制同，皆五幅也。祭服次，【注】爵弁服、皮弁服。散衣次，【注】褖衣以下袍繭之屬。凡十有九稱。【注】祭服與散衣。陳衣繼之，【注】庶襚。不必盡用。【注】取稱而已，不務多。【疏】襲時庶襚，繼陳不用，此小斂用衣多，主人自盡不足，故容用之也。衣服雖多，不得過十九耳。

蕙田案：以上陳小斂衣。

饌于東堂下：脯、醢、醴、酒。冪奠用功布，實于簞，在饌東。【注】功布，鍛濯灰治之布也。凡在東西堂下者，南齊坫。【疏】堂隅有坫，以土爲之。

【《欽定義疏》】吉祭豆籩陳于房中，以婦人薦也。喪奠不用婦人，故饌于東堂下。

異于吉，且欲以奠者之升降爲踊節也。此小斂之饌，爲饌之始。至大斂，饌有棜，則謂之東方之饌矣。其所饌之處同也。以後凡奠皆然。大斂用毼豆，無縢之籩，則此時猶未變也。俎用素而豆籩未變者，變之以漸也。大斂之前，燭俟于饌東，小斂當亦然。經不言者，互見耳。

設盆盥于饌東，有巾。【注】爲奠設盥也。喪事略，故無洗也。【疏】爲設奠人設盥洗及巾也。

蕙田案：以上饌小斂奠及東方之盥。

苴絰大鬲，下本在左。要絰小焉。散帶垂，長三尺。牡麻絰，右本在上，亦散帶垂。皆饌于東方。【注】苴絰，斬衰之絰也。苴麻者，其貌苴，以爲絰。服重者尚麤惡，絰之言實也。鬲，搤也。中人之手，搤圍九寸。絰帶之差，自此出焉。下本在左，重服統于内而本陽也。要絰小焉，五分去一。牡麻絰者，齊衰以下之絰也。牡麻絰者，其貌易，服輕者宜差好也。右本在上，輕服本于陰而統于外。散帶之垂者，男子之道，文多變也。饌于東方，東坫之南，苴絰爲上。【疏】此小斂絰有散麻帶垂之，至三日成服絞之。對婦人初而絞之，與小功以下男子同。饌于東方，東坫南，非東堂下。

婦人之帶，牡麻結本，在房。【注】婦人亦有苴絰，但言帶者，記其異。此齊衰婦人，斬衰婦人亦有苴絰也。【疏】男子帶有散麻，婦人則結本，是其異者。

【《欽定義疏》】斬衰婦人首絰用苴麻，與男子同，要帶則用牡麻，殺于男子。若齊衰，則首絰與要帶並用牡麻也。死者小斂之衣，已陳于東房。以下文推之，則男子括髮之麻，免之布，亦宜在東房。婦人之絰帶，不宜混之，故敖氏億其在西房也。

蕙田案：以上陳小斂絰帶。

牀第、夷衾，饌于西坫南。【注】第，簀也。夷衾，覆尸之衾。《喪大記》曰：「自小斂以往用夷衾，夷衾質殺之，裁猶冒也。」

張氏爾岐曰：「夷衾之制，如作冒者，上以緇爲質，下以赬爲殺，但連而裁之，爲不同耳。」

西方盥，如東方。【注】爲舉者設盥也。如東方者，亦用盆布巾饌於西堂下。【疏】舉者，爲將舉尸者。

蕙田案：以上陳牀、第、夷衾及西方之盥。

陳一鼎于寢門外，當東塾少南，西面。其實特豚：四鬄，去蹄，兩胉、脊、肺。設扃鼏，鼏西末。素俎在鼎西，西順。覆匕，東柄。【注】鬄，解也。四解之，殊肩髀而已，喪事略。去蹄，去其甲，爲不潔清也。胉，脇也。素俎，喪尚質。既饌，將小斂，則辟襲奠。【疏】此亦爲小斂奠陳之。鼏用茅爲編，言西末，則茅本在東。四鬄并兩胉、脅與脊，總爲七體，若豚解皆然也。襲奠者，即始死之奠，襲後改爲襲奠，以恐妨斂事，故辟之。亦當於室之西南隅，如將大斂，辟小斂奠于西序南也。

蕙田案：以上陳鼎實。張爾岐曰：「小斂待用衣物計五節。」

士盥，二人以並，東面立于西階下。【注】立，俟舉尸也。【疏】舉尸，謂從襲牀遷尸於户内服上。布席于户内，下莞上簟。【注】有司布斂席也。商祝布絞衾、散衣、祭服。祭服不倒，美者在中。【注】斂者趨方，或傎倒衣裳。祭服尊，不倒之也。美，善也。善衣後布，於斂則在中也。既後布祭服，而又言善者在中，明每服非一稱也。

張氏爾岐曰：「案疏云『斂衣半在尸上』，是有藉者，有覆者。既云十九稱，取法天地之終數，當以十爲藉，九爲覆也。其斂法，于户内地上布席，席上布絞衾，絞衾上布衣，遷尸衣上，復用衣加尸上，乃結絞衾也。」

蕙田案：「美者在中」，以尊卑言之，則皮弁美于褖衣，爵弁又美于皮弁。以新舊言之，則每服非一稱，如爵弁服數稱，其間必有尤美者矣。凡藉尸者，褖衣最下，以次而上；覆尸者，爵弁服最下，以次而上。如此則在中者皆其美者矣。蓋以去尸遠近爲尊卑之差，而不取乎見美也。

士舉遷尸，反位。【注】遷尸於服上。設牀第于兩楹之間，衽如初，有枕。【注】衽，寢卧之席也，亦下莞上簟。

張氏爾岐曰：「此牀待斂後俟尸。衽如初，如户内之莞簟也。」

卒斂，徹帷。【注】尸已飾。主人西面馮尸，踊無算。主婦東面馮，亦如之。【注】馮，服膺之。

【《欽定義疏》】《喪大記》：「君于臣撫之，父母于子執之，子于父母馮之，婦于舅姑奉之，舅姑于婦撫之，妻于夫拘之，夫于妻，于兄弟執之。」撫者，身直而案之輕。馮者，身曲而伏之重。奉者，兩手仰承以示敬。執者，兩手若握以示親。拘，讀如以袂拘而退之拘，謂手馮尸而袂猶嚮内也。蓋雖哀，猶有遠嫌之意焉。此馮尸尊卑輕重微甚之節也。此主婦若死者之妻，則拘之；若主人之妻，則奉之。

主人髻髮，袒。衆主人免于房。【注】始死，將斬衰者雞斯，將齊衰者素冠。今至小斂變，又將初喪服也。髻髮者，去笄纚而紒。衆主人免者，齊衰將袒，以免代冠。冠，服之尤尊，不以袒也。免之制未聞，舊説以爲如冠狀，廣一寸。《喪服小記》曰：「斬衰髻髮以麻，免而以布。」此用麻布爲之，狀如今之著幓頭矣。自項中而前，交于額上，卻繞紒也。于房、于室，釋髻髮宜于隱者。今文免，皆作絻。古文髻作括。【疏】《禮記·問喪》云：「親始死，雞斯徒跣。」鄭注云：「雞斯，當爲笄纚。」髽與髻髮，皆以麻布自項而向前交于額上，卻繞紒。免亦然，但以布廣一寸爲異。婦人髽于室。【注】始死，婦人將斬衰者，去笄而纚；將齊衰者，骨笄而纚。今言髽者，亦去笄纚而紒也。齊衰以上，至笄猶髽。髽之異于髻髮者，既去纚而以髮爲大紒，如今婦人露紒，其象也。《檀弓》曰：「南宫縚之妻之姑之喪，夫子誨之髽，曰：爾毋縱縱爾，爾毋扈扈爾。」其用麻布，亦如著幓頭然。【疏】古者男子婦人，吉時皆有笄纚。有喪，至小斂，則男子去笄纚，著髻髮，婦人去纚而著髽。髽形，先以髮爲大紒，紒上，斬衰婦人以麻，齊衰婦人以布，其著之如男子髻髮與免也。從小斂著未成服之髽，至成服之笄，猶髽不改。至大斂殯後，乃著成服之髽代之也。

【陳氏《禮書》】婦人之髽，猶男子之括髮、免。故括髮以麻，則髽以麻矣；免以布，則髽以布矣。以麻則斬衰也，以布則齊衰也。小斂之髽不言笄，則未成服之髽無笄矣。女子子適人者爲其父母、婦爲舅姑，惡笄有首以髽。孔子言髽，而繼之以榛笄，則成服之髽有笄矣。《小記》言「齊衰，惡笄以終喪」，則斬衰、齊衰之髽皆終喪矣。男子之袒免及于五世，婦人之髽不及于大功者，以髽不特對免而上同于括髮故也。禿者不髽，以疾也。然則髽雖麻與布之不同，其爲露紒一也。

楊氏復曰：「小斂變服，主人袒括髮，衆主人免，婦人髽。今人無此一節，何也？緣世俗以襲爲小斂，遂失此變服一節。在禮，奔喪入門，詣殯東，哭盡哀，乃括髮袒，既乃襲絰于序東。明日後日朝哭，皆袒，括髮成踊。至第四日，乃成服。夫奔喪，禮之變也，古人猶謹其序如此，況處禮之常，可欠小斂一節而無袒括髮乎？此則孝子知禮者所當謹而不可忽也。」

士舉，男女奉尸，侇于堂，幠用夷衾。男女如室位，踊無算。【注】侇之言尸也。夷衾，覆尸柩之衾也。堂，謂楹間牀笫上也。【疏】初死，幠用大斂之衾，以小斂之衾當陳。今小斂後，大斂之衾當擬大斂，故用覆棺之夷衾以覆尸也。主人出于足，降自西階。衆主人東即位。婦人阼階上，西面。主人拜賓，大夫特拜，士旅之。即位踊，襲絰于序東，復位。【注】拜賓，鄉賓位拜之也。即位踊，東方位。襲絰于序東，東夾前。【疏】主人降西階拜賓訖，嚮東方阼階下即西面位踊，踊訖襲絰也。

敖氏繼公曰：「阼階上非婦人之正位，于主人之降乃居之者，辟賓客之行禮者也。後遂以之爲節，主人拜賓，鄉其位。」

張氏爾岐曰：「主人至此始即阼階下位也。」

【《欽定義疏》】不俟襲絰而拜賓者，賓至即當拜之，以方斂未暇，至此亟欲拜之，故由降階之便，既乃襲絰于序東也。主人拜賓，衆主人不拜者，喪無二主也。主人拜賓，賓皆不答拜，喪事遽，不以施報之常也。《曲禮》云：「凡非弔喪，非見國君，無不答拜者。」又案尸柩所在，雖朝夕設奠，從無拜禮。不但弔賓不拜，即主人主婦子姓亦未嘗拜。蓋事之如生禮如是也。後世如《開元》、《政和》諸禮皆然。古人之於尸柩，子孫且不拜，奈何賓客而使之拜哉！今世弔賓無不拜靈座者，甚有高年尊長而僕僕下拜於卑幼，豈情之所安乎？

蕙田案：以上小斂。

乃奠，【注】祝與執事爲之。舉者盥，右執匕卻之，左執俎横攝之，入，阼階前西面錯。錯俎，北面。【注】舉者盥，出門舉鼎者。右人以右手執匕，左人以左手執俎，因其便也。攝，持也。西面錯，錯鼎於此，宜西面。錯俎北面，俎宜西順之。右人左執匕，抽扃予左手，兼執之，取鼏，委于鼎北，加扃，不坐。【注】抽扃取鼏，加扃于鼏上，皆右手。乃朼載。載兩髀于兩端，兩肩亞，兩胉亞，脊肺在于中，皆覆，進柢，執而俟。【注】乃朼，以朼次出牲體，右人也。載，受而載于俎，左人也。亞，次也。凡七體，皆覆，爲塵。柢，本也。進本者，未異于生也。骨有本末。【疏】諸進體皆不言覆，此以無尸，不食，故覆之。《公食大夫》進本是生人法，今以始死，故未異於生也。

盛氏世佐曰：「執而俟者，謂左人執俎而俟奠也。右人于是加匕于鼎，反西階下位矣。」

夏祝及執事盥。執醴先，酒、脯醢、俎從，升自阼階。丈夫踊，甸人徹鼎巾。待于阼階下。【注】執事者，諸執奠事者。巾，功布也。執者不升，已不設，祝既錯醴，將受之。奠于尸東，執醴酒，北面西上。【注】執醴酒者先升，尊也。立而俟，後錯，要成也。豆錯，俎錯于豆東，立于俎北，西上。醴酒錯于豆南。祝受巾巾之，由足降自西階。婦人踊。奠者由重南東。丈夫踊。

【注】巾之，爲塵也。東，反其位。【疏】主人位在阼階下，婦人位在上，故奠者升，丈夫踊，奠者降，婦人踊，各以所見先後爲踊之節也。奠者由重南東，丈夫踊者，奠者奠訖，主人見之，更與主人爲踊節也。又以其重主道，神所憑依，故必由重南東過，是以主人又踊也。

張氏爾岐曰：「立于俎北，西上，奠豆俎之人也。俟祝畢事，同由足降自西階。」

賓出，主人拜送于門外。【注】廟門外也。【疏】士死于適室，以鬼神所在，則曰廟，故名適寢爲廟也。

《欽定義疏》「拜送于外門外」者，唯君命則然。凡賓，則廟門外而止，雖大夫亦然，重君命也。初喪，因事而出拜賓，亦不送。未小斂，尸尚在室，尤嚴也。小斂竟，則可以送賓矣。凡送賓，賓雖多，一拜之，不稽顙。唯送君則稽顙。

乃代哭，不以官。【注】代，更也。孝子始有親喪，悲哀憔悴，禮坊其以死傷生，使之更哭，不絕聲而已。人君以官尊卑，士賤，以親疏爲之。三日之後，哭無時。《周禮・挈壺氏》：「凡喪，縣壺以代哭。」【疏】禮有三無時之哭：始死未殯，哭不絕聲，一無時；殯後葬前，朝夕入于廟，阼階下哭，又于廬中思憶則哭，是二無時；既練之後，在堊室之中，或十日或五日一哭，是三無時。練前葬後，有朝夕于阼階下哭，惟此有時無無時之哭也。

張氏爾岐曰：「此小斂後節哀之事。」

蕙田案：以上小斂奠。

有襚者，則將命。擯者出請，入告。主人待于位。【注】喪禮略於威儀，既小斂，擯者乃用辭。出請之辭曰：「孤某使某請事。」擯者出，告須，以賓入。【注】須亦待也。出告之，辭曰：「孤某須矣。」賓入中庭，北面致命。主人拜稽顙。賓升自西階，出于足，西面委衣，如于室禮，降，出。主人出，拜送。

張氏爾岐曰：「如於室禮，亦委衣尸東牀上也。」

朋友親襚，如初儀，西階東北面哭，踊三，降。主人不踊。【注】朋友既委衣，又還哭於西階上，不背主人。襚者以褶，則必有裳，執衣如初。

徹衣者亦如之，升降自西階，以東。【注】帛爲褶，無絮，雖複，與禪同。有裳乃成稱，不用表也。以東，藏以待事也。

張氏爾岐曰：「執衣如初，謂左執領，右執要，如君襚時。」

【《欽定義疏》】襚之至者有先後，或于室，或于堂。先者以共小斂，後者以共大斂。又有過期而至，不及斂事者，則衣無所用之，特致彼之意而已。其未葬者，則猶殯東致命，委衣而徹之以東與？

蕙田案：以上小斂襚。自陳衣于房至此，皆喪第二日事。

宵，爲燎于中庭。【注】宵，夜也。燎，大燋。

張氏爾岐曰：「案下《記》云『既襲，宵爲燎于中庭』，是未殯前，夜皆設燎也。」

厥明，滅燎。陳衣于房，南領，西上，綪。絞、紟、衾二。君襚、祭服、散衣、庶襚，凡三十稱。紟不在算，不必盡用。【注】紟，單被也。衾二者，始死斂衾，今又復制也。小斂衣數，自天子達，大斂則異矣。《喪大記》曰：「大斂布絞，縮者三，横者三。」

敖氏繼公曰：「不必盡用，亦謂庶襚繼陳，或出于三十稱者也。」

東方之饌：兩瓦甒，其實醴、酒；角觶；木柶；毼豆兩，其實葵菹芋，蠃醢；兩籩，無縢，布巾，其實栗不擇，脯四脡。【注】此饌但言東方，則亦在東堂下也。毼，白也。齊人或名全菹爲芋。縢，緣也。《詩》云：「竹閉緄縢。❶」布巾，籩巾也。籩豆具而有巾，盛之也。《特牲饋食禮》有籩巾。【疏】菹法，短四寸者全之，長于四寸者切之。喪中之菹葵，雖長而不切，取齊人全菹爲芋之解也。豆盛菹醢溼物，不嫌無巾，故不言其實有巾矣。奠席在饌北，斂席在其東。【注】大斂奠而有席，彌神之。

敖氏繼公曰：「奠席，葦席也。《周官·司几筵職》：『凡喪事，設葦席。』斂席亦莞與簟也。大斂之奠，遠于尸柩，故始用席，以存神也。」

❶「閉」，原作「秘」，據《毛詩·秦風·小戎》改。

掘肂見衽。【注】肂，埋棺之坎也，掘之于西階上。衽，小要也。《喪大記》曰：「君殯用輴，欑至于上，畢塗屋。大夫殯以幬，欑置于西序，塗不暨于棺。士殯見衽，塗上，帷之。」又曰：「君蓋用漆，三衽三束。大夫蓋用漆，二衽二束。士蓋不用漆，二衽二束。」【疏】《檀弓》云：「周人殯于西階之上。」故知士亦殯于西階上也。此殯時，雖不言南首，南首可知。古者棺不釘，用漆者，塗合牝牡之中也。君棺蓋每一縫爲三道，小要每道爲一條皮束之。大夫士降于君，故二衽二束，大夫有漆，士無漆也。

張氏爾岐曰：「見衽者，其所掘坎淺深之節也。衽，小要也，所以聯合棺蓋縫者，今謂之銀錠扣。見衽者，坎不没棺，其衽見于上。注引《喪大記》『三衽三束』，謂每一面三處用衽，又以皮三處束之也。」

棺入，主人不哭。升棺用軸，蓋在下。【注】軸，輁軸也。輁狀如牀，軸其輪，輓而行。

朱子曰：「動尸舉棺，哭擗無算，然殯斂之際，亦當輟哭。臨事務令安固，不可但哭而已。」

郝氏敬曰：「蓋居棺下，棺遷于坎，尸遷于棺，而後加蓋便也。」

熬，黍、稷各二筐，有魚腊，饌于西坫南。【注】熬，所以惑蚍蜉，令不至棺旁也。爲舉者設盆盥于西。

敖氏繼公曰：「有魚腊，謂每筐皆有之也。此四物者，擬用于肂中，故饌于此。孝子以尸柩既殯，不得復奠于其側，雖有奠在室，而不知神之所在，故置此于棺旁，以盡愛敬之心也。然不以食而用熬穀，不以牲而用魚腊，亦所以異于奠也與？」

蕙田案：敖説較注義爲長。

陳三鼎于門外，北上：豚合升；魚，鱄、鮒九；腊左胖，髀不升。其他皆如初。【注】合升，合左右體升于鼎。其他皆如初，謂豚體及匕俎之陳，如小斂時。合升、四鬄，亦相互耳。燭俟于饌東。【注】燭，燋也。饌，東方之饌。有燭者，堂雖明，室猶闇。火在地曰燎，執之曰燭。

蕙田案：以上陳大斂衣奠及殯具。

祝徹盥于門外，入，升自阼階。丈夫踊。【注】祝徹，祝與有司當徹小斂之奠者。小斂設盥于饌東，有巾。大斂設盥于門外，彌有威儀。【疏】陳大斂饌訖，當設盥于門外。祝徹巾，授執事者以待。【注】授執巾者於尸東，使先待于阼階下，爲大斂奠又將巾之。祝還徹醴也。【疏】此巾前爲小斂奠巾之，今祝徹巾，還爲大斂奠巾之。徹饌，先取醴酒，北面。【注】北面立，相待俱降。其餘，取先設者，出于足，降自西階。婦人踊。設于序西南，當西榮，如設于堂。【注】謂求神于庭。孝子不忍使其親須臾無所馮依也。堂，謂尸東也。凡奠設于序西南者，畢事而去之。【疏】但將設後奠，則徹先奠于西序南，待奠事畢，則去之。醴、酒位如初。執事豆北，南面，東上。【注】如初者，如其醴酒北面西上也。執醴尊，不爲便事變位。

張氏爾岐曰：「醴、酒，執醴執酒之人。執事，執豆俎之人。立于豆北相待，設酒、醴訖，同東適新饌也。」

蕙田案：徹奠所設之位在堂下，不在堂上，以經文「降自西階」證之可知也。敖氏奠于西堂及升降自側階之說，甚謬。

乃適饌。【注】東方之新饌。

張氏爾岐曰：「執事者適新饌處以待事。」

蕙田案：以上徹小斂奠。

帷堂。【注】徹事畢。

張氏爾岐曰：「殆爲大斂將遷尸，故帷之。」

婦人尸西，東面。主人及親者升自西階，出于足，西面，袒。【注】袒，大斂變也。不言髽、免、髺髮，小斂以來自若矣。士盥，位如初。【注】亦既盥，並立西階下。布席如初。【注】亦下莞上簟，鋪于阼階上，于楹間爲少南。商祝布絞、紟、衾、衣，美者在外。君襚不倒。【注】至此乃用君襚，主人先自盡。

敖氏繼公曰：「君襚不倒，尊也。以祭服視散衣，則祭服爲尊。以君襚視祭服，則君襚爲尊。唯君襚不倒，則祭服亦有倒者矣。至是乃用君襚者，大斂之禮重，故以服之尤尊者。爲之襲而美者在外，小斂而美者在中，大斂又反之，禮貴相變也。」

蕙田案：服之美者，莫如君襚，大斂用之，所以章君之賜也，故在外而不在内。

有大夫則告。【注】後來者，則告以方斂。非斂時，則當降拜之。

張氏爾岐曰：「注以大夫爲後來者，以此日大夫皆爲視斂來，其蚤至者則升自西階，北面視斂，如《記》所陳也。」

士舉遷尸，復位。主人踊無算。卒斂，徹帷。主人馮如初，主婦亦如之。【疏】士舉遷尸，謂從户外夷牀上遷尸于斂上。

蕙田案：以上大斂。

主人奉尸斂于棺，踊如初，乃蓋。【注】棺在肂中，斂尸焉，所謂殯也。《檀弓》曰：「殯于客位。」主人降，拜大夫之後至者，北面視肂。【注】北面，于西階東。【疏】殯後拜大夫後至者，殯訖，不忍即阼階，因拜大夫，即于西階東，北面視肂而哭也。衆主人復位。婦人東復位。【注】阼階上下之位。設熬，旁一筐，乃塗，踊無算。【注】以木覆棺上而塗之，爲火備。卒塗，祝取銘置于肂。主人復位，踊，襲。【注】爲銘設柎，樹之肂東。

蕙田案：以上殯。

乃奠。燭升自阼階。祝執巾席從，設于奧，東面。【注】執燭者先升堂照室，自是不復奠于尸。祝執巾，與執席者從入，爲安神位。室中西南隅謂之奧。執燭南面，巾委于席右。【疏】自始死以來，襲奠、小斂奠皆在尸旁，今大斂奠不在西階上就柩所，故于室内設之。此下朝夕奠、朔月薦新奠，皆不于尸所。

【《欽定義疏》】殯在堂而奠在室者，神之，以鬼神尚寂静尚幽闇也。席設于奧，南上，奧爲尊者之所主也。若長子之喪，則奠未必于奧，以其生時不得主奧也。其奠于殯東，略如小斂奠與？《檀弓》「孔子夢奠于兩楹之間」，似殯後之奠亦在堂者，豈禮俗不同耶？抑殷制别耶？

祝反降，❶及執事執饌【注】東方之饌。士盥，舉鼎入，西面，北上，如初。載魚左首，進鬐，三列。腊進柢。【注】如初，如小斂舉鼎、執匕俎扃鼏、朼載之儀。魚左首，設而在南。鬐，脊也。左首進鬐，亦未異于生也。凡未異于生者，不致死也。【疏】案《公食》右首進鬐，此云左首則與生異，而云「亦未異于生」者，彼《公食》言右首據席而言，此左首據載者而言，若設於席，則亦右首也。祝執醴如初。酒、豆、籩、俎從，升自阼階。丈夫踊。甸人徹鼎。【注】如初，祝先升。奠由楹内入于室。醴、酒北面。【注】亦如初。設豆，右菹。菹南栗，栗東脯。豚當豆，魚次，腊特于俎北。醴、酒在籩南。巾如初。【注】右菹，菹在醢南也。此左右異于魚者，載者統于執，設者統于席。醴當栗南，酒當脯南。

張氏爾岐曰：「注『載者』二句，言方其載俎時，則以執者之左右爲左右，及設于席，則以席之左右爲左右也。」

既錯者出，立于户西，西上。祝後，闔户，先由楹西降自西階。婦人踊。奠者由重南東。丈夫踊。【注】爲神馮依之也。【疏】丈夫見奠者至重即踊者，重，主道，爲神馮依之，故丈夫取以爲踊節也。賓出，婦人踊。主人拜送于門外。入，及兄弟北面哭殯。兄弟出，主人拜送于門外。【注】小功以下，至此可以歸。異門大功亦存焉。【疏】小功以下爲兄弟，兼男女也。既殯，雖歸，至朝夕、朔奠之日，近者亦入哭限也。至葬時，皆就柩所。衆主人出門，哭止，皆西面于東方。闔門。

張氏爾岐曰：「東方，門外之東方。闔門，内人闔廟門。」

主人揖，就次。【注】次，謂斬衰倚廬、齊衰堊室也。大功有帷帳，小功、緦麻有牀笫可也。

張氏爾岐曰：「揖就次，相揖各就其次也。」

蕙田案：以上大斂奠。

君若有賜焉，則視斂。既布衣，君至。【注】賜，恩惠也。斂，大斂。君視大斂，皮弁服，襲裘。主人成

❶「祝」，原作「燭」，據阮刻《儀禮注疏》改。

服之後往，則錫衰。【疏】《喪服小記》云：「諸侯弔，必皮弁錫衰。」彼是弔異國之臣法。《服問》云：「公爲卿大夫，錫衰以居，出亦如之。當事則弁絰。」不見君弔士服。案《文王世子》注：「君爲同姓之士緦衰，異姓之士疑衰。」並據成服後。今大斂，未成服，緣弔異國之臣有服皮弁之法，則君弔士未成服之前，可服皮弁襲裘也。成服之後往則錫衰，亦約《服問》君弔卿大夫之法。《文王世子》注「同姓之士緦衰，異姓之士疑衰」，不同者，彼謂凡平之士，此士與君有師友之恩，特賜與大夫同也。

敖氏繼公曰：「君欲視斂，則使人告喪家，故主人不敢升堂，而先布絞、紟、衾、衣，以待其來。《喪大記》云『弔者襲裘加帶絰』，則此時君之弔服，亦朝服襲裘而加絰與帶矣。若主人成服之後而往，則弁絰疑衰。」

蕙田案：王爲公卿錫衰，爲諸侯緦衰，爲大夫士疑衰。諸侯爲卿大夫錫衰，爲同姓之士緦衰，爲異姓之士疑衰。此注以錫衰爲弔士之服，疑誤也。疏謂「此士與君有恩，特賜與大夫同」，亦似曲解。

主人出迎于外門外，見馬首，不哭，還，入門右，北面，及衆主人袒。【注】不哭，厭于君，不敢伸其私恩。巫止于廟門外，祝代之。小臣二人執戈先，二人後。【注】巫，掌招彌以除疾病。❶小臣，掌正君之法儀者。《周禮·男巫》：「王弔，則與祝前。」《喪祝》：「王弔，則與巫前。」《檀弓》曰：「君臨臣喪，以巫祝桃茢執戈以惡之，所以異于生也。」皆天子之禮。諸侯臨臣之喪，則使祝代巫執茢居前，下天子也。小臣，君行則在前後，君升則俠阼階北面。凡宫有鬼神曰廟。君釋采，入門，主人辟。【注】釋采者，祝爲君禮門神也。必禮門神者，明君無故不來也。《禮運》曰：「諸侯非問疾弔喪而入諸臣之家，是謂君臣爲謔。」君升自阼階，西鄉。祝負墉，南面。主人中庭。【注】祝南面房中，東鄉君。牆謂之墉。主人中庭，進益北。【疏】祝，相君之禮，故須鄉君。

【《欽定義疏》】《郊特牲》：「君適其臣，升

❶「彌」，阮刻《儀禮注疏》作「弭」。

自阼階，不敢有其室也。」則升自阼階，吉凶同之。君升時，主婦及衆婦人，其暫辟入房中乎？

君哭，主人哭，拜稽顙，成踊，出。【注】出，不敢必君之卒斂事。君命反行事，主人復位。【注】大斂事。君升主人，主人西楹東，北面。【注】命主人使之升。升公卿大夫，繼主人，東上。乃斂。【注】公，大國之孤四命也。卒，公卿大夫逆降，復位。主人降，出。【注】逆降者，後升者先降，位如朝夕哭弔之位。【疏】卒者，謂卒斂也。主人降出者，亦是不敢久留君。出，謂主人出，鄉門外立。君反主人，主人中庭。君坐，撫當心。主人拜稽顙，成踊，出。【注】撫，手案之。凡馮尸，興必踊。【疏】撫即馮之類，興亦踊，故得與主人拾踊也。君反之，復初位。衆主人辟于東壁，南面。【注】以君將降也。南面，則當坫之東。【疏】初位，即中庭位。君降，西鄉，命主人馮尸。主人升自西階，由足，西面馮尸，不當君所，踊。主婦東面馮，亦如之。【注】君必降者，欲孝子盡其情。

張氏爾岐曰：「不當君所，不當君所撫之處也。」

奉尸斂于棺，乃蓋。主人降，出。君反之，入門左，視塗。【注】殯在西階上，入門左，由便趨疾，不敢久留君。君升即位，衆主人復位。卒塗，主人出，君命之反奠，入門右。【注】亦復中庭位。【疏】入門右，謂在門右，南北當中庭也。乃奠，升自西階。【注】以君在阼。【疏】凡奠，皆升自阼階。爲君在阼，故辟之，而升西階也。君要節而踊，主人從踊。【注】節，謂執奠始升階，及既奠，由重南東時也。

敖氏繼公曰：「要猶候也。節，當踊之節也。」

郝氏敬曰：「當丈夫踊之時，則祝導君按節而踊。要猶按也。」

卒奠，主人出，哭者止。【注】以君將出，不敢讙囂，聒尊者也。君出門，廟中哭。主人不哭，辟。

君式之。【注】辟，逡遁辟位也。古者立乘，式謂小俛以禮主人也。《曲禮》曰：「立視五巂，式視馬尾。」【疏】君入臣家，至廟門，乃下車，則貳車本不入大門。下云「貳車畢乘，主人哭，拜送」者，明出大門矣。貳車畢乘，主人哭，拜送。【注】貳車，副車也，其數各視其命之等。君出，使異姓之士乘之，在後。君弔，蓋乘象輅。《曲禮》曰：「乘君之乘車，不敢曠左。左必式。」襲，入即位。衆主人襲。拜大夫之後至者，成踊。【注】後至，布衣而後來者。【疏】若未布衣時來，即入前卿大夫從君之内。賓出，主人拜送。【注】自賓出以下，如君不在之儀。

朱子曰：「古人君臣之際，如君臨臣喪，坐撫當心，要節而踊。今日之事，至于死生之際，恝然不相關，不啻如路人，所謂君臣之義安在？我朝祖宗時，于舊執政，亦嘗親臨之。」又曰：「看古禮，君于大夫，小斂往焉，大斂往焉，于士既殯往焉，何其誠愛之至！今乃恝然。古之君臣所以事事做得成，緣是親愛一體。」

楊氏復曰：「哭尸、斂尸、撫尸、視殯、視塗、視奠，凡六節，每一節，主人降出，主人不敢必君之卒事也。君命反，主人行事，所以盡哀敬之情，始終之義也。」

蕙田案：以上君視大斂之儀。自滅燎陳衣于房至此，皆喪第三日事。

三日，成服，杖。拜君命及衆賓，不拜棺中之賜。【注】既殯之明日，全三日，始歠粥矣。禮，尊者加惠，明日必往拜謝之。棺中之賜，不施己也。《曲禮》曰：「生與來日。」【疏】既殯之明日，是四日矣，而言三日者，除死日數之也。引《曲禮》者，彼注云：「與猶數也。生數來日，謂成服杖以死明日數也。死數往日，謂殯斂以死日數也。」此士禮也。大夫以上，皆以來日數。

敖氏繼公曰：「成服者，鬛已經帶矣，今復以冠衰之屬足而成之也。《喪大記》曰：『士之喪，二日而殯，三日之朝，主人杖，婦人皆杖。』然則此蓋于未朝哭爲之也。

君命及衆賓，謂弔者也。拜之者，謝其弔己也。棺中之賜，謂襚也。不拜襚者，襚禮不爲己也。此謂不弔而襚者。若弔襚並行，則其拜亦惟主于弔。凡往拜之節，其于朝奠之後乎？拜之，皆于其外門外，所拜者不見。」

盛氏世佐曰：「凡拜賜之禮，必使人將命，明己所爲來之故。若爲二事而來，則分拜之。此於弔襚並行者，亦拜弔而不更拜襚何也？送終之禮，君友之所當自盡也。」

蕙田案：以上成服。張爾岐曰：「經云三日，除死日數之，實則喪之第四日也。」

朝夕哭，不辟子卯。【注】既殯之後，朝夕及哀至乃哭，不代哭也。子卯，桀紂亡日，凶事不辟，吉事闕焉。婦人即位于堂，南上，哭。丈夫即位于門外，西面，北上。外兄弟在其南，南上。賓繼之，北上。門東，北面，西上。門西，北面，東上。西方，東面，北上。【注】外兄弟，異姓有服者也。【疏】此外位丈夫亦哭，但文不備。

盛氏世佐曰：「丈夫，謂主人、衆主人兄弟也。西面，北上，東方之位也。門東，私臣之位，若有諸公，亦在焉。少進門西，公有司之位，若有他國之異爵者，亦在焉。少進，西上東上，統于門也。門東門西，乃羣吏之正位。諸公與他國之異爵者不恒有，有則不可與卿大夫同列，故位于此而少進，所以尊異之也。下文特見之，亦以其不恒有耳，非謂位于此，皆尊者也。且大國之孤惟一人，而經云西上，其不主爲諸公明甚。敖以下文實之，誤矣。」

主人即位，辟門。【注】辟，開也。凡廟門，有事則開，無事則閉。婦人拊心，不哭。【注】方有事，止讙囂。【疏】方有事，謂徹大斂奠，設朝奠。主人拜賓，旁三，右還，入門，哭，婦人踊。【注】先西面拜，乃南面拜、東面拜也。

張氏爾岐曰：「主人朝自廬中詣殯宮門外，即位哭。此時衆賓來弔，其拜之如此。拜畢，乃入門。」

主人堂下直東序，西面。兄弟皆即位，如外位。卿大夫在主人之南。諸公門東，少進。

他國之異爵者門西，少進。敵則先拜他國之賓。凡異爵者，拜諸其位。【注】賓皆即此位乃哭，盡哀止。主人乃右還拜之，如外位矣。兄弟，齊衰大功者，主人哭則哭。小功、緦麻，亦即位乃哭。上言賓，此言卿大夫，明其亦賓爾。少進，前于列。異爵，卿大夫也。他國卿大夫亦前于列，尊之。拜諸其位，就其位特拜。【疏】此内位，不言外兄弟，以其雖在主人之南，少退，故卿大夫繼主人而言。諸公少進，謂進于士。此所陳位，不言士之屬吏，當亦在門右，又在賓之後也。

張氏爾岐曰：「主人入即堂下之位，賓入哭，其拜之如此。」

徹者盥于門外。燭先入，升自阼階。丈夫踊。【注】徹者，徹大斂之宿奠。祝取醴，北面。取酒立于其東。取豆、籩、俎南面，西上。祝先出，酒、豆、籩、俎序從，降自西階。婦人踊。【注】序，次也。【疏】祝執醴在先，次酒，次豆籩，次俎，爲次第也。設于序西南，直西榮。醴、酒北面，西上。豆西面錯，立于豆北，南面。籩俎既錯，立于執豆之西，東上。酒錯，復位。醴錯于西，遂先，由主人之北適饌。乃奠。【注】遂先者，明祝不復位也。適饌，適新饌，將復奠。醴、酒、脯、醢升。丈夫踊。入，如初設，不巾。【注】入，入于室也。如初設者，豆先，次籩，次酒，次醴也。不巾，無菹無栗也。菹栗俱則有俎，有俎乃巾之。錯者出，立于户西，西上。滅燭，出。祝闔户，先降自西階。婦人踊。奠者由重南東。丈夫踊。賓出，婦人踊，主人拜送。【注】哭止乃奠，奠則禮畢矣。衆主人出。婦人踊，出門，哭止，皆復位。闔門。主人卒拜送賓，揖衆主人，乃就次。

【《欽定義疏》】朝夕奠之外，主人、兄弟皆不入殯宮。《小記》「無事不辟廟門，哭皆于其次」是也。弔者必于主人朝夕奠時，《少儀》「喪俟事，不犆弔」是也。

蕙田案：以上朝夕哭奠。自成服之

日至未葬之前，並用此禮。

朔月奠，用特豚、魚、腊，陳三鼎如初。東方之饌亦如之。【注】朔月，月朔日也。自大夫以上，月半又奠。如初者，謂大斂時。無籩，有黍、稷。用瓦敦，有蓋，當籩位。【注】黍稷併於甒北也。於是始有黍稷。死者之于朔月、月半，猶平常之朝夕。大祥之後，則四時祭焉。

張氏爾岐曰：「朝夕之奠，有醴酒豆籩，而無黍稷。至月朔殷奠，乃有黍稷，如平時常食者。以下室又自有燕養之饌，故雖不設黍稷，而不爲薄也。既奠殯宮，又饋下室者，莫必神之所在故也。」

主人拜賓，如朝夕哭。卒徹。【注】徹宿奠也。

敖氏繼公曰：「朝夕奠無俎，非盛饌，徹則去之，不復改設于序西南也。」

舉鼎入，升，皆如初奠之儀。執朼，❶釋匕于鼎。俎行，朼者逆出。甸人徹鼎，其序：醴、酒、菹、醢、黍、稷、俎。【注】俎行者，俎後執，執俎者行，鼎可以出。其序，升入之次。其設于室，豆錯，俎錯，腊特，黍稷當籩位。敦啟會，郤諸其南。醴、酒位如初。【注】當籩位，俎南黍，黍東稷。會，蓋也。【疏】知「當籩位，俎南黍，黍東稷」者，依《特牲》所設爲之也。祝與執豆者巾，乃出。【注】共爲之也。主人要節而踊，皆如朝夕哭之儀。

敖氏繼公曰：「丈夫婦人皆要節而踊，唯言主人，文省耳。」

郝氏敬曰：「此以上皆朔奠，其禮盛，又謂殷奠。」

月半不殷奠。【注】殷，盛也。士月半不復如朔盛奠，下尊者。【疏】大夫以上有月半奠。

盛氏世佐曰：「不殷奠者，其奠如朝夕而已。」

蕙田案：以上朔月奠。大夫以上別有月半奠。

有薦新，如朔奠。【注】薦五穀若時果物新出者。【《欽定義疏》】薦新當以五穀爲主，而他物有新者，或附薦焉。

❶「執」，原作「卒」，據庫本及《儀禮·喪服》改。

徹朔奠，先取醴酒，其餘取先設者。敦啟會，面足。序出，如入。【注】啟會，徹時不復蓋也。面足，執之令足間鄉前也。敦有足，則敦之形如今酒敦。其設于外，如于室。【注】外，序西南。

蕙田案：以上薦新奠。此朔月、薦新二殷奠，亦成服後、未葬前之禮也。

筮宅，冢人營之。【注】宅，葬居也。冢人，有司掌墓地兆域者。營猶度也。《詩》云：「經之營之。」掘四隅，外其壤。掘中，南其壤。【注】爲葬將北首故也。【疏】《檀弓》云：「葬于北方北首，三代之達禮也。」

敖氏繼公曰：「壤，土也。於將爲壙之處，掘其四隅與中央，略以識之而已，以神之從違，未可必也。」

既朝哭，主人皆往，兆南，北面，免絰。【注】兆，域也，新營之處。免絰者，求吉，不敢純凶。

蕙田案：免絰者，除絰也。以對神，不可純凶，故去絰而不用，與袒免之免不同。

命筮者在主人之右。【注】命尊者，宜由右出也。《少儀》曰：「贊幣自左，詔辭自右。」筮者東面，抽上韇，兼執之，南面受命。【注】韇，藏筴之器也。兼與筴執之。【疏】云「抽上韇」，則下韇未抽，待用筮時乃并抽也。

盛氏世佐曰：「命筮者，宰也。在主人之右，亦北面，南面受命，鄉主人也。」

命曰：「哀子某，爲其父某甫筮宅，度兹幽宅兆基，無有後艱。」【注】某甫，且字也。若言山甫、孔甫矣。宅，居也。度，謀也。兹，此也。基，始也。言爲父筮葬居，今謀此以爲幽冥居兆域之始，得無後將有艱難乎？艱難，謂有非常，若崩壞也。《孝經》曰：「卜其宅兆而安厝之。」

張氏爾岐曰：「兆基，域兆之基址也。」

筮人許諾，不述命，右還，北面，指中封而筮。卦者在左。【注】述，循也。既受命而申言之曰述。不述者，士禮略。凡筮，因會命筮爲述命。中封，中央壤也。卦者，識爻卦畫地者。卒筮，執卦以示命筮者。命筮者受視，反之。東面，旅占，卒，進告于命筮者與主人：「占之曰從。」【注】卒筮，卦者寫卦示主人，乃受而執之。旅，衆也。反與其屬共占之，謂掌《連山》、《歸藏》、《周易》者。從猶吉也。主人經，哭，不踊。若不從，筮擇如初儀。【注】更擇地而筮之。歸，殯前北面哭，不踊。【注】易位而哭，明非常。【疏】朝夕哭當在阼階下西面，今筮宅來北面哭者，是易位，非常故也。

【《欽定義疏》】筮宅而哭殯，以親體之將遠而彌悲之也。亦若將以所筮吉之處告者然。下卜日哭同。

蕙田案：以上筮宅。

既井椁，主人西面拜工，左還椁，反位哭，不踊。婦人哭于堂。【注】既，已也。匠人爲椁，刊治其材，以井構于殯門外也。反位，拜位也。既哭之，則往施之竁中矣。主人還椁，亦以既朝哭矣。

張氏爾岐曰：「左還椁，循行一週，視其良楛也。」

【《欽定義疏》】古者椁木，件列而疊積之。井構者，以其材兩縱兩横，層層以上，若井字然，所以使其乾腊也。

獻材于殯門外，西面，北上，綪。主人徧視之，如哭椁。獻素獻成，亦如之。【注】材，明器之材。視之，亦拜工左還。形法定爲素，飾治畢爲成。【疏】明器須好，故有三時獻法。上椁材既多，不須獻，直觀之而已。

張氏爾岐曰：「《檀弓》云：『既殯，旬而布材與明器。』經言『還椁』『獻材』，在筮宅卜日之間，知彼二事俱在旬内外也。」

蕙田案：以上哭椁、哭器。

卜日。既朝哭，皆復外位。卜人先奠龜于西塾上，南首，有席。楚焞置于燋，在龜東。【注】楚，荆也。荆焞，所以鑽灼龜者。燋，炬也，所以燃火者也。《周禮·菙氏》：「掌共燋契，❶以待卜事。凡卜，以明火爇燋，遂灼其焌契，以授卜師，遂以役之。」

❶「契」，原作「挈」，據庫本及《儀禮·喪服》注改。

張氏爾岐曰：「《周禮》所謂燋，即此燋；所謂焌契，即此楚焞也。」

族長涖卜，及宗人，吉服立于門西，東面南上。占者三人在其南，北上。卜人及執燋席者在塾西。【注】族長，有司掌族人親疏者也。涖，臨也。吉服，服玄端也。占者三人，掌玉兆、瓦兆、原兆者也。在塾西者，南面東上。【疏】宗人，掌禮之官，非卜筮者。闔東扉，主婦立于其内。【注】扉，門扉也。席于闑西閾外。【注】爲卜者也。宗人告事具。主人北面，免絰，左擁之。涖卜即位于門東，西面。【注】涖卜，族長也。更西面，當代主人命卜。卜人抱龜燋，先奠龜，西首，燋在北。【注】既奠燋，又執龜以待之。【疏】卜人抱龜燋，謂從塾上抱鄉閾外待也。先奠龜，次奠燋，既奠燋，又取龜執之以待授與宗人。宗人受卜人龜，示高。【注】以龜腹甲高起所當灼處示涖卜也。涖卜受視，反之。宗人還，少退，受命。【注】受涖卜命。授龜宜近，受命宜卻也。命曰：「哀子某，來日某，❶卜葬其父某甫，考降無有近悔。」【注】考，登也。降，下也。言卜此日葬，魂神上下得無近於咎悔者乎？

郝氏敬曰：「考，稽也。《洪範》云：『明用稽疑。』魂歸於土曰降。」

張氏爾岐曰：「考，父也。降，骨肉歸復於土也。卜得吉，則體魂永安，不近于悔矣。」

盛氏世佐曰：「落成曰考。《春秋》：『考仲子之宫。』《詩序》云：『《斯干》，宣王考室也。』居室成曰考室，幽宅成亦曰考。降近悔，如雨不克葬之類。有近悔則不得考降矣。筮宅爲久遠之計，故慮有後艱。卜日乃目前之事，故期無近悔。」

蕙田案：「考降」之義，諸説不同，盛氏較長。

許諾，不述命，還即席，西面坐，命龜，興，授卜人龜，負東扉。【注】宗人不述命，亦士禮略。凡卜，述命、命龜異。龜重，威儀多也。負東扉，俟龜之兆也。

❶「某」字，原脱，據阮刻《儀禮注疏》補。

盛氏世佐曰：「許諸者，宗人也。命龜之詞，蓋曰：『假爾大龜有常。哀子某，來日某，卜葬其父某甫，考降無有近悔。』大夫以上卜，既述命，又命龜。筮則述命，遂以命蓍，不重爲之。士卜，不述命而命龜，筮則不述命，亦不命蓍。此卜筮之辨也。」

卜人坐，作龜，興。【注】作，猶灼也。《周禮・卜師》：❶「凡卜事，示高。揚火以作龜，致其墨。」興，起也。宗人受龜，示涖卜。涖卜受視，反之。宗人退，東面，乃旅占，卒。不釋龜，告于涖卜與主人：「占曰『某日從。』」【注】不釋龜，復執之也。授卜人龜。告于主婦，主婦哭。【注】不執龜者，下主人也。告于異爵者。使人告于衆賓。【注】衆賓，僚友不來者也。【疏】上云「既朝哭，皆復外位」，外位中有異爵卿大夫等，故就位告之。卜人徹龜。宗人告事畢。主人經，入，哭如筮宅。賓出，拜送。

敖氏繼公曰：「云徹龜，則是歸者復奠于西塾上以待事畢也。拜送，賓蓋于外門外。」

盛氏世佐曰：「如筮宅，如其殯前北面哭，不踊也。」

若不從，卜擇如初儀。

敖氏繼公曰：「更擇日而卜之。《曲禮》曰：『喪事先遠日。』曰擇，則其相去不必旬有一日矣。蓋與吉禮筮日遠近之差異也。古者士三月而葬，日之先後，當以此爲節。」

蕙田案：以上卜日。

右《儀禮・士喪禮》。

五禮通考卷第二百六十

淮陰吴玉搢校字

❶「師」，原作「人」，據阮元《儀禮注疏校勘記》、《周禮・春官・卜師》改。

五禮通考卷第二百六十一

内廷供奉禮部右侍郎金匱秦蕙田編輯
太子太保總督直隸右都御史桐城方觀承同訂
右春坊右贊善嘉定錢大昕
都轉鹽運使德水盧見曾　參校

凶禮十六

喪禮

【《儀禮·既夕》】鄭《目録》云：「《士喪禮》之下篇也。既，已也。謂先葬二日，已夕哭時，與葬間一日。凡朝廟日，請啟期，必容焉。此諸侯之下士，一廟。其上士二廟，則既夕哭，先葬前三日。《别録》名《士喪禮》下篇。」

既夕哭。【注】既，已也。謂出門哭止，復外位時。請啟期，告于賓。【注】將葬，當遷柩于祖，有司於是乃請啟殯之期於主人，以告賓。賓宜知其時也。

張氏爾岐曰：「請啟期，主人曰在明旦，有司遂以告賓。」

蕙田案：以上請啟期，是葬前二日事。

夙興，設盥于祖廟門外。【注】祖，王父也。下士祖禰共廟。【疏】此設盥亦在門外東方，如大斂也。

盛氏世佐曰：「大夫士將出，必先釋幣于禰，故將葬亦朝焉，所以達死者之志也。兼朝祖者，祖亦平生所逮事也。官師一廟，據尊者而言，故惟云祖。其有二廟者，則各于其廟朝之。」

陳鼎，皆如殯。東方之饌亦如之。【注】皆，皆三鼎也。如殯，如大斂既殯之奠。俠牀饌于階間。【注】俠之言尸也。朝正柩，用此牀。【疏】謂柩至祖廟兩楹之間，尸北首之時，乃用此牀。

蕙田案：以上陳朝祖奠。

二燭俟于殯門外。【注】早闇，以爲明也。燭用蒸。【疏】大曰薪，小曰蒸。丈夫髽，散帶垂，即位如初。【注】爲將啟變也。此互文以相見耳。髽，婦人之變。《喪服小記》曰：「男子免而婦人髽，男子冠而婦人笄。」如初，朝夕哭門外位。【疏】髽是婦人之變，則免是男子之變。今丈夫見其人不見免，則丈夫當免矣。婦人見其髽不見人，則婦人當髽矣，故云「互文以相見耳」。小斂之時，斬衰男子括髮，齊衰以下男子免。啟殯之後，雖斬衰亦免，而無括髮。

熊氏朋來曰：「《小記》『男子免，婦人髽』，自足爲證。《既夕》經文必亦如《小記》所言，而有脱字，註者妄謂互文，適以惑人也。」

盛氏世佐曰：「丈夫髻髮免，婦人髽，其制一也，因男女異其名耳。丈夫之髻髮免，皆去冠；婦人之髽，不皆去笄。上篇云『婦人髽于室』，是時未成服，去笄而髽，以對丈夫髻髮免而言。《喪服經》云『布總，箭笄，髽，衰，三年』，笄、髽並言，則著笄亦復著髽矣，此男女之别也。丈夫而言髽者，散文通也。變免言髽者，以是時斬衰者當髻髮，齊衰以下乃著免。言免不得兼髻髮，言髽則得兼髻髮免也。不言婦人者，丈夫如此，則婦人之變可知。斬衰者麻髽，齊衰以下皆布髽矣。」

蕙田案：以《喪服小記》證之，則「丈夫」以下當有脱字，注疏以爲互文，亦曲解也。盛氏之説與注疏異，附之以備一解，未識果是否也。

婦人不哭。主人拜賓，入即位，袒。【注】此不蒙如初者，以男子入門不哭也。不哭者，將有事，止讙囂也。商祝免，袒，執功布入，升自西階，盡階，不升堂，聲三，啟三，命哭。【注】功布，灰治之布也，執之以接神，爲有所拂彷也。聲三，三有聲，存神也。啟三，三言啟，告神也。舊説以爲，聲，噫興也。今文免作絻。【疏】拂彷，猶言拂拭。燭入。【注】照徹與啟肂者。【疏】一燭入室中照徹奠，一燭於堂照開殯肂也。祝降，與夏祝交于階下，取銘置于重。【注】祝降者，祝徹宿奠降也。與夏祝交，事相接也。夏祝取銘，置于重，爲啟肂遷之。吉事交相左，凶事交相右。【疏】此祝不言商夏，則周祝也。燭入室時，周祝從而入，徹宿奠，降，降時夏祝自下升取銘。降置于重，❶爲妨啟殯故也。周祝降階當近東，夏祝升階當近西，是交相右也。

踊無算。【注】主人也。【疏】此開棺柩之時。商祝拂柩用功布。幠用夷衾。【注】拂，去塵也。幠，覆之，爲其形露。【疏】夷衾于後無徹文，當隨柩入壙矣。

盛氏世佐曰：「此不見舉殯者升之節，亦文不具。」

蕙田案：以上啓殯。

遷于祖用軸。【注】遷，徙也。徙于祖，朝祖廟也。《檀弓》曰：「殷朝而殯于祖，周朝而遂葬。」蓋象平生時，將出，必辭尊者。軸，輁軸也。軸狀如轉轔，刻兩頭爲軹，輁狀如長牀，穿桯，前後著金乃關軸焉。大夫、諸侯以上有四周，謂之輴。天子畫之以龍。

黄氏榦曰：「案本經《記》有朝禰一節，禮畢乃適祖。今經文但言朝祖，注云『上士祖禰異廟，下士祖禰共廟』。專言祖者，共廟，則舉祖以包禰；兼言禰者，異廟，則先禰而後祖。經言下士，記言上士，文有詳略，蓋互見耳。」

重先，奠從，燭從，柩從，燭從，主人從。【注】行之序也。主人從者，丈夫由右，婦人由左，以服之親疏爲先後，各從其昭穆。男賓在前，女賓在後。【疏】柩前後有燭，以柩車隔闇，故各有燭以照道。及至廟，燭在前者，升炤正柩，在後者在階下，炤升柩。

郝氏敬曰：「奠即室中先夕之奠，燭即前二燭。」

蕙田案：奠者，昨日之夕奠，設于室中者也。以其從殯宮而來，故下注謂之從奠。重與奠，皆神之所馮依，故啟殯遷祖之日，以二者先柩而行也。

升自西階。【注】柩也，猶用子道，不由阼也。

敖氏繼公曰：「升自西階，神之也。凡柩，歸自外而入廟者，既小斂，則升自阼階，未忍異于生也。既大斂，則升自西階，此亦入廟耳。故其禮與大斂而入者同。」

奠俟于下，東面，北上。【注】俟正柩也。主人從升，婦人升，東面。衆主人東即位。【注】東方

❶「置」，原作「至」，據《儀禮・既夕》疏改。

之位。【疏】舉主婦東面，主人西面可知。唯主人、主婦升，衆主人從柩至西階下，遂鄉東階下，即西面位。

蕙田案：「衆主人東即位」，監本脱「主」字，據張爾岐本增入。

正柩于兩楹間，用夷牀。【注】兩楹間，象鄉户牖也。是時柩北首。【疏】户牖之間，賓客之位，亦是人君受臣子朝事之處。父母神之所在，故于兩楹之間，北面鄉之。主人柩東，西面。置重如初。【注】如殯宮時也。【疏】亦如上篇三分庭一在南而置之。席升，設于柩西。奠設如初，巾之。升降自西階。【注】席設于柩之西，直柩之西，當西階也。從奠設如初，東面也。不統于柩，神不西面也。不設柩東，東非神位也。巾之者，爲禦當風塵。【疏】殯宮朝夕奠設于室中者，從柩而來，還據室中東面設之于席前也。

楊氏復曰：「喪奠之禮有三變。始死，奠于尸東。小斂奠亦如之。既殯，奠于奥，設席東面。朝夕奠、朔月奠、薦新奠亦如之。啟殯入廟，席設于柩西，奠設如初。如初者，如室中之神席東面也。朝祖奠亦如之。降奠及祖奠、遣奠皆如之，但設于柩東爲異。」

主人踊無算，降，拜賓，即位踊，襲。主婦及親者由足，西面。【注】設奠時，婦人皆室户西，南面，奠畢，乃得東面。親者西面。堂上迫，疏者可以居房中。【疏】主人從殯宮中降拜賓，入即位，袒，至此乃襲。襲者，先即位踊，踊訖，乃襲絰于序東也。設奠之時，婦人辟之户西，南面，待設奠訖，乃由柩足鄉東，西面。不即鄉柩東西面者，以主人在柩東，待奠訖，主人降拜賓，婦人乃得東也。

郝氏敬曰：「由足，柩北首，以南爲足。」

蕙田案：以上朝祖。

薦車直東榮，北輈。【注】薦，進也。進車者，象生時將行陳駕也。今時謂之魂車。輈，轅也。車當東榮，東陳西上于中庭。【疏】以明旦將行，故豫陳車。此車非載柩之車，即《記》云薦乘車、❶道車、槀車也。以此言之，先陳乘車，次陳道車，次陳槀車。質明，滅燭。【注】質，正也。徹者升自阼階，降自西階。【注】徹者，辟

❶「即」，原作「既」，據庫本及《儀禮·喪服》疏改。

新奠，不設序西南，已再設爲褻。【疏】徹者，徹去從奠，以辟新奠也。乃奠如初，升降自西階。【注】爲遷祖奠也。奠升不由阼階，柩北首，辟其足。【疏】如初者，亦于柩西當階之上，東面席前奠之。

【《欽定義疏》】從奠，即昨日之夕奠也。此遷祖奠，則本日之朝奠矣。惟于質明後，不用燭耳。徹從奠而後設遷祖奠，徹遷祖奠而後設祖奠，祖奠則殷奠也。凡設殷奠，當夕則不夕奠，當朝則不朝奠，以日奠不過于二也。

【《朱子語類》】問：朝祖時有遷祖奠，恐在祖廟之前。祖無奠而亡者難獨饗否？曰：不須如此理會。禮説有奠處自合有，無奠處自合無，更何用疑。

【《欽定義疏》】始死之後，將葬柩行之前，無頃刻離于奠者，直以是爲魂魄之馮焉。若祖禰在廟而以喪奠干之，是瀆且不類也。問者昧于吉凶之分，非可與言禮者，故朱子以不答答之。

主人要節而踊。【注】節，升降。【疏】奠升時主人踊，降時婦人踊。由重南，主人踊。此不言婦人，文不具也。薦馬，纓三就，入門，北面交轡，圉人夾牽之。【注】駕車之馬，每車二疋。纓，今馬鞅也。就，成也。諸侯之臣，飾纓以三色而三成。此三色者，蓋絛絲也。其著之如罽然。天子之臣，如其命數。王之革路絛纓。圉人，養馬者。在左右曰夾。既奠乃薦馬者，爲其踐污廟中也。凡入門，參分庭一在南。【疏】此三色，如《聘禮記》三色，朱、白、蒼也。御者執策，立于馬後，哭成踊，右還出。【注】主人於是乃哭踊者，薦車之禮成于薦馬。【疏】主人哭踊訖，馬則右還而出。賓出，主人送于門外。

觀承案：喪禮主哀，薦車薦馬時，主人無不哭踊之理，故注以此哭成踊指主人言，未嘗不是。但玩文義，則上直云「御者執策」云云，而下文「賓出」，始指明「主人」送，則敖氏謂此哭踊乃指御者言，於文既順，於理亦更周至。蓋臨喪當哀，與其事者，亦應有哭踊時。至主人之哭踊，固不言可知爾。

蕙田案：以上薦車馬，設遷祖奠。

有司請祖期。【注】亦因在外位請之，當以告賓。每事畢輒出。將行而飲酒曰祖。祖，始也。曰：「日側。」【注】側，昳也，謂將過中之時。

張氏爾岐曰：「主人應有司之辭。」

主人入，袒。乃載，踊無算。卒束，襲。【注】袒，爲載變也。乃舉柩卻下而載之。束，束棺于柩車。賓出，遂匠納車于階間，謂此車。【疏】柩在堂，北首，今卻下以足鄉前，下堂載于車也。《喪大記》云：「君蓋用漆，三衽三束。」《檀弓》曰：「棺束，縮二横三。」彼是棺束，此云卒束，則非棺束，是載柩訖，乃以物束棺，使與柩車相持不動也。

敖氏繼公曰：「主人入，袒，當在阼階下。既載，則在柩東。柩東之位，亦當柩少北。」

降奠當前束。【注】下遷祖之奠也。當前束，猶當尸腢也。亦在柩車西。束有前後也。【疏】未束以前，其奠使人執之，待束訖，乃降奠之當束也。

郝氏敬曰：「當柩車西之前束，柩北首，奠當尸右肩也。」

商祝飾柩，一池，紐前䞓後緇，齊三采，無貝。【注】飾柩，爲設牆柳也。「巾奠乃牆」，謂此也。牆有布帷，柳有布荒。池者，象宮室之承霤，以竹爲之，狀如小車笭，衣以青布。一池縣于柳前。士不揄絞。紐，所以聯帷荒，前赤後黑，因以爲飾。左右面各有前後。齊，居柳之中央，若今小車蓋上蕤矣。以三采繒爲之，上朱，中白，下蒼，著以絮。元士以上有貝。【疏】柩車，即《周禮》蜃車也。四輪迫地，兩畔豎軨子，以帷繞之，上以荒，一池懸于前面荒之爪端，荒上中央加齊。《喪大記》注云：「在旁曰帷，在上曰荒，皆所以衣柳也。」則帷、荒總名爲柳。柳之言聚，諸飾之所聚也。對言之，則帷爲牆，象宮室有牆壁；荒爲柳，以其荒有黼黻及齊三采諸色所聚，故得柳名。總而言之，巾奠乃牆。及《檀弓》云「周人牆置翣」，皆牆中兼有柳；《縫人》云「衣翣柳之材」，柳中兼牆矣。《喪大記》：「君三池，大夫二池，士一池。」君三面俱有，大夫縣于兩相，士縣于柳前面而已。「士不揄絞」者，揄，鷂也。絞者，倉黄之色。人君于倉皇色繒上又畫鷂雉之形，縣于池下，大夫士則闕之。齊，若人之臍，亦居身之中央也。《喪大記》云：「士齊，三采一貝。」注云：「齊，象車蓋蕤，縫合雜采爲之，形如爪分然，綴貝落其上及旁。」彼爲天子元士，故有貝。此諸侯之士，故無貝也。

張氏爾岐曰：「飾柩，在旁爲牆，牆有帷。在上爲柳，柳有荒。牆柳，自其縛木爲格者而言；帷荒，自其張於外者而言。池象承霤，即檐也。紐垂于四隅。齊者，柳之頂結也。」

設披。【注】披，絡柳棺上，貫結于戴，人居旁牽之，以備傾虧。《喪大記》曰：「士戴前纁後緇，二披用纁。」

張氏爾岐曰：「以帛繫棺紐着柳骨，謂之戴。又以帛繫戴，而出其餘于帷外，使人牽之，謂之披。」

屬引。【注】屬猶著也。引，所以引柩車。在軸輴曰紼。古者人引柩。《春秋傳》曰：「坐引而哭之三。」【疏】引，謂紼繩屬著于柩車。

【《欽定義疏》】棺飾曰柳，蓋以杞柳爲骨，而外以布衣之。柳者，以其質言。牆者，以其形言也。池，孔氏謂織竹爲籠，蓋爲長籠仰之類池也。齊，荒之頂也，若今之轎頂然。束棺于柩車者曰束。連繫棺束與柳材而結之者曰戴。貫結于戴而出之于外，人居旁牽之者曰披。車之轅前後出横縛于轅以屬引者曰輅，以長繩屬輅之兩端而人引之者曰引。行道曰引，在棺曰紼。

蕙田案：以上載柩、飾柩車。

陳明器於乘車之西。【注】明器，藏器也。《檀弓》曰：「其曰明器，神明之也。」言神明者，異于生器。「竹不成用，瓦不成味，木不成斲，琴瑟張而不平，竽笙備而不和，有鐘磬而無筍簴。」陳器于乘車之西，則重之北也。

折，横覆之。【注】折，猶庪也。方鑿連木爲之，蓋如牀，而縮者三，横者五，無簀。窆事畢，加之壙上，以承抗席。横陳之者，爲苞筲以下綪于其北便也。覆之，見善面也。【疏】折加于壙時，善者鄉下。今陳之，反善面鄉上也。抗木，横三縮二。【注】抗，禦也，所以禦止土者。其横與縮，各足掩壙。【疏】明器由羡道入壙口，惟以下棺，大小容棺而已。今抗木亦足掩壙口也。加抗席三。【注】席，所以禦塵。【疏】加者，加于抗木之上。加茵，用疏布，緇翦，有幅，亦縮二横三。【注】茵，所以藉棺者。翦，淺也。幅緣之。亦者，亦抗木也。及其用之，木三在上，茵二在下，象天三合地二，人藏其中焉。【疏】以後陳者先用，故先陳抗木于上，次陳抗席，而後陳茵。及葬時，茵先入壙。窆事訖，加折壙上，則先用抗席，後用抗木，是其次也。折于抗席前用而不加于抗席之上者，以長大，故別陳于南，用之仍在茵後。

張氏爾岐曰：「茵設壙中，先布横三，乃布縮二。厝柩後，施抗壙上，先用縮二，乃用横三。注云『木三在上，茵二在下』，據既設後，人所見而言也。其實，抗、茵皆三者在外，二者在内，如渾天家地之上下周匝皆有天也。」

器，西南上，綪。【注】器，目言之也。陳明器，以西行南端爲上。綪，屈也。不容，則屈而反之。茵。【注】茵在抗木上。陳器次而北也。【疏】茵非明器而言之者，陳器從此茵鄉北爲次第故也。苞二。【注】所以裹奠羊豕之肉。【疏】下文既設遣奠，而云「苞牲取下體」，故知苞二所以裹奠羊豕之肉。筲三，黍、稷、麥。【注】筲，畚種類也。其容蓋與簋同一觳也。【疏】筲，以菅草爲之。畚器所以盛種，此筲與畚同類也。甕三，醯、醢、屑，冪用疏布。【注】甕，瓦器，其容亦蓋一觳。屑，薑桂之屑也。《内則》曰：「屑桂與薑。」冪，覆也。甒二，醴、酒，冪用功布。【注】甒，亦瓦器。皆木桁久之。【注】桁，所以庪苞筲甕甒也。久，當爲灸。灸，謂以蓋案塞其口。每器異桁。用器：弓，矢，耒耜，兩敦，兩杅，槃，匜，匜實于槃中，南流。【注】此皆常用之器也。杅，盛湯漿。槃、匜，盥器也。流，匜口也。

敖氏繼公曰：「耒耜，田器也。此有爵矣，乃以耒耜爲用器，爲其有圭田故也。圭田者，主人所親耕以共祭祀之齊盛者也。」

無祭器。【注】士禮略也。大夫以上兼用鬼器、人器也。

【疏】明器，鬼器也。祭器，人器也。士禮略，無祭器，有明器而實之。大夫以上，尊者備，故兩有。若兩有，則實祭器，不實明器。有燕樂器可也。【注】與賓客燕飲用樂之器也。役器：甲，胄，干，笮。【注】此皆師役之器。甲，鎧。胄，兜鍪。干，楯。笮，矢箙。燕器：杖，笠，翣。【注】燕居安體之器也。笠，竹䈉蓋也。翣，扇。【疏】杖所以扶身，笠所以禦暑，翣所以招涼，皆燕居用之。

張氏爾岐曰：「載柩、陳器二事畢，則日及側矣。」

蕙田案：以上陳明器。

徹奠，巾席俟于西方。主人要節而踊。【注】巾席俟于西方，祖奠將用焉。要節者，來象升，丈夫踊；去象降，婦人踊。徹者，由明器北，西面。既徹，由重南東。不設於序西南者，非宿奠也。宿奠必設者，爲神馮依之久也。

張氏爾岐曰：「此所徹遷祖之奠，爲將旋柩鄉外，更設祖奠，故遷之。巾席，即所徹奠之巾席。俟者，奠已東去，而巾席猶執以俟也。註『象升、象降』者，此奠在庭，徹者無升降之事，止有往來，主人以其往來爲踊節，與徹室中之奠升階降階者同，故云象也。」

祖。【注】爲將祖變。商祝御柩，【注】亦執功布居前，爲還柩車爲節。乃祖。【注】還柩鄉外爲行始。【疏】旋柩車，使轅鄉外也。踊，襲，少南當前束。【注】主人也。柩還則當前束南。【疏】前祖爲祖變，今既祖訖，故踊而襲。車未還之時，當前束近北，今還車，則當前束少南。婦人降，即位于階間。【注】爲柩將去有時也。位東上。【疏】云「位東上」者，以堂上時，婦人在阼階，西面，統于堂下男子。今柩車南還，男子亦在車東，故婦人降，亦東上統于男子也。婦人不鄉車西者，以車西有祖奠，故辟之在車後。

張氏爾岐曰：「婦人在車後南面，故注云『東上』。」

祖，還車，不還器。【注】祖有行漸，車亦宜鄉外也。器之陳，自已南上。

張氏爾岐曰：「車前所薦之乘車、道車、稾車也。陳器本自南上，不須更還也。」

祝取銘，置于茵。【注】重不藏，故於此移銘加于茵上。【疏】初死爲銘，置于重。啟殯、祖廟皆然。今將行，置于茵者，重不藏，擬埋于廟門左。茵是入壙之物，銘亦入壙之物，故置于茵也。二人還重，左還。【注】重與車馬還相反，由便也。【疏】車馬在中庭之東，以右還鄉門爲便。重在門内，面鄉北，人在其南，以左還鄉門爲便。布席，乃奠如初。主人要節而踊。【注】車已祖，可以爲之奠也。是之謂祖奠。【疏】祖奠既與遷祖奠同車西，人皆從車西來，則此要節而踊，一與遷祖奠同。

楊氏復曰：「要節而踊者，來從重北而西，降由重南而東。來象升，大夫踊；出象降，婦人踊：所謂要節也。」

薦馬如初。【注】柩動車還，宜新之也。賓出，主人送。有司請葬期。【注】亦因在外位時。入，復位。【注】主人也。自死至于殯，自啟至于葬，主人及兄弟恒在内位。【疏】自死至于殯，在内位，據在殯宫中。自啟至於葬，在内位，據在祖廟中。始死，未小斂以前，位在尸東。小斂後，位在阼階下。若自啟之後，在廟位亦在阼階下也。

張氏爾岐曰：「主人既以葬期命有司而遂入。」

蕙田案：以上祖奠。

公賵，玄纁束，馬兩。【注】公，國君也。賵，所以助主人送葬也。兩馬，士制也。《春秋傳》曰：宋景曹卒，魯季康子使冉求賵之以馬，曰：「其可以稱旌繁乎？」【疏】《春秋傳》，見哀公二十三年。引之者，證公有賵馬助人之事。

擯者出請，入告。主人釋杖，迎于廟門外，不哭，先入門右，北面，及衆主人袒。【注】尊君命也。衆主人自若西面。馬入，設。【注】設于庭，在重南。賓奉幣，由馬西當前輅，北面致命。【注】賓，使者。幣，玄纁也。輅，轅縛，所以屬引。由馬西，則亦當前輅之西，於是北面致命，得鄉柩與奠。柩車在階間少前，三分庭之北。輅有前後。【疏】賓，使者，即士也。輅者，以木縛於柩車轅上，以屬引于上而挽之，故名轅縛也。主人哭，拜稽顙，成踊。賓奠幣于棧左服，出。【注】棧，謂柩車也。凡士，車制無漆飾。左服，象授人授其右也。服，車箱。【疏】主人哭拜，仍于門右北面。柩車四輪迫地，無漆飾，故言棧也。此車南鄉，以東爲左，尸在車上，以東爲右，故奠左服，象授人右也。宰由主人之北，舉幣以東。【注】柩東，主人位。以東，藏之。【疏】此時主人仍在門東，北面，此位雖無主人，既有定位，宰不得履之，故由其北也。士受馬以出。【注】此士，謂胥徒之長也，有勇力者受馬。《聘禮》曰：「皮馬相間可也。」主人送于外門外，拜，襲，入，復位，杖。

敖氏繼公曰：「此亦爲君命袒，故既送使者，則襲于外。」

蕙田案：以上公賵。

賓賵者，將命。【注】賓，卿大夫士也。【疏】言將命者，身不來，遣使者將命告主人。擯者出請，入告，出告須。【注】不迎。告曰：「孤某須。」馬入，設。賓奉幣，擯者先入，賓從，致命如初。【注】初，公使者。主人拜于位，不踊。【注】柩車東位也。既啟之後，與在室同。【疏】始死時，庶兄弟襚，使人以將命于室，主人拜于位。此主人亦拜于位，俱是不爲賓出。有君命，亦出迎矣。賓奠幣如初。舉幣、受馬如初。擯者出請。【注】賓出在外，請之，爲其復有事。【疏】若無事，賓報事畢，送去也。若奠，【注】賓致可以奠也。【疏】所致之物，或堪爲奠者也。入告，出，以賓入。將命如初。士受羊如受馬。【注】士，亦謂胥徒之長。

敖氏繼公曰：「如受馬，如其受之以出也。羊者，士葬奠之上牲，故此奠者用之。奠不用幣。」

又請。【注】又，復也。

郝氏敬曰：「賓又出，擯又請。」

若賻，【注】賻之言補也，助也。貨財曰賻。入告。主人出門左，西面。賓東面將命。【注】主人出者，賻主施于主人。主人拜，賓坐委之。宰由主人之北，東面舉之，反位。【注】坐委之，明主人哀戚，志不在受人物。反位，反主人之後位。【疏】宰位在主人之後。若無器，則捂受之。【注】謂對相授，不委地。又請，賓告事畢，拜送，入。

張氏爾岐曰：「主人入。」

【《欽定義疏》】賵、奠、贈，主人皆不出，而獨爲賻出。蓋賻不施于死者，則賓固不入至柩車之前致命也，主人豈得不出廟門而受之乎？或疑爲輕禮而重財，非也。

贈者，將命。【注】贈，送。

張氏爾岐曰：「謂以幣若器送死者也。」

擯者出請，納賓如初。【注】如其入告、出告須。賓奠幣如初。【注】亦於棧左服。若就器，則坐奠于陳。【注】就猶善也。贈無常，惟翫好所有。陳，明器之陳。

張氏爾岐曰：「謂乘車之西，陳明器之處所也。」

凡將禮，必請而后拜送。【注】雖知事畢，猶請，君子不必人意。兄弟，賵、奠可也。【注】兄弟，有服親者，可且賵且奠，許其厚也。賵奠于死生兩施。所知，則賵而不奠。【注】所知，通問相知也，降于兄弟。奠，施于死者爲多，故不奠。知死者贈，知生者賻。【注】各主於所知。

盛氏世佐曰：「兄弟，兼同姓、異姓言也。兄弟戚矣，必賵奠兼行，于情始稱。然容有貧而無以爲禮者，聖人不責備焉。經云『可也』者，非許其厚，乃所以恤其無也。不言賻與贈者，所知且然，兄弟可知也。但其厚薄，亦稱家爲之耳。所知，兼知死、知生者言也。許其賵者，助喪以賵爲重也；不許其奠者，禮過其情，君子惡其不誠也。既不奠矣，而又許其贈若賻者，所以伸其情也。有餘而好行其德，聖人亦不禁也。《檀弓》云：『朋友，吾哭諸寢門之外。所知，吾哭諸野。』則所知疏于朋友矣。推朋友之情，亦當賵奠並有，而禮必稱其家之有無，不可預定，故空其文也。」

書賵於方，若九，若七，若五。【注】方，板也。書賵奠賻贈之人名與其物于板，每板若九行，若七行，若五行。書遣於策。【注】策，簡也。遣猶送也。謂所當藏物茵以下。【疏】《聘禮記》云：「百名以上書于策，不及百名書于方。」以賓客贈物名字少，故書于方。遣送死者明器之等并贈死者玩好之物名字多，故書之于策。乃代哭如初。【注】棺柩有時將去，不忍絶聲也。初，謂既小斂時。宵，爲燎于門内之右。【注】爲哭者爲明。【疏】門内之右，門東也。柩車東有主人，階間有婦人，故于門右照之。

蕙田案：以上賓賵奠賻贈。自「夙

興設盥于祖廟」至此，並葬前一日事。

厥明，陳鼎五于門外如初。【注】鼎五，羊、豕、魚、腊、鮮獸各一鼎也。士禮特牲，三鼎。盛葬奠，加一等，用少牢也。如初，如大斂奠時。【疏】亦如大斂，陳鼎在廟門外。其實：羊左胖，【注】反吉祭也。言左胖者，體不殊骨也。【疏】《特牲》、《少牢》吉祭皆升右胖，此用左胖，故云反吉祭也。體不殊骨者，據脊、脅已上，膞、胳已下，共爲一也。髀不升，【注】周貴肩賤髀。腸五，胃五，【注】亦盛之也。【疏】《少牢》用腸三、胃三，今加至五，亦是盛此奠也。離肺；【注】離，挂。【疏】挂離之，不絶中央少許。豕亦如之，豚解，無腸胃；【注】如之，如羊左胖，髀不升，離肺也。豚解，解之如解豚，亦前肩、後肫、脊脅而已。無腸胃者，君子不食溷腴。【疏】豚解總有七段，今取左胖，則爲四段，與羊異也。

楊氏復曰：「《士喪禮》『小斂陳一鼎于門外，其實特豚，四鬄，兩胉，脊』，然則四鬄者，殊左右肩髀而爲四，又兩胉一脊而爲七，此所謂豚解也。大斂、朔月奠、遣奠，禮雖寖盛，豚解合升如初。至虞，然後豚解、體解兼有焉。」

魚，腊，鮮獸。皆如初。【注】鮮，新殺者。士腊用兔，加鮮獸而無膚者，豕既豚解，略之。【疏】腊、鮮二者皆用兔，葬奠用少牢，攝盛，則當用膚，與少牢同。以豕既豚解，喪事略，則無膚者，亦略之，而加鮮獸也。

蕙田案：士喪遣奠用五鼎，先王重葬禮，使同于大夫也。大夫五鼎，有膚無鮮獸。此有鮮獸，無膚。一則以喪祭不可同于吉祭，一則以大夫士尊卑不同，微示區別之義也。

東方之饌：四豆，脾析、蜱醢、葵菹、蠃醢；【注】脾析，百葉也。蜱，蜯也。【疏】《周禮·醢人》注云：「脾析，牛百葉。」此用少牢，無牛，當是羊百葉。四籩，棗、糗、栗、脯；【注】糗，以豆糗粉餌。

張氏爾岐曰：「據疏引《籩人》注，籩實有糗餌，粉餈二物。此經云糗，但糗餌也。二物皆稻黍米粉所爲，合蒸則爲餌，作餅熟之則爲餈。又糗與粉，皆大豆末，初擣之則爲粉，熬之則爲糗糁二物，使不粘着也。注云『以豆糗粉餌』，謂以豆之糗而粉此餌也。餌類今蒸糕，餈類今胡餅。」

醴、酒。【注】此東方之饌與祖奠同，在主人之南，當前輅，北上，巾之。【疏】祖奠與大斂奠，同二豆二籩，此葬奠四豆四籩，籩豆雖不同，而同處耳。云北上者，蓋兩甒在北，次南饌四豆，豆南饌四籩也。陳器。【注】明器也。夜斂藏之。【疏】至此厥明，更陳之也。滅燎，執燭俠輅，北面。【注】照徹與葬奠也。【疏】二人執燭俠輅北面，輅西者照徹祖奠，輅東者照葬奠之饌。賓入者，拜之。【注】明自啟至此，主人無出禮。【疏】所以不出迎者，既啟之後，既覩尸柩，不可離位以迎賓，惟有君命乃出也。

敖氏繼公曰：「亦鄉而拜之。」

【《欽定義疏》】蓋隨其入之先後而拜之，以葬日事繁期促，賓之執事于門外者必多，不得一時畢入也。

徹者入，丈夫踊。設于西北，婦人踊。【注】猶阼階升時也，亦既盥乃入。入由重東，而主人踊，猶其升也。自重北西面而徹，設于柩車西北，亦猶序西南。【疏】將設葬奠，先徹祖奠。徹者東。【注】由柩車北，東適葬奠之饌。【疏】以其徹訖，當設葬奠，故徹者由柩車北，東適葬奠之饌，取而設于柩車西也。鼎入。【注】舉入陳之也。陳之，蓋于重東北，西面北上如初。乃奠。豆南上，綪。籩，嬴醢南，北上，綪。【注】籩嬴醢南，辟醴酒也。

張氏爾岐曰：「先饌脾析于西南，次北蜱醢，蜱醢東葵菹，菹南嬴醢，是謂『南上，綪』。籩于嬴醢以南爲次，先設棗，棗南設糗，糗東設栗，栗北設脯，是謂『北上，綪』。籩之西，脾析之南，設醴酒，故注云『辟醴酒也』。」

俎二以成，南上，不綪，特鮮獸。【注】成猶併也。不綪者，魚在羊東，腊在豕東。【疏】于西南設羊，次北豕，以魚設于羊東，設腊于魚北，還從南爲始，是不綪也。鮮獸在北無偶，故云特。

張氏爾岐曰：「羊、豕、魚、腊之次，自南而北，而東，而南，迴環設之爲綪。羊、豕、魚、腊併設，皆自南始，爲不綪。」

醴酒在籩西，北上。【注】統于豆也。奠者出，主人要節而踴。【注】亦以往來爲節。奠由重北西，既奠，由重南東。【疏】此奠饌在輅東，言由重北者，亦是由車前明器之北，鄉柩車西設之，設訖，由柩車南而東者，禮之常也。

蕙田案：以上遣奠。此奠亦曰葬奠。

甸人抗重出自道，道左倚之。【注】還重不言甸人，抗重言之者，重既虞將埋之，言其官，使守視之。抗，舉也。出自道，出從門中央也。不由闑東西者，重不反，變于恒出入。道左，主人位。今時有死者，鑿木置食其中，樹于道側，由此。【疏】道左倚之者，當倚于門東北壁。

敖氏繼公曰：「上篇言甸人置重于中庭，於此又言甸人，始終之辭也，所以見其間凡有事于重者，皆此甸人爲之。」

【《欽定義疏》】《雜記》：「重，既虞而埋之。」蓋既不隨至壙所，又不可留于廟中，故于柩將行而因出之于外也。

薦馬，馬出自道。車各從其馬，駕于門外，西面而俟，南上。【注】南上，便其行也。行者乘車在前，道、槀序從。【疏】案下《記》云：「乘車載旜，道車載朝服，槀車載簑笠。」是序從也。

蕙田案：以上出重與車馬。

徹者入。踊如初。徹巾，苞牲，取下體，【注】苞者，象既饗而歸賓俎者也。取下體者，脛骨象行，又俎實之終始也。士苞三个，前脛折取臂臑，後脛折取骼，亦得俎釋三个。《雜記》曰：「父母而賓客之，所以爲哀。」【疏】肩臂臑在俎上端，爲俎實之始；膊胳在俎下端，爲俎實之終。今取此兩端脛骨，苞以歸父母也。士苞三个者，自上之差。《檀弓》云：「國君七个，遣車七乘。大夫五个，遣車五乘。」遣車載所苞遣奠而藏之者。大夫以上，乃有遣車。士無遣車，則所苞者，不載于車，直持之而已。云「亦得俎釋三个」者，羊俎仍有肩肫兩段在俎，豕左胖豚解，今折取外仍有四段在俎，相通計之，爲俎釋三个，留之爲分禱五祀也。

張氏爾岐曰：「牲陳于俎，其脛骨在兩端，故脛骨爲俎賓之終始。士一苞之中，有三个牲體：臂也，臑也，骼也。前陳器云『苞二』，羊、豕各一苞也。」

不以魚腊。【注】非正牲也。

蕙田案：以上苞牲。

行器，【注】目葬行明器在道之次。

敖氏繼公曰：「器，謂折、抗席、抗木。行，謂舉之以出。」

茵、苞、器序從，【注】如其陳之先後。車從。【注】次器。徹者出。踊如初。【注】于是，廟中當行者唯柩車。

蕙田案：以上行器。

主人之史請讀賵，執算從。柩東，當前束，西面。不命毋哭，哭者相止也。唯主人、主婦哭。燭在右，南面。【注】史北面請，既而與執算西面，于主人之前讀書釋算。燭在右，南面，照書便也。讀書，釋算則坐。【注】必釋算者，榮其多。【疏】讀書者，立讀之，敬也。釋算者坐，爲釋之便也。卒，命哭。滅燭。書與算執之以逆出。【注】卒，已也。

郝氏敬曰：「執算者先出，讀者從，爲逆出也。」

公史自西方東面，命毋哭，主人、主婦皆不哭。讀遣，卒，命哭。滅燭，出。【注】公史，君之典禮書者。遣者，入壙之物。君使史來讀之，成其得禮之正以終也。燭俠輅。

張氏爾岐曰：「讀賵、讀遣，皆以告死者。」

盛氏世佐曰：「讀賵釋算，讀遣不釋算者，以賵是賓物，不出于一人，故須一一記之，❶以多爲榮。遣是主人之物，則但告數而已，人子之心，不自見其多也。」

蕙田案：以上讀賵、讀遣。

商祝執功布以御柩，執披。【注】居柩車之前，若道有低仰傾虧，則以布爲抑揚左右之節，使引者、執披者知之。士執披八人。【疏】葬時乘車，❷故有柩車前引柩者及在傍執披者，皆御治之，使執披者知其左右，引者知其上下也。

---

❶「一一」，原作「一」，據《儀禮集編》卷三〇改。

❷「車」，阮刻《儀禮注疏》作「人」，孫詒讓《十三經注疏校記》亦謂當作「人」。

張氏爾岐曰：「引柩者、執披者皆視商祝所執布以用力也。」

主人袒，乃行，踊無算。【注】袒，爲行變也。乃行，謂柩車行也。凡從柩者，先後左右，如遷于祖之序。【疏】上遷于祖時，注云：「主人從者，丈夫由右，婦人由左，以服之親疎爲先後，各從其昭穆。男賓在前，女賓在後。」此從柩向壙之序，一如之也。出宫，踊，襲。【注】哀次。【疏】大門外有賓客次舍之處，父母生時接賓之所，主人至此，感而哀此次，是以有踊，踊訖即襲，襲訖而行也。

敖氏繼公曰：「出宫而踊，哀親之遂離其室也。行路不宜袒，故于此而襲。」

蕙田案：以上柩行。

至於邦門，公使宰夫贈玄纁束。【注】邦門，城門也。贈，送也。【疏】邦門，國城北門也。至壙窆訖時，贈用制幣玄纁束，以其君物，故用之送終也。主人去杖，不哭，由左聽命。賓由右致命。【注】柩車前輅之左右也。當時止柩車。【疏】在廟，柩車南鄉，左則在東。此出國北門，柩車鄉北，左則前輅之西也。主人哭拜，稽顙。賓升，實幣于蓋，降。主人拜送，復位，杖，乃行。【注】升柩車之前，實其幣于柩蓋之柳中，若親授之然。復位，反柩車後。【疏】賓升，實幣于蓋，載以之壙。此贈專爲死者，故若親授之然。云「復位，反柩車後」者，上在廟，位在柩車東，此行道，故在柩車後也。

【《欽定義疏》】《聘禮》聘卿行，舍于郊，公使卿贈，故公之使人贈其臣，亦以出國門爲節也。初喪既襚之矣，又或視其大斂矣，既則賵之，其柩行也又贈之。于士如此，則大夫以上，又加厚可知。此堂廉不隔，同休共戚之情也。

蕙田案：以上公贈。

至于壙，陳器于道東西，北上。【注】統于壙。【疏】廟中南上，此則北上，故云統於壙也。茵先入，【注】當藉柩也。元士則葬用輁軸，加茵焉。屬引。

【注】于是説載除飾，更屬引于緘耳。【疏】棺束有前後，于東末皆爲緘耳，以紼貫結之而下棺。主人袒。衆主人西面，北上。婦人東面。皆不哭，【注】俠羡道爲位。【疏】不哭者，下棺宜静。

敖氏繼公曰：「袒，爲窆變也。婦人亦北上，皆不哭，爲有事，不可喧譁也。」

乃窆。主人哭，踊無算。【注】窆，下棺也。【疏】主人哭踊不言處，還于壙東西面也。襲，贈用制幣玄纁束，拜稽顙，踊如初。【注】丈八尺曰制。二制合之。束，十制五合。【疏】每一端丈八尺，二端爲一匹。五匹合爲十制也。

盛氏世佐曰：「此贈幣，主人所自盡也，故拜稽顙以送之。不言公及賓所贈者，榮君之賜，公贈自當用之，賓贈則不必盡用，蓋亦如庶襚之例也。《雜記》云：『魯人之贈也，三玄二纁。』《檀弓》云：『既窆，主人贈，而祝宿虞尸。』則贈之出于主人明矣。疏云『即公所贈者』，蓋見『玄纁束』三字偶同，故附會之耳。」

卒，袒，拜賓。主婦亦拜賓。即位。拾踊三，襲。【注】主婦拜賓，拜女賓也。即位，反位也。【疏】卒，謂贈卒更袒。拜賓云反位者，各反羡道東西位。其男賓在衆主人之南，女賓在衆婦之南也。賓出，則拜送。【注】相問之賓也。凡弔賓有五，去皆拜之，此舉中焉。【疏】弔賓有五者，案《雜記》云：「相趨也，出宫而退。相揖也，哀次而退。相問也，既封而退。相見也，反哭而退。朋友，虞祔而退。」此經既葬而退，是相見問遺之賓也。藏器於旁，加見。【注】器，用器、役器也。見，棺飾也。更謂之見者，加此則棺柩不復見矣。先言藏器乃云加見者，器在見内也。内之者，明君子之於事，終不自逸也。《檀弓》曰：「周人牆置翣。」【疏】棺飾則帷荒也。加此則棺柩不復見，故名爲見也。帷荒在柩外，周人名爲牆，其外又置翣爲飾。藏苞、筲於旁。【注】於旁者，在見外也。不言甕甒，饌相次可知。四者兩兩而居。《喪大記》曰：「棺椁之間，君容柷，大夫容壺，士容甒。」加折卻之。加抗席覆之。加抗木，【注】宜次也。

張氏爾岐曰：「折陳之，美面向上，今用，則美面向下，故謂卻之。注云『宜次』，謂三者之用，有宜有次也。」

實土三，主人拜鄉人。【注】謝其勤勞。【疏】勤勞，謂在道助執紼，在壙助下棺及實土也。即位，踊，襲，如初。【注】哀親之在斯。【疏】既拜鄉人，乃於羨道東即位，踊無算，如初也。

蕙田案：以上窆。自是葬事畢。

乃反哭。入，升自西階，東面。衆主人堂下，東面，北上。【注】西階東面，反諸其所作也。反哭者，于其祖廟，不于阼階西面。西方，神位。【疏】《檀弓》云：「反哭升堂，❶反諸其所作也。」注云「親所行禮之處」是也。反哭于祖廟者，謂下士祖禰共廟，若適士二廟者，反哭先于祖，後于禰，遂適殯宮也。《特牲》、《少牢》皆布席于奧，殯又在西階，是西方神位。主人非行事，直哭而已，故就神位。

敖氏繼公曰：「反哭于祖廟者，爲其棺柩從此而出也。升自西階，未變其鄉者升堂之路也。升堂而不見，故但止于西階之上焉。此亦變于尸柩在堂之位也。」

婦人入，丈夫踊，升自阼階。【注】辟主人也。主婦入于室，踊，出，即位，及丈夫拾踊三。【注】入于室，反諸其所養也。出即位，堂上西面也。拾，更也。【疏】《檀弓》云：「主婦入于室，反諸其所養也。」注云：「親所饋食之處。❷」自小斂已後，主婦等位皆在阼階上西面，是以知「出即位」者，阼階上西面也。凡成踊而拾，皆主人踊，主婦踊，賓乃踊，故云更也。

敖氏繼公曰：「惟主婦入于室，則餘人先即位于阼矣。必入于室者，以其生時于此共祭祀也。入室又不見矣，故出而與主人相向而哭踊，同其哀也。」

賓弔者升自西階，曰：「如之何？」主人拜稽顙。【注】賓弔者，衆賓之長也。反而亡焉，失之矣，于是爲甚，故弔之。弔者北面，主人拜于位。不北面拜賓東者，以其亦主人位也。【疏】主人拜賓于西階上，東面位，注云「亦主人位」者，《特牲》、《少牢》助祭之賓，主人皆拜送于西階東面，故此東面不移，以其亦主人位故也。

張氏爾岐曰：「始死，拜賓于西階。此反而亡，亦拜賓于西階，將無同歟？」

❶「升」，原作「于」，據《禮記·檀弓下》改。

❷「處」下，原有「哭也」二字，據阮刻《儀禮注疏》刪。

賓降出，主人送于門外，拜稽顙。【疏】此於《雜記》五賓，當相見之賓。遂適殯宮，皆如啟位。拾踊三。【注】啟位，婦人入升堂，丈夫即中庭之位。【疏】此如啟位，婦人亦即位于堂東西面，主人即位于堂下，直東序西面。直東序西面，即中庭位也。兄弟出，主人拜送。【注】兄弟，小功以下也。異門大功，亦可以歸。【疏】此兄弟等，始死之時，皆來臨喪，殯訖，各歸家。朝夕哭，則就殯所。至葬開殯，而來喪所。至反哭，亦各歸其家。至虞卒哭祭，還來預焉。故《喪服小記》云「緦、小功，虞卒哭則皆免」是也。

敖氏繼公曰：「賓出自廟，兄弟出自殯宮，親疎之殺。」

衆主人出門，哭止。闔門。主人揖，衆主人乃就次。【注】次，倚廬也。

蕙田案：以上反哭。是日即舉初虞之禮。

猶朝夕哭，不奠。【注】是日也，以虞易奠。

張氏爾岐曰：「經言葬後至練，皆朝夕哭，與未葬同，但不奠耳。大斂以來，朝夕有奠，葬後乃不奠也。注言『是日』，謂葬之日，下注所云『朝而葬，日中而虞』是也。疏以爲釋不奠之故，尚未是。」

三虞。【注】虞，喪祭名。虞，安也。骨肉歸于土，精氣無所不之，孝子爲其彷徨，三祭以安之。朝葬，日中而虞，不忍一日離。

張氏爾岐曰：「三虞，謂葬日初虞，再虞用柔日，後虞用剛日，共三祭也。」

卒哭。【注】卒哭，三虞之後祭名。始朝夕之間哀至則哭，至此祭止也，朝夕哭而已。

張氏爾岐曰：「後虞之後，又遇剛日，舉此祭。既祭，則唯朝夕哭，不無時哭，故名其祭曰卒哭也。」

盛氏世佐曰：「自殯後未卒哭以前，其朝夕哭也，兄弟、外兄弟、賓皆與焉。卒哭後小祥以前之朝夕哭，則惟主人、主婦哭于殯宮而已。既祔，仍哭于殯宮者，以其主尚在寢也。期而小祥，則不朝夕哭矣。然則卒哭云者，卒兄弟、外兄弟等之哭，而喪家之哭固未卒也已。」

明日，以其班祔。【注】班，次也。祔，卒哭之明日祭名。祔猶屬也，祭昭穆之次而屬之。

孔氏穎達曰：「卒哭明日而立主祔于廟，隨其昭穆，從祖父食。卒哭主暫時祔廟畢，更還殯宮。至小祥，作栗主入廟，乃埋桑主于祖廟門左埋重處。」

【《欽定義疏》】此數事皆因既葬反哭而終言之。

蕙田案：以上略舉葬後儀節。

【《記》】

敖氏繼公曰：「此上下二篇之記也。」

士處適寢，寢東首于北墉下。【注】將有疾，乃寢于適室。【疏】若不疾，則在燕寢。東首，鄉生氣之所。有疾，疾者齊。【注】正情性也。適寢者，不齊不居其室。養者皆齊。【注】憂也。徹琴瑟。【注】去樂。

【《欽定義疏》】士無故不去琴瑟。今以疾故徹之，疾愈則仍設之也。

疾病，外内皆埽。【注】爲有賓客來問也。疾甚曰病。徹褻衣，加新衣。【注】故衣垢汙，爲來人穢惡之。【疏】徹褻衣，據死者而言。徹褻衣，謂故玄端。加新衣，謂更加新朝服。案《司服》，士之齊戒服玄端，此疾者與養疾者皆齊，明服玄端矣。《檀弓》云：「始死，羔裘玄冠者，易之而已。」羔裘玄冠即朝服，故知臨死所著則朝服也。御者四人，皆坐持體。【注】爲不能自轉側。御者，今時侍從之人。男女改服。【注】爲賓客來問病，亦朝服。主人深衣。❶屬纊，以俟絶氣。【注】爲其氣微難節也。纊，新絮。男子不絶於婦人之手，婦人不絶於男子之手。【注】備褻。乃行禱于五祀。【注】盡孝子之情。五祀，博言之。士二祀，曰門、曰行。

【《朱子語類》】問：禱果有應之之理否？或知其無應之之理而爲之。曰：禱是正禮，自合有應。不可謂知其無是理而姑爲之。

敖氏繼公曰：「此禱于平常所祭者也。士之得祭五祀，於此可見。」

乃卒。【注】卒，終也。主人啼，兄弟哭。【注】哀有甚有否，于是始去冠而笄纚，服深衣。《檀弓》曰：「始死，

❶「主」，《儀禮集編》卷三一以爲當作「庶」。

羔裘玄冠者，易之。」【疏】啼是哀之甚，氣竭而息之聲不委曲，若往而不反。引《檀弓》者，證深衣易去朝服之事也。設牀笫當牖，衽下莞上簟，設枕。【注】病卒之間廢牀，至是設之，事相變。衽，卧席。遷尸。【注】徙于牖下也。于是幠用斂衾。【疏】徙於牖下者，即上文「牀笫當牖」者也。

張氏爾岐曰：「此據經『士死于適室，幠用斂衾』之文而記君子正終，人子侍養之事。」

蕙田案：以上記疾病、始死之事。

復者朝服，左執領，右執要，招而左。【注】衣朝服，服未可以變。【疏】招魂所以求生，左陽，陽主生，故用左也。左執領，謂爵弁服也。

張氏爾岐曰：「方冀其生，故復者服朝服，不變凶服。」

楔，貌如軛，上兩末。【注】事便也。【疏】如軛，謂如馬鞅。軛馬領亦上兩末，令以屈處入口，取出時易也。

綴足用燕几，校在南，御者坐持之。【注】校，脛也。尸南首，几脛在南以拘足，則不得辟戾矣。即牀而奠，當腢，用吉器。若醴若酒，無巾柶。【注】腢，肩頭也。用吉器，器未變也。或卒無醴，用新酒。【疏】即，就也。謂就尸牀而設之。尸南首，則在牀東，當尸肩頭也。若醴若酒，科有其一，不得並用。

蕙田案：以上記復、楔齒、綴足、設奠諸儀物。

赴曰：「君之臣某死。」赴母、妻、長子則曰：「君之臣某之某死。」【注】赴，走告也。

蕙田案：此記赴君之辭。

室中，唯主人、主婦坐。兄弟有命夫、命婦在焉，亦坐。【注】别尊卑也。【疏】案《大記》：「士之喪，主人父兄、主婦、姑姊妹皆坐。」鄭云：「士賤，同宗尊卑皆坐。」此命夫、命婦之外立而不坐者，此謂有命夫、命婦來，兄弟爲士者則立，若無命夫、命婦，則同宗皆坐也。

蕙田案：此記室中哭位。

尸在室，有君命，衆主人不出。【注】不二主。【疏】衆主人不出，在尸東耳。經直云「主人惟君命出」，不言衆主人，故記之。

蕙田案：此記衆主人。

襚者委衣于牀，不坐。【注】牀高由便。 其襚于室，户西，北面致命。【注】始死時也。 【疏】小斂後，襚于堂，則中庭北面致命。

蕙田案：此記襚者儀位。

夏祝淅米差盛之。【注】差，擇之。

盛氏世佐曰：「必差之者，擇其粒之堅好者以飯尸，而以其餘爲粥懸于重也。」

御者四人抗衾而浴，襢第。【注】抗衾，爲其裸裎，蔽之也。襢，袒也。袒簀，去席，盝水便。 其母之喪，則内御者浴，鬠無笄。【注】内御，女御也。無笄，猶丈夫之不冠也。 設明衣，婦人則設中帶。【注】中帶，若今之褌襂。 【疏】設明衣者男子，其婦人則設中帶。

【《欽定義疏》】玩《記》意，似謂男婦皆設明衣裳，而婦人又多中帶也。

卒洗貝，反于笄。 實貝柱右顛左顛。【注】象齒堅。 【疏】顛，謂牙兩畔最長者。

張氏爾岐曰：「卒洗，洗貝也。」

夏祝徹餘飯。【注】徹去鬻。

張氏爾岐曰：「餘飯，飯尸餘米也。夏祝徹去，煮之爲鬻，以實重鬲也。」

瑱塞耳。【注】塞，充窒。 【疏】不同生人，懸于耳旁。

掘坎，南順，廣尺，輪二尺，深三尺，南其壤。【注】南順，統于堂。輪，從也。 垼用塊。【注】塊，堛也。

張氏爾岐曰：「坎以埋弃潘者，垼以煮潘者。」

明衣裳用幕布，袂屬幅，長下膝。【注】幕布，帷幕之布，升數未聞也。屬幅，不削幅也。長下膝，又有裳，于蔽下體深也。 【疏】「屬幅，不削幅」者，布幅二尺二寸，凡用布皆削去邊幅旁一寸，爲二尺計之，則此不削幅，謂繚使相著，還以袂二尺二寸。云「長下膝」者，謂爲此衣，長至膝下。 有前後裳，不辟，長及轂。【注】不辟積也。轂，足跗也。凡他服，短無見膚，長無被土。 【疏】裳前三幅，後四幅，不辟積者，以其一服不動，不假上狹下寬也。 縓綼緆。【注】一染謂之縓，今紅也。飾裳在幅曰綼，在下曰緆。 緇純。【注】七入爲緇。緇，黑色也。飾衣曰純，謂領與袂。衣以緇，裳以縓，象天地也。

設握，裏親膚，繫鉤中指，結于掔。【注】掔，掌後節中也。手無決者，以握繫一端繞掔，還從上自貫，反與其一端結之。【疏】前經云「設握」，據右手有決者，不言左手無決者，故記之。

盛氏世佐曰：「此設左握法也。中指，手第三指也。右手有決，極先設而後設握，則握之裏雖在内，而不與膚相親矣。握繫與決繫，連結于掔，則不必鉤中指矣。」

甸人築坅坎。【注】築，實土其中，堅之。穿坎之名，一曰坅。

張氏爾岐曰：「築之坅之，皆甸人也。」

隸人涅厠。【注】隸人，罪人也。今之徒役作者也。涅，塞也。爲人復往褻之，又亦鬼神不用。❶

盛氏世佐曰：「涅與敜通。《書》云：『敜乃穽。』傳訓爲塞，與此注合。」

既襲，宵爲燎于中庭。【注】宵，夜。

蕙田案：以上記沐浴、飯含、襲諸儀節。張爾岐曰：「自《記》首至此，並始死日事。」

厥明，滅燎，陳衣。【注】記節。【疏】小斂陳衣，當襲之明旦，滅燎之時。凡絞紟用布，倫如朝服。【注】凡，凡小斂、大斂也。倫，比也。【疏】如朝服者，朝服十五升。

敖氏繼公曰：「紟不必言凡，與絞連文爾。大斂有紟，小斂無之。」

設棜于東堂下，南順，齊于坫，饌于其上。兩甒：醴、酒，酒在南。篚在東，南順，實角觶四，木柶二，素勺二。豆在甒北，二以並。籩亦如之。【注】棜，今之轝也。角觶四，木柶二，素勺二，爲夕進醴酒，兼饌之也。勺二，醴、酒各一也。豆籩二以併，則是大斂饌也。記於此者，明其他與小斂同陳。【疏】大小斂之奠皆有醴、酒，但用二觶一柶，而觶有四、柶有二者，朝夕二奠，各饌其器也。小斂一豆一籩，大斂乃二豆二籩，大斂陳籩豆之外，皆與小斂同，故就小斂節内

❶「亦」，孫詒讓《十三經注疏校記》：「『又亦』二字於義不順，竊疑『亦』爲『示』字之誤。《周官・司隸》疏此經曰『室涅示不用』，即約此注義也。」

陳之，取省文之義也。凡籩豆，實具設，皆巾之。【注】籩豆偶而爲具，具則于饌巾之。巾之，加飾也。明小斂一豆一籩，不巾。

張氏爾岐曰：「皆者，皆東堂與奠所也。二籩二豆者，饌于東堂，設于奠所，二處皆巾之也。小斂一籩一豆，惟至設于牀東乃巾之，方其饌堂東時，則不巾矣。」

觶俟時而酌，柶覆加之，面枋，及錯，建之。【注】時，朝夕也。《檀弓》曰：「朝奠日出，夕奠逮日。」

張氏爾岐曰：「觶雖豫陳，必待奠時乃酌。其酌醴之法，既酌醴，以柶覆于觶上，使柄向前，及其錯于奠所，則扱柶醴中。」

小斂辟奠，不出室。【注】未忍神遠之也。辟襲奠以辟斂，既斂則不出于室，設于序西南，畢事而去之。【疏】始死，猶生事之，不忍即爲鬼神事之，故奠不出室。

無踊節。【注】其哀未可節也。

敖氏繼公曰：「踊節，即所謂『要節而踊』者也。凡丈夫、婦人之踊，或以徹奠者之往來爲節，嫌此辟奠之時亦然，故以明之。」

盛氏世佐曰：「始死之奠，亦謂之襲奠者，襲後仍設之也。奠以事神，是時尸在室，若辟奠遠在室外，則神無所依，故不忍也。辟奠之時，主人以下皆踊無算，故不以辟奠者之往來爲節。」

既馮尸，主人袒，髺髮，絞帶，衆主人布帶。【注】衆主人，齊衰以下。【疏】知衆主人非衆子者，以衆子皆斬衰、絞帶，故知衆主人齊衰以下也。

【《欽定義疏》】經云「主人髺髮袒，衆主人免于房」，記此者，明著絞帶、布帶在此時也。絞帶者，以苴麻之繩爲帶，其垂者則散之。此時尚未絞也，謂之絞帶，指其束于要者耳。

大斂于阼。【注】未忍便離主人位也。主人奉尸斂于棺，則西階上賓之。大夫升自西階，階東，北面東上。【注】視斂。既馮尸，大夫逆降，復位。【注】中庭西面位。【疏】上篇朝夕哭云主人入堂下，直東序，西面，卿大夫在其南。卿大夫與主人同西面向殯，故知大夫位在中庭西面也。巾奠，執燭者滅燭，出，降自阼階，由主人之北東。【注】巾奠而室事已。

蕙田案：以上記小斂、大斂諸儀節。

既殯，主人説髦。【注】既殯，置銘于肂，復位時也。今文「説」皆作「稅」。兒生三月，鬋髮爲鬌，男角女羈。否則，男左女右，長大猶爲飾存之，謂之髦。所以順父母幼小之心。至此，尸柩不見，喪無飾，可以去之。髦之形象，未聞。【疏】《喪大記》鄭注云：「士既殯，説髦。小斂説髦，蓋諸侯禮。」士既殯，諸侯小斂，於死者俱三日也。三日絞垂。【注】成服日，絞要經之散垂者。冠六升，外縪，纓條屬，厭。【注】縪，謂縫著於武也。外之者，外其餘也。纓條屬者，通屈一條繩爲武，垂下爲纓，屬之冠。厭，伏也。【疏】冠六升，據斬衰而言。齊衰以下，冠衰各有差降。古者冠，吉凶皆冠，武別材。武謂冠卷。以冠前後皆縫著于武。若吉冠，則從武上鄉内縫之，縪餘在内，謂之内縪。若凶冠，從武下鄉外縫之，縪餘在外，謂之外縪。吉冠纓武別材，凶冠纓武同材，以一繩從前額上，以兩頭鄉項後交通，至耳各綴之于武，使鄉下，纓結之。先爲纓武訖，乃後以冠屬著武，故云屬也。冠在武下，故云厭也。衰三升。【注】衣與裳也。履外納。【注】納，收餘也。杖下本，竹、桐一也。【注】順其性也。

蕙田案：以上記三日成服。

居倚廬，【注】倚木爲廬，在中門外東方，北户。寢苫枕塊，【注】苫，編藁。塊，堛也。不説經帶，【注】哀戚，不在於安。哭晝夜無時，【注】哀至則哭，非必朝夕。非喪事不言。【注】不忘所以爲親。歠粥，朝一溢米，夕一溢米，不食菜果。【注】不在于飽與滋味。粥，糜也。二十兩曰溢。爲米一升二十四分升之一。實在木曰果，在地曰蓏。

蕙田案：以上記居喪寢處、哭泣、言語、飲食。

主人乘惡車，【注】拜君命、拜衆賓及有故，行所乘也。《雜記》曰：「端衰、喪車皆無等。」然則此惡車，王喪之木車也。白狗幦，【注】未成豪，狗。幦，覆笭也。以狗皮爲之，取其臑也。白於喪飾宜。

張氏爾岐曰：「《玉藻》：『君羔幦虎犆。』陳注云：『幦者，覆式之皮。』此白狗幦，亦是以狗皮覆車式。」

蒲蔽,【注】蔽,藩。【疏】謂車兩邊禦風者以蒲草,亦無飾也。御以蒲菆,【注】不在於驅馳。蒲菆,牡蒲莖也。

張氏爾岐曰:「蒲菆,楊柳之堪爲箭者,御者以之策馬。與爲蔽之蒲同名而異類。」

犬服,【注】笭間兵服,以犬皮爲之,取堅也,亦白。

張氏爾岐曰:「服,盛矢器。注云『兵服』,似泛言五兵之服。」

木錧,【注】取少聲。約綏,約轡,【注】約,繩。綏,所以引升車。木鑣,【注】亦取少聲。馬不齊髦。【注】齊,翦也。今文「髦」爲「毛」。主人之惡車,如王之木車,則齊衰以下,其乘素車、繅車、駹車、漆車與?【疏】案《巾車》王之喪車五乘:木車,始死所乘;素車,卒哭所乘;繅車,既練所乘;駹車,大祥所乘;漆車,既禫所乘。士之喪車亦當五乘。主人乘惡車,齊衰乘素車,與卒哭同;大功乘繅車,與既練同;小功乘駹車,與大祥同;緦麻乘漆車,與既禫同。主人至卒哭以後哀殺,故齊衰以下節級約與主人同。士尋常乘棧車,不革鞔而漆之。今既禫,亦與王以下同乘漆車者,禮窮則同也。

【《欽定義疏》】據此,則漆車在士爲吉車,在王則爲第五等之喪車也。喪車無等,亦大概言之,未必士遂能備五乘也。

主婦之車亦如之,疏布裧。【注】裧者,車裳帷,于蓋弓垂之。【疏】疏布裧在「亦如之」之下,見不與男子同。

敖氏繼公曰:「婦人之車必有裧,喪車則以疏布爲之。主婦乘車而出者,拜夫人之命及女賓之弔者也。」

貳車,白狗攝服,【注】貳,副也。攝猶緣也。狗皮緣服,差飾。【疏】兵服加白狗皮緣之。其他皆如乘車。【注】如所乘惡車。【疏】唯白狗攝服爲異。

敖氏繼公曰:「主人、主婦皆有貳車,各得用二乘,此貳車亦惡車也。」

蕙田案:以上記喪中之車馬。

朔月,童子執帚卻之,左手奉之,【注】童子,隸子弟,若内豎、寺人之屬。執用左手,卻之,示未用。【疏】下文「掃室聚諸窔」,故不用箕。從徹者而入。【注】童子不專禮事。

張氏爾岐曰:「徹,徹宿奠者。」

比奠，舉席埽室，聚諸叜，布席如初。卒奠，埽者執帚垂末，内鬣，從執燭者而東。【注】比猶先也。

【《欽定義疏》】童子從徹者入，以既徹乃舉席而埽也。既埽，無事矣，俟卒奠乃出者，從而入，亦從而出，不敢先出，且以觀奠也。從執燭者而東，亦降自阼階也。童子，蓋以輕服子弟爲之。

蕙田案：以上記朔月埽室。

燕養，饋羞湯沐之饌如他日。【注】燕養，平常所用供養也。饋，朝夕食也。羞，四時之珍異。湯沐，所以洗去汙垢。《内則》曰：「三日具沐，五日具浴。」孝子不忍一日廢其事親之禮，于下室日設之，如生存也。進徹之時如其頃。

張氏爾岐曰：「朝夕之奠與朔月之奠，設于殯宮。燕養之饌，設于下室。下室，燕寢也。」

朔月若薦新，則不饋于下室。【注】以其殷奠有黍稷也。下室，如今之内堂。正寢聽朝事。【疏】大小斂奠、朝夕奠無黍稷，唯下室有黍稷。今此殷奠自有黍稷，故不須更饋也。

蕙田案：以上記下室之饋。

筮宅，冢人物土。【注】物猶相也。相其地可葬者，乃營之。卜日吉，告從于主婦。主婦哭，婦人皆哭。主婦升堂，哭者皆止。【注】事畢。

張氏爾岐曰：「經但言主婦哭，不言衆婦人皆哭與哭止之節，故《記》詳之。」

蕙田案：以上記筮宅、卜日。自《記》首至此，皆《士喪禮》上篇之《記》也。

啟之昕，外内不哭。【注】將有事，爲其讙囂。既啟，命哭。夷牀、輁軸饌于西階東。【注】明階間者，位近西也。夷牀饌于祖廟，輁軸饌于殯宮。其二廟者，于禰亦饌輁軸焉。【疏】夷牀在祖廟，輁軸在殯宮，以其西階東是同，故並言之。注云「明階間者，位近西也」者，以經直云階間，恐正當兩階之間，故記人明之。輁軸以俟載柩，其二廟者，以先朝禰，故至禰廟，移柩升堂，明旦，移于輁軸上，載以朝祖廟。朝祖時，下柩訖，明日用蜃車，輁軸不復用，不饌之矣。

蕙田案：以上記將啟之事。

其二廟，則饌于禰廟，如小斂奠，乃啟。【注】祖尊禰卑也。士事祖禰，上士異廟，下士共廟。

張氏爾岐曰：「將啟，先具此一鼎一豆一籩之奠于禰廟。既啟，朝禰徹，從奠乃設之。至明日朝祖，則設奠如大斂于祖廟，如經文所陳也。」

朝于禰廟，重止于門外之西，東面。柩入，升自西階，正柩于兩楹間。奠止于西階之下，東面，北上。主人升，柩東，西面。衆主人東即位。婦人從升，東面。奠升，設于柩西，升降自西階。主人要節而踊。【注】重不入者，主于朝祖而行，若過之矣。門西，東面，待之便也。【疏】正柩兩楹間，奠位在户牖之間，則此于兩楹間，亦稍近西，乃當奠位也。要節而踊者，奠升，主人踊，設者降，婦人踊也。

張氏爾岐曰：「奠，謂從奠。」

燭先入者升堂，東楹之南，西面。後入者，西階東，北面，在下。【注】照正柩者。先，先柩者。後，後柩者。適祖時，燭亦然。互記于此。【疏】此燭本是殯宮中照開殯者，在道時，一在柩前，一在柩後。今又一升堂，一在堂下。主人降，即位，徹，乃奠，升自西階。主人踊如初。【注】如其降拜賓。至于要節而踊，不薦車，不從此行。

張氏爾岐曰：「徹者，徹從奠。乃奠者，奠其如小斂之饌也。經文朝祖時，正柩設從奠訖，主人降拜賓以後，有徹奠、設奠、哭踊之節，此亦如之也。」

祝及執事舉奠，巾、席從而降，柩從。序從如初，適祖。【注】此謂朝禰明日，舉奠適祖之序也。此祝執醴先，酒脯醢俎從之，巾、席爲後。既正柩，席升設，設奠如初。祝受巾，巾之。凡喪，自卒至殯，自啟至葬，主人之禮，其變同，則此日數亦同矣。序從主人以下。

姜氏兆錫曰：「朝禰禮與朝祖多同，其異者，惟重止門外，廟不設重，柩不設夷牀，奠亦不設巾，三者爲異耳。以此推之，則朝禰後恐即當朝祖，故三者不設也。若每一廟即停一日，則三者當無不設之理，而重止門外，露處越宿，尤非孝子事亡如事存之義。況送葬職事親疎，上下男女長幼之屬，更非可信宿積時以須之者哉！」

【《欽定義疏》】二廟，則啟之日，從奠設于禰廟，徹從奠，乃設遷禰之奠，此遷禰之奠，即以當遷祖奠矣。以日不三奠故也。及朝祖，則禰奠從設于祖廟，薦車、薦馬等事皆于祖廟行之。至載柩還車，則徹遷禰之奠，設祖奠，次當然也。饌于禰廟者一鼎，饌于祖廟者三鼎，亦隆殺之宜也。朝禰不再奠，則即日朝祖可見矣。

蕙田案：以上記二廟者朝禰之儀。

薦乘車，鹿淺幦，干、笮、革靾，載旜，載皮弁服。纓、轡、貝勒縣于衡。【注】士乘棧車。鹿淺，鹿夏毛也。幦，覆笭。《玉藻》曰：「士齊車，鹿幦豹犆。」干，盾也。笮，矢箙也。靾，韁也。旜，旌旗之屬。通帛爲旜，孤卿之所建，亦攝焉。皮弁服者，視朔之服。貝勒，貝飾勒。有干無兵，有箙無弓矢，明不用。【疏】此並下車三乘，謂葬之魂車。道車載朝服。【注】道車，朝夕及燕出入之車。朝服，日視朝之服也，玄衣素裳。【疏】士乘棧車，更無別車，而上云乘車，下云稾車，此云道車，雖有一車，所用各異，故有乘車、道車、稾車之名。士之道車而用朝君之服，不用私朝玄端服者，亦攝盛也。稾車，載簑笠。【注】稾猶散也。散車，以田以鄙之車。簑笠，備雨服。凡道車、稾車之纓轡及勒，亦縣于衡也。

敖氏繼公曰：「《巾車職》：『士乘棧車。』則此三車者，皆漆車也。以制言之，其乘車、道車輪與輈之高下又等，但因事名之耳。《考工記》：『田車之輪六尺有三寸，乘車之輪六尺有六寸。』又云：『國馬之輈深四尺有七寸，田馬之輈深四尺。』足以知其制矣。」

將載，祝及執事舉奠，户西，南面，東上。卒束前而降，奠席于柩西。【注】將于柩西當前束設之。

張氏爾岐曰：「載，載柩于車。卒束前而降，謂舉奠者當束柩于車將畢之前即降也。奠席柩西，爲設奠，先設席也。」

巾奠，乃牆。【注】牆，飾柩也。【疏】即帷荒。抗木，刊。【注】剥削之。【疏】木無皮者直削之，有皮者，剥乃削之。茵著用荼，實綏澤焉。【注】荼，茅秀也。綏，廉薑也。澤，澤蘭也。皆取其香且御濕。【疏】茵内所著，非直用荼，兼實綏與澤。葦苞，長三尺，一編。【注】用便易也。【疏】葦草即長，截取三尺一道編之。菅筲三，其實皆瀹。【注】米麥皆湛之湯，未知神之所享，不用食道，所以爲敬。

張氏爾岐曰：「以菅草爲筲，其中所盛黍稷麥，皆淹漬之。」

祖，還車不易位。【注】爲鄉外耳，未行。

張氏爾岐曰：「車，乘車、道車、槀車。既祖，則還之向外，但不易初薦時位。」

執披者，旁四人。【注】前後左右各二人。【疏】一旁四人，兩旁則八人也。凡贈幣，無常。【注】賓之贈也。玩好曰贈。在所有。凡糗不煎。【注】以膏煎之則褻，非敬。【疏】經葬奠四籩，棗糗栗脯，不云糗之煎不，故記人明之。

蕙田案：以上記祖廟中薦車、載柩、陳器、奠贈諸事。

唯君命，止柩于堩，其餘則否。【注】不敢留神也。堩，道也。《曾子問》曰：「葬既引，至于堩。」車至道左，北面立，東上。【注】道左，墓道東。先至者在東。【疏】當是陳器之南，以乘車、道車、槀車三者次第爲先後。先至者，乘車也。柩至于壙，斂服載之。【注】柩車至壙，祝説載除飾，乃斂乘車、道車、槀車之服載之，不空之以歸。送形而往，迎精而反，亦禮之宜。【疏】柩車既空，乃斂皮弁服、朝服、簑笠三者之服載之于柩車。卒窆而歸，不驅。【注】孝子往如慕，反如疑，爲親之在彼。

蕙田案：以上記柩在道、至壙卒窆之事。

君視斂，若不待奠，加蓋而出。不視斂，則加蓋而至，卒事。【注】爲有他故及辟忌也。【疏】卒事者，待大斂奠訖乃出。

張氏爾岐曰：「記君于臣有視斂不終禮者、有既斂加蓋而後至者二者之節。」

蕙田案：此記君視斂之變禮。

既正柩，賓出，遂、匠納車于階間。【注】遂、匠，遂人、匠人也。遂人主引徒役，匠人主載柩窆，職相左右也。車，載柩車，《周禮》謂之蜃車，《雜》記謂之團，或作輇，或作摶，聲讀皆相附耳，未聞孰正。其車之轝，狀如牀，中央有轅，前後出，設前後輅，轝上有四周，下則前後有軸，以輇爲輪。許叔重説：「有輻曰輪，無輻曰輇。」【疏】經不云納柩車時節，故記人明之。《遂師》注云：「蜃車，柩路也，四輪迫地而行，有似于蜃，因名焉。」轝，狀與輴車同，但輴車無輪，有轉轔，此有輇輪，爲異耳。

敖氏繼公曰：「賓出而納此車于階間，爲主人送賓而入，則當載矣。」

祝饌祖奠于主人之南，當前輅，北上，巾之。【注】言饌于主人之南，當前輅，則既祖，祝乃饌。

張氏爾岐曰：「既還柩向外，祝即饌祖奠于主人之南，及還車還重俱訖，乃奠之柩車西如初。」

蕙田案：以上記朝祖、納柩車之節及設祖奠之處。

弓矢之新，沽功，【注】設之宜新。沽，示不用。【疏】沽，謂麤爲之。弓矢，謂入壙用器，舉弓矢以例餘者。有弭飾焉，【注】弓無緣者謂之弭。弭以骨角爲飾。亦張可也，【注】亦使可張。有柲，【注】柲，弓檠。弛則縛之於弓裏，備損傷，以竹爲之。《詩》云：「竹柲緄縢。」設依、撻焉，【注】依，纏弦也。撻，弣側矢道也。皆以韋爲之。【疏】依者，謂以韋依纏其弦，即今時弓彄是也。撻，所以撻矢令出，生時以骨爲之。有韣。【注】韣，弓衣也，以緇布爲之。

【《欽定義疏》】有弭飾，謂兩端有弭，而亦以骨角飾之也。撻，即今箭溜也，以韋若骨大如錢，嵌入弣側，以別上下。射時在弓之右，矢之上，矢由此而去，故名溜。

溜亦捷之意也。

猴矢一乘，骨鏃，短衛。【注】猴猶候也，候物而射之矢也。四矢曰乘。骨鏃短衛，亦示不用也。生時猴矢金鏃。凡爲矢，五分笴長而羽其一。

張氏爾岐曰：「衛，矢羽也。矢笴長三尺五分，羽一則六寸，是生時之矢羽固不短矣。」

志矢一乘，軒輖中，亦短衛。【注】志猶擬也，習射之矢。《書》云：「若射之有志。」輖，蟄也。無鏃短衛，亦示不用。生時志矢骨鏃。凡爲矢，前重後輕也。【疏】《司弓矢》注云：「恒矢之屬，軒輖中，所謂志也。」知是習射矢者，以其矢中特輕，于習射宜也。《周禮》有八矢，猴矢居前，最重，恒矢居後，最輕。既不盡用，故取其首尾。

張氏爾岐曰：「鄭解『輖，蟄也』，蟄與輊同。軒輊中，謂前後輕重均也。注『凡爲矢，前重後輕』，亦欲明此軒輊中之異于生用耳。」

蕙田案：以上記明器弓矢。自「啟之昕」以下至此，皆《既夕》篇之記也。

右《儀禮·既夕》。

五禮通考卷第二百六十一

淮陰吴玉搢校字

五禮通考卷第二百六十二

内廷供奉禮部右侍郎金匱秦蕙田編輯
太子太保總督直隸右都御史桐城方觀承同訂
右春坊右贊善嘉定錢大昕
都轉鹽運使德水盧見曾　參校

凶禮十七

喪禮

【《儀禮・士虞禮》】鄭《目録》云：「虞，安也。士既葬其父母，迎精而反，日中而祭之于殯宫以安之。虞于五禮屬凶。」【疏】虞、卒哭在寢，祔乃在廟。

士虞禮。特豕饋食。【注】饋猶歸也。【疏】卜日曰牲。此虞爲喪祭，又葬日虞，因其吉日，略無卜牲之禮，故指豕體而言，不云牲，大夫以上亦當然。以物與神及人，皆言饋。

【《欽定義疏》】饋食，吉祭之名。以虞易奠，爲自凶即吉之始，故放饋食之禮行之。未葬，殷奠用特豚，豚解而已。遣奠用羊豕，亦豚解而已。此云特豕者，見此豕之爲體解而異于奠也。不云特牲者，吉祭曰特牲，宜避之也。《周官・大宗伯》：「以肆獻祼享先王，以饋食享先王。」謂吉祭也。《鬯人》：「廟用脩。」鄭氏以爲三年喪畢之吉祭，自饋食始，不用祼鬯，則天子諸侯之虞亦用饋食禮可知。

側亨于廟門外之右，東面。【注】側亨，亨一胖也。亨于爨用鑊，不于門東，未可以吉也。是日也，以虞易奠，祔而以吉祭易喪祭。鬼神所在則曰廟，尊言之。【疏】

案吉禮皆全，左右胖皆亨，此亨一胖者，以其虞，不致爵，自獻賓以後則無主人、主婦及賓已下之俎，故唯亨一胖也。《特牲》吉禮，鼎鑊皆在門東，此云「門外之右」，是門之西，未可以吉也。

張氏爾岐曰：「此虞在殯宮，即適寢也，而曰廟，故注曰『尊言之』也。」

魚、腊爨亞之，北上。【注】爨，竈。【疏】魚、腊各別鑊，言北上，則次在豕爨之南。

敖氏繼公曰：「于特豕云亨，云東面，魚、腊云爨，云北上，文互見也。」

張氏爾岐曰：「三鑊皆在西方。」

饎爨在東壁，西面。【注】炊黍稷曰饎。饎北上，上齊于屋宇。于虞有亨饎之爨，彌吉。【疏】案《特牲》云「主婦視饎爨于西堂下」，今在東，亦反吉也。小斂、大斂未有黍稷，朔月、薦新始有黍稷，向吉仍未有爨，至此始有亨饎之爨，故云彌吉。

盛氏世佐曰：「饎爨在門內，以婦人主之故也。此士禮，大夫則廩人掌之，在門外。」

設洗于西階西南，水在洗西，篚在東。【注】反吉也。亦當西榮，南北以堂深。【疏】吉時設洗，皆當東榮。尊于室中北墉下，當戶兩甒醴、酒，酒在東，無禁，冪用絺布，加勺，南枋。【注】酒在東，上醴也。絺布，葛屬。【疏】吉禮玄酒在上，今喪祭，禮無玄酒，則醴在上。素几、葦席在西序下。【注】有几，始鬼神也。【疏】大斂奠時已有席，至虞乃有几。若天子諸侯，始死則几筵具。《周禮·司几筵》云「每敦一几」，據始殯及葬時也。苴刌茅長五寸，束之，實于篚，饌于西坫上。【注】苴猶藉也。

張氏爾岐曰：「刌，度也，截也。苴刌茅者，藉祭之刌茅也。度而截之，故謂刌茅。」

饌兩豆菹、醢于西楹之東，醢在西，一鉶亞之。【注】醢在西，南面取之，得左取菹，右取醢，便其設之。【疏】一鉶亞之，菹以東也。尸在奧，東面，設者西面，設于尸前，菹在南，醢在北。今于兩楹東饌之，菹在東，醢在西，是南面取之，得左菹右醢，至尸前西面，設之便也。從獻豆兩亞之，四籩亞之，北上。【注】豆從主人獻祝，籩從主婦獻尸祝。北上，菹與棗。不東陳，別于正。【疏】此從獻豆籩，雖文承一鉶之下，而云「亞之」，下別云「北上」，是不從鉶東爲次，宜于鉶東北，以北爲上，向南陳之。然則東北葅爲首，次南醢，醢東栗，栗北棗，棗東棗，棗南栗，故鄭云「北上，葅與棗」也。云「不東陳，別于正」者，以二豆與鉶，在尸爲獻前爲正，此皆在獻後，爲非正，故東北別也。

饌黍稷二敦于階間，西上，藉用葦席。【注】藉猶薦也。

敖氏繼公曰：「藉敦未必有席，『席』字蓋因上文而衍也。《特牲》禮，藉用萑。」

匜水錯于槃中，南流，在西階之南，簞巾在其東。❶【注】流，匜吐水口也。

敖氏繼公曰：「自設洗至此，其陳設之位與《特牲饋食》異者，❷皆爲變于吉。」

陳三鼎于門外之右，北面，北上，設扃鼏。【注】門外之右，門西也。

匕俎在西塾之西。【注】不饌于塾上，統于鼎也。塾有西者，是室南鄉。

羞燔俎在內西塾上，南順。【注】南順，于南面取縮，執之便也。肝俎在燔東。

郝氏敬曰：「羞俎之俎，非正俎。三鼎爲正，從薦爲羞，肉曰燔，肝曰炙。不言炙，可知也。」

蕙田案：以上陳饌具。

主人及兄弟如葬服，賓執事者如弔服，皆即位于門外，如朝夕臨位。婦人及內兄弟服，即位于堂，亦如之。【注】葬服者，《既夕》曰「丈夫髽，散帶垂」也。賓執事者，賓客來執事也。【疏】始虞與葬服同，三虞皆同。至卒哭，乃變麻服葛也。賓客來執事，以其虞爲喪祭，主人未執事。案《曾子問》：「士則朋友奠，不足，則取于大功以下。」

敖氏繼公曰：「婦人及內兄弟，其服皆如葬服，其位皆如臨位。婦人葬服，經無所見，蓋與既殯之服同。」

祝免，澡葛絰帶，布席于室中，東面，右几，降出，及宗人即位于門西，東面，南上。【注】祝亦執事，免者，祭祀之禮，祝所親也。澡，治也。治葛以爲首絰及帶，接神宜變也。然則士之屬官爲其長弔服加

❶「巾」，原作「布」，據阮刻《儀禮注疏》改。
❷「設」，原作「牲」，據庫本及《儀禮集說》卷一四改。

麻矣。至于既卒哭，主人變服則除。右几，于席近南也。

張氏爾岐曰：「祝執事而免者，以其身親祭祀之禮，不嫌于重也。」

宗人告：「有司具。」遂請拜賓如臨，入門哭。婦人哭。【注】臨，朝夕哭。主人即位于堂。衆主人及兄弟、賓即位于西方，如反哭位。【注】《既夕》曰：「乃反哭，入門，升自西階，東面。衆主人堂下東面，北上。」異于朝夕。

敖氏繼公曰：「反哭之位，乃順孝子一時之心而爲之，本非正位。自始虞至卒哭，其位皆如之者，蓋因此以別于既祔以後吉祭也。」

祝入門左，北面。【注】不與執事同位，接神尊也。【疏】上兄弟、賓即位于西方者，皆是執事。宗人西階前，北面。【注】當詔主人及賓之事。【疏】宗人在堂下，是主人在堂時。若主人在室，則宗人升，户外北面。

蕙田案：以上主人及賓入即位。

祝盥，升，取苴，降洗之，升，入設于几東席上，東縮，降，洗觶，升。止哭。【注】縮，從也。

郝氏敬曰：「祝盥手于西階下槃内，升堂，取苴茅于西坫上，降洗于西階下，復升堂，入室，設于几東神席上，東縮，席向東，茅順東西，直布苴以藉祭。佐食祭黍稷、豕膚、醴，皆奠苴上，故先設。」

主人倚杖入，祝從，在左，西面。【注】主人北旋，倚杖西序，乃入。《喪服小記》曰：「虞，杖不入於室。祔，杖不升於堂。」然則練杖不入於門明矣。贊薦菹醢，醢在北。【注】主婦不薦，齊斬之服不執事也。《曾子問》曰：「士祭不足，則取于兄弟大功以下者。」【疏】齊斬不執事，唯爲今時。至于尸入之後，亦執事。兩籩棗、栗，設于會南。至于祔祭，雖陰厭亦主婦薦，主人自執事也。佐食及執事盥，出舉，長在左。【注】舉，舉鼎也。長在左，在西方位也。凡事，宗人詔之。鼎入，設于西階前，東面，北上。匕俎從設。左人抽扃、鼏，匕。佐食及右人載。【注】載，載于俎。佐食載，則亦在右矣。卒朼者逆退，復位。【注】復賓位也。俎入，設于豆東，魚亞之，腊特。【注】亞，次也。贊設二敦于俎南，黍，其東稷。【注】

簋實尊黍也。【疏】西黍東稷，西上，故云尊黍。經言敦，注言簋者，敦，有虞氏之器。周制士用之，❶同姓之士容得從周制用簋。設一鉶于豆南。【注】鉶，菜羹也。

佐食出，立于户西。【注】饌已也。

敖氏繼公曰：「既設俎，則出而立于此矣。後言之，亦終上事乃及之也。」

贊者徹鼎。【注】反于門外。

敖氏繼公曰：「此徹鼎，亦當與設俎相屬爲之，言于此者，與上文之意同。」

祝酌醴，命佐食啟會。佐食許諾，啟會卻于敦南，復位。【注】會，合也，謂敦蓋也。復位，出立于户西。

張氏爾岐曰：「《特牲》、《少牢》有酒無醴，故厭亦用酒。此酒醴兼設，以醴陰厭，以酒酳尸，亦其異于吉祭也。」

祝奠觶于鉶南，復位。【注】復位，復主人之左。主人再拜稽首。祝饗，【注】饗，告神饗也。饗神辭，《記》所謂「哀子某，哀顯相，夙興夜處不寧」，下至「適爾皇祖某甫饗」是也。【疏】鄭注云：「饗辭，勸强尸之辭也。」凡吉祭饗尸曰孝子，則宜曰「孝孫某圭爲孝薦之饗」是也。

敖氏繼公曰：「饗辭，即《記》所云『哀子某圭爲而哀薦之饗』者也。」

命佐食祭。【注】此祭，祭于苴也。佐食許諾，鉤袒，取黍稷祭于苴，三。取膚祭，祭如初。祝取奠觶，祭亦如之，不盡，益，反奠之。主人再拜稽首。【注】鉤袒，如今擐衣也。苴，所以藉祭也。孝子始將納尸以事其親，爲神疑于其位，設苴以定之耳。或曰：苴，主道也。則《特牲》、《少牢》當有主象而無，可乎？【疏】《特牲》、《少牢》吉祭無苴，案《司巫》云「祭祀則共匰主及蒩館」，常祀亦有苴者，以天子諸侯禮備，故吉祭亦有苴，凶祭有苴可知。祝祝。卒，主人拜如初，哭，出，復位。【注】祝祝者，釋孝子祭辭。【疏】迎尸上釋孝子辭，經記無文，宜與《少牢》迎尸祝孝子辭同，但稱哀爲異。

❶「之」下，《儀禮注疏》有「變敦言簋」四字。

敖氏繼公曰：「祝祝之辭，則《記》所謂『哀子某，哀顯相，夙興夜處不寧』下至『適爾皇祖某甫』者也。」

觀承案：上條鄭注引《記》饗神詞誤，當移於此條「祝祝卒」之下，則上文祝饗詞，當如敖氏引《記》所云「哀子某圭爲而哀薦之饗」十字以注之爲是也。

蕙田案：以上設饌饗神，是爲陰厭。

祝迎尸。一人衰絰奉篚，哭從尸。【注】尸，主也。孝子之祭，不見親之形象，心無所繫，立尸而主意焉。一人，主人兄弟。《檀弓》曰：「既封，主人贈而祝宿虞尸。」尸入門，丈夫踊，婦人踊。【注】踊不同文者，有先後也。尸入，主人不降者，喪事主哀，不主敬。【疏】主人在西序，東面。衆兄弟西階下，亦東面。婦人堂上，當東序，西面。見尸有先後，故踊有先後。淳尸盥，宗人授巾。【注】淳，沃也。沃尸盥者，賓執事者也。尸及階，祝延尸。【注】延，進也。告之以升。尸升，宗人詔踊如初。【注】言詔踊如初，則凡踊，宗人詔之。尸入户，踊如初，哭止。【注】哭止，尊尸。婦人入于房。【注】辟執事者。

蕙田案：以上迎尸。

主人及祝拜妥尸。尸拜，遂坐。【注】妥，安坐也。

敖氏繼公曰：「此皆變于吉祭也。士之吉祭，尸既坐，主人乃拜妥尸，祝不拜。」

從者錯篚于尸左席上，立于其北。【注】北，席北也。【疏】此篚象《特牲》肵俎，置于席北，以擬盛尸之饌。

郝氏敬曰：「從者，即『一人衰絰奉篚』者也。」

尸取奠，左執之，取菹擩于醢，祭于豆間。祝命佐食墮祭。【注】下祭曰墮。墮之猶言墮下也。《周禮》曰：「既祭，則藏其墮。」謂此也。今文「墮」爲「綏」。《特牲》、《少牢》或爲「羞」，失古正矣。齊魯之間，謂祭爲墮。

張氏爾岐曰：「尸取奠，取祝所反奠于鉶南之觶也。左執之者，以右手將祭也。下祭曰墮，謂從俎豆上取下當祭之物以授尸，使之祭。佐食但下之而已，疏以爲『向下祭之』，誤。」

佐食取黍稷肺祭，授尸。尸祭之，祭奠。祝祝。主人拜如初。尸嘗醴，奠之。【注】如初，亦祝祝卒，乃再拜稽首。【疏】其祝辭，即下《記》云「哀子某圭爲而哀薦之饗」。

盛氏世佐曰：「此祝辭，疏以下《記》所云饗辭當之。敖氏既以饗辭用之陰厭，而于此則不言其所用。竊意所釋之辭蓋與上同一辭，而再釋之者，事神之道，于彼乎，于此乎，庶幾其一聞之也。」

蕙田案：虞祭三次祝辭，注與諸家説各不同，未審誰是。

佐食舉肺脊授尸，尸受，振祭，嚌之，左手執之。【注】右手將有事也。尸食之時，亦奠肺脊于豆。【疏】案《特牲》「祝命邇敦，佐食邇黍稷于席上，舉肺脊授尸」，彼舉肺脊在邇敦後，此舉肺脊在邇敦前者，吉凶相變故也。右手將有事，爲下文「祭鉶嘗鉶」是也。

張氏爾岐曰：「此肺脊，至尸卒食，佐食方受之實于篚。中間食時，亦須奠之于豆。」

祝命佐食邇敦，佐食舉黍錯于席上。【注】邇，近也。尸祭鉶，嘗鉶。【注】右手也。《少牢》曰：「以柶祭羊鉶，遂以祭豕鉶，嘗羊鉶。」

張氏爾岐曰：「此但豕鉶，祭之嘗之亦用柶。」

泰羹湆自門入，設于鉶南。胾四豆，設于左。【注】博異味也。湆，肉汁也。胾，切肉也。

張氏爾岐曰：「鉶南觶北，初設時留空處，以待泰羹、胾設于左，正豆之北也。」

【《欽定義疏》】菜羹，鉶之正。泰羹，其加也。菹醢二豆，豆之正。胾四豆，其加也。有正有加，祭禮也。泰羹湆自門入，爨在門外，新自爨來，欲其熱也。設于左，不言所上，四豆一物也。

尸飯，播餘于篚。【注】不反餘也。古者飯用手，吉時播餘于會。三飯。佐食舉幹。尸受振祭，嚌之，實于篚。【注】飯間啗肉，安食氣。【疏】幹，脅也。又三飯。舉胳祭如初。佐食舉魚、腊，實于篚。【注】尸不受魚、腊，以喪，不備味。又三飯。舉肩祭如初。【注】後舉肩者，貴要成也。【疏】周人貴肩，故云貴者要成也。舉魚、腊俎，俎釋三个。【注】釋猶遺也。遺之者，君子不盡人之歡，不竭人之忠。个猶枚也。今俗或名枚曰個，音相近。此腊亦七體，如其牲也。【疏】俎釋三个，不言牲體者，下《記》云羹飪升左肩、臂、臑、肫、胳、脊、脇七體，此佐食初舉脊，次舉幹，又舉胳，終舉肩，總舉四體，唯有臂、肫、臑三者，佐食即當俎釋三个，故直舉魚、腊而已。

張氏爾岐曰：「牲七體，魚、腊各七，佐食所舉以授尸者，皆盛于篚。所餘，每俎三个，將以改饌于西北隅也。」

尸卒食，佐食受肺脊實于篚，反黍如初設。【注】九飯而已，士禮也。篚猶吉祭之有肵俎。【疏】《少牢》大夫禮，十一飯，諸侯十三飯，天子十五飯，故云「九飯，士禮也」。吉祭，尸舉牲體振祭，嚌之，皆加于肵俎，此尸舉牲體，振祭，嚌之，皆實于篚，故云猶肵俎也。

蕙田案：以上饗尸，尸九飯。

主人洗廢爵，酌酒酳尸。尸拜受爵，主人北面答拜。尸祭酒，嘗之。【注】爵無足曰廢爵。酳，安食也。主人北面以酳酢，變吉也。凡異者，皆變吉。【疏】《特牲》、《少牢》「尸拜受，主人西面拜送」，與北面相反。賓長以肝從，實于俎，縮，右鹽。【注】縮，從也，從實肝炙於俎也。喪祭進柢。右鹽，于俎近北，便尸取之也。縮執俎，言右鹽，則肝鹽併也。【疏】柢，本也，謂肝之本頭。云「右鹽，于俎近北」者，據執俎之人，左畔有肝，右畔有鹽，西面向尸，尸東面，以右手取肝于俎之右畔，而擩鹽于左畔，故云「便尸取之」。尸左執爵，右取肝擩鹽，振祭，嚌之，加于俎。賓降，反俎于西塾，復位。【注】取肝，右手也。加于俎，從其牲體也。以喪，不志于味。

張氏爾岐曰：「加于俎，盛牲體之俎，賓所反，則肝俎也。復位，復西階前衆兄弟之南東面位。」

尸卒爵，祝受。不相爵。主人拜，尸答拜。【注】不相爵，喪祭，於禮略。相爵者，《特牲》曰：「送爵，皇尸卒爵。」

蕙田案：以上主人酳尸。

祝酌授尸，尸以醋主人。主人拜受爵，尸答拜。【注】醋，報。主人坐祭，卒爵，拜。尸答拜。

楊氏復曰：「尸醋主人，亦北面。拜受坐祭，卒爵及主人獻祝之時，乃反西面位。」

敖氏繼公曰：「尸無降席之禮，故祝爲酌之，酢不洗爵，尸禮也。孝子于是時乃飲而卒爵者，爲尊者之賜也。」

蕙田案：以上尸醋主人。醋與酢同，古文通用。

楊氏復曰：「奠之所尚者在于醴，前饗神之時，祝酌醴，奠觶于鉶南。及尸既坐，取所奠，左手執之，以右手祭菹，祭黍稷肺，乃祭奠。于是祝祝，主人再拜稽首，而後尸嘗醴而奠之。此是第一節。牲之所重者在肺脊。肺者，氣之主也。脊者，體之正也。故尸又先舉肺脊，祭而嚌之。又以左手執之，乃以右手祭鉶而嘗之。祝命爾黍敦，錯于席上，爲尸之將飯也。泰羹湆、胾四豆，至是新設之于俎豆之間，以博異味也。於是三飯，舉幹，祭而嚌之，實于篚。又三飯，舉胳祭而嚌之，實于篚。又三飯，舉肩祭而嚌之，實于篚。魚、腊與豕爲三鼎，今所舉皆豕，而魚、腊則不食焉。唯佐食舉之，以實于篚，以喪，不備味也。尸卒食，佐食乃受尸左手所執肺脊實于篚。主人乃酌廢爵酒以酳尸，賓長以肝從，而獻禮成矣。于是祝酌授尸，尸以醋主人，而主人獻尸之禮畢矣。」

筵祝，南面。【注】祝接神，尊也。筵用萑席。主人獻祝，祝拜，坐受爵。主人答拜。【注】獻祝，因反西面位。薦菹醢，設俎。祝左執爵，祭薦，奠爵，興，取肺，坐祭，嚌之，興，加于俎，祭酒，嘗之，肝從。祝取肝擩鹽，振祭，嚌之，加于俎，卒爵，拜。主人答拜。祝坐，授主人。【疏】薦設皆執事者。

敖氏繼公曰：「祝與佐食皆事尸者也，故于酳尸、獻尸之後獻焉。不洗而獻者，下尸也。祭薦，亦右手以菹擩醢，祭于豆間也。先奠爵乃取肺，以祭離肺，用二手也。祭不言絶，文省。以肝從，亦賓長也。『授主人』下宜脱一『爵』字。」

張氏爾岐曰：「授主人者，虚爵也。」

蕙田案：以上主人獻祝。

主人酌，獻佐食，佐食北面拜，坐受爵，主人答拜。佐食祭酒，卒爵，拜。主人答拜，受爵，出，實於篚，升堂復位。【注】篚在庭，不復入，事已也。亦因取杖，乃東面立。【疏】上文哭時，主人升堂，西序東面。今升堂復位，不復入室，因得取杖，復東面位也。

【《欽定義疏》】佐食不設席，薦俎設于階間而不在室，又無從，佐食卑也。吉祭亦然。

蕙田案：以上主人獻佐食。

主婦洗足爵于房中，酌，亞獻尸，如主人儀。【注】爵有足，輕者飾也。《昏禮》曰：「内洗在北堂，直室東隅。」【疏】如主人儀，如上文主人酳尸之儀也。自反兩籩，棗、栗設于會南，棗在西。【注】尚棗，棗美。

李氏如圭曰：「自反者，自往取之而反也。此兩籩及下獻祝籩，即上饌時亞豆東四籩也。」

尸祭籩，祭酒如初。賓以燔從，如初。尸祭燔，卒爵如初。【注】初，主人儀。

【《欽定義疏》】尸不酢主婦，喪祭禮殺也。

酌獻祝，籩、燔從，獻佐食，皆如初。以虚爵入于房。

蕙田案：以上主婦亞獻。

賓長洗繶爵，三獻，燔從，如初儀。【注】繶爵，口足之間有篆，又彌飾。

張氏爾岐曰：「當亦兼獻祝及佐食。」

蕙田案：以上賓長三獻。

婦人復位。【注】復堂上西面位。事已，尸將出，當哭踊。

【《欽定義疏》】尸將出而哭踊，其節與尸入同也。故復堂上位以俟之。吉祭無堂上位，喪祭有之，爲哭踊也。

祝出户，西面告：「利成。」主人哭。【注】西面告，告主人也。利猶養也。成，畢也。言養禮畢也。不言養禮畢，于尸間嫌。皆哭。【注】丈夫、婦人于主人哭，斯哭矣。祝入，尸謖。【注】祝入而無事，尸則知起矣。不告尸者，無遣尊者之道也。從者奉篚，哭如初。【注】初，哭從尸。祝前尸出户，踊如初。降堂，踊如初。出門，亦如之。【注】前，道也。如初者，出如入，降如升，三者之節，悲哀同。

蕙田案：以上祝告利成，尸出。

祝反入，徹，設于西北隅，如其設也，几在南，厞用席。【注】改設饌者，不知鬼神之節。改設之，庶幾歆饗，所以爲厭飫也。几在南，變右文，明東面，不南面，漸也。厞，隱也。于厞隱之處，從其幽闇。【疏】祝送尸出門而反入，徹神前之饌，改設于西北隅也。其設于西北隅，次第一如奥中東面設。上文陰厭時右几，今云「几在南」，明其同，必變文者，《少牢》大夫禮，陽厭時南面，亦几在南，此言右几，嫌與大夫同，故云「明東面」也。《特牲》改饌几在南，與此同，示向吉有漸，故與吉祭同。厞用席，以席爲障，使之隱也。

熊氏朋來曰：「陰厭于室之奥，陽厭于室之屋漏。陰厭未迎尸，陽厭尸已謖。故二厭之時無尸。《大戴禮》曰：『無尸者厭也。』」

蕙田案：以上改設饌，是爲陽厭。

祝薦席徹入于房，祝自執其俎出。【注】徹薦席者，執事者。祝薦席，則初自房來。贊闔牖户。【注】鬼神尚居幽闇，或者遠人乎？贊，佐食者。主人降，賓出。【注】宗人詔主人降，賓則出廟門。主人出門，哭止，皆復位。【注】門外未入位。宗人告事畢。賓出，主人送，拜稽顙。【注】送拜者，明于大門外也。賓執事者皆去，則徹室中之饌者，兄弟也。

蕙田案：以上事畢送賓。

《記》。虞，沐浴，不櫛。【注】沐浴者，將祭，自潔清。不櫛，未在於飾也。唯三年之喪不櫛，期以下櫛可也。今文曰沐浴。陳牲于廟門外，北首，西上，寢右。【注】言牲，腊在其中。西上，變吉。寢右者，當升左胖也。腊用棜。《檀弓》曰：「既反哭，主人與有司視虞牲。」【疏】士虞唯有一豕，而云西上，明知兼兔、腊也。《少牢》二牲東上，是吉祭東上，今西上，是變吉也。日中而行事。【注】朝葬，日中而虞，君子舉事，必用辰正也。再虞三虞，皆質明。【疏】辰正，謂朝夕日中。

蕙田案：以上記沐浴、陳牲及行事之期。

殺于廟門西，主人不視豚解。【注】主人視牲不視殺，凡爲喪事略也。豚解，解前後脛、脊、脇而已，熟乃體解，升于鼎也。【疏】特牲吉祭，故主人視牲，又視殺。羹飪，升左肩、臂、臑、肫、胳、脊、脅、離肺，膚祭三，取諸左膉上。肺祭一，實于上鼎。【注】肉謂之羹。飪，熟也。脊、脅，正脊、正脅也。喪禮略，七體耳。離肺，舉肺也。《少牢饋食禮》曰：「舉肺一，長終肺。祭肺三，皆刌。」膉，脰肉也。【疏】士之正祭禮九體，此七體，故云略。膚脅革肉，擇之，取美者。

盛氏世佐曰：「膚祭三者，陰厭時，佐食爲神『祭于苴三』是也。必取諸左膉者，近首，貴也。祭肺一，則尸食時，佐食取之，并黍稷以授尸。」

升魚鱄、鮒九，實于中鼎。【注】差減之。【疏】特牲魚十有五，此略而用九。升腊左胖，髀不升，實于下鼎。【注】腊亦七體，牲之類。皆設扃鼏，陳之。【注】嫌既陳乃設扃鼏也。載猶進柢，魚進鬐。【注】猶，猶《士喪》、《既夕》，言未可以吉也。柢，本也。鬐，脊也。

張氏爾岐曰：「吉祭，牲進下，魚進腴，變于食生。此喪祭，與吉反，是未異于生人也。」

祝俎，髀、脰、脊、脅、離肺，陳于階間，敦東。【注】不升于鼎，賤也。統于敦，明神惠也。祭以離肺，下尸。【疏】尸祭用刌肺，祝用離肺，故云下尸。

敖氏繼公曰：「此俎實自鑊而徑載于俎，不復升于鼎者，不敢與神俎同也。尸三俎，用豕、魚、腊，祝唯用豕，亦變于吉也。」

蕙田案：以上記牲殺體數、鼎俎陳設之法。

淳尸盥，執槃西面，執匜東面，執巾在其北，東面。宗人授巾南面。【注】槃以盛棄水，爲淺汙人也。執巾不授巾，卑也。

蕙田案：此記沃尸面位。

主人在室，則宗人升，户外北面。【注】當詔主人室事。

盛氏世佐曰：「主人在堂，則宗人立階前；主人在室，則宗人立户外。詔禮者宜近其人也，皆北面鄉之。」

佐食無事則出户，負依南面。【注】室中尊，不空立。户牖之間謂之依。

蕙田案：此記宗人、佐食面位。

鉶芼用苦若薇。有滑，夏用葵，冬用荁。有柶。【注】苦，苦荼也。荁，堇類也。乾則滑。夏秋用生葵，冬春用乾荁。

張氏爾岐曰：「夏葵冬荁，皆所以爲滑也。」

豆實葵菹，菹以西羸醢。籩，棗烝栗擇。【注】棗烝栗擇，則菹刌也。棗烝栗擇，則豆不楬，籩有縢也。

盛氏世佐曰：「豆籩之實宜異于奠，其器則如初而已。異于奠者，❶向吉之漸。如初者，喪不致飾也。」

蕙田案：此記鉶芼與豆籩之實。

尸入，祝從尸。【注】祝在主人前也。嫌如初時，主人倚杖入，祝從之。初時主人之心尚若親存，宜自親之。今既接神，祝當詔侑尸也。

盛氏世佐曰：「經云『尸及階，祝延尸』，《特牲》、《少牢》注皆云『從後詔侑曰延』，則入門已後，祝即轉居尸後矣。言此者，明其與出時異也。尸出之時，祝前。」

尸坐不説屨。【注】侍神，不敢燕惰。尸謖，祝前鄉尸。【注】前，道也。祝道尸，必先鄉之，爲之節。還出户，又鄉尸。還過主人，又鄉尸。還降階，又鄉尸。【注】過主人則西階上，不言及階，明主人

❶「奠」，原作「籩」，據《儀禮集編》卷三三改。

見尸，有踧踖之敬。降階，還及門，如出户。【注】及，至也。言還至門，明其間無節也。降階如升時，將出門如出户時，皆還向尸也。每將還，必有避退之容。凡前尸之禮儀在此。

敖氏繼公曰：「『祝前』者，當尸之前而行也。『鄉尸還』，謂先鄉尸而即還也。上『降階』者，祝也。下『降階』者，尸也。祝先降而鄉尸，及尸既降，祝乃反面而行。」

張氏爾岐曰：「祝之道尸，必先以面鄉尸乃轉身前行，謂之還。上『降階』，謂正降時，此時祝以面鄉尸。下『降階』，謂既降時，祝則轉身前行，直至及門，乃又鄉尸也。」

尸出，祝反入門左，北面，復位，然後宗人詔降。【疏】復位，復上文祝入門左北面之位。❶ 詔降，詔主人降。

蕙田案：以上記祝相尸之節。

尸服卒者之上服。【注】上服者，如《特牲》士玄端也。不以爵弁服爲上者，祭于君之服，非所以自配鬼神。士之妻則宵衣耳。男，男尸。女，女尸，必使異姓，不使賤者。【注】異姓，婦也。賤者，謂庶孫之妾也。尸配尊者，必使適也。【疏】尸須得孫列者，孫與祖爲尸，孫婦還與夫之祖姑爲尸，故不得使同姓女爲尸也。男尸先使適孫，無適孫乃使庶孫。女尸先使適孫妻，無適孫妻使適孫妾，又無妾乃使庶孫妻，不得使庶孫妾。自虞祭、卒哭以後，禫以前，喪中之祭，皆男女別尸，吉祭則男女共尸。

【《欽定義疏》】無適孫妻當使庶孫妻，不使妾，《小記》言「妾祔于妾祖姑」，可見惟妾母之喪，乃以妾爲尸耳。其取孫倫之婦無服若輕服者爲之與？

張氏爾岐曰：「必使異姓，謂女尸以婦，不以族女。」

蕙田案：以上記尸服及爲尸者。

無尸，則禮及薦饌皆如初。【注】無尸，謂無孫列可使者也。殤亦是也。禮，謂衣服、即位、升降。【疏】《禮記》云「無孫則取同姓之嫡」，如無孫，又無同姓之適，

❶「復」字，原脱，據阮刻《儀禮注疏》補。

是無孫列可使者也。《曾子問》云「祭成喪者必有尸」，明殤死無尸可知。

張氏爾岐曰：「喪祭而無尸者，其衣服、位面、升降之禮與薦饌之具皆與有尸者同。」

既饗，祭于苴，祝祝卒。【注】記異者之節。不綏祭，無泰羹湇、胾、從獻。【注】不綏，言獻，記終始也。事尸之禮，始于綏祭，終于從獻。綏，當爲墮。主人哭，出復位。【注】於祝祝卒。【疏】謂祝祝卒，無尸可迎，既無上四事，主人遂即哭，出，復户外東面位。祝闔牖户，降，復位于門西。【注】門西，北面位也。男女拾踊三。【注】拾，更也。三更踊。【疏】凡言更踊者，主人踊，主婦踊，賓乃踊。三者三，爲拾也。如食間。【注】隱之，如尸一食九飯之頃也。祝升，止哭，聲三，啟户。【注】聲者，噫歆也。將啟户，警覺神也。主人入。【注】親之。

【《欽定義疏》】無尸則不行三獻禮，主婦與賓皆不入，故于將徹時，主人又入，以致其敬，若親送之者。然亦倚杖乃入。

祝從，啟牖鄉如初。【注】牖先闔後啟，扇在內也。鄉，牖一名也。如初者，主人入，祝從在左。主人哭，出，復位。【注】堂上位也。【疏】仍前户外東面。卒徹，祝、佐食降，復位。【注】祝復門西北面位，佐食復西方位。不復設西北隅者，重閉牖户，褻也。宗人詔降如初。【注】初，贊闔牖户，宗人詔主人降之。【疏】禮畢降堂，宗人詔之，亦如上經也。

蕙田案：以上記無尸者陰厭之禮。

始虞用柔日，【注】葬之日，日中虞，欲安之。柔日陰，取其静。

張氏爾岐曰：「古人葬日，例用柔日。」

曰：「哀子某，哀顯相，夙興夜處不寧。【注】曰，辭也，祝祝之辭也。喪祭稱哀。顯相，助祭者也。顯，明也。相，助也。《詩》云：「於穆清廟，肅雍顯相。」不寧，悲思不安。敢用絜牲、剛鬣、【注】敢，昧冒之辭。豕曰剛鬣。香合、【注】黍也。大夫士于黍稷之號，合言

「普淖」而已。此言「香合」，蓋記者誤爾。辭次黍，又不得在薦上。【疏】《曲禮》所云黍稷别號，是人君法。嘉薦、普淖，【注】嘉薦，菹醢也。普淖，黍稷也。普，大也。淖，和也。德能大和，乃有黍稷，故以爲號云。明齊溲酒，【注】明齊，新水也。言以新水溲釀此酒也。《郊特牲》曰：「明水涚齊，貴新也。」或曰當爲「明視」，謂兔腊也。今文曰明粢。粢，稷也。皆非其次。

敖氏繼公曰：「明齊，蓋言醴也。《郊特牲》曰『縮酌用茅，明酌也』，又曰『明水涚齊，貴新也』。蓋用明水涚醴齊，故曰明齊也。祝祝之時，奠用醴而已，不用酒也。

盛氏世佐曰：「溲、醙同，白酒也。上經云『兩甒醴酒，酒在東』，是醴與酒兼設矣。明齊謂醴，溲酒謂酒，《記》文甚明。先儒曲爲之説，特以饗神用醴而不用酒爾。然酒以酳尸，尸即神象也。祝祝之時，言醴而并及于酒，不亦宜乎！」

哀薦祫事，【注】始虞謂之祫事者，主欲祫先祖也。以與先祖合爲安。適爾皇祖某甫。【注】爾，女也。女死者，告之以適皇祖，所以安之也。皇，君也。某甫，皇祖字也。若言尼甫。饗！」【注】勸强之也。

敖氏繼公曰：「以祔祭例之，當云『尚饗』，蓋庶其饗此祭也。」

再虞，皆如初，曰：「哀薦虞事。」【注】丁日葬，則己日再虞。其祝辭異者，一言耳。

張氏爾岐曰：「『皆如初』，謂用日祝辭，皆與初虞同。」

三虞、卒哭、他，用剛日，亦如初，曰：「哀薦成事。」【注】當祔于祖廟爲神，安于此。後虞改用剛日，剛日陽也。陽取其動也。士則庚日三虞，壬日卒哭。其祝辭異者，亦一言耳。他，謂不及時而葬者。《喪服小記》曰：「報葬者報虞，三月而後卒哭。」然則虞、卒哭之間有祭事者，亦用剛日。其祭無名，謂之他者，假設言之。文不在卒哭上者，以其非常也，令正者自相亞也。《檀弓》曰：「葬，日中而虞，弗忍一日離也。是日也，以虞易奠，卒哭曰成事。是日也，以吉祭易喪祭，明日祔于祖父。」如是，虞爲喪祭，卒哭爲吉祭。

敖氏繼公曰：「三虞、卒哭，謂既三虞，遂卒朝夕哭也。他者，變易之辭，猶今之言别矣。不用柔日而别用剛日，故曰他也。他用剛日，則三虞、卒哭後于再虞三日矣。」

蕙田案：敖氏以三虞與卒哭合爲一祭，非是。其詮解「他」字之義，較注説爲長。

又案：以上記祭日及祝辭。

獻畢未徹，乃餞。【注】卒哭之祭，既三獻也，餞送行者之酒。《詩》云：「出宿于泲，飲餞于禰。」尸旦將始祔于皇祖，是以餞送之。【疏】虞、卒哭同在寢，祔則在廟，故有餞送尸之禮。

張氏爾岐曰：「卒哭祭之明日，將祔于廟，故卒哭祭畢，餞之于寢門之外，此下所記，即其儀也。」

尊兩甒于廟門外之右少南，水尊在酒西，勺北枋。【注】少南，將有事于北。有玄酒，即吉也。此在西，尚凶也。言水者，喪質，無鼏，不久陳。

張氏爾岐曰：「廟門，寢門也。」

洗在尊東南，水在洗東，篚在西。【注】在門之左，又少南。饌籩豆，脯四脡。【注】酒宜脯也。

盛氏世佐曰：「虞祭兩豆葅醢，餞則一豆一籩，是其異也。脯，籩實也。不言豆實，亦醢可知。」

有乾肉折俎二尹縮，祭半尹，在西塾。【注】乾肉，牲體之脯也，如今涼州烏翅矣。折以爲俎，實優尸也。尹，正也。雖其折之，必使正。縮，從也。

張氏爾岐曰：「二正體縮陳俎上，又截正體之半，以備授祭。」

尸出，執几從，席從。【注】祝入，亦告利成。入前尸，尸乃出。几席，素几葦席也。以几席從，執事也。尸出門右，南面。【注】俟設席也。席設于尊西北，東面，几在南。賓出，復位。【注】將入臨之位。《士喪禮》：賓繼兄弟，「北上。門東，北面西上。門西，北面東上。西方，東面北上。」主人出，即位于門東少南。婦人出，即位于主人之北。皆西面哭，不止。【注】婦人出者，重餞尸。【疏】婦人有事，自堂及房而已，今出寢門之外，故云「重餞尸」也。尸即席坐。唯主人不哭，洗廢爵，酌獻尸。尸拜受。主人拜送，哭，復位。

敖氏繼公曰：「唯主人不哭，爲將行禮也。然則亞獻、三獻之時，主婦、賓長亦不哭，特於此見之也。主人拜送，蓋亦北面，如室中之儀。」

盛氏世佐曰：「唯主人不哭，見其餘哭自若也。將獻者哭止，獻主于敬，不欲以哭亂之。」

薦脯醢，設俎于薦東，朐在南。【注】朐，脯及乾肉之屈也。屈者在南，變于吉。【疏】《曲禮》云：「以脯脩置者，左朐右末。」是吉時屈者在左。今尸東面而云朐在南，則屈在右末，頭在左，❶故云變于吉也。尸左執爵，取脯，擩醢祭之。佐食授嚌。【注】授乾肉之祭。尸受，振祭，嚌，反之，祭酒，卒爵，奠于南方。【注】反之，反于佐食，佐食反之于俎。尸奠爵，禮有終。【疏】爵不酢而奠之，是爲禮有終。主人及兄弟踊，婦人亦如之。

敖氏繼公曰：「亦如之者，亦及内兄弟之屬皆踊也。」

主婦洗足爵，亞獻，如主人儀，無從。踊如初。賓長洗繶爵，三獻，如亞獻。踊如初。佐食取俎實于篚。

郝氏敬曰：「無從，無籩豆從薦也。」

盛氏世佐曰：「餞尸之禮，主人既不以肝從獻，則主婦之不以燔從可知，不待言也。此云『無從』者，指籩而言。上經『自反兩籩，棗、栗設于會南』是也。以其繼爵而進，亦得云從。并此而無之，禮尤殺也。」

尸謖，從者奉篚哭從之，祝前。哭者皆從。及大門内，踊如初。【注】男女從尸，男由左，女由右。及，至也。從尸不出大門者，由廟門外無事尸之禮也。尸出門，哭者止。【注】以餞于外，大門猶廟門。【疏】從尸不出大門者，有事尸限。送賓大門外，自是常禮。但禮有終，賓無答拜之禮也。賓出，主人送，拜稽顙。【注】送賓，拜于大門外。主婦亦拜賓。【注】女賓也。不言出，不言送，拜之于闈門之内。闈門，如今東西掖門。丈夫説經帶于廟門外。【注】既卒哭。當變麻，受之以葛也。夕日，則服葛者爲祔期。【疏】《喪服》注云：「大夫以上，虞而受服。士卒哭而受服。」約此文而言也。今日爲卒哭祭，明旦爲祔，前日之

❶「頭」字，原脱，據《儀禮·士虞禮》疏補。

夕，爲祔祭之期，變麻服葛，是因祔期即變之，使賓知變節故也。

張氏爾岐曰：「是日之夕，主人因告賓祔期則服葛帶也。」

入徹，主人不與。【注】入徹者，兄弟大功以下。言主人不與，則知丈夫、婦人在其中。婦人説首絰，不説帶。【注】不説帶，齊斬婦人帶不説也。婦人少變而重帶。帶，下體之上也。大功小功者葛帶，時亦不説者，未可以輕文變于主婦之質。至祔，葛帶以即位。《檀弓》曰：「婦人不葛帶。」【疏】大功以下，夕時未變麻服葛者，以其與主婦同在廟門外，主婦不變，大功以下亦不變。夕後入室可以變，故至祔旦，以葛帶即位也。

張氏爾岐曰：「《檀弓》所言，亦謂婦人服齊斬者。大功以下，是日雖不説麻，明日祔祭，則葛帶以即位矣。」

蕙田案：以上記卒哭餞尸之禮。

無尸則不餞，猶出几席，設如初。拾踊三，【注】以餞尸者，本爲送神也。丈夫婦人亦從几席而出。【疏】雖無尸，送神不異，故云如初。哭止。告事畢。賓出。

蕙田案：以上記無尸不餞之禮。

死三日而殯，三月而葬，遂卒哭。【注】謂士也。《雜記》曰：「大夫三月而葬，五月而卒哭。諸侯五月而葬，七月而卒哭。」此《記》更從死起，異人之間，其義或殊。【疏】士三日殯，三月葬，皆通死日死月數，是以士之卒哭在三月内。大夫以上，殯葬除死日死月數，大夫三月葬，除死月，則通四月，又有五虞，則卒哭在五月。諸侯以上可知。注「異人」，謂記者不一人，故言有更端。將旦而祔，則薦。【注】薦，謂卒哭之祭。

張氏爾岐曰：「旦，謂明旦之旦。」

卒辭曰：「哀子某，來日某，隮祔爾于爾皇祖某甫，尚饗。」【注】卒辭，卒哭之祝辭。隮，升也。尚，庶幾也。不稱饌，明主爲告祔也。【疏】迎尸之前，祝釋孝子辭云爾。女子，曰：「皇祖妣某氏。」【注】女孫祔于祖母。【疏】此女子，謂女未嫁而死，或出而歸，或未廟見而死，歸葬女氏之家。既葬，祔于祖母也。婦，曰：「孫婦于皇祖姑某氏。」【注】不言爾，曰孫婦，差疏也。其他辭一也。【注】來日某，隮祔，尚饗。饗辭曰：「哀子某，圭爲而哀薦之，饗。」【注】饗辭，勸强尸之辭也。圭，絜也。《詩》曰：「吉圭爲饎。」凡吉祭饗尸，曰孝子。【疏】祔及練祥，吉祭，其辭亦用此，但改「哀」爲「孝」耳。

蕙田案：以上記卒哭告祔之辭及饗辭。

明日以其班祔。【注】卒哭之明日也。班，次也。《喪服小記》曰：「祔必以其昭穆，亡則中一以上。」凡祔已，復于寢。如既祫，主反其廟，練而後遷廟。【疏】祔祭與練祭，祭在廟。祭訖，主反于寢。其大祥與禫祭，其主自然在寢祭之。案下文禫月，逢四時吉祭之月，即得在廟祭，但未配而已。沐浴，櫛，搔翦。【注】彌自飾也。用專膚爲折俎，取諸脰膉。【注】專猶厚也。折俎，謂主婦以下俎也。體盡人多，折骨以爲之。今以脰膉，貶于純吉。今文字爲「折俎」，而說以爲「肵俎」，亦甚誣矣。

張氏爾岐曰：「吉祭折俎用體骨，此用膚，爲不同。」

其他如饋食。【注】如特牲饋食之事。或云以左胖虞，右胖祔。今此如饋食，則尸俎、肵俎皆有肩臂，豈復用虞臂乎？其不然明矣。【疏】虞不致爵，夫婦無俎。此上文有俎，則夫婦致爵矣。以祔時變麻服葛，其辭稱孝，夫婦致爵，與特牲同。注「或云」以下，鄭君以經文破當時左胖虞、右胖祔之説也。

敖氏繼公曰：「其他，謂陳設之位與事神、事尸之儀及執事者也。」

用嗣尸。【注】虞、祔尚質，未暇筮尸。【疏】用嗣尸者，從虞以至祔祭，惟用一尸而已。

【《欽定義疏》】自虞至祔，惟用一尸，不易尸者，固以喪中不暇筮尸，亦以數日之間，欲令神之憑依有定，不可倏彼而倏此也。或曰：孫于祖爲嗣，「用嗣尸」者，即以虞尸爲皇祖之尸，而新祔之孫不另設尸也。

曰：「孝子某，孝顯相，夙興夜處，小心畏忌不惰，其身不寧。【注】稱孝者，吉祭。用尹祭、【注】尹祭，脯也。大夫士祭，無云脯者。今不言牲號而云尹祭，亦記者誤矣。嘉薦、普淖、普薦、溲酒。【注】普薦，鉶羹。不稱牲，記其異者。適爾皇祖某甫，以隮祔爾孫某甫。尚饗！」【注】欲其祔合，兩告之。《曾子問》曰：「天子崩，國君薨，則祝取羣廟之主而藏諸祖廟，禮也。卒哭成事，而後主各反其廟。」然則士之皇祖于卒哭亦反其廟。無主，則反廟之禮未聞，以其幣告之乎？

張氏爾岐曰：「上句告死者，下句謂皇祖。」

蕙田案：以上記祔祭之禮。

期而小祥，【注】小祥，祭名。祥，吉也。《檀弓》曰：「歸祥肉。」曰：「薦此常事。」【注】祝辭之異者。言常者，期而祭，禮也。

張氏爾岐曰：「此謂練祭。」

又期而大祥，曰：「薦此祥事。」【注】又，復也。

【疏】謂二十五月大祥祭。

敖氏繼公曰：「凶事至是盡除，故曰大祥。而其辭曰『祥事』。言大者，對小之稱。」

中月而禫。【注】中猶間也。禫，祭名也，與大祥間一月。自喪至中，❶凡二十七月。禫之言澹，澹然平安意也。是月也，吉祭，猶未配。【注】是月，是禫月也。當四時之祭月則祭，猶未以某妃配某氏，哀未忘也。《少牢饋食禮》：「祝祝曰：孝孫某，敢用柔毛、剛鬣、嘉薦、普淖，用薦歲事于皇祖伯某，以某妃配某氏。尚饗！」

【疏】謂是禫月，得禫祭，仍在寢。此月當四時吉祭之月，則于廟行四時之祭，于羣廟而猶未得以某妃配。

敖氏繼公曰：「禫之月，即安祭，所以安神，至是方云吉祭。則于祔云『其他如饋食』者，亦大約言之耳。『猶未配』，孝子之母，雖先其父而卒者，此時猶未以之配祭也。蓋此祭主于安其父之神靈，故不及其母。」

盛氏世佐曰：「別云『是月』，則禫祭與吉祭同月而異日明矣。吉祭，謂以吉禮祀今亡者于廟也。前此者，虞不致爵，小祥不旅酬，大祥無無算爵，皆未吉也。至此，純以吉禮行之，故曰『吉祭』。一月而

❶「中」，阮刻《儀禮注疏》作「此」。

兩祭者，禫尚在寢，吉祭則以其新遷于廟而爲是祭，以妥其神也。配，謂以其妃之先卒者合食也。婦人無廟，其妃之先卒者鄉祔于皇祖姑，今其夫遷廟之後，乃合食焉，是則所謂配也。未配則祭考而已，不及妣也。未配之義有二：一則以其在二十七月之内，未忍純以鬼神之道事之；一則喪三年不祭，是時羣廟之祭猶未舉，固不得而獨私其母也。蓋此祭爲新遷廟者，不爲舊在廟者。至于羣廟之祭，則必待三年喪畢，二十八月而後行之也。疏以此祭爲祭羣廟，非。」

蕙田案：以上記大祥、小祥、禫祭、吉祭。

右《儀禮·士虞禮》。

【附方氏苞《儀禮喪服或問》】

《喪服》不及高祖何也？與曾祖同也。何以知其同？無可殺也。何以知其非無服也？未有旁服以是屬而反遺於正體者也。服之有差，所以責其誠。以義則高曾等重，而恩亦未見其有差也。後世易曾祖爲五月，高祖三月，而例以小功、緦麻之月數，未達於先王「稱情以立文」之義也。

父在爲母齊衰期何也？所以達父之情而便其事也。期之外，父居復寢，樂作矣，而子纍然哭泣於其旁，是使父不自克也。若父之喪，則母與子同戚憂，故不慮其相感動也。古者大夫有出疆之政，則祭必攝。期之外，祭當攝而廢焉，是使父不得伸敬於祖父也。然則父殁爲母三年，何以不慮祭之廢？子以哀而不得伸敬於祖父，情也。以子之哀而使父不得伸敬於祖父，是傷父之志也。然則後世加以三年，易以斬衰而衆安焉，何也？古之爲喪也責其實，後世之爲喪也侈其文。古者服有厭降，而居處、飲食一如其常，期是文雖屈而不害其實之伸也。若實之亡，而徒以三年爲隆，是相率而爲僞也。父母何别焉，又況斬齊苴削象於外以爲文者乎？

父殁爲母齊衰三年何也？不貳斬者，原母之情而不敢並於父也。加以再期，原子之情而著其本，不異於父也。杖之削也，絰之右本也，取諸天地陰陽以爲象焉耳，非謂恩義之有重輕也。《記》曰：「三年之喪如斬，期之喪如剡。」不曰「斬衰之喪如斬，齊衰之喪如剡」也。然則父在爲母期，所以達父之情而非子之情有所殺，便父之事而於子之事無所變也決矣。

慈母如母何也？婦人同室，志常不相得，能使視他人之子如己子乎？因其無子、無母者而命之，然後身以有所託而安，情以無所分而篤，又申之以母服，蓋重其義以生恩也，又緣其恩以起義也。

婦爲舅姑齊衰期何也？稱情以立文，其情適至是而止也。婦之痛其舅姑，信及子之半，可以稱婦順矣。其義之重，比於孫之喪其祖，不可謂非隆矣。虞杖不入於室，祔杖不升於堂，謂可以舍杖而仍焉，是作僞於其親也。婦爲舅姑，後世易以斬衰三年，將責以誠乎？抑任其僞乎？此以知禮非聖人不能作也。

妾爲君之黨服，得與女君同。妾爲女君、君之長子三年何也？婦人之性，惟猜妒爲難化也。故以禮明彰其義，而潛移易焉。一人有子，三人緌帶，所以同其喜。服爲女君、君之長子三年，所以同其憂。

如此，則女教明，家和理，而下型於兄弟矣。婦爲舅姑期，其情適至是而止。妾爲女君、君之長子三年，將責以誠乎？責以誠也。舅姑以考終，常也。長子死，家之大變也。先祖之正體摧，君及女君痛如斬，而不與同其憂，非事人之道也。其曰「女君、君之長子」何也？無適，雖庶長不敢殺也。

繼母嫁，從，爲之服期何也？此以權制，使背死而棄孤者無所逃其罪也。夫無大功之親相養，以生守死，義也，而孤則無與立矣。嫁而以從，於死者猶有説焉。故母子之恩，不可絶也。古者同財相養，何以不及小功之兄弟？聖人不以衆人之所難者望人，蓋專其責於所親也。因母嫁而從者，無文何也？其服同也。何以知其同？無可加也。

繼父同居者，服期何也？所以存孤而使人不獨子其子也。鳦之喪其故雄者，常護其子而卒莫能容，非其族也。能卵而翼之，有父道焉。故正其名，重報，以教民厚也。不同居而齊衰三月者，猶仍其父之名，亦此義焉爾。古者大宗收族，而禮文復具此何也？人事或有所窮也。如單微、轉徙之類。

爲妻齊衰期何也？古之爲夫婦者，嚴於始而厚於終，故三月而後反馬，微不當於舅姑，而遂出焉。其能成婦順，則父母得其養，兄弟、姑、姊妹得其親，三黨得其和，子姓得其式。夫苟亡，常以死責之，其擔負至死而後弛。故於其喪服以期而非過也。然則一同於母乎？妻則期之外，寢可復，樂可作矣。母則居處、飲食猶三年也。漢戴德《喪服變除》：「天子諸侯庶昆弟、大夫庶子爲其母，哭泣、飲食、居處、思慕猶三年也。」何以知其然也？諸侯絶期，而公族有死罪，素服居外，不舉不聽樂，如其倫之喪，況所生之痛如斬者乎？大夫之適子何以不降其妻也？舅姑爲之大功，則去期近矣，祭之宜攝而廢也僅矣。出妻之子爲母，與父在爲母同何也？父之匹敵，身之所自出也，雖去父之室，服不可降於期，然自是而終矣。其無别于父之存殁何也？爲父後者無服，則祭可攝矣。義既絶於父，雖達子之哀，而不慮其相感動也。其爲外祖父母無服何也？從服也，母出則無所從矣，轉而服繼母之黨矣。别《記》曰：「妾從女君而出，則不爲女君之子服。」用此見婦而不婦，不惟自絶於舅姑，且絶其子於已之父母；不惟自遠其子，且絶其子於娣姪。雖終於父母之室，而終身怍焉。所以重懲婦行之放佚，而使不敢犯也。

爲尸也。大夫之庶子、公之昆弟，何以降也？爲尸也。卿大夫將爲尸于公，未受宿，有齊衰内喪則廢，是以降而大功也。古者尸必以孫，無親者，然後以其屬。傳曰「公子厭于先君之餘尊」，信乎？非也。公妾、大夫之妾爲其子與父母，皆不降，則服之降，非以尊厭審矣。妾得伸，以不與於祭焉爾。大夫之庶子爲適昆弟，不降父之所不降，則祭與尸皆無事焉爾。父在爲母期，而世母、叔母亦期；母爲衆子期，而夫之昆弟之子亦期，何也？恩之所難屬也，故重其義以維之。幼失父母，舍是無依也；嫠而獨，舍是無歸也。故非其母也而母之，所以責母之義也；非其子也而子之，所以責子之義也。《記》

曰：「叔母、世母疏衰，踊不絶地。」又曰：「叔母、世母、故主、宗子，食肉飲酒。」故知責以義爲多。

古之詳於殤服何也？先王之制喪禮，一以哀死，一以衛生也。悲哀志懣氣盛，故袒而踊之，所以動體安心下氣也。水漿糜粥，量而後納，恐其有所滯壅也。哭泣奠告，所以致其思慕也。蓋必備其禮，達其情，而後哀可節焉。人之愛其子也，於所親爲甚，服可除，其情不可抑而絶也。故子婦之愚惷者，乃過時哭泣，以傷長老。其敬順者，或攝隘以傷其生。用此知古之道，所以達人情之實而不可易也。

適孫爲祖父母三年，而報以期，何也？三年者，代其父也。原父之心，致痛於尊者之惸獨無終極也，故累而相承，雖高曾無殺焉。適子之服，既三年矣，原子之心，見父母之致哀於卑者，惟恐其或過也。故適孫以期斷。此先王所以達人情、權禮義而不可損益也。曰「適孫」而不曰「祖爲適孫」，故知祖母同。

夫承高曾之重，則妻何服？凡祭，必夫婦親之。父卒，爲祖父後者斬，則妻從服如舅姑可知也。高曾視此矣。然則母在宜何服？原祖之情，不忍以孫之亡而遠其婦；緣婦之義，不敢以夫之亡而遠其祖，則服如舅姑可也。然則婦姑同服可乎？義之重均，則高曾之服同齊衰三月；恩之輕均，則從祖父母、諸父昆弟同小功，安在婦姑不可以同服也？

爲人後者，爲所後者之祖、父、母、妻，妻之父母、昆弟，昆弟之子，若子。父舉正統，而母黨則詳焉，何也？正統有重服，嫌或同於庶子；母黨有徒從，嫌或同於前母之子，故著之也。母之黨然，則父之黨無降殺可知矣。

爲人後者，爲其父母、昆弟、姊妹適人者之外服不見經，何也？以親兄弟之子而相後，則三者之外服皆同也。以是知古之立後，親者盡然後取於疏，所以則天經而定民志也。

庶子之子爲父之母服不見經，何也？大夫之庶子，父在爲母大功，父殁遂，則其子從服而每降焉可知也，不嫌於以之配祖而卑其祖，與庶子父殁爲母三年，不嫌於以之配父而卑其父也。先王制禮，恩與義並行而不相悖。别《記》曰：「有從輕而重，公子之妻爲其皇姑。」則君夫人在，既以正其姑之名，而服以婦之服矣。庶子得服母之黨，庶子之子乃不得從父而服父之母乎！然則妾母不世祭《穀梁傳》：「於子祭，於孫止。」何也？彼據適子而言之也。庶子不祭禰，故緣父之恩與兄弟之義，而使其母得祔食焉。易世以後，則庶子之子，自立禰廟，以饗其親，而上及於祖妣矣。是以於適孫則止也。周祀姜嫄，蓋斯禮之下達舊矣。

女子適人而無主者，不爲父母斬何也？父母之於女，服可加者，仁之通；女之於父母，服不可加者，義之限也。服過於期，則疑於去夫之室矣。然則姪與兄弟之期何以報也？期，其本服也。小功，皆在他邦，加一等，况適人而無主後者於其兄弟乎！故加期以報，而無所嫌焉耳。

適孫婦服不見經何也？文脱也。庶孫婦緦，則小功可知矣。或曰「適婦在，則孫婦不得爲適」，非禮意也。凡祭，必夫婦親之。孫爲祖後，其婦從焉。適婦嫠，

失之矣。

不得主祭,準以「有適子無適孫」之義,則諸侯之大夫以時接見乎天子,則爲天子服。世子誓於天子而不爲天子服,何也?古者繼世以象賢,故君薨,子承嗣,三年之喪畢,類見於天子,天子錫之命,而後其位定。未類見,視天子之元士,以君其國。今父在,承嗣與定位不可知,故其服不可得而制也。古者諸侯覲於天子,既事,肉袒請刑。世子不爲天子服,皆所以使自戒懼,而不忘其事守也。然則無變乎喪之通禮,「父有服宫中,子不與於樂」,則既爲之變矣。

國君絶期,而爲適子之長殤、中殤大功何也?痛先祖正體之摧也,用此見父爲長子三年,通乎上下。

小功之親,皆在他邦,加一等,不及知父母,與兄弟居,加一等,何也?以事之變而生其恩,故不得服其常服也。别《記》曰:「生不及從祖父母、諸父、昆弟,而父税喪,己則否。」《記》文脱「從」,辨見《戴記或問》。情之所不屬,不可作而致,故并其服而去之,所以責服其服者之誠也。

婦人爲子婦小功,而夫之昆弟之子婦大功,何也?報服也。姑之於婦,不可以言報。夫之昆弟之子婦,服不見經何也?以婦服夫之世母、叔母,知其報也。何以知其報也?大夫之子,於不降期,唯子不報也。

世父、叔父期,則從祖宜大功而服小功,何也?大功之親,皆屬乎祖與父者也。從祖則屬於曾祖者也。其恩不可强而同。且服止於五,而窮於緦。若從祖大功,則三從之緦,施於六世矣。《朱子語類》

所載乃門人之問，非朱子之答也。

母之姊妹之服乃隆於母之兄弟，何也？女子在父之室，於姊妹爲尤暱，故親其姊妹之子，常過於舅之親其甥，故稱其情而爲之服也。

【《戴記喪禮或問》】

「在堊室之中，非時見乎母，不入門」，何也？喪禮莫嚴於御内。既葬，君食之，則食之；大夫，父之友食之，則食之。不避粱肉。祥禫而後，未吉祭，不得復寢。蓋食粱肉而凄然念所親者有之矣，御内而不忘哀，未之有也。禮以防德，非徒外之文。既練，居堊室，悲憂則既殺矣，使以見母，而時接其内人，哀敬之心移焉。雖强居於外，猶之乎作僞於其親也。故見其母有時，其入也有時，其出也有時，而母以外不得見，所以示人心之危，而俾自循省也。

「期，終喪不御於内者，父在爲母、爲妻」。先王制禮，非重妻而輕諸父、兄弟也。世父母、叔父母、兄弟、姑、姊妹、子姓、兄弟之子，一斷以終喪不御於内。設本大枝繁而死喪相繼，則人道爲之曠絶矣。故近其期，所以使中人易守也。寡伯叔父兄弟者，必終喪不御於内。妻一而已，媵姪具於初婚，内事以次攝，非宗子，娶不必再，故其義可得而伸也。何以言母妻而不言祖父母？母與妻，疑爲父在而屈者也。祖父母之伸，則不以父在爲疑者也。

「婦人喪父母，既練而歸；期、九月者，既葬而歸」，何也？爲人夫者，無爲哀其妻之親屬至於久而不怠也，使歸而入室焉，則喪之道息矣。用此見古者士大夫必具姪娣，以攝内事，奉舅姑，然後婦人得成禮於所親。「禮不下庶人」，此類是也。

妻妾之喪食異於子姓何也？子姓之哀，惟恐其不及也。妻妾則或慮其過，一以自嫌，一爲其夫嫌也。古者閨門有禮，故妻有娠，居側室，夫不自見，而使人日一問之。妻不自言，而使姆對。及其終也，男子不絶於婦人之手，婦人不絶於男子之手。所以彰羞惡之原，以立人之道也。公父文伯死，其母戒其妾曰：「二三婦之辱共先祀者，請無瘠色，無憂容，從禮而靜，是昭吾子也。」「穆伯之喪，敬姜晝哭而帷殯」，❶達此義也夫！

「爲父母喪：未練而出，則三年；既練而出，則已；未練而反，則期；既練而反，則遂之」。既練而出，服之既除者，不可以再始也。然反父母之室，而吉服以臨祭奠，間兄弟之衰麻，可乎？既練而反，服之未除者，不可以無終也。然反夫之室，而箭笄髽衰以侍舅姑，而疑於爲其夫，可乎？婦人持私親之服，不歸夫家，本義爲不宜入室，然亦恐疑於夫家之服，舅姑意或惡之。古者婦爲舅姑，期之外服青縑，以俟夫之終喪。出與反者，皆從是以終喪，而居處飲食，則自致焉可也。

「爲君母後者，君母卒，則不爲君母之黨服」，何也？從服也。君母卒，則無所從矣。父再娶，從後母而服其黨。父殁，自服其母之黨。父未殁，不再娶，則其不服君母之黨，何也？不可以徒從而紊於屬從也。用此知古者妾有子，則女君免於出。先王制禮，以立人道之防，始婚具媵姪，少者以次需，所以禁男子之色過也。妾有子，女君免於出，所以化婦人之嫉

❶「晝」，原作「畫」，據庫本改。

心也。

「從服者，所從亡則已。屬從者，所從雖歿也服」。徒從者四，惟妾爲女君之黨一同於屬從，何也？婦人之妒者，恒視其妾如讐仇。而先王制禮，乃一同於天屬，使幼而見焉，長而思焉。其哀吾子也，不異於所生；妾爲女君之子與女君同。其哀吾父母也，不異於所生；其哀吾親戚也，不異於同生。而義之重，恩之深，至於雖歿，而無變焉。非甚無良，必且潛移其忍心，而大怵於公義矣。此禮之所以起教於微眇，而絶惡於未萌也。

「公子爲其母，練冠，麻，麻衣縓緣」，而其妻期，何也？子於所生，服雖厭降，中情不可得而奪也。婦服其姑而異於嫡，將有慢心焉，故斷以期，而正之曰皇姑。《服問》：❶「有從輕而重，公子之妻爲其皇姑。」所以示妾母之尊有獨伸而致其嚴也。

「父卒，然後爲祖父後者服斬」。父没，未成服，而祖又歿，如之何？服以斬。成服以卒之先後，其他如父母之喪偕。父在，祖歿，未成服而父又歿，如之何？服以斬。其成服不以歿之先後，是何也？父卒然後爲祖後，父之服未成，則於祖無承也。祖歿於父後，而曾祖尚存，如之何？子爲父斬，不以祖之存歿異也。則承父之重，而爲祖斬，不以曾祖之存歿異可知矣。父祖歿，母在，而祖母歿，如之何？父卒，爲祖斬，不以母之存歿異也。則祖卒，而爲祖母三年，不以母之存没異可知矣。繼祖母如因高曾，視祖妻。從夫，適孫之母同婦。其他皆以是類焉

❶「服問」，原作「間傳」，下引文實出《禮記·服問》，據改。

可也。

「祖父卒，而后爲祖母後者三年」。祖母殁，未終喪，而祖父殁，如之何？禮，如父母之喪偕。然則衰可更制乎？女爲父母，未練而出則三年，胡爲不可以更制也！

「既葬，若君食之，則食之。大夫、父之友食之，則食之矣。不避粱肉。若有酒醴，則辭」。父母、大父母、諸父至尊親而不得食之，何也？君、大夫、父之友之食，不常也。有服，人召之食，不往。大功以下，既葬，適人，非其黨不食。斬衰之喪，非有大事，不之君所。大夫、父之友可知。家人而姑息之愛行焉，則喪紀爲之廢矣。

「喪，三年不祭」，何也？謂主孤不親即事也。故曰「惟祭天地社稷爲越紼而行事」。蓋宗廟之祭，則宰宗人攝之。《商書》：「伊尹祀于先王。」《周官・量人職》：「凡宰祭，與鬱人受斝歷。」《宗伯職》：「王不與祭，則攝位。」《曾子問》：「天子崩，諸侯薨，祝取羣廟之主藏之祖廟。卒哭成事，而後主各反其廟。」未卒哭，藏羣廟之主，爲不祭也。主既反廟，則時祭不可廢矣。既殯，五祀行于宮中，況五廟、七廟之祭而可廢至三年之久乎？五祀則祝史薦之，詳見《曾子問》。山川百祀則有司舉之，主孤不親涖焉爾。大夫士之禮所以異者何也？尊者統遠，卑者統近。士大夫之祭，止於曾祖，亡者之祖若父也，其情戚矣。推生知死，將見羶薌，而不忍御焉，雖廢祭可也。諸侯之祭，達於太祖，豈惟家之承，國體係焉。天子之祭，極於祖之所自出，所承益遠矣。其不親即事，所以達孝子之情；而祭不廢，所以重先王、先公之統也。「天地社稷越紼而行事」，則將脱衰而以嘉服乎？天子者，天地之宗子也。以天地臨之，私親可暫屈也。諸侯之社稷，天子之命祀也，以天子臨之，私親可暫屈也。弁葛經而葬，與神交之道也，而況天地社稷之重乎？成王崩，康王冕服以受顧命、臨諸侯。其去武王之喪未遠也，必周公之所嘗行也。然則越紼而行事，終事而反喪服，胡爲其不可乎？天地社稷可越紼而行事，宗廟之祭何以必使人攝也？古者，父爲繼祖之子斬，祖爲適孫齊。統之上承彌重，則憂之下逮彌遠。故君始喪，祝取五廟、七廟之主而藏於寢廟。蓋謂雖祭而不忍歆也。既卒哭，主各反其廟，則時祭不可廢。然緣祖考之心，近者服猶未終，遠者憂猶未弭，不忍見喪容之纍纍而易其服，故使宰、宗人攝焉，所以達嗣子之哀而又以申其敬也。

「君子不奪人之親」，而有君喪服於身，雖父母之喪，不敢私服，何也？使父母生而存，固將斬齊而苴絰焉。服有變除，緣死者之心，不敢以己之服而變除君之服也；緣生者之義，不敢以君之服而同於私服之有包有特也。君之喪服除而後殷祭，亦此義焉耳。曰殷祭，包二祥也。有君喪服，而可私舉虞祔，何也？葬有定期，虞祔必連舉。且以私服計之，卒哭後，有受而無變，祥則變而即吉矣，故不敢。

「緦不祭」，何也？以同宫爲斷也。爲父後者，爲出母無服。於母之恩，尚以承祭絶之。設大夫之子爲士，士之所以異者，緦不祭。乃以四世兄弟之服而廢皇考、王考之祭，不亦舛乎！《曾子問》曰：「大夫之祭，鼎俎既陳，籩豆既設，不得成禮，廢者幾？孔子曰：天子崩、后之喪、君薨、夫人之喪、君之太廟火、日食、三年之喪、齊衰、大功，皆廢。外喪自齊衰以下，行也。」諸侯之大夫爲夫人期，爲天子七月，祭皆廢。然則外喪齊衰，爲世父母、叔父母、兄弟不同宮者可知也。以同宮爲斷，則祭之廢者寡矣。吉凶異道，不得相干，故同宮，雖臣妾，葬而後祭，况親屬乎！「大功者主人之喪，有三年者，則必爲之再祭。朋友，虞祔而已」。無三年者，何以不爲之練祥也？無後者，從祖祔食，他日之主祭者，即夫人也。大功而主喪，必同祖之適長。大功之服，不及練祥，則以時而祔食於祖可矣。民不祀非族，朋友何以得虞祔也？天子諸侯祭因國之在其地而無主後者，學者祭先聖先師，皆以義屬耳，而况兼以朋友之恩乎！亡者無族，既爲之葬，則迎精而反，不可無以安之也，魂魄無依，不可不爲之祔也。然則何以不並主其練祥也？朋友虞祔而退，衆賓皆在焉，故主其事，而不爲嫌。練祥之祭，嫠也自致其哀，而以朋友參焉，則瀆矣。然則妻可練祥而不得虞祔何也？虞有禮於賓，祔以告其祖，而以婦人專之，則瀆矣。

「姑、姊妹，其夫死，而夫黨無兄弟，使夫之族人主喪。妻之黨雖親，弗主。夫若無族矣，則前後家，東西家；無有，則里尹主之」。婦人出而不反，然後私親主其喪，匪是而主之，是儕嫠者於出婦也。朋友死，無所歸，孔子曰：「於我殯。」奉使而死於異國，從行者非無親屬，觀祭筵尸可見。而君大夫之弔，介主之。義各有所當也。前後家、東西家而曰「無有」者，求其夫之朋友而不得也。古者男女始生，必書於閭史。二十五家之長。在鄉爲閭胥，遂爲里宰。里尹即宰也。二十五家，豈能別置史？非里胥自爲之，則取於比長之知書者。朋友之道窮，然後里尹可屬焉。《周官》黨正掌五族之喪紀。無子而服加以期，恩以窮而益篤也。不敢主其喪，義以變而益嚴也。禮粗則偏，是以非聖人不能制爾。

「居君之母與妻之喪，居處、飲食衎爾」，何也？義不得致其哀也。未亡人考終，以從先君於地下，是國之福，夫人之幸也。古者禮莫嚴於男女，故嫂叔不通問，姑、姊妹、女子子已嫁而反，兄弟不與同席而坐、同器而食。小君之喪，而羣下致其哀，君子以爲傎矣。

「視君之母與君之妻，比之兄弟」，何謂也？凡小功者，謂之兄弟。孔子曰：「居君之母與妻之喪，居處、飲食衎爾。兄弟之期，其痛如刴，胡可比也？」小功比葬，食肉飲酒。此曰「發諸顔色者，亦不飲食」，國體存焉爾。

「叔嫂之無服」，何也？先王制禮，使人知自別於禽獸，故常以禽獸之道閑之。叔嫂不通問，姑、姊妹、女子子已嫁而反，兄弟不與同席而坐、同器而食，大爲之防。而亂之生，比由於此。此以知聖人憂世之深也。

諸侯有父母之喪而天子崩，則如之何？《記》曰：「君薨，未殯，臣有父母之喪，歸殯，反於君所。」親未殯，則子之情不可奪也。親既殯，則臣之義不可違也。《春秋傳》曰：「周人有喪，魯人有喪。周人弔，魯人不弔。周人曰：『固吾臣也，使人可也。』魯人曰：『吾君也，親之者也。』」未殯，雖有天子之命猶不敢，則既殯而往可知矣。

「夫人弔於大夫、士」，何也？ 君之懿親也。服可除，喪紀不可得而廢。「五廟之孫，祖廟未毁，雖爲庶人，死必赴，練祥則告」，况大夫士乎！ 然則君與夫人之弔禮何以止於大夫士？ 自庶人以下，尊卑之體懸，其力不足以周其事，親與之爲禮，則受者以爲難。故聞其喪，爲之變，正其賵賻承含，而弔弗親焉爾。

「大夫之適子爲君、夫人、大子如士服」，何義也？ 古者孤、卿、大夫、元士之適子，並入於成均，舍不帥教而屏之遠方，鮮不爲士者。故雖未仕，而掌於諸子，董以師氏，令於宫伯，國之休戚，壹與有位者同之，《諸子職》：「國有大事，帥國子而致于大子，惟所用之。若有甲兵之事，以軍法治之。會同、賓客，作以從王。」《宫伯》：「掌王宫之士庶子凡在版者。有大事，作宫衆，則令之。」而况君、夫人、大子之大故乎！ 然則士之子何以異也？ 古之服喪者，必舍於公宫。邑宰之士，猶既練而歸。孤卿大夫有室老、私有司以承家事，故其子可持服於公宫。若士之子亦如之，則室家之計，天屬族婣，疾病死喪嘉好之事，孰代承之？ 此先王制禮，所以稱物緣情而盡人之性也。非元士之適子，不入於成均。非貴游子弟，不學於虎門。皆勢有不行。然則與國民奚别焉？ 父有服宫中，子不與于樂，則與國同憂之日遠矣。

「生不及祖父母、諸父、昆弟，而父税喪，己則否」，何謂也？ 文脱而傳者承其誤也。降而在緦、小功者猶税之，而况正體至親之期乎！ 從祖父母及所出之諸父昆弟，於父爲期爲大功，而已皆小功也。

「小功不稅」，謂此焉爾。師之服不見於禮經，何也？　古者，自閭以達於國，皆有師，以課術業，稽勤惰。曰師、曰弟子者，乃有司之事守爾。其時有久近，業有大小，教有精粗，誼有疎密，故其服不可得而制。雖曰「人生在三，事之如一」，然道之足以稱此者鮮矣。「孔子之喪，門人疑所服」，蓋前此未之聞也。《記》曰：「服勤至死，心喪三年。」蓋以孔氏之門人，若喪父而無服耳。《周官·調人之職》曰：「師長之讎視兄弟。」或嚴如父，或儕於長而比之兄弟，以義爲衡，可以自擇矣。「大夫士既葬，公政入于家」，而庶人三年不從政，何也？　非獨遂其哀心，亦寬其財力，俾得自營，以更喪之所費耳。「禫而從御，吉祭而復寢」，何謂也？　喪祭言寢者三：「既練舍外寢」，謂堊室也。「又期而大祥，居復寢」，平日之外寢，齊與小喪之所次也。惟「吉祭而復寢」，乃燕私之寢耳。大祥復外寢，則婦人可從而與執事焉。廬、堊室之中，不與人坐矣。而未吉祭，不忍復其燕私之居。「孟獻子禫，比御而不入」，未吉祭故也。寢則未復，而使婦人與執事何也？　哀心必以久而平，常道必以漸而復。先王知孝子之情，不可使脫衰而御内。而邪惡之民，欲動情勝，而不能自止也。故權其節會，制以文理，而使自循省焉。「始食肉者，先食乾肉；始飲酒者，先飲醴酒」，亦此義焉爾。鄭氏謂：「從御，御婦人。」杜預謂：「從政而御職事。」皆非也。大祥居外寢，齊喪所次，無御婦人之道。既卒哭，諸侯服王事，大夫服國事，既練，諸侯謀國政，大夫謀家事，豈待既禫始從政御職事哉！「婦人不居廬，不寢苫」，何義也？　深宮固門以自藏，復幬重衾以自蔽，雖至痛而不廬不苫，所以示守身之嚴而不可苟也。然必有次焉，班序羣居，而不敢適私室。《大記》曰：「夫人、世婦在其次則杖，即位則使人執之。」《曾子問》曰：「壻親迎，女在塗，而有齊衰、大功之喪，則如之何？ 孔子曰：男不入，改服於外次；女入，改服於內次。」男女各有次，限之以內外，偕作並息，雖有不肖者，無由接於淫，非此禮之所以閉其塗而禁於未發也！其不及小功以下，何也？ 恩則輕，服則衆，盡爲之變，則勢有所不行矣。

哀至則哭，志懣則踊者，人之情也。 哭踊有節，則將抑而止焉，將作而致焉，若是乎禮之不即人心也？《荀子》曰：「將由夫愚陋邪淫之人與？ 則彼朝死而夕忘之。 然而縱之，則是曾鳥獸之不若也，彼安能相與羣居而無亂乎？ 將由夫修飾之君子與？ 則三年之喪，二十五月而畢，若駟之過隙。 然而遂之，則是無窮也。」用此推之，哭踊必有節，然後痛甚者依於禮而不敢遂，不肖者勉要其節而中情。 不應其心，必有動焉，所以振其昏蒙而納之於人道也。「禮有微情者，有以故興物者」，於此焉具之矣。 愴怳惚愾，其節不能以自辨，故商祝後主人而相焉。

廬不於殯宮，何也？ 近則習，習則哀心不可繼而微。 常則安，安則敬心不可攝而散。 且親方存，子之起居飲食必異所，懼其褻也，況在殯乎！ 故無事不辟廟門，朝夕褰帷而哭，所以致哀而遂敬也。 廬於中門之外，哭無時，所以便事而達情也。

始喪，自君至於士，哭以人代，無停聲，何

義也？所以使衆著於親上死長之義而不敢恝也，所以使主人哀情時觸而不敢忘也。「禮有以故興物者」，此其凡也。期、九月之喪，皆三月不御於内，大功之正服，何以上比於期也？此《禮》之所謂「推而進」也。從父兄弟，視同生有間矣，而吾父視之猶子也，泝之大父母，則與吾一身也。故緣祖若父之心，而不忍遂離異焉。兄弟之子婦，踈矣，而子猶吾子也。故因服之有報，而喪之如適婦。重其義以明恩，所以厚人倫而正家則也。居喪之禮，小功、緦麻無别焉，何也？服不容無差，而哀不能更有差也。其復寢之制無聞，何也？以期、大功之三月推之，則終月而復焉，爲已促矣。義之輕，莫若姑、姊妹之子，然吾姑、姊妹方心絶而志摧，苟有人心者，能宴然即安於私寢乎！恩之淺，莫若妻之父母，然人喪其親，我不能旬月爲之變而狎於婢妾，古者婦人喪父母，既練而歸。尚望其誠孝於吾親而安其屬乎！是謂察於人倫，事淺而義博矣。

「齊衰期者，大功布衰九月者，皆三月不御於内」，女入門，遭喪而未婚者，何以必俟喪之除也？《曾子問》曰：「『壻親迎，女未至而有齊衰、大功之喪，則如之何？』孔子曰：『男不入，改服于外次。女入，改服于内次。然後即位而哭。』曾子問曰：『除喪不復婚禮乎？』孔子曰：『祭，過時不祭，禮也。又何反於初？』」御内之期，斷以三月，所以該事之變，而計其所窮也。始婚則一而不再，吉凶異道，不得相干。小功，既卒哭，可以冠、娶妻，而下殤之小功不可，則每上者可知矣。「除喪不復婚禮」，何也？舅姑則既見矣，盥饋則既親矣，奠祭既與，廟見之期既踰，是以過時而不可復也。

親喪外除，中月而禫，則其曰「三年之喪，二十五月而畢」，何也？「祥而縞，是月禫，徙月樂」。祥以二十五月之始，禫以是月之終，是謂「中月而禫」，是謂「二十五月而畢」爾。

「凡爲位，非親喪，齊衰以下皆哭盡哀，而東免絰即位，袒成踊。襲，拜賓，反位，成踊。送賓反位，相者告就次。三日五哭卒，主人出送賓。衆主人兄弟皆出門，哭止。相者告事畢。成服拜賓。若所爲位家遠，則成服而後往」。此聞諸父兄弟死於異國之禮也。「主人」者，或以親，或以長，而應主其人之喪者也。「告就次」者，聞喪不入内，雖一夕，必有次也。「若所爲位家遠，則成服而後往」，近則不忍待也。首言「非親喪」者，若親喪在外，則無遠近，聞而奔，不暇爲位以哭也。舊説：此以私事出，未奔者。果爾，則在他國，不應有衆主人兄弟，故復還就其説，謂既奔喪至家，則喪家之主人爲之拜賓送賓，衆主人亦謂在喪家者。文義情事俱不可通。

《記》曰：「相趨也，出宮而退。相揖也，哀次而退。相問也，既封而退。相見也，反哭而退。朋友，虞祔而退。」又曰「知死而不知生，傷而不弔」，何也？一以語其常，一以語其變也。或相知於異國，或同事於異時，其子未之，或知而往弔，則嫌於以父之行自居，而使主人心愕焉，故傷之而遂已焉爾。

「所識，其兄弟不同居者皆弔」，何謂也？死者所識之兄弟也。弔者，弔其所識也。伯高死於衛，孔子使子貢爲之主，而曰：「爲爾哭也來者，拜之。」朋友得爲主而受弔，則兄弟可知矣。弔，所以哀生也。「知死而不知生，傷而不弔」。子且不弔，況其兄弟不同居者乎！「大夫哭諸侯，不敢拜賓」，何謂也？君薨於異國，子出迎，諸臣在國者，朝夕哭臨於朝，國賓有入唁者，則哭以答之，而不敢拜也。《曾子問》：「君出疆而薨，其入也，子皆從柩。」故知聞訃必出迎也。知在國卿大夫哭臨者，君雖未知喪，臣先服，則哭臨不待子之歸明。

《聘禮》：使者在他國，君薨，赴未至，則哭於巷，衰於館。赴者至，則衰而出。諸臣在他國無受弔之禮，而曰「不敢拜賓」者，主國君臣及他國同時而爲聘，使者必相唁也。

「與諸侯爲兄弟，爲位而哭」，不曰「不敢拜賓」，何也？在禮，非爲後者，不敢拜賓。子姓且然，況兄弟乎！諸臣在他國，及君之喪未至，子未反，而賓臨焉，疑可以拜，故著之也。

「天子、諸侯之喪，斬衰者奠」，皆異姓也，同姓不與焉，衆主人是也。「大夫，齊衰者奠」，其臣斬衰者不足，然後取焉。下文「天子諸侯之喪奠，不斬衰者不與；大夫，齊衰者與」，故知其臣斬衰者不足然後取焉。「士則朋友奠，不足，取於兄弟大功以下者」，不使親者執事，以間其哀，上下所同也。士取於疏者而大夫則取於親者，何也？執事者皆斬衰，而以輕服間焉，不稱也。取於兄弟大功以下者，明父之行不與也。

「絶族無移服」，故出妻之子於外祖父母無服，況異父之兄弟乎？公叔木、狄儀之問，游、夏二子之答，記者之失其傳爾。

「樂正子春之母死，五日不食」，而自悔其不情，何也？不及乎禮，不可不自强也；過禮而强之，則本心爲之變易矣。「曾子執親之喪，水漿不入於口者七日」，而不聞有悔者，順其自然，而無容心焉耳。

「有殯，聞遠兄弟之喪，雖緦必往；非兄弟，雖鄰不往」。「子張死，曾子有母之喪，齊衰而往哭之」，何也？孔子之喪，門人祥禫而後歸。德之成，義足以並所生；道之合，可以當同氣。故曰「禮雖先王未之有，可以義起也」。

古者過期而不葬，則主喪者服不除，故葬必服其初服也。後世葬無期，釋服而從吉久矣，而葬乃返其初服，非即遠而輕之義也。《周官》之法，「不樹者無槨，不績者不衰」，所以使内痛於心而外怍於人也。免喪而後葬者，著之令，無改於常服。有故焉，使得從改葬之服可也。

重喪未除而遭輕喪，其服之有兼也，兼其輕者，不兼其重者。蓋輕者可包，而重者不可二也。「斬衰之喪，既虞、卒哭，遭齊衰之喪，輕者包，重者特」。易其輕者，不易其重者。可易者，以其痛之新；不易者，以其義之重也。如前喪既虞、卒哭，受麻以葛，以後喪之麻帶易前喪之葛帶，而首仍前喪之葛絰。麻有可以變葛者，其恩本重也。大功以上之麻。有不可以變葛者，其恩本輕也。小功以下之麻。麻以易葛而麻，終仍反前喪之葛，期、大功卒哭以後，則絰期、大功之絰，仍反練之故葛帶。皆所以衡時義而達人情之實也。

「卒哭曰成事。是日也，以吉祭易喪祭」，何謂也？三虞、卒哭，祝辭曰：「哀薦成事。」明日而祔。虞之後，不聞更有卒哭之祭也。以吉祭易喪祭，謂以末虞之吉祭易初虞、再虞之喪祭爾。鄭氏據《雜記》「上大夫虞以少牢，卒哭成事、祔皆太牢」，謂三虞後更有卒哭之祭，非也。禮於虞祔多連舉，以卒哭爲虞之一，舉虞可包卒哭也。間有虞、卒哭並舉者，亦不害末虞爲卒哭也。即以《雜記》之文言之，安見非以末虞爲卒哭，而易牲以祭，如士遣奠之以少牢哉！

「如三年之喪，則既潁，其練祥皆行」，何謂也？前後喪皆三年，然後祭可補也。餘喪有主者，則彼自及時而行練祥。即此人爲主，既潁後，亦不得追舉。知然者，上言除服，兼諸父、昆弟，而此獨舉三年之喪以別之也。祭與除服事聯，而義不相蒙。《小記》曰：「期而祭，禮也。期而除喪，道也。祭不爲除喪也。」故合行者，其常也，遭變則廢舉，各以義起。有君喪服，則私服不得除，而練祥可追舉，君之喪服除而後殷祭是也。詳見《曾子問》。並私服，則服皆得除，而祭惟重喪可追舉，此記是也。「祥，主人之除也。於夕爲期，朝服。祥，因其故服」，是祭之前夕已除前服，故知除服與祭，各爲一事也。注「既潁，虞後」，山陰陸氏以爲禫後，皆未安。禫則後喪大祥俱畢，然後補前喪練祭，則過緩。虞後則後喪甫三月餘，而飲福、衣朝服可乎？禮文殘缺，未知以潁代葛何據。然以義揆之，當爲練後。蓋既練則後喪大祥亦近矣，雖暫服前喪大祥之服，無害也。

「大功之末，可以冠子，可以嫁子。父小功之末，可以冠子，可以嫁子，可以娶婦。己雖小功，既卒哭，可以冠、取妻。下殤之小功，則不可」。此就父言父，就子言子也。大功、小功之服，有無輕重，父與子不可得而同。父可冠子、取婦，而子不可冠、取妻，不得冠、取也；己可冠、取妻，而父不可冠子、取婦，不得冠、取也。「以喪冠者，雖三年之喪，可也」，而小功乃以卒哭爲期，何也？用此知喪冠之禮，不及於小功也。大功以上，其情戚而爲期遠，故因喪服而冠。小功、緦麻則俟焉而用吉可知矣。人情之實也。與《曾子問》不合，此所傳，或異代之禮。

「妻視叔父母，姑、姊妹視兄弟，長、中、下殤視成人」。姑、姊妹之服輕於兄弟，殤服降于成人，而哀情則一也。世叔父母之哀情有間矣，而况妻乎！謂宜一視者，爲厚於妻子而薄於世叔父母者言之爾。

「大夫士父母之喪，既練而歸。朔日忌日，則歸哭於宗室」。君之喪，邑宰之士，既練而歸。朝廷之士與大夫同，次公館以終喪。况子之於父母，而可以適庶別乎？女子已嫁，喪父母，既練而歸。子於父母而同於女子之已嫁乎？既練，居堊室，非時見乎母，不入門，况反其私室與？

「大夫士將與祭於公，既視濯，而父母死，則猶是與祭也，次於異宮。既祭，釋服，出宫門外，❶哭而歸。其他如奔喪之禮。如未視濯，則使人告，告者反而後哭」。祭必齋，齋者，齊不齊以致其齊者也。父母死，使次於異宮而禁其哭踊，哀痛中迫，尚能齊一以交於神明乎？《周官》凡禮事，大宗伯掌之，小宗伯佐之，肆師又佐之，所以代匱而備喪疾也。况百執事，所共無常，而不可攝乎？下以拂人之情，而上以瀆神之祀，先王之典禮，必無是也。

「士大夫不得祔於諸侯，祔於諸祖父之爲士大夫者」。祔廟者，告新主之將入也。祔而各立廟於其家，則安用告？若奉主以入諸祖父之廟，是無故而祧人之祖也，

❶「宫門」，《禮記·雜記下》作「公門」。

其孫之當祔者，又將安祔乎？「公子祔於公子」。公子有宗道，以收族爾。羣公子死，其子各立廟而祭之，以爲小宗。謂宜「祔於祖之兄弟」，安也。

五禮通考卷第二百六十二

淮陰吴玉搢校字

附録

盧文弨《五禮通考序》

天地閒一皆禮之所蟠際乎！五禮之用，猶夫四時五行之成歲功也。蓋嘗大較分之，嘉近於春，賓近於夏，軍近於秋，凶近於冬，而吉實流貫乎四者之中，亦猶夫土之寄王於四時焉。天高地下，萬物散殊。人之生也，孩提知愛，少長知敬。蓋自三才立，而禮即於是乎肇端。有聖人作，爲之經緯焉。踵而成之者，未必皆合於節文之中，然亦緣情而制，因義而起。苟擇其宜而審行之，固亦聖人之所許也。吾師味經先生，因徐氏《讀禮通考》之例而徧考五禮之沿革，博取精研，凡用功三十八年而書乃成。文弨受而讀之，其書包絡天地，括囊人事，縷析物情，探制作之本旨，究變遷之得失。義未安，雖昔賢之論不輕徇；理苟當，即豪末之善亦必録。窮經者得以息紛紜之訟，處事者得以定畫一之凖。大矣哉！古今之菁英，盡萃於此矣，洵懸諸日月不刊之書也。夫昔之有事於綴緝者，《通禮》、《類禮》，今已不傳。馬氏作《考》，但志《王禮》，而士庶則略，且於古有今無、古無今有及本無沿革者，皆不之及。凶禮有五，而徐氏但志喪禮。蓋規模大則節目益繁，精力固慮有不逮也。先生之書，豈非獨冠古今者乎！顧説者謂士當求合先王之意已耳，而不必屑屑於既往之迹，此大不然。孟子當籍去禮壞之後，故不得已而爲約略記憶之辭。孔子之時，文、武未墜，則大小無所不學，杞、宋無徵，而夏、殷未嘗不能言也。上考三代，下暨百世，所因之禮，損益可知。臚而列之，究其變，而常道之不可易者益以著，以此知聖人之亦必有取於是書也明矣。文弨懵學，竊快覩是書之成，敬識數言於簡末云。（録自光緒六年九月江蘇書局重刊本《五禮通考》卷首）

盧見曾《五禮通考序》

往余讀徐東海先生《讀禮通考》，嘆其兼綜百代，折衷盡善，有功于禮教甚大，而病其未全。通籍後，同年顧君震滄，問學淵博，尤邃于經。乾隆丙辰，余爲兩淮運使，延之教子，曾爲余言少時嘗欲鈎貫六經，作《周官聯》一書，未就。余亟贊之曰：「子速成之，吾爲任剞劂之費。」會余罷去，而顧君有《春秋》之纂述，遂不果爲。迨余賜環，而顧君年已老矣，疑五禮不復得覩全書，深以爲憾。乙亥冬，今大司寇味經秦先生辱余《五禮通考》全書，增徐氏吉、軍、賓、嘉四禮，而喪禮補其未備，苞括百氏，翦裁衆説，舉二十二史之記載，悉以《周禮》、《儀禮》提其綱，上自朝廷之制作，下逮儒者之議論，靡不搜抉仄隱，州次部居，令讀者一覽易曉，至是而世之有志于禮教者，始暢然滿志而無遺憾矣。

嗚呼！儒者以著述傳世，大都未登仕版，無鞅掌之勞，得以杜門卻掃，皓首窮經，朝夕參稽，專心卒業。若先生年甫逾壯，起家禁近，洊歷卿尹，夙夜靖共，似於刪訂纂修有所未暇，乃能退食從容，裒集數百代典章文物，卓然成此大觀，爲秦、漢以來未有之書，豈不偉哉！

夫禮之聚訟久矣，荒蔑拘牽，均歸無當，良由因革損益，貴合天道人事而制其宜。故禮有宜法古者，有宜于古不宜于今者。我朝聖聖相承，一新禮制。康熙庚午年，廟堂駮禘禮無庸議，而《會典》無大饗明堂之儀，其卓識直高出百王上。先生曾佐秩宗，熟覽掌故，宜其著述昭晰詳備若此也。

書成，徵序於余，因道二十年前與顧君欲爲而未及爲者，今乃樂觀厥成，爲有厚幸焉。德州盧見曾拜撰。（録自光緒六年九月江蘇書局重刊本《五礼通考》卷首）

王鳴盛《五禮通考序》

李琰之嘗論「崔光博而不精，劉芳精而不博」，學之欲兼精博也，難哉！要以鈔輯薈萃，備下學之攷稽，博爲首重矣。朱子之學，以研究義理爲主，而於古今典章制度、象數名物，亦靡不博考之。其綱條之所包絡者多，故援據間有未精，而日力不暇給，則書之未成而有待于補續者亦多。《儀禮經傳通解》以經爲經，以記爲緯，續之者益以《喪》、《祭》二禮，規模粲然矣。然熊勿軒序稱：「文公初志，欲取《通典》及諸史志、《會要》，與《開元》、《開寶》、《政和禮》，斟酌損益，以爲百王不易之大法。」則今本猶未之備也。大司寇梁谿秦公味經先生之治經也，研究義理而輔以考索之學，蓋守朱子之家法也。嘗歎徐氏《讀禮通考》頗爲整贍，乃仿其體，以吉、嘉、賓、軍、凶，分禮爲五，編次爲書。而徐氏之書，詳于史而略於經，公則爲之矯其弊。且凶禮之別有五，而荒禮、弔禮、禬禮，徐氏俄空焉，公則爲之補其闕。書成，人但知爲補續徐氏，而公則間語予曰：「吾之爲此，蓋將以繼朱子之志耳，豈徒欲作徐氏之功臣哉！」公自少篤志經術，洎官中朝，政務旁午，而公退卻掃，坐小閣中，左朱右墨，孜孜矻矻，不異諸生時。蓋用力於此書者，閲數十年。性復通懷樂善，聞人有一得，津津稱道不去口，以故士有薄技，咸願褰裳就公而求正焉。公商榷採納，不遺細微。鄙固如予，所著《周禮稅賦説》亦蒙蒐録。公每豎一義，必檢數書爲左證，復與同志往復討論，然後筆之。故其辨析異同，鋪陳本末，文繁理富，繩貫絲聯，信可謂博極群書者矣。讀者始而攬其規模，繼而尋其端緒，如探珠林，泛玉海，卬有取，頫有拾，能使人人各得其意以去，後之君子，其必有樂乎此也。（録自王鳴盛《西莊始存稿》卷廿四）

錢大昕《光禄大夫經筵講官太子太保刑部尚書秦文恭公墓誌銘》

太子太保、尚書秦公，以經術篤行，知名海内，起家詞苑，官登極品。歲甲申四月，以疾請解任，温旨不許。八月，復具疏乞回籍調治，詔允所請，仍懸缺以待。公既受命，買舟南下，疾遂革，以九月九日巳時薨于滄州。訃聞，天子軫惻，賜白金千兩庀喪具，令有司議恤典，祭葬如制，謚曰文恭。明年春，車駕南巡，至無錫，幸寄暢園，御製詩有「養痾旋里人何在，撫景愀然是此間」之句。寄暢園者，公家別業也。上追念舊臣，形于翰墨如此，公可以不朽矣。其九月，孤子編修泰鈞等將葬公于某原，先期遺一介走京師，述公遺言，請大昕爲文誌其墓。大昕于公爲年家子，又嘗主公邸第，日月不居，知己云逝，文雖不工，其何敢辭。

謹按公諱蕙田，字樹峯，號味經，宋贈龍圖閣直學士觀之二十六世孫，世居無錫爲右族。雍正初，析無錫置金匱縣，故公爲金匱人。曾祖考德澄。祖考松齡，順治乙未進士，日講官起居注、左春坊左諭德。考易然，常州府學生，妣顧氏。本生考道然，康熙己丑進士，日講官起居注、翰林院編修，改禮科給事中，妣徐氏、胡氏，生母浦氏。三世皆以公貴，贈光禄大夫、刑部尚書，妣皆一品太夫人。公以乾隆元年賜進士第三人及第，授翰林院編修，入直南書房。丁浦太夫人憂，服闋，補原官。教讀上書房，遷侍講，進右春坊右庶子，改通政使司右通政，擢内閣學士，遷禮部右侍郎。丁給諫公憂，服闋，補禮部左侍郎，調刑部右侍郎，轉左侍郎，兼理國子監算學，充經筵講官，擢工部尚書，兼理樂部，調刑部尚書，加太子太保，累階至光禄大夫。

公至性過人，方未遇時，給諫公以藩邸事牽連頌繫，十餘年間，檻車南北，炎雨悲風，吏卒雜前，公隨侍膝下，百方營護。夜分就寢，流涕交頤，然不令給諫公知之。及通籍之始，朝廷赦書屢下，給諫公猶不得援例寬釋。公以新進詞臣，輒伏闕陳情，乞以身贖。其略云：「臣本生父某，身罹重罪，已荷天恩曲宥，祇因催追銀兩，力不能完，仍行圈禁，迄今九載，年已八十，衰朽不堪。本年五六月内，侵染暑濕，瘧癘時作，寒熱交攻，奄奄一息，幾至瘐斃羈所。情關骨肉，痛楚難忍。臣雖備員禁近，而還顧臣父，老病拘幽，既無完解之期，更無久存之望，方寸昏迷，不能自主，誠不忍昧心竊禄，内慚名教。伏惟皇上矜慎庶獄，有一綫可原者，概予寬釋。當此聖明孝治之朝，更逢薄海祝網之日，惟有籲懇鴻慈，格外鑒宥，丐臣父八旬垂死之年，得以終老牖下。臣願革去職銜，效力犇走，以贖父罪。」奏入，天語嘉歎，遂有寬釋之詔，而未完之銀，亦併豁免，由是給諫公優游林下者又十年。公受詔感泣，誓以身許國，而上亦鑒公忠孝，有大用公之志矣。

公在學士時，陳科舉學校六事；在禮部，練習掌故，夙夜匪懈；在刑部，執法平允，尤爲上所倚重。同僚或持異議，公援引律例，必如所擬乃已。遇司屬嚬笑不苟，其以才能見者，則薦引之不遺餘力，衆莫不憚其嚴而服其公也。公歿之後，部中讞獄偶不當，上輒舉公名，歎惜不置。以是知公之盡心于職矣。

公立朝三十年，治事以勤，奉上以敬，剛介自守，不曲意徇物。公退則杜門謝賓客著書，不異爲諸生時。後進有通經嗜古者，獎借不去口，蓋天性然也。公幼而穎悟，及長，從給諫公于京邸，何屺瞻、王若林、徐壇長諸先生，咸折輩行與之交。中歲居里門，與蔡宸錫、吴大年尊彝、龔繩中爲讀經之會。嘗慨《禮經》名物制度，諸儒詮解互異，鮮能會通其説。故于郊社、宗廟、宫室、衣服之類，尤究心焉。上御極之初，江陰楊文定公領國子監事，薦公篤志經術，可佐教成均。既而直内廷，課皇子講讀，益以經術爲後學宗。嘗言：「儒者舍經以談道，非道也；離經以求學，非學也。」故以窮經爲主，而不居講學之名。生平所爲文，號《味經窩類稿》者凡若干卷，而説經之文，居其大半。公夙精三《禮》之學，及佐秩宗，攷古今禮制因革，以爲《禮》自秦火而後，漢儒保殘守缺，什僅存一。朱子生于南宋，嘗有志編次朝廷、公卿、大夫、士、民禮爲當代之典，而所撰《儀禮經傳通解》體例未備，《喪》、《祭禮》又續自黄氏、楊氏，未克竟朱子之志。乃按《周官》吉、凶、軍、賓、嘉之目，撰爲《五禮通考》二百六十二卷，先經後史，各以類别。凡先儒所聚訟者，一一疏其脉絡，破其癥結，上探古人制作之原，下不違當代之法，殫思二十餘年，藁易三四而後定，自言生平精力盡于是焉。

少喜談《易》，謂易者，象也，先儒詳于言理，略于言象，故撰《周易象義日箋》若干卷。又謂《詩》三百篇，古人皆被之管絃。漢魏以降，始失其傳。然天籟之發，今猶古也。因與同志講求，欲以今曲歌古詩，庶協詩樂合一之旨。又以近代聲韻之書未有善本，奏請刊正。上命公與武進劉公任其事。公建議言：「古韻二百六部，今併爲一百七韻，如《元》與《魂》、《痕》，當析爲二；《殷》韻宜併入《真》韻，不當入《文》韻；上聲《拯》韻，去聲《證》韻，宜分出各自爲韻。」又攷定《四聲表》，兼采崑山顧氏、婺源江氏之説，欲通古音于等韻。時公已遘疾，而往復辨論，猶斷斷不置也。公之著述，其大者如此。若夫律吕、算數以及醫方、堪輿、星命家言，皆泝流窮源，得其要領，雖專門名家者，亦歎以爲莫及。嗚呼，可謂有體有用者已！

公生于康熙壬午十月十九日，殁時年六十有三。夫人侯氏，太學生某之女，封一品夫人。子四人：長泰鈞，乾隆甲戌進士，翰林院編修；次復鈞，長殤；次鼎鈞，太學生；次上鈞。女二人，長適雲南劍川州知嵇承豫。孫男二人，沐日、沐恩。孫女六人。

銘曰：西神峨峨二泉粼，造物鍾英生偉人。雙孝之澤流十世，啟佑祖考清華繼。惟公至行爲士宗，歷艱而亨純孝通。明刑十載邦憲司，三刺三宥公無私。斯人一去難再得，同朝盡傷至尊惜。政事文學一身兼，没而言立公何慚。城西新阡卜云吉，千秋識之字不滅。（録自《潛研堂文集》卷四十二）

四庫全書總目提要

臣等謹案：《五禮通考》二百六十二卷，國朝秦蕙田撰。蕙田，字樹峰，金匱人，乾隆丙辰進士第三，官至刑部尚書，謚文恭。是書因徐乾學《讀禮通考》惟詳喪葬一門，而《周官·大宗伯》所列五禮之目，古經散亡，鮮能窮端竟委，乃因徐氏體例，網羅衆説，以成一書。凡爲門類七十有五。以天文樂律附於《吉禮·宗廟制度》之後。以天文推步句股割圓，立《觀象授時》一題統之；以古今州國、都邑、山川地名，立《體國經野》一題統之，並載入《嘉禮》。雖事屬旁涉，非五禮所應該，不免有炫博之意。然周代六官，總名曰《禮》。禮之用，精粗條貫，所賅本博。故朱子《儀禮經傳通解》於《學禮》載鐘律詩樂，又欲取許氏《説文解字序》説及《九章算經》爲《書數篇》而未成，則蕙田之以類纂附，尚不爲無據。其他考證經史，原原本本，具有經緯，非剽竊餖飣、挂一漏萬者可比，較陳祥道等所作，過之遠矣。乾隆四十三年十月恭校上。

總纂官臣紀昀臣陸錫熊臣孫士毅

總校官臣陸費墀

鳴謝

《儒藏》精華編惠蒙善助，共襄斯文；謹列如左，用伸謝忱。

本焕法師　壹佰萬元

智海企業集團董事長　馮建新先生　壹佰萬元

NE·TIGER 時裝有限公司董事長　張志峰先生　壹佰萬元

張貞書女士　壹佰萬元

北京大學《儒藏》編纂與研究中心

本册審稿人　方向東　王鍔
本册責任編委　沙志利

圖書在版編目(CIP)數據

儒藏.精華編.七〇/北京大學《儒藏》編纂與研究中心編.—北京：北京大學出版社，2020.7

ISBN 978-7-301-11788-0

Ⅰ.①儒… Ⅱ.①北… Ⅲ.①儒家 Ⅳ.①B222

中國版本圖書館CIP數據核字（2020）第027522號

書　名	儒藏（精華編七〇） RUZANG（JINGHUABIAN QILING）
著作責任者	北京大學《儒藏》編纂與研究中心　編
責任編輯	吴冰妮　李笑瑩
標準書號	ISBN 978-7-301-11788-0
出版發行	北京大學出版社
地　址	北京市海淀區成府路205號　100871
網　址	http://www.pup.cn　　新浪微博：@北京大學出版社
電子信箱	dianjiwenhua@126.com
電　話	郵購部 010-62752015　發行部 010-62750672　編輯部 010-62756449
印刷者	北京中科印刷有限公司
經銷者	新華書店 787毫米×1092毫米　16開本　66印張　764千字 2020年7月第1版　2020年7月第1次印刷
定　價	1200.00元

ISBN 978-7-301-11788-0
9 787301 117880 >
定價:1200.00元